KÖHLER'S

Medizinal-Pflanzen.

ERSTE INTERNATIONALE PHARMACEUTISCHE AUSSTELLUNG WIEN 1883.

KÖHLER'S

Medizinal-Pflanzen

in

naturgetreuen Abbildungen mit kurz erläuterndem Texte.

ATLAS

zur

Pharmacopoea germanica, austriaca, belgica, danica, helvetica, hungarica, rossica, suecica, Neerlandica, British pharmacopoeia, zum Codex medicamentarius, sowie zur Pharmacopoeia of the United States of America.

Herausgegeben von **G. Pabst.**

Gera-Untermhaus.

Verlag von Fr. Eugen Köhler.

1887.

Reprint von Auszügen aus dem Gesamtwerk
nach der dreibändigen Originalausgabe aus den Jahren 1887, 1889 und 1898
erschienen im Verlag von Fr. Eugen Köhler, Gera-Untermhaus

Lizenzausgabe mit Genehmigung des Verlag
Th. Schäfer GmbH, Hannover,
für Bechtermünz Verlag im
Weltbild Verlag GmbH, Augsburg 1997
Umschlaggestaltung: Werbeagentur Eisele & Bulach, Augsburg
Gesamtherstellung: Offizin Andersen Nexö –
ein Betrieb der INTERDRUCK Graphischer Großbetrieb GmbH
Printed in Germany
ISBN 3-86047-418-9

Vorwort zur Reprint-Ausgabe

Das Bestreben, Krankheiten zu verhüten und zu heilen, ist so alt wie die Menschheit. Für die Menschen in ältester Zeit war es ein instinktives Bedürfnis, Schmerzen zu lindern und Kranken zu helfen. Lange bevor es eine Trennung von Medizin und Pharmazie gab, entdeckte man die Heilkraft bestimmter Pflanzen. Die ersten „Arzneimittel" waren rein pflanzlichen Ursprungs. Die Beschäftigung mit der Pflanzenwelt war somit für Mediziner und Pharmazeuten seit altersher von großer Bedeutung, und dementsprechend haben Bücher über Heilpflanzen und ihre Wirkung eine lange Tradition. Schon aus der Zeit der Griechen und Römer sind solche Werke überliefert. Die umfassenden systematischen Handbücher entstanden allerdings erst im vergangenen Jahrhundert, nachdem sich Medizin, Pharmazie und Botanik als eigenständige, neuzeitliche Wissenschaften etabliert hatten.

Eines der großen und um die Jahrhundertwende weit verbreiteten Werke dieser Art war das vor allem für Apotheker gedachte Handbuch „Köhler's Medizinal-Pflanzen", betreut von G. Pabst und in den Jahren 1887 und 1888 im Verlag Fr. Eugen Köhler in Gera erschienen.

Im Vorwort von damals heißt es:
„Vorliegendes Werk verdankt seine Entstehung dem vielfach ausgesprochenen Wunsche: der in demselben Verlage erschienenen Flora von Deutschland die ausländischen Arzneipflanzen folgen zu lassen. Nach reiflicher Überlegung kamen wir jedoch zu der Überzeugung, daß es im Hinblick auf Format, Behandlung und Preis jedenfalls vortheilhafter sein würde, die für den Apotheker wichtigen Pflanzen in einem selbständigen, jedem Interessenten leichter zugänglichen Werke zu behandeln und sind dabei von dem Grundsatze ausgegangen, bei der grössten Billigkeit, in Bezug auf Illustration das möglichst Vollkommenste zu leisten. [...] Wir hatten ursprünglich die Absicht, sämmtliche Pflanzen der sämmtlichen unter Litteratur angeführten Pharmakopöen zu bringen, sind aber im Laufe der Zeit von dieser Idee abgekommen und werden daher vorläufig nur die für die deutschen Apotheken wichtigen Pflanzen in Betracht ziehen. Der Text, welcher keinen Anpruch auf Ausführlichkeit erhebt, sondern nur, wie auf dem Titel gesagt ist, ein kurz erläuternder sein soll, ist in Benutzung der vorzüglichen Werke von Luerssen, Handbuch der systematischen Botanik 1879-1883; Flückiger, Pharmakognosie des Pflanzenreiches 1883; Wittstein, Handwörterbuch der Pharmakognosie 1882; Husemann, Pflanzenstoffe 1882–1884; Husemann, Arzneimittellehre 1883 [...] geschaffen worden."

Trotz der oben angeführten Beschränkung auf die für deutsche Apotheken wichtigen Arzneipflanzen behandelt das Werk über 140 Pflanzenarten. Das, worauf bereits die Initiatoren der Originalausgabe besonders stolz waren, die Qualität der Farblithographien nämlich, macht auch den Reiz des Reprints aus. Nicht zuletzt dies hat den Verlag bewogen, „Köhler's Medizinal-Pflanzen" in Auszügen wieder herauszubringen.

Inhaltsverzeichnis

Abies alba Miller.

W. Müller n. d. Nat.

Abies alba Miller.

Syn. *Pinus Abies* Dur. *Pinus pectinata* Lam. *Abies pectinata* DC. *Pinus Picea* L. *Abies excelsa* Lk.

Weisstanne, Edeltanne, Silbertanne — Silver Fir — Sapin.

Familie: *Coniferae.* Gattung: *Abies* Lk.

Beschreibung. Bis über 65 Meter hoher Baum mit schlankem, walzenförmigem Stamme und tiefgehender Pfahlwurzel mit Herzwurzelbildung. Krone erst pyramidal, später walzig, unregelmässig, abgeplattet, mit quirlständigen, abstehenden Aesten und gegenständigen, zweizeiligen (auch dreiquirligen) Zweigen. Rinde erst olivenbraun, später weissgrau, ziemlich dick, im späteren Alter schuppenborkig. Knospen end- und seitenständig, von häutigen, blassbraunen Schuppen eingehüllt; endständige zu 3, auch 5 bis 7, mit einer Mittelknospe, seitenständige einzeln. Blätter immergrün, linealisch, 20—30 Mm. lang, einzeln, spiralig, an den Hauptzweigen allseitswendig, an den Nebenzweigen kammförmig-2zeilig, später einseitig nach oben gerichtet. Nadeln flach, kurzgestielt, oberseits glänzend dunkelgrün, mit vertiefter Mittellinie, unterseits mit hervortretendem Mittelnerv und zu beiden Seiten des letzteren mit je einem aus Spaltöffnungen zusammengesetzten weissen Streifen versehen, oft fast sichelförmig gekrümmt, an der Spitze ausgerandet, stumpf-2spitzig, beim Abfallen eine rundliche Blattnarbe zurücklassend. Männliche Blüthenkätzchen zu vielen am Ende der vorjährigen Triebe, lang-cylindrisch, kurz gestielt, auf der Unterfläche des Astes entspringend, hängend, etwa so lang als die Nadeln, rothbräunlich, am Grunde von einer braunen, schuppigen Hülle umgeben. Staubbeutel oval-länglich, in ein kurzes, breites, ausgerandetes Spitzchen endend, 2fächerig; Pollensäcke sich mit Querspalt öffnend. Pollen durch 2 blasige Erweiterungen 3knöpfig. Weibliche Blüthenkätzchen oblong-cylindrisch, 4—6 Ctm. lang, mit ziegeldachigen, fast kreisrunden, plötzlich in eine lange Spitze ausgezogenen, am Rande wimperig-ungleich gezähnten, unten rothbraunen, nach oben grünen und umgeschlagenen Deckschuppen. Fruchtblätter im Winkel der Deckschuppen, während der Blüthe halb so lang wie die letzteren, nierenförmig, am Grunde angewachsen. Samenträger leistenförmig, bis zur Mitte des Fruchtblattes reichend und demselben aufgewachsen, 2eiig. Eichen geflügelt, zu beiden Seiten des Samenträgers. Zapfen walzenförmig, 14—20 Ctm. lang, 4—5 Ctm. dick, nach beiden Seiten wenig verjüngt, hellgrünlich-braun, aufrecht. Deckschuppe lineal-zungenförmig, plötzlich zugespitzt, länger als die Fruchtblätter, das hervorragende Ende umgeschlagen. Fruchtblätter (Zapfenschuppen) breit, rhombisch, mit keilförmiger Basis, stumpf, flach, nackt, am Rande fein ausgefressen-gezähnelt, lederartig, bei der Reife mit sammt der Deckschuppe abfallend. Zapfenspindel genarbt, nach dem Abfallen der Zapfenschuppen noch längere Zeit stehen bleibend. Same eilänglich, 3kantig, braun, 8 Mm. lang, mit einem häutigen, fast keilförmigen, bleibenden Flügel, eiweisshaltig. Embryo walzenrund, mit einem, mit dem Eiweiss verwachsenen Würzelchen und 5—9 Samenlappen.

Anatomisches: In dem Parenchym der Mittelrinde befinden sich mehrere Reihen grosser Balsamgänge, welche durch Ansammlung des Terpenthines allmählig so erweitert werden, dass sie auf der äusseren Rinde als blasige Auftreibungen hervortreten. Die Innenrinde besteht aus von Krystallzellen, später Steinzellen umgebenen Bastbündeln und Markstrahlen.

Verbreitung. In den Gebirgswäldern des mittleren und südlichen Europas, ostwärts bis zum Kaukasus. Die Tanne erreicht in den Ostpyrenäen eine Meereshöhe von 1950 Meter, in den Vogesen von 1200 Meter, in dem Jura von 1500 Meter, in der nördlichen Schweiz von 1300 Meter, auf dem Riesengebirge von 750 Meter, auf dem Thüringer Wald von 815 Meter in den nördlichen Karpathen von 950 Meter, in Siebenbürgen von 1250 Meter.

Blüthezeit. In dem südlichen Verbreitungsgebiet: Ende April, im nördlichen: Mai bis Mitte Juni. Zapfenreife Ende September und Anfang Oktober.

Name und Geschichtliches. Der Name Tanne (althochdeutsch *tanna, tanboum,* niederdeutsch *danne,* bei Cordus und Bock *Tanne*) soll aus Tangeln = Nadeln, oder aus dem alten *tan* = Feuer, wegen der leichten Brennbarkeit des Holzes, hervorgegangen sein. Mit *tan* bezeichnen unsere althochdeutschen Dichtungen überhaupt den Nadelwald. Ueber den Namen *Pinus* siehe *Pinus excelsa* Lk., Fichte. *Abies* (*ἐλάτη* der Griechen) soll nach einigen von *abities* (die Weisse) abstammen, nach anderen das veränderte *πιτυς* (Fichte) sein (*πιτυειν* spitzen, wegen der nadelartigen Form der Blätter); andere Ableitungen gehen auf *ἀει* immer und *βιεῖν* leben (wegen der immergrünen Beschaffenheit des Baumes) zurück, noch andere auf *abire* in der nämlichen Bedeutung von *ἐλατη* = fortgehen (den anderen Bäumen an Höhe vorausgehen) und endlich nimmt man als Stammwort auch das griechische *ἄβιος* (stark, kräftig) an. Bei Homer heisst die Tanne *Ἐλατη ουρανομηκης*, bei Theophrast *Ἐλατη ἀρρην*, bei dem griechischen Grammatiker Hesychius *ἄβιν*. Das Keltische bezeichnet die Tanne mit *abetoa*, wovon das italienische und spanische *abete, abeto* abstammt.

Der aus der Tanne gewonnene Terpenthin (Strassburger Terpenthin) ist wohl schon vor dem 16. Jahrhundert bekannt und berühmt gewesen, hat sich aber nie (wohl wegen der Schwierigkeit des Einsammelns) zu einem Handelsartikel von Bedeutung aufschwingen können; er ist merkwürdigerweise, trotz des grossen Verbreitungsgebietes der Tanne, von jeher nur in den Vogesen gesammelt worden.

Offizinell ist der aus den blasigen Auftreibungen der Rinde gesammelte Strassburger Terpenthin: *Terebinthina argentoratensis.*

Die Einsammlung erfolgt auf sehr zeitraubende Weise durch Oeffnen der Harzbeulen und Auffangen des ausfliessenden Inhaltes durch Flaschen mit spitzer Mündung. Der eingesammelte Terpenthin ist zuerst milchig, wird aber durch Absetzen oder Filtriren vollkommen klar, besitzt die Consistenz des Syrups und eine bernsteingelbe Farbe. Er trocknet an der Luft leicht ein, hat einen angenehmen citronenartigen Geruch und etwas scharfen, bitterlichen Geschmack. Er ist dem canadischen Terpenthin in allen Beziehungen ähnlich, nur ist sein Geruch feiner und der Geschmack weniger scharf und bitter. Mit Eisessig, absolutem Alkohol und Aceton ist er vollkommen klar mischbar.

Der Strassburger Terpenthin ist bis jetzt nur in den Vogesen gesammelt worden. Er ist wegen seiner Klarheit und wegen seines Wohlgeruchs sehr geschätzt, wird jedoch wegen der geringen Produktion und weil er selten rein zu beschaffen ist, durch billigeren, allerdings weniger guten Terpenthin ersetzt.

In der Schweiz wird aus den Tannenzapfen ein Oel destillirt, welches, wie das Krummholzöl, mit dem Namen Templinöl (vom franz. de pin, ital. del pino) oder auch Tannenzapfenöl bezeichnet wird; es besitzt einen citronenöl- und melissenölartigen Geruch.

Bestandtheile. Nach Cailliot enthält der Strassburger Terpenthin 34% ätherisches Oel, 72% Harz (Alpha-, Beta-, Gamma- und Deltaharz), Extraktivstoff und Bernsteinsäure. Nach Flückiger soll Cailliot aus dem Terpenthin 10% eines krystallisirten, nicht sauer reagirenden Harzes, *Abietin* gewonnen haben, welches in dem nach der Destillation des Oeles zurückbleibenden Harze enthalten ist. Rochleder hat in den Nadeln der Tanne eine, dem Mannit ähnliche Zuckerart, *Abietit* ($C_6H_8O_3$) und eine der Kastaniengerbsäure ähnliche Gerbsäure ($C_{13}H_{12}O_6$) entdeckt. (Husemann, Pflanzenst. 336.)

Anwendung. Siehe *Pinus excelsa* Lk. und *Pinus Pinaster* Soland. Das Holz, welches als Nutzholz sehr geschätzt ist, liefert das vorzüglichste Material zur Herstellung von Resonanzböden für Saiteninstrumente.

Litteratur. Abbildung und Beschreibung. Nees v. Esenb., Plant. med. Suppl. 4, Taf. 3; Berg u. Schmidt, Offiz. Gew., Taf. XVII[d]; Bentley u. Trimen, Medic. pl., Taf. 262; Luerssen, Handb. der syst. Bot. 105; Karsten, Deutsche Flora 325; Wittstein, Pharm. 230, 844.

Drogen und Präparate: *Terebinthina argentoratensis*: Flückiger, Pharm. 70; Hist. d. Dr. II., 399; Berg, Waarenk. 543.

Tafelbeschreibung:

A Zweig mit männlicher Blüthe, weiblicher Blüthe und Zapfenspindel, nat. Grösse; B Zweig mit Fruchtzapfen, desgl.; 1 u. 2 Nadel von verschiedenen Seiten, vergrössert; 3 dieselbe im Querschnitt, desgl.; 4 männliches Blüthenkätzchen, desgl.; 5 u. 6 Staubgefässe geschlossen und geöffnet, desgl.; 7 Pollen, desgl.; 8, 9, 10 Deckschuppe mit Fruchtblatt, von verschiedenen Seiten, desgl.; 11 u. 12 Zapfenschuppe mit Deckschuppe und Samen, von verschiedenen Seiten, desgl.; 13 u. 14 Samen mit Flügel, von verschiedenen Seiten, desgl.; 15 u. 16 derselbe zerschnitten, von verschiedenen Seiten, desgl. Nach der Natur von W. Müller.

Abrus precatorius L.

Kranzerbse, Paternostererbse, Abrusbohne — Liane à réglisse, Réglisse d'Amerique — Indian Liquorice.

Familie: *Leguminosae* (*Papilionaceae*); Unterfamilie: *Vicieae*; Gattung: *Abrus* L.

Beschreibung. Ein kleiner holziger Strauch mit windenden Zweigen und einer langen, verzweigten, gedrehten Wurzel von 12 und mehr Mm. Durchmesser. Stengel schlank, cylindrisch, verzweigt, mit einer glatten oder gefurchten, braunen Rinde. Blätter abwechselnd, kurz gestielt, spreizend, 5—15 Ctm. lang, 8—15jochig paarig gefiedert, am Grunde der Spindel mit kleinen pfriemlichen Afterblättchen. Fiederblättchen einander gegenüberstehend, sehr kurz gestielt, 12—20 Mm. lang, oblong, mit sehr stumpfer, abgestutzter oder etwas ausgerandeter Spitze und kleinem Stachelspitzchen, dünn, beiderseits glatt. Blüthen klein, kurz gestielt, in langgestielte, blattachselständige Trauben geordnet, mit etwas gebogener Blüthenspindel. Kelch klein, glockenförmig, mit 5 sehr seichten Zähnen, häutig, fein behaart. Krone schmetterlingsförmig, rosenroth; Fahne eiförmig, aufrecht, mit kurzer Klaue (Nagel); Flügel schmal, sichelförmig oblong; Schiffchen länger als die Flügel, mit 2 nicht verbundenen Klauen (Nägeln). Staubgefässe 9; die Filamente in eine oben gespaltene Scheide verwachsen, 5 abwechselnd länger und 4 kürzer. Staubbeutel gleichförmig. Fruchtknoten kurz gestielt, sehr klein, flaumig. Griffel gebogen, kahl; Narbe kopfförmig. Hülse 3 Ctm. und darüber lang, breit oblong, kurz geschnäbelt, zusammengedrückt, 2klappig sich öffnend, zwischen den Samen unvollständig gefächert. Samen 4—6, kugelig-eiförmig, lebhaft scharlachroth, stark glänzend, ca. 6—7 Mm. lang, mit harter äusserer Samenschale und einem grossen schwarzen Flecken am Nabel. Samenlappen planconvex. Eiweiss fehlt.

Vorkommen. In Ostindien einheimisch; gegenwärtig durch fast alle Tropenländer verbreitet.

Name und Geschichtliches. Paternostererbsen, Kranzerbsen, weil die schön rothen Samen zu Rosenkränzen und in der Heimath als Halsschmuck verwendet werden. *Abrus* von ἁβρός zart, zierlich; nach Prosper Alpinus (gest. 1617) ist *Abrus* der Name der Pflanze in Aegypten, woselbst die Samen zu Halsbändern benutzt werden; *precatorius* von *precari* beten, wegen der Benutzung der Samen zu Rosenkränzen.

Die Pflanze und ihre Wurzel wird schon im Sanskrit und zwar in den medizinischen Schriften des Sasruta erwähnt, woraus auf eine uralte Benutzung des *Abrus* in Indien geschlossen werden darf. Die Aehnlichkeit der Wurzel mit dem Süssholz ist durch Sloane (1700) nachgewiesen worden, welcher die Pflanze mit *Phaseolus glycyrrhitis* bezeichnete. Ihre Einführung in die Beng. ph. erfolgte 1844, in die Pharm. of India 1868. Der Gebrauch der Samen in der Augenheilkunde gehört der Neuzeit an.

Offizinell ist die Wurzel: *Radix Abri,* und neuerdings die Samen: *Semen Abri* (*Semen Jequirity*).

Die Wurzel ist lang, holzig, gedreht und verzweigt, fingerdick; die Wurzelrinde ist dünn, von hellbrauner, röthlich angehauchter Farbe; das Holz ist hellgelb, im Bruche kurzfaserig. Der Geruch der Wurzel ist eigenthümlich, unangenehm, der Geschmack bitterlich-scharf, hintennach süsslich. Nach Moodeen Sheriff ist der Zuckergehalt weit geringer als man annimmt und überhaupt erst von einem gewissen Alter an wahrnehmbar. Sie bildet in den Tropenländern einen schlechten Ersatz der echten Süssholzwurzel.

Bezüglich des Samens und seiner arzneilichen Verwendung, worauf es hier ankommt, hatte Herr Professor Husemann die Güte uns folgendes mitzutheilen:

„Die Abrussamen sind 1882 von dem Pariser Augenarzte Wecker in die augenärztliche Therapie eingeführt worden, weil ein Aufguss derselben im Stande ist, auf der Augenbindehaut eine croupöse Entzündung hervorzurufen, welche die Hornhaut nicht beeinträchtigt und dadurch die unter dem Namen des granulären Pannus bekannte Augenaffektion zur Heilung zu bringen. Die sogenannte Jequirity-Ophthalmie wird dadurch hervorgerufen, dass man die Augen mit einem kalt bereiteten Aufgusse wiederholt wäscht, und es genügt, die Waschungen 3mal täglich an 3 aufeinanderfolgenden Tagen vorzunehmen. Wecker lässt 10 Gr. *Semen Abri* (ohne die Hülse!) mit 500 Gr. Wasser 4 Stunden maceriren und filtriren. Diese Form ist die allgemein gebräuchliche und beste.

Abrus precatorius L.

„Man führte, gemäss den neueren Theorien über Entzündung und Eiterung, die Jequirity-Entzündung zuerst auf Bacillen zurück, welche sich in dem Aufgusse der Paternostererbsen in grosser Menge bilden und auch in dem Secrete der hierdurch hervorgerufenen Augenentzündung in grosser Menge vorhanden sind. Diese Ansicht fand um so mehr allgemeinen Anklang, als eine aus den Paternostererbsen dargestellte krystallinische Substanz die Entzündung nicht bewirkte. Obschon eine Theilnahme dieser Bacillen, welche sich übrigens auch in Aufgüssen von Erbsen und anderen Hülsenfrüchten bilden, an der Erzeugung der Augenentzündung sich nicht ganz bestreiten lässt, ist doch sowohl diese Wirkung, als auch die toxische Wirkung, die sich z. B. bei direkter Einspritzung in die Venen durch sofortigen Herzstillstand zu erkennen giebt, hauptsächlich auf eigenthümliche Stoffe zu beziehen, die sich in anderen Leguminosen (mit Ausnahme von *Rhynchosia precatoria*) nicht finden. Durch chemische Untersuchungen ist das merkwürdige Ergebniss zu Tage gekommen, dass das Gift der Abrussamen nicht zu den Alkaloiden oder Glykosiden, wie die meisten Pflanzengifte, sondern zu den Eiweisskörpern gehört und sich somit sehr enge an entzündungerregende thierische Gifte anschliesst, indem ja die aktiven Prinzipien des Schlangengiftes (und nach Kobert's neuesten Untersuchungen auch das Spinnengift und das Gift der Ricinusölkuchen, sowie auch das Gift einzelner Pilze) fermentartig wirkende Eiweisskörper sind. Bruylante und Vennemann bezeichnen das von ihnen als Jéquiritine genannte Prinzip als ein bei der Keimung sich bildendes, bei Erhitzen auf 65° inaktiv werdendes, in einem Macerate aus Jequiritipulver nicht entstehendes, stickstoffhaltiges Ferment, welches (ohne Beziehung zu Bakterien) schon zu $^1/_{100}$—$^1/_{200}$ Mgr. am Kaninchenauge und zu 1—1$^1/_2$ Mgr. am Menschenauge Entzündung hervorruft und das durch die Erzeugung von lokalem hämorrhagischen Oedem bei Subcutanapplication und einer mit starkem Blutergusse verbundenen Entzündung des Darmes bei direkter Einführung in das Blut sich den oben angeführten Eiweissstoffen auf das engste anschliesst. Auch Warden und Waddell kamen zu dem Schluss, dass das Abrusgift, welches sie *Abrin* nannten, und auch in dem Stamme und in der Wurzel nachwiesen, zu den Proteïden gehöre. Die neueste Arbeit von Martins zeigt, dass ähnlich wie das Schlangengift, auch das Abrusgift nicht ein einziger Eiweisskörper ist, sondern aus *Abrusparaglobulin* und *Abrusalbumose* besteht. Das erstere löst sich in 15% Kochsalzlösung und coagulirt durch Hitze bei 75—80°; aus seinen Lösungen wird es durch Sättigung mit Natriumchlorid und Magnesiumsulfat gefällt. Die Albumose löst sich in Wasser, wird nicht durch Siedehitze gefällt, wohl aber durch Salpetersäure (der Niederschlag löst sich beim Erwärmen) und färbt sich mit Kupfervitriol und kaustischem Kali hellroth. Beide bewirken schon in sterilisirten Lösungen Augenentzündung und in grösseren Dosen subcutan Vergiftung. Das Paraglobulin ist 6mal giftiger als die Albumose. Erhitzen schwächt die Wirkung beider Körper ab; zwischen 75—80° wird die des Paraglobulins, bei 85° die der Albumose völlig aufgehoben." Siehe ausserdem Husemann, Pflanzenstoffe 1051, worin nur ganz oberflächlich der rothe Farbstoff und ein in Aether und schwacher Kalilauge löslicher, in Wasser schwer löslicher, krystallisirbarer Körper erwähnt wird.

Litteratur. Abbildung und Beschreibung: Bentley and Trimen, Med. pl., Taf. 77; Rheede, Hort. malab. VIII, Taf. 39; Rumph, Herb. Amboin. V, Taf. 32; Sloane, Voyage to Jamaica I, Taf. 112; Luerssen, Handb. der syst. Bot. II, 880.

Drogen und Präparate. *Radix Abri*: Flückiger and Hanbury, Pharm. 188.

Semen Abri: ?.

Herr Professor Husemann schreibt: *Abrus* ist in den neuesten Werken übersehen, obschon wissenschaftlich äusserst interessant.

Tafelbeschreibung:

A blühender Zweig, natürl. Grösse; B Fruchttraube, desgl.; 1 Blüthe, wenig vergrössert; 2 u. 2a Kronenblätter, vergrössert; 3 Staubgefässe, desgl.; 4 Stempel. desgl.; 5 Samen, natürl. Grösse und vergrössert.

Originalzeichnung mit Benutzung der Abbildung von Bentley and Trimen von Herrn E. Günther in Gera.

Acacia Catechu Willd.

Syn. *Mimosa Catechu* L. fil., *Mimosa Sundra* Roxb.

(Letztere Form wird von einigen Botanikern als besondere Art betrachtet.)

Catechu-Acacie.

Familie: *Leguminosae,* (Unterfamilie: *Mimosaceae*); Gattung: *Acacia* Willd.

Beschreibung. Oft etwas verkrüppelter Baum von 10 Meter Höhe, mit aufrechtem Stamme, sehr verzweigter, reichblätteriger, umfangreicher Krone und faseriger, dunkelbrauner, herbe schmeckender Rinde. Aeste zerstreutstehend, stielrund, jüngere Aeste mit gepaarten Stacheln und mit einem weisslichen oder grauen, kurzhaarigen Ueberzuge bedeckt. Blätter zerstreut, bis 30 Ctm. lang, zuerst aufrecht, später abstehend oder zurückgebogen, doppelt und paarig gefiedert. Spindel 4kantig, grau behaart, mit 8 bis 30 Fiederpaaren, auf der Oberfläche flachrinnig und kurz unter dem untersten Fiederpaare, sowie unter den obersten Fiederpaaren mit einer länglichen bis rundlichen, schüsselförmigen Drüse. Fiedern 30 bis 60 paarig mit bläulich-grünen, sitzenden, linealischen, 5 Mm. langen, 1 Mm. breiten, an der Spitze abgestumpften, an der Basis ungleichhälftigen, einnervigen Blättchen. Blüthenstand eine kurzgestielte, walzenförmige, gelbe, ziemlich schlaffe Aehre bildend, deren bis 15 Ctm. lange Spindel kurz und dicht behaart und unterhalb der untersten Blüthen mit 2 bis 4 abwechselnden, lanzettförmigen, behaarten, hinfälligen Brakteen versehen ist. Blüthenähren zu 1 bis 3 aus den Blattachseln. Blüthen zahlreich, klein, aufgeblüht ca. 4 Mm. lang, sehr kurz gestielt, polygamisch; die Brakteen der einzelnen Blüthen lanzettförmig, spitz, behaart, 2 Mm. lang, hinfällig. Kelch unterständig, becherförmig, fein behaart, mit 5 aufrechten, eiförmigen, spitzlichen Zähnen, die etwas kürzer als die Röhre sind. Blumenkrone becherförmig, $^1/_3$ länger als der Kelch, 5lappig; Lappen aufrecht, eiförmig, spitzlich, kurz gewimpert, in der Knospe klappig. Staubgefässe zahlreich, unterständig, über doppelt so lang als die Krone, mit haarförmigen, feinwarzigen, am Grunde verwachsenen Staubfäden und ovalen, an beiden Enden ausgerandeten, 2fächerigen, rand-längsspaltig aufspringenden Staubbeuteln. Pollen in jedem Fache zu einer 16zelligen Masse vereinigt. Stempel einer unterständigen Scheibe aufgesetzt, mit kurzgestieltem, länglichem, an der Bauchnaht geradem, an der Rückennaht gewölbtem, einfächerigem Fruchtknoten, langem, fadenförmigem Griffel und einfacher, kopfförmiger Narbe. Eichen meist 6, gegenläufig, in 2 abwechselnden Reihen dem wandständigen, mit der Bauchnaht verwachsenen Samenträger angeheftet. Frucht eine breit-linealische, bis 11 Ctm. lange, flache, nach beiden Enden zugespitzte, einfächerige, 2klappige Hülse bildend. Klappen netzadrig. Same rundlich, zusammengedrückt, dunkelbraun in der Mitte mit einer helleren Zone, 8—10 Mm. in Durchmesser, 2 Mm. dick, mit ziemlich dickem, aufsteigendem, etwas gebogenem Nabelstrang. Der eiweisslose Embryo kreisrund, mit kurzem, bauchigem, nach dem Nabel gewendetem Würzelchen und etwas planconvexen Samenlappen.

Acacia Suma Kurz (*Mimosa Suma* Roxb.) unterscheidet sich von der sonst sehr ähnlichen *A. Catechu* durch stärkere Dornen, reicher gefiederte Blätter, kürzere Kronen und namentlich durch die weisse Oberfläche der Rinde. In Ostindien einheimisch; wird in Bengalen, Mysore, Gujarat zur Darstellung des Extraktes verwendet.

Flückiger sagt über einen andern Baum: „Der von Schweinfurth als einer der häufigsten Waldbäume des abessinischen Hochlands getroffene, auch westwärts bis zum weissen Nil verbreitete „Kakamut“ stimmt nach Bentley und Trimen mit der indischen *Acacia Suma*, nicht mit *A. Catechu* überein.“

Vorkommen. Vorder- und Hinterindien, Ceylon; besonders auf den Gebirgen von Koromandel, Ceylon und in Bengalen; im Himalaya bis 1000 Meter Höhe.

Blüthezeit. ?

Name uud Geschichtliches. *Acacia* von *ακακια* Stachel, Dorn, *ακη* Spitze, wegen der bedornten Aeste. *Mimosa* von *μιμεῖν* eine Bewegung machen, wegen der Reizbarkeit der Blätter mehrerer Arten, die sich beim Berühren zusammenklappen; auch von *μῖμος* Spötter, Schauspieler, Nachahmer. Wegen Catechu, hindostanisch *catchu* Baumsaft, siehe *Uncaria Gambir*.

Flückiger hält die Vermuthung des Campany, welcher das um 1221 im Zolltarife von Barcelona anftretende Catomaplum als Catechu deutet, für sehr zweifelhaft, jedoch glaubt er in dem Cacho, welches Barbosa 1514 als Ausfuhrartikel von Cambay (nördl. von Bombay) erwähnt, unser heutiges Acacien-Catechu zu erkennen. Garcia del Orta giebt 1563 von „Cate“ eine Beschreibung der Darstellung und bemerkt, dass das Extrakt in ziemlicher Menge nach Persien, Arabien, Malacca und China ausgeführt werde. Die ausführlichste Beschreibung jener Zeit von „Cadira“ (Acacien-Catechu) und der Benutzung sowohl des Holzes als des Extraktes gab 1586 der Florentiner Filippo Casetti. In der ersten Hälfte des 16. Jahrhunderts kam Catechu, aber jedenfalls in sehr geringer Menge, nach Europa; von 1646 ab tritt es in den deutschen Apothekertaxen als sehr theure Droge auf. Um 1680 bezeichnen Herbert de Jager und der holländische Arzt Cleyer neben der Malabarküste, Ceylon und Bengalen Pegu als das Land, woher die vorzüglichste Sorte stamme. Erst zu Anfang unseres Jahrhunderts wurden grössere Mengen von Catechu nach Europa gebracht. Flückiger berichtet, .dass 1776 der Centner (50,8 Kilogr.) Catechu in London 16 Pfund Sterling 17 Shilling gekostet habe; 100 Jahre später 1 Pfund Sterling 2 Shilling.

Offizinell ist das aus dem zerkleinerten, dunkelrothen, vom Splintholze befreiten Kernholze durch Auskochen mit Wasser gewonnene Extrakt: Acacien-Catechu, Kutsch, Pegu-Catechu (*Catechu nigrum, Terra japonica, Extractum seu Succus Catechu*).

Die Gewinnung ist nach Flückiger folgende: In irdenen Töpfen (Gharrhas), welche auf gemauerten Herden unter freiem Himmel aufgestellt sind, erfolgt das Auskochen der zerkleinerten Holzmasse bis zu einer bestimmten Dicke, worauf die Abkochung in ein grösseres Gefäss zur weiteren Eindampfung und Eindickung gebracht wird. Der beim Erkalten erstarrende Brei wird entweder in Thonformen oder auf schalenförmig zusammengeheftete Blätter oder auch auf mit Kuhdünger und Asche bestreute Matten ausgegossen und an der Sonne getrocknet. Die Verpackung erfolgt entweder in Blättern von *Dipterocarpus tuberculatus* Roxb. oder in Matten, in Säcken und in Kisten.

Im Handel erscheinen 2 Sorten:

1. Das Pegu-Catechu (Catechu von Bombay) stammt aus Pegu in Hinterindien und bildet unregelmässige, ca. 7 Ctm. breite, 12—24 Mm. dicke, mit Pflanzenresten, selbst Kohlenstücken durchsetzte, dunkel- oder hellröthlich-braune, matte oder wenig glänzende, feste und spröde, undurchsichtige Massen, welche einen chocoladenfarbenen, glanzlosen, gross- und flachmuscheligen, scharfkantigen oder etwas körnigen Bruch zeigen und entweder gleichmässig dicht oder mit kleinen Blasen durchsetzt sind. Diese Sorte, welche für den Arzneigebrauch am geeignetsten ist, war früher die alleinige Handelswaare und ist gegenwärtig die Sorte des deutschen Handels.

Leguminosae. (Mimosaceae.)

Acacia Catechu Willd.

Berg erwähnt noch ein hierher gehörendes Catechu in Kugeln von der Grösse einer kleinen Orange, welche entweder in Blätter gehüllt oder mit Reisspelzen bestreut sind; nach Flückiger existirt noch ein weissliches, mit grosser Sorgfalt nur bis zu mässiger Concentration eingedampftes Produkt, welches ganz aus Krystallnädelchen besteht.

2. Catechu von Bengalen bildet länglich-runde, unregelmässig 4seitige ca. 7 Ctm. lange, 5 Ctm. breite, 3 Ctm. dicke, feste, schwere, aussen rauhe und erdige, schmutzig-graubraune auf dem Bruche kastanienbraune, parallel-geschichtete Massen.

Beide Sorten sind ohne Geruch und besitzen einen sehr herben, zusammenziehenden, schwach bitterlichen, hintennach etwas süsslichen Geschmack. Beim Anreiben mit Glycerin oder Wasser erscheint das Catechu unter dem Mikroskop mehr oder weniger deutlich krystallinisch. In kochendem Wasser löst es sich zu einer etwas trüben, braunrothen Flüssigkeit von schwach sauerer Reaktion.

Nach Flückiger betrug die Ausfuhr aus Rangun, dem Hafen Pegu's, im Jahre 1879 4400 Tonnen nach Europa und 5898 Tonnen nach Ostasien.

Der Name Catechu, welcher auch dem Gambir beigelegt worden ist, gebührt eigentlich nur dem Acacien-Catechu (*Kat* oder *Kut* der Indier, *Cutch* der Engländer), während die Bezeichnung *Terra japonica*, die in Hamburg ausschliesslich für Gambir gebraucht wird, dem Gambir zukommt, welches aus entfernten Gegenden, angeblich aus Japan kam.

Das in verschiedenen Werken immer noch aufgeführte Palmen-Catechu von *Areca Catechu* L. existirt nicht. Catechu und Gambir dienen neben der Areca-Nuss zum Betelkauen und dadurch mag der Irrthum hervorgerufen sein, dass Areca, welches kein Catechin enthält und kein catechuartiges Extrakt liefert, zur Herstellung einer besonderen Catechusorte verwendet werde.

Bestandtheile. Sowohl Catechu als Gambir enthalten eigenthümlichen, eisengrünenden Gerbstoff (Catechugerbsäure), eigenthümliche, krystallinische Säure (Catechin, Catechusäure), Gummi, Beimengungen von Unreinlichkeiten. Nach Flückiger's Versuchen giebt gutes Pegu-Catechu 0,6 % Asche.

Das im Holze der oben beschriebenen Acacien reichlich vorkommende und in Spalten desselben bisweilen in krystallinischen Ablagerungen auftretende Catechin, zuerst von Runge bemerkt, von Nees von Esenbeck und Döbereiner rein dargestellt, mit der Zusammensetzung $C_{19}H_{18}O_8$ (Hlasiwetz) $C_{21}H_{18}O_8$ (Gautier) $C_{21}H_{20}O_9$ (Liebermann und Tauchert), ausserdem noch und zwar in grösserer Menge im Gambir vorkommend, auch in *Anacardium occidentale* L. und *Swietenia Mahagoni* L. beobachtet, nach Flückiger's Meinung wahrscheinlich im Pflanzenreiche ziemlich verbreitet, krystallisirt in reinem Zustande bei langsamer Erkaltung der heissen wässerigen Lösung in feinen, an beiden Enden zugespitzten, meist büschelig vereinigten Nadeln, bei rascher Erkaltung eine weisse, seidenglänzende, blätterige Masse bildend. Es schmilzt bei 217°, löst sich in 1133 Theilen Wasser von 17°, in 3 Theilen kochendem Wasser, in 4—6 Theilen kaltem, in 2—3 Theilen kochendem Weingeist, in 7—8 Theilen kochendem Aether; ferner in Essigsäure, aber nicht in Terpenthinöl. Wird Catechin auf 160° erhitzt, so bildet sich Catechugerbsäure ($2C_{19}H_{18}O_8 - OH_2 =$) $C_{38}H_{34}O_{15}$, welche den Charakter einer Säure besitzt, in Wasser und Weingeist löslich ist, nicht in Aether. Ihre Lösungen fällen Leim und Alkaloide, und eignen sich gut zum Gerben der thierischen Häute. Bei einer Erhitzung von über 160° hinaus oder beim Kochen mit verdünnten Säuren bildet sich Catechin oder Catechugerbsäure neben andern Anhydriden, namentlich Catechuretin, welches in keiner Flüssigkeit löslich ist. Beim Schmelzen mit Natron erhält man Protocatechusäure ($C_7H_6O_4$) und Phloroglucin ($C_6H_6O_3$); bei der trockenen Destillation Pyrocatechin ($C_6H_4(OH)_4$). Bei der einfachen trockenen Destillation entweicht neben Kohlensäure, Kohlenoxyd und flüchtigem Oele Brenzcatechin ($C_6H_6O_2$), welches weisse, glänzende Blättchen und Prismen bildet, bei 110—115° schmilzt, bei 240—245° unzersetzt siedet und sich leicht in Wasser, Weingeist und Aether löst.

Dem aus Wasser krystallisirten Catechu-Catechin ist noch etwas Catechuroth und Quercetin beigemischt. Das als glänzend-schwarzrothes, amorphes Pulver erhaltene Catechuroth soll nach

Etti Catechugerbsäure sein; das aus gelblichen Kryställchen bestehende Quercetin besitzt die Zusammensetzung $C_{27}H_{18}O_{12}$. (Husemann, Pflanzenstoffe 1107.)

Anwendung. Als adstringirendes Mittel bei chronischen Katarrhen der Schleimhäute, Dysenterie, gegen Blutungen, äusserlich als Zahntinktur, zu Mundwässern, bei Skorbut und übelriechendem Athem, gegen Wundheit der Brustwarzen, auch zu Einspritzungen bei Tripperkrankheiten und namentlich gegen Nachtschweisse. Bei innerlicher Anwendung sind, wegen der Umwandlung in Catechugerbsäure, Brechweinstein, Eisen- und andere Metallsalze, Leim- und Eiweissstoffe zu meiden. Husemann äussert sich hierüber: „Therapeutisch ist das von den ostindischen Eingeborenen benutzte Catechu für sich oder häufiger als Adjuvans anderer Adstringentia gebraucht, ohne dass man besondere Indication dafür aufzustellen vermöchte. Von Aerzten trotz seiner Billigkeit wenig, hauptsächlich bei Geschwüren des Zahnfleisches benutzt, steht es beim Volke in einzelnen Gegenden noch in Ansehen bei chronischen Larynxkatarrhen und Heiserkeit und bei Anginen überhaupt, weshalb auch manche andere braun aussehende Hustenmittel die Bezeichnung Cachou (Catechu) erhalten haben.“ (Husemann, Arzneistoffe 513.)

Litteratur. Abbildung und Beschreibung: Nees v. Esenb., Plant. med., Taf. 337; Hayne, Arzneigew. VII., Taf. 48; Berg u. Schmidt, Offiz. Gew., Taf. VIe; Bentley and Trimen, Med. pl., Taf. 95; Luerssen, Handb. der syst. Bot. 908; Karsten, Deutsche Flora 920; Wittstein, Pharm. 392.

Drogen und Präparate: *Catechu*: **Ph. germ.** 49; Ph. ross. 68; Ph. helv. 23; Cod. med. 43; Ph. belg. 24; Ph. Neerl. 55; Ph. U. St. 68; Flückiger, Pharm. 205; Flückiger and Hanb., Pharm. 240; Hist. d. .Drog. I., 433; Berg, Waarenk. 601.

Tinctura Catechu: **Ph. germ.** 275; Ph. ross. 419; Ph. helv, 142; Cod. med. 604; Ph. belg. 169; Ph. Neerl. 267; Brit. ph. 325; Ph. U. St. 339.

Electuarium Catechu: Ph. belg. 157; Ph. Neerl. 106.

Trochisci Catechu (*Tabellae cum Catechu*): Cod. med. 590; Ph. belg. 255; Ph. Neerl. 275; Brit. ph. 347; Ph. U. St. 360.

Infusum Catechu: Brit. ph. 159.

Pulvis Catechu (*compositus*): Cod. med. 510; Brit. ph. 262.

Syrupus Catechu: Cod med. 564.

Bezüglich der Drogen und Präparate siehe Hager, Ph. Prx. II. 775; III, 225.

Tafelbeschreibung:

A blühender Zweig, nat. Grösse; 1 Blüthe, vergrössert; 2 dieselbe im Längsschnitt, desgl.; 3 Staubgefässe von verschiedenen Seiten, desgl.; 4 Pollenmasse, desgl.; 5 Frucht, nat. Grösse; 6 Same zerschnitten, desgl.; 7 und 8 Embryo von aussen und innen, desgl.

Acacia Senegal Willd.

Syn. *Mimosa Senegal* L. *Acacia Verek* Guill. et Perott. *Mimosa senegalensis* Lam. *Acacia rupestris* Stocks.

Arabischer- oder Senegal-Gummibaum — Haschab der Nilländer, Verek der Senegambier.

Familie: *Leguminosae* (Unterfamilie: *Mimosaceae*); Gattung: *Acacia* Willd.

Beschreibung. *Acacia Senegal* wird als derjenige Baum bezeichnet, der das meiste und reinste Gummi liefert. Es ist dies ein bis 6 Meter hoher, aufrechter Baum oder auch Strauch mit weissem, sehr hartem Holze und gekrümmten, schlanken, runden Zweigen, die an den Knoten, denen die Blätter entspringen mit 3 (bisweilen auch 2) kurzen, glänzend schwarzen, hakigen Dornen besetzt sind, von welchen einer unterhalb des Blattstieles steht, die beiden anderen eine seitliche Stellung einnehmen. Der Stamm ist mit einer grauen, rissigen Rinde bedeckt, die eine dicke Lage eines gelben oder purpurrothen, feinfaserigen Bastes enthält; die Rinde der Aeste ist glatt, etwas heller, die der jüngeren Zweige weisslich. Blätter abwechselnd, gewöhnlich zu 2 beisammenstehend, graugrün, $2^1/_2$—$3^1/_2$ Ctm. lang, die jüngeren kurz-zottig-filzig, kurz gestielt, doppelt paarig gefiedert, 3—5 jochig; die Fiedern erster Ordnung gegenständig, mit 10—15 (nach Bentley bis 20) Paaren kleiner, ebenfalls gegenständiger, sitzender, linealischer, stumpfer oder etwas zugespitzter, bis 6 Mm. langer, steifer, graugrüner Blättchen. Blattstiel schlank, fein behaart, an der Spitze und am Grunde mit je einer kleinen Drüse besetzt. Die kleinen, sitzenden, locker gestellten, blassgelblichen, bis fast weissen Blüthen in 5—8 Ctm. langen, schlanken, cylindrischen, aufrechten, gestielten Aehren, welche zu 1—3 den Blattachseln entspringen und stets länger als die Blätter sind. Kelch glockenartig, bis zur Mitte 5 spaltig; die Abschnitte schmal dreieckig, spitz, flaumig. Kronenblätter ziemlich doppelt so lang als der Kelch, mit 5 weissen Abschnitten, entweder freiblätterig, oder die Blättchen am Grunde unregelmässig verwachsen. Staubgefässe sehr zahreich; Filamente schlank, aufrecht, ungefähr 3 mal so lang als die Kronenblätter, gelblich, am äussersten Grunde zu einer sehr kurzen, perigonartigen Röhre verwachsen und der Basis der Blumenkrone eingefügt; Staubbeutel sehr klein und rundlich, an beiden Enden ausgerandet, an der Basis des Rückens angeheftet. Pollen eines jeden Faches in 2 meist 16 zellige Massen vereinigt. Stempel frei, oberständig; Fruchtknoten kurz gestielt, sehr klein, oblong, einfächerig, an der Bauchnaht gerade, an der Rückennaht gewölbt; Griffel fadenförmig, als solcher kürzer als die Staubgefässe, jedoch die letzteren etwas überragend; Narbe endständig, einfach, kopfförmig. Eichen 2 reihig dem der Bauchnaht aufgewachsenen Samenträger angeheftet. Hülse kurz gestielt, dünnlederig, gelblich, 7—11 Ctm. lang, $1^3/_4$—2 Ctm. breit, linealisch, stumpf oder kurz zugespitzt, mit verschmälertem Grunde, flach zusammengedrückt, die Ränder gerade oder den 5—6 Samen entsprechend wellig, mehr oder weniger eingeschnürt, mit starken Randrippen und zart-netzig-aderigen Klappen. Samen rundlich, stark zusammengedrückt, braun, mit langer Nabelschnur, in der Mitte mit einer concaven Bogenlinie. Embryo mit grossen kreisförmigen, planconvexen Samenlappen und kleinem, stumpfem, dünnem Würzelchen. Eiweiss fehlt.

Dass noch andere Acacienarten Gummi liefern, ist zu vermuthen, jedoch noch nicht festgestellt, welche Arten an der arabischen Gummierzeugung theilnehmen. Sicher ist, dass das schönste, reinste und meiste Gummi von *Acacia Senegal* abstammt. Luerssen giebt von einigen anderen gummiliefernden Arten folgende Beschreibung:

Acacia Senegal Willd.

Acacia abyssinica Hochst. (*Tschéa* der Eingeborenen) ist ein mittelgrosser Baum mit blass-gelblicher Rinde und kurzen, geraden, braunspitzigen, am Grunde behaarten Dornen. Die Blätter sind weich- oder schwach flaumhaarig, ca. 4 Ctm. lang, 10—15jochig, 20—30paarig gefiedert, mit kleinen linealen, stumpfen Blättchen; Blattstiel und Spindel mit 4—5 Drüsen. Blüthen in weisslichen, kugeligen Köpfchen, welche in den Blattachseln zu 3—5 beisammenstehen, an blattlosen Aesten auch zu langen Rispen geordnet sind, mit bleibenden Brakteen am Grunde des Stieles. Hülsen lineal-oblong, gerade oder etwas sichelförmig, kurz und breit gespitzt oder stumpf; die lederigen Klappen schwach convex. In Abyssinien und in dem Somalilande einheimisch.

Acacia nilotica Del. (*A. arabica* Willd., *A. vera* Willd.), der *Ssant* oder *Sont* der Araber, besitzt gelbe Blüthenköpfchen mit über der Mitte ihres Stieles stehenden und bleibenden Brakteen. Die Hülsen gerade, zwischen den Samen stark perlschnurartig eingeschnürt, kahl (*nilotica*) oder filzig (*arabica*). In Senegambien, Angola, den oberen Nilländern und Mozambique einheimisch.

Acacia fistula Schweinf. (*A. Seyal* Del. *var. fistula*), der *Ssoffar*, zeichnet sich durch lange, starke, am Grunde in Folge von Insektenstichen stark zwiebelartig angeschwollene und an diesen Stellen hohle, elfenbeinweisse Dornen, weisse Rinde, 3—5jochige Fiedern und kugelige Blüthenköpfchen aus, deren Stiele unterhalb der Mitte mit hinfälligen Brakteen besetzt sind. Hülsen sichelförmig gekrümmt, zwischen den Samen eingeschnürt. In Nubien und Sennaar.

Acacia stenocarpa Hochst. Der Talgbaum, *Talha* oder *Kakul*, ist der vorhergehenden Art ähnlich, nur sind die Hülsen nicht eingeschnürt. In Abyssinien und Nubien. *A. stenocarpa* bildet im Verein mit *fistula* ausgedehnte Wälder in Gedaref am linken Ufer des Atbara in der Nähe der Grenze von der abyssinischen Provinz Gallabat und in den Landschaften, welche von den Zuflüssen des Blauen Nil durchströmt werden.

Nach Schweinfurth's Mittheilungen liefern *Acacia nilotica, fistula* und *stenocarpa* nur braunes oder röthliches Gummi in geringer Menge. Siehe Anhang.

Anatomisches. Ueber die Bildung des Gummi besitzen wir keine genügende Kenntniss. Nach Carré und Louvet erfolgt die Ausscheidung in der Cambialregion in Form einer dünnen Schicht, also zwischen Holz und Rinde, wobei die letztere sich hebt und schliesslich berstet. In der Bildungsschicht will man 2 Lagen beobachtet haben, eine Holzgefässschicht mit rohem Nahrungssafte und eine Zellgewebeschicht mit assimilirtem Safte. Das Gummi soll nun ein Produkt der ersteren Schicht sein, denn die mit dem abgeschiedenen Gummi in Verbindung stehenden, äussersten Holzgefässbündel befinden sich in Zersetzung und Auflösung und die im Gummi enthaltenen mineralischen Bestandtheile sind diejenigen des rohen Saftes. Ebenso wie das Kirschgummi verdankt nach Wigand und Möller das Acaciengummi seine Entstehung einem Desorganisationsprozesse der Zellwände ganzer Rindengewebe. Wigand fand in Rinden- und Baststücken, welche dem Senegalgummi bisweilen beigemengt sind, nicht nur eingelagerte Gummimassen schichtweise mit den Bastschichten abwechselnd, sondern auch allmälige Uebergänge der normalen Gewebe in den völlig strukturlosen Gummi. Nach Möller's Beobachtung soll die Bildung des arabischen Gummi durch Metamorphose der Zellwände immer nur von aussen nach innen stattfinden.

Blüthezeit. Januar bis März.

Vorkommen. *A. Senegal* ist im östlichen und westlichen Afrika zwischen dem 10. und 20.° n. Br. einheimisch und wahrscheinlich auch in Innerafrika. Im östlichen Afrika häufig auftretend im Stromgebiete des Weissen Nil und des Atbara, namentlich aber in Kordofan und hier mit dem arabischen Namen *Haschab* bezeichnet. Noch häufiger ist das Auftreten der Gummiacacie, und hier mit Verek benannt, in Senegambien, woselbst sie sehr ausgedehnte Bestände bildet. Flückiger äussert über das Auftreten dieser Gummiacacie in Westafrika sich folgendermassen: „Noch mehr als in den Nilländern bildet dieser Baum in Senegambien sehr ausgedehnte Bestände, die *Krabbas*. Die bedeutendsten sind der Gummiwald in Sahel im Gebiete des maurischen Stammes der Trarzas, welcher sich von der Küstenlandschaft am rechten Ufer des Senegalstromes aufwärts bis Dagana und tief ins Innere erstreckt; ferner die Krabba von Alfatak zwischen dem See von Komak oder Cayar und der Stadt Podor im Lande des Braknastammes. Diese nördlich vom Strome liegenden, immerhin nur sehr lichten Gehölze liefern das vorzüglichste Gummi in reichlichster Menge, doch sind eigentlich auch die den Franzosen unterworfenen linksuferigen Gebiete Walo (Oualo) und Cayor, welche vom Negervolke der Dhioloffen bewohnt sind, nur ein ungeheurer Gummiwald.“

Name und Geschichtliches. Ueber *Acacia und Mimosa* siehe den Artikel *Acacia Catechu* Taf. 116. *Gummi* (althochd. *czar,* arabisches Gummi = *czar von arabien,* in späteren Zeiten *Gumme von Arabien*, Senegalgummi) von dem arabischen *kami,* griechischen *κόμμι*, römischen *cummi, cummis* (*commis*), nach späterer Schreibart *gummis,* worunter man einen ausfliessenden Pflanzensaft verstand.

Schon die ägyptischen Denkmäler, welche 1700 Jahre vor Christi Geburt geschaffen wurden, enthalten in ihren Inschriften *Kami en Pun-t*, d. h. Gummi aus dem Lande Pun-t, worunter das südliche Arabien und die gegenüberliegende Somaliküste verstanden wurde. Dieses Gummi, in welchem unzweifelhaft das arabische Gummi zu erkennen ist, fand in der altägyptischen Malerei, namentlich zum Auftragen der Mineralfarbe „chesteb“, umfangreiche Verwendung. Aus den Schriften des Theophrast und des Strabon geht hervor, dass auch in Aegypten etwas Gummi gesammelt wurde, welches wahrscheinlich den ehemals daselbst vorkommenden Acacienarten *arabica*, *Seyal und tortilis* entstammte; jedoch die Hauptmasse wird als aus Arabien kommend bezeichnet. Arabien war aber auch damals nur Zwischenstation, und da man den Ursprung nicht kannte, so bezeichnete man das Gummi einfach als arabisches Gummi. In der griechischen und römischen Litteratur wurde es wegen der stacheligen Beschaffenheit der Stammpflanze als *Gummi acanthinum* bezeichnet. Nicolaus Damascenus erwähnt um Christi Geburt *Gummi arabicum* und die Römer erhoben um das Jahr 180 n. Chr. in Alexandrien ein Zoll von dem Gummi. Im Mittelalter wurde weder von den Aerzten noch in der Technik grösserer Gebrauch von dem Gummi gemacht, was wohl daraus zu erklären ist, dass diese Droge überhaupt nicht in grösserer Menge auf dem europäischen Markte erschien. *Gomarabiche* wurde 1305 als Einfuhrartikel in Pisa genannt; *Gomma rabica* zu Anfang des 16. Jahrhunderts als solcher für Venedig.

Das Gummi von der westafrikanischen Küste, das Senegalgummi, ist wohl seit Gründung der Niederlassungen durch französische Kaufleute im Jahre 1365 von dort nach Europa gebracht worden; vorerst nur in geringer Menge, 1760 aber bereits in einer Masse von 18,000 Ctr.

Offizinell ist das aus der Rinde schwitzende, also meist freiwillig austretende und nur selten durch Anschneiden gewonnene, an der Luft erhärtete Gummi; das von Ostafrika kommende: *Gummi arabicum,* das aus Westafrika stammende: *Gummi senegalense.*

Das arabische Gummi (*Haschab der Araber*) wird in Kordofan mittelst der Axt von den Bäumen losgeschlagen und geht meist, in Körbe von Acacienbast verpackt, entweder nordwärts nach dem zunächst gelegenen Nilhafen Dabbeh oberhalb Dongala, oder ostwärts nach Mandjura am Weissen Nil und Chartum. Von diesen Sammelorten wird es mittelst Barken nach Alexandrien, dem Hauptstapelplatz des ostafrikanischen Gummi, gebracht. 1876 erhielt Chartum allein 10000 Ctr.

Das ostafrikanische, kordofanische oder arabische Gummi, welches ausschliesslich in den Officinen gehalten werden soll, besteht aus meistentheils länglich-runden oder kugeligen, bis nussgrossen, auch wurmförmigen Stücken, mit abgerieben rundlichen oder kantigen Oberflächen; dieses Gummi ist von zahlreichen Rissen durchsetzt, sehr brüchig und vollkommen glasartig. Ausgesuchte Waare ist vollkommen klar und farblos; geringere Sorten zeigen braunröthliche oder gelbliche Färbung.

Das westafrikanische oder Senegal-Gummi (*Verek* der Eingebornen) ist bezüglich der Ernte sehr von der Witterung abhängig, indem durch dieselbe der Ausfluss in hohem Grade beeinflusst wird. Louvet und Pergolotte berichten über die Ernte folgendes: Der volle Saftreichthum tritt während der von Juli bis September andauernden Regenzeit ein. Im Dezember und Januar wehen von der Küste her die heissen Ostwinde (Mbohio oder Harmattan), welche die Rinde austrocknen und aufreissen. Je anhaltender und stärker dieser Ostwind weht, um so reichlicher ist das Austreten des Gummi; am reichlichsten ist der Ausfluss jedoch während oder unmittelbar nach der Blüthezeit, namentlich zwischen Mitte März und Mitte April, also kurz vor Eintritt der Blätter. Nach Guillemin und Duvergier ist der Verlauf der Gummiausscheidung ein etwas anderer. Nach ihren Beobachtungen tritt während der Regenzeit vom Juli bis October die Höhe der Vollsaftigkeit und die damit im Zusammenhange stehende Bildung des Gummi ein. Die nun folgenden starken und trockenen, heissen Ostwinde bewirken ein Austrocknen und Einschrumpfen der vorher gelockerten Rinde, wodurch in den Monaten October und November das Gummi austritt, und zwar um so reicher, je stärker der Ostwind weht. Die Einsammlung erfolgt dann im Dezember. Im Januar und Februar wird durch den Eintritt der Seewinde, womit auch reichliche Thaubildung und unter Umständen Regen verbunden ist, eine zweite Saftausscheidung hervorgerufen, welche im März eine zweite, jedoch weit geringere Ernte gestattet.

Die Einsammlung des Senegalgummi erfolgt hauptsächlich durch Kriegsgefangene der wandernden Volksstämme, welche das rechte Ufer des Senegal bewohnen. Nach Flückiger sind jene

Sammler genöthigt, einen grossen Theil ihrer Nahrung in dem geernteten Gummi selbst zu suchen, welches nach neueren Versuchen im Magen in Zucker umgewandelt wird. Man bedient sich zum Einsammeln des Gummi, welches in grösseren Höhen am Stamme ausschwitzt, an Stangen befestigter scheren- oder löffelartiger Werkzeuge.

Die Franzosen unterscheiden am Laufe des Senegal ein Unterland (en bas du fleuve), welches bis Mafou reicht, bis zu welchem Orte der Senegal bei niederem Wasserstande schiffbar ist, und ein Oberland (le haut du fleuve). Das Gummi des Unterlandes (*Gomme du bas du fleuve*) wird von den Franzosen an bestimmten Uferstellen (escales) gegen Webstoffe, Schmuckgegenstände, Waffen, Getreide etc. eingetauscht; das des Oberlandes (*Gomme Galam, Gomme du haut du fleuve*) gegen gleiche Eintauschgegenstände von den Sammlern nach der französischen Station Bakel gebracht. Das so gewonnene Gummi geht stromabwärts nach St. Louis und von dort in Säcken zu 80—90 Klgr. Gewicht nach Bordeaux, woselbst es durch einige grosse Handelshäuser von dem Trümmergummi (*Baquaques ou marrons rôtis*) und den Knollen des *Bdellium* (Gummiharz von *Balsamodendron africanum* Arn.) gereinigt und in ungefähr 1 Dutzend Sorten getrennt wird. Das Trümmergummi stellt die durch braunes Gummi zusammengeklebten Bastfasern und andere Gewebetheile dar, welche sich im Anfange der Gummibildung befinden. Nach Bordeaux werden vom Senegal jährlich bis 5 Millionen Klgr. gebracht.

Das Senegalgummi bildet in der schönsten Waare 4 Ctm. und mehr im Durchmesser haltende, kugelige, eiförmige oder unregelmässig geformte Stücke von gelblicher bis schwach röthlicher Farbe, denen viele rein weisse Klümpchen beigemengt sind. Wurmförmige Stücke lassen Schichtung und Streifung erkennen. Dieses Gummi ist weniger und nicht so tief mit Rissen durchsetzt (namentlich das vom Unterlande) als das arabische Gummi.

Im allgemeinen besteht das ost- und westafrikanische Gummi aus durchsichtigen, entweder farblosen oder gelblichen bis bräunlichen, glasglänzenden, spröden, geruchlosen, fade und schleimig schmeckenden Stücken, welche theils eine eckige Form haben und leicht zerbrechlich sind, theils eine abgerundete Form und festere Beschaffenheit besitzen. Gummi löst sich in seinem gleichen Gewichte Wasser und giebt eine opalisirende, dicke, klebrige, sauer reagirende, wenig zur Schimmelbildung neigende Flüssigkeit, ist unlöslich in Weingeist und Aether, in der Hitze sich aufblähend, verkohlend, mit Hinterlassung von 2.7—4 % Asche. Ausgesuchtes Gummi besitzt ein spez. Gew. von 1.487 bei 15 °, 1.525 bei 100 ° getrocknet. Gummilösung mischt sich mit Glycerin und lässt sich bis zur Gallertconsistenz eindampfen, ohne dass eine Ausscheidung des Gummi stattfindet. Im polarisirten Lichte zeigt es Verschiedenheiten, die vielleicht von verschiedenen Stammpflanzen herrühren; so polarisirt Kordofangummi nach links, ganz gleiches aus Sennaar nach rechts. Wässerige Bleizuckerlösung mischt sich mit Gummi ganz klar, wohingegen Bleiessig selbst in der grössten Verdünnung der Gummiauflösung sofort Trübung erzeugt. Längere Zeit im Wasserbade bleibend, wird das reinste weisse Gummi gelblich, dann bräunlich, äussert deutlichen Röstgeruch und färbt sich in einzelnen Stücken schwärzlich.

Von den im Handel erscheinenden Sorten steht das Kordofangummi in Bezug auf Güte obenan; ihm ähnlich ist das blassgelbliche Sennaargummi und das Suakimgummi; letzteres ist mit dunkelrothbraunen Körnern gemischt. Minderwerthig ist das Senegalgummi.

Die Gummiernten, welche grossen Schwankungen unterliegen, hängen ganz von der Witterung ab; auch richten die Elephanten zeitweise grosse Verwüstungen in den Gummiwäldern an, indem sie die Bäume ausreissen und vernichten; ebenso droht von Affen und Antilopen Gefahr, die das ausgetretene Harz fressen.

Bestandtheile. Nach Neubauer ist das Gummi als das saure Kali-, Kalk- und Magnesiasalz der Arabinsäure zu betrachten und entspricht im lufttrockenen Zustande der Formel $C_{12}H_{22}O_{11} + 3\,OH_2$; es beansprucht 13.6 % Wasser, welches es bei 100° verlierend, sehr rasch wieder anzieht. Wird eine Kaltwasserlösung des arabischen Gummi mit Salzsäure versetzt, so wird durch Alkohol die Arabinsäure gefällt. Eine Fällung des Calcium aus der Gummilösung erfolgt durch Oxalsäure, oder durch Dialyse nach Zusatz von Salzsäure.

Die *Arabinsäure* (*Arabin*), $C_{12}H_{22}O_{11}$, ist in reiner Beschaffenheit eine weisse, amorphe, in Wasser lösliche, in Weingeist und Aether unlösliche Masse. Die wässerige Lösung ist stark sauer reagirend, treibt Kohlensäure aus den Carbonaten und wird durch Alkoholzusatz nicht verändert, erleidet jedoch eine Fällung, sobald wenig Salz- oder Salpetersäure oder auch nur eine Spur von Salzlösung zugesetzt wird. Mit verdünnten Säuren liefert Arabinsäure in der Wärme *Arabinose*, jenen Repräsentant der Traubenzuckergruppe, welcher eine Zusammensetzung von $C_6H_{12}O_6$ besitzt, rhombische Prismen bildet, in Wasser löslich ist, einen süssen Geschmack äussert und mit dem Vermögen ausgestattet ist, alkalische Erden aufzulösen. Ist die Arabinsäure getrocknet, so quillt sie in reinem Wasser nur noch auf, löst sich aber dann unter allen Umständen nicht wieder, ausser wenn wässerige Alkalien zugesetzt werden, die dann eine dem gewöhnlichen Gummischleim gleiche Auflösung bilden. (Husemann, Pflanzenstoffe 131 ff.)

Anwendung. Gummi findet in der Medizin Anwendung als einhüllendes Mittel, um scharfe und in Wasser schwerlösliche oder unlösliche Substanzen für den innerlichen Gebrauch einnehmbar zu machen; also hauptsächlich zur Bereitung von Emulsionen, Pasten, Pastillen, gewissen Pillen, zur Erleichterung der Pulverung zäher Pflanzentheile oder Harze und zur Verhütung reizender Einwirkungen scharfer und kaustischer Substanzen auf die Schleimhäute der Verdauungswerkzeuge. „Die Wirkung des Gummi ist vorwaltend lokal, indem bei dem unbedeutenden Diffusionsvermögen und der Resistenz des Arabins gegen Verdauungsfermente keine namhafte Resorption stattfinden kann. *Gummi Arabicum* ist das am häufigsten in der Medizin gebrauchte Mucilaginosum, weil es den wohlschmeckendsten und dünnsten Schleim liefert. Hauptverwendung findet es bei Pharynxkatarrhen und damit zusammenhängenden katarrhalischen Affektionen des Kehlkopfs und der Bronchien, welche nur, insoweit der ursprüngliche Pharynxkatarrh und der von diesem abhängige Hustenreiz dadurch gemildert werden kann, von Gummi Beeinflussung erfahren. Sehr zweckmässig ist die Darreichung bei Katarrhen und Entzündungen des Tractus und bei diarrhoischen Affektionen sollte man lieber zuerst zur Potio gummosa als, wie so häufig, zur Opiumtinktur greifen." Die Hauptverwendung findet Gummi als Klebemittel und namentlich zur Appretur der Gewebe. (Husemann, Arzneimittell. 326.)

Litteratur. Abbildung und Beschreibung. Bentley and Trimen, Med. pl., Taf. 94; Guillemin et Perottet Florae Senegambiae tentamem, Taf. 56; Schweinfurth in Linnaea, XXV, Taf. 22 A (Früchte); Berg u. Schmidt, Offiz. Gew., Taf. VIc (*Seyal*); Luerssen, Handb. der syst. Bot. II, 910; Karsten, Deutsche Flora 722; Wittstein, Pharm. 284.

Drogen und Präparate. *Gummi arabicum* (*Gummi senegalense, Gummi Acaciae*): **Ph. germ.** 127; Ph. austr. 70; Ph. hung. 217; Ph. ross. 195; Ph. helv. 61; Cod. med. 55; Ph. belg. 42; Ph. Neerl. 123; Brit. ph. 1; Ph. dan. 126; Ph. suec. 96; Ph. U. St. 8; Flückiger, Pharm. 3 (*arabicum*), 7 (*senegalense*); Flückiger and Hanb., Pharm. 233; Hist. d. Drog. I, 419; Berg, Waarenk. 479.

Syrupus gummosus s. Acaciae: Ph. ross. 400; Ph. helv. 133; Cod. med. 532; Ph. belg. 248; Ph. U. St. 317.

Mucilago Gummi arabici s. Acaciae: **Ph. germ.** 181; Ph. austr. 92; Ph. hung. 293; Ph. ross. 265; Ph. helv. 85; Cod. med. 464; Ph. belg. 195; Ph. Neerl. 155; Brit. ph. 216; Ph. dan. 161; Ph. suec. 132; Ph. U. St. 227.

Mixtura gummosa: Ph. austr. 91; Ph. helv. suppl. 71.

Pulvis gummosus: **Ph. germ.** 216; Ph. austr. 108; Ph. hung. 361; Ph. ross. 325; Ph. helv. 106; Cod. med. 521; Ph. belg. 218; Ph. Neerl. 188; Ph. suec. 161, 162. (*P. gum. stibiatus.*)

Mixtura Cretae: Brit. ph. 209.

Mixtura Guajaci: Brit. ph. 211.

Pulvis Amygdalae compositus: Brit. ph. 261; Ph. U. St. 222.

Pulvis Tragacanthae compositus: Brit. ph. 266.

Pasta gummosa: Ph. austr. 103; Ph. helv. suppl. 81; Cod. med. 474, Ph. belg. 209.

Pasta Liquiritiae: Ph. austr. 103; Ph. belg. 210; Ph. dan. 176; Ph. suec. 147.

Bezüglich der Drogen und Präparate siehe auch Hager, Ph. Prx. I, 6; III, 1.

Tafelbeschreibung:

A blühender Zweig, nat. Grösse; 1 Blüthe, vergrössert; 2 dieselbe im Längsschnitt, desgl.; 3 geöffnete Hülse, nat. Grösse; 4 u. 5 Samen von verschiedenen Seiten, desgl. Nach einer Originalzeichnung des Herrn Professor Schmidt in Berlin; Buntdruck von Herrn E. Günther in Gera.

Anhang.

Ein aus Sennaar stammendes Gummi, welches das Aussehen des Kordofangummi besitzt, polarisirt, im Gegensatz zu letzterem, nach rechts und stammt wahrscheinlich von einer anderen Acacie. Von sehr minderwerthiger Beschaffenheit ist das aus kleinen weissen Körnern bestehende, mit zahlreichen rothen und braunen Stücken gemischte und durch Pflanzenreste sehr verunreinigte Gummi aus der Landschaft zwischen Sennaar und dem Rothen Meere, welches nach Heuglin von *A. fistula* und *stenocarpa* abstammt. Ein gleichfalls minderwerthiges Gummi ist das unter dem Namen *Dschesire* aus der Landschaft Dschesire am Atbara und der Hochsteppe der Bischari zwischen dem Blauen Nil und dem Rothen Meere stammende, welches über Khartum und Suakim nach Aegypten geht und dort als das schlechteste Gummi (*Samagh Savakumi*) bekannt ist. Eine bessere Sorte liefert die ganze Samharaküste, welche mit dem abyssinischen Gummi über Massaua und Dschiddah unter der Benennung *Samagh Hidschazi* ebenfalls nach Aegypten gelangt. Auch Westafrika liefert geringwerthige Sorten, so namentlich Marokko, welches nach Flückiger in Mogador im Jahre 1877 182.520 Klgr. verschiffte.

Acacia horrida Willd. im Caplande und im südwestlichen Afrika liefert gleichfalls Gummi von geringwerthiger Beschaffenheit.

Ostindisches Gummi, das in ansehnlicher Menge aus Bombay ausgeführt wird, ist ostafrikanisches Gummi; australisches Gummi von *Acacia pycnantha* Benth., *A. decurrens* Willd. *A. homalophylla* Caun. besitzt eine bräunliche Farbe, wird aber trotz seiner minderwerthigen Beschaffenheit in dem Gewerbe vielfach angewendet.

Aconitum ferox Wall.

Hindost.: bish, bis, singya. Sanskr.: visha. Arab.: bish. Pers.: bachnag. Malay: valsanabhi.

Syn.: *A. virorum* Don. *Delphinium ferox* Baill.

Familie: *Ranunculaceae.* Tribus: *Helleboreae.* Gattung: *Aconitum* L.

Beschreibung. Eine ausdauernde Pflanze von 1 bis 2 m Höhe. Der Stengel ist aufrecht und wenig verzweigt, nach unten zu meist kahl, nach oben zu und besonders in der Blütenregion kurz und fein behaart. Die unteren Blätter sind sehr lang gestielt (oft bis 20 cm), die mittleren kürzer, die obersten fast ungestielt. Die Fläche der untersten Blätter ist im Umriss fast kreisförmig, bis 20 cm im Durchmesser, fast bis zur Mitte fünfteilig, jeder Abschnitt tief fiederspaltig und die unteren Fiedern häufig noch mehr oder weniger tief geteilt; die einzelnen Fiedern bezw. Fiederchen sind meist lanzettlich, seltener breiter dreieckig, spitz oder auch lang zugespitzt; die ganze Blattfläche ist ziemlich dick von Konsistenz, beiderseits fast ganz kahl, auf der Unterseite mit stärker hervortretenden Adern. Nach oben zu werden die Blätter erheblich kleiner, weniger zerteilt und gehen schliesslich allmählich in ihrer Form in die Tragblätter der Blüten über. Die Blüten sind zu lockeren, aufrechten, 10 bis 20 cm langen allseitwendigen Trauben angeordnet; sie entspringen aus den Achseln von Tragblättern, deren untere gewöhnlich handförmig-fiederspaltig sind mit mehr oder weniger tief geteilten Abschnitten (also den oberen Laubblättern ähnlich), während die obersten lanzettlich, ungeteilt, ganzrandig oder höchstens spärlich gezähnt und spitz sind. Die Blütenstiele sind 1 bis 3 cm lang, fein behaart und tragen die beiden kleinen, häufig ungleich hoch befestigten Vorblättchen. Die Blüte ist zygomorph und zwitterig, 3 cm hoch und 1,5 cm breit. Der Kelch ist fünfblätterig, blauviolett gefärbt und abfällig; das vordere Paar Kelchblätter ist spitz, schief elliptisch, die beiden seitlichen sind breiter, das hintere helmförmig und sehr viel grösser als die übrigen. Von den acht bis zehn Blumenblättern haben die beiden hinteren die Form eines gekrümmten Hörnchens und tragen einen eingebogenen Sporn; sie werden von dem hinteren helmförmigen Kelchblatt bedeckt. Die übrigen sechs bis acht Blumenblätter sind unregelmässig auf dem Blütenboden verteilt, ungleich lang, auf schmale zungenförmige Körper reduziert und wenig gefärbt. Die sehr zahlreich vorhandenen Staubblätter sind in mehr oder weniger deutlichen Spiralen angeordnet; ihre Fäden sind am Grunde verbreitert und fast blumenblattartig, im oberen schmaleren Teil gekrümmt; die fast kugelige Anthere ist an ihrem Grunde befestigt und springt mit seitlichen Längsspalten auf. Die Fruchtblätter sind meist zu fünf (zwei bis sieben) vorhanden und in einem Wirtel angeordnet; sie sind jedes für sich geschlossen, ellipsoidisch, rauhhaarig und an der Spitze in einen innenseits gefurchten Griffel mit undeutlich zweilappiger Narbe übergehend; die zahlreichen Samenanlagen sind in zwei Reihen in dem Winkel an der Bauchnaht befestigt, anatrop, horizontal, die Mikropyle nach dem Grunde und nach aussen gerichtet. Die Frucht besteht aus zwei bis fünf Balgkapseln, welche an der Innenkante aufspringen. Der Same, meist etwa 2 mm in der Länge, ist dunkelbraun und auf der sehr runzligen Oberfläche mit häutigen Vorsprüngen und Falten bedeckt. Der sehr kleine gerade Keimling liegt am Grunde des Samens und wird von sehr reichlichem, milchweissem Nährgewebe umgeben.

Vorkommen und Verbreitung. Im gemässigten subalpinen Himalaya, von Sikkim bis Garhwal, in einer Höhe von 3000 bis 4500 Meter.

Andere Arten. In Ostindien werden die ebenfalls giftigen Knollen einiger nahe verwandter *Aconitum*-Arten, z. B. von *A. uncinatum* L., *A. luridum* Hook. fil. et Thoms., *A. palmatum*

Don., in derselben Weise medizinisch verwendet wie die von *A. ferox;* in den Handel sollen jedoch ausschliesslich nur die der letzteren Art gelangen.

Name und Geschichte. Die alten Sanskrit-Namen der Droge **Visha** und **Ativisha** bedeuten einfach Gift. Schon im zehnten Jahrhundert wird **Bish** von dem persischen Arzt Alheroo, später auch von Avicenna, Isa Ben Ali und anderen arabischen Schriftstellern erwähnt und in ihren Wirkungen geschildert. Unter den europäischen Schriftstellern werden die giftigen Eigenschaften zuerst von Hamilton erwähnt, der sich 1802 bis 1803 längere Zeit in Nepal aufhielt. Die Pflanze selbst wurde erst im Jahre 1822 von Wallich beschrieben.

Droge. Die Pflanze liefert ihre Knollen: **Tubera Aconiti ferocis,** die Bisch-Wurzel. Die Droge besteht aus rübenförmigen Knollen von 6 bis 12 cm Länge und 2 bis 5 cm Durchmesser, welche sehr oft durch das unvorsichtige Ausgraben zerbrochen sind; zumal fehlen meist die unteren Enden. Sie sind sehr häufig nicht ganz cylindrisch, sondern etwas abgeplattet, oft gebogen, geschrumpft und hier und da mit den Spuren der abgebrochenen Wurzelfasern besetzt. Der Stengel ist gewöhnlich dicht über der Knolle abgeschnitten. Äusserlich sind die Knollen von dunkelbrauner Farbe, nur an vorspringenden Stellen häufig abgerieben und daher heller. Im frischen Zustande sind sie innen weiss und von mehligem Ansehen; da sie aber nach dem Einsammeln am Feuer getrocknet und dabei häufig stark geröstet werden, so erscheint das Innere sehr fest und hart, von horniger Textur und halb durchscheinend.

Auf den Bazaren in Indien findet sich die Droge noch in einer anderen Form, welche in Bombay als **Lahore Bachnáb** bekannt ist, und von den älteren Schriftstellern als **mithazahar** erwähnt wird. Diese Knollen sind kürzer, spitz zulaufend, zusammengedrückt, rauh und runzlig, aussen ebenfalls braun, innen aber heller als die eigentliche Sorte, und von mehr schwammiger Textur. Es ist fraglich, ob diese Sorte wirklich von *A. ferox* stammt, und nicht ausgeschlossen, dass die Stammpflanze derselben *A. Lycoctonum* ist. Eine äusserliche Veränderung der Droge tritt auch dadurch ein, dass es vielfach Sitte ist, die Knolle in Kuhharn zu kochen, wahrscheinlich um sie gegen die Angriffe der Insekten zu sichern, denen sie sonst ziemlich stark ausgesetzt ist. In diesem Zustande färbt sie stark ab und giebt auch in Wasser schon nach kurzer Zeit eine dunkelbraune Lösung. Für medizinische Zwecke ist diese letztere Form der Droge gänzlich unbrauchbar; sie kann nur als Gift zur Tötung wilder Tiere verwendet werden, wie dies häufig in Indien geschieht.

Bestandteile. Die Knollen von *Aconitum ferox* Wall. enthalten neben Aconitin $C^{34}H^{48}NO^{12}$, das ebenfalls sehr giftige **Pseudaconitin** $C^{36}H^{49}NO^{12}$. Man erhält dasselbe durch Ausziehen mit weinsaurem Alkohol, Absondern von Harz und Fett und Fällen des Alkaloids mit Natriumkarbonat. Durch erneute Fällung und Umkrystallisieren wird das Alkaloid gereinigt. — Das Pseudaconitin ähnelt sehr dem krystallisierten Aconitin; von seinen Salzen ist indessen weniger das Hydrobromat, als das Nitrat durch gute Krystallisierbarkeit ausgezeichnet. — Pseudaconitin bildet Nadeln oder körnige Krystalle mit 1 Mol. H^2O, welches bei 100° entweicht. Es ist in Wasser und Kalilauge wenig, in Alkohol und Äther leicht löslich, leichter als krystallisiertes Aconitin. Die Lösung reagiert alkalisch, und schmeckt brennend, aber nicht bitter. Mit Ausnahme des Nitrats sind die Salze meist nicht krystallisierbar. Schwefelsäure und Phosphorsäure lösen es ohne Färbung; mit rauchender Salpetersäure eingedampft, wird Pseudaconitin gelb und auf Befeuchten mit Kalilauge purpurrot. Mit Schwefelsäure erwärmt und mit Vanadinschwefelsäure versetzt, wird die Alkaloidlösung violett gefärbt (Unterschied von Aconitin). — Alkoholische Natronlauge giebt beim Erhitzen mit Pseudaconitin **Dimethylprotocatechusäure** (Veratrumsäure) und **Pseudaconin** $C^{27}H^{41}NO^{9}$, eine firnissähnliche, in Wasser leicht lösliche bitterschmeckende, stark alkalische Substanz, welche beim Erhitzen mit alkoholischer Natronlauge auf 140° **Apopseudaconin** $C^{27}H^{39}NO^{11}$ liefert. Mineralsäuren verwandeln das Pseudaconitin in **Apopseudaconitin** $C^{36}H^{47}NO^{11}$, welches in Alkohol und Äther unlöslich ist, 1 Mol. Krystallwasser besitzt und mit Salpetersäure und Goldchlorid gut krystallisierbare Verbindungen bildet. Man kennt auch ein Acetyl- und Benzoylderivat des Alkaloids.

Anwendung. In Indien wird **Bish** von den Hindu-Ärzten seit alter Zeit verwendet, und zwar bei Fieber, Dyspepsie, Rheumatismus und vielen anderen Krankheiten; besonders bei chronischen intermittierenden Fiebern wird es innerlich gebraucht, während es bei Neuralgie äusserlich in der Form einer Paste angewendet wird.

Aconitum ferox Wallich.

Im Anschluss hieran möge noch eine zweite *Aconitum*-Art erwähnt werden, welche ebenfalls medizinisch verwertet wird, aber allerdings in ihrer Wirkung eine andere ist, nämlich *A. heterophyllum.*

Aconitum heterophyllum Wall.

Hindost.: atis, atvika. Sanskr.: ataicha, ativisha. Tam.: ati-vadayam.

Syn.: *A. cordatum* Royle. *A. Atces* Royle.

Beschreibung. Die Pflanze erreicht eine Höhe von 1 bis 1,5 m; der Stengel ist im unteren Teile kahl, im oberen, besonders in der Blütenregion mehr oder weniger dicht flaumig. Die untersten Blätter sind bis 10 cm lang gestielt, handförmig dreiteilig; die Einschnitte reichen etwa bis auf das untere Drittel der Blattfläche; die Abschnitte sind unregelmässig lappig-gezähnt, die Zähne rundlich mit kurzer Spitze. Die oberen Blätter sind ungestielt, mit breitem Grunde halb stengelumfassend, breit-eiförmig, lang-zugespitzt, bis 15 cm lang und 7 cm breit, unregelmässig- und grob-gezähnt, die Zähne wie bei den unteren Blättern. Nach der Spitze des Stengels zu werden die Blätter allmählich schmaler und gehen schliesslich in die Tragblätter des Blütenstandes über. Der Blütenstand bildet eine lockere Traube; die Einzelblüten sind bis 15 cm lang gestielt. Die Tragblätter sind im allgemeinen lanzettlich, ungestielt, 2 bis 5 cm lang, ganzrandig oder grob gezähnt, zuweilen auch am Grunde unregelmässig gelappt. Die Vorblätter sind lanzettlich, 1 bis 2 cm lang, kurz gestielt, ganzrandig, spitz und sind ungefähr in der halben Höhe des Blütenstiels, gewöhnlich nicht genau gegenständig, inseriert. Die Ausbildung der Blütenteile weicht nicht von der in der Gattung normalen ab. Die Farbe der Kelchblätter ist hellblau oder gelbgrün mit dunkelroten Adern.

Vorkommen. Die Pflanze findet sich im westlichen gemässigten Himalaya, von Kumaon bis Hasora, in einer Höhe von 2000 bis 5000 Meter, z. B. sehr häufig in der Umgebung von Simla und am Sach-Pass in Chumba.

Droge. Die Knollen von *A. heterophyllum* sind eiförmig, länglich oder nach unten sich verschmälernd und rübenförmig, 2 bis 4 cm lang und 1 bis 1,5 cm dick, aussen von gelblich- bis asch-grauer Farbe, runzlig, hier und da die Spuren der abgebrochenen Wurzelfasern zeigend; innen rein weiss und von mehliger Textur. Ein Querschnitt zeigt vier bis sieben gelbliche Gefüssbündel. Der Geschmack der Knolle ist bitter, aber nicht scharf.

Bestandteile. Die Wurzel von *Aconitum heterophyllum* ist nicht giftig. Sie enthält neben Fett, Rohrzucker, Gerbsäure und Aconitsäure ein nicht giftiges Alkaloid **Atesin,** und vielleicht noch ein zweites, welches nicht krystallisiert. — Das **Atesin** $C^{46} H^{74} N^2 O^4$ (Wasowicz) bildet eine weisse, amorphe Masse, die sich wenig in Wasser löst, etwas mehr in Weingeist, leicht in Äther, absol. Alkohol, Benzol etc. Die Lösungen schmecken rein bitter, aber nicht scharf. Die weingeistige Lösung, mit viel Wasser versetzt, trübt sich und schäumt wie eine Saponinlösung. — Konzentrierte Schwefelsäure giebt eine violette, allmählich rotwerdende Färbung, die nach einer Stunde schmutzig braun wird. Schwefelsäure und Kaliumbichromat färben grün mit rotvioletter Zone. Von den Salzen sind die meisten nicht krystallisierbar, sehr schön indessen das salzsaure, brom- und jodwasserstoffsaure Salz, welche sich, weil schwer löslich, sehr gut zur Reindarstellung des Alkaloids eignen.

Anwendung. Die Droge wird allgemein als Mittel bei intermittierenden Fiebern in Indien geschätzt. Man giebt sie in Pulverform in einer Dosis von 20 Gran. Als einfaches Tonicum wird eine Dosis von 5 bis 10 Gran dreimal am Tage verordnet.

Verwechselungen. Der Name Atis wird in Indien auch noch auf andere Drogen angewendet; so wird in Kunawar die Knolle von *A. Napellus* ebenso genannt und auch als Tonicum verwendet. Ausserdem soll eine mit demselben Namen bezeichnete Wurzel ohne hervortretenden Geschmack von *Asparagus sarmentosus* L. stammen.

Tubera Aconiti japonica. In Japan werden die Knollen von mehreren *Aconitum*-Arten medizinisch verwendet und zwar unter dem Namen **wakhma,** chines.: *Tsaon-woo.* Die Stammpflanzen sind aber bisher noch keineswegs mit Sicherheit bekannt. Bald wird **A. japonicum** Thunb., bald **A. Fischeri** Reichenb., auch **A. chinense** Sieb. dafür angegeben. Es ist dabei noch fraglich, ob nicht mehrere der angegebenen Arten zusammenfallen. Soviel ist nur höchstwahrscheinlich, dass die länglichen, über 50 cm lang werdenden, braungrauen, innen weissen, mehligen, rübenförmigen Wurzeln, welche mehrfach beschrieben worden sind, von *Aconitum Fischeri* Reichenbach stammen. Das ebenfalls als Stammpflanze genannte **Aconitum chinense** Sieb. & Zucc. ist wahrscheinlich ein Synonym der genannten Art.

Bestandteile. Die japanischen Aconitknollen enthalten das sehr giftige **Japaconitin** $C^{66} H^{88} N^2 O^2$, welches bei 185 bis 186^0 schmilzt und beim Behandeln mit alkoholischer Kalilauge Benzolsäure und **Japaconin** $C^{26} H^{41} N^2 O^2$, und mit Benzoësäure-Anhydrid eine Tetrabenzoylverbindung liefert. Durch Mineralsäuren entsteht **Apojapaconitin** $C^{33} H^{47} N O^{12}$.

Litteratur. Beschreibung und Abbildung. *Aconitum ferox* Wallich. Pl. asiat. rar. I p. 33. T. 41. et Pl. n. 4762 a u. b. — DC., Prodrom. I. 64. — Don., Prodr. Flor. Nep. 196. (*A. virorum*). — Hooker, Fl. Brit. Ind. I. 29. — Séringe, Mus. helvet. I. 160 t. 15 Fig. 43. 44. — Royle, Illustr. 40. — Pereira, Elem. nat. med. ed. 4 II. 2. n. 684. — Dict. encykl. sc. méd. I. 577 u. 598. — Baillon, Hist. pl. I. 78. — Henkel, Bot. 6. — Kosteletzki, Med. pharm. Fl. V. 1676. — Karsten, Fl. v. D. II. 109. — Luerssen, Med. pharm. Bot. II. 598. — Realencykl. d. Pharm. (Tschirch) I. 114. — *Aconitum heterophyllum* Royle, Ill. t. 13. p. 56. — Hooker, l. c. p. 29. — *Aconitum Fischeri* Reichenbach, Acon. — *Aconitum japonicum* Thunbg. Fl. jap. 231. — DC., Prodr. I. 60 n. 10. — Séringe, l. c. I. p. 146 t. 15. Fig. 22. 23. — DC., Syst. I. 377 (*Ac. album*) u. 379 (*Ac. glabrum*).

Drogen. *Aconitum ferox.* Pharm. Ind. 3. u. 434. — Flückiger & Hanbury, Pharmacogr. 12. (Rad. acon. indic.) Hist d. Drog. I. 24. — Bentley & Trimen, Med. pl. p. 5. — Dymock, Mat. med. I. — Drury, Usual pl. p. 112. — Realencykl. d. Pharm. I. 113. — Husemann-Hilger, Pfl. St. I. 631. 655. — A. Schneider, Arch. Pharm. 219 (1881) 343. (Pseudaconitin) — Meyer, Arch. Pharm. 219 (1881) 265. — Pharm. Gall. 34. — *Aconitum heterophyllum.* Bentley & Trimen, Med. Pl. p. 7. — Flückiger & Hanbury, Pharmacogr. 14. — Pharm. of India p. 4. — Dymock, Mat. med. 4. — Alder Wright in Year Book of Pharm. 1879. 422. — Hartwich, Neue Arzneidrogen 31. — Husemann-Hilger, Pfl.-Stoffe (ed 2) 644. — Duin v. Wasowicz, Arch. d. Pharm. 214 (1879) 193. — A. Meyer, Arch. Pharm. 219 (1881) 269. — *Aconitum japonicum.* Hanbury, Sc. pap. Ph. Journ. Tr. IX. (1879). — Christison, Edinburg Med. Journ. 1859. Arch. 1881. — Hartwich, Neue Arzneidrogen 30. — Husemann-Hilger, l. c. I. 658. — D. v. Wasowicz, Arch. Pharm. 214 (1879) 217. — A. Schneider, Arch. Pharm. 219 (1881) 345. — Langgaard, Arch. d. Pharm. 218 (1881) 161. — Realencykl. d. Pharm. (Tschirch) I. 114.

Anatomie. Langgaard, l. c. — v. Wasowicz, l. c. — Meyer, l. c.

Tafelbeschreibung.

A, B oberer Teil der Pflanze. 1 Blüte im Längsschnitt; 2 hintere Blumenblätter; 3 Staubblatt; 4 Pistille; 5 Pistill, von der Seite; 6 Pistill, Querschnitt; 7 Pistill, Längsschnitt; 8 Früchte; 9 Samen; 10 derselbe vergrössert; 11 Wurzel von *Aconitum heterophyllum* Wall. A, B, 1, 2, 8, 9, 11 natürliche Grösse; 3, 4, 5, 6, 7, 10 vergrössert. Nach einen von Wallich (Pl. nep. 4762 a, b) gesammelten Exemplare des Königlichen Universitäts-Herbars in Berlin.

Acorus Calamus L.

Syn. *Acorus aromaticus* Lam.

Kalmus, deutscher Zitwer — Sweet Flag, Cinnamon Sedge — Acore odorant ou vrai.

Familie: *Acoreae.* Gattung: *Acorus* L.

Beschreibung. Das schwammig-drüsige, 50 und mehr cm lange, bis 3 cm dicke, etwas platt gedrückte, kurzgegliederte, wenig hin- und hergebogene, durch die abgestorbenen Blattscheiden geringelte Rhizom kriecht horizontal im Boden hin; Blattnarben ringsherum reichend, fast halbmondförmig; auf der Unterseite des Rhizoms und zwar unterhalb eines jeden Blattringes befinden sich zahlreiche 2—3 mm dicke Wurzeln. Die aus dem Wurzelstock zweizeilig hervorbrechenden, aufsteigenden, am Grunde scheidenartigen Blätter sind 1—2 cm breit, bis über 1 m lang, schwertförmig-linealisch, langzugespitzt, reitend, mit hervortretendem Mittelnerv und parallelen Seitennerven, oberwärts querrzunzelig, grasgrün. Der über 1 m lange, zusammengedrückt 3kantige, auf der einen Seite etwas rinnenförmige Blüthenschaft trägt einen etwas zur Seite gedrückten Blüthenkolben und besitzt als Blüthenscheide eine den Blättern ähnliche, ca. 20—50 cm lange Fortsetzung. Der walzige, nach oben verjüngt zulaufende, öfters etwas gebogene Blüthenkolben ist bis 8 und mehr cm lang, $1^1/_2$ cm dick und ist unter spitzem Winkel aufrecht abstehend. Die zwitterigen, dicht stehenden, grünlich-gelben Blüthen mit 6blätterigem, unterständigem, bleibendem Perigon. Perigonblätter $2^1/_2$ mm lang, 1 mm breit, umgekehrteiförmig, gewölbt, mit nach innen gerichteter Spitze. Staubgefässe zu 6, frei auf dem Blüthenboden stehend, ungefähr von der Länge der Perigonblätter, mit flachgedrückten Staubfäden und breit herzförmigen, in eine kurze, stumpfe Spitze auslaufenden 2fächerigen Beuteln. Fächer am Rande der Länge nach aufspringend. Pollenkörner elliptisch, mit einer Furche. Der durch Verwachsen von 3 Fruchtblättern entstandene Stempel oberständig. Fruchtknoten frei, 3 mm lang, $1^1/_2$ mm dick, 3fächerig. Narbe sitzend. Samenknospen aus dem Scheitel des Faches herabhängend, Frucht unbekannt.

Anatomisches: Der Querschnitt des Rhizomes zeigt eine sehr poröse Rinde, welche $^1/_3$ bis $^1/_4$ des kürzeren Durchmessers an Dicke erreicht und ein von letzterer umgebenes, durch eine Kernscheide geschiedenes Mark von $^1/_2$ des Durchmessers. Die Aussenrinde besteht aus einer Epidermis, die aus etwas radial gedehnten, verhältnissmässig kleinen, einseitig nach aussen verdickten Zellen zusammengesetzt ist und nur auf den Blatt- und Schaftnarben durch mehr oder weniger dicken, braunen Kork ersetzt wird. Unter der Epidermis liegt eine Schicht dickwandigen, fast collenchymatischen Gewebes, welches nach aussen dicht, nach innen allmälig in ein grosszelliges, von Luftröhren und zerstreuten Gefässbündeln durchsetztes Parenchym übergeht. Letzteres besteht aus rundlichen, polyedrischen, farblosen, mit kleinen rundlichen Stärkekörnern angefüllten Zellen, zwischen denen, namentlich da, wo sich die Luftkanäle berühren, etwas grössere, mit blassgelbem, ätherischem Oele angefüllte, blasig-rundliche Oelzellen auftreten. Die Luftröhren treten nach aussen nur vereinzelt, durch breitere Parenchymlagen von einander getrennt und von geringerem Umfange auf, wohingegen sie nach der Kernscheide zu immer zahlreicher und grösser werden, so dass sie zuletzt nur noch durch eine einzige Zellreihe von einander getrennt werden. Die Rinde besitzt ausserdem noch rundliche, zerstreut liegende Sclerenchymfasern. Die oftmals unterbrochene und stellenweise ganz fehlende oder verwischte Kernscheide wird aus mehreren Reihen (auch nur einer Reihe) ein wenig tangential gedehnter Zellen zusammengesetzt. An sie schliesst sich, nach innen zu, ein Kreis dichtstehender Gefässbündel, welche das schwammige, ebenfalls Oelzellen und Luftkanäle führende parenchymatische Grundgewebe des Markes oder Bündelcylinders durchsetzen. Die concentrisch und nach der Mitte des Markes zu weniger gedrängt auftretenden, im Querschnitt kreisrunden bis elliptischen Gefässbündel führen den dünnwandigen Basttheil (Weichbast) in der Mitte, umgeben von einem einfachen oder auch doppelten, aus Netzgefässen zusammengesetzten Holzringe, mit dazwischen eingeschobenen enghöhligen Parenchymzellen.

Verbreitung. In Sümpfen, Teichen und an Flussufern, überhaupt stehenden und langsam fliessenden Gewässern über die ganze nördliche Halbkugel, mit Ausschluss des höchsten Nordens, verbreitet; durch ganz Asien, Europa und Nordamerika. In Abessinien am Tanasee. In Skandinavien bis zum 61. Breitengrade.

Name und Geschichtliches. Der deutsche, schon im 16. Jahrhundert vorkommende Name Kalmus ist aus der lateinischen Bezeichnung *Calamus* hervorgegangen. *Calamus*, griechisch *καλαμος* (arabisch *Kalem*, altindisch *Kalama-s*), bezeichnet verschiedene rohr- und schilfartige Pflanzen. *Acorus* ist entstanden aus *ἀ* (wider) und *χορη* (Augapfel), weil die Pflanze bei Augenkrankheiten verwendet wurde.

Der Kalmus ist nach Rhede (1635—1691, Stadthalter der holländisch-ostindischen Compagnie auf der Malabarküste) unter dem Sanskritnamen *Vacha* schon im frühesten indischen Alterthume bekannt gewesen und arzneilich gebraucht worden. Die erste Kunde von der Kenntniss der Pflanze im Abendlande erhalten wir von Plinius, der den Kalmus aus der Gegend des schwarzen Meeres erhielt und unter dem Namen *Acorus Calamus* näher beschrieb. Auch Dioscorides erwähnt die Pflanze unter dem Namen *Αχορος*; hingegen scheint der schon im 3. Jahrhundert v. Chr. von Theophrastus unter dem Namen *Καλαμος* beschriebene Wurzelstock (*Calamus verus, Calamus aromaticus*) nicht unserer Pflanze, sondern einem wohlriechenden indischen Grase aus dem Geschlechte *Andropogon* angehört zu haben. Erst im 13. Jahrhundert finden wir die Pflanze in Polen, wohin sie durch die Tataren aus

Acorus Calamus L.

dem Gebiete des schwarzen Meeres gebracht worden war; aber ihre Kultur scheint sich nur auf Polen beschränkt zu haben. In Deutschland ist der Kalmus zu jener Zeit noch unbekannt gewesen; wenigstens geben Brunfels und Fuchs in der Mitte des 16. Jahrhunderts, also zu viel späterer Zeit, noch keine Andeutung von ihrem Vorhandensein und Bock erklärt in seiner deutschen Speisekammer (Strassburg 1550) ganz bestimmt, dass er den Kalmus in Deutschland nicht gefunden habe. Die Einführung in Deutschland verdanken wir dem österreichischen Gesandten in Konstantinopel Angerius von Busbeck, der dem Kalmus wegen seiner Wirkung gegen Ansteckung besondere Aufmerksamkeit schenkte. Busbeck schickte im Jahre 1565 die Pflanze aus Kleinasien an Matthiolus und im Jahre 1574 aus der Gegend von Brussa im nordwestlichen Kleinasien, am Clusius. Letzterer kultivirte die Pflanze in Wien und von hier aus verbreitete sie sie sich allmälig über Deutschland; jedoch im Jahre 1725 galt die Wurzel immer noch als ausländische Droge, die zum Theil aus Indien eingeführt wurde.

Blüthezeit. Juni, Juli.

Offizinell ist der Wurzelstock, die Kalmuswurzel: *Rhizoma Calami* (*Rhizoma Acori, Radix Calami aromatici, Radix Acori*).

Die Kalmuswurzel wird entweder im Frühjahr vor der Blattentwickelung oder im Spätherbste gegraben, von den Blattresten befreit, gewaschen, geschält, der Länge nach durchschnitten und getrocknet. Sie wird entweder in dieser Form in Kästen oder grob und fein gepulvert in Gläsern oder Weissblechbüchsen aufbewahrt. Man schält die Kalmuswurzel, um ihr ein besseres Ansehen zu geben; da jedoch die Rinde zahlreiche Oelzellen besitzt, auch das Verdunsten und den Zutritt von Sauerstoff hindert, so ist die Entfernung der Rinde als ein Fehler zu betrachten. Die Kalmuswurzel besitzt einen aromatischen Geruch und Geschmack; der Geschmack ist zugleich bitter und brennend. Sie ist ziemlich brüchig und leicht pulverisirbar. Das Pulver ist grauweiss.

Verwechselungen mit dem Wurzelstock von *Iris Pseudacorus* L. und dem geschälten Stocke von *Polystichum filix mas* Rth. lassen sich leicht durch den aromatischen Geruch erkennen, der den beiden letzteren fehlt. Ausserdem ist die Wurzel von *Iris Pseudacorus* aussen und innen braunroth, enthält kein ätherisches Oel und ist wegen ihres Gehaltes an Gerbsäure von scharf zusammenziehendem Geschmacke.

Präparate. Aus der Wurzel wird gewonnen: Kalmusextrakt: *Extractum Calami*; Kalmusöl: *Oleum Calami*; Kalmustinktur: *Tinctura Calami.* Ferner wird die Kalmuswurzel verwendet zur Herstellung von: *Species aromaticae pro balneo* (*Species herbarum ad balnea*); *Vinum Chinae ferratum, Vinum diureticum; Acetum oromaticum; Spiritus balsamicus; Tinctura Absinthii composita; Species amaricantes; Cataplasma aromaticum; Tinctura stomachica; Pulvis anticolicus* etc.

Bestandtheile. Die Kalmuswurzel enthält über 1% (in ungeschälter Waare bis 2%) eines gelben oder bräunlichen ätherischen Oeles von starkem, aromatischem Geruche, gewürzhaft bitterem Geschmak, mit einem spezifischen Gewicht von 0,89—0,98; ferner enthält sie scharfes Weichharz, Stärkemehl, Gummi, bitteres Hartharz, geringe Mengen von Gerbstoff, Salze etc. Faust fand in der Kalmuswurzel ausserdem ein stickstoffhaltiges, honiggelbes, harzartiges Glykosid von bitter-aromatischem Geschmack, welches er *Acorin* nannte. (Husemann, Pflanzenstoffe 414.)

Anwendung. Die Kalmuswurzel ist ein sehr kräftiges, aromatisches Arzneimittel, welches bei atonischer Dyspepsie und Magenkatarrhen in Pulverform oder im Aufguss, auch in spirituösem oder weinigem Macerat mit Vortheil verwendet wird. Ebenso findet sie äusserlich in Form von aromatischen Bädern bei Scrophulose, Rhachitis, Lähmungen, als Zusatz zu Zahnpulvern, Kaumittel bei Zahnschmerz etc. Verwendung. Neuerdings wird ein aus Kalmus hergestellter Liqueur gegen die sogenannte Minenkrankheit empfohlen. *Acorin* soll antiseptisch wirken und darauf gründet sich seine Wirkung gegen Ansteckung. Auch bei Gicht soll Kalmus von Vortheil sein. *Oleum Calami* wird zur Darstellung von *Rotulae Calami* verwendet, welche wegen ihres angenehmen Geschmackes den Pfeffermünzküchelchen vorgezogen werden. (Husemann, Arzneimittell. 657.) Die Kalmuswurzel wird ausserdem zu bitteren Schnäpsen, Liqueuren und Confekten verwendet.

Litteratur. **Abbildung und Beschreibung:** Nees v. Esenb., Plant. med., Taf. 24; Hayne, Arzneigew. VI., Taf. 31; Berg u. Schmidt, Taf. VIIIc; Bentley u. Trim., Taf. 279; Steph. and Church, Taf. 32; Woodville, Taf. 248; Reichenbach, Ic. Fl. Germ. X., Taf. 429; Luerssen, Handb. d. syst. Bot. 320; Karsten, Deutsche Flora 409; Wittstein, Pharm. 368.

Drogen und Präparate: *Rhizoma Calami*: **Ph. germ.** 227; Ph. austr. (D. A.) 26; Ph. hung. 81; Ph. ross. 344; Ph. helv. 111; Cod. med. 30; Ph. belg. 18; Ph. Neerl. 43; Ph. dan. 199; Ph. suec. 179; Ph. U. St. 58; Berg, Waarenk. 99; Berg, Atlas, Taf. XX., 50; Flückiger, Pharm. 321; Flückiger and Hanb., Pharm. 613; Hist. des Drogues II., 496.

Extractum Calami: **Ph. germ.** 84; Ph. helv. 40; Ph. belg. 167; Ph. U. St. 105.
Tinctura Calami: **Ph. germ.** 273; Ph. ross. 415; Ph. helv. suppl. 116; Ph. dan. 267.
Oleum Calami: **Ph. germ.** 193; Ph. helv. 91; Ph. belg. 199.
Species aromaticae pro balneo: Ph. ross. 369.
Vinum Chinae ferratum: Ph. dan. 293.
Vinum diureticum: Ph. helv. suppl. 135.
Acetum aromaticum: Ph. helv. suppl. 1.
Spiritus balsamicus: Ph. helv. suppl. 103.
Tinctura Absinthii composita: Ph. austr. (D. A.) 131; Ph. helv. suppl. 115.
Species amaricantes: Ph. austr. (D. A.) 118; Ph. hung. 399.

Bezüglich der Drogen und Präparate siehe ausserdem Hager, Pharm. Prx. I. 654.

Tafelbeschreibung:

AB Theile der Pflanze in natürl. Grösse; 1 Theil der Kolbenoberfläche, vergrössert; 2 einzelne Blüthe, desgl.; 3 dieselbe stärker vergrössert; 4 Stempel, desgl.; 5 Blüthe im Längsschnitt, desgl.; 6 Stempel im Querschnitt, desgl.; 7 Staubgefässe, desgl.; 8 Pollenkörner, desgl. Nach der Natur von W. Müller.

Aloë socotrina (succotrina) Lam.

Aloë.

Familie: *Liliaceae;* Gattung: *Aloë* Tourn.

Beschreibung. Die zusammengesetzte, fleischige, walzenförmige Wurzel treibt einen 1 bis $1^3/_4$ Meter hohen, 10 Ctm. dicken, walzigen, sehr langsam wachsenden, von den abgefallenen Blättern ringförmig genarbten, zuerst einfachen, später gabelspaltig getheilten, unten nackten, oben dichtbeblätterten Stamm. Blätter zahlreich, fleischig, an der Spitze der Gabeläste, bis 50 Ctm. lang, 3 Ctm. breit, die Oberfläche an dem Grunde flach, gegen die Spitze rinnenförmig, Unterfläche gewölbt, aus linien-lanzettförmigem Grunde nach oben allmählich verschmälert, spitz, bläulich-grün, unterseits am Grunde weiss gefleckt, am Rande weissknorpelig und mit kurzen, etwas nach oben und innen gekrümmten Zähnen besetzt, die unteren Zähne genähert, die oberen entfernt. Der einfache Blüthenschaft bis 1 Meter lang, stumpf 3 seitig, grün, unten mit entfernt stehenden, oben mit gedrängten, halbstengelumfassenden, eiförmigen, zugespitzten, ausgefressen gezähnten, röthlichen Brakteen besetzt, die oberste Braktee die Blüthen unterstützend. Blüthentrauben reichblüthig; Blüthenknospen aufstrebend, aufgeblühte Blüthen hängend. Blüthenstiele länger als die Deckblätter. Perigon walzenförmig, 3 bis $3^1/_2$ Ctm. lang, bis fast zum Grunde sechstheilig, Segmente zungenförmig, am Grunde purpurn, in der Mitte blasser, die stumpfe Spitze grünlich. Staubgefässe 6, von der Länge der Perigonblätter, am Grunde der letzteren entspringend und vor den Kronblättern stehend, mit goldgelben Staubfäden und länglichen, auf dem Rücken angehefteten, nach innen gewendeten, 2 fächerigen, der Länge nach aufspringenden, braunrothen Staubbeuteln. Pollen länglich, unter Wasser kugelig. Stempel oberständig, frei, mit länglichem, stumpf, 3 seitigem, 3 fächerigem Fruchtknoten; die Scheidewände der Fächer bestehen aus den Rändern der 3 Fruchtblätter, sie sind doppelt, im Centrum verwachsen und daselbst samentragend. Eichen zahlreich, horizontal, in jedem Fache 2 reihig. Der 3 kantige Griffel fadenförmig, goldgelb, gedreht, mit einfacher, kopfiger Narbe. Fruchtkapsel häutig, stumpf-3 kantig, 3 fächerig, 3 klappig. Embryo fast von der Länge des fleischigen Endosperm.

Aloë officinalis Forsk, und *Aloë rubescens* D. C. sollen nach Flückiger Abarten der *A. socotrina* sein. *Aloë purpurascens* Haw. unterscheidet sich von *A. socotrina* nur durch die im Alter purpurn angelaufenen Blätter und ganzrandigen Brakteen.

Aloë socotrina ist im südlichen Gebiete des rothen Meeres und des indischen Oceans, auf der Insel Sokotra, wahrscheinlich auch in Sansibar und an dem Fusse des abyssinischen Hochgebirges einheimisch. Nach neueren Untersuchungen wäre die auf der Insel Sokotra vorkommende Aloë nicht *A. socotrina*, sondern *Aloë Parryi* (Perryi) Bak., welche sich durch einen sehr kurzen, 2 Ctm. dicken Stamm und braune Randstacheln der Blätter auszeichnet.

Aloë vulgaris Lam. (*Aloë vera* L., *A. barbadensis* Haw., *A. abyssinica* Lam., *A. perfoliata α vera* L.). Wurzel fleischig, bräunlich, mit zahlreichen Wurzelfasern. Der kurze, bis 60 Ctm. hohe, 4—7 Ctm. dicke, cylindrische, in der Regel gekrümmte, narbig geringelte Stamm treibt an der Spitze dicht gedrängte, bis 60 Ctm. lange, in der Jugend aufrechte, später bogig übergeneigte, blassgrüne, weissbereifte und häufig weissgefleckte Blätter, welche aus stengelumfassendem, flachem, rinnenförmigem Grunde allmählich in die Spitze übergehen, auf der Oberfläche seicht rinnig sind und am knorpeligen Rande mit entfernt stehenden, weissen, an der Spitze bräunlichen Zähnen besetzt sind. Der ungefähr 1 Meter lange, etwas kantige Blüthenschaft mit $^1/_3$ Meter langer, reichblüthiger, etwas pyramidaler Traube. Die 3 Ctm. langen Blüthen mit bis zu $^2/_3$ gespaltenem, am Grunde etwas aufgeblasenem, am Schlunde wenig verengertem Perigon. Die gelben Kronenabschnitte an der Spitze etwas nach auswärts gekrümmt, auf dem Rücken mit gwöhnlich drei grünen Längsstreifen. Die 6 Staubgefässe mit pfriemenförmigen Fäden, welche wenig länger als die Krone sind. Der eiförmige Fruchtknoten mit staubfadenlangem Griffel und stumpfer dreispaltiger Narbe. Die längliche, 3 furchige, 3 fächerige Kapsel mit vielen, eckigen, halbkreisförmigen, glatten Samen.

In Indien, Ost- und Nordafrika einheimisch; in den europäischen Mittelmeerländern, auf den Kanarischen Inseln und in Westindien angebaut.

Uebereinstimmend mit *A. vulgaris* ist die in den Nordostprovinzen Indiens vorkommende *Aloë indica* Royle und die auf den Küsten Ceylons und Südindiens auftretende *Aloë litoralis* König. Beide besitzen rothe Blüthen.

Aloë ferox Miller besitzt einen bis 6 Meter hohen, 8—12 Ctm. dicken Stamm. Blätter eine 30—50 blätterige Rosette bildend, dunkelgrün, lanzettlich, bis 60 Ctm. lang, bis 12 Ctm. breit, oberseits rinnig, an den Rändern mit dichten, braunen Stacheln besetzt. Der verzweigte Blüthenschaft hat eine Länge bis 60 Ctm. Die kurz gestielten, ungefähr 3 Ctm. langen Blüthen mit rothem, grünlich gestreiftem, schwach gekrümmtem Perigon. Staubgefässe und Griffel weit hervorragend. Der Flora des Caplandes angehörig.

Aloë africana Miller, mit einfachem Stamme und lanzettlichen, aufrechten, an der Spitze schwach zurückgebogenen Blättern, welche auf dem Rücken und an den Rändern mit starken, schwarzpurpurnen, an der Spitze feuerrothen Stacheln besetzt sind. Sie unterscheidet sich von *A. ferox* hauptsächlich durch die schwertförmigen Blätter und das gelbe, stärker gekrümmte Perigon. Am Cap einheimisch.

Aloë spicata L. fil. (Thunberg) besitzt einen meterhohen, armdicken Stamm, flach rinnige, gefleckte, mit rothen Zähnen besetzte Blätter und ein weisses, grün gestreiftes Perigon. Bei Bentley and Trimen sind die Blätter der noch wenig bekannten Pflanze zurückgebogen, sehr dick, im oberen Theile halbcylindrisch, am Rande dicht mit grossen, röthlichen Stacheln besetzt. Die Blüthen der einfachen Traube sind gelb. Die Staubgefässe nebst Griffel ragen wenig aus der Blüthe heraus. Am Cap einheimisch.

Aloë Lingua Miller umfasst eine Reihe von Formen (*A. nigricans* Haw., *A. sulcata* Salm-Dyck, *A. obtusifolia* Salm-Dyck, *A. excavata* Willd. etc.), welche trotz ihrer geringfügigen Unterschiede gegenwärtig als Arten gelten. Sie zeichnen sich durch einen sehr kurzen Stamm und durch 2zeilig geordnete, zungenförmige, vertieft weissfleckige Blätter aus. Sie gehören zur Flora des Caplandes.

Aloë arborescens Miller mit einfachem oder verzweigtem Stamm, oberseits stark rinnigen Blättern und grünen Randzähnen. Perigon scharlachroth, Staubfäden gelb, Staubbeutel roth. Am Cap einheimisch.

Aloë Commelini Willd. mit 2 Meter hohem, meist einfachem Stamm, weissen Blattzähnen, cylindrischem Blüthenschaft, cylindrischem, tief 6theiligem, scharlachrothem Perigon. Die aus gelben Fäden und braunrothen Beuteln bestehenden Staubgefässe sind kürzer als das Perigon. Am Cap einheimisch.

Anatomisches. Der Querschnitt des Blattes zeigt eine starke Cuticula und eine dickwandige Epidermis; hierauf folgt eine ziemlich kleinzellige, chlorophyllhaltige Parenchymschicht, die grüne Zellschicht und dann das grosszellige, schlaffe, ungefärbte Mark. Auf der Grenze zwischen Rinden- und Markschicht treten zahlreiche, schwache Gefässbündel auf, welche in kurzen, ziemlich gleichmässigen Abständen das Mark umgeben. Der innere, aus zartem, engem, axial verlängertem Gewebe bestehende Theil der Gefässbündel, welcher 2 bis 3 Spiralgefässe umschliesst, dringt kegelförmig in das Mark ein. Vor dem Gefässstrange befindet sich ein lockeres, mehrreihiges Gewebe sehr weiter, dünnwandiger Zellen, welche von einer Reihe prismatischer, tangential etwas gedehnter Zellen umschlossen sind und als Inhalt den gelbgefärbten Aloësaft enthalten. Bei letzteren Zellen bestehen die Wandungen aus einer Korkhaut, welche von den gleichen Gebilden der Nachbarzellen durch eine gemeinschaftliche, aus Cellulose gebildete Haut getrennt ist. Das übrige Rindengewebe enthält ausser dem Chlorophyll noch Garben von Kalkoxalatnadeln. Letztere befinden sich auch in geringer Menge in dem mit Schleim erfüllten, durchsichtigen Markgewebe.

Name und Geschichtliches. *Aloë* soll aus dem arabischen *Alloeh*, hebräischen *halal* (glänzend, bitter) abstammen; *socotrina* nach der vor dem Golfe von Aden liegenden Insel Sokotra benannt.

Nach einer alten arabischen Sage soll schon Alexander der Grosse die Wichtigkeit dieses Arzneimittels erkannt und die Bewohner von Sokotra, welche diese Droge lieferten, durch griechische Colonisten verdrängt haben. Gewiss ist, dass Aloë schon bei den alten griechischen und römischen Schriftstellern eine Rolle spielte, obwohl, wie Flückiger erwähnt, Theophrast darüber schweigt. Celsus, Plinius und der Verfasser des Periplus maris Erythraei waren mit der Droge wohl bekannt; ebenso Dioskorides, welcher sich bereits der Bezeichnung Ἀλοὴ ἡπατιτις (*Aloë hepatica*) bedient. In den angelsächsischen Arzneibüchern tritt die Droge im 10., in den deutschen im 12. Jahrhundert auf. Die beste Sorte stammte von der Insel Sokotra, welche mit Aloë in früheren Jahrhunderten einen lebhaften Handel unterhielt. Der Handel ist jetzt noch Monopol des dortigen Sultans, jedoch sehr in der Abnahme begriffen. In Ostindien ist Aloë schon seit langer Zeit bekannt und wurde dort sowohl einheimische, als auch von Westen her eingeführte Waare benutzt. Nach Westindien ist die Aloëpflanze (namentlich *A. vulgaris* Lam.) wohl schon vor dem 16. Jahrhundert gelangt. Nach den Angaben Thunbergs ist Peter de Wett (1773) der erste, welcher Aloë im Caplande darstellte.

Offizinell ist der aus den Blättern gewonnene und eingedickte Saft *Aloë* (*Succus Aloës inspissatus, Aloë Socotrina, Aloë Capensis, Aloë lucida*).

Der Saft, welcher sich ohne weiteres aus der Schnittfläche des vollsaftigen Blattes ergiesst, wird nach den Flückiger'schen Mittheilungen auf folgende Weise gewonnen:

Im Caplande wird im trocknen Boden eine kleine Grube gebildet und mit einem an 4 Stäben (Rahmen) befestigten Ziegenfelle ausgelegt. Um diese Vertiefung werden die Aloëblätter so herumgestellt, dass der abfliessende Saft sich in die Ziegenfellmulde ergiesst. Nach Füllung wird der Rahmen mit dem Fell herausgehoben, der Inhalt in eine gusseiserne Pfanne entleert und bei hinreichender Menge das Einkochen bis zur transportfähigen Consistenz meist von Hottentotten und Mischlingen und zwar, wie Flückiger bemerkt, in der allernachlässigsten Weise vorgenommen. Das Aloëgewinnungsgeschäft soll im Caplande nur in Ermangelung eines anderen Erwerbes betrieben und hierzu nach den Angaben von Backhouse und Mac Owan hauptsächlich *Aloë ferox* verwendet werden. Flückiger giebt die jährl. Ausfuhr von 1871—1875 auf 230351 bis 614272 Pfund an.

In Westindien (Barbados, Curaçao, Bonaire und Aruba) wird *Aloë vulgaris* unter guter Pflege mit Bataten und Hülsenfrüchten gemischt kultivirt und alljährlich der Blätter beraubt, welche Beein-

Liliaceae.

Aloë socotrina Lam.

trächtigung die Pflanze bei der sonst guten Pflege jahrelang aushält. Die abgeschnittenen Blätter werden in tiefe Rinnen gestellt, welche zu 5 in geneigter Lage in ein Fass münden. Aus den Fässern kommt der Saft in grosse Vorrathsbehälter, in welchen er monatelang, ohne zu gähren, verbleibt, bis er bei genügender Menge in kupfernen Kesseln eingedampft wird. Man schöpft ihn bei gehöriger Consistenz in hölzerne, 10 bis 40 Pfund haltende Kisten, in denen er nach dem Erkalten erhärtet. Die kleinen Grundbesitzer der Inseln, welche dieses Geschäft betreiben, verkaufen die Waare, manchmal unter grossen Schwierigkeiten, an Zwischenhändler, die dann hinsichtlich der Verwerthung den günstigsten Zeitpunkt abwarten. Die Ausfuhr betrug nach Flückiger im Jahre 1871 1046 Ctr.

Die Droge wird in verschiedenen Sorten in den Handel gebracht, die sich sowohl durch Aussehen, als auch durch den etwas verschiedenen Geruch unterscheiden.

1. *Cap-Aloë*, glänzende Aloë (*Aloë lucida, A. capensis*) ist die in Mitteleuropa vorzugsweise gebrauchte Sorte. Sie besteht aus stark glasglänzenden, unregelmässigen, scharfkantigen, zum Theil sehr grossen Stücken von fast schwarzer Farbe, ist in kleinen Splittern durchsichtig, röthlich bis hellgelbbraun, im Bruche grossmuschelig, sehr spröde, leicht pulverisirbar, ein trüb-hellgelbes Pulver gebend, erweicht ausgetrocknet nicht bei 100° und schmilzt nicht ohne Zersetzung. Nach den Flückiger'schen Versuchen unter dem Mikroskope zergeht die Droge, mit Wasser oder Glycerin angefeuchtet, in grössere oder kleinere Tropfen ohne Krystalle. Der Geruch ist eigenthümlich widerlich, etwas myrrhenartig, der Geschmack sehr bitter und unangenehm, Flückiger fand ein spez. Gew. von 1.364. Der Wassergehalt der lufttrockenen Droge beträgt 7 bis 14%. Diese Sorte ist in Weingeist vollständig, in Wasser zu $^3/_4$ löslich und giebt die dunkelsten Lösungen.
2. Die in England gebräuchliche *Barbados-Aloë* (*Aloë de Barbados*) ist härter, tiefbraun, die Bruchflächen ziemlich glatt, nicht glänzend, dünne Stücken gelb-braun, an den Kanten durchscheinend. Der Geruch ist angenehmer aromatisch als bei den anderen Sorten. Sie erweist sich unter dem Mikroskope krystallinisch. Die Droge stammt von den westindischen Inseln Barbados und Jamaica, von wo sie in Kürbisschalen zur Versendung gelangt.
3. *Socotra-Aloë* (*Aloë socotrina*, Aloë aus Bombay, Aloë aus Sansibar, ostindische Aloë), von den Küstenländern des Rothen Meeres und des Busens von Aden und wohl nur in sehr geringer Menge von der Insel Socotora stammend, wird in flüssigem, (oft verdorbenem und sauerem), weichem und trockenem Zustande auf den Markt gebracht. Die trockene Sorte besitzt eine schön braunrothe, leberartige Farbe, einen nicht unangenehmen, safran- und myrrhenartigen Geruch und erscheint unter dem Mikroskop als sehr krystallinisch.

   Aus dem Innern Arabiens kommt eine übelriechende, sehr dunkle Sorte, welche nach Flückiger der Moka-Aloë (*Aloë de Mochha*) entsprechen soll. Letztere, über Maskat ausgeführt, hat eine schwarzbraune Farbe, ist undurchsichtig, aussen wachsglänzend, im Bruche uneben, nicht muschelig und besitzt ein ungleichförmiges Gefüge.
4. Natal-Aloë, eine gering-lösliche, für medizinische Zwecke wenig brauchbare Sorte, welche aus den Berggegenden der Colonie Natal stammt und nach Flückiger zwischen Pietermaritzburg und den Quathlambabergen, namentlich in den Grafschaften Umvoti und Mooi gewonnen wird. Die Blätter werden schief in Scheiben geschnitten und, der Sonnengluth ausgesetzt, ihres Saftes entleert. Die Droge ist krystallinisch, hell-leberbraun, und besitzt einen geringen Geruch und Geschmack. Die Ausfuhr, welche im Jahre 1869 mit 38 Ctr. begann, war im Jahre 1872 auf 600 Ctr. gestiegen. Als Stammpflanze vermuthet Flückiger eine jener stattlichen Arten, welche in Südostafrika heimisch sind und wozu unter anderen auch die 20 Meter hohe, über 1 Meter dicke *Aloë Barberae* Dyer gehört.
5. Indische Aloë ist eine der Socotrasorte ähnliche, krystallinische Aloë, welche unweit Jafarabad im südl. Gujarat aus der rothblühenden *Aloë striatula* Knth in Kuchen von 20 Ctm. Durchmesser und 2 Ctm. Dicke gewonnen wird. Sie kommt nicht nach Europa.
6. Leber-Aloë (*Aloë hepatica*) kommt über Bombay aus Arabien in Fässchen von 1 Ctr. Gewicht, auch in Kürbisschalen. Sie besitzt eine leberbraune Farbe, geringen Glanz, ist undurchsichtig und zeigt oft viele unregelmässige Risse. Im frischen Bruche ist sie hellgelbbraun, matt, an den Kanten wenig durchscheinend, weniger spröde als Cap-Aloë, ein etwas mattes, röthlichgelbes Pulver gebend. Sie riecht weniger angenehm als die Socotrasorte, mehr safranartig und soll nach Pereira ihr trübes Aussehen den in der Masse vertheilten Aloïnkrystallen verdanken.

   Im allgemeinen übereinstimmend mit dieser Sorte ist die in ledernen Beuteln versendete ägyptische Aloë.
7. Curaçao-Aloë (*Aloë de Curaçao, Aloë Curassavica*) von der westindischen Insel Curaçao stammend, ist aussen glänzend schwarz, undurchsichtig, im Bruche dunkelbraun, muschelig, in dünnen Splittern dunkelbraun durchscheinend, mit einem widerlichen Geruche ausgestattet. Nach Haaxmann soll diese Sorte wiederum in 8 Untersorten zerfallen.
8. Ross-Aloë (*Aloë caballina*) besteht aus schwarzen, schweren, undurchsichtigen, mit Sand und anderen Unreinlichkeiten vermengten Stücken. Es ist dies die schlechteste, kaum noch in der Thierarznei verwendete Sorte, welche angeblich aus dem Bodensatz der *Aloë lucida* und durch nochmaliges Auskochen der bereits benutzten Blätter gewonnen wird.

Die Aloë ist in Alkohol und heissem Wasser löslich und giebt eine klare, dunkelgelbe Lösung, welche sich beim Erkalten trübt und ein gelbbraunes Harz fallen lässt. Letzteres schmeckt nicht so stark bitter als Aloë und wirkt weniger abführend. Hinsichtlich der einzelnen Sorten bemerkt Flückiger: „Wie sich in allen diesen Richtungen (namentlich bezügl. ihres chemischen Verhaltens) die einzelnen Aloësorten unterscheiden, bleibt noch zu erforschen. Wo nur von Aloë ohne weiteres die Rede ist, dürfte wenigstens auf dem Continente Europas die südafrikanische Aloë zu verstehen sein."

Fälschungen sind beobachtet worden mit Kolophonium, Pech, Ocker, Sand, gebrannten Knochen, Gummi, Lakritzen. Eine gute Aloë muss sich in 80 % Weingeist vollständig lösen; nur bei Leber-Aloë bleibt etwas Eiweiss zurück. Erhitzt man die Droge mit dem 10fachen Gewichte Wasser, dem 2—3% kohlensaures Natron beigemischt ist, so erfolgt, unter beständigem Umrühren, bei reiner Waare eine vollständige Lösung ohne Rückstand, während bei unreiner Waare die Beimischungen sich absetzen.

Die im Alten Testamente mehrfach genannte, als werthvolles Räuchermittel verwendete Aloë hat mit unserem Safte nichts zu thun. Es ist dies das Holz der Thymelacee *Aquilaria Agallocha* Roxb., welche in Hinterindien und auf den benachbarten Inseln wächst. Die Droge, welche in der vorzüglichsten Sorte wohl niemals als Handelsartikel nach Europa gelangte, sondern nur zu Geschenken an Fürsten verwendet wurde, kommt 1596 in der Taxe von Ulm vor, woselbst $^1/_2$ Unze mit 40 Kreuzern berechnet wurde. Noch zu Ende des vorigen Jahrhunderts war eine gewöhnliche Sorte (Calambak) in den europäischen Apotheken zu finden. Gegenwärtig dient das Aloëholz nur noch in Ostasien zu Parfümerien. Die Tamilsprache bezeichnet es mit *Aghil,* woraus die Portugiesen *Aquila* und späteren Botaniker den Gattungsnamen *Aquilaria* bildeten.

Ein aus Mexiko kommendes, wohlriechendes Aloëholz stammt nach Collins von der Burseracee *Elaphrium graveolens* Knth.

Bestandtheile. Die Aloë enthält einen eigenthümlichen krystallinischen und amorphen Bitterstoff (Aloin), bitteres Harz und ätherisches Oel.

Das *Aloin* ist nach verschiedenen vergeblichen Versuchen von Braconnot, Winckler und Buchheim im Jahre 1850 von T. und H. Smith aus der Barbados-Aloë rein dargestellt worden. Dieses Aloin mit der Zusammensetzung $C_{34} H_{36} O_{14}$ krystallisirt aus Wasser in schwefelgelben Körnern, aus heissem Weingeist in sternförmig gruppirten Nadeln mit $^1/_2$ Molekül Krystallwasser, welches bei 100° verschwindet. Es ist geruchlos, schmeckt anfangs etwas süsslich, dann sehr bitter, besitzt die physiologischen Wirkungen der Aloë in hohem Grade, reagirt neutral, lässt sich schwierig in kaltem, leicht in kochendem Wasser, sowie in Weingeist und Essigäther lösen, auch in 8 Theilen Aether. Die wässerige Lösung wird durch Bleizucker, Quecksilber, Silbernitrat nicht gefällt, wohingegen Bleiessig einen dunkelgelben Niederschlag erzeugt.

Das Aloin ist in allen Aloësorten vorhanden, jedoch von nicht gleicher Beschaffenheit, weshalb man ihm verschiedene Namen gegeben hat: *Barbaloin* aus der Barbadossorte, *Socaloin* aus der Socotra- und Sansibarsorte, *Nataloin* aus der Natalsorte.

Barbaloin, welches in einer Ausbeute von 20% gewonnen wird, ist ein ziemlich beständiger Körper dessen Lösungen alkalisches Kupfertartrat reduciren und bei Gegenwart von Alkali rasch Sauerstoff aufnehmen. Durch letzteren Process werden unkrystallisirbare, nicht bitter schmeckende Substanzen erzeugt. Durch Kochen mit mässig concentrirten Mineralsäuren liefert es keinen Zucker. Bei Behandlung mit Salpetersäure erhält man glänzende, gelbe Krystalle von *Chrysaminsäure* $(C_{14} H_4 (NO^2)_4 O_2)$, welche von wenig *Pikrinsäure* $(C_6 H_2 (NO^2)_3 OH)$ begleitet ist.

Der amorphe Theil der Barbados-Aloë ist nach Tilden und Rammel als Anhydrit des Barbaloins zu betrachten: $2 (C_{34} H_{36} O_{14}) - OH_2$ (Barbaloin) $= C_{68} H_{70} O_{27}$ (Aloëharz). Das letztere liefert bei Anwendung von Salpetersäure ebenso Chrysaminsäure wie das Barbaloin.

In der nach London eingeführten flüssigen Socotra-Aloë hatte Pereira 1852 Krystalle bemerkt, die er mit dem Smith'schen Aloin für gleichbedeutend hielt. Flückiger und Histed haben dies Krystalle untersucht und, den Unterschied von dem Smith'schen Aloin erkennend, mit dem Namen *Socaloin* belegt. Flückiger giebt ihm die Formel $C_{34} H_{38} O_{16} + 5 H_2 O$. Es besteht aus kleinen Krystallen, welche von 9 Theilen Essigäther, 30 Thl. absolutem Alkohol, 90 Thl. Wasser, 380 Thl. Aether und sehr reichlich in Methylalkohol gelöst werden. Tilden giebt sowohl dem Barbaloin, als dem Socaloin die Formel $C_{16} H_{18} O_7$ und findet den Unterschied nur in dem Wassergehalte.

1871 fand Flückiger in der Natal-Aloë ein drittes Aloin, das er mit *Nataloin* bezeichnete, und für welches Tilden die Formel $C_{25} H_{28} O_{11}$ berechnete. Flückiger fand die Zusammensetzung des lufttrockenen Nataloins gleich der des entwässerten Barbaloins. Das *Nataloin* bildet blassgelbe Krystalle, die sich unter dem Mikroskope als rechteckige, oft abgestumpfte Tafeln darstellen. Es löst sich in 35 Theilen Methylalkohol, 50 Theilen Essigäther, 60 Theilen Weingeist von 0.820 spez. Gew., 230 Theilen absolutem Alkohol, 1236 Theilen Aether, zeichnet sich demnach vor den beiden anderen Aloinen durch geringere Lösbarkeit aus. Nataloin liefert bei der Oxydation mit Salpetersäure keine Chrysaminsäure.

Histed giebt folgende Unterscheidungsmerkmale der 3 Aloine: Splitterchen, in einen Tropfen kalter Salpetersäure gebracht, ändern sich kaum bei Socaloin, während Barbaloin und Nataloin sich lebhaft carminroth färben, welche Färbung bei Nataloin lange anhält. Eine Lösung des Nataloin in concentrirter Schwefelsäure färbt sich bei Annäherung rauchender Salpetersäure blau, während Barbaloin und Socaloin sich wenig ändern. Tilden hält die 3 Aloine für isomer und giebt in Bezug auf die Einwirkung kochender Salpetersäure folgende Unterschiede: *Barbaloin* liefert Chrysaminsäure, Oxalsäure und Pikrinsäure; Socaloin nur Chrysaminsäure; Nataloin keine Chrysaminsäure. Nach Sommaruga und Egger sind die Aloine Glieder einer homogenen Reihe: Barbaloin = $C_{17}H_{20}O_7$; Nataloin = $C_{16}H_{18}O_7$; Socaloin = $C_{15}H_{16}O_7$. Die letztere Formel giebt Schmidt auch dem wasserfreien Barbaloin. Nach Flückiger sind die Aloine wahrscheinlich Derivate des Anthracens $C_{14}H_{10}$.

Rochleder und Czumpelick erhielten 1861 beim Kochen der Aloë mit Natronlauge grosse, farblose Krystalle, in denen man paracumarsaures Natrium vermuthet. Beim Kochen der Aloë mit verdünnter Schwefelsäure erhält man *Paracumarsäure* (C_6H_4.OH, CH = CH.CO.OH) und als Umwandlungsprodukt der letzteren, *Paraoxybenzoësäure* (C_6H_4.OH, COOH). Die Einwirkung von schmelzendem Kali oder Natronhydrat erzeugt, neben flüchtigen Fettsäuren, Oxalsäure und Paraoxybenzoësäure, ausserdem noch *Orcin* und die krystallisirbare, bei 115° schmelzende, in Wasser schwer lösliche, in Aether und Alkohol leicht lösliche *Alörcinsäure* (C_6H_2.OH, $(CH^3)_2$, COOH), welche mit schmelzendem Kali *Orcin* und Essigsäure liefert. Das durch trockene Destillation mit Kalk von Robiquet gewonnene, ölartige *Aloisol* ist nach Rembold ein Gemenge, in dem Dimethylphenol (Xylenol) Aceton und Kohlenwasserstoff auftritt. Werden wässerige Aloëauszüge mit Chlor gesättigt, so erhält man verschiedene Produkte, zuletzt gelbe, bei 150° sublimirende, in Wasser unlösliche Schuppen von *Tetrachlorchinon* (Chloranil) $C_6Cl_4O_2$. Tilden hat durch Einwirkung der Chromsäuremischung auf Barbaloin und Socaloin (nicht aus Nataloin) gelbe Krystalle erhalten, schwer löslich in Wasser, leichtlöslich in Eisessig und Alkohol, stublimirbar, mit Alkalien nicht roth werdend, die er mit *Alloxanthin* bezeichnet. Letzteres besitzt die Formel $C_{15}H_{10}O_6$ und ist als *Methyltetraoxyanthrachinon* aufzufassen.

Die Körper Aloëresinsäure, Aloëretinsäure, Aloëbitter, Aloëretin, Aloylsäure sind sehr zweifelhafter Natur; sie bedürfen noch genauer Prüfung.

Aloëlösungen trüben sich, selbst in den grössten Verdünnungen, bei Einwirkung von Brom. Flückiger fand bei 100° getrockneter südafrikanischer Aloë kaum 1% einer nur schwer weiss zu brennenden Asche.

Das ätherische Oel, der Träger des Geruches, wurde von T. und H. Smith als eine blassgelbe Flüssigkeit dargestellt, welche ein spezifisches Gewicht von 0,863 besitzt, bei 266 bis 271° siedet und einen Geruch und Geschmack ähnlich dem Pfeffermünzöl äussert. Die Barbadossorte lieferte 0.008% (nach Flückiger 1/37000) dieses Oeles. Aus der Cap-Aloe erhielt Flückiger bei 5 Kilogr. einige Tropfen braungelbes, dickflüssiges, ätherisches Oel, welches sich schwerer als Wasser erwies und den gleichen, jedoch etwas angenehmeren Geruch der Droge besass. Es äusserte keine Wirkung auf Lackmuspapier und besass einen scharf aromatischen Geschmack ohne alle Bitterkeit. (Husemann, Pflanzenstoffe 358.)

Anwendung. In Substanz als Pulver, in Pillen, Tinktur etc., in kleinen Gaben als tonisches, in grösseren Gaben als drastisches Mittel. Man reicht Aloë bei Hartleibigkeit, Stuhlverhaltung und wegen der erregenden Wirkung auf die Unterleibsblutgefässe zur Beförderung des Flusses der Hämorrhoiden, zur Beförderung der Menstruation und bei Congestionen nach Gehirn, Herz und Lunge. „Als eigenthümliche Nachwirkung der Aloë bei wiederholter Darreichung wird kürzer oder länger dauernde Blutüberfüllung der Mastdarmgefässe bezeichnet, als Folge deren sich bei Vorhandensein von Ektasien der Hämorrhoidalvenen Hämorrhoidalblutungen einstellen können. Mit Hyperämie im Rectum kann auch gleiche Hyperämie in den benachbarten Sexualorganen sich verbinden, wodurch die emmenagoge und abortive Wirkung grösserer Aloëdosen sich erklärt, welche in einigen Ländern zu ausgedehnter gewissenloser Anwendung des Mittels zur Verhinderung des Familienzuwachses geführt hat. Aloë wird gewöhnlich als Purgans bei habitueller Obstipation bei Personen im vorgerückten Lebensalter empfohlen, wo sie übrigens meist mit anderen Stoffen gegeben wird.“ (Husemann, Arzeneimittell. 624.) Aloë ist Hauptbestandtheil aller Geheimmittel, welche die Blutreinigung bezwecken. Oefterer und anhaltender Gebrauch ist der Gesundheit sehr nachtheilig.

Litteratur. Abbildung und Beschreibung: Nees v. Esenb., Plant. med., Taf. 51 (*socotrina*), Taf. 50 (*vulgaris*); Hayne, Arzneigew. XIV, Taf. 23 (*purpurascens*); (Berg u. Schmidt, Offiz. Gew. Taf. IV f; Bentley and Trimen, Med. pl., Taf. 282 (*vulgaris*); Luerssen, Handb. der syst. Bot. II, 429; Karsten, Deutsche Flora 423; Wittstein, Pharm. 14.

Drogen und Präparate. *Aloë*: **Ph. germ.** 20; Ph. austr. 10; Ph. hung. 31; Ph. ross. 24; Ph. helv. 10; Ph. belg. 7; Ph. Neerl. 19; Brit. ph. 30, 31; Cod. med. 35; Ph. dan. 42; Ph. suec. 20; Ph. U. St. 28; Flückiger, Pharm. 184; Flückiger and Hanb., Pharm. 679; Hist. d. Drog. II, 500; Berg, Waarenk 598.

Extractum Aloës: **Ph. germ.** 83; Ph. austr. 53; Ph. hung. 177; Ph. ross. 122; Ph. helv. 39; Ph. belg. 169; Ph. Neerl. 98; Brit. ph. 113; Ph. dan. 96; Ph. suec. 70; Ph. U. St. 101.

Tinctura Aloës: **Ph. germ.** 270; Ph. ross. 410; Ph. helv. 140; Cod. med. 604; Ph. belg. 265; Ph. Neerl. 264; Brit. ph. 319; Ph. suec. 261; Ph. U. St. 333.

Tinctura Aloës composita (Elixir ad longam vitam): **Ph. germ.** 271; Ph. helv. suppl. 32; Ph. belg. 265; Cod. med. 599; Ph. Neerl. 265; Ph. suec. 229.

Elixir Proprietatis Paracelsi: Ph. helv. suppl. 33; Ph. belg. 266.

Extractum Rhei compositum: **Ph. germ.** 94; Ph. ross. 140; Ph. helv. suppl. 46; Ph. Neerl. 111; Ph. dan. 105; Ph. suec. 257.

Extractum Colocynthidis compositum: Ph. ross. 128; Ph. helv. suppl. 42; Brit. ph. 117; Ph. suecc. 73; Ph. U. St. 112.

Pilulae aloëticae ferratae: **Ph. germ.** 209; Ph. helv. suppl. 87; Brit. ph. 235; Ph. U. St. 252.

Pilulae laxantes et purgantes: Ph. austr. 104; Ph. hung. 347; Ph. helv. suppl. 90; Ph. belg. 329.

Pilulae Mercurialis laxantes et Rhei compositae: Ph. helv. suppl. 90, 91.

Pilulae Aloës barbadensis, Aloës socotrinae, Aloës et Myrrhae, Aloës et Asaefoetidae, Cambogiae composita, Colocynthidis composita: Ph. belg. 327; Ph. suec. 150; Brit. ph. 234 bis 236; Ph. U. St. 251 u. 252.

Pilulae cum Aloë et Sapone, aloëticae cum Helleboro, hydrargyrosae et Morisson: Ph. belg. 212, 328, 329; Cod. med. 480, 481.

Massa pilularum Ruffi: Ph. austr. 89.

Tinctura Benzoës composita: Ph. helv. suppl. 116; Th. dan. 266; Ph. suec. 231; Ph. U. St. 336.

Enema Aloës: Brit. Ph. 110.

Decoctum Aloës compositium: Brit. ph. 96.

Tinctura Aloës et Myrrhae: Ph. belg. 266; Ph. U. St. 333.

Suppositoria Aloës: Cod. med. 586.

Vinum Aloës: Brit. ph. 366; Ph. U. St. 375.

Bezügl. der Drogen und Präparate siehe auch Hager, Pharm. Prx. I, 221; III, 69.

Tafelbeschreibung:

A Pflanze, sehr verkleinert. B Blattspitze, nat. Grösse. C oberer Theil des Blüthenschaftes, nat. Grösse, 1 Blüthe ohne Perigon desgl.; 2 Staubgefässe, vergrössert; 3 Stempel vergrössert; 4 Griffelende desgl.; 5 u. 6 Fruchtknoten im Längs- und Querschnitt, desgl.

Nach einer Originalzeichnung des Herrn Professor Schmidt in Berlin.

Althaea officinalis L.

Eibisch, Heilwurz, Sammt- oder weisse Pappel — Marsh Mallow — Guimauve.

Familie: *Malvaceae.* Gattung: *Althaea* L.

Beschreibung. Das kurze, dicke, mehrköpfige, mit starken, einfachen oder verzweigten, fleischigen, bis $^1/_2$ Meter langen, senkrecht in den Boden steigenden Wurzeln versehene Rhizom treibt einen oder mehrere, unten holzige, oben krautartige, aufrechte, 1—1 $^1/_4$ Meter hohe, sammetartig-filzige, zerstreut ästige, innen markige, kaum hohle Stengel, die sammt den Aesten mit zerstreut stehenden, gestielten, 4—8 cm. langen, 3—6 cm. breiten, eiförmigen, spitzen, am Grunde oft herzförmigen, ungleich kerbig-gesägten, schwach 3—5lappigen, beiderseits weich- und sammethaarigen Blättern besetzt sind. Blattstiele gegen die Basis rinnenförmig. Nebenblätter schmal, lanzett-pfriemlich, 2spaltig, bald abfallend. Blüthen an dem oberen Theil des Stengels und der Aeste achselständig, einzeln oder durch Verzweigung aus der Achsel der Vorblätter büschelig gehäuft. Kelch doppelt, filzig, bleibend. Der äussere kleinere 7—10-, häufig 9spaltig, der innere 5spaltig. Zipfel des inneren Kelches eiförmig, spitz, des äusseren lanzettförmig, spitz. Kronblätter zu 5, so lang als breit, seicht ausgerandet, fast umgekehrt herzförmig, flach, röthlich-weiss, am Grunde in einen breiten, zottig gewimperten Nagel verschmälert. Staubgefässe zahlreich, in eine am Grunde verbreiterte, den Fruchtknoten bedeckende Röhre verwachsen, aus der am oberen Theile die fadenförmigen Enden der Staubfäden frei hervortreten. Der nierenförmige, in der Mitte der Ausrandung angeheftete, einfächerige, violette Steubbeutel auf der Rückennaht 2klappig aufspringend. Pollen rund, stachelig, weisslich. Der von der Blumenbasis und der Staubfadenröhre eingeschlossene Stempel mit niedergedrückt kreisrunden, 10—18 fächerigem, fein behaartem Fruchtknoten, bis zur halben Länge mit einander verwachsenen, oben freien, fadenförmigen, erst aufrechten, später nach aussen gebogenen, staubfadenlangen Griffeln und einfachen Narben. Fruchtknotenfächer eineiig. Die aus 10—18 einsamigen, unter sich und mit der Mittelsäule verwachsenen, bei der Reife sich trennenden Früchtchen bestehende Frucht scheibenförmig-kreisrund, vom bleibenden Kelche umgeben, strahlig gefurcht. Früchtchen oben gewölbt, mit abgerundeten Rändern, kurz und dicht sternhaarig. Same nierenförmig, zusammengedrückt, kahl, eben, dunkelbraun, mit schleimig-fleischigem Eiweiss. Der gekrümmte Embryo mit blattartigen, schmetterlingsflügelartig gefalteten Samenlappen und langem, nach unten gerichtetem Würzelchen.

Anatomisches: Der Wurzelquerschnitt zeigt eine, aus etwa 10 Reihen ansehnlicher, gelber, fast kubischer, tangential gestreckter Zellen gebildete Korkschicht, welche allmählig in die aus grösseren, wenig tangential gestreckten Zellen bestehende schmale Rinde übergeht. Die von ein- oder zweireihigen, in der Aussenrinde verlaufenden Markstrahlen durchschnittene Innenrinde wird durch einzelne, zu weitläufigen Kreisen geordnete, aus 3—30 Zellen bestehende Bastbündel bezeichnet, die in der Nähe des Cambiums immer zahlreicher auftreten. Die ganze Mittel- und Innenrinde besteht hauptsächlich aus rundlichen, sehr stärkereichen Parenchymzellen, in welchen Drusen von Kalkoxalat und einzelne oder mehrere beisammenliegende Schleimschläuche, mit stark quellendem Schleiminhalte eingebettet sind. Die den Bast von dem Holze trennende Cambialzone besteht aus ungefähr 10 Reihen zarter, flacher, tangential gestreckter Zellen ohne festen Inhalt. Das dicke fleischige Holz zeigt in einem der Rinde ähnlichen Parenchym einreihige, schmale, sich gegen das Centrum verlierende Markstrahlen, schwache, zerstreute, gelbliche, aus Tüpfel- und Treppengefässen bestehende Gefässgruppen und ebenfalls Schleimschläuche, wie sie in der Rinde auftreten.

Die Eibischblätter zeigen auf dem Querschnitt ein kleinzelliges Gewebe, welches in der oberen Hälfte palissadenartig in der unteren ästig-zellig auftritt. In dem Parenchym sind grössere Oxalatdrusen eingebettet. Beide Blattoberflächen sind dicht mit einzelligen, starkwandigen Haaren besetzt, die in der Regel zu 6 einer Oberhautzelle entspringen. Zwischen diesen Haarbüscheln befinden sich einzelne Haare von gleicher Gestalt und ausserdem auf kurzen, nur wenig aus der Epidermis hervorragenden Stielzellen farblose oder gelbliche mehrzellige Drüsen.

Verbreitung. In feuchten Gebüschen, an Gräben, Zäunen, vorzüglich auf feuchtem, salzigem Boden durch ganz Europa mit Ausnahme Skandinaviens und des ganzen höheren Nordens, ebenso über das gemässigte West- und Nordasien verbreitet. In Deutschland (namentlich Nürnberg, Bamberg), Frankreich und Belgien der Wurzeln wegen kultivirt.

Name und Geschichtliches. Der Name Eibisch (althochdeutsch *ibisca,* mittelhochdeutsch *Ibsche, Ipsch, Ybischa, Ywesche,* bei Hildegard *Ibischa, Ibiscum,* bei Brunschwig und Bock *Ibisch,* bei Fuchs *Eibesch*) stammt aus dem lateinischen *ibiscum, hibiscum,* dem griechischen *ἴβισκος* (*ἔβισκος*), einem Worte, welches der griechischen Sprache ursprünglich nicht angehört hat. *Althaea* ist von *Ἀλθαια* (*ἄλθος* Heilmittel, *αλθομαι* gesunden) abgeleitet, mit welchem Worte Dioscorides unsere Pflanze bezeichnete.

Der medizinische Gebrauch des Eibisch ist ein sehr alter. Theophrastus nannte die Pflanze *Μαλακη ἀγρια* wilde Malve, bezeichnete sie jedoch auch schon mit *Ἀλθαια* (*Althaea*). Bei Dioscorides finden wir neben letzterer Bezeichnung noch *Ἰβεσκος*. Vergilius nennt sie *Hibiscus,* Plinius *Hibiscum.* Spätere Schriftsteller brauchen neben den genannten Bezeichnungen für unsere Pflanze noch die Worte *Mismalva* oder *Bismalva*, womit jedenfalls „wilde“ Malve bezeichnet werden sollte. Alexander Trallianus empfahl die Anwendung der Eibischsamen bei Harnstrenge und Steinbeschwerden; das Capitulare Karls des Grossen empfiehlt die Pflanze als anbauwürdig.

Offizinell ist die Wurzel: *Radix Althaeae* (*Radix Bismalvae, Radix Hibisci*), die Blätter: *Folia Althaeae* (*Herba Althaeae s. Bismalvae*), die Blüthen: *Flores Althaeae* und früher auch der Samen: *Semen Althaeae.*

Die Wurzel wird von zweijährigen oder älteren Pflanzen im Spätherbste oder Frühjahre gesammelt, nach Beseitigung des Wurzelstockes und der holzigen, schlechten Theile, sowie der äusseren Rinde schnell und zwar bei einer Wärme bis zu 35° getrocknet und geschnitten, gröblich oder fein gepulvert aufbewahrt. Sie kommt gewöhnlich geschält in den Handel, ist ganz weiss oder etwas gelblich, im Bruche, mit Ausnahme des faserigen Bastes, eben und körnig. Sie besitzt (auch im trocknen Zustande) einen eigenthümlichen fade-süsslichen Geruch und eben solchen Geschmack und entwickelt beim Kauen viel Schleim.

Verwechselungen und Fälschungen finden statt mit und durch *Althaea Narbonnensis* Cavan. und *Althaea rosea* Cav. Erstere zeigt auf der Schnittfläche abwechselnd gelbe und weisse Kreise; letztere ist grobfaserig, zäh und gelblich weiss.

Die Eibischblätter werden vor der Blüthe (Juni, Juli) gesammelt und in grober oder feiner Speziesform, nach vorheriger Reinigung von den Filzhaaren, in Holzkästen aufbewahrt. Sie sind fast geruch- und geschmacklos, besitzen auch nach dem Trocknen eine graulich-grüne Farbe und enthalten viel Schleim.

Die Blumen riechen süsslich, sind von süsslichem, etwas herbem Geschmack und enthalten viel Schleim. Die Samen sind ebenfalls reich an Schleim.

Präparate. Aus der Wurzel wird *Syrupus Althaeae* gewonnen, ausserdem wird die Wurzel zur Herstellung von *Species pectorales, Unguentum Althaeae* und *Pilulae Jodeti ferrosi* verwendet. Die Blätter bilden einen Bestandtheil von *Species emollientes* und *Species ad Gargarisma.*

Bestandtheile. Die offizinellen Theile der Pflanze sind sämmtlich reich an Schleim, der nach Buchner beispielsweise in der trocknen Wurzel ca. 30% beträgt. Ausser dem Pflanzenschleim fand Buchner in der Wurzel 37% Stärkemehl, 8% Zucker, 2% Asparagin, 11% Pektin, 1¼% fettes Oel, Pflanzenschleim, Aepfelsäure, schwefelsaure, phosphorsaure Kali-, Kalk- und Bittererdesalze. Die von Bacon aus der Wurzel erhaltene krystallinische Substanz, die er *Althaein* nannte, ist von Plisson als Asparagin erkannt worden. Letzteres ist fast geschmacklos und krystallisirt in grossen Prismen oder Oktaëdern des rhombischen Systemes. Aus gut geschälter, bei 100° getrockneter Eibischwurzel erhielt Flückiger 4,88% Asche, die reich an Phosphaten war. (Husemann, Pflanzenst. 825.)

Anwendung. Eibischwurzel und Eibischblätter dienen in Form von wässerigen Auszügen als demulcirende Mittel bei Katarrhen der Respirationsorgane und als Vehikel für scharfe Arzneistoffe. Für den inneren Gebrauch verwendet man vorzugsweise die Wurzel, die namentlich auch in Pulverform als Consistenzmittel der Pillen und Pastillen gebraucht wird. Die Blätter finden meist nur äusserlich in Form von wässerigen Auszügen zu Gargarismen und Collutorien, Klystiren und in Verbindung mit anderen erweichenden Kräutern zu Cataplasmen Anwendung. (Husemann, Arzneimittellehre 332.)

Litteratur. Abbildung und Beschreibung: Nees v. Esenb., Plant. med., Taf. 417; Hayne, Arzneigew. II., Taf. 25; Berg u. Schmidt, Offiz. Gew. XXI[F]; Bentley u. Trim., Taf. 35; Woodville, Taf. 198; Steph. u. Ch., Taf. 51; Luerssen, Handbuch der syst. Bot. II. 665; Karsten, Deutsche Flora 613; Wittstein, Pharm. 184.

Drogen und Präparate: *Radix Althaeae*: **Ph. germ.** 217; Ph. austr. (D. A.) 10; Ph. hung. 33; Ph. ross. 328; Ph. helv. 106; Cod. med. (1884) 56; Ph. belg. 7; Ph. Neerl. 20; Ph. dan. 186; Ph. suec. 168; Ph. U. St. 28; Flückiger, Pharm. 344; Flückiger and Hanb., Pharm. 92; Hist. d. Drog. I. 176; Berg, Waarenk. 71; Berg, Atlas, Taf. XI.

Folia Althaeae: **Ph. germ.** 112; Ph. austr. (D. A.) 10; Ph. hung. 33; Ph. helv. 55; Cod. med. (1884) 56; Ph. belg. 7; Ph. Neerl. 20; Flückiger, Pharm. 604; Berg, Waarenk. 289.

Flores Althaeae: Cod. med. (1884) 56; Ph. belg. 7.

Syrupus Althaeae: **Ph. germ.** 255; Ph. austr. (D. A.) 126; Ph. hung. 429; Ph. ross. 392; Ph. helv. 130; Cod. med. (1884) 554; Ph. belg. 242; Ph. Neerl. 248; Ph. dan. 251; Ph. suec. 219; Ph. U. St. 319.

Species pectorales: **Ph. germ.** 242; Ph. austr. (D. A.) 119; Ph. hung. 399; Ph. ross. 368; Ph. helv. 119; Ph. belg. 225; Ph. dan. 229; Ph. suec. 199.

Species emollientes: **Ph. germ.** 241; Ph. austr. (D. A.) 118; Ph. hung. 401; Ph. ross. 369; Ph. helv. 118; Ph. belg. 225; Ph. dan. 227.

Unguentum Althaeae: Ph. dan. 281.

Pilulae Jodeti ferrosi: Ph. hung. 347; Ph. dan. 177; Ph. suec. 152.

Siehe ausserdem Hager, Ph. Prx. I. 240.

Tafelbeschreibung:

A Pflanze in natürl. Grösse; 1 Kronblatt, desgl.; 2 Staubfadenröhre mit den Ansätzen der Kronblätter, vergrössert; 3 Blüthe im Längsschnitt, desgl.; 4 u. 5 Staubgefässe, desgl.; 6 Pollen, desgl.; 7 Stempel, desgl; 8 Fruchtknoten im Querschnitt, desgl.; 9 Frucht, natürl. Grösse; 10 einzelnes Früchtchen, natürl. Grösse und vergrössert; 11 u. 12 dasselbe in verschiedenen Längsschnitten, desgl.; 13 Same, natürl. Grösse und vergrössert. Nach der Natur von W. Müller.

Malvaceae.

Althaea officinalis L.

Althaea rosea Cav.

Syn. *Alcea rosea* L.

Stockmalve, Stockrose, Winterrose, Pappelrose, Schwarze Malve — Garden mallow — Passe rose, Rose trémière.

Familie: *Malvaceae.* Gattung: *Althaea* L.

Beschreibung. Zwei- oder mehrjährige Pflanze mit senkrecht in den Boden gehender ästiger, stark befaserter, innen weisser, schleimiger Wurzel und aufrechtem 1—2 1/2 m hohem, rundem, einfachem oder wenig verästeltem, zerstreut kurzhaarigem, unten dicht beblättertem Stengel. Blätter gestielt, rundlich-herzförmig, gekerbt, runzelig, beiderseits steifhaarig-filzig, die untersten sehr gedrängt, 5—7lappig, die oberen 3lappig, allmälig kleiner werdend, endlich in die Deckblätter übergehend. Blattstiele rund, steifhaarig-zottig, nach oben kürzer werdend. Nebenblätter beiderseits an der Basis der Blattstiele, ziemlich breit, in mehrere schmale Zipfel gespalten; Blüthen 5—7 1/2 cm im Durchmesser, einzeln oder 2—3 in der Blattachsel, die oberen sehr kurz gestielt, bis fast sitzend, durch Verkümmern der Tragblätter eine endständige Traube bildend, weiss, gelb, purpurn bis fast schwarz. Kronblätter 5 oder mehrere, sehr gross, geschweift oder ausgefressen gekerbt, breit herzförmig oder rundlich dreieckig, sehr stumpf, etwas wellig, genagelt, von zarten Gefässbündeln durchzogen. Kelch doppelt, bleibend, der innere 5spaltig, am Grunde verwachsen, der äussere 6—9spaltig, halb so lang als der innere; sämmtliche Kelchblätter dicht mit Büscheln von einzelligen, graden oder gebogenen, nicht verzweigten Haaren besetzt. Staubgefässe zahlreich, in eine am Grunde verbreiterte, den Fruchtknoten bedeckende Röhre verwachsen. Staubbeutel breit nierenförmig, einfächerig, in der oberen bogenförmigen Naht 2klappig aufspringend. Pollen weisslich, rund, stachelig. Stempel innerhalb der Staubfadenröhre. Fruchtknoten kreisrund, zusammengedrückt, gefurcht, behaart, vielfächerig. Fächer eineiig. Griffel von der Zahl der Fächer, kürzer als die Staubgefässe, nur das obere Drittel der Länge frei und fadenförmig, nach unten verwachsen. Narbe einfach. Frucht vom bleibenden Kelch eingehüllt, wie der Fruchtknoten kreisförmig, niedergedrückt, in der Mitte genabelt, aus 20—40 nierenförmigen, nicht aufspringenden, 1samigen, bei der Reife sich trennenden, behaarten, scharfrandigen, am Rücken tiefrinnigen Früchtchen bestehend. Same nierenförmig, zusammengedrückt, braun. Embryo gekrümmt, mit langem, nach unten gekehrtem Würzelchen und blattartigen, zusammengefalteten Samenlappen.

Verbreitung. Im Orient wild wachsend. Im grössten Theile Europas, bis Norwegen, in zahlreichen Varietäten der Blumen wegen häufig kultivirt. Die Stockrose wird bei Nürnberg und in Würtemberg als Handelspflanze gezogen.

Name und Geschichtliches. Bezüglich des Namens *Althaea* wird auf *Althaea officinalis* L. verwiesen; ebenso sind die Namen Malve und Pappel unter *Malva silvestris* L. abgehandelt. *Alcea* ist abgeleitet von ἀλκεα (ἀλκεειν helfen, heilen, ἀλκεω stärken), womit Dioscorides die in Griechenland häufig vorkommende *Malope malacoides* L. bezeichnete.

Ob den Alten die Stockrose bekannt gewesen ist, lässt sich mit Bestimmtheit nicht ermitteln. Nach Sprengel soll die von Dioscorides beschriebene, von den Griechen zu Arzneizwecken kultivirte Gartenmalve nicht, wie man früher annahm, unsere Art, sondern die jetzt noch in Griechenland häufig gebaute *Malva silvestris* gewesen sein. Der Neapolitaner Giovanni Battista Porta (1537—1615)

Althaea rosea Cav.

erwähnt zwar in seinem „Villae" betitelten Werke unsere Stockrose unter dem Namen *Malva rosacea hortensis* und preist sie bezüglich ihrer Schönheit sehr hoch, beschreibt aber als Gemüse- und Arzneimalve *Malva silvestris*. Zu Porta's Zeiten nannte man die Stockrose in Neapel *Rose di Francia* weil sie angeblich aus Frankreich nach Neapel gebracht worden war. In Deutschland scheint unsere Pflanze schon früh, sowohl als Zierblume als auch als Arzneiblume bekannt gewesen zu sein; schon Tragus (Hieronymus Bock) und Gessner geben zu Anfang des 16. Jahrhunderts Abbildung und Beschreibung von ihr. Tragus betont ihren fremden Ursprung und nennt sie *Malva romana* oder *Malva ultra marina*, zu deutsch Ernrose, weil sie erst zur Erntezeit blühe. Matthiolus vergleicht sie in seinen „Commentarii" mit einer schönen, geruchlosen Rose und Lobelius führt sie in seinem Werke „Stirpium adversaria" unter dem Namen *Malva rosea fruticosa* an. Die von Galenus (131—201 n. Chr. zu Pergamon) erwähnte Baummalve, *Δενδρομαλακη*, soll nach Fraas gleichbedeutend mit der *Μαλακη δενδρωδης* des Theophrast und nicht unsere Pflanze, sondern *Lavatera arborea* L. gewesen sein.

Blüthezeit. Juli bis Herbst.

Offizinell sind die Blüthen der schwarzrothen oder dunkelbraunen Varietäten: *Flores Malvae arborea s. hortensis* (*Flores Alceae*).

Die Blüthen werden mit den Kelchen gesammelt; sie sind geruchlos und von süsslich-schleimigem, etwas herbem Geschmacke.

Bestandtheile. Die Blüthen enthalten Schleim, eisengrünenden Gerbstoff und Farbstoff.

Anwendung. Die Stockrosenblüthen werden zur Herstellung schleimiger Dekokte und in dieser Form besonders zu Gurgelwässern verwendet. Sie sind, namentlich wegen des Gehaltes an zusammenziehend wirkendem Gerbstoff, zur Anwendung bei Angina sehr geeignet. Die Pharmakopoea germ. ed. altera hat sie nicht wieder aufgenommen. (Husemann, Arzneimittell. 333.)

Litteratur. Abbildung und Beschreibung: Nees v. Esenb., Plant. medic., Taf. 416; Hayne, Arzneigew. II., Taf. 26; Berg u. Schmidt, Offiz. Gew., Taf. XXI^{c}; Luerssen, Handb. der syst. Bot. 666; Karsten, Deutsche Flora, 614; Wittstein, Pharm. 814.

Drogen und Präparate: *Flores Malvae arboreae*: Cod. med. 83; Flückiger, Pharm. 752; Berg, Waarenk. 321.

Tafelbeschreibung:

A blühender Stengel in natürl. Grösse; 1 Staubgefässröhre, vergrössert; 2 Blüthe im Längsschnitt, desgl.; 3 Stempel, desgl.; 4 Fruchtknoten im Querschnitt, desgl.; 5 Staubgefässe, geöffnet, desgl.; 6 dasselbe, geschlossen, desgl.; 7 Pollenkorn, desgl.; 8 Frucht mit Fruchtkelch, natürl. Grösse; 9 dieselbe ohne Fruchtkelch, desgl.; 10 einzelne Früchtchen, desgl.; 11 eins dergl., vergrössert; 12 dasselbe zerschnitten, von der Breitseite, desgl.; 13 dasselbe zerschnitten, von der schmalen Seite, desgl.; 14 Same, natürl. Grösse und vergrössert. Nach der Natur von W. Müller.

Anacardium occidentale L.

Cachunuss- oder Elefantenlaus-Baum. Franz.: Caju oder pomme d'acajou. Engl.: cashew-nut. Port.: noz de caju. Kûnah.: mbibo. Hindost.: kaju.

Syn. *Anacardium subcordatum* Presl.

Familie: *Anacardiaceae.* Tribus: *Mangifereae.* Gattung: *Anacardium.* L.

Beschreibung. Ein 6 bis 10 m hoher Baum, im Habitus an den Walnussbaum erinnernd, mit aufrechtem Stamm und ganz kahlen und glatten Zweigen, welche nach oben zu dicht beblättert sind. Die Blätter stehen abwechselnd, besitzen keine Nebenblätter und sind 1 bis 1,5 cm lang gestielt. Die Blattspreite hat verkehrt-eiförmige Gestalt und ist im allgemeinen eineinhalb- bis zweimal, seltener bis zweieinhalbmal so lang als breit; die mittlere Länge beträgt 12 bis 14 cm und die Breite 6 bis 8 cm, ausnahmsweise erreicht die Länge auch 18 cm. An der Basis sind die Blätter meist in den Blattstiel verschmälert, weniger häufig spitz oder gar stumpf; oben sind sie ganz abgestumpft, rundlich, zuweilen sogar ausgerandet; der Rand zeigt keinerlei Einschnitte, ist nur zuweilen etwas wellig; die Blattfläche ist beiderseits ganz kahl, von dick lederartiger derber Konsistenz, mit starker Mittelrippe und mit zehn bis vierzehn fast parallel verlaufenden Seitennerven versehen, welche sämtlich an der Unterseite deutlich hervortreten. Die Blüten sind zu trugdoldigen, endständigen Rispen angeordnet, welche eine Länge von 10 bis 20 cm erreichen und deren ziemlich zahlreiche Seitenzweige von lanzettlichen, gestielten, sehr spitzen Brakteen gestützt sind; die letzteren sind 5 bis 10 mm lang und 2 bis 5 mm breit, an der Unterseite ziemlich dicht grau behaart, an der Oberseite fast kahl. Die letzten Verzweigungen der Blütenstände tragen zahlreiche Blüten in dichten Büscheln und sind nebst den Aussenteilen der Blüten dicht, aber sehr kurz grau behaart. Die Blütenstiele sind nur 2 bis 3 mm lang, aber kürzer als die Blüten; diese sind polygamisch. Der Kelch ist tief fünfteilig, mit lanzettlichen, aufrechten, sich dachziegelig deckenden aussen dicht und kurz grau behaarten, 4 mm langen und 1 mm breiten Zipfeln. Die fünf Blumenblätter sind lineal-lanzettlich, 7 bis 8 mm lang, 1 mm breit, sehr spitz, aussen sehr zart grau behaart, innen kahl, gelb mit rotem Streifen, zuletzt nach aussen gekrümmt, bräunlich, mit dachziegeliger Knospenlage. Staubblätter sind sieben bis zehn vorhanden, deren Fäden an der Basis miteinander verwachsen sind; nur eins derselben ist fruchtbar, 8 bis 9 mm lang und die zurückgeschlagenen Petalen überragend, die übrigen sind unfruchtbar und nur 3 bis 4 mm lang; die Staubbeutel sind gelblichweiss, länglich-eiförmig, mit seitlichen Längsspalten aufspringend. Das Gynaeceum ist verkehrt-eiförmig, ein wenig schief, frei, sitzend, kahl,

2 mm lang, einfächerig, und an der Spitze sich in einen 4 mm langen pfriemenförmigen Griffel mit punktförmiger Narbe verlängernd. Die Frucht ist eine nierenförmige zusammengedrückte Steinfrucht, in der Einbuchtung mit einem Nabel versehen, mit harzreicher Fruchtschale, 2 bis 2,5 cm lang, 1,5 cm breit. Der Fruchtstiel verdickt sich bei der Reife zu einem birnenförmigen, schwammigen, 6 bis 7 cm langen und oben 4 bis 5 cm breiten, gelben oder rötlichen Organ. Der Same besitzt eine dünne, häutige Schale, ist entsprechend der Gestalt der Frucht, nierenförmig, entbehrt des Nährgewebes, die Schale wird also ganz von dem Embryo erfüllt; er ist 1 bis 1,5 cm lang und 1 cm breit. Das Würzelchen des Embryo ist nach oben gekrümmt; die Keimblätter sind dick, plankonvex und halbmondförmig.

Vorkommen und Verbreitung. Die Pflanze ist im ganzen tropischen Zentral- und Südamerika einheimisch, von Mexiko an durch Mittelamerika und Westindien bis zu den brasilianischen Provinzen Saõ Paulo und Rio de Janeiro. Ausserdem wird der Baum in den asiatischen Tropenländern kultiviert und ist häufig verwildert. In Afrika scheint er noch nicht sehr weit ins Innere vorgedrungen zu sein, an der Küste ist er von Senegambien bis Angola und von Tanga bis Mossambik verbreitet, namentlich auch viel auf Sansibar.

Name. Der Name ist zusammengesetzt aus *ἀνα* (ähnlich) und *καρδια* (Herz) wegen des an Farbe und Gestalt einem Herzen ähnlichen Fruchtstieles.

Pharmazeutisch wichtig sind die Früchte, **Anacardien** und das aus dem Baume ausfliessende Gummi, **Gummi Acajou.** Als Genussmittel dient der fleischige Fruchtstiel, **Caju-Birnen,** und der mandelartige **Same**; technisch wichtig ist die gerbstoffhaltige **Rinde** als Gerbematerial und das **Holz** als Packholz und Bootsbauholz.

Der süsssäuerliche, etwas zusammenziehende, aber angenehm quittenartig schmeckende und erfrischende birnenförmige karminrote bis gelbe Fruchtstiel wird gern roh gegessen; auch wird durch Gährung desselben ein guter Wein (Cachu-Wein) hergestellt; ebenso ist das Destillationsprodukt von angenehmem Geschmack; die Portugiesen legen die Fruchtstiele zwei Wochen in Wasser und destillieren dann den Branntwein ab.

Die eigentlichen Früchte, **Fructus Anacardii, Anacardia occidentalia,** westindische Elefantenläuse, Caju-Nüsse, Acajou-Nüsse, engl. *Cashew-nuts,* franz. *Noix d'Acajou,* haben die Form einer grossen nierenförmigen Bohne von hellbrauner Farbe; sie sind 2,5 bis 3 cm lang etwa 1,5 cm breit und etwa 1 cm dick. An dem einen Ende der Bohne bemerkt man die Narbe des Fruchtstiels; an der Seite liegt die Einbuchtung, woselbst die Frucht schwach gekielt erscheint. Die äussere Fruchtschale ist etwas glänzend; im Innern sieht man auf Längs- und Querschnitten weite Hohlräume, welche mit einem stark reizenden, anfangs farblosen, später braunen Balsam angefüllt sind. Die harte, brüchige Steinschale umschliesst einen öligen angenehm mandel- oder nussartig schmeckenden Kern, welcher aussen braun, innen milchweiss ist.

Durch Rindeneinschnitte gewinnt man ferner das **Acajou-Gummi,** welches als Surrogat des arabischen Gummi verwendbar ist und in Südamerika auch von den Buchbindern gern benutzt werden soll; es kommt häufig in langen stalaktitischen Stücken vor, ist von gelblicher oder rötlicher Farbe und in Wasser leicht löslich; die Lösung wird durch Borax und Eisensulfat nicht verändert. Es besteht aus Arabin und etwas Metarabin.

(Mangifereae)

Anacardium occidentale L.

Bestandteile. Der in den Höhlungen der Steinschale der Frucht befindliche Balsam enthält besonders zwei wichtigere Stoffe, das **Cardol** und die **Anacardsäure**.

Die **Anacardsäure** $C^{22}H^{32}O^{3}$ bildet eine weisse krystallinische, bei 20° schmelzende Masse von schwach aromatischem Geruch, die auf Papier Fettflecke hervorbringt. In Wasser ist sie unlöslich, löslich dagegen in Alkohol und Äther; ihre Lösungen reagieren sauer. Man erhält sie, indem man das Perikarp mit Äther auszieht, den Auszug verdampft und aus dem Rückstande nach Lösen desselben in Alkohol die Anacardsäure durch frisch gefälltes Bleihydrat solange ausfällt, bis die Lösung nicht mehr sauer reagiert. Aus dem anacardsauren Blei wird zunächst durch Schwefelammonium die Anacardsäure in Freiheit gesetzt, durch vorsichtige Fällung von Farbstoffen und Öl befreit, nochmals durch Bleiacetat gefällt und durch eine alkoholische Lösung von Schwefelsäure vom Blei befreit. Aus der Alkohollösung fällt man schliesslich die Säure durch Wasser.

Das **Cardol** $C^{21}H^{30}O^{2}$ bleibt in dem alkoholischen Auszug, aus dem durch Behandlung mit Bleihydrat die Anacardsäure gefällt worden war. Aus der Lösung fällt man das Cardol durch Wasser, und reinigt es von Farbstoff durch Fällen mit Bleiacetat und Zersetzen des Cardol-Bleies mit Schwefelsäure. Es ist eine nahezu farblose Flüssigkeit von 0,978 spez. Gewicht, es ist unlöslich in Wasser, leicht löslich in Alkohol und Äther und besitzt erwärmt einen feinen angenehmen Geruch. Durch Salpetersäure wird es in ein schön ziegelrotes Pulver verwandelt. Konzentrierte Schwefelsäure löst es mit blutroter Farbe, auch die Lösung in Kalilauge wird an der Luft bald blutrot. Diese Lösung giebt mit Erd- und Metallsalzen gefärbte Niederschläge. Die weingeistige Lösung des Cardols wird durch Bleiessig rot gefällt und reduziert ammoniakalische Silberlösung. — Frisches Cardol ist beim Erhitzen flüchtig, und bräunt sich allmählich an der Luft. Es besitzt stark reizende Eigenschaften und erzeugt Blasen auf der Haut. Das Cardol der westindischen Anacardien wirkt heftiger als das der ostindischen, von Früchten von *Semecarpus Anacardium* L. fil. Ersteres nennt man **„Cardolum vesicans“**, letzteres **„Cardolum pruriens“**.

Anwendung. Die **Anacardiennüsse** dienen als blasenziehendes Mittel und werden zu diesem Zwecke an einem Bande als Amulet auf der blossen Brust getragen. Der Dampf der Früchte beim Rösten soll Entzündungen und Schwellungen hervorrufen. Auf die Haut geklebt, hinterlässt die Fruchtschale ein schwarzes Mal, und dient deshalb in einigen Gegenden als Schönheitsmittel. Das **Cardol** wird gegen Warzen, Leichdorne, Geschwüre etc. verwendet, ferner als Tinte zum Zeichnen der Wäsche, sowie zum Bestreichen der Pfosten und anderen Holzwerkes als wirksames Abwehrmittel gegen Ameisen und Termiten. Die Samenkerne dagegen werden im gerösteten Zustande gern gegessen und sind von angenehmen Geschmack; sie sollen, mit Kakaobohnen verrieben, eine gute Chokolade geben. Sie enthalten etwa 40 % eines hellgelben Öles, des **Akarchu-Öles;** dasselbe dient als vortreffliches Speiseöl; nur ist bei Bereitung desselben wegen des scharfen Cardols Vorsicht nötig.

Litteratur. Beschreibungen und Abbildungen. Rheede, Hort. Malabar. III. tab. 54 (*Cassuvium*). — Rumph., Herb. Amb. I. p. 177. tab. 69 (*Cassuvium*). — L., Gen. p. 129 n. 361. — L., Spec. pl. Ed. I. p. 383. — Jacq., Am. I. p. 124. tab. 181. Fig. 35. — Lam., Encycl. Meth. I. p. 22 (*Cassuvium pomiferum*). — Lam., Illustr. tab. 322 (*Cassuvium pomiferum*). — Gaertn., Fruct. I. p. 192. tab. 40. Fig. 2. (*Acajuba occidentalis*). — Tussac, Fl. Ant. III. p. 54. tab. 12.

— DC., Prodr. II. p. 62. — Kosteletzky, Med. pharm. Fl. IV. p. 1230. — Endl., Gen. p. 1133. n. 5916. — Presl., Botan. Bemerk. p. 40. (*Anacardium subcordatum*). — Benth. et Hook., Gen. I. p. 420. — Engl. in Flor. Brasil. XII. 2. p. 409. — Baillon, Hist. plant. V. p. 324. Fig. 322—324. — Engl. in Monogr. Phanerg. IV. p. 219. — Semler, Trop. Agric. II. p. 452. — Watt., Dict. Econ. Prod. Ind. I. p. 232. — Engler, Pflanzenw. Ostafr. B. p. 203, 479. — Schmidt, Flora Cap. Verd. 310. — Loureiro, Flor. Cochinch. 304. — Velloso, Flor. Flumin. IV. Taf. 45. — Martius, Mat. Med. Bras. 15. 33. — Oliver, Flor. trop. Afr. I. 443. — Henkel, Bot. 57. — Berg, Botanik (1852) 369. — Charakteristik der Pfl. Gatt. T. 73 n. 535. — Karsten, Fl. v. D. II. 357. — Luerssen, Med. Pharm. Bot. II. 709.

Droge. Fruct. Anacardii. Berg, Handbuch der pharm. Bot. III. (1852) 406. — Berg, Pharmacogn. Ed. V. 386. 483. — Henkel, Pharmacogn. 342. — Wiegand, Pharmac. 267. — Hager, Pharm. Praxis I. 350. — Realencyclop. d. Pharm. v. Geisler & Möller I. 348. — Pharm. Portug. 85. — **Gummi Acajou.** Berg, Pharm. Bot. II. 496. — Wiesner, Pharm. 57. — Realencyclop. I. 46.

Präparate. Anacardsäure. Husemann-Hilger, Pflanzenstoffe 868. — Realencycl. I. 349. — Berg, Pharm. (1852) 409. — **Cardolum vesicans.** Husemann-Hilger, l. c. — Hager, Praxis l. c. — Realencyclop. d. Pharm. II. 556. — Berg, Pharm. l. c. — Henkel, Pharm. l. c.

Tafelbeschreibung:

A Blühende Pflanze. 1 Blüte vergrössert; 2 Stempel und Staubgefässe; 3 Dasselbe im Längsschnitt; 4 Frucht mit dem vergrösserten und reifen Fruchtstiel; 5 Frucht im Längsschnitt; 6 Frucht im Querschnitt. Nach einem Exemplare aus dem Kulturgarten zu Tijkeumeuh bei Buitenzorg auf Java. (V. Schiffner, Trop. Kultur- und Heilpflanzen No. 24.) Herbar Vogtherr.

Anacyclus officinarum Hayne.

Deutsche Bertramswurzel.

Anacylus Pyrethrum D. C.

Römische Bertramswurzel — Pyrèthre officinal — Pyrethrum, Pellitory.

Familie: *Compositae* (*Anthemideae*); Gattung: *Anacyclus* L.

Beschreibung. *Anacyclus officinarum*: Einjährige (auch zweijährige) Pflanze mit fast walziger, nach unten fadenförmig verdünnter, bis 20 Ctm. langer, bis $^1/_2$ Ctm. dicker, senkrecht in den Boden steigender, mit wenigen Fasern besetzter Wurzel. Stengel meist einzeln (selten mehrere), aufrecht, bis 25 Ctm. hoch, einfach oder mit einem kleinen blattachselständigen Aste, stielrund oder undeutlich kantig; Stengel und Aeste einköpfig, gestreift, bläulich-grün, im untern Theile sehr vereinzelt, oben unter den Körbchen gedrängt mit weissen Haaren besetzt. Blätter zerstreut, etwas haarig, bläulich grün, Basalblätter meist rosettenförmig, langgestielt, die übrigen nach oben allmälig kürzer gestielt bis sitzend, im Umrisse länglich verkehrt-eiförmig bis länglich, doppelt fiedertheilig, mit ungetheilten, 2—3spaltigen Abschnitten und lineallanzettlichen bis linealischen, weissstachelspitzigen Zipfeln. Blattspindel oberseits flach, unterseits gewölbt, nach oben verschmälert, am Grunde rinnenförmig, halbstengelumfassend und am Stengel herablaufend. Blüthenkörbchen auf Stengel und Aesten einzeln, aufrecht, sehr reichblüthig, die stengelständigen grösser, bis 4 Ctm. breit, kurz und ziemlich dick gestielt. Hüllkelch zuerst halbkugelrund, gegen die Reife flach, ziegeldachförmig, bleibend, mit stumpflichen, dunkelgrünen, mit einzelnen Haaren besetzten Blättchen, deren Ränder hautartig, durchscheinend, weiss und sehr fein wimperig sägenartig sind. Die äusseren Hüllblättchen länglich, nach oben stark verschmälert, die inneren eilänglich, die innersten verkehrt eiförmig. Der Blüthenboden gewölbt, dicht mit rundlich-spatelförmigen, stachelspitzigen, bleibenden Spreublättchen oder Blüthendeckblättchen besetzt. Strahlen- oder Randblüthen 8—20, weiblich, kürzer als der Durchmesser der Scheibe, mit unterständigem, einfächerigem, eineiigem, umgekehrt eiförmigem, etwas zusammengedrücktem, geflügeltem, oben beiderseits mit einer Spitze versehenem Fruchtknoten; Flügel weiss, wimperig gezähnt. Eichen aufrecht und gegenläufig. Griffel fadenförmig, aus dem Schlunde etwas hervorragend, mit 2spaltiger Narbe. Blume zungenförmig, Röhre zusammengedrückt, fast 2schneidig, grünlich, mit gestielten Drüsen besetzt, nach oben in die ovallängliche, 3 (auch 2)-zähnige, oberseits weisse, unterseits purpurn gestreifte Zunge übergehend. Scheibenblüthchen sehr zahlreich, zwitterig mit unterständigem, plattgedrücktem, umgekehrt-eiförmigem, schmal geflügeltem, 1fächerigem, eineiigem Fruchtknoten; Flügel schwach gezähnelt und kleiner als in den Randblüthen. Griffel fadenförmig, mit 2 aus der Staubgefässröhre hervorragenden, zuerst ausgebreiteten, dann zurückgeschlagenen, linienförmigen, auf der Oberfläche rinnigen, an der Spitze gestutzten und gefransten Narben. Blume röhrig-trichterförmig; Röhre platt, ebenfalls kurzstielig-drüsig, mit häutigem, gelbem, 5lappigem

Anacyclus Pyrethrum D.C.

Saume. Staubgefässe 5, etwas aus der Blüthe hervorragend, bis zur Hälfte mit der Blumenröhre verwachsen, oberhalb frei, unter dem Staubbeutel gegliedert; die zu einer 5seitigen, oben etwas bauchigen Röhre verwachsenen, zu einer Spitze ausgezogenen Staubbeutel 2fächerig, nach innen der Länge nach sich öffnend. Pollen rundlich, stachelig, 3nabelig. Achänen verkehrt-eiförmig, dem Fruchtknoten der verschiedenen Blüthen entsprechend, ihre nicht durchscheinenden Flügel ganzrandig und die Oehrchen die Spitze der Frucht etwas überragend. Same eiweisslos, unten angewachsen. Embryo gerade; Würzelchen nach unten gekehrt; Samenlappen blattartig.

Diese 1825 von Hayne unterschiedene Pflanze, die bisher nirgends wild beobachtet worden ist, wird nach Flückiger gegenwärtig nur von einem einzigen Bauern bei Magdeburg kultivirt. Man betrachtet sie als eine einjährige Kulturform des *Anacyclus Pyrethrum* D. C. Berg meint jedoch: „Da aber beide durch Kultur nicht ineinander übergehen, sondern die Differenzen beibehalten, so müssen sie als selbstständige Arten angesehen werden.“

Anacyclus Pyrethrum D. C. ist eine ausdauernde, behaarte Pflanze mit meist einfacher 10 Ctm. langer, 1 Ctm. dicker, gerader und cylinderischer oder spindelförmiger, mit wenigen haardünnen Wurzelfasern besetzter Wurzel. Stengel zu mehreren, niederliegend, bis 45 Ctm. lang, verzweigt; Zweige bis 10 Ctm. lang. Die dicklichen, graugrünen, doppelt fiedertheiligen Blätter mit lineal-fädlichen, kurz stachelspitzigen Zipfeln. Hüllkelchblättchen der die Zweigspitzen krönenden grossen Blüthenkörbe eilanzettlich, spitzlich, braunrandig. Zunge der Randblüthe verkehrt-eiförmig, weiss, unterseits purpurn. Staubbeutel an der Spitze mit beutellangen, kolbenförmigen Verlängerungen. Im übrigen dem *Anacyclus officinarum* ähnlich.

Anatomisches: Die Wurzel der *A. officinarum* zeigt auf dem Querschnitte eine 2 Mm. dicke, nicht strahlige, durch eine dunkle Kreislinie ungleich getheilte Rinde und ein fleischiges, geschlängelt-strahliges Holz ohne Mark. Die Aussenrinde ist ein aus einer mehrreihigen Schicht zarter, brauner, fast kubischer Zellen bestehender, steinzellenloser Kork; die durch eine feine dunkele Linie harzreicher Zellen in 2 ungleiche Hälften getheilte Mittelrinde zeigt im äusseren Theile ein schlafferes, tangential gestrecktes und ein inneres strafferes, weniger gestrecktes aber weitzelligeres Parenchym. Die äussere Hälfte ist mit einem Kranze unregelmässig gestellter, weiter, gelber Balsamgänge ausgestattet. Die dünne, nach dem Aufweichen deutlich strahlige Innenrinde zeigt kurze, breite Markstrahlen und nach aussen bogenförmig begrenzte Bastbündel. Die Zellen des Kambiumringes sind nur durch ein enges Lumen von den Zellen der Bastbündel verschieden. Der dicke, schlänglich-strahlige Holzkörper enthält breite, weisse Markstrahlen und schmale gelbe Gefässbündel, die im Centrum einen Holzkern bilden. Die Gefässbündel, welche nach aussen zahlreicher auftreten, bestehen aus 1—2 Reihen von Treppengängen, die von wenigen dünnwandigen Holzzellen umgeben sind. Inulin ist in der käuflichen Waare nicht immer vorhanden.

Die Wurzel von *A. Pyrethrum* besitzt eine nur 1 Mm. dicke Rinde, die fast mit dem Holzkörper verbunden und von letzterem nicht scharf durch eine schmale Kambiumzone getrennt ist. Zahlreiche bräunlich gelbe, regellos vertheilte Oelzellen kommen sowohl in der Rinde, als in den breiten, weissen, glänzenden Markstrahlen vor. Die Rinde zeigt ziemlich grosse, farblose, kubische Steinzellen, die in ihren kleinen Höhlungen braunes Harz enthalten und mit Schichten krummwandiger, kleiner Korkzellen abwechseln. Die Parenchymzellen sind durch grosse Klumpen von Inulin fast ganz ausgefüllt.

Vorkommen: *A. Pyrethrum* ist durch das südliche Mittelmeergebiet verbreitet, von den Hochländern Maroccos bis Syrien und Arabien, hauptsächlich in Höhen von 500—1000 Meter.

Blüthezeit von *A. officinarum*: Juli bis September.

Name und Geschichtliches: Der Name Bertram (althochd. *perchtram, perichtrawem,* mittelhochd. *berchthram, brecht, pertrem,* mittelniederd. *berdram, bertrankrut,* bei Hildegard *Bertram,* bei Cordus *Geiferwurz,* bei Tabernaemontanus *spanisch Magdblum, spanisch Meter,* bei Bock *Speichel-*

wurz) ist aus *Pyrethrum* entstanden. *Pyrethrum* von πῦρ Feuer und αϑροος häufig; wegen des brennenden Geschmacks der Wurzel. *Anacyclus*, eigentlich *Ananthocyclus* von ανευ ohne, ανϑος Blume, Blüthe und κύκλος Kreis, soviel wie umkreislose Blüthe, angeblich weil die Randblüthen nur weiblich und unfruchtbar sind.

Es lässt sich mit Sicherheit nicht feststellen, ob πυρεϑρον des *Dioskorides* und *Salivaria* des Plinius der römische Bertram gewesen ist. Flückiger glaubt aber annehmen zu können, dass die westafrikanische Wurzel *Sandasab*, welche Ibn Baitar um 1220 bei Constantine sammelte und ebenso *Aaqarqarha, Haq'rcarcha, Alkulkara* der arabischen Schriftsteller mit der Bertramswurzel gleichbedeutend ist; ähnliche Beziehungen finden sich für die Wurzel jetzt noch in den indischen Sprachen. Im 16. Jahrhundert wurde der römische Bertram in deutschen und holländischen Gärten gezogen. Tragus bildet eine solche Gartenpflanze mit dicker Wurzel, jedoch ohne kriechende Stämmchen ab. Man nimmt an, dass diese Form die Stammmutter des deutschen Bertrams ist. Obgleich die deutsche Bertramswurzel, welche zum Unterschied von der römischen als dünner und länger bezeichnet wurde, 1724 auf dem Londoner Markt erschien, so wird sie nach der Ansicht Flückigers wohl nie einen bedeutenden Handelsartikel gebildet haben. Die Inventaren der Rathsapotheke zu Braunschweig enthalten die Wurzel zuerst im Jahre 1598.

Officinell ist die Wurzel: *Radix Pyrethri germanici* (*Radix Pyrethri*, deutsche Bertramswurzel) und *Radix Pyrethri romani (Radix Pyrethri veri*, römische Bertramswurzel.)

Die römische Wurzel ist an beiden Enden abgestutzt, ca. 1 Ctm. dick, dann und wann mit den weissfilzigen Stengelresten versehen und durch Einschrumpfung oft breit und tief furchig oder kantig. Die braungraue, unregelmässig gerunzelte Oberfläche ist zu oberst etwas geringelt, das Innere ist grauweiss mit gelblichen und bräunlichen Punkten; sie ist sehr fest und hart, kurzbrüchig, auf dem Bruche strahlig-holzig, bei scharfem Messerschnitte harzglänzend, im trockenen Zustande geruchlos und von sehr anhaltend brennendem, äusserst scharf beissendem Geschmacke, in hohem Grade Speichelfluss erregend. Sie wird aus Algier, Oran, Constantine, namentlich Tebessa über Tunis ausgeführt und über Livorno in den europäischen, über Alexandria in den orientalischen Handel gebracht. In Bombay und Calcutta bildet sie, wegen des häufigen Gebrauchs in Indien, einen beständigen Einfuhrartikel. Die römische Wurzel findet man häufig von Insekten durchlöchert, wodurch jedoch der Werth nicht beeinträchtigt wird.

Die deutsche Bertramswurzel ist nur halb so dick und heller grau als die römische, lang zugespitzt, durch starkes Zusammenfallen mehr längsfurchig und besitzt am oberen Ende immer einen Schopf von Blatt- und Stengelresten, denen sich sogar schwache Aeste, ganze Blätter und Blüthen beigesellen. Die deutsche Wurzel schmeckt, da sie meist frischer und reicher an Oel zu sein pflegt, noch schärfer als die römische und ist hauptsächlich in Deutschland, Skandinavien und Russland gebräuchlich. Der Bruch ist glatt, stark glänzend und hornartig. Sie wurde früher in Thüringen und Böhmen kultivirt, gegenwärtig, wie nach Flückigers Angabe bereits bemerkt, nur noch von einem einzigen Bauern in der Umgebung von Magdeburg gebaut.

Die Bertramswurzel wird geschnitten und als feines Pulver in gut verschlossenen Gefässen aufbewahrt.

Verwechselungen mit andern ähnlichen Wurzeln (*Sonchus oleraceus* L., *Achillea Ptarmica* L., *Anacyclus Pseudopyrethrum Aschers.)* lassen sich durch den nicht scharfen Geschmack leicht erkennen.

Bestandtheile: Die Wurzeln beider Arten enthalten nach John: scharfes ätherisches Oel, Harz, Inulin; nach Parisel und Koene: Inulin, Gummi, Spuren von Gerbsäure, ein scharfes Harz (*Pyrethrin*) und Salze. Gautier und Parisel fanden kein ätherisches Oel. Nach Koene besteht das die Wirksamkeit bedingende scharfe Weichharz, Pyrethrin, aus einem Gemenge von: 1. einer braunen, harzigen, in Kali unlöslichen Substanz (der wirksame Bestandtheil), 2. einem braunen, scharfen, in Kali löslichen, fetten Oele, und 3. einem gelben, in Kali unlöslichen, fetten Oele. Nach Schönwald ist das ätherische Oel butterartig, geruchlos und scharf. Nach Buchheim ist Pyrethrin ein Alkaloid, welches bei der Spaltung mit alkoholischer Kalilauge *Pyrethrinsäure* bildet. (Husemann, Pflanzenstoffe 1540.)

Anwendung: In Substanz und Aufguss; zum Kauen bei Lähmung der Zunge, gegen Zahnschmerz, auch missbräuchlich zur Verschärfung des Essigs. Die Bertramwurzel ist ein Excitans und Sialagogum und wird „besonders bei cariösem Zahnschmerz (namentlich als Bestandtheil von Zahnwehmitteln), auch bei Trockensein im Munde und bei Zungenlähmung, ferner als Zusatz von Gargarismen, bei Relaxation der Uvula etc.“ angewendet. Früher auch als Niesspulver, zu äusserem Hautreiz und innerlich gegen Typhus, Paralyse und Rheumatismus. Grosse Dosen können Entzündung des Schlundes und Magens erzeugen. (Husemann, Arzneimittell. 563).

Litteratur. Abbildung und Beschreibung: Nees v. Esenb., Pl. med., Taf. 244 *(A. Pyrethrum)*; Hayne, Arzneigew. IX., Taf. 46 (*A. officinarum*); Berg u. Schmidt, Offiz. Gew., Taf. XXXIVe *(A officinarum)*; Luerssen, Handb. d. syst. Bot. II., 1140; Karsten, Deutsche Flora 1086, 1087; Wittstein, Pharm. 77.

Drogen und Präparate: *Radix Pyrethri germanici*: Ph. ross. 333; Ph. dan. 193; Ph. suec. 172; Flückiger, Pharm. 439; Berg, Waarenk. 66; Berg, Atlas 16, Taf. IX.

Radix Pyrethri romani: Ph. austr. 108; Ph. hung. 363; Ph. helv. 108; Cod. med. 71; Ph. belg. 70; Brit. ph. 266; Ph. U. St. 274; Berg, Waarenk. 66; Flückiger, Pharm. 437; Flückiger and Hanb., Pharm. 383; Hist. d. Drog. II., 6.

Pilulae odontalgicae: Ph. helv. suppl. 91.

Tinctura Spilanthis composita (Tinctura Spilanthis oleracei composita): Ph. austr. 138; Ph. hung. 465; Ph. helv. suppl. 123; Ph. belg. 340.

Tinctura Pyrethri: Ph. ross. 434; Brit ph. 338; Ph. dan. 276; Ph. U. St. 353;

Unguentum nervinum: Ph. dan. 288.

Siehe ausserdem Hager, Ph, Prx. II., 774.

Die **Ph. germ.** hat diese Pflanze, welche (mit Ausnahme der Ph. Neerl.) in allen übrigen Pharmacopöen enthalten ist, nicht wieder aufgenommen.

Tafelbeschreibung:

A blühende Pflanze in natürl. Grösse; 1 Blüthenkorb im Längsschnitt, vergrössert; 2 Randblüthe, desgl.; 3 Scheibenblüthe mit Deckblatt, desgl.; 4 Staubgefässröhre, desgl.; 5 einzelnes Staubgefäss von innen, desgl.; 6 Pollen, desgl.; 7 Griffel mit Narben, desgl.; 8 eine Achäne der Scheibe, desgl.; 9 dieselbe in der Richtung der breiten Fläche längs durchschnitten, desgl.; 10 dieselbe in der Richtung der schmalen Fläche durchschnitten, desgl. Nach einer Originalzeichnung des Herrn Professor Schmidt in Berlin.

Compositae
(Anthemideae)

Anthemis nobilis L.

Anthemis nobilis L.

Römische, Edel-, Gartenkamille, römischer Romey, Kuhmelle. Engl.: Chamomile. Franz.: Camomille romaine. Holl.: Roomsche Kamille. Dän.: Romerske Kamille. Port.: Macella dourada. Griech.: *Χαμαιμήλον*.

Syn. *Chamomilla nobilis* Godron. *Chamaemelum nobile* Allioni.

Familie: *Compositae* Adans. Abteilung: *Tubuliflorae* DC. Unterabteilung: *Corymbiferae* Vaill. Gruppe: *Senecionoideae* Less. Unterfamilie: *Anthemideae* Cass. Gattung: *Anthemis* L.

Beschreibung. Die Pflanze ist ausdauernd. Zahlreiche senkrechte Nebenwurzeln entspringen aus einem nahezu horizontalen verzweigten, walzenförmigen, sehr tief liegenden vielköpfigen Rhizom, welches nach oben zahlreiche, 15—30 cm hohe, stielrunde gerillte Stengel treibt, von denen einige sich an der Erde hinstrecken, oft Wurzeln treiben und einen Rasen bilden, während andere mehr oder weniger senkrecht in die Höhe streben. Während erstere keine Blüten treiben, verzweigen sich die aufrechten in zentrifugaler Richtung und bilden einen Corymbus, dessen Enden je 1 Köpfchen tragen. Die Blätter sind wechselständig, abstehend, sitzend einfach, im ganzen Umfang länglich-lanzettlich bis spatelförmig; die Blattfläche ist indessen doppelt fiederschnittig, die Abschnitte stehen an der Mittelrippe entfernt von einander beinahe gegenständig und sind wiederum in schmale, borstliche, ganzrandige, an der Spitze 2—3teilige Zipfel mit aufgesetztem Stachelspitzchen geteilt. Das ganze Blatt hat eine Länge von 2—3 cm, während die Zipfelchen 2—3 mm lang sind. Stengel und Blätter sind in der Jugend dicht flaumhaarig, im Alter wird die Pflanze kahler; auch nimmt ihre Behaarung auf feuchterem Standpunkt ab, so dass sie bald rein grün, bald mehr oder weniger graugrün erscheint. Der Blütenstiel ist behaart, nach oben etwas verdickt und blattlos. Das Köpfchen hat 2,5—3 cm im Durchmesser. Der Hüllkelch besteht aus drei Reihen dachziegelig auf einander liegender lineal-lanzettlicher, stumpfer, weichhaariger Blättchen mit breitem häutigem Rande, deren äusserste die kürzesten sind. Der Fruchtboden ist verlängert kegelförmig, markig. Die Deckblättchen der einzelnen Blütchen sind wenig gefärbt, kahnförmig, länglich-verkehrt-eiförmig, an der Spitze stumpf, zerfetztgezähnelt, nicht stachelspitzig, trockenhäutig am Rand und an der Spitze, so lang oder kürzer als die einzelnen Blütchen. — Die Strahlenblüten, 12—18 an der Zahl, sind rein weiss, etwa 10 mm lang, zungenförmig, weiblich, ebenfalls oberständig; die Zunge ist dreimal so lang als die Röhre, etwa 2 mm breit, ist von 4

Nerven durchzogen und endet in eine unregelmässig dreizähnige Spitze. — Die Scheibenblüten sind zwittrig, gelb, 5 mm lang, oberständig, regelmässig, röhrig mit etwas glockenförmig erweitertem Saume und 5 zurückgeschlagenen Zipfeln; die Röhre ist hier, wie bei den Strahlenblüten, mit Drüsen besetzt. Der Kelch ist bis auf einen schwach hervortretenden Rand am oberen Ende des Fruchtknotens reduziert. — Staubblätter 5, Antheren am Grunde zugespitzt ohne Anhängsel; der Antherenträger überragt mit langer Spitze die Antheren, welche mit einander in eine Röhre verwachsen sind und nach innen aufspringen. Der Griffel ist fadenförmig, länger als die Staubblätter; das Griffelende ist unter der Narbe nicht knotig angeschwollen; Narben 2, zurückgebogen, kurz pinselig. Die Achäne ist braun, verkehrteiförmig, auf der Aussenseite mit 3 Riefen versehen, daher fast dreikantig, sonst glatt, vom schwach hervortretenden Kelchrand gekrönt. Der Keimling ist gerade; das Würzelchen nach unten gerichtet, die beiden Kotyledonen nach oben flach aneinander liegend. Nährgewebe fehlt.

Blütezeit. Juli bis August.

Vorkommen. In Portugal, Spanien, Frankreich wild; in Süddeutschland verwildert, in England, Nordamerika und in Deutschland in der Nähe Leipzigs (Borna, Kieritzsch) angebaut. Die Pflanze wächst auf Sandboden, am Rande stehender Gewässer, aber auch auf sehr trocknen Stellen, wo sie dann sehr behaart erscheint. Durch Kultur gehen die Röhrenblüten grösstenteils oder ganz in Zungenblüten über, wodurch sog. gefüllte Blüten entstehen, welche geschätzter sind, als die ungefüllten.

Name und Geschichte. Der Name „romana“ ist nach Müller nicht auf Rom, sondern auf die romanischen Völkerstämme zurückzuführen, bei denen die Planze wild wächst und fast ausschliesslich unsere Feldkamille ersetzt. Nach Flückiger und Hanbury (Pharmacogr.) soll der Name von Joachim Camerarius (1598) herstammen, der die Pflanze in grosser Menge in der Umgegend von Rom beobachtete. Nach Gessner soll sie gegen Ende des Mittelalters aus Spanien nach Deutschland gebracht worden sein, wo sie 1582 von Tragus als Chamomilla nobilis beschrieben wird. Porta erhielt 1604 davon ein grünliches ätherisches Öl. (Flückiger und Hanbury, Pharm. 385.)

Anatomie. Die Zungenblüten haben oberseits eine aus rundlich polygonalen Zellen bestehende obere und eine aus länglichen welligwandigen Zellen zusammengesetzte untere Epidermis. Das Mesophyll ist polyedrisch, lückig. Röhren und Fruchtknoten sind mit mehrzelligen Öldrüsen versehen. — Die Hüllblättchen sind am Rande einschichtig, in der Mitte mehrschichtig; hier verläuft ein Gefässbündel nach der Spitze. Die obersten Zellen sind geradwandig, schmal und biegen sich bogenförmig nach dem Rande zu, woselbst sie ungleich lang endigen und den gesägten Rand des Spreublattes hervorbringen. 9—12 Zähne sondern sich als Lappen ab. Die Rückseite der Blättchen ist mit meist 5zelligen Haaren bedeckt, deren letzte Zelle borstenförmig ist und sich hakig krümmt. Der markige Blütenboden zeigt sich von Gefässbündeln durchzogen, von denen jedes in ein Blütchen übergeht. (Nach Tschirch-Oesterle.)

Officinell sind in vielen europäischen Staaten die gefüllten Blüten der Pflanze; in Deutschland dienen sie als Volksheilmittel als *Flores Chamomillae romanae.* Man sammelt bei trockenem Wetter die Blütenköpfe und trocknet sie rasch. Die durch Kultur gefüllten stehen höher im Preise, als die gewöhnlichen, „nicht gefüllten" Blüten. Der Geruch ist stark aromatisch, der Geschmack, besonders der wild wachsenden, nichtgefüllten Blüten, bitter; besonders letztere wirken leicht brechenerregend.

Reinweisse Farbe der Zungenblüten und leuchtend goldgelbe der Röhrenblüten, starker angenehmer Geruch sind Zeichen der Güte der Droge. 37 Teile frische geben 17 Teile getrocknete Blüten.

Verwechselungen. Als solche gelten die Blüten von

1. *Achillea Ptarmica* L.; Blütenköpfe kleiner, geruchlos, selten gefüllt; Zungenblütchen fast kreisrund; Blütenboden flach, ohne Spreublätter.
2. *Chrysanthemum Parthenium* Bernh. (Pyrethrum Parthenium Smith) Blütenboden flach und nackt; Zungenblütchen länglich verkehrt eiförmig, stumpf dreizähnig, mittlerer Zahn kürzer. (s. die Taf.) Es findet sich auch eine Varietät in Gärten mit vereinzelten Spreublättchen auf dem Blütenboden (Anthemis parthenoides Bernh.?) Geruch der römischen Kamille ähnlich.
3. *Chrysanthemum inodorum* L. Blütenboden flach, nackt. Köpfe geruchlos, nicht gefüllt. (s. die Tafel.)
4. *Matricaria suaveolens* L., in Span. u. Port. (Pharm. Portug.)
5. *Anacyclus aureus* L. auf den Azoren. (Pharm. Portug.)
6. *Anthemis Cotula* L. Blütenboden keglig, mit borstlichen, spitzen Spreublättern besetzt. Blüte kleiner, nicht gefüllt, Geruch stinkend. (s. die Tafel).
7. *Anthemis arvensis* L. Blütenboden fast keglig mit lanzettlich-nachenförmigen, langzugespitzten Spreublättchen. Köpfe geruchlos, nicht gefüllt. (s. die Tafel.)

Bestandteile. Das ätherische Öl (0,7—1%) enthält nach Schmidt die Butyl-, Amyl- und Hexylester der Isobuttersäure, Angelikasäure und der Methylcrotonsäure, neben Anthemol $C^{10}H^{16}O$, einer bei 213,5—214,5° siedenden Flüssigkeit. Es ist von blaugrüner Farbe, hat ein spez. Gew. v. 0,860 bis 20° (0,905—915 bei 15°, Schimmel & Co.). Ella Amermann entzog den Blüten durch Petroläther ein grünes, in reinem Zustande, weisses krystallinisches Wachs von bitterem Geschmack und 130° Schmelzp. — Aether entnahm dann der Droge ein Glycosid, dessen Lösung nach dem Erhitzen mit HCl Fehlingsche Lösung reduzierte unter Entwickelung eines honigähnlichen Duftes. (Arch. 1889. 523.)

Anwendung. Der Aufguss der Blüten wirkt krampfstillend, stärkend und anregend, manchmal etwas brechreizend. In südlichen Ländern wird sie an Stelle der dort nicht wachsenden Kamille (deutschen Kamille) gebraucht, ebenso fast ausschliesslich in England. In anderen europäischen Staaten und in Nordamerika wird sie neben dieser angewandt.

Litteratur: Beschreibung und Abbildung. Luerssen, Med. Pharm. Bot. 1141. Garke, Fl. v. D. 17. Aufl. 319. Nees v. Es., Pl. med. Taf. 245. — Bentley & Trimen, Med. Pl. III. Taf. 154. Hayne, Arzneigew. 10, 47. Schlechtendal-Hallier, Flora v. Deutschl. 29. 257. Thomé, Flora v. Deutschl. IV. 312. Engler & Prantl, Pflanzenfam. IV. (5) 271, Fig. 128. Geisler & Möller, Real-Encycl. I. 403. Baillon, Hist. d. Pl. VIII. 310. 274. 60, Fig. 106. 107. (Matricaria nobilis). Berg, Botan. 322. Charakterist. d. Pfl. Gen. 78. t. 51, Fig. 388. Henkel, Botan. 125. Kosteletzki, Med. pharm. Flora II. 682.

Droge. Henkel, Pharmacogn. 276. Berg, Pharmacogn. 289. Wiegand, Pharm. 254. Meyer, Drogenkunde II. 349. Müller, Medizinalflora 561. Flückiger, Grundr. d. Pharm. 271. Flückiger u. Hanbury, Pharmacogn. 384. Hager, Pharm. Praxis I. 812. — Pharm. austr. VII. 89. No. 199. Belg. II. 129. 348. Brit. Suppl. 50. Cod. franc. Suppl. 1895. 44. Dan. 1893. 153. Graec. 1868. 39. Helvet. III. 128. Italic. 1892. 66. Nederl. III. 1889. 85. Port. 1876. 89. U. St. Ph. 1894. 41. Arzneimittel d. Deutsch. Apoth. Vereins 1891. 124. No. 304.

Präparate. Aq. Chamomillae rom. dest. Pharm. Belg. 33. Italic. 26. Portug. 25. Extr. chamom. rom. Belg. 115. Brit. 149. Infus. Brit. 204. Oleum chamomillae romanae coct. Brit. 283. Cod. franc. Suppl. 443. camph. 444. Portug. 284. Spec. aromat. Belg. 237.

Tafelbeschreibung:

A blühende Pflanze. 1 gefülltes Körbchen; 2 Körbchen im Längsschnitt; 3 Randblüte; 4 Scheibenblüte mit Stützblatt; 5 dieselbe im Längsschnitt; 6 Staubblatt; 7 Narbe; 8 Blütenboden mit Spreublättern im Längsschnitt; 9 Spreublättchen, Vorderansicht; 10 Früchtchen natürlicher Grösse und vergrössert; 11 und 12 Längsschnitte desselben; 13 Querschnitt desselben; 14 Pollen. A und 1 natürliche Grösse, 2—14 vergrössert. Nach der Natur.

Arctostaphylos Uva ursi Spr.

Syn. *A. officinalis* Wimm. et Grab. *A. procumbens* E. Meyer. *Arbutus Uva ursi* L.

Bärentraube, Moosbeere, Steinbeere, Mehlbeere, Sandbeere — Raisin d'ours, Busserole — Bearberry.

Familie: *Ericaceae* (Unterfamilie: *Ericineae*); Gattung: *Arctostaphylos* Adans.

Beschreibung. Kleiner, ausdauernder Strauch mit niederliegenden, zu mehreren aus einer Wurzel entspringenden, wurzelnden, reichverzweigten, $^1/_3$ bis 1 Meter langen, förmliche Rasen bildenden Stämmchen und Aesten. Aeste flach ausgebreitet, die blüthenentwickelnden aufsteigend. Stamm und alte Aeste kahl, mit einem dunkelbraunen Korke bedeckt, der später schuppen- oder ringförmig abgestossen und durch eine hellbraungelbe oder braunrothe, glatte Rinde ersetzt wird. Die jüngeren Theile der Zweige bis zum Verholzen krautartig, dicht-kurzhaarig und flaumig, dann braunroth und kahl Blätter immergrün, zweijährig, lederig, zerstreut, fast zweizeilig, bis 2 Ctm. lang, bis 10 Mm. breit länglich-verkehrt eiförmig, nach unten ziemlich rasch in den kurzen Stiel verschmälert, oben breit gerundet, seltener mit einem kurzen Spitzchen versehen, am Rande knorpelig, durch die Aderausläufe kaum merklich wellig verdickt, nur wenig umgebogen, beiderseits und namentlich auf der Oberfläche mit sehr ausgeprägtem Adernetz und dadurch fast höckerig gerunzelt, oberseits glänzend dunkelgrün, unterseits blassgrün, jüngere Blätter gewimpert, alte kahl. Die kurzgestielten Blüthen in wenigblüthigen, vereinzelten, etwas überhängenden Träubchen am Ende der Zweige. Blüthen gestielt, nickend, unterhalb des Kelches mit ein oder zwei eirunden Deckblättchen. Kelch klein, fünflappig, kahl; Kelchlappen kurz, stumpf. Krone unter der den Fruchtknoten tragenden Scheibe entspringend, urnen- oder krugförmig, mit eirunder, weisser- oder hellfleischfarbener, aussen kahler, innen behaarter, unterhalb des Saumes eingeschnürter Röhre; Saum fünflappig, Lappen schön rosenroth, kurz, abgerundet. Staubgefässe 10 von der halben Länge der Krone, am Grunde der Krone entspringend. Staubfäden im unteren Theile verbreitert und mit Härchen besetzt, nach oben pfriemlich und kahl; Staubbeutel zweifächerig, eilänglich, schwarzroth, auf dem Rücken unterhalb des Scheitels angeheftet, an der Spitze mit zwei weisslichen, abwärts gebogenen und auseinanderstrebenden, etwas gekrümmten Hörnern versehen, unter der Spitze nach vorn in zwei Poren sich öffnend. Pollen rundlich, viertheilig. Stempel der Scheibe wenig eingesenkt, mit rundlichem, eiförmigem, fünffächerigem, fünfeiigem Fruchtknoten. Eichen einzeln in jedem Fache, in der Spitze des Faches an der Mittelsäule befestigt und herabhängend. Griffel fadenförmig, nach oben etwas verdickt. Narbe stumpf, kopfförmig. Steinfrucht kugelrund, erbsengross, roth, glänzend, vom bleibenden Kelche unterstützt. Steinkerne knöchern, einsamig, mit deutlicher Naht am innern Rande. Samen hängend, mit häutiger äusserer Samenschale, länglich. Embryo walzig, in der Mitte des Eiweiss, wenig gekrümmt, mit langem, nach oben gerichtetem Würzelchen und kleinen planconvexen, länglichen Samenlappen.

Die Pflanze erreicht ein ziemlich hohes Alter; Schübler hat in Norwegen Exemplare von einem 45—46jährigen Alter beobachtet.

Anatomisches. Der Blattquerschnitt zeigt nach Flückiger ein derbes Gewebe, dessen Zellen in der oberen Hälfte dicht palissadenartig dreireihig senkrecht übereinander stehen und nach unten allmählich in ein Schwammparenchym übergehen. Die namentlich auf der Unterseite mit zahlreichen Spaltöffnungen ausgestattete Epidermis besteht aus dickwandigen, vieleckigen Zellen. Die starken Gefässbündel enthalten Oxalatdrüsen.

Blüthezeit. In Deutschland April und Mai.

Vorkommen. In Nadelwäldern und auf Haiden über den grössten Theil der nördlichen Halbkugel verbreitet. Im mittleren und südlichen Gebiete nur in den Gebirgen auftretend; im Norden bis in die Niederungen herabgehend. In Südnorwegen bis zu einer Höhe von 1500 Metern vorkommend.

Name und Geschichtliches. Bärentraube, angeblich, weil die Bären die traubenartigen Früchte gern fressen. *Arctostaphylos* von *αρκτος*, Bär und *σταφυλος*, Traube. *Arbutus* von *arbutum* (Plinius) Meerkirsche; nach andern von dem keltischen *ar* rauh, herbe und *butus*, Busch, in Bezug auf den rauhen, herben Geschmack der Blätter, oder auch von *arbutum* zwischen Gebüschen (*arbusta*) wachsend. *Uva*, Traube.

In den nordischen Ländern ist die Bärentraube und ihre arzneiliche Verwendung jedenfalls schon lange bekannt gewesen. Zwar spricht schon Galenus (131—201 n. Chr.) von einer *uva ursi*; hierunter ist jedoch nicht unsere Pflanze, sondern *Vaccinium Arctostaphylos* L. zu verstehen. Mit Sicherheit tritt die Bärentraube zuerst in Meddygon Myddvai, einem alten Arzneibuch von Wales aus dem 13. Jahrh., auf. In Deutschland war Tragus der erste, welcher eine Beschreibung der Pflanze lieferte. Zu Anfang dieses Jahrhunderts wird die Bärentraube von spanischen, italienischen und französischen Aerzten benutzt und auf Empfehlung von de Haan in Wien und Murray in den Arzneischatz eingeführt.

Arctostaphylos Uva ursi Sprengel.

Offizinell sind die Blätter: *Folia Uvae ursi* (*Folia Arctostaphyli*). Sie werden in den Sommermonaten gesammelt und getrocknet. Der Geschmack ist sehr herb, mit fast süsslichem Nachgeschmack; Geruch kaum bemerkbar.

Verwechselungen können stattfinden mit den Blättern von *Vaccinium Vitis Idaea* L., *Buxus sempervirens* L. und *Vaccinium uliginosum* L. Die Blätter von *Vaccinium Vitis Idaea* sind am Rande eingerollt, auf der Unterfläche drüsig punktirt und mit einzelnen kurzen Haaren besetzt, nicht netzartig, gegen die Basis nicht verschmälert. *Vaccinium uliginosum* besitzt Blätter, deren Unterseite matt und blaugrün ist und sich durch ein erhabenes Adernetz auszeichnet. *Buxus sempervirens* hat eirunde, gegen die Spitze etwas verschmälerte Blätter, deren Seitennerven nicht netzartig verzweigt sind. Die untere Blattfläche lässt sich sehr leicht von der Mittelschicht trennen. *Arctostaphylos alpina* Spr. besitzt kleine gesägte, welkende Blätter.

Bestandtheile. Die getrockneten Bärentraubenblätter enthalten nach Meissner: 1,2% Gallussäure, 36,4% Gerbsäure, 4,4% Harz, 6,55% Chlorophyll, 3,31% Extraktivstoff mit äpfelsaurem Kalk und Chlornatrium, 0,87% Extraktabsatz mit citronensaurem Kalk, 15,7% Gummi, 17,6 % Extraktivstoff. Kawalier bestreitet das Vorhandensein von Gerbstoff und setzt an dessen Stelle die Gallussäure; letzterer fand ausserdem einen krystallinischen Bitterstoff: *Arbutin*, eine andere Substanz, *Ericolin*, Fett, Wachs, Zucker, Harz und Spur von ätherischem Oele. Tromsdorf fand noch einen eigenthümlichen Körper: *Urson*.

Das Glyoksid *Arbutin* ($C_{12} H_{16} O_7$ ($C_{25} H_{34} O_{14}$ Hlasiwetz und Habermann), 1852 von Kawalier in den Blättern der Bärentraube aufgefunden, 1864 von Zwenger und Himmelmann auch in den Blättern der *Chimophila umbellata* Nutt. entdeckt, sonst noch in einigen anderen Ericaceen (Calluna vulgaris, Ledum palustre, Vaccinium, Gaultheria etc.) vorhanden, krystallisirt in langen, farblosen, seidenglänzenden, büschelig vereinigten Nadeln mit zwei Atomen Krystallwasser. Es besitzt einen bitteren Geschmack, ist sehr hygroscopisch, reagirt neutral und schmilzt bei 170° (162° Habermann) zu einer farblosen, amorph wieder erstarrenden Flüssigkeit. Es löst sich leicht in Alkohol und heissem Wasser, schwierig in kaltem Wasser, kaum in Aether. Durch Emulsin und verdünnte Säuren wird dasselbe in *Zucker* ($C_6 H_{12} O_6$), *Hydrochinon* ($C_6 H_4 (OH)_2$) und *Methylhydrochinon* ($C_6 H_4$ $OH.OCH_3$) gespalten. Beim Kochen mit verdünnter Schwefelsäure liefert das Arbutin *Chinon* und *Ameisensäure*. In den Auszügen bildet sich bei längerem Stehen, wahrscheinlich in Folge der Zersetzung des Arbutin, etwas Hydrochinon, woraus Flückiger folgert, dass möglicherweise das Arbutin ein Gemenge der Glykoside des Hydrochinons und des Methylhydrochinons sein könne.

Neben dem Arbutin haben Hlasiwetz und Habermann noch Methylarbutin $C_{13} H_{18} O_7$ nachgewiesen.

Die Mutterlauge, woraus das Arbutin herauskrystallisirt, enthält eine geringe Menge von *Ericolin* ($C_{34} H_{56} O_{21}$). Letzteres, von Rochleder und Schwarz in den Blättern von Ledum palustre L., Calluna vulgaris Salisb., Rhododendron ferrugineum L., Erica herbacea L. aufgefunden, überhaupt in den Pflanzengattungen Erica, Rhododendron, Pyrola, Vaccinium, Azalea, Gaultheria, Clethra etc., vorhanden, ist ein braungelbes, amorphes, bei 100° zusammenklebendes, sehr bitter schmeckendes Pulver, welches beim Erhitzen mit verdünnter Schwefelsäure in Zucker und *Ericinol* zerfällt. Letzteres, mit der Zusammensetzung $C_{10} H_{16} O$, ist ein rasch verharzendes grünes Oel. Das 1854 von Tromsdorf durch Aether aus den Bärentraubenblättern erhaltene *Urson* ($C_{20} H_{32} O_2$), von Tonner auch in den Blättern von Epacris nachgewiesen, bildet feine, farblose, seidenglänzende Nadeln ohne Geruch und Geschmack, die bei 200° schmelzen und krystallinisch wieder erstarren. Es löst sich nicht in Wasser, wässerigen Säuren und Alkalien, schwer in Weingeist und Aether. Durch concentrirte Schwefelsäure wird es mit orangegelber, von concentriter Salpetersäure mit gelber Farbe gelöst.

Die kieselsäurearme Asche, welche nach dem Verbrennen der Blätter noch die Umrisse des Blattes und des Adernetzes zeigt, beträgt ca 3%. Husemann, Pflanzenstoffe 1126.

Anwendung. In Substanz, Aufguss und Absud bei Leiden der Harnblase (Schleimabsonderung, Blutharnen, Stein- und Griesbildung, Schwäche der Harnblase); auch als wehentreibendes Mittel. „Die Bärentraube ist namentlich von de Haan als steinlösendes Mittel empfohlen und bewährt sich als Schleimbildung und Eiterung beschränkendes Mittel bei pathologischen Zuständen der Harnwege vorzüglich. Die diuretische Wirkung ist nicht sicher constatirt. Grössere Gaben machen leicht Nausea und Erbrechen.“ Husemann, Arzneimittel, 509. Die ganze Pflanze dient zum Gerben und Schwarzfärben.

Litteratur. Abbildung und Beschreibung: Nees v. Esenb. Pl. med. Taf. 215; Hayne, Arzneigw. IV, Taf. 20; Berg u. Schmidt, Offiz. Gew., Taf. XXe; Bentley and Trimen, Med. pl., Taf. 163; Luerssen, Handb. der syst. Bot. II, 930; Karsten, Deutsche Fl. 901; Wittstein, Pharm. 52.

Drogen und Präparate: *Folia Uvae ursi:* **Ph. germ.** 117; Ph. austr. 143; Ph. hung. 481; Ph. ross. 178; Ph. helv. 58; Cod. med. 82; Ph. belg. 87; Ph. Neerl. 285; Brit. ph. 362; Ph. dan. 118; Ph. suec. 88; Ph. U. St. 372; Flückiger, Pharm. 623; Flückiger and Hanb., Pharm. 401; Hist. d. Drog. II, 35; Berg, Waarenk. 270.

Bezüglich der Drogen und Präparate siehe auch Hager, Ph. Prx. I, 456.

Tafelbeschreibung:

A blühende Pflanze, nat. Grösse; B Fruchtzweig, desgl.; 1 Blüthe, vergrössert; 2 dieselbe im Längsschnitt, desgl.; 3 dieselbe ohne Krone, desgl.; 4 Staubgefässe, desgl.; 5 Pollen, desgl.; 6 Stempel, desgl.; 7 Fruchtknoten im Querschnitt, desgl.; 8 Frucht, desgl.; 9 dieselbe im Querschnitt, desgl.; 10 u. 11 Steinkern, von verschiedenen Seiten, desgl.; 12 derselbe im Längsschnitt, desgl. Nach einer Originalzeichnung des Herrn Prof. Schmidt in Berlin.

Areca Catechu L.

Betel-Palme, Arekanuss, Catechu-Palme, Pinang — Noix d'Arec — Betel-Nut Palm.

Familie: *Palmae* (Unterfamilie: *Arecineae*); Gattung: *Areca* L.

Beschreibung. Eine 12—17 (auch 19) Mtr. hohe Palme mit schlankem, unverzweigtem $^1/_4$ Mtr. dickem Stamme und dunkelgrüner Blattkrone. Wurzel aus zahlreichen, fingerdicken, verworrenen Wurzelfasern zusammengesetzt. Das Holz ist weiss, faserig, in der Jugend schwammig und zähe, im Alter hart und hornartig, ein weiches, weisses, sehr umfangreiches Mark einschliessend. Blätter aus 6—9 endständigen, 1—4 Mtr. langen Wedeln bestehend. Wedel gefiedert, vor der Entwickelung hornförmig zusammengerollt. Die einander gegenüberstehenden, etwas verschobenen Fiedern nervig, parallel gefaltet, kahl, die obersten verschmolzen, ihr gestutztes Ende ausgefressen gezähnt; die übrigen lanzettförmig, spitz. Die kahle, unbewehrte Blattspindel etwas zusammengedrückt, eckig gefurcht, gekielt, mit dem erweiterten Grunde den Stamm umfassend und an demselben nach dem Abfallen einen etwas erhabenen Ring zurücklassend. Blüthen eingeschlechtig, einhäusig, in einfach oder doppelt verzweigten, 1—$1^1/_3$ Mtr. langen, seitenständigen Kolben, welche sich vom 3jährigen Alter ab unterhalb der Blätter aus dem Stamme entwickeln, im oberen Theile nur männliche Blüthen, im unteren weibliche Blüthen enthaltend. Die allgemeine Blüthenscheide aus den Achseln der Wedel entspringend und nach dem Abfallen der letzteren sich mit dem in ihr befindlichen Kolben weiter entwickelnd, spatelförmig, stumpf zugespitzt, an der äusseren Seite gewölbt, an der inneren flach, mit einer Längsnaht, einklappig, aussen grün, innen weiss, abfallend. Männliche Blüthen zahlreich, sehr wohlriechend, sitzend, an den Kolbenästen wechselweise 2reihig. Aeusseres Perigon eine einblätterige, 3theilige Blüthendecke mit gestielten, eiförmigen, spitzen Abschnitten darstellend; inneres Perigon 3blätterig, viel länger als das äussere Perigon, breit eiförmig, spitz, glatt, dick, gestreift, gelblich. Staubgefässe 6, mit sehr kurzen, am Grunde erweiterten und verwachsenen Filamenten; Antheren 2fächerig, linealisch, oben gespitzt, am Grunde pfeilförmig, am Rücken angeheftet, nach Bentley weiss, während sie Nees v. Esenb. und Hayne, wie in unserer Zeichnung, gelb darstellen, den unfruchtbaren, eine kurze, bauchige Säule darstellenden, mit 3 narbenlosen, röthlichen Griffeln ausgestatteten Fruchtknoten umgebend. Weibliche Blüthen mit 3blätterigem, bleibendem, äusserem Perigon, dessen breit eiförmige, fleischige Blätter die Länge des inneren Perigons besitzen. Letzteres 3blätterig, dem äusseren Perigon ähnlich, ebenfalls bleibend, Blätter herzförmig, spitz. Staubgefässe fehlend, an deren Stelle befindet sich ein flacher, 6zähniger, den Fruchtknoten umgebender Kranz. Fruchtknoten gross, oberständig, eiförmig, spitz, glatt, unten blass, oben schwärzlich-purpurn, 3fächerig, mit einem Ei in jedem Fache; Griffel 3theilig, pfriemlich, mit einfachen, warzigen Narben. Frucht 6—8 Ctm. lang, etwas verjüngt zulaufend, gewöhnlich von der Grösse und Form eines Hühnereies, vom bleibenden Perigon unterstützt, jung weiss, später grün oder gelbgrün, im reifen Zustande orangefarbig oder goldgelb. Pericarp zuerst weich und fleischig, reif faserig und zähe, bestehend aus zahlreichen, langen, an der Spitze getrennten Fasern. Die Nuss ist einfächerig, mit einem einzelnen, aufrechten Samen. Endocarp sehr dünn, krustig oder häutig; Same halbkugelig oder eikegelförmig bis kegelförmig, am Scheitel meist breit gerundet, am Grunde abgestutzt und eingedrückt; die netzig geaderte Samenschale mit dem Endosperm fest verbunden. Das hornartige Eiweiss ist weiss oder rosa, braun marmorirt, in die weisse Grundmasse ist die dunkelbraune Samenhaut strahlenförmig eingedrungen, oft mit einer kleinen Höhle in der Mitte ausgestattet. Embryo klein, kegelig, am Grunde des Samens, aufrecht.

Anatomisches. Das weisse hornige Eiweiss des Samens besteht aus grossen, dickwandigen Zellen, welche mit einer eiweissartigen Masse angefüllt sind, die sich unter Zusatz von Jod braun färbt. Die Zellwände sind mit grossen Porenkanälen ausgestattet. Das braune Gewebe, welches den Eiweisskörper durchsetzt, besteht aus dünnwandigen, kleinen Parenchymzellen mit rothbraunem Inhalte. Die dünnen Wände dieser Zellen sind spiralig gestreift und sowohl in dieses Gewebe als auch in dasjenige der braunen Oberfläche des Samens sind feine Spiralgefässe eingestreut. Sämmtliche braune Zellen färben sich roth bei Behandlung mit Aetzlauge und nehmen grüne Farbe an bei Einwirkung von Eisenchlorid.

Vorkommen. Wahrscheinlich auf den Sundainseln einheimisch; gegenwärtig in verschiedenen Spielarten durch den ganzen tropischen Theil von Ostasien (Ostindien, Ceylon, Süd-China, indischem Archipel) namentlich in der Nähe der Seeküsten kultivirt.

Name und Geschichtliches. *Areca,* malabarischer Name für Palme. Wegen *Catechu* siehe *Uncaria Gambir* Taf. 104; man nahm irrthümlicherweise an, dass aus den Nüssen Catechu gewonnen werde. Betel, malabarischer Name, *beetla-codi,* Betelpfeffer. — Die Arecapalme wird von den

Sanskritschriftstellern unter dem Namen *Guvaca* erwähnt; die Chinesen nannten sie *Pin-lang*, ein Name, der anscheinend von *Pinang* herrührt, womit auf den malayischen Inseln die Palme bezeichnet wird. Das älteste chinesische Werk, worin *Pin-lang* Erwähnung findet, ist San-fu-huang-tu, eine Beschreibung von Chang-an, der Hauptstadt des Kaisers Wu-ti (140—86 v. Chr.), worin gesagt wird, dass letzterer nach Besteigung des Thrones (111 v. Chr.) verschiedene merkwürdige Bäume des Südens, darunter über 100 *Pin-lang*, kommen liess, um sie in den kaiserlichen Gärten anzupflanzen. Andere chinesische Werke aus dem ersten Jahrhundert erwähnen, dass die Arecanüsse in Süd-China, den malayischen Inseln und Indien gebaut werden; und ein chinesisches Werk des 4. Jahrhunderts giebt Kunde von dem Gebrauch, wonach den ankommenden Gästen Arecanüsse vorgesetzt wurden. Die arabischen Schriftsteller, namentlich Ibn Batuta, waren mit den Arecanüssen wohl bekannt und bezeichneten sie mit dem Namen Fófal. Obgleich die Nüsse bei den ostasiatischen Völkern von jeher in hohem Ansehen standen und man von ihnen rühmte, dass durch ihren Genuss das Zahnfleisch gestärkt, der Athem versüsst und die Verdauung gebessert werde, so hat man bis in die neueste Zeit dieselben doch nicht für medizinisch wichtig gehalten. In China und Indien sind die Nüsse schon längst gegen Hundewürmer und namentlich Bandwürmer verwendet worden.

Offizinell ist die Nuss: *Semen Arecae* (*Nuces Arecae, Nuces Betel*), welche oben näher beschrieben worden ist und sowohl mit als ohne Fruchthülle in den Handel gebracht wird. Ceylon führte nach den Angaben von Flückiger and Hanb. im Jahre 1871 66 543 Ctr. im Werthe von 62 593 Pfd. St. aus; im Jahre 1872 betrug die Ausfuhr 71 715 Ctr. Madras lieferte 1872 und 1873 43 958 Ctr. Singapore und Sumatra treiben gegenwärtig einen ganz bedeutenden Handel mit diesen Nüssen.

Ein Baum trägt jährlich 200—800 Nüsse.

Bestandtheile. Morin fand in den Arecanüssen: eisengrünenden Gerbstoff, Legumin, rothe Materie, ätherisches Oel, reichlich Fett. Neuere Untersuchungen haben 53% Fett, 30% Emulsin, Zucker, Gerbsäure, Gallussäure und Arecaroth ergeben. Der rothe Farbstoff, das Arecaroth, ist unlöslich in kaltem Wasser und Aether, löslich in kochendem Wasser und alkalischen Flüssigkeiten, aus denen der Farbstoff mit Säuren gefällt wird. Flückiger and Hanbury erhielten, als sie das bei 100° C. getrocknete Pulver des Samens mit Aether extrahirten, eine farblose Lösung, welche nach Verdampfung eine ölige Flüssigkeit zurückliess, die nach dem Abkühlen fest wurde und 14% des Samens betrug; dieselbe war krystallinisch und schmolz bei 39° C. Weitere Versuche lieferten eine Spur von Tannin und ergaben, dass Catechin nicht vorhanden ist. Bei Verbrennung der Samen erhielt man 2.26% Asche. (Husemann, Pflanzenstoffe 414.)

Anwendung. Die Betelnüsse haben für die südostasiatischen Völker die nämliche Bedeutung wie für uns der Tabak. Der harte marmorirte Eiweisskörper des Samens wird gewöhnlich in 4 Stücke zerschnitten, getrocknet, in ein Blatt des Betelpfeffers (*Piper Betle* L., *Chavica Betle* Mich.) gewickelt und mit etwas Catechin und Kalk von Männern und Frauen, ähnlich wie bei uns der Tabak, gekaut. Diese Sitte, welche durch ganz Indien, den malayischen Archipel und Süd-China verbreitet ist, erzeugt einen starken Speichelfluss, gilt als Gesundheit erhaltend, macht den Athem wohlriechend, die Zähne schwarz, die Lippen und den Gaumen ziegelroth. Diese Färbungen werden bei den dortigen Völkerschaften für schön gehalten.

Die Arecanüsse dienen zur Herstellung eines conservirenden Zahnpulvers und als Bandwurmmittel; in China zum Färben baumwollener Zeuge und angeblich auch zur Arrakbereitung. Die Blattscheiden werden zu Gefässen verwendet, die wohlriechenden männlichen Blüthen bei festlichen Gelegenheiten, zu Heil- und Zaubermitteln, die jungen Blätter als Salat, der Saft des Baumes in Malabar zu berauschenden Pastillen. Der frühere Glaube, dass aus den Nüssen das sog. Palmen-Catechu gewonnen wird, hat sich als irrthümlich herausgestellt (siehe *Acacia Catechu* Taf. 116). (Husemann, Arzneimittellehre 512.)

Litteratur. Abbildung und Beschreibung: Nees v. Esenb., Plant. med., Taf. 38; Hayne, Arzneigew. VII, Taf. 35; Bentley and Trimen, Med. pl., Taf. 276; Roxburgh, Pl. of the coast of Coromandel I, Taf. 75; Martius, Hist. Palm., Taf. 102 und 149; Blume, Rumphia Taf. 102^A; Luerssen, Handb. der syst. Bot. II, 341; Karsten, Deutsche Flora 412; Wittstein, Pharm. 40.

Drogen und Präparate: *Nuces Arecae*: **Ph. germ.** neueste im Erscheinen begriffene Auflage; Brit. ph. 413; Flückiger and Hanbury, Pharm. 669; Hist. d. Drog. II, 485; Berg, Waarenk. 452.

Bezüglich der Drogen und Präparate siehe auch Hager, Ph. Prx. I, 776.

Tafelbeschreibung:

A Palme, verkleinert; 1 Blüthenkolben mit oben männlichen, unten weiblichen Blüthen, wenig verkleinert (die Farbe muss gelblich grün sein); 2 männliche Blüthe, vergrössert; 3 Staubgefäss, natürl. Grösse; 4 der verkümmerte, unfruchtbare Fruchtknoten, desgl.; 5 weibliche Blüthe aus dem Deckblättchen herausgenommen, den Kelch zeigend, desgl.; 6 Fruchtknoten mit verkümmerten Staubfäden, desgl.; 7 äusseres Perigonblatt, vergrösssert; 8 inneres Perigonblatt, desgl.; 9 Längsschnitt, durch den einfächerigen Fruchtknoten, desgl.; 10 eine reife Frucht, natürl. Grösse; 11 dieselbe im Längsschnitt (die Spitze muss faserig dargestellt werden), desgl.; 12 dieselbe im Querschnitt, desgl.; 13 Same, desgl. Originalzeichnung unter Benutzung der Abbildung in Bentley and Trimen und den Holzschnitten in Engler und Prantl.

Areca Catechu L.

Arnica montana L.

Syn. *Doronicum montanum* Lam. *Doronicum Arnica* Desf.

Wohlverlei, Johannisblume, Fallkraut, Stichwurzel, St. Lucienkraut, Engelkraut, Verfangkraut — Arnica, Mountain Tobacco — Arnica.

Familie: *Compositae.* Gattung: *Arnica* Rupp.

Beschreibung. Ausdauernde Pflanze mit schief herabsteigendem, cylindrischem, bis 10 cm langem, 1 cm dickem, aussen röthlichbraunem, innen weissem Rhizom, welches ziemlich dicht mit braunen Schuppen und den Ueberbleibseln abgestorbener Blätter und auf der Unterseite mit langen, dünnen Adventivwurzeln besetzt ist. Am Grunde des 1- bis 3köpfigen, 30—60 cm hohen, aufrechten, drüsig-kurzhaarigen Stengels entwickelt sich eine Blattrosette, welche aus 4—6, auf der Erde ausgebreiteten, länglich-verkehrt-eiförmigen, 5nervigen, oberseits kurzhaarigen, unterseits kahlen, halbstengelumfassenden, meist mehr oder weniger verwachsenen Blättern besteht. Der Stengel ist entweder blattlos oder mit 1—2, aus kahlen oder flaumigen, gewimperten Blättern bestehenden Blattpaaren besetzt. Blätter des untersten Blattpaares länglich bis lanzettlich, 3nervig; die des oberen Blattpaares 1nervig, in den Achseln häufig noch mit je einem kürzer gestielten Seitenköpfchen. Köpfchen bis 5 cm breit, drüsenhaarig, mit 2reihigem Hüllkelch. Blättchen des Hüllkelches lineal-lanzettförmig, gleichlang, die äusseren aussen dunkelpurpurn gerandet und drüsig-kurzhaarig. Blüthenboden gewölbt, grubig, behaart. Randblumen weiblich, 15—20, einreihig, zungenförmig, an der Spitze 3zähnig, 10rippig, orangegelb, oft mit verkümmerten Staubgefässen. Scheibenblume zwitterig, röhrenförmig, mit 5zähnigem Saume. Fruchtknoten behaart. Die 5 Staubgefässe bilden mit ihren Staubbeuteln eine gelbe, aus der Blume hervorragende Röhre, aus welcher der zweispaltige Griffel hervortritt. Achänen schwarzbraun, flaumhaarig, stumpf-5kantig, mit einer 1reihigen, steif- und rauhhaarigen Federkrone.

Im hohen Norden tritt eine Form mit schmäleren Blättern auf, welche mit dem Namen *Arnica angustifolia* Vahl. (*Arnica alpina* Murray) belegt worden ist.

Anatomisches: Der Querschnitt der Hauptwurzel zeigt eine glänzende Rinde von ungefähr $^1/_{10}$ des Durchmessers, einen schmalen, festen Holzring und ein, $^2/_3$ des Querschnittes einnehmendes schwammiges Mark. Der Holzring besteht aus gelben, unregelmässigen, öfters halbkreisförmigen, dicht aneinanderschliessenden, nicht strahligen Gruppen stark verholzten Gewebes, umgeben von zahlreichen, zerstreuten Gefässen, mit spaltenförmigen Tüpfeln. In der Rinde befinden sich, einen weitläufigen Kreis bildend, ungleiche, von zartem Parenchym umgebene Oelräume, deren blassgelbes Oel gewöhnlich ausgetreten und durch das benachbarte Gewebe verbreitet ist. Der Kork ist aus wenigen Reihen rundlicher, brauner, oft Harz führender Zellen zusammengesetzt.

Verbreitung. Auf Torfmooren und gebirgigen, besonders waldigen Wiesen von Süd- und Mitteleuropa, ebenso in den höheren Breiten von Asien und Amerika.

Name und Geschichtliches. Der Name Wohlverlei (richtiger Wolferlei), Wulferley, Wulferling, althochdeutsch *wolves-zeisala* (*zeisan*, zerreissen), *wolfesgele* (Wolfsgelb) steht in Beziehung zum Wolfe; man ist jedoch nicht im Stande eine nähere Erklärung dieser Beziehung zu geben. Die Deutung Wohlverleih, Wohlferlei = Wohl für allerlei kann keinen Anspruch auf Wahrscheinlichkeit machen. Der Name *Arnica* stammt aus dem 17. Jahrhundert und ist jedenfalls aus einer Verstümmelung von *Ptarmica* (*πταρμική* Niesskraut, *πταρμικός* niesen, *πταρμός* erregen, der Staub der gepulverten Pflanze erregt heftiges Niesen), einem Worte, welches schon Dioscorides wahrscheinlich für eine *Achillea* in Anwendung brachte, hervorgegangen. Die Pflanze war in der Volksmedizin wohl schon sehr frühzeitig bekannt. Matthiolus (1501—1577 in Siena) bildete eine ihm von Adamus Leonurus zugesendete Arnikapflanze unter dem Namen *Alisma* ab. Der Greifswalder Professor Franz Joel empfahl gegen Ende des 16. Jahrhunderts die Arnika zu Arzneizwecken. Weitere Anpreisungen erfolgten 1678 durch den Schweinfurter Arzt Joh. Mich. Fehr, 1744 durch G. A. de la Marche und namentlich im Jahre 1777 durch Heinr. Jos. Collin, durch dessen Empfehlung die Pflanze einen bedeutenden, wenn auch nur vorübergehenden Ruf erlangte. C. Gessner nannte sie *Caltha alpina*; Dodonaeus: *Chrysanthemum latifolium*; Tabernaemontanus: *Damosonium primum Dioscoridis.*

Blüthezeit. Juni, Juli.

Offizinell sind der Wurzelstock: *Rhizoma* (*Radix*) *Arnicae*, die **Blüthen**: *Flores Arnicae*, wohl auch die Blätter: *Folia Arnicae*.

Die Arnikablüthen werden sammt der Kelchhülle im Juni und Juli gesammelt, auf Horden schnell und gut getrocknet und müssen dann, von den ziemlich häufig darin befindlichen Larven und Puppen von Insekten (*Trypeta arnicivora* Loew.) gereinigt, in Blechkästen aufbwahrt werden. Sie riechen frisch widerlich, im trocknen Zustande angenehm aromatisch und sind von scharf aromatisch-beissendem, bitterem Geschmack. Im Handel unterscheidet man Büthen ohne Hüllkelch: *Flores Arnicae sine receptaculis* (*calycibus*) und Blüthen mit Hüllkelch: *Flores Arnicae cum receptaculis*. Die Arnikawurzeln werden im Frühjahr gesammelt und nach dem Trocknen in Weissblechbüchsen aufbewahrt.

Verwechselungen können stattfinden a) bezüglich der Blüthen mit 1. *Anthemis tinctoria* L.: mit pappuslosen Achänen, 13 mm langer, 20—25 mm breiter Zunge; 2. *Calendula officinalis* L.: mit 4nervigen Zungen und gekrümmten Früchten; 3. *Doronicum Pardalianches* L.: randständige Blüthen pappuslos, mit 10 mm langer und 20 bis 25 mm breiter, 4—5nerviger Zunge; 4. *Inula Britannica* L.: kleiner, Zungenblüthchen 4nervig, 20 mm lang. 15 mm breit, Fruchtboden nackt; 5. *Hypochaeris, Scorzonera, Tragopogon*: ohne Unterschied zwischen Scheibe und Strahl, Blüthchen 5zähnig, Pappus gefiedert; b) bezüglich der Wurzeln mit 1. *Solidago Virgaurea* L.: Rhizom dicker, mit zahlreicheren Seitenwurzeln, der wässerige Aufguss dicklicher, beim Schütteln stark schäumend, von Silberlösung dunkelgrau gefällt; 2. *Hieracium umbellatum* L.: ringsum dicht mit dünnen langen Fasern besetzt; 3. *Betonica officinalis* L.: ohne Balsamgänge, Wurzel im Querschnitt viereckig; 4. *Geum urbanum* L.: ringsum mit Nebenwurzeln, Geruch nelkenartig; 5. *Fragaria vesca* L.: ohne Balsamgänge längs-runzelig, nicht geringelt, mit schwach herbem, weder scharf noch gewürzhaftem Geschmacke.

Bestandtheile. Die Wurzel enthält nach Pfaff 1.5% ätherisches Oel, 6% scharfes Harz, 9% Gummi, Wachs und eisengrünenden Gerbstoff; nach Walz auch einen nicht krystallinischen Bitterstoff und Arnicin. Das Kraut enthält nach Walz ätherisches Oel, Fett und Arnicin. Die Blumen nach des letzteren Analyse: ätherisches, gelbliches Oel, Harz, eisengrünenden Gerbstoff, Fett, Wachs, einen gelben Farbstoff und Arnicin; nach den Untersuchungen von Chevallier und Lassaigne enthalten die Blüthen: ätherisches Oel, Harz, einen bitteren, dem *Cytisin* (aus *Cytisus Laburnum*) ähnlichen Stoff, Gallussäure, einen gelben Farbstoff, Eiweis, Gummi und Salze. Das zuerst von Bastik 1851 aus den Blüthen gewonnene *Arnicin* bedarf vorerst noch einer genauen Untersuchung. Bastik bezeichnet es als ein Alkaloid, Walz als ein Glykosid. Eine Reindarstellung des letzteren hat bis jetzt allem Anschein nach noch nicht stattgefunden.

Anwendung. Welche Bestandtheile in der Arzneipflanze die wirksamen sind, ist bis jetzt noch nicht festgestellt. Neuerdings sind die früher so hochgepriesenen Arnicamedikamente fast vollständig in Vergessenheit gekommen. Wurzel und Blüthen, weniger das Kraut, werden im Aufguss als Nerven- und Gefässsystem anregendes, Respiration und Blutumlauf beschleunigendes, Harn und Schweissabsonderung beförderndes Mittel gereicht; so namentlich bei nervösen Affektionen, Epilepsie, Gehirnerschütterung, Geisteskrankheit, bei Malariakrankheiten und Ruhr; in Folge ihres Aufsaugungsvermögens ebenso auch bei Blutergüssen, daher bei Apoplexie und äusserlich bei allen mit Blutaustritt verbundenen Leiden. Früher fanden die Blumen in gepulverter Form Anwendung als Niesspulver. (Husemann, Arzneimittell. 953.)

Präparate. Aus den Blüthen (auch in Verbindung mit Blättern und Wurzeln) wird die Arnicatinktur: *Tinctura Arnicae* und sowohl aus Blüthen und Wurzeln das Arnikaextrakt: *Extractum Arnicae florum* (*Extractum Arnicae radicis*) gewonnen. Die Blüthen dienen ausserdem noch zur Bereitung des *Emplastrum Arnicae*.

Litteratur. Abbildung und Beschreibung: Nees v. Esenb., Taf. 239; Hayne, Arzneigew. VI., Taf. 47; Berg u. Schmidt, Offiz. Gew., Taf. XIII[d]; Bentley u. Trim., Taf. 158; Woodville, Taf. 17; Steph. u. Ch., Taf. 123; Reichenb., Ic. Fl. Germ. XIX., Taf. 958; Luerssen, Handb. d. syst. Bot. II. 1144; Karsten, Deutsche Flora 1082; Wittstein, Pharm. 919; Hager, Pharm. Pr. I. 462.

Drogen und Präparate: *Rhizoma (Radix) Arnicae*: Ph. austr. (D. A.) 22; Ph. hung. 67; Ph. ross. 343; Ph. helv. 111; Cod. med. 35; Ph. belg. 11; Ph. Neerl. 31; Brit. ph. 48; Ph. suec. 169; Ph. U. St. 48; Berg, Waarenk. 83; Berg, Atlas, Taf. XV.; Flückiger, Pharm. 434; Flückiger and Hanb., Ph. 390.

Flores Arnicae: **Ph. germ.** 107; Ph. austr. (D. A.) 22; Ph. hung. 67; Ph. ross. 163; Ph. helv. 53; Ph. belg. 11; Ph. Neerl. 31; Ph. dan. 108; Ph. suec. 81; Ph. U. St. 48; Berg, Waarenk. 311; Flückiger, Pharm. 775; Flückiger and Hanb., Pharm. 392.

Folia Arnicae: Ph. hung. 67; Ph. austr. 22.

Tinctura Arnicae: **Ph. germ.** 272; Ph. austr. 132; Ph. hung. 451; Ph. ross. 426, 437; Ph. helv. 141; Cod. med. 376; Ph. belg. 263; Ph. Neerl. 265; Brit. ph. 319; Ph. dan. 264; Ph. suec. 230; Ph. U. St. 334.

Extractum Arnicae: Ph. U. St. 101.

Emplastrum Arnicae: Ph. U. St. 93.

Tafelbeschreibung:

AB Pflanze in natürl. Grösse; 1 Blüthenkopf im Längsschnitt, desgl.; 2 Scheibenblumenknospe, wenig vergrössert; 3 Randblume, desgl.; 4 Scheibenblume, desgl.; 5 dieselbe im Längsschnitt, stärker vergrössert; 6 Staubgefäss, desgl.; 7 Pollenkörner, desgl.; 8 Fruchtkopf, natürl. Grösse; 9 Achäne mit Federkrone, natürl. Grösse und vergrössert; 10 Fruchtkopf mit Hüllkelch, nach Samenabfall, natürl. Grösse. Nach der Natur von W. Müller.

Compositae.

Arnica montana L.

N.d.Natur v. W. Müller.

Artemisia vulgaris L.

Gemeiner Beifuss.

Engl. Wegwood, franz. Armoise, port. u. span. Artemisia, holl. Gemeene Bijvoet, griech. *Ἀρτεμισία*, türk. miskotou, arab. Souela, chin. Ngai-yé, jap. Motjigusu.

Syn. *Artemisia officinalis* Gatteran. *A. latifolia* Fuchs.

Familie. *Compositae* Adans. Sect. I. *Corymbiferae* Vaill. Trib. III. *Senecionoideae* Less. Unterfamilie: *Anthemideae* Cass. Gattung: *Artemisia* L.

Beschreibung. Die 1—1,5 m hohe Staude besitzt einen nahezu senkrecht in der Erde sitzenden, mehrköpfigen, kurzgliederigen, bis 15 mm dicken zylindrischen Wurzelstock, von welchem bei jungen Pflanzen die später absterbende, bis 20 cm lange und 5 mm dicke Hauptwurzel ausgeht. Aus dem Rhizom entspringen eine Anzahl bis 4 mm dicker, weisslich-bräunlicher verzweigter Nebenwurzeln, sowie mehrere 6—12 cm lange, etwa 5 mm dicke, horizontale Ausläufer. Die etwas verdickten Wurzelköpfe treiben 1—1,5 m hohe, aufrechte oder aufsteigende, locker beblätterte, geriefte, auf der der Sonne zugekehrten Seite meist rot gefärbte Stengel, die mehr oder weniger kahl, oben meist wollig oder spinnewebig filzig sind. Dieser Filz lässt sich leicht abreiben. Der Stengel verzweigt sich rispig pyramidal; die Aste sind oft lang und rutenförmig, mit Blättern und Blütenköpfchen dicht besetzt. Die unteren eigentlichen Stengelblätter sind bis zu 12 cm lang, bis 7 cm breit, wechselständig, sitzend, die der nicht blühenden Triebe aber gestielt, einfach, tief doppelt fiederteilig, mit lanzettlichen, zugespitzten, stachelspitzigen Zipfeln, die um so kleiner werden, je mehr sie sich der Blattbasis nähern, sodass die untersten von ihnen nur noch wie ungeteilte, ganzrandige, gekrümmte Öhrchen sich um den Stengel herumbiegen. Die Farbe der Blätter ist oberseits meist dunkelgrün, unterseits weiss; ihr Rand ist umgebogen; oberseits sind sie kahl, unterseits mit dicht verfilzten Haaren bedeckt. Farbe und Filz wechseln übrigens sehr je nach dem Standort. Die oberen Blätter, Stützblätter der Blütenzweige und der Blüten selbst, sind nur einfach fiederspaltig, dreizipfelig oder ungeteilt und schliesslich auch ganzrandig. Der Blütenstand ist eine weitschweifige, aus den Blütenkörbchen zusammengesetzte, von Stützblättern vielfach unterbrochene Rispe, deren Aussehen ebenfalls durch veränderten Standort ein verschiedenes ist. Die Rispenäste bilden nämlich bald einfache, bald zusammengesetzte Trauben; die Blütenkörbchen stehen bald einzeln, bald in Knäueln nebeneinander. Die Körbchen selbst sind bald eiförmig, bald zylindrisch, etwa 4 mm lang, aufrecht oder nickend, jedes mit einem kleinen Stützblättchen versehen. Der Hüllkelch besteht aus mehreren kleinen dachziegelig aufeinander liegenden Blättchen, von denen die äusseren lanzettlich, aber bedeutend kürzer als die inneren länglichen sind. Sie zeigen in der Mitte einen breiten, grünen Streifen, an der Seite einen durchscheinenden, nicht trockenhäutigen Rand und sind mit verfilzter

Wolle bekleidet. Nicht selten sind die inneren an der Spitze schön violett gefärbt. Die Blütchen sitzen auf einem kahlen konischen Fruchtboden; die Randblüten sind weiss oder rötlich, weiblich, engröhrig, mit erweitertem Grunde dem zylindrischen Fruchtknoten aufsitzend; sie besitzen einen zweispitzigen, nicht zurückgebogenen Saum und einen hervorragenden Griffel mit zwei nach aussen gebogenen rötlichen Narben. Die Scheibenblüten sind rosa, zwittrig und ebenfalls röhrig. Die Röhre ist zylindrisch, unten nicht verdickt, oben glockenförmig erweitert mit regelmässigem 5zipfeligem, zurückgeschlagenem Saume. Die fünf Staubblätter endigen in eine langgezogene Spitze ausserhalb der Kronenröhre und sind mit den nach innen sich öffnenden Beuteln eng verwachsen. Der Griffel überragt die Röhre und die Staubblätter und läuft in zwei ein wenig spreizende spitz-dreilappige Narben aus. Die Frucht ist ein sehr kleines, glattes, braunes, oben stumpfes, unten spitzes Nüsschen ohne Pappus oder Fruchtkrönchen. Der Same enthält kein Nährgewebe; der Embryo ist gerade und hat zwei blattähnliche fleischige Samenlappen.

Vorkommen. Durch ganz Europa an Hecken, Gebüschen, Flussufern sehr verbreitet; bisweilen auch als Küchengewürz kultiviert. Ferner im Orient, bis Japan, Sibirien, Nordamerika.

Blütezeit. Juni bis Oktober.

Name und Geschichte. Der Name wird entweder von der Göttin Artemis (Diana), der Beschützerin der Jungfrauen, hergeleitet, weil die Pflanze als die Menstruation beförderndes Mittel gebraucht wurde. Nach Plinius ist sie nach der Artemis Pythia benannt, welche die Kunst der Hebammen erfand. Andere führen den Namen auf den der Königin Artemisia, der Gattin des Königs Mausolos von Carien, zurück, welche durch den Gebrauch des Krautes von ihrer Krankheit geheilt worden sein soll. Demnach ist der Gebrauch des Beifuss als Volksheilmittel schon sehr alt. Auch der Volksaberglaube bemächtigte sich seiner; Beifuss stand als Zaubermittel in Ansehen. Der Johannisgürtel, den man zur Zeit der Sonnenwendfeuer in die Flammen warf und der alle Übel von den Leidenden mit hinwegnahm, war aus Beifuss geflochten. Am Johannistag sollten auch unter der tiefgehenden Wurzel jener Kräuter Kohlen zu finden sein, die sich mitunter in Gold verwandeln. (Wagner). Aus diesem Grunde heisst die Pflanze auch Johanniskraut. — Die abgestorbenen kohleartig aussehenden Wurzeln wurden früher in Hessen und am Rhein als Mittel gegen Epilepsie gebraucht und hiessen Narrensteine.

Officinell sind Wurzel und Kraut der Pflanze. *Radix Artemisiae* besteht aus den 2 mm dicken, langen, innen weissen, auf allen Seiten des senkrechten, walzenförmigen, holzigen, bis 25 mm dicken Wurzelstocks hervortretenden Nebenwurzeln, welche auf dem Querschnitt um den im Mittelpunkt befindlichen Holzkörper mit einem unterbrochenen Ringe braunroter Balsamgänge versehen sind. Die Droge schmeckt süsslich scharf und riecht aromatisch. Die Wurzeln sind im zeitigen Frühjahr und im Herbst zu sammeln und zu säubern, ohne sie zu waschen, dann schnell zu trocknen und nicht über ein Jahr gut aufzubewahren. Beim Pulvern soll der Holzkörper entfernt werden. — *Herba Artemisiae* besteht aus den Blättern und blühenden Stengelspitzen der Pflanze. Dieselben besitzen einen angenehm aromatischen Geruch und kaum bitteren Geschmack. (Deutsche Arzneimittel l. c.) Man unterschied früher eine weisse und eine rote Varietät als *Summitates Artemisiae albae et rubrae.*

Anatomie. Die Aussenrinde der Nebenwurzeln besteht aus mehreren Lagen dunkler Korkzellen. Die Zellen des Rindenparenchyms erscheinen auf dem Querschnitt etwas tangential gestreckt und enthalten Inulinklümpchen; ebenso die keiligen Markstrahlen. Letztere teilen das Holz in 3—5 grössere Komplexe, deren jeder sich aus mehreren kleinen Bündeln zusammensetzt. In demselben bemerkt man regelmässig zerstreute Spiralgefässe und Cambiform. Das Cambium wird aus zartwandigen Zellen gebildet; im Phloem heben sich die aus starkverdickten gelben Zellen bestehenden, nach dem Xylem zu verschmälerten Bastbündel lebhaft ab. Das Phloëmparenchym erscheint auf dem Querschnitt beinahe rundlich und besitzt grosse Intercellularräume. Der Gefässbündelteil ist von dem Rindengewebe durch eine deutliche Endodermis getrennt; vor jedem Bastbündel befinden sich in der Mittelrinde etwa 3—4 rote langgestreckte schizogene Balsamschläuche. — Die Blätter untersuchte Hans Virchow. Er fand (l. c.), dass die Epidermis der Oberseite aus regelmässigen in Reihen angeordneten Parenchymzellen zusammengesetzt und spaltöffnungsfrei ist. Auf der Unterseite dagegen sind ihre Zellwände wellig gebogen und nur über den Nerven gradwandig. Das einreihige Palisadengewebe nimmt die Hälfte des Blattquerschnitts ein; das Mesophyll ist reich entwickelt; und am umgekrümmten Rande des Blattes verläuft ein kräftiges Gefässbündel. Die Cuticula ist nur an den Rändern gefaltet, nicht auf der Blattfläche, deren Epidermiszellen stark verdickt sind. — In die Blattspitze tritt ein kräftiger Mittelnerv nebst zwei Seitennerven ein und verläuft pinselförmig. Die Sekundärnerven gehen fast rechtwinklig vom Mittelnerv ab und münden in die Seitennerven. An der Spitze tritt entweder ein Seitennerv unter einem Winkel von 45° aus, indem er ein grosses Dreieck abschneidet, oder zwei stärkere Seitennerven treten beinahe unter 90° aus dem Mittelnerv heraus und schneiden ein oberes kleineres und ein unteres grösseres Dreieck ab. An der Spitze befindet sich nur selten eine Wasserspalte. — (Bei *A. Absynthium* L. bemerkt man in der reichverzweigten Nervatur links ein kleines und rechts ein grösseres Dreieck, die durch stärkere Seitennerven gebildet sind.)

Anwendung. Das Kraut dient wegen seines aromatischen Geruchs als Gewürz. Hier und da benutzt man es als die Menstruation beförderndes Mittel, so wie als Antihystericum. — Eine Verwechselung dieses Krautes mit Absynth ist wegen dessen bitteren Geschmackes und starken unangenehmen Geruches, sowie der allseitig grauen Behaarung der Wermutpflanze nicht leicht zu erwarten. — Die Wurzel ist ein magenstärkendes und die Verdauung beförderndes Medikament; ausserdem hält man sie für wirksam gegen die Zahnkrämpfe der Kinder, gegen Epilepsie und Veitstanz, und lässt das Pulver in der zwischen den Anfällen liegenden Zeit einnehmen. Das Extrakt dient heute noch als Mittel gegen Epilepsie, Kolik, Durchfall, Erbrechen, Bleichsucht und stockende Menstruation (Hager). Aus der Wolle der Blätter, die beim Pulvern zurückbleibt, formte man in Europa und Japan die Moxen oder Brennkegel. In China verwendet man hierzu die *Artemisia mollis* Gay oder *A. chinensis* Burm.

Bestandteile. Ausser Harz, Schleim, Zucker, Inulin fand man in den Blättern und Wurzeln ätherisches Öl, welches nach Schimmel & Co. ein spezifisches Gewicht von 0,920 besitzt und in den Blättern zu 0,2 %, in den Wurzeln zu 0,1 % enthalten ist. Nach Bretz und Elieson ist es blassgrünlich gelb, butterartig, von durchdringendem Geruch, brennendem, hinterher kühlendem Geschmack und neutraler Reaktion (Husemann-Hilger l. c.)

Litteratur. Beschreibung und Abbildung. Heyne, II. t. 12. Nees v. Es., Pl. med., t. 234. Bluff und Fingerhut, II. 335. Henkel, Bot. 128. Kosteletzki, II. 703. Berg, Bot. 321. Schlechtendal-Hallier, Fl. v. D. XXIX. 198 t. 3011. Thomé, Fl. v. D. IV. 321. Garcke, Fl. v. Deutschl. (17. Aufl.) 314 Fig. 1131. Luerssen, Med. pharm. Bot. II. 1136. Karsten, Fl. v. D. II. 680. Engler & Prantl, Pflanzenfam. IV. p. 5. S. 282. Brotero, Fl. lusit. I. 355. Figueiredo, Fl. pharm. 448. Hoffmannsegg & Link., Fl. port. II. 268. Geisler & Möller, Realencyclop. I. 620 (Tschirch).

Anatomie. Henkel, Pharm. 38. Wiegand, Pharm. 73. Hans Virchow in Arch. Pharm. 234 (1896) 107.

Compositae
(Anthemideae)

Artemisia vulgaris L.

Drogen. *Radix Artemisiae* Berg, Pharm. 37. Henkel, Pharm. 38. Wiegand, Pharm. 71. Meyer, Drogenkunde, I. 300. Karsten l. c. Dorvault L'Officine (XII. Aufl.) 263. Pharm. Gall. (1884) 37. Graec. (1868) 17. Nederl. Suppl. (1891) 165. Port. (1876) 56. Suec. (VII.) 169. Deutsche Arzneimittel No. 577. S. 219. *Herba Artemisiae* Gall. 37. Hisp. (VI) 19. Rom. (III.) 1 (als Verwechs. m. Hb. Absynth) Deutsche Arzneimittel No. 357. S. 141.

Präparate. *Extr. rad. Artemisiae.* Deutsche Arzneimittel No. 227. S. 90. Dieterich, Manuale (VI). 127. Hager, Praxis I. 497. — *Extr. fol. Artemisiae.* Ph. Gall. 443. *Tinct. rad. Artemisiae.* Hager, Praxis l. c. *Tisane* Gall. 609. *Alcohol Salviae vulnerar.* Hisp. 197. *Ol. aether.* Schimmel & Co., Berichte Oktbr. 1893. Anhang. — Husemann Hilger, Pflanzenstoffe III. 1525.

Tafelbeschreibung:

A Blühender Zweig. 1 Stengelblatt. 2 Blütenkörbchen. 3 Längsschnitt desselben. 4 Randblüte. 5 Scheibenblüte. 6 Dieselbe im Längsschnitt. 7 Staubblatt. 8 Pollen. 9 Achäne. 10 dieselbe im Längsschnitt. Nach der Natur gezeichnet.

Aspidosperma Quebracho Schlechtendal.

Weisser Quebracho, Quebracho blanco.

Syn. *Aspidosperma Quebracho-blanco* Schlechtendal. *Macaglia Quebracho* Rich. *Peltosperma Quebracho* DC. *Ostreocarpus Quebracho* Rich.

Familie: *Apocynaceae* R. Brown. Unterfamilie: *Plumieroideae.* Section: *Plumiereae,* Tribus: *Alstonieae* K. Schumann. Gattung: *Aspidosperma* Mart. & Zucc.

Beschreibung. Ein Baum von 13—20, seltener 30 m Höhe und bis zu 1,20 m Durchmesser und hartem, weissen Holze, von dem Aussehen einer Trauerweide; im Alter mit grauer, ziegelrot schimmernder, tiefrissiger Borke und dicker Rinde. Die schlanken, hängenden Zweige sind glatt, nicht korkig, grau oder gelbbraun, mit leicht ablösbarem Periderm überzogen. Die immergrünen Blätter stehen ziemlich dicht gedrängt an den Zweigen, entweder gegenständig oder zu dreien wirtelig; sie sind hart lederartig, einfach, ungeteilt, ganzrandig, länglich oder länglich-lanzettlich, 3—5 cm lang, 1,2 cm breit; ihre Farbe ist entweder blaugrün, bereift oder oberseits gelbgrün bis goldgelb, unterseits gelbgrün oder umgekehrt. Der Rand und der Mittelnerv sind dann leuchtend gelb; beide vereinigen sich meist in eine oft bis 1 cm lange harte Stachelspitze. Die Seitennerven des Blattes sind zart, sehr zahlreich und gehen in sehr spitzen Winkeln von 20° von der Mittelrippe ab. Der Blattstiel ist sehr kurz, selten über 2 mm lang, graugrün oder goldgelb. Die Blüten stehen in reichblütigen, ausgebreiteten, achsel- und endständigen Trugdolden von etwa 2 cm Länge. Die Blütenstiele und -stielchen sind mit sehr kurzen, borstlichen weissen Haaren bedeckt, ebenso der glockige, fünfzipfelige, dachige Kelch, dessen Blätter etwa 2 mm lang, breiteiförmig, stumpf zugespitzt und weissberandet sind. Die Blumenkrone ist 6—10 mm lang, gelb, präsentiertellerförmig, die Röhre ist so lang als der Saum, dessen Zipfel in der Knospe links deckend, schmallinealisch und oft an den Rändern etwas eingerollt sind. Die Kronenröhre ist an der Ansatzstelle ein klein wenig erweitert, unter derselben wieder verengert und ebenda mit nach unten gerichteten, weissen, borstlichen Haaren besetzt. Aussen ist die Kronenröhre unbehaart; auf der Aussenseite der Kronenröhre verlaufen in gelben Riefen fünf schwächere Gefässbündel, den Verwachsungslinien der Blumenblätter entsprechend, und fünf stärkere, als Mittelrippen der Blumenblätter. Die über der Mitte der Kronenröhre angehefteten Staubblätter haben sehr kurze Filamente, welche etwas über dem Grunde der Antheren und fast senkrecht in der Corollenwand angeheftet sind. Die Antheren sind länglich-eiförmig, oben zugespitzt, unten fast herzförmig, sehr klein, bis zum Grunde mit Pollen angefüllt, und ohne Anhängsel; sie sind vollständig frei, nicht mit dem Narbenkopfe verbunden. — Der Fruchtknoten ist sehr klein, oberständig; ein hypogynischer Diskus ist kaum wahrzunehmen. Der am Grunde gespaltene Griffel überragt den Kelch, aber nicht die Kronenröhre, und endet oben in eine mit einzelligen, aufwärts gerichteten weissen Haaren besetzte, zylindrische

Narbe, welche in einer napfartigen Vertiefung an der Spitze zwei kleine, aufrechte Lappen trägt. Der Fruchtknoten ist zweifächerig, apocarp; in jedem Fach befinden sich an der Bauchseite 4—12 Samenknospen in zwei Reihen. Nahe der Spitze weichen die Fruchtblätter auseinander, um sich später wieder zu einem Staubweg zu vereinigen. Die Frucht besteht ursprünglich aus zwei Balgkapseln; durch Fehlschlagen der einen ist aber meist nur noch eine vorhanden, welche alsdann graugrün, kahl, ohne Warzen und Drüsen, stark seitlich zusammengedrückt, entweder kreisrund (6 cm Durchmesser) oder oval (6 : 4 cm) oder schief-oval (6 : 2,5 cm), und kurzgestielt erscheint. Auf der Seite ist die Balgkapsel von einer erhabenen, geraden oder gekrümmten hervorragenden Linie gekennzeichnet und springt entweder nur an der Bauchseite oder reisst auch auf der Rückenseite auf. Die Hälften der Fruchtschale sind flach, lederig-holzig, innen gelblich-weiss; an der Bauchnaht stehen, sich dachig deckend, an langen, die Mitte der Frucht erreichenden und in der Mitte des Samens einmündenden Nabelsträngen, 4—12 Samen. Dieselben sind ungefähr kreisförmig, von 1 cm Durchmesser und höchstens 1 mm Dicke, rings umgeben von einem breiten häutigen Flügel, sodass der ganze Same ein Oval von 3 : 4 cm Durchmesser darstellt. Der Same ist helllehmfarben, der Flügel nach aussen zu noch heller, der äusserste Saum dunkelbraun; die grossen flachen, beinahe kreisrunden, am Grunde nierenförmigen Samenlappen füllen die ganze Samenschale aus; das kleine Würzelchen ist nach unten gekehrt; Nährgewebe fehlt.

Vorkommen. Argentinische Republik, Provinz Santiago, insbesondere im Bezirk von Catamarca, wahrscheinlich auch in Chile, Bolivia und Südbrasilien.

Name und Geschichte. Aspidosperma von *ἡ ἀσπὶς*, rundes Schild und *τὸ σπέρμα*, Same, also Schildsame. Quebracho von quebar, brechen, und hacha, Axt, Quiebra hacha = Axtbrecher, wegen des sehr harten Holzes. Diesen Namen führen aber mehrere südamerikanische Bäume mit sehr hartem Holz (s. u.) Die erste Nachricht von der Pflanze gab Burmeister im Jahre 1860, der Teile des Baumes an Schlechtendal sandte, zugleich mit dem roten Quebrachoholz, welches als Gerbmittel dient. Schlechtendal hielt die Stammpflanzen beider für nahe verwandt, bis Grisebach ihre Verschiedenheit nachwies. — Die Rinde des Baumes gelangte 1878 durch Schickedanz zuerst nach Deutschland; in demselben Jahre entdeckte Fraude das Aspidospermin, während Hesse 1881 die übrigen Alkaloide fand.

Officinell ist **Cortex Quebracho blanco,** die Rinde älterer Stämme. Sie bildet ziemlich flache, 1—3 cm dicke, aussen mit dicker Borke überzogene harte Rindenstücke. Die Borke ist tief längs- und querrissig und grobwulstig, aussen schmutziggrau oder graubraun und lässt in den tieferen Kissen gelbrote oder ziegelrote Farbe erkennen. Der Bruch der Borke ist grobkörnig, der der Innenrinde kurzfaserig. Auf dem Querschnitt hebt sich die braune oder ziegelrote Borke scharf von der gleichstarken blassen Mittel- und Innenrinde ab; beide sind von tangentialen Querlinien durchzogen, die bei der Borke oft dunkelbraun, bei der blasslehmfarbenen Innenrinde heller erscheinen. Sowohl in der Borke, wie in der Mittelrinde zeigen sich zahlreiche, rundliche, weisse Punkte, welche aus Gruppen von Sklerenchymzellen bestehen. Auf dem befeuchteten Querschnitte erscheinen die Sklerenchymfasern der Innenrinde als dunklere Punkte. — Der Geschmack der Rinde ist intensiv bitter, an Chinarinde erinnernd; Geruch fehlt.

Erkennung. Ausser an der äusseren Beschaffenheit und dem mikroskopischen Bilde erkennt man die Echtheit der Rinde an der Fällung des wässerigen Auszugs durch Gerbsäure (bezw. durch wässerigen Auszug des roten Quebrachoholzes), eine Reaktion, die indessen auch wohl einmal versagt; Ferrichlorid färbt den bitterschmeckenden, wässerigen Auszug graubraun. — Werden 5 g Rinde mit 25 ccm Benzol gekocht, der Auszug mit verdünnter H^2SO^4 ausgeschüttelt, die saure Lösung mit NH^3 neutralisiert und mit Äther ausgezogen, sodann der Äther verdampft, der Rückstand mit Wasser gekocht, so muss derselbe mit verdünnter H^2SO^4 und etwas Kaliumdichromat eine fuchsinrote Farbe geben. (Pharm. Italica.)

Apocynaceae.
(Carisseae)

Aspidosperma Quebracho Schlechtend.

Anatomie. Die Borke der Rinde besteht aus parenchymatischen, gelbbraunen und zinnoberroten Zelllagen, zwischen die sich zarte braune Korkschichten tangential einschieben. Das Gewebe wird durch zahlreiche Sklerenchymgruppen unterbrochen. Ebensolche Sklerenchymgruppen, aus rundlichen Zellen bestehend und rundliche Komplexe bildend, setzen sich auch in der Innenrinde fort, während weiter nach dem Cambium hin, teils sie begleitend, teils selbständig auftretend langgestreckte Sklerenchymfasern wahrgenommen werden, welche einen nahezu kreisrunden Querschnitt besitzen und von einer Hülle von Kammerzellen begleitet, deren jede einen Oxalatkrystall enthält. Auf dem Längsschnitt erscheint eine solche Sklerenchymfaser wie mit einem Panzer reihenförmig gestellter Oxalatplatten überzogen. Das Grundgewebe der Mittelrinde lässt nur undeutliche Markstrahlen erkennen; das Parenchym ist aber nicht selten reich an Stärke.

Bestandteile. Die Rinde enthält nach Hesse (l. c.) sechs Alkaloide im Gesamtbetrage von 0,8—1,4%, etwa 3,5% Gerbsäure, sowie einen in farblosen Blättchen krystallisierenden, dem Cholesterin ähnlichen Stoff, das **Quebrachol.** Von den Alkaloiden sind **Aspidospermin, Quebrachin, Aspidospermatin** und **Quebrachamin** krystallisierbar, **Hypoquebrachin** und **Aspidosamin** amorph. Alle sind sehr schwache Basen, deren Salze schon durch Lösungsmittel zerstört werden. Besonderes Interesse unter den Reaktionen dieser Körper verdient ihr Verhalten zu Überchlorsäure-Lösung und zu verdünnter H^2SO^4 und Kaliumdichromat. — Da bisweilen mehrere dieser Alkaloide fehlen, Aspidospermin aber stets vorhanden ist, so sei hier erwähnt, dass die Lösungen des letzteren mit Überchlorsäure, sowie mit verdünnter Schwefelsäure und Kaliumdichromat eine schön fuchsinrote Farbe annehmen, sowie durch conc. H^2SO^4 und PbO^2 schön kirchrot werden. Näheres s. Schmidt, Handbuch der organischen Chemie u. s. w. — Kremel fand 8—9% Asche, Tanret eine Zuckerart Quebrachit $C^7H^{14}O^6$, der durch Abspaltung von CH^3 in linksdrehenden Inosit übergeht.

Anwendung. Das Holz der Pflanze dient als Bauholz und zur Herstellung von Holzschnitten in der Xylographie. Die frische Rinde wird von den Einheimischen als Mittel gegen Intermittens und Malaria, überhaupt als Fiebermittel benutzt. Die getrocknete Rinde zeigt keine antifebrile Wirkung. Die Alkaloide der Droge sind Respirationsgifte, und zwar ist durch sie eine Herabsetzung der Erregbarkeit des Respirationszentrums wahrzunehmen. Deshalb dient die Rinde als Extrakt oder Tinktur, oder ihre Alkaloide in subkutaner Injektion als Mittel gegen Dyspnöe infolge von Zirkulationsstörungen und Herzkrankheiten. Man giebt Aspidospermin subkutan zu 0,05—0,1 g, wobei es nach 5—10 Minuten wirkt; Aspidospermin und Quebrachin in Pillen von 0,05—0,1g pro dosi, 0,25—1,00 pro die; oder alkoholisches Extrakt bis zu 10 g täglich in einem indifferenten Vehikel.

Verwechselungen. Da Quebracho nur „hartes Holz" ungefähr bedeutet, so finden sich die Teile sehr verschiedener Pflanzen als Quebracho in Gebrauch. Manche von ihnen sind gerbstoffreich, wie die *Quebracho colorado* von Argentinien; allen fehlt der Gehalt an den eigentümlichen Quebrachoalkaloiden. Im Laufe der Zeit sind folgende Quebrachoarten bekannt geworden.

1. *Quebracho colorado* von Argentinien, rotes Holz und dem Campecheextrakt ähnliches Gummi von *Loxopterygium Lorentzii* Grisebach, Familie *Anacardiaceae.* (Nach neueren Angaben von Engler wird *Schinopsis Balansae* Engl. als Stammpflanze genannt). Die Rinde ist dunkelbraun, schwächer als die officinelle und enthält 23—27%, das Holz gegen 35%, das Gummi bis 75% Gerbstoff. Alle Teile werden als geschätzte Gerbmittel eingeführt. Das sehr harte, schwere Holz dient als Bauholz, sowie zur Herstellung von Eisenbahnschwellen.
2. *Quebracho flojo* (*flojo* = weich) aus Argentinien, von einer Ilicinee.
3. *Quebracho de Cuba* von *Copaifera hymenaeaefolia* Moris., *Caesalpiniaceae.*
4. *Quebracho de Chile* von *Cassia emarginata* L., *Caesalpiniaceae.*
5. *Quebracho de Venezuela* von *Swartzia tomentosa* DC., (*Robinia Panacoco* Aubl.) *Papilionaceae,* Unterfamilie *Swartzieae.* Das Holz dieser Pflanze ist das Panacocoholz,

Eisenholz von Cayenne, Rebhuhnholz, *Bois de perdrix, bois de ferd* Aublet, *Partridge wood, bois pagaie blanc* (nach De Candolle).

6. *Quebracho blanco* von San Salvador (*Qu. lico* = glatt).
7. *Quebracho colorado* von San Salvador (*Qu. boronoca* = warzig), von noch nicht näher bekannten Pflanzen aus der Familie der *Mimosaceae.* (Schaer l. c.)

Auch die bekannte *Cort. Copalchi* von *Croton niveus* Jacq. ist wohl als *Cort. Quebracho* verkauft worden.

Litteratur. Beschreibung und Abbildung. Bentham & Hooker, Gen. II. (2) 702. — De Candolle Prodrom. VIII. 396. — Müller-Arg. in Mart. Flor. Brasil. VI. 43. Taf. 13—17 — Müller-Arg. in Linnaea XXX. 397. — Baillon, Histoire des Plantes X. 169, 186. — K. Schumann in Engler & Prantl, Pflanzen-Fam. IV. (2) 141. Fig. 54. B. c. — Hieronymus, Icones et Desc. Plant. Rep. Argent. p. 56. — Grisebach, Pl. Lorentzianae 155. Symb. flor. argent 224. — Luerssen, Med. Pharm. Bot. II. 1061. — Karsten, Flora von Deutschland II. 615. — Schumann, Systematik 628. — Rusby, Bull. of Pharm. 1891. V. 13. — Schlechtendal, Botanische Zeitung XIX. t. 5 B.

Droge. Hager, Praxis Suppl. 124. — Wiegand, Pharm. 179. — Hansen, die Quebrachorinde, Berlin, Springer 1880. — Schaer, Arch. d. Pharm. 1881. Bd. 15. S. 81. — Warnecke, Botanik 185, Fig. 151. — Rusby l. c. — Dorvault, l'Officine [XII.] 824. [XIV.] 786. — Flückiger, Pharmacognosie, 3. Aufl. 560. — Grundriss d. Pharm. 221. — Geisler & Möller, Encyclop. d. Pharm. VIII. 425. I. 693. — Pharm. Austr. VII. No. 127. S. 60. — Helvet. III. 75. — Ital. (1892). 236. — Nederl. III. Suppl. 671. — U. St. Ph. VII. 59. — Deutsche Arzneimittel No. 184. S. 73.

Präparate. Hesse, Liebigs Ann. (1882) 211. 249. — Encyclop. d. Pharm. I. 693. IV. 199. — *Extr. Quebracho fluidum.* Ph. Austr. No. 179. S. 79. — U. St. Ph. 120. — Dieterich, Man. (VI.) 163. — *Extr. Quebracho aquos.* Dieterich, Man. 147. — *Extr. Quebracho spirit. spissum,* Deutsche Arzneimittel No. 272. S. 108. — Dieterich, Man. 147. — *Extr. Quebracho spirit. siccum,* Deutsche Arzneimittel No. 273. S. 108. — Dieterich Man. 147. — *Tinctura Quebracho,* Pharm. Helv. 291. — Ndrl. Suppl. 246. — Deutsche Arzneimittel No. 745. S. 271. — Dieterich, Man. 616. — *Vin. Quebracho,* Dieterich, Man. 687.

Tafelbeschreibung:

A Blütentragender Zweig, natürliche Grösse. B Fruchtzweig, natürliche Grösse. 1 Kelch; 2 Blütenknospe; 3 geöffnete Corolle von aussen; 4 Corolle von innen; 5 Fruchtknoten, Längsschnitt; 6 Fruchtschale von innen mit Nabelsträngen; 7 Samen mit Nabelstrang; 8 Keimling; 1—5 vergrössert; 6—8 natürliche Grösse. Alles Originalzeichnungen nach Exemplaren des Berliner Kgl. Museums; die Pflanzen von Dr. Lorentz bei Cordoba in Argentinien gesammelt.

Atropa Belladonna L.

Syn. *Belladonna trichotoma* Scop. *Belladonna baccifera* Lam.

Tollkirsche — Dwale, Deadly Nightshade, Belladonna — Belladone.

Familie: *Solaneae.* Gattung: *Atropa* L.

Beschreibung. Krautige, bis 2 m hohe, mehrere Jahre dauernde, schwach drüsig-flaumige Pflanze mit über $^1/_2$ m langer, 5 cm dicker, ästiger, spindelförmiger, aussen blass gelbbrauner, innen weisser, anfangs fleischiger, später holziger Wurzel und einen bis meterhohen, gegabelt-ästigen, locker beblätterten Stengel. Blätter gestielt, bis 20 cm lang, 10 cm breit, meist paarweise beisammenstehend, das eine bedeutend kleiner als das andere, eiförmig, zugespitzt, in den kurzen Blattstiel herablaufend, ganzrandig. Die gestielten Blüthen einzeln, blattachselständig, nickend. Kelch tief 5theilig, zur Blüthezeit glockig, zur Fruchtzeit mit sternförmig abstehenden, zugespitzten Abschnitten. Die 2—3 cm lange, bis 14 mm breite, violettbraune, am Grunde gelbbraune, cylindrisch-glockige Blumenkrone mit einem zurückgekrümmt-fünfzipfeligen Saume. Staubgefässe zu 5 im unteren Theile des glockenförmigen Schlundes eingefügt, etwas kürzer als die Krone, mit fadenförmigen, bogig gekrümmten Filamenten und ovalem, nickendem Beutel. Der von einem Drüsenringe umgebene Fruchtknoten, 2fächerig, mit fadenförmigem Griffel und stark verbreiterter, nierenförmiger, beiderseits herabgebogener Narbe. Die kirschengrosse, süsslich-fade, hinterher kratzend schmeckende, violettsaftige, glänzend-schwarze Beere ist von oben abgeflacht, fast kugelig, vom ausgewachsenen Fruchtkelche unterstützt und enthält viele eiförmige, runzelige blassbraune Samen.

Anatomisches: Der Wurzelschnitt zeigt (nach Luerssen) eine 1—2 mm. dicke Rinde, die aus wenigen Lagen lockerer, gelblicher Korkzellen, einem stärkereichen Rindenparenchym und einem gleichmässigen, nicht scharf abgegrenzten Weichbaste zusammengesetzt ist und einen strahligen Holzkörper, der ein, nur in der Hauptwurzel vorhandenes weites Mark umschliesst. Der Holzkörper besteht der Hauptsache nach aus einem stärkereichen Holzparenchym, in welchem nach dem Innern zu zerstreute, kleinere, nach der Peripherie zu gedrängter stehende und grössere Gruppen von weiten, gelben Tüpfelgefässen, begleitet von wenigmassigem, verhältnissmässig dünnrandigem Holzprosenchym eingebettet sind. Das Belladonnablatt zeigt (nach Flückiger) auf beiden Seiten eine wellenrandig grosszellige Epidermis und auch oberseits Spaltöffnungen. Die Flaumenhaare werden aus einem 2 bis 6 Zellen tragenden Drüsenkopf gebildet. Im Querschnitt des Blattes zeigt die Mittelschicht, welche nach oben in die Palissadenschicht, nach unten in Schwammgewebe übergeht, umfangreiche mit einem sehr feinkörnigen Calciumoxalat erfüllte Zellen, die, wo sie nahe der Epidermis liegen, als kleine weisse Flecken auf der Oberfläche sichtbar werden.

Verbreitung. Zerstreut vorkommend in schattigen Bergwäldern des mittleren und südlichen Europa, West- und Mittelasien. In Deutschland bis zu 1300 m Meereserhebung.

Name und Geschichtliches. Der Name Tollkirsche (in früheren Zeiten *Twalm*, vom Gothischen *dwala* = wahnsinnig abgeleitet) bezieht sich auf die Wirkung der genossenen Beeren. *Atropa* steht in Beziehung zu den äusserst giftigen Wirkungen der Pflanze und ist abgeleitet von *Ἄτροπος* (*α* nicht und *τρεπω* wenden), dem Namen einer der 3 Parzen, welche unabwendbar den Lebensfaden durchschneidet. Der Name *Belladonna* (schöne Frau) tauchte zuerst im 16. Jahrhundert in Venedig auf. Man bezeichnete mit ihm eine, aus dem rothen Safte der Beeren bereitete Schminke. *Belladonna* als botanische Bezeichnung erscheint zuerst in Matthiolus, Commentarii 1558. Ob die alten griechischen und römischen Aerzte die *Belladonna* kannten und von ihr Gebrauch machten, lässt sich mit Sicherheit nicht bestimmen, denn Theophrast's *Μανδραγορας* und Dioscorides' *Στρυχνος μανιχος* können ebensowohl andere Solaneen (Physalis, Scopolia, Mandragora, Datura) gewesen sein. Nach Flückiger ist die von Saladin aus Ascoli in Apulien in seinem Compendium aromatariorum (1488) genannte Pflanze *Solatrum furiale* wohl mit Sicherheit als unsere Pflanze zu erkennen, ebenso *Solatrium* oder *Strigium* in dem um dieselbe Zeit erschienenen Arbolayre der Pariser Bibliothek. Auch die in dem liber de arte distillandi, Strassburg 1500 beschriebene *Solanum mortale* ist unzweifelhaft *Atropa Belladonna.* Die ersten, wenn auch rohen Abbildungen der Pflanze erschienen in den mittelalterlichen Kräuterbüchern. Leonhard v. Fuchs bildete sie 1542 als *Solanum somniferum* ab, Brunfels nannte sie *Solanum mortiferum* und Dodonaeus bezeichnete sie mit *Solanum lethale.* Erst 1677 erhalten wir in der Strychnomania von Faber unter dem Namen *Solanum furiosum* eine ausführliche Beschreibung der Pflanze sammt ihren Heilwirkungen. Münch veröffentlichte im Jahre 1789 seine Beobachtungen über die Anwendung der *Belladonna* gegen die Hundswuth.

Blüthezeit. Juni und Juli. Beerenreife: Juli bis September.

Offizinell sind die Blätter: *Folia Belladonnae*, die Wurzel: *Radix Belladonnae* s. *Solani furiosi* und früher auch die Beeren: *Baccae Belladonnae.*

Solaneae.

Atropa Belladonna L.

N.d. Natur v. W. Müller.

Die Belladonnablätter müssen zur Blüthezeit, am besten zur Zeit, wenn die Pflanze aus dem blühenden in den fruchtenden Zustand übergeht, gesammelt, ohne allzugrosse Wärmeanwendung und unter Abschluss des Lichtes getrocknet und in gut verstöpselten Gläsern oder blechernen Flaschen, sowohl geschnitten als gepulvert und vor Licht geschützt, aufbewahrt werden. Getrocknet sind die Blätter papierdünn, durchscheinend, oben bräunlich grün, unten graugrün und geruchlos. Die Wurzel muss im Frühjahr, zu welcher Zeit sie am atropinreichsten ist, von Pflanzen mittleren Alters (3—4jährig) gesammelt werden und ist ebenfalls geschnitten oder gepulvert in gut verkorkten Glasflaschen oder Blechgefässen, vor Licht geschützt aufzubewahren. Im trocknen Zustande erhält die Rinde äusserlich eine gelblich-graue Färbung und es bilden sich an ihrer Oberfläche viele tiefe Längsrunzeln.

Verwechselungen können stattfinden 1. bezüglich der Blätter mit den gestielten, gänzlich unbehaarten, schmäleren und weit helleren Blättern von *Scopolia carniolica* Jacq. und mit den gestielten, kaum halb so grossen, mehr oder weniger buchtig gezähnten Blättern von *Solanum nigrum* L.; 2. bezüglich der Wurzel mit der sowohl in Rinde als Holz strahligen, durch Jod sich gelbfärbenden Wurzel von *Lappa officinalis* All.; mit der in der Rinde strahligen, gewürzhaft schmeckenden Wurzel von *Inula Helenium* L.; mit der sehr schleimhaltigen, in Rinde weiss und strahligen, im Bruche faserigen Wurzel von *Althaea officinalis* L.; und mit der Wurzel von *Malva silvestris* L., die in Mark- und Rindenschicht ziemlich gleichdick und im Bruche faserig erscheint.

Präparate. Aus den Blättern wird das Tollkirschenextrakt: *Extractum Belladonnae*, Tollkirschentinktur: *Tinctura Belladonnae*, Belladonnapflaster: *Emplastrum Belladonnae* un) Belladonnasalbe: *Unguentum Belladonnae* gewonnen. Zur Darstellung des *Atropinum*, welches in der Heilkunde hauptsächlich als *Atropinum sulfuricum* (früher auch als *Atropinum valerianicum*d Anwendung findet, werden sowohl Blätter als Wurzeln verwendet. Die Blätter gebraucht man ausserdem zur Darstellung der *Cigaretae antasthmaticae*, der *Charta antasthmatica-crassa* etc.; die Wurzeln zur Darstellung von *Pilulae odontalgicae* etc.

Bestandtheile. Wurzel und Blätter, ebenso auch die Samen enthalten das von Brandes angedeutete, von Mein entdeckte und von Geiger u. Hesse rein, in farb- und geruchlosen, seideglänzenden Büscheln, Säulen und Nadeln dargestellte *Atropin* ($C_{17}H_{23}NO_3$), ein Alkaloid, welches sich in einen basischen Körper, das *Tropin* ($C_8H_{15}NO$) und in *Tropasäure* ($C_9H_{10}O_3$) (letztere wiederum in *Atropasäure* und *Isatropasäure*) zerlegen lässt. Die Blätter enthalten nach Lefort (1872) und Gerard (1881) 0.4 — 0.6 % des letzteren. Die Wurzeln, welche durchaus nicht reicher an diesem Alkaloid sein sollen, werden jedoch ihres wenig gefärbten Gewebes halber hauptsächlich zur Gewinnung des *Atropin* verwendet. Hübschmann fand neben dem *Atropin* noch ein zweites, jedoch nicht krystallisationsfähiges Alkaloid, das *Belladonnin.* Neuere Untersuchungen von Ladenberg haben ein schweres und ein leichtes Alkaloid ergeben, von denen das schwere das bisher bekannte *Atropin* ist, während das leichte als gleichbedeutend mit dem *Hyoscyamin* erkannt wurde. Unter den allgemein verbreiteten Bestandtheilen findet man in den Blättern noch *Asparagin*, welches bei längerer Aufbewahrung des Extraktes reichlich auskrystallisirt; ferner in den Blättern und Früchten das fluorescirende *Atrosin* (Schillerstoff).

Anwendung. Die Wirkungen der Belladonnapräparate sind gleich denen des Atropin. Belladonna wird äusserlich und innerlich angewendet „besonders bei Nervenkrankheiten, wie Keuchhusten, Epilepsie, krampfhaften Leiden der Schlund- und Speiseröhre, der Harnorgane, verschiedenen Neurosen, ferner beim Unvermögen den Harn zu halten, Nierenkoliken, verschiedenen Hautkrankheiten, aber auch bei Entzündungen der Augen und in allen Fällen, wo eine Erweiterung der Pupille erforderlich ist.“ Vielfach findet auch das Atropinsulfat subcutane Anwendung. (Husemann, Arzneimitellehre 1079 u. ff.)

Litteratur. Abbildung und Beschreibung: Nees v. Esenb., Pl. med., Taf. 191; Hayne, Arzneigew. I., Taf. 43; Berg u. Schmidt, Offiz. Gew., Taf. XXe; Reichenbach, Ic. Fl. Germ. 20, Taf. 8; Bentley u. Trim., Taf. 193; Woodville, Taf. 12; Luerssen, Handb. d. syst. Bot. II., p. 981; Karsten, Deutsche Flora, p. 968; Wittstein, Handb. d. Pharmakogn., p. 855.

Drogen und Präparate: *Folia Belladonnae*: **Ph. germ.** 112; Ph. austr. (D. A.) 25; Ph. hung. 77; Ph. ross. 171; Ph. helv. 56; Ph. Neerl. 38; Brit. ph. 54; Ph. dan. 113; Ph. suec. 85; Ph. U. St. 53; Berg, Waarenk. 282; Flückiger, Pharmakogn. 666; Flückiger and Hanb., Pharm. 458.

Radix Belladonnae: Ph. austr. (D. A.) 25; Ph. hung. 77; Ph. ross. 350; Ph. helv. 107; Cod. med. 38; Ph. belg. 15; Ph. Neederl. 38; Brit. ph. 55; Ph. dan. 188; Ph. suec. 170; Ph. U. St. 53; Berg, Waarenk. 79; Berg, Atlas, Taf. XIII; Flückiger and Hanb. 455.

Atropinum (*Atropinum sulfuricum*): **Ph. germ.** 36; Ph. austr. (D. A.) 23; Ph. hung. 71; Ph. ross. 49; Ph. helv. 17; Cod. med. 246; Ph. belg. 131; Ph. Neerl. 33; Brit. ph. 49, 50; Ph. dan. 50; Ph. U. St. 50, 51.

Extractum Belladonnae: **Ph. germ.** 83; Ph. austr. (D. A.) 53; Ph. hung. 179; Ph. ross. 123; Ph. helv. 40; Cod. med. 445; Ph. belg. 167, 169; Ph. Neerl. 98, 99; Brit. ph. 114; Ph. dan. 96; Ph. suec. 71; Ph. U. St. 103.

Tinctura Belladonnae: Ph. austr. (D. A.) 133; Ph. hung. 453; Ph. ross. 415; Ph. helv. suppl. 115; Cod. med. 377, 391; Ph. belg. 263, 264; Brit. ph. 320; Ph. U. St. 335.

Unguentum Belladonnae: Ph. ross. 445; Ph. helv. 149; Ph. belg. 274; Ph. U. St. 366.

Emplastrum Belladonnae: Ph. helv. suppl. 34; Ph. belg. 160; Ph. Neerl. 90; Ph. U. St. 94; Brit. ph. 105; Cod. med. 594.

Cigaretae antiasthmaticae: Cod. med. 655.

Charta antiasthmatica: Ph. Neerl. 57.

Bezüglich der Drogen und Präparate siehe auch Hager, Pharm. Prx. I. 578.

Tafelbeschreibung:

A blühender und fruchtender Zweig in natürl. Grösse; 1 aufgeschnittene und ausgebreitete Blumenkrone, vergrössert; 2 Fruchtknoten mit Griffel und Narbe, desgl.; 3 Staubgefässe, desgl.; 4 Pollenkorn, desgl.; 5 reife Beere, natürl. Grösse; 6 dieselbe im Längsschnitt, desgl.; 7 dieselbe im Querschnitt, desgl.; 8 Same, natürl. Grösse und vergrössert; 9 derselbe zerschnitten, vergrössert. Nach der Natur von W. Müller.

Balsamodendron Myrrha Nees v. Esenb.

Syn. *Balsamea Myrrha* Engl. *Commiphora Myrrha* Engl.

Myrrhe — Myrrhe — Myrrh.

Didin, Didthin der Somalis.

Familie: *Burseraceae*; Gattung *Balsamodendron* Kunth (*Balsamea* Gleditsch, *Commiphora* Jacq.).

Beschreibung. Ein niedriger, unserem Schwarzdorn ähnlicher Strauch oder kleiner Baum von 3 Meter Höhe, mit ziemlich dickem Stamm und zahlreichen, unregelmässigen, knorrigen und sparrigen, spitzdornigen Aesten. Rinde glatt, dünn, in kleinen Stücken abblätternd, blass-orangebraun, später aschgrau. Blätter zerstreut oder büschelig, kurz gestielt, einfach oder meist 3zählig, das mittlere endständige Blättchen 7 bis 18 Mm. lang, 4 bis 8 Mm. breit, sehr viel grösser als die beiden sitzenden, seitenständigen, wenig bemerkbaren Blättchen, alle 3 verkehrt eiförmig-länglich oder verkehrt lanzettlich, stumpf, ganzrandig oder am Ende wenig gezähnt, auf beiden Seiten fast kahl. Blüthen nicht bekannt; die der Gattung aus männlichen, weiblichen und Zwitterblüthen bestehend, gewöhnlich 4zählig, sehr klein, kurz gestielt, auf kleinen Kurztrieben büschelig, mit becher- oder krugförmigem, bleibendem Kelche; Kronblätter 4, oblong oder lineal-oblong, aufrecht. Staubgefässe 8, in der weiblichen Blüthe verkümmert, dem Rande der kurzbecherförmigen Scheibe entspringend, aufrecht und ungleich, die vor den Kronblättern stehenden viel kürzer; Staubfäden an der Basis etwas breiter; Staubbeutel eiförmig. Fruchtknoten in der männlichen Blüthe verkümmert, sonst 3fächerig, jedes Fach 2eiig; Griffel kurz und dick; Narbe kopfig, stumpf 3- bis 4lappig. Steinfrucht 1- bis 3steinig, jedoch nur 1 Stein vollkommen, die anderen verkümmert; die lederige oder fleischige äussere Fruchtschale 2- bis 6klappig sich öffnend. Same mit häutiger Schale. Embryo mit in einander gefalteten Samenlappen und nach oben gekehrtem Würzelchen. Die Frucht von *Balsamodendron Myrrha* ist ca. 7 Mm. lang, eiförmig, zugespitzt, glatt, braun. Nees von Esenbeck, welcher von Dr. Ehrenberg, der von 1820 bis 1826 Arabien und Nubien bereiste, einen Fruchtzweig dieser Pflanze erhielt, erkannte darin eine besondere Art und giebt von ihr folgende Beschreibung: „An dem vorliegenden fruchttragenden Zweig finden sich sparrig-abstehende, in spitzen Dornen endigende Nebenzweige. Die Rinde ist glatt, sehr blass aschgrau, fast weiss, das Holz ist gelblich-weiss und wie die Rinde ohne besonderen Geruch. Die Blätter stehen in reichlicher Anzahl auf sehr kurzen und glatten Blattstielen einzeln oder häufiger büschelförmig beisammen; sie sind ungleich-dreizählig, so dass die beiden seitlichen Blättchen immer viel kleiner sind, als das Endblättchen. Bei einem fast 4 Linien (8 Mm.) langen Endblättchen waren die seitlichen kaum eine Linie (2 Mm.) lang; alle diese Blättchen sind vollkommen glatt, verkehrteiförmig, stumpf und an der Spitze gewöhnlich undeutlich stumpf gezähnelt oder mit 2 oder 3 grösseren Zähnen versehen, oder seltner auch ganz ohne Zähne. Die Blüthen fehlen an den von Herrn Dr. Ehrenberg gesammelten Zweigen. Eine Frucht sitzt einzeln auf einem kaum 2 Linien (4 Mm.) langen Fruchtstiel; sie ist eiförmig zugespitzt, glatt, von brauner Farbe, und führt am Grunde die Reste des dreizähnigen Kelchs; auf der einen Seite öffnet sich eine Naht. Herr Dr. Ehrenberg sammelte selbst an dem Stamm dieses Baumes, bei Gison an der Grenze des glücklichen Arabiens, sehr schöne Myrrhe.“

Balsamodendron Ehrenbergianum Berg (*Balsamodendron Gileadense* Kunth, *Balsamodendron Opobalsamum* Kunth, *Balsamodendron meccaensis* Gled.) wurde früher für die Stammpflanze der Myrrhe gehalten. Es ist dies ein kleiner dornenloser Baum oder Strauch mit 3zähligen (oder 2jochig unpaarig gefiederten) Blättern, welche auf Kurztrieben gebüschelt, lang gestielt, kahl oder fein behaart sind und verkehrt-eiförmige oder oblonge, kurz gespitzte oder abgerundete oder schwach herzförmig ausgerandete Fiedern besitzt. Blüthen einzeln oder zu 2 neben den Blattbüscheln auftretend, sonst unbekannt; die Blüthenstiele in der Mitte mit 2 kleinen Deckblättchen. Steinfrucht eiförmig, etwas zusammengedrückt, auf der einen Seite etwas mehr gewölbt, kurz geschnäbelt, 1fächerig, mit harter gelber Steinschale. Same eiweisslos. Diese Pflanze, welche in den beiderseitigen Küstenländern des Rothen Meeres auftritt und in Afrika von 22° nördl. Br. bis südwärts zur Somaliküste reicht, liefert den ehedem im Alterthume hochberühmten Balsam von Gilead, Judaea oder Mecca. Nees v. Esenbeck, Plant. med. Taf. 356; Berg und Schmidt, Offiz. Gew. XXIX^{d}; Bentley and Trimen, Med. pl. Taf. 59.

Vorkommen. *Balsamodendron Myrrha* tritt auf der Westküste Arabiens auf; ebenso an den Abhängen der Gebirge Ahl und Serrut des Somalilandes in Meereshöhen von 500—1500 Meter.

Name und Geschichtliches. *Myrrhe* (althochd. *mirra, myrra, smirna*; mittelhochd. *Mirbom, Merrenboum*; *Hofel, Huffeldorn*; mittelniederd. *Myr, Myrboem*; bei Luther *Myrrhe*) stammt von dem arabischen *mur* (*murr*), bitter; das Wort wird auch auf das hebräische מיר (*mor*) מרר (*morar*), fliessen und bitter sein, zurückgeführt; ebenso auf das griechische *μυρον*, Balsam und *ρειν*, fliessen. Die Griechen bezeichneten die Myrrhe mit *σμύρνα* und *σταχτή* (Stakte); mit letzterem Worte, nach Flückigers Vermuthung, eine flüssige Sorte. Im Sanskrit heisst die Myrrhe *Vola*, in Persien und Indien *Bol, Bola, Heerabol. Balsamodendron* von *βάλσαμον*, Balsam und *δενδρον*, Baum.

Die Myrrhe diente schon in den frühesten Zeiten, gleich dem Weihrauch, als Räuchermittel und bei den Aegyptern fand sie, wie bereits Herodot berichtet, als Bestandtheil des berühmten Kyphi zur Einbalsamirung der Leichen Verwendung. In den biblischen Schriften wird Myrrhe neben Weihrauch und Aloëholz vielfach genannt. In Arabien waren 2 Myrrhengegenden bekannt, eine *Regio smyrnofera exterior* (nördlich von Aden) und eine *Regio smyrnofera interior* (nordöstlich von Mecca).

Der Periplus des Rothen Meeres bezeichnet Muza (Mokka) in Arabien und Abalites, Malao und Mosyllon an der Somaliküste als Ausfuhrorte der Myrrhe; auch die Zollliste von Alexandrien enthält Smyrna. Bei den Griechen war Myrrhe zu den gottesdienstlichen Handlungen sehr beliebt und wahrscheinlich auch sehr werthvoll, denn das Geschenk, welches König Seleucus Callinicus II. von Syrien im Jahre 243 v. Chr. dem Apollotempel von Milet darbrachte, bestand neben 10 Talenten Weihrauch aus 1 Talent Myrrhe. In der römischen Kirche ist Myrrhe niemals von der Bedeutung gewesen, wie der Weihrauch; letzterer eignet sich besser als Räuchermittel und die Myrrhe ist immer nur in geringer Menge zu erlangen gewesen. Flückiger erwähnt, dass im Jahre 314 S. Silvester in Rom ein Geschenk von 150 Pfund Stacte erhalten habe, vermuthlich eine flüssige Sorte, über welche jedoch jede weitere Nachricht fehlt; er bemerkt ferner, dass bei Gottesgerichten im 10. und 11. Jahrhundert während der Probe des Kesselgriffes mit Myrrhe geräuchert wurde.

Anatomisches. Besondere, nicht sehr zahlreich auftretende, grössere, nicht gestreckte Zellen des inneren Rindengewebes enthalten die Myrrhe in Form einer Emulsion.

Offizinell ist das aus dem Stamme fliessende und an der Luft erhärtete Gummiharz: *Myrrha* (*Gummi-resina Myrrha, Gummi-Myrrha*), von dem man im Handel folgende 2 Sorten unterscheidet:

1. Auserlesene Myrrhe (*Myrrha electa*), aus unregelmässigen, unebenen, rauhen, matten oder etwas glänzenden, erbsengrossen Körnern oder bis 5 Ctm. dicken Stücken bestehend, welche braunrothe, hellere oder dunklere Farbe besitzen, aussen bestäubt und in kleineren Stücken etwas durchsichtig sind.
2. Gewöhnliche Myrrhe (*Myrrha in sortis s. naturalis*) bildet den Rückstand nach dem Auslesen der *Myrrha electa* und besteht aus dunkleren, unförmlichen, nicht durchscheinenden Klumpen.

Nach Flückiger ist das Aussehen der Myrrhe wenig gleichmässig, ungestaltete bis über nussgrosse Körner oder zusammenhängende faustgrosse, löcherige Massen bildend. Auch die Farbe ist nicht gleichmässig und schwankt zwischen gelblich, röthlich und braun, innen oft weit heller als aussen und hier und da fast weiss gefleckt und geadert. Der fettglänzende Bruch zeigt meist kleinkörnige, weniger glatte und grossmuschelige Beschaffenheit, die Splitter sind durchscheinend. Die mit Wasser hergestellte Emulsion besteht fast nur aus ungefärbten Tropfen, welche unter dem Mikroskope schön gelbe Körnchen des Harzes erkennen lassen. In der weingeistigen Lösung setzt sich das Gummi in eckigen, nicht krystallinischen Massen, vermengt mit kleinen braunen Rindenstücken, ab. Der Geruch ist eigenthümlich angenehm, schwach aromatisch, der Geschmack bitterlich und anhaltend kratzend, beim Kauen, wegen des bedeutenden Gummigehaltes, an den Zähnen stark klebend. Myrrhe bläht sich in der Hitze auf ohne zu schmelzen, hierbei einen angenehmen Geruch verbreitend; bei Steigerung der Hitze entzündet sie sich und verbrennt mit heller Flamme. Weingeist und Wasser lösen nur theilweise. Das spez. Gew. beträgt 1.12—1.18.

Parker unterscheidet eine weiche oder ölige und eine trockene oder gummige Myrrhe; erstere bildet unregelmässige Massen verschiedener Grösse, die auf dem Bruche matt sind, eine wachsartige, weiche Beschaffenheit und Oelausschwitzungen zeigen. Die Farbe wechselt zwischen dunkelrothbraun und hellgelbbraun bis zur Farblosigkeit; hellere Stücke sind in Geruch und Geschmack kräftiger, daher vorzüglicher. Diese Sorte lässt sich nicht pulvern und enthält ca. 40% Gummi. Parker ist der Ansicht, dass die Unterschiede zwischen weicher und trockner Myrrhe nur in dem Alter der Stammpflanze zu suchen sind. Die trockne Myrrhe ist gewöhnlich unförmlich, auf dem Bruche muschelig und glänzend, auf der Aussenfläche ohne ölige Ausschwitzungen und besitzt einen Gummigehalt bis zu 75%.

Der Austritt der Myrrhe, *Molmol* der Somalis, *Mur* oder *Murr* der Araber, *Heerabol* der Indier, erfolgt nach den Hildebrand'schen Mittheilungen freiwillig, also ohne Anwendung von Einschnitten. Die gewonnenen Massen werden nach Berbera und Aden gebracht und gehen von dort etwa zur Hälfte nach Bombay. Die Ausfuhr aus Aden betrug 1875—1876 73100 Klgr. „Obwohl die Vorräthe von Myrrhen in London, sagt ein Handelsbericht von 1890 von Gehe & Comp. in Dresden, ziemlich gross sind und 448 Colli am Jahresschlusse umfassten, ist feine blonde Waare, die sich zum Elegiren eignen würde, doch sehr spärlich vertreten und nur mit Mühe auf dem Markte zu finden. Auch in Hamburg, wohin regelmässig Zufuhren in diesem Artikel gelangen, war in letzter Zeit untergeordnete Qualität vorherrschend." Die arabischen Orte Hodeida, Loheia und Ghezen (Djapân) in Jemen führen nach Mittheilungen, die Capitain Hunter in Aden an Flückiger gelangen liess, nur sehr wenig aus.

Balsamodendron Mÿrrha Nees v. Es.

Fälschungen finden statt durch die sogen. ostindische Myrrhe, welche aus einer schlechten Myrrhensorte zu bestehen scheint und über Ostindien zu uns gelangt. Gummiarten wie arabisches Gummi, Bassorin, Kirschgummi etc. besitzen grössere Durchsichtigkeit, hellere Farbe und sind geruch- und geschmacklos, lösen sich mehr oder weniger klar in Wasser und werden zum grösseren Theile von Bleizuckerlösung gefällt. Nach Hirschsohn löst Petroleumäther von der echten Myrrhe höchstens 6% ohne Färbung. Der Verdunstungsrückstand wird, im Gegensatz zu allen übrigen Gummiharzen, durch Chloral violett gefärbt. Beim Schmelzen mit Kalihydrat liefert Myrrhe Protocatechusäure und Brenzcatechin.

Bestandtheile: Die Untersuchungen der Myrrhe von Bonastre, Brandes und Ruickoldt ergaben: 2.2—2.6% ätherisches Oel, 23—44% bitteres Harz, 41—64% Gummi, 3—7% Salze und Unreinlichkeiten. Parker erhielt 22—24% weiches und 5.56% hartes Harz, 38—54% lösliches und 9.32% unlösliches Gummi, 2.0—3.5% ätherisches Oel.

Das ätherische Oel (Myrrhol), welches durch Destillation der Myrrhe mit Wasser bis zu 4.4% gewonnen wird, und welches nach Flückigers Vermuthung in dem frischen Harzsafte noch reichlicher vorhanden ist, zeichnet sich durch grosse Neigung zum Verharzen aus. Es ist nach Ruickoldt hellweingelb, dünnflüssig, an der Luft dunkler werdend, besitzt den Geruch und Geschmack der Myrrhe, ist linksdrehend und hat eine Zusammensetzung von $C_{10}H_{14}O$, was jedoch von Flückiger bezweifelt wird, da er das Oel weit sauerstoffärmer gefunden hat, als es dieser Formel nach sein müsste. Nach Ruickoldt ist es leichter als Wasser (nach Gladstone besitzt es jedoch ein spez. Gewicht von 1,089 bei 7,5°) und hat einen Siedepunkt von 266°. Mit Schwefelkohlenstoff verdünnt und mit Brom versetzt färbt es sich tief violett und liefert nach dem Verdunsten des Schwefelkohlenstoffes einen mit weingeistiger Kalilösung blau werdenden Rückstand. Nach Bley und Diesel soll es bei Berührung mit Wasser und Luft zum Theil in Ameisensäure übergehen.

Das Myrrhenharz, von Ruickoldt *Myrrhin* genannt, schmilzt bei 90 bis 95°, löst sich vollständig in Aether und Essigsäure, nur theilweise in Kalilauge und entspricht der Formel $C_{48}H_{32}O_{10}$. Auf 168° erhitzt bildet sich daraus *Myrrhinsäure* ($C_{48}H_{32}O_8$). Aus der besten Myrrhe erhielt Flückiger 27% Harz, welches sich mit gelblicher Farbe fast ganz in Schwefelkohlenstoff löst; letztere Lösung färbt sich mit Bromdampf roth oder violett.

Der Bitterstoff, welcher durch Auskochen mit sehr viel Wasser dem Harze entzogen werden kann, bildet im gereinigten Zustande eine spröde, klare, braune Masse, welche sich in Wasser nur wenig löst, aber dem Wasser einen starken und rein bitteren Geschmack verleiht. In alkalischer Lösung reduzirt dieser Bitterstoff alkalisches Kupfertartrat; von Schwefelkohlenstoff wird er nur zum Theil gelöst. (Husemann, Pflanzenstoffe 862.)

Anwendung: Innerlich und äusserlich in Substanz, Mixtur, Tinktur und als wässeriges Extrakt; innerlich als tonisches Mittel bei chronischen Schleimflüssen und Blutungen der Respirations- und Urogenitalorgane, auch bei Zuckerruhr, Amenorrhoe und als Stomachicum bei Indigestion und Magenkatarrh; äusserlich zu Mundwässern und Gurgelwässern bei Zahnleiden und krankem Zahnfleische; wird auch als Heilmittel bei schlechteiternden Wunden und Geschwüren verwendet. Kleinere Dosen erregen Ructus, grössere Magenentzündung und Fiebererscheinungen. Nach Hirt soll durch den Gebrauch der Myrrhe Vermehrung der farblosen Blutkörperchen stattfinden. „Die vorzüglichste und berechtigste Anwendung findet Myrrhe bei Anginen und bei scorbutischem Zahnfleische, sowie zum Verbande schlaffer und jauchiger Geschwüre überhaupt. Die ihr zugeschriebene günstige Wirkung auf Caries dentium ist problematisch, ihre Anwendung zu Räucherungen bei Rheumatismus und zu Inhalation bei chronischem Bronchialkatarrh wenigstens nicht irrationell." (Husemann, Arzneimittellehre 561.)

Litteratur. Abbildung und Beschreibung: Nees v. Esenb., Plant. med., Taf. 357; Bentley and Trimen, Med. pl., Taf. 60; Luerssen, Handb. der syst. Bot. II., 701; Karsten, Deutsche Flora 801; Wittstein, Pharm. 564.

Drogen und Präparate: *Myrrha*: **Ph. germ.** 182; Ph. austr. 92; Ph. hung. 295; Ph. ross. 199; Ph. helv. 86; Cod. med. 64; Ph. belg. 58; Ph. Neerl. 156; Brit. ph. 217; Ph. dan. 128; Ph. suec. 98; Ph. U. St. 228; Flückiger, Pharm. 33; Flückiger and Hanb., Pharm. 140; Hist. d. Drog. I, 268; Berg, Waarenk. 516.

Extractum Myrrhae: Ph. helv. 46; Ph. belg. 170; Ph. Neerl. 109.

Decoctum Aloës compositum: Brit. ph. 96.

Tinctura Myrrhae: **Ph. germ.** 283; Ph. austr. 135; Ph. hung. 461; Ph. ross. 432; Ph. helv. 145; Cod. med. 601; Ph. belg. 265, 270; Ph. Neerl. 271; Brit. ph. 337; Ph. dan. 275; Ph. suec. 236; Ph. U. St. 350.

Mixtura ferri composita: Brit. ph. 210.

Tinctura Aloës et Myrrhae: Ph. U. St. 333.

Electuarium Theriaca: Ph. helv. suppl. 32.

Elixir Proprietatis Paracelsi: Ph. helv. suppl. 32.

Emplastrum oxycroceum: Ph. helv. suppl. 37; Ph. belg. 165.

Unguentum Terebintinae compositum: Ph. helv. suppl. 134.

Pilulae Aloës et Myrrhae: Brit. ph. 235; Ph. U. St. 252.

Pilulae Rhei compositae: Brit. ph. 239.

Pilulae Asafoetidae compositae: Brit. ph. 236.

Pulvis Myrrhae: Cod. med. 521.

Bezüglich der Drogen und Präparate siehe auch Hager, Ph. Prx. II, 488; III, 738.

Tafelbeschreibung:

A Theil eines beblätterten Astes in natürl. Grösse; B Zweigende mit Früchten, desgl.; 1 Blatt, vergrössert; 2 männliche Blüthe von *Bals. Ehrenbergianum*, nach Berg, desgl.; 3 weibliche Blüthe derselben Art, gleichfalls nach Berg, desgl.; 4 und 5 Frucht, natürl. Grösse.

Anhang.

Eine aus dem nordöstlichen Afrika stammende Myrrhe, *Habakhadi* der Somalis, *Bisabol* oder *Baisabol* der Indier, welche in Zeila, Berbera und Kurrum nach Aden verschifft wird, besteht zum grössten Theile aus einem in Wasser stark aufquellenden Schleime, welcher von etwas Harz und wenigem ätherischen Oele begleitet ist. Der Geschmack ist ebenfalls bitter, aber weniger aromatisch, der Geruch abweichend von der echten Myrrhe; der Auszug mit Petroleumäther bleibt mit Brom farblos. Der Baum, welcher diese Sorte liefert, soll nach Flückiger sehr verbreitet und auch die Stammpflanze derjenigen Myrrhe sein, welche von den Eingeborenen nach Brava und Zanzibar gebracht wird. In Aden ist sie als *Coasse Myrrh* (grobe Myrrhe) bekannt, besitzt nur einen geringen Werth und wird durch eine besondere Kaufmannskaste hauptsächlich nach Bombay gebracht.

Arabische Myrrhe, nordöstlich von Aden im Gebiete der Fadhli und nach Hunter auch westlich von Aden am Rothen Meere, ebenso südöstlich von Aden durch die Somalis gesammelt, hat zum Theil Aehnlichkeit mit der Bisabol Myrrhe, zum Theil mit der echten Myrrhe (namentlich diejenige aus dem Fadhlilande).

Eine persische Myrrhe, welche sich durch kräftiges Arom auszeichnet, ist ganz unbekannten Ursprunges.

Barosma betulina Bartling.

Birkenblättriger Buchustrauch. Buchu, Bucu, Buccu, Bucco.

Syn.: *Diosma crenata* Loddiges. *Hartogia betulina* Berg. *Bucco betulina* Römer & Schultes.

Familie: *Rutaceae.* Unterfamilie: *Diosmeae.* Tribus: *Agathosmeae.* Gattung: *Barosma* Willd.

Beschreibung. Der birkenblättrige Buchustrauch erreicht eine Höhe von 2 m. Er ist sehr stark verästelt; die rutenförmigen Äste sind gegenständig und dicht mit Blättern und blattwinkelständigen, federkieldicken, purpurroten oder orangeroten vierkantigen, höchstens 20 bis 25 cm langen Zweigen besetzt. Die Blätter stehen an Ästen und Zweigen gegenständig in dekussierten Paaren; sie sind lebhaft grün, unterseits heller, überall drüsig punktiert, sitzend oder sehr kurz gestielt, verkehrt eiförmig mit zurückgebogener Spitze und oft zurückgeschlagenem Rande, 9 bis 20 mm lang, 7 bis 13 mm breit, von einem sehr starken Mittelnerv durchzogen, der oberseits rinnenförmig eingesenkt ist, unterseits aber stark hervortritt, und etwa fünf Seitennerven nach jeder Seite unter sehr spitzem Winkel aussendet. Die Substanz des Blattes ist hart lederig, der Rand knorpelig, ungleichmässig buchtig-zähnig mit sehr kleinen dichtgenäherten Zähnen und grossen den Rand berührenden Öldrüsen unter jeder Ausbuchtung und einer grossen Öldrüse an der zweizähnigen Spitze des Blattes. Die Blüten stehen einzeln in den Blattwinkeln, auf kurzen, die Stützblätter nicht überragenden Tragstielen, von zwei dekussierten Paaren kleiner Vorblätter gestützt. Sie sind weiss, regelmässig, etwa 1 bis $1^1/_2$ cm im Durchmesser. Sie besitzen einen fünfteiligen zottigen Kelch mit in der Knospe dachigen schmalen zugespitzten Zipfeln, deren ungerader in der Mediane nach vorn liegt. Die Blumenkrone ist fünfblättrig, die Blumenblätter ausgebreitet, lanzettlich oder verkehrt eiförmig, an der Spitze stumpf, kurz genagelt, in der Mitte und an der Spitze verdickt und auf der inneren Seite etwas rinnig; in der Knospe sind sie linksdeckend und ein wenig gedreht. Der Blütenboden ist becherförmig; er wird vollständig von dem grünen fünflappigen Diskus bedeckt. In den Buchten dieses Diskus stehen kelchgegenständig die fünf Staubblätter, deren lange Fäden nach aussen gebogen sind und die Blumenblätter an Länge überragen. Die Antheren sind am Grunde angewachsen, länglich oval, zweikammerig, nach innen in Spalten aufspringend. An der Spitze der Staubblätter liegt eine grosse Öldrüse zwischen beiden Antheren. Zwischen den Staubblättern stehen kronengegenständig fünf petaloide Staminodien, 1 bis 2 mm hoch und eben so breit, von gelbgrüner Farbe; ihr Rand ist wellig und nach innen gebogen, die stumpfe Spitze nach innen geneigt; sie liegen vollständig in der Rinne der dicken Blumenblätter und sind dort auch wohl angewachsen. Der fünfteilige Fruchtknoten sitzt in der Vertiefung des etwas becherförmigen Diskus; er ist krugförmig, unter der Spitze stark eingeschnürt, von oben her etwas zusammengedrückt, an der Aussenseite drüsig-höckerig; an der Spitze läuft er in fünf breitgedrückte geöhrte Schnäbel mit welligem Rand aus und trägt in der etwas vertieften Mitte den gemeinsamen fadenförmigen, kahlen, an der Spitze mit einfacher Narbe endigenden, zurückgebogenen Griffel. In jedem Fache des Ovars befinden sich zwei hängende anatrope Samenknospen, mit der Mikropyle nach oben und nach aussen. Die Frucht besteht aus fünf sich trennenden gelbbraunen Kapseln, die nach aussen bauchig, punktiert weichstachlig, nach innen durch zwei ebene Längsflächen zugeschärft und am oberen Rande mit dem geöhrten Schnabel gekrönt sind und in Längsspalten sich öffnen. Jede Kapsel enthält nur einen Samen von der Gestalt einer kleinen Bohne, mit glänzend schwarzer Samenschale; die Mikropyle macht sich in einem an der Spitze liegenden spaltförmigen Schnabel bemerkbar; der hellbraune Nabel liegt seitlich in dem nierenförmigen Ausschnitt. Die Samen haben ein sehr spärliches Nährgewebe, welches als dünne fleischige Schicht den grossen zentralen Keimling umschliesst. Derselbe besitzt ein nach oben gerichtetes Würzelchen und plankonvexe ovale weisse Keimblätter.

Blütezeit. Mai bis Juli.

Vorkommen. Die Gattung *Barosma* findet sich ausschliesslich im Kaplande. *Barosma betulina* wächst neben *B. crenulata* im Norden und Nordosten von Cape-town, in den Bezirken Clanwilliam und Worcester.

Verwandte Arten:

Barosma crenulata Hooker. Syn. *Diosma crenulata* L. Ein Strauch von 1 m Höhe; die jüngsten Zweige sind durch herablaufende Blätter fast vierflüglig. Die Blätter sind **gegenständig,** kurzgestielt, oval-länglich oder länglich-lanzettlich, mit sehr veränderlicher Form. Berg unterscheidet folgende Varietäten:

var. *α.* **latifolia** Berg. (Syn. *Diosma crenata* L.) Blätter breitlanzettlich.

var. *β.* **longifolia** Berg. (Syn. *Diosma odorata* DC. — *Parapetalifera* Wendl. — *Diosma latifolia* Lodd. — *Barosma odorata* Willd.) Blätter länglich-lanzettlich.

var. *γ.* **angustifolia** Berg. (Syn. *Diosma serratifolia* Juss.) Blätter länglich.

Vorkommen. Wie *Barosma betulina* Bartl., sowie am Tafelberg.

Barosma crenata Kuntze. Ein Strauch von 0,6 bis 1,5 m Höhe. Blätter **wechselständig,** kurz gestielt, oval oder eirund, stumpf oder abgerundet, gekerbt. Berg führt folgende Varietäten an:

var. *α.* **ovalis** Berg. Blätter oval. (Syn. *Diosma crenata* Thunbg.)

var. *β.* **obovata** Berg. Blätter verkehrteiförmig. (Syn. *Diosma betulina* Thunbg.)

Barosma serratifolia Willd. (Syn. *Diosma serratifolia* Curtis. *Parapetalifera serratifolia* Wendl.) Stamm 1 m. Äste gegenständig oder quirlständig; Zweige durch herablaufende Blätter fast vierflügelig. Blätter **gegenständig,** an Spitze und Grund verschmälert, in der Mitte am breitesten, mit sehr kurzem Blattstiel. Wächst im Bezirk Swellendam, nördlich von Cape-town.

Empleurum serrulatum Sol. (Syn. *Diosma ensata* Thunb., *Diosma unicapsularis* L. fil.). Ein kleiner Strauch von 1 bis 1,5 m mit runden Ästen und kantigen **wechselständigen** Zweigen und mit zerstreuten Blättern polygamen Blüten. Die Blütenhülle ist einfach kelchähnlich glockig, vierspaltig; vier freie Staubblätter überragen dieselbe. Der Fruchtknoten ist einblätterig, einfächerig, zweieiig, an der Spitze schwertförmig geschnäbelt, mit seitlich angesetztem Griffel. Die Frucht ist eine trockene, geschnäbelte, bei der Reife klaffende Steinfrucht; der Same besitzt fast kein Nährgewebe. Berg unterscheidet hier ebenfalls drei Varietäten:

var. *α.* **angustissima** Berg. Blätter lineal-spitz.

var. *β.* **intermedia** Berg. Blätter schmal-lanzettlich.

var. *γ.* **ensata** Berg. Blätter lanzettlich.

Blütezeit. Juni, Juli.

Vorkommen. Ebenfalls im Kapland.

Offizinell sind die Blätter der genannten Barosmaarten als **Folia Bucco** oder **Folia Buchu, Folia Diosmae,** Bucco- oder Buchublätter, engl.: *Buchu leaves*, franz.: *Feuilles de Bucco,* holl.: *Buchubladeren,* schwed: *Buccoblad,* port: *Bucco,* span.: *Bucco* oder *Buchu,* griech: *Διόσμον φύλλα.* — Man unterscheidet zunächst die Blätter der ersten drei Arten als **runde Buchublätter, Folia Buchu rotunda,** engl.: *Short Buchu,* span.: *Buchu aucho* von denen von *Barosma erratifolia* Willd., den **langen Buchublättern, Folia Buchu longa,** engl.: *Long Buchu,* span.: *Buchu largo,* während die Blätter von *Empleurum serrulatum* Sol. als Verwechselung der langen Buchublätter angesehen werden. Von den einzelnen Sorten galten früher die Blätter von *B. crenulata* als die besten; heute zieht man die ölreicheren von *B. betulina* vor. Die einzelnen Sorten charakterisieren sich wie folgt:

Barosma betulina Bartl. Lebhaft gelbgrüne Blätter, verkehrt-eiförmig, 9 bis 20 mm lang, 7 bis 10 mm breit; Sägezähne ziemlich lang, abstehend, mit der abstehenden Spitze nach aussen gerichtet; lederartig knorpelig, überall drüsig punktiert, unter den Buchten der Zähne und an der Blattspitze mit grossen, den Blattrand berührenden Öldrüsen. Ölgehalt bis 2 %.

Barosma crenulata Hook. Blätter ovallänglich oder länglich-lanzettlich, unterseits heller und glänzend; die Zähne weniger scharf hervortretend; die Grösse beträgt bei var. α) *latifolia* Berg, 17 bis 23 mm Länge und 8 mm Breite, bei var. β) *longifolia* Berg, 25 bis 43 mm Länge und 9 mm Breite, bei var. γ) *angustifolia* Berg, 13 bis 20 mm Länge und 5 bis 7 mm Breite. Punkte und Drüsen wie bei voriger.

Barosma crenata Kuntze. Blätter oval oder verkehrt-eiförmig, oberseits mit erhabenen, unterseits mit vertieften Drüsen, in beiden Varietäten ungefähr 16 bis 23 mm lang und 9 bis 10 mm breit. Im übrigen in Konsistenz und Zahnung der *B. crenulata* ähnlich. An den beigemengten Zweigresten erkennt man hier die abwechselnde Stellung der Blätter. Ölgehalt etwas geringer als bei *B. betulina* und *B. crenulata*.

Barosma serratifolia Willd. Blätter lineal-lanzettlich bis lineal, an der Spitze abgerundet, 18 bis 45 mm lang und 8 mm breit, scharf sägezähnig, mit vorgezogenen und nach vorn gerichteten Zähnen. Drüsen und Punktierung wie bei den vorigen. Ölgehalt bis 1 %.

Empleurum serrulatum Sol. Blätter ausgesprochen lineal, am Grunde und der Spitze verschmälert, mit deutlichem Mittelnerv, aber undeutlichen Seitennerven, **ohne Drüsen an der scharfen Spitze und unter den Zähnen,** dagegen auf beiden Seiten der Mittelrippe mit zwei unregelmässigen Reihen durchscheinender Punkte. Die Blätter sind bei var. α) *angustissima* Berg, 55 mm lang und 2 bis 3 mm breit, bei var. β) *intermedia* Berg, 40 bis 55 mm lang und 3 bis 4 mm breit, bei var. γ) *ensata*, 30 bis 40 mm lang und 3 bis 10 mm breit. Ölgehalt unter 1 %.

Anatomie. Die obere Epidermis der Blätter besteht aus einer einfachen Lage farbloser Zellen, welche von dem Palissadengewebe durch eine Zellschicht getrennt ist, wie sie in ähnlichen Fällen nicht beobachtet werden kann. Im getrockneten Blatt sind die Zellen derselben kaum zu unterscheiden; ihre Wände sind zusammengesunken oder vollständig vertrocknet. Befeuchtet man die Schnitte aber mit Wasser, so quillt das Gewebe auf und wird schleimig, wie die Oberfläche des Lein- und Quittensamens, ohne indessen die Epidermis irgendwie zu verletzen. Auf der Unterseite der Blätter liegen die Ölzellen. Es sind rundliche, schizogene Behälter, wie bei den Umbelliferae und Kompositen, welche von einer einzigen Lage kleinerer Parenchymzellen eingeschlossen sind.

Das **ätherische Öl der Buchublätter** ist von Schimmel & Co. in Leipzig in Mengen von 2 % aus den *B. betulina*-Blättern und zu 1 % aus den *B. serratifolia*-Blättern gewonnen worden. Es ist eine gelbe, an der Luft dunkler werdende Flüssigkeit, welche zwischen 178 bis 235° siedet, die Ebene des polarisierten Lichtstrahles nach links ablenkt und ein spez. Gewicht von 0,943 bis 0,944 bei 27° zeigt. Das Öl hat einen starken, pfefferminz- und kampferartigen Geruch. Flückiger hatte schon 1870 festgestellt, dass insbesondere das *B. betulina*-Öl beim Abkühlen grössere Mengen eines krystallisierbaren Stoffes absetzt. Derselbe schmilzt bei 82°, sublimiert in der Hitze des Wasserbades und siedet, jedoch nicht ohne Zusetzung, bei 232°, ohne Zersetzung im Vacuum von 14 mm Druck bei 112°. Es löst sich leicht in Kalilauge, wird aber aus dieser und ähnlichen alkalischen Lösungen durch Säuren, ja sogar durch Kohlensäure, abgeschieden. Alkoholische Ferrichloridlösung färbt ihn schmutziggrün. Flückiger hat ihn **Diosphenol** genannt. Shimoyama & Spica haben dem Körper die Formel $C^{10} H^{16} O^2$ gegeben. Sie wiesen nach, dass derselbe die Eigenschaften eines Aldehydphenols besitzt, indem es ammoniakalische Silberlösung reduziert und fuchsinschweflige Säure rötet; es verbindet sich mit Hydroxylamin und Phenylhydrazim, und geht durch nascierenden Wasserstoff in einen Alkohol $C^{10} H^{18} O^2$ über. Dagegen zerfällt es durch alkoholische Kalilauge nicht in eine Säure und den zugehörigen Alkohol, sondern es bildet damit **Diolsäure** $C^{10} H^{18} O^3 . H^2 O$, welche auch durch direkte Oxydation des Diosphenols durch feuchtes Silberoxyd und durch Kaliumpermanganat von Shimoyama erhalten wurde. — Das Diosphenol besitzt nach Flückiger keinen pfefferminzartigen Geruch und ist optisch inaktiv. — Den flüssigen Anteil betrachtete Flückiger als einen Körper $C^{10} H^{18} O$, welcher nach Power ein Ester sein sollte. Neuere Untersuchungen von Bialobrzeski haben ergeben, dass der flüssige Anteil des Buchublätteröles aus einem Kohlenwasserstoff $C^{10} H^{18}$ und aus einem Keton $C^{10} H^{18} O$ besteht. — Der **Kohlenwasserstoff** $C^{10} H^{18}$ besitzt einen Siedepunkt von 174 bis 176°, ist rechtsdrehend ($\alpha_D = + 60° 40'$) sein spezifisches Gewicht ist $= 0{,}8802$

Barosma betulina Bartl.

bei 0° und 0,8647 bei 8,5°. Sein Geruch erinnert an das Öl von *Pinus silvestris*. Das Keton $C^{10}H^{18}O$ siedet bei 206 bis 209° und verbindet sich nicht mit Natriumbisulfit. Es ist farblos, flüssig, riecht deutlich nach Pfefferminze und hat ein spezifisches Gewicht = 0,9145 bei 0° und 0,8994 bei 18,5°; es ist linksdrehend (α_D = — 6,12). Es bildet mit Hydroxylamin ein rechtsdrehendes, schwerflüssiges destillierbares Oxim, welches bei 134° siedet und giebt mit Brom eine ölige Verbindung $C^{10}H^{17}BrO . Br^2$, wodurch es grosse Ähnlichkeit mit l-Menthon zeigt.

Buchublätter geben 4,57 bis 5,27 % Asche, welche reich an Mangan ist. Die Abkochung enthält viel Schleim.

Anwendung. Buchublätter dienen als harn- und schweisstreibendes Mittel. Bei den Hottentotten Süd-Afrikas sind sie seit langer Zeit in Gebrauch. 1821 wurden sie in Europa eingeführt, und werden jetzt hier medizinisch angewandt.

Litteratur. Beschreibung und Abbildung. *Barosma.* Willd., Enum. pl. berol. 257. — Bartl. & Wendl., Diosm. 94 t. B. — Wendl., Kollect. 92. t. 15. 34. (*Parapetalifera*). — A. Juss., Mém. Mus. XII. 474 t. 29. Fig. 18. — Spach, Suit. à Buff. II. 330. — Endl., Gen. n. 6020. — Bentham & Hook., Gen. I. 290 n. 23. — Römer & Schult., Syst. V. 25. (*Baryosma*). — Baillon, Hist. pl. IV. 458 n. 19. 436. — DC., Prodr. I. 714. — Thunbg., Fl. Cap. 227. 229. (*Diosma*). — Harvey & Sonder, Fl. Cap. I. 392. — Bot. Mag. (*Diosma*) t. 456. 582. 1616. 3413. — Walp., Ann. IV. 412. VII. 512. — **Barosma betulina**. Bartl. & Wendl., Koll. 102. — DC., Prod. l. c. n. 14. — Roem. & Schult., l. c. (*Bucco betulina*). — Bentl. & Trimen, Med. pl. I. F. — Kosteletzki, Med. Pharm. Flora V. 1798. — Karsten, Fl. v. D. II. 368. — Luerssen, Med. Pharm. Bot. II. 685. — Henkel, Bot. 49. — Realencykl. d. Pharm. II. 153. 410. — **Barosma crenulata** Hook. Bot. Mag. t. 3413. — Nees v. Esenb., Pl. med. t. 377. — Harv. & Sond., l. c. 392 n. 2. — Linné, Amoen. IV. 308. Spec. 287. (*Diosma*). — DC., l. c. n. 12. — Berg, Bot. 390. Charakt. d. Pfl. Gen. t. 76. F. 550. — Luerssen, l. c. — Karsten, l. c. Fig. 544, 1—7. — Realencykl. l. c. — **Barosma serratifolia** Willd. Enum. 257. — Harv. & Sond., l. c. n. 1. — Curtis, Bot. Mag. t. 456. (*Diosma*). — DC., Prodr. I. 749 n. 9. — Bentley & Trimen, l. c. I. t. 49. — Vent., Malm. t. 77. — Nees. v. Esenb., l. c. Leitf. 17 t. 9. — Bot. Cab. 373. — Berg, l. c. — Henkel, l. c. — Karsten, l. c. — Luerssen, l. c. — **Empleurum serrulatum** Sol. in Ait. Hort. Kew. ed 1. III 340. — Harv. & Sond., II. 442. — Thunbg., Fl. Cap. 226. (*Diosma*). — A. Juss., Rut. t. 20. — Baillon, Hist. IV. 459. n. 23. 436. — Lam., Ill. t. 86. — Gaertn., Fruct. III. 340. — Benth. Hook., Gen. Pl. I. 291. n. 25. — Endl., Gen. 6023. — Spach, Suit. à Buff. II. 334. — DC., Prodr. I. 718. — Bartl. & Wendl., Diosm. t. B. — A. Juss., Mem. Mus. XII. 476 t. 19. Fig. 21. — L. fil., Suppl. 115. (*Diosma unicapsularis*). — Thunbg., Prodr. 43. (*Diosma ensata*). — Henkel, l. c. — Luerssen, l. c. — Karsten, l. c. Fig. 544. 8 u. f. — Kosteletzki, l. c.

Droge. Berg, Pharmak. 203. — Henkel, Pharm. 231. — Hager, Praxis I. 562. III 141. — Wiegand, Pharm. 204. — Flückiger, Pharmac. ed 1. 528. — Flückiger & Hanbury, Pharmacogn. 108. Hist. d. Dr. I. 206. — Beckurts & Hirsch, Handb. d. Pharm. II. 49. n. 758. — Hirsch, Univ. Pharm. I. 747. n. 1280. — Realencykl. d. Pharm. (Tschirch) II. 409. — Archiv d. Pharm. 218. (1881) 224. (Flückiger). 219. (1881) 216 (John M. Maisch) 226. (1888) 403 u. f. (Shimoyama). — Bialobrzeski, Zeitschr. f. Russl. XXXV (1896) No. 22 bis 28. — Schimmel & Co., Bericht 1891. April. 6. — 1896. Oktbr. 8. — 1893. Oktbr. Nachtr. 8. — 1897. April. Nachtr. 8. — Pharm. Belg. (II) 133. 349. — Brit. (1885) 81. 204 (Infus) 410. (Tinct.). — Dan. (1893) 156. — Gall. (1884) 42. (Fol.) 601. (Teinct.) 619. (Tisane) 625. (Vin.). — Graec. (1868) 25. — Hispan. (VI.) 27. — Nederl. (III) 88. — Port. (1876) 81. — U. St. Ph. (1890) 68 (Fol.) 122. (Extr. Fluid.) — Suec. (VII) 85. — Deutsche Arzneimittel No. 312. p. 127.

Tafelbeschreibung.

A blühender Zweig. B Fruchtzweig. C Blattspitze von *Barosma betulina* Wendl. D Blatt von *Barosma serratifolia* Willd. E Blatt von *Barosma crenulata* Hook. — 1 Blüte im Längsschnitt; 2 Blumenblatt; 3 Staubblätter; 4 Pistill; 5 reife Frucht; 6 eine Kapsel davon; 7 dieselbe aufgesprungen, von der Achse aus gesehen; 8 Samen; 9 Längsschnitt; 10 Querschnitt. A B natürliche Grösse; C D E, 1 bis 10 vergrössert. Nach Exemplaren des Königl. Universitäts-Herbars in Berlin.

Betula lenta L.

Zähe Birke. Engl.: Sweet Birch, Mountain Mahagony, Black Birch.

Syn.: *Betula nigra* Du Roi. *Betula lutea* Mich. *Betula carpinifolia* Ehrh.

Familie: *Capuliferae.* Unterfamilie: *Betulae* Eichl. Gattung: *Betula* Tournef.

Beschreibung. Die **zähe Birke** ist ein schöner, dem Kirschbaum ähnlicher Baum. Er wird 6 bis 10 m hoch und nimmt kultiviert nicht selten pyramidalen Wuchs an. Sein Stamm erinnert an den unserer Birken und erreicht eine Dicke von 1 m. Er ist mit weissgrauer Rinde bedeckt, welche sich von älteren Bäumen in 20 cm langen Bändern ablöst. Das Holz des Stammes ist frisch rosenrot, welche Farbe beim Trocknen noch intensiver wird. Die jungen Zweige sind dunkelbraun und glänzend und mit zahlreichen weissen Rindenporen (Lenticellen) bedeckt. Jüngste Triebe sind dicht flaumhaarig. Die wechselständigen, einfachen Blätter erinnern an die der Hainbuche (*Carpinus Betulus* L.); sie haben einen kurzen, kaum über 1 cm langen, flaumhaarigen, rinnigen Blattstiel und herzförmigen Grund; sie sind breitlanzettlich oder eilanzettlich und am oberen Ende lang zugespitzt. Sie erreichen eine Länge von 12 cm und eine Breite von 7 bis 8 cm. Ihre Farbe ist oben ein gesättigtes Dunkelgrün; die Unterseite ist heller; beide Seiten, besonders aber die untere, sind an den Adern flaumhaarig. Die jungen Blätter sind mit silberglänzenden Seidenhaaren bedeckt, die sie aber später fast vollständig verlieren. Die Blattspreite wird von einer starken Mittelrippe beinahe schnurgerade durchlaufen. Von dieser gehen auf jeder Seite fünfzehn bis achtzehn Seitennerven aus, welche in je einen groben Zahn des gesägten Randes enden. Zwischen je zwei dieser Zähne befinden sich fünf oder mehr kleinere, aber sehr ungleiche Sägezähne, welche je von einem kleinen Spitzchen gekrönt sind. — Zu beiden Seiten des Blattes zeigen sich in der Jugend zwei hinfällige, gelbliche Nebenblätter, die nach kurzer Zeit verschwinden. — Die monoecischen Blüten sind zu Kätzchen vereinigt. Letztere sitzen an der Spitze diesjähriger Kurztriebe und sind, wie die Blätter, von zwei hinfälligen gelben Hochblättern gestützt; die Kurztriebe selbst tragen am Grunde zwei dunkelbraune, glänzende, innen gelbe Knospendeckschuppen. Die männlichen Kätzchen stehen zu drei bis vier locker an der Spitze vorjähriger Zweige; sie sind 8 bis 10 cm lang und bis 1 cm dick, walzig, nickend oder hängend und besitzen eine sehr bewegliche Achse, an welcher die Blüten in drei Spiralen inseriert sind. Die Blüten besitzen kein Perigon. An kurzem Tragstiel befindet sich vorn ein grosses nahezu rautenförmiges gelbes Deckblatt mit breiter schwarzbrauner Spitze und zwei gelbe Vorblätter; alle drei haben zierlich gesägte Ränder mit sehr ungleichen Zähnen; sie bedecken ungefähr zehn Staubgefässe mit vollständig getrennten, je von einem kurzen Filament getragenen länglich ovalen, einkammerigen, gelben Beuteln. Die aufrechten, walzigen Kätzchen stehen seitlich am vorjährigen Zweige und zwar am Ende kleiner, mit Niederblättern besetzter Kurztriebe. — Die Kätzchen sind 2,5 cm lang, 0,5 cm dick, gelbgrün. Die Blütchen stehen in Spiralen an der gemeinschaftlichen Achse und zwar in Gruppen zu je drei in den Achseln eines Deckblattes und zweier kleiner Vorblätter. Sie besitzen kein Perigon, sondern bestehen nur aus dem nackten zweiblättrigen, dreiwulstigen, an der Spitze seidenhaarigen Ovar mit zwei purpurroten fadenförmigen Narben. Das Ovar ist am Grunde zweifächrig und trägt hier in jedem Fache eine umgekehrte Samenknospe. Die beiden Fruchtblätter stehen transversal zum Deckblatte. Bei der Fruchtreife wächst das Kätzchen bis zur Länge von 6 cm und einer Dicke von 2 cm heran, wobei sich das Deckblatt mit den beiden Vorblättern zu einer einzigen dreizipfeligen braunen Fruchtschuppe vereint, deren stumpfe Lappen gleichlang sind, während die seitlichen von den Rändern des mittleren bedeckt werden; ihre Aussenseite wird von stark hervortretenden seidenhaarigen Nerven durchzogen. An ihrem Grunde finden sich drei kleine geflügelte Früchtchen mit an der Spitze verbreitertem Flügel und zwei Narbenresten. Das Früchtchen ist ein braunes ovales oder eiförmiges Nüsschen, die Flügel sind gelb. Der Same enthält kein Nährgewebe, der grosse Keimling füllt mit seinen fleischigen Kotyledonen und dem nach oben gerichteten Würzelchen das Nüsschen vollständig aus.

Blütezeit. April und Mai; Fruchtreife im August und September.

Vorkommen. Der Baum ist häufig in Wäldern und an Waldrändern durch ganz Nordamerika; in Europa findet man ihn nicht selten als Parkbaum kultiviert.

Droge. Von pharmazeutischem Interesse ist das aus der Rinde und den jungen Zweigen erhaltene ätherische Öl: **Oleum Betulae lentae** oder **Oleum Wintergreen, Sweet-birch-Oil.** Man erhält dasselbe durch Destillation der Zweig- und Astrinde des Baumes. Dieselbe giebt schon beim Befeuchten den Geruch nach Wintergreenöl und unterscheidet sich dadurch leicht von den Rinden verwandter Birkenarten, welche selbst beim Erwärmen mit Wasser dieses Öl nicht entwickeln. Das Öl ist durchweg ähnlich dem Wintergreenöl aus den Blättern von *Gaultheria procumbens* L. (s. dieses) und unterscheidet sich davon nur durch seine optische Inaktivität, sowie dadurch, dass es zwar auch Methylsalicylat $C^6H^4(OH)COO.CH^3$, den Ester $C^{14}H^{24}O^2$ und ein Paraffin enthält, nicht aber den Alkohol $C^8H^{16}O$, dem man die Linksdrehung des Gaultheriaöles zuschreibt. — Das Öl wurde von Schimmel & Co. in Mengen von $0{,}6\,^0/_0$ der Rinde erhalten und zeigte ein spezifisches Gewicht von 1,180 bis 1,187 bei 15^0 C. Es muss in gut verschlossenen Gefässen aufbewahrt werden.

Chemische Bestandteile. Während die Ansichten darüber, ob das Wintergreenöl in den Gaultheriablättern fertig gebildet vorkommt, noch nicht vollständig geklärt sind, ist es sicher, dass dasselbe Öl in der Sweet-birch-Rinde nicht frei vorhanden ist, sondern bei der Destillation durch Fermentwirkung auf ein Glycosid gebildet wird. A. Schneegans und

Betula lenta L.

J. E. Gerock erhielten durch Ausziehen der Rinde mit alkoholischer Bleiacetatlösung, Entbleien der Masse, Eindampfen und Fällen des erhaltenen Syrups durch absoluten Alkohol und Äther einen Körper, **Gaultherin**, in farblosen seidenähnlichen Krystallen, aus dem sie durch Zersetzung Wintergreenöl erhalten konnten.

Gaultherin $C^{14}H^{18}O^{8}+H^{2}O$ ist in Wasser reichlich, in krystallisiertem Zustande aber nur langsam löslich, leicht und ohne Zersetzung in Alkohol und konzentrierter Essigsäure, unlöslich dagegen in Äther, Chloroform, Aceton und Benzol. Konzentrierte Schwefelsäure löst es blass rosa, färbt sich aber bald mehr und mehr dunkelbraun. Beim Erhitzen zersetzt es sich, ohne zu schmelzen, zum Teil unter Entwickelung von **Methylsalicylat.** In der Kälte reduziert es Fehling'sche Lösung nicht, dagegen leicht beim Kochen. Verdünnte Mineralsäuren zerlegen es rasch in Zucker und Methylsalicylat, wobei sich die Flüssigkeit milchig trübt und Öltropfen absetzt. Das Gaultherin ist linksdrehend, schmeckt bitterlich, wird aber weder von dem Speichel des Mundes noch von Emulsin oder Myrosin zerlegt. In der Rinde befindet sich indessen ein Ferment, dessen Wirkung durch Wasser sofort eintritt, die auch durch Alkohol nicht gehindert werden kann. Nur durch Bleiacetat wird sie aufgehoben. Von diesem Ferment weiss man ausser den angeführten Thatsachen nur, dass es das Gaultherin unter Wasseraufnahme in Glycose und Methylsalicylat spaltet. Das Gaultherin steht in naher Beziehung zu Salicin und Helicin, von denen das erstere in Glycose und Salicylalkohol (Saligenin) das zweite in Glycose und Salicylaldehyd zerfällt, während wir hier einen Ester der Salicylsäure erhalten.

Prüfung des Wintergreenöles siehe *Gaultheria procumbens* L.

Andere Verwendungen. Aus dem **Safte** dieser Birke wird auch Zucker gesotten. — Das **Holz** ist seiner dunkelrosenroten Farbe wegen als Mountain-Mahagony sehr geschätzt, da es eine sehr schöne Politur annimmt.

Litteratur. Beschreibung und Abbildung. *Betula.* Tournef, Inst. 588. — Linné, Gen. n. 1070. Spec. Ed. I. 983. — Juss., Gen. 409. — Gaertn., fr. II. 54. t. 90. f. 2. — Endl. Gen. n. 1840. Suppl. IV. (2.) 19. — DC. Prodr. XVI. (2.) 161. — Regel, Monogr. Betul. 9. — Spach, Revis. Betul. Ann. sc. nat. ser. 2. XV. 182. Suit. Buff. XI. 145. — Benth. Hook, Gen. III. 404. — Baillon, Hist. pl. VI. 217. 254. — *Betula lenta* L. Koch, Dendr. II. 639. — Hayne, Dendr. flor. 167. — Michaux, Hist. arb. II. 153. t. 5 (*B. lutea*). Flor. Amer. bor. II. 181. — Erhardt, Beitr. VI. 99. (*B. carpinifolia*). — Willdenow, Berl. Baumz. 59. — Du Roi, Harbk. Baumz. (ed. 1.) vol. 93. — Wangenheim, Amer. p. 35. t. 15. fig. 34. — A. Grey, Man. bot. 458. — Hook., Fl. Amer. bor. II. 165. — Ait. Hort. Kew. (Ed. 2) 300. — Watson, Dendr. brit. II. t. 144. — Torr., New York II. t. 113. — Moessl., Handb. IV. 1766. — Guimpel & Hayne, fremde Holzarten I. 105. t. 83. — Willd., Spec. pl. IV. 464. — Regel in DC. Prodr. XVI. (2) 179. — Engl. Prantl., Nat.-Pfl.-Fam. III. 1. p. 43. — Regel, Mem. Nat. Mosc. XIII. 67. — Pursh, Fl. Am. II. 109. — Kosteletzki, Med. ph. Fl. II. 370. — Karsten, Fl. v. D. II. 19.

Droge. Schneegans & Gerock, Arch. d. Pharm. (1894) 232. p. 437. — Procter,

Observ. on the vol. oil of Betula lenta L. Am. Journ. Pharm. XV. (new. ser. IX.) 1844. 249. — Wiesner, Rohstoffe 547. — Schimmel & Co., Berichte 1888—1897. — U. St. Pharm. (1890) 274.

Tafelbeschreibung.

A Blütenzweig. B Fruchtzweig. C ausgewachsenes Blatt. 1 weibliche Blüte von der Seite; 2 dieselbe von unten; 3 Staubblatt; 4 weibliche Blüten von innen; 5 eine derselben stärker vergrössert; 6 Fruchtschuppe von aussen; 7 dieselbe von innen; 8 Früchte; 9 dieselbe im Längsschnitt. A, B etwas verkleinert. C natürliche Grösse. 1—9 stark vergrössert. Nach Exemplaren des königl. Universitäts-Herbars in Berlin.

Boswellia Carterii Birdw.

Syn. *Boswellia sacra* Flückiger.

Weihrauchbaum — Encens, Oliban — Frankinsence or Luban-tree.

Familie: *Burseraceae;* Gattung: *Boswellia* Roxb.

Beschreibung. Die Gattung *Boswellia* besteht aus kleinen, bis 6 Meter hohen, harzreichen Bäumen, mit oft papierartiger Rinde und gegenständigen, unpaarig gefiederten, ganzrandigen oder gekerbt-gesägten, gegen die Spitze der Zweige gedrängt stehenden Blättern. Die kleinen, weissen, grünlich-weissen oder röthlichen, zwitterigen, 5zähligen Blüthen in einfachen oder verzweigten, end- oder achselständigen Trauben. Der bleibende Kelch klein, 5- (selten 4—10-) zähnig, dachig. Kronblätter 5 (selten 4—10), am Grunde verschmälert, abstehend, in der Knospe dachig, viel länger als der Kelch, unter der ring-glocken- oder schüsselförmigen, fleischigen, gekerbten Scheibe angeheftet. Staubgefässe 10 (doppelt so viel als Kronblätter), dem Grunde oder den Seiten der Scheibe eingefügt, die den Blumenblättern gegenüberstehenden etwas kürzer. Staubfäden pfriemenförmig, bleibend. Staubbeutel nach innen gerichtet, 2fächerig, der Länge nach aufspringend, abfallend. Pollen rundlich-3seitig, 3porig. Stempel oberständig, mit 3-, auch 4-, bisweilen sogar 5fächerigem, sitzendem Fruchtknoten, stielförmigem, staubfadenlangem Griffel und kopfiger, 3- (auch 4—5-) lappiger Narbe. In jedem Fache 2 Samenknospen, welche von der Spitze des Faches herabhängen. Steinfrucht 3kantig, 3fächerig, 3steinig, scheidewandspaltig-3klappig sich öffnend. Steine knochig, 1samig, sich von der stehenbleibenden, 3kantigen Fruchtachse ablösend. Same etwas zusammengedrückt, breit häutig gerandet, eiweisslos. Embryo mit gefalteten, vielspaltigen Samenlappen und nach oben gerichtetem Würzelchen.

Von den überhaupt noch wenig bekannten Arten werden als Olibanum liefernd folgende beschrieben:

Boswellia Carterii Birdw. (*B. sacra* Flückiger), *Mohr madow* oder *Mohr meddu* (*meddu* dunkel, schwarz, auf die Rinde bezogen) der Eingeborenen, *Maghrayt d'scheehaz* der Araber, ist ein kleiner, 4—5, seltener 6 Meter hoher Baum, von zierlichem Wuchse, mit ziemlich starkem Stamme, cylindrischen jüngeren Zweigen und einer glatten, blassbräunlich-gelben Rinde, welche in papierartigen, grossen Stücken abblättert und nach und nach abgeworfen wird, sich von innen heraus durch Neubildung wieder ersetzend. An der Spitze der vorjährigen Zweige bildet sich unterhalb des neuen Jahreswuchses ein dicker Ring, welcher aus den zusammengeklebten Blattstielresten der vorhergehenden Jahre zusammengesetzt ist. Die frischen Triebe sind dicht bedeckt mit kurzen, gelben Haaren. Blätter abwechselnd, mit weichhaarigen Blattstielen, ohne Afterblättchen, entweder am Ende dicht gedrängt, einen Blätterbüschel bildend oder entfernt gestellt an den Schösslingen, unpaarig gefiedert, 7—10 jochig, 15—25 Ctm. lang. Fiederblättchen gegenüberstehend, sitzend, ungleich, am Grunde die kleinsten, das endständige am grössten, eiförmig-länglich, bis $3^1/_2$ Ctm. (das endständige bis $7^1/_2$ Ctm.) lang, $1^1/_2$ Ctm. breit, am Grunde abgerundet oder fast herzförmig, auch abgestutzt, mit stumpfer Spitze, gewöhnlich etwas wellig, unregelmässig gekerbt-gezähnt oder undeutlich gesägt bis ganzrandig, glatt, beiderseits weichhaarig oder oberseits kahl, unterseits blasser. Blattspindel stark, steif, oben flach, dicht bedeckt mit kurzen Haaren. Blüthen gestielt, ziemlich klein, in eine einfache, lockere Traube geordnet, welche den Achseln der Blätter entspringt und kürzer ist als letztere. Brakteen spitz-eiförmig, die Knospen überragend, wollig gewimpert und bald abfallend. Kelch becherförmig mit kegelförmigem Unterkelch und 5 dreieckigen, dünnen, am Rande gewimperten Abschnitten. Kronblätter 5, mit den Kelchblättern abwechselnd, doppelt so lang als letztere, eiförmig, spitz, an der Spitze schwach kappenförmig eingebogen, etwas spreizend, fein geadert, weiss oder crêmeartig, dachziegelig. Staubgefässe 10, der Aussenseite der Scheibe eingefügt, aufrecht; Filamente kurz, wenig länger als die Scheibe, cylindrisch, spitz zulaufend; Staubbeutel nahe dem Grunde am Rücken angeheftet, oblong, 2fächerig, orangefarbig. Scheibe (Diskus) sehr gross, dick und hervortretend, einen runden, rosenrothen, 5- oder 10kerbigen, behaarten weiten Kelch bildend, dessen Lappen mit den Staubgefässen abwechseln. Fruchtknoten sitzend auf dem Receptaculum, halb eingeschlossen von dem kurz glockigen Diskus, eiförmig, 3lappig, glatt, 3- oder 4fächerig, mit 2 hängenden Eichen in jedem Fache; Griffel dick, die Staubgefässe etwas überragend; Narbe kopfförmig, schwach 3lappig. Frucht klein, bis 1 Ctm. lang, verkehrt eiförmig, stumpf, am abgestutzten Grunde unterstützt von dem bleibenden Receptaculum, der Scheibe und den Staubfäden. Pericarp glatt, fleischig, ziemlich dick, in 3 oder 4 Klappen aufspringend, und ganz abfallend von der bleibenden Achse. Steinkerne einer in jedem Fache, angeheftet am oberen Theile der Achse, 3kantig. Same einzeln in jedem Steinkerne. Embryo etwas gebogen, in der Achse das Eiweiss. Samenlappen blattartig, 3spaltig. Würzelchen nach oben gerichtet.

Boswellia Carterii Birdw.

In den Gebirgen der Somaliküste. Hildebrand fand den Baum in den Kalkgebirgen des nördlichen Somalilandes in Meereshöhen von 1000 bis 1800 Meter.

Boswellia Bhau-Dajiana Birdw., *Mohr add* (*add*, weiss) der Eingeborenen, ist ein kleiner Baum mit weichhaarigen bis kahlen Zweigen und 7—10 jochigen Blättern. Fiederblättchen 2—4 Ctm. lang, 1—1 3/4 Ctm. breit, oblong-lanzettlich bis oblong, gesägt bis ganzrandig, beiderseits weichhaarig oder nur unterseits graufilzig, am Grunde gerundet oder abgestutzt, glatt. Die in einfache Trauben geordneten weissen oder grünlichen Blüthen sind mit einer kurz glockigen, stark behaarten Scheibe (Diskus) ausgestattet, welche den Fruchtknoten halb einschliesst. Die Frucht ist in unreifem Zustande fast keulig, am Grunde stielartig verschmälert. In den Gebirgen der Somaliküste einheimisch.

Boswellia neglecta, S. le M. Moore, *Murlo* (nach Hildebrand *Mohr add*) der Eingeborenen, *Muchos* Haggenmacher's, ist ein kleiner, 5—6 Meter hoher, grauberindeter Baum mit 8—10 jochigen, 1 1/2—4 Ctm. langen, stark und fast rauh behaarten Blättern und oblongen, stumpfen, 4 Mm. langen Fiederblättchen. Die in armblüthige Rispen geordneten sehr kleinen Blüthen besitzen Kronblätter, die auf der Aussenseite behaart sind, und Staubfäden, deren untere Hälfte plötzlich stark schuppig verbreitert ist. In dem Kalkgebirge Ahl oder Serrut des nördlichen Somalilandes.

Ueber die Bäume, welche der Hauptsache nach Olibanum liefern, herrscht derzeit, wegen der verschiedenen Bezeichnungen in den verschiedenen Gegenden, noch grosse Unklarheit. Haggenmacher aus Aargau, welcher 1874 im Auftrage des Chedive die Somaliländer bereiste, fand den Beyo als den verbreitetsten und ergiebigsten Weihrauchbaum. Unter diesem Beyo (bei den Eingeborenen Bayu) wird nach Hunter überhaupt jeder Weihrauch liefernde Baum verstanden. Flückiger äussert sich: „Die Namen der einzelnen Arten oder Formen dieser Bäume sind zum Theil im westlichen und östlichen Somalilande verschieden. „Djau Der", nach Haggenmacher den feinsten Weihrauch liefernd, als Schattenbaum beliebt, hat einen geraden, bis 4 1/2 Meter hohen Stamm. „Muchos" ist nach Haggenmacher kleiner als der Djau Der und verschieden durch die silberweisse Rinde. Er liefert etwas geringeren Weihrauch. Vielleicht ist der mir von Capitän Hunter als Mohr Dadbêd der Westsomalen, Mohr As des östlichen Somalilandes bezeichnete Weihrauchbaum einerlei mit dem Muchos. As bedeutet roth und bezieht sich wohl auf die Färbung dieser Weihrauchsorte." Der von Hildebrand neben *Boswellia Carterii* in den nördlichen Gebirgen des Somalilandes angetroffene Mohr add ist als der Muchos Haggenmacher's erkannt und von Moore als *Boswellia neglecta* beschrieben worden.

Blüthezeit: April.

Name und Geschichtliches. Weihrauch (althochd. *wicbaum, wichboum, wild-wirik, witzwiroc*, mittelhochd. *Wirach, Wirauch, weisser Weyhrauch*) von *weih* heiligen, weihen, demnach zu heiligen Zwecken benutzter Rauch. *Olibanum*, griechisch *λιβανος* vom hebräischen לברכה *(libonoth, lebonah)* von לבר *(laban)* weiss sein, arabischen *lubân*, ein Milchsaft, bezieht sich auf das Aussehen des frischen Saftes; auch der Libanon, dessen Wälder balsamisches Harz lieferten, ist hiervon abgeleitet. Die ausserdem noch gebräuchliche Bezeichnung für den Weihrauch, *Thus*, hängt mit *ϑύος* Räucherwerk, *ϑύω* räuchern, *ϑύειν* opfern zusammen. *Boswellia* nach Joh. Boswell in Edinburg, der 1735 über Ambra eine Schrift verfasste, so benannt. *Carterii* von dem Namen des englischen Schiffsarztes Carter, welcher in der Mitte der 40er Jahre Schilderung und Abbildung eines Weihrauchbaumes lieferte.

Die Kenntniss und Benutzung des Weihrauchs reicht tief in das Alterthum. Alte ägyptische Bildwerke an einem Tempel von Theben aus dem 17. Jahrhundert v. Chr. sagen, dass von der Königin Rama-ka eine ägyptische Flotte nach den Ländern To-nuter und Ponn oder Pun-t (Südarabien) geschickt wurde, um Ana und lebende Bäume, welche dieses Produkt erzeugten, nach Theben zu bringen. In diesem Ana, welches auch als Myrrhe gedeutet wird, glaubt Flückiger mit ziemlicher Sicherheit Olibanum annehmen zu können. Die 31 Bäume, welche lebend nach Theben gebracht wurden, und die man dem Ammon weihte, zeigen in der Abbildung annähernd den Charakter der *Boswellia*, keineswegs aber Aehnlichkeit mit *Balsamodendron*. Zahlreiche Stellen der Bibel legen Zeugniss ab von der umfangreichen Benutzung der Droge im biblischen Zeitalter. Chaldäer, Juden, Phönicier benutzten den Weihrauch häufig zu kirchlichen Zwecken. Die Phönicier brachten ihn aus Arabien entweder durch das Rothe Meer nach dem ägyptischen Hafen Kosseir oder auch ganz zu Lande nach Nordarabien und Palästina. Auch Persien und Babylonien wurden damit versorgt. Ebenso bedienten sich die Griechen schon sehr früh des Weihrauchs zu ihren Opfern; dieser Gebrauch soll jedoch erst nach dem trojanischen Kriege Eingang gefunden haben. In welchem hohen Ansehen im Alterthum der Weihrauch stand, geht aus einem Berichte hervor, wonach Alexander der Grosse die bei der Einnahme von Gaza (Ghazzeh) neben Myrrhe erbeuteten 500 Talente Weihrauch nach Griechenland sendete. Auch erwähnt Herodot, dass die Araber dem Darius einen jährlichen Tribut von 1000 Talenten Weihrauch zu zahlen hatten. Strabon und der Verfasser des Periplus berichten kurz nach Christi Geburt, dass nicht blos Arabien, sondern auch die Somaliküste Weihrauch liefere. Plinius und Dioskorides geben ausführliche Beschreibungen des Weihrauchs, der übrigens in Rom nur allmälig zur Einführung gelangte. Die römische und griechische Kirche bedienten sich im Mittelalter in der ausgiebigsten Weise des Weihrauchs bei ihren religiösen Gebräuchen. Karl der Grosse erhielt unter den Geschenken des Harun al Raschid auch Weihrauch, der übrigens nicht blos bei Gottesdiensten, sondern auch bei Gottesgerichten Anwendung fand. Als Medikament wird er schon in den Hippokratischen Schriften erwähnt. China erhielt die Droge schon seit dem 10. Jahrhundert.

Offizinell ist der durch Einschnitte in den Stamm zum Ausfliessen gebrachte, an der Luft erhärtete Milchsaft: Olibanum (*Thus*, Weihrauch), welcher in zwei Hauptsorten im Handel erscheint:

1. Auserlesener Weihrauch (*Olibanum electum*), aus rundlichen, länglichen, oft thränenartigen, durchscheinenden, meist abgeschliffenen, leicht zerbrechlichen, gelblichen, röthlichen oder bräunlichen, zum Theil fast weissen, aussen matten und bestäubten Körnern von Erbsen- bis Nussgrösse bestehend, welche im Bruche eben und wachsglänzend sind.
2. Weihrauch in Sorten (*Olibanum in sortis*) aus unregelmässigen, durch Zusammentrocknen in Klumpen auftretenden, sonst der vorigen Sorte gleichen Stücken zusammengesetzt, von unreiner, etwas marmorirter, in der Regel dunklerer, mehr brauner oder grauer Farbe, undurchsichtig und mit Unreinlichkeiten untermischt.

Die beste Weihrauchsorte enthält neben den unregelmässigen, bis einige Centimeter grossen Körnern und kugeligen, keuligen oder traubenförmigen Stücken auch in die Länge geflossene Stalaktiten, welche nach Flückiger bei dem *Mohr Lafód* (*Lafod* arabisch: Streifen) der Ostsomalen (wahrscheinlich *Mohr meddu* der Westsomalen) Fusslänge erreichen können. Grössere Stücke der Droge sind oft von anhängenden Rindenstücken begleitet und mit ansehnlichen Spalten ausgestattet. Die Farbe ist gelblich-weiss bis blassröthlich-weiss. Kleinere Körner sind trüb durchscheinend, grössere undurchsichtig; Splitter ziemlich durchsichtig. Das Aussehen gründet sich übrigens nicht auf die Abstammung, sondern auf die Sortirung.

Der Weihrauch ist rauh anzufühlen, hart und spröde, leicht zerbrechlich, in den besten Sorten ein fast weisses Pulver gebend. Der Geruch ist angenehm balsamisch, harzig; der Geschmack von gleicher Beschaffenheit, etwas scharf, bitterlich und schleimig. Schon im Munde wird er knetbar; in der Wärme schmilzt er vollständig unter Aufblähung, bei welchem Prozesse der harzige Theil abfliesst. Bei stärkerer Erhitzung verbrennt er mit heller Flamme unter Entwickelung eines balsamisch-harzigen Geruches. Mit Wasser zerfällt er und liefert eine neutrale, trübe Flüssigkeit, in der das Mikroskop grosse Oeltropfen zeigt. Von Weingeist wird er theilweise gelöst unter Zurücklassung des Gummi.

Die grösste Menge und das geschätzteste Produkt stammt aus dem nordöstlichen Somalilande, woselbst der Stamm der Medschertin im Küstengebirge südlich von dem Hafen Bunder Murayah das Einsammeln besorgt. Cruttenden berichtet (1843) über die Gewinnung des Weihrauchs, dass die Rinde im Februar oder März, und später in Pausen von ca. 1 Monat noch zweimal, angeschnitten wird. Der milchweisse Saft, welcher aus diesen Wunden austritt, erstarrt bald zu Tropfen und Thränen, die in Perioden von 14tägiger Unterbrechung eingesammelt werden. Die von den Stämmen abgelösten Stücke bilden die feinste Waare; die von der Erde gesammelten Massen die geringeren Sorten. Die Ernte dauert bis Mitte September, von wo ab dann der eintretende Regen die Schönheit der Droge beeinträchtigt und überhaupt in dem Ausfluss des Saftes einen Stillstand eintreten lässt.

Nach dem Berichte Hunter's erfolgt das Auslesen des Weihrauchs erst an der Küste in die verschiedenen Sorten: *Nakhwa* (arabisch: Auslese) und *Isku-jir* (in der Somalisprache „lass es sein, lass es gehen"). Die Händler sortiren in dem Hauptausfuhrplatze Bunder Murayah die Nakhwasorte nochmals in *Fasus* (arabisch: Edelsteine), *Majandal* (wahrscheinlich vom arabischen fallen) und *Dukah* (arabisch Staub, Pulver). Der arabische Weihrauch wird von den arabischen Händlern auch als *Luban Badwi* (weil von den Beduinen gesammelt) und als *Makhri* (nach den kleinen Häfen der Somaliküste so benannt) auf den Markt gebracht. Ueber Arabien kommender oder dort gehandelter Weihrauch führt auch die Namen arabischer Landschaften (*Schehr*, *Morbat, Dthofâr*).

Nach Carter's Beobachtungen über die Einsammlung des Weihrauchs in Südarabien werden dort auch Rindeneinschnitte im Dezember gemacht. Die Einsammlung dieses geringwerthigen Produktes erfolgt hier ebenso durch die Somalis, auf Rechnung der Araber.

Die Ernten des Somalilandes gehen zunächst nach den Hafenplätzen Bunder Murayah, Laskhorai (Ras Goree), Bunder Kassim, Ankor (Ungar) und von dort nach Aden, wohin auch der in Arabien gesammelte Weihrauch gebracht wird. Die Einfuhr in Aden betrug der Flückiger'schen Angabe nach im Jahr 1875—76 236 000 Klgr., wovon London den grössten Theil erhielt; nach Bombay gingen 51 000 Klgr. Auch China erhält grössere Mengen.

Fälschungen können stattfinden mit dem sogen. wilden Weihrauch, welcher aus Fichtenharz besteht, das durch längeres Liegen in Ameisenhaufen durch die Ameisensäure verändert worden ist und einige Aehnlichkeit mit dem Olibanum erhalten hat. Es ist mehr zähe, schmilzt in der Wärme unter Entwickelung eines terpenthinartigen Geruches vollständig und löst sich in Alkohol ohne Rückstand. Sandarak und Mastix, welche eine geringe Aehnlichkeit mit Weihrauch haben, sind im Bruche glasglänzend und durchsichtig. Zerkleinerter Kalkspath, welcher unter dem Olibanum gefunden worden ist, braust mit Säuren auf.

Bestandtheile. Pfaff fand im Olibanum 53% Harz und 47% Gummi; nach Braconnot sind in 100 Theilen enthalten: 5 ätherisches Oel, 56 Harz, 31 Gummi, 6 Bassorin; Kurbatow fand 7 ätherisches Oel, 72 Harz, 21 Gummi.

Das Harz, welches nach Hlasiwetz der Formel $C_{30}H_{32}O_4$ entspricht, wird durch Ausziehen der Droge mit Weingeist als amorphe Masse erhalten, deren alkoholische Lösung sauer reagirt, sich aber mit Aetzlauge dauernd trübt; es giebt, mit Aetzkali geschmolzen, keine Produkte der Benzolderivate. Durch Wasser wird aus dem Harze der Bitterstoff ausgezogen, welchen man durch Eindampfen der Lösung als braune, schmierige Masse erhält, die sich in Aether nur zu einem geringen Theile löst.

Das Gummi, welches nach Behandlung des Weihrauchs mit Weingeist zurückbleibt, verhält sich ähnlich wie das arabische Gummi, röthet jedoch Lackmus nur unbedeutend.

Das ätherische Oel, welches nach Flückiger linksdrehend ist, besteht nach Kurbatow der Hauptsache nach aus einem bis 158° siedenden Oele mit der Zusammensetzung $C_{10}H_{16}$; letzteres giebt mit Salzsäure einen krystallisirbaren Körper ($C_{10}H_{16}HCl$) und ist begleitet von einer geringen Menge eines sauerstoffhaltigen Oeles.

Beim Verbrennen des Olibanum bleiben 3% Asche zurück. (Husemann, Pflanzenstoffe 863.)

Anwendung. Der Weihrauch wurde früher innerlich in Form von Emulsionen und Pillen als Stimulans und Anticatarrhale gebraucht, jetzt nur noch äusserlich zu Pflastern, Salben und Räucherpulvern; für sich allein zum Räuchern von Zimmern oder Körpertheilen, namentlich zum Räuchern von Kirchen. (Husemann, Arzneimittell. 549.)

Litteratur. Abbildung und Beschreibung: Bentley and Trimen, Med. pl., Taf. 58; Luerssen, Pharm. 699; Karsten, Deutsche Flora 803; Wittstein, Pharm. 904.

Drogen und Präparate. *Olibanum:* Ph. austr. 100; Ph. hung. 335; Ph. ross. 199; Ph. helv. 99; Cod. med. 52; Ph. belg. 61; Ph. Neerl. 173; Ph. dan. 129; Ph. suec. 98; Flückiger, Pharm. 37; Flückiger and Hanb., Pharm. 133; Hist. d. Drog. I, 259; Berg, Waarenk. 518.

Emplastrum aromaticum: Ph. helv. suppl. 34; Ph. belg. 164; Ph. Neerl. 89.

Emplastrum oxycroceum: Ph. austr. 50; Ph. hung. 165; Ph. belg. 165.

Emplastruu opiatum: Ph. helv. 35; Ph. belg. 164; Ph. Neerl. 92.

Bezüglich der Drogen und Präparate siehe auch Hager, Ph. Prax. II, 578.

Tafelbeschreibung:

A Blüthenzweig, natürl. Grösse (unter Zugrundelegung der Bentley'schen Zeichnung). 1 Blüthe, vergrössert; 2 dieselbe im Längsschnitt, desgl.; 2a Blüthe, desgl. (nach Baillon); 3 Kelch mit Diskus und Stempel (nach Baillon), mit den Narben der entfernten Kronblätter und Staubgefässe, desgl.; 3a Diskus und Stempel der als Mohr madow bekannten Form (nach Baillon), desgl.; 4 Kelch, desgl.; 5 Staubgefäss, desgl.; 6 Fruchtknoten im Querschnitt, desgl.; 7, 8 Frucht, natürl. Grösse und vergrössert; 9 Steinfrucht im Querschnitt, 10 Steinkern, desgl. Nach einer Originalzeichnung des Herrn Professor Schmidt; Farbendruck von Herrn E. Günther, Gera.

Anhang.

Von den übrigen Boswelliasorten sind noch folgende bemerkenswerth:

1. *Boswellia Frereana* Birdw. (*Yegaar* oder *Gekar* der Somalen) ist ein im Ahlgebirge des nördlichen Somalilandes einheimischer, 3—4 Meter hoher, kahler Baum von eigenthümlichem Aussehen, mit verzweigten Blüthenständen, flach schüsselförmigem, ausgebreitetem Diskus und blaugrünen, gleich den Blüthen citronenartig riechenden Blättern, dessen aus dem Stamme ausfliessender, mit *Luban Mati* oder *Meiti* bezeichneter Saft hauptsächlich aus unregelmässigen Klumpen besteht, mit einem feinen Geruche ausgestattet ist, aber kein Gummi enthält. Die Droge zerfällt in eine bessere Sorte, *Amshat* (Kämme, von der kammartigen Beschaffenheit der Droge), und eine geringere, *Dukah* (Staub, Abfall).
2. *Boswellia papyrifera* Rich., ein grosser Baum, in den Bergwäldern Abyssiniens einheimisch, namentlich in den Flussgebieten des Mareb, Takkazie und des Blauen Nil. Der Saft, welcher nur aus Harz und ätherischem Oele besteht, hat keine Aehnlichkeit mit dem Weihrauch und wird überhaupt nicht gesammelt.
3. *Boswellia thurifera* Colebr. (*B. glabra* Roxb., *B. serrata* Stachh., *Salai* oder *Salphal* der Indier) tritt in dem mittleren und nördlichen Theile Ostindiens auf, giebt ein terpenthinartiges, nach Weihrauch riechendes Harz, welches erst nach Jahresfrist erhärtet und in Indien die Stelle des Weihrauchs vertritt. Es gelangt nicht zur Ausfuhr und ist nach der Flückiger'schen Angabe in Bombay ganz unbekannt. Nees v. Esenb. Plant. med. Taf. 355; Hayne, Arzneigew. X, Taf. 16; Berg und Schmidt, Offiz. Gew., Taf. XIVc.

Calamus Draco Willd.

Syn. *Daemonorops Draco* Blume. *Calamus Rotang δ. Draco* L.

Drachenblut-Palme, Rotang — Sang-Dragon — Dragons blood.

Familie: *Palmae* (Unterfamilie: *Lepidocarynae*); Tribus: *Calameae*; Gattung: *Calamus* L. (*Daemonorops* Bl.)

Beschreibung. Die Rotange, welche zur Gruppe der flechtenden Stämme gehören und an den Bäumen emporklettern, in Ermangelung der letzteren auch auf dem Boden in Schlangenwindungen hinkriechen, entwickeln sich oft zu einer ganz erstaunlichen Länge. Kerner giebt in seinem Pflanzenleben die fabelhafte Länge bis zu 200 Meter an, bei einer gleichmässigen Dicke von 2—4 Ctm. Unsere Drachenblutpalme besitzt einen fingerdicken, biegsamen, rohrartig gegliederten, an Bäumen emporkletternden Stamm, welcher mit ungleich langen, in Querreihen stehenden, aufrecht angedrückten, oft auch rückwärts gebogenen Stacheln besetzt ist und eine Länge über 100 Meter (nach Blume sogar bis 1800 Fuss) erreicht. Blattstiel an der Basis den Stamm umfassend, nebst der peitschenförmigen Blattspindel mit abwechselnden, rückwärts abstehenden Stacheln versehen. Blätter einfach gefiedert, mit abwechselnden, lineallanzettlichen, 30 Ctm. langen, 12 Mm. breiten, lang zugespitzten, spitz 3nervigen Fiedern, deren Unterseite auf den starken Nerven und an der Spitze am Rande mit abstehenden, pfriemenförmigen Stacheln besetzt ist. Die eingeschlechtigen, 2häusigen, gelblichen Blüthen aus den Blattachseln in rispig verzweigten Kolben hervorbrechend, unter jedem Aste ein vollständiges Scheidenblatt, die untersten äussersten Scheiden auf der Rückenrippe gestachelt. Aeusseres, kelchartiges Perigon glockenförmig, 3zähnig, inneres tief 3theilig. Männliche Blüthe mit 6 Staubgefässen, deren Filamente an der Basis verwachsen sind und auf ihrer Spitze die in der Mitte angehefteten, pfeilförmig-linealischen Staubbeutel tragen; ohne Fruchtknotenrudiment. Weibliche Blüthe mit 6 an der Basis becherförmig verwachsenen, unfruchtbaren Staubgefässen (Staminodien). Fruchtknoten dick, eiförmig, allmälig in den kurzen Griffel übergehend, der mit 3 pfriemlichen, zurückgekrümmten, papillösen Narben besetzt ist. Die zu reichen Trauben vereinigten, ursprünglich 3fächerigen, durch Fehlschlagen 1samigen Früchte scharlachroth, eikugelig, kurz gespitzt, ungefähr 2 Ctm. dick, mit dicken, derben, rautenförmigen bis fast quadratischen, rückwärts dachziegelig übereinanderliegenden, seicht längsfurchigen, bis 1 Mm. langen, 1½ Mm. breiten, ursprünglich gelblichen Schuppen bedeckt, zwischen denen bei der Reife ein rothes Harz hervortritt. Der das Fach ganz ausfüllende Same besitzt ein marmorirtes Endosperm und einen nahe der Basis liegenden, kegelförmigen Embryo.

Vorkommen. In sumpfigen Wäldern von Java, Sumatra, Borneo; nach Flückiger in den Sumpfwäldern von Palembang und Jambi in Ost-Sumatra, im Süden und Südosten Borneos, wahrscheinlich auch auf Penang und mehreren der östlichen Sundainseln. Bezüglich Javas bemerkt Nees v. Esenbeck: „Mein Freund Blume konnte aller Mühe ungeachtet während seines Aufenthaltes in Java kein Exemplar dieser Palme erhalten, welche auf Java gar nicht vorkommen soll.“

Name und Geschichtliches. Der Name Drachenblut, *cinnabaris*, *κινναβαρι* der Alten, soll mit der Droge nach Europa gekommen sein; die alten Bezeichnungen sind ostindischen Ursprungs und bedeuten so viel wie Drachenblut, *Sanguis Draconis*, und beziehen sich auf Farbe und Beschaffenheit der Droge. *Calamus* von *κάλαμος*, bei dem Arabern *kalem*, Rohr; *Drago,* Drache; Rotang, *Rotting, rôtan* sind malayische Namen für das spanische Rohr.

Drachenblut ist zwar ein sehr altes Arzneimittel, doch lässt sich das Produkt von *Calamus Drago*, obgleich Chinesen und Araber mit Borneo und Sumatra in lebhaftem Verkehr standen, erst seit Kämpfer und Rumphius (Ende des 17. Jahrhunderts) nachweisen. Das unter den Ausfuhrartikeln Arabiens und Chinas genannte Drachenblut, ebenso dasjenige, welches schon Theophrast, Dioskorides und Plinius erwähnen, war das im Anhange behandelte Drachenblut von *Dracaena* abstammend.

Offizinell ist das Harz: *Sanguis Dracónis* (*Resina Draconis,* ostindisches Drachenblut), welches durch Schütteln der Früchte in einem Sacke gewonnen und durch ein Sieb von den Schuppenresten befreit wird. Das so erhaltene Harz erweicht man an der Sonne oder durch Anwendung heisser Wasserdämpfe und formt die Masse in Stäbchen oder Kugeln, auch in Kuchen, die in Streifen von Palmblättern eingeschlagen und durch starke Grashalme oder Rindenstreifen des Calamusstammes gebunden werden. Eine geringere Sorte wird durch Kochen der zerquetschten Früchte mit Wasser gewonnen. Im Handel unterscheidet man folgende Sorten:

1. Drachenblut in Stangen (*Sanguis Draconis in baculis*) bildete früher 6—8 Mm. dicke, ungefähr 45 Ctm. lange, sehr zerbrechliche Stengel, jetzt nur noch 22 Ctm. lange, aber 3 Ctm. dicke (nach Flückiger 30 Ctm. lange und 2 Ctm. dicke) Stangen. Diese Sorte, welche als die feinste gilt, ist in Palmblätter gewickelt und mit gespaltenem Rohr umflochten; jedes Packet wiegt sammt Umhüllung ca. 150 Gramm.
2. Drachenblut in Körnern (*Sanguis Draconis in granis*) kommt in erbsen- und haselnussgrossen Kugeln, oder in birnförmigen Stücken von 3—4 Ctm. Durchmesser und 20 Gramm Gewicht auf den Markt; Verpackung wie bei 1.
3. Drachenblut in Thränen (*Sanguis Draconis in lacrymis*) bildet wallnussgrosse, in Palmblätter gepackte, perlschnurartig aneinandergereihte Kugeln.
4. Drachenblut in Kuchen (*Sanguis Draconis in placentis*) besteht aus platten, 5—7 Ctm. breiten (nach Berg bis 45 Ctm. langen, 15 Ctm. breiten und 8 Ctm. starken, an den Kanten gewölbten), in Blätter eingeschlagenen, 30—90 Gramm schweren Stücken, welche angeblich durch Auskochen der Früchte erhalten werden.
5. Drachenblut in Tafeln oder Massen (*Sanguis Draconis in massis*) stellt nach Wittstein 15—30 Ctm. breite, $2^1/_2$ Ctm. dicke, schmutzig-braunrothe, braunrothes Pulver liefernde Scheiben (nach Berg unregelmässige Schollen) dar, welche durch Fruchtschuppen, Stengelstücke, Holzspäne etc. sehr verunreinigt sind und aller Wahrscheinlichkeit nach aus den bereits ausgekochten Früchten durch Auspressen gewonnen werden.

Das Drachenblut besitzt auf der Oberfläche eine schwärzlich-braune, im Bruche reine, schön carminrothe Farbe, ist in Splittern durchsichtig und giebt ein schönes, nicht gerade feuriges, scharlachrothes Pulver. Selbst die besten Sorten sind nicht frei von Resten der Fruchtschuppen, so dass der ungelöste Rückstand in guten Sorten immer noch bis 20 % betragen kann.

Gutes, echtes Drachenblut ist im Allgemeinen geruch- und geschmacklos, leicht löslich in Weingeist und Chloroform mit rother Farbe, ebenso in Benzol, Eisessig, Petroleum, Schwefelkohlenstoff, auch in sauerstoffhaltigen ätherischen Oelen und in Alkalien. Es ist wenig löslich in Aether, noch weniger in Terpenthinöl, gar nicht in Petroleumäther (nach Wittstein löst letzterer bis zu 7 %, aber nichts Farbiges), schmilzt bei 120° (nach Wittstein bei 210°?) und verbrennt in höheren Temperaturen mit russender Flamme und einem styraxähnlichen Geruche. Hinsichtlich der Entstehung des Harzes bemerkt Flückiger: „Es scheint, dass nicht etwa der sehr ansehnliche Samenkern Sitz der Harzbildung ist; die mir vorliegenden Samen wenigstens geben an Weingeist nicht rothes Harz ab."

Von Bandjer Masing in Süd-Borneo geht die Droge nach China und Batavia. Sumatra sendet seine Waare nach Batavia und Singapore; von letzteren Orten gelangt die Droge nach Europa.

Grobe Fälschungen durch andere Harze etc. werden beobachtet; doch sollen dieselben derart sein, dass sie leicht zu erkennen sind. Nach Bennet enthält reines Drachenblut nur wenig Ferrioxyd und das Pulver bäckt beim Drucke mit den Fingern nicht zusammen. Der weingeistige Auszug ist bei der echten Waare rein roth, hingegen bei der gefälschten rothgelb; Eisenchlorid erzeugt in der weingeistigen Lösung bei echtem Drachenblut eine gelbbraune, bei dem gefälschten eine braune Farbe.

Bestandtheile. Das Drachenblut enthält nach Herberger: 90.7% amorphes Harz, 3% Benzoësäure, 2% Fett, 5% Kalksalze (oxalsauren und phosphorsauren Kalk).

Das reine Harz besitzt einen süsslichen etwas kratzenden Geschmack, erweicht in kochendem Wasser, schmilzt bei 120° und beginnt in etwas höherer Temperatur heftig reizende, benzoësäurehaltige Dämpfe zu entwickeln. Nach Johnson besitzt es eine Zusammensetzung von $C_{10}H_{10}O_2$, ist aber nach Flückiger kein einheitlicher Körper. Die alkalische Lösung wird mit Salzsäure und Schwefelsäure gelb gefärbt und Wasser scheidet aus diesen Lösungen ein Harz ab *(Draconin, Dracenin, Dracin)*, welches sich in viel Wasser mit gelber Farbe löst und mit Alkalien roth wird. Mittelst Petroleumäther, welcher Benzoësäure reichlich löst, erhält man die letztere nicht aus dem Drachenblut, wohingegen durch trockene Destillation Krystalle von Benzoësäure und ein öliger Antheil gewonnen werden. In letzterem haben Glenard und Boudault 1844 *Dracyl* (jetzt *Toluol* = C_6H_5 [CH_3]) und *Draconyl* (jetzt *Styrol*) aufgefunden. Husemann bringt das letztere mit Metastyrol in Beziehung; Flückiger stellt dies aber als ungewiss hin. Ausserdem erzeugt die trockene Destillation des Harzes noch ein schwereres Produkt, wahrscheinlich *Benzalkohol* (C_6H_5 [CH_2.OH]). Das wässerige Destillat färbt sich mit Eisenchlorid blau, nach Flückigers Vermuthung von Phenol und Pyrogallol herrührend. Die von Hirschsohn im Drachenblute entdeckte Zimmtsäure konnte von Flückiger nicht nachgewiesen werden, dahingegen erhielt letzterer durch Kochen mit Kalkmilch eine geringe Menge von Benzoësäure. Beim Kochen mit Salpetersäure entsteht nach Blumenau Benzoësäure, Nitrobenzoësäure, Oxalsäure und wenig Pikrinsäure; mit Kali geschmolzen, erhielten Hlasiwetz und Barth Paraoxybenzoësäure, Benzoësäure, Phloroglucin, Oxalsäure, Protocatechusäure und Fettsäure. (Husemann, Pflanzenstoffe 413.)

Anwendung. Jetzt nur noch wenig in der Medizin. Früher galt Drachenblut als ein styptisches und austrocknendes Mittel im äusseren Gebrauche, innerlich gegen Speichelfluss, Lungenauswurf, profuse Schweisse, Durchfall. „Es dient, nachdem es seinen Credit als blutstillendes Mittel verloren, nur noch als färbender Zusatz zu Zahnpulvern." In der Technik wird es besonders zur Herstellung der rothen Firnisse und des Goldlackes verwendet. Die Stengel und Zweige dieser und anderer Calamusarten finden als spanisches Rohr zu Spazierstöcken, Stuhl- und anderen Geflechten, Stäben in Regenschirmen etc. Verwendung. (Husemann, Arzneimittell. 402.)

Litteratur. Abbildung und Beschreibung. Nees v. Esenbeck, Plant. med., Taf. 39, 40; Hayne, Arzneigew. IX, Taf. 3; Blume, Rumphia, II., Taf. 131, 132 (1836); Luerssen, Handb. der syst. Bot., II, 331; Karsten, Deutsche Flora 413; Wittstein, Pharm. 172.

Drogen und Präparate. *Sanguis Draconis*: Ph. hung. 381; Cod. med. 76; Ph. belg. 75; Ph. Neerl. 202; Flückiger, Pharm. 97; Flückiger and Hanb., Ph. 672; Hist. d. Drog. II, 490; Berg, Waarenk. 538.

Emplastrum resinosum rubrum: Ph. Neerl. 94;

Emplastrum ad rupturas: Ph. hung. 167;

Bezügl. der Drogen und Präparate siehe auch Hager, Pharm. Prx. I, 1009; III, 403.

A Palme sehr verkleinert; B oberer Theil des Fiederblattes, nat. Grösse; C Fruchttraube, desgl.; 1 Theil der Blüthenrispe, desgl.; 2 desgl., stärker vergrössert; 3 männliche Blüthe vergrössert; 4 dieselbe geöffnet, ein Perigonblatt abgeschnitten, desgl.; 5 Staubgefäss, desgl.; 6 Stempel, desgl.; 7 Frucht im Längsschnitt, nat. Grösse; 8 Samenkern in Längsschnitt, mit Embryo, desgl.; 9 ein Theil des Blüthenstandes, nat. Grösse. Farbendruck von Herrn E. Günther in Gera, nach einer Originalzeichnung des Herrn Professor Schmidt in Berlin.

Anhang.

Das afrikanische Drachenblut (*Resina Sanguis Draconis africanus s. canariensis*) besteht aus dem Harze, welches durch Einschnitte in die Rinde, oder auch Abkratzen der letzteren, verschiedener Dracaenen (Familie der *Liliaceen*) gewonnen wird. Es sind diess: *Dracaena Draco* L., auf den Kanarischen und Capverdischen Inseln, *Dracaena Omblet* Kotschy, in Nubien und auf Socotra und wahrscheinlich auch in Südarabien, und *Dracaena schizantha* Baker im Somalilande einheimisch. Der Harzsaft, welcher beispielsweise auf Madeira von Dr. Draco nach der Verwundung während 8—14 Tagen, auf Socotra während 15—20 Tagen gesammelt wird, soll erst allmählich rothe Farbe annehmen und aus kleinen, sehr reinen Stücken oder Thränen bestehen, deren Splitterchen durchsichtig und von schön rubinrother Farbe sind. Diese Droge, welche in sehr kleinen Mengen von Arabien und Ostafrika nach Bombay gebracht wird, ist das Kinnabari der Alten (Cinabre des Dioskorides) und derjenige Harzsaft, der in der Kunsttechnik des Mittelalters häufig Verwendung fand. Das Drachenblut der Kanarischen und Capverdischen Inseln ist bei den Eingeborenen längst in Gebrauch gewesen und hat in hohem Ansehen gestanden. Es bildete nach der Besitzergreifung der Inseln durch die Spanier einen Ausfuhrartikel, kommt aber jetzt nicht mehr in den Handel.

Das amerikanische Drachenblut (*Resina Draconis americanus*) von *Pterocarpus Draco* L., nach Flückiger auch von *Croton Draco* Schlechtend. abstammend und ebenfalls durch Einschneiden in die Rinde gewonnen, kommt aus Westindien und Südamerika. Es ist auf dem Bruche braun, glasig und wird durch Chloroform nicht, oder doch nicht roth gelöst. Im Handel erscheint es nicht, wenigstens nicht in Deutschland.

Palmae
(Calameae)

Calamus Draco Willd.

Calendula officinalis L.

Ringelblume, Totenblume, Dotterblume, Studentenblume, Warzenkraut. Franz.: Tous les mois, Soubi. Engl: Marigold. Span.: Calendula. Holl.: Goudsbloom.

Familie: *Compositae* Adans. Sekt.: *Cynareae* Juss. Trib.: *Calenduloideae* Less. Unterfamilie: *Calenduleae* Less. Gattung: *Calendula* L.

Beschreibung. Die einjährige, selten zweijährige, bis 50 cm hohe Pflanze besitzt eine gelblichweisse Pfahlwurzel mit wenigen Seitenzweigen und Nebenwurzeln. Der krautige Stengel verästelt sich bald über dem Boden; er ist fast stielrund, wenig kantig und meist etwas filzig behaart. Vom Grunde an ist er mit wechselständigen, nicht sehr entferntstehenden, etwa 10 bis 15 cm langen, 3 bis 4 cm breiten, sitzenden, spatelförmigen, zugespitzten, entfernt kleinzähnigen, filzig behaarten Blättern besetzt. Aus den Achseln derselben entspringen die Seitenäste, welche, wie der Stengel, filzig behaart und mit allmählich kleiner werdenden Blättern besetzt sind. Letztere gehen dann allmählich in die Blättchen des Hüllkelches über. Die Blütenkörbchen haben etwa 5 cm im Durchmesser und stehen einzeln am Ende der Zweige, derart dass sie schliesslich eine ebene Trugdolde bilden. Der Hüllkelch jedes Körbchens ist breit schüsselförmig und besteht aus ungefähr 21 schmal linealen, spitzen, kurzhaarigen, dachigen Blättchen mit etwas zerfranztem Rande; er umschliesst einen festen, ebenen kahlen feingrubigen gemeinsamen Fruchtboden. Auf demselben sitzen zunächst in zwei bis drei Reihen etwa 15 bis 24, meist 21 zungenförmige weibliche Randblüten, welche eine kurze blassgelbe Röhre, eine ziemlich breite, ungefähr 25 mm lange, zweirinnige, dreizähnige goldgelbe und orangegelbe Zunge und einen kurzen, mehr oder minder gebogenen, dreikantigen Fruchtknoten besitzen. Die zahlreichen Scheibenblüten sind ebenso gefärbt, zwittrig oder richtiger männlich, regelmässig, walzig-röhrig, viel kürzer als die Randblüten, oben mit kurzem, zurückgebogenem, fünfzipfeligem Saume und unten mit kleinem, dünnem Fruchtknoten endigend. Beide Formen von Blüten haben weder einen Pappus noch ein anderes Überbleibsel eines Kelches. Den weiblichen Randblüten fehlt das Androeceum vollständig; der Griffel nimmt etwa ein Viertel bis ein Drittel der Länge der Zungenblüten ein. Es ist ebenfalls goldgelb und spaltet sich in zwei linealische hornartig zurückgebogene, auf der Innen- oder Oberseite mit Papillen besetzte Narbenenden. Diese sind empfängnisfähig; die dicken gebogenen aussen höckerigen Fruchtknoten enthalten je eine Samenknospe, welche zu einem keimfähigen Samen auswächst. Wegen des Vorhandenseins von zwei Narbenenden betrachtet man die Frucht als aus zwei Fruchtblättern entstanden. — Die Scheibenblüten haben fünf Staubblätter, deren mit den Rändern verwachsene Staubbeutel nach innen aufspringen, von einem blattartigen Spitzchen, dem verlängerten Konnektiv überragt werden und am Grunde in zwei lineare Vorsprünge verlängert sind; die freien Enden der Filamente sind in der Blumenkronenröhre zwischen den Zipfeln derselben angeheftet. Der vorhandene Griffel sitzt auf einem niedrigen epigynen Diskus und endigt, die Staubbeutelröhre kaum überragend, in eine konische ungeteilte oder gespaltene, runzlige, etwas papillöse Narbe, welche indessen nicht empfängnisfähig ist. Der kleine verkümmerte Fruchtknoten enthält keine Samenanlagen, erzeugt also keinen Samen, sondern vertrocknet nebst der ganzen Scheibenblüte nach erfolgtem Ausstäuben. Früchte entstehen also nur aus den weiblichen Randblüten; sie umgeben die kahle Mitte des Fruchtbodens und treten in drei Formen auf; alle sind auf dem Rücken dicht höckerig oder weichstachlig, auf der Innenseite längsriefig und glatt; die äussersten, fünf bis sechs an der Zahl, sind lang und schmal, ungefähr dreikantig, hakig oder hornartig gebogen und geschnäbelt; die folgenden, etwa in gleicher Anzahl, sind bedeutend kürzer, aber breit, kahnförmig, mit geflügeltem, eingebogenem Rande; die innersten neun bis zwölf Früchte sind noch kleiner, aber schmäler, als die mittleren, nicht geflügelt und beinahe kreisförmig nach der Achse des Blütenkörbchens zu eingewickelt. Alle enthalten keimfähige Samen. Diese sind vom Rücken her stark zusammengedrückt, mit einer zarten Samenschale bekleidet und enthalten einen dicken Embryo mit nach unten gerichtetem Würzelchen und zwei dicken Kotyledonen, die auf der Innenseite frei oder verwachsen sind. Ein besonderes Nährgewebe ist nicht vorhanden.

Blütezeit. Juni bis August.

Vorkommen und Kultur. Die Pflanze wächst in den Mittelmeerländern, den kanarischen Inseln und im Orient wild; in Deutschland ist sie eine überaus häufige Zierde der Bauerngärten, und findet sich deshalb verwildert und bisweilen als Gartenflüchtling vor. In Thüringen, zwischen Erfurt und Jena, wird die Pflanze neben anderen Arzneigewächsen an mehreren Orten kultiviert. Man sammelt zur Blütenzeit die Blütenköpfe, trocknet, rupft und wurft sie dann, um die schwereren Kelche von den Strahlenblüten zu trennen.

Anatomie. In den Randblüten bemerkt man in Chloralhydratpräparaten vier Längsnerven, welche sich in drei Spitzbögen dicht unter den Endzähnen treffen. Die Randnerven verlaufen dicht am Rande der Spreite; Nebennerven treten, im Ganzen höchstens drei, am Grunde der Spreite aus einer der Hauptnerven, denen sie parallel laufen, ohne die Spitze zu erreichen oder Randmaschen zu bilden.

Pharmazeutische Bedeutung. Offizinell waren früher das blühende Kraut der Pflanze, **Herba Calendulae,** und die Strahlenblüten der Köpfe, **Flores Calendulae;** heute sind beide obsolet. Die **Flores Calendulae** finden sich aber im Handel als Saffran-Surrogat in der **Feminelle** oder als Saffran-Verfälschung; ferner sollen sie betrügerischer Weise den *Flor. Arnicae* beigemengt werden. **Feminelle** besteht eigentlich aus den gefärbten Griffeln des Saffrans, wird aber thatsächlich meist aus Calendulablüten hergestellt, indem man diese mit Fernambuk oder mit Anilinfarben färbt. Im ersteren Falle wird der Farbstoff von Ammoniak beim Kochen mit schmutzig roter Farbe aufgenommen. Gefärbte oder ungefärbte Calendulablüten haben sich thatsächlich in minderwertigem Saffran vorgefunden; man erkennt sie hierbei leicht an der vom Saffran vollständig abweichenden Gestalt, die sie beim Aufweichen annehmen; ferner an dem abweichenden Verhalten gegen Ammoniak und endlich daran, dass Saffranfäden die konzentrierte Schwefelsäure vorübergehend blau färben, Calendulablüten dagegen braun. Ferner giebt ein wässeriger Auszug der Calendulablüten eine Trübung mit Silbernitrat und mit Eisenchlorid eine grüne Färbung; beide Reaktionen giebt Saffran nicht. — Von den Arnikablüten unterscheiden sich die Calendulablüten wie folgt:

Calendula officinalis L. hat keinen Pappus; die Blüten sind rundlich keilförmig, dreizähnig mit längerem Mittelzahn; die Zunge ist 25 mm lang und 7 mm breit und hat nur vier Hauptnerven mit vereinzelten Nebennerven. Die Fruchtknoten sind gekrümmt, und zeigen auf der konvexen Seite zahlreiche spitze Höcker und weiche Stacheln.

Arnica montana L. hat 35 bis 40 mm lange und etwa 5 mm breite Randblüten mit Pappus, wobei etwa 5 mm der Länge auf die Röhre kommen. Sie endigen ebenfalls in drei Zähne, von denen der Mittelzahn grösser ist. Sehr verschieden ist die Nervatur der Arnikablüten von der der Calendulablüten: vier Haupt- und etwa drei Nebennerven durchziehen die Zungenblüte und treffen sich in drei Spitzbögen unter den drei Zähnen; daneben entsenden die Randnerven nach dem Rande hin nochmals drei bis vier Nebennerven, sodass im Ganzen elf oder mehr nahezu parallele Nerven die Spreite durchziehen. — Die Früchte von Arnika sind nahezu walzenförmig, beiderseitig zugespitzt, fünfrippig, nicht gebogen, und besonders auf den Rippen rauhhaarig, aber nicht stachlig.

Bestandteile. Die Ringelblumen enthalten etwas ätherisches Öl, Bitterstoff, **Calendulin,** Apfelsäure und ihre Salze, Asche. Das **Calendulin,** dessen chemische Natur noch wenig bekannt ist, erhält man aus dem Extrakt der Blätter und Blüten der Pflanze durch Behandeln desselben mit Wasser und Äther; es bildet eine gelbliche durchsichtige zerreibliche Masse ohne Geruch, Geschmack und Reaktion, quillt in Wasser gallertartig auf und löst sich in Kalilauge und Ammoniak, welche Lösungen durch Säuren gefällt worden. Ferner löst es sich in Alkohol und konzentrierter Essigsäure, nicht in Äther und Chloroform. Die weingeistige Lösung wird durch Gerbsäure nicht gefällt, wohl aber durch Mercurichlorid und Bleiacetat. (Husemann-Hilger.)

Anwendung. Man benutzte früher das im frischen Zustande stark und eigentümlich riechende, scharf und bitter schmeckende Kraut als schweisstreibendes oder eröffnendes Mittel bei Gelbsucht, Amenorrhöe, Leber- und Milzanschwellung, sowie gegen Krebs. Die Blüten fanden zur Heilung derselben Krankheiten Anwendung; andere Autoren rühmen die Blüten als fiebervertreibendes, anregendes, lösendes und krampfstillendes Mittel; wieder andere benützen sie als Emenagogum, Diureticum bei Wassersucht und äusserlich als Mittel gegen Geschwüre. Heute gelten die Blüten kaum noch als Heilmittel; sie bilden einen Bestandteil der Räucherpulverspezies und werden als Färbemittel benutzt. Da sie indessen auch als Verfälschungsmittel von Saffran und Arnikablüten thatsächlich Verwendung finden (Wiesner), so ist ihre genaue Kenntnis nützlich und wünschenswert.

Litteratur. Beschreibung und Abbildung. *Calendula.* Linné, Gen. n. 990. Spec. 1304. — Juss., Gen. 183. — Gaertn., Fruct. t. 168. — DC., Prodr. VI. 451 n. 1. — Hook. in Bot. Mag. t. 3204. — Spach, Suit. Buff. X. 110. — Benth. Hook., Gen. Pl. III. 454. n. 598. — Endl., Gen. n. 2822. — Jacq., Fragm. t. 103. — Reichb., Icon. Fl. Germ. t. 890. — Siebth. Fl. Graec. t. 920. — Baillon, Hist. pl. VIII. 194. 304. 42 Fig. 59 bis 63. — Guib., Drog.

Compositae
(Calenduleae)

Calendula officinalis L.

 smpl. III. 33 (ed. 7.). — Cozen., Pl. indig. med. ed 3. 1018. — **Engl. Prantl.** Pf. Fam. IV. (5) 304 Fig. 140 A. B. — C. Bauhin, Pin. 275. (*Caltha vulg.*). — **Moench**, Meth. 585 (*Caltha*). — Henkel, Bot. 132' — Berg, Bot. 328. Char. d. Pfl. Gen. t. XI. VIII. n. 370. — Kosteletzki, Med. pharm. Fl. II. 621. — Hayne, Arzneigew. IX. 47. — **Schlechtendal**-Hallier, Fl. v. D. XXX. 42 t. 3107. — Thomé, Fl. v. D. IV. 322. t. 588. — Garcke, Fl. v. Nord- u. M.-D. (ed 7.) 332 Gen. 332 n. 1194. — Karsten, Fl. v. D. II. 643. Fig. 699. — Luerssen, Med. Pharm. Bot. II. 1145. — K. Schumann, syst. Bot. 519. — **Realencyclop.** d. Pharm. II. 501

Droge. Henkel, Pharm. 286. (Flor.) — Berg, Pharm. 225. (Herb.) 301. (Flor.). — Hager, Praxis I. 687 (Herb.) 688 (Flor.) — Wiegand, Pharm. 256 (Flor.) 398 (Herb.). — Realencyklop. d. Pharm. II. 501. (Calendulin) V. (Feminelle.) — Hirsch, Univ. Pharm. I. p. 731 n. 1210 (Flor.) p. 830 n. 1574 (Herb.). — **Vogtherr**, Compositenblüten; Ber. d. D. Pharm. Ges. VII (1897) 51. Fig. 13. — Wiesner, Rohst. 707. — Husemann-Hilger, Pflanzenstoffe II. 1534.

Tafelbeschreibung.

A Blühende Pflanze. 1 Blütenkopf im Durchschnitt; 2 Blatt des Hüllkelches; 3 weibliche Randblüte; 4 Scheibenblüte; 4a Narbe der Scheibenblüte; 5 Fruchtkörbchen; 6 mittleres Früchtchen, Bauchseite; 7 inneres Früchtchen, Seitenansicht; 8 äusseres Früchtchen, Seitenansicht; 9 mittleres Früchtchen, Seitenansicht; 10 mittleres Früchtchen im Längsschnitt. A, 1, 5 natürliche Grösse. 2, 3, 4, 6, 7, 8, 9, 10 vergrössert. Nach lebenden Pflanzen.

Camellia Thea Link.

Syn. *Camellia viridis* Lk. *C. Bohea* Griff. *Thea chinensis* L. *Th. Bohea* L. *Th. viridis* L. *Th. stricta* Hayne.

Theestrauch, Chinesischer Thee — Thé — Green Tea, Black Tea, Bohea Tea, Pekoe.

Familie: *Ternstroemiaceae*; Gattung: *Camellia* L.; *Thea* L.

Beschreibung. Die verschiedenen Formen des Theestrauches, welche man früher in die Gattungen Thea und Camellia spaltete, werden gegenwärtig auf die einzige Art Camellia Thea Link zurückgeführt. Beide Gattungen bestehen nach Luerssen aus immergrünen Bäumen oder Sträuchern mit abwechselnden, fast lederharten oder krautigen, glänzenden, fiedernervigen, gekerbt-gesägten bis ganzrandigen, einfachen Blättern. Blüthen achselständig, einzeln oder in wenigblüthigen Büscheln (nach Karsten in dreiblumigen Trugdolden), sitzend und aufrecht bei Camellia, gestielt und abwärts gebogen bei Thea, unter ihnen zwei Vorblätter und ein bis zwei (bei Thea) oder drei bis sechs (bei Camellia) schuppenförmige, in den Kelch überleitende Blättchen. Kelch fünfblätterig (nach Karsten gleich der Krone bei Thea sechs- bis neunblätterig, bei Camellia fünf- bis neunblätterig, Blätter ungleich gross, die inneren grösser), dachig. Krone fünf-, selten sechs- bis mehrblätterig (in den gefüllten Blüthen bei Camellia vielblätterig), in der Knospe dachig, am Grunde unter sich und mit den äusseren Staubgefässen verwachsen. Staubgefässe zahlreich, die äusseren auf eine kurze Strecke einander (bei Camellia bündelförmig) verwachsen, die inneren (bei Thea fünf, bei Camellia zehn bis fünfzehn) frei. Staubbeutel schaukelnd, zweifächerig, die Fächer durch ein fleischiges Bindeglied mit einander verbunden, mit Längsspalten nach innen sich öffnend, einem pfriemenförmigen Faden aufsitzend. Fruchtknoten dreifächerig (bei Thea) oder drei- bis fünffächerig (bei Camellia). Griffel drei bei Thea, drei bis fünf bei Camellia, frei oder mehr oder weniger hoch röhrig verwachsen, die freien Schenkel röhrig. Karsten bezeichnet die Griffel als einfach, mit drei bis fünf fadenförmigen Narben. Samenknospen vier bis fünf in jedem Fache, hängend, umgewendet. Kapsel fast kugelig, holzig, fachspaltig, jede Klappe trägt eine der unterwärts zum centralen Samenträger vereinigten Scheidewände (bei Thea) oder die scheidewandtragenden Klappen sind von den als Mittelsäule stehenbleibenden Samenträgern abgelöst (bei Camellia), die Fächer durch Fehlschlagen oft nur einsamig. Samen dick, eiweisslos; Embryo gerade, mit dicken, fleischigen, planconvexen Samenlappen und kurzem, aufwärts gerichtetem Würzelchen.

Camellia Thea Lk. (*Thea chinensis* L., *Th. viridis* L.) ist ein aufrechter, buschig verzweigter, 1—2, seltener bis 9 Meter hoher, kahler, nur an den jüngsten Trieben, Blattstielen und Blattknospen steif behaarter Strauch mit kurz gestielten, derben, abwechselnden, 2—12 Ctm. langen (nach Flückiger bis 10 Ctm. langen, bis 5 Ctm. breiten), lanzettlichen, verkehrt-eilanzettlichen oder länglich-eiförmigen Blättern, welche nach oben in die gestumpfte Spitze, nach unten in den kurzen Stiel verschmälert sind; der Rand ist mit nicht sehr zahlreichen, am Grunde wenig hervortretenden, kurzen Sägezähnen versehen, das Adernetz stark ausgeprägt, auf der Oberseite mit leichten wellenförmigen Erhöhungen, die Unterseite bei einigen Abarten etwas flaumig. Die weissen Blüthen besitzen die Grösse einer Apfelblüthe und sind wohlriechend (nach Flückiger sind Blätter und Blüthen ohne auffallenden Geruch und Geschmack), nickend und entspringen einzeln, zu zweien oder dreien den Blattwinkeln. Die Blüthenstiele sind mit zwei bis drei Brakteen unter dem Kelche ausgestattet. Kelchblätter rundlich, stumpf, kahl oder seidenhaarig. Kronblätter abstehend, verkehrt eiförmig, stumpf, auf dem Rücken kahl oder weichhaarig. Staubgefässe und Griffel kahl. Fruchtknoten zottig behaart. Die dreiknöpfige, holzige Kapsel kahl, mit drei Samen. Letzterer glänzend braun, von der Grösse eines Kirschkernes.

Karsten betrachtet als theegebende Hauptart *Thea chinensis* Sims. und unterscheidet als Varietäten: *α T. viridis* L., Blätter lanzettförmig und *β T. Bohea* L., Blätter elliptisch.

Anatomisches. Der Blattquerschnitt zeigt nach Flückiger unter der Epidermis der Oberseite eine zweischichtige Lage von Palissadenzellen, während die untere Hälfte aus Schwammparenchym besteht, in welches abgerundete Oxalatdrusen eingestreut sind. Auf beiden Seiten befinden sich unter der Epidermis dickwandige, poröse, oft unregelmässig zweischenklige Zellen, welche in das Gewebe hineinragen und oft strebepfeilerartig die Epidermis beider Seiten stützen (Idioblasten). Letztere Zellen treten noch in den Blättern unserer Gewächshaus-Camellien und in den Blättern von *Illicium anisatum* auf; fehlen hingegen in den jüngsten und zartesten Theeblättern, ebenso in allen Blättern, welche zu Theefälschungen verwendet werden, können in Anbetracht des letzteren Umstandes daher wohl zur Erkennung der Theeblätter dienen. Junge Blätter sind mit zahlreichen, starren Haaren, welche aus einer einzigen, sehr langen, dickwandigen Zelle bestehen, besetzt. Kleine Drüsenhaare befinden sich dann und wann auf der Epidermis. Beide Blattseiten sind reichlich mit Spaltöffnungen versehen.

Blüthezeit ?

Vorkommen: Die Theepflanze ist wild nur in Oberassam in Bengalen aufgefunden worden, sonst in Ostasien (China, Japan, Ostindien) häufig angebaut. In China zwischen dem 27. und 40. Breitengrade in Meereshöhen von 170—500 Meter; in Japan bis zum 45.°; in Ostindien (nach Flückiger) in Oberassam und den südlich davon gelegenen Bergländern Cachar und Silhet, bis herab in die höher gelegenen Bezirke von Chittagong und östlich vom bengalischen Meerbusen. Namentlich sollen sich die Vorländer des Himalaya im nordwestlichen Indien und die Nilagiriberge in Südindien ganz vorzüglich zur Theekultur eignen. Flückiger führt ausserdem noch die West Duars, östlich von Darjeeling, Dehra Doon (31° n. Br., 78° östl. L.), das Kangrathal (32° n. Br., 76° östl. L.) und Ceylon als theeerzeugende Orte Indiens an. Neuerdings werden auch in Nordamerika grosse Anstrengungen gemacht, die Theekultur einzuführen. Flückiger bezeichnet auch Java und in Europa Sicilien, Portugal und Westfrankreich als geeignet zur Anlegung von Theepflanzungen.

Name und Geschichtliches. Der Name Thee ist chinesischen Ursprungs; das Wort wird in der berühmten Theeprovinz Fokien mit *Tscha, Tschai, Tschäh* wiedergegeben. *Camellia* zu Ehren des Georg Jos. Kamell (Camellius), Apotheker der mährischen Jesuiten-Mission auf Manilla, welcher 1639 auf den Philippinen Pflanzen sammelte.

Nach einer japanesischen Sage hat der fromme Buddha-Apostel Darma, um beim Beten nicht zu ermüden, die Augenlider abgeschnitten und sie von sich geworfen; daraus soll der Theestrauch entstanden sein, dem die Kraft innewohnt, den Schlaf zu vertreiben. Nach den chinesischen Sagen ist die Theepflanze von den Buddhistenpriestern von Indien nach China gebracht worden. Ob die Theepflanze schon ursprünglich in China einheimisch war, bleibt ungewiss; es wird vermuthet, dass dieselbe von Assam, wo sie jetzt noch wild angetroffen wird, nach China übersiedelte. Der Gebrauch des Theetrinkens soll angeblich im Jahre 150 v. Chr. von einem Diener des Kaisers Buttei, Namens Schiba-Schojo, erfunden worden sein. Nach andern Quellen (Siebold) ist der Thee im 9. Jahrhundert unserer Zeitrechnung aus Korea nach China gebracht worden, während sich der Theegenuss in Japan bis zum Jahre 729 n. Chr. zurückverfolgen lässt. Wieder andere Quellen besagen, dass der Thee 810 n. Chr. durch den buddhistischen Priester Tenkiyodayschi von China nach Japan und von dort nach Korea gebracht worden ist.

Die ersten sichern Nachrichten erhalten wir aus arabischen Reiseberichten des 9. Jahrhunderts, welche von einer Pflanze Sâkh sprechen, die in den Städten Chinas für hohe Summen verkauft werde und deren Aufguss sowohl als Getränk als auch als Heilmittel diene. Die Araber Wahab und Abuseid sahen diese Pflanze in China und beschrieben sie unter dem Namen *Tsa.* Man nimmt an, dass unter dieser Pflanze unzweifelhaft der Thee zu verstehen sei. Dass bis zu Ende des 13. Jahrhunderts die Theekultur und der Theegenuss in China noch sehr wenig verbreitet war, geht aus den Reiseberichten des Marco Polo hervor, der von 1271—1295 Asien, namentlich China bereiste, von letzterem Lande eine ausführliche Schilderung giebt, jedoch weder Theepflanze noch Theegenuss erwähnt.

Die erste sichere Kunde, welche über den Theegenuss aus China nach Europa drang, stammt von einem persischen Kaufmann aus dem Jahre 1550, welcher sie den Venetianern übermittelte. Von dieser Zeit ab liegen nun verschiedene Dokumente vor, welche die Kenntniss des Thees und Theegenusses allmählich in Europa verbreiteten. Ludwig Almeida bespricht in einem Briefe von 1576 den Thee (*Chia*), und erwähnt des Theetrinkens; ebenso Maffeus 1588 in seiner Beschreibung von Ostindien. Um 1600 sah der Spanier Texeira die getrockneten Theeblätter in Malacca. Um 1633 berichtete der portugiesische Jesuit Alvarez Semedo aus China über Bereitung und Genuss des Thees (*Cha*). 1636 gaben Peter Jarrici und Nikolaus Trigaultius nähere Nachrichten über den Thee nach Paris. 1638 lernte die russische Gesandtschaft am Hofe der Altyn Khane im Lande Gobdo unweit des Ubsa Sees das Theetrinken kennen und brachte die erste Probe (als Geschenk für den Czaren bestimmt und nach Flückiger von dem Führer der Gesandtschaft Starkow als höchst unnütz bezeichnet) nach Moskau. Diess wird wohl der erste Thee gewesen sein, der nach Europa gelangte. Aus dem Jahre 1648 stammt eine Abhandlung über den Thee aus Paris von Philibert Morisot und Joh. de Mauvellain. 1654 giebt Martini in seinem Novus Atlas sinensis eine gute Beschreibung. In Deutschland tritt der Thee als *Herba Theae, Herba Schack* 1657 in der Apothekertaxe von Nordhausen auf (eine Hand voll 15 fl.), 1662 in der Taxe des Fürstenthums Liegnitz, 1664 in der Taxe von Ulm, 1669 in der Taxe von Leipzig, 1683 in der Hofapotheke von Dresden. Trotzdem um 1660 die Theeeinfuhren in Holland und England durch die ostindischen Gesellschaften beginnen, so muss der Thee um 1664 doch noch etwas Seltenes und Kostbares gewesen sein, denn um diese Zeit wurden der Königin von England von der englisch-ostindischen Compagnie 2 Pfund Thee geschenkt. Die Pflanze wurde von Piso, Willem ten Rhyne und Brayne um 1700 leidlich abgebildet; eine gute Abbildung lieferte 1712 Engelbert Kaempfer, welcher auf seiner Reise in Ostindien und Japan den Thee kennen lernte. 1763 erhielt Linné die ersten Theepflanzen für den Garten von Upsala. Seit 1832 wendet

Ternstroemiaceae.

Camellia Thea Lk.

die englische Verwaltung von Ostindien der Theekultur (namentlich in Assam) grosse Sorgfalt zu. 1838 kam die erste Sendung ostindischen Thees in einer Menge von 456 Pfund nach London.

Am stärksten fand das Theetrinken in den nördlichen Ländern von Europa Anklang, so namentlich in England, Holland, Russland; auch in Nordamerika. Für letzteres Land ist der Thee auch in politischer Beziehung noch von besonderer Bedeutung. Die Auferlegung der Theesteuer im Mai 1767, von Seiten der englischen Kolonialregierung, führte zu dem Excess in Boston am 18. Dezember 1773, wobei eine Theeladung im Werthe von 18 000 Pfund Sterling in das Meer geworfen wurde. Die Folge war Losreissung vom Mutterlande und Gründung der vereinigten Staaten.

Offizinell sind die Blätter: *Folia Theae* (*Folia Theae chinensis*, *Thea chinensis*), welche je nach der Behandlung als grüner und schwarzer Thee in unzähligen Sorten unterschieden werden, denen sich noch eine dritte Sorte, der sogen. Ziegelthee beigesellt. Der grüne Thee wird durch ein rasches Trocknen der frischen Blätter unter Anwendung künstlicher Wärme zubereitet; der schwarze Thee durch Herbeiführung einer leichten Gährung. Nach den Flückiger'schen Aufzeichnungen ist die Zubereitung der drei Haupt-Sorten folgende:

I. Der grüne Thee besteht aus Blättern, welche nach dem Einsammeln, nach ein oder zweistündigem Liegen in einer erwärmten Pfanne kurze Zeit umgerührt und nach hinlänglicher Erweichung auf einem aus Bambusstäben bestehenden Tischchen unter starkem, die Feuchtigkeit verminderndem Drucke gerollt und zusammengedreht werden. Sind die Blätter durch dieses Verfahren (welches Flückiger als sehr fraglich bezeichnet) auf circa $^1/_4$ eingeschrumpft, so bringt man sie zum Zwecke des weiteren Eintrocknens auf Horden, und bevor sie ihre Geschmeidigkeit verlieren, wieder in die stark erhitzte Pfanne, in der sie bei rascher Bewegung so lange bleiben (1 Stunde), bis sie eine bläulich-grüne Farbe erlangt haben. Dieser Färbungsprozess wird bei dem für die Ausfuhr bestimmten Thee oft durch Berliner Blau oder Indigo unterstützt. Die Provinzen, in denen grüner Thee hergestellt wird, sind nach Flückiger Nyang hway, Chekiang und Kiang-si. Von ihm werden folgende Sorten unterschieden:

1. *Aljofar, Gun Powder* oder Schiesspulverthee besteht aus Blättern, welche zu linsengrossen Körnern von graugrüner Farbe eingerollt sind. Wird dieser Thee in Wasser aufgeweicht, so stellt er sich als aus jungen Blättern und Blattspitzen bestehend dar, welche eine Breite von $1^1/_2$ Ctm. und eine Länge von 3 Ctm. besitzen, eine mehr gelblich-grüne Farbe zeigen und deren Unterfläche bei der Drehung nach aussen gekehrt ist.
2. *Bing* besteht aus grünlich-bläulichen, gedrehten und gebogenen Cylindern von $1^1/_2$ Ctm. Länge und 1 Ctm. Dicke, welche, in Wasser aufgeweicht, grünlich-gelbe, bis 2 Ctm. breite, ziemlich ausgewachsene, jedoch sehr zarte, am Rande mit pfriemlich eingebogenen, an der Spitze rothen Sägezähnen und unterseits mit wenigen Haaren ausgestattete Blätter erkennen lassen. Blattgrund und Spitze sind entfernt und das Blatt am Mittelnerven so zusammengefaltet, dass die obere Blattfläche nach aussen zu liegen kommt.
3. *Hyson, Haysan,* dunkelgraugrüne, gedrehte, $1^1/_2$ bis 2 Ctm. lange, 2 Mm. dicke Cylinder, welche, aufgeweicht, aus 3 bis 5 Ctm. langen, 2 bis 3 Ctm. breiten, unterseits wenig behaarten Spitzen ausgewachsener Blätter bestehen, deren Oberfläche nach aussen liegt. Nach Flückiger besteht der *Hyson* (blühender Frühling) aus jüngeren, im Frühjahr gesammelten Blättern, welche mit besonderer Sorgfalt gerollt werden. *Young Hyson* ist eine feine Hysonsorte, *Hyson skin* (skin = Abfall, Haut) der Rückstand beim Sortiren des Hyson.
4. *Songlo* oder *Singloe* stellt gedrehte, unregelmässige Cylinder von ungleicher Grösse und graugrünlicher Farbe dar, welche in aufgeweichtem Zustande vorwiegend ganze, bis 8 Ctm. lange und 3 Ctm. breite, unterseits fast glatte Blätter zeigen, die mit rothbespitzten eingebogenen Sägezähnen versehen sind.
5. *Soulang*, ein dem Bing ähnlicher Thee, dessen Blätter bis 4 Ctm. lang und bis 3 Ctm. breit sind; er besteht ebenfalls aus Bruchstücken, welche mit wenigen jungen Blättern gemengt und mit einem blauschwarzen Pulver bestreut sind.
6. *Tchi, Tschy, Imperial,* Perlthee, Kugelthee, besteht aus grünlichen Kugeln oder unregelmässigen Körnern von 6 Mm. Länge und 4 Mm. Breite, welche, in Wasser aufgeweicht, sich als Zweigspitzen mit den beiden obersten 3—4 Ctm. langen, 4—8 Mm. breiten, unterseits seidenhaarigen jungen Blättern darstellen, die mit Blattbruchstücken und 5 Cm. langen, 3—7 Mm. breiten, am Rande kurzgezahnten, mit der Oberfläche nach aussen gedrehten Blättern gemengt sind.

II. Schwarzer Thee entstammt einer Zubereitung, bei der die Blätter gleich anfangs einen Tag liegen bleiben und man sie dann bis zur vollständigen Abwelkung durcharbeitet. Nach einer Ruhepause von zwei bis drei Tagen werden sie, wie der grüne Thee, zweimal erhitzt, wodurch eine braunschwarze Farbe erzeugt wird, und gerollt. Der längerandauernde Zubereitungsprozess und die stärkere Erhitzung bedingen den Eintritt einer leichten Gährung, wodurch das Aroma der schwarzen Theesorten herbeigeführt wird. Die chinesischen Provinzen, welche schwarzen Thee liefern, sind nach Flückiger Ngan hway, Hupeh, Hunan, Kwangtung, Yünnan, Kiang-si und Fokien mit den Bergen Wu-e oder Bué, woraus das Wort Bohea (*Thea Bohea* L.) gebildet worden ist. Die Sorten des schwarzen Thees sind folgende:

1. *Campoe* besteht aus lederbraunen, im Mittelnerv zusammengefalteten, selten gerollten, von hellen Adern durchzogenen Blättern, die, in Wasser aufgeweicht, 4—5 Ctm. lange, 12 Mm. breite, ausgewachsene Blätter mit untergemengten Stengelresten und Zweigspitzen zeigen.
2. *Congou* oder *Kysow, Congfu* ist ein Thee, der aus ausgewachsenen, 3 bis 8 Ctm. langen, 1 bis 2 Ctm. breiten, braunen oder rothbraunen, mit Bruchstücken gemengten und bestäubten Blättern zusammengesetzt ist. Congou (Koong-fu, Arbeit oder Fleiss) wird in grossen Massen hergestellt.
3. *Linki-sam* zeigt kleine, schwarzbraune Kügelchen von 2 Mm. Durchmesser, die im aufgeweichten Zustande sich als 6 Mm. lange, 2 Mm. breite, kaum behaarte und rothbraun gefärbte Blattabschnitte darstellen.
4. *Padre Souchon,* Karawanenthee, hat eine bräunlich-schwarze Farbe und besteht aus jungen Zweigspitzen und mehr ausgewachsenen Blättern; er ist der Hauptsache nach zusammengefaltet oder etwas gedreht. Die darin auftretenden eingerollten, aussen seidenhaarigen Blätter sind die von Natur eingerollten Blätter der Zweigspitzen. Die ausgewachsenen, bis 6 Ctm. langen, bis 2 Ctm. breiten, in den Blattstiel verschmälerten Blätter sind am Rande mit knieförmig eingebogenen, etwas von einander entfernten Sägezähnen ausgestattet.
5. *Peko, Pekoe* oder *Pecco* besteht aus den jüngsten Zweigspitzen, welche neben den natürlich eingerollten Blättern mit noch ein bis zwei ziemlich ausgebreiteten Blättern versehen sind. Dieser Thee besitzt auf der Oberfläche eine bräunlich-schwarze Farbe und ist auf der Unterfläche silberhaarig. Die Blätter haben eine Länge von 4 Ctm. und eine Breite von 2 Ctm., sind runzelig-netzartig, sehr dicht gesägt und mit knieförmig eingebogenen, fast drüsenartigen Zähnen besetzt. Das oberste eingerollte Blatt umschliesst gewöhnlich noch zwei jüngere. *Peko* eigentlich *Pak-ho* (weisser Flaum) wird aus den Blattknospen vor ihrer Entwickelung gewonnen, so lange sie noch reichlich mit weissen Haaren besetzt sind. Das Trocknen erfolgt über sehr mässigem Feuer. Die bei der Verarbeitung abfallenden Haare, verklebt durch den Saft der aufgeweichten Blätter und gemischt mit Bruchstücken der letzteren, bilden eine geringe Theesorte, die Pekoblume oder Theeblume.
6. *Souchong, Scaou-chong,* zeigt ausgewachsene Blätter, von denen die äusserste Spitze abgetrennt ist und die mit unteren Blatthälften gemengt sind. Sie haben eine Länge von über 5 Ctm. und eine Breite bis 2 Ctm., sind auf der Unterseite zerstreut und kurz behaart und besitzen eine bräunliche Farbe. Es ist dies der feinste schwarze Thee, welcher nur aus jüngeren Blättern besteht und in zierlicher Verpackung in China zu Geschenken verwendet wird.
7. *Thee Bohe, Thee Bou,* besteht aus ausgewachsenen 6 Ctm. langen, 14 Mm. breiten, braunen Blättern, denen $1^1/_4$ Ctm. breite, meist verrottete Bruchstücke und wenige 3 Ctm. lange, 6 Mm. breite, auf der Unterseite dicht seidenzottige junge Blätter beigemengt sind.

III. Ziegelthee ist zusammengesetzt aus den jüngsten Zweigen, alten, gröberen, verdorbenen und beschmutzten Blättern, Stielen, überhaupt Abfällen, welches Gemenge durch Pressen in Backsteinform bis 4 Fuss Länge und 24 Pfund Schwere gebracht wird. Früher wurde der Ziegelthee gedämpft und dann gepresst, seit 1879 hat man angefangen, den lufttrocknen Thee mittelst hydraulischer Pressen zu formen. Der frühern Behauptung, wonach der Ziegelthee mit Schafblut und anderem Blut gemengt und in besonderen Oefen gepresst werden soll, wird von Claus widersprochen. Nach letzterem werden die feuchten und geschwellten Pflanzentheile zerrieben und in Formen gepresst. Dieser Thee, welcher nur in China dargestellt wird, dient den nordasiatischen Völkern, namentlich der niederen Bevölkerung Russlands als billiges Getränk und als Gemüse.

Die Verpackung der für die Ausfuhr bestimmten schwarzen und grünen Theesorten erfolgt in Kisten, die mit chinesischen Malereien bedeckt und mit den Blättern einer Graminee ausgelegt sind. Die feinsten Sorten werden in Blechdosen verschickt. Im Jahre 1880 betrug nach Flückiger die Ausfuhr aus China weit über 100 Million Kilogr. und zwar 100 477 000 Kilogr. schwarzer Thee, 14 100 000 Kilogr. Ziegelthee, 11 408 000 Kilogr. grüner Thee, 860 000 Kilogr. Theestaub. England empfängt $^3/_4$ des schwarzen Thees (der jährliche Theeverbrauch wurde 1877 auf 84 Million Kilogr. geschätzt, worin nur wenig grüner Thee enthalten ist), Amerika $^3/_4$ des grünen Thees. Der Hauptstapelplatz für die chinesische Theeausfuhr ist Hankow.

Die Menge, welche im Lande selbst verbleibt, übertrifft jedenfalls die Ausfuhr bedeutend. Dieser Thee wird nur lufttrocken oder in sehr gelinder künstlicher Wärme getrocknet verwendet.

Das frisch gepflückte Theeblatt besitzt weder ein Arom, noch würde es ein geniessbares Getränk liefern. Der zubereitete Thee hat einen milden, angenehmen Geruch und einen ähnlichen, schwach bittern adstringirenden Geschmack. Die Zubereitung, wie man sie für den Ausfuhrthee vornimmt, wird in der Regel nicht von den Bauern, sondern von den Händlern besorgt. Die frühere Behauptung, dass die für die Ausfuhr bestimmten Theesorten durch Berührung mit wohlriechenden Blüthen (*Aurantiaceen, Osmanthus fragrans, Chloranthus inconspicuus, Aglaia odorata, Gardenia florida* u. a) verbessert werden, entbehrt der Begründung und wird sogar in Abrede gestellt.

Der Theestrauch gedeiht schon in weniger fruchtbarem Boden, verlangt aber hier etwas Düngung. Er wird aus Samen gezogen, wobei man sonnigen, trockenen, bewässerungsfähigen, nach Süden gerichteten, womöglich terrassenförmigen Lagen den Vorzug giebt und durch Ausbrechen der Mittelsprosse und Ausschneiden dahin trachtet, dass er höchstens eine Höhe von $1^1/_2$ bis 2 Meter erreicht. Vom 3. Jahre ab werden die Blätter jährlich zwei bis dreimal gebrochen, im 7. Jahre muss der Strauch gerodet und durch eine neue Pflanze ersetzt werden. Die erste Theeernte beginnt im Monat April, die letzte im Monat August. Die erste Ernte, namentlich von jüngeren Bäumen, liefert den feinsten Thee. Die feinste Sorte, der echte Kaiserthee, wird nur aus den feinsten Blättern der ausgezeichnetsten Anlagen gewonnen und unter Aufsicht von kaiserlichen Beamten zubereitet. Diese Sorte, von der das Pfund gegen 500 Mark kosten soll, kommt nicht in den Handel.

In Japan und Java ist die Zubereitungsweise des Thees, mit kleinen Abweichungen, die nämliche wie in China. Nach Flückiger führte Japan im Jahre 1880 5 Million Kilogr. nach Nordamerika aus; in Java betrug 1881 die Ernte 2 200 000 Kilogr. In Indien ist man seit 1843 sehr bemüht, die Theekultur zu heben und die Bereitungsweise zu verbessern. Das Arom des indischen Thees soll ein kräftigeres als bei den chinesischen Theesorten sein. Im Jahre 1880 lieferte Indien nach London 20 Million Kilogr. Auch die Vereinigten Staaten machen grosse Anstrengungen, die Theekultur zu verbreiten und die Waare durch zweckmässigere Zubereitung zu verbessern. Ebenso wird in der australischen Colonie Victoria der Theekultur besondere Sorgfalt gewidmet; die Jahresernte soll hier 2 Million Kilogr. betragen.

Fälschungen werden in erster Linie vorgenommen durch Färben der grünen Theesorten mittelst Bestäubens mit einer Mischung von Blau (Berliner Blau oder Indigo), Gelb (Kurkuma) und Weiss (Gyps), wodurch die natürliche Farbe in eine bläulich-grüne oder graulich-grüne übergeführt wird. Diese Fälschung, welche wohl ohne Ausnahme bei allen grünen Theesorten von Seiten der Chinesen selbst vorgenommen und durch die Lupe leicht erkannt wird, ist eine ungefährliche, weshalb sie auch als eigentliche Fälschung nicht zu betrachten ist. Fälschungen durch Chromgelb und Graphit, welche man schon öfters bei Theesorten versucht hat, die durch Seewasser gelitten haben, werden sofort erkannt und sind daher für das grosse Publikum von keiner Bedeutung. Eine Hauptfälschung besteht darin, dass bereits gebrauchte Theeblätter wieder getrocknet, gerollt und in ihre frühere Form zurückgebracht werden. Ein solcher Thee hat durch Verlust seiner wichtigsten Bestandtheile, namentlich des Theïn, seine Haupteigenschaften, vorzüglich den Wohlgeschmack verloren; eine Prüfung auf seinen Theïngehalt, welcher mindestens 1 Prozent betragen muss, wird die Fälschung nachweisen. Eine Färbung dieser schon gebrauchten Theeblätter, namentlich des schwarzen Thees, durch Katechu und Kampecheholzextrakt giebt sich schon durch die eigenthümliche Farbe des Aufgusses zu erkennen. Katechu macht den Aufguss beim Erkalten durch Ausscheidung von Catechin trübe; da jedoch einige gute Theesorten ähnliche Eigenschaften äussern, so wird diese Fälschung leicht durch Behandlung des Aufgusses mit Bleizucker und Silbernitratlösung erkannt, in welchem Falle ein gelbbrauner, flockiger Niederschlag die Fälschung anzeigt. Kampecheholzextrakt macht den Aufguss schwarzbraun, welcher durch einige Tropfen Schwefelsäure hellgrün, durch chromsaures Kali tief schwarz gefärbt wird. Färbungen durch Eisensalze werden durch Eisenbestimmung in der Asche erkannt, wobei nicht mehr als 0.03 bis 0.12% Eisenoxyd erhalten werden darf.

Eine fernere Hauptfälschung besteht in der Untermengung anderer, gerbstoffhaltiger Blätter von Ahorn, Eiche, Ehrenpreis, Erdbeere, Esche, Heidelbeere, Kirsche, Pappel, Platane, Rose, Schwarzdorn, Weide, Weissdorn, Weidenröschen. Letztere Blätter dienen namentlich in Russland zu Fälschungen. Die meisten dieser Blätter lassen sich, in lauwarmem Wasser aufgeweicht, schon durch ihre Form und Zeichnung erkennen, insofern das Theeblatt allein einen in den Blattrand sich allmälig verschmälernden Blattstiel, einen derben, nach unten etwas umgebogenen, gezähnten Blattrand und eine Nervatur besitzt, derart, dass die vom Hauptnerv im spitzen Winkel sich abzweigenden Seitennerven in Eindrittelentfernung vom Rande sich einholen, in flachem Bogen zusammenlaufen und eine mit dem Rande fast parallel laufende Linie bilden.

Endlich werden noch zu Fälschungen die mittelst eines Bindemittels theeartig geformten, in warmem Wasser sich jedoch auflösenden Abfälle, Staub etc. verwendet.

Ein guter Thee soll nach Eder enthalten: 1. nicht unter 30% in Wasser Lösliches; 2. mindestens $7^1/_2$% Gerbstoff; 3. nicht mehr als 6.4% Asche; 4. nicht weniger als 2% in Wasser lösliche Aschenbestandtheile. Weniger von 1, 2, 4 deutet auf gebrauchte Theeblätter hin, mehr von 3 auf Fälschung mit mineralischen Bestandtheilen.

Bestandtheile. Die Theeblätter enthalten nach Mulder: Aetherisches Oel (chinesischer grün 0,79, chines. schwarz 0,60; japanesischer grün 0,98, japanes. schwarz 0,65), Chlorophyll (chines. grün 2,22, chines. schwarz 1,84; japan. grün 3,24, japan. schwarz 1,28), Wachs und Harz (chines. grün 2,50, chines. schwarz 3,64; japan. grün 1,96, japan. schwarz 2,44), Theïn [Cofeïn] (chines. grün 0,43, chines. schwarz 0,46; japan. grün 0,60, japan. schwarz 0,65), Gerbstoff (chines. grün 17,80, chines. schwarz 12,88; japan. grün 17,56, japan. schwarz 14,80), andere extractive in Wasser lösliche Bestandtheile (chines. grün 31,36, chines. schwarz 28,64; japan. grün 33,88, japan. schwarz 31,96), durch Salzsäure ausgezogenes Extract (chines. grün 23,60, chines. schwarz 19,12; japan. grün 20,36, japan. schwarz 18,24), Albumin (chines. grün 3,00, chines. schwarz 2,80; japan. grün 3,64, japan. schwarz 1,28), Pflanzenfaser (chines. grün 17,08, chines. schwarz 28,32; japan. grün 18,20, japan. schwarz 27,00). Auf Grund neuerer Untersuchungen giebt Eder bezügl. der mittleren Zusammensetzung des Thees folgende Zahlen: In Wasser Lösliches = 40%, in Wasser Unlösliches = 60%. Das in Wasser

Lösliche besteht aus: 10 hygroskopischem Wasser, 10 Gerbstoff, 0,2 Gallussäure, Oxalsäure, Quercitrin, 0,1 Boheasäure, 2,0 Theïn, 0,6 ätherischem Oel, 12,0 Proteïnsubstanz, 3,5 Gummi, Dextrin, Zucker, 1,6 Mineralstoffe. Das in Wasser Unlösliche besteht aus: 12,7 Proteïnsubstanz, 2,0 Chlorophyll, 0,2 Wachs, 3,0 Harz, 1,8 Farbstoff, 16,0 in Salzsäure Löslichem, 20,1 Cellulose, 4,2 Mineralstoffen.

Das in den Theeblättern enthaltene Theïn, welches gleichbedeutend mit dem Coffeïn ist (siehe Coffea arabica) wird am zweckmässigsten gewonnen, indem man die angefeuchteten Theeblätter mit gelöschtem Kalke eintrocknet, das Coffeïn mit warmem Weingeist, Aether, Chloroform oder einem Gemenge von 1 Theil Chloroform mit 3 Theilen Aether, oder auch mit Petroleum von niedrigem Siedepunkt auszieht und das rohe Coffeïn durch Umkrystallisiren aus heissem Wasser reinigt. Die neueren Untersuchungen haben grössere Coffeïngehalte ergeben, als Mulder erhielt, nämlich zwischen 1 und 2,5%, sogar bis 5%; in Ziegelthee sollen über 3% enthalten sein. Oudry entdeckte 1827 in den Theeblättern das Theïn, welches 1837 Mulder näher untersuchte und auf eine Vermuthung von Berzelius hin die Identität mit dem Coffeïn feststellte. Der Coffeïngehalt ist bei den einzelnen Sorten ein sehr schwankender und für den Werth derselben von keiner besonderen Bedeutung, weshalb eine quantitative Bestimmung für die einzelnen Sorten keinen praktischen Nutzen gewährt.

Die in dem Thee enthaltene Gerbsäure (nach Flückiger 10—12%) erzeugt mit Ferrisalzen einen grünlichen Niederschlag und soll nach Stenhouse, mit Schwefelsäure gekocht, keine Gallussäure geben. Hlasiwetz und Malin halten sie für gleichbedeutend mit der Gerbsäure der Eichenrinde; auch Rochleder hält sie nicht für eigenthümlich, sondern mit der Gallusgerbsäure gleichbedeutend, mit der Zusammensetzung $C_{27} H_{22} O_{17}$.

Das von Mulder in einer Menge von 0.60 bis 0.98% erhaltene gelbe, leicht erstarrende, mit Theegeruch und -Geschmack ausgestattete, betäubend wirkende, an der Luft leicht verharzende ätherische Oel (leichter als Wasser, in grünem Thee zu etwa 1%, in schwarzem in Folge der Gährung nur zu ca. 0,5% vorhanden, weshalb der schwarze Thee weniger aufregend sein soll) ist von Flückiger als eine bei 0° zu einer weichen krystallinischen Masse erstarrende Fettsäure erkannt worden, welche von einer Spur ätherischen Oeles begleitet ist.

Nach Hlasiwetz kommen im Thee Gallussäure, Oxalsäure und Quercitrin vor; nach Zöllers Beobachtung neben dem Coffeïn eine geringe Menge Theobromin.

Bei der Verbrennung der Theeblätter erhält man 5 bis 7% manganhaltige Asche, wovon fast die Hälfte in Wasser löslich ist. Asche von bereits gekochten Theeblättern wird hauptsächlich nur unlösliche Bestandtheile enthalten.

Da der Thee bedeutend mehr Stickstoff enthält, als nach dem Coffeïngehalte angenommen werden muss, so ist zu vermuthen, dass grössere Mengen von Proteïnstoffen vorhanden sind.

Die von Rochleder in den Theeblättern entdeckte Boheasäure ($C_7 H_{10} O_6$) ist amorph, gelb, an der Luft zerfliessend; sie dürfte als eine reine Substanz wohl kaum zu betrachten sein. (Husemann, Pflanzenstoffe 814.)

Anwendung. Der Thee wird in ähnlicher Weise wie der Kaffee verwendet. In Bezug auf die Wirkung der Alkaloide Coffeïn und Theïn gehen die Ansichten auseinander. Leven hält Theïn für doppelt so stark wie Coffeïn; Zalinski Theïn für schwächer wirkend; Schroff beide gleichwirkend. Nach Aubert enthält eine Tasse Theeaufguss aus 5,0—6,0 Theeblättern so viel Coffeïn wie der Aufguss einer Tasse Kaffee, aus 16,0—17,0 geröstetem Kaffee bestehend. Rabuteau fand bei Versuchen an sich selbst nach dem Genusse von Thee Abnahme des Harnstoffes, des Pulses und der Temperatur. Morton beobachtete nach mässigen Gaben Beschleunigung des Pulses, vermehrte Respiration, Anregung der geistigen und körperlichen Stimmung und Thätigkeit und ein Behaglichkeitsgefühl; nach sehr starken Gaben rapide Beschleunigung des Pulses, Erhöhung der Körpertemperatur, Gemüthsdepression, Kopfweh, Gesichtstrübung, Ohrenklingen, Gedankenverwirrung, später das Gefühl der Erschöpfung, Zittern, Nervosität, Aengstlichkeitsgefühl. Fortgesetzter übermässiger Theegenuss erzeugt andauerndes Zittern, Empfindlichkeit, Obstruktion, vermehrte Herzthätigkeit, Dyspepsie, Schwindel, Harnverminderung mit Verminderung der Harnstoffabsonderung. Er dient jetzt fast nur noch als Diaphoreticum nach Art der Linden- und Fliederblüthen bei Erkältungskrankheiten. Einzelne rühmen ihn bei Indigestion, andere bezeichnen ihn als verdauungsschwächend. Prout und Royle empfehlen ihn bei Lithiasis; in England wird er zur Injection bei Gonorrhoe verwendet. Seine Hauptbedeutung liegt in seiner Verwendung als Genussmittel, indem er ganzen Völkern ein tägliches Bedürfniss geworden ist. Die vortheilhafteste Zubereitung besteht darin, dass man den Thee mit kochendem Wasser übergiesst, das Gefäss zudeckt und 5 bis 10 Minuten lang ziehen lässt; in dieser Zeit werden die wirksamen und aromatischen Bestandtheile vom Wasser aufgenommen, während der Gerbstoff nur zum kleinen Theil gelöst wird. Das Gedicht des Kaisers Kien-Long, welches auf chinesischen Theetassen zu finden ist, besagt: „Setze über ein mässiges Feuer ein Gefäs mit drei Füssen, dessen Farbe und Form darauf deuten, dass es lange gebraucht ist, fülle es mit klarem Wasser von geschmolzenem Schnee, lass dieses Wasser bis zu dem Grade erwärmt werden, bei welchem der Fisch weiss, der Krebs roth wird, giesse dieses Wasser in eine Tasse auf feine Blätter einer ausgewählten Theesorte, lass es etwas stehen, bis die ersten Dämpfe, welche eine dicke Wolke bilden, sich allmählich vermindern und nur leichte Nebel auf der Oberfläche schweben; trinke alsdann langsam diesen köstlichen Trank und du wirst kräftig gegen die fünf Sorgen wirken, welche gewöhnlich unser Gemüth beunruhigen. Man kann die süsse Ruhe, welche man einem so zubereiteten Getränk verdankt, schmecken, fühlen, jedoch nicht beschreiben.“ (Husemann, Arzneimittell. 970.)

Litteratur. Abbildung und Beschreibung: Nees v. Esenb., Plant. med. Taf. 426—428; Hayne, Arzneigew. VII, Taf. 27—29; Bentley and Trimen, Taf. 34; Luerssen, Handb. der syst. Bot. 646; Karsten, Deutsche Flora 621, 622; Wittstein, Pharm. 846.

Drogen und Präparate: *Folia Theae*: Ph. austr. 131; Ph. hung. 445; Cod. med.

Theïnum: siehe *Coffeïnum* (*Coffea arabica*).

Bezügl. der Drogen und Präparate siehe auch Hager, Pharm. Pr. II, 1132; III, 1160.

Tafelbeschreibung:

A blühender Zweig, natürl. Grösse; 1 Blüthe im Längsschnitt, vergrössert; 2 Staubgefäss, desgl.; 3 Fruchtknoten im Querschnitt, desgl.; 4 Stempel mit Kelch, desgl.; 5 u. 6 reife Frucht von verschiedenen Seiten, mit Samen, natürl. Grösse; 7 Same mit Eindrücken der verkümmerten Samenknospen, desgl.; 8 derselbe zerschnitten, desgl.; 9 Embryo, desgl. Nach einer Originalzeichnung des Herrn Professor Schmidt in Berlin.

Im Anhange sollen hier noch einige andere Theesorten Berücksichtigung finden, welche zwar nicht zur Gattung Thea gehören, aber gleich dem Thee und Kaffee Coffeïn enthalten und, in ähnlicher Weise wie der chinesische Thee, als Genussmittel benutzt werden.

1. *Maté*, aus Bäumen und Sträuchern der Gattung *Ilex* (*Il. cerasifolia* Reissek, *Il. affinis* Gard., *Il. chamaedryfolia* Reiss., *Il. gigantea* Bonpl., *Il. Humboldtiana* Bonpl., *Il. loranthoides* Mart., *Il. ovalifolia*, Bonpl., *Il. paraguayensis* St. Hil., *Il. psammophila* Mart., *Il. sorbilis* Reiss., *Il. theezans* Mart.) gewonnen, welche eine Höhe bis 30 Meter erreichen und mit immergrünen, derblederigen, kahlen, ovalen, am Rande kleinzähnigen Blättern mit kurzen, röthlichen Blattstielen versehen sind. Diese Ilexarten sind (nach Flückiger) in Südamerika zwischen dem 10. und 28° südl. Breite, vom atlantischen Ocean bis zu den Ostabhängen der Cordilleren einheimisch, und zwar im südlichen Brasilien, Uruguay, Paraguay, Argentinien, im nördlichen Bolivia und Chili; namentlich wird *Maté* in grosser Menge und vorzüglicher Güte in den Missionen zwischen dem Parana und dem oberen Uruguay gesammelt. Die Matésammler (Yerberos, Practicos) gehen, nach der Flückiger'schen Beschreibung, während der Monate Dezember bis August, in die Matéwälder (Yerbales), schneiden die Aeste, zertheilen sie in kleine Zweige, ziehen dieselben durch das Feuer und erweichen die Blätter und Blattstiele auf grossen Hürden über freiem Feuer. Nach zwei Tagen schlägt man auf ledernen Unterlagen mit einem Holzsäbel die Blätter los, worauf die letzteren in Trögen gröblich gepulvert und zum Zwecke der Verbesserung mehrere Monate trocken aufbewahrt werden. Zum Schlusse werden die Blätter in feuchte Ochsenhäute gebracht und zu festen Ballen (Suronen) verpackt. Die Ernte, welche man auf jährlich 20 Million Klgr. schätzt, wird in Südamerika selbst verbraucht. Der Geschmack der Matéblätter ist anfangs schwach, keineswegs angenehm, nach einigen Monaten etwas aromatisch, aber immer sehr herbe. Die beste Sorte ist „Yerba“ aus Paraguay.

Stenhouse fand in den Matéblättern 0,13% Coffeïn; andere 0,44 bis 1,85%. Strauch erhielt aus dem Paraguaythee 20,8% Gerbsäure, 9% Proteïnstoffe, 5,2% Asche und Spur eines ätherischen Oeles; Byasson fand noch ein anderes amorphes, aromatisches Glykosid.

Die auch bei uns kultivirte *Ilex Aquifolium* L. enthält nach den Flückiger'schen Versuchen kein Coffeïn.

2. *Guarana* kommt von *Paullinia Cupana* Knth. (*P. sorbilis* Mart.), einem kletternden Strauch aus der Familie der *Sapindaceae*, welcher in dem Gebiete des Tapajos, des untern Madeira und des Amazonenstromes einheimisch ist. Von dem Strauche werden die Samen verwendet, indem man sie zerstösst, mit heissem Wasser zu einer Masse knetet und letztere in 10 bis 20 Ctm. lange, 4 Ctm. dicke, harte Stangen, auch in Ananas, Hunde, Krokodile, Schlangen und Vögel formt (*Pasta Guarana*).

Der von Martius entdeckte wirksame und mit *Guaranin* bezeichnete Stoff wurde 1840 von Berthemot und Dechastelus als Coffeïn erkannt. Peckolt fand in den geschälten Samen 4,8% und in den Samenschalen 2,4% Coffeïn, 2,29% Fett, 8,5% Gerbsäure, 5,49 Stärkemehl. Flückiger erhielt aus ungeschälten Samen 4,8% rohes und durch Umkrystallisiren 2,98% reines Coffeïn.

3. *Kola*, aus *Cola acuminata* R. Br. (*Sterculia acuminata* Beauv.) gewonnen, einem 10 Meter hohen Baum aus der Familie der *Sterculiaceae*, welcher im tropischen Afrika einheimisch ist; dessen eiweisslose, kastaniengrosse Samen unter dem Namen *Guru* oder *Kola* von den Negern gesammelt und weniger zur Herstellung eines Getränkes benutzt, als vielmehr gekaut werden. Attfield fand 2% Coffeïn; Heckel und Schlagdenhauffen 2,3% Coffeïn, 0,023% Theobromin, 0,5% Fett, 1,59% Tannin, 33,7% Stärke.

Cannabis sativa L.

Hanf (männliche Pflanze **Femmel, Fimmel,** weibliche **Mastel, Bästling**) — **Hemp, Indian Hamp** — **Chanvre de l'Inde.**

Familie: *Cannabineae.* Gattung: *Cannabis* L.

Beschreibung. Einjährige diöcische (bisweilen auch monöcische) Pflanze. Die senkrecht in den Boden gehende, spindelförmige, mit Fasern besetzte Wurzel treibt einen aufrechten, rauh- und kurzhaarigen, meist ästigen, $1\frac{1}{2}$—6 m hohen Stengel mit langgestielten, gefingerten 5—7- oder auch 9zähligen, unten gegenständigen, oben zerstreuten, allmählig kleiner und einfacher werdenden, rauhen Blättern. Die obersten Blätter nur 3zählig oder einblätterig. Blättchen beiderseits verschmälert, lanzettlich, grob gesägt; das unpaarige grösser als die paarigen. Blattstiel rinnig, scharf, von einem Paare kleiner Deckblätter gestützt. Nebenblätter linien-lanzettförmig, frei. Blüthenrispe der männlichen Pflanze achselständig, nach oben allmälig einfacher werdend. Männliche Blüthe hängend, mit 5blättrigem Perigon, aussen kurz und steifhaarig. Die 5, frei im Grunde des Perigons angehefteten Staubgefässe mit kurzen Faden und längeren, mit Oeldrüsen besetzten, 2fächerigen Staubbeuteln. Blüthenstand der weiblichen Pflanze achselständig, eine Art beblätterter Scheinähre bildend, bis fast zum Gipfel beblättert. Weibliche Blüthen paarweise, von einem gemeinschaftlichen Deckblatte unterstützt, jede einzelne Blüthe ausserdem mit einem besonderen Deckblatte versehen und von einem eingerollten, lang zugespitzten, behaarten Schutzblatte umschlossen. Fruchtknoten einfächerig, oval, mit 2 langen, fadenförmigen Narben. Nuss rundlich-eiförmig, etwas zusammengedrückt, 2klappig, nicht aufspringend, von dem ausgewachsenen Blüthenschutzblatte umschlossen. Same von Form der Nuss, mit dunkelgrüner Samenhaut. Keimling weiss, einfach gebogen, rückenwurzelig. Man unterscheidet von *Cannabis sativa* folgende Formen:

var. *pedemontana*: weniger ästig, bis $1\frac{1}{2}$ m hoch.

var. *chinensis*: reich und abstehend verzweigt, 3—6 m hoch.

Cannabis indica Lam. ist die ostindische Varietät des gemeinen Hanfes. Sie wird ästiger, bleibt aber niedriger. Blätter auch am unteren Theile des Stengels einander nicht gegenüberstehend, Bast nicht faserig, sondern verholzt. In Folge des grösseren Reichthums an narkotischen, harzigen Bestandtheilen chemisch und physiologisch von dem gemeinen Hanf sehr verschieden. Zu arzneilichen Zwecken wird nur das Kraut des indischen Hanfes verwendet.

Anatomisches: Die Hanfblätter enthalten, namentlich auf der Unterfläche, zahlreiche Haare, die aus einer gebogenen scharf zugespitzten Zelle mit dicker, zum Theil warziger Wand bestehen. Das in dem innerhalb der Cuticula liegenden Gewebe wurzelnde, oft an Ausdehnung beträchtliche Ende dieser Zellen enthält einen, hauptsächlich aus Calciumcarbonat bestehenden, von der Seitenwand herabhängenden Cystolith. Ebenso sind in das Schwammparenchym und in das Palissadengewebe zahlreiche Krystalldrüsen von Calciumoxolat eingestreut. Ausser den oben beschriebenen Haaren sind hauptsächlich die Deckblätter und die übrigen Theile der blühenden Triebe mit sowohl einzelligen als mehrzelligen, kurz- und langgestielten Drüsenhaaren besetzt (Flückiger). Die graue bis grünliche, durch ein weissliches Adernetz gezeichnete Samenschale zeigt auf dem Querschnitte (nach Luerssen) der Hauptsache nach eine einzige Schicht hoher, palissadenartig neben einander gestellter, prismatischer, in den Seiten- und Aussenwänden stark verdickter, braungrüner Steinzellen, über welchen einige, die Gefässbündel umschliessende Schichten dünnwandiger Parenchymzellen mit rothbraunem Inhalte liegen. Die Epidermis besteht aus kubischen Zellen. Der Keimling ist sehr fettreich; er enthält 25—35% ursprünglich farbloses, beim Auspressen durch das Chlorophyll der Samenhaut grünlich und braun gefärbtes Oel, welches zur Herstellung von Schmierseifen verwendet wird.

Verbreitung. Einheimisch in Persien und Ostindien. Der werthvollen Bastfaser wegen fast in allen Kulturländern gebaut, besonders in grösserem Maassstabe in den südwestlich von Moskau gelegenen Gouvernements Smolensk, Kaluga, Tula, Orel, Kursk, Tschernigoff. Im Himalaya steigt der Hanf bis 3000 m Meereshöhe empor.

Name und Geschichtliches. Der Name Hanf, althochdeutsch *hanaf*, angelsächsisch *haenep*, altnordisch *hanpr* soll mit der griechischen Bezeichnung *χανναβις* verwand und aus dieser hervorgegangen sein. Cannabis, *Καvvaβις*, von *χαvvα*, Rohr, Stengel, bezieht sich auf den schlanken, rohrartigen Stengel. Arabisch heisst der Hanf *Kaneb*, *Quinnab*, persisch *Kanab*, indisch *Bhang.* Die in Deutschland ausserdem noch gebräuchlichen Bezeichnungen Femmel, Fimmel (von *femella*, Weibchen) für den weniger kräftig entwickelten männlichen Hanf und Mastel (von *mas*, Mann) für den kräftigeren weiblichen Hanf beruhen auf einer Verwechselung der Geschlechter. Bästling bezieht sich auf die Bastfaser.

Schon in dem lange vor unserer Zeitrechnung erschienenen chinesischen Buche Rha-ya wird des Hanfes Erwähnung gethan. Ebenso erhalten wir aus der indischen Litteratur Kenntniss, dass der Hanf schon im 8. und 9. Jahrhundert v. Chr. in Indien als Heilmittel angewendet wurde. Herodot berichtet, dass die Skythen am Kaspischen Meere und dem Aralsee den Hanf zur Gewinnung des Samens bauten, aus welchem sie ein berauschendes Genussmittel darstellten, währenddem die Thraker und die alten Griechen den Anbau zum Zweck der Gewinnung der Faser betrieben, aus welcher sie Kleidungsstücke und Taue anfertigten. Die Römer kultivirten den Hanf vorzugsweise in den Niederungen Siziliens, Italiens und der Rhonemündung. Von hier aus soll er sich über die westlichen Gegenden Europas verbreitet haben, währenddem die Germanen Pflanze und Namen aus den Aralgegenden erhalten haben sollen. Die medizinische Verwendung erstreckt sich in Europa, wie Dioscorides und die mittelalterlichen Kräuterbücher berichten, vorerst auf den Samen. Erst im 17. Jahrhundert wurde

Cannabineae.

Cannabis sativa L.

W. Müller.

 nach Berlu der ostindische Hanf, diese „betäubende, verderbliche“ Droge aus Bantam in Europa eingeführt. Der Hanf in verschiedenen Präparaten als Berauschungsmittel, mit dem arabischen Namen Haschisch (vielgebrauchtes Kraut), ist sehr alt und wird gegenwärtig im Orient von ca. 200 Millionen Menschen angewendet.

Blüthezeit. Juli bis August.

Offizinell sind die Samen: *Fructus Cannabis* (*Semen Cannabis*) und das Kraut der indischen, vorzugsweise weiblichen Pflanze, genannt Haschisch: *Herba Cannabis indicae.*

Der Hanfsamen wird im August gesammelt und nachdem er mehrere Tage der Luft ausgesetzt war in hölzernen Gefässen aufbewahrt. Das Kraut wird blühend oder verblüht mit meist schon fruchttragenden Aestchen gesammelt, von den Blättern und häufig auch von den Stengeln befreit, getrocknet in Weissblechgefässen (pulverisirt in Gläsern und vor Sonnenlicht geschützt) aufbewahrt. Es werden 2 Hauptarten unterschieden und von Ostindien aus in den europäischen Handel gebracht:

1. *Gunjah* (*Gânjah*), welches von Kalkutta bündelweis in den Handel kommt, besteht aus der weiblichen Aehre sammt Vor- und Deckblättern nach Entfernung der Blätter. *Gunjah* ist in der Wirkung bedeutend kräftiger aber auch theurer als die folgende Sorte.
2. *Bang* (*Bhang, Guaza, Siddhi*) sind die zur Blüthezeit abgestreiften, zerkleinerten, weniger harzreichen, daher auch weniger wirksamen und deshalb billigeren, sowohl aus Indien als auch Turkestan ausgeführten Blätter, unter denen sich wohl auch Bruchstücke der Aeste, Blüthenschweife und Früchte befinden. *Bhang* mit Wasser oder Milch unter Zusatz von schwarzem Pfeffer, Zucker und Gewürz liefert ein Getränk, welches das im Orient so beliebte Berauschungsmittel bildet.

Das vorzugsweise in den Bergländern Indiens von der weiblichen Pflanze ausgeschwitzte gelblich-grüne Harz *Charas* oder *Churus* (*Tschers, Momeka*) genannt, welches als der wirksamste Bestandtheil des Hanfes zu betrachten ist, wird abgekocht und zu Kugeln geknetet. Diese Droge kommt jedoch nicht in den europäischen Handel, sondern wird von den Indiern selbst aufgebraucht, indem man sie in Verbindung mit Tabak raucht. Der in Europa und Nordamerika gebaute Hanf enthält nur wenig Harz, ist daher weit weniger wirksam als der indische.

Präparate. Aus dem Kraute wird das Hanfextrakt: *Extractum Cannabis indicae* und die Hanftinktur: *Tinctura Cannabis indicae* gewonnen. Aus den Samen wird *Emulsio Cannabis* zubereitet.

Bestandtheile. Die Samen enthalten nach Buchholz 19.1% fettes Oel, 1.6% Harz, 1.6% Zucker mit süsslich-bitterem Extraktivstoff, 9% braunes gummiges Extrakt, 24.7% lösliches Eiweis, 5% Faser, 38.3% Gehäuse, 0.7% Verlust. Der Gehalt des fetten, nicht trocknenden, sehr leicht ranzig werdenden Oeles schwankt zwischen 15—25%; Flückiger fand 34.5%.

Durch Destillation mit Wasser erhält man aus dem Hanfe eine geringe Menge schwach narkotisch wirkenden, flüchtigen Oeles, welches nach Personne aus Cannaben $C^{18}H^{20}$ und Cannabenwasserstoff $C^{18}H^{22}$ zusammengesetzt ist. Nach Valente ist jedoch der Hauptbestandtheil dieses Oeles eine zwischen 256—258° siedende Flüssigkeit von der Zusammensetzung $C^{15}H^{24}$ und 0,9289 spec. Gew. Aus dem in dem alkoholischen Extrakte befindlichen Harze wollen Bolas und Francis durch Behandlung mit Salpetersäure grosse neutrale Prismen von *Oxycannabin* $C^{20}H^{20}O^{7}$ gewonnen haben. Das Hanfharz enthält ein gegen Alkalien indifferentes Harz, *Cannabin* oder *Haschischin* genannt; in letzterem ist ein (früher für Nicotin gehaltenes, von diesem jedoch verschiedenes) Alkaloid *Cannabinin* entdeckt worden. Der indische Hanf ist reich an salpetersaurem Kali.

Anwendung. Der indische Hanf und seine Präparate beeinflussen hauptsächlich die Thätigkeit des Gehirnes und des Nervensystems. Kleine Gaben wirken anregend auf die Nerven, die Sinnesorgane und das Vorstellungsvermögen; sie erzeugen eine heitere Stimmung. Nach grösseren Gaben tritt Verminderung der Sinnesfunktionen, Empfindungslosigkeit, Erschlaffung, Delirium, zuletzt tiefer Schlaf ein. Als Medikament findet der indische Hanf nicht häufige Anwendung; er wird in Folge seiner einschläfernden Wirkung an Stelle des Morphiums gegeben und wird manchmal noch in solchen Fällen mit Vortheil verwendet, wo das Morphium seine Wirkung versagt oder nicht angewendet werden kann. Der Same wurde früher häufig, jetzt seltener zur Darstellung von Emulsionen verwendet (Husemann, Arzneimittell. 1063). Die Hauptbedeutung des Hanfes liegt in seiner Verwendung zur Herstellung des für den Orient so wichtigen Berauschungsmittels und namentlich in der aus ihm gewonnenen Faser, die zur Anfertigung von grober Leinwand, Bindfaden und Seilen verwendet wird.

Litteratur. Abbildung und Beschreibung: Nees v. Esenb., Plant. med., Taf. 102; Hayne, Arzneigew. VIII., Taf. 35; Berg u. Schmidt, Offiz. Gew., Taf. XIXb; Bentley u. Trim., Taf. 231; Reichenbach, Ic. Fl. Germ. XII., Taf. 655; Baillon, Hist. Pl. VI., 137—145; Luerssen, Handb. d. syst. Bot. II. 528; Karsten, Deutsche Flora 500; Wittstein, Pharm. 300.

Drogen und Präparate: *Herba Cannabis indicae*: **Ph. germ.** 128; Ph. austr. (D. A.) 29; Ph. hung. 91; Ph. ross. 202; Cod. med. 58; Brit. ph. 68; Ph. suec. 100; Ph. U. St. 64; Flückiger, Pharm. 708; Flückiger and Hanb., Pharm. 546; Hist. d. Drog. II. 282; Berg, Waarenk. 244; Husemann, Pflanzenst. 512.

Fructus Cannabis: Ph. ross. 180; Ph. helv. 58; Ph. belg. 20; Ph. Neerl. 45; Ph. dan. 119; Ph. suec. 89; Flückiger, Pharm. 812; Berg, Waarenk. 376; Berg, Atlas, Taf. XLIII., Fig. 113.

Extractum Cannabis indicae: **Ph. germ.** 85; Ph. austr. (D. A.) 53; Ph. hung. 179; Ph. helv. suppl. 40; Brit. ph. 115; Ph. suec. 71; Ph. U. St. 106.

Tinctura Cannabis indicae: **Ph. germ.** 274; Ph. ross. 416; Ph. helv. suppl. 113; Brit. ph. 323; Ph. U. St. 337.

Emulsio Cannabis: Ph. austr. (D. A.) 79; Ph. belg. 166; Ph. suec. 63.

Bezüglich der Drogen und Präparate siehe ausserdem Hager, Pharm. Prx. I. 701.

Tafelbeschreibung:

A blühende männliche und B fruchtende weibliche Pflanze in natürl. Grösse; 1 männliche Blüthe, vergrössert; 2 und 3 Staubbeutel von verschiedenen Seiten, desgl.; 4 Pollenkorn, desgl.; 5 weibliche Blüthe mit Schutzblatt, desgl.; 6 dieselbe ohne Schutzblatt, desgl.; 7 Fruchtknoten im Längsschnitt, desgl.; 8 Frucht mit Schutzblatt, desgl.; 9 dieselbe ohne Schutzblatt, desgl.; 10 Same, desgl.; 11 derselbe im Querschnitt, desgl.; 12 derselbe im Längsschnitt, desgl.; 13 Same ohne Samenschale, desgl. Nach der Natur von W. Müller.

Capsicum annuum L.

Syn. (nach Bentley): *C. longum* D. C., *C. grossum* Willden., *C. cordiforme* Mill.

Spanischer Pfeffer, indischer Pfeffer, türkischer Pfeffer, Paprika — Poivre de Guinée, Piment des Jardins, Piment de Cayenne — Capsicum, Cayenne Pepper, African Pepper, Pod Pepper.

Familie. *Solanaceae* (Unterfamilie: *Solaneae*); Gattung: *Capsicum* Tourn.

Beschreibung. Die einjährige, senkrecht in den Boden gehende, sehr befaserte Wurzel treibt einen aufrechten, 30 bis 60 Ctm hohen, kahlen, am Grunde holzigen, oben krautartigen, grünen, kantigen, innen markigen, an den Knoten verdickten, unten einfachen, oben ästigen Stengel. Blätter einzeln, nach oben oft zu zweien, lang gestielt, elliptisch oder eiförmig, zugespitzt, ganzrandig, kahl, von dunkelgrüner Farbe. Blüthen einzeln, seltener zu zweien, gabel- oder achselständig, während des Blühens hängend, auf langen, gegen den Kelch verdickten Stielen, weiss. Kelch halbkugelig, stumpf, 5—6kantig, abgestutzt, mit 5 bis 6zähnigem Saume, bleibend. Krone fast radförmig, mit sehr kurzer, weiter Röhre und tief 5 bis 6spaltigem Saume; Abschnitte eiförmig, zugespitzt, weiss, in der Knospe klappig. Staubgefässe 5 bis 6, dem Grunde der Röhre eingefügt, mit den Abschnitten wechselnd, mit pfriemlichen, am Grunde jederseits verbreiterten und mit ohrartigen Läppchen aneinanderstossenden Fäden. Staubbeutel aufrecht, unten 2lappig, oben ausgerandet, 2fächerig, zusammenneigend, der Länge nach 2spaltig sich öffnend. Pollen elliptisch, 3furchig, blassgelb, unter Wasser rundlich 3seitig, 3porig. Stempel auf einer undeutlichen Scheibe; Fruchtknoten rundlich-eiförmig oder fast kugelig, oben durch Unentwickeltbleiben der Scheidewände einfächerig, unten 2 (selten 3-)fächerig. Die vieleiigen Samenträger oben wandständig, im unteren Theile zu einer grossen mittelständigen Säule verwachsen. Griffel fadenförmig, nach oben verdickt, mit etwas erweiterter, mehrlappiger Narbe. Frucht eine aufrechte, aufgeblasene, lederige, saftlose, glatte, kegelförmig-längliche, 5—7 Ctm. lange, $2\frac{1}{2}$ bis 3 Ctm. dicke, vom ausgebreiteten, grünlich-braunen Kelch gestützte, glänzende, rothe oder gelbrothe, vielsamige Beere bildend. Samen zahlreich, flach, nierenförmig. Embryo stielrund, ringförmig in dem fleischig-öligen Eiweiss.

Flückiger, welcher *C. annuum* von dem nachfolgenden *C. longum* nicht zu trennen scheint, sagt über die Frucht: „In ihrem oberen Theile ist die Frucht einfächerig, mit 2 oder 3 wandständigen Samenträgern versehen, welche im unteren Theile zusammentreffen und zu einer kurzen, markigen Säule verwachsen, während der obere Theil grösstentheils leer bleibt. Hierdurch entstehen in der unteren Hälfte der Frucht 2 oder 3 sehr weite Fächer mit zahlreichen gelblichen Samen, welche flache, unregelmässige, rundliche Scheiben von 5 Mm. Durchmesser mit grubiger Oberfläche, etwas verdicktem Rande und klaffendem Nabel darstellen."

Fingerhut führt folgende Spielarten auf:

a. *oblongum*: Beere länglich, roth oder weiss.
b. *rugosum:* Beere kegelförmig, etwas runzelig, roth.
c. *acuminatum*: Beere kegelförmig, zugespitzt, roth, gelb oder rothfleckig.
d. *subangulatum*: Beere gestutzt, kantig, am Scheitel meist 2spaltig.
e. *ovoideum*: Beere eiförmig, glatt, gelb oder roth.
f. *abbreviatum*: Sehr verzweigte Pflanze mit ei- oder herzförmiger, etwas runzeliger, rother Beere.
g. *olivaeforme*: Sehr schlanke Pflanze mit eilänglichen, olivenförmigen, rothen Beeren.

Capsicum longum (D. C.) Fingerhut (*C. annuum* L. Willd. et auct. plur part.) ist von der vorigen Art wohl kaum verschieden. Nach Luerssen ist diese Pflanze einjährig, 30 bis 60 Ctm. hoch, kahl, mit eiförmigen, stumpf zugespitzten Blättern, weissen, meist einzeln stehenden, nickenden Blüthen und stumpfen, aufrechten Kelchzähnen ausgestattet. Die meist hängende Frucht ist eine kegelförmige oder fast cylindrische und zugespitzte, meist etwas gekrümmte, rothe oder gelbe Beere. Nach Karsten, welcher in *longum* eine Varietät von *annuum* vermuthet, stehen die Blätter häufig zu 2 bis 3 beisammen, die Frucht ist hängend, 2 bis 3fächerig, mit sehr dicken, besonders gegen die Fruchtwand hin verdickten Scheidewänden.

Auch hiervon führt Fingerhut verschiedene Varietäten auf:

a. *ceratoides recurvum*: Beere lang, mit zurückgekrümmter Spitze, quer gefurcht und gerunzelt.
b. *incrassatum longipes*: Beere auf 3 bis 6 Ctm. langem Stiele, dick, stumpf, am Scheitel gekrümmt,
c. *incrassatum brevipes*: Beere dick, gerade, stumpf.
d. *luteum*: Beere oblong, stumpf, gelb.
e. *violaceum*: Beere länglich, violett, bisweilen aufrecht.
f. *rectum*: Beere länglich, klein, gerade, ockergelb, aufrecht.
g. *rectum hybridum*: Beere länglich-kegelförmig, gerade, klein, aufrecht oder hängend.

Eine dritte wichtige Art, von der der Hauptsache nach der Guinea- oder Cayennepfeffer abstammt, ist *Capsicum fastigiatum* Blume (*C. minimum* Roxb.), ein kleiner, ca. 1 Meter hoher, schlanker, ausdauernder Strauch mit 4 kantigen, gleichlangen, kurz rauhhaarigen, fast blaugrünen Zweigen, die mit eiförmigen oder lanzettlichen, unten und oben zugespitzten, fein wimperig gesägten, unterseits blaugrünen Blättern besetzt sind. Blüthen zu 1 bis 2, mit 5spaltiger, dreifach kelchlanger Krone. Kelch schwach 5kantig, abgestutzt, fast 5zähnig. Die meist paarweise achselständigen Beeren aufrecht, länglich-cylindrisch, gerade, tief orangeroth, 15—18 Mm. lang, 5 Mm. dick.

Diese Pfefferpflanze, deren Früchte (Chillies) hauptsächlich in England Verwendung finden, soll aus Indien stammen und wird gegenwärtig häufig in Afrika und Amerika kultivirt. Flückiger sagt: „*Capsicum fastigiatum* ist nicht weniger, vielleicht sogar mehr kultivirt (als die vorhergehenden Arten) und wird bisweilen für eine südindische Art gehalten, doch ist es wahrscheinlicher, dass die strauchige Formenreihe in Indien aus demselben Stamme hervorgegangen ist, wie die noch zahlreicheren zu *Capsicum annuum* gezählten Varietäten."

Capsicum frutescens L. ist ein 0,60 bis 1 Meter hoher Strauch mit gebogenen, stielrunden oder schwach kantigen, kahlen Zweigen (nach Karsten mit etwas rauhem Stengel), eiförmigen, zugespitzten, ganzrandigen, kahlen Blättern, fast 5kantigem, schwach 5zähnigem Kelche, weissen oder gelblichen Kronen und aufrechten, eiförmig-länglichen, stumpfen, rothen, ca. 1 Cm. langen, 2 bis 4 Mm. dicken Beeren. Wird in Ostindien und Amerika kultivirt und liefert ebenfalls Cayennepfeffer.

Ebenso wird von dem in Brasilien einheimischen *Capsicum baccatum* L., welches mit gezweieten Blüthen und kleinen, aber sehr scharfen Früchten ($1^1/_2$—2 Ctm. lang, 4 Mm. breit) ausgestattet ist, Cayennepfeffer gewonnen.

Anatomisches. Die Fruchtwand besteht aus 2 Schichten — einer derben äusseren und einer lockeren, faserigen, inneren Schicht — welche sich nach der Aufquellung in Wasser leicht von einander trennen lassen. Die äussere Schicht, deren Zellen zugleich der Sitz des feinkörnigen, gelbrothen Farbstoffes sind, zeigt 4—8 Reihen gelber, tafelförmiger, dickwandiger Zellen mit porösen Wandungen, welche im Querschnitt tangential gestreckt erscheinen, im tangentialen Längsschnitt hingegen in quadratischer Form und in bedeutender Ausdehnung auftreten. Die innere, fast doppelt so breite Fruchtschicht ist aus fast farblosen, im Querschnitt tangential gestreckt erscheinenden, flachen Zellen mit zarten, zusammengefallenen Wänden zusammengesetzt; die Zellen der innersten Reihe zeigen eine derbere Beschaffenheit, im tangentialen Längsschnitte eine geschlängelte Form und zahlreiche Porenkanäle. Diese innere Fruchtschicht ist von zahlreichen, feinen, meist parallel laufenden Gefässbündeln durchzogen. Die Zellen der äusseren Fruchthaut enthalten in einer farblosen Flüssigkeit rundliche oder elliptische, rothe Farbenbläschen und Tröpfchen von ätherischem Oel; die Zellen der innersten Reihe sind hier und da, gewöhnlich vor einem Gefässbündel, mit kleinen Krystallen ausgestattet.

Die von einer dicken äusseren und dünnen inneren Samenschale bedeckten Samen bestehen aus dickwandigem, der Embryo aus zartem Gewebe, welches mit trübem, körnigem Inhalte erfüllt ist. Durch die Ungleichmässigkeit der dickwandigen, radial gestellten Zellen der äusseren Samenhaut wird die grubig-runzelige Oberfläche erzeugt.

Vorkommen: *Capsicum annuum* und *longum* sind über alle heissen und wärmeren Gegenden der Erde verbreitet; beide werden in vielen Spielarten in allen wärmeren Gegenden kultivirt, namentlich im tropischen Amerika.

Solanaceae.

Capsicum annuum L.

Name und Geschichtliches. Pfeffer siehe unter Piper nigrum. Beissbeere (mittelhochd. Brunsilgenpeper) steht mit Capsicum im Zusammenhange. *Capsicum* von *κάπτω* (*καψα*) aufschnappen, kappen, beissen, capsicus, kapselförmig, mit Bezug auf die Form und den scharfen, beissenden Geschmack der Frucht; annuum, weil einjährig. *Paprica* der ungarische Name für den spanischen Pfeffer.

Es wird vermuthet, dass der spanische Pfeffer den Alten schon bekannt gewesen sei, und man glaubt in dem *πεπεϱι απομηκες* des Theophrast Capsicum longum zu erkennen; jedoch der Umstand, dass Capsicum erst nach Entdeckung der neuen Welt in Europa zur Einführung gelangte, und ebenso die Thatsache, dass die Pflanze kurz nach der Auffindung Amerikas schon von Mexico bis Brasilien beobachtet wurde, führen Flückiger zu dem Schlusse, dass die eigentliche Heimath des spanischen Pfeffers in Amerika gesucht werden müsse und dass daher von einer Behandlung unserer Pflanze in den Litteraturen der alten Griechen, Römer und Araber keine Rede sein könne. Dr. Chanca aus Sevilla, welcher Columbus auf seiner zweiten Reise (1493) nach Amerika begleitete, berichtet von einem Gewürz Agi, welches von den Eingeborenen als Würze ihrer Nahrungsmittel verwendet wurde. Fernandez de Ovieto bezeichnet um 1514 dieses Gewürz mit *Axi,* beschreibt es als aus hohlen, sehr schön rothen Hülsen bestehend und bemerkt, dass auch die Spanier diese Hülsen als Gewürz hoch schätzten. Cortez rechnet 1526 *Agies* zu den werthvollen Produkten Mexicos. Caesalpino (1519—1603) bezeichnet den spanischen Pfeffer als eine vor kurzem aus Westindien nach Europa gekommene Pflanze; ebenso sagt Fuchs, dass *Piperitis* (*Piper hispanum, Piper indianum, Zingiber caninum, Siliquastrum,* calecutischer Pfeffer), von welchem er 3 Abbildungen giebt, erst vor wenigen Jahren nach Deutschland gekommen sei, und zur Zeit seiner Mittheilung schon vielfach in Töpfen gezogen werde. Das Gewürz erfreute sich bald einer ungemeinen Beliebtheit und die Kultur der Pflanze verbreitete sich rasch. Gesner, welcher sie als *Piper indicum, hispanicum,* calecuticum, brasilianum bezeichnet, sagt, dass sie von verschiedenen (von ihm nicht genannten) Botanikern mit *Capsicum* benannt werde, mit einem Worte, welches bereits Actuarius erwähnt, womit aber nach Flückigers Ansicht der letztere unmöglich den spanischen Pfeffer gemeint haben kann. 1564 wurde die Pflanze in Castilien, 1566 bei Brünn angebaut. Clusius lieferte von *Capsicum annuum* und *fastigiatum* Abbildungen und der Kapuziner Gregorio de Regio beschrieb ca. 1 Dutzend Formen, welche im Klostergarten zu Bologna kultivirt wurden. Hernandez (1570—1580 in Mexico) gab Abbildungen von 6 Formen. In der Rathsapotheke zu Worms wird 1582 *Semen Siliquastri, Piperis indici, Capsici, Piperis presiliani,* in der Rathsapotheke zu Braunschweig 1568 *Conditum Piperis indici* geführt. Camerarius verabreichte ein Absud der Frucht gegen Wassersucht.

Offizinell sind die nicht ganz gereiften Früchte: *Fructus Capsici* (*Piper hispanicum, Piper Turcicum, Paprika*), welche im Handel in 5—7 Ctm. langen und $2^1/_2$ Ctm. breiten, getrockneten, flach gedrückten, zusammengeschrumpften, rothbraunen oder hellgelbbraunen, mit Kelch und Stiel versehenen, kapselartigen Beeren erscheinen. Sie besitzen eine dünne, zähe, lederartige Hülle, sind im Inneren theils hohl, theils mit weisslichen, glatten, linsenförmigen Samen angefüllt. Der Geschmack ist von sehr anhaltend brennender, gefährlicher Schärfe; Geruch ist nicht vorhanden. Der Staub reizt zu heftigem Niessen und ist blasenziehend. Die Früchte müssen gehörig getrocknet und von schöner (nicht schwarzer) Farbe sein. Aufbewahrung erfolgt ganz oder geschnitten in hölzernen Kästen oder auch als feines Pulver in Glasgefässen. Bei der Bearbeitung hat man sich gegen den gefährlichen Staub zu schützen. In Ungarn, Algier und Natal werden Abarten gezogen, welche weniger oder kaum noch scharf schmecken.

In England und den Tropenländern werden die Früchte von C. fastigiatum (Chillies) vorgezogen, welchen man eine grössere Schärfe beilegt. Der spanische Pfeffer wird hauptsächlich aus Alicante in Spanien und aus Ungarn (Szegedin) in den Handel gebracht. Der im Handel als grobes Pulver, auch in Form von weit kleineren Früchten ($1^1/_2$—2 Ctm. lang, 4 Mm. breit) erscheinende Cayennepfeffer stammt von C. fastigiatum, frutescens, baccatum, minimum Miller und grossum Miller.

Bestandtheile. Braconnot fand in 100 Theilen des spanischen Pfeffers: 1,9 scharfes Oel, 0,9 Wachs mit rothem Farbstoff, 9,0 braune, durch Jod sich nicht bläuende stärkemehlartige Substanz, 6,0 gummiartigen Stoff, 5,0 stickstoffhaltige Materie, 67,0 Holzfaser, 6,0 Kaliumcitrat, 3,4 Kaliumphosphat, Kaliumchlorid. Nach Buchholz und Anderen ist der Träger der Schärfe ein Weichharz (*Capsicin*). Thresh fand einen eigenthümlichen, krystallinischen, stickstofffreien Körper: *Capsaïcin.*

Capsicin ist nach Braconnot eine weiche, gelbe oder rothbraune Masse von anfangs balsamischem, hinterher heftig brennendem Geschmack, die sich wenig in Wasser, leicht in Weingeist, Aether, Terpenthinöl und Kalilauge löst, an der Luft allmählich austrocknet und bei stärkerer Erhitzung zu Husten und Niessen reizende Dämpfe entwickelt.

Das *Capsicol* Buchheims, welches letzterer für das wirksame Prinzip des spanischen Pfeffers erklärte, ist eine dem *Cardol* ähnliche, braunrothe, in Aether, Chloroform, Weingeist und Petroleumäther leicht lösliche Substanz.

Die Reindarstellung des Stoffes, welcher der Capsicumfrucht die Schärfe verleiht (*Capsicin und Capsicol*) ist bisher nicht gelungen; dagegen ist das von Thresh dargestellte *Capsaïcin* in dem Flückiger'schen Laboratorium als ein in weichen Nadeln krystallisierender Körper mit der Zusammensetzung $C_9 H_{14} O_2$ befunden worden. Letzteres schmilzt bei 59°, ist bei vorsichtiger Erwärmung bei 115° sublimirbar und liefert bei der Oxydation Oxalsäure und Bernsteinsäure. Flückiger bezeichnet das Capsaïcin als einen sehr gefährlichen Körper, dessen Dämpfe mit fürchterlicher Heftigkeit auf die Schleimhäute einwirken. Es ist blasenziehend und erregt innerlich heftiges Brennen.

Thresh fand in dem mit Alkohol ausgezogenen Farbstoff der Capsicumfrucht Palmitinsäure. Die mittelst Eisessig und Chloroform erhaltene schöne rothe Auflösung hinterlässt beim Verdunsten einen schmierigen Rückstand. Durch concentrirte Schwefelsäure werden die rothen Auszüge blau gefärbt.

Felletar erhielt mittelst angesäuerten Wassers ein Extrakt, welches, mit Kali gekocht, ein stark alkalisches, nach Coniin riechendes Destillat lieferte; Flückiger bestätigt, dass auf diese Weise sowohl aus dem Fruchtgewebe als auch aus den Samen Spuren eines flüchtigen Alkaloides erhalten werden können. Husemann, Pflanzenstoffe 1158.

Anwendung. In Pillen, im Aufguss und als Gurgelwasser; meist nur äusserlich bei Anthrax, Zahnschmerzen, Lähmungen der Zunge und Schlingorgane, auch als Tinktur bei Delirium tremens.

Der spanische Pfeffer ist durch grosse Schärfe ausgezeichnet und bildet ein kräftiges Stimulans, auch gilt er als Diureticum und Anaphrodisiacum, wofür jedoch sichere Beweise noch mangeln. Kleine Mengen, innerlieh genommen, erzeugen Wärmegefühl im Magen und sollen die Verdauung befördern, ohne dass der Puls irgendwie beeinflusst wird. Häufiger Genuss soll Verdauungsschwäche und Störungen der Darmfunktionen herbeiführen, was jedoch durch den übermässigen Genuss in den Tropenländern nicht bestätigt wird. Grosse Dosen erzeugen Kolik, Purgiren und Magenentzündung. *Capsicum* findet auch Anwendung bei Rheumatismus, Gicht und gegen Hämorrhoiden (als eingemachte Frucht). Die westindischen Aerzte empfehlen ein starkes Gurgelwasser bei Angina maligna, Tonsillitis und Angina scarlatinosa, wobei jedoch Vorsicht zu empfehlen ist.

Die Hauptverwendung findet der spanische Pfeffer namentlich in England, Ungarn, Serbien, Nordamerika, Ostindien als Gewürz zu Suppen, Saucen, Salaten, Mixed-Pickles etc. Missbräuchlich wird er auch verwendet zur Schärfung des Essigs und Branntweines.

Litteratur. Abbildung und Beschreibung: Nees v. Esenbeck, Plant. med., Taf. 190 (*annuum*); Hayne, Arzneigew. X, Taf. 24 (*longum*); Berg u. Schmidt, Offiz. Gew., Taf. XXa (*longum*); Bentley and Trimen, med. pl., Taf. 188 (*fastigiatum*), Taf. 189 (*annuum*); Luerssen, Handb. der syst. Bot., 979; Karsten, Deutsche Flora, 965; Wittstein, Pharm. 641.

Drogen und Präparate. *Fructus Capsici.* **Ph. germ.** 119; Ph. ross. 181; Ph. belg. 68; Cod. med. 69; Ph. dan. 120; Brit. ph. 69 (*fastigiatum*); Ph. suec. 89; Ph. U. St. 65 (*fastigiatum*); Flückiger, Pharm. 840; Flückiger and Hanb., Pharm. 452; Hist. d. Drog. II, 129. Berg, Waarenk. 391; Berg, Atlas, 86, Taf. XLIII.

Tinctura Capsici: **Ph. germ.** 274; Brit. ph. 323; Ph. U. St. 338.

Extractum Capsici fluidum: Ph. U. St. 107.

Oleoresina Capsici: Ph. U. St. 230.

Emplastrum Capsici: Ph. U. St. 94.

Bezügl. der Drogen und Präparate siehe auch Hager, Ph. Prx. I, 718. III, 193.

Tafelbeschreibung:

A Theil der blühenden Pflanze, natürl. Grösse; 1 Blüthe im Längsschnitt, vergrössert; 2 aufgeschnittene Krone mit Staubgefässen, desgl.; 3 Staubgefäss, desgl.; 4 Pollen, desgl.; 5 Stempel, desgl.; 6 Griffel und Narbe, desgl.; 7 Fruchtknoten im Querschnitt, desgl.; 8 Frucht, nat. Grösse; 9 dieselbe im Querschnitt, desgl.; 10 Same, vergrössert; 11 u. 12 derselbe im Längs- und Querschnit. Nach einer Originalzeichnung des Herrn Prof. Schmidt in Berlin.

Carica Papaya L.

Melonenbaum. Engl.: Papaw. Franz.: Papayer. Holl.: Papaija. Brasil: Mamoeiro, Papai. Argent. u. parag.: Mamona. Mal.: Papaja.. Javan,: Okkar, Ketah y Bidzie.

Syn. *Papaya Carica* Gaertner; *P. vulgaris A.* De Candolle. *P. sativa* Tussac. *P. Papaya* Karsten. *Carica vulgaris* De Candolle. *C. Mamaja* Vellero. *C. hermaphrodita* Blanco.

Familie: *Papayaceae* Martius. Gattung: *Carica* L., Rotte: *Eupapaya* A. De Candolle.

Beschreibung. Ein milchsaftführender Baum, der nur ein Alter von 4—5 Jahren erreicht. Seine verzweigte Wurzel besitzt einen unangenehmen, rettigartigen Geruch und scharfen Geschmack. Der Stamm wird in wenigen Jahren 5—8 m hoch und 40—60 cm dick; er ist meist unverzweigt, bei den männlichen Pflanzen schlank, bei den weiblichen gedrungener, säulenförmig gerade, glatt und nackt und nur durch Blattnerven rauh; die hin und wieder vorhandenen 2—3 Aste stehen sparrig vom Hauptstamm ab und sind oft knorrig gekrümmt: Die Rinde ist dünn lederartig, unten von grauer oder graugrüner, oben von grüner Farbe. — Die Konsistenz des Stammes ist keineswegs hartholzig, sondern mehr weich und krautig, strunkähnlich; im Innern ist er grösstenteils, mit Ausnahme des Grundes, hohl und nur an den Knoten mit markigen Querwänden versehen. — Die Blätter sind, ähnlich den Wedeln einer Palme, erst an der Spitze des Stammes büschelig gehäuft, später durch Streckung des Stammes entfernter stehend; sie haben bis 1 m lange, stielrunde, am Grunde verdickte, hohle Stiele, welche am unteren Teil der Krone horizontal vom Stamm abstehen, im oberen Teile derselben aber sich mehr und mehr aufrichten. Die Blattfläche erreicht einen Durchmesser von $^1/_2$ m; sie ist rundlich, am Grunde herzförmig, einfach, handteilig, mit meist sieben (seltener 6—9) abermals gelappten Zipfeln, sodass das Blatt dem des Ricinus einigermassen ähnlich wird. Seine Oberfläche ist leuchtend hellgrün, die Unterseite etwas blasser; beide Flächen sind kahl, die Konsistenz dünn und weich. Die Blüten sind strahlig, diklinisch, nur vereinzelt zwittrig und stehen in traubigen oder rispigen Blütenständen in den Blattachseln. Die männlichen Blüten stehen in horizontal abstehenden oder hängenden, sparrigen dichasialen Rispen auf oft 1 m langen Tragstielen; sie sind klein, weiss, gelb oder grünlich gelb von aussen und blassgelb von innen, meist wohlriechend. Der Kelch ist klein, etwa 3 mm lang, glockig, fünfzipfelig, dachig oder klappig, die Krone verwachsen blätterig, mit 20—25 mm langer, enger, zylindrischer Röhre und 15—20 mm langem, breitlanzettlichen, zurückgekrümmten, rechts oder links deckenden dicklichen Zipfeln, deren freie Ränder unter einem Falz auf der Rückseite des Nachbarblattes geschoben sind, wodurch ein sehr inniger Knospenschluss bewirkt wird. Staubblätter zehn, zweireihig dem Schlund der Röhre eingefügt, die kelchgegenständigen mit unten verbreitertem Filament, länger als die kronenständigen mit beinahe sitzenden Antheren. Letztere öffnen sich nach innen, sind eiförmig länglich, parallel, gelb mit verlängertem Verbindungsglied. Am Grunde der Blumenkrone befindet sich ein Rest des verkümmerten Stempels in Gestalt einer kleinen, weisslichen, fleischigen, pfriemlichen Säule. Die weiblichen Blüten sitzen, meist in dreiblütigen Dichasien auf kurzen dicken Stielen; sie sind doppelt so lang als die männlichen, weiss oder gelblich, glockig, getrenntblättrig. Die Kelchblätter sind verwachsen, der Kelch spitz fünfzähnig mit weit ausgeschweiftem Rande; die längsnervigen, netzadrigen, dicklichen Blumenblätter werden 5—6 cm lang und etwa 1—1,5 cm breit, länglich-lanzettlich, an der Spitze zurückgebogen und links oder rechts gedreht; in der Knospenlage sind sie rechts oder links

Carica Papaya L.

deckend und spiralig gestellt; die Knospe ist eiförmig stumpf. Der Fruchtknoten ist oberständig, 2,5—3 cm lang und etwa 1,5 cm dick, grünlich, eiförmig, oben zugespitzt und besteht aus fünf kelchgegenständigen Fruchtblättern; an der Spitze läuft er in fünf keilförmige zusammengedrückte, am Rande wiederholt zweigablige, zitronengelbe, beinahe sitzende abstehende Narben aus. Die weibliche Blüte enthält keine Staubblattreste; die, meist den weiblichen ähnliche, aber sehr veränderliche Zwitterblüte zeigt 5—10 Staubblätter, die zwar weniger entwickelt sind, aber doch weibliche Exemplare befruchten können (s. u.) Der Fruchtknoten ist einfächrig und trägt an fünf hervorspringenden Parietalplacenten eine grosse Anzahl anatroper Samenknospen. Die Placenten wechseln mit den Narbenlappen ab, welche bei weiterer Fruchtentwickelung abfallen. Die Samenknospen sind in mehreren Längsreihen angeordnet; der von zwei Integumenten umgebene Knospenkern ist zylindrisch länglich. Zur Blütezeit verdickt sich der Nabelstrang derart, dass der Pollenschlauch zur Keimöffnung hin gedrängt wird. — Die Frucht ist eine fleischige, vielgestaltige, innen mit Fruchtmus erfüllte Beere, melonenähnlich, etwa 20—30 cm lang und halb so breit, oft nach den Enden verschmälert; die Aussenseite ist etwas glänzend und intensiv dottergelb, das Innere etwas heller, mit einem Stich ins rötliche; unreife Früchte sind lauchgrün. Da der Baum oft an der Spitze noch blüht, während er unten reife Früchte trägt, so sind die letzteren an demselben Baume in allen Entwickelungsstadien vorhanden. Unreife Früchte enthalten, wie alle übrigen Teile der Pflanze, reichlich Milchsaft; reife Früchte, die bis 7 kg schwer werden, sind milchsaftfrei, haben wenig angenehmen Geruch, aber grossen Wohlgeschmack. — In dem Fruchtmus liegen die zahlreichen, schwarzen Samen; ihre Schale ist lederartig, glänzend, runzelig, von einer saftigen Hülle und einer glasigen Membran umgeben; sie besitzen einen etwas scharfen, kressenartigen Geschmack. Der axile Embryo hat ein zylindrisches Würzelchen und blattartige, eilängliche, am Grunde handnervige Kotyledonen und wird von dem fleischigen Nährgewebe allseitig umschlossen.

Formen. Nach dem Auftreten und der Form der Zwitterblüten unterscheidet Graf zu Solms folgende Formen:

α. **var. Forbesii** Solms. Zwitterblüten an männlichen Rispen, am Gipfel der Dichasien letzter Ordnung, kurz gestielt, den weiblichen Blüten ähnlich. Knospe unten verbreitert, nach oben in eine stumpfe Spitze zulaufend; Kronenblätter am Grunde am breitesten und hier in eine kurze, glocken- oder becherförmige Röhre verwachsen, auf deren Rande die Staubblätter inseriert sind. Staubblätter fünf, kelchgegenständig, mit den Filamenten, welche die Länge des Fruchtknotens erreichen, den Vertiefungen desselben anliegend. Fruchtknoten oval, abgestumpft, fünfriefig, mit krongegenständigen Fruchtblättern und unregelmässig geteilten, aufrechten Narbenzipfeln. (Die Fruchtblätter sind hier dem inneren Staubblattkreise homolog und schliessen bisweilen noch ein fünffächriges kelchgegenständiges Fruchtknotenrudiment ein). Niederländisch Indien, Süd- und Ostasien.

β. **var. Correae** Solms. Zwitterblüten an männlichen Rispen, Blumenkrone derselben von der Grösse der weiblichen Blüte, verwachsenblättrig. Röhre so lang als der Saum, weit zylindrisch, etwas bauchig, mit zehn Staubblättern am Schlunde, von denen die fünf kelchgegenständigen, wie in der männlichen Blüte, gestielt, die fünf krongegenständigen fast sitzend sind, aber nur sehr kleine Antheren haben. Fruchtknoten walzen- bis keulenförmig, länger als die Röhre, ohne deutlich getrennte Fruchtblätter, auf dem Querschnitt aber einfächrig erscheinend und die fünf Fruchtblätter, wie bei der weiblichen Blüte, kelchgegenständig zeigend, entsprechend dem Vorhandensein zweier Staubblattkreise. Narben ausgebreitet, reicher verzweigt. Brasilien.

γ. **var. Ernstii** Solms. Zwitterblüten von der Gestalt der *var. Correae,* aber am weiblichen Blütenstand auftretend. Venezuela.

Die Früchte der Zwitterblüten sind im allgemeinen kleiner (gänseeigross), weniger lebhaft gefärbt und weniger angenehm schmeckend, als die der weiblichen Blüten. Sie hängen an sehr langen schlanken Fäden am Stamme des männlichen oder weiblichen Baumes herab.

Vorkommen. Als Heimat des Baumes wird gewöhnlich die Osthälfte von Amerika von Brasilien (30° s.) bis Florida (30° n.) angenommen, und da es heute in fast allen tropischen

Ländern gefunden wird, so glaubt man, dass er dorthin verpflanzt sei (Graf zu Solms-Laubach). Indessen hat Oostersee 1888 nachgewiesen, dass der Melonenbaum bereits lange vor der Entdeckung Amerikas, sogar schon vor 906 n. Chr. in Java und Ostindien bekannt gewesen ist. In Ostasien gilt er seit den ältesten Zeiten als ganz bekannte Pflanze, die man als etwas Alltägliches zu erwähnen nicht für nötig findet. Es scheint, dass also auch Asien als ein Vaterland des Baumes angesehen werden muss. Im übrigen ist wohl kaum ein tropisches Land zu finden, in dem der Melonenbaum heute nicht vorkommt, was durch die Widerstandsfähigkeit seiner Samen und sein schnelles Wachstum einerseits, andererseits durch seinen mannigfachen Nutzen und den Wohlgeschmack seiner Früchte leicht erklärlich ist.

Blütezeit. Der Baum trägt das ganze Jahr hindurch Blüten und Früchte.

Name und Geschichtliches. Der deutsche Name und dessen französische Übersetzung arbre à mélons erklären sich durch die Form der Früchte; Papaya kommt von der brasilianischen Bezeichnung des Baumes = Papai, nach Pedro N. Arata von dem karaibischen „Mabai". Andere Bezeichnungen sind in Brasilien mamao, mamoeiro, und in Paraguay Mamon = Milchbaum. Das erste Exemplar in Europa befand sich 1651 im Garten des neapolitanischen Arztes Dr. Marius Schipanus, wahrscheinlich aus Samen von Bagdad, und durch den Reisenden Petrus de Valle eingeführt; ein anderes wuchs 1690 im botanischen Garten von Hampon Court; die erste Abbildung erschien in Rom von Gilli und Xuarez 1738, der viele andere folgten, so von Griffth Hughes in Natural History of Barbados 1750, von Brown in Civite and Natural History of Jamaica 1756, p. 160. — Die medizinischen Eigenschaften wurden zuerst von Martius in System. mat. med. veget. bras. p. 23—88 beschrieben, sowie 1868 von Peckoldt. Seit 1878 wird der Milchsaft medizinisch angewandt.

Anatomisches. Der ziemlich dicke Stamm des Baumes ist bemerkenswert durch seine Struktur. Auf eine holzig-faserige Rinde folgt ein Gefässbündelteil, in dessen Phloëm sich zwar holzige Bastfasern vorfinden, dessen Xylemteil aber nur sehr mässig verdickte und verholzte Elemente enthält, sodass von einem „Holz" in dem üblichen Sinne nicht gesprochen werden kann. Das Innere junger Stämme bis zu etwa 10 cm Stärke ist von Parenchymgewebe erfüllt, welches indessen bald collabiert und nur an den Knoten eine etwas resistentere Querwand zurücklässt, welche indessen auch leicht zu zerstören ist. — Primäres Rindenparenchym wie Gefässbündelgewebe sind von anastomosierenden, gegliederten Milchsaftröhren durchzogen, welche nach E. Schmidt durch Verschmelzung entstanden sind, aber sich dann noch um fast das 180fache verlängert haben. Die in dem Milchsaft befindlichen Kerne sind sehr klein und durch das Fehlen von Kernkörperchen ausgezeichnet. Merkwürdig ist ferner, dass einzelne einem Hauptstamme angehörige Zellen ziemlich spät mit den Milchröhren auf der dem Hauptstamme zugekehrten Seite verschmelzen, doch so, dass ihre Grenze stets leicht kenntlich bleibt.

Pharmaceutisch wichtig ist **Succus Caricae Papayae siccus,** der eingetrocknete Milchsaft der Pflanze und das daraus hergestellte Ferment **Papayotin.** — Der Milchsaft des Baumes kann zwar durch Anritzen aus allen Teilen der Pflanze erhalten werden; die Ausbeute ist aber eine sehr geringe und mühselige, da der Milchsaft rasch an der Luft erstarrt und die Öffnung immer neuer Wunden notwendig macht. Man benutzt deshalb weniger den reinen Milchsaft, als den durch Auspressen der Pflanzenteile gewonnenen Saft, welcher zwar erheblich weniger Papayotin (s. u.) enthält, aber leicht zu erhalten ist. Man hat zwei Sorten von Saft eine ganz besondere Aufmerksamkeit geschenkt, dem aus den unreifen Früchten und dem aus den Blättern und hat gefunden, dass der erste der an Ferment reichere ist. Der frische Milchsaft ist weiss, bitter, ohne Schärfe, von saurer Reaktion und hat ein spezifisches Gewicht von 1,023; er beträgt etwa 4,9 % der unreifen Frucht (Arata). An der Luft wird er sehr bald dick und trennt sich in zwei Teile, einen weissen käsigen und einen wässrig flüssigen. — Aus dem letzteren flüssigen Anteile, sowie aus der wässrigen Lösung des festen Anteils, wird durch viel Alkohol das eigentümliche, peptonisierende Ferment Papayotin gefällt. — Der Papayasaft ist sehr dem Verderben unterworfen, und wird zu seiner Konservierung entweder an der Sonne eingetrocknet oder kommt, mit Chloroform, Glycerin oder Äther versetzt, in flüssiger Form nach Deutschland, wo er weiter verarbeitet wird. Das letzte Präparat bleibt in den Laboratorien der Fabriken; dagegen erscheinen auf dem Markte (leider unter den verschiedensten Benennungen, die oft willkürlich für einander gebraucht werden) folgende Präparate:

Succus Papayae crudus siccus, in Jamaica durch Eintrocknen des Milchsaftes der unreifen Frucht an der Sonne gewonnen. Derselbe bildet gelbliche oder rötliche, unregelmässige Stücke, welche in Wasser löslich sind.

Succus Papayae coagulatus siccus, in Ceylon durch Verwunden der Stämme und Sammeln der koagulierten Masse gewonnen. Derselbe bildet mehr weissliche, in Wasser lösliche Stücke.

Papayotin, das aus dem Milchsaft durch Alkohol gefällte Verdauungsferment.

Mit Papayacin oder Papaïn wird bald das eine, bald das andere Präparat bezeichnet; alle drei haben qualitativ nahezu gleiche Wirkung, quantitativ eine sehr verschiedene, welche am besten nach der Menge des durch einen Teil des Präparats peptonisierten Blutfibrims gemessen wird. Diese verdauende Kraft schwankt bei den Präparaten zwischen den Verhältnissen 1 : 25 und 1 : 200 bis 1000. — Es ist deshalb vorteilhaft, den Namen Papaïn unberücksichtigt zu lassen.

Bestandteile. Der Milchsaft enthält nach Peckolt in 100 Teile 4,5 Kautschuk, 2,4 Wachs, 2,9 Harze, 5,3 Papayotin, 7,1 Pektin und Asche, 2,3 Extraktivstoffe, 0,4 Äpfelsäure, 75,1 Wasser. — Der aus Blättern ausgepresste Saft enthält 0,04—0,12 % Papayotin, der aus unreifen Früchten gepresste 0,12—0,25 %. Aus dem Milchsaft isolierten zuerst Wurtz und Bauchut 1870 das Ferment Papayotin (von ihnen Papaïn genannt). Peckolt studierte 1879 das Papayotin und fand in dem Milchsaft der Früchte noch Caricafettsäure, Papayasäure, Papayaharzsäure, sowie Papayaöl. In den Blättern fand Greshoff 1889 ein Alkaloid Carpaïn. Léon Guignard endlich isolierte aus der Wurzel und dem Samen ein Glycosid und ein dasselbe zersetzendes Ferment.

Papayotin. Zu seiner Darstellung wird der gutgemischte frische oder auf die eine oder andere Weise konservierte Saft bei sehr gelinder Wärme eingedampft und mit dem zehnfachen Volumen absoluten Alkohols gefällt. Der nach 24 Stunden gesammelte Niederschlag wird nochmals in wenig Wasser gelöst und abermals gefällt, dann auf einen Filter gesammelt und bei sehr gelinder Wärme getrocknet. Um es noch reiner zu erhalten, unterwirft man es der Dialyse, wobei das Papayotin auf den Dialysator bleibt. Papayotin bildet ein weisses, lockeres Pulver von adstringierendem Geschmack, in Wasser zu einer schäumenden Flüssigkeit löslich, welche durch Alkohol gefällt wird. — Es enthält 10,6 % Stickstoff und charakterisiert sich durch folgende Reaktionen:

1. Salpetersäure (1,153) fällt es, aber löst es nicht wieder.
2. Salzsäure (1,124) fällt es und löst es wieder, ebenso Metaphosphorsäure,
3. Phosphorsäure und Essigsäure fällen es nicht.
4. Bleiessig fällt und löst es wieder.
5. Bleizucker, Platinchlorid, Tannin geben Niederschläge.

Im übrigen verhält es sich dem Pepsin sehr ähnlich. Mit gekochtem und geriebenem Eiweiss oder mit feuchtem, frischem Blutfibrin giebt es bei 40—50° vier Stunden digeriert, eine filtrierbare Auflösung, in der die Eiweisssubstanzen peptonisiert enthalten sind. Die peptonisierende Wirkung des Papayotins findet in neutraler oder schwach alkalischer Lösung statt. Sehr wenig Salzsäure befördert die Wirkung nicht, ohne sie zu hindern; mehr Salzsäure verlangsamt dieselbe; viel Salzsäure hebt dieselbe auf, wegen Fällung des Papayotins. Geringe Mengen Karbolsäure beeinträchtigen die Wirkung nicht; gelindes Erwärmen bis 50° erhöht dieselbe. — Die Identität des Papayotins ergiebt sich aus folgender Probe: 0,2 g des Pulvers, in 4 ccm Wasser gelöst, werden mit 1 ccm officineller Salpetersäure versetzt. Das nach einer Stunde erhaltene Filtrat darf mit dem doppelten Volumen Wasser verdünnt, durch Tanninlösung (20 = 1) höchstens opalisierend getrübt werden. Das Pulver muss in Wasser leicht und vollständig löslich sein. — Zur Prüfung seines Wertes schreiben die „Deutschen Arzneimittel, Berlin 1891“ vor: 0,1 g Papayotin in 100 g Wasser gelöst, soll, nachdem die Flüssigkeit mit Natriumkarbonatlösung schwach alkalisch gemacht ist, bei 30 bis 40° 20 g frisches, schwach ausgepresstes Blutfibrin innerhalb vier Stunden lösen. — Ob der Milchsaft ein Saponin enthält, ist noch zweifelhaft; Greshoff konnte ein solches nicht

Carica Papaya L.

Taf II

isolieren. — **Carpaïn** $C^{14}H^{25}NO^{2}$ (van Rijn) wurde 1889 von Greshoff meist in den Blättern, in sehr geringer Menge in Stamm, Rinde, Holz, Wurzel und Früchten gefunden. (Name aus **Carica Papaya**). Es bildet gut krystallisierende Blättchen, die bei 121° (corr.) schmelzen, in höherer Temperatur unter teilweiser Zersetzung sublimieren. Sie sind unlöslich in Wasser, löslich in 574 T. Alkohol von 95%, in 33 T. Äther und 9 T. absolutem Alkohol, in jedem Verhältnis in Chloroform. Ihre spezifische Drehung beträgt $\alpha D = + 21^{0} 55'$. Die allgemeinen Alkaloidenagentien fällen die Lösung, besonders empfindlich ist Kaliumquecksilberjodid. Konzentrierte Säuren lösen es ohne Färbung; Kaliumdichromat in Schwefelsäure wird reduziert, Kaliumpermanganat nur sehr langsam. Fehlingsche Lösung wird in der Kälte violettblau, in der Hitze rotviolett, ohne reduziert zu werden. — Greshoff erhielt aus javanischen trockenen Blättern 0,07 bis 0,25%, van Rijn in Holland aus javanischen Blättern 0,075%, Nagelvoot in Detroit aus nordamerikanischen Blättern 0,25%.

Das von L. Guignard in der Wurzel und dem Samen gefundene **Ferment** ähnelt dem Myrosin, das **Glycosid** dagegen dem Kaliummyronat. Aus der Einwirkung beider aufeinander entstehen allylhaltige Destillate, sowie der Rettiggeschmack der Wurzel und der Kressengeschmack der Samen. Papayotin und Carpaïn sind ohne Einfluss. — Das Ferment ist auf einzelne Zellen beschränkt; im Samen befindet es sich in den äusseren nicht sklerisierten Schichten des Samenteguments, das Glycosid dagegen im Nährgewebe und im Keimling.

Anwendung. Sowohl die Teile der Pflanze als solche, als auch die Bestandteile derselben, finden sich vielfach im Gebrauch und verdienen auch hinsichtlich ihrer medizinischen Eigenschaften volle Beachtung. Die Neger benutzen gegenwärtig den Stamm als Traufe zum Auffangen des Regenwassers; die Blätter dienen an Stelle der Seife zum Reinigen der Wäsche; klein gehackt und mit Kochsalz bestreut werden sie als Futter für magere Pferde benutzt, um letztere fett zu machen. Die Blattstiele geben Pfeifenrohre, das Bast wird als Bindemittel gebraucht. Die männliche Blüte dient auf den Molukken eingemacht als Kompott. (Baillon). Die Frucht dient als Nahrungsmittel; roh wird sie wegen des nicht angenehmen Geruchs von den Europäern nicht geliebt, wenngleich sie sehr erfrischend schmeckt. Indessen schreibt mir Herr Professor Dr. Schiffner-Prag; „In Indien gilt die Papaya für die gesündeste Frucht, die von Jedermann ohne Gefahr genossen werden kann; ich halte sie für eine der besten tropischen Obstsorten. Man halbiert die Frucht, entfernt die in glasiger Hülle liegenden Samen und schabt mit dem Löffel das butterweiche Fleisch zu einem Brei, den man mit Zucker und Kognak oder noch besser Rotwein verrührt. Im letzteren Zustande schmeckt der Brei etwa wie sehr gute Kirschen". — Nach Anderen soll das Fruchtfleisch abführend wirken. — Das Fruchtmus dient als kosmetisches Mittel zur Erzeugung einer weissen Haut. Die Samen haben einen pikanten Kressengeschmack und dienen zur Vertreibung von Eingeweidewürmern. Die umfassendste Verwendung findet der Milchsaft und das daraus erhaltene Papayotin. Von dem Milchsaft weiss man schon lange, dass er sowohl zu frisches Fleisch, als auch zu altes Fleisch mürbe macht, was man auch erreicht, wenn man das Fleisch, in Papayablätter eingehüllt, eine Nacht liegen lässt. — Ein Zufall liess auf der Insel Bourbon seine wurmtreibenden Eigenschaften erkennen; seitdem benutzt man ihn allgemein als Mittel gegen Bandwurm und Askariden. — Übrigens ist er so reich an Stickstoff, dass Vauquelin ihn mit entfärbtem Blut vergleicht. — Milch wird durch den Saft zum Gerinnen gebracht, aber allmählich das Caseïn wieder gelöst. Äusserlich dient er als Mittel gegen Hautausschläge, Hautflecken und Sommersprossen. — Das Papayotin zeigt die Wirkungen des Milchsafts in erhöhtem Maße. Während Lunge und Schleimhäute nicht angegriffen werden, wird frisches Muskelfleisch, besonders in schwach alkalischer fünfprozentiger Lösung und beim Erwärmen in $^{1}/_{2}$ Stunde leicht gelöst. — Dasselbe geschieht mit dem Bandwurm und den übrigen Eingeweidewürmern, aber auch mit Croupmembranen, diphtheritischen Belägen und mit plastischen Exsudaten. Innerlich wirkt es die Verdauung befördernd; subcutan injiziert aber wirkt es als ein Herz und Nerven lähmendes Gift. Verwundet man die Oberhaut durch zarte Nadelstiche, so entfernt aufgetragene Papayotinlösung Tätowierungen und Schiesspulverflecken. Die wichtigste Rolle spielt es zweifellos in der Behandlung membranöser Diphtherie, wo es in 5—10prozentiger Lösung mit oder ohne Zusatz von Karbolsäure bei häufiger Pinselung die Belege löst. Bei infiltrierter Diphtherie dagegen bleibt es wirkungslos. Das Carpaïn endlich ist nach Dr. Oefele das einzige Ersatzmittel für Digitalis, welches bei subcutaner Applikation an Ort und Stelle weder Reizung noch Abscess verursacht.

— Innerlich in Tagesdosen von 0,025 g zeigt es keinen Vorzug vor anderen Digitalismitteln; subcutan jeden zweiten Tag zu 6—10 mg wirkt es jedoch in wenigen Minuten. — Es beeinflusst die Respiration und wirkt auf das Rückenmark, jedoch nicht muskarinähnlich; es verengt die Blutgefässe und entfärbt die Blutkörperchen. Auf die peripherischen Nerven und Muskeln ist es ohne Wirkung; es bewirkt kein Erbrechen oder Starrkrampf. Überhaupt ist es ein sehr schwaches Gift; seine letale Dosis ist sehr hoch.

Präparate. Cibil's Papayafleischpepton soll sich durch vorzügliche Haltbarkeit und andere Vorzüge auszeichnen. — Es ist aus Muskelfleisch durch Papayotinlösung erhalten.

Papaïnelixir ist ein Gemisch von 0,4 g Saccharin, 11,0 g Papayotin, 60 g Glycerin, 150 g Sherry, und Chloroformwasser zu 390 g. Man filtriert nach siebentägigem Stehen.

Papaïn Reuss unterscheidet sich von Papayotin dadurch, dass es auch in saurer Flüssigkeit stark peptonisierend wirkt. Da das Ferment überdies durch Salpetersäure nicht vollständig gefällt wird, so besteht die Meinung, dass das Präparat ausser Papayotin auch Pepsin enthalte, was indessen von den Fabrikanten ohne nähere Angabe bestritten wird.

Litteratur. Beschreibung und Abbildung: *Carica Papaya* L. — Linné Spec. 1466 (ex part). — Wight, Illustr. of Indian Bot. T. 106. 107. — Lindley, Bot. Regist. T. 459. Flor. medic. 107. Veget. Kingdom, 321 Fig. 221, 222. — Hooker, Bot. Mag. T. 2898, 2899. – Roxburgh, Fl. Indic. III. 824. — Guibourt, Drogues simpl. ed. 6. III. 268. Fig. 639. — Endlicher, Enchirideon 487. — Kosteletzki, Med. pharm. Flora II. 740. — Wittmack, ü. d. Melonenbaum. — Sitzungsber. d. Ges. Naturf. Freunde Berlins 1878. 532. — Graf zu Solms-Laubach, Heimat und Ursprung des Melonenbaums, Bot. Ztg. Leipzig 1889. In Engler & Prantl, Pflanzenfam. In Martius, Flor. Brasil. fasc. 106. p. 187. — Tschirch, Ind. Nutz- und Heilpflanzen 82. T. 46—48. — Peckolt, Zeitschr. d. Österr. Ap. V. 1879, 361. — K. Schumann, Syst. Bot. 438. — Grisebach, Brit. West-Ind. 290. — *Papaya vulgaris* De Candolle in Lamk. Dict. V. 2. — Descourtilz, Antillen. I. T. 47, 48. — A. De Candolle, Prodrom. XV. (1) 414. No. 1. — Bentham & Hooker, Gen. I. 809. — Luerssen, II. 802. — Möller, Realencyclop. VII. 637. — *P. sativa* Tussac, Flor. Antill. III. 45. T. 10. 11. — Rumphius, Herb. Amboinens. I. T. 50. — *P. Carica*, Gaertner Fruct. II. 191. T. 122. — Baillon, Histoire des Plantes IV. p. 284. Fig. 332—336; p. 297. — *Papaya Papaya* Karsten, Flora von Deutschland II. 462.

Drogen und Präparate: Martius, Syst. Mat. med. bras. 23. — Peckolt, Analyses de materia medica brasileira. 1868. — Dorvault, L'Officine XII. 346. — *Papayotin* (*Papaïn*). Wurtz & Bouchut, Journ. Pharm. u. Chim. 1879. (4) XXX, 41. Archiv Pharm. Bd. 216, 223. — Rossbach, Phys. u. therp. Wirk. v. Papayotin und Papaïn. Zeitschr. klin. Med. VI. Heft 6; Arch. 1884. Bd. 224. p. 210. — Realencyclop. VII. 632. — Gehe & Co., Handelsbericht 1894. Septbr. 45 u. a. — *Papaine* u. *Papayotin*, Pharm. Ndrl. Suppl. 147. — *Carpain*, Greshoff, Eerste Verslag van het onderzoek naar de plantenstoffen van Nederl.-Indie 1889. — J. J. L. v. Rijn, Inaug.-Diss. Marb. 1892. — Arch. Pharm. 1893 (Bd. 231) 184.

Anatomie. Karsten, Anatom. Bau des Stammes v. *Carica Papaya*, Ztschr. d. Österr. Ap. V. 1879. 479. — Rüger, Beiträge zur Kenntnis der Gattung. *Carica*. Inaug.-Dissertation Erlangen 1887.

Tafelbeschreibungen:

Tafel I. A männlicher Baum, verkleinert. B Gipfelknospe desselben, natürliche Grösse. C Teil der männlichen Blütenrispe, natürliche Grösse. 1 männliche Blüte, aufgeschnitten, natürliche Grösse; 2 ein Blumenkronzipfel mit Längsfalz, Rückenansicht, 1½ vergrössert; 3 endständiges Dichasium mit der Knospe einer Zwitterblüte der Form ♂ Forbesii Solms, natürliche Grösse; 4 Geschlechtsorgane dieser Zwitterblüte 1½; 5 Zwitterblüte der Form ♂ Correae Solms, natürliche Grösse.

Tafel II. A weiblicher Baum mit zwei Seitenzweigen, verkleinert. 1 typische weibliche Blüte, natürliche Grösse; 2 dieselbe im Querschnitt, natürliche Grösse; 3 aufgeschnittene Frucht, ½ natürliche Grösse; 4 Samen vergrössert; 5 derselbe im Längsschnitt vergrössert. — I A und II A nach Tschirch, Indische Nutz- und Heilpflanzen l. c. I B C 1, sowie II 1—5 nach lebendem und Spiritusmaterial, welches die Herren Prof. Dr. Schiffner in Prag, Dr. Schaer und Dr. Graf zu Solms in Strassburg uns gütigst zur Verfügung stellten. I 3 4 5 nach Flora brasiliensis l. c.

Cassia acutifolia Delile.

Syn. *Cassia lenitiva* Bisch. *C. Senna β* L. *C. lanceolata* Collad. *C. orientalis* Pers. *Senna acutifolia* Batka.

Senneskassie — Séné de la Palte, d'Egypte ou d'Alexandrie — Senna.

Familie: *Leguminosae* (Unterfamilie: *Caesalpiniaceae*); Gattung: *Cassia* L.

Beschreibung. Die ausdauernde, senkrecht in den Boden gehende, mehrköpfige, etwas hin- und hergebogene, einfache Wurzel treibt zahlreiche, aufrechte, unten holzige, fast stielrunde oder stumpfkantige, gestreifte, bis 60 Ctm. hohe Stengel, welche mit zerstreut stehenden, ruthenartigen, aufstrebenden, bleichen, gegen die Spitze etwas hin- und hergebogenen, anfangs kurzhaarigen, später kahlen Aesten besetzt sind. Blattstiele und Spindel ohne Drüsen. Blattspindel am Grunde verdickt, stumpf-3kantig. Blätter zerstreutstehend, paarig-, gewöhnlich 4- bis 5jochig gefiedert. Blättchen fast sitzend, 1 bis $2^1/_2$ Ctm. lang, 4 bis 9 Mm. breit, oval bis länglich-lanzettlich, spitz oder stumpf, stachelspitzig, gegen die Mitte am breitesten, am Grunde etwas ungleichhälftig, am inneren, der Spindel zugewendeten Rande spitz auslaufend, am äusseren stumpf oder abgerundet, steif papierartig, knorpelrandig, unterseits bleich oder blaugrün, beiderseits oder unten, zumal auf den Nerven weichhaarig, zuletzt kahl. Seitennerven vom Mittelnerv in spitzem Winkel abgehend, nach dem Rande bogenförmig aufsteigend und sich dort mit den nächst oberen Nerven vereinigend. Nebenblätter pfriemenförmig, abstehend oder zurückgebogen, 2 bis 4 Mm. lang, zugespitzt, stachelspitzig, am Grunde halbherz- oder halbspiessförmig geöhrt. Die ungefähr 12blüthige Blüthentraube achselständig, beim Aufblühen von der Länge der Blätter, später die letzteren überragend. Blüthenstielchen von einem eiförmigen, stachelspitzigen, hinfälligen Deckblatte gestützt. Blüthe zwitterig. Kelchblätter zu 5, eiförmig-länglich, stumpf, abfallend, ungleich. Kronblätter 5, verkehrt-eiförmig, sehr kurz genagelt, vertieft, gelb, geadert, die 2 unteren grösser. Staubgefässe 10, die 3 obersten klein und unfruchtbar, die 4 mittleren gerade, die 3 untersten niedergebogen, bogenförmig, aufsteigend, von den letzteren sind die 2 seitlichen die längsten, das mittlere etwas kürzer. Staubbeutel stumpf 4seitig, am Grunde pfeilförmig, 4fächerig, am oberen Ende sich mit 2 Löchern öffnend, die untersten länger, gekrümmt, die mittleren etwas kürzer. Pollen rundlich, 3porig. Stempel gestielt, mit niedergebogenem, zusammengedrücktem, einfächerigem, vieleiigem Fruchtknoten, fadenförmigem, bogig aufsteigendem Griffel und ziemlich stumpfer Narbe. Eichen 2reihig, dem mit der Bauchnaht verwachsenen Samenträger angeheftet, gegenläufig. Hülse papierartig, flach, oval-länglich, wenig aufwärts gekrümmt, zuweilen eingeschnürt, 4 bis 6 Ctm. lang, 2 bis $2^1/_2$ Ctm. breit, am Grunde in einen schiefen Stiel verschmälert, oben breit abgerundet, mit einem kleinen, wenig bemerkbaren, seitlich gestellten Spitzchen, an Stelle der Samen wenig angeschwollen, 4- bis 7fächerig, die Klappen im unreifen Zustande weichhaarig, quergeadert, kastanienbraun, am Rande gelblich-olivengrün. Samen durch leicht zerreissbare Häute getrennt, in 2 abwechselnden Reihen an haarförmigen Nabelsträngen hängend, zusammengedrückt, verkehrt ei-keilförmig, oben flach ausgerandet, unten kurz geschnäbelt, warzig-runzelig, grünlich-bräunlich, auf beiden Seiten mit einer am Schnabel entspringenden, fast bis zur Mitte der Samenfläche reichenden, schmalen und spatelförmigen, am oberen Ende erweiterten Schwiele. Die eine Seite des Schnabels zeigt 2 übereinander stehende Vertiefungen, eine untere, der Nabel, eine obere, der Keimmund. Der vom Eiweiss umgebene Embryo mit geradem, kurzem, im Schnabel des Samens befindlichen Würzelchen und blattartigen, ovalen, 3nervigen Samenlappen.

Eine mehr behaarte Spielart mit mehr lanzettlichen, bis 4 Ctm. langen, am Rande gewimperten Blättchen ist die oberhalb Khartum und Senaar, Kordofan, Darfur auftretende *Cassia acutifolia β Bischoffiana* Batk. (*C. lenitiva β acutifolia* Bischoff.)

Blüthezeit. September bis Dezember. Fruchtreife im März.

Leguminosae.

Cassia acutifolia Delile.

Vorkommen. Im tropischen Afrika, Nubien, Kordofan, Senaar, Timbuktu einheimisch. Nach Flückiger ist das mittlere Nilgebiet von Assuan durch Dongola bis Kordofan die Heimath dieser Pflanze.

Cassia angustifolia Vahl (*C. medicinalis* Bisch. *C. lanceolata* Royle. *C. ligustrinoides* Schrnk., *C. decipiens* Desv., *C. Ehrenbergii* Bisch., *Senna angustifolia* Batka, *S. officinalis* Roxb.) ist eine krautig-strauchartige, der *acutifolia* nahe verwandte, bis 1 Meter hohe Pflanze mit meist 5- bis 8jochigen Blättern, $2^1/_2$ bis 6 Ctm. langen, eilanzettlichen, lanzettlichen bis lineallanzettlichen, zugespitzten, kahlen oder kaum behaarten, kurzgestielten Blättchen. Letztere sind schmäler als bei der vorhergehenden Art, ihre grössere Breite liegt unterhalb der Mitte. Die achselständige Blüthentraube ist 6- bis 14blüthig; Blüthen ebenfalls gelb, etwas grösser als bei *acutifolia.* Hülse schmäler, nur 14 bis 17 Mm. breit, die Spitze am oberen Rande deutlich hervortretend. Same dem der *acutifolia* gleich.

Vorkommen. Im tropischen Ostafrika, im südlichen Arabien und nordwestlichen Indien einheimisch. Die Pflanze fehlt den Binnenländern Afrikas und bewohnt mehr die beiderseitigen Südgestade und die Inseln des Rothen Meeres, tritt aber auch wieder in Arabien und im nordwestlichen Indien, sogar im Inneren beider Halbinseln ebensogut auf, wie längs der afrikanischen Ostküste vom Samharaland und den Somalibergen an bis Mosambik (Flückiger). Wird in Südindien kultivirt.

Cassia obovata Colladon (*C. obtusa* Wight et Arn., *C. obtusata* Hayne), kräftiger gebaut, mit 4- bis 7jochigen Blättern, verkehrt eiförmigen oder länglich-verkehrt eiförmigen, stachelspitzigen, kurz behaarten, in Bezug auf Basis und Spitze sehr veränderlichen Blättchen. Hülse mehr oder weniger stark sichelförmig, am oberen Rande kurz geschwänzt. Von Senegambien durch das ganze tropische Afrika, Abessinien, Südarabien, Beludschistan, am oberen Indus, auf der Sinaihalbinsel, bei Tripolis vorkommend; bei Port Royal auf Jamaica verwildert. Wird nur noch wenig in den Handel gebracht. Flückiger sagt über diese sehr verbreitete Art: „*Cassia obovata* ist in Aegypten wenig geschätzt und wird dort als *Senna baladi*, wilde Senna, bezeichnet. Ihre Blättchen gelangen nur in geringer Menge unter die alexandrinische Sorte und noch seltener verirrt sich ein vorwiegend oder ausschliesslich aus *Cassia obovata* bestehender Posten z. B. aus Tripoli nach London.“

Cassia pubescens R. Br. (*C. Schimperi* Steud., *C. holosericea* Fres., *C. aethiopica* Guib., *Senna ovalifolia* Batk.) ist eine kleine, krautartige Pflanze mit ovalen, kurz stachelspitzigen, grau-grünlichen, vorn gerundeten oder vertieft gestutzten und stark behaarten Fiederblättchen. Sie ist auf den Südküsten des Rothen Meeres einheimisch und scheint, wenn auch seltener, in Nubien und in dem unteren Indusgebiete aufzutreten.

Cassia marylandica L., eine ausdauernde Pflanze mit 1 bis $1^1/_2$ Meter hohen, stumpfkantigen, schwach behaarten Stengeln, 6- bis 9jochigen Blättern, länglichen oder länglich-lanzettlichen, stachelspitzigen Blättchen, kurzen axillären Blüthentrauben und linealischen, flachen, kahlen oder behaarten Hülsen; sie tritt im gemässigten Nordamerika auf und war bisher trotz der schwachen Wirkung daselbst offizinell. Sie ist in die neue amerikanische Pharmakopoe nicht wieder aufgenommen worden.

Anatomisches. Die auf beiden Blattflächen mit zahlreichen Spaltöffnungen versehenen Blätter bestehen nach Flückiger in der unteren Blatthälfte aus Palissadengewebe und besitzen in der Mitte ein schmales krystallreiches Mesophyll. Die meist nur vereinzelt auftretenden, einzelligen, an der Spitze gekrümmten Haare besitzen eine feinkörnige Oberfläche und erheben sich aus einem Mittelpunkte, um welchen 8 bis 10 Epidermiszellen strahlenförmig gestellt sind. Die Blätter der *Cassia angustifolia* zeigen einen ähnlichen Bau.

Name und Geschichtliches. Sennes oder Senna (mittelhochd. *Sen, Senetblätter*, mittelniederd. *Sene*), stammt von *Senna* und dieses vom arabischen *sanâ, sannâ*, die Bezeichnung für die Pflanze oder die Blätter. *Cassia* (bei Dioskorides *κασσια*, bei Plinius *cassia*) aus dem Hebräischen קְצִיעָה (Kezioth), worunter jedenfalls die Zimmtkassia (siehe *Laurus Cassia* L.) verstanden wurde. Dieser Name scheint entweder irrthümlich oder weil einige Arten gewürzhafte Rinde besitzen, auf diese Pflanzengattung übertragen worden zu sein. *Angustifolia* schmalblätterig; *acutifolia* spitzblätterig; *obovata* verkehrt-eiförmig.

Die Sennesblätter sind den alten Griechen und Römern nicht bekannt gewesen; erst spätere griechische Schriftsteller und namentlich die Araber beschäftigen sich mit ihnen. Serapion der Aeltere aus Baalbek (9. oder 10. Jahrh.) giebt uns die erste Kunde und Isaac Judaeus (ägyptischer, später tunesischer Arzt, gestorben um 950) bezeichnet die Senna aus Mekka, in welcher Flückiger *C. angustifolia* vermuthet, als die vorzüglichste. Mesue der Jüngere (Anfang des 11. Jahrh.), Arzt des Kalifen Alhakem in Kairo erwähnt 2 Sennessträucher, einen wildwachsenden (*Senna silvestris*) und einen kultivirten *(Senna sativa)*; unter letzterem ist wahrscheinlich *Cassia obovata* zu verstehen. Zur damaligen Zeit waren es hauptsächlich die Früchte (*Folliculi Sennae*), welche Verwendung fanden und zwar nicht als abführendes Mittel, sondern Hülsen und Samen gestossen, als kühlendes Mittel bei Augenleiden und Lepra. Die nubisch-ägyptische Senna (*acutifolia*) scheint erst später bekannt geworden zu sein; sie verdrängte sehr bald, wegen des bequemen Wassertransportes auf dem Nil, die anderen Sorten und hiess, wegen des Transportes über Alexandrien, die alexandrinische Senna. Die arabische Senna verschwand ganz und kam erst wieder zum Vorschein, als das Monopol unter Mehemet Ali in Aegypten eingeführt wurde (1808—1828), wodurch der Preis der alexandrinischen Sorte sich ganz erheblich steigerte. Die *Cassia obovata*, welche schon Serapion der Jüngere (um 1070) beschreibt und über deren Einsammlung berichtet, die auch von Leonhard Fuchs (1542) als *Sena, Senet* abgebildet wurde, ist zu Anfang des 16. Jahrh. in Italien eingeführt und bei Florenz kultivirt worden. Sie kam unter dem Namen *Senna italica, florentina seu vulgaris* in den Handel; es wurde jedoch ihre Geringwerthigkeit sehr bald erkannt und in Folge dessen die Kultur, welche sich auch über Südfrankreich und Spanien erstreckte, wieder aufgegeben.

Offizinell sind die getrockneten Fiederblättchen: *Folia Sennae*, Sennesblätter, welche in verschiedenen Sorten in den Handel gebracht werden:

1. Alexandrinische Senna, *Apalto*-(Pacht) oder *Palt-Senna* (*Senna Alexandrina*) von *Cassia acutifolia* Del. stammend und aus Nubien über Alexandrien und Triest kommend, ist die beste und theuerste Sorte. Sie wird namentlich in der Provinz Dongola in 2 Ernten gesammelt, von denen die erste und zwar ergiebigste, in die Zeit vom Juni bis September, die andere in die Monate März und April fällt. Bei der Einsammlung werden die Pflanzen abgeschnitten, an der Sonne getrocknet, in Ballen von ca. 1 Ctr. Gewicht verpackt und nach Kairo und Alexandrien gebracht, woselbst eine Reinigung von den Stengeln und Hülsen, zum Theil auch Blattspindeln erfolgt. Nach Flückiger stammt diese Sorte derzeit aus den nubischen Landschaften Sukkot, Dar Mahass, Dar Dongola, sowie aus Berber, zum Theil auch aus den höher gelegenen Bischarindistrikten. Sie wird sowohl auf dem Nil über Assuan, als auch über Suakin und Massaua durch das Rothe Meer nach Alexandrien gebracht.

   In früheren Zeiten, namentlich zur Zeit des Monopols, waren dieser Sorte gewöhnlich die Blätter der Var. *Bischoffiana* und der *Cassia obovata* beigemengt; gegenwärtig findet man darunter die Blätter, zum Theil auch Blattstiele und birnförmigen Kapselfrüchte der *Solenostemma Argel* Hayne (*Cynanchium Argel* Del.), einer Asklepiadee des oberen Nilgebietes und Arabiens, deren 4 Ctm. lange, bis 10 Ctm. breite, länglich-lanzettliche, spitze, kaum gestielte Blätter den Sennesblättern ähnlich sind, jedoch eine grössere Dicke, graulichgrüne Farbe, runzelige, verbogene Oberfläche besitzen und beiderseits dicht mit kurzen, starren, mehrzelligen Haaren besetzt sind. Diese Blätter, welche früher absichtlich beigemengt wurden, treten jetzt nur in wechselnder Menge auf, woraus man schliesst, dass sie gegenwärtig nur zufällig mitgesammelt werden. Sie sind nicht näher untersucht, haben in chemischer Beziehung wohl keine Aehnlichkeit mit den Sennesblättern; sind jedoch ebenfalls purgirend.

2. Tripolitanische oder Sudan-Senna (*Senna Tripolitana*) besteht aus den Blättchen der *Cassia acutifolia* und sehr wechselnden Mengen der Blättchen von *C. obovata*, denen Hülsen

und Stengelstücken, aber sehr selten Solenostemmablättchen beigemischt sind. Diese Sorte wird aus Rhat und vom mittleren Niger, aus Timbuktu, Sokoto, Katsina durch Karavanen in losen Ballen, in meist sehr beschädigtem Zustande über Mursuk nach Tripolis und von da über Livorno nach Europa gebracht. Diese Sorte soll in gutem Zustande der alexandrinischen Senna vorzuziehen sein, übrigens jetzt nur noch selten im Handel erscheinen.

3. Indische Senna (*Senna Indica*), welche wiederum zerfällt in:
   a) Mecca- oder Mocca-Senna, meistens aus den am Grunde etwas breiteren Blättchen einer Form der *C. angustifolia* bestehend, welcher geringe Mengen der Blättchen von *C. pubescens* beigemischt sind. Sie ist weniger geschätzt und wird durch Pilgerkarawanen nach Dschidda, dem Hafen Mekka's, auch über Kosseïr und Keneh nach Aegypten oder auch nach Bombay gebracht und wird nach England, seltener nach Deutschland ausgeführt.
   b) Indische Senna, aus den 3 Ctm. langen, 6—9 Mm. breiten, lanzettförmigen oder linienlanzettförmigen Blättchen von Varietäten der *C. angustifolia* bestehend, stammt aus Vorderindien, wird auch aus Arabien nach Indien gebracht und kommt über England in den Handel.
   c) Tinnevelly-Senna, von *Cassia angustifolia γ Royleana* stammend, welche zu Tinnevelly (Tennevelly, Trinavali), einer Landschaft auf der Südspitze Vorderindiens, mit grosser Sorgfalt kultivirt wird. Sie ist eine sehr reine Sorte, deren bis 6 Ctm. lange, bis 2 Ctm. breite Blättchen vor der Fruchtreife gesammelt, an der Sonne getrocknet und in Ballen sehr fest verpackt werden. Nach neueren Versuchen ist die Wirksamkeit dieser Sennessorte eine geringe, weshalb sie die deutsche Pharmakopoe verwirft.
4. Aleppische oder syrische Senna (*Senna Halepensis s. Syriaca s. obovata*) kommt über Smyrna nach Beirut und Triest. Sie besteht aus den Blättchen der *C. obovata* mit geringer Beimischung der Blättchen von *C. pubescens*. Diese Sorte besitzt einen widerlichen, ekelerregenden Geschmack und wird derzeit nicht mehr verwendet.
5. Die italienische Senna (*Senna Italica*), aus den Blättchen der früher in Südeuropa kultivirten *C. obovata* bestehend, kommt nicht mehr in den Handel.
6. Amerikanische Senna (*Senna Marylandica s. Americana*) besteht aus den Blättchen der *Cassia Marylandica* und der *Cassia brevipes* D. C. Letztere aus Centralamerika (Costa Rica in Panama) stammend, besitzt keine purgirende Wirkung. Die Blättchen, welche Aehnlichkeit mit der Tinnevellysorte haben, stehen abwechselnd sehr nahe beisammen, sich fast deckend, sind ganzrandig, an der Basis ungleich, 4 Ctm. lang, elliptisch, stachelspitzig, mit 3 von der Basis ausgehenden Hauptadern. Der wässerige Aufguss, welcher in Geruch und Geschmack dem der echten Senna ähnlich ist, ist heller und ohne Wirkung. Die Blätter der *C. Marylandica* haben einen ähnlichen Geruch wie die alexandrinische Senna, jedoch angenehmer; sie enthalten nach J. Martin einen purgirenden, wahrscheinlich zusammengesetzten Stoff (Cassin), Schleim, Eiweiss, Stärkemehl, gelben Farbstoff, ätherisches Oel, fettes Oel und Harz. Die Wirkung ist eine zwar angenehmere, jedoch weit schwächere, als bei der echten Senna.
7. Eine aus abgesiebten Bruchstücken bestehende schlechte und billigere Sorte, die sogen. kleine Senna (*Folia parva Sennae, Senna parva, Fragmenta Sennae*) ist in den deutschen Apotheken nur dann zulässig, wenn sie von der alexandrinischen Senna herrührt. Sie enthält nicht selten Bruchstücke anderer Blätter, namentlich Lorbeer etc.

Die Senna, welche in den deutschen Apotheken nur aus den gereinigten alexandrinischen und tripolitanischen Sorten bestehen soll, besitzt einen schwachen, eigenthümlichen, durch Beimischung von Solenostemma sich verstärkenden Geruch und unbedeutend schleimigen, dann schwach süsslichen, etwas bitterlich-kratzenden Geschmack. Braune oder schwarze Blätter dürfen nicht verwendet werden. Der Verbrauch ist nach Flückiger in der Abnahme begriffen. Die Einfuhr betrug Ende der 40er Jahre beispielsweise für Triest jährlich 430,000 Pfd., für Frankreich 190,000 Klgr., für England 450,000 Pfd., anfang der 50er Jahre für Hamburg jährlich 65,000 Pfd. Durch Khartum wurden 1877 2000 Ctr. transportirt.

Fälschungen finden statt mit der stark narkotisch wirkenden, südeuropäischen *Coriaria myrtifolia* L., welche oval-lanzettliche, 3 bis 5 Ctm. lange, 6 bis 20 Mm. breite, dickere, glatte, ganzrandige, kahle, 3nervige Blättchen von eigenthümlich widerlichem Geruch und nicht schleimigem, zusammenziehendem Geschmack besitzt. *Colutea arborescens* L., mit verkehrt herzförmigen, meist stark ausgerandeten, dünnen, nicht lederartigen, oben glatten und hochgrünen, unten kurzbehaarten und graugrünen, mehr bitter schmeckenden Blättchen wird gleichfalls zu Fälschungen benutzt. Beimengungen der filzigen, vielnervigen Blätter der im Verbreitungsgebiete der Senna auftretenden Leguminose *Thephrosia Apollinea* Del. sind höchst unbedeutend, daher nicht beachtenswerth.

Bestandtheile. Die neueren Untersuchungen sind voller Widersprüche und Unklarheiten. Nach älteren Untersuchungen von Lassaigne und Feneulle enthalten die Blätter der alexandrinischen Senna: fettes Oel, flüchtiges Oel, Eiweiss, einen gelben amorphen Bitterstoff (Cathartin), gelben Farbstoff, Schleim, Apfelsäure, apfelsauren und weinsteinsauren Kalk, essigsaures Kali, grünes Pflanzenharz. Das Cathartin, welches als der wirksame Bestandtheil betrachtet wurde, ist von Heerlein, Bley und Diesel als nicht purgirend erkannt worden, indem nach Auszug dieses Stoffes die Blätter noch ihre medizinische Wirkung äusserten. Bley und Diesel versuchten vergeblich die Reindarstellung des Cathartins; sie erhielten ein gelbes Harz (Chrysoretin), Pektin, Gummi und ein brechenerregendes Harz. Martius und Batka fanden Chrysophan (auch in den Blüthen enthalten), Aporetin, Phaeoretin, wodurch in chemischer Beziehung eine Aehnlichkeit mit dem Rhabarber nachgewiesen wurde. Rau glaubte in seinem Sennin den wirksamen Bestandtheil gefunden zu haben; letzterer Stoff wurde jedoch von Kubly als krystallisirter Schwefel, mit einer Spur von Bitterstoff gemengt, erkannt. Neuere Untersuchungen von Kubly, Buchheim und Dragendorff haben festgestellt, dass die amorphe Cathartinsäure als die purgirende Substanz zu betrachten ist. Kubly erhielt noch einen krystallisirbaren süssen Stoff, Cathartomannit; Ludwig und Stütz 2 amorphe Glykoside, Sennapikrin und Sennacrol. Rau fand Gallussäure und Zucker.

Cathartinsäure, ein saures, theilweise an Kalk- und Magnesia gebundenes Glykosid, ist wahrscheinlich der einzige wirksame Stoff der Sennesblätter. Sie wurde 1865 von Kubly und Dragendorff als das wirksame Prinzip erkannt. Die Cathartinsäure bildet eine amorphe, braune, getrocknet schwarze, in wässerigen Alkalien lösliche und aus dieser Lösung durch Säuren fällbare Masse, die sich durch Kochen der weingeistigen Lösung mit Säuren unter Bildung von Zucker in Carthogeninsäure zersetzt. Letztere besteht aus einer gelbbraunen, in Wasser und Aether unlöslichen, in Weingeist löslichen, purgirende Eigenschaften äussernden Masse. Bourgoin erklärt die Cathartinsäure für ein Gemenge.

Cathartomannit, ein von Kubly und Dragendorff aufgefundener warziger, krystallisirender Zucker, dreht die Polarisationsebene nach rechts, ist nicht gährungsfähig und reduzirt Kupferoxyd nicht.

Das von Ludwig und Stütz aufgefundene amorphe und zerreibliche Sennapikrin ist gelblich, unlöslich in Aether, schwer löslich in Wasser, leicht in Weingeist, besitzt einen süsslich bitteren, erwärmenden Geschmack und wird durch verdünnte Säuren in Zucker und aromatisches Oel gespalten. Das mit Sennapikrin entdeckte terpenthinartige Sennacrol ist löslich in Aether, besitzt gleichfalls bitteren Geschmack und liefert ähnliche Spaltungsprodukte wie Sennapikrin.

Flückiger giebt die Asche der Sennesblätter auf 9 bis 12% an, welche grösstentheils aus Carbonaten des Calciums, Kaliums und Magnesiums besteht; er erklärt hieraus die grosse Menge der vorhandenen organischen Säuren. (Husemann, Pflanzenstoffe 1104.)

Anwendung. Die Sennesblätter, welche fast ausschliesslich im Aufguss gegeben werden, wirken mild abführend und bilden das beliebteste Abführmittel, erzeugen jedoch bei vielen Menschen Leibschmerzen und Ekel, selbst Kolik. Der wirksame Stoff der Sennesblätter zersetzt sich sehr leicht, weshalb eine längere Aufbewahrung der Blätter die Wirksamkeit beeinträchtigt. Da das wirksame Prinzip in Alkohol unlöslich ist, so sind alkoholische Auszüge zu verwerfen. „Bei Menschen treten nach Dosen unter 0.5 gar keine Wirkungen ein. Nach 1.0 bis 2.0 erfolgt Abgang von Blähungen und in 5 bis 7 Stunden weicher Stuhl meist ohne Kolikschmerzen, welche letzteren sich nach 2.0 bis 4.0 fast regelmässig einfinden.“ (Husemann, Arzneimittell 618.)

Litteratur. Abbildung und Beschreibung: Nees v. Esenbeck, Plant. med. Taf. 345, 346; Hayne, Arzneigew. IX, Tafel 40, 41; Berg und Schmidt, Offiz. Gew. Taf. VIII f. (*acutifolia*), IX a, (*angustifolia*); Bentley and Trimen, Med. pl., Taf. 88 (*marylandica*); Taf. 89 (*obovata*); Taf. 90 (*acutifolia*); Taf. 91 (*angustifolia*); Luerssen, Handb. der syst. Bot. II, 895 ff; Karsten, Deutsche Flora 715 ff.; Wittstein, Pharm. 773.

Drogen und Präparate. *Folia Sennae:* **Ph. germ.** 116; Ph. austr. 116; Ph. hung. 395; Ph. ross. 176; Ph. helv. 57; Cod. med. 78; Ph. belg. 78; Ph. Neerl. 210; Brit. ph. 281; Ph. dan. 117; Ph. suec. 87; Ph. U. St. 291; Flückiger, Pharm. 626; Flückiger and Hanb., Pharm. 216; Hist. d. Drog. I, 389; C. Martius, Monographie der Sennesblätter, Leipzig 1857. Berg, Waarenk. 291.

Electuarium e Senna s. lenitivum: **Ph. germ.** 73; Ph. austr. 45; Ph. hung. 151; Ph. ross. 104; Ph. helv. 31; Cod. med. 387; Ph. belg. 158; Ph. Neerl. 88; Ph. dan. 84; Ph. suec. 56.

Extractum Sennae fluidum: Ph. U. St. 146.

Syrupus Sennae (*cum Manna*): **Ph. germ.** 264; Ph. austr. 128; Ph. hung. 437; Ph. ross. 406; Ph. helv. 134; Ph. belg. 253; Ph. Neerl. 255; Brit. ph. 315; Ph. dan. 257; Ph. suec. 224; Ph. U. St. 330.

Syrupus Sarsaparillae compositus: Ph. U. St. 328.

Decoctum Sarsaparillae compositum fortius: **Ph. germ.** 71; Ph. austr. 42; Ph. hung. 141; Ph. ross. 101; Ph. helv. suppl. 29; Ph. belg. 321; Ph. suec. 54.

Infusum Sennae compositum: **Ph. germ.** 140; Ph. austr. 74; Ph. hung. 233; Ph. ross. 224; Ph. helv. 66; Ph. belg. 323; Ph. Neerl. 133; Brit. ph. 164; Ph. dan. 139; Ph. suec. 112; Ph. U. St. 185.

Pulvis Liquiritiae compositus: **Ph. germ.** 216; Ph. ross. 324; Ph. helv. 106; Ph. belg. 219; Ph. U. St. 273.

Species laxantes (*St. Germain*): **Ph. germ.** 241; Ph. austr. 119; Ph. hung. 403; Ph. ross. 370; Ph. helv. 119; Cod. med. 407; Ph. belg. 334; Ph. Neerl. 224; Ph. dan. 229.

Tinctura Sennae: Brit. ph. 341.

Mixtura Sennae composita: Brit. ph. 212.

Confectio Sennae: Brit. ph. 89; Ph. U. St. 85.

Bezügl. der Drogen und Präparate siehe auch Hager, Ph. Prx. II, 947; III, 1097.

Tafelbeschreibung:

A oberer Theil der blühenden Pflanze, nat. Gr.; 1 Blüthe im Längsschnitt, vergrössert; 2 dieselbe ohne Kron- und Kelchblätter, desgl.; 3, 4, 5 Staubgefässe, desgl.; 6 Pollen, desgl.; 7 Stempel mit Fruchtknoten im Längsschnitt, desgl.; 8 Fruchttraube, nat. Gr.; 9 Fruchthälfte mit Samen, desgl.; 10 Same, vergrössert; 11, 12, 13 derselbe im Quer- und Längsschnitt, desgl. Nach einer Originalzeichnung des Herrn Professor Schmidt in Berlin.

Cetraria islandica Acharius.

Isländisches Moos, Isländische Flechte — Iceland Moss — Lichene ou mousse d'Islande.

Syn. *Lichen islandicus* L. *Lobaria islandica* Hoffm. *Physcia islandica* D. C.

Familie: *Ramalineae.* Gattung: *Cetraria* Ach.

Beschreibung. Der mittels einzelner, kurz fadenförmiger Haftorgane (Rhizinen) auf der Erde, Rinde etc. befestigte, blattartig-strauchige, vielfach gelappte, beiderseits berindete, auf beiden Flächen kahle, am Rande steif und dick gefranste Thallus bis 10 Ctm. hoch, aufsteigend, die einzelnen Individuen unter sich verwachsen oder mit den Fransen zusammengeklebt, am Grunde verschmälert, rinnenförmig oder fast röhrenförmig gerollt, nach oben verbreitert und wiederholt gabelig bis unregelmässig gelappt, mit nach oben verbreiterten, mit den Rändern nach oben zusammengeneigten bis gerollten, dickfransigen Lappen, im frischen Zustande häutig-lederig, auf der dem Lichte zugewendeten Seite olivengrün, grünlich-grau, oft blutroth gefleckt, auf der anderen Seite blasser, bis grünlich-weiss oder weisslich, mit weissen, blasigen oder grubigen Flecken, getrocknet knorpelig, auf der Vorderseite bis kastanienbraun, auf der Rückseite grau oder blassbraun. Spermogonien in den Randfransen befindlich, sich mit einer Pore öffnend und die kleinen stäbchenförmigen Spermatien auswerfend. Apothecien einzeln oder paarweise am Ende der Thalluslappen, der Lichtseite platt angedrückt und schief aufgewachsen, bis 1 Ctm. im Durchmesser haltend, rundlich oder breit oval, schildförmig, flachconcav, mit niedrigem, dicklichem, stumpfgekerbtem Rande, anfangs grünbraun, später kastanienbraun.

Je nach der Theilung des Thallus, der Breite und sonstigen Beschaffenheit der Lappen, Grösse der Apothecien unterscheidet man mehrere Varietäten. Die wichtigsten sind:

Var. *crispa* Ach.: Thalluslappen sehr schmal, vielfach getheilt, verbogen-kraus, die Ränder zusammengeneigt, dicht mit kurzen, zahnartigen Borsten besetzt.

Var. *subtubulosa* Fr.: Thalluslappen sehr schmal, die Ränder zusammengeneigt und dadurch zum Theil oder auch ganz röhrig.

Anatomisches: Der Querschnitt durch einen fruchttragenden Lappen zeigt, von der Rückseite anfangend, eine aus engverflochtenen Hyphen bestehende, pseudoparenchymatische, aussen braune, innen farblose Rindenschicht, welche nach innen zu in die aus nur locker verfilzten Hyphen bestehende

Mark- oder Gonidienschicht übergeht. In dieser Schicht finden wir eine Masse Lufträume und auf der Grenze zwischen Mark und Rinde gruppenweis gelagerte, kugelige, zum Theil in Theilung begriffene, mit grünem Plasmainhalte ausgestattete Zellen, welche als die einzigen chlorophyllführenden Organe des Flechtenkörpers für die Assimilation zu sorgen haben. Bei einem sterilen Thalluslappen würde nun abermals eine Rindenschicht folgen; in unserem Schnitte stossen wir aber auf das Fruchtlager, welches aus einer, der Gonidienschicht entspringenden, dicht verschlungenen Hyphenmasse, Subhymenialgewebe, besteht, aus dem heraus sich die Sporenschläuche (Asci) und die etwas längeren und dünneren sterilen Begleiter der letzteren, die Paraphysen entwickeln. Die keulenförmigen Sporenschläuche enthalten 6—8 längliche, einzellige, farblose Sporen. Die Spermogonien sind ovale Höhlungen, welche in dem etwas angeschwollenen, dunkler gefärbten Ende der meist einfachen, auch gabelig getheilten oder unregelmässig verzweigten Fransen der Thalluslappen auftreten und zur Erzeugung der Spermatien dienen. Die eben beschriebenen Höhlungen sind ausgekleidet von einer dichten Schicht gegliederter, schwach verästelter, farbloser Hyphen, welche als Basidien (Mutterzellen) kleine, farblose, stäbchenförmige Zellen (sogen. Spermatien) abschnüren, die durch die am Scheitel des Spermogoniums befindliche Mündung, in farblose Gallerte eingebettet, aus dem Spermogonium austreten. Durch Stahl sind diese Spermatien als die befruchtenden Zellen erkannt worden. Die blasigen und weissen Flecken des Thallus werden durch eine luftreiche Wucherung des Markes und durch später erfolgende Sprengung dieser Wucherung hervorgerufen.

Verbreitung. Auf der Erde zwischen Moos, Gras und Haide durch ganz Europa und die arktischen und antarktischen Länder der Erde verbreitet. Im Norden auf der Ebene, in den gemässigten Klimaten vorzüglich in lichten Gebirgswäldern, bis 3000 Meter emporsteigend.

Blüthezeit. Die Erzeugung von Apothecien gehört in den gemässigten Klimaten zu den Seltenheiten.

Name und Geschichtliches. Auf Island und in Norwegen ist das isländische Moos schon seit den frühesten Zeiten sowohl arzneilich als namentlich auch als Nahrungsmittel im Gebrauche; daher der Name. *Cetraria*, abgeleitet von *cetra*, kleiner Lederschild, wegen der schildartigen Form der Apothecien. *Lichen* von λειχην Flechte, λειχειν lecken, streifen, wegen des kriechenden Wachsthums auf der Oberfläche von Erde, Steinen, Bäumen etc.

Die ersten Andeutungen über die Flechte erhalten wir von Cordus, die erste Abbildung von Breyne (1672) mit der Bezeichnung *Muscus Eryngii folio.* Bartholin beschreibt sie 1671 unter dem Namen *Lichen islandicus* und hält sie, jedoch nur im Frühjahr, für purgirend. Die Kopenhagener Arzneitaxe enthält 1672 *Muscus catharticus islandicus.* Die erste chemische Untersuchung unternahm Hjärne 1744, der die Flechte mit Olaus Borchius als Arzneimittel empfahl.

Offizinell ist die ganze Pflanze: *Lichen islandicus.* Die Flechte wird von beigemischten Cryptogamen, Sand und anderen Unreinigkeiten gereinigt und geschnitten oder auch gepulvert vorräthig gehalten. Sie ist ohne Geruch und von bitterem und schleimigem Geschmacke; quillt im Wasser auf und bildet beim Kochen eine Gallerte.

Präparate. Das isländische Moos dient zur Herstellung von *Lichen islandicus ab amaritie liberatus, Lichen islandicus elotus, Lichen islandicus amaritie privatus, Gelatina Lichenis islandici, Gelatina Lichenis islandici pulverata, Decoctum Cetrariae, Pasta Cacao cum Lichene islandico, Ptisana de Lichene islandico, Massa de Lichene islandico, Saccharuretum de Lichene islandico, Tabellae cum Lichene islandico.*

Bestandtheile. Nach Berzelius, Knop und Schnedermann enthält die Flechte 70% Flechtenstärke (*Lichenin*) 16,7% Zellsubstanz, 2,0% krystallinischen Bitterstoff (*Cetrarsäure*) 0,9% *Lichesterinsäure*, 8% Zucker, Gummi, *Fumarsäure* (früher für eigenthümlich gehalten und als *Flechtensäure* bezeichnet); die anorganischen Bestandtheile betragen 1—2%. Das auch in anderen Flechten

Cetraria islandica Acharius.

auftretende, dem Stärkemehl sehr verwandte *Lichenin* $C_6H_{10}O_5$ ist der gallertbildende Stoff und besteht aus einer farblosen oder schwach gelblichen, spröden, harten, auf dem Bruche glasigen, geruch- und geschmacklosen, luftbeständigen Masse, die sich nur schwierig pulvern lässt, im kalten Wasser stark aufquillt, ohne sich zu lösen, jedoch mit kochendem Wasser eine schleimige Lösung giebt. Diese Gallerte nimmt in feuchtem Zustande mit Jod eine schöne blaue Farbe an. Sie besitzt zwar die Zusammensetzung der Stärke, aber nicht den Bau der Stärkekörner; man hat sie deshalb als Flechtenstärke bezeichnet. Das Lichenin liefert mit Sapetersäure gekocht keine Schleimsäure und unterscheidet sich dadurch von den Schleimarten im engeren Sinne. Nach Th. Berg ist das Lichenin, welches in reinem Zustande durch Jod nicht gebläut wird, von einem isomeren Körper, dem jodbläuenden Stoffe begleitet, den Flückiger als *Dextrolichenin* (ebenfalls mit der Formel $C_6H_{10}O_5$) bezeichnet und ihn nur als ein Umwandlungsprodukt betrachtet.

Der Bitterstoff des isländischen Mooses, die *Cetrarsäure* $C_{18}H_{16}O_8$, von Herberger entdeckt und *Cetrarin* genannt, aber erst von Koch und Schnedermann rein dargestellt, welche mit kochendem Weingeist bei Gegenwart von kohlensaurem Kali zugleich mit Lichesterinsäure und Thallochlor ausgezogen und durch Behandlung mit Weingeist und Umkrystallisiren rein erhalten wird, bildet ein schneeweisses, lockeres Gewebe von glänzenden, haarfeinen Nadeln, schmeckt sehr bitter, löst sich in Wasser fast gar nicht, wenig in Aether, leicht in kochendem, starkem Weingeist; sie liefert mit Alkalien sehr bitter schmeckende, gelbe, in Wasser lösliche Verbindungen. *Lichesterinsäure* ($C_{14}H_{24}O_3$, nach Flückiger $C_{14}H_{34}O_3$), die ausserdem noch in *Acharicus muscaricus* L. vorkommen soll, bildet eine lockere, weisse, aus rhombischen, perlglänzenden Tafeln bestehende, in Wasser unlösliche, in Weingeist, Aether, flüchtigen und fetten Oelen leicht lösliche Masse ohne Geruch, von kratzendem, nicht bitterem Geschmacke, mit einem Schmelzpunkt von 120°. *Thallochlor* unterscheidet sich von Chlorophyll durch Unlöslichkeit in Salzsäure. Die von Pfaff entdeckte *Flechtensäure,* von Demarçay und Schröder als *Fumarsäure* $C_4H_4O_4$ erkannt, krystallisirt aus der wässerigen Lösung in gestreiften Prismen; sie schmeckt und reagirt stark sauer. Ihr Vorhandensein in *C. island.* wird übrigens bezweifelt.

Die Cellulose, mit Einschluss des Lichenins und Dextrolichenins, liefert beim Kochen mit verdünnter Schwefelsäure oder Salpetersäure gährungsfähigen Zucker, dessen Masse bis 70% der lufttrockenen Flechte beträgt und dessen Verwerthung zur Gewinnung von Weingeist von Stenberg und Müller in Vorschlag gebracht worden ist. (Husemann, Pflanzenstoffe 128, 318, 319.)

Anwendung. Sehr wichtiges Arzneimittel gegen Brustkrankheiten, in Form von Species, Decoct oder Gallerte gereicht. „Seine Hauptverwendung findet es bei Phthisis oder mit Abmagerung verbundener Bronchoblenorrhoe, wo es besonders indicirt erscheint, wenn gleichzeitig atonische Verdauungsschwäche ein Amarum und vorhandene Diarrhoe ein demulcirendes Mittel indicirt. Auch bei chronischem Durchfall mit Digestionsstörungen ist es verwendbar.“ (Husemann, Arzneimittell. 652.) Im hohen Norden ist die Pflanze als Nahrungsmittel sowohl für Menschen als Thiere von grosser Wichtigkeit.

Litteratur. Abbildung und Beschreibung: Nees v. Esenb., Pl. med., Taf. 10; Berg und Schmidt, Offiz. Gew., Taf. 32[d]; Bentley u. Trimen, Med. pl., Taf. 302; Luerssen, Handb. der syst. Bot. I. 221; Karsten, Deutsche Flora 162; Wittstein, Pharm. 352.

Drogen und Präparate: *Lichen islandicus*: **Ph. germ.** 154; Ph. austr. 83; Ph. hung. 265; Ph. ross. 245; Ph. helv. 73; Cod. med. (1884) 60; Ph. Neerl. 146; Ph. dan. 147; Ph. suec. 117; Brit. ph. 78 (*Cetraria*); Ph. U. St. 72; Flückiger, Pharm. 270; Berg, Waarenk. 12; Berg, Atlas, Taf. II.

Lichen islandicus elotus: Ph. ross. 245.

Lichen islandicus amaritie privatus: Ph. helv. suppl. 56.

Gelatina Lichenis islandici: **Ph. germ.** 125; Ph. austr. 67; Ph. ross. 192; Ph. helv. suppl. 52; Cod. med. (1884) 431; Ph. suec. 94.

Gelatina Lichenis islandici pulverata: Ph. austr. 68.

Decoctum Cetrariae: Brit. ph. 97.

Pasta Cacao cum Lichene islandico: Ph. dan. 175.
Ptisana de Lichene islandico: Cod. med. (1884) 612.
Massa de Lichene islandico: Cod. med. (1884) 476.
Saccharuretum de Lichene islandico: Cod. med. (1884) 537.
Tabellae cum Lichene islandico: Cod. med. (1884) 594.
Bezüglich der Drogen und Präparate siehe auch Hager, Ph. Prx. II., 351.

Tafelbeschreibung:

AB Pflanze in natürl. Grösse; 1 Thalluslappen mit Apothecium, vergrössert; 2 Thallusrand mit den die Spermogonien tragenden Fransen, desgl.; 3 einzelne Franse mit Spermatien entleerendem Spermogonium, stärker vergrössert; 4 dasselbe im Längsschnitt, desgl.; 5 Thalluslappen mit Apothecium im Querschnitt, desgl.; 6 Schnitt durch den Thalluslappen und das Apothecium, sehr stark vergrössert. Nach der Natur von W. Müller; sämmtliche Nebenfiguren nach Luerssen.

Chelidonium majus[1]) L.

Schöllkraut, Schwalbenwurz — Celandine, Gouwe — Chelidoine grande, Eclaire.

Familie: *Papaveraceae.* Gattung: *Chelidonium* L.

Beschreibung. Ausdauerndes, $^1/_3$—1 m hohes, weichhaariges Kraut, welches in allen Theilen scharfen, orangerothen Milchsaft enthält. Die fleischige, walzige, wenig ästige, mit vielen Wurzelfasern besetzte, aussen rothbraune Wurzel ist mehrköpfig und schon im Sommer zahlreiche Knospen treibend. Stengel zu mehreren auf dem Wurzelstocke, aufrecht, undeutlich-kantig, knotig gegliedert, fast gabelästig, innen hohl, zerbrechlich, blaugrün, zerstreut behaart. Die zarten, oberseits hellgrünen, unterseits blaugrünen Blätter zerstreutstehend, nebenblattlos, die grundständigen langgestielt und gefiedertfiederspaltig, die stengelständigen kurzgestielt bis sitzend, fiederspaltig, fast leierförmig; Blattspindel halbstielrund, schmal geflügelt, abstehend behaart; Fiederstücke eiförmig und ungleich-eingeschnittengekerbt, die seitlichen einander gegenüberstehend, der grössere Endabschnitt 3lappig. Blüthenstand eine 3—8- (meist 5-) strahlige Dolde bildend; die Seitenblüthen von kleinen Hochblättchen gestützt. Der hinfällige Kelch 2blätterig, eirund, nachenförmig, grünlich, behaart, beim Aufblühen gewöhnlich abreissend und oben zusammenhängend, später abfallend. Knospe umgekehrt eiförmig, grünlich gelb; Blätter in der Knospe fast flach, ziegeldachig. Blumen gestielt, mittelgross. gelb, mit 4 ausgebreiteten, umgekehrt eiförmigen, am Grunde keilförmigen Kronblättern. Die zahlreichen Staubgefässe frei, einer kurzen, gewölbten Scheibe aufgeheftet, kürzer als die Kronblätter, mit zusammengedrückten, oberwärts etwas breiter werdenden Fäden, auf pfriemenförmiger, kurzer Spitze den 2fächerigen, länglichen, am Grunde angehefteten Beutel tragend. Fächer gegenständig, am Rande der Länge nach aufspringend. Pollen länglich, gelb, 3furchig. Fruchtknoten lineal-walzenförmig, 1fächerig, mit 2 wandständigen, vieleiigen Eiträgern. Griffel kurz, am Ende kaum erweitert, mit fast sitzender, undeutlich 2lappiger Narbe. Kapsel lang-schotenförmig, 2klappig, etwas zusammengedrückt. Klappen beim Aufspringen vom Grunde nach der Spitze von den fadenförmigen Samenträgern sich trennend; Samenträger an ihrer Spitze den bleibenden Griffel tragend. Samen zahlreich, schief-eiförmig, glänzend, schwarz oder dunkelolivenfarben, mit weissem, fleischigem Kamme auf der Samennaht. Embryo klein, gerade, 2blätterig, am Grunde des weissen, fleischigen Eiweisses.

Eine selten vorkommende, auch als Art betrachtete Varietät ist *Chelidonium majus var. laciniatum* Miller, mit langgestielten, bis über die Mitte fiedertheilig gekerbten Blattabschnitten, länglichen, eingeschnitten-gekerbten Zipfeln und meist eingeschnitten-gekerbten Kronblättern.

Verbreitung. In der Nähe bewohnter Orte an Zäunen, auf Schutthaufen, in Gebüschen etc. fast durch ganz Europa verbreitet.

Name und Geschichtliches. Der Name Schöllkraut, Schellkraut, althochdeutsch *schelliwurz,* soll aus den ersten Buchstaben von *Chelidonium* hervorgegangen sein. Letzteres Wort verdankt seinen Ursprung dem griechischischen *χελιδονιον* (Schwalbenkraut), von *χελιδών*, Schwalbe, weil (nach Plinius) die Entwickelung der Blätter und deren Absterben mit dem Kommen und Gehen der Schwalben in Verbindung gebracht wurde. Auch sollen, nach letztgenanntem Autor, die Schwalben, wenn ihre Jungen erblindeten, mit dem Schöllkraut das verlorengegangene Sehvermögen wieder hergestellt haben.

Nach Wittstein ist das Schöllkraut — *χελιδονιον μεγα* des Dioscorides, *Chelidonium* des Plinius — eine sehr alte Arzneipflanze, die namentlich bei Augenkrankheiten und gegen Gelbsucht in Anwendung gebracht wurde. Den Milchsaft presste man aus und bewahrte ihn, eingetrocknet, in Pastillenform auf. Dioscorides und Galenus liessen die frische Wurzel bei Zahnschmerz kauen und nach Scribonius Largus (römischer Arzt im ersten Jahrhundert n. Chr.) leistete das Auflegen der gequetschten Pflanze auf die Bisswunden toller Hunde treffliche Dienste.

Blüthezeit. Mai bis Herbst.

[1]) Im Gegensatz zu *Chelidonium minus*, womit früher *Ficaria verna* Huds. bezeichnet wurde.

Chelidonium majus L.

Offizinell ist das Kraut: *Herba Chelidonii*, früher auch die Wurzel.

Das Einsammeln des Krautes erfolgt zu Anfang der Blüthezeit und zwar gegen Ende April und Mai. Der Saft wird entweder in kleinen Mengen den Kräutersäften zugesetzt oder sofort zu Extrakt und Tinktur verarbeitet. Da das Kraut beim Trocknen 80 % seines Milchsaftes verliert, so muss die Verarbeitung desselben in noch frischem Zustande erfolgen. Nach Probst soll das Kraut nicht zu Anfang der Blüthezeit, sondern zur Zeit der Fruchtentwickelung am alkaloidreichsten sein. Nach Masing soll jedoch auch schon vor dem Blühen der Alkaloidgehalt ein sehr bedeutender sein. Das Kraut riecht, namentlich beim Zerreiben, widerlich scharf und ist von brennend scharfem Geschmacke. Der Milchsaft erzeugt auf der Haut Entzündung und wirkt blasenziehend. Die Wurzel besitzt eine gelbe Epidermis und eine innere grauliche, fleischige, hornartige, durchscheinende Substanz mit weissem, holzigem Kerne; sie schmeckt frisch scharf und bitter und ist von widerlichem Geruche. Die getrocknete Wurzel ist zusammengeschrumpft, von dunkelgrauer Farbe, geruchlos und schmeckt mehr bitter als scharf.

Präparate. Aus dem frischen Kraute wird das *Extractum Chelidonii* und die *Tinctura Chelidonii* gewonnen.

Bestandtheile. Wurzel und Kraut enthalten Pflanzeneiweiss, extraktive, gummöse, harzige Stoffe, äpfelsaure, citronsaure, salzsaure, schwefelsaure Kali-, Kalk- und Bittererdesalze und nach den Untersuchungen von Polex, Probst und Reuling 2 Alkaloide: *Chelidonin* und *Chelerythrin* (*Pyrrhopin*), einen gelben, in kaltem Wasser schwer löslichen Bitterstoff: *Chelidoxanthin* und 2 organische Säuren: *Chelidonsäure* und eine harzige Säure; ausserdem noch die von Zwenger entdeckte, nach Walz und Kraut aber fragliche *Chelidoninsäure*. Citronsäure soll nach Haitinger in ziemlicher Menge in der Pflanze vorhanden sein. Nach Masing nimmt der Gehalt an *Chelidonin* und *Chelerythrin* bei heissem und trocknem Wetter zu, bei nassem ab.

Das in farblosen, glänzenden, tafelförmigen Krystallen krystallisirende *Chelidonin* oder *Chelidin* ($C_{19} H_{17} N_3 O_3 + 2 H_2 O$) ist wenig löslich in kaltem Wasser, leichter in fetten und flüchtigen Oelen und schmilzt bei 130° zu einem farblosen Oele. Die von ihm gebildeten Salze sind farblos, bitter schmeckend und nicht giftig. Das *Chelerythrin* (*Pyrrhopin, Sanguinarin, Chelin* = $C_{19} H_{17} NO_4$) wird aus seinen Salzen durch Ammoniak in grauweissen, käsigen Flocken geschieden, schmilzt bei 65°, ist nicht flüchtig, unlöslich in Wasser, löslich in wasserfreiem Alkohol; die Lösung ist von gelber Farbe und brennend scharfem Geschmacke. Seine Salze und deren Auflösungen sind tief orangeroth, scharf und bitter schmeckend. Die in geringer Menge in allen Theilen der Pflanze vorkommende, zur Blüthezeit am häufigsten auftretende, meistentheils an Kalk gebundene *Chelidonsäure* ($C_7 H_4 O_6$) ist von Aepfel- und Bernsteinsäure begleitet, krystallisirt in langen, farblosen, seidenglänzenden Nadeln, ist 3basisch, sehr stark, Eisen und Zink unter Wasserstoffentwickelung lösend. (Husemann, Pflanzenst. 781—788.)

Anwendung. Der ätzend wirkende, scharf und bitter schmeckende frische Milchsaft der Pflanze wirkt heftig purgirend und harntreibend. Die Anwendung erfolgt in der Regel in Mischung mit anderen Kräutersäften. *Tinctura Chelidonii* wurde von Rademacher bei Gallenfieber und Leberstockungen empfohlen.

Litteratur. Abbildung und Beschreibung: Nees v. Esenb., Plant. medic., Taf. 408; Hayne, Arzneigew. IV., Taf. 6; Berg u. Schmidt, Offiz. Gew., Taf. XVI[a]; Luerssen, Handb. der syst. Bot. II., 607; Karsten, Deutsche Flora 644; Wittstein, Handb. der Pharm. 751.

Drogen und Präparate: *Herba Chelidonii*: Ph. austr. (D. A.) 34; Ph. hung. 111; Ph. ross. 203; Cod. med. 46; Ph. belg. 26; Ph. Neerl. 58; Ph. U. St. 74; Berg, Waarenk. 211.

Extractum Chelidonii: Ph. aust. (D. A.) 54; Ph. hung. 181; Ph. ross. 125; Ph. helv. 41; Ph. belg. 167, 168; Ph. Neerl. 101.

Tinctura Chelidonii: Ph. ross. 419; Ph. belg. 539.

Bezüglich der Drogen und Präparate siehe auch Hager, Ph. Prx. I., 819.

Die **Ph. germ. ed. altera** hat *Chelidonium* nicht wieder aufgenommen.

Tafelbeschreibung:

A Pflanze in natürl. Grösse; 1 innere Blüthe, vergrössert; 2 Staubgefässe von verschiedenen Seiten, desgl.; 3 Pollen, desgl.; 4 Stempel, desgl.; 5 geschlossene Frucht, natürl. Grösse; 6 geöffnete Frucht, desgl.; 7 Stempel im Querschnitt, desgl.; 8 Same, natürl. Grösse und vergrössert; 9 derselbe im Querschnitt, vergrössert. Nach der Natur von W. Müller.

Chondrus crispus Lyngb.

Syn. *Fucus crispus* L. *Sphaerococcus crispus* Agardh.

Gigartina mamillosa J. Agardh.

Syn. *Sphaerococcus mamillosus* Ag. *Mastocarpus mamillosus* Ktz.

Carrageen, Karragaheen, Perlmoos, Irländisches Moos, Irländischer Perltang, Knorpeltang — Carrageen ou Mousse perlée — Irish Moss.

Familie: *Gigartineae* (Classe: *Carposporeae*, Ordnung: *Florideae*). Gattung: *Chondrus* Ktz., *Gigartina* Ag.

Beschreibung. Chondrus crispus Lyngb.: Aus einer flachen, rindenförmigen, dem Gestein fest anhängenden Haftscheibe entspringen, in der Regel zu mehreren, die 4—15, auch bis 30 cm hohen, ausdauernden Pflanzen, mit kurzem, meist cylindrischem, auch verbreitertem Stiele und laubartigen, wiederholt gabeltheiligen, in Form und Zahl sehr veränderlichen, bald schmalen, linealen, bald blattartig verbreiterten Aesten. Die Farbe des flachen oder am Rande wellig krausen, am Ende der Abschnitte abgerundeten, gestutzten, seicht ausgerandeten oder gespaltenen Thallus ist im frischen Zustande purpurroth bis purpurbraun und seine Beschaffenheit gallertartig, im trocknen Zustande ledergelb und knorpelig. Er besteht aus einer dünnen, von einem cuticulaähnlichen Häutchen bedeckten Rinde, die aus senkrecht zur Oberfläche gestellten, perlschnurartigen Zellenreihen zusammengesetzt ist und aus einem dicken, gallertartigen Marke, dessen unregelmässige, ästig-ausgesackte Zellen mit feinkörnigem Plasma angefüllt sind. Die inneren Zellen der Rinde haben eine dickkeulige bis birnförmige, die äusseren eine kugelige, nach der Oberfläche zu an Grösse abnehmende Form. Die Markzellen sind in der Nähe der Rinde und der Cystocarpien kürzer, nach innen zu langgestreckt. Sämmtliche Zellen besitzen eine, den Zellinhalt umschliessende sehr zarte Innenlamelle und gallertartige Aussenschichten, „die zu einer strukturlosen, im Wasser sehr stark quellenden, die sogenannte Intercellularsubstanz bildende Schleimmasse zusammengeflossen sind.“ Die Cystocarpien (Kapselfrüchte) sind dem Thallus eingesenkt und äusserlich durch eine schwache, ovale Erhebung, welcher oft auf der andern Seite eine Vertiefung entspricht, erkennbar. Sie enthalten eine wechselnde Menge von Kernen, die aus einer Anzahl von kugeligen bis birnförmigen, feinkörniges Plasma enthaltenden Sporen zusammengesetzt sind. Letztere werden am Ende kurzer, gabelig verzweigter Zellen gebildet und sind als das Produkt geschlechtlicher Vorgänge zu betrachten. Eine ungeschlechtliche Fortpflanzung findet durch Brutzellen, sogen. Tetrasporen statt, die unter der Rindenschicht lagernd, kleine, über die Thallusfläche hervorragende Häufchen bilden. Diese Brutzellen bestehen aus rundlichen Mutterzellen, in denen durch zweimalige Zweitheilung des Protoplasma 4 rothe Tochterzellen gebildet werden, die sich ohne weitere Vorgänge zu neuen Pflanzen ausbilden. *Chondrus crispus* erzeugt je nach der Beschaffenheit und Zertheilung des Laubes zahlreiche Spielarten.

Gigartina mamillosa J. Agardh mit 20 cm hohem, gallertartig-fleischigem, aufwärts gebogenrandigem, daher rinnenförmig erscheinendem, verschiedenartig verzweigtem, mit *Chondrus* gleichfarbigem Thallus, der, in der Regel zu mehreren, einem scheibenförmigen, häutigen Haftorgane entspringt. Cystocarpien in den der Thallusoberfläche aufsitzenden ellipsoidischen, kurz gestielten Auswüchsen (Papillen) befindlich. Bau und sonstige Beschaffenheit wie bei Chondrus.

Verbreitung. Beide Meeresalgen an felsigen und steinigen Küsten des Atlandischen Oceans vom Nordkap bis Gibraltar und an den Ostküsten Nordamerikas; auch im Meere von Ochotsk.

Name und Geschichtliches. *Carrageen* ist aus dem irländischen *Carrageen, Corrigeen, Carraigeen,* womit die Irländer auf Felsen wachsendes Moos, speziell unsere Tange bezeichnen (*κορύζα* Schleim, *γιγνομαι* entstehen, also schleimbildend), hervorgegangen. *Chondrus* von *χόνδρος* Knorpel, wegen der knorpeligen Beschaffenheit der getrockneten Alge. *Gigartina* ist abgeleitet von *γίγαρτον* Weinbeerenkern, wegen der kernartigen Form der Fruchtlager. Mit *Fucus* (*φύκος, φυκίον*) bezeichneten die Alten alle vom Meere ausgeworfenen Seepflanzen. *Crispus* kraus; *mamillosus* von *mamilla* (*mammilla*), Brustwarze. *Sphaerococcus* aus *σφαιρα* (Kugel) und *κοκκος* (Beere, Korn), wegen der Form des Fruchtlagers.

Carrageen ist ein in Irland wohl schon längst gebrauchtes Genuss- und Heilmittel. *Chondrus crispus* ist (nach Flückiger) im Jahre 1699 von Morison abgebildet und im Jahre 1831 von Todhunter in Dublin arzneilich empfohlen worden. Carrageen als Arzneimittel verdankt seine Verbreitung in Deutschland den Empfehlungen von Gräfe und Jobst.

Offizinell sind die ganzen Pflanzen: *Carrageen* (*Fucus s. Lichen Carrageen*).

Das europäische Carrageen wird an den Nord- und Nordwestküsten Irlands gesammelt und über Liverpool in den Handel gebracht. In Amerika sind es besonders die Küsten der Grafschaft Plymouth (Massachusetts), die nach Flückigers Angabe jährlich ca. $^1/_2$ Million Pfund liefern. Die Einsamlung erfolgt bei niederstem Wasserstande, nach Springfluthen, mit der Hand, bei gewöhnlicher Ebbe mit eisernen Rechen. Dem Carrageen, welches zum grösseren Theil aus Chondrus crispus, zum kleineren Theil aus Gigartina mamillosa besteht, sind in der Regel noch andere Florideen beigemischt, so namentlich *Ceramium rubrum* Ag. (mit fadenförmigem, borstigem, bis 30 cm hohem, rosenrothem Thallus), *Chondrus caniculatus* Grev., *Gigartina acicularis* Lamour. (mit cylindrischem, gabeligem Thallus), *Gigartina pistillata* Lamour. (mit sehr hervortretender Fruchtbildung), *Laurencia pinnatifida* Lamour. (mit zusammengedrücktem, 2zeilig-fiederästigem, 15 cm hohem Thallus, von pfefferartigem Geschmack), *Furcellaria fastigiata* Lamour. (mit cylindrischem, wiederholt gabelig verzweigtem und büschelig erscheinendem, fadenförmigem, schwärzlichem, bis 15 cm hohem Thallus.

Das frisch gesammelte Carrageen ist schön dunkelroth und äusserlich schleimig; es wird durch wiederholtes Befeuchten und Trocknen an der Sonne gebleicht, wodurch es, namentlich durch Lösung des rothen Farbstoffes, eine gelblich-weisse Farbe und knorpelige Beschaffenheit erlangt. Die amerikanische Waare verdient wegen der besseren Beschaffenheit den Vorzug. Das irländische Moos besitzt einen schwach seeartigen Geruch und eben solchen schleimigen Geschmack. Es quillt, unter Annahme seiner ursprünglichen Form, im Wasser stark auf; in kochendem Wasser löst es sich fast ganz und giebt mit der 20—30fachen Menge des letzteren eine stehende, fade schmeckende Gallerte.

Eine von Ostindien in den Handel gebrachte, ähnlich wirkende Meeresalge ist das Ceylonmoos (*Sphaerococcus lichenoides* Ag., *Fucus edulis* Gm.), welches nach Mulder den Hauptbestandtheil der ostindischen Vogelnester bildet; von den Küsten Ostasiens stammt der zu Nahrungs- und Industriezwecken dienende, von *Eucheuma spinosum* Ag. und *Eucheuma gelatina* Ag. herrührende *Agar-Agar* (Alga spinosa).

Präparate. Das irländische Moos dient zur Herstellung von *Gelatina Carrageen, Pasta Cacao cum Caragheen.*

Bestandtheile. Die lufttrockne Droge enthält nach A. H. Church 55,54% Schleim, 9,38% Proteïnstoffe, 2,15% Cellulose, 14,15% Mineralstoffe, 18,78% Wasser. In der Asche wurden 2,64% Schwefelsäure in der lufttrocknen Pflanze 6,41% Schwefel aufgefunden. Ausserdem enthält *Carrageen* nach Sarphati kleine Mengen Jod, nach Grosse Brom. Der *Carrageenschleim* (*Caragin, Carraghenin, Gelin*) besitzt die Formel $C_6 H_{10} O_5$ und soll ausserdem noch ca. 0,8% Stickstoff enthalten; er wird durch Jod nicht blaugefärbt.

Anwendung. In wässerigen Abkochungen und in Form der offizinellen Gallerte als nährendes und zugleich reizlinderndes Mittel „bei chronischen Katarrhen der Respirations-, Digestions- und Harnorgane, sowie bei Atrophie im kindlichen Lebensalter. Im Ganzen dürfen ihm bei dem zweifelhaften Stickstoffgehalte wohl kaum bessere Wirkungen zugeschrieben werden als dem Amylum und kann es mit Vortheil wohl nur da gebraucht werden, wo Störungen der Darmfunktionen, namentlich Diarrhöe, im kindlichen Lebensalter zu Anämie und Atrophie führt, deren Ursachen es beseitigen kann.“ Das irländische Moos wird von den armen Küstenbewohnern Irlands als Nahrungsmittel verwendet, dient ausserdem in der Cosmetik zum Befestigen der Haare (Bandoline), auch zum Klären des Bieres und anderer Flüssigkeiten. (Husemann, Arzneimittell. 335.)

Litteratur. Abbildung und Beschreibung. Berg u. Schmidt, Offiz. Gew., Taf. XXX[a]; Bentley u. Trimen, Med. pl. IV., Taf. 305; Luerssen, Handb. der syst. Bot. I., 123 ff.; Karsten, Deutsche Flora 207; Wittstein, Pharm. 385.

Drogen und Präparate: *Carrageen*: **Ph. germ.** 48; Ph. austr. (D. A.) 30; Ph. hung. 95; Ph. dan. 61; Ph. ross. 65; Ph. helv. 23; Cod. med. (1884) 45; Ph. Neerl. 46; Ph. U. St. 77; Flückiger, Pharm. 252; Berg, Waarenk. 17; Berg, Atlas, Taf. II.
Gelatina Carrageen: **Ph. germ.** 124; Ph. austr. 67; Ph. ross. 192; Cod. med. 430.
Pasta Cacao cum Carragheen: Ph. dan. 175.
Ptisana de Fuco crispo: Cod. med. 610.
Saccharuretum de Fuco crispo: Cod. med. 538.

Bezüglich der Drogen und Präparate siehe auch Hager, Pharm. Praxis I., 725.

Tafelbeschreibung:

A B C D verschiedene Formen von *Chondrus crispus* Lyngb.; E F Formen von *Gigartina mamillosa* Ag., natürl. Grösse; 1 Längsschnitt durch einen Lappen mit Kapselfrucht von *Gigartina mamillosa*, vergrössert; 2 Querschnitt durch einen fruktificirenden Lappen des Thallus von *Chondrus crispus*, desgl.; 3 Theil eines solchen Querschnittes mit einem Theile des Cystocarpes, desgl.; 4 desgl., sehr stark vergrössert; c Cuticula, r Rinde, m Mark, i Intercellularsubstanz, s Sporen. Von W. Müller nach Exemplaren, die uns Herr Professor Flückiger gütigst überlassen hatte. Nebenfiguren nach Luerssen.

Gigartineae.

Chondrus crispus Lyngb. Gigartina mamillosa J. Ag.

Chrysanthemum Parthenium (Persoon) Bernhardi.

Mutterkraut. Englisch: Fever-few. Französisch: Espargoutte, Matricaire, Malherbe, Mandiane, Herbe à vers. Holländisch: Moederkruid. Dänisch: Matrum. Schwedisch: Romersk kamill. Spanisch, Portugiesisch, Italienisch: Matricaria. Griechisch: *Παρθένον Πόα.*

Syn. *Matricaria Parthenium* L., *Matricaria odorata* Lamarck, *Pyrethrum Parthenium* Smith, *Tanacetum Parthenium* Schultz Bipontinus, *Leucanthemum Parthenium* Godron.

Familie: *Compositae* Juss. Abteilung: *Tubuliflorae* DC. Sektion: *Senecionoideae.* Unterfamilie: *Anthemideae.* Gattung: *Chrysanthemum* L. Rotte: *Tanacetum* Schultz Bipont.

Beschreibung. Der bräunlichweise, etwa fingerlange, am Kopfe etwa fingerdicke spindelförmige Wurzelstock liegt schief in der Erde und ist mit zahlreichen bis federkieldicken langen Nebenwurzeln besetzt. Aus demselben entspringen mehrere aufrechte oder aufsteigende, $^1/_3$—1 m hohe, ästige Stengel, welche eckig und gerieft, und unten völlig kahl sind, während sie am oberen Teile von feinem Flaum und gelben glänzenden Drüsen überzogen werden. — Die Blätter sind im Umfange eiförmig und gestielt, die oberen fast sitzend, alle wechselständig, am Grunde des Stengels ziemlich dicht; die Blattfläche ist einfach, einfach- bis doppeltfiederteilig; ihre Länge erreicht etwa 8 cm, ihre Breite etwa 5 cm; vom Grunde aus zählt man zwei bis vier Paare von Fiederlappen; an der Spitze befindet sich ein dreilappiger Endzipfel. Seiten- und Endlappen sind zwar voneinander entfernt, aber durch schmale Hautränder miteinander verbunden und an der Spitze zusammenfliessend. Die Lappen sind entweder nur gekerbt gezähnt, oder so tief eingeschnitten, dass sie nochmals fiederlappig erscheinen und dann tragen erst diese Lappen zweiter Ordnung einige Kerbsägezähne. Die Form der Lappen ist länglich-elliptisch; die untersten sind meist kleiner, als die mittleren. Die Farbe der Blätter ist lebhaft grün bis gelbgrün, ihre Konsistenz krautig. Blattscheide und Blattstiel werden von langen weissen einzelligen Haaren bedeckt, welche sich besonders auf die Blattrippen und -nerven hin ausbreiten, aber auch sonst auf der Blattoberfläche vorkommen. Zwischen ihnen bemerkt man unter der Lupe oder dem Mikroskop zahlreiche gelbe Öldrüsen. Haare und Drüsen sind um so reichlicher vorhanden, je sonniger und steiniger der Standort der Pflanze ist. — Die zahlreichen Blütchen stehen in Körbchen; die Körbchen selbst bilden das Ende doldentraubig verzweigter Äste. Die Doldentraube erinnert in der Gestalt sehr an eine Trugdolde, insofern die inneren Strahlen derselben kürzer sind als die äusseren. Die grösseren Äste dieser Doldentraube spalten sich schliesslich meist in drei die Köpfchen tragende Zweige. An den Verzweigungsstellen befindet sich ein Stützblatt, welches um so kleiner und um so einfacher ist, je höher es sitzt; ferner findet sich in der Mitte der Köpfchenstiele meist noch ein sehr kleines pfriemliches oder kaum verbreitertes Deckblättchen. Die Köpfchenstiele sind nach der Spitze zu etwas verdickt. Der Hüllkelch des Köpfchens ist halbkuglig, und besteht aus mehreren Reihen lineallanzettlicher gelblicher, grüngekielter Hüllblätter, von denen die äussersten die kürzesten, die innersten dagegen die längsten sind; letztere sind noch besonders an der Spitze mit einem weisshäutigen, langgefranzten Rande versehen. Die Hüllkelchblättchen sind ebenfalls mehr oder weniger weisshaarig und mit goldgelben Drüsen besetzt. Der von dem Hüllkelch umschlossene Blütenboden ist gewölbt und kahl. Die Köpfchen messen $1^1/_2$—2 cm im Durchmesser, die Scheibe davon 8—10 mm. Die Randblüten sind weiss, zungenförmig, ursprünglich einreihig, weiblich; bisweilen indessen verwandeln sich auch noch mehrere Reihen der röhrigen Scheibenblütchen, unter Umständen sogar alle, in Zungenblüten, und bilden dann die sogenannte gefüllte Form. Im normalen Zustande enthält jedes Köpfchen etwa zwölf bis fünfzehn solcher Zungenblüten; dieselben besitzen einen 1—1,5 mm langen kantigen unterständigen Fruchtknoten, eine 1,5 bis 2 mm lange Röhre und eine Zunge von 4—4,5 mm Länge und 3 mm Breite. Die letztere ist länglich, verkehrt eiförmig, oben abgestumpft, dreizähnig, mit verkürztem Mittelzahne. Die Oberseite ist fast drüsenlos; die Unterseite aber ist ebenfalls, wie auch die Röhre, mit vielen Drüsen besetzt. Die Fläche wird von vier parallelen Längsriefen durchzogen, welche sich unter den drei Spitzen in Bögen vereinigen. Die Scheibenblüten sind regelmässig fünfzipflig, etwa 3 mm lang, gelb; ihr Fruchtknoten ist kürzer, als der der Randblüten und nur 0,8—1 mm lang. Die Zipfel der Röhre sind dreieckig, wenig ausgebreitet; aussen ist letztere mit Drüsen besetzt. Die fünf Staubblätter sind mit ihren Fäden nahe dem Grunde der Korolle angewachsen; die nach Innen in Längsspalten sich öffnenden Antheren sind zu einer Röhre verwachsen, welche kaum aus der Korolle hervorragt. Die Beutel selbst sind lineal und oben zugespitzt. Der Griffel überragt die Staubblattröhre und endigt in zwei zurückgebogene, gelbe, von einem rötlichen Balsamgang durchzogene Äste, welche an der Spitze papillös sind. Die Achänen sind kreiselförmig, mit fünf hervortretenden Riefen und fünf dazwischen liegenden vertieften Rillen, feindrüsig, oben am Rande in einen kurzen unregelmässig sechslappigen Saum endigend, welcher die Narbe der abgefallenen Blumenkrone und des Stempels umgiebt. Samen ohne Nährgewebe.

Formen. In Gärten findet sich die Pflanze mit gefüllten Blüten, d. h. solchen, in denen die Röhrenblüten in Zungenblüten verwandelt worden sind.

Blütezeit. Juni bis August.

Vorkommen. Die Pflanze stammt aus dem Orient, ist im nördlichen Kleinasien und den südeuropäischen Gebirgen verbreitet. Sie findet sich ferner in zahlreichen Formen als Zierpflanze, und ist als Gartenflüchtling in Mittel- und Westeuropa verwildert, so namentlich an Eisenbahndämmen, Stadtmauern und bebauten Orten.

Verwandte Arten. *Chrysanthemum praealtum* Ventenat (*Pyrethrum parthenifolium* Willd.). Im Wuchs viel höher, der Stengel mehr rutenförmig, die Blätter immer doppeltfiederspaltig mit schmäleren Zipfeln; der Blütenstand lockerer; das Körbchen mit kleinerer Scheibe und längeren, den Hüllkelch weit überragenden Strahlenblütchen.

Chrysanthemum praealtum Vent. *var. niveum* Ascherson, (*Chrysanthemum niveum* Lagasca, *Ch. pulverulentum* Willd.) ebenso, aber mit noch stärkerer weisser Behaarung.

Pharmazeutisch wichtig ist die Pflanze, 1) wegen der Verwechselung ihrer Blüten mit den *Flor. Chamomillae romanae*; 2) als Vertreterin der Kamille in einign Pharmakopöen; 3) als Volksheilmittel.

Von den Blütenkörbchen der römischen Kamille *Anthemis nobilis* L. unterscheiden sich „gefüllte" Köpfe der **Chrysanthemum Parthenium Bernh.**, wie folgt:

1. Die Köpfe sind bedeutend kleiner;
2. Die Blütchen sind mehr gelblichweiss und riechen weniger angenehm;
3. Der Blütenboden ist frei von Spreublättchen und flach, nicht keglig erhaben.

Die Pflanze selbst ist durch ihren höheren Wuchs, die kleineren Köpfe und die breiteren Blätter leicht zu unterscheiden.

Von den Blütenkörbchen der Kamille *Matricaria Chamomilla* L., unterscheiden sich die „nicht gefüllten“ Körbchen der *Chrysanthemum Parthenium* Bernh. besonders durch den markigen, halbkugligen (nicht hohlen, konischen) Blütenboden; die Pflanzen selbst sind durch die Blattformen allein genügend gekennzeichnet.

Offizinell sind teils die Blüten oder Blütenzweige als *Flores* oder *Summitates Matricariae* (Pharm. Gall. u. Hisp.) oder das ganze, von holzigen und dicken Stengeln und den Wurzeln befreite Kraut, *Herba Matricariae.* (Pharm. Belg. u. Graec.). — Kraut und Blüten sind in den Sommermonaten zu sammeln; sie verlieren beim Trocknen vier Fünftel an Gewicht, zugleich aber auch viel von ihrem starken Geruch. Man muss sie deshalb nur gelinder Wärme aussetzen und sie in wohlverschlossenen Gefässen aufbewahren. Der Geschmack der Pflanze wie des Auszugs ist aromatisch und bitterlich; der Aufguss wird durch Ferrichloridlösung grün gefärbt.

Bestandteile. Man kennt seit langer Zeit das grüne ätherische Öl der Pflanze, welches in sehr geringer Menge durch Destillation mit Wasserdämpfen gewonnen wurde. Aus den Untersuchungen von Dessaignes und Chantard (s. Husemann-Hilger, Pflanzenstoffe l. c.) siedet das Öl zwischen 165 u. 220°, enthält ein Terpen und einen sauerstoffhaltigen Bestandteil. Beim Abkühlen auf — 10° schieden sich Krystalle ab, welche die Untersucher Pyrethrumkampfer nannten. Sie fanden seine Zusammensetzung $C^{10}H^{16}O$; seine Zusammensetzung zeigte demnach Isomerie mit dem Japankampfer, der in grösserer Menge erhalten wird bei der Behandlung des Öles mit mässig verdünnter Salpetersäure. Sie bestimmten seinen Schmelzpunkt bei 175°, seinen Siedepunkt bei 204°, sein spezifisches Gewicht = 0,9853 bei 18°, doch unterscheidet er sich durch Linksdrehung des polarisierten Lichtstrahles.

Nach Flückiger ist der von Chantard gefundene Pyrethrumkampfer identisch mit dem linksdrehenden Blumea-Borneol (Ngai-Kampfer von *Blumea balsamifera* DC. *Compositae, Asteroideae, Innleae*) und hat demnach die Zusammensetzung $C^{10}H^{18}O$. — Schimmel & Co. in Leipzig (l. c.) stellten im Jahre 1894 das Öl aus frischen Pflanzen eigener Kultur dar. Die Ausbeute betrug 0,068 %; das Öl hatte eine dunkelgrüne Farbe und ein spezifisches Gewicht von 0,960 bei 15°. Schon bei gewöhnlicher Temperatur schieden sich reichliche Mengen hexagonaler Blättchen von Links-Borneol aus, dessen Schmelzpunkt bei 204° und dessen Linksdrehung α_D = — 36,1 gefunden wurde. Die beobachtete hohe Verseifungszahl des Öls (V. Z. = 131) lässt darauf schliessen, dass das Öl noch mehrere Ester des Borneols enthält. — Die Gegenwart eines Kampfers $C^{10}H^{16}O$ war nicht festzustellen. — Anwendung findet das Öl nicht.

Anwendung. Das getrocknete Kraut dient als krampfstillendes und schwach fiebervertreibendes Mittel; es findet ferner Anwendung zur Regelung der Menstruation; man giebt es in Dosen von 2—6 gr zweimal täglich als Aufguss. — Hin und wieder sollen die Blüten zur Verfälschung der römischen Kamillen gedient haben; auch soll das Pulver als Beimengung zum Insektenpulver gebraucht worden sein; hierdurch würde das letztere schwächer; leider kennt man bis heute kein Mittel, letztere Verfälschung nachzuweisen.

Litteratur. Beschreibung und Abbildung. Linné, spec. 1255. — Kosteletzki, Med. pharm. Flora II. 690 *(Pyrethrum)*. — Nees v. Esenb., Pl. medic. t. 243. — Hayne, Arzneigew. VI. 20. — Henkel, Bot. 125 *(Pyrethrum)*. — Berg, Botanik 324. Charakt. d. Pf. Gen. t. 51. fig. 395 *(Pyrethrum)*. — v. Schlechtendal-Hallier, Flora von Deutschland XXIX. 278. Taf. 3044 *(Chrysanthemum)*. — Thomé, Flora von Deutschland IV. 315 *(Chrysanthemum)*. — Garcke, Flora 321. fig. 1154 *(Tanacetum)*. — Karsten, Flora von Deutschland II. 673. fig. 709, 710, 12 *(Chrysanthemum)*. — Luerssen, Med. Pharm. Bot. II. 1143. — Baillon, Hist. d. Pl. VIII. 310. — De Candolle, Prodrom. VI. — Bentham & Hooker, Gen. II. 424. 1235. — Engler & Prantl, Pflanzenfam. IV. 5. 278. — Grenier & Godron, Fl. de France II. 145. — Ascherson in Geisler & Möller, Realencycl. d. Pharm. III. 124.

Droge. *Herba et flores matricariae.* Hager, Praxis II. 434. — Wiegand, Pharmacogn. 400. — Berg, Pharm. 194. — Realencyclop. VI. 517. — Pharm. Belg. 154. 351. — Pharm.

Compositae
(Anthemideae)

Chrysanthemum Parthenium Pers.

Gall. 62. — Pharm. Graec. 92. — Pharm. Hisp. 70. — *Verwechs. mit Flor. Cham. rom. u. vulgar.* Henkel, Pharm. 277. — Berg, Pharm. 299. — Wiegand, Pharm. 254. 255. — Hager, Praxis I. 813. — Flückiger, Grundriss d. Pharm. 272. — Handbuch (III.) 828, 833, 834. — Flückiger & Hanbury, Pharmacographia 386. 518. — Pharm. Austr. 89.

Bestandteile. Flückiger, Handbuch d. Pharm. (III.) 159. — Husemann-Hilger, Pflanzenstoffe II. 1533. — Wiesner, Rohstoffe 236. — Schimmel & Co., Berichte Oktober 1894. 71. — April 1897. Tabelle 40.

Tafelbeschreibung:

A Wurzel, B blühende Pflanze. 1 Randblüte; 2 Scheibenblüte; 3 Fruchtboden mit Früchtchen und Hüllkelchblättern; 4 Früchtchen; 5 dasselbe im Längsschnitt. A, B natürliche Grösse; 1—5 vergrössert. Nach Thüringer lebenden Exemplaren.

Chrysanthemum roseum Weber & Mohr.

Rosafarbene persische Wucherblume, persisches Flohkraut.

Chrysanthemum Marschallii Ascherson.

Marschall's Wucherblume, armenisches Flohkraut.

Familie: *Compositae* Juss. Unterabteilung: *Tubuliflorae* DC. Sektion: *Senecionoideae*. Unterfamilie: *Anthemideae*. Gattung: *Chrysanthemum* L. Rotte: *Pyrethrum* Bentham & Hook.

Chrysanthemum roseum Weber & Mohr,

Rosafarbene persische Wucherblume, persisches Flohkraut,

Syn. *Chrysanthemum carneum* Karsten. — *Chr. coccineum* Willdenow. — *Chr. tanacetifolium* Willdenow. — *Chr. coronopifolium* Willdenow. — *Pyrethrum carneum* Marschall v. Bieberstein. — *Tanacetum carneum* C. H. Schultz Bipontinus.

Beschreibung. Die Wurzel besteht aus mehreren, bis 20 cm langen, federkieldicken, braunen Nebenwurzeln, welche aus einem fingerdicken, braunschwarzen, etwa 10 cm langen, schief in der Erde sitzenden Rhizom hervorbrechen; das letztere treibt neben einigen nicht blühenden Sprossen mehrere aufrechte, bis 80 cm hohe, scharf 5—6-kantige, zehnriefige, markige, nur unter den Blütenköpfen hohle Stengel, welche oben 3—5 oder mehr seitliche Äste tragen. Die Blätter der nicht blühenden Triebe, 2—5 an der Zahl, sind lang gestielt und bis etwa 20 cm lang, wovon der Stiel die Hälfte oder ein Drittel beträgt. Die Blattfläche ist zweifach fiederschnittig, zeigt auf jeder Seite der Mittelrippe 6—7 Fiederpaare erster Ordnung, welche ungefähr 2 cm lang sind und wiederum etwa 0,5 cm lange Fiederschnitte zweiter Ordnung bilden. Die letzteren Zipfel haben an der Aussenseite gewöhnlich noch 1—2 Zähne. Alle Zipfel haben geschweifte, schwachbogige Ränder, sind eiförmig und laufen in eine nicht glashelle, stumpfe Spitze aus. — Die Stengelblätter sind sitzend, eiförmig, mit 5—7 Fiederschnitten erster Ordnung und einem dreizipfeligen Endlappen. Die Abschnitte nehmen nach dem Stengel hin nur wenig an Grösse ab und stehen am Grunde des Blattes so dicht als an der Spitze desselben. Am Stengel selbst sitzen zu beiden Seiten des Blattes noch zwei Fiederlappen, die kaum kleiner sind als die übrigen. Wählt man zum Vergleich dieser Pflanze mit der folgenden ein Blatt, etwa 20 cm vom Stengelgrunde entfernt, so ist das ganze Blatt eiförmig, etwa 9 cm lang, 4,5 cm breit, zeigt gewöhnlich sieben Fiederpaare, einen einzelnen Lappen am Grunde und einen dreilappigen Endzipfel. Der Fiederlappen erster Ordnung ist etwa 2,5 cm lang und 1 cm breit und länglich-lanzettlich. Im übrigen wiederholen sich die oben besprochenen Erscheinungen. — Der Stengel endet in einen 16—20 cm langen, markigen, etwa 10 cm unter der Blüte hohl werdenden Blütenstiel, welcher mit einem nur wenig kleineren Stützblatt und mehreren schuppig-pfriemlichen Blättchen besetzt ist und der nach dem einzigen Blütenköpfchen hin sich etwas erweitert, sich aber gegen den Hüllkelch plötzlich absetzt, bisweilen in denselben sogar etwas eingesenkt ist. Der Stengel trägt ausser dem Stützblatt des Körbchens noch 7—8 Blätter. In den Achseln der obersten 4—5 Blätter entspringen neue meist unbeblätterte Verzweigungen, welche mit dem ersten Trieb eine Doldentraube bilden, doch so, dass die seitlichen Triebe die Höhe des Haupttriebes nicht oder nur selten erreichen. Jeder Trieb endet in nur ein Körbchen; ist dasselbe vollständig entwickelt, so hat es einen Durchmesser von 6—6,5 cm; die Scheibe misst 1,8—2 cm. Der Hüllkelch ist ungefähr vierreihig, dachig; die Blättchen sind nahezu gleichlang; die innersten und äussersten etwas kleiner, lineal-lanzettlich, 6—7 mm lang, 3 mm breit, der innere Teil grün, spitz zulaufend, am Rande alle bräunlich häutig durchscheinend. Der Blütenboden hat einen Durchmesser von 1 cm und eine Höhe von 3 mm, ist kahl und feingrubig.

Die 20—30 und mehr Randblüten sind rosa oder weiss, zungenförmig, weiblich; die Zunge, wenn schön entwickelt, wird 22 mm lang und 6—7 mm breit, länglich-lanzettlich, stumpf dreizähnig, mit grösserem Mittelzahn und zwei tiefen Längsfurchen auf der Oberseite versehen. Die Röhre ist grünlich, 2 mm lang, 1 mm weit; der Fruchtknoten ist ebenso breit, aber 2,5—3 mm lang, gewöhnlich etwas hornförmig gebogen und innen abgeflacht; am oberen Rande trägt er ein wellig vierzähniges Krönchen, welches nach der Innenseite (der Scheibe zu) geringer entwickelt und kürzer ist, als an der entgegengesetzten. Die Seitenflächen des Fruchtknotens sind gerieft; zwischen den 8—10 Riefen befinden sich je 2—3 Reihen mehrzelliger gestielter Drüsen, deren Zahl an der Aussenseite der Frucht erheblich abnimmt. Die Scheibenblüten sind gelb, zwittrig, röhrig, regelmässig fünfzähnig. Der trichterig-glockige Saum ist 2 mm lang; die dreieckigen ausgebreiteten Zähne 1 mm; die grünliche Röhre, sowie der Fruchtknoten sind 2 mm lang. Der letztere ist undeutlich 4—6-kantig, zehnriefig; zwischen den Riefen befinden sich 2—3 Reihen von Drüsen; das obere Ende trägt den Kelch in Form eines kleinen, ungefähr vierzipfeligen Krönchens. Auch der Fruchtknoten der äusseren Scheibenblüten ist noch etwas gebogen, während der der inneren gerade ist. Die fünf Staubblätter sind mit den Fäden der Blumenkronenröhre eingefügt; ihre linealen, mit Längsspalten nach innen sich öffnenden Beutel sind in eine, die Blumenkrone überragende Röhre verwachsen; das Verbindungsglied der Beutel überragt diese fast um die Hälfte ihrer Länge mit dreieckiger Spitze, welche dem Griffel sich zuneigt und diesen fast berührt. Die Beutel verschmälern sich am Grunde allmählig; das Verbindungsglied erweitert sich daselbst in eine farblose, blasige Auftreibung, bevor es in den Faden übergeht. Der Pollen hat die den meisten Anthemideen gemeinsame Form einer stachligen Kugel mit drei Keimöffnungen. Die Frucht ist eine grünlich-hellbraune, unregelmässig 4—5-kantige, 8—10-riefige Achäne, in deren Rillen nur noch die Reste der eingetrockneten Drüsen wahrzunehmen sind. Die Spitze der Früchte ist abgeplattet, heller, und trägt die Narbe des abgefallenen Griffels und ein 4—5-seitiges, mehr oder weniger gezähntes, mehr oder weniger glockig ausgebreitetes Krönchen. Die Früchte sind meist etwas gebogen, im oberen Drittel besonders am Rücken etwas aufgedunsen, unter dem Krönchen wieder verengert; diese Formen treten um so deutlicher in die Erscheinung, je näher dem Rande die Früchte stehen; die innersten sind gerade, kreiselförmig, und haben unter dem Krönchen keine Verengerung; alle sind 4—4,5 mm lang, an der dicksten Stelle 1,5 mm dick, nach unten zugespitzt. Der Same besitzt kein Nährgewebe, dafür zwei weisse, dickfleischige Samenlappen und am unteren, spitzen Ende das Würzelchen.

Formen. Die Pflanze variiert mit rosa und weissen Blüten.

Blütezeit. Mai, Juni.

Vorkommen. Die Pflanze wächst, mit der folgenden, in den Hochgebirgen des Kaukasus, Armeniens und Nord-Persiens und erreicht Höhenlagen von 2000 Metern, wo sie eine Zierde der sonnigen Triften ist.

Chrysanthemum Marschallii Ascherson.

Marschall's Insektenblüte, armenisches Flohkraut.

Syn. *Pyrethrum roseum* Marschall von Bieberstein. — *Chrysanthemum roseum* Adam.

Beschreibung. Die ausdauernde Pflanze treibt einen etwa fingerlangen und fingerstarken braunen Wurzelstock in die Erde, aus dem mehrere federkieldicke bis 20 cm lange Wurzelfasern nach unten, und nach oben mehrere bis 60 cm hohe, aufrechte 8—10 riefige, aber nicht scharfeckige, markige, nur unter den Blütenköpfen hohle Stengel entsendet werden. Die letzteren sind entweder ganz einfach oder treiben doch nur höchstens einen Seitenast, nur in Ausnahmefällen mehrere. — An dem Wurzelstock entspringen auch nichtblühende Sprosse; deren Blätter, 2—5 an der Zahl, sind ungefähr 20 cm lang und gestielt. Der Stiel misst etwa 6—10 cm, die Blattfläche enthält etwa 5—6 Paare von Fiederlappen erster Ordnung, welche 2 cm lang sind und wiederum Fiederlappen zweiter Ordnung von 0,5 cm Länge tragen. Der Umfang der Fiederschnitte erster Ordnung ist eiförmig, die letzten Zipfel haben an der Aussenseite gewöhnlich 1—2 Zähne. Alle Zipfel und Zähne haben ziemlich gerade Ränder, sind mehr lineal und

Chrysanthemum roseum Web. & Mohr.

laufen in lange, scharfe, glashelle Spitzen aus. Die vorhandenen 7—8 Stengelblätter, zu denen das oberste (als Stützblatt des Hauptkörbchens) nicht zu rechnen ist, sind wechselständig, sitzend einfach, einfach- bis doppeltfiederspaltig, im Umfang länglich-eiförmig, haben 4—6 Fiederpaare und einen dreizipfligen Endlappen. Die dem Stengel zunächst sitzenden Fiederlappen sind bedeutend kleiner; die Blätter werden am Grunde von ganz einfachen, ungeteilten schmalen Zipfeln begleitet. Wählt man zum Vergleiche mit der vorigen Pflanze ein Blatt etwa 20 cm vom Grunde des Stengels entfernt, so ist das länglich-eiförmige Blatt etwa 10 cm lang und 4 cm breit; 1—2 cm vom Stengel entfernt zeigen sich die ersten grösseren Fiederlappen, deren grösster lanzettlich, etwa 2,5 cm lang und 1,5 cm breit ist. Das Blatt besitzt 5—6 Fiederpaare und einen dreilappigen Endzipfel. Der Stengel endet in einen 20—30 cm langen, etwa 3—4 cm unter dem Köpfchen hohlwerdenden Blütenstiel, welcher mit einem kleinen, einfach oder zweifach fiederspaltigen Deckblatt und noch einzelnen zerstreuten pfriemlichen Blättchen besetzt ist und mehr allmählich in den Hüllkelch übergeht, jedenfalls in denselben nicht eingesenkt ist. Aus den Winkeln höchstens eines oder zwei der obersten Blätter entspringt bisweilen noch ein etwa 20 cm langer Blütenstiel; eine weitere Verästelung findet nicht statt. Die vollständig entwickelten Körbchen sind kleiner als bei *Chrysanthemum roseum* Weber & Mohr; sie haben einen Durchmesser von 4,5 cm; ihre Scheibe ist 1,5 cm breit, ihr Blütenboden fast eben, etwa 8 mm breit und 2 mm hoch, feingrubig, kahl. Der Hüllkelch ist ungefähr vierreihig, dachig; die untersten Hüllblätter sind grün, spitz dreieckig, schwarz berandet, aber nicht hautrandig, 5 mm lang und an der Basis 2 mm breit; die mittleren sind mitten grün, dreieckig, aussen schwarz hautrandig, 6—7 mm lang, am Grunde 2 mm breit; die innersten sind lineal, kaum hautrandig, blassgrün und 7×2 mm gross. — Die 20 bis 30 Randblüten sind zungenförmig, weiblich, dunkel karmoisinrot oder etwas weissstreifig, besonders auf der Rückseite oft weisslich. Die Zunge ist 18—20 mm lang, 6 mm breit, sehr stumpf dreizähnig, der Mittelzahn grösser; die Röhre ist 2 mm, der Fruchtknoten 3 mm lang, also länger als die Röhre. Der Fruchtknoten zeigt oft an der Bauchseite 6—7, am Rücken nur drei Riefen; in den Rillen befinden sich zahlreiche grüne, beinahe kugelige Drüsen in 2—3 Reihen. Der Kelch bildet ein undeutlich 4—5-zipfeliges Krönchen. Der Griffel überragt die Röhre mit zwei hornförmig gebogenen rinnigen Ästen, die am Ende mit grösseren, auf der oberen Seite mit zahlreichen kleinen Papillen besetzt sind. — Die Scheibenblüten sind gelb, zwittrig, röhrig, regelmässig, fünfzähnig. Der trichterig-glockige Saum ist etwa 2,5 mm lang, die ausgebreiteten dreieckigen Zipfel etwa 0,5—1 mm. Die Röhre misst 2 mm, der Fruchtknoten 2,5 mm und ist achtriefig, zwischen den Riefen dicht drüsig; bei den äusseren Blüten ist er mehr gekrümmt, bei den inneren gerade. Die fünf Staubblätter sind mit den freien Fäden in der Röhre angeheftet; die linealen, nach innen in einer Längsspalte sich öffnenden, gelben Antheren sind zu einer Röhre verwachsen, welche in der Blumenkronenröhre verborgen bleibt. Das Verbindungsglied der Staubbeutel ist oben in eine stumpfe, dem Griffel zugeneigte Spitze ausgezogen, während es am Grunde der Antheren vor dem Übergang in den Staubfaden eine blasige Erweiterung bildet. Der gelbe Griffel überragt die Röhre, ist mit Papillen besetzt und teilt sich wie bei den Randblüten. — Die Früchtchen sind grünlich hellbraune Achänen, meist unregelmässig 4—5-kantig, 8—10-riefig, mit stärker hervortretenden Riefen an den Kanten. Die Rillen tragen nur noch die Hautreste der vertrockneten Drüsen. Die obere Spitze der Frucht ist abgeplattet und heller und trägt den Rest des abgefallenen Griffels; der bleibende Kelch bildet ein faltig-glockiges, undeutlich 8—10-lappiges Krönchen. Die Körner sind meist etwas gebogen und wie die von *Chrysanthemum roseum* Web. & Mohr im oberen Drittel, besonders am Rücken, aufgedunsen, unter dem Krönchen wieder verengert; sie sind 4,5 mm lang und 1,5 mm dick, am Grunde schmaler, mehr oder weniger 4—5-kantig. Der Same besitzt kein Nährgewebe, die zwei fleischigen weissen Kotyledonen füllen die Fruchtschale vollkommen aus und tragen am unteren spitzen Ende den Keimling.

Formen. Durch Kultur gehen, wie bei vielen anderen Kompositen, die gelben Röhrenblüten ganz oder teilweise in Zungenblüten von der Farbe des Randes über; man bezeichnete die Blüten dann als „gefüllt.“ Bei kultivierten Exemplaren beobachtete ich eine Vermehrung der Hüllkelchblätter in der Art, dass die dem Rande nahestehenden Scheibenblüten grüne weisshautrandige Deckblätter erhalten hatten. Die Deckblätter der äussersten Scheibenblüten hatten sogar schwarze Spitzen.

Blütezeit. Mai bis Juni.

Vorkommen. Wie vorige, in den Hochgebirgen des Kaukasus, Armeniens und Nordpersiens, besonders in Armenien; in Deutschland hat man Kulturversuche gemacht, namentlich auf den Berliner Rieselfeldern bei Blankenburg in der Nähe von Potsdam; die Kulturen sind aber heute wieder verschwunden, wahrscheinlich weil die Blüten an Wirksamkeit die wildgewachsenen orientalischen, hauptsächlich aber die Dalmatiner Blüten nicht erreichen konnten.

Officinell sind die nicht vollständig entwickelten Blüten beider Pflanzen als *Flores Chrysanthemi persici* und *Flores Chrysanthemi caucasici* und ihr Pulver als Insektenpulver. Im getrockneten Zustande sind beide Blütenköpfe nicht allzu schwer zu unterscheiden. Abgesehen von der Farbe der Zungenblüten, charakterisiert sich *Chrysanthemum roseum* Web. & Mohr durch den erhabeneren Fruchtboden, durch den eingesenkten Blütenstiel auf dem Längsschnitt, sowie endlich durch die meist helleren und mehr berandeten Hüllkelchblätter. Giebt endlich die Farbe der Blütenblätter keinen Aufschluss, so findet man in der Nervatur der Zungenblüten ein gutes Unterscheidungsmerkmal. Frische Randblüten erwärmt man auf dem bedeckten Objektglas mit Natronlauge, bis sie gleichmässig gelb oder grün sind; dann neutralisiert man mit Essigsäure und betrachtet schliesslich unter dem Mikroskop bei 50—80-facher Vergrösserung in Chloralhydratlösung (5+2). Getrocknete Randblüten weicht man in Wasser auf und betrachtet sie direkt in Chloralhydrat.

Chrysanthemum roseum Web. & Mohr zeigt hierbei vier Hauptnerven, die an der Spitze in drei Spitzbogen unter den drei Zähnen sich treffen. Mehrere Verzweigungen der Hauptnerven laufen diesen in der Mitte der Zunge parallel und bilden an den Seiten langgezogene Maschen. Bei **Chrysanthemum Marschallii** Ascherson aber bilden sich unter den drei Zähnen der Zunge sechs Spitzbögen. Die Anzahl der parallelen Nerven ist bei den einzelnen Blüten nicht gleich und hängt natürlich von der Verzweigung der Hauptnerven und der Länge der Zweige ab. Sie schwankt bei beiden Pflanzen zwischen 11 und 15. — Beide Blüten dürfen keiner hohen Hitze ausgesetzt werden; die Trockenwärme soll 30° nicht übersteigen. Geschlossene Blüten sind wirksamer als offene; da in den schwächer wirkenden vollständig entwickelten Blüten die Drüsen des Fruchtknotens schon einzutrocknen beginnen, so ist es wahrscheinlich, dass in diesen Drüsen der Insekten tötende Stoff enthalten ist. Sekretschläuche in der Form, wie sie bei *Chrysanthemum cinerariaefolium* vorhanden sind, konnten weder bei *Chr. roseum* noch bei *Chr. Marschallii* beobachtet werden.

Verwechselungen und Verfälschungen. Das persische Insektenpulver ist seither den gröbsten Verfälschungen ausgesetzt gewesen, ein Umstand, der die Ausfuhr der Blüten nach Europa sehr dezimiert, wenn nicht vernichtet hat. Unter die Verwechselungen sind zunächst die Blütenkörbchen anderer Anthemideen zu rechnen. Die Blüten von *Chrysanthemum Parthenium* Pers., *Chr. inodorum* L., *Anthemis Cotula* L. wirken ähnlich, aber schwächer. Die Köpfe unterscheiden sich vor allem dadurch, dass sie keine schwarzgeränderten Hüllkelchschuppen haben. Ersatz der Insektenpulverblüten durch diese Köpfe in grösserem Maßstabe ist wohl bisher wenig oder gar nicht beobachtet worden. — Anders verhält es sich mit den Blüten von *Chrysanthemum Leucanthemum* L., welche im Jahre 1888 in grösseren Mengen als ungarisches Insektenpulver in den Handel kamen. Im Aussehen haben sie einige Ähnlichkeit mit weissen Blüten von *Chrysanthemum roseum*, sowohl im Bau als auch durch die schwarzrändrigen Hüllkelchschuppen; sie unterscheiden sich aber leicht durch folgende Merkmale von den persischen und kaukasischen Blüten:

1. Sie sind geruchlos.
2. Der Fruchtknoten trägt keine Drüsen und keine Krönchen.
3. Die Randblüten haben drei stumpfe, gleich grosse Zähne.
4. Die Nervatur der Randblüten ist eine verschiedene; neben einem mittleren grossen halbierten Zahne befinden sich zwei Gruppen aus je zwei niedrigeren Zähnen, die von einem dritten überragt werden.
5. Die Stiele der Körbchen sind in den Hüllkelch nicht eingesenkt und haben dicht unter dem Kelch keine T-förmigen Haare. Dagegen haben die Hüllkelchschuppen vereinzelte kugelige, gestielte Drüsenhaare, welche aus 4—10 Zellen bestehen.

6. Die Oberhautzellen der Zunge sind breitkegelig, ohne Verdickung an der Spitze.

Obgleich alle diese Blütenköpfe in Pulverform den Insekten sehr nachteilig sind, hat doch nicht eine der Blüten annähernd die Wirkung guten persischen oder kaukasischen Insektenpulvers.

Curcuma, Bleichromat, Baryumchromat, Gelbholzpulver erkennt man nach den bei *Chrysanthemum cinerariaefolium* Bentham & Hooker angegebenen Methoden.

Anatomisches. Die Blüten der beiden beschriebenen Pflanzen zeigen im anatomischen Bau sehr viel Übereinstimmung sowohl unter sich, als auch mit *Chrysanthemum cinerariaefolium* Bentham & Hooker. Untersuchungen der Struktur liegen vor von Kirkby, Schrenk, Unger, Tschirch und Hanausek. Aus denselben ergiebt sich folgendes: Die Blütenstiele von *Chrysanthemum roseum* sind von Collenchym umkleidet, welches sich sowohl auf den Riefen als auch in den Vertiefungen ausbreitet; die Riefen besonders sind mit Haaren ausgekleidet, welche ähnlich denen von *Chr. cinerariaefolium* Bentham & Hooker aus einem Stielchen von 1—4 Zellen und langer, darauf ruhender, zweispitziger Querzelle bestehen, also **T**-förmig sind. Die Zellen des Stiels sind bei *Chr. Marschallii* gewöhnlich alle drei oder vier, bei *Chr. roseum* Web. & Mohr nur die Basal- oder Gipfelzelle mit gelbem Inhalt erfüllt. Nach Unger sollen die Querzellen bei *Chr. roseum* Web. & Mohr (*Pyrethrum carneum*) leierförmig gebogen sein; ich fand nur wellige Zellen, allerdings von verschiedener Form; auch bemerkte ich, dass der Stiel oft nahe dem einen Ende befestigt und dass dieses Ende oft dick und abgerundet war. Dagegen fand ich solche leierförmige, auch dreizipfelige Querzellen bei *Chr. Marschallii* Asch. Die Querzellen sind länger als bei *Chr. cinerariaefolium.* — Die Schuppen des Hüllkelches bestehen fast nur aus Sklerenchymzellen; die letzteren sind also zahlreicher im persischen als im dalmatinischen Insektenpulver. Die Zellen der Fruchtknotenwand führen bei beiden Pflanzen Oxalat, teils in Einzelkristallen, teils in Zwillingen oder Drusen. Die Drüsen bestehen bei beiden Arten aus mehreren (4—10) Zellen, welche sich in einen kurzen Stiel und ein mehr oder weniger kugliges Köpfchen gliedern. Die Oberhautzellen der Randblüten zeigen eine papillenähnliche Vorstülpung, deren Spitzenwinkel nicht über 50° beträgt. Die Spitze selbst ist verdickt (Unterschiede von *Chr. cinerariaefolium* Bentham & Hooker). Der Pappus von *Chrysanthemum roseum* und *Marschallii* hat am oberen Rande keine Spiralfaserzellen. Die Nervatur der Randblüten eignet sich besonders gut zur Unterscheidung von *Chrysanthemum roseum* Web. & Mohr, *Chr. Marschallii* Asch. und *Chr. Leucanthemum* L. — Aus dem Fruchtknoten treten in die Blütenzunge vier Hauptstränge, welche sich mehrfach verästeln. Einige der Äste verlaufen blind im Gewebe; die meisten aber münden in die Hauptstränge und bilden neben einer Reihe von länglichen Randmaschen auf jeder Seite, bei

Chrysanthemum roseum Web. & Mohr drei Spitzbogen unter den drei Spitzen des Blattes; bei

Chrysanthemum Marschallii Asch. sechs Spitzbogen; bei

Chrysanthemum Leucanthemum L. einen halbierten Spitzbogen in der Mitte und zweimal drei pyramidal gestellte an den Seiten. Siehe die Tafel von *Chrysanthemum cinerariaefolium* Bentham & Hooker, Fig. 12.

In allen drei Fällen entspringen den mittleren Hauptrippen höchstens zwei Seitenrippen, während bei *Chrysanthemum cinerariaefolium* Bentham & Hooker deren mehrere wahrgenommen werden.

Bestandteile. Die älteren Analysen des Insektenpulvers beziehen sich meist auf persische bezw. kaukasische Blüten. Rother fand in *Chr. roseum* Web. & Mohr 1876 ein saures Glycosid, Persicin. Dasselbe zerfällt durch Säuren in Zucker und das ebenfalls saure Persiretin; ausserdem stellte er eine Harzsäure von öliger Konsistenz, das **Persiceïn** dar. Bellesme fand Spuren eines Insekten tötenden alkaloidischen Körpers, er konstatierte, dass das ätherische Öl ohne Wirkung auf Insekten sei. Dalsie fand 1879 eine flüchtige Säure. Diese Funde lassen noch immer die genaue Erklärung der Insektenpulverwirkung vermissen. — Für die Praxis dagegen ist es von Wichtigkeit, künstliche Zusätze und Substitutionen zu ermitteln; dies gelingt zum Teil durch die Aschen- und Feuchtigkeitsbestimmung. In dieser Hinsicht lieferte Unger einige Analysen von Insektenpulver aus Blüten von den Berliner Rieselfeldern, welche ergaben, dass diese Blüten Aschenmengen von 7,9—10,20%, der Trockensubstanz und 4,8—8,3% Feuchtigkeit enthielten. Untersuchungen von Vulpius zeigten ferner, dass das lufttrockene Pulver dalmatischer Blüten in feuchten Räumen noch etwa 6% auf-

Compositae
(Anthemideae)

Chrysanthemum Marschallii Aschers.

nehmen können; daraus ergiebt sich, dass gutes persisches oder kaukasisches Insektenpulver etwa 8% Asche und 5—6% Feuchtigkeit haben darf. Die Asche war meist hart, enthielt viel Eisen und wenig Kohlensäure, daneben Ca, Mg, aber kein Mangan.

Geschichtliches und Handelsnachrichten. Aromatische Compositenblüten sind schon seit Jahrhunderten als Mittel gegen Ungeziefer und lästige Insekten im Gebrauch; Matthiolus erzählt davon schon im Jahre 1565. Durch Versuche Kalkbrunners ist festgestellt worden, dass insbesondere *Chrysanthemum*- und *Tanacetum*-Arten zur Bereitung von Insektenpulver geeignet seien, während *Anthemis*-Arten ohne Wirkung blieben. Die kaukasische Insektenpulverpflanze wurde zuerst 1728 von Buxbaum beschrieben. 1802 sammelte Adam dieselbe in den iberischen Bergen; Weber und Mohr beschrieben sie 1805, ohne ihrer Anwendung zu gedenken. 1846 gelangte zuerst persisches Insektenpulver durch Zacherl in Wien in den Handel. Als aber das Pulver an den Ausfuhrorten in ganz unerhörter Weise verfälscht wurde, und die stärkere Wirkung des Dalmatiner Insektenpulvers bekannt wurde, nahm die Ausfuhr ausserordentlich schnell und stark ab, sodass nach Berichten von Gehe & Co. in Dresden 1895 in Deutschland nur 49 Doppelzentner persische Blüten und ihr Pulver eingeführt wurden, gegenüber 3080 Doppelzentner dalmatischer Blüten.

Litteratur. Beschreibung und Abbildungen. Ledebour, Flora Ross. II. 520 (*Pyrethrum*). — Berg, Pharmacognos. 299. 300 (*Pyrethrum*). — Henkel Bot. 127. (*Pyrethrum*) — Weber & Mohr in Beiträge zur Naturkunde, Kiel 1805. I. 70. — Koch in Linnaea XXIV. 329. — Ascherson in Geisler & Möller, Realencyclop. III 122. 123 (*Chrysanthemum*). — Karsten, Flora von Deutschland II. 672 (*Chrysanthemum*). — Engler & Prantl, Pflanzenfamilien IV. 5. 278. Baillon, Histoire des Plantes VIII. 276. 310. (*Chrysanthemum*).

Droge. Henkel, Pharmacogr. 281. — Hager, Praxis II. 77. Fig. 169. — Meyer, Drogenkunde II. 349. — Flückiger, Handbuch d. Pharm. 825. Grundriss 276. — Hanausek in Realencyclop. V. 461. — Wiegand, Pharm. 255. — Schrenk, American Drugg. March 1889 und American Journ. of Pharm. 1889. 295 m. Abb., durch Pharm. Ztg. 1889. 263.

Anatomie. Tschirch-Oesterle, Anat. Atlas I. 173. — Kirkby, Pharm. Journ. and Tr. (3) XIX 240 durch Arch. Pharm. 227 (1889) 43 und Pharm. Ztg. 1888. 632. — Schrenk l. c. — Unger, Pharm. Ztg. 1888. 82. — Pharm. Gall. 71. 526. — Nederl. Suppl. 163. — Deutsche Arzneimittel (1891) No. 305 p. 124.

Chemie. Rother & Bellesme, s. Arch. 1876. (212) 78. — Unger l. c. 1887. 686. — 1888. 164. — Husemann-Hilger, Pflanzenstoffe II. 1532.

Tafelbeschreibungen:

Chrysanthemum roseum Weber & Mohr. A blühender Zweig. 1 Knospe; 2 a b c Hüllkelchblätter; 3 Blütenboden vom Hüllkelch befreit; 4 Blütenboden mit Hüllkelch, Längsschnitt; 5 Randblüte; 6 Scheibenblüte; 7 Geschlechtsorgane; 8 Ein Staubblatt; 9 Narbe; 10 Fruchtknoten; 11 Frucht; 12 Haare. Nach kultivierten lebenden Pflanzen von Benary in Erfurt.

Chrysanthemum Marschallii Asch. A blühender Zweig. 1 Körbchen im Längsschnitt; 2 a b c Hüllkelchblätter; 3 Randblüte; 4 Scheibenblüte; 5 Geschlechtsorgane. 6 Frucht; 7 Haare. Nach kultivierten lebenden Pflanzen des botanischen Gartens zu Jena und von Benary in Erfurt.

Cicuta virosa L.

Giftiger Wasserschierling, Wütherich, Scherte, Borstenkraut, Parzenkraut. Engl.: Water-hemlock, Cow-bane. Franz.: Ciguë vireuse, Cicutaire aquatique. Dän.: Wandpastinak, Seesnape, Sprengrod. Holl.: Waterscheerling. Ital.: Cicutaria. Port.: Cicutaria aguatica.

Syn. *Cicutaria aquatica* Lam. — *Coriandrum Cicuta* Roth.

Familie: *Umbelliferae* Juss. Unterfamilie: *Orthospermae* Juss. Section: *Ammineae* Koch. Gattung: *Cicuta* L.

Beschreibung. Eine ausdauernde, in stehendem oder langsam fliessendem Wasser wachsende, sehr giftige Staude. Das Rhizom ist 5—7 cm lang, kurz rübenförmig, an der Spitze abgestutzt, aussen grünlich oder weisslich, geringelt, innen weissfleischig, hohl, durch Querwände gefächert. Aus der verletzten Wurzel tritt ein fast weisser, aromatisch riechender Balsam hervor, der an der Luft mehr und mehr gelb, endlich rot und stinkend wird. Die Wülste des Rhizoms sind mit fleischigen, federkieldicken, weisslichen, langen, horizontalen Nebenwurzeln quirlig besetzt. Aus dem Rhizom entspringt meist nur ein unten rötlicher, oben grasgrüner, nicht bereifter, kahler, stielrunder, zartgeriefter, hohler, knotiger, 0,5—1,5 m hoher, 1 bis 2 cm dicker, oben sehr verzweigter Stengel mit oft gegenständigen Asten. Die Blätter sind ebenfalls vollständig kahl und grasgrün; die grundständigen, grössten haben eine bis 20 cm lange, etwa 2 cm breite Scheide und einen ungefähr ebenso langen, runden, hohlen Stiel; sie werden im ganzen bis 80 cm lang und etwa 30 cm breit, und erscheinen deshalb im ganzen Umfange länglich-lanzettlich; die stengelständigen nehmen nach oben an Grösse rasch ab. — Die Blätter sind wechselständig, nicht zusammengesetzt, aber tief doppelt-fiederteilig. Die 3—5 Fiederteilpaare erster Ordnung und die 2—3 Fiederteilpaare zweiter Ordnung sind gegenständig; die Fiederteile zweiter Ordnung sind nur tief 2—3-spaltig. Diese letzten Zipfel sind, je nach der Grösse der ganzen Blätter, 4—6 cm lang und 7—14 mm breit, länglich lanzettlich, an jeder Seite des Randes mit 6—9 einfachen, scharfen, stachelspitzigen Sägezähnen versehen und laufen in eine scharfe Stachelspitze aus. Jeder Zipfel ist von einer hervortretenden Mittelrippe durchzogen, von der nach jedem Sägezahn hin eine weniger deutliche Seitenrippe unter ziemlich spitzem Winkel sich abzweigt. Die kleinen Blütchen stehen in zusammengesetzten vielstrahligen, konvexen Dolden und diese wiederum in mehrgabligen Trugdolden angeordnet, und zwar so, dass jede Dolde ihrem Stützblatt gegenüber zu stehen scheint, während aus der Achsel des Stützblattes der nächste Strahl der Trugdolde entspringt. Die Dolden haben entweder keine oder seltener 1—2 schmale Hüllblätter; die Döldchen dagegen sind von 8—12 pfriemlichen, zurückgeschlagenen, den Blütenstielen an Länge gleichkommenden oder sie überragenden Hüllblättchen umgeben. Jedes Blütchen sitzt auf einem bis 10 mm langen Blütenstiel; die meisten von ihnen sind zwittrig, doch finden sich besonders in der Mitte der Döldchen bisweilen einige, durch Verkümmerung des weiblichen Geschlechtsorgans, männliche Blütchen. — Der Kelch ist oberständig, deutlich fünfblättrig; seine Blättchen sind breit eiförmig zugespitzt. Die fünf Blumenblätter wechseln mit den Kelchblättern ab, sind weiss, gleich gestaltet, eiförmig oder verkehrt herzförmig, durch den nach dem Innern der Blüte eingeschlagenen Endzipfel scheinbar ausgerandet. Die Staubblätter stehen zwischen den Kronenblättern; ihre Fäden sind nach innen gekrümmt, die Beutel beinahe halbkugelförmig, weiss oder rötlich, nach innen in Längsspalten aufspringend. Die zwei in der Jugend verwachsenen, später sich trennenden Fruchtknoten sind unterständig, endigen oben in ein breites Griffelpolster und in zwei aufrechtstehende kurze Griffel mit kleiner, knopfiger Narbe. Die 2 mm lange Frucht besteht aus zwei beinahe halbkugligen, von oben her etwas zusammengedrückten, bräunlich gelben Teilfrüchtchen, die an einem gespaltenen Fruchtträger hängen und von denen die eine mit drei, die andere mit zwei Kelchblättern und eine jede mit einem verlängerten, nach aussen gebogenen Griffel gekrönt ist. Die Fugenfläche der Frucht ist nahezu eben; die fünf Hauptriefen sind am Rücken abgerundet, die Seitenriefen nicht flügelig, sodass die ganze Frucht rundlich, beinahe kugelig erscheint. Die Thälchen sind dunkler gefärbt, nicht sehr vertieft und je mit einem stark hervortretenden Ölstriemen versehen; auch auf der Fugenfläche verlaufen zwei Ölstriemen. Der Same ist von einer dunkelgraubraunen Haut umgeben und enthält reichliches Nährgewebe. Letzteres ist dunkelgrau, in dünnen Lagen durchscheinend, auf dem Querschnitt rundlich, namentlich nach der Fugenfläche hin hervorgewölbt, trocknet aber bei der Reife bisweilen so stark zusammen, dass die Frucht an der Fugenfläche etwas ausgehöhlt erscheint, daher Roth's Zusammenstellung mit *Coriandrum.* (s. o.) Der Keimling ist vom Nährgewebe umschlossen; das Würzelchen liegt am oberen Ende der Frucht, der Keimling mit den spitzen Keimblättern sichelförmig nach unten gerichtet.

Eine Form dieser Pflanze ist

β. **tenuifolia** Koch. (*C. tenuifolia* Fröhlich, *C. angustifolia* Kitaibel als Art) zartblättriger Wasserschierling. Wurzelstock und Stengel sind dünn, letzterer viel niedriger, oft nur spannenhoch; Blattzipfel lineal und wenig gesägt oder ganzrandig; die Dolde 5—8 strahlig, so auf dem Boden im Sommer austrocknender Sümpfe.

Name. *Cicuta* ist die römische Bezeichnung für Schierling. Es ist wohl als sicher anzunehmen, dass unter *Cicuta* für gewöhnlich unser Conium, das *Κόνειον* oder *Κώνειον* der Griechen, zu verstehen ist. Doch ist bekannt, dass bei den Griechen die Vergiftung mit Schierlingssaft zu den Todesstrafen gehörte, die ja u. a. auch Sokrates erlitten hat. Nach den Symptomen dieses Todes zu urteilen, scheint es sich hierbei um den Wasserschierling gehandelt zu haben und eine Verwechselung beider Pflanzen in Erzählungen ist für jene Zeit umsoweniger verwunderlich, als sie ja auch heute noch vorkommt. Plinius und Scribonius Largus bezeichnen mit *Cicuta major* den gefleckten Schierling (*Conium maculatum* L.) und mit *Cicuta minor* die ihm sehr ähnliche Hundsgleisse (*Aethusa Cynapium* L.) Den Wasserschierling beobachtete zuerst Gesner 1561 in stehenden Wässern bei Zürich und beschrieb ihn als *Cicuta aquatica*; trotzdem dient der Name *Cicuta* im Mittelalter noch ausschliesslich zur Bezeichnung des gefleckten Schierlings, so bei Matthiolus und Tragus. Erst Linné 1737 trennte die genannten drei Pflanzen in der heute üblichen Weise, wonach also *Cicuta virosa* L. gleichbedeutend mit *Cicuta aquatica* Gesner ist (nach Flückiger).

Blütezeit. Juni, Juli, August.

Vorkommen. Die Pflanze findet sich in wasserreichen Gegenden nicht selten an Teichrändern, in Wassergräben, Sümpfen und an überschwemmten Orten, durch ganz Europa und Nordasien zerstreut. In Nordamerika wird sie durch die nachfolgende Art ersetzt.

Cicuta maculata L. Gefleckter Wasserschierling, Schlangenwurzel, wilder Pastinak, *Wild Parsnip, Waterhemlock, Beaverpoison, Spotted Cow-bane.*

Die Wurzel ist ebenfalls gefächert, aber etwas kriechend, mit 2—7 länglichen, etwas knolligen, fleischigen Wurzelästen von 8—10 cm Länge und 2 cm Dicke; die ganze Wurzel ist aussen bräunlich, innen weiss, wenig riechend. Der Stengel ist purpurbraun gefleckt, im Schatten auch wohl ungefleckt, 60—100 cm hoch und höher. Die Blätter sind doppelt dreiteilig, die Abschnitte kürzer, aber breiter als bei *C. virosa* L., lanzettlich oder eilanzettlich zugespitzt und stachelspitzig gesägt. Die Dolden haben 5—10 cm im Durchmesser, sind end- und seitenständig; die Hülle fehlt meist, die Hüllchen sind viel kürzer als die Döldchen; die Blütenstiele sind hohl, die Früchte sind 2 mm lang, gelblich, haben fünf stumpfe Rippen und sechs Ölgänge, von denen zwei auf der Fugenfläche liegen.

Blütezeit. Juli, August.

Vorkommen. An sumpfigen Orten Nordamerikas.

Anatomie beider Pflanzen. Die Wurzel von *Cicuta virosa* L. zeigt eine aus 3—4, durch Digestion mit Alkohol sich leicht trennenden Schichten bestehende Korkhülle; auf diese folgt ein polyedrisches, mit grossen schizogenen Ölbehältern durchsetztes Rindenparenchym. Die Ölbehälter haben bei kreisförmigem oder ovalem Querschnitt eine Weite von 200 bis 300 μ und sind von einer Scheide von 14—16 nach dem Inneren des Hohlraumes papillös hervorragenden senkrechten Zellreihen gebildet Sie fehlen dem ziemlich undeutlich abgegrenzten Holzkörper vollständig, ebenso dem Phloëmteil. Das Mark ist wenig entwickelt, zeigt aber breite Markstrahlen und ist, wie das Holz vollständig frei von Ölbehältern.— Ähnliche Verhältnisse fand Glenk bei der Untersuchung der Wurzel von *Cicuta maculata* L. — In den jungen Nebenwurzeln wechseln zwei Xylembündel mit zwei dazwischen liegenden Phloëmbündeln; das sekundäre Cambium umgiebt den äusseren, den seitlichen und bisweilen auch den inneren Teil des Xylems. Bei den Verdickungen, wie sie insbesondere bei *Cicuta maculata* L. vorkommen, hört die Thätigkeit des radialen Cambialteiles allmählich auf, während die des äusseren und inneren erhalten bleibt. Die Gefässe des Xylems werden von nicht verholztem Parenchym umgeben, welches in Kreisen und radial nach aussen angeordnet ist. — Die Hohlräume der Wurzel entstehen nach de Bary durch Bildung schizogener Lücken im Mark, worauf die umschliessenden Zellen allmählich ihr Protoplasma verlieren und kollabieren. Die Reste der Zellwände der kollabierten Zellen bedecken die Wand des Hohlraumes. — Der hohle Stengel besteht in beiden Fällen aus einer sehr dünnen Rinde und einem sehr schmalen Gefässbündelteil mit unvollständig verholztem Xylem. — Den Bau der Blätter von *Cicuta virosa* L. studierte Hans Virchow, Glenk den der Blätter von *Cicuta maculata* L. Die Cuticula des Cicutablattes ist ober- und unterseits schwach gefaltet. Die Epidermiszellen sind polygonal; zwischen ihnen sitzen, besonders auf der Unterseite, zahlreiche Spaltöffnungen. Der starke Mittelnerv eines jeden Blattzipfels dringt tief in die mit zahlreichen Spaltöffnungen besetzte Spitze vor, vereinigt sich hier mit den schwachen Seitennerven und endigt pinselartig. Die Verzweigung der Adern ist eine sehr einfache; erst in weiterer Entfernung von der Spitze zeigen sich stärkere Nerven. Der Mittelnerv besteht aus einem collateralen Gefässbündel, welches oberseits wie unterseits starke Collenchymbelege hat. Der Mittelnerv ist mit kurzen, einzelligen Papillen besetzt, deren Cuticula kleine warzige Ausstülpungen zeigt. Der Rand ist mit kurzen, getrennten, die glashelle Spitze aber mit büschelförmig gehäuften Trichomen besetzt. — Das Nährgewebe des Samens besteht aus einem ölreichen Parenchym, welches zahlreiche rundliche durchscheinende Aleuronkörner einschliesst. Die Striemen sind mit braunem Öl angefüllt und durchziehen die Frucht ihrer ganzen Länge nach.

Officinell war früher die Wurzel der Pflanze als *Radix Cicutae aquaticae* und das Kraut als *Herba Cicutae aquaticae.* Die Wurzel wurde als zerteilendes Mittel gerühmt und fand Anwendung zur Vertreibung von Geschwülsten, Ueberbeinen, inneren Geschwüren und dergleichen. — Das Kraut wurde überall da angewandt, wo man heute *Conium maculatum* L. benützt, also besonders äusserlich als Zusatz zu erweichenden Spezies. Heut ist es nicht mehr im Gebrauch. — Die Übereinstimmung der Volksnamen dieser Pflanze und des gewöhnlichen Schierlings (*Conium maculatum* L.) giebt Veranlassung zur Verwechselung beider Pflanzen, obgleich eine Ähnlichkeit zwischen Beiden nicht vorhanden ist. Sodann sollen die Früchte von *Cicuta virosa* L. sich unter den *Fructus Phellandri* gefunden haben, da beide Pflanzen den Standort gemeinsam haben; doch unterscheiden sich die rundlichen Cicutafrüchte leicht von dem länglichen Wasserfenchel. — Viel wichtiger als diese möglichen Verwechselungen und absoluten Gebrauchsanweisungen erscheint die Kenntnis der furchtbaren toxischen Eigenschaften, die das eingehendste Studium der deutschen Pflanze wie ihrer amerikanischen nahen Verwandten rechtfertigt; denn beide Arten bergen in allen ihren Teilen eines der heftigsten und tückischsten Gifte, die im Pflanzenreiche gefunden werden. Wiederholte Beobachtungen der jüngsten Zeit haben ergeben, dass relativ geringe Mengen des Krautes, des Samens und besonders der frischen Wurzel hinreichen, um kräftige Kinder in kürzester Zeit bewusstlos zu machen und sie fast unfehlbar bald darauf zu töten. — Beide Pflanzen sind infolge dessen wiederholt Gegenstand von Untersuchungen gewesen, welche u. a. ergeben haben, dass besonders die Herbst- und Frühjahrswurzel stark giftig ist, und vorzugsweise ihr Saft, aber ebenso auch der Saft der ganzen übrigen Pflanze Betäubung, Verlust der Sprache, Ohnmacht, krampfhafte Zuckungen, Kinnbacken- und Starrkrampf, schliesslich den Tod herbeiführte. Diese Erscheinungen folgen so unmittelbar aufeinander und steigern sich so schnell, dass der Patient meist unrettbar verloren ist, wenn nicht augenblickliche

Hilfe zur Stelle ist. Als Gegenmittel dienen nach Lüdtke Brechmittel, Essig, Kochsalz, Zucker, Zwiebeln, Senf, Eisklystiere, Öffnen der *Vena jugularis*, innerlich Kampfer, 10—15 Tropfen *Tinctura Kalina* und die Samen der *Fevillea cordifolia* (*Cucurbitaceae*).

Bestandteile. Vergeblich suchte man im ätherischen Öle oder in einem flüchtigen oder nicht flüchtigen Alkaloid oder Glycosid nach der verderbenbringenden Wirkung der Pflanze. Das ätherische Öl erwies sich als gefahrlos; ein Alkaloid oder Glycosid aber wurde nicht gefunden. Im Jahre 1868 gelang es Ankum in Gestalt eines indifferenten Harzes das wirksame Prinzip des Wasserschierlings zu isolieren, welches von Böhm später rein dargestellt und **Cicutoxin** benannt wurde. Zu seiner Bereitung wurde das ätherische Extrakt mit 70prozentigem Weingeist ausgeschüttelt; die alkoholische Flüssigkeit setzt im Kalten grünes fettes Öl ab. Man filtriert, entfernt den Rest des fetten Öles durch Ausschütteln mit Petroläther und dampft die gereinigten alkoholischen Flüssigkeiten unter der Luftpumpe ein. Trockne Wurzel gaben 3,5%, frische 0,2% Cicutoxin, eine homogene, nicht trocknende, sauer reagierende Masse, welche durch alkoholische Kalilauge in mehrere, lösliche Salze bildende Säuren zerlegt wird. Verdünnte Schwefelsäure zersetzt es ebenfalls bei längerer Einwirkung. Das Cicutoxin wirkt ähnlich dem Pikrotoxin; 2—3 mg töten Fische, 50 mg, innerlich gegeben, Katzen, eine etwas grössere Dosis Hunde. Charakteristisch für seine Wirkungen sind die oben erwähnten Erscheinungen: Bewusstlosigkeit, Verlust der Sprache, Krämpfe, schliesslich der Tod. Das ätherische Öl wurde wiederholt dargestellt und untersucht. J. Trapp erhielt 1858 aus 10 kg Samen 60 g Öl; seine Analyse ergab als Bestandteile Cuminol und Cymol, die Bestandteile des Cuminöles (s. dieses). Glenk erhielt 1891 aus den Wurzeln von *Cicuta maculata* 4,8% Öl mit einem Siedepunkt von 177° und spezifischem Gewicht 0,855; während J. Trapp und von Ankum für das Öl von *Cicuta virosa* L. den Siedepunkt 166°, spezifisches Gewicht 0,870 und Polarisation + 14,7° angeben.

Litteratur. Beschreibung und Abbildung. *Cicuta virosa* L. Linné, Gen. 354. Spec. 368. — Endlicher, Gen. n. 4391. — Hoffmann, Umbell. 177. — Kosteletzki, Med. Pharm. Flora IV. 1128. — Berg, Botanik 333. Charakteristik d. Pfl.-Gen. 82. t. LIV. 403. — Nees v. Esenbeck, Pl. medicin. t. 282. — Hayne, Arzneigew. I. 37. — Henkel, Botanik 96. — Schlechtendal-Hallier, Flora von Deutschland XXVII. 85 t. 2719. — Thomé, Flora von Deutschland III. 136. t. 372. — Luerssen, Med. Pharm. Bot. II. 762. — Karsten, Flora von Deutschland II. 400. — Garcke (XVII) 239. Fig. 891. — Koch, Umbell. 129. — De Candolle, Prodrom. IV. 99. — Bentham & Hooker, Gen. Pl. I. 889. — Baillon, Histoire des Plantes VII. 221. 182. 123. Fig. 123. 124. *Cicuta maculata* L. Linné, Spec. 367. — Kosteletzki, l. c. — Torrey, Fl. Unit. St. I. 308. — Lindley, Fl. Med. 34. — Raffinesque, Med. Bot. I. T. 22. — Gray, Manual. ed. 5. 196. — Champ., Flora Unit. St. 161. — Glenk, Am. Journ. Pharm. 1891. — Baillon, Hist. d. Pl. VII. 182. Reichenbach fil., Icon. Fl. Germ. T. 1853.

Droge: *Radix Cicutae.* Lüdtke, Arch. 1893. 34 (Bd. 231). — Glenk, l. cit. — Pharm. Port. 124. — *Herba Cicutae.* Henkel, Pharm. 250. — Berg, Pharm. 268. — Flückiger, Grundriss Pharm. 185, Handb. Pharm. 951. — Flückiger & Hanbury, Pharmacogr. 299.

Anatomie. Lüdtke, l. c. — Glenk, l. c. u. Pharm. Ztg. 1891. 563. — Hans Virchow, Arch. Pharm. 1896 (Bd. 234) 132.

Bestandteile. Husemann-Hilger, Pflanzenstoffe II. 934. — Flückiger & Hanbury, Pharmacogr. 332. — J. Trapp, Arch. Pharm. 1896. Bd. 234. 212.

Tafelbeschreibung:

A Unterer Teil der Pflanze. B grundständiges Blatt. C Blütenzweig. 1 Blüte; 2 Fruchtknoten mit Griffelpolster; 3 derselbe im Querschnitt; 4 Früchte; 5 Frucht im Längsschnitt; 6 Frucht im Querschnitt; 7 Frucht von der Bauchseite; 8 dieselbe vom Rücken. A B C natürliche Grösse, 1—8 vergrössert. Alles nach der Natur.

Umbelliferae
(Ammieae)

Cicuta virosa L.

Cinnamomum Cassia Blume.

Syn. *C. aromaticum* Fr. Nees. *Laurus Cassia* C. G. Nees. *Persea Cassia* Spr.

Zimmtkassie, Chinesischer Zimmtbaum.

Familie: *Laureae.* Gattung: *Cinnamomum* Burm.

Beschreibung. 12 und mehr Meter hoher Baum mit aschgrauer, rissiger Rinde und vielästiger Krone. Aeste steif abstehend; die jungen Zweige ungleich vierseitig, wie die Blattstiele und Blüthenstände gelblich weichhaarig. Blätter lederig, auf $1-1^1/_2$ Ctm. langen Blattstielen, am Ende der Zweige gegenständig, 10—15 und mehr Ctm. lang, bis $6^1/_2$ Ctm. breit, länglich-eiförmig, an der Basis schwach verschmälert, oben zugespitzt, 3nervig, oberseits glänzend grün und vertieft netzaderig, unterseits bläulich-grün, schwach flaumig erhaben aderig. „Oberseits bildet das kupferrothe zwischen den 3 Hauptnerven aus glänzend bräunlich-grünem Grunde hervortretende Adernetz der Blätter, besonders mit der Lupe betrachtet, eine zierliche Zeichnung.“ Die zwitterigen Blüthen in achsel- und endständigen, armblüthigen Blüthenrispen, mit 3blüthigen letzten Verzweigungen. Blüthen auf ungefähr 1 Ctm. langen Blüthenstielen, kreiselförmig, mit gelblich-grünem, 5blätterigem Perigon; letzteres aus eiförmigen, 4 Mm. langen, seidenhaarigen, dem Rande des kreiselförmigen Unterkelches entspringenden Abschnitten bestehend. Staubgefässe zu 12 in 4 Reihen; die 9 äusseren, fast perigonlangen fruchtbar, die 3 innersten, kurzen, verkümmerten unfruchtbar; die 6 äusseren nackt, die 3 inneren beiderseits unterhalb des Beutels mit einer weisslichen, nierenförmigen Drüse versehen. Die 3 innersten, unfruchtbaren Staubgefässe (Staminodien) herzförmig und purpurfarbig. Staubbeutel länglich, orangeroth, fast 4seitig, 4fächerig; Fächer paarweise übereinander, mit emporgerichteten Klappen aufspringend; Pollen kugelig. Der freie, oberständige, kahle Stempel etwas kürzer als die Staubgefässe, mit eiförmigem, in den Unterkelch halb eingesenktem, einfächerigem Fruchtknoten, fruchtknotenlangem, etwas übergeneigtem, schwach gefurchtem Griffel und nierenförmig-dreilappiger Narbe. Samenträger leistenförmig, der innern Wand des Fruchtknotens aufgewachsen, oben unter der Spitze mit einem hängenden Eichen. Die beerenartige, verkehrt-eiförmige, dunkelpurpurne, ca. 14 Mm. lange Frucht von dem halbkugelig-kegelförmigen, 6kerbigen, grünlichen Fruchtperigon zu $^3/_4$ der Höhe eingeschlossen. Der länglich runde, eiweisslose Same violett, mit ovalen, planconvexen Samenlappen und nach oben gerichtetem Würzelchen.

Dieser Baum, welcher als Stammpflanze des chinesischen Zimmtes in letzter Zeit angezweifelt wurde, ist durch Charles Ford, der im Auftrage der englischen Regierung im Mai 1882 die chinesischen Zimmtpflanzungen besuchte, wieder zu seinem früheren Ansehen gelangt. Ford sagt in seinem Berichte, worüber Flückiger das Nöthige veröffentlicht hat, dass *Cinnamomum Cassia* in China nirgends wild wachse, sondern nur in Pflanzungen anzutreffen sei. Die bisher ebenfalls als chinesische Zimmtpflanze betrachtete, in China, Japan, Java, Sumatra und den Philippinen vorkommende *Cinnamomum Burmanni* Blume fand Ford nirgends kultivirt und konnte derselbe an wildwachsenden Exemplaren keinerlei Spuren von Zimmtnutzung wahrnehmen. Nach der Behauptung der Chinesen soll der letztere Baum zur Zimmtnutzung nicht geeignet sein, höchstens zur Fälschung des Zimmtes benutzt werden.

Anatomisches: Die auf dem Bruche nicht faserige, mehr ebene, zum Theil noch mit Kork bedeckte Rinde zeigt in der Mitte eine feine, weisse Linie und ausserhalb derselben einzelne weisse Punkte. Die ganze Mittelrinde besteht vorwiegend aus einem braunwandigen, stärkereichen Parenchym, welches auch der Hauptsache nach den Bast zusammensetzt. In dem Parenchym finden sich vereinzelte und nach innen zu gruppenweis vereinigte Bastfasern, ebenso Gruppen von Steinzellen, die jedoch nicht wie bei dem Ceylonzimmt in geschlossenem Ringe auftreten. Die in dem Parenchym vorhandenen grossen, ovalen, farblosen Schleimzellen sind aus aufgelösten Bastzellen hervorgegangen, indem die Wände der letzteren allmählig zu Bassorin resp. Gummi desorganisirt werden. Zellen mit ätherischem Oele sind durch das Gewebe zerstreut. Stärke- und Gerbstoffgehalt ist bei dem Cassiazimmt grösser als bei dem Ceylonzimmt.

Blüthezeit. Mai, Juni; Samenreife im Januar.

Verbreitung. In Südostchina und Cochinchina; auch auf den Sundainseln und in Südamerika kultivirt.

Name und Geschichtliches. Wegen *Cinnamomum* siehe *C. Camphora.* Flückiger führt das schon bei den Phönikiern und Hebräern gebrauchte Wort *Kinnamom* auf das Singalesische *kacyn*, Holz, und *nama*, süss, zurück. *Cassia, κασσια* bei Dioscorides, *Cassia* bei Plinius (*Μαλαβαθρον* des Theophrast) bezeichnet unsere Zimmtrinde und soll nach Olaus Celsius der hebräischen Bezeichnung קְצִיעָה (Kesioth) entlehnt sein. Die erste Kunde von der Kenntniss des Zimmtes findet sich in dem Kräuterbuche des chinesischen Kaisers Schen-nung (2700 v. Chr.), woselbst der Zimmt unter dem Namen *Kwei* erwähnt wird. Die erste Nachricht über die Einfuhr des Zimmtes in andere Länder erhalten wir aus den Rezepten des Tempellaboratoriums von Edfu in Aegypten (1600—1500 v. Chr.), in denen neben anderen Gewürzen *Kaina-maa* (mit grosser Wahrscheinlichkeit Zimmt) genannt wird. *Cinnamomum* (Cinnamen, Cinnamet) und *Kassia* der biblischen Schriften wurde von den Phönikiern eingeführt, die, jedoch nur um ihre Abnehmer zu täuschen, Arabien und Nordafrika als das Vaterland dieser Gewürze bezeichneten. Im 4. und 3. Jahrhundert v. Chr. gehören beide Zimmtarten, sowohl der chinesische als der ceylonsche, noch zu den Kostbarkeiten, über deren Vaterland man noch keine klare Vorstellung hatte, denn noch Plinius erwähnt, dass der Zimmt nicht in Arabien wachse, sonst aber über die Herkunft nichts anzuführen weiss. Plinius und schon vor ihm Theophrastus kannten den Unterschied zwischen beiden Zimmtarten, von denen der letztere den Kassiazimmt als Xylocinnamomum bezeichnet und in ihm nur das Holz erkennen will. Zu Anfang des 4. Jahrhunderts unserer Zeitrechnung scheint der Zimmt nach dem Abendlande vorgedrungen und zu kirchlichen Zwecken benutzt worden zu sein. Im 6. Jahrhundert verordnete Al. Trallianus sowohl *Kassia* als *Cinnamomum*, diese damals noch sehr theuren und hauptsächlich zu Geschenken benutzten Gewürze, medizinisch. Im 10. Jahrhundert scheint der Preis gesunken zu sein, wofür die Verwendung des Zimmtes als Gewürz zu Fischspeisen im Kloster St. Gallen und in der Thierarznei Englands spricht. Im deutschen Mittelalter wird der Zimmt mit *Cinment, Cassianholzegeiss, Zimani, Zinmend, Cinciment, Cynnamet, Kanell* (*Kaneel* = *canella* Röhre), *Synamin, Zimaïn, Zymmat* etc. bezeichnet. Das Vaterland des chinesischen Zimmtes war zu jener Zeit bekannt, obgleich Marco Polo, der einen grossen Theil Chinas bereiste, nichts davon erwähnt und nur den Ceylonzimmt kannte. Zu jener Zeit unterschied man auch schon Zimmtzweige (*Xylocasia, Casia lignea*, *Cassia lignea vera*) und die Röhren der abgeschälten Rinde (*Casia fistula, Casia fistularis*). Das Zimmtöl ist schon um 1540 von Val. Cordus dargestellt und die darin stattfindende Bildung von Krystallen 1670 von Ludovici beobachtet worden. (Flückiger.)

Offizinell ist die Zweigrinde, Zimmtkassie, Chinesischer Zimmt, Zimmt: *Cortex Cinnamomi chinensis* (*Cortex Cinnamomi Cassiae, Cortex Cassiae cinnamomae, Cassia cinnamomea*).

Nach dem Ford'schen Berichte wird die Schälung im März bis Mai an sechsjährigen Bäumen vorgenommen und zwar in einem Alter, in welchem das Aroma nach Aussage der Pflanzer (der seitherigen Annahme: je älter desto besser entgegen) am kräftigsten sein soll. Flückiger berichtet hierüber: „Die Stämme, welche alsdann ungefähr 26 Mm. dick sind, werden bis fast auf den Grund abgeschnitten, in Häusern oder Schuppen in der Nähe untergebracht, von Zweigen und Blättern befreit, in Entfernungen von 40 Ctm. mit Ringelschnitten versehen und der Länge nach in zwei gegenüberliegenden Richtungen aufgeschlitzt. Alsdann werden dieselben mit Hülfe eines kleinen Hobels vom Korke befreit, nach einem Tage in Bündel von nahezu 46 Ctm. Durchmesser gepackt und den Händlern in den Städten abgeliefert.“ Die Hauptstapelplätze des chinesischen Zimmtes sind Taiwu, Lupko und Loting in den Provinzen Kuangsi und Kuangtung in der Nähe des Sikiang, von wo aus der Zimmt nach Kanton gebracht wird. Letztere Stadt führte nach Flückiger beispielsweise im Jahre 1879 92964 Pikuls (à 46,48 Kilogr.), im Jahre 1881 54526 Pikuls aus, wovon immer der grösste Theil nach London verschifft wird. Die Aussaat des Samens erfolgt kurz nach der Samenreife, im Februar oder März; die Verpflanzung in die eigentlichen Pflanzungen im März und Mai des nächsten Jahres. Einzelne Bäume bleiben beim Abhauen zum Zwecke der Samenerziehung stehen.

Der chinesische Zimmt erscheint im Handel in 40—50 Ctm. langen, $2\frac{1}{2}$—3 Ctm. breiten, $\frac{1}{2}$—$1\frac{1}{2}$ Mm. dicken, röhrig gerollten, auch nur rinnenförmigen, harten, meist zähen Stücken von dunkelbrauner, matter Farbe, durch anhängende äussere Rindenstücke gefleckt, fein längs runzelig, mit hervortretenden, meist schief verlaufenden hellfarbigen Streifen; die innere Seite ist zartfaserig und etwas heller gefärbt; Bruch nicht faserig, korkartig; Geruch und Geschmack aromatisch, stark zimmtartig, weniger fein, weniger süsslich und mehr herb als der Ceylonzimmt.

Unter *Cassia lignea* (Holzkassie, *Cassia bark*) werden im deutschen und englischen Handel (*Cassia vera* im holländischen) die chinesischen Zimmtsorten verstanden. Seit einer Reihe von Jahren wird ein sehr feiner, grauer, ungeschälter, dem ceylonschen ähnlicher Zimmt, *Chinese Cinnamon, China Cinnamon* auf den Markt gebracht, dessen Herkunft bisher unklar war, der aber nach Flückiger höchst wahrscheinlich als die ungeschälte Rinde von *Cinnamom. Cassia* zu betrachten ist.

Im Kleinverkauf pflegt man unter echtem oder feinem Zimmt, Kaneel, den Ceylonzimmt, unter Zimmt schlechtweg oder *Cassia lignea* den chinesischen Zimmt zu verstehen; wegen der grossen Billigkeit ist letzterer die gewöhnliche Handelssorte.

Der zur Fälschung benutzte Mutterzimmt: *Cortex Malabathri*, von dem in Ostindien einheimischen *Cinnamomum Tamala* Nees stammend, hat nur einen schwach zimmt-, mehr nelkenartigen Geruch und einen süsslichen, erst zimmt-, zuletzt pfefferartigen, sehr schleimigen Geschmack.

Von *Cinnamomum Cassia* werden ausser der Rinde noch die Zweige, die Blätter und die unreifen Früchte verwendet. Erstere werden in China selbst verbraucht; die Blätter, welche früher im Handel als *Folia Indi, Folia Malabathri* auftraten, werden in Canton zur Herstellung des ätherischen Oeles benutzt und die unreifen Früchte, welche früher, und zwar mit Recht, wegen ihres feinen Aromas sehr beliebt waren, werden als Zimmtblüthen, Zimmtnägelchen: *Flores Cassiae, Clavelli Cassiae, Cassia buds* zum grössen Theil nach Hamburg ausgeführt und zur Darstellung von Zimmtwasser und Zimmtöl verwendet.

Die Aufbewahrung des Zimmtes erfolgt entweder in Bündeln in Holzkästen oder gepulvert in Gläsern und Weissblechgefässen.

Präparate. Der Zimmt wird zur Herstellung von *Oleum Cinnamomi, Aqua Cinnamomi, Tinctura Cinnamomi* verwendet und bildet in Form von Substanz oder Zimmtwasser oder Zimmtöl Bestandtheile von den unter Litteratur angeführten Präparaten.

Bestandtheile. Nach Trojanowsky sind in dem Zimmt enthalten: 1,89% ätherisches Oel, 0,26% in Aether lösliches Harz, 8,19% in Aether unlösliches Harz, 2,08% Gerbsäure, 4,43% Amylum, 8,56% Schleim, 1,002% Asche. Das ätherische Oel, Cassiaöl, chinesisches oder gemeines Zimmtöl, welches sowohl aus der Rinde als den Zimmtblüthen und Blättern gewonnen wird, ist gelblich bis bräunlich, etwas dickflüssig, riecht angenehm aromatisch und hat einen süsslichen, brennenden Geschmack, besitzt ein spez. Gew. von 1,03—1,09 und einen Siedepunkt von 225°, unter 0° wird es fest und ist stark lichtbrechend. Sein Hauptbestandtheil ist *Zimmtaldehyd* CH·CHO, ein farbloses Oel von angenehmem Geruch und brennendem Geschmack, schwerer als Wasser, mit einem Siedepunkt von 247—248°, welches sich in der Luft durch Sauerstoffaufnahme rasch in Zimmtsäure umwandelt (siehe C. ceylanic.). „Das an der Luft gebräunte Oel giebt bei der Destillation Zimmtaldehyd und Zimmtsäure und hinterlässt ein Harz, dass sich nach Mulder durch kalten Weingeist in ein darin lösliches *Alphaharz* von der Formel $C_{30} H_{15} O_4$ und ein sich nicht lösendes *Betaharz* $C_{12} H_5 O$ zerlegen lässt. Das bei längerem Stehen sich aus dem Oel abscheidende Stearopten krystallisirt nach Rochleder und Schwarz aus absolutem Weingeist in farblosen, glänzenden, geruchlosen Blättchen und ist nach der Formel $C_{56} H_{29} O_{10}$ zusammengesetzt." (Husemann, Pflanzenstoffe 544.)

Anwendung. Die Zimmtkassie hat wegen ihres milden Geschmacks als Arzneimittel vor dem Zeylonzimmt immer den Vorzug gehabt. Die hauptsächlichste Verwendung findet der Zimmt zur Geschmacksverbesserung für Spezies und Pulver, zum Bestreuen von Pillen, zur Darstellung von angenehm schmeckenden Oelzuckern und zum Parfümiren von Zahnpulvern. Husemann sagt: „Wir können den Zimmtrinden und dem Zimmtöle keinerlei andere Stellung zugestehen, wie unter den magenstärkenden, reizenden Medicamenten. Allerdings schreibt man dem *Cortex Cinnamomi* und den daraus destillirten Präparaten eine besondere Heilkraft bei Blutungen zu, welche man besonders bei Uterinblutungen konstatirt haben will." Schneider hat Zimmt gegen Cholera angeblich mit Erfolg verwendet. (Husemann, Arzneimittell. 569.) Eine Hauptverwendung hat der Zimmt zu allen Zeiten als Gewürz gefunden.

Litteratur. Abbildung und Beschreibung: Nees v. Esenb., Plant. med., Taf. 129; Hayne, Arzneigew. XII., Taf. 23; Berg u. Schmidt, Offiz. Gew., Taf. V[d]; Bentley u. Trim. III., 223; Luerssen, Handb. der syst. Bot. II., 564; Karsten, Deutsche Flora 504; Wittstein, Pharm. 154.

Drogen und Präparate: *Cortex Cinnamomi Cassiae*: **Ph. germ.** 65; Ph. austr. 38; Ph. hung. 127; Ph. ross. 88; Ph. helv. 29; Ph. belg. 30; Ph. dan. 81; Ph. Neerl. 71; Ph. U. St. 82; Flückiger, Pharm. 556; Flückiger and Hanb., Pharm. 527; Hist. d. Drog. II., 328; Berg, Waarenk. 169; Berg, Atlas, Taf. 36.

Oleum Cinnamomi Cassiae: **Ph. germ.** 195; Ph. austr. 97; Ph. hung. 317; Ph. ross. 290; Ph. helv. suppl. 77; Ph. belg. 203; Ph. suec. 16; Ph. U. St. 235.

Laureae.

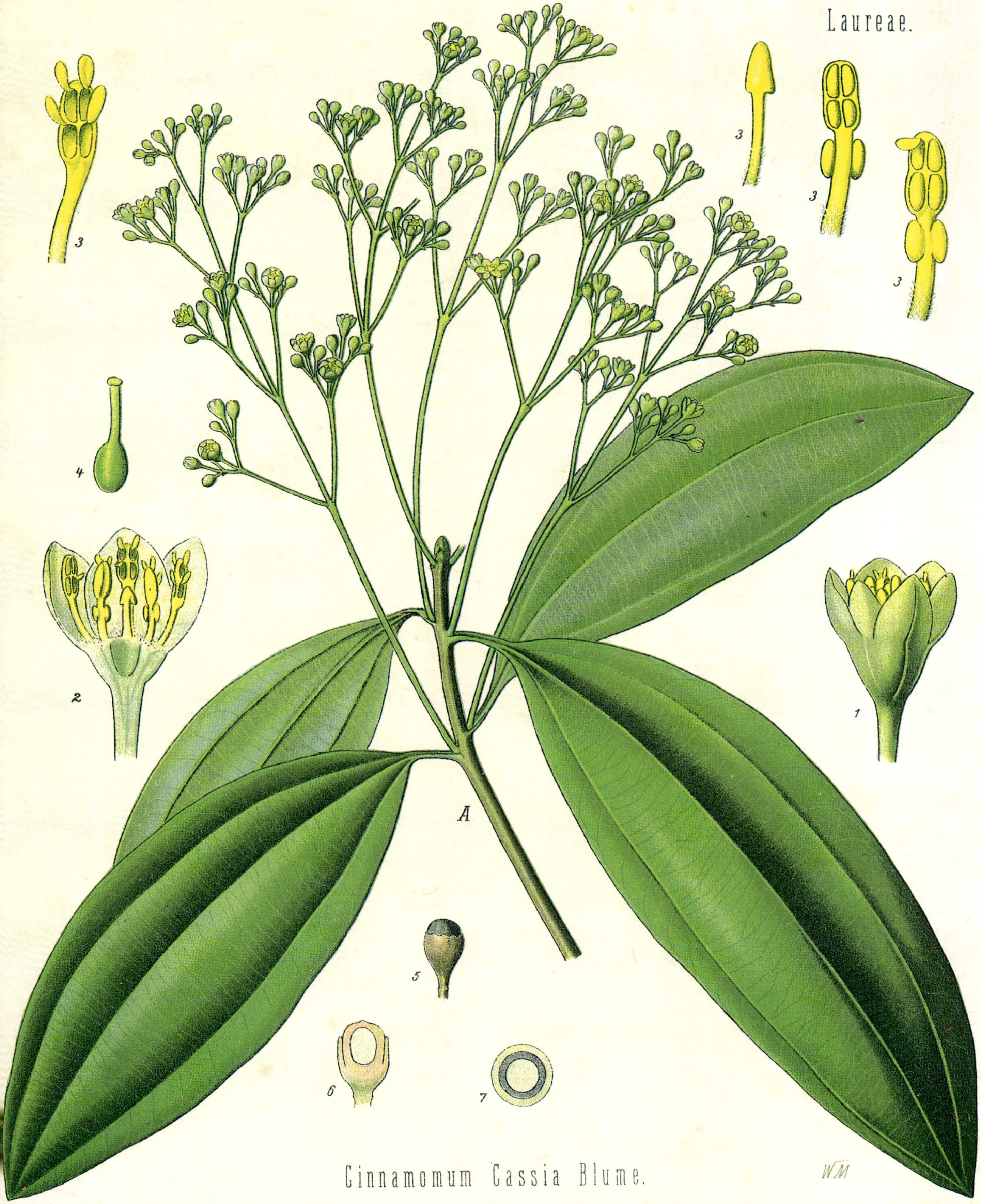

Cinnamomum Cassia Blume.

Aqua Cinnamomi (spirituosa): **Ph. germ.** 31; Ph. austr. 18, 19; Ph. hung. 55, 57; Ph. ross. 38, 39; Ph. helv. 14; Ph. dan. 46, 47; Ph. U. St. 43.

Tinctura Chinae composita: **Ph. germ.** 276; Ph. austr. 134; Ph. hung. 455; Ph. ross. 420.

Tinctura Cinnamomi: **Ph. germ.** 277; Ph. austr. 134; Ph. hung. 457; Ph. ross. 421; Ph. helv. 143; Ph. dan. 270; Ph. U. St. 341.

Tinctura aromatica: **Ph. germ.** 272; Ph. ross. 413; Ph. helv. 141; Ph. dan. 264.

Tinctura Ferri pomata: **Ph. germ.** 280; Ph. hung. 459; Ph. ross. 425; Ph. helv. 144; Ph. dan. 275.

Tinctura Cardamomi composita: Ph. U. St. 339.

Tinctura Catechu composita: Ph. U. St. 339.

Tinctura Opii crocata: **Ph. germ.** 284; Ph. austr. 135; Ph. hung. 461; Ph. ross. 433; Ph. helv. 146.

Tinctura Rhei aquosa (aromatica): **Ph. germ.** 286; Ph. ross. 435; Ph. helv. 147; Ph. dan. 139; Ph. U. St. 354.

Tinctura Absinthii composita: Ph. austr. 131; Ph. hung. 449; Ph. helv. suppl 115.

Tinctura amara: Ph. austr. 132; Ph. hung. 451.

Spiritus Cinnamomi: Ph. U. St. 307.

Spiritus aromaticus: Ph. austr. 120; Ph. hung. 405.

Spiritus Lavandulae compositus: Ph. dan. 273.

Syrupus Cinnamomi: **Ph. germ.** 258; Ph. austr. 127; Ph. hung. 433; Ph. ross. 395; Ph. helv. 132.

Syrupus Rhei: **Ph. germ.** 262; Ph. ross. 402; Ph. helv. 132; Ph. U. St. 326.

Acetum aromaticum: **Ph. germ.** 1; Ph. helv. suppl. 1.

Aqua aromatica: Ph. austr. 16; Ph. helv. suppl. 12.

Decoctum Sarsaparilla compositum mitius: **Ph. germ.** 72; Ph. austr. 43.

Electuarium aromaticum: Ph. austr. 44; Ph. hung. 151.

Elixir Aurantiorum compositum: **Ph. germ.** 74; Ph. ross. 104; Ph. helv. 32.

Mixtura oleoso-balsamica: **Ph. germ.** 179; Ph. hung. 75.

Pulvis aromaticus: Ph. ross. 324; Ph. helv. suppl. 93.

Species amaricantes: Ph. austr. 118; Ph. hung. 399.

Acidum sulphuricum aromaticum: Ph. U. St. 22.

Confectio Sennae: Ph. U. St. 85.

Mixtura Cretae: Ph. U. St. 222.

Vinum Opii: Ph. U. St. 378.

Bezüglich der Drogen und Präparate siehe auch Hager, Pharm. Prx. I., 889; III., 313.

Tafelbeschreibung:

A blühender Zweig in natürl. Grösse; 1 Blüthe, vergrössert; 2 dieselbe im Längsschnitt, desgl.; 3 Staubgefäss, desgl.; 4 Stempel, desgl.; 5 Frucht, desgl.; 6 dieselbe im Längsschnitt, desgl.; 7 dieselbe im Querschnitt, desgl. Gezeichnet von W. Müller nach einem Exemplare, welches Herr Professer Flückiger die Güte hatte, uns zu übersenden.

Citrullus Colocynthis Schrader.

Syn.: *Cucumis Colocynthis* L., *Colocynthis officinarum* Schrad.

Koloquinte, Bittergurke — Coloquinte — Colocynth.

Familie: *Cucurbitaceae.* Gattung: *Citrullus* Neck.

Beschreibung: Ausdauernde, gesellschaftlich wachsende Pflanze, mit dicker, fleischiger Wurze und über 1 Meter langem, niedergestrecktem oder kletterndem, hin- und hergebogenem, verzweigtem, kantig gefurchtem Stengel, welcher mit zahlreichen, kurzen, gegliederten, unten warzig angeschwollenen, über der Anschwellung leicht abbrechenden Haaren besetzt ist. Ranken gefurcht kantig, einfach oder 2spaltig, schlank, unten gerade und wie der Stengel behaart, oben schraubenförmig und kahl. Blätter zerstreut, auf 2—6 Ctm. langen Stielen, beiderseits, wie der Stengel, behaart und zwar auf der Unterseite stärker, handförmig-5theilig, mit sehr vorgezogenem Endlappen, 5—12 Ctm. lang, 3—8 Ctm. breit. Lappen buchtig-fiederspaltig, stumpf oder spitzlich, mit stumpfen Buchten. Blüthen in den Blattwinkeln einzeln, die unteren männlich, die oberen meist weiblich. Blüthenstiele kürzer als die Blattstiele, stark behaart. Männliche Blüthe mit glockenförmigem, aussen behaartem Unterkelch. Kelchblätter lanzett-linienförmig, spitz, behaart; Krone weitglockig, tief 5theilig, gelb, mit grünlichen Adern, aussen behaart; Kronenabschnitte eiförmig, stumpf. Staubgefässe 3 und zwar 2 doppelte und 1 einfaches. Connektiv des einfachen Staubgefässes einseitig 3lappig, des doppelten Staubgefässes symmetrisch 3lappig. Staubbeutel linienförmig, 2fächerig, sigmaförmig. Weibliche Blüthe mit unterständigem, rundlich-ovalem, verkehrt-eiförmigem, 3fächerigem, behaartem, vielsamigem Fruchtknoten; letzterer mit 3 zarten, einfachen, kaum erkennbaren, centripetalen Scheidewänden und dazwischen liegenden axilen, 2schenkeligen Samenträgern (Placenten), welche an ihren eingebogenen Enden in mehreren Längsreihen die Samenknospen tragen. Griffel kurz, säulenförmig, mit 3 dicken, herz-nierenförmigen, fast 2lappigen, papillös scharfen Narben. Die weibliche Blüthe mit 3—5 verkümmerten Staubgefässen (Staminodien), die übrigen Theile wie bei der männlichen Blüthe. Frucht nicht aufspringend, kugelrund oder etwas abgeflacht, orangengross (nach Flückiger bis 10 Ctm. Durchmesser), mit dünner, lederartiger, im jüngeren Alter schwach behaarter und grüner oder gelb gefleckter, später kahler, fein punktirter, 1 Mm. dicker, goldgelber Rinde und trockenem, schwammigem, weissem, an Stelle der zerklüfteten Scheidewände leicht in 3 Stücke spaltbarem Fruchtfleische. Die eilänglichen, etwas zusammengedrückten, gelb- bis grünlich-bräunlichen, 6—7 Mm. langen, 2 Mm. dicken Samen in 6 Scheinfächern mehrreihig an den eingekrümmten Samenträgern. Embryo eiweisslos, gerade, mit dem kurzen Würzelchen dem Nabel zugewendet; Samenlappen blattartig, oval-länglich.

Der Koloquinte sehr nahe verwandt ist die im tropischen Afrika einheimische, einjährige *Citrullus vulgaris* Schrader, welche eine grössere, fleischige Frucht besitzt.

Anatomisches: Die äussere Fruchthaut besteht aus einer Reihe radial gestellter, mit granulöser Substanz erfüllter Zellen, welche nach aussen verdickt und mit einer Cuticula bedeckt sind. Die darauffolgende Mittelschicht zeigt ein kleinzelliges Gewebe, dessen Zellen dünnwandig und tangential gedehnt sind. Die Innenschicht besteht zunächst aus einigen Reihen dicht gedrängter, kugelig-eckiger Zellen (Steinzellen) mit derben, porösen Wandungen, die nach innen allmählich an Grösse zunehmen und innerhalb des ersten Gefässbündelkreises in das sehr grosszellige, markige, von Gefässbündeln und grossen Interzellularräumen durchsetzte Gewebe der Placenten übergehen, dessen weite, schon mit blossen Augen sichtbare Zellen trotz der dünnen, mit grossen Poren ausgestatteten Wände ziemlich fest sind und bei der trockenen Frucht wenig zusammenfallen.

Vorkommen: Auf trockenem Sandboden, in den Mittelmeerländern, in Afrika, im südwestlichen Asien, Ostindien, auf Ceylon. Flückiger sagt über die Verbreitung: „Die Bittergurke bewohnt ein umfangreiches Gebiet, als dessen Grenzen ungefähr anzugeben sind: die Koromandelküste, Ceylon, die kaspischen Südküsten, Syrien, die Capverdischen Inseln, Senegambien, das Somaliland und Südarabien. Sind und Pandschab im Nordwesten Indiens sind demnach in dieses Areal ebensogut eingeschlossen, wie die persischen Salzwüsten, Mesopotamien, das obere Nilgebiet und die Sahara.“ Flückiger vermuthet, dass die Koloquinte in Cypern, Südspanien, Südportugal, wo sie gegenwärtig kultivirt wird, nicht ursprünglich heimisch gewesen, sondern erst daselbst eingewandert ist. In Kleinasien soll sie ganz fehlen.

Blüthezeit. ?

Name und Geschichtliches. *Koloquinte* (althochd. *wildin churbez*, mittelhochd. *pitter Kirbs, Wilkirbs, wild Corps* oder *Curbitz,* mittelniederd. *Quintappel*, arabisch *Alhandal*) stammt von *Colocynthis,* dem *Κολοκυνδις* des Dioskorides (*κολον* Eingeweide und *κινεειν* bewegen, wegen der abführenden Wirkung), womit die Koloquintenfrucht bezeichnet wurde. *Citrullus* von dem italienischen *citriolo*, Kürbis, oder auch wegen der Aehnlichkeit mit der Citrone als Verkleinerungswort von *citrus* zu betrachten. *Cucumis*, Gurke, von *cucuma,* ein ausgehöhltes Gefäss, in Bezug auf die Form der Gurkenfrucht.

Die Koloquinte ist ein sehr altes Arzneimittel. Schon Hippokrates soll mit Koloquintenabkochung getränkte Pessarien angewendet haben und Andromachos, Leibarzt des Nero (um 50 n. Chr.) verordnete Wein mit Koloquinte als Abführungsmittel. Der Hauptbestandtheil des im Alterthum so berühmten Arzneimittels *Hiera Archigenis* soll Koloquinte gewesen sein. Dem Dioscorides und Plinius war die Koloquinte (*Cucurbita alexandria*) wohl bekannt. Flückiger glaubt, dass in früheren Zeiten wohl andere Cucurbitaceen mit der Koloquinte verwechselt worden sind und ist der Ansicht, dass unter Coloquentidas, deren Anbau im Capitulare Karls des Grossen empfohlen wird, nicht die in Deutschland schwerlich gedeihende Koloquinte, sondern das in Italien einheimische *Ecballium Elaterium* Rich. zu verstehen ist. Alexander Trallianus verordnete Koloquinten gegen halbseitigen Kopfschmerz; überhaupt ist ihr Gebrauch als Laxans in Mitteleuropa ein sehr alter. Die arabischen Schriftsteller des 10. und 12. Jahrhunderts beschäftigen sich mit der Koloquinte und bezeichnen die Frucht als aus Spanien stammend. Die angelsächsische Thierarzneikunde im 11. Jahrhundert, sowie die salernitaner Schule beschäftigen sich mit der Droge. Tragus, welcher die Abstammung der Droge nach Alexandria verlegte, lieferte eine gute Abbildung.

Offizinell ist die getrocknete, von der pergamentartigen, äusseren Fruchthaut befreite Frucht: *Fructus Colocynthidis* (*Poma Colocynthidis*).

Die Früchte erscheinen im Handel in weissen, 4—7 Ctm. im Durchmesser haltenden, etwas eingeschrumpften und höckerigen, leichten Kugeln, welche innen durch Zusammentrocknen eine 3strahlige, oft sehr erweiterte Höhlung besitzen und nach Entfernung des Fruchtgehäuses in 3 Theile zerfallen. Das schwammig-poröse, elastisch-zähe, weisse oder gelblich-weisse Mark, woraus diese Theile bestehen, ist an der Peripherie mit zahlreichen Samen ausgestattet. Die Koloquinten sind geruchlos, besitzen einen äusserst widerlich bitteren Geschmack und wirken drastisch purgirend. Im Handel erscheinen sie in mehreren Sorten: 1. *Colocynthis Aegyptiaca*: Gross, weniger weiss, leicht, wenigsamig, grosshöhlig, unschadhaft; sie kommen angeblich ungeschält nach Griechenland und werden dort erst von der dicken, harten Schale befreit. 2. *Colocynthis Cypria*: Kleiner, 4 Ctm. im Durchmesser, reichsamig,

Cucurbitaceae.

Citrullus Colocynthis Schrad.

ärmer an Fleisch, schwerer, fast weiss, meist beschädigt und zerdrückt. 3. *Colocynthis Syriaca*: Von der Grösse der vorigen Sorte, reichsamig, von der gelben Aussenschicht bedeckt, mit schwammig-weissem Marke. Diese Sorte ist medizinisch unbrauchbar.

Die Aufbewahrung erfolgt unzerkleinert in Holz- oder Blechkästen.

Die Ausfuhr findet in geringer Menge statt und zwar aus Marocco (Mogador), Spanien und Syrien.

Bei der medizinischen Verarbeitung werden die ebenfalls bitteren Samen entfernt. Eine direkte Pulverung ist wegen der schwammigen Beschaffenheit des Markes nicht möglich; die Koloquinten werden zerschnitten und mit $^1/_5$ ihres Gewichtes arabischen Gummi in warmem Wasser zu einer Pasta verarbeitet (*Colocynthis praeparata*) und nach dem Trocknen pulverisirt.

Aehnliche Früchte von gleichfalls bitterem Geschmack werden zu Fälschungen benutzt; man hat in einigen dieser Fälschungen die Früchte der tropischen *Luffa purgans* oder *drastica* erkannt.

Bestandtheile. Nach Meissner enthalten 100 Theile des Markes: 1,4 Bitterstoff (*Colocynthin*), 13,25 bitteres Hartharz, 4,25 bitteres, fettes Oel, 14,41 bitteren Extraktivstoff, 10,0 nicht bitteren Extraktivstoff, 0,6 thierisch-vegetabilische Materie, 9,5 Gummi, 3,0 Schleim, 17,0 gummigen Extraktivstoff, 5,3 phosphorsauren Kalk und Magnesia etc. Flückiger erhielt aus den Samenkernen 16,9% fettes Oel und gegen 6% Eiweiss.

Colocynthin ($C_{56}H_{84}O_{23}$), dessen Auffindung 1848 von Labourdais versucht wurde, ist von Herberger dargestellt, von Walz näher untersucht worden. Es ist nach Walz gewöhnlich eine gelbe, amorphe Masse, die jedoch bei langsamer Verdunstung der weingeistigen Lösung in weiss-gelben, krystallinischen Büscheln erhalten werden kann. Der Geschmack ist äusserst bitter; es löst sich in 8 Theilen kaltem, in 6 Theilen kochendem Wasser, in 6 Theilen wässerigem und 10 Theilen absolutem Weingeist, nicht in Ather. Die wässerige Lösung wird durch Gerbsäure gefällt, nicht durch Metallsalze; durch verdünnte Salzsäure soll es in Zucker und *Colocintheïn* gespalten werden. Durch Behandlung der in Wasser unlöslichen Theile des Koloquintenextraktes mit Aether erhielt Walz ein krystallinisches, geschmackloses, aus mikroskopischen, schief rhombischen Prismen bestehendes Pulver, welches er *Colocynthitin* nannte. Hübschmann erhielt bei seinen Versuchen ein gelbes, bitteres, in Wasser und Weingeist leicht lösliches Pulver, welches durch Kalicarbonat aus der wässerigen Lösung niedergeschlagen wurde. Die neuen Versuche durch Henke haben die Schwierigkeit bezüglich der Erlangung reiner Präparate ergeben und die Walz'schen Resultate als zweifelhaft hingestellt; namentlich gelang es nicht, die krystallisirten Verbindungen zu erhalten. Henke erhielt sehr bittere, keineswegs reine Präparate als gelbes, amorphes Pulver, löslich in 20 Theilen kaltem, in 16 Theilen warmem Wasser, in Alkohol, Ammoniak und wässeriger Chromsäure, unlöslich in Chloroform, Aether, Benzol, Petroleumäther, Schwefelkohlenstoff. Die Lösung in concentrirter Schwefelsäure besitzt tiefrothe, in Salzsäure hellrothe Farbe. Durch Aether wird das Henke'sche Colocynthin in weisslichen Flocken aus der weingeistigen Lösung niedergeschlagen. (Husemann, Pflanzenstoffe 1347.)

Anwendung. Die Koloquinten sind in Form von *Colocynthis praeparata*, als Extrakt oder Tinktur, auch im Aufguss (zu Klystiren) ein sehr geschätztes Abführmittel. Kleine Dosen bewirken wässerige und schleimige Stühle ohne Beschwerde, grössere Dosen erzeugen Kolikschmerzen. Die Gallensekretion wird in stärkerem Maasse erhöht als nach Verordnung von Jalape und Crotonöl. Grössere Dosen führen durch erschöpfende Stuhlgänge, starke Reizung und Entzündung des Darmes zum Tode. Husemann sagt: „Die Koloquinten sind ein geschätztes Abführmittel, welches manchmal noch Leibesöffnung schafft, wo z. B. bei Geisteskranken oder bei habitueller Obstipation Rhabarber, Aloë oder Jalape unwirksam sind. Doch ist gerade bei letzterer Affektion Vorsicht zu empfehlen, da es nicht an Fällen fehlt, wo längerer Gebrauch koloquintenartiger Abführmittel, z. B. der Morisonschen Pillen, die ausserdem noch Gutti enthalten, zu Ulcerationen im Darme führte. Am günstigsten wirken Koloquinten bei Wassersucht mit oder ohne chronische Nierenaffektionen, wo sie nicht allein reichliche flüssige Stühle bedingen, sondern auch manchmal entschieden zur Vermehrung der Harnmenge führen.“ Husemann, Arzneimittell. 634.

Die Koloquinten werden von Büffeln ohne Nachtheil gefressen, ebenso von den Straussen; für Menschen sind sie mit Ausnahme der Samen völlig ungeniessbar. Letzterer wird von dem Stamme der Tibbu-Resade, durch Entziehung des bitteren Geschmacks und Pulverung mit Datteln, zu einem werthvollen und auf Reisen bequemen Nahrungsmittel gemacht. Die Berber am oberen Nile brauchen die Koloquinten zur Bereitung eines Theeres, mit dem sie, zum Schutze gegen Kamele, die Wasserschläuche bestreichen.

Litteratur. Abbildung und Beschreibung: Nees v. Esenb., Pl. med., Taf. 268; Berg u. Schmidt, Offiz. Gew., Taf. XXVb; Bentley and Trimen, Med. pl. Taf. 114; Luerssen, Handb. der syst. Bot. I., 1078; Karsten, Deutsche Flora 889; Wittstein, Pharm. 418.

Drogen und Präparate: *Fructus Colocynthidis*: **Ph. germ.** 120; Ph. austr. 40; Ph. hung. 135; Ph. ross. 183; Ph. helv. 59; Cod. med. 48; Ph. belg. 32; Ph. Neerl. 79; Brit. ph. 86; Ph. dan. 121; Ph. suec. 153; Ph. U. St. 85; Flückiger, Pharm. 835; Flückiger and Hanb., Pharm. 295; Hist. d. Drog. I., 526. Berg, Waarenk. 407; Berg, Atllas 89, Taf. XXXXV.

Extractum Colocynthidis (comp.): **Ph. germ.** 87; Ph. austr. 56; Ph. hung. 183; Ph. ross. 128; 422; Ph. helv. 42 u. Suppl. 42; Cod. med. 422; Ph. belg. 169; Ph. Neerl. 103; Brit. ph. 117; Ph. dan. 98; Ph. suec. 73; Ph. U. St. 111; 112.

Tinctura Colocynthidis: **Ph. germ.** 278; Ph. hung. 457; Ph. belg. 265; Ph. helv. 143; Ph. Neerl. 268; Ph. dan. 270; Ph. suec. 234.

Pilulae Colocynthidis (comp.): Cod. med. 485; Brit. ph. 236; Ph. suec. 150.

Pilulae Colocynthidis et Hyoscyami: Brit. ph. 237.

Pilulae Catharticae compositae: Ph. U. St. 253.

Bezügl. der Drogen und Präparate siehe auch Hager, Pharm. Prx. I., 931.

Tafelbeschreibung:

A blühender Zweig, natürl. Grösse; 1 männliche Blüthenkrone mit Staubgefässen, aufgeschnitten, vergrössert; 2 weibliche Blüthe im Längsschnitt, desgl.; 3 Staubgefässe, ein seitliches und das mittlere, desgl.; 4 Fruchtknoten im Querschnitt, desgl.; 5 reife Frucht, natürl. Grösse; 6 dieselbe im Querschnitt, desgl.; 7 Same, vergrössert; 8 und 9 derselbe im Längsschnitt von verschiedenen Seiten, desgl.; 10 derselbe im Querschnit, desgl. Nach einer Originalzeichnung des Herrn Prof. Schmidt in Berlin.

Citrus Limonum Risso.

Syn. *Citrus medica var. β.* L. *Citrus acida* Roxb.

Citrone, Limone — Lemon — Citronnier.

Familie: *Aurantieae.* Gattung: *Citrus* L.

Beschreibung. 3—5 Meter hoher Baum, mit vielästiger Krone, hartem Holze, bewehrten oder unbewehrten jüngeren Zweigen (im wilden Zustande dornigen Aesten). Blätter mit flügellosem oder schmalberandetem Blattstiele, oval oder eiförmig-länglich, etwas zugespitzt, kerbig-gesägt. Blüthen aussen röthlich, mit 20—40 Staubfäden, einzeln in den Blattwinkeln oder an der Spitze der Zweige gehäuft. Frucht länglich-rund, oben oder an beiden Enden gebuckelt, 10—12fächerig, mit gelber, unebener Schale und einem saftigen, saueren Fruchtfleische. Die äussere gelbe Fruchthaut ist mit zahlreichen, kugeligen Oelbehältern ausgestattet, welche mit einem gelben ätherischen Oele von aromatischem Geruche und Geschmacke angefüllt sind.

Verbreitung. Der Citronenbaum stammt aus Asien (Indien) und hat sich von dort aus über die wärmeren Gegenden der Erde verbreitet.

Name und Geschichtliches. Die Citrusarten sind den alten Griechen erst durch die Kriegszüge Alexanders des Grossen bekannt geworden, bei welcher Gelegenheit die schönen goldgelben Früchte in Persien und Medien zuerst gesehen wurden. Man nannte sie medische Aepfel. Schon Theophrastus (um 390 v. Chr.) beschrieb die Früchte als ungeniessbar, schön duftend, giftwidrig und das Ungeziefer abhaltend. In Folge der letzteren Eigenschaften hielt man den medischen Apfel für die Frucht des gleiche Eigenschaften besitzenden Cedernbaumes (Kedros) und diesem Umstande soll der Name Citrus (*Malus citrus*), woraus später Citrone entstand, entsprungen sein. Das Wort Limone leitet man ab aus der arabischen Bezeichnung *limun* und dieses wiederum aus dem indischen Worte *limu.* Zu den Zeiten des Plinius konnte man den Citronenbaum in Italien noch nicht im Freien ziehen. Um 150 n. Chr. findet man ihn (jedoch mit ungeniessbaren Früchten) um Neapel und in Sardinien schon im Freien wachsend und erst zu Anfang des dritten Jahrhunders haben sich die Früchte soweit veredelt, dass sie als geniessbar bezeichnet werden. Dioskorides (um 50 n. Chr.) rühmt die giftwidrigen Eigenschaften der Citrone und Caelius Aurelianus (römischer Schriftsteller unbekannten Zeitalters) empfiehlt in seinem Werke „Acutarum et chronicarum passionum“ die Anwendung der Früchte und des Saftes bei Gicht und hitzigen Fiebern.

Blüthezeit. Fast das ganze Jahr hindurch.

Offizinell sind die Früchte (Citronen): *Fructus Citri* (*Citreum, Pomum citreum*) und die frischen und getrockneten Fruchtschalen (Citronenschalen): *Cortex fructus Citri* (*Flavedo Citri*).

Präparate. Aus dem Fruchtfleisch wird gewonnen: der Fruchtsaft (Citronensaft): *Succus Citri recens* (*Succus Citri, Limonis succus*); aus letzterem wiederum: *Syrupus Succi Citri*, und die Citronensäure: *Acidum citricum*; aus den frischen Schalen der reifen Früchte: Citronenöl (Cedroöl): *Oleum Citri corticis* (*Oleum Citri, Oleum de Cedro*); *Elaeosaccharum Citri* (*Oleosacharure de citron* und *Tinctura Citri corticis recentis* (*Essentia Citri corticis*).

Citrus Limonum Risso.

Bestandtheile. Wie bei *Citrus vulgaris* Risso.

Litteratur. Abbildung und Beschreibung: Nees v. Esenb., Plant. med., Taf. 424; Hayne, Arzneigew. XI., Taf. 27; Berg u. Schmidt, Officin. Gew. XXXI^{F}; Bentley u. Trim., Medic. pl., Taf. 54; Woodville, Taf. 89; Steph. u. Ch., Taf. 92; Risso, Taf. 70—95; Flückiger and Hanbury, Pharmacographia, p. 114; Luerssen, Handb. d. system. Bot., p. 690; Karsten, deutsche Flora, p. 625; Wittstein, Handb. d. Pharm., p. 158.

Drogen und Präparate: *Fructus Citri*: Ph. ross. 183; Ph. dan. 121; Ph. suec. 89; Ph. U. St. 35; Berg, Waarenk. 338; Hager, Ph. Prx. I. 899.

Succus Citri recens: Ph. U. St. 35; Brit. ph. 170; Berg, Waarenk. 339; Hager, Ph. Prx. I. 899.

Cortex fructus Citri (*Flavedo Citri*): **Ph. germ.** 67; Ph. austr. 61; Ph. hung. 129; Ph. ross. 90; Ph. helv. 30; Cod. med. 47; Ph. belg. 31; Nederl. A. 94; Brit. ph. 170; Ph. suec. 52; Berg, Waarenk. 412; Hager, Ph. Prx. I. 900.

Oleum Citri corticis: **Ph. germ.** 195; Ph. austr. 147; Ph. hung. 317; Ph. ross. 292; Ph. helv. 92; Cod. med. 420; Ph. belg. 31; Nederl. A. 214; Brit. ph. 223; Ph. dan. 37; Ph. suec. 16; Ph. U. St. 39; Berg, Waarenk. 558; Hager, Ph. Prx. I. 901. Das Citronenöl gehört ausserdem zur Zusammensetzung des *Acetum aromaticum*: **Ph. germ.** 1 und ebenso bildet es einen Theil der *Mixtura oleoso balsamica*, **Ph. germ.** 179.

Syrupus succi Citri: Ph. hung. 429; Ph. ross. 396; Ph. helv. 132; Cod. med. 460; Brit. ph. 311; Ph. suec. 214; Ph. U. St. 288, 393; Hager, Ph. Prx. I. 900.

Elaeosaccharum Citri: Hager, Ph. Prx. I. 901.

Tinctura Citri corticis: Hager, Ph. Prx. I. 901.

Acidum citricum: **Ph. germ.** 9; Ph. austr. 5; Ph. hung. 11; Ph. ross. 9; Ph. helv. 4; Cod. med. 96; Ph. belg. 101; Nederl. A. 11; Brit. ph. 8; Ph. dan. 21; Ph. suec. 6; Ph. U. St. 12; Berg, Waarenk. 335; Hager, Ph. Prx. I. 52.

Die Citronensäure gehört ausserdem noch zur Zusammensetzung des *Chininum ferro-citricum*, **Ph. germ.** 54.

Tafelbeschreibung:

A blühender Zweig, natürl. Grösse; 1 Blüthe, etwas vergrössert; 2 Stempel mit Kelch, Scheibe und Staubgefäss, stärker vergrössert; 3 Fruchtknoten im Längsschnitt, desgl.; 4 Staubbeutel, desgl.; 5 Frucht, natürl. Grösse; 6 dieselbe im Querschnitt, desgl.; 7 u. 8 Same, desgl.; 9 derselbe im Querschnitt, desgl. Nach der Natur von W. Müller.

Aurantieae.

Citrus vulgaris Risso.

Citrus vulgaris Risso.

Syn. *Aurantium var. α.* L. *Citrus Bigaradia* Duh.

Pomeranze, Bittere Orange — Bitter Orange, Seville Orange, Bigarade Orange — Oranger amer, Bigaradier.

Familie: *Aurantieae.* Gattung: *Citrus* L.

Beschreibung. 6—12 Meter hoher Baum mit vielästiger Krone. Die lederartigen, 10 cm langen, 5 cm breiten, elliptischen bis lanzettförmig zugespitzten, schwach gekerbt-gesägten Blätter mit einem breiten, verkehrt-eiförmig bis herzförmig geflügeltem Blattstiele. Blüthen gestielt, theils einzeln in den Blattwinkeln, theils an der Spitze der Zweige gehäuft, weiss, mit 20—25 Staubgefässen. Frucht kugelig, orangegelb, ohne Warzen 10-, 8-, seltner 12fächerig, mit rauher Schale und säuerlich-bitterem Fleische.

Verbreitung. Im südlichen Asien wildwachsend, jetzt in der ganzen warmen und heissen Zone angepflanzt und im Gebiete des Mittelmeeres verwildert.

Name und Geschichtliches. Mit dem Namen *Citrus* bezeichnete Plinius den Citronenbaum und es ist wahrscheinlich, dass Citrone und Orange früher als ein und dieselbe Art betrachtet wurden. Nach Wittstein unterschieden jedoch die alten arabischen Aerzte schon die Orange von der Citrone. Der Name *aurantium* wird sowohl von den Araniern, eine persische Völkerschaft, abgeleitet, als auch auf die schöne goldgelbe Farbe (*auratus*) bezogen. Nach Risso sollen die Araber wesentlich zur Verbreitung des Orangebaumes beigetragen haben und im 10. Jahrhundert soll er schon am Mittelmeer sehr verbreitet gewesen sein. Siehe Geschichtliches bei der Citrone.

Blüthezeit. Blüht fast das ganze Jahr hindurch.

Offizinell sind die Blätter: *Folia Aurantii*; die Blüthen: *Flores Aurantii (Flores Naphae)*; die unreifen Früchte: *Fructus Aurantii immaturi (Poma Aurantii immatura, Aurantia immatura)* und die getrocknete Rinde der reifen Pomeranzenfrucht, die Pomeranzenschale: *Cortex fructus Aurantii* (*Cortex Aurantiorum, Cortex Aurantii pomorum*).

Präparate. a) aus der Pomeranzenblüthe: Orangenblüthenwasser, Pomeranzenblüthenwasser, *Aqua florum Aurantii* (*Aqua Naphae, Aqua florum Naphae*); Pomeranzenblüthenöl, Neroliöl: *Oleum Aurantii florum* (*Oleum florum Naphae, Oleum Naphae, Oleum Neroli*); Pomeranzenblüthensyrup: *Syrupus Aurantii florum*;

b) aus den unreifen Früchten: Pomeranzentinktur: *Tinctura Aurantii fructuum immaturorum* (*Tinctura pomorum Aurantii*) und ein flüchtiges Oel: *Oleum petit-grain* (*Essence de petit-grain*);

c) aus der Pomeranzenschale: Pomeranzenschalenextrakt: *Extractum Aurantii corticis*; Pomeranzenschalenöl: *Oleum Aurantii corticis* (*Oleum Aurantii amari, Oleum Aurantiorum*); Pomeranzenzucker: *Elaeosaccharum Aurantii*; Pomeranzenschalenspiritus: *Spiritus Aurantii corticis* (*Esprit d'orange, Alcoolat d'écorces d'orange*); Pomeranzenschalensyrup: *Syrupus Aurantii corticis*; Pomeranzenschalentinktur: *Tinctura Aurantii corticis*.

Bestandtheile. Die Blätter enthalten ätherisches Oel, Bitterstoff und Gerbstoff; die Blüthen: ätherisches Oel und Bitterstoff; die unreifen Früchte: ätherisches Oel, Bitterstoff und Gerbstoff; die äussere gelbe Schicht der reifen Fruchtschale: ätherisches Oel, die weisse Schicht: Bitterstoff; der Saft des Fleisches: Bitterstoff und Citronensäure; die Kerne: Bitterstoff. Die in den verschiedenen Pflanzentheilen auftretenden Bitterstoffe sind nicht gleich und daher mit verschiedenen Namen belegt: *Hesperidin, Aurantiin, Limonin, Naringin, Murrayin.* (Nach Wittstein.)

Litteratur. Abbildung und Beschreibung: Nees v. Esenb., Pl. med., Taf. 425; Hayne, Arzneigew. XI., Taf. 28; Berg u. Schmidt, Offizin. Gew., Taf. XXXIe; Bentley u. Trim., Medicin. pl., Taf. 50; Steph. u. Ch., Taf. 14; Risso, Hist. Orang., Taf. 30—52; Nouv. Duh. VII., Taf. 25, 34; Flückiger and Hanbury, Pharmacographia, p. 124; Luerssen, Handb. d. syst. Bot., p. 688; Karsten, Deutsche Flora, p. 623; Wittstein, Handb. der Pharm., p. 611.

Drogen und Präparate: *Folia Aurantii:* Ph. austr. 36; Ph. hung. 71; Ph. helv. 56; Cod. med. 69; Ph. belg. 31; Nederl. A. 44; Brit. ph. 51; Berg, Waarenk. 274; Hager, Pharm. Prx. I. 529.

Flores Aurantii: Ph. ross. 164; Ph. helv. 89; Cod. med. 71; Ph. belg. 31; Nederl. A. 44; Ph. U. St. 20; Berg, Waarenk. 320; Hager, Ph. Prx. I. 526.

Fructus Aurantii immaturi: **Ph. germ.** 118; Ph. austr. 35; Ph. ross. 180; Ph. belg. 31; Brit. ph. 413; Ph. dan. 119; Ph. suec. 88; Berg, Waarenk. 405; Hager, Pharm. Prx. I. 529.

Cortex fructus Aurantii: **Ph. germ.** 66; Ph. austr. 36; Ph. hung. 71; Ph. ross. 90; Ph. helv. 28; Cod. med. 39; Nederl. A. 43; Brit. ph. 51; Ph. dan. 82; Ph. suec. 52; Ph. U. St. 20; Berg, Waarenk. 411; Hager, Ph. Prx. I. 524. (Siehe auch *Tinctura Chinae composita,* **Ph. germ.** 276; *Elixir Aurantiorum compositum,* **Ph. germ.** 74 und *Tinctura Rhei vinosa,* **Ph. germ.** 287.)

Aqua florum Aurantii: **Ph. germ.** 32; Ph. hung. 51; Ph. ross. 41; Ph. helv. 14; Ph. belg. 127; Nederl. A. 36; Brit. ph. 42; Ph. dan. 46; Ph. suec. 24; Ph. U. St. 92; Berg, Waarenk. 321; Hager, Ph. Prx. II. 527. (Siehe auch *Syrupus Amygdalarum,* **Ph. germ.** 255.)

Oleum Aurantii florum: **Ph. germ.** 192; Ph. austr. 145; Ph. hung. 313; Ph. ross. 293; Ph. helv. 89; Berg, Waarenk. 561; Hager, Ph. Prx. II. 528. (Siehe auch *Mixtura oleoso-balsamica,* **Ph. germ.** 179.)

Oleum Aurantii corticis: Ph. austr. 145; Ph. hung. 313; Ph. ross. 292; Ph. helv. 89; Ph. belg. 31; Nederl. A. 211; Berg, Waarenk. 558; Hager, Ph. Prx. II. 526.

Syrupus Aurantii florum: **Ph. germ.** 257; Ph. ross. 398; Ph. helv. suppl. 108; Ph. belg. 247; Brit. ph. 309; Ph. U. St. 291; Hager, Ph. Prx. II. 529.

Syrupus Aurantii corticis: **Ph. germ.** 256; Ph. austr. 196; Ph. hung. 431; Ph. ross. 396; Ph. helv. 131; Ph. belg. 245; Nederl. A. 320; Brit. ph. 309; Ph. dan. 252; Ph. suec. 216; Ph. U. St. 290; Hager, Ph. Prx. II. 526.

Tinctura Aurantii corticis: **Ph. germ.** 273; Ph. austr. 205; Ph. hung. 453; Ph. ross. 422; Ph. helv. 141; Ph. belg. 263, 285; Nederl. A. 341; Brit. ph. 320; Ph. dan. 265; Ph. suec. 226; Ph. U. St. 301; Hager, Ph. Prx. II. 526.

Extractum Aurantii corticis: Ph. helv. 39; Hager, Ph. Prx. II. 525.

Zum Schluss sei noch bemerkt, dass die Pomeranzenschale und die unreifen Pomeranzen einen Theil der Zusammensetzung der *Tinctura amara* bilden. **Ph. germ.** 271; Hager, Ph. Prx. II. 24.

Bezüglich der übrigen Präparate siehe Hager II. 526 u. ff.

Tafelbeschreibung:

A blühender Zweig in natürl. Grösse; B Frucht, desgl.; 1 Blüthe nach Entfernung der Kronblätter, vergrössert; 2 Blüthe im Längsschnitt, desgl.; 3 Kronblatt, desgl.; 4 Staubgefäss, desgl.; 5 Stempel mit Staubgefäss, desgl.; 6 Frucht durchschnitten, natürl. Grösse; 7 mikroskopischer Querschnitt der unreifen Fruchtrinde (nach Berg), (a. Oelbehälter).

Cnicus benedictus L.

Syn. *Centaurea benedicta* L. *Carbenia benedicta* Benth et Hook. *Calcitrapa lanuginosa* Lam.

Benediktenkraut, Kardobenedikte, Bitterdistel, Bernhardinerkraut, Spinnendistel — Blessed thistle — Chardon bénit.

Familie: *Compositae.* Gattung: *Cnicus* Vaill.

Beschreibung. Die einjährige, dünne, senkrecht in den Boden gehende, mit Wurzelfasern besetzte Wurzel treibt einen 20—40 cm hohen, saftig-krautartigen, aufrechten, unten einfachen, oberwärts gespreizt-ästigen, 5kantigen, gleich den Blättern zottig und klebrig behaarten, nach oben spinnwebefilzigen Stengel. Die unteren, bis 15 cm langen, in den breiten, kantig geflügelten Blattstiel verschmälerten Blätter länglich-lanzettlich, buchtig-fiederspaltig, fast schrotsägeförmig; mittlere und obere Blätter kleiner, sitzend, mit breitem Grunde herablaufend, buchtig-fiederspaltig, stachelspitzig gezähnt; die obersten breit eiförmig, buchtig gezähnt, zuletzt in herzförmige, grosse, das Blüthenköpfchen einhüllende Deckblätter übergehend. Blüthenköpfe einzeln, eiförmig, bis 3 cm lang, $1^1/_2$ cm dick, von den etwas längeren Deckblättern eingeschlossen. Hüllkelch ziegeldachförmig, vielblätterig; äussere Hüllkelchblätter mit aufstrebendem, einfachem, die mittleren und inneren mit nach aussen gebogenem, 2 cm langem, kammartig mit 4—5 kurzen Stachelpaaren besetztem, gefiedert-haarigem Stachel. Blüthenboden flach, etwas grubig, dicht mit langen, weissen, glänzenden, borstenförmig zerschlitzten Deckblättchen besetzt. Randblüthen 4—6, kelchsaum- und geschlechtslos, von der Länge der Zwitterblüthen, mit verkümmertem Fruchtknoten und fadenförmiger Krone, deren Saum 3theilig[1]) ist. Scheibenblumen zahlreich, zwitterig, mit oben ungleich 5spaltigem Saume. Der oberständige bleibende Kelch 3reihig; äusserste Reihe kronenförmig, aus 10 kurzen, verwachsenen, knorpeligen Schüppchen, die beiden inneren Reihen (Pappus) aus je 10 starren, rauhen Borsten bestehend, von denen die äusseren doppelt so lang sind als die inneren. Die ca. $2^1/_2$ cm langen Blumen schön gelb, die Hüllblätter nicht überragend. Fruchtknoten unterständig, weiss, fast walzenrund, gestreift, am Grunde der inneren Seite genabelt. Die 5 Staubgefässe mit oben freien, unten mit der Blumenröhre verwachsenen, mit sitzenden Drüsen bestreuten Fäden und 2fächerigen, gekrümmt-röhrig verwachsenen Staubbeuteln. Beutelfächer am Grunde kurzspitzig verlängert, nach innen der Länge nach aufspringend, mit an der Spitze befindlichem, seitlich gekrümmtem Connektiv. Pollen länglich, 3furchig, gestutzt, unter Wasser kugelig, 3nabelig. Griffel stielrund, unter den Narben etwas behaart. Die im inneren mit Pappillen besetzten Narben erst sich berührend, später auseinandergehend. Frucht stielrund, 20furchig, kahl, mit an der Basis seitlichem Fruchtnabel, vom bleibenden Pappus gekrönt. Der eiweisslose Same das Fruchtgehäuse ausfüllend. Der gerade Embryo mit kurzem, nach unten gerichteten Würzelchen. Samenlappen länglich, im Querschnitt planconvex.

Anatomisches: Der Querschnitt der Blätter zeigt (nach Flückiger) ein ziemlich gleichförmiges Parenchym und einen von 3 Gefässbündeln durchzogenen Mittelnerv. Die langen Haare, womit die Stengel sammt Verzweigungen und Blattspreite besetzt sind, bestehen aus dünnwandigen, leicht zusammenfallenden Zellen. Zwischen diesen Haaren und ebenso auch an den Blättern des Hüllkelches befinden sich kleine, kurzgestielte, mehrzellige Drüsen mit klebrigem Inhalte. Der Same besitzt nach Berg (Waarenkunde 377) eine von der Epidermis gebildete, äussere Fruchtschicht, eine, aus ziemlich dickwandigem, von Gefässbündeln durchzogenem Parenchym bestehende Mittelschicht, die nach innen in radial gestreckte Steinzellen übergeht und eine innerste Fruchthaut, die aus äusserst kleinen, tangential gestreckten Zellen gebildet ist. Der Embryo besteht aus einem straffen Parenchym, dessen horizontalgestreckte Zellen kleine Tropfen fetten Oeles in sich schliessen.

Verbreitung. In Südeuropa, Persien, Transkaukasien, Syrien, Nordafrika wild vorkommend; in Mitteleuropa bis in das südliche Norwegen und in Nordamerika als Arzneipflanze in den Gärten kultivirt.

Name und Geschichtliches. Kardobenedikte ist abgeleitet von *Carduus* Distel und *benedictus* gesegnet, gelobt, wegen der grossen Heilkräfte, die angeblich dem Kraute innewohnen, daher auch *Herba sancta* genannt. Bitterdistel bezieht sich auf den bitteren Geschmack der Pflanze, Spinnendistel auf die spinnweb-filzige Behaarung. *Cnicus*, abgeleitet von *κνίζειν* (jucken, verletzen), bezieht sich auf die stachelige Beschaffenheit der Pflanze. *Centaurea* verdankt seinen Ursprung dem heilkundigen Centauren Chiron. *Carbenia* ist von Adanson aus *Carduus benedictus* (*Chardon bénit*) gebildet worden. *Calcitrapa* ist aus *calx* (Ferse) und *trapa* (Falle, Schlinge) wegen der Stacheln, die einem Kriegsapparate zum Aufhalten des Feindes gleichen, hervorgegangen.

---

[1]) Die Pflanze, welche unserer Zeichnung als Vorlage gedient hat, besass lauter Randblüthen mit 4theiligem Saum.

Cnicus benedictus L.

Die Alten haben schon *Cnicus benedictus* unter dem Namen *ἑτερα κνηκος* gekannt und wahrscheinlich arzneilich benutzt. Im Mittelalter glaubte man, dass die heilkräftige *Akarna* des Theophrast oder *Atraktylis* des Dioscorides unser Benediktenkraut gewesen sei, aus welchem Grunde man auf Empfehlung des Arnoldus Villanovanus um 1350 letztere Pflanze in den Arzneischatz einführte; die *Ἀτρακτυλις* der Alten soll jedoch *Carthamus lanatus* L. gewesen sein, wohingegen die von Nicolaus Myrepsus (1222—1255) angeführte *Καρδνοβότανον* und die von Pietro de Crescenzi (um 1235) erwähnte *Carduus* (nach Flückiger) wohl als unser Benediktenkraut zu betrachten sind. Zur Zeit des Mittelalters wurde *Cnicus benedictus* als ein Hauptmittel gegen Lungengeschwüre und Pest angesehen. Im 16. Jahrhundert wurde die Pflanze von Camerarius abgebildet; Brunschwig empfahl um 1500 *Aqua Cardui benedicti*; Valerius Cordus nennt als Beigabe einer Salbe *Carduncellus*. Gessner berichtet in seiner Schrift: „Horti Germaniae“, dass unsere Pflanze zu Heilzwecken angebaut würde und Matthiolus giebt neben einer guten Abbildung uns Kunde davon, dass zu seiner Zeit das Benediktenkraut als Arzneipflanze sehr geschätzt war; letzterer empfiehlt selbst das Kraut bei Pest, ansteckenden Fiebern und Krebs. Die *Benedicta* der heiligen Hildegard und anderer deutschen Arzneibücher soll (nach Flückiger) *Geum urbanum* L. gewesen sein.

Blüthezeit. Juli, August.

Offizinell ist das Kraut: *Herba Cardui benedicti* (*Folia Cardui benedicti*) und früher auch die Frucht: *Semen* (*Fructus*) *Cardui benedicti*.

Die Blätter und die beblätterten oberen Verzweigungen werden vor der Blüthe gesammelt, an der Luft getrocknet und in hölzernen oder blechernen Kasten, gewöhnlich zerschnitten, oder auch als grobes Pulver aufbewahrt. Blätter und Stengel schmecken stark und rein bitter, nicht aromatisch. Frisch ist der Geruch widerig; trocken sind die Blätter grünlich-grau und wollig.

Verwechselungen des Krautes mit *Cirsium oleraceum* Scop. sind leicht an den glatten, nur zerstreut behaarten, schwach stachelig gewimperten, nicht bitter schmeckenden Blättern letzterer Pflanze zu erkennen. Verwechselungen mit dem Kraut von *Cirsium lanceolatum* Scop. und *Silybum Marianum* Gaertn. sind kaum denkbar.

Präparate. Aus dem Kraute wird gewonnen: *Extractum Cardui benedicti*; ausserdem wird dasselbe verwendet zur Herstellung von *Species amarae, Tinctura amarae, Ptisana de foliis Cardui benedicti, Tinctura Absinthii composita.* Das Extrakt dient als Beigabe zu *Vinum amarum.*

Bestandtheile. Das Kraut enthält reichlich Kalium-, Calcium- und Magnesiasalze. 100 Theile des lufttrocknen Krautes enthielten: 5 harzartigen Stoff, 13 Schleim und Gummi, 0.3 flüchtiges Oel, 24 bitteren Extraktivstoff, 2.5 Kaliacetat, 5 Kali- und Kalknitrat, 1.6 Kalkmalat, 3.4 Kalksulfat und andere Erdsalze, 37.5 Holzfaser mit Eiweissstoff, 8.5 Feuchtigkeit und 0.2 Bitterstoff, *Cnicin* oder *Centaurin* genannt. Das 1839 von Nativelle in den Blättern von *Cnicus benedictus* entdeckte *Cnicin* ($C_{42}H_{56}O_{15}$) bildet wasserhelle, seidenglänzende Nadeln, ist neutral, ohne Geruch und von sehr bitterem Geschmacke, löslich in kochendem Wasser, wenig in Aether und gar nicht löslich in ätherischen Oelen. Der Same enthält fettes Oel und wahrscheinlich auch *Cnicin.* (Husemann, Pflanzenstoffe 1533.)

Anwendung. Das Kraut wird im Aufguss bei chronischen Leberleiden, Hypochondrie, Hysterie, Magenbeschwerden, chronischen katarrhalischen Leiden, Wechselfieber etc., im Allgemeinen aber nur als *Amarum* bei Verdauungsschwäche gereicht. Grössere Gaben bewirken Uebelkeit, Erbrechen, Kolik und Durchfall. Der Same findet, ebenso wie der Same von *Silybum Marianum* Gaertn., nur noch als Hausmittel gegen Seitenstechen Anwendung; letzterem Umstande verdanken die Körner den Namen Stechkörner. (Husemann, Arzneimittell. 647.)

Litteratur. Abbildung und Beschreibung: Nees v. Esenb., Plant. med., Taf. 223; Hayne, Arzneigew. VII., Taf. 34; Berg u. Schmidt, Offiz. Gew. XXII[a]; Luerssen, Handb. d. syst. Bot. II. 1147; Karsten, Deutsche Flora 1127; Wittstein, Pharm. 383.

Drogen und Präparate: *Herba Cardui benedicti*: **Ph. germ.** 129; Ph. ross. 171; Ph. helv. 61; Cod. med. (1884) 47; Ph. belg. 22; Ph. Neerl. 52; Ph. dan. 114; Ph. suec. 85; Flückiger, Pharm. 645; Berg, Waarenk. 288.

Extractum Cardui benedicti: **Ph. germ.** 85; Ph. ross. 124; Ph. helv. 41; Cod. med. (1884) 413; Ph. Neerl. 100; Ph. suec. 72.

Species amarae: Ph. hung. 399; Ph. suec. 198.

Ptisana de foliis Cardui benedicti: Cod. med. (1884) 609.

Vinum amarum: Ph. Neerl. 288.

Tinctura amarae: Ph. dan. 263.

Tinctura Absinthii composita: Ph. suec. 229.

Bezüglich der Drogen und Präparate siehe Hager, Ph. Prx. I. 746.

Tafelbeschreibung:

A oberer Theil der Pflanze in natürl. Grösse; 1 Blüthenkopf von der Hülle befreit, desgl.; 2 derselbe im Längsschnitt, desgl.; 3 Scheibenblüthe, vergrössert; 4 Staubgefäss mit Griffel, desgl.; 5 Staubgefässe, desgl.; 6 Pollenkorn unter Wasser, desgl.; 7 geschlechtslose Randblüthe; 8 Frucht mit Pappus, natürl. Grösse; 9 dieselbe, vergrössert; 10 dieselbe im Längsschnitt, desgl.; 11 dieselbe im Querschnitt, desgl.; 12 Same, desgl. Nach der Natur von W. Müller.

Colchicum autumnale L.

Herbstzeitlose, Wiesensafran — Meadow Saffron, Wild Saffron — Colchique.

Familie: *Colchicaceae.* Gattung: *Colchicum* L.

Beschreibung. Perennirende Pflanze mit tief in der Erde befindlichem, zwiebelknolligem Wurzelstocke. Zwiebel zweijährig, dicht, ei-herzförmig, mit einer oder mehreren, trockenhäutigen, kastanienbraunen, nach oben in eine zerfetzte Scheide auslaufenden Schalen bedeckt, auf dem Rücken stark, auf der Vorderseite wenig gewölbt oder flach, mit einer flachen, mittleren Längsfurche, in welcher der blühende Stengel liegt, der mit der Knolle nur an der Basis und hier auch nur an einer kleinen kreisförmigen Stelle in Verbindung steht. Das untere Ende dieses Stengels besitzt einen Büschel weisser Faserwurzeln, ist im Herbste nur unmerklich verdickt und von 2 Scheidenblättern umgeben, von denen das äussere kürzer, das innere länger ist. Auf diese Scheidenblätter folgen nach innen zu, spiralig, einige, im Herbste noch wenig ausgebildete Laubblätter, von denen das unterste in seiner Achsel die Knospe des im nächsten Jahre zur Blüthe gelangenden Stengels trägt. Die obersten Laubblätter tragen in ihren Achseln je eine, also 1—3 kurzgestielte Blüthen, die im Herbste verwelken und erst im folgenden Frühjahre zur Fruchtbildung übergehen. Zu dem Zwecke wachsen im Frühlinge die Laubblätter aus der Erde hervor, es erfolgt eine Streckung des Stengelgliedes zwischen dem zweiten und dritten Laubblatte und die Frucht wird über den Boden emporgehoben. Das von dem ersten und zweiten Laubblatte eingeschlossene Internodium schwillt zur neuen Knolle an, welche am Grunde die im nächsten Herbste zur Blüthe gelangende Hauptknospe trägt. Die vorjährige Knolle mit dem vertrockneten Stengelreste stirbt ab; sie enthält die für den blühenden und fruchttragenden Stengel erforderlichen Reservenahrungsstoffe. Der einfache, unten nackte, oben unter der Frucht beblätterte, im Frühjahre auswachsende Stengel kommt aus der neuen, rinnenlosen Zwiebel hervor. Laubblätter meist 3—4, selten bis 6, fast aufrecht, breit-lanzettförmig, stumpf verschmälert, glänzend grün, kahl, etwas fleischig, parallelnervig, die Frucht einhüllend. Das unterständige, trichterförmige, sehr lange Perigon mit meist dreiseitiger, weisser, bis 25 cm langer, aber nur bis 10 cm aus der Erde hervorragender Röhre und lila-rosenfarbenem, selten weissem, 6theiligem Saume. Saumabschnitte elliptisch bis lanzettlich, die 3 äusseren grösser als die inneren, 15—20nervig. Staubgefässe 6, vor den Perigonblättern stehend und mit der Röhre verwachsen, die 3 inneren länger als die äussern. Filamente pfriemlich, weiss, am Grunde orangeroth. Der fast pfeilförmige, 2fächerige Staubbeutel pomeranzenfarbig. Fächer am Rande der Länge nach aufspringend. Pollenkörner länglich, trocken wenig gekrümmt. Der oberständige Stempel aus 3 länglichen, in der Mitte verbundenen, einfächerigen Fruchtblättern zusammengesetzt; letztere je mit einem in der Bauchnaht entspringenden, 2schenkeligen Samenträger versehen. Die zahlreichen Eichen an jedem Schenkel des Samenträgers 2reihig. Die 3 fadenförmigen, weissen, oben schwach lilaen Griffel fast von der Länge der Staubgefässe, am oberen Ende nach aussen gekrümmt, die gekrümmten Theile mit gelblichen Papillen kammförmig besetzt. Die im Juni reifenden Kapseln kurzgestielt, erst grün, später braun, länglich-rund, mit unregelmässig-querrunzeligen Klappen, dreigehäussig, an den inneren Nähten nach oben aufspringend. Die zahlreichen Samen eiförmig-kugelig, bis $2^1/_2$ mm im Durchmesser, dunkelbraun, grubig punktirt, wenig runzelig, nach kurzer Aufbewahrung durch Ausschwitzung von Zucker schmierig, später trocken, am Grunde mit einer weissfleischigen, später vertrockneten Nabelwulst versehen. Der sehr kleine Embryo befindet sich an der dem Nabel gegenüberliegenden Seite.

Eine selten vorkommende, im Frühling blühende Varietät mit meistens kleineren, oft grünlichen Blüthen ist *Colchicum vernum* Schrk., *C. vernale* Hoffm., *C. praecox* Spenn. Das in Siebenbürgen und Croatien vorkommende *Colchicum pannonicum* Grieseb. et Schenk soll eine kräftigere, mit grösseren Knollen, breiteren Blättern und zahlreicheren Blüthen ausgestattete Varietät von *Colchic. autumnale* sein.

Anatomisches: Die Samenschale zeigt auf dem Querschnitte 1—2 Schichten weite Zellen und nach innen zu mehrere Schichten kleinere, dünnwandige, tangential gestreckte, flache Zellen, deren innerste Lage mit dem hornartigen, graulichen, strahlichen, aus weitgetüpfelten Parenchymzellen bestehenden Endosperm verwachsen ist. Die Zellen des letzteren besitzen ein körniges Plasma und enthalten grosse Oeltropfen. Die Zellen der Samenschale enthalten, mit Ausnahme der inneren kleinen, Stärkemehlkörner. Die Knolle besteht aus einem dünnwandigen, von vielen zarten Fibrovasalsträngen durchzogenen Parenchym.

Verbreitung. Auf feuchten Wiesen durch das ganze westliche, mittlere und südliche Europa, auch im nördlichen Afrika. In den Walliser Alpen noch in 2200 m Meereserhebung vorkommend.

Name und Geschichtliches. Der deutsche Name Zeitlose, althochdeutsch *zitlosa*, bezieht sich auf die Verwechselung der Zeiten bezüglich der Blüthe (im Herbst) und der Frucht (im Frühjahr); er wird jedoch auch aus dem italienischen *citella osa*, stolze Jungfrau, abgeleitet. *Colchicum* stammt von Kolchis in Kleinasien, wo die von Dioscorides beschriebene, mit unserem *Colchic. autumnale* wahrscheinlich gleichbedeutende Pflanze häufig vorkam. Nach Fraas soll jedoch das *Κολχικον* der Alten *Colchicum variegatum* L. gewesen sein. In Europa war unsere Herbstzeitlose zur Zeit des Mittelalters als Giftpflanze bekannt, wurde aber medizinisch wenig oder gar nicht verwendet, da man zu medizinischen Zwecken den orientalischen Colchicumarten, welche unter dem Namen *Hermodactyli* bekannt waren, den Vorzug gab. In der Londoner Pharmacopoe von 1618 findet sich neben anderen Colchicumarten auch unser *Colchicum autumnale* verzeichnet. Abbildungen lieferten Brunfels unter dem Namen *Primula veris* und Tragus mit der Bezeichnung *Narcissus Theophrasti.* Durch Fuchs wurde die alte Bezeichnung *Colchicum* wieder eingeführt. Erst im vorigen Jahrhundert ist die Herbstzeitlose als Medizinalpflanze zu Ansehen gelangt.

Colchicum autumnale L.

Offizinell sind die Zwiebelwurzeln: *Bulbus Colchici* (*Radix Colchici, Tuber Colchici, Cormus Colchici*), die Blumen: *Flores Colchici* und die Samen: *Semen Colchici*.

Die Zwiebeln werden kurz vor der Blüthe, zu welcher Zeit sie ihren vollkommensten und wirksamsten Zustand erreicht haben, also im August gesammelt, von der äusseren braunen Haut, den Wurzelresten und der in der Regel noch vorhandenen älteren Zwiebel befreit und müssen sobald als möglich zur Darstellung der Präparate verwendet werden. Beim Trocknen schrumpft die Zwiebel etwas zusammen und wird aussen runzelig und braun. Frisch besitzt sie einen widerlich-rettigartigen Geruch und einen vorerst süsslichen, dann bitterlich-scharfen, kratzenden Geschmack; getrocknet ist sie geruchlos und wenig bitter. Die Blumen, welche jetzt ganz ausser Gebrauch sind, haben einen bitteren Geschmack. Die Samen werden zur Zeit der Reife im Mai und Juni gesammelt, an einem nur lauwarmen Orte unter Ausschluss des Sonnenlichtes auf einem ausgebreiteten Tuche getrocknet und in Glas- oder Blechgefässen, gegen Sonnenlicht geschützt, aufbewahrt. Sie sollen alljährlich erneuert werden. Unreife und blassfarbige Samen sind untauglich. Wegen ihres hornartigen Eiweisses sind sie schwer zu pulvern und werden daher nur in unzerkleinertem Zustande vorräthig gehalten. Sie sind geruchlos und von bitterem, widerig-kratzendem Geschmacke.

Die früher als *Bulbi Hermodactyli* aus dem Oriente kommenden breit-eiförmigen, bis herzförmigen, planconvexen, von allen Hüllen befreiten, aussen blassbräunlichen, innen weissen, mehligen Zwiebeln sollen zum grössten Theile aus *Colchicum variegatum* L. bestanden haben.

Präparate. Aus der Zwiebel wird *Acetum Colchici bulbi, Tinctura Colchici bulbi, Vinum Colchici, Extractum Colchici radicis, Alcoolatura Colchici* etc., aus den Samen *Acetum Colchici* (*Acetum Colchici seminis*), *Extractum Colchici seminis, Extractum Colchici aceticum, Oxymel Colchici, Tinctura Colchici, Tinctura Colchici acida, Vinum Colchici* (*Vinum Colchici seminis*) und aus der ganzen Pflanze *Colchicinum* gewonnen.

Bestandtheile. Die Colchicumzwiebel enthält neben 20% Stärkemehl, Zucker, Harz, Fett etc. einen von Pelletier und Caventou entdeckten, von ihnen für *Veratrin* gehaltenen, bitterscharfen Körper, der von Geiger und Hesse als eigenthümlich erkannt und von letzteren als *Colchicin* bezeichnet worden ist. Die Blüthen enthalten nach Geiger und Hesse ebenfalls *Colchicin*, nach Reithner ausserdem noch eisengrünende (in den Staubbeuteln eisenbläuende) Gerbsäure, Zucker, Fett, Harz, Wachs, Gummi. Im Samen fanden Geiger, Hesse und Andere den grössten Colchicingehalt. Nach Bleys Untersuchungen ist im Samen ausser *Colchicin* noch Zucker, Albumin, Fett, Harz etc. enthalten. Auch die Blätter enthalten *Colchicin*.

Das *Colchicin* $C_{17}H_{19}NO_5$ ($C_{17}H_{23}NO_6$ Hertel) findet sich zwar in allen Theilen der Herbstzeitlose, am meisten jedoch im Samen und in der Zwiebel; im Samen 0.2—0.3%. Das *Colchicin* ist nach den neuen Untersuchungen ein amorpher, schwefelgelber (aus frischen Zwiebeln farblos und durchsichtiger), indifferenter, sehr schwach alkalisch reagirender Körper, welcher bei 145° schmilzt und durch Erhitzen mit Mineralsäuren, unter Abgabe von Wasser, in ein dunkelbraunes Harz und in *Colchiceïn* gespalten wird. *Colchiceïn* mit der von Hertel gegebenen Formel $C_{17}H_{21}NO_5 + 2H_2O$ ist krystallinisch und krystallisirt in kleinen zu Warzen vereinigten Nadeln oder in perlglänzenden Blättchen, zeigt schwachsaure Eigenschaften, bildet Salze und schmilzt bei 155°. *Colchicin* und *Colchiceïn* sind starke Gifte, doch scheint das *Colchiceïn* das *Colchicin* an Giftigkeit zu übertreffen. (Husemann, Pflanzenst. 367.)

Anwendung. Zu arzneilichen Zwecken wird jetzt im Allgemeinen nur noch der Samen und seine Präparate verwendet; nur Frankreich und einige andere Länder benutzen noch die Zwiebel und die daraus bereiteten Präparate. Der wirksame Bestandtheil ist das *Colchicin*. Letzteres ist ein heftiges Drastikum, welches in grösseren Gaben Gastroenteritis erzeugt und den Tod herbeiführt, eine Wirkung, die ebenso auch durch äusserliche Anwendung und zwar durch Wunden und Einreibungen hervorgebracht werden kann. Durch die, jedoch von neuen Forschern nicht bestätigte Wirkung auf vermehrte Harnsäureabscheidung hat die Herbstzeitlose ihren Ruf als Spezifikum gegen Gicht, Rheumatismus, Gries- und Blasensteinbildung bis in die Neuzeit bewahrt. (Husemann, Arzneimittell. 842.)

Litteratur. **Abbildung und Beschreibung:** Nees v. Esenb., Plant. med., Taf. 49; Hayne, Arzneigew. V., Taf. 45; Berg u. Schmidt, Offiz. Gew., Taf. XIIa; Bentley u. Trim., Taf. 288; Woodville, Taf. 258; Steph. u. Ch., Taf. 70; Reichenb., Ic. Fl. Germ. X., Taf. 426; Luerssen, Hndb. d. syst. Bot. II. 410; Karsten, D. Fl. 421; Wittstein, Handb. der Pharm. 310.

Drogen und Präparate: *Bulbus Colchici*: Cod. med.[1]) 48; Ph. belg. 32; Ph. Neerl. 77; Brit. ph. 85; Ph. U. St. 83; Berg, Waarenk. 124; Atlas zur Waarenk., Taf. XXIV, 59; Flückiger and Hanb., Pharm. 699; Hist. d. Drog. II. 534.

Semen Colchici: **Ph. germ.** 237; Ph. austr. (D. A.) 39; Ph. hung. 133; Ph. ross. 359; Ph. helv. 116; Cod. med. 48; Ph. belg. 32; Ph. Neerl. 77; Brit. ph. 85; Ph. dan. 208; Ph. suec. 185; Ph. U. St. 83; Berg, Waarenk. 447; Atlas zur Waarenk. XXXXVII, 128; Flückiger, Pharm. 944; Flückiger and Hanb., Pharm. 702; Hist. d. Drog. II. 538.

Flores Colchici: Cod. med. 48.

Acetum Colchici: Ph. ross. 3; Cod. med. 618; Ph. belg. 98; Ph. Neerl. 5.

Oxymel Colchici: Ph. helv. suppl. 80; Ph. belg. 209; Ph. Neerl. 178.

Tinctura Colchici: **Ph. germ.** 277; Ph. austr. (D. A.) 134; Ph. helv. 143; Cod. med. 604; Brit. ph. 328; Ph. Neerl. 267; Ph. dan. 270; Ph. suec. 234; Ph. U. St. 341.

Vinum Colchici: **Ph. germ.** 303; Ph. austr. (D. A.) 144; Ph. ross. 462; Cod. med. 621; Ph. belg. 288; Ph. Neerl. 288; Brit. ph. 367; Ph. helv. 154; Ph. dan. 293; Ph. U. St. 376.

Colchicinum: Ph. hung. 131.

Extractum Colchici aceticum: Brit. ph. 116.

Extractum Colchici radicis: Ph. belg. 169; Brit. ph. 116; Ph. U. St. 110.

Extractum Colchici seminis: Cod. med. 412; Ph. belg. 169; Ph. U. St. 111.

Alcoolatura Colchici: Cod. med. 336.

Bezüglich der Drogen und Präparate siehe Hager, Pharm. Prx. I., 922.

---

[1]) Ausgabe von 1884.

Tafelbeschreibung:

AB blühende, C fruchtende Pflanze in natürl. Grösse; 1 Knolle im Längsschnitt, desgl.; 2 der zur neuen Knolle anschwellende Theil, oben mit Fruchtknoten, desgl.; 3 u. 4 Blüthenknospe, desgl.; 5 ausgebreitete Blüthe, desgl.; 6 oberer Theil des Griffels, vergrössert; 7 Staubgefässe desgl.; 8 Pollen, desgl.; 9 reife, aufgesprungene Kapsel, natürl. Grösse; 10 Kapsel im Querschnitt, desgl.; 11 Same, natürl. Grösse und vergrössert; 12, 13 derselbe ohne Schale, vergrössert. Nach der Natur von W. Müller.

Convallaria majalis L.

Maiblümchen, Springauf, Thallilie, Maizauken, Niesekraut. Franz.: Muguet. Engl.: Lily of the valley. Holl.: Tweebladig dalkruit. Dän.: Etblad. Schwed.: Lilje konvalj. Poln.: Lanka, Lanuszka. Ung.: Gyöngy-virag. Ital.: il mughetto, giglio delle convalli. Port.: Unifoglio, Campxenhas. Span.: Lirio de los valles. Ar.: Sossan.

Syn.: *Convallium majale* Mönch. *Lilium convallium* Tournef. *Polygonatum majale* Allioni.

Familie. *Liliaceae* Juss. Unterfam.: *Smilaceae* R. Br. Gattung: *Convallaria* (*Neck*) Desf.

Beschreibung. Die Maiblume ist eine monokotylische Staude mit unterirdischem kurzgliedrigen vielfach verzweigtem Rhizom, an dessen Knoten mehrere Nebenwurzeln entspringen. Am Kopfe des Rhizoms, nach der Spitze zu, sind die Internodien besonders kurz, wodurch sich an dieser Stelle die Wurzelfasern büschelig drängen. An den oberen Knoten sitzen Niederblätter. In der Achsel des zweitobersten Niederblattes entspringt ein Spross der sich erst im zweiten Jahre zu einem blühenden Stengel entwickelt. Am Grunde der oberirdischen Scheinachse nehmen die Niederblätter an Grösse zu. Zwischen ihnen entspringen zwei, seltener drei oval-lanzettliche Blätter mit hervorragenden Mittelnerven und parallelen Längsnerven, die sich in der Spitze des Blattes vereinigen. Die Blattscheiden sind lang und bilden, sich gegenseitig umhüllend, eine Scheinachse. Seitlich von ihnen, aber mit ihnen von den zahlreichen grossen schuppigen Niederblatthäuten umgeben, entwickelt sich der Blütenschaft, halbstielrund bis dreiseitig, blattlos, unbehaart, etwas nickend, an der Spitze die einseitwendige Traube der nickenden Blüten und schmale linealische, trockenhäutige, hinfällige Deckblätter tragend. Die Blütenhülle ist einfach, verwachsenblättrig, kuglig-glockig, weiss, selten rötlich, mit sechs nach aussen zurückgebogenen nahezu gleichen kurzen Zipfeln. Staubgefässe zweimal drei, nahe dem Grunde der Kronenröhre angeheftet, kürzer als diese, mit kurzem dicken, oben verschmälerten Staubfaden, länglichen, aufrechten, am Grunde angehefteten, an der Spitze verschmälerten, dem Griffel genäherten Antheren; die Fächer springen seitlich, nach innen zu gekehrt, in Spalten auf. Der Fruchtknoten ist sitzend, oberständig, kuglig-eiförmig, dreifächrig, der Staubweg dreiriefig, säulenförmig, mit kaum verbreiterter Narbe; jedes Fruchtknotenfach enthält mehrere Samenknospen (vier bis acht). Die Blüten sind sehr wohlriechend. — Beim Reifen wächst der Fruchtknoten aus dem allmählich vertrocknenden Perigon heraus, und bildet reif eine kugelige, rote, saftige Beere, welche nicht selten am Grunde durch die trocknen Perigonfetzen noch gestützt wird. Die Samen, meist zu mehreren in einem Fach, sind rundlich-eiförmig, blassgelb; die Samenschale ist dicht anliegend, der Embryo etwa $^1/_2$ oder $^1/_3$ so gross, als das hornige Eiweiss.

Vorkommen und Verbreitung. Die Pflanze ist weitverbreitet in der nördlichen gemässigten Zone beider Hemisphären, fehlt aber in den Tropen. Sie liebt schattige Laubwälder und Haine und bildet ein beliebtes Gartengewächs, welches durch künstlichen Antrieb im Zimmer oder Warmhaus schon im Winter zur Blüte gebracht wird. Bei den alten Germanen war die Pflanze der Friedensgöttin Ostera geweiht.

Blütezeit. April, Mai.

Offizinell sind das Rhizom mit den Wurzeln, das Kraut und die Blüten. **Rhizoma Convallariae** ist das mit den Nebenwurzeln versehene bis zu 20 cm lange, bis zu 3 mm dicke horizontale Rhizom der Pflanze. Es ist hier und da verästelt, cylindrisch, runzlich, durch einzelne kreisförmige Narben gekennzeichnet. Aus dem ringförmigen Knoten entspringen acht bis zehn lange dünne Nebenwurzeln. Der Bruch des Rhizoms ist etwas fasrig, weiss, der Geruch eigentümlich, angenehm; der Geschmack süsslich-bitter und etwas scharf. — U. St. Ph.

Herba Convallariae besteht aus den zwei dem Wurzelstock entspringenden grundständigen, langgestielten Blättern mit 15—20 cm langer, und etwa 50 mm breiten Spreite, nebst dem Blütenschaft mit den seitlich daranhängenden Blüten. **Flores Convallariae** sind die vom Schafte abgenommenen Perigonblüten von bitterem Geschmacke. (A. D. A.)

Bestandteile. Die Pflanze enthält nach Walz Asparagin, Stärke, Zucker, Äpfelsäure, Zitronensäure und zwei Glycoside, *Convallarin* und *Convallamarin* (1830), St. Martin fand 1865 noch Majalin. Das *Convallarin* entspricht nach Walz der Formel $C^{34} H^{62} O^{11}$; es krystallisiert in rektangulären Säulen; Schmelzpunkt 100°; im Wasser löst es sich wenig zu einer schäumenden Flüssigkeit von kratzendem Geschmack; von Alkohol wird es leicht gelöst, nicht von Äther. Durch Säuren und Alkalien wird es in Zucker und *Convallaretin* $C^{14} H^{26} O^{3}$ gespalten. — Das *Convallamarin* $C^{23} H^{44} O^{12}$ ist ein kyrstallinisches, bitter süsslich-schmeckendes, brechenerregendes Pulver, leicht löslich in Wasser und Alkohol, ebenfalls unlöslich in Äther und Chloroform. Es dreht die Polarisationsebene des Lichtes nach links. Durch Säuren zerfällt es in Zucker und *Convallamaretin* $C^{20} H^{36} O^{8}$.

Anwendung. Marmè fand, dass *Convallarin* abführend wirkt, während *Convallamarin* in hervorragender Weise die Herzthätigkeit beeinflusste. Das *Convallarin* findet sich insbesondere in den Blüten, das *Convallamarin* dagegen mehr in Wurzeln und Stengeln. Jeder Teil der Pflanze wirkt anders. Ältere Arzneibücher empfehlen nur den Gebrauch der Blüte, spätere die der Blüte und des Krautes und erst neuere Pharmakopöen haben sich der Wurzel zugewandt. Die Blüten dienten schon vor langer Zeit als niesenerregendes Mittel und als Laxans in Form einer starken Abkochung oder einer Latwerge aus dem Pulver. Die Wirkung auf die Herzthätigkeit erkannte man erst, als man Stengel und Rhizome mit den Blüten vereint anwandte. Das *Extractum Convallariae* von Sée ist ein Extrakt aus der ganzen Pflanze und diente auch Walz bei der Entdeckung der beiden Glycoside. Man hat infolgedessen die einzelnen Pflanzenteile gesondert zur Anwendung gebracht und wenngleich dieselben noch in den meisten neueren Pharmakopöen vertreten sind, so dürfte die medizinische Anwendung sich wohl auf das Fluidextrakt der Drogen, oder die Glycoside, besonders das *Convallamarin* beschränken. Die Wurzel wirkt, entgegen der Blüte, brechenerregend und harntreibend; das daraus hergestellte *Convallamarin* dient als Stimulans bei Herzkrankheiten und Ödemen und ebenfalls als Diuretikum. In ersterer Beziehung soll es manche Vorzüge vor der *Digitalis* und ihren Präparaten haben. Man giebt es innerlich in Dosen von 0,05 bis 0,06 g sechs- bis achtmal täglich; zu Hauteinspritzungen benutzt man 0,005—0,02 g mehrmals täglich; seine maximale Einzelgabe ist 0,06 g, die Tagesgabe 0,3 g. Bei Vergiftungserscheinungen wirken Brechmittel, Wein oder Kampfer, oder die Magenpumpe als Gegenmittel. — Das *Convallarin* dagegen ist kein Herzgift; zur Erzeugung starken Abführens bei Konstipationen wurde 0,1—0,25 g gegeben. Die letzteren Erfahrungen haben das Ansehender Drogen wieder gehoben, während dieselben bis zum achten Dezenium dieses Jahrhunderts als obsolet galten.

Litteratur. Beschreibung und Abbildung. *Convallaria* Linné, Gen. ed. 1. 272. ed. 6. n. 425. Spec. 451. — Endl., Gen. n. 1183. — Reichenb., Jc. fl. Germ. t. 960. — Tournef., Inst. 77. t. 44. — Hayne, Arzneigew. III. t. 18. — Benth. Hook., Gen. III. 770 n. 20. — Allioni, Fl. pedem. I. 130. — Baillon, Hist. plant. XII. 513. 489. — Traité de Bot. méd. 1408. — Icon. fl. fr. n. 238. — Engl. & Prantl, Pfl. fam. 81. — Gren. & Godr., Fl. Fr. III. 229. — Guib., Drog. smpl. II. 167. — Henkel, Bot. 227. — Berg, Bot. 195. — Charact. t. 10 n. 116. — Gaertn., Fruct. I. 59. t. 16. Fig. 6. — Nees. v. Esenb., Pl. med. t. 43. — Garcke, Fl. v. D. ed. VII. p. 609. Gatt. 615. Spec. 2172 m. Fig. — Karsten, Fl. v. D. I. 446. Fig 292. — Luerssen, Med. pharm. Bot. I. 406. — Schlechtendal-Hallier, Fl. v. D. IV. 24. t. 290. Neudruck, IV. 24. t. 290. — Thomé, Fl. v. D. I. 282. t. 111. — Realencykl. d. Pharm., III. 287. — K. Schumann, Syst. Bot. 292.

Droge. Henkel, Pharm. 278. (Flor.) — Berg, Pharm. 286. — Hager, Praxis I. 948. (Flor.) — Wiegand, Pharm. 258 (Flor.) 398 (Herb.) — Realencykl. d. Pharm, III. 287. — Hirsch, Univ. Pharm. I. 838 n. 1594. (Herb.) — Beckurts & Hirsch, Prakt. Pharm. I. 97 n. 874. — Pharm. Gall. 64. (tiges, fleurs, feuilles, racine, suc.) — Helvet. 144. Hb. florens. — Hisp. 67. 357. — Ital., 105. (pl. tota). — U. St. Ph. 100. — Deutsche Arzneim. 1891. 141 n. 363. (Hb.) 125. n. 307. (flor.) — Dorvault, L'Officine 632.

Präparate. *Convallamarin* und *Convallarin* Husemann-Hilger, Pfl. St. I. 400. — Realencykl. d. Ph., III. 286. — Ph. Gall., (Extr. aq. e tota pl. sicc.) 418. — (Extr. e pl. rec.) 419. — (Pulv. flor.) 511. — (Pulv. sternut.) 592. — Helvet, 99. (Extr. fluid.) — Ital., 130. (Extr. aquos.) — Russ., p. 592 n. 708. (Tinct. e pl. rec.) — U. St. Ph., 132. (Extr. fluid.).

Tafelbeschreibung:

A Blühende Pflanze. 1 Einzelne Blüte; 2 dieselbe im Längsschnitt; 3 Staubblätter von der Bauch- und Rückenseite; 4 Pistill mit Narbe von oben gesehen; 5 Pistill im Querschnitt; 6 Fruchtzweig; 7 Frucht im Querschnitt; 8 Samen; 9 dieselbe im Längsschnitt. A 6, 7 natürliche Grösse. 1—5, 8, 9 vergrössert. Nach der Natur gezeichnet.

Liliaceae
(Smilaceae)

Convallaria majalis L.

Convolvulus Scammonia L.

Scammoniawinde, Purgierwinde, Scammony-bindweed, Liseron purgant, Scammonée.

Syn. *Convolvulus elongatus* Salisb. (nicht W.).

Familie: *Convolvulaceae* Jussieu. Unterfamilie: *Convolvuleae* Jussieu. Gattung: *Convolvulus* L.

Beschreibung. Die schöne, an unsere Feldwinde erinnernde, aber üppigere Pflanze hat eine weissliche, fleischige, spindel- oder walzenförmige Pfahlwurzel, welche bis 1 m lang und am Kopfe 6—12 cm dick und mit wenigen dünnen Wurzelästen und am oberen Ende mit mehreren Wurzelköpfen besetzt ist. Das weisse Innere der Wurzel ist reich an Milchsaft. Der Wurzel entsprossen mehrere einjährige, linkswindende, federkielstarke, aber 1—2 cm lange, oft rötlich angelaufene, geriefte Stengel. Die Blätter sitzen in Entfernungen von 2 bis 3 cm, die jüngeren auch dichter; sie sind gestielt, einfach, dreieckig, spiesspfeilförmig, in eine lange, scharfe Spitze auslaufend; der Grund hat einen nierenförmigen Ausschnitt, die seitlichen Lappen gehen ebenfalls in scharfe Spitzen aus und haben jeder nach innen zu gerichtet einen scharfen Zahn (selten zwei). Die Seitenränder des Blattes treten etwas bogig hervor. Der Blattstiel ist gewöhnlich 2—3 cm lang, wächst aber bisweilen bis 5 cm. Die Blattfläche ist kahl, drüsig punktiert, lebhaft grün, unterseits kaum heller. Dem Grunde entspringen fünf handförmig gestellte, nach den hervortretenden Spitzen gerichtete Nerven. Der Hauptmittelnerv hat auf jeder Seite 2—3 Seitennerven; die Adern bilden ein maschiges Netz. Die Nerven treten besonders auf der Rückseite stark hervor und sind weisslich. Nebenblätter sind nicht vorhanden. Die Blüten stehen in drei- bis fünfblütigen Dichasien. Das erste Fussstück derselben ist stielrund und wird bis 15 cm lang, die Fussstücke zweiter Ordnung, welche die drei Blüten tragen, etwa 2,5—3 cm, die Tragstiele weiterer Blüten sind noch kürzer. Am Grunde der ersten Gabelung befinden sich zwei lineal-lanzettliche, 5—6 mm lange Deckblättchen, ebenso an den seitlichen Tragstielen, senkrecht zu den vorigen, aber kleiner. Der Kelch ist glockig, dachig, am Grunde verwachsen, ungleich fünfzipfelig mit zwei äusseren verkehrt-eiförmigen oder breit linealen, kürzeren (7 mm langen, 3 mm breiten) und drei inneren spatelförmigen, längeren (10 mm langen, 5 mm breiten) Zipfeln, die alle am oberen, rötlichen Rande ausgerandet und in der Mitte mit hervorragendem Spitzchen versehen sind. Von diesen fünf Kelchzipfeln liegt der erste schief nach vorn, der zweite hinten in der Mediane, die übrigen drei längeren folgen dann in $^2/_5$-Stellung. — Die grünlichgelben oder gelblichweissen, schönen Blüten haben einen Durchmesser von 4—5 cm und nebst der kurzen Röhre eine Länge von 3,5—4 cm; sie sind weittrichterig-glockig, verwachsenblätterig, undeutlich fünflappig, in der Knospe so gefaltet, dass der grösste Teil der Lappen durch ihren linken Teil bedeckt wird, während dazwischen schmale, sehr verlängerte, gewöhnlich rötlich gefärbte Dreiecke unbedeckt bleiben. Diese gefärbten Dreiecke endigen in den Lappen in eine kurze, stumpfe, hervorragende Spitze. Staubblätter fünf, mit den Kronenzipfeln abwechselnd, mit der Kronenröhre verwachsen, 2 cm lang, mit 6 mm langen, pfeilförmigen, oben spitzen Antheren, welche nach innen sich in Längsspalten öffnen und am Rücken mit dem Faden verbunden sind. Im Alter wenden sich die Antheren so, dass sie nach aussen geöffnet erscheinen. Der Pollen besteht aus beinahe kugeligen, kleinwarzigen Körnern. Der Fruchtknoten sitzt auf ringförmig-wulstiger, dicker Scheibe, ist eiförmig kugelig mit grünlichem, 1,5 cm langem Griffel und zweizipfeliger Narbe, deren Zipfel etwa 3 mm lang, gabelig gespreitzt, halbstielrund, auf der äusseren convexen Seite papillös sind. Die Frucht ist eine vom kaum vergrösserten Kelch umschlossene, zweifächerige, vierklappige, eiförmige, 8—10 mm lange, 5 mm breite, sehr kurz bespitzte, strohgelbe Kapsel, welche in jedem Fache zwei schwarze, stumpf dreieckige, warzige, 2 mm lange und etwa 1,6 mm dicke Samen enthält. Der Nabel sitzt an der zugespitzten Kante der Samen, welche an den in der Mitte endenden, die Samenleisten tragenden Rändern der Fruchtblätter angeheftet sind. Der Same besitzt grosse, stumpf viereckige, am Grunde nierenförmige, an der Spitze ausgerandete, in der Samenschale gefaltete Keimblätter; das Wurzelchen ist nach dem Nabel gerichtet, das Nährgewebe ist wenig entwickelt und zeigt die Eindrücke des gefalteten Keimlings.

Vorkommen. Die Heimat der Pflanze sind die östlichen Mittelmeerländer, insbesondere Kleinasien, Syrien, Mesopotamien; ihr Hauptdistrikt geht von Smyrna über den Taurus durch Anatolien und Cappadocien, nach Syrien und Kurdistan; sie übersteigt aber auch den Kaukasus und findet sich im südlichen Russland, auf der Krim, im Peloponnes und auf den griechischen Inseln; dagegen wächst sie nicht wild in Ägypten und den übrigen Mittelmeerländern. Sie liebt Gebüsche sehr sonniger Hügel sowohl in der Ebene als auch im Gebirge, wo sie 1500—2000 m hoch steigt. Um Smyrna und Aleppo wird die Pflanze zur Gewinnung des Milchsaftes kultiviert.

Blütezeit. Juni bis August.

Name und Geschichte. *Scammonium* kommt von *σκαπτέω*, graben und *σκάμμα*, die Grube, im Anschluss an die breite Rinne, welche man bei der Milchsaftgewinnung schon von Alters her um die Pflanze zu machen pflegte. *Convolvulus* von *convolvo*, zusammenwickeln. — Der erhärtete Milchsaft hiess bei den Griechen auch *Diagrydium*; Flückiger leitet den Namen von *δάκρυ*, Thräne, und ihrem Diminutivum *δακρύδιον*, „Thränchen, Tröpfchen“ ab von der Form der besten Sorte. Der Milchsaft hiess auch *Colophon*, nach der nahe Smyrna gelegenen Stadt; es ist schon seit den ältesten Zeiten bekannt, und schon in jenen fernen Tagen wurde über die vielfachen Verfälschungen der Droge geklagt. — Im 10. Jahrhundert wurde das Mittel in England eingeführt; im 16. Jahrhundert kultivierte man die Pflanze in Venezien; im Jahre 1856 wurde einem englischen Arzte in Smyrna ein Patent erteilt auf die Darstellung besonders reinen Scammoniums, des sog. Patent-Scammonium.

Pharmazeutisch wichtig sind *Radix Scammoniae*, *Scammonium* und *Resina Scammoniae.*

I. Radix Scammoniae ist die von den Nebenwurzeln befreite, in etwa 15—20 cm lange Stücke zerschnittene, getrocknete Wurzel der Pflanze. Dieselbe bildet schwere, in Wasser untersinkende, holzige, harte, cylindrische (selten gespaltene) Stücke, bis etwa 15 cm Länge und 2—6 cm Dicke, an denen nicht selten mehrere ästige Köpfe wahrzunehmen sind. Aussen ist die getrocknete Wurzel lehmfarbig, oben dicht querrunzelig, weiter unten mit tiefen Längsrunzeln, Gruben und Löchern bedeckt und unregelmässig zerklüftet, nicht selten etwas gedreht. Auf dem Querschnitt erscheint sie etwas heller, weisslich braun; die dünne Rinde ist gegen das Innere nicht scharf abgegrenzt; das letztere zeigt eine grosse Anzahl rundlicher Xylembündel, welche durch beinahe weisses Phloem getrennt werden. Dieser Unterschied tritt an der befeuchteten Wurzel noch deutlicher hervor. Geschmack süsslich, scharf.

Anatomie. Die merkwürdige Structur der Wurzel verdankt ihre Entstehung folgendem Vorgange. In dem primären Xylemteil findet sich neben Tracheen und Holzfasern unverdicktes Xylemparenchym, welches lange in teilungsfähigem Zustande bleibt. Dieses Parenchym erzeugt um jede Gefässgruppe ein allseitig ausgebildetes Kambium, welches bei lebhafter Thätigkeit nach innen die Xylemelemente vermehrt, während nach aussen Phoemformen mit Stärke-, Oxalat- und Sekretzellen gebildet werden. Dadurch werden die Xylemgruppen bald in der Weise voneinander getrennt, dass die kreisförmige Anordnung vollständig verschwindet. Allmählich stellt auch das primäre Kambium seine Thätigkeit ein, während die neugebildeten besonderen Kambiumringe weitere Teilungen erfahren. Die hier erzeugten Gewebeformen gleichen durchweg der Beschaffenheit der primären, insbesondere namentlich in sofern, als die Phloemteile Sekretbehälter enthalten, die Xylemteile dagegen nicht. Die Sekretbehälter sind Parenchymzellen, die durch Grösse und Inhalt von den umgebenden Zellen sich unterscheiden, nicht aber oder nur wenig in der Struktur der Wand, in welche bisweilen eine Korklamelle eingelagert ist. Solche Zellen liegen gewöhnlich in grösserer Anzahl übereinander und bilden senkrechte Reihen, welche nicht selten von Sklerenchym- oder Oxalatzellen unterbrochen werden. Der Inhalt wird, seiner weissmilchigen Beschaffenheit wegen, meist als Milchsaft bezeichnet. Er ist aber eigentlich ein solcher nicht, sondern nur ein Harzsaft, da ihm der Gehalt an Kautschuk fehlt, welcher bewirkt, dass Milchsäfte nach dem Erstarren durch Wasser nicht wieder emulgiert werden können.

II. Scammonium, *Diagyrium*, englisch: *Scammony,* französisch: *Scammonée,* griechisch: *Σκαμμωνία*, spanisch: *Escammonea*, portugiesisch: *Escammonea*, italienisch: *Scammonea*, holländisch: *Scammonea hars*, norwegisch: *Scammonia harpiks*, rumänisch: *Suld*, dänisch: *Scammonea.* — *Scammonium* ist der eingetrocknete Harzsaft der Pflanze. Zu seiner Gewinnung wählt man drei- bis vierjährige Stöcke und umgiebt sie mit einem 10—15 cm tiefen Graben, entfernt die Triebe und schneidet die Wurzel etwa 5—7 cm über der Sohle des Grabens an. In die Wunden steckt man flache Muschelschalen, in denen der gelblich weisse, dicke, milchähnliche Saft sich sammelt. Diesen Saft lässt man erhärten, nimmt ihn dann aus den Schalen, erweicht ihn durch etwas Wasser, ballt ihn zu unregelmässigen kegelähnlichen Stücken zusammen und trocknet ihn abermals. So erhalten ist das *Scammonium* sehr rein und führt die Namen reines oder Jungfernscammonium, *Scammonium purum virgineum, Scammony pure, Virgin Scammony, Scammonée pure ou vierge.* — Meist aber kommt es durch Zusätze verunreinigt in den Handel und enthält dann oft Mehl, Kreide, Gyps. — Man unterscheidet heute folgende Handelssorten:

Scammonium halepense, Scammonium von Haleb oder Aleppo. Dasselbe wird in der Umgegend von Aleppo, zum geringsten Teile auch südlich davon bis zum See Tiberias und dem Berge Carmel in Syrien nach den eben erwähnten Methoden gewonnen. Das reine Scammonium bildet gummiähnliche Stücke von meist rotbrauner Farbe, glasglänzendem, scharfkantigem Bruch und meist weiss bestäubter Oberfläche. Mit dem feuchten Finger benetzt, giebt es auf der Oberfläche eine weissliche Emulsion. Das weniger gute, welches meist durch Abschaben der nach Entfernung der Schalen austretenden Massen gewonnen wird und durch Rindenstücke, Holz und anderen Schmutz verunreinigt ist, sieht mehr grau und trübe aus und giebt mit dem befeuchteten Finger eine grüne Emulsion. Solange als das Scammonium an Alkohol oder Äther 70—80 % lösliche Bestandteile abgiebt, kann es als gut betrachtet werden. Unter dem Mikroscop sollen feine Splitter oder das mit Glycerin befeuchtete Pulver keine Stärke erkennen lassen und mit verdünnter Salzsäure benetzt, soll es keine Blasen von CO^2 entwickeln. Kocht man Scammonium mit Wasser, so soll die Flüssigkeit nach dem Erkalten durch Jod nicht blau gefärbt werden. Fremde Harze werden aus der Lösung des Scammoniums und Kalilauge abgeschieden, wenn man sie mit verdünnter Schwefelsäure übersättigt, wobei reines Scammonium nicht gefällt wird.

Scammonium smyrnaeum, Scammonium von Smyrna. Man gewinnt es, wie das vorige, in der Umgegend von Smyrna, nördlich bis Brussa und Boli, südlich bis Macri und Adalce, östlich bis Angora. Das meiste kommt aus dem Thal Mendereh, von Kirkagach und Demirjik, nördlich von Smyrna. Die Beschaffenheit dieser Droge ist sehr verschieden; es findet sich sehr gutes Scammonium darunter, aber auch so stark verunreinigtes, dass durch Alkohol nur 5—6 % davon gelöst werden. Deshalb gilt diese Handelsware als minderwertig.

Verwechselungen. Als Scammonium wird ferner bezeichnet:

3. **Scammonium antiochicum,** der Milchsaft von *Periploca Secamone* (L.) Delile oder *Secamone Alpini* Roemer & Schultes *(Apocynaceae)* in Ägypten und nördlichem Afrika.

4. **Scammonium monspeliacum seu gallicum,** Scammonium von Montpellier, der ausgepresste und eingetrocknete Milchsaft von *Cynanchum monspeliacum* L., *(Asclepiadaceae)* im südlichen Frankreich, Spanien und Griechenland. Schwarze Kuchen von schwacher Wirkung.

5. **Scammonium germanicum,** nach französischen Angaben das Extrakt der Zaunwinde *Calystegia Sepium* R. Br. *(Convolvulaceae.)*

6. **Scammonium europaeum** ist der getrocknete Milchsaft von *Euphorbia Cyparissias* L. *(Euphorbiaceae).*

III. Resina Scammoniae, *Resina Scammonii.* Das reine Harz der Pflanze, welches man heute an Stelle der eben beschriebenen Rohdroge oder der Wurzel anwendet, erhält man durch Ausziehen der Wurzel oder des Scammoniums mit starkem Alkohol, Abdestillieren des letzteren und wiederholtes Kneten des Harzes mit heissem Wasser, endlich Trocknen der Masse im Sand- oder Wasserbade. Auf diese Weise gewonnen, bildet die *Resina Scammoniae* ein der *Resina jalapae* ähnliches Harz, welches in Alkohol und Äther leicht löslich, in Schwefelkohlenstoff unlöslich ist. Mit dem befeuchteten Finger gerieben, giebt es keine Emulsion. Seine Farbe ist dunkelbraun, in dünnen Splittern rot durchscheinend, leicht glasglänzend, zerreiblich und giebt ein weisses Pulver. In Alkalien ist es leicht löslich und wird aus dieser Lösung durch Übersättigen mit verdünnter Schwefelsäure nicht wieder gefällt. — Die Ausbeute beträgt bei gutem Scammonium 70—80 %, bei guter Wurzel etwa 6—10 %.

Resina Scammoniae alba. Dieses beinahe vollständig weisse Scammoniumharz (Patent-Scammony) erhält man, indem man die schwach alkalisch reagierende Lösung des Scammoniumharzes in Alkohol von 90 % genau mit verdünnter Schwefelsäure neutralisiert. Dieselbe scheidet einen braunen klebrigen Absatz ab unter starker Trübung der Flüssigkeit, welche selbst ein fast farbloses Filtrat liefert. Letzteres giebt nach dem Abziehen des Alkohols und Trocknen des Rückstandes das Harz als geblich weisse, zerreibliche Masse, welche fast vollständig aus Jalapin besteht und in Ather vollständig löslich ist.

Bestandteile. Das reine Scammoniumharz besteht zum grössten Teil aus einem Glycosid, welches zuerst Scammonin genannt wurde, dessen Ähnlichkeit mit dem in den sogenannten Jalapenstengeln, den Wurzeln der *Ipomoea orizabensis* Ledanois *(Convolvulaceae)* enthaltenen Jalapin schon bald nach seiner Darstellung durch Johnston 1840 erkannt wurde. Spätere Arbeiten von Spirgatis 1860 bewiesen die Identität von Scammonin und Jalapin, welche durch die Versuche von Samelson 1883 und Kroner 1892 bestätigt wurde. Untersuchungen des Jalapins wurden von den genannten Chemikern und von Poleck 1892 veröffentlicht, aus denen im wesentlichen Folgendes hervorgeht:

Jalapin $C^{34} H^{56} O^{16}$ ist eine weisse oder schwach gelbgefärbte Masse, die bei 150° schmilzt; in Wasser ist es nicht löslich, wohl aber leicht in Alkohol, Äther und Chloroform. Schwefelsäure löst es farblos, färbt sich aber allmählich dadurch rot. Conc. Salpetersäure oxydiert das Jalapin zu Kohlendioxyd, Isobuttersäure und der der Sebacinsäure isomeren Ipomsäure; Kaliumpermanganat erzeugt Oxalsäure, Isobuttersäure und Oxyisobuttersäure. Verdünnte Salzsäure spaltet das Jalapin beim Kochen in Zucker und Jalapinol $C^{16} H^{30} O^3$, welches blumenkohlähnliche krystallinische Massen bildet und bei 62° schmilzt. Es ist das Anhydrid der Jalapinolsäure $C^{16} H^{32} O^4$, welche bei 64° schmilzt. Sie entsteht durch Lösen des Jalapinols in Kalilauge und Fällen mit verdünnter Säure. Jalapin geht mit schmelzendem Kali in die vierbasische Jalapinsäure $C^{34} H^{60} O^{48}$ über. (Samelson-Poleck). Über die Zusammensetzung und die Basizität der Jalapinsäure (Poleck) oder Scammoniumsäure (Spirgatis) herrschen zur Zeit nach Differenzen; Spirgatis giebt der Säure die Formel $C^{68} H^{118} O^{35}$ und erklärt,

Convolvulaceae
(Convolvuleae)

Convolvulus Scammonia L.

dass sie drei At. Baryum aufzunehmen im stande sei. — (Alte Aquivalentformel des Baryumsalzes: C^{68} H^{56} O^{32}. 3 Ba O.) — Kromer kommt zu wesentlich anderen Formeln. Nach ihm ist Scammonin C^{88} H^{156} O^{42}, Schmelzg. 131°, Scammonsäure (zweibasisch) C^{22} H^{44} O^{18}. Als Oxydationsprodukte des Scammonins durch Salpetersäure erhielt Kromer Kohlendioxyd, Oxalsäure, Baldrian-, Buttersäure. und die Isomere der Sebacinsäure; durch Kaliumpermanganat Oxal-, Baldrian- und Scammonolsäure. Nach ihm spalten Säuren das Scammonin in zweimal Scammonol und sechsmal mannoseähnlichen Zucker. Aus dem Scammonol entsteht die einbasische Scammonolsäure.

Handelsberichte. Nach Flückiger & Hanbury exportierte Smyrna im Jahre 1871 Scammonium im Werte von £ 8320, 1872 für £ 6100 = 3700 kg; Aleppo ungefähr viermal soviel. — 1890 wurden von Alexandrien 1500 kg exportiert, dagegen 170000 kg Scammoniawurzeln. 1894 waren nach den Handelsberichten von Gehe & Co. die Zufuhren unzureichend, weil die türkische Regierung das Sammeln beschränkt hatte und Aussicht vorhanden war, dass die Regierung selbst die Kultur der Pflanze und die Gewinnung des Harzsaftes übernehmen werde.

Anwendung. Die Wurzel dient nur zur Darstellung des reinen Scammoniumharzes; das aleppische Scammonium, mehr aber noch das reine Harz dient in Verbindung mit Coloquintenextrakt und Calomel als Abführmittel. Aleppisches Scammonium wirkt zwei- bis dreimal so stark als smyrnaisches. Als anregendes Mittel dient die *Resina Scammoniae* in Dosen von 0,02—0,04 g drei- bis viermal täglich; als Drasticum in Einzeldosen von 0,15—0,4 g; als Maximaldosis ist 0,5 g anzusehen. (Hager). Das gereinigte Harz besonders findet sich heute noch in den meisten gültigen Pharmacopöen vor, wenngleich es durch Jalapenharz, von dem es sich durch seine Löslichkeit in Äther unterscheidet, leicht ersetzt werden könnte.

Litteratur. Beschreibung und Abbildung. Linné, spec. 218. — Sibth., fl. graec. t. 192. — Hayne, Arzneigew. XII. 35. — Nees v. Esenb., Pl. medic. t. 195. — Kosteletzki, Med. Pharm. Fl. III. 855. — Henkel, Bot. 159. — Berg, Bot. 283. Charakterist. XXXVIII, 295. — De Candolle, Prodrom. IX. 412 n. 84. — Bentham & Hooker, II. 865. — Bentley & Trimen, III. t. 187. — Baillon, Hist. d. Pl. X. 319. 321. 306 fig. 184—187. — Tr. Bot. méd. ph. 1260. fig. 3195—97. — Luerssen, Med. Pharm. Bot. II. 954. — Karsten, Flora von Deutschland II. 549. — Schumann, Syst. Bot. 480. — Geisler & Möller, Realencyclopädie III. 288.

Anatomie. Schmitz, Anatomie der Convolvulac. Wurzeln, Sitzungsbericht der Naturforschenden Gesellschaft Halle 1874. — Bot. Ztg. 1875, 677. — Luerssen l. c. — Flückiger, Handb. l. c.

Drogen. *Radix Scammoniae*: Hager, Praxis II. 927 fig. 228. — Henkel, Pharm. 68. — Wiegand, Pharm. 65. — Meyer, Drogenkunde II. 301. — Flückiger & Hanbury, Pharmacogr. ed. 2. 442. — Hartwich in Realencyclop. d. Pharm. IX. 84. — Pharm. Belg. (II.) 224. 353. — Brit. (1885) 356. — Hisp. (VI.) 46. — Ndrl. Suppl. 1891. 167. — *Scammonium Halepense*: Hager, Praxis II. 929. — Henkel l. c. 444. — Berg, Pharm. 518. — Wiegand l. c. 350. — Flückiger, Grundriss der Pharm. 228. — Handbuch ed. III. 438. — Flückiger & Hanbury, Pharmacogr. ed. 2. 438. — Dorvault, l'Officine (XII) 374. — Realencyclopädie IX. 84. — Pharm. Brit. 358. — Gall. (1885) 77. — Graec. (1868) 127. — Helv. (III.) 293. — Ital. (1892) 253. — Port. (1876) 160. — Rom. (III.) 81. — Suec. (VII.) 183. — U. St. Ph. (1890) 348. — *Resina Scammoniae*: Hager l. c. II. 930. III. 1086. — Wiegand l. c. 351. — Realencyclopädie l. c. — Dieterich, Manuale (VI.) 351. — Pharm. Belg. 226. — Brit. 357. — Gall. 536. — Hisp. 46. — Ital. 240. — Ndrl. Suppl. 169. — Norw. 186. — Port. 160. — Suec. 178. — U. St. Ph. 338. — Deutsche Arzneimittel, Berlin 1891. S. 225. No. 593.

Bestandteile. *Jalapin (Scammonin) und Zersetzungsproducte*: Mayer, Annal. XCV. 134. — Spirgatis, Annal. Chem. Pharm. CXVI. 289. — Archiv Pharm. 1860. — 1894. (*232*) 241. 412. — Poleck, Zeitschrift d. Österr. Ap.-Ver. 1892. 1920. Arch. 1894, (*232*) 315. — Samelson, Inaug.-Diss. Breslau 1883. — Kromer, Pharm. Ztschr. f. Russl. 1892. 674. — Hager l. c. 181. — Husemann-Hilger, Pflanzenstoffe II. 1142. — Realencyclopädie V. 371.

Präparate. *Confectio Scammoniae.* Brit. 122. — *Extr. coloc. cps.* Brit. 155. — Helv. 96. — Hisp. 351. — Port. 189. — Russ. 199. No. 203. — Suec. 73. — *Extr. drasticum.* Graec. Suppl. 19. — *Pilulae Scamm. comp.* Brit. 311. — *Pil. coloc. cps.* Brit. 307. — Norw. 169. — *Pil. coloc. aloët (Cochii).* Ndrl. Suppl. 156. — *Pil. aloët c. hellebor.* Belg. 204. — *Pil. Haenii* 206. — *Pil. mercur. purg.* Gall. 488. — *Pil. drastic.* Graec. Suppl. 37. — *Pil. Strateni.* Ndrl. Suppl. 158. — *Pil. laxant.* Rom. 384. — *Pulv. Scamm. comp.* Brit. 339. — *Pulv. Scamm.* Gall. 521. — *Tabellae Scamm.* Belg. 285. — *Tinctur. Scamm.* Gall. 601. — *Tinct. Jalapae comp.* Belg. 30. — Gall. 605. — Port. 427. — Rom. 422. — *Ungt. arthanitae comp.* Hisp. 641.

Tafelbeschreibung:

A blühende Pflanze; B Fruchtzweig; C Wurzel; 1 Blüte im Längsschnitt; 2 Staubblätter von der Bauch- und Rückenseite; 3 Pistill; 4 Kapselfrucht; 5 Samen; 6 derselbe im Längsschnitt; 7 derselbe im Querschnitt; 8 Diagramm der Blüte. A, B, C, 1, 4 in natürlicher Grösse; 2, 3, 5, 6, 7 vergrössert. Nach getrockneten Exemplaren von Bornmüller (Plantae anatolic. orientales 1889) und von Sintenis in Kurdistan (1888) gesammelt; beides aus dem Herbarium Haussknecht.

Copaifera officinalis L.

Syn. *C. Jacquini* Desf.

Kopaiva — Copahu — Copaiba.

Familie: *Caesalpiniaceae;* Gattung: *Copaifera* L.

Beschreibung. Die Gattung *Copaifera* besteht aus meist stattlichen, balsamführenden, mit reich belaubten Kronen ausgestatteten Bäumen, welche mit zerstreut stehenden, paarig gefiederten, 2—10-(selten 1-) jochigen Blättern, meist ungleichhälftigen, von zahlreichen Oeldrüsen durchscheinend punktirten Blättchen und hinfälligen, kleinen Nebenblättchen versehen sind. Die kleinen, meist weissen Zwitterblüthen sind zu end- oder achselständigen, einfachen oder rispig zusammengesetzten Aehren, selten Trauben angeordnet. Die schuppenförmigen Deckblätter klein und hinfällig. Blüthenboden (Receptaculum) ebenfalls klein, convex oder wenig verbreitert. Blüthendecke einfach, nur aus einem Kelche (Perigon) bestehend, unterständig, lederartig. Kelch 4 blätterig, in der Knospe dachig oder fast klappig, unregelmässig, ausgebreitet, abfallend, das oberste Kelchblatt breiter, das unterste schmäler als die 2 seitenständigen. Kronblätter fehlend, Staubgefässe 8 oder 10, fast unterständig (hypogyn) oder schwach umständig (perigyn), frei, gleich lang, mit etwas gekrümmten, kahlen Filamenten und gleich gestalteten, ovalen, an der Mitte des Rückens angehefteten, 2 fächerigen und mit Längsrissen sich öffnenden Staubbeuteln. Pollen linsenförmig-dreiseitig, 3 porig. Stempel frei, oberständig; Fruchtknoten kurz gestielt, 2- (selten 3-) eiig, etwas zusammengedrückt, mit schlankem, fadenförmigem, gekrümmtem Griffel und endständiger, gestutzter oder wenig kopfiger Narbe. Eichen unter der Spitze des Faches der inneren Wand angeheftet. Die mandelförmige Hülse kurz gestielt, schief elliptisch oder gekrümmt eiförmig, zusammengedrückt oder aufgetrieben, holzig lederartig, von der bleibenden Basis des Griffes kurz gechnäbelt, 2 klappig, einsamig. Der eiweisslose, hängende Same von einem fleischigen, schief glockenförmigen Mantel halb umhüllt, elliptisch, etwas zusammengedrückt, mit deutlicher Nabellinie. Embryo mit kurzem, geradem, von den fleischigen, planconvexen Samenenlappen eingeschlossenem Würzelchen, welches dem Nabel schief zugewendet ist.

Die bekanntesten balsamliefernden Arten sind folgende:

Copaifera officinalis L. *(C. Jacquini* Desf.) ist der nachfolgenden Art *(guianensis)* sehr verwandt und hauptsächlich durch die mit Ausnahme des letzten Paares fast immer wechselständigen, kurz und stumpf zugespitzten Fiedern verschieden. Nees v. Esenbeck giebt folgende Beschreibung: „Ein hoher und schöner Baum, der im Süden von Amerika, besonders in der Nähe von Tola (?) gefunden wird. Die Blätter sind abwechselnd, ohngefähr 4 Zoll lang, abgebrochen-gefiedert; an einem runden, gemeinschaftlichen Blattstiele stehen 6—8 eiförmige, in eine kurze und stumpfe Spitze auslaufende, ganzrandige, glatte und glänzende Fiederblättchen, die ohngefähr 2 Zoll lang und auf der unteren Seite mit einem hervortretenden, rostfarbigen Mittelnerven versehen sind. Die unteren von diesen stehen häufig abwechselnd, die beiden obersten sind sich entgegengesetzt, zuweilen fehlt eins von diesen und die Blätter erscheinen dann als *folia pinnata cum impari.* Die Blüthen stehen in sparrigen, zusammengesetzten Trauben von der Länge der Blätter, aus deren Winkeln sie entspringen. Der gemeinschaftliche Blüthenstiel theilt sich gewöhnlich in 8 $1^1/_2$ Zoll lange Aestchen, die dicht mit den sitzenden weissen Blüthen bedeckt sind. Die Krone besteht aus 4 eiförmigen, spitzen, ausgebreiteten Blumenblättern, die Staubfäden sind etwas länger als die Krone und neigen sich bogenförmig nach dem Griffel hin. Der runde Fruchtknoten ist kurz gestielt und trägt einen fadenförmigen Griffel mit stumpfer

Narbe von der Länge der Staubgefässe. Die Frucht, die man bis jetzt blos in unreifem Zustande kennt, ist rund, zusammengedrückt, 2 klappig, 1—2 samig." In Guayana, in den Küstenländern von Venezuela und Columbia (Neu-Granada) bis Panama, auch auf Trinidad einheimisch. Unsere Abbildung stimmt in Bezug auf die Stellung der Blättchen mit *C. Langsdorffii* überein.

Copaifera guianensis Desf. (*C. bijuga* Hayne nach Bentham) ist ein der vorhergehenden Art nahe verwandter, 10—13 Meter hoher, mit Ausnahme der Blüthenstände kahler Baum mit 3—4-jochigen Blättern, deren dünne, lederartige, drüsig punktirte, oberseits glänzende, zart- und dichtaderige, gestielte, gegenständige Fiedern 6—8 (auch 10) Ctm. lang, elliptisch oder oblong, lang und schmal zugespitzt und an der nur wenig ungleichen Basis abgerundet oder fast herzförmig sind. Die achselständigen, zart graufilzigen Blüthenrispen sind kürzer als das Blatt. Die sitzenden Blüthen fast 2zeilig geordnet, mit rundlichen, am Rande gewimperten, sehr kleinen (kaum 1 Mm. langen) Deckblättchen und 4—5 Mm. langen, oberseits seidenhaarigen, unterseits fast kahlen Kelchblättern. Fruchtknoten mehr oder weniger weichhaarig. Die $2^1/_2$ Ctm. lange, 2 Ctm. breite Fruchthülse kahl. Im niederländischen und französischen Guayana, im nördlichen Brasilien, wahrscheinlich im ganzen östlichen Theile des äquatorialen Südamerika einheimisch.

Copaifera Langsdorffii Desf. (*C. nitida* Hayne, wahrscheinlich mit Einchluss der Hayne'schen *C. Sellowii, C. Jussieui* und *C. laxa*) ist ein 20 Meter hoher Baum oder Strauch mit entweder locker behaarten oder kahlen Zweigen und Blattstielen. Blätter zerstreut stehend, mit stielrunder, dunkelbrauner, harzig glänzender Spindel, 3—5jochig; Blättchen dünnlederig, gegenständig oder die Paare etwas verschoben, kurz gestielt, kahl, glänzend, drüsig punktirt, eiförmig oder breit länglich, stumpf und nur wenig zugespitzt, an der Basis gleich oder etwas schief, beiderseits erhaben netzaderig, mit hervortretendem, behaartem Mittelnerv und bräunlich behaarten Blattstielen, in der Grösse sehr wechselnd. Blüthenrispe oft nur wenig verzweigt, achsel- oder fast endständig, von der Länge des Blattes, später etwas länger. Spindel braunröthlich behaart. Blüthen kurz gestielt oder sitzend, von einer eirundlichen, vertieften, aussen höckerig punktirten, hinfälligen Braktee unterstützt; Perigon rosenroth überlaufen, die Blättchen 3—4 Mm. lang, oberseits braunroth seidenhaarig, unterseits kahl oder wenig behaart. Staubgefässe 10, doppelt so lang als das Perigon. Stempel mit braunroth behaartem, 1fächerigem, 2eiigem Fruchtknoten, fadenförmigem, am Grunde zottigem, oben kahlem, an der Spitze umgebogenem Griffel und nierenförmiger, ausgerandeter Narbe. Hülse kurz gestielt, $2^1/_2$ bis 3 Ctm. lang, schief elliptisch, in der Mitte gewölbt, in ein kurzes dickes Schnäbelchen auslaufend, schwärzlichbraun. Same mit kurzem Nabelstrang und halb in den am Rande abgestutzten und unregelmässig gekerbten Samenmantel eingehüllt. In Brasilien, namentlich in den Provinzen S. Paulo, Minas-Geraes, Goyaz, Mato Grosso, Bahia und Ceara einheimisch und nach Gardener viel Balsam liefernd.

Luerssen beschreibt von dieser Art folgende Varietäten:

- *β. glabra* Benth. (*C. glabra* Vog.) mit kleineren Fiedern und beiderseits kahlem oder nur oberwärts schwach behaartem Perigon.
- *γ. grandifolia* Benth. mit 4—6 Ctm. breiten, beiderseits stumpfen Fiedern.
- *δ. laxa* Benth. (*C. laxa* Hayne) mit locker behaarten Zweigen und Blattstielen und häufig unterseits weichhaarigen Fiedern.

Copaifera coriacea Mart. (*C. cordifolia* Hayne) ist ein bald kleiner und sehr ästiger Strauch, bald eine Höhe von 20 Metern erreichender Halbstrauch oder Baum mit eiförmiger Krone und kurz behaarten oder kahlen Zweigen und Blüthenstielen. Blätter 3—5- (nach Karsten 2—3-) jochig, mit meist gegenständigen, lederigen, undurchsichtigen, nicht drüsig punktirten, unterseits bleichen und oft behaarten, eiförmigen oder eiförmig-länglichen, beiderseits sehr stumpfen oder ausgerandeten, 2—3 Ctm. langen Blättchen. Rispen röthlichbraun behaart. Perigonblätter oberseits seidenhaarig, unterseits kahl oder wenig behaart. Fruchtknoten nur am Rande behaart. In trockenen und heissen Wäldern der ostbrasilianischen Provinzen Bahia und Piauhy.

Copaifera multijuga Hayne ist eine in hohem Grade zweifelhafte Pflanze.

Anatomisches. Mächtige Balsamgänge, welche nach Karsten oft mehr als 2 Ctm. weit sind, durchziehen die ganze Länge des Stammes (sie treten nach Cross nur im Holze auf) und füllen sich manchmal derart mit Balsam, dass unter kanonenähnlichem Knalle der Stamm berstet. Nach Karsten wird durch Auflösen der Wände des den Gängen anliegenden Parenchyms der Balsam erzeugt.

Name und Geschichtliches. *Copaiva,* ursprünglich *Copauba, Copaiba, Copahuba, Cupayba,* ist der einheimische Name des Baumes; *Copaifera,* Copaivbalsam tragend; *Langsdorffii* ist von dem Namen des russischen Generalconsuls in Rio de Janeiro, Langsdorff (1774—1852) abgeleitet, welcher 1821 den nach ihm benannten Copaivabaum an Desfontaines nach Paris sendete; *coriaceus,* lederartig.

Flückiger führt einen Bericht des Petrus Martyr aus Anghiera an Papst Leo X. an, welcher, wenn er sich wirklich auf *Copaiva* beziehen sollte, als die älteste Kundgebung über diese Pflanze zu betrachten wäre: Derselbe lautet in Uebersetzung von Michael Herr (Strassburg 1534): „Dise Insel (es ist wohl von Trinidad die Rede) gibt hartz aus zweierlei bäumen, aus eim dannbaum und einen andern, der heisst *copei* . . . . sagend etlich, es trieff daraus, so man das holtz verbrenn . . . .“ Was über die Frucht gesagt ist, die mit einer Pflaume verglichen wird, passt nun allerdings schlecht zu unserer Pflanze. Die erste sichere Kunde stammt von einem portugiesischen Mönch, welcher sich 1570 — 1600 in Brasilien aufhielt. Er spricht von einem grossen Baum *Cupayba,* aus dessen Stamm vermittelst tiefer Einschnitte ein klares, fettes Oel in grosser Menge erhalten werde, welches als Arzneimittel diene. Der Pater Christoval d'Acunna (Acugna) berichtet, dass die vom Grafen Chinchon (siehe Cinchona, Taf. 79) ausgerüstete Erforschungsexpedition, die den Amazonenstrom hinauffuhr und 1638 in Quito anlangte, ausser Sarsaparilla und anderen Merkwürdigkeiten, auch den Wundbalsam *Copaiba* angetroffen habe. Nach Flückiger enthält jedoch die Pharmakopöe von Amsterdam im Jahre 1636 schon *Balsam. copae. yvae.* Markgraf und Piso erwähnen in ihrer brasilianischen Naturgeschichte 1649, dass sie den Baum in der Provinz Pernambuco angetroffen, häufiger aber in der Küstenprovinz Maranhao; sie berichten über die Gewinnung des Balsams und bemerken, dass ein Bohrloch in einer Stunde 4 Cantar liefere. In die Londoner Pharmakopöe wurde *Balsamum Capivi* 1677 aufgenommen. Jacqin entdeckte 1767 die nach ihm benannte Art; Martius hauptsächlich die brasilianischen. *Balsamum indicum album* und *Balsamum americanum album fluidum,* welche die deutschen Taxen des 17. Jahrhunderts enthalten, sollen nach Flückiger's Ansicht Copaivabalsam gewesen sein; wohingegen letzterer in *Balsamus indicus albus Mexicanus* der Frankfurter Taxe von 1710 das Produkt von *Liquidambar styraciflua* oder die Hülsen des Perubalsambaums vermuthet.

Offizinell ist der aus Einschnitten oder Bohrlöchern aus den Stämmen ausfliessende Harzsaft: *Balsamum Copaivae* (Copaivabalsam, Copaivbalsam).

Ueber die Gewinnung liegen nur wenige Berichte vor. Schomburgk beobachtete eine halbrunde Oeffnung, die am unteren Theile des Stammes bis in das dunkle, purpurbraune Kernholz getrieben war; Cross sah im Jahre 1876, wie die Balsamsammler ungefähr 60 Ctm. über der Erde eine saubere und ansehnliche Höhlung durch den 8 Ctm. dicken Splint bis in das Kernholz eintrieben, welche ein Gefäss darstellte, aus dem vermittelst einer aus Rinde geschnittenen Rinne der Balsam in ein ca. 22 Liter messendes Blechgefäss geleitet wurde. Der Balsam ergoss sich in einem durch zahlreiche perlartige Blasen etwas getrübten Strom in das Gefäss, welches in 1 Stunde schon bis zu $^1/_4$ gefüllt war; minutenlang hörte der Strom auf, um dann unter einem eigenthümlichen gurgelnden Geräusch von neuem wieder zu beginnen. Fliesst kein Saft mehr aus, so wird die Oeffnung mit Wachs (wahrscheinlich Thon) verstopft, um nach einigen Tagen die Anzapfung zu wiederholen. Die Ausbeute, welche bei manchen Bäumen eine geringe ist, kann bei anderen bis 48 Liter betragen; im Allgemeinen liefert ein kräftiger Baum bis 40 Liter Balsam.

Der Copaivabalsam wird von den Indianern an dem Orinoco und seinen oberen Zuflüssen, am Cassiquiare, am Rio Negro und den nördlichen Zuflüssen des Amazonenstromes gesammelt und namentlich über Angostura, Para, Trinidad etc. in den Handel gebracht. „Copaiva scheint in der brasilianischen Provinz Maranhao reichlich gesammelt zu werden; San Louis de Maranhao (Maranham) ist einer der wichtigsten Ausfuhrhäfen dieser Droge. Noch grössere Mengen kommen aus den weiten äquatorialen Grenzgebieten Brasiliens und Venezuelas, dem Urwalde (Monte Alto) am Rio dos Uaupes oder Ucayary, am Içanna nördlich von Uaupes, am Siapa, einem östlichen Zuflusse des Cassiquiare. Auch vom Amazonas abgelegene Wälder (Caaguaçu) seiner vom Norden her zuströmenden Nebenflüsse, z. B. des Nhamunda und Trombetes, liefern Balsam; aus diesem ungeheuren Gesammtgebiete sammelt sich die Waare in Para. Im oben erwähntem venezuelischen Theile desselben heisst er Holzöl, *aceite de palo,* oder einfach Oel, *el aceite,* indem dort eine ähnliche Flüssigkeit, welche von *Oreodaphne opifera* Nees gewonnen wird, die Namen *Balsamo* oder auch *aceite de Sassafras* trägt. Ferner führt Ciudad Bolivar (Angostura), zum Theil über Trinidad, Balsam aus, welcher aus dem oberen Flussgebiete des Orinoco kommt. Ebenso bringt Maracaibo dergleichen aus dem nordwestlichen Gebiete Venezuelas in den Handel. Die letztere Sorte stammt nach Engel von *Copaifera officinalis,* dem *Canime* der Eingeborenen. Columbischer Balsam wird in Savanilla verschifft.“ (Flückiger). Nach Hamburg werden jährlich 1000 Ctr. gebracht, welche grösstentheils aus Angostura kommen.

Der Copaivabalsam besteht aus in ätherischem Oele gelösten Harzen; die verschiedenen Sorten sind in der wechselnden Menge des ätherischen Oeles begründet. Parabalsam ist sehr dünnflüssig und beinahe farblos; andere Sorten sind gelblich bis bräunlich und dickflüssig. Man unterscheidet im Handel gewöhnlich 2 Hauptsorten: eine Parasorte und eine Maracaibosorte, deren Unterscheidung Bowman in folgender Weise angiebt: Die Parasorte giebt mit wenig absolutem Weingeist klare Lösung, mit viel absolutem Weingeist einen flockigen Niederschlag; die Maracaibosorte erzeugt mit absolutem Weingeist nur Trübung. Mit wenig Weingeist von 0.817 spez. Gew. trennt sich Paracopaiva in 2 Schichten, während Maracaibobalsam milchig wird, ohne Schichtung. Viel Weingeist von letzterer Beschaffenheit giebt bei der Parasorte klare Lösung, bei der Maracaibosorte trübe Mischung. Weingeist von 0.835 spez. Gew. erzeugt bei beiden Sorten doppelte Schichtung, von denen bei der Parasorte die obere trübe, die untere durchsichtig ist. Mit $^1/_2$ Vol. Aetzammon erhält man von der Parasorte klare Lösung, bei der Maracaibosorte milchige Mischung. Die Verdunstung giebt bei Parabalsam 44.4 % Harz, bei der Marcaibosorte plastischen, weichen Rückstand. Die allgemeinen Eigenschaften des Balsams sind blassgelbe Farbe und mehr oder weniger syrupsdicke Beschaffenheit. Er besitzt ein spez. Gew. von 0.935—0.998, ist meist klar, bisweilen leicht getrübt und schwach fluorescirend. Der Geruch ist eigenthümlich aromatisch, nicht unangenehm, der Geschmack anhaltend scharf und bitterlich. Er reagirt sauer, ist unlöslich in Wasser, löst sich erst im mehrfachen Gewichte Weingeist von 0.830 spez. Gew., mischt sich aber in allen Verhältnissen mit absolutem Alkohol, Aceton und Schwefelkohlenstoff, löst sich meist klar in Ammoniak, Natronlauge und Kalilauge, hinterlässt beim Verdunsten in der Wärme ein sprödes, pulverisirbares Harz und erhärtet mit $^1/_{16}$ Magnesia oder Kalk zu einer steifen, plastischen, seifenartigen Masse. Nicht klar löslich in Weingeist, Ammoniak und Kalilauge ist der dünnflüssige, ca. 82 % ätherisches Oel enthaltende Parabalsam. Bei längerer Aufbewahrung an der Luft wird Copaivabalsam dickflüssiger, schwerer, verliert seinen Geruch und wird endlich fest.

Die verschiedenen Sorten des Balsams äussern auch eine Verschiedenheit in optischer Beziehung; so ist z. B. der von *C. officinalis* stammende Balsam aus Trinidad, ebenso der aus Maturin und Maracaibo kommende stark rechtsdrehend, während sich der Parabalsam als linksdrehend erweist.

Fälschungen finden statt mit Gurgumbalsam (*Balsamum Dipterocarpi*), Terpenthin, Ricinus- und anderen fetten Oelen und Colophonium. Copaiva löst sich in der 4fachen Menge von Petroleumäther, Gurgumbalsam nicht; Terpenthin siedet schon bei 160°, geht daher zuerst über und lässt sich dann am Geruch erkennen; bei Gegenwart von nur 1 % Ricinus- oder anderen fetten Oelen lässt Copaiva sich nicht pulverisiren, bei 3 % ist er schmierig; mit Petroleumäther geschüttelt, scheidet sich das etwa zugesetzte Colophonium an den Glaswänden ab.

Bestandtheile. Nach Stoltze enthält der Balsam: 45.59 % ätherisches Oel, 52.75 % gelbes, brüchiges Harz (Alpha-Harz), 1.66 % braunes, schmieriges Harz (Beta-Harz); Gerber fand: 41.0 % ätherisches Oel, 51.38 % gelbes, sprödes Harz, 2.18 braunes, schmieriges, in Steinöl unlösliches Harz, 5.44 % Wasser nebst Verlust. Durand erhielt wenig Säure, eine fette und eine süssliche Substanz und Spuren von Chlorcalcium.

Das in einer Ausbeute von 40—60 % (nach Sieboldt 18—65 %; Flückiger erhielt aus einem Maranhaobalsam sogar 87 %) gewonnene ätherische Oel (Copaivaöl), welches wahrscheinlich, wie aus den verschiedenen Siedepunkten hervorgeht, immer aus einem Gemenge verschiedener, isomerer Kohlenwasserstoffe besteht, hat nach Flückiger die Zusammensetzung $C_{15}H_{24}$ (nach Husemann $C_{10}H_{16}$ oder $C_{20}H_{32}$), ist ein wasserhelles dünnes Oel von 0.88—0.99 spez. Gew., besitzt einen Siedepunkt von 232—260°, ist mit einem sehr differirenden Drehungsvermögen ausgestattet, welches im Gegensatz zum Balsam linksdrehend ist, von Flückiger jedoch bei einem Oele auch als rechtsdrehend erkannt wurde. Nach Husemann siedet das Oel bei 245—260°, erstarrt bei — 26° theilweise krystallinisch, besitzt einen gewürzhaften Geruch, brennend scharfen Geschmack und neutrale Reaktion. Es ist unlöslich in Wasser in 2.5 Theilen absolutem, in 8 Theilen rektifizirtem Weingeist, in jedem Verhältniss in Aether und Schwefelkohlenstoff; bei längerem Kochen wird es braun und dickflüssig, verpufft nicht mit Jod, hingegen mit rauchender Salpetersäure und verwandelt sich mit schwacher Salpetersäure in eine harzartige Substanz. Wasserfreier Chlorwasserstoff bewirkt Abscheidung weisser, prismatischer Krystalle von *salzsaurem Copaivaöl* (*Copaivakampher*) $C_{15}H_{24} + 3\,HCl$. (nach Husemann $C_{20}H_{32} + 4\,HCl$.) mit gewürzhaft bitterem Geschmack, ohne Geruch, bei 77° schmelzend, in hoher Temperatur sich zersetzend. Gleich den anderen hochsiedenden Kohlenwasserstoffen von der Zusammensetzung $C_{15}H_{24}$ liefert auch Copaivaöl kein krystallisirtes Hydrat, welches bei Terpenthinöl und anderen verwandten Oelen in kurzer Zeit erhalten wird. Bei vorsichtiger Oxydation mit Chromsäure erhielt Grünling andere Produkte, als von den Oelen mit der Zusammensetzung $C_{10}H_{16}$, darunter eine bei 207° schmelzende, gut krystallisirende Säure und eine nicht saure Substanz von der Zusammensetzung $C_6H_8O_2$.

Das nach der Destillation zurückbleibende Harz ist in Alkohol, Benzin, Amylalkohol löslich und besteht der Hauptsache nach aus amorphen Säuren, deren Salze ebenfalls nicht krystallisiren. Die Harzantheile zählt Hlasiwetz zu den Terpenharzen mit der Formel $(C_{10}H_{16})_2 + 3\,O$ oder $C_{20}H_{32}O_2 + OH_2$.

Bei längerer Aufbewahrung des Copaivabalsams bildet sich manchmal ein geringer krystallisirter Absatz von Harzsäure (Copaivasäure), welche Schweitzer dadurch erhielt, indem er 9 Theile Copaivabalsam mit 2 Theilen Ammoniak von 0.95 spez. Gew. der Kälte aussetzte, wobei sich an Stelle des Ammoniumsalzes freie Säure ausschied. Diese Copaivasäure bildet 8—12 Mm. lange, durchscheinende bis durchsichtige, rhombische Prismen von bitterem Geschmack, schwachem Geruch und saurer Reaktion, mit der Zusammensetzung $C_{10}H_{32}O_2$, löslich in flüchtigen und fetten Oelen, nicht löslich in Wasser, schwer in Aether und wasserhaltigem Weingeist, leicht in absolutem Weingeist; die durch Wasser aus der weingeistigen Lösung gefällte Säure ist auch löslich in wässerigem Ammoniak. Concentrirte Schwefelsäure löst mit rothbrauner Farbe; aus den Lösungen in heisser Salpetersäure wird sie durch Wasser in weissen Flocken wieder gefällt. Flückiger konnte die Säure in der angegebenen Schweitzer'schen Weise nicht auffinden, erhielt dagegen aus dem Balsam von Trinidad (von *officinalis* abstammend) Krystalle, die bei 116—117° zu einer amorphen Masse schmolzen, jedoch durch Berührung mit Weingeist sofort wieder krystallisirten.

Eine gut krystallisirende, bei ungefähr 120° schmelzende, von den Säuren des gewöhnlichen Balsams abweichende Säure, Oxycopaivasäure, fand Fehling 1841 in dem Absatze eines trüben Parabalsams, aus dem sie durch Lösung in Weingeist und langsames Verdunsten der Lösung in farblosen, rhombischen Säulen herauskrystallisirte.

Strauss erhielt 1865 aus der Maracaibosorte eine weitere, von der Copaivasäure abweichende Säure, indem er den Balsam mit verdünnter Natronlauge kochte, die alkalische Harzlösung mit Chlorammonium versetzte und das Filtrat mit Salzsäure fällte. Die so erhaltenen Krystallblättchen sind weiss, schmelzen bei 205—206°, sind unlöslich in Wasser, leicht in Weingeist und Aether, Kalilauge und Ammoniak; die weingeistige Lösung besitzt eine saure Reaktion.

Der Copaivabalsam enthält einen Bitterstoff, der eine völlig klare, Lackmus röthende, sehr bittere Flüssigkeit darstellt, in welcher Gerbsäurelösung einen reichen Niederschlag erzeugt. (Husemann, Pflanzenstoffe 1099.)

Anwendung. Der Copaivabalsam besitzt eine dem Terpenthinöle ähnliche Wirkung, nur ist er weniger reizend und erhitzend. Er bewirkt grössere Thätigkeit der Schleimhäute, Haut und der Harnwerkzeuge und verleiht den Absonderungen einen dem Copaiva ähnlichen Geruch. Copaivabalsam wird in Substanz, am besten in Gallertkapseln, bei chronischem Lungenkatarrh, Nieren- und Harnsteinen, namentlich aber bei Tripper angewendet. Aeusserlich als Zusatz zu Wundheilmitteln und Einreibung bei Skabies. „Die Frage, welchem Componenten des Copaivabalsams die antiblennorrhagische Wirksamkeit desselben zuzuschreiben ist, wird different beantwortet. Die Meisten schreiben dieselbe dem ätherischen Oele, *Balsamum Copaivae aethereum,* zu und vindiciren dem Harzgehalte höchstens eine die Wirksamkeit mehr fixirende und verlangsamende Action (Schroff), während Andere (Weickart, Gubler, Zeiss) den Harzcomplex für ein ebenso sicheres und noch dazu billigeres Trippermittel als den Balsam selbst erklären." Versuche, welche in den österreichischen Militärhospitälern angestellt worden sind, haben die antiblennorrhagische Wirkung ergeben; es ist jedoch hierbei der Beweis geführt worden, dass andere billigere, ölreiche Balsamsorten durchaus nicht von Copaiva übertroffen werden. Copaiva ist ausser der Gonnorrhoe bei Cystitis chronica und haemorrhagica innerlich und in Einspritzung, bei chronischen Katarrhen der Bronchien, der Lunge, bei Lungenblutungen und als Specificum gegen Croup und Diphtheritis, als Diureticum bei Wassersuchten, bei Iritis und Hypopyon, bei Dysenterien und chronischem Rheumatismus, bei Psoriasis, Ophthalmia purulenta, indolenten Schenkelgeschwüren und drohender Mastitis, endlich bei Skabies mit Erfolg angewendet worden. (Husemann, Arzneimittell. 1188.) In der Technik wird Copaivabalsam häufig als Zusatz zu Lacken und Firnissen verwendet, um den Anstrichen eine weniger rissige Beschaffenheit zu geben.

Copaifera officinalis L.

Litteratur. Abbildung und Beschreibung: Nees v. Esenb., Plant. med., Taf. 340 (*officinalis*), Suppl. II, Taf. 20 (*Langsdorffii*), Suppl. III, Taf. 16 (*coriacea*); Hayne, Arzneigew. X, Taf. 13 (*guianensis*), Taf. 14 (*officinalis*), Taf. 18, 19, 22 (*Langsdorffii*), Taf. 20, 21 (*coriacea*), Taf. 16 (*bijuga*), Taf. 17 (*multijuga*); Berg u. Schmidt, Offiz. Gew., Taf. VIf (*Langsdorffii*); Bentley and Trimen, Med. pl., Taf. 93 (*Langsdorffii*); Luerssen, Handb. der syst. Bot. II, 901 ff; Karsten, Deutsche Flora 712; Wittstein, Pharm. 423.

Drogen und Präparate: *Balsamum Copaivae*: **Ph. germ.** 38; Ph. austr. 24; Ph. hung. 73; Ph. ross. 52; Ph. belg. 13; Ph. helv. 18; Cod. med. 48; Ph. Neerl. 36; Brit. ph. 91; Ph dan. 51; Ph. suec. 28; Ph. U. St. 86. Flückiger, Pharm 79; Flückiger and Hanb., Pharm. 227; Hist. d. Drog. I, 407; Berg, Waarenk. 547.

Mixtura Balsami Copaivae: Ph ross. 260.

Oleum Balsami Copaivae: Ph. ross. 286; Brit. ph. 222; Ph. U. St. 235.

Pilulae Copaivae: Ph. belg. 213; Ph. U. St. 217.

Bezüglich der Drogen und Präparate siehe auch Hager, Ph. Prx. I, 545; III, 132.

Tafelbeschreibung:

A blühender Zweig, nat. Gr.,; 1 Blüthe vergr.; 2 Staubgefässe, desgl.; 3 Pollen, desgl.; 4 Stempel, desgl.; 5 Fruchtknoten im Querschnitt; 6 Frucht, nat. Gr.; 7 Fruchthälfte mit Samen, desgl.; 8 und 9 Same von der Seiten- und Bauchfläche, desgl.; 10 und 11 derselbe in Längs- und Querschnitt. Nach einer Originalzeichnung des Herrn Professor Schmidt in Berlin.

Curcuma Zedoaria Roscoe.

Syn. *C. Zerumbet* Roxb. *Amomum Zedoaria* Willd. *A. Zerumbet* König.

Zitwer, Giftheil — Zedoaire — Zedoary.

Familie: *Zingiberaceae* (Unterfamilie: *Hedychieae*); Gattung: *Curcuma* L.

Beschreibung. Das Rhizom, welches dem der *C. longa* ähnlich ist, besitzt eine Stärke von 4 Ctm., ist knollig, oft handförmig getheilt, geringelt, aussen hellgraubraun, innen grau oder röthlichgrau, an den Knollen mit faserigen, spiralig gestellten, theilweise am Ende knollig verdickten Wurzeln; Streifung ist meist nicht erkennbar, weil die Korkleisten gewöhnlich abgescheuert sind. Nees von Esenbeek sagt: „Die Wurzel besteht, wie bei allen Arten dieser Gattung, aus einem zwiebelartigen Wurzelstocke (rhizoma), aus dem theils handförmige, blos gelbliche Knollen, theils lange, einfache, fleischige Fasern hervorkommen, die sich wieder in längliche, weisse und fast geschmacklose Knollen endigen, während Aroma und Farbstoff in reichem Maasse in der Zwiebel und in den handförmigen Knollen enthalten sind.“ Die Blätter sind sämmtlich grundständig, kurz scheidig gestielt, breit lanzettförmig, glatt, lang zugespitzt, am Grunde stark verschmälert, ca. 40 Ctm. lang, 11 Ctm. breit, beiderseits neben der Mittelrippe mit dunkel purpurnem Längsstreifen. Blüthenschaft seitlich gestellt, vor den Blättern erscheinend, aufrecht, bis 30 Ctm. hoch, mit stumpfen, wenig abstehenden Scheidenblättern locker besetzt, am Ende mit einer ca. 12 Ctm. langen Blüthenähre versehen. Letztere besteht aus dachziegelförmig übereinanderliegenden, breit verkehrt eiförmigen, stumpfen oder kurz gespitzten, concaven, grünen, oft auch purpurroth gesäumten Deckblättern, die nach unten mit den Rändern verwachsen sind und sack- oder taschenförmige Hüllen bilden, aus deren Grunde sich die Blüthen entwickeln. Der obere Theil der Aehre ist aus schön purpurrothen, blüthenlosen Deckblättern zusammengesetzt, welche schopfartig die Blüthenähre bekrönen. Die gelben Blüthen sind mit einem zarten, am Rande 3zähnigen, gelblichen äusseren Perigon ausgestattet, welches kaum $^1/_3$ so lang als die Krone ist. Die Krone (inneres Perigon) ist becherförmig, mit etwas ausgerandeter Lippe; Seitenabschnitte verkehrt eiförmig, fast so lang als die Lippe. „Die beiden Fächer der Antheren endigen sich in eine pfriemenförmige Spitze. Der untere Fruchtknoten ist etwas behaart. Der zwischen den Antherenfächern durchlaufende dünne Griffel endigt sich in eine grosse 2lappige Narbe. Die ovale, glatte, blass strohgelbe Kapsel ist 3fächerig und springt an der Spitze unregelmässig auf. Die länglichen, blassbraunen Samen sind mit einem Arillus (Samenmantel) umgeben. Der keulenförmige Embryo, fast so lang als der Same, ist mit seiner oberen Hälfte mit dem Dotter (vitellus) verbunden, die untere Hälfte liegt im Eiweisskörper.“ (Nees v. Esenb.)

Karsten betrachtet *C. Zedoaria* und *Zerumbet* als 2 verschiedene Arten:

Curcuma Zedoaria Roscoe: Blüthe auf bescheidetem Schafte, die lanzettförmigen Blätter unterseits seidenhaarig; die purpurnen Deckblätter fast länger als die Blumen. Ostindien.

Curcuma Zerumbet Roxb.: Blüthe auf bescheidetem Schafte, Blätter breit lanzettförmig, kahl, in der Mitte purpurn; Deckblätter fast länger als die Blume. Ostindien und Java.

Anatomisches. Die Wurzel, welche in ihrem Bau derjenigen der *Curcuma longa* ähnlich ist, zeigt auf dem Querschnitte einen kreisrunden Umfang und eine dünne Rinde von $^1/_8$ des Durchmessers, welche durch die Kernscheide vom Holzkörper getrennt ist. Die Aussenrinde besteht aus einem dicken Korke; die Mittelrinde zeigt ein Parenchym, bestehend aus farblosen, polyedrischen, getüpfelten Zellen, die von Stärkemehl strotzen, und vereinzelten Zellen, welche gelbbraune Harzklumpen enthalten. Die Gefässbündel, welche in die Mittelrinde eingestreut sind, bestehen aus wenigen, von Holzzellen umgebenen Spiral- und netzförmigen Gefässen mit sehr schmalen oder ganz fehlenden Kambialbündeln. Das Holz zeigt den Bau der Mittelrinde. Nach Flückiger ist der Endodermiskreis, an den sich zahlreiche Gefässbündel anlegen, deutlicher als bei *C. longa*. Die Gefässbündel stehen sehr unregelmässig in dem durch zahlreiche Oelzellen unterbrochenen Parenchym. Neben verkorkten Oelzellen sollen nach Zacharias auch nicht verkorkte, langgestreckte derartige Zellen auftreten, die jedoch von Meyer nicht angetroffen worden sind. Das Stärkemehl, womit das Parenchym angefüllt ist, bildet grosse, länglich-runde Scheiben mit einer stumpfen, etwas zugeschärften Spitze, die den Nabel enthält, während die entgegengesetzte Seite des Kornes deutliche Schichtung erkennen lässt. Im polarisirten Lichte erkennt man das dem Stärkemehl eigenthümliche Kreuz, nur sind wegen der eigenthümlichen Form der Körner nicht alle 4 Kreuzarme zugleich sichtbar.

Vorkommen. Die Heimath, welche in Indien zu suchen ist, lässt sich nicht mehr feststellen. Gegenwärtig in Ostindien, China, auf Java und in Madagascar angebaut; nach Flückiger namentlich in der Präsidentschaft Madras.

Name und Geschichtliches. *Curcuma* siehe *C. longa* Taf. 178. *Zitwer* (althochd. *citawar, zitber, zitvar, zitwar, zitwan, zitwer;* mittelhochd. *Zedewar, Zedewer, Zeduer, Zeitwan, Zistwer, Zitewar, Zittwar, Zydwein;* mittelniederd. *Czitwar, Seduar, Seduwer;* bei Hildegard *Zituar, Zitvarn, Zitwar*) von *Zedoaria;* letzteres soll vom arabischen *djeduar, judwar,* persischen *dschadwâr* abgeleitet sein. Die Ableitung aus dem Arabischen erklärt jedoch Nöldecke für irrthümlich; ebenso lässt sich das Wort in der Litteratur des alten Indiens nicht nachweisen. *Zerumbet,* aus dem persischen *Zerumbat.* Wegen Amomum siehe Ingwer, Taf. 172.

Obgleich in Indien schon längst bekannt und gebräuchlich, erhalten wir die erste Kunde über *Zedoaria* doch erst von den alexandrinischen Aerzten Aëtius im 6. Jahrh. und P. Aegineta im 7. Jahrh.; im Abendlande wird *Zitwer* zu Anfang des 8. Jahrh. durch Benedictus Crispus, Erzbischof von Mailand, bekannt. Ein Würzburger Manuscript aus dem 9. Jahrh. bezeichnet *Zaduar* als Bestandtheil eines fieberwidrigen Mittels. 1150 liefert Hildegard eine Abhandlung über *Zituar* und eine aus dieser Zeit stammende Frankfurter Handschrift enthält *Zodear*, *Zitewar*. Flückiger führt an, dass die Droge um 1271 in Barcelona als *Citovart*, 1228 in Marseille als *Citoval*, 1296 in Paris als *Ceytoal* bezeichnet und unter dem Namen *Zedoaria* auf den Märkten der Champagne feilgehalten wurde. Der Venetianer Nicolo Conti war der erste, der in der ersten Hälfte des 15. Jahrh. über die Herkunft der Wurzel aus Calicut auf der Malabarküste Bericht erstattet; ebenso giebt 1511 Odoardo Barbosa Auskunft über die Abstammung der Droge. Flückiger ist jedoch der Ansicht, dass es jedenfalls irrthümlich sei, unter allen den genannten Namen und Bezeichnungen ausschliesslich *Zedoaria* zu verstehen, „die Wurzelstöcke anderer nahe verwandter Pflanzen sind ohne Zweifel oft damit verwechselt worden, weil ihr Aroma, wenn auch nicht das Aussehen, dem der Zedoariawurzel gleicht“.

Offizinell sind die von den Wurzeln und der braunen Korkschicht befreiten Wurzelknollen: *Rhizoma Zedoariae* (*Radix Zedoariae, Zarnabac*), welche entweder ganz (*Zedoaria rotunda*) oder der Länge nach halbirt, auch geviertelt und in verschiedene grosse Querscheiben geschnitten (*Zedoaria in discis*) in den Handel gebracht werden. Die bis 5 Mm. dicke, hellbräunliche, oft über das Mark etwas erhöhte Rinde hängt locker mit dem dunklen, durch eine feine, helle Kernscheide getrennten Holzkörper zusammen und lässt sich durch Aufweichen des Knollens leicht ablösen. *Zedoaria rotunda* ist kürzer, gewöhnlich ganz, rundlich, auf der einen Seite zugespitzt; *Zedoaria in discis* bildet 3 bis 7 Ctm. lange, 12—24 Mm. dicke Stücken oder Scheiben, an denen die Abschnitte der Wurzelfasern noch erkennbar sind. Beide Sorten sind aussen weisslich bis gelblich, innen graulich-weiss, hart, mehlig, besitzen einen ebenen, fast wachsartigen Bruch und einen starken, angenehm scharf aromatischen, kampherartigen Geschmack und gewürzhaften Geruch. Flückiger bezeichnet die *Zedoaria* im Vergleich zur Curcuma als weniger dicht, im Geruch und Geschmack milder, mehr kampherartig und bitter; Wittstein findet die runde *Zedoaria* weniger gewürzhaft als die geschnittene.

Die Knollen werden unter dem Namen *Kachoora* aus Madras nach Bombay gebracht; in der Nähe der letzteren Stadt soll die Pflanze der Blätter wegen, die als Fischwürze Verwendung finden, kultivirt werden.

Die scheibenförmige Zitwerwurzel ist nach Hager mit Strychnossamenscheiben verfälscht beobachtet worden; auch kommen die Scheiben des gelben Zitwer unter der Zedoaria vor. Der gelbe Zitwer (*Zedoaria* oder *Curcuma* aus Cochin, *Radix Casumunar, Radix Zedoariae luteae, Amba Huldi* des indischen Handels), welcher auf der Malabarküste, namentlich am Alwye-Flusse gebaut wird und aus tief braungelben, der *Zedoaria* ähnlichen, in Scheiben oder Viertel geschnittenen Knollen besteht, stammt von *Zingiber Cassumunar* Roscoe; die Droge besitzt einen nicht angenehmen, etwas kampherartigen Geruch und bitterlich aromatischen Geschmack.

Bestandtheile. Nach Buchholtz enthält die Wurzel 1.42% (nach Flückiger nur 0.8%) ätherisches Oel, 3.60% aromatisch-bitteres Weichharz, 4.50% Gummi, 9.0% Bassorin, 3.60% Stärkemehl. Genauere Untersuchungen existiren über Zedoaria nicht.

Das ätherische Oel ist blassgelb, trübe, dickflüssig, schwerer als Wasser und von kampherartigem Geruch und Geschmack. (Husemann, Pflanzenstoffe 422.)

Anwendung. In Pillenform und Tinktur als Aromaticum und Stomachicum meist in Verbindung mit Galgant und Cardamom. (Husemann, Arzneimittell. 566.)

Litteratur. Abbildung und Beschreibung. Nees v. Esenbeck, Plant. med. Taf. 60; Roxburgh, Pl. of Coromand. III, N. 201; Rheede, Hort. malab. XI, Taf. 7; Rumph, Herb. Amb. V, Taf. 68; Luerssen, Handb. der syst. Bot. 454; Karsten, Deutsche Flora 470; Wittstein, Pharm. 943.

Drogen und Präparate. *Rhizoma Zedoariae*: **Ph. germ.** 230; Ph. austr. 145; Ph. hung. 489; Ph. ross. 349; Ph. belg. 89; Cod. med. 83. Flückiger, Pharm. 341; Berg, Waarenk. 105; Berg, Atlas 37, Taf. XIX.

Tinctura amara: **Ph. germ.** 271; Ph. ross. 411;
Tinctura Aloës composita: **Ph. germ.** 271; Ph. belg. 265;
Acetum aromaticum: Ph. austr. 2; Ph. hung. 5; Ph. helv. suppl. 1;
Species ad Elixir domesticum: Ph. helv. suppl. 100;
Spiritus balsamicus: Ph. helv. suppl. 103;
Pulvis Zedoariae: Cod. med. 515.
Bezügl. der Drogen und Präparate siehe auch Hager, Pharm. Prx. II. 1281, III. 1242.

Tafelbeschreibung:

A Pflanze in natürl. Grösse unter Benutzung einer Zeichnung im Bot. Mag. und Nees v. Esenbeck; B Blatt, desgl.; 1 Blüthe im Längsschnitt nach Nees v. Esenb.; 1a Blüthe von C. aromatica nach Berg und Schmidt, um die Form einer Curcumablüthe zu zeigen, vergrössert; 2 Staubgefäss nach Nees v. Esenb.; 3 dasselbe im Querschnitt von C. aromatica, nach Berg; 4 Fruchtknoten im Längsschnitt, desgl.; 5 derselbe im Querschnitt, desgl.; 6 Fruchtknoten mit dem unteren Theil des Griffels und den 2 grundständigen, unfruchtbaren Staubgefässen (Staminodien), desgl.; 7 oberer Theil des Griffels mit Narbe von C. aromatica nach Berg u. Schmidt, desgl.; 8 eine getrocknete Wurzel, natürl. Grösse.

Curcuma Zedoaria Roscoe

Cydonia vulgaris Pers.

Syn. *Pirus Cydonia* L. *Cydonia Cydonia* Karst. *Cydonia europaea* Savi.
Sorbus Cydonia Crantz.

Quitte — Coing — Quince.

Familie: *Rosaceae.* Unterfamilie: *Pomeae.* Gattung: *Cydonia* Tourn.

Beschreibung. Bis ca. 3 m hoher Strauch oder Baum, mit abstehenden, dornenlosen, braunen älteren, krautartigen, grünen, grauzottigen jüngeren Aesten und angedrückten, eiförmigen Knospen. Blätter kurzgestielt, eiförmig, eilanzettförmig, ganzrandig, oberseits zuletzt kahl, unterseits gleich den jungen Zweigen und dem Fruchtknoten filzig. Nebenblätter gepaart, eirund, länglich bis lanzettlich, drüsig, gezähnt. Blüthen einzeln, endständig, kurz gestielt, bis 7 cm im Durchmesser, mit krugförmigem, aussen filzigem, an der inneren Wand mit dem Stempel verwachsenem, oberhalb der Einschnürung freiem, in den Kelch übergehendem Unterkelch (Hypanthium). Kelchblätter zu 5, länglich, drüsig gesägt, abstehend, unterseits zottig behaart, bleibend. Kronblätter zu 5, am Rande des Unterkelches entspringend, verkehrt eiförmig, kurz genagelt, etwas wellig, röthlich-weiss, unterseits etwas behaart, abfallend, mit ziegeldachiger oder gedrehter Knospenlage. Staubgefässe zu 20 und mehr, meist 21, fast 2reihig, dem Rande des mit dem Stempel verwachsenen Unterkelches entspringend, aufrecht stehend, mit pfriemlich-fadenförmigen, rosenrothen Staubfäden und länglichen, auf dem Rücken oberhalb des Grundes angehefteten, 2fächerigen, der Länge nach aufspringenden Staubbeuteln. Pollen länglich, 3furchig, 3porig, unter Wasser dreiseitig-rundlich. Der mit dem Unterkelch verwachsene, aus 5 unter sich verwachsenen Fruchtblättern bestehende Stempel, mit 5 staubfadenlangen, unten verwachsenen, verdickten und zottigen, oben fadenförmigen und kahlen Griffeln; letztere mit schiefen, ausgeschweiften Narben. Fruchtknoten 5fächerig, jedes Fach mit 6—15 und mehr, dem inneren Winkel der Fruchtblätter angewachsenen, 2reihig geordneten Eichen. Frucht apfelförmig und beiderseits genabelt (Apfelquitte, *var. malliformis* Miller), oder birnenförmig und nur auf dem Scheitel genabelt (Birnquitte, *var. oblonga* Miller), oder birnenförmig, sehr gross, gerippt (portugiesische Quitte, *var. lusitanica* Med.), immer von dem vergrösserten Kelch gekrönt, gelb oder grünlich-gelb, punktirt, mit einem spinnwebartigen, leicht ablösbaren Filze bedeckt; jedes der 5 Fächer 6—15 und mehr, bis 10 mm lange spitzeiförmige, halbherzförmige, oder keilige, durch gegenseitigen Druck unregelmässig kantige, rothbraune Samen enthaltend. Von dem kleinen, weissen, am spitzen Ende des Samens befindlichen Nabel läuft der Nabelstreifen (Raphe) scharf kielartig in gerader Richtung zu dem etwas dunkleren, erhöht gerandeten Hagelflecke (Chalaza). Beim Eintrocknen überzieht die Schleimschicht die Samen mit einer weissen Haut und verklebt gleichzeitig die Samen eines Faches fest mit einander. Die dünne, zerbrechliche Samenschale umschliesst den eiweisslosen geraden Embryo; letzterer aus 2 fleischigen, planconvexen, von Nerven durchzogenen, wellenförmig zusammengelegten Samenlappen bestehend, mit kurzem, geradem, nach dem Nabel gerichtetem Würzelchen.

Anatomisches: Der Querschnitt des Samens zeigt auf der Oberfläche ein aus prismatischen, radial gestreckten, sehr dünnrandigen, farblosen Zellen bestehendes, Pflanzenschleim enthaltendes Gewebe, welches im trocknen Zustande ein weisses Häutchen bildet. Hierauf folgt die aus 8—10 Zellenreihen bestehende äussere Samenhaut, deren, nach aussen weniger, nach innen stark zusammengepresste Zellen dickwandig, rothbraun, mit dunklerem, gerbstoffartigem Inhalte erfüllt sind. Die sich anschliessende, sowohl nach innen, als nach aussen von einer dünnen, farblosen Schicht sehr zusammengefallener, inhaltloser Zellen begleitete innere Samenhaut besteht aus 5—6 Reihen polyedrischer, farbloser Zellen, die gleichen Inhalt mit den Zellen der Samenlappen zeigen. Hierauf folgt der Embryo mit seinen Samenlappen, deren von Gefässbündeln durchzogenes Parenchym aus Zellen besteht, die fettes Oel und Proteinkörner einschliessen und deren Form nach aussen kleiner, tangential oder fast kubisch, nach innen stark radial gestreckt erscheint. Bis Ende Juli haben die die Oberhaut bildenden Zellen ihre normale Grösse erreicht, sind jedoch noch dünnwanndig. Anfang August beginnt die Ablagerung der Verdickungsschichten der Aussenwände, die rasch bis zum Grunde erfolgt, so dass nach Beendigung dieses Prozesses jede Zelle mit den durch Jod und Schwefelsäure sich blaufärbenden Schleim angefüllt ist.

Bei Einwirkung von Wasser schwillt das Gewebe der Samenoberfläche stark auf und lässt eine Menge klaren Schleimes ausströmen, welcher die Samen in eine farblose, nicht sauer reagirende Gallerte einhüllt.

Name und Geschichtliches. Der Name Quitte, althochdeutsch *kutina,* mittelhochdeutsch *kutina* und *quiten,* nach Leonhard Fuchs *Kütten,* ist aus dem lateinischen *cydonium, cotoneum* und dieses aus dem griechischen *κυδώνιον* hervorgegangen. Der griechische Name rührt von der Stadt *Κυδών*, jetzt Canea, auf Kreta her, aus welchem Orte die Griechen die erste Kenntniss der Quitte erlangten. Wegen Pirus siehe Apfelbaum. Die Quitte, der kydonische Apfel der Griechen, war bei den Alten das Symbol des Glückes, der Liebe und der Fruchtbarkeit und daher der Aphrodite geweiht. Auf letzteren Umstand gründete sich der griechische Brauch, dass die Braut, bevor sie das Brautgemach betrat, einen kydonischen Apfel ass, um sich damit symbolisch dem Berufe der Aphrodite zu weihen. Ob die Quitte der Insel Kreta, woher die Griechen ihre erste Kunde über diesen Baum erhielten, ursprünglich angehört hat, ist zweifelhaft. Aller Wahrscheinlichkeit nach stammt die Pflanze aus Hochasien, woselbst die Kerne schon in den frühesten Zeiten medizinisch benutzt worden sind und einen Handelsartikel nach Indien gebildet haben. Soviel steht fest, dass die Verehrung des Quittenapfels bei den Griechen eine sehr alte ist, was durch den aus Kleinasien stammenden griechischen Dichter Alkmann bereits im 7. Jahrhundert v. Chr. bezeugt wird. Von Griechenland wurde die Quitte nach Italien und Spanien verpflanzt, von wo aus sie sich dann über Mitteleuropa verbreitete. Zur Verbreitung in Deutschland hat ganz wesentlich das 812 erschienene Capitulare de villis et cortis imperialibus Karls des Grossen beigetragen.

Die medizinische Benutzung erstreckte sich im Alterthume nur auf die Frucht, die als sehr beliebtes medizinisch-diätetisches Mittel Verwendung fand. Ueber die medizinische Benutzung der schleimigen Samen in Mitteleuropa, die sich nach Flückiger wohl auf den Gebrauch der hochasiatischen Heimath zurückführen lässt, erhalten wir erst im Mittelalter Kunde; Tragus empfiehlt Kataplasmen aus den Samen gegen Halsbräune; auch sollen die Samen einen Bestandtheil des von Mesue stammenden, von Cordus empfohlenen *Syrupus Hyssopi* gebildet haben. Die arabische Medizin hat, wie es auch jetzt noch unter den Mohamedanern gebräuchlich ist, den Schleim des Samens sowohl innerlich als äusserlich seit den frühesten Zeiten verwendet.

Verbreitung. An felsigen Orten, Zäunen und in Wäldern über die gemässigte Zone der alten Welt verbreitet; bei uns in Gärten, der Früchte wegen, häufig angebaut. Die Kultur des Quittenbaumes erreicht die höchsten Breitengrade in Südengland und Südskandinavien. Seine ursprüngliche Heimath scheint in ben transkaukasischen, ostiranischen und turanischen Ländern gewesen zu sein.

Blüthezeit. Mai, Juni.

Offizinell sind die Früchte: *Fructus Cydoniae (Poma Cydoniae)* und die Samen: *Semen Cydoniae.*

Die Samen werden im Herbste gesammelt und getrocknet aufbewahrt; aus ihnen wird durch einfaches Uebergiessen mit Wasser der offizinelle Quittenschleim: *Mucilago Cydoniae* gewonnen.

Die Quittenkerne schmecken unzerkleinert rein schleimig; nach dem Zerstossen mit Wasser wird der Geschmack und der Geruch in Folge einer in ihnen enthaltenen geringen Menge von Blausäure bittermandelartig. In den Handel kommen die Kerne hauptsächlich aus Südrussland, Teneriffa und dem Cap. Der Quittenschleim ist durchscheinend und hat Aehnlichkeit mit dem arabischen Gummi. Von dem letzteren unterscheidet er sich dadurch, dass er von Weingeist nur getrübt und durch Gerbsäure nicht verändert wird. Flockige Bleizuckerlösung unterscheidet ihn von dem Carageenschleim. Etwaige Verwechselungen mit Mimosen- und Kirschgummischleim werden durch Kreosotwasser erkannt, welches die beiden letzteren Schleime nach einigen Tagen reichlich fällt, hingegen Quittenschleim nicht trübt.

Die Früchte werden im reifen Zustand gesammelt und entweder frisch oder getrocknet (*Cydonia exsiccata*) verwendet. Sie sind von angenehm aromatischem Geruch, besitzen aber einen herben, sauren, kaum süsslichen Geschmack; ihr Fleisch ist hart.

Präparate. Aus dem Samen wird *Mucilago Cydoniae* (*Mucilago Cydoniorum, Mucilago seminis Cydoniae*); aus dem Fruchtsafte *Syrupus Cydoniae* und *Tinctura Ferri cydoniata* bereitet.

Bestandtheile. Der ca. 20 % der Samenmasse ausmachende, durch Schütteln des Samens mit Wasser leicht hervortretende, dem 50fachen des letzteren eine dicke Beschaffenheit verleihende Quittenschleim ist nach Kirchner und Tollens eine durch Säuren spaltbare Verbindung von gewöhnlicher Cellulose und Gummi. Der durch Filtration der heissen Lösung gereinigte, durch Behandlung mit Salzsäure und Alkohol in reinem Zustande hergestellte Schleim entspricht der Formel $C_{18}H_{28}O_{14}$. Beim Kochen mit verdünnter Schwefelsäure entstehen Flocken, während Gummi und Zucker den löslichen Antheil bilden; die flockige Masse besteht aus Cellulose $C_6H_{10}O_5$. Nach Schmidt enthält die Asche 4,0 Kohlensäure und 6,4 feste, aus Kali, Kalk, phosphorsaurem Kalk mit Spuren von Magnesia, Eisenoxyd und Schwefelsäure bestehende Bestandtheile. Ausser dem Schleim sollen die Samen Farbstoff, Gerbsäure, Stärke, fettes Oel und wahrscheinlich auch Amygdalin und Emulsin enthalten. Souchay fand in der Asche der Quittenkerne 42 % hauptsächlich an Kali gebundene Phosphorsäure.

Das Aroma der gelben Fruchtschale ist nach Wöhler Oenanthäther, nach R. Wagner pelargonsaures Aethyloxyd. Der Fruchtsaft enthält $3\frac{1}{2}$ % Aepfelsäure, Zucker, Pektin, Gummi. Die Rinde und die jüngeren frischen Triebe ergeben bei der Destillation etwas Blausäure und zwar mehr als die Samenkerne; die Blätter enthalten keine Blausäure.

Anwendung. Der Schleim wird äusserlich als demulcirendes Mittel (früher namentlich als Zusatz zu Collyrien), auch als kosmetisches Mittel, zum Befestigen der Haare, angewendet. Die getrockneten Quitten werden im Aufguss gegen Diarrhoe, Blutspeien, Metrorrhagi, Leukorrhoe etc. verwendet. Die Fruchtschnitte, gekocht und mit Zucker eingemacht, dienen als Conserven und Gelée; sie werden ihrer adstringirenden Eigenschaften halber auch medizinisch angewendet.

Litteratur. Abbildung und Beschreibung: Nees v. Esenb., Plant. med., Taf. 305; Hayne, Arzneigew. IV., Taf. 47; Berg u. Schmidt, Offiz. Gew. IV[bc]; Bentley u. Trim., Medicin. pl., Taf. 106; Woodville, Taf. 182; Steph. u. Ch., Taf. 115; Luerssen, Handb. d. syst. Bot. II., 834; Karsten, Deutsche Flora 783; Wittstein, Pharm. 662.

Drogen und Präparate: *Semen Cydoniae*: Ph. austr. D. A. 42; Ph. ross. 360; Cod. med. (1884) 48; Ph. Neerl. 85; Ph. dan. 208; Ph. suec. 185; Ph. U. St. 89; Flückiger, Pharm. 925; Flückiger and Hanb., Pharm. 269; Hist. d. Drog. I. 478; Berg, Waarenk. 420; Berg, Atlas, Taf. 46.

Fructus Cydoniae: Cod. med. (1884) 48; Ph. Neerl. 85; Berg, Waarenk. 352.

Mucilago Cydoniae: Ph. helv. 85; Ph. dan. 161; Ph. suec. 132; Ph. U. St. 227; Ph. ross. 266; Cod. med. (1884) 463; Ph. belg. 195; Ph. Neerl. 156.

Syrupus Cydoniae: Cod. med. (1884) 553, 554; Ph. helv. suppl. 111.

Tinctura Ferri cydoniata: Ph. Neerl. 269.

Bezüglich der Drogen und Präparate siehe Hager, Pharm. Prx. I., 991.

Die **Ph. germ.** ed. alt. hat diese Pflanze nicht wieder aufgenommen.

Tafelbeschreibung:

A blühender Zweig, natürl. Grösse; B Frucht, desgl.; 1 Nebenblättchen, desgl.; 2 Blüthe im Längsschnitt, vergrössert; 3 Staubgefässe, desgl.; 4 Pollen, desgl.; 5 Stempel, desgl.; 6 Griffel mit Narbe, desgl.; 7 Frucht im Längsschnitt, desgl.; 8 dieselbe im Querschnitt, desgl.; 9 u. 10 Samenballen eines Faches, natürl. Grösse; 11 einzelne Samen, desgl.; 12 derselbe zerschnitten, vergrössert. Nach der Natur von W. Müller.

Rosaceae. (Pomeae.)

W.Müller n.d. Nat.

Cydonia vulgaris Pers.

Daphne Mezereum L.

Syn. *Thymelaea Mezereum* Scop. *Mezereum officinarum* C. A. Meyer.

Kellerhals, Seidelbast, Zeiland, Deutscher oder **Berg-Pfeffer — Mezereon — Mézéréon, Bois gentil.**

Familie: *Thymelaeaceae.* Gattung: *Daphne* L.

Beschreibung. Strauch von $^1/_2$—$1^1/_2$ m Höhe mit verzweigter, mit rothbrauner, zäher Rinde bedeckter Wurzel, ruthenförmigen Zweigen, blass-citronengelbem Holze, braunem Marke und grauer, mit kleinen braunen Wärzchen besetzter Rinde. Die einjährigen, krautartigen Blätter zerstreutstehend, lanzettlich oder länglich-lanzettlich, stumpf spitzlich, ganzrandig, in den kurzen Blattstiel verschmälert, 4—7 cm lang, 1—2 cm breit, kahl oder in der Jugend gewimpert, fein geadert, hellgrau, unterseits blasser, fast meergrün, zur Blüthezeit an der Spitze der Zweige büschelartig. Blüthen vor dem Laubausbruche erscheinend, seitlich aus den Achseln der vorjährigen Blätter meist zu dreien hervorbrechend, eine unterbrochene Aehre darstellend, sitzend, von eiförmigen, braunen Knospenschuppen der Tragknospen unterstützt. Das (eigentlich aus dem mit der Blumenkrone verwachsenen Kelche bestehende) Perigon unterständig, walzenrund-röhrig, aussen angedrückt flaumhaarig, rosenroth, selten weiss, wohlriechend, mit 4lappigem Saume. Lappen spitz-eirund, kahl, in 2 Kreisen gestellt, in der Knospe die 2 äusseren Lappen die 2 inneren umschliessend. Staubgefässe zu 8 in 2 Reihen. Staubfäden mit dem Perigon verwachsen, oben frei. Staubbeutel orangeroth, fast herzförmig, über der Basis am Rücken angeheftet, 2fächerig. Fächer der Länge nach nach innen aufspringend. Pollenkörner kugelrund. Stempel oberständig, eirund, 1fächerig, eineiig, mit sehr kurzem Griffel und kreisförmiger, mit Papillen besetzter Narbe. Beere dick-eiförmig, nackt, fleischig, scharlachroth, 1samig. Same eiförmig, zugespitzt, 5 mm lang, 4 mm breit, mit doppelter Samenhaut, einer äusseren steinschalenartigen, blassbräunlichen und einer inneren häutigen, röthlich-gelben. Embryo eiweisslos, wie der Same geformt. Würzelchen nach oben gerichtet. Die fleischigen Samenlappen halbkugelig.

Es giebt hiervon eine weissblühende Varietät, deren Früchte von gelber Farbe sind.

Anatomisches: Die dünne, zähe, langfaserige, sich leicht in langen Streifen ablösende Rinde zeigt auf dem Querschnitte eine aus blassen, dünnwandigen, tafelförmigen Zellen bestehende dünne Korkschicht; eine aus 6—8 Reihen tangential gestreckter, derbwandiger, Chorophyll enthaltender Zellen bestehende Mittelrinde und ein, von einreihigen Markstrahlen durchzogenes Bast, welches aus unregelmässig wechselnden Lagen von lockerem Bastparenchym und ganz unregelmässigen Gruppen ziemlich dünnwandiger Zellen zusammengesetzt ist. Die Zellen des Bastparenchyms sind lang gestreckt und enthalten Chlorophyll. Die äussere Fruchthaut der Beere wird aus 2 Reihen Peridermzellen gebildet, von denen die äussere farblos ist, die innere hingegen eine rothe Flüssigkeit enthält. Die Mittelschicht besteht aus einem lockeren Parenchym, dessen elliptische und kugelige Zellen von einem farblosen Safte erfüllt sind. Die Samenschale besteht aus einer Reihe horizontal gedehnter, dunkelbrauner Steinzellen von der Länge der Schalenbreite.

Verbreitung. In Laubwäldern, zerstreut über Mittel-, Nordeuropa und Nordasien bis gegen den Polarkreis vorkommend.

Name und Geschichtliches. Die alte deutsche Bezeichnung für *Daphne* war Zeiland, althochdeutsch *cilantes-bere*, mittelhochdeutsch *zîlant*, angeblich aus *zio-linta* (Bast des Kriegsgottes Zio) abgeleitet. Hiervon stammt vielleicht auch der Name Seidelbast ab. Kellerhals soll aus Kehle und Hals entstanden sein, weil nach Uffenbach der Genuss des Samens Entzündung der Kehle und des Halses hervorrief. *Daphne* ist abgeleitet von *δαφνη* (Lorbeer), weil verschiedene Arten dieser Gattung kleine Abbilder des Lorbeers sind. *Mezereum* (*mezeraeum*) ist angeblich aus dem persischen Namen dieses Strauches, *mazeriyn*, hervorgegangen; nach Anderen soll dieses Wort jedoch von dem italienischen *ammazzare* (tödten) abstammen. *Thymelaea* ist abgeleitet von *θυμέλαια* des Dioscorides und gleichbedeutend mit unserem *Daphne Mezereum.*

Den Griechen und Römern war unsere, in diesen Breiten nicht vorkommende Pflanze unbekannt, wohingegen andere Arten dieser Gattung, namentlich *Daphne Gnidium* L., zu den ältesten Arzneipflanzen zählen. *Daphne Gnidium* L. ist die *Θυμελια* des Dioscorides, *Casia herba* der Römer. Von letzterer Pflanze stammten die berühmten, schon zu Zeiten des Hippokrates in Verbindung mit Mehl und Honig als abführendes Mittel verwendeten gnidischen Körner (*κοκκοι γνιδιοι*). In der *Δαφνοιδες* des Dioscorides, die in früheren Zeiten Verwendung gegen Wassersucht fand, glaubt Sprengel *Daphne alpina* zu erkennen. Die Beschreibung der Körner dieser Pflanze passt jedoch besser auf *Daphne Laureola* L. Die erste Nachricht von *Daphne Mezereum* stammt aus dem Anfang des 16. Jahrhunderts und zwar erhalten wir um diese Zeit von Hieronymus Tragus eine Beschreibung und Abbildung unserer Pflanze unter dem Namen *Mezereum germanicum.* Eine fernere Beschreibung lieferte Peter Uffenbach in seiner 1609 erschienenen Flora. Seit jener Zeit beschäftigten sich alle medizinischen Werke mit dem Seidelbast, jedoch ist hierunter nicht ausschliesslich *Daphne Mezereum* L. zu verstehen.

Blüthezeit. März, April; Fruchtreife August und September.

Offizinell ist die Rinde: *Cortex Mezerei* (*Cortex Thymelaea*), früher auch die Beeren: *Fructus Mezerei* (*Semen [Baccae] Coccognidii s. Chamaeleae, Grana s. cocci Gnidii, Piper germanicum*).

Die Rinde, sowohl vom Stamm als von der Wurzel, wird im Januar und Februar vor dem Blühen gesammelt, getrocknet, mit nach aussen gekehrtem Baste in Bündel zusammengebunden und gewöhnlich in Kästen aufbewahrt. Sie bildet bandförmige Streifen von circa 1 mm Dicke und 8—24 mm Breite; sie besteht aus einem sehr faserigen, zähen, biegsamen Baste und einer blassbräunlichen Aussenrinde, die sich sammt der mit ihr verbundenen chlorophyllhaltigen Innenrinde leicht von dem Baste trennen lässt. Die Rinde ist geruchlos, schmeckt langanhaltend brennend scharf und wirkt blasenziehend. Alte oder zu ungeeigneter Zeit gesammelte Waare ist von geringem Werthe. Die breiten Rindenstücke verdienen den Vorzug.

Die Beeren werden zur Zeit der Reife gesammelt; sie sind trocken dunkelgraubraun. Ihre äussere Schicht besteht aus einem dünnen, runzeligen, matten, die innere Schicht aus einem zarten, helleren Häutchen. Die glänzende, dunkelbraune, zerbrechliche Schale umschliesst einen weisslichen, öligen Kern. Die Beeren schmecken ebenfalls sehr scharf und wirken schon in geringen Gaben stark abführend und brechenerregend. Die Rinde von *Daphne Gnidium* L. und *D. Laureola* L. sind in ihren Wirkungen der Rinde von *Daphne Mezereum* gleich, nur wirkt die Rinde von *D. Laureola* L., welche unter dem Namen „französisches Seidelbast in den Handel gebracht wird, weniger scharf.

Präparate. Aus der Rinde wird das *Extractum Mezerei, Unguentum Mezerei* und in Verbindung mit *Cantharides: Emplastrum Mezerei cantharidatum* gewonnen. Ausserdem findet die Rinde Verwendung zur Herstellung von *Decoctum Sarsaparillae compositum* und *Extractum Sarsaparillae compositum fluidum.*

Bestandtheile. Die Seidelbastrinde enthält gelben Farbstoff, Extraktivstoffe, Gummi, Wachs, scharfes Harz, Oel, Apfelsäure und einen von Gmelin und Baer 1822 entdeckten eigenthümlichen, krystallinischen, schwach bitter und etwas herbe schmeckenden, in Aether nicht, in kochendem Alkohol leicht löslichen, später von Zwenger und Rochleder als Glykosid erkannten Körper, das *Daphnin* ($C_{31}H_{34}O_{19} + 4H_2O$). Letzteres bildet farblose Prismen und spaltet sich beim Kochen mit verdünnten Säuren in Zucker und *Daphnetin* ($C_{19}H_{14}O_9$). Der wirksame Stoff ist ein, vorzugsweise in der Mittelrinde befindliches Harzgemenge, welches aus einer gelbbraunen, glänzenden, nicht krystallinischen, in Aether und Weingeist leicht, in Petroleumäther nicht löslichen Masse besteht, die in Pulverform heftiges Niesen, in spirituöser Lösung Brennen und langanhaltendes Kratzen der Mundschleimhaut verursacht und die als Anhydrid einer bitteren, nicht scharfen Harzsäure, der *Mezereïnsäure* zu betrachten ist. Die Beeren enthalten nach Willert in dem fleischigen Theile nicht scharfe Stoffe, als Stärkemehl, Schleim etc. Die Samenschale enthält nach Celinsky scharfes ätherisches Oel, Harz, Adstrigens, Schleim; die Samen scharfes fettes Oel, Stärkemehl, Albumin. Nach neueren Untersuchungen von Casselmann enthalten die Beeren kein *Daphnin*, dagegen 0.38% eines ähnlichen, in mikroskopischen, seidenglänzenden, sternförmig gruppirten Nadeln krystallisirenden, in heissem Wasser schwer, in Alkohol leicht löslichen Körpers: *Coccognin* ($C_{10}H_{22}O_4$). Nach Casselmann's Untersuchungen sind ferner in den Beeren enthalten: geringe Mengen ätherischen Oeles, 31% fettes, trocknendes Oel, 3.58% in Aether lösliches Harz und Wachs, 0.32% scharfes, in Weingeist lösliches Harz, 19.5% Proteinstoff, 32.7% Schleim, Gummi, Pflanzen-, namentlich Apfelsäure, 5.46% Mineralstoffe, Bitterstoff, Farbstoff und Cellulose. Nach den Untersuchungen von Enz enthalten die Blüthen wohlriechendes ätherisches Oel, *Daphnin*, eisengrünenden Gerbstoff, Wachs, Fett, scharfes Weichharz, Zucker, rothen Farbstoff, Schleim, Eiweiss etc.

Anwendung. Innerlich wird Seidelbast als Abkochung und in Pulverform gegen veraltete syphilitische Knochen- und Hautleiden und gegen rheumatische und gichtische Beschwerden der Gelenke, wie wohl nur noch selten gereicht. Häufiger findet eine äusserliche Verwendung statt und zwar als Kaumittel bei Lähmung der Zunge und namentlich als Hautreizmittel, indem man die Rinde in Wasser oder Essig eingeweicht auflegt. Auch zu Haarseilen findet *Mezereum* Anwendung.

Litteratur. Abbildung und Beschreibung: Nees v. Esenb., Plant. med., Taf. 125; Hayne, Arzneigew. III., Taf. 43; Berg u. Schmidt, Offiz. Gew., Taf. XIIb; Bentley u. Trim., Taf. 225; Reichenbach, Ic. Fl. Germ. XI., Taf. 556; Woodville, Taf. 245; Luerssen, Handb. d. syst. Bot. II. 826; Karsten, Deutsche Flora 506; Wittstein, Handb. der Pharm. 760.

Drogen und Präparate: *Cortex Mezerei*: Ph. ross. 91; Cod. med. (1884) 63; Ph. belg. 57; Ph. Neerl. 154; Brit. pharm. 208; Ph. dan. 83; Ph. suec. 53; Ph. U. St. 221; Berg, Waarenk. 189; Berg, Altlas, Taf. 39; Flückiger and Hanb., Pharm. 540; Hist. des Drogues II., 271.

Extractum Mezerei: Ph. belg. 172; Brit. ph. 122; Ph. dan. 102; Ph. U. St. 135.

Unguentum Mezerei: Ph. helv. suppl. 129; Ph. belg. 278; Ph. Neerl. 280; Ph. U. St. 369.

Decoctum Sarsaparillae compositum: Brit. ph. 100; Ph. U. St. 91.

Extractum Sarsaparillae comp. fluidam: Ph. U. St. 143.

Bezüglich der Drogen und Präparate siehe Hager, Pharm. Prx. II. 453.

Die Pharm. germ. ed. altera hat vorstehende Pflanze nicht wieder aufgenommen.

Tafelbeschreibung:

A blühende, B fruchtende Pflanze in natürl. Grösse; 1 Blüthe im Längsschnitt, vergrössert; 2 Krone, ausgebreitet, desgl.; 3 Staubgefäss, desgl.; 4 Pollenkörner, desgl.; 5 Stempel, desgl.; 6 derselbe im Längsschnitt, desgl.; 7 Beere im Längsschnitt, desgl.; 8, 9, 10, 11 Same mit und ohne Häute, desgl. Nach der Natur von W. Müller.

Daphne Mezereum L.

Datura Stramonium L.

Syn. *Datura loricata* et *Datura Pseudostramonium* Sieb. *Stramonium vulgatum* Gaertn. *Stramonium spinosum* Lam. *Stramonium foetidum* Scop.

Stechapfel, Igelskolben, Stachelnuss, Rauhapfel, Tollkraut — Thorn-apple, Stramonium — Stramoine, Pomme-épineuse.

Familie: *Solaneae.* Gattung: *Datura* L.

Beschreibung. Die einjährige, senkrecht in den Boden gehende, mit Wurzelfasern besetzte Wurzel treibt einen 0.2—1 m hohen, aufrechten, wiederholt gabelästigen, krautartigen, hohlen, nur auf der Innenseite der Aeste feinhaarigen Stengel von unten fast stielrunder, oben stumpf 3kantiger Form. Blätter einzeln oder an den Aesten gepaart, langgestielt, bis 20 cm lang, 15 cm breit, eiförmig, spitz, ungleich-buchtig gezähnt, die grösseren Zähne oder Lappen mit kleinen Zähnen besetzt, oberseits dunkel-, unterseits hellgrün, die jüngern fein behaart, die ältern nur an den Nerven mit Härchen besetzt; Seitennerven unter einem Winkel, von 35—40^0 von der Mittelrippe abgehend. Blattstiel fast stielrund, oberseits mit einer Furche. Blüthen in der Gabel der Aeste, einzeln, aufrecht. Blüthenstiele mit den Stielen der Stützblätter etwas verwachsen. Kelch etwas aufgeblasen, prismatisch 5kantig, langröhrig, fünfzähnig, bleichgrün, im oberen Theile abfallend, im unteren bleibend und weiter auswachsend, später zurückgeschlagen. Krone weiss, trichterförmig, doppelt so lang wie der Kelch, mit 5faltigem, 5zähnigem Saume. Staubgefässe zu 5, von der Länge der Röhre, bis zur Hälfte mit dieser verwachsen, mit fadenförmigen, unten fein behaarten Filamenten und länglichen, an beiden Enden ausgerandeten, 2fächerigen, gelblichweissen Beuteln. Fächer mit Längsspalten sich nach innen öffnend. Pollen rundlich, 3porig. Stempel von einer Scheibe unterstützt. Fruchtknoten eiförmig, mit kurzen, aufgerichteten Weichstacheln besetzt, 2fächerig, die Fächer im unteren Theile durch falsche Scheidewände 2kammerig, daher der Fruchtknoten im oberen Theile 2-, im unteren Theile 4fächerig erscheinend. Griffel fadenförmig, nach oben etwas verdickt, mit sattelförmiger, beiderseits herablaufender breiter Narbe. Kapsel aufrecht, eiförmig, 4furchig, mit ungleichen dicken Stacheln besetzt, im unteren Theile 4-, im oberen 2fächerig, wandspaltig-4klappig, am Grunde von der ausgewachsenen, zurückgeschlagenen Kelchbasis unterstützt; Klappen auswärts gebogen. Samen nierenförmig, plattgedrückt, circa 4 mm lang, 3 mm breit, $1^1/_2$ mm dick, undeutlich grubig, fein punktirt, schwarz oder tief braunschwarz, matt, mit harter, spröder Samenschale, ölig-fleischigem Eiweiss und cylindrischem, fast peripherischem Embryo. Samenlappen schmal, hakenförmig gebogen. Die Samen sollen ihre Keimkraft 100 und mehr Jahre lang bewahren.

Variirt mit violettem, weisslich punktirtem Stengel, purpurvioletten Blattstielen und Blattnerven, schwach-purpurröthlichem Kelche, hellblauer Krone und etwas geneigten Blüthen: *Datura Tatula* L. (*D. Stramonium β. chalybaea* Koch).

Anatomisches: Der Querschnitt des Blattes zeigt (nach Flückiger) eine schmale Mittelschicht, die zahlreiche, gut ausgebildete Krystalle in sich schliessende Oxalsäuredrusen enthält. Die stärker entwickelte obere Schicht besteht aus Palissadenzellen, die unteren aus Schwammparenchym. Die Epidermiszellen zeigen namentlich auf der Blattunterfläche wellenförmige Umrisse und sind von zahlreichen Spaltöffnungen unterbrochen; auch entwickeln sich aus der Epidermis einzelne mehrzellige, von einer kurzen Stielzelle getragene Drüsenhaare und 3zellige drüsenlose Haare. Die Epidermis der Samenschale ist aus einer Reihe gelber, radial gestellter Zellen zusammengesetzt, deren Wandungen bis fast zum Verschwinden der Höhlung verdickt sind und nur im oberen und unteren Theile der Zellen die Höhlungen noch erkennen lassen, wohingegen sie im mittleren Theile nur noch einen spaltenförmigen Kanal zeigen. In Folge dieser Verdickungen erscheinen diese Zellen nicht einfach cylindrisch, sondern in ihren Wänden aus- und einwärts gebogen, und erscheinen in tangentialer Richtung zur Samenoberfläche gesehen gezahnt und ineinandergreifend. Die dicken, geschichteten Wände sind von querspaltenförmigen und vereinzelten, sehr feinen, schwarzes Pigment enthaltenden Porenkanälen durchzogen. In Folge von buchtig ineinandergreifenden, unregelmässigen Ausstülpungen der Zellenenden erscheinen auf der Oberfläche dunkelbraune Höcker und Falten, wodurch die netzig-grubige Oberfläche der Samen bedingt wird. Zwischen der Samenschale und dem Eiweiss befindet sich ein lockeres, zartes Gewebe; das Eiweiss selbst besteht aus grossen, dickwandigen Zellen.

Verbreitung. Wahrscheinlich einheimisch in den Ländern des Schwarzen und Caspischen Meeres. Gegenwärtig an Wegen, auf Schutthaufen und Feldern über Europa, Asien und Amerika von den Tropenländern bis zum nördlichen Polarkreise verbreitet. In Skandinavien bis zum 70. Breitengrade.

Name und Geschichtliches. Die deutschen Namen Stechapfel, Igelskolben, Stachelnuss, Rauhapfel sind abgeleitet von der apfelartigen, stacheligen Frucht, Tollkraut von den giftigen Wirkungen der Pflanze. *Datura* soll dem arabischen *tatôrah* (*datora*), dem türkischen *tubula* oder auch dem persischen *tatula* (*tat* = stechen) entsprungen sein; andere führen *Datura* auf das Sanskrit zurück und so ist es namentlich Christobal Acosta (gest. 1583 zu Burgos), welcher den indischen Ursprung des Namens betont. Nach ihm wurden in der ostindischen Landschaft Canara verschiedene Daturaarten mit *Datiro* bezeichnet. *Stramonium* ist aus der Zusammensetzung von *στρυχος* (*Solanum*) und *μανικος* (rasend), also rasendmachendes Solanum hervorgegangen, mit welchem Namen schon Theophrastus und Dioscorides angeblich den Stechapfel bezeichneten. Sprengel und Andere bestreiten jedoch, dass den Griechen und Römern der Stechapfel schon bekannt gewesen, behaupten vielmehr, dass unter dieser griechischen Bezeichnung *Belladonna* und *Datura Metel* L. zu verstehen sei. Andere leiten *Stramonium* von dem thrakischen Flusse Strymon (*στρυμων*) ab, also strymonisches oder thrakisches Kraut, weil die Thrakierinnen als Giftmischerinnen Berühmtheit erlangt hatten. Es bleibt ungewiss, ob die Alten schon Kenntniss von unserm Stechapfel hatten, auch lässt sich die ursprüngliche Heimath wegen der Verwechselungen mit andern Daturaarten (*Datura Metel* L., *alba* Rumph,

Tatula L.) mit Bestimmtheit nicht nachweisen. Schlechtendal bestreitet den mehrfach behaupteten indischen Ursprung unserer Pflanze, obgleich die slavische Bezeichnung *Durman*, von dem indischen *durmanas* (Böswilligkeit, wegen der giftigen Eigenschaften der Pflanze) darauf hinzudeuten scheint. Nach letzterem Autor stammt der Stechapfel aus dem südlichen Russland, woselbst er, namentlich in den Ländern des schwarzen Meeres häufig angetroffen wird, wohingegen er in Ostindien gar nicht zu finden ist. Nach De Candolle fällt die Verbreitung der Pflanze in Europa in die nachclassische Zeit. Die Einführung in Deutschland hat im Mittelalter stattgefunden; nach Clusius soll zuerst im Jahre 1583 Stechapfelsamen nach Insbruck und Wien gebracht worden sein. Tabernaemontanus schreibt die Verbreitung in Deutschland den Zigeunern zu. Camerarius (1534—1598, Nürnberg) gab die erste Abbildung von *Datura Stramonium*, wohingegen die Abbildungen von Fuchs und Tragus sich auf *Datura Metel* L. beziehen. Erst durch die im Jahre 1762 durch Störck veröffentlichten Beobachtungen ist die Pflanze als Arzneimittel bekannt geworden.

Blüthezeit. Juni bis Oktober.

Offizinell sind die Blätter: *Folia Stramonii* (*Herba Stramonii*, *Herba Daturae*) und die Samen: *Semen Stramonii* (*Semen Daturae*).

Die Einsammlung der Blätter erfolgt im Monat Juni, wenn die Pflanze Blüthen und unreife Früchte trägt. Sie werden im Schatten ohne Anwendung von Wärme getrocknet und geschnitten oder auch als Pulver in blechernen und gläsernen Gefässen, jedoch nicht über 1 Jahr lang, aufbewahrt. Die frischen Blätter haben einen stark narkotischen Geruch und einen widerlich stark bittern Geschmack; die getrockneten Blätter sind fast geruchlos und schmecken mehr salzig. Die Samen werden im Monat September zur Zeit der Fruchtreife gesammelt, an einem schattigen Orte bei geringer Wärme getrocknet und unzerkleinert in Flaschen aufbewahrt.

Verwechselungen der Blätter können stattfinden mit den Blättern von *Solanum nigrum* L., die jedoch kleiner, kürzer gestielt und mehr stumpf gezähnt sind; ferner mit den ebenfalls kleineren Blättern von *Chenopodium hybridum* L., die nur 2 oder 3 grosse Sägezähne an jeder Seite besitzen und in eine lange, spiessförmige Spitze ausgezogen sind.

Präparate. Aus den Blättern wird *Extractum Stramonii* (*foliorum*), *Tinctura Stramonii acida, Tinctura Stramonii ex herba recente, Oleum Stramonii, Cigaretae antasthmaticae* (*Tabacum antasthmaticum*); aus den Samen *Extractum Stramonii seminis, Tinctura Stramonii seminis, Vinum Stramonii* etc. gewonnen; das Extrakt wird ausserdem noch zur Herstellung von *Unguentum Stramonii, Charta antasthmatica* etc. verwendet.

Bestandtheile. Die Blätter und Samen enthalten das von Brandes bei der Untersuchung des Samens angedeutete, von Geiger und Hesse im Jahre 1833 entdeckte, sehr giftige Alkaloid: *Daturin* ($C_{17} H_{23} O_3$). Nach den Untersuchungen von Günther enthalten von diesem Alkaloid: die Wurzeln 0,008 %, die Stengel 0,009 %, die Blätter 0,038 %, die Samen 0,127 %. Das *Daturin* krystallisirt in farb- und geruchlosen, seidenglänzenden Büscheln von Nadeln und Säulen und ist von widerlichem, anhaltend bitterem Geschmacke, schmilzt bei 90°, ist in Alkohol, Amylalkohol, Chloroform und Alkalien leicht, in Aether etwas schwerer und in Wasser schwer löslich. Nach v. Planta soll das *Daturin* gleichbedeutend mit dem *Atropin* sein, was jedoch Poehl bestreitet. Nach Ladenburg soll der Stechapfel 2 Alkaloide enthalten, ein schweres aus *Atropin* und *Hyoscyamin* und ein leichtes nur aus *Hyoscyamin* bestehendes. Tromsdorf erhielt aus den Samen noch einen neutralen, farb- und geruchlose Krystalle bildenden, in Aether und Alkalien löslichen, jedoch in Wasser unlöslichen, bei 150° flüchtigen Körper: das *Stramonin*. Peschier fand ausserdem in den Blättern noch eine eigenthümliche Säure. Der Aschengehalt der Blätter beträgt 15 %, nach Flückiger 17,4 %. Im Samen befindet sich 25 % fettes Oel. Nach Promnitz enthält das frische Kraut noch Harz, Eiweiss, grünes Satzmehl, Extraktivstoff, Gummi, erdige Salze, Salpeter.

Anwendung. Blätter und Samen gehören zu den heftigsten narkotischen Giften. Ihre Wirkung ist ähnlich der der Belladonna; jedoch sind die Wirkungen auf das Auge noch stärker als diess bei der Belladonna der Fall ist. Die Stramoniummedikamente, welche in der Regel als Absud oder in Tinktur, auch in Form von Cigarren verordnet werden, wirken vorzugsweise auf die Ganglien-nerven, auf den Vagus und das Rückenmark und werden daher bei verschiedenen Nervenleiden in Anwendung gebracht. Die Dampfform wendet man mit Vortheil an bei Neurosen der Luftwege, bei nervösem Asthma und Keuchhusten. (Husemann, Arzneimittell. 1094.)

Litteratur. Abbildung und Beschreibung: Nees v. Esenb., Plant. med., Taf. 193; Hayne, Arzneigew. IV., Taf. 7; Berg u. Schmidt, Offiz. Gew., Taf. XXd; Bentley u. Trim., Taf. 192; Woodville, Taf. 74; Luerssen, Handb. d. syst. Bot. II. 984; Karsten, Deutsche Flora 963; Wittstein, Pharm. 803.

Drogen und Präparate: *Folia Stramonii*: **Ph. germ.** 117; Ph. austr. (D. A.) 124; Ph. hung. 419; Ph. ross. 177; Ph. helv. 58; Cod. med. (1884) 79; Ph. belg. 81; Ph. Neerl. 229; Brit. ph. 300; Ph. dan. 117; Ph. suec. 87; Ph. U. St. 312; Berg, Waarenk. 286; Flückiger, Pharm. 669; Flückiger and Hanb., Pharm. 459; Hist. des Drogues II., 140.

Semen Stramonii: Ph. hung. 419; Ph. ross. 364; Ph. helv. 118; Cod. med. (1884) 79; Ph. belg. 81; Ph. Neerl. 229; Brit. ph. 300; Ph. dan. 211; Ph. suec. 187; Ph. U. St. 312; Berg, Waarenk. 445; Atlas zur Waarenk., Fig. 127; Flückiger, Pharm. 956; Flückiger and Hanb., Pharm. 461; Hist. d. Drog. II. 143.

Extractum Stramonii: Ph. helv. 48; Cod. med. (1884) 411; Ph. belg. 168, 175; Ph. Neerl. 113, 114; Brit. ph. 127; Ph. dan. 106; Ph. U. St. 148.

Tinctura Stramonii: Ph. hung. 467; Ph. ross. 438; Ph. helv. 147; Cod. med. (1884) 604; Ph. belg. 263; Brit. ph. 342; Ph. dan. 277; Ph. suec. 237; Ph. U. St. 356.

Unguentum Stramonii: Ph. belg. 274; Ph. U. St. 371.

Cigaretae antiasthmaticae: Cod. med. (1884) 359; Ph. belg. 320.

Charta antasthmaticae: Ph. Neerl. 57.

Oleum Stramonii: Cod. med. (1884) 445; Ph. belg. 200.

Bezüglich der Drogen und Präparate siehe Hager, Pharm. Prx. II. 1057.

Tafelbeschreibung:

A blühender und fruchtender Stengel in natürl. Grösse; 1 Blüthe von einem Theil der Krone befreit, desgl.; 2 Staubgefäss, vergrössert; 3 unterer Theil des Fruchtknotens im Querschnitt, desgl.; 4 derselbe im Längsschnitt, desgl.; 5 von der Kapsel befreite Frucht, natürl. Grösse; 6 Samen, natürl. Grösse und vergrössert; 7 derselbe in der Richtung der Breitseite, durchschnitten, desgl.; 8 derselbe in der Richtung der schmalen Seite, durchschnitten, desgl.; 9 reife geöffnete Frucht, natürl. Grösse. Nach der Natur von W. Müller.

Datura Stramonium L.

W.Müller n. d. Nat.

Delphinium Staphisagria L.

Scharfer Rittersporn, Stephanskraut, Stephanskorn, Läusekraut. Engl.: Staphisagria. Franz.: Staphisaigre.

Familie: *Ranunculaceae.* Unterfamilie: *Helleboreae.* Tribus: *Delphinioideae.* Gattung: *Delphinium* L. Sekt: *Staphisagria.*

Beschreibung. Das Stephanskraut ist eine zweijährige, 60 bis 120 cm hohe Staude Sie besitzt eine verhältnismässig dünne, weissliche, spindelförmige, nur an der Spitze ein wenig ästige Pfahlwurzel. Der Stengel ist steif aufrecht, stielrund, riefig, zottig und abstehend behaart, einfach, nur nahe dem Blütenstand etwas ästig, bisweilen etwas rötlich angelaufen. Die Blätter sind wechselständig, einfach, handspaltig, abstehend behaart; die unteren, eigentlichen Stengelblätter sind langgestielt; ihr Stiel ist ebenfalls abstehend und langzottig behaart, die Blattfläche ist rundlich herzförmig, bis 12 cm im Durchmesser, sieben- und neunspaltig. Die Zipfel sind ganzrandig oder entfernt und ungleich sägezähnig, von dicklicher Konsistenz, dunkelgrün, unterseits heller. Vom Grunde des Blattes steigen divergente Hauptnerven in die Spitzen der Blattzipfel und zwischen diesen gelangen Nebennerven nach den Blattausschnitten, an denen sie sich je in zwei Äste teilen. Letztere streben als Randnerven der Blattzipfel nach deren Spitze, wo sie sich mit den Hauptnerven vereinigen. Die von den Hauptnerven ausgehenden Seitennerven verlaufen schliesslich in die erwähnten Randnerven und bilden unter sich und mit diesen Randnerven ein reichmaschiges hervortretendes Adernetz. — Die mittleren Stengelblätter sind kürzer gestielt, im Durchmesser allmählich abnehmend; die Spreite ist nur noch fünfspaltig, der Grund weniger herzförmig. Die obersten endlich sind sitzend und dreizipfelig und gehen allmählich in die Blütendeckblätter über. — Der Blütenstand ist eine einfache, seltener ästige, vielblütige Traube; die einzelnen Blüten derselben werden unten von dreizipfeligen oder von drei einzelnen linealen spitzen Deckblättern gestützt, welche später auf zwei, endlich auf eines reduziert sind. Hier kann man die seitlichen Deckblättchen als sterile ansehen, in deren Achseln die Blüten ausgeblieben sind. Die Blütenstiele sind abstehend aufrecht, 3 bis 6 cm lang, länger als die Blüte, abstehend zottig behaart. — Die Blüte besitzt fünf ovale, graublau oder tiefviolett gefärbte, aussen flaumhaarige und mit grünlicher Spitze versehene, innen kahle Kelchblätter. Dieselben sind nach der Quincunx geordnet, derart, dass das erste und zweite in der Diagonale vorn und nach aussen, das dritte in der Mediane nach hinten an der Achse, und das vierte und fünfte seitwärts nach innen angeordnet sind. Das dritte hintere Kelchblatt läuft in einen kurzen, dicken Sporn aus. Die Blumenblätter sind verschieden gestaltet und in wechselnder Anzahl vorhanden. In vollständigen Blüten zählt man deren acht, welche in derselben Weise, wie bei *Nigella*, angeordnet sind; alle aber bilden eine Spirale, die sich in die Spirale der Staubblätter fortsetzt. Demnach sind dem ersten, zweiten und dritten Kelchblatt je zwei Blumenblätter, dem vierten und fünften je ein Blumenblatt superponiert. Die vier nach vorn und dem ersten und zweiten Kelchblatt gegenüberstehenden Kronenblättchen sind schmale, fädliche blassviolett gefärbte, oft ganz fehlschlagende Zipfel; die dem dritten Kelchblatte superponierten, also der Achse zugekehrten Blumenblätter sind dunkelviolett, am Grunde verwachsen, an der Spitze aber frei und nach vorn geneigt, und jedes in einen nach hinten gestreckten Sporn verlängert, in dem die Honigdrüsen liegen. Die beiden seitlichen endlich bestehen aus einem ziemlich langen weisslichen Nagel und einer blauen, rundlichen, fächerförmigen, kerbzähnigen Platte. — Die Staubblätter stehen in Spiralen so, dass sie acht den Blumenblättern superponierte radiale Strahlen bilden, völlig frei auf dem Blütenboden, haben weisse oder hellblaue, unten verbreiterte Filamente und schwärzliche Beutel, die zweikammerig sind und in Spalten nach innen sich öffnen. Nach dem Ausstäuben bilden sie flache Blätter. Die drei rauhhaarigen, grünen, flaschenförmigen Stempel stehen vollständig getrennt auf dem Fruchtboden; einer von ihnen ist hinten, der Achse zugekehrt, inseriert, jedoch nicht in der Mediane, sondern etwas mehr nach rechts; die beiden übrigen stehen nach vorn. Sie enthalten in je zwei Längsreihen mehrere gegenläufige Samenanlagen, von denen indessen gewöhnlich nur etwa vier zur Reife gelangen. Die reife Frucht besteht aus drei gelbbraunen, aufgeblasenen, bauchigen, zugespitzten, zottigen Balgkapseln, die sich auf der nach innen gelegenen Bauchseite öffnen. Die wenigen Samen deformieren sich durch gegenseitigen Druck während des Reifens, werden graubraun und unregelmässig tetraedrisch; der Embryo liegt an der Spitze des weisslichen Nährgewebes, das Würzelchen nach oben gekehrt.

Blütezeit. Juni und Juli.

Vorkommen. An unfruchtbaren Bergabhängen Südeuropas, Kleinasiens, auf den Azoren und kanarischen Inseln wächst die Pflanze wild; hier und da wird sie als Gartenzierpflanze kultiviert.

Pharmazeutisch angewandt werden die Samen der Pflanze, als **Semen Staphidis agriae** oder **Semen Staphisagriae.** Diese haben einen Durchmesser von etwa 6 mm, sind unregelmässig eckig, annähernd tetraedrisch, mit mehr oder weniger ausgesprochen dreieckigen, etwas konvexen, tief netzgrubigen Flächen von mattgrauer Farbe. Die Samenschale ist dünn und sehr zerbrechlich, das Nährgewebe grau-weisslich und ölreich. Beim Zerreiben verbreiten sie einen unangenehmen Geruch und besitzen einen äusserst scharfen bitteren Geschmack.

Bestandteile. Die Samen enthalten Gummi, Stärke, Proteïn, Äpfelsäure, die Alkaloide **Delphinin, Delphinoidin, Delphisin und Staphisagrin, fettes** und etwas **ätherisches Öl.** Das letztere wurde in Quantitäten von 0,02 % durch Dampfdestillation 1890 von Haensel erhalten; es bildet eine rotbraune Flüssigkeit von eigentümlichem Geruch nach Carvolsulfhydrat;

es löst sich in Alkohol, Äther und Chloroform leicht und reagiert schwach sauer. — Das **fette Öl** wurde ebenfalls von Haensel dargestellt. Die Samen enthalten davon etwa 16 %. Es ist glänzend hellgrün, hat einen höchst unangenehmen durchdringenden Geruch und ein spezifisches Gewicht = 0,919 bei 15°. Dietrich stellte seine Jodzahl fest; sie beträgt 74,40 bis 75,25. — Von den Alkaloiden sind Delphinin und Staphisagrin am längsten bekannt. Maquis und Dragendorf isolierten die übrigen. — Die Gesamtausbeute an Alkaloiden betrug 0,149 bis 0,830 %. — Man gewann das Delphinin durch Ausschütteln des vom grünen Öl befreiten, mit Natriumbikarbonat alkalisch gemachten Auszugs mit Petroläther. In den Mutterlaugen des aus Äther umkrystallisierten Alkaloids fand man Delphisin und Delphinoidin, von denen letzteres auch aus saurer Lösung in Äther überging und durch Umkrystallisieren gereinigt werden konnte. Das Staphisagrin wird aus der alkalischen Lösung durch Chloroform aufgenommen. — **Delphinin** $C^{22}H^{35}NO^{6}$ ist das giftigste dieser vier Alkaloide. Es löst sich leicht in Alkohol, Äther und Chloroform, ist krystallisierbar, reagiert schwach alkalisch, giebt aber mit Schwefelsäure und Fröhdes Reagens keine charakteristische Färbungen. — **Delphinoidin** $C^{42}H^{68}N^{2}O^{7}$ ist amorph, in Alkohol, Äther und Chloroform leicht löslich, reagiert stark alkalisch. Es schmilzt bei 120°. Schwefelsäure färbt es braun, Fröhdes Reagens erst blutrot, später kirschrot; Schwefelsäure und Zucker braun, später grün; Schwefelsäure und Bromwasser prachtvoll violett. **Delphisin** $C^{27}H^{46}N^{2}O^{4}$ krystallisiert in, in Äther, Chloroform und Alkohol löslichen Warzen. **Staphisagrin** $C^{32}H^{33}NO^{5}$ ist amorph, schmilzt bei 90° und löst sich in Wasser, leicht in Chloroform, schwer in Äther. Die alkoholische Lösung reagiert alkalisch. Schwefelsäure färbt es rot bis violett, rauchende Salpetersäure blutrot.

Anwendung. Die Samen wurden früher zu Ungeziefer-Pulver verarbeitet und waren nebst Rhizoma Veratri u. a. Bestandteil ähnlicher Mischungen, sowie von Krätzsalben. Die überaus giftigen Eigenschaften des Delphinins haben zu Versuchen mit diesem geführt und diese haben ergeben, dass das Alkaloid auf die Respiration und Zirkulation, das Herz und die Gefässnerven einwirkt, erst in zweiter Linie lähmend auf die peripherischen motorischen Nerven. Es ist nicht ein eigentliches Herzgift, sondern nähert sich in seinen Eigenschaften dem Akonitin und wirkt schon in kleinsten Gaben tötlich. Künstliche Respiration kann die Wirkung des Giftes verlangsamen, aber nicht aufheben. — Auf die Schleimhäute wirkt das Alkaloid irritierend, ähnlich dem Veratrin. — Das Staphisagrin ist viel weniger giftig und ist kein Herzgift; es lähmt aber die motorischen Nerven schon früher, als das Delphinin, insbesondere die hinteren Extremitäten.

Litteratur. Beschreibung und Abbildung. *Delphinium.* Tourn., Inp. 426 t. 241. — Linné, Gen. n. 681. — Juss., Gen. n. 234. — Spach., Suit à Buffon 347. 355. — Endl., Gen. n. 4796. — Payer, Organogr. 249. t. 55. — 216. (Note). — Benth. Hook., Gen. I. 9. n. 25. — Baillon, Adanson., IV. 8. II. 48. 149. Fig. 53—58. — Hist. pl. I. 79. 85. 31. (Note). — Brongnart, Ann. Sc. nat. ser. 3. V. 300. — Nees v. Esenb., Pl. med. Lf. 15 t. 6 (t. 394). — Kosteletzky, Med. ph. Fl. V. 1668. — Berg, Bot. 424. Charakt. d. Pfl. Gen. t. 88. F. 627. — Henkel, Bot. 4. — Karsten, Fl. v. D. II. 107. — Luerssen, Med. ph. Bot. II. 595. — Schlechtendal-Hallier, Fl. v. D. XI. 241. t. 1080. — Realencykl. d. Pharm. III. 428. — K. Schumann, syst. Bot. 348. — Thomé, Fl. v. D. II. 123.

Ranunculaceae
(Helleboreae)

Delphinium Staphysagria L.

Droge und Präparate. Berg, Pharm. (1852) 462. — Henkel, Pharm. 400. — Wiegand, Pharm. 310. — Hager, Praxis II 1021. III 1129. — Hirsch, Univ. Pharmac. II. p. 594. n. 2826. (Sem.) p. 467. n. 2534. (Pulv.) p. 925. n. 3427. (Tinct.). — Flückiger, Handb. Pharm. 1007. — Flückiger & Hanbury, Pharmacogr. 5. Hist. d. Drog. I 10. — Pereira, Elem. mat. med. ed. 4. Vol. II (2) p. 682. — Guib., Drog. smpl. (ed 4) III. 698. — Realencykl. d. Ph. l. c. u. Bd. IX. (*Staphisagria*). — Husemann-Hilger, Pfl.-Stoffe I. 613. 617. — Haensel, Jahresbericht 1890. Pharm. Centralhalle XXXI. 625. — Helfenberger Annalen 1890. 81 u. Erstes Dezenn. 90. — Pharm. Port. 305.

Tafelbeschreibung:

A Blühende Pflanze. B Unteres Stengelblatt. 1 Androeceum und Gynaeceum; 2 hinteres Kelchblatt. hintere und seitliche Blumenblätter; 3 unreife Frucht; 4 Samen. — A, B, 1, 2, 4 natürliche Grösse. 3 vergrössert. Nach Exemplaren des botanischen Gartens in Jena.

Digitalis purpurea L.

Rother Fingerhut — Foxglove, Digitalis — Digitale.

Familie: *Scrophulariaceae.* Gattung: *Digitalis* Tourn.

Beschreibung. 2jährige Pflanze mit verästelt faseriger Wurzel und 1/3 bis 1 1/4 Meter hohem, krautartigem, aufrechtem, meist einfachem, stielrundem oder undeutlich 5kantigem, sammetartig-graufilzigem Stengel. Blätter 5—20 Ctm. lang, zerstreut, eiförmig bis eilanzettlich, gekerbt, runzelig, unterseits mit stark hervortretendem, kleinmaschigem Adernetze, weichhaarig, oberseits dunkelgrün, unterseits mattgrün, die untersten in den langen, geflügelten Blattstiel verschmälert, die mittleren kurz gestielt, die obersten sitzend und allmälig in die sitzenden, aus eiförmigem Grunde lanzettförmigen, zugespitzten, nach oben immer kleiner werdenden, ganzrandigen Deckblätter übergehend; sämmtliche Blätter mit starkem Mittelnerven und bogig aufsteigenden Seitennerven. Blüthenstand eine endständige, einseitswendige, schlaffe, reichblüthige Traube bildend. Blüten zwitterig, einzeln, hängend, mit unterständigem, grünem, bleibendem tief-5theiligem Kelche; 4 Kelchzipfel eiförmig, stumpf, der oberste lanzettlich, spitz, kürzer als die übrigen. Krone bauchig-glockig, oberhalb des Fruchtknotens eingeschnürt, abfallend, hellpurpurroth, innen mit dunkelrothen, weissgesäumten Flecken, selten weiss, aussen kahl, innen bärtig, mit schiefem, schwach 2lippigem Saume, Oberlippe sehr kurz, breit und ungetheilt, bisweilen ausgerandet, Unterlippe 3lappig; Lappen der letzteren kurz-eiförmig, abgerundet, der mittlere Lappen etwas vorgezogen. Staubgefässe 4, 2 längere und 2 kürzere, im unteren Theile mit der Kronröhre verwachsen, oben frei und knieförmig gegeneinander gebogen. Staubbeutel gelb, roth punktirt, 2fächerig, die länglichen Fächer unten gespreizt, an der Anheftungsstelle zusammenfliessend, mit einem gemeinschaftlichen Spalte sich öffnend. Pollen blassgelb, länglich, 3furchig, unter Wasser rund, dreinabelig. Der freie, aus 2 Fruchtblättern gebildete Stempel auf einer schmalen, 5lappigen Scheibe, mit 2fächerigem, schief kegelförmigem, auf der einen Seite etwas gewölbtem, drüsig-weichhaarigem Fruchtknoten, fadenförmigem, kahlem, bleibendem Griffel und ungleich-2lappiger Narbe. Der mittelständige, sehr verdickte Samenträger mit zahlreichen, gegenläufigen Eichen. Die vom bleibenden Kelche unterstützte, drüsig-kurzhaarige Fruchtkapsel eiförmig, wandspaltig 2klappig aufspringend, die untere Klappe sich nochmals spaltend. Die zahlreichen, kleinen Samen rothbraun, länglich, undeutlich 4kantig, beiderseits abgestumpft, grubig runzelig, mit einem deutlichen Nabelstreifen. Der in der Mitte des Eiweisses befindliche Embryo gerade, mit nach dem Nabel gerichtetem Würzelchen und planconvexen Samenlappen.

Anatomisches: Die Epidermis der oberen Blattfläche zeigt vieleckige Zellen mit wenigen Spaltöffnungen, die der Unterfläche Zellen mit wellenförmigem Umriss und zahlreiche Spaltöffnungen. Auf beiden Flächen befinden sich weiche, einfache, gewöhnlich 4zellige Haare mit gerundeter Spitze. Zwischen letzteren treten kurze, einzellige Haare mit an der Spitze befindlichen, senkrecht getheilten Drüsen auf. Die untere Blattfläche erscheint schwammig, die obere zeigt ein Palissadengewebe. Krystallablagerungen fehlen (Flückiger).

Verbreitung. In den Gebirgswäldern durch ganz Westeuropa, von Portugal und Spanien bis zum südlichen Skandinavien (64° nördl. Br.). Auf Corsika und Sardinien. Häufig im Harz, in den Vogesen und auf dem Schwarzwalde. Vielfach als Zierpflanze kultivirt und dann kahl oder nur wenig behaart.

Blüthezeit. Juli, August.

Name und Geschichtliches. Der Name Fingerhut (Fuchs), Fingerkraut oder Waldglöcklin bei Bock, brauner Fingerhut bei Tabernaemontanus ist aus der Form der Blüthen abgeleitet. *Digitalis* von *digitus* Finger, *digitalis* zum Finger gehörig, *digitale* Fingerhandschuh.

Die Pflanze kommt in den Schriften der alten klassischen Schriftsteller nicht vor (ἐλλεβορος λευκος des Dioscorides ist nach Sibthorp und Fraas *Digitalis ferruginea* L.); sie war den letzteren völlig unbekannt; hingegen ist sie nach Flückiger in den nordischen Ländern schon frühzeitig arzneilich benutzt worden. Das angelsächsische Wort *Fox glove* für *Digitalis* soll nach Pereira bis in das 11. Jahrhundert zurückreichen. Die arzneiliche Benutzung scheint nach dem aus dem 13. Jahrhundert stammenden Arzneibuche von Wales (The Physicians of Myddfay) sich damals nur auf Herstellung äusserlicher Medikamente erstreckt zu haben. Die erste Abbildung unserer Pflanze, unter dem Namen *Campanula silvestris seu Digitalis purpurea,* lieferte Fuchs. Man hatte zu damaliger Zeit jedoch noch keine rechte Idee von den Heilkräften der Pflanze; ja Murray nennt sie im Jahre 1776 noch ein zweideutiges Mittel. Erst durch die Erfahrungen des englischen Arztes Withering, welcher im Jahr 1775 anfing *Digitalis* gegen Wassersucht zu verordnen, kam die Pflanze als Arzneipflanze in Ruf und namentlich waren es die Erfahrungen des Thilenius, welche der Pflanze Eingang in die deutschen Pharmakopöen verschafften.

Offizinell ist das Kraut: *Folia Digitalis* (*Herba Digitalis*); früher auch Wurzel und Blüthen.

Die Blätter (und zwar die völlig ausgewachsenen der 2jährigen Pflanze) sollen von der blühenden, wildwachsenden Pflanze gesammelt und alsbald zu einem Extrakt verarbeitet oder schnell getrocknet, geschnitten, grob- und feingepulvert in gutschliessenden Blechgefässen oder Glasflaschen aufbewahrt werden. Das frische Kraut riecht, namentlich beim Zerquetschen widerlich und besitzt einen widerlichen, etwas scharfen, stark und anhaltend bitteren, Ekel erregenden Geschmack. Der widerliche Geruch verschwindet beim Trocknen. Die Wirkung ist scharf narkotisch, diuretisch, in kleinen Gaben emetisch, purgirend, in grösseren tödtlich.

Verwechselungen mit *Digitalis ambigua* Murr., Verbascumarten, *Symphytum officinale* L., *Conyza squarrosa* L. lassen sich an Folgendem unterscheiden:

Digitalis ambigua: Blätter schmaler, am Rande gesägt, wenig runzelig, ohne vortretendes Adernetz, nur unten behaart, klebrig.

Verbascumarten: Blätter stark sternfilzig, dicker, bei Verb. nigrum mit herzförmiger Basis.

Symphytum officinale: Blätter rauhhaarig, ganzrandig, geruchlos, vom Geschmack schleimig-krautartig.

Conyza squarrosa: Blätter stumpfer, mit undeutlicheren, kleinern Zähnen, mehr wellenförmig, der geflügelte Blattstiel und die Basis des Mittelnerven oben flach.

Präparate. Die Blätter werden zur Herstellung von *Digitalinum, Acetum Digitalis, Extractum Digitalis, Tinctura Digitalis, Unguentum Digitalis, Infusum Digitalis, Charta antasthmatica, Abstractum Digitalis* verwendet; die Tinctur zur Anfertigung des *Syrupus Digitalis.*

Bestandtheile. Die Pflanze ist vielfach untersucht, jedoch über die wirksamen Bestandtheile immer noch nichts Sicheres festgestellt worden. Morin fand zwei Säuren: eine der Valeriansäure ähnliche, eine farblose, flüchtige, widrig sauer schmeckende Flüssigkeit bildende, die er *Antirrhinsäure* nannte, und die *Digitalsäure,* welche in sauer schmeckenden und stark sauer reagirenden weissen Nadeln von schwachem, eigenthümlichem Geruche krystallisirt. Kosmann erhielt bei seinen Untersuchungen grüne, sternförmig gruppirte Nadeln, die er mit *Digitoleïnsäure* bezeichnete. Im Jahre 1845 gelang es Homolle einen neutralen, stickstofffreien, krystallinischen Bestandtheil von sehr bitterem Geschmacke in dem Fingerhute aufzufinden, der als ein einfacher Körper betrachtet und als das medizinisch Wirksame angesehen und mit dem Namen Digitalin bezeichnet wurde; jedoch Walz fand, dass dieses Homolle'sche Digitalin noch mit 2 anderen Stoffen gemengt sei, die er Digitalosin und Digitalacerin benannte. Aber auch diese Stoffe erwiesen sich bei späteren Untersuchungen als nicht rein und es wurden, da das Digitalosin der wirksame Bestandtheil sein sollte, Namenveränderungen vorgenommen; Digitalosin wurde mit Digitalin und Digitalin mit Digitaletin benannt. Nach Nativelle sind in dem Fingerhute 3 eigenthümliche Stoffe enthalten: das wirksame krystallinische *Digitalin,* das gleichfalls wirksame amorphe, bitter schmeckende *Digitaleïn* und das unwirksame krystallinische, geschmacklose *substance crystallisée inerte* (Digitin). Das *Digitalin* bildet eine aus feinen seidenglänzenden, weissen, strahlig oder büschelig vereinigten Nadeln bestehende krystallinische geruchlose Masse von neutraler Reaktion und intensivem, lange anhaltendem bitterem Geschmacke. Es löst sich wenig in kochendem Wasser, in Aether und Benzol gar nicht, in Chloroform leicht und besitzt die vorläufig berechnete Formel $C_{49} H_{78} O_{30}$. *Digitaleïn* besteht in einem farblosen, amorphen, leicht in Wasser löslichen Körper, von bitterem Geschmacke mit einer Zusammensetzung von 54,72 % C, 9,22 % H u. 36,06 % O.

Die *substance inerte* bildet feine, weisse, glänzende Nadeln, die sich schuppenförmig an- und übereinanderlagern; sie ist geruch- und geschmaklos, reagirt neutral, ist stickstofffrei, löst sich wenig in Wasser, Aether und Chloroform, hingegen leicht in Weingeist. Nativelle hat seine Untersuchungen später wiederholt und die gefundenen Körper mit neuen Namen belegt. Auch Goerz hat die Nativelle'schen Arbeiten geprüft und das Digitin mit der Formel $C_4 H_9 O_2$, ebenso das Digitaleïn mit der Formel $C_4 H_7 O_2$, beide als Glykoside erkannt.

Das von Kosmann aufgefundene *Digitaline* hat die Formel $C_{54} H_{45} O_{30}$. Es zerfällt beim Kochen mit verdünnter Schwefelsäure in Digitaliretin ($C_{30} H_{25} O_{10}$) und Zucker. Das *Digitalin* von Lancelot scheidet bei Behandlung mit verdünnter Salzsäure in gelben Flocken aus, welche in rein geistiger Lösung gelbliche Krystallkörner absetzen. *Digitalin* von Lebourdais erscheint als Pulver, welches in weingeistiger Lösung in Krystallen ausschiesst. Das *Digitalin* von Walz (deutsches Digitalin), auch in Digitalis lutea L. vorkommend, bildet eine gelbliche, amorphe Masse von stark bitterem Geschmack, die bei 137,5° schmilzt und die Formel $C_{56} H_{48} O_{28}$ besitzt. Es zerfällt beim Kochen mit verdünnter Schwefelsäure in Zucker und Digitaletin $C_{56} H_{48} O_{28} = C_{12} H_{10} O_{10} + C_{44} H_{30} O_{18}$), welch letzteres durch Wasserverlust in *Paradigitaletin* ($C_{44} H_{34} O_{14}$) und durch weitergehende Spaltung in Zucker und *Digitalirentin* $C_{32} H_{26} O_6$ ($C_{44} H_{38} O_{18} = C_{12} H_{12} O_{12} + C_{32} H_{26} O_6$) umgewandelt wird. Walz fand doch ein Stearopten, welches er als das riechende Prinzip der Pflanze erkannte und mit dem Namen *Digitalosmin* benannte.

Man sieht aus dem Vorausgehenden, dass die Kenntniss der wirksamen Bestandtheile in Digitalis purpurea noch eine sehr unklare ist. Im Wesentlichen unterscheidet man 2 Digitaline: ein amorphes in Wasser und Alkohol leicht, in Chloroform und Aether schwer lösliches Pulver, das *deutsche Digitalin* und eine krystallinische in Chloroform leicht, in Wasser und Alkohol schwer lösliche Masse, das Digitalin Homolle's und Nativelle's. Nach Schmiedeberg bestehen die käuflichen Digitaline aus *Digitonin, Digitalin, Digitaleïn* und *Digitoxin,* Körper, die nach Husemann wohl als die wirksamen Bestandtheile des Fingerhutes anzunehmen sind.

Digitonin ($C_{31} H_{52} O_{17}$), dem Saponin ähnlich, bildet eine weisse, in Wasser leicht, in Alkohol wenig, in Aether, Chloroform und Benzin unlösliche amorphe Masse, welche bei längerem Kochen mit verdünnter Salzsäure in Zucker und 2 krystallisirbare Körper, Digitoresin und Digitoneïn zerlegt wird.

Digitalin ($x(C_5 H_8 O_2)$), ist eine krystallinische Masse, schwer löslich in kaltem Wasser und Aether, leicht in Alkohol und Chloroform-Alkohol; beim Erhitzen mit Säuren in alkoholischer Lösung in Zucker und *Digitaliresin* zerfallend.

Digitaleïn, löslich in Wasser, leicht löslich in kaltem, absolutem Alkohol, leichter in Aether. Sonst wenig bekannt.

Digitoxin ($C_{21} H_{33} O_7$), besteht aus perlmutterglänzenden in Benzin und Wasser unlöslichen, in Aether und kaltem Alkohol wenig löslichen, in Chloroform und heissem Alkohol leichter löslichen Nadeln, bei deren Kochen mit verdünnten Säuren das amorphe Toxiresin gebildet wird. Digitoxin wird als der wesentlichste, wirksamste Bestandtheil anerkannt. Schmiedeberg erhielt von 10 000 Theilen Blättern 1 Theil umkrystallisirtes Digitoxin.

Ausserdem enthält die Pflanze Inosit, eisengrünenden Gerbstoff, Gummi, schleimige Suastanz, Eiweiss, oxalsaures Kali etc. (Husemann, Pflanzenstoffe 1228 ff.)

Anwendung. Innerlich, in Form von Pillen, Pulvern oder im Aufguss bei fieberhaften Affektionen (croupöse Pneumonie und hektisches Fieber) namentlich aber bei Herzkrankheiten und als Diuretikum bei Hydrops. „Bei der Wirkung auf das Herz ist theils das regulatorische Herznervensystem, theils der Herzmuskel selbst betroffen. Der Vagus wird sowohl central als peripherisch primär erregt und bei fortschreitender Intoxication gegen das Ende der Vergiftung gelähmt. Der Herzmuskel scheint durch das Digitalin eine Verminderung seiner Elasticität zu erfahren.“ (Husemann, Arzneimittell. 892 ff.)

Litteratur. Abbildung und Beschreibung: Nees v. Esenb., Plantae med., Taf. 155; Hayne, Arzneigew. I., Taf. 45; Berg u. Schmidt, Offiz. Gew., Taf. XXI b; Bentley u. Trim., Med. pl. Taf. 195; Luerssen, Handb. der syst. Bot. II. 1001; Karsten, Deutsche Flora 952; Wittstein, Pharm. 232.

Drogen und Präparate: *Folia Digitalis*: **Ph. germ.** 112; Ph. austr. 43; Ph. hung. 147; Ph. ross. 172; Ph. helv. 56; Cod. med. 51; Ph. belg. 36; Ph. Neerl. 86; Brit. ph. 102; Ph. dan. 114; Ph. suec. 86; Ph. U. St. 91; Flückiger, Pharm. 634; Flückiger and Hanb., Pharm. 469; Hist. des Drogues II., 156; Berg, Waarenk. 283.

Digitalinum: Ph. austr. 43; Ph. hung. 145; Cod. med. 198, 200; Brit. ph. 101; Ph. ross. 103; Ph. helv. suppl. 31.

Acetum Digitalis: **Ph. germ.** 2; Ph. Neerl. 5; Ph. helv. suppl. 2; Ph. belg. 93.

Extractum Digitalis: **Ph. germ.** 88; Ph. helv. 43; Cod. med. 413; Ph. Neerl. 104; Ph. suec. 74; Ph. U. St. 115; Ph. ross. 130; Ph. belg. 168.

Tinctura Digitalis: **Ph. germ.** 278; Ph. austr. 134; Ph. hung. 457; Ph. helv. 144; Ph. Neerl. 269; Brit. ph. 330; Ph. dan. 271; Ph. suec. 234; Ph. U. St. 342; Ph. ross. 423; Ph. belg. 263.

Unguentum Digitalis: Ph. helv. 149; Ph. ross. 448; Ph. belg. 274.

Infusum Digitalis: Brit. ph. 160; Ph. suec. 110; Ph. U. St. 184.

Syrupus Digitalis: Cod. med. 549; Ph. helv. suppl. 111; Ph. belg. 246.

Charta antasthmatica s. Cigaretae: Cod. med. 425; Ph. Neerl. 57; Ph. belg. 72.

Abstractum Digitalis: Ph. U. St. 3.

Tafelbeschreibung:

AB Pflanze in natürl. Grösse; 1 Blüthe im Längsschnitt, wenig vergrössert; Staubgefäss, vergrössert; 3 und 4 dieselbe geöffnet, desgl.; 5 Pollen, desgl.; 6 Stempel, desgl.; 7 Griffel mit Narbe, desgl.; 8 Fruchtknoten im Längsschnitt, desgl.; 9 derselbe im Querschnitt, desgl.; 10 Frucht nat. Grösse; 11 Same, vergrössert; 12, 13 derselbe zerschnitten, desgl. Nach der Natur von W. Müller.

Digitalis purpurea L.

Dipterocarpus retusus Blume.

Gurjun-, Gurgun- oder Gardschanbalsambaum.

Familie: *Dipterocarpeae;* Gattung: *Dipterocarpus* Gaertner.

Beschreibung. Die Gattung *Dipterocarpus* besteht aus grossen, harzreichen, bis 5 Meter im Umfange erreichenden Bäumen, mit ganzrandigen oder buchtig gekerbten Blättern und grossen, zuerst knospig zusammenschliessenden, später abfallenden Nebenblättern, die eine ringförmige Narbe zurücklassen. Blüthen gross, zwitterig, 5gliederig, in armblüthigen, achselständigen Trauben. Der Blüthenkelch ist unterständig, einblätterig, bleibend, mit sternförmigen, vergänglichen Haaren bedeckt; der Saum ist ungleichmässig 5spaltig oder 5zähnig, frei, 2 Abschnitte zur Zeit der Fruchtreife sich als lange, netzförmig geaderte Flügel entwickelnd. Blumenkrone grösser als der Kelch, unterständig, 5blätterig; die Kronblätter gleich, am Grunde mit einander verbunden, etwas dick, aussen seidenartig, abfallend, in der Knospe zusammengerollt. Staubgefässe zahlreich, abwechselnd 2reihig um den Fruchtknoten gestellt, unterständig; Staubfäden unten häutig erweitert, frei, oder etwas verwachsen, glatt, das Bindeglied der Fächer zu einer langen, pfriemenartigen Spitze ausgezogen. Staubbeutel linienförmig, länglich, 2fächerig, dem Filamente in ihrer ganzen Länge angewachsen, am Grunde pfeilförmig, innen der Länge nach sich spaltend. Pollen rund, glatt. Fruchtknoten 3fächerig, oberständig, vom Kelche eingeschlossen, nach der Befruchtung mit dem letzteren fortwachsend, frei, eiförmig-rund, am Grunde unscheinbar 3- oder 6eckig, seidenartig-rauh, in jedem Fache mit 2, dem inneren Fachwinkel angehefteten Eichen. Griffel scheitelständig, die Staubgefässe überragend, aufrecht, fadenförmig, ungetheilt oder an der Spitze kurz 3zähnig, am Grunde seidenartig, nach oben glatt. Narbe endständig, einfach. Die nicht aufspringende, 2flügelige Frucht ein holzige, rauhe Nuss darstellend, eiförmig, an der Spitze verjüngt, der Länge nach etwas gefurcht, vom bleibenden Griffel gekrönt, an dem breiten Grunde mit dem bleibenden Kelche verwachsen, von dem letzteren eingehüllt, oben von den blattartigen Lappen des Kelches umkränzt, von denen 2 zu bedeutender Länge ausgewachsen sind, einsamig. Fruchtflügel parallelnervig, zwischen den Nerven netzaderig. Same gross, pyramidal, der rundliche Grund mit dem Boden der Nuss verbunden, eiweisslos. Embryo mit sehr grossen, fleischigen, blattartigen, fast gleichen, um einander gewickelten, am Würzelchen ein wenig gespaltenen Samenlappen. Würzelchen kurz, dick, cylindrisch, aufrecht, nur mit der Spitze aus den Samenlappen hervorragend.

Vorkommen. In Indien und auf den Molukken.

Dipterocarpus retusus Bl. mit abwechselnden, eiförmigen, spitzen, am Grunde gerundeten Blättern und kegelförmig zugespitzten, haarigen Knospen. Lappen des Fruchtkelches ziemlich gross, länglich, abgestumpft, dunkelroth. In Bantam und West-Java einheimisch.

Dipterocarpus Spanoghei Bl. mit ovalen, etwas stumpfen, an dem Grunde gerundeten Blättern und kegelig verjüngten, haarigen Knospen, die ziemlich grossen Fruchtkelchlappen länglich und abgestumpft, hell gelblichbraun. Die Heimath ist die gleiche wie bei *D. retusus.*

Dipterocarpus trinervis Bl., ein 60—70 Meter Höhe erreichender Baum mit eiförmigen, wenig zugespitzten, am Grunde etwas gerundeten Blättern und linienförmigen, dünnen, kahlen Knospen. Lappen des Fruchtkelches länglich-lanzettlich, stumpf, blassröthlich. In den Gebirgen West-Javas und auf den Philippinen.

Dipterocarpus litoralis Bl. ein fast 30 Meter hoher Baum mit eiförmigen, spitzen, am Grunde etwas herzförmigen, zu beiden Seiten der Blattrippe etwas behaarten Blättern und länglich-kegeligen, seidenhaarigen Knospen. Fruchtlappen ziemlich gross, länglich-lanzettlich, stumpf, braun. In den Küstengegenden von Süd-Java und der kleinen Insel Nusa Kambangan einheimisch und dort mit *Lalar* benannt. Der Baum soll bei der geringsten Verwundung reichlich Saft geben.

Dipterocarpus gracilis Bl. 50 Mtr. Höhe und 3 Mtr. Dicke erreichend, besitzt eiförmig-längliche, spitze, am Grunde stumpfe, unterseits sternförmig behaarte Blätter und ziemlich lange, linienförmige Knospen. Fruchtkelchlappen ziemlich gross, stumpf, hell gelblichbraun. Im Innern von West-Java. Wird als wenig harzreich geschildert.

Als Balsam liefernder Baum wird namentlich *Dipterocarpus alatus* Roxb. genannt, dessen Verbreitungsgebiet ganz Hinterindien (namentlich den südöstlichen Theil) Siam, Tenasserim, Pegu, Birma, Tschittagong und die Andaman-Inseln umfasst. Ferner werden genannt: *Dipterocarpus crispalatus* (?), im französischen Theile von Cochinchina einheimisch und dort mit *Cay Dau* bezeichnet; *D. hispidus* Thwaites auf Ceylon; *D. incanus* Roxb. in den nordwestlichen Küstenländern von Hinterindien (Tschittagong und Pegu); *D. turbinatus* Gaertn. fil. (*D. indicus* Bedd., *D. laevis* Ham.) mit einem Verbreitungsgebiete wie *D. alatus*, dessen Stamm so umfangreich sein soll, dass er ein Boot für 100 Mann liefern könne; *D. zeylanicus* Thwaites auf Ceylon in 1000 Mtr. Meereshöhe.

Name und Geschichtliches. *Gurjun* ist indischen Ursprunges; ebenso *Garjan* oder *Gardschan* (*Garjan tel* = Holzöl). Dipterocarpus von *δις* doppelt, *πτερον*, Flügel und *καρπος*, Frucht, wegen der lang-2flügeligen Früchte.

Gurjunbalsam ist in Indien jedenfalls schon sehr lange im Gebrauch. 1811 wurde er von Francklin als aus Ava stammend erwähnt. Genauere Nachrichten rühren von Roxburgh her, welcher in seinem Werke „Plants of the coast of Coromandel“ Abbildung und Beschreibung liefert, ebenso über die Gewinnung des Balsams Nachricht giebt. O'Schaughnessy machte die Beobachtung, dass der Gurjunbalsam eine dem Copaivabalsam ähnliche Wirkung äussert. 1868 erfolgte seine Aufnahme in die Pharm. of India; 1842 wurde er in Deutschland bekannt.

Offizinell ist der in Folge von Einschnitten aus den Stämmen der oben beschriebenen Arten austretende Balsam: *Balsamum Dipterocarpi (Balsamum Garjanae s. Gurjunae, Gurjunbalsam, Gardschanbalsam).*

Dieser Harzsaft, welcher hauptsächlich in den Küstenländern der Strasse von Malakka, in Birma, auch in der Landschaft Canara auf der Malabarküste gewonnen wird, führt in Britisch Indien die Bezeichnung Garjan tel, Wood oil (Holzöl). Die Gewinnung erfolgt in den Monaten November bis Februar und zwar indem man eine, auch 2 oder 3 Höhlungen in den Stamm einhaut und in denselben oder, nach Roxburgh, am Fusse des Stammes ein Feuer anzündet, welches einen reichlichen Erguss des Balsams bewirkt, der dann in Bambusrohren aufgefangen wird. Nach Angabe von Roxburgh sollen von einem Baume jährlich 130—180 Liter Balsam gewonnen werden.

Der Balsam ist im allgemeinen dunkelbraun, nach dem Absetzen klar, dickflüssig, besitzt ein spez. Gew. von 0.964 bei 17° und einen Geruch und Geschmack wie Copaivabalsam, nur etwas bitter, jedoch nicht kratzend. Im auffallenden Lichte ist er grünlichgrau, trübe und namentlich in Verdünnung grünlich fluorescirend. Gegen das Licht gehalten, erscheint er dunkel rothbraun und völlig klar. Er ist in allen Verhältnissen mischbar mit Chloroform, Schwefelkohlenstoff und ätherischen Oelen, wird auch zum Theil gelöst von absolutem Alkohol, Amylalkohol, Aether, Essigäther, Aceton, Petroleumäther. Wird Gardschanbalsam unter Zusatz des 5fachen Gewichtes von Wasser heftig geschüttelt, so erhält man eine sehr steife Emulsion, die sich, auch wenn sie verdünnt wird, nicht klärt; bei doppeltem Zusatz von Wasser ballt sich der Balsam und das hiervon abgegossene Wasser schmeckt bitter, röthet Lakmus und giebt im concentrirten Zustande bei Zusatz von frischer Gerbsäurelösung einen weissen Niederschlag. Die Emulgirung tritt auch bei dem Copaivabalsam ein, dem nur $^1/_{10}$ Gardschanbalsam beigesetzt ist. Auf 130° erhitzt, trübt sich der Balsam und wird dick, beim Erkalten die frühere Dünnflüssigkeit nicht wieder annehmend; im geschlossenen Rohre auf 220° erhitzt, wird er fast fest. Flückiger erhielt aus dem Balsam aus Moulmein 45.5 % ätherisches Oel und 54.5 % weiches Harz. Ein aus dem französischen Cochinchina eingeführter Balsam äussert nach den Flückiger'schen Versuchen im Allgemeinen gleiche Eigenschaften, riecht aber beim Erwärmen widerlich, ist sehr dünnflüssig und giebt 72 % ätherisches Oel. Das spez. Gewicht dieses Balsams betrug 0.947 und dasjenige des aus demselben gewonnenen Oeles 0.918 bei 16°. Der grösste Theil des letzteren siedet bei 255—256° und polarisirt stark nach links.

Im französischen Cochinchina unterscheidet man ein gemeines Holzöl (huil de bois ordinaire) von *Dipterocarpus turbinatus* abstammend, welches als Firnis auf Holz dient und einen schönen, fast weissen Balsam, von *Dipterocarpus crispalatus* herrührend.

Hauptausfuhrplätze des Gurjunbalsams sind Saigon, Singapore, Moulmein in Tenasserim, Akyab südlich von Tschittagong.

Als Unterscheidungsmerkmale dem Copaivabalsam gegenüber giebt Hirschsohn folgende an: 1. Löst man 1 Tropfen des Balsams in 20 Tropfen Schwefelkohlenstoff, giebt dazu 1 Tropfen einer vorher erkalteten Mischung von concentrirter Schwefelsäure und Salpetersäure, so erhält dieses Gemisch beim Umrühren violette Farbe (Flückiger). 2. Aether löst Copaiva vollständig klar, Gurjunbalsam hingegen nur unvollständig. 3. Alkoholische Bleizuckerlösung trübt Copaiva, hingegen Gurjun nicht.

In China tritt ein fettes Oel in grosser Menge auf, welches gleichfalls mit „Holzoel" bezeichnet wird. Dasselbe wird aus den Samen des zu den Euphorbiaceen gehörenden Tungbaumes, *Alcurites cordata*, Müller Arg. (*Dryandra cordata*, Thunb.), gewonnen, ist ein trocknendes Oel und wird in China in grossem Umfange zu technischen Zwecken verwendet. Eine Verwechselung mit dem Gurjunbalsam ist nicht wohl möglich.

Bestandtheile. Nach Ch. Lowe enthält der Balsam 65 % ätherisches Oel, 34 % Harz, 1% Essigsäure. Werner erhielt 20% ätherisches Oel; Flückiger, wie schon erwähnt, 45.5% und aus dem Balsam von Cochinchina 72 % ätherisches Oel.

Das ätherische Oel besitzt nach Werner eine Zusammensetzung wie das Copaivaöl, nämlich $C_{15}H_{24}$, zeigt keine Fluorescenz und nimmt mit trockenem Chlorwasserstoff prachtvoll violette bis blaue Farbe an, welche bei den verschiedenen Sorten etwas abweichend ist. Concentrirte Salzsäure giebt dem mit Schwefelkohlenstoff verdünnten Oele anfangs hellrothe, später violette Farbe. Flückiger erhielt diese Farbentöne am schönsten, als er das Oel mit dem 20fachen Gewichte Schwefelkohlenstoff verdünnte und einen Tropfen eines abgekühlten Gemisches aus gleichen Theilen concentrirter Schwefelsäure und concentrirter Salpetersäure bestehend, hinzusetzte und kräftig schüttelte. Auch der Balsam äussert sich in gleicher Weise; es können durch diese Reaktion noch 5 % des Gardschanöles, welches dem Copaivabalsam beigemischt ist, erkannt werden. Wird Gardschanöl mit weingeistiger Salpetersäure geschüttelt, so nimmt es schön rothe Farbe an, giebt aber keine Terpinkrystalle.

Das vom Oel befreite Harz wird von absolutem Alkohol zu einer fluorescirenden Flüssigkeit gelöst, ist aber nach Flückiger in Aetzkalilauge nicht löslich. Werner fand darin eine geringe Menge einer krystallinischen Säure, *Gurgunsäure* ($C_{44}H_{68}O_8$, nach Flückiger $C_{44}H_{64}O_5 + 3OH_2$). Dieselbe wurde in undeutlichen Krystallen erhalten, die bei 220° schmelzen, unlöslich in Wasser, leicht löslich in Aether, Alkohol, wenig löslich in Benzol und Schwefelkohlenstoff sind. Flückiger, welcher diese Säure zwar nicht auffinden konnte, glaubt, dass dieselbe mit der *Metacopaivasäure* identisch ist. Gehe & Comp. in Dresden erhielten von einem Balsam unbekannter Herkunft in grösseren Mengen ein krystallinisches Harz ohne sauren Charakter, mit der Zusammensetzung $C_{28}H_{46}C_2$. (Husemann, Pflanzenstoffe 818.)

Dipterocarpus retusus Blume

Anwendung. Gurjunbalsam wird an Stelle des Copaivabalsams verwendet. Vidal empfiehlt den Balsam bei Gonorrhoe, der in Emulsion zu 2.0 zweimal täglich verwendet wird; ebenso mit Kalkwasser zu Umschlägen bei Eichel-, Vorhaut- und Scheidentripper. „Ostindische Aerzte rühmen den Gurjunbalsam intern in Emulsion und äusserlich in Umschlägen mit Kalkwasser als Specificum bei Lepra. Bei dem internen Gebrauche gegen Tripper darf man Dosen von 4.0, auf zweimal bei der Mahlzeit genommen, nicht wohl überschreiten, da sonst leicht Kolik und heftige Diarrhoe entsteht. Schweiss und Athem zeigen den Geruch des Balsams, der nicht so leicht wie Copaiva Roseola erzeugt.“ (Husemann, Arzneimittell. 1192.) Die hauptsächlichste Verwendung findet der Balsam zum Anstreichen, zur Herstellung von Lackfirnis und Pauspapier.

Litteratur. Abbildung und Beschreibung: Blume, Flora Javae; Roxburgh, Plants of the coast of Coromandel; Luerssen, Handb. der syst. Bot. II, 652; Karsten, Deutsche Flora 630; Wittstein, Pharm. 289.

Drogen und Präparate. *Balsamum Dipterocarpi*: Flückiger, Pharm. 86; Flückiger and Hanb., Pharm. 88; Hist. d. Drog. I, 170.

Bezüglich der Drogen und Präparate siehe auch Hager, Ph. Prax. III, 135.

Tafelbeschreibung:

A fruchtender Zweig in 1/2 der natürl. Grösse; 1 Blüthenknospe, nat. Grösse; 2 Blüthe, desgl.; 3 Kronenblätter, auseinandergebreitet, desgl.; 4 Stempel mit Staubgefässen, etwas verkleinert; 5 derselbe ohne Staubgefässe, desgl.; 6 derselbe mit Fruchtknoten im Längsschnitt, desgl.; 7 Staubgefässe, desgl.; 8 Fruchtknoten im Querschnitt, natürl. Grösse; 9 Nuss im Längsschnitt, desgl.; 10 Frucht, der vordere Theil des Fruchtkelches entfernt, desgl.; 11 keimende Nuss, desgl.; 12 u. 13 Nusschalen, desgl.

Fig. 1 bis 8 zu *Dipt. trinervis*, die übrigen Figuren zu *D. retusus* gehörig.

Sämmtliche Figuren nach Blume „Flora Javae“ gezeichnet.

Duboisia myoporoides R. Brown.

Cockwood, Elm; Onungunabie und Ngmoo der Australier.

Familie: *Solanaceae* Juss. Unterfamilie: *Salpiglossideae* Juss. Gattung: *Duboisia* R. Br.

Syn. *Notelaea ligustrina* Sieb.

Beschreibung. Ein Strauch oder ein kleines Bäumchen von etwa 5 m Höhe, dessen Stamm und stärkere Äste mit grauer, rissiger Rinde bedeckt sind. Die Zweige sind gelbbraun bis graubraun, etwas hin- und hergebogen, glatt. Die Blätter stehen abwechselnd; sie sind einfach, ganzrandig, länglich-lanzettlich, bis 10 und 13 cm lang und 3 cm breit, gestielt, oben und unten in eine stumpfe Spitze auslaufend, kahl, etwas mattgrün, mit beiderseits hervorragendem Mittelnerv, zu dessen beiden Seiten zehn bis dreizehn verschieden starke und verschieden weit gestellte Nebenrippen und ein reich verzweigtes, nur schwer erkennbares Adernetz verläuft. Aus den Achseln der Blätter entspringen am Stengel verschieden stark entwickelte Laubsprosse; nach der Spitze des Stengels gehen die Blätter in schmäler werdende Stützblätter der Blütensprosse, endlich in sehr schmale (0,5 mm breite) und schliesslich auch sehr kleine (2 mm lange) Deckblätter der Einzelblüten über. Der Blütenstand ist sehr verwickelt cymoes, wiederholt wickelig, zentrifugal, oft aber auch teilweise centripetal. Seine Breite und Länge betragen je ca. 15 cm, sein Aussehen ist locker, traubenähnlich-rispig, vielfach mit Blättern besetzt. Aus dem ersten Hauptfussstück entwickelt sich ein stärkeres, aufrechtes und schwächeres, seitliches, zweites Sympodium, welche beide wiederholt sich in gleicher Weise weiter verzweigen, sodass ein wenigstens dreifacher, lockerer Wickel entsteht. Die Zweige des Wickels dritter Ordnung endlich endigen in eine sich entwickelnde, fruchttragende Blüte, welche immer noch auf halber Höhe ihres 1—2 cm langen Stieles von zwei ungleich hoch entspringenden zu beiden Seiten gestellten Blütchen begleitet werden. Diese letzteren scheinen sich nur in Ausnahmefällen, bei Verletzung oder Verkümmerung der Gipfelblüte, bis zur Frucht zu entwickeln. Die Blüten sind schneeweiss oder blasslila, von kleinem Kelche gestützt; der letztere ist etwa 2 mm lang, verwachsenblätterig, glockig, stumpf fünfzähnig. Blumenkronenröhre verwachsenblätterig, unterständig, 5 mm lang, allmählich trichterig-glockig erweitert, mit fünfzipfeligem, etwas ausgebreitetem Schlunde. Die Lappen sind ungleich entwickelt, 2—1 mm lang, sodass die Blumenkrone etwas zygomorph rachenförmig erscheint; der breiteste obere Zipfel liegt in der Mediane des Deckblattes und ist der Achse zugekehrt, zwei mittlere stehen seitlich, zwei schmälere zu beiden Seiten des ersten Kelchblattes. Die Blumenkronenzipfel sind, wie auch die Röhre, aussen und innen kahl; ihre Spitze ist abgerundet oder etwas ausgerandet, die Ränder in der Knospe etwas nach innen eingerollt, absteigend klappig. Von den vier fruchtbaren Staubgefässen sind zwei seitenständige länger, zwei nach vorn stehende kürzer, während neben dem grossen Korollenlappen ein Staminodium sich befindet. Die Fäden sind am Grunde verbreitert, berühren sich dort gegenseitig und sind dem Grunde der Kronenröhre angefügt, oben frei. Die Fächer der fast kugeligen Antheren sind mit dem Rücken verwachsen, öffnen sich nach innen mit einer Längsspalte und fliessen an der Spitze zusammen. Der Diskus ist wenig entwickelt, lässt sich aber immerhin als wenig erhabener Ringwulst unter der Frucht erkennen. Der Fruchtknoten ist oberständig, eiförmig, kahl, zweiblätterig, zweifächerig; die Samenleisten sitzen an den Rändern der Fruchtblätter, also an der zarten Scheidewand in der Mitte der Frucht. An jedem Fruchtträger befinden sich einreihig sechs anatrope Samenknospen, demnach zwölf in jedem Fruchtknotenfach. Der Griffel ist 2—3 mm lang, fädlich, nach oben verjüngt, mit verbreiterter, undeutlich zweilappiger Narbe. Die Frucht ist eine von dem ausgebreiteten, nur wenig vergrösserten Fruchtkelch getragene erbsengrosse, nicht aufspringende, schwarze, durch den Griffelrest bespitzte Beere mit seitlicher schwacher Riefe in der Diagonale der Mediane. In jedem Fach der reifen Frucht befinden sich zwei bis vier schwarze, nierenförmige, etwa 2 mm lange und 1 mm breite Samen mit schwarzer, grubiger, harter, brüchiger Samenschale und seitlich in der Ausbuchtung liegendem Nabel. Der gekrümmte Embryo ist von dem spärlichen, graubraunen Nährgewebe allseitig umschlossen. Sein Würzelchen ist nach dem dünneren Ende des Samens gerichtet.

Vorkommen. Die Pflanze wächst in allen australischen Kolonien, den Neu-Kaledonischen Inseln, besonders der Ile des Pins und in Neu-Guinea; in Queensland am Brisbane river, der Moreton Bay und Rockingham Bay; in New-South Wales von Port Jackson bis zu den Blue Montains; in den Sydney Woods, am Hastings und Clarence river, Richmond river, Port Macquarrie und südlich von Illewarra (Bentham).

Blütezeit. Der Baum blüht das ganze Jahr und trägt auch das ganze Jahr Früchte.

Name. *Myoporoides* heisst mäuselochähnlich, vielleicht nach der Form der Blüte.

Pharmazeutisch wichtig sind: 1. Die Blätter der Pflanze *Folia Duboisiae myoporoidis;* 2. das daraus bereitete Extrakt, *Extractum Duboisiae;* 3. die aus dem Extrakt erhaltenen Alkaloide, speziell das *Duboisinsulfat.*

Folia Duboisiae sind die 9—13 cm langen, 3 cm breiten, lanzettlichen, beiderseits zugespitzten Blätter mit ca. 1 cm langem Blattstiel. Am Rande sind sie umgebogen, oberseits kahl, unterseits mit einigen Haaren versehen. Die Mittelrippe ist durch Parenchymbeläge, namentlich am Grunde, beiderseitig hervortretend; die Seitennerven gehen im Winkel von 60—70° von der Mittelrippe ab. Sie haben weder einen eigentümlichen Geruch, noch einen besonders markanten Geschmack.

Anatomie. Die Blattfläche zeigt auf der oberen Seite unter der Lupe eine feine Punktierung; die Unterfläche dagegen lässt leicht die zahlreichen Spaltöffnungen als weisse Punkte erkennen, zwischen denen man sehr vereinzelt, einem kurzen Schlauche ähnlich, die eigentümlichen Haare des Blattes kennen kann. Letztere erscheinen unter dem Mikroskop bei stärkerer Vergrösserung dann mehrzellig, stumpf, keulenförmig, in der Mitte am dicksten, am Grunde ziemlich dünn. Sie sitzen auf kleinen Hügeln auf einer Zentralzelle, von der aus sechs bis acht Zellen der Oberhaut sich strahlenförmig anordnen. Die Spaltöffnungen sind gross und liegen überaus dicht bei einander. Die obere Epidermis ist der unteren ähnlich polyedrisch; die Zellen sind aber etwas kleiner und von Spaltöffnungen nicht unterbrochen. Wird die untere Epidermis abgezogen und mit Kalilauge erwärmt, so füllen sich die Zellen mit einem Haufwerk von Krystallen, welche in Wasser und Alkohol löslich sind. Diese Krystalle entstehen auch auf in Wasser aufgeweichtem Material, nicht aber auf Blättern, welche mit absolutem Alkohol behandelt waren. Sie bestehen also wahrscheinlich aus Alkaloidnadeln.

Geschichte. Die Geschichte der Pflanze ist innig verbunden mit der ihrer Alkaloide. Die Blätter selbst sind wenig oder gar nicht angewendet worden, um so häufiger und mit um so grösserem Enthusiasmus ihre Alkaloide. Baron F. von Müller in Melbourne berichtete 1878 über den Gebrauch der *Duboisia Hopwoodii* F. v. Müller, welche den Eingeborenen in Australien als narkotisches Genussmittel diene und betäubende Eigenschaften besitze und machte darauf aufmerksam, dass die ebenfalls in Australien vorkommende *Duboisia myoporoides* R. Br. wahrscheinlich auch narkotische Alkaloide besitze. Darauf von Bancroft vorgenommene Untersuchungen ergaben auch einen reichen Gehalt (1,8—2,3%) an Alkaloid, welches er Duboisin nannte und das als nicht krystallisierendes Extrakt in den Handel kam. Man stellte daraus das Sulfat dar und konnte dasselbe krystallisiert erhalten und in dieser Form ist das Alkaloid früher officinell gewesen und auch heute noch in gewissen Fällen im Gebrauch. 1880 wiess aber Ladenburg nach, dass das Duboisin identisch sei mit dem Hyocyamin und 1887, dass manches Duboisin die Eigenschaften des von ihm entdeckten Hyoscins besitze. Damit war also die Gemisch-Natur des Duboisins nachgewiesen; trotzdem findet dieses Gemisch in vielen Fällen Anwendung, wo man die heftigere Wirkung der Einzelalkaloide fürchtet. 1892 wies Hesse nach, dass dem Hyoscin eine andere, als die Ladenburgsche Formel ($C^{17} H^{21} NO^4$ statt $C^{17} H^{23} NO^3$) zukomme und im Oktober 1891 E. Schmidt, dass dieses Hyoscin das von ihm in der Scopoliawurzel gefundene Scopolamin $C^{17} H^{21} NO^4$ sei, welchen Namen im Nachtrag zum deutschen Arzneibuch auch das früher offizinelle Hyoscin erhielt. 1894 entdeckte E. Merck in den Mutterlaugen von Hyoscyamin und Hyoscin im käuflichen Duboisin noch ein drittes Alkaloid, das Pseudohyoscyamin, welches dem Hyoscyamin isomer ist. Heute werden sowohl das Duboisinsulfat, als auch die in demselben enthaltenen Einzelalkaloide angewendet.

Bestandteile. Nach heutiger Kenntnis (1896) enthalten die *Fol. Duboisiae myoporoidis* die beiden isomeren Alkaloide Hyoscyamin (Ladenburg) und Pseudohyoscyamin (Merck) $C^{17} H^{23} NO^3$ und das Scopolamin (E. Schmidt) [oder Hyoscin (Ladenburg-Hesse)] $C^{17} H^{21} NO^4$.

Hyoscyamin $C^{17} H^{23} NO^3$, 1833 von Geiger und Hesse entdeckt und später u. a. von Ladenburg studiert, bildet farblose Nadeln, die (Merck, Bericht 1893) bei 106° schmelzen und eine spezifische Drehung $\alpha_D = -20{,}97°$ besitzen. Sein Goldchloriddoppelsalz schmilzt bei 160—162°, das Platinchloriddoppelsalz bei 200°, das Pikrat bei 161—163°. Das Hyoscyamin geht bei längerem Stehen der alkoholischen, mit etwas NaOH versetzten Lösung in das isomere Atropin über. Beim Erhitzen mit Barytwasser zerfällt es in Tropin $C^8 H^{15} NO$ und Tropasäure $C^9 H^{10} O^3$ bez. unter $H_2 O$-Abspaltung Atropasäure $C^9 H^8 O^2$.

Solanaceae
(Salpiglossideae)

Duboisia myoporoides R. Br.

Pseudohyoscyamin $C^{17}H^{23}NO^{3}$, das von Merck 1893 gefundene, dem Hyoscyamin isomere Alkaloid der *Duboisia myoporoides*, findet sich in den Mutterlaugen des Hyoscyamins und Scopolamins (Hyoscins). Es scheidet sich aus seiner Chloroformlösung durch viel Äther in gelb gefärbten Nadeln ab, schmilzt bei 132—134°, seine spezifische Drehung ist $\alpha_D = -21{,}15^{\circ}$. Sein Goldchloriddoppelsalz schmilzt bei 176°, sein Pikrat bei 220°; Baryumhydrat zerlegt es beim Kochen in Tropasäure $C^{9}H^{10}O^{3}$ und ein neues, noch nicht benanntes Alkaloid, welches mit Tropin und Pseudotropin nicht identisch ist.

Scopolamin $C^{17}H^{21}NO^{4}$, 1890 von E. Schmidt entdeckt, siehe bei *Scopolia atropoides* L. Das von Ladenburg 1878 als Hyoscin bezeichnete Alkaloid besitzt nach späteren Untersuchungen von Schmidt (1890) und Hesse (1891) die Formel des Scopolamins, und ist als solches zu bezeichnen, während der Name „Hyoscin" für ein Isomeres des Hyoscyamins vorbehalten bleiben soll.

Von diesen Alkaloiden enthalten die einen Blätter Hyoscyamin, die anderen Scopolamin und wahrscheinlich beide Pseudohyoscyamin; äussere Kennzeichen lassen die Blätter nicht unterscheiden. — Es ergiebt sich aber hieraus, dass das Duboisin, welches als Gemisch der vorhandenen Alkaloide anzusehen ist, leicht sehr verschiedene Eigenschaften haben kann.

Anwendung. Die *Duboisia myoporoides*-Blätter, das Duboisin, Hyoscyamin und Scopolamin finden ihrer Eigenschaft, die Pupille zu erweitern, wegen zunächst Anwendung in der Augenheilkunde. Das Duboisin, namentlich in Form des Sulfats, wirkt milder als das Scopolaminhydrobromid oder -hydrochlorid und wird deshalb doch noch bisweilen angewandt. Seine Reaktion auf die Pupille ist fünfmal stärker als die des Atropins und weniger von Nebenumständen begleitet. Es erweitert die Pupille stark und anhaltend, hebt das Akkommodationsvermögen des Auges auf und konnte oft vertragen werden von Kranken, denen Atropin nicht gegeben werden konnte. — Zum Einträufeln ins Auge benutzt man Lösungen von 0,05 g auf 10 cc Wasser. Ausserdem wurde Duboisinsulfat in subsutanen Injektionen und innerlich angewendet.

Es erwies sich als Sedativum und schlafbringendes Mittel in der Behandlung Geisteskranker, vermehrt die Pulsfrequenz und steigert den Blutdruck in den Arterien; die Dosen können zwei Drittel so stark sein als die des Atropins. Die stärkste Einzelgabe beträgt 0,5 mg, die Tagesgabe 2 mg. — Es dient ferner als Mittel gegen profuse Schweisse der Phtisiker, wie auch als Gegenmittel gegen Pilocarpin und Muscarin, jedoch heben diese die Wirkung des Duboisins nicht auf. Das *Duboisinum sulfuricum* des Handels bildet weisse krystallinische Massen von wechselndem Schmelzpunkte. *Hyoscyamin* und sein bei 200° schmelzendes *Sulfat* wirken ebenfalls pupillenerweiternd, ohne Unterschied von Atropin. Über *Scopolamin* (E. Schmidt)-*Hyoscin* (Hesse-Ladenburg) und seine Wirkung siehe *Scopolia atropoides* L.

Litteratur. Beschreibung und Abbildung. R. Brown, Prodrom. 448. — Bentham, flor. austral. IV. 474. — Endlicher, Iconogr. t. 77. — Miers, Illustrat. t. 87. — Bentham in De Candolle, Prodr. X. 191. — F. v. Müller, fragm. VI. 144. — Second Sept. Census of Austr. p. 1. p. 163. — Bentham & Hooker, Gen. Pl. II. 2. 911. — Baillon, Hist. d. Pl. IX. 364. fig. 470—475. p. 412. 416. — Tr. Bot. méd. pharm. 1209. — Lanessan, Journ. d. Pharm. 1878. 486. — Hager, Praxis III. 406. — Karsten, Flora von Deutschland II. 532. — Dorvault, l'Officine (XII. 436). — Notelaea ligustrina Sieb. Pl. Exs.

Droge und Präparate. Hager, l. c. — Möller, Pharm. Centralh. XXIV. 227 m. Abb. — Meyer II. 240. — Wiegand 399. — Dorvault l. c. — Prollius in Realencycl. III. 542. — *Folia Duboisiae.* Pharm. Hisp. (VI.) 44. — *Duboisinum sulfuricum seu Sulfas Duboisinae.* Pharm. Nederl. III. (1889) 208. — Rom. III. 204. — Deutsche Arzneimittel N. 198. S. 80. — Arch. d. Pharm. 14. 566. — Möller l. c. — Hager l. c. — Husemann-Hilger, Pflanzenstoffe II. 1159. — *Hyoscyamin.* Husemann-Hilger II. 1219. — *Pseudohyoscyamin.* Arch. Pharm. 281. (1893) 121. — Über die Alkaloide sind die Lehrbücher der Chemie zu befragen und E. Schmidt, Handbuch Bd. II.

Tafelbeschreibung:

A blühender und fruchttragender Zweig. 1 Knospe; 2 Blüte; 3 dieselbe im Längsschnitt; 4 Korolle und Staubblätter; 5 Enddichasium mit Pistill; 6 Frucht; 7 Längsschnitt derselben; 8 Samen im Längsschnitt; 9 Haar. A und 6 natürliche Grösse; 1—5, 7, 8 vergrössert. — Nach Exemplaren des Königl. Herbars zu Berlin, von R. Brown in Neu-Kaledonien gesammelt.

Nachtrag. *Duboisia Hopwoodii* F. v. Müller (Syn. *Anthocercis Pituri* F. v. Müller) ist ein ungefähr 2,5 m hoher kahler Baum oder Strauch mit dichtem, hellzitronfarbenem, vanilleduftendem Holze. Seine Blätter sind schmallineal, an der Spitze oft zurückgebogen, etwa 6—12 cm lang, in den kurzen Stiel zusammengezogen. Der Kelch ist klein, breit glockig, mit stumpfen Zähnen besetzt. Die glockige, 5—7 mm lange Blumenkronenröhre endet in kürzere, breite, sehr stumpfe Lappen. Die Antheren sind einkammerig. Die Frucht ist eine schwarze Beere von der Grösse einer Korinthe, welche zahlreiche schwarze, nierenförmige, feingrubige Samen mit Endosperm enthält.

Vorkommen. Soviel man bis heute weiss, ist die Pflanze auf ein sehr kleines Terrain in Centralaustralien beschränkt. Bankroft berichtet darüber, dass ihr Fundort nahe der Grenze von Südaustralien liege zwischen dem 23° und 24° s. Br. und am 138° ö. Länge, je 50 Meilen westlich und östlich von diesem. Mr. Silvester Brown fand sie dort auf dem Rücken hoher sandiger, dornentragender Hügel in der Nähe dreier schöner Lagunen mit hellem, klarem Wasser, die er „Pituri-Lagoons“ genannt hat. Dort bedeckt der Strauch ein Terrain von etwa 400 Quadratmeilen; nach Baron F. v. Müller findet er sich als Gestrüppe von Barcoo River und Darling River bis zur Grenze von Westaustralien.

Pharmazeutisch wichtig ist die Pflanze durch das darin enthaltene Alkaloid **Piturin** $C^{12}H^{16}N^{2}$ (Leseridge). Dasselbe wurde zuerst 1879 von Gerrard entdeckt, von Petit aber für Nikotin gehalten. Leseridge isolierte es 1881 von neuem und charakterisierte es als selbständiges Alkaloid. Man gewinnt es aus den Blättern der Pflanze, die unter dem Namen *Pituri* (richtiger *Pitchery)* bei den Eingeborenen Australiens in hohem Ansehen stehen. Man extrahiert sie mit weinsäurehaltigem Alkohol, dampft ein, löst in ammoniakalischem Wasser und schüttelt mit Chloroform aus; beim Abdampfen hinterbleibt das Alkaloidtartrat als Krystallhaut, welche durch Umkrystallisieren gereinigt wird. Durch Destillation des Salzes mit Natronlauge im Wasserstoffstrome erhält man die freie flüssige Base. Das reine Alkaloid schmeckt sehr bitter, ist leicht löslich in Wasser, Alkohol, Äther und Chloroform; aus Äther krystallisiert erscheint es schön fluorescent. Das Hydrochlorat und Nitrat sind nicht krystallisierbar. Die Lösungen werden durch die meisten Alkaloidreagentien gefällt. Sein Siedepunkt liegt bei 244°; an der Luft bräunt es sich und giebt mit Jod rote Nadeln, welche **bei 110°** schmelzen und mit Alkohol und Natronlauge den Geruch nach **Jodoform** geben. (Unterschied vom Nikotin). Mit HCl erwärmt wird Piturin nicht violett, auf Zusatz von HNO^{3} aber gelb. Es ist giftig; in kleinen Dosen (0,5—0,7 mg) ruft es leichte Narkose hervor und bewirkt später Speichelfluss (Unterschied von Atropin); bei grösseren Dosen folgt allgemeine Schwäche Blässe, Mattigkeit, Muskelzuckungen, Erweiterung der Pupille, Schweiss, Lähmung, endlich Tod,

Geschichte und Anwendung. Die *Pituri* oder *Pitchery* ist für die Australier von derselben Bedeutung wie der Haschisch für den Orientalen, das Betelkauen für den Malayen, die Kola für den Westafrikaner und der Tabak für den Kulturmenschen; Pituri ist der Tabak der Australneger, welche selbst den Tabak die „Pituri des weissen Mannes“ nennen. *Pituri* ist mit Sitten und Gebräuchen der Australier eng verbunden und gilt, da sie schwer zu erlangen ist, für eine Kostbarkeit, die nur gegen Wachsstreichhölzer, das Gold des Reisenden, eingetauscht werden kann. — *Pituri* bildet eine krümliche Masse, welche aus der Blattsubstanz der Pituripflanze und vielen Stielen und Blattrippen besteht. Das Pulver wird in halbmondförmigen Säcken um den Hals getragen; gelegentlich formt man daraus mittelst eines Pflanzensaftes und Holzasche rundliche Primchen, welche die Männer, nie aber die Weiber, kauen. — Diese Primchen spielen nun eine wichtige Rolle. Keine Reise, keine Arbeit, kein Kampf wird unternommen, ohne Pituri zu kauen; keine Beratung, kein Fest, keine Gesellschaft ist denkbar ohne die Pituriprime. Sie flösst den Männern Mut und Ausdauer ein; Hunger und Strapazen werden mit Leichtigkeit ertragen. Mit dem Rufe „gaow, gaow!“ (Friede, Friede!) steckt man dem Gastfreund die frischgekaute Prime in den Mund; der Gast kaut sie weiter und giebt sie dem Wirt zurück, indem er sie ihm hinter die Ohren klebt. — Ebenso geht die Prime, vom Vorsitzenden anfangend, von Mund zu Mund in jeder Versammlung, und Niemand redet, bevor er nicht durch Kauen sich Mut und Erleuchtung geholt hat. — Leicht übrigens erkennt man die Übereinstimmung zwischen dem Betel- und Piturikauen; in beiden Fällen bindende Blätter, in beiden Fällen alkalische Substanzen (hier Holzasche, dort Kalk), welche die Alkaloide in Freiheit setzen; in beiden Fällen endlich die Anregung der Nerventhätigkeit und die Narkose.

Litteratur. Beschreibung und Abbildung. *Duboisia (Anthocercis) Hopwoodii.* F. v. Müller, Fragm. phyt. Aust. II. 138. VI. 143. X. 20. 121. — Second System. Census of Austr. p. 163. — Bentham, Flor. Austral. IV. 480. — *Duboisia Pituri.* Bancroft in Queensl. Philos. Soc. Sept. 1879. c. icone. — Baillon, Histoire des Plantes IX. 412.

Droge. F. v. Müller, Yearbook of Pharm. 1877 p. 122. — Gerard, Pharm. Journ. et Tr. (3) IX. 251. (1879). — Petit, Pharm. Journ. Tr. (3) IX. 819. — Ladenburg, Ann. Chem. Pharm. Bd. 206. p. 274. — Husemann-Hilger, Pflanzenstoffe II. 1159.

Elaeis guineensis Jacq.

Ölpalme. Franz.: Elaeis de Guinée. Brasil.: Coco de dente. Kisuah.: mtschi-kitschi.

Familie: *Palmae.* Unterfamilie: *Ceroxyloideae.* Gruppe: *Cocoineae.* Untergruppe: *Elaeidinae.* Gattung: *Elaeis* Jacq.

Beschreibung. Die Ölpalme besitzt einen meist senkrecht aufsteigenden, mannstarken, relativ dicken, häufig über dem Boden etwas angeschwollenen Stamm und erreicht eine Höhe von 10—15, auch von 20, ja im Walde sogar von 30 m. Die Blätter, gewöhnlich zwanzig bis fünfundzwanzig an der Zahl, werden bis 7 m lang und sind gefiedert; die in grosser Anzahl vorhandenen Fiedern sind etwa 1 m lang, die untersten Fiedern jedes Blattes sind in Dornen umgewandelt. Die verbreiterten Basalteile der dicken Blattstiele bleiben gewöhnlich nach dem Abfallen des Blattes am Stamme sitzen, werden aber in der Kultur meist von den Eingeborenen entfernt, da sie die Besteigung des Baumes mit der Kletterschlinge verhindern. Die Blüten sind monöcisch. Die weiblichen Blütenstände sitzen tiefer unten, die männlichen mehr nach der Spitze des Stammes zu; die letzteren sind in grösserer Anzahl vorhanden als die ersteren; auch erscheinen sie schon ein Jahr vor den weiblichen. Die männlichen Blütenstände bestehen aus länglich-eiförmigen, etwa 40 cm langen Kolben, welche an der Basis von zwei grossen Scheiden eingehüllt werden. Die einzelnen Äste des Kolbens sind 8—15 cm lang, zylindrisch, in der Mitte etwas verbreitert; nach oben zu laufen sie in eine Stachelspitze aus. An ihnen sitzen in grosser Anzahl die männlichen Blüten, in Alveolen eingesenkt. Der Kelch ist dreiblättrig, die Kelchblätter sind schmal, fast lanzettlich. Die Blumenkrone ist so lang oder wenig länger als der Kelch, dreiblättrig, mit eiförmigen, in der Knospenlage klappigen Blumenblättern. Die sechs Staubgefässe sind ziemlich hoch zu einem fleischigen Tubus verwachsen; die Staubbeutel sind länglich-lineal, am Rücken angeheftet. In der Mitte der Blüte sitzt ein dreispaltiges Fruchtknoten-Rudiment. Die weiblichen Blüten sind ebenfalls an einem Kolben angeordnet, welcher von mehr eiförmiger Gestalt und auch grösser ist als der männliche Blütenstand; bis zur Reife der Früchte nimmt er allmählich sehr bedeutend an Grösse zu und erhält dann auch mehr kugelige Gestalt; er wird bis 70 cm lang, 50 cm breit, und zuweilen bis 1 Ctr. schwer. Am Grunde ist er ebenfalls von zwei Blütenscheiden umgeben, die später in lange grobe Fasern zerschlitzt sind. Die weiblichen Blüten sitzen in den länglichen, in eine stechende Spitze auslaufenden Ästen des Blütenstandes, nur wenig in flache Alveolen eingesenkt, an jedem Aste in weit geringerer Anzahl als die männlichen Blüten, und in der Achsel eines lanzettlichen, zugespitzten Deckblattes, welches die Blüte an Länge übertrifft. Die drei Blumen- und die drei Kelchblätter sind von ziemlich gleicher Gestalt, eiförmig, spitz, mit gedreht-dachziegeliger Knospenlage. Die Spuren des Androeceums sind in der Gestalt eines hypogynen Ringes vorhanden. Der Fruchtknoten ist flaschenförmig und an der Spitze in drei kurze, etwas nach aussen gekrümmte

Palmae
(Cocoineae)

Elaeis guineensis L.

Griffeläste gespalten, welche an der Innenseite die Narbenflächen tragen. In jedem der drei Fächer des Fruchtknotens befindet sich eine Samenknospe, welche von der Zentralplacenta herabhängt und die ganze Fruchtknotenhöhlung ausfüllt. Nach der Blüte vergrössert sich der Fruchtknoten erheblich und entwickelt sich zu einer, etwa 4 cm langen und 3 cm breiten, meist verkehrt-eiförmigen Steinfrucht, welche an ihrem abgerundeten Ende von dem Griffelreste gekrönt ist. Die äussere Fruchtschale besteht aus einer hochgelben, roten oder bräunlichen, ausserordentlich ölreichen, etwa 5 mm dicken Schicht, welche aussen einen ausgeprägten Fettglanz besitzt, nach innen zu fasriger ist, als nach aussen. Diese umgiebt einen kreisel- oder verkehrt-eiförmigen, zuweilen auch etwas dreikantigen Steinkern, dessen mit Längsriefen versehene, sehr harte Schale an der Spitze drei Keimlöcher besitzt, von denen aber zwei blind sind und nur die eine zum Durchtritt des Keimlings bestimmt ist. In der Steinschale liegt der einzige Same, da nur eine der vorhandenen drei Samenknospen zur Entwickelung kommt. Derselbe besitzt eine schwarze, dünne Schale und besteht grösstenteils aus dem sehr ölhaltigen, gleichmässig weiss gefärbten Nährgewebe, in dessen Grunde der kleine, zuweilen etwas schiefe Embryo sitzt.

Vorkommen und Verbreitung. Die Ölpalme hat ihre Heimat im westafrikanischen Waldgebiet. An der Küste kommt sie vor von Senegambien bis Mossamedes, am häufigsten am Golf von Guinea im unteren Niger- und Benuëgebiet, sowie am unteren Kongo. Wirklich wild findet sie sich nur selten, und zwar dann im Walde und namentlich in den Gallerie-waldungen längs der Ströme; meist wird sie angepflanzt oder entsteht subspontan aus verschleppten Samen; daher tritt sie auch massenhaft in der Nähe der Ansiedelungen auf. Am besten gedeiht sie in feuchten, schattigen Thälern; in den Gebirgsgegenden der westafrikanischen Küste wird sie schon seltener; dagegen geht sie am Kongo bis zum Oberlauf hinauf und findet sich z. B. noch bei Nyangwe in einer Meereshöhe von 800 Metern. Die östliche Grenze ihres Vorkommens bildet die Kette der grossen afrikanischen Seen; am Ubanghi und im Monbuttulande ist sie noch massenhaft vorhanden, nicht mehr aber im eigentlichen Nilthale. Sie fehlt also dem ganzen ostafrikanischen Steppengebiet. Nur an der Küste wird sie an einzelnen Stellen kultiviert, besonders auf der Insel Pemba; hier ist sie aber sicherlich nicht ursprünglich wild.

Ferner findet sich die Ölpalme auch im tropischen Südamerika und zwar in dem Küstenstrich von Guyana bis Bahia, vorwiegend im Mündungsgebiet des Amazonas. Aber auch hier ist sie keinesfalls ursprünglich wild vorhanden gewesen, sondern entweder durch Menschen angepflanzt oder durch Meeresströmungen dorthin geführt worden. Durch die Kultur ist sie auch in den Malayischen Archipel gelangt, wenn auch dort ihr Vorkommen ein ganz beschränktes ist.

Kultur. Von einer eigentlichen Kultur der Ölpalme in ihrem Heimatslande kann kaum gesprochen werden. Sie beschränkt sich auf eine Ausnutzung der wildwachsenden Bäume durch die Neger; erst in der neuesten Zeit haben die in Westafrika lebenden Europäer hier und da Anpflanzungen vorgenommen. In denjenigen Gegenden dagegen, wo die Ölpalme eingeführt worden ist, wie in Ostafrika (Insel Pemba), Südamerika, Java und Nord-Borneo, handelt es sich um wirkliche Kultur. Die Palmkerne werden zuerst in Saatbeete gelegt, und nachdem die jungen Pflanzen vier bis fünf Blätter entwickelt haben, versetzt man sie auf ihre dauernden Standorte in etwa 9 m weiten Abständen. Die Pflege beschränkt sich meist darauf, die abgestorbenen Blattreste zu entfernen.

Auf gutem Boden beginnt die Ölpalme im vierten oder fünften Jahre zu tragen, aber erst im fünfzehnten Jahre erreicht sie die volle Tragfähigkeit, die sie etwa bis zum sechzigsten Jahre behält. Jährlich produziert sie drei bis vier, zuweilen sogar bis sieben Fruchtstände.

Andere Arten. Ausser der *Elaeis guineensis* gehört noch eine zweite Art, *Elaeis melanococca,* der Gattung an. Diese ist im tropischen Amerika einheimisch und findet sich von Costarica bis zum Amazonas-Gebiet. Sie unterscheidet sich besonders habituell von der eigentlichen Ölpalme durch ihren niedrigen Wuchs; ihr Stamm kriecht zuweilen ganz am Boden; auch besitzt sie ein noch höheres Feuchtigkeitsbedürfnis als *E. guineensis.* Ihre Früchte liefern ebenfalls Öl, aber doch nur in sehr beschränktem Masse.

Produkte. Obgleich von der Ölpalme, wie von so vielen anderen Palmen, die verschiedensten Teile im Haushalte des Menschen zur Verwendung gelangen, so tritt doch hier ein Produkt in den Vordergrund, dessen Wert die Ölpalme allein ihre Bedeutung als Nutzpflanze zu verdanken hat, nämlich das Öl.

Die Ölpalme liefert zwei verschiedene Ölsorten, welche beide in grossen Mengen auf den europäischen Markt kommen, nämlich 1. Das eigentliche Palmöl, aus dem Fruchtfleisch der Palme in der Heimat gewonnen, und 2. das Palmkernöl, aus den zerstossenen Samenkernen in Europa dargestellt.

1. **Palmöl,** *Palmfett, Palmbutter, Oleum (fructuum) Palmae,* engl. *Palmoil,* franz. *Huile de palme, Beure de Palme,* holl. *Palmolie.*

Die Gewinnung des Palmöles ist von Seiten der Neger eine noch ganz urwüchsige: die Früchte werden in Gruben oder auf Haufen geworfen; nach sechs bis zehn Tagen ist das ölreiche Fruchtfleisch weicher geworden und löst sich leichter ab. Darauf werden die Früchte einige Stunden in Wasser gekocht, und das Fleisch dann mit den Händen oder durch Stampfen in Mörsern oder auch durch Treten mit den Füssen losgelöst. Nachdem schliesslich die ganze Masse mit Wasser übergossen worden ist, werden die Kerne getrennt und die faserigen Bestandteile des Fruchtfleisches mit den Händen ausgepresst und beseitigt. Das Öl schwimmt dann an der Oberfläche des Wassers und wird durch feine Siebe und mehrmaliges Kochen gereinigt. Es wird leicht ranzig und trocknet nicht an der Luft ein. In Westafrika ist es ein wichtiges Speiseöl, ohne welches kaum irgend eine Speise von den Negern angerichtet wird. Technisch verwertet wird es besonders zur Fabrikation von Seifen, Kerzen, Schmieröl, sowie besonders zur Fabrikation des Glycerins.

2. **Palmkernöl,** *Oleum Seminis Palmae,* engl. *Palm seeds oil, Palm kernel oil,* franz. *Huile de pepin de palme,* holl. *Palm pit olie.*

Nicht nur das Fruchtfleisch wird zur Gewinnung von Öl verwertet, sondern in eben so hohem Masse auch die Palmkerne. Die Steinkerne werden aufgeschlagen und der Inhalt, die Palmkerne des Handels, meist direkt nach Europa verschifft. Sie können jahrelang aufbewahrt werden, ohne dass ihre Qualität leidet. Durch sehr kräftige Pressen oder durch Ausziehen mit Benzin oder Schwefelkohlenstoff wird das Palmkernöl aus ihnen gewonnen, welches in ähnlicher Weise wie das gelbe Palmöl verwendet wird. Zum geringen Teil werden die Palmkerne auch an Ort und Stelle geröstet, zerstossen und mit Wasser gekocht, worauf das obenschwimmende Öl abgeschöpft wird; es geschieht dies aber nur zur Deckung des eigenen Bedarfs; zur Verschiffung gelangt dies Palmkernöl nicht. Der Transport nach Europa ist in der Form der Kerne bequemer, und die Ölausbeute ist auch infolge der vollkommeneren Methoden eine reichere, wozu auch noch die Verwertung der Pressrückstände in Form von Palmölkuchen als sehr gutes Viehfutter kommt.

Das **Palmöl** ist frisch butterartig und orangegelb, schmeckt angenehm süsslich und riecht schwach veilchenähnlich. Es verliert aber diesen Geruch allmählich, da es überaus leicht ranzig wird und dann den Geruch nach freien Fettsäuren besitzt. Durch Einwirkung der Luft verliert es gleichzeitig seine Farbe und wird bald weiss. Es schmilzt bei 27—42°, sein spezifisches Gewicht beträgt 0,920—0,927 bei 15° und 0,857 bei 100° C. Die Hehnersche Zahl liegt bei 95,6, die Reichertsche Zahl ist 0,5, die Jodzahl 51,5, die Verseifungszahl 202,0. Besonders durch die letztere ist das Öl sehr charakterisiert. Das ungebleichte Palmöl wird durch Chlorzink intensiv grün, durch Schwefelsäure blaugrün, durch Salpetersäure blau gefärbt. (Benedikt.)

Das **Palmkernöl** ist gewöhnlich etwas härter als das Palmöl. Es ist selten ganz weiss, meist etwas hellbraun oder gelblich, schmeckt jedoch ebenfalls nicht unangenehm. Sein Schmelzpunkt liegt bei 25—26°; älteres Öl schmilzt etwas höher. Sein spezifisches Gewicht ist bei 15° = 0,952, bei 100° = 0,873. — Die Jodzahl ist hier 10,3—17,5, die Verseifungszahl 247,6, also erheblich höher als bei dem Palmöl. Im allgemeinen herrscht hier die grösste Ähnlichkeit mit dem Cocosöl, dem das Palmkernöl auch darin gleichkommt, dass seine Seifen sich schwer aussalzen lassen. Von dem Palmöl ist es durchweg verschieden.

Das **Palmkernmehl,** welches durch Mahlen der Pressrückstände der Palmkerne erhalten wird, ist ein überaus wichtiger Handelsartikel. Wegen seines hohen Nährwertes ist es bei uns ein geschätztes Futtermittel; wegen seiner Ahnlichkeit mit gemahlenem Pfeffer wird es indessen auch häufig zur Verfälschung des letzteren benutzt. Es besteht aus grauweissem Pulver des Nährgewebes, dem die dunkleren Teile der Samenhülle beigemengt sind. Durch die mikroskopische Untersuchung können die Eigentümlichkeiten des Pulvers leicht festgestellt werden, und dieses somit identifiziert werden.

In den Handel kommen ungefähr 750,000 Doppelzentner Öl und 1,250,000 Doppelzentner Kerne im Gesamtwerte von 50 Mill. Mark. Das meiste stammt aus Lagos und aus dem Niger-Gebiet. Das Lagosöl ist besonders gut infolge der verbesserten Technik bei der Gewinnung und Reinigung. Im Nigergebiet sind es besonders die Bezirke Alt- und Neu-Kalabar, Opobo und Bormy, welche einen grossen Export besitzen. In Kamerun sind besonders am Oberlauf des Cross-Flusses sehr grosse Strecken mit Ölpalmen bedeckt, deren Produkte aber meist über das englische Kalabargebiet zur Ausfuhr gelangen. Trotzdem betrug die direkte Ausfuhr von Kamerun im Jahre 1895 doch 60,000 Doppelzentner Palmkerne im Werte von 1,122,000 Mark und 34 Hektoliter Palmöl im Werte von 1,038,000 Mark. Die Ausfuhr aus Togoland war in demselben Jahre noch grösser, nämlich 90,000 Doppelzentner Kerne im Werte von 1,653,000 Mark und 29,000 Doppelzentner Öl im Werte von 1,084,000 Mark.

Neben diesen Hauptprodukten der Ölpalme tritt die sonstige Verwertung derselben, wie schon erwähnt, mehr in den Hintergrund.

Die **Blätter** dienen besonders zur Herstellung von Zäunen; ihre Rippen werden zu Körben und wie die Streifen der Blattfiedern als ausgezeichnetes Flechtmaterial von den Eingeborenen verwendet. Aus den Fasern der Blätter stellt man gute Stricke und besonders Angelschnüre her. Die wollartigen Fasern am Grunde der Blätter und an der Spatha werden, wie von mehreren anderen Palmen, als Stopfmaterial für Kissen, Matratzen u. s. w. benutzt.

Der **Palmwein** aus der Ölpalme ist in ganz Westafrika das Lieblingsgetränk der Neger; er soll in jeder Hinsicht besser sein als der aus der Kokospalme gewonnene. Man erhält ihn durch Abschneiden der männlichen Blütenstände, und zwar fliesst täglich eine

Menge von $^1/_2$ bis $1^1/_2$ Liter Saft aus. In anderen Gegenden gräbt man die von den Blattstielen befreite Palme aus, und schneidet, nachdem man sie vier Wochen liegen gelassen hat, ein Loch in den Stamm, um daraus den Saft abzuzapfen.

Die **Vegetationsspitze,** das sogenannte Herz, giebt einen beliebten Palmkohl, der aber nur selten bereitet wird, da der Baum durch Entfernung derselben zu Grunde geht.

Die harte **Schale des Steinkernes** wird von den Eingeborenen zur Herstellung von Ringen, Halsbändern und anderen Schmuckgegenständen benutzt.

Anatomisches. Unter der stark kutikularisierten Epidermis der Frucht lässt sich ein subepidermales Gewebe mit vereinzelten Sklerenchymzellen unterscheiden. Zwischen den ziemlich dickwandigen, polyëdrischen Zellen des Parenchyms liegen sehr zahlreiche, grosse, mit Krystallbündeln von Calciumoxalat gefüllte Schläuche. Die Gefässbündel des Mesokarps enthalten neben den anderen gewöhnlichen Elementen namentlich auch Krystallkammerfasern. Die Samenschale besteht aus radial gestellten, nicht faserartigen Sklerenchymzellen. An deren Samenhaut ist zu unterscheiden eine äusserste, aus kurzen, starken Fasern gebildete, an die innere Samenhaut der Kaffeebohnen erinnernde Schicht, zweitens ein isodiametrisches mittleres Gewebe, mit grösseren und kleineren Lücken, drittens eine zusammengedrückte Lage von zwei oder einer Reihe dünnwandiger, parenchymatischer Zellen. Die annähernd würfelförmigen, dickwandigen Zellen des Endosperms sind ganz mit Fett und Klumpen von Eiweisskörpern erfüllt. (Nach Hanausek). Das das Krystalloid umgebende Eiweiss wird nach dem Behandeln mit Zuckerlösung durch Schwefelsäure prachtvoll rosenrot gefärbt, eine Reaktion, welche schon mit blossem Auge an dem Pulver selbst wahrgenommen werden kann. (Raspailsche Reaktion.) Gleichzeitig treten in dem mikroskopischen Präparate sowohl streifige Zeichnungen auf den Proteinkörnern, als auch Krystallbüschel auf, welche aus Fettsäuren bestehen und ihren Ursprung in Fettmassen haben, die trotz der Fettabsonderung in dem Pulver zurückgeblieben sind. Durch diese Eigenschaften dieser Zellen des Nährgewebes ist das Pulver der Palmkerne so charakterisiert, dass man selbst sehr kleine Mengen in Gemischen, z. B. im Mischpfeffer, sicher erkennen kann.

Bestandteile. Das **Palmöl** enthält schon im frischen Zustande 12 % freie **Palmitinsäure,** altes sogar bis 50 %; der Rest besteht hauptsächlich aus **Palmitin** und **Oleïn.** Die Farbenreaktionen sind dem in grossen Mengen anwesenden **Lipochrom** zuzuschreiben. Das **Palmkernöl** enthält nach Oudemans 26,6 % Trioleïn, 33,0 % Tristearin, Tripalmitin und Trimyristin, ferner etwa 44 % Triglyceride der Laurinsäure, Capronsäure, Caprylsäure und Caprinsäure. Es ist demnach dem Kokosöl ähnlicher, als dem Palmöl.

Palmkuchenmehl enthält durchschnittlich 2,59 % Stickstoff = 15,6 Protein; wechselnde Mengen Fett, 2,6 % Asche, in der Kieselsäure, viel Phosphorsäure, Kalium, Calcium, Magnesium, wenig Natrium und Schwefelsäure sich finden.

Littaratur. Beschreibungen und Abbildungen. Jacq., Stirp. Am. p. 280, tab. 172. — Linné, Mant. I. p. 137. — Gaertn., Fruct. I. p. 17. tab. 6. — Lam., Illustr. tab. 896. — Willd., Spec. plant. IV. p. 799. — H. B. K., Nov. gen. et spec. I. p. 246 (306) (Alfonsea). — Kosteletzky, Med. pharm. Fl. I. p. 294. — Endl., Gen. p. 255 n. 1771. — Kunth, Enum. plant. III. p. 278. — Mart., Palm. brasil. p. 62. tab. 54 et 56; Palm. Orbigny. p. 91. — Benth. et Hook., Gen. pl. III. p. 944. — D. C., Urspr. d. Kulturpfl., Deutsche Ausg. p. 543. — Semler, Trop. Agrikult. Ed. I. p. 651. — Drude in Mart. Fl. bras. III. 2. p. 457. tab. 105

et in Engler-Prantl, Natürl. Pflanzenfam. II. 3. p. 78. — Hemsl., Bot. centr. am. III. p. 415. — Warburg in Engler Pflanzenw. Ostafr. Teil B. p. 8. — Baillon, Hist. plant. XIII. p. 399. — Arth. Meyer, Arch. d. Pharm. Bd. 22. — Karsten, Fl. v. D. I. 419. — Luerssen, Med. pharm. Bot. II. 339. — Henkel, Bot. 224. — Berg, Bot. (1852) 190. — K. Schumann, Syst. Bot. 266.

Droge. Palmöl und Palmkernöl. Oudemans in Journ. pract. Chemie 110. p. 393. — Husemann und Hilger, Pflanzenstoffe Ed. II. p. 412. — Hanausek in Zeitschr. österr. Apoth. Ver. 1882. p. 325. — Realencyctopau. der Pharm. (Benedikt) VII. 624. — Benedikt, Analyse der Fette 378. — Helfenberger Annalen, Erstes Dezennium. 71. 86. — Hager, Praxis I. 915. III. 1078. 1089. — Flückiger, Leitfaden der Pharm. II. Aufl. 43. — Berg, Pharmac. (1852) 613. — Henkel, Pharm. 562. — Wiegand, Pharm. 379.

Palmkernmehl. Realencyklop. d. Pharm. (Hanausek) VII. 92. — Hager, Praxis III. 995. 1003. — Flückiger, Leitfaden der Pharm. II. Aufl. 46. — Arthur Meyer, l. c. — Möller, Mikroskopie der Nahrungsmittel 241.

Tafelbeschreibung.

A Habitusbild der ganzen Pflanze. B Männlicher Blütenstand. C Einzelzweig des männlichen Blütenstandes. D Teil eines weiblichen Blütenstandes. E Fruchtstand. 1 Knospe; 2 männliche Blüte; 3 dieselbe im Längsschnitt; 4 Staminaltubus; 5 weibliche Blüte; 6 dieselbe im Längsschnitt; 7 Fruchtknoten im Querschnitt; 8 Frucht; 9 dieselbe, nachdem die obere Hälfte des Fruchtfleisches entfernt ist; 10 Steinkern im Querschnitt; 11 derselbe im Längsschnitt; 12 ein zweisamiger Steinkern im Querschnitt; 13 Same; 14 derselbe im Querschnitt; 15 derselbe im Längsschnitt.

Elettaria Cardamomum White et Maton.

Syn. *Alpinia Cardamomum* Roxb. *Amomum repens* Sonn.

Cardamomen, Malabar-Cardamomen — Cardamome du Malabar — Cardamom.

Familie: *Zingiberaceae* (Unterfamilie: *Amomeae*); Gattung: *Elettaria* White et Maton.

Beschreibung. Das 2—2½ Ctm. dicke, knollige, durch Blattnarben dicht und regelmässig geringelte und gegliederte, mit den Resten der abgestorbenen Blüthenstengel ausgestattete, reichlich mit langen, starken Wurzeln besetzte Rhizom treibt bis 30 kantige, aufrechte, 2—3 Meter hohe, einfache Stengel, die aus 2 zeilig geordneten, am Grunde mit ihren Scheiden ineinandersteckenden Blättern zusammengesetzt sind. Blätter zweizeilig, am oberen Ende der langen, weichhaarigen Scheide mit einem hervorgezogenen, länglichen, 8 Mm. langen, abgerundeten, etwas rinnigen Blatthäutchen versehen; Blattfläche lanzettlich, stark zugespitzt, bis 60 Ctm. lang, ganzrandig, oberseits flaumhaarig, unterseits seidenhaarig, gegen das Licht gehalten durch viele kleine Oeldrüsen durchscheinend dicht punktirt; Mittelnerv oberseits rinnig eingedrückt, unterseits erhaben, gerandet; Seitennerven in spitzem Winkel aufsteigend. Blüthentriebe dünn, dicht über dem Boden dem Stengel entspringend, wagerecht, eine Länge bis 62 Ctm. erreichend, in der unteren Hälfte meist einfach und zweizeilig mit kleinen, eiförmigen, länglichen bis lanzettlichen, häutigen, gestreiften, trocknen, scheidigen Deckblättern ziegeldachförmig besetzt, im oberen Theile aufstrebend, rispig verzweigt, mit grösseren, weiter auseinanderstehenden Deckblättern ausgestattet, aus deren Achseln sich die meist 4 blüthigen Blüthenstände entwickeln. Rispenäste bis 8 Ctm. lang, gegen die Spitze der Rispe allmälig verkürzt und einzelnblüthig. Blüthen abwechselnd, vor dem Aufblühen von den scheidenartigen Deckblättern eingeschlossen, sehr vergänglich. Perigon oberständig; das äussere nach oben schwach erweitert, fein gestreift, stumpf 3 zähnig, bleibend; das innere Perigon grünlichweiss, abfallend, mit 3 theiligem Saume und ziemlich gleichen, oblongen Abschnitten, von denen einer nach oben, zwei nach unten gerichtet sind. Die ein unfruchtbares Staubgefäss bildende Lippe etwas länger und breiter als die Abschnitte des inneren Perigons, schwach 3 lappig, Lappen gerundet, am Rande etwas kraus, weiss, mit gelblichem Rande, auf der Mitte mit blauen Adern und Streifen, welche fächerförmige Anordnung zeigen (nach Flückiger ist die Aderung auch roth oder purpurn). Von den 6 Staubgefässen (einschliesslich der Lippe) ist nur eins fruchtbar; letzteres dem Rande der inneren Perigonröhre eingefügt, der Lippe entgegengesetzt, vor dem obersten Perigonzipfel stehend; zu beiden Seiten des sehr kurzen Fadens befinden sich 2 kleine unfruchtbare Staubgefässe (Staminodien). Staubbeutel kurz über der Basis auf dem Rücken angeheftet, aufrecht, länglich, wenig kürzer als der oberste Perigonabschnitt, 2 fächerig; Fächer durch ein schmales, rinnenförmiges Connectiv getrennt, welches sich oben in eine kurze, stumpfe Spitze verlängert, durch dessen Rinne der Griffel hindurchläuft. Fächer am Rande der Länge nach aufspringend. Zwei kleine, fadenförmige, unfruchtbare Staubgefässe befinden sich neben dem Griffel auf dem Scheitel des Fruchtknotens. Pollen kugelig, stachelig. Fruchtknoten unterständig, länglich verkehrt eiförmig, 3 fächerig, in jedem Fache ca. 12 horizontale Eichen in 2 Reihen, nach dem Abblühen von der bleibenden äusseren Perigonröhre gekrönt, welche später bei der reifen Kapsel zu einer kurzen Spitze einschrumpft. Griffel schlank, fadenförmig, das Connectiv des Staubbeutels etwas überragend, mit trichterförmiger Narbe. Fruchtkapsel 6—18 Mm. lang, 6—10 Mm. dick, kurz gestielt, eiförmig oder ellipsoidisch bis länglich, 3fächerig, 3klappig-fachspaltig aufspringend, auf dem Querschnitte stumpf 3kantig, die Fächer zuweilen etwas vorgewölbt und der Scheitel etwas eingedrückt; letzterer in der Regel durch die Reste des äusseren Perigons kurz stumpf gespitzt. Die dünnlederigen bis papierartigen, matt graugelben bis bräunlichgelben, in reifem Zustande bräunlichen Klappen durch etwas vortretende Längsnerven dicht gestreift. Scheidewände dünnhäutig; Fächer meist nur 5samig. Samen gewöhnlich reihenweise fest aneinanderhängend, hellbraun oder grau, sehr grob querrunzelig, 4—5 Mm. lang, 3 Mm. dick, durch gegenseitigen Druck unregelmässig kantig, mit gestutztem Scheitel und vertieftem Nabel, die Bauchfläche mit einer Rinne (Raphe) versehen, der ganze Same von einem zarthäutigen, fast farblosen, oben oft als Kappe hervortretenden Samenmantel umhüllt, der nur im aufgeweichten Zustande deutlich sichtbar ist. Embryo keulenförmig, in der Mitte des Eiweiss, mit an der Basis befindlichem, cylindrischem Würzelchen und ungetheilten Samenlappen, von einem kreiselförmigen, ölig-fleischigen Endosperm umhüllt, welches sich nach dem Würzelchen hin verjüngt.

Elettaria major Smith unterscheidet sich von *E. Cardamomum* durch die kahlen Blattscheiden, oberseits kahle, namentlich aber breitere, derbere Blätter und grössere, stark verlängerte, im Umrisse lanzettliche, $2^1/_2$—4 Ctm. lange, 8—10 Mm. dicke, oft bogig gekrümmte, deutlich-kantige, dunkelgraue Kapseln, welche zahlreiche, jedoch grössere, weniger fein, mehr scharf schmeckende Samen enthalten. Die Pflanze ist auf Ceylon, vorzüglich in den Bergwäldern der südlichen und centralen Theile einheimisch, liefert die *Ceylon-Cardamomen* und ist wahrscheinlich nur als eine Varietät der *E. Cardamomum* zu betrachten.

Anatomisches. Die den Samen umgebende farblose Samenhaut besteht aus mehreren Zellenreihen, von denen die Zellen der äusseren Reihe tafelförmig und lang gestreckt, die der inneren Reihe weiter und kürzer sind und hier und da Krystalle enthalten. Die Samenschale zeigt 4 Schichten, und zwar die äussere Samenhaut 2 Reihen im Querschnitt 4seitiger Zellen, von denen die äusseren lang gestreckt, bräunlich und viel kleiner sind als die inneren, fast kubischen Zellen, deren Inhalt aus ätherischem Oele besteht. Die innere Samenhaut zeigt eine äussere Schicht sehr zusammengefallener, tafelförmiger Zellen und eine innere Schicht sehr stark radial gestreckter, braunrother, in dicken Schnitten fast schwarzer Steinzellen mit einseitig nach innen sehr stark verdickten Wänden und einem nach der Peripherie zu liegenden kleinen Lumen. Die eine Seite (Bauchseite) des Samens enthält eine Einbuchtung, welche, von den Samenhäuten begleitet, tief in den Samenkern eindringt, in der sich ein von den weiten Zellen der äusseren Samenhaut umgebenes Gefässbündel als Nabelstreifen befindet. Der Samenkern besteht aus Ausseneiweiss, Inneneiweiss und dem Embryo. Das Ausseneiweiss (Perisperm), welches die Form des Samens besitzt, zeigt ein Parenchym, das aus radial verlaufenden, von kleinen, eckigen, in Klumpen zusammenhängenden Stärkekörnern erfüllten Zellen zusammengesetzt ist, die ausserdem noch Proteïn in Krystallform enthalten. Das in der Mitte des Perisperm befindliche Inneneiweiss (Endosperm) hüllt den Embryo sackförmig ein, erscheint auf dem Querschnitte flach bogenförmig, die convexe Seite gegen den Nabelstreifen gekehrt, ist auf dem Längsschnitte oben breiter, unten keilförmig verjüngt und zeigt radial geordnete Zellen, deren Inhalt aus durch Jod sich goldgelb färbendem Schleim und fettem Oele besteht. Der keulenförmige Embryo, welcher kürzer als das Endosperm, ungetheilt und nach oben platt ist, besteht aus einem sehr kleinzelligen Parenchym, dessen Zellen einen ähnlichen Inhalt wie das Endosperm besitzen.

Das innere Gewebe der Fruchtwand ist aus dünnwandigen, zusammengefallenen Zellen zusammengesetzt; zahlreiche Secretbehälter mit festem, gelbem oder braunem Inhalte sind in dieses Gewebe eingestreut. Die Faserstränge, welche in grösserer Anzahl die Fruchtwand durchziehen, bestehen aus verholzten Fasern mit feinen, abrollbaren Spiralgefässen.

Blüthezeit. Zwei Jahre nach der Freistellung der Pflanze beginnt sie zu blühen; im Oktober des nächsten Jahres erfolgt die Fruchtreife.

Vorkommen. In den feuchten Bergwäldern der Westküste des südlichen Theiles von Vorderindien, namentlich in den Landschaften Travancore, Madhura, Cochin, Malabar, Wainad, Kurg, Canara in Meereshöhen von 750—1500 Meter, mit einer Mitteltemperatur von 22°. Die Pflanze wird auch auf Ceylon kultivirt.

Name und Geschichtliches. *Cardamom* (mittelhochdeutsch *Cardamom, Cardemom, Cardemole, Cardimom, Kardamuomen*) stammt von *καρδια* Herz, Magen und *ἄμωμον* Amomum (siehe Ingwer Taf. 172), demnach herz- oder magenstärkendes Amomum. *Elettaria,* malabarischer Name für die

Pflanze. Flückiger sagt über dieses Wort: „Ihr alter Sanskritname, *Ela,* hat sich in Malabar als *Ela-tari* und *Ela-kai,* in Hindi *Ilachi,* canaresisch *Ela-ki*, erhalten; in den Beiwörtern *tari* und *kai* scheint die Nutzbarkeit der Samen ausgedrückt zu sein.“ *Alpinia,* siehe *Alpinia officinarum* Taf. 187.

Schon in den frühesten Zeiten sind die *Cardamomen* als Gewürz verwendet worden; in der alten indischen Litteratur werden sie unter dem Namen *Ela* angeführt. *Καρδάμωμον* und *Ἄμωμον* des Theophrast und Dioskorides sind jedenfalls *Cardamomen* gewesen; ebenso *Amomis*, *Amomum* und *Cardamomum* des Plinius, welche Bezeichnungen sich auch in dem Verzeichnisse der Zollstätte von Alexandria aus den Jahren 176—180 n. Chr. befinden. Das römische Kochbuch „Apici Caeli, De re coquinaria“ aus dem 3. Jahrh. n. Chr. enthält ebenfalls *Cardamomen* und Alexander Trallianus wird unter *Καρδάμωμον ἐξεντερίσμειον* (enthülste *Cardamomen*) und *Ἄμωμον βοτρυς* (*Amomumtrauben*) wohl gleichfalls die Früchte von *Elettaria Cardamomum* gemeint haben. Flückiger erwähnt, dass der Heilige Hieronymus die üppigen Geistlichen wegen des Gebrauches von Moschus und Amomum getadelt habe. Der arabische Reisende Masudi, welcher im 9. Jahrhundert Persien und Indien bereiste, bezeichnet *Cardamomum* als ein hinterindisches Produkt und dürften dies wohl *Siam-Cardamomen* von *Amomum Cardamomum* L., gewesen sein; ebenso sind die von Edrisi angeführten, von Ceylon kommenden *Cardamomen* nicht auf *E. Cardamomum,* sondern auf *E. major* zu beziehen. Im Mittelalter scheint der *Cardamomenhandel,* namentlich in Deutschland, sehr unbedeutend gewesen zu sein; doch findet sich, wie Flückiger erwähnt, in einer Verordnung der Stadt Köln vom Jahre 1259 eine Stelle, wonach verschiedene Waaren, darunter auch *„Cardamomum“*, von fremden Kaufleuten nicht unter 10 Pfd. verkauft werden durften. Barbosa bezeichnet im Jahre 1514 die Malabarküste als das Heimathländ der *Cardamomen* und Garcia de Orta unterschied schon eine weniger aromatische und grössere Sorte aus Ceylon. Valerius Cordus bezeichnete die kleine Malabarsorte, *Cardamomum minus,* als die gebräuchlichste und destillirte bereits im Jahre 1542 das *Cardamomenöl.* Die von Matthiolus abgebildete Droge betrifft die abyssynischen *Korarima-Cardamomen.* Rhede war der erste, der von *Elettaria Cardamomum* in seinem „Hortus malabaricus“ eine Abbildung lieferte.

Offizinell ist die Frucht (Fruchtkapsel mit Samen): *Fructus Cardamomi* (*Semen Cardamomi, Fructus Cardamomi minoris, Cerdamomum minus, Cardamomum Malabaricum, Kleine Cardamomen*).

Die *Malabar-Cardamomen* sind stumpf 3kantig-kugelig, hellgelb bis hell-graugelblich, 12 bis 20 Mm. lang, 6—10 Mm. dick, der Länge nach gestreift und von dem 2 Mm. langen Schnabel gekrönt. Nur dem Samen kommt das eigenthümliche, an Kampher erinnernde Arom zu; die Kapsel ist nicht aromatisch. Der Geschmack der Samen, welche gegen 75% der Frucht betragen, ist etwas brennend, fein gewürzhaft.

Die Bewohner Südindiens sammeln die Früchte der wildwachsenden Pflanzen, nachdem sie ungefähr zwei Jahre vorher, und zwar im Februar vor Beginn der Regenzeit, durch Lichtung des umgebenden Waldes die Cardamompflanzen freigestellt haben. Die Umgebung der Pflanzen wird vom Unkraut befreit und eingezäunt. Zwei Jahre nach der Freistellung kommt die Blüthe zum Vorschein und im Oktober des nächsten Jahres beginnt die Fruchtreife, welche bis zum Dezember währt. Von diesem Zeitpunkt ab sind die Pflanzen in der Regel 6—7 Jahre ertragsfähig. Das Einsammlungsgeschäft wird sehr erschwert durch Blutegel und Schlangen, deren Bisse oft sehr bedenkliche Folgen haben können. Flückiger giebt die Menge, welche von einer Familie während der Monate Oktober und November gesammelt werden kann, auf 30 Körbe à 25 Pfund an. In einzelnen Distrikten, z. B. in den Pulneybergen in Madhura, sengen die Bauern in den Urwäldern das Unterholz weg, fällen kleine Bäume und pflanzen die Cardamomen auf den hierdurch entstandenen Lichtungen an, die dann im Herbst des fünften Jahres ertragsfähig werden. In Canara und West-Maisur kultivirt man die bereits im dritten Jahre ertragsfähigen Pflanzen im Schatten der Areca-Palmen. Zur Vermehrung werden Rhizomstücke verwendet. Das Einsammeln der reifen Früchte erfolgt durch Abschneiden der ganzen Fruchtstände, welche an der Sonne getrocknet und dann abgestreift werden; die Kapseln bringt man in Bastkörbe und setzt sie einem gelinden Feuer aus.

Das Cardamomgeschäft ist Monopol der südindischen Fürsten und der Maharadscha von Travancore lässt die gesammelte Waare seines Gebietes nach dem Hafen von Aleppy bringen, woselbst die Cardamonen versteigert und die besten Sorten nach England gebracht werden. Privatleuten ist der Anbau der Cardamomen meistens untersagt und auch in den unter englischer Verwaltung stehenden Bezirken bedarf der Anbau einer besonderen Erlaubniss. Der grösste Theil der indischen Ernte, ca. 100 000 Klgr. jährlich, geht nach Bombay und von da hauptsächlich nach London. Hamburg erhielt aus Madras und den Häfen der Malabarküste ca. 20 000 Klgr.

Nach dem Berichte von Gehe & Comp., Dresden, wurden jedoch im vergangenen Jahre (1889) von kultivirten Malabar-Cardamomen von Ceylon ca. 300000 Pfund verschickt Die Samen ohne Kapseln (*Cardamomum excorticatum*) sollen in den Apotheken nicht gehalten werden.

Die *Ceylon-Cardamomen*: *Cardamomum longum* s. *zeylanicum*, welche von der oben beschriebenen *Elettaria major* abstammen, sind weniger werthvoll und werden nur in geringer Menge in den Handel gebracht. Sie enthalten 3.5% ätherisches Oel, welches ein Stearopten absetzt, dessen weingeistige Lösung, gleich dem Oele, nach rechts polarisirt und welches nach den Flückiger'schen Versuchen mit dem Kampher übereinstimmend ist.

Bestandtheile. Nach Tromsdorf enthalten die Malabar-Cardamomen: 4.6% ätherisches Oel, 10.4% fettes Oel, 3.0% Stärkemehl, 2.5% pflanzensaures Kali mit Farbstoff, 1.8% stickstoffhaltigen Schleim mit phosphorsaurem Kalk, 0.4% gelbfärbende Stoffe, 77.3% stärkemehlartige Holzfaser. Flückiger fand die Asche manganhaltig.

Das *ätherische Oel*, welches bis zu 5% aus den Malabar-Cardamomen gewonnen wird, ist blassgelb, riecht und schmeckt nach Cardamomen, reagirt neutral, besitzt ein spez. Gewicht von 0.92 bis 0.94, ist leicht löslich in Alkohol und Aether, fetten und ätherischen Oelen, unlöslich in Kalilauge und enthält einen dem Terpenthinöl isomeren Bestandtheil, aus dem Dumas und Peligot 1834 ein in farblosen Prismen krystallisirendes Stearopten mit der Zusammensetzung $C_{10}H_{16}.3H_2O$ (nach Flückiger Terpinkrystalle mit der Formel $C_{10}H_{20}O_2OH_2$) erhielten. Durch das Alter wird es dunkler, zähe, verpufft mit Jod und entzündet sich mit concentrirter Salpetersäure.

Das fette Oel, welches nach Tromsdorf 10% beträgt, ist ebenfalls löslich in Alkohol, Aether, fetten und ätherischen Oelen.

Die Blätter enthalten auch Oelzellen, schmecken aber nicht aromatisch, sondern scharf. (Husemann, Pflanzenstoffe 423.)

Anwendung. In Substanz als angenehmes Aromaticum, Stomachicum und Carminativum; in der Medizin fast ausschliesslich als aromatischer Zusatz zu zusammengesetzten Tinkturen. Die hauptsächlichste Verwendung finden die Cardamomen als Küchengewürz. (Husemann, Arzneimittellehre 565.)

Litteratur. Abbildung und Beschreibung. Nees v. Esenb., Plant. med., Taf. 66; Berg u. Schmidt, Offiz. Gew., Taf. XXXIV^{c}; Bentley and Trimen, Med. pl., Taf. 267; Luerssen, Handb. der syst. Bot. 458; Karsten, Deutsche Flora 469; Wittstein, Pharm. 381.

Drogen und Präparate. *Fructus et Semen Cardamomi:* **Ph. germ.** 119; Ph. austr. 30; Ph. hung. 97; Ph. ross. 181; Ph. helv. 59, 116; Cod. med. 45; Ph. belg. 22; Ph. Neerl. 51; Brit. ph. 70; Ph. dan. 120; Ph. suec. 185; Ph. U. St. 66; Flückiger, Pharm. 848; Flückiger and Hanb., Pharm. 643; Berg, Waarenk. 392 u. 559; Berg, Atlas 87, Taf. XLIV.

Electuarium Theriaca: Ph. helv. suppl. 32.

Pulvis aromaticus: Ph. helv. suppl. 93; Ph. belg. 330; Ph. Neerl. 187; Ph. suec. 160; Ph. U. St. 272.

Pulvis amarus ferratus: Ph. suec. 160.

Pulvis Cinnamomi compositus: Brit. ph. 262.

Pulvis Cardamomi: Cod. med. 513.

Tinctura aromatica: **Ph. germ.** 272; Ph. ross. 413; Ph. helv. 141; Ph. belg. 266; Ph. dan. 264; Ph. suec. 230.

Tinctura Rhei vinosa (*Darelli*) s. *vinum Rhei*: **Ph. germ.** 287; Ph. austr. 137; Ph. hung. 465; Ph. ross. 437; Ph. helv. 147; Ph. belg. 288; Brit. ph. 339; Ph. dan. 294; Ph. U. St. 353.

Tinctura Cardamomi et *Cardamomi composita*: Ph helv. suppl. 116, 117; Ph. belg. 263; Brit. ph. 324; Ph. U. St. 338, 339.

Tinctura Gentiana composita: Brit. ph. 332; Ph. U. St. 345.

Vinum Aloës: Brit. ph. 366.

Spiritus aromaticus: Ph. austr. 120.

Decoctum Zittmanni mitius: Ph. austr. 43; Ph. hung. 143; Ph. ross. 102; Ph. helv. suppl. 30; Ph. belg. 321; Ph. suec. 55.

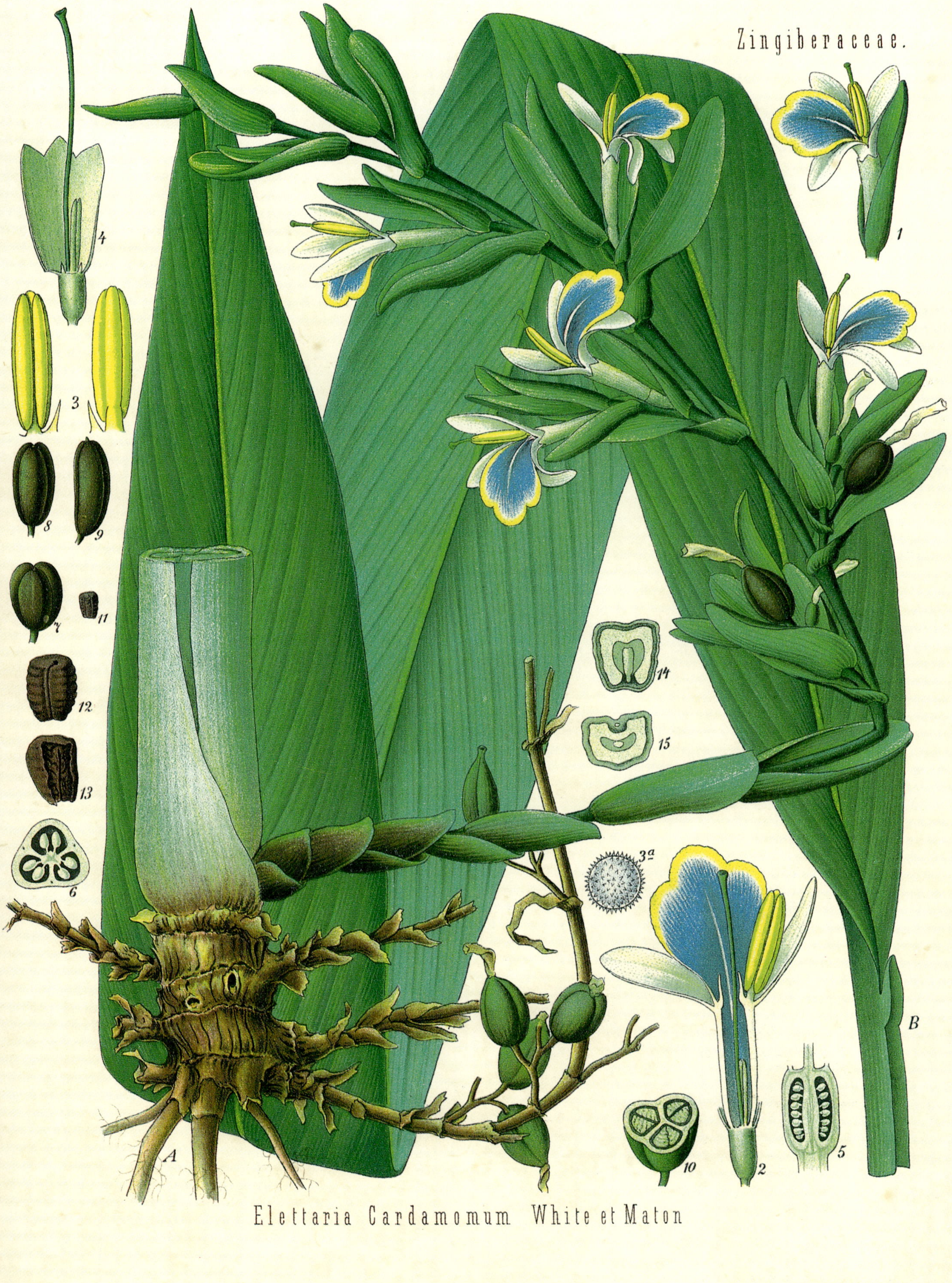

Elettaria Cardamomum White et Maton

 Extractum Colocynthidis compositum: Ph. helv. suppl. 42; Brit. ph. 117; Ph. suec. 73; Ph. U. St. 112.

Confectio aromatica s. *Pulvis Cretae aromaticus*: Brit. ph. 263.

Bezüglich der Drogen und Präparate siehe auch Hager, Ph. Prax. I, 744.

Tafelbeschreibung:

AB Theile der Pflanze in natürl. Grösse; 1 Blüthe, desgl.; 2 Blüthe im Längsschnitt, vergrössert; 3 Staubgefäss von verschiedenen Seiten, desgl.; 3a Pollen, desgl;. 4 Stempel mit auseinander gebreitetem äusseren Perigon, desgl.; 5 Fruchtknoten im Längsschnitt, desgl.; 6 derselbe im Querschnitt, desgl.; 7, 8 u. 9 Fruchtkapseln verschiedener Form, natürl. Grösse; 11, 12 u. 13 Same, natürl. Grösse und vergrössert; 14 u. 15 derselbe im Längs- und Querschnitt, vergrössert.

Anhang.

Ausser den beschriebenen Cardamomfrüchten kommen noch verschiedene andere weniger werthvolle Sorten in den Handel, welche zum Theil auf dem europäischen Markte erscheinen. Es sind dies:

1. die Siam-Cardamomen, Runde Cardamomen: *Cardamomum rotundum* s. *verum, Amomum verum*, von der in Siam, auf Java und Sumatra einheimischen *Amomum Cardamomum* L. abstammend. Die Kapseln besitzen die Grösse einer Kirsche, sind kugelig, gerundet-dreikantig, lichtgrau, brüchig, nicht zähe, weniger gestreift, an einzelnen Stellen kurz borstig. Die braunen oder braungrauen, innen weissen Samen, deren jedes Fach 9—12, fest zusammengepresst, enthält, haben eine eckige Form, sind fein runzelig und besitzen einen kampherartigen Geschmack. In früherer Zeit wurde die Droge unter dem Namen *Cardamomum racemosum* in ganzen Fruchtständen nach Europa gebracht. Die Ausfuhr aus Bangkok erfolgt meist nach China und beträgt jährlich ca. 15000 Klgr. London erhält dann und wann geringe Mengen.

2. Wilde oder Bastard-Cardamomen, von dem in Siam und Tenasserim einheimischen *Amomum xanthioides* Wall. herrührend, kommen enthülst und oft noch in zusammenhängenden Reihen in den Handel. Sie sind in Bezug auf Geschmack und Aussehen den Malabar-Cardamomen ähnlich und werden von Bangkok meist nach China ausgeführt. Die Jahresausfuhr betrug zu Anfang der 80er Jahre 400000 Klgr.

3. Bengalische oder Nepal-Cardamomen (*Buro Elachi, Morung Elachi*) aus Britisch-Sikkim und den benachbarten Morungbergen stammend, von *Amomum subulatum* Roxb. herrührend, besitzen stumpf-dreikantige, eiförmige oder wenig verlängerte, dunkelbraune Früchte von $2^1/_2$ Ctm. Länge und in der oberen Hälfte mit 9 gekerbten Flügeln. Die Fruchtwand, welche sich leicht in 3 Klappen spaltet, ist grob längsstreifig und enthält ca. 80 Samen, die in einem dichten Mus eingebettet sind und einen kampherartigen Geschmack besitzen.

4. Java-Cardamomen, von dem auf Java auftretenden *Amomum maximum* Roxb. stammend, bestehen aus gestielten, kugelförmigen oder eiförmigen, bis 4 Ctm. langen, mit 9—10 ca. 3 Mm. vorspringenden Flügeln besetzten Früchten, deren rundlich-dreieckige, braune Samen ebenfalls in einem Fruchtmus eingebettet sind. Die Früchte gelangen nicht zur Ausfuhr und werden hauptsächlich des wohlschmeckenden Muses wegen gesammelt.

5. Korarima-Cardamomen (*Cardamomum majus,* Heil der Araber), schon im Mittelalter bekannt und von einer in Shoa, in den Ländern der Galla, Guragie und Uganda einheimischen, jetzt noch unbekannten Pflanze stammend, besitzen die Gestalt einer kleinen Feige, sind 4 Ctm. lang, 2 Ctm. dick, braun und längsstreifig, enthalten über 100 nach Kampher schmeckende Samen, welche sehr reich an Mangan sind. Die Früchte, welche auch unter dem Namen *Hil Habaschi* in Europa bekannt sind, werden von den südabessynischen Handelsplätzen über Massaua nach Arabien und Indien gebracht, und übrigens auch von den Afrikanerinnen als Halsschmuck verwendet. Mit *Cardamomum majus* wurden auch die Früchte des *Amomum Melegueta* Rosc. bezeichnet, deren Samen unter der Bezeichnung *Melegetapfeffer* oder *Paradieskörner* nach Europa gelangen. (Siehe Pfeffer, Taf. 144.)

Erythraea Centaurium Pers.

Syn. *Gentiana Centaurium* L. *Chironia Centaurium* Willd.

Tausendgüldenkraut, Erdgalle, Fieberkraut, rother Aurin — Centaury — Centaurée petite.

Familie: *Gentianaceae.* Gattung: *Erythraea* Rich.

Beschreibung. Ein- und zweijährige Pflanze mit senkrechter, kurzer, holziger, meist einfacher, etwas hin- und hergebogener Wurzel und 4kantigem, meist einfachem, aufrechtem, bisweilen von unten auf ästigem, 0,15—0,35 m hohem Stengel. Blätter 3- oder meist 5nervig, ganzrandig, völlig kahl; unterste Blätter eine Rosette bildend, verkehrt-eiförmig, in einen kurzen Stiel verschmälert, stumpf und kurz bespitzt, bis 4 cm lang, bis 2 cm breit; Stengelblätter einander gegenüber sitzend, halbstengelumfassend, länglich-eiförmig bis lineal-lanzettlich, allmälig kleiner werdend. Blüthen eine gipfelständige, ebene, anfangs gedrungene, später lockere Trugdolde bildend; die meist zahlreichen, aus den Winkeln der obersten Blätter hervorkommenden Blüthenäste verzweigen sich abermals trugdoldig-gabelig; die Spindel endet zuletzt in einer sitzenden, von den gestielten Seitenblüthen gabelig überragten Blüthe. Krone mit dünner, fast farbloser, walzenrunder, etwas bauchiger, oberhalb des Fruchtknotens verengerter Röhre und mit 5lappigem, schön rosenrothem, vor und nach der Blüthe zusammengerolltem Saume. Lappen eilänglich, stumpf, am Grunde mit einem helleren Fleck, während des Blühens abstehend. Staubgefässe zu 5, am Ende der Kronenröhre eingefügt, mit kurzen, fädigen Filamenten und länglich-linealischen, am Grunde ausgerandeten, oben mit einer kurzen Spitze versehenen, auf dem Rücken, nahe dem Grunde angehefteten, nach dem Verstäuben spiralig gedrehten, 2fächerigen Beuteln. Fächer der Länge nach nach Innen aufspringend. Pollen länglich, 3furchig. Stempel aus 2, zur Achse rechts und links gestellten Fruchtblättern gebildet, kürzer als die Staubgefässe. Fruchtknoten im Grunde 2fächerig, etwas seitlich zusammengedrückt, beiderseits mit einer Naht versehenen, nach oben verschmälert. Samenträger den eingeschlagenen Fruchtblatträndern angewachsen. Eichen zahlreich, mehrreihig, den Rändern der Samenträger aufgeheftet. Griffel fadenförmig mit 2lappiger Narbe. Kapsel länglich oder linealisch, vom bleibenden Kelche unterstützt, die Samenträger oberwärts an den Rändern, unterseits in der Mittellinie der Scheidewand tragend, an der Spitze in den Nähten 2klappig aufspringend und den bleibenden Griffel vom Grunde aus spaltend. Die zahlreichen Samen sehr klein, grubig-netzig, umgekehrt-eiförmig, braunroth, Embryo am Grunde des Eiweisses, walzenrund, mit nach unten gekehrtem Würzelchen.

Eine Varietät, welche auch nach dem Verblühen einen gedrungenen, nicht verlängerten Ebenstrauss besitzt, ist: *Erythraea capitata* Cham. (R. et Sch.), *Erythraea Centaurium β. capitata* Koch.

Anatomisches: Der Querschnitt durch die Blattspreite zeigt (nach Flückiger) in der oberen Hälfte eine doppelte Palissadenschicht; der Holzring der Stengel ist aus dickwandigen Gefässen und Fasern zusammengesetzt.

Verbreitung. Auf trocknen Wiesen, Triften, Waldblösen und in Gebüschen durch den grössten Theil Europas mit Ausschluss des äussersten Nordens, ebenso durch Westasien und Nordafrika verbreitet. In Europa geht die Pflanze bis zum 59. Breitengrade hinauf.

Name und Geschichtliches. Der deutsche Name Tausendgüldenkraut ist aus der lateinischen Bezeichnung *Centaurium* = *centum aurum* (100 Gülden, ein Kraut, welches wegen seiner Heilkräfte 100 Gülden werth ist) hervorgegangen. Es müsste darnach eigentlich Hundertgüldenkraut heissen; da jedoch die Mönche in früherer Zeit der Kürze halber anstatt *Centaurium* 100 fl. schrieben, so sollen (nach Schleicher) durch Nachlässigkeit beim Abschreiben 1000 fl. daraus geworden und somit Tausendgüldenkraut entstanden sein. Die übrigen deutschen Bezeichnungen beziehen sich auf den

Gentianaceae.

Erythraea Centaurium Pers.

bitteren Geschmack (Erdgalle), auf die fieberstillende Wirkung (Fieberklee) und auf die Farbe (rother Aurin = *aurum*). *Centaurium*, griechisch *κενταυριον*, ist aber jedenfalls nicht aus *centum aurum*, sondern aus *Centaur* (= Centaurenkraut) abgeleitet und zwar dem heilkundigen Centauren Chiron zu Ehren, der den Saft des Tausendgüldenkrauts mehrfach zur Heilung von Wunden angewendet haben soll. *Erythraea* stammt von *ἐρυθρος*, roth, wegen der Farbe der Blüthen.

Das Tausendgüldenkraut ist eine uralte Arzneipflanze und unzweifelhaft das *Κενταυριον μικρον* des Dioscorides. Sie hat von jeher, wie auch jetzt noch, in der Volksmedizin eine grosse Rolle gespielt. Plinius bezeichnet sie mit *Fel terrae* (*Erdgalle*, altdeutsch *Ertgalla*). Hieronymus Brunschwig nennt die Pflanze in seinem Destillirbuch (1609): *Dusent gülden Krut*, *Erdgal* und *Aurin*; Valerius Cordus nannte sie *Fieberkraut* und *Aurin*. Die Pflanze wurde früher als *kleines Centaurium* bezeichnet, zum Unterschiede von der Composite *Centaurium majus* (*Centaurea Centaurium* L.)

Blüthezeit. Juli bis September.

Offizinell ist das blühende Kraut: *Herba Centaurii minoris* (*Herba Centaurii*).

Das blühende Kraut wird im Juli gesammelt, von den Wurzeln befreit, geschnitten, getrocknet und in Holz- oder Blechgefässen aufbewahrt. Es ist geruchlos und von sehr bitterem Geschmacke. Häufig ist dem offizinellen Kraut die in ihren Wirkungen völlig gleiche *Erythraea pulchella* Fries beigemischt. Letztere ist schon vom Grunde an gabelästig und besitzt meist 5 rippige, unten nicht rosettige Blätter.

Verwechselungen mit *Erythraea lineariaefolia* Pers. lassen sich durch die schmalen, linienförmigen Blätter, durch den eine verlängerte Rispe bildenden Blüthenstand und den niedrigeren Stengel erkennen; Verwechselungen mit *Silene Armeria* L. sind an den nicht eckigen, klebrigen Stengeln, blauduftigen Stengeln und Blättern und dem Mangel an bitterem Geschmacke erkennbar. *Statice Armeria* L. hat graugrüne Blätter, tief röthere, etwas klebrige Blumen und ist ebenfalls ohne bitteren Geschmack.

Präparate. Aus dem Kraute wird das *Extractum Centaurii* gewonnen. Ausserdem verwendet man das Kraut zur Herstellung von *Tinctura amara, Species amaricantes, Vinum amarum, Pilulae stomachicae* etc.

Bestandtheile. Das Kraut enthält Schleim, Stärkemehl, etwas flüchtiges Oel, einen noch ungenügend untersuchten Bitterstoff, von Dulong „*Centaurin*" genannt, und eine von Mehu 1866 dargestellte, geruch-, geschmack- und farblose, bei 136° schmelzende Krystalle bildende, im Sonnenlicht roth werdende, in kaltem Wasser und Aether schwer-, in heissem Wasser, Weingeist und Chloroform leichter lösliche Substanz: das *Erythrocentaurin* ($C_{27} H_{24} O_8$). Der Ascherückstand, hauptsächlich aus Gyps bestehend, beträgt 6%.

Anwendung. Im Aufguss und in Pulverform als magenstärkendes, fieberstillendes Mittel. Es wird besonders als Zusatz zu bitteren Theespecies und Tinkturen verwendet. (Husemann, Arzneimittell. 647.)

Litteratur. Abbildung und Beschreibung: Nees v. Esenb., Plant. medic., Taf. 203; Hayne, Arzneigew. I., Taf. 29; Berg u. Schmidt, Offiz. Gew., Taf. XXIV[a]; Luerssen, Handb. der syst. Bot. II., 1053; Karsten, Deutsche Flora 1025; Wittstein, Pharm. 838.

Drogen und Präparate: *Herba Centaurii minoris*: **Ph. germ.** 129; Ph. austr. (D. A.) 32; Ph. hung. 103; Ph. ross. 203; Ph. helv. 61; Cod. med. (1884) 46; Ph. belg. 24; Ph. Neerl. 55; Flückiger, Pharm. 640; Hist. d. Drog. II. 104; Berg, Waarenk. 262.

Extractum Centaurii: Ph. austr. (D. A.) 54; Ph. hung. 181; Ph. ross. 125; Ph. helv. suppl. 40; Cod. med. (1884) 413; Ph. belg. 167; Ph. Neerl. 101.

Tinctura amara: **Ph. germ.** 271; Ph. austr. (D. A.) 132; Ph. hung. 451; Ph. ross. 411; Ph. helv. suppl. 115.

Species amarae (*amaricantes*): Ph. aust. (D. A.) 118; Ph. hung. 399; Ph. helv. 118; Ph. belg. 224.

Vinum amarum: Ph. belg. 287; Ph. Neerl. 288.

Bezüglich der Drogen und Präparate siehe Hager, Pharm. Prx. I., 782.

Tafelbeschreibung:

AB Pflanze in natürl. Grösse; 1 Blüthe, vergrössert; 2 Blüthenzweig, desgl.; 3 auseinandergelegte Blüthe, desgl.; 4 Staubgefässe, desgl.; 5 Staubgefäss nach dem Verstäuben, desgl.; 6 Pollen, desgl.; 7 Stempel, desgl.; 8 Fruchtknoten im Querschnitt, desgl.; 9 Frucht, natürl. Grösse; 10 u. 11 geöffnete Kapsel, vergrössert; 12 dieselbe mit Kelch, desgl.; 13 Same, desgl.

Eugenia caryophyllata Thunberg.

Syn. *Caryophyllus aromaticus* L. *Eugenia aromatica* Baill. *Myrtus caryophyllus* Spr.

Gewürznelkenbaum — Clove — Giroffle.

Familie: *Myrtaceae* (Unterfamilie: *Myrteae*); Gattung: *Eugenia* Micheli.

Beschreibung. Immergrüner, bis 12 Meter hoher Baum von pyramidalem Wuchse, mit zahlreichen, herabhängenden oder wagerecht abstehenden, stielrunden Aesten, deren glatte Rinde eine gelblich-graue Färbung besitzt. Aestchen rundlich-vierkantig. Die mit ungefähr 3 Cm. langen Blattstielen versehenen Blätter lederig, 8 Ctm. lang, 3 Ctm. breit, länglich-elliptisch, keilförmig in den Blattstiel verschmälert, stumpf zugespitzt, ganzrandig, etwas wellenförmig, oberseits längsfurchig, glänzend-dunkelgrün, mit zahlreichen kleinen Oelräumen ausgestattet, unterseits blasser; vom Hauptnerven gehen zahlreiche, sehr dicht stehende, wenig hervortretende, am Rande bogig verbundene Seitennerven ab. Blüthenstände endständige, dreifach-dreigabelige Trugdolden bildend, mit ungleich vierkantigen, gegliederten, einblüthigen Aesten, welche von kleinen, frühzeitig abfallenden Deckblättern gestützt sind. Blüthen bis 17 Mm. lang, am Grunde mit kleinen, bald abfallenden Deckblättchen versehen, die mittlere gewöhnlich von den 2 Seitenblüthen überragt. Unterkelch (Receptaculum) anfangs weisslich, dann grün, zuletzt dunkelroth, fleischig, cylindrisch bis gerundet vierkantig, 1 Ctm. lang, 3 Mm. dick, die ganze Rinde mit zahlreichen Oelräumen durchsetzt, mit vier kurzen, lederigen, eiförmig-dreieckigen, etwas abstehenden, ebenfalls rothen, mit Oeldrüsen ausgestatteten, bleibenden Kelchlappen, im unteren Theile fest und markig, im oberen unmittelbar unter den Kelchlappen die 2 ziemlich kleinen Fruchtknotenfächer enthaltend, von denen jedes mit etwa 20, in der Mitte der Scheidewand auf wenig hervortretenden Samenträgern befestigten Samenknospen ausgestattet ist. Kronenblätter 4, nebst den Staubgefässen der den Griffel wallartig umgebenden Scheibe eingefügt, milchweiss, rosenroth angehaucht, rundlich, concav, mützenförmig zusammenhängend und beim Aufblühen der Blüthe deckelartig abfallend. Staubgefässe zahlreich, frei oder an der Basis in 4 mit den Kelchblättern wechselnde Bündel vereinigt; letztere nur in der Knospe deutlich wahrnehmbar. Staubfäden haarförmig, vor Entfaltung der Blüthe eingebogen, dann aufrecht. Staubbeutel oval, auf dem Rücken oberhalb der Basis angeheftet, oben mit einer Drüse, zweifächerig, mit parallelen Längsspalten sich öffnend. Pollen dreieckig, dreiporig. Griffel pfriemenförmig, schlank, mit sehr kleiner, einfacher Narbe. Frucht eine längliche oder elliptische, bauchige, 25 Mm. lange, 12 Mm. dicke, von den bleibenden, aufrechten oder nach innen gebogenen Kelchblättern gekrönte, ein-, selten zweifächerige, ein-, selten zweisamige, graubraune Beere bildend. Same länglich, mit sehr dünner Samenhaut. Embryo eiweisslos. Die 2 dicken, nach aussen gewölbten Samenlappen in einander gewunden; das gerade Würzelchen in der Mitte der letzteren schildförmig angeheftet und zwischen ihnen liegend.

Anatomisches. Der aus dem Unterkelche gebildete Fruchtknoten besitzt eine derbe Rinde, deren Parenchym die dicht unter der Oberhaut liegenden, zahlreichen, 2—3reihig geordneten, querovalen Oelbehälter einschliesst und von einer knorpeligen, wellenförmigen Oberhaut und einer Reihe Epidermalzellen bedeckt ist. Darauf folgt ein Kreis Gefässbündel, welcher die Rinde von dem schwammigen, in der Mitte wiederum mit einem Gefässbündel ausgestatteten Marke trennt. Die an Grösse verschiedenen, von einander ungleich entfernten, durch schlaffes Parenchym getrennten Gefässbündel zeigen an ihrem Umfange zerstreute, oder einen dichten Kreis bildende, verholzte Fasern und ein Bastparenchym, dessen in Längsreihen geordnete, würfelige Zellen je eine morgensternartige Druse von Calciumoxalat enthalten. Das die Gefässbündel umgebende schlaffe Parenchym wird nach innen dickwandiger und lockerer, wurmförmige Bänder bildend, welche grosse, weite, unregelmässige Lücken einschliessen. Der centrale Gefässbündelstrang ist in seinem Bau den Rindengefässbündeln gleich, nur fehlen ihm die Fasern. Die Fruchtwand besteht aus einem, von einer Oberhaut bedeckten, derben Parenchym, dessen tangential gestreckte Zellen in der äusseren Schicht gleichfalls viele Oelräume einschliessen. Die Rinde der Nelkenstiele, welche einen strahligen, dichten Holzkreis umschliesst, der wiederum ein weitmaschiges Mark umgiebt, enthält neben wenigen Oelzellen eine Menge grosser Steinzellen.

Blüthezeit. September.

Vorkommen. Ursprünglich auf den Molukken und südlichen Philippinen einheimisch, gegenwärtig auf Sumatra, Malacca, auf den Mascarenen, den westindischen Inseln, namentlich aber auf Sansibar und auf der in der Nähe liegenden Insel Pemba kultivirt. Auf den Molukken erstreckt sich die Kultur auf die südlich von Ceram gelegenen kleinen Inseln Amboina, Nusa-Laut, Saparua und Haruku.

Name und Geschichtliches. Gewürznelken oder Gewürznägelein (althochd. *necheleche,* mittelhochd. *nogelken, nägelin, nelgin,* mittelniederd. *Nalen, Nagelboum,* bei Hildegard *Nelchin*) rührt von der Form der Blüthenknospe her. *Eugenia* von Micheli zu Ehren des Prinzen Eugen von Savoyen, dem Förderer der botanischen Wissenschaften, so benannt. *Caryophyllus* aus *καρυον* (Nuss, Kern) und *φυλλον* Blatt, wegen des zwischen den Kelchblättern befindlichen, aus den gewölbten Kronenblättern bestehenden, nussförmigen Köpfchens. Flückiger bezeichnet die Abstammung von *Caryophyllus* (*Garyophyllon* des Plinius, welcher damit ein nicht bestimmbares indisches Gewürz bezeichnete) als ungewiss. Er ist der Meinung, dass man es hier mit einem gräcisirten Fremdworte zu thun habe, dem vielleicht ein indischer Laut zu Grunde liegt.

Schon die alten Aegypter sollen die Gewürznelken gekannt haben, wie diess eine Mumie beweist, welcher ein Halsband von Gewürznelken beigegeben war. Auch die Chinesen haben schon frühzeitig Kenntniss von den Gewürznelken gehabt, denn schon 226 v. Chr. dienen sie bei ihnen als Kaumittel. Das von Plinius erwähnte *Garyophyllon* ist wegen der Kürze seiner Beschreibung unbestimmbar; einige halten es für unsere Gewürznelken, andere für Cubeben, Wittstein für Nelkenpfeffer. Das erste Auftreten der Gewürznelken in Europa, welches vermuthlich durch die Araber veranlasst worden ist, fällt in die Zeit von 314—335 n. Chr., in welcher Periode Kaiser Konstantin dem Bischof Silvester von Rom unter anderen Geschenken auch 150 Pfund Nelken (*caryophyllorum*) verehrte. In der griechischen Litteratur finden wir die Nelken zuerst bei Alexander Trallianus (zu Anfang des 6. Jahrh.) erwähnt, der sie als ein Magenmittel und gegen Podagra empfiehlt, auch verschiedenen Medikamenten beimischte. Paulus von Aegina, ein vielgereister Arzt des 7. Jahrh., bemerkt, dass die Nelken von einem indischen Baume stammen und häufig sowohl als Gewürz als auch als Arznei dienten. Von dieser Zeit ab erscheinen die Nelken häufig im Handel des Mittelmeeres, ohne dass man ihre Abstammung und ihre Herkunft kannte, bis es Ludovico de Barthema im Jahre 1504 gelang, die Gewürznelkeninseln zu erreichen. Von ihm stammt eine Beschreibung der Einsammlung der Gewürznelken her. Bigafetta, der Reisegefährte Magellan's, welcher den Baum im Jahre 1521 auf den Molukken sah, giebt eine ausführliche Schilderung desselben; die erste zuverlässige Beschreibung stammt jedoch von Garcias ab Horto. Von 1524 ab setzten sich die Portugiesen in den Besitz der Gewürzinseln und betrieben den Handel mit Gewürznelken; sie wurden jedoch um 1600 von den Holländern vertrieben, welche den Gewürznelkenhandel monopolisirten, alle nicht unter ihrem Schutze liegenden Gewürznelkenbäume (Ternate-Inseln) ausrotteten und hauptsächlich auf Amboina grosse Nelkenbaumpflanzungen anlegten. Trotz der grossen Wachsamkeit der Holländer gelang es doch anderen Nationen, sich Samen und Pflänzlinge zu verschaffen — so namentlich dem französischen Gouverneur von Bourbon und Isle de France — und die Kultur dieses werthvollen Baumes weiter zu verbreiten. 1793 kam der erste Nelkenbaum nach Cayenne und kurz darauf (um 1800) erfolgte die Einführung in Sansibar, angeblich von Mauritius und Reunion her.

Myrtaceae.

Caryophyllus aromaticus L.

Auch die sogenannten Nelkenstiele, die abgeschnittenen Blüthenstiele der Gewürznelken, bildeten im Mittelalter einen Gegenstand des Handels. Sie dienten zur Herstellung eines billigen Nelkenpulvers, welches zu Fälschungen des Gewürznelkenpulvers verwendet wurde.

Offizinell sind die noch unentfalteten, geschlossenen, getrockneten Blüthenknospen: *Caryophylli* (*Caryophylli aromatici*); früher auch die jetzt nur noch selten in den Handel gelangenden unreifen Früchte, die sogen. Mutternelken: *Anthophylli* und die jetzt noch häufig im Handel erscheinenden aromatischen Blüthenstiele, das Nelkenholz: *Festucae Caryophyllorum* (*Stipites Caryophyllorum, Fusti*). Im Mittelalter wurden auch die abgeworfenen Blumenblätter, die sogen. Hütchen: Capelletti verwendet.

Die Gewürznelken haben die Form eines kleinen stumpfen Nagels, sind 4—10 Mm. lang, undeutlich vierkantig, oben mit 4 ausgebreiteten Zähnen, den Kelchblättern, versehen, welche die noch unentfaltete, leicht ablösbare, pfefferkornförmige Blumenkrone umgeben. Sie sind dunkelbraun, auch gelbröthlich, fest, im Bruche eben, ölglänzend, beim Drücken mit dem Fingernagel ölgebend. Der Geruch ist durchdringend, angenehm, eigenthümlich aromatisch, der Geschmack feurig aromatisch.

Die Nelken der kultivirten Bäume besitzen einen grösseren Oelreichthum, als die der wildwachsenden; erstere liefern vom 6. bis 12. Jahre die höchsten Erträge, sollen jedoch nicht über 20 Jahre alt werden. Nach Flückiger giebt ein guter Baum jährlich 2—4 Kilogr. Nelken. Die Einsammlung erfolgt zweimal im Jahre und zwar sobald der Unterkelch sich zu röthen beginnt, kurz vor dem Abwerfen der Kronenblätter, zu welcher Zeit der Oelreichthum am bedeutendsten sein soll. In Sansibar werden die Nelken gepflückt, in Amboina zum Theil gepflückt, zum Theil mit Bambusstäben abgeschlagen und auf Tüchern gesammelt. Sansibar und Pemba liefern gegenwärtig die meisten Nelken, nach Flückiger jährlich mehrere Millionen Kilogramme im Werthe von (1880) über 300,000 Mark. Die Versendung erfolgt in Säcken aus Cocospalmenblättern, oder auch in Häuten. England steht mit einer jährlichen Einfuhr von ca. 2 Millionen Kilogr. obenan; Hamburg erhält $^1/_3$ Million Kilogr.; letzterer Ort erhält ausserdem jährlich bis $^1/_3$ Million Kilogr. Nelkenstiele.

Im Handel erscheinen mehrere Sorten, die sich aber nur durch unbedeutende Aeusserlichkeiten unterscheiden: Englische Nelken, Amboina-Nelken, Bourbon-Nelken, Cayenne-Nelken, Sansibar-Nelken. Die schönsten sind diejenigen von Amboina. Die Bourbon- (Reunion-) Nelken sind etwas schlanker und mit Stielen und Blattresten untermengt; die Sansibarsorte ist dunkler und dünner, die Cayenne-Nelken sind dünn, spitz, trocken, schwärzlich, wenig aromatisch.

Die Mutternelken (Anthophylli) sind länglich oval, haben fast die Grösse einer kleinen Eichel, sind von dem Kelche gekrönt, lederartig, etwas runzelig, von der Farbe der Gewürznelken und enthalten einen braunen, fettglänzenden Kern; sie riechen und schmecken weniger aromatisch als die Gewürznelken.

Missbildungen, welche der Insel Matchian eigen zu sein scheinen, die sich dadurch auszeichnen dass anstatt der vier Kelchblätter deren mehrere am unteren Theile des Receptaculum auftreten, genossen früher unter dem Namen *Caryophyllum regium* hohes Ansehen.

Die Nelkenstiele haben einen kräftigeren Geschmack als die Mutternelken, besitzen jedoch ein weniger feines Oel als die Gewürznelken. Sie werden, wie bereits bemerkt, zur Fälschung der gepulverten Gewürznelken benutzt. Das Vorhandensein von Steinzellen in dem Pulver lässt durch das Mikroskop die Fälschung leicht nachweisen.

Fälschungen der Gewürznelken finden nicht statt, doch kommt es vor, dass Nelken in den Handel gebracht werden, die bereits der Gewinnung des Oeles gedient haben, also ohne Oel sind.

Bestandtheile. Nach Tromsdorf enthalten die Nelken in 100 Theilen: 18 ätherisches Oel, 13 Gerbstoff, 6 fast geschmackloses Harz, 13 Gummi, 4 schwerlöslichen Extraktivstoff mit etwas Gerbstoff etc.; ferner Caryophyllin und Eugenin.

Bei der Destillation der Gewürznelken erhält man bis 20% eines gelblichen oder braunen, schwer flüchtigen Oeles, das sogen. Nelkenöl, welches ein spez. Gew. von 1,041—1,060 und den Geruch und Geschmack der Droge in hohem Maasse besitzt, bei —25° noch flüssig bleibt. Es besteht zum grössten Theile aus *Eugenol* und zu einem geringen Theile aus einem Kohlenwasserstoff.

Das ätherische Oel, welches bis zu 6,4% aus den Stielen gewonnen wird, besitzt einen weniger feinen Geruch und enthält verhältnissmässig mehr Kohlenwasserstoff als das Oel der Gewürznelken.

Eugenol (Nelkensäure) von der Zusammensetzung $C_{10}H_{12}O_2$ ($C_{20}H_{12}O_5$ Dumas, $C_{48}H_{20}O_{10}$ Ettmüller), 1827 von Bonastre im ätherischen Oele der Gewürznelken, später im Nelkenpfefferöle, im Oele der Blätter von *Cinnamomum ceylanicum* Nees, im Oele der Rinde von *Canella alba* Murr., im Lorbeeröl etc. aufgefunden, ist ein farbloses, klares, an der Luft braun werdendes Oel vom Geruch und Geschmack der Gewürznelken, mit einem spez. Gew. von 1,068—1,079 (1,087 bei 0° nach Flückiger). bei 242° siedend, schwach sauer reagirend. Es ist schwer löslich in Wasser, gut in Weingeist, Aether und concentrirter Essigsäure, reducirt amoniakalische Silberlösung, wird mit Essigsäureanhydrit in *Aceteugenol* übergeführt, dessen Krystalle durch Kaliumpermanganat zu *Acetvanillinsäure* oxydirt werden, zerfällt mit Chromsäure in Kohlensäure und Essigsäure, ist völlig wirkungslos auf das polarisirte Licht und zeigt in jeder Beziehung die Eigenschaften eines Phenols. Wird *Acetvanillinsäure* mit schwacher Kalilauge gekocht, so geht diese in *Vanillin* über.

Eugenol wird durch Destillation mit concentrirter Natron- oder Kalilauge gewonnen, durch welchen Prozess das sogen. leichte Nelkenöl ($C_{15}H_{24}$), ein die Polarisationsebene links ablenkender Kohlenwasserstoff, bei 251° übergeht und das Eugenol als krystallisirende Natrium- oder Kaliverbindung zurückbleibt, aus welcher durch eine geeignete Säure das Eugenol bei 247½° abdestillirt.

Caryophyllin ($C_{20}H_{32}O_2$), 1825 von Lodibert und Baget in den Gewürznelken aufgefunden (Cayennenelken sollen es nicht enthalten), krystallisirt aus Weingeist in Kugeln, die aus weissen, seidenglänzenden, geruch- und geschmacklosen Nadeln zusammengesetzt sind. Diese Nadeln reagiren neutral, sublimiren bei 285° vollständig, schmelzen über 330°, sich in einen gelben, bitter schmeckenden, in Weingeist leicht löslichen Stoff verwandelnd. Caryophyllin ist in Wasser, kaltem Weingeist, wässerigen Säuren und Alkalien unlöslich, wenig in Essigsäure und ätherischen Oelen, leicht löslich in kochendem Weingeist und Aether. Es wird durch rauchende Salpetersäure zu *Caryophyllinsäure* ($C_{20}H_{32}O_6$) oxydirt, welche aus der Salpetersäure in Nadelbüscheln auskrystallisirt. Caryophyllin wird von concentrirter Schwefelsäure mit rosenrother, dann blutrother Farbe gelöst.

Eugenin, mit der Zusammensetzung $C^{10}H^{12}O^2$, nach Liebig der Nelkensäure isomer, scheidet sich aus dem über Gewürznelken destillirten, ölreichen, trüben Wasser ab, bildet zarte, weisse, durchsichtige, perlglänzende, später gelblich werdende, geschmacklose Blättchen von schwachem Nelkengeruche, in Weingeist und Aether leicht löslich, in kalter Salpetersäure blutrothe Färbung annehmend. Martius erhielt 1% Eugenin, Flückiger hingegen hat es nicht auffinden können.

Die Gewürznelken enthalten reichlich Schleim, welcher durch Bleizucker gefällt wird. Husemann, Pflanzenstoffe 989.

Anwendung. In Substanz, als Tinktur, besonders als Oel als ein mild adstringirendes, stark gewürzhaftes, die Nerven und das Gefässsystem anregendes Mittel. „Jetzt dienen die Nelken in der Heilkunde hauptsächlich nur als Bestandtheil und aromatischer Zusatz offizineller und magistraler Mischungen zu innerem und äusserlichem Gebrauche, als Kaumittel, um den Athem wohlriechend zu machen und bei Zahnschmerzen, wo namentlich auch das Nelkenöl Anwendung findet.“ Letzteres ist ein starkes Irritans, in Verdünnung ein gewürzhaftes Excitans und Stomachicum, auch ein Antisepticum. „Es wirkt reizend auf die Haut, macht Muskelsubstanz mürbe, hemmt die Flimmerbewegungen und erhöht, auf die Mundschleimhaut gebracht, die Speichel- und Schleimabsonderung." Es ist ein vorzügliches Mittel gegen Insekten, namentlich gegen Mücken und Fliegen, welche durch die Dämpfe getödtet werden. Die Verwendung der Nelken als Speisegewürz ist bekannt. Husemann, Arzneimittell. 319,

Litteratur. Abbildung und Beschreibung: Nees v. Esenb., Plant. med., Taf. 299; Hayne, Arzneigewächse X., Taf. 38; Berg u. Schmidt, Offiz. Gew., Taf. IIId; Bentley and Trimen, Med. pl., Taf. 112; Luerssen, Handb. der syst. Bot. II. 817; Karsten, Deutsche Flora 789; Wittstein, Pharm. 575.

Drogen und Präparate: *Caryophylli*: **Ph. germ.** 49; Ph. austr. 31; Ph. hung. 99; Ph. ross. 67; Ph. belg. 23; Ph. helv. 23; Cod. med. 55; Brit. ph. 72; Ph. dan. 109; Ph. suec. 81; Ph. U. St. 67; Flückiger, Pharm. 754; Flückiger and Hanb., Pharm. 280; Hist. d. Drog. I., 498; Berg, Waarenkunde 316; Berg, Atllas 81, Taf. XLI.

Oleum Caryophyllorum: **Ph. germ.** 194; Ph. austr. 96; Ph. hung. 315; Ph. ross. 289; Ph helv. 91; Cod. med. 449; Ph. belg. 203; Ph. Neerl. 166; Brit. ph. 221; Ph. dan. 36; Ph. suec. 16; Ph. U. St. 235; Berg, Waarenk. 561.

Acetum aromaticum: **Ph. germ.** 1; Ph. austr. 2; Ph. hung. 5; Ph. helv. suppl. 1; Ph. suec. 3.

Acidum aceticum aromaticum: Ph. belg. 98.

Emplastrum aromaticum: Ph. helv. suppl. 34; Ph. belg. 160; Ph. Neerl. 89.

Mixtura oleoso-balsamica: **Ph. germ.** 179; Ph. hung. 75; Ph. ross. 261; Ph. helv. 83; Ph. belg. 121; Ph. dan. 265.

Pilulae odontalgicae: Ph. helv. suppl. 91.

Species aromaticae: **Ph. germ.** 240; Ph. ross. 369; Ph. helv. 118.

Tinctura aromatica: **Ph. germ.** 272; Ph. ross. 413; Ph. helv. 141; Ph. belg. 266; Ph. dan. 264; Ph. suec. 230.

Tinctura Opii crocata (Vinum thebaicum crocatum): **Ph. germ.** 284; Ph. ross. 433; Ph. helv. 146; Ph. dan. 295; Ph. suec. 252.

Tinctura Lavandulae rubra (composita): Ph. dan. 273; Ph. U. St. 349.

Electuarium aromaticum: Ph. austr. 44: Ph. hung. 151.

Infusum Caryophyllum: Brit. ph. 158.

Infusum Aurantii compositum: Brit. ph. 157.

Mixtura Ferri aromatica: Brit. ph. 210.

Vinum Opii aromaticum: Brit. ph. 368; Ph. Neerl. 289.

Bezügl. der Drogen und Präparate siehe auch Hager, Pharm. Prx. I., 762; III. 219.

Tafelbeschreibung:

A Blüthenzweig, natürl. Grösse; 1 Blüthenknospe, während des Aufblühens, mit abgehobenen Blumenblättern (links oben), vergrössert; 2 Blüthenknospe im Längsschnitt, desgl.; 3 Staubgefässe von verschiedenen Seiten, desgl.; 4 Pollen, desgl.; 5 Fruchtknoten im Querschnitt, desgl.; 6 Frucht, natürl. Grösse; 7 dieselbe im Querschnitt, mit Würzelchen und Samenlappen, desgl.; 8 Embryo, desgl.; 9 Ein Samenlappen mit Würzelchen, desgl. Nach einer Originalzeichnung des Herrn Professor Schmidt in Berlin.

Euphorbia resinifera Berg.

Syn. *Tithymalus resiniferus* Krst.

Euphorbium — Euphorbe.

Familie: *Euphorbiaceae.* (Unterfamilie: *Euphorbieae*); Gattung: *Euphorbia* L.

Beschreibung. Strauchige, $^1/_4$ bis 1 und 2 Meter hohe, den Cacteen ähnliche, vom Grunde auf verzweigte Pflanze, mit wenig verzweigten, unten harten und graurindigen, oben fleischigen, 4-, selten 3-kantigen, schwach blaugrünen Aesten. Kanten stumpf; Flächen etwas concav. Blätter aus kleinen, bald abfallenden Schüppchen bestehend. Blattpolster an den Astkanten, nicht herablaufend, in kurzen, regelmässigen Entfernungen von einander, dreieckig-eiförmig, am Scheitel mit 2 kurzen, abstehenden, braunen Stacheln besetzt. Die trugdoldenförmigen Blüthenstände wenig oberhalb der Blattpolster entspringend, aus Stellen, die schon vorher durch Grübchen angedeutet sind, kurz und dick gestielt, gewöhnlich 3- (selten 6—7)köpfig, jeder Kopf einen besonderen kleinen Blüthenstand (Cyathium) darstellend, das mittlere Cyathium sitzend oder fast sitzend, die 2 seitlichen kurz gestielt. Die gemeinschaftliche Hülle, das Involucrum, glockig-becherförmig, mit 5 drüsenartigen, horizontal abstehenden, goldgelben, grossen, fast rhombisch-oblongen oder breit-verkehrt-eikeilförmigen, ausgerandeten äusseren und sehr kurzen, abgerundeten, gezähnelten inneren Lappen. Das Innere des Cyathium ist angefüllt mit zahlreichen, zerschlitzten Deckblatt- oder Spreuschuppen, zwischen denen sich auf langen Blüthenstielen die aus nackten Staubgefässen gebildeten männlichen Blüthen befinden, deren Filamente gegen den Blüthenstiel gegliedert sind. Staubbeutelfächer getrennt, mit einer Längsspalte aufspringend. Pollen rundlich, 3seitig, 3nabelig. Weibliche Blüthe einzeln in der Mitte des Cyathium, lang gestielt, weit hervorragend und überhängend; der 3fächerige, 3eiige Fruchtknoten von einem kleinen 3lappigen Perigon unterstützt. Die weibliche Blüthe ist bisweilen verkümmert und besteht dann nur aus einem Pistillrudiment. Kapsel gross, verflacht, stark 3knöpfig, mit holzigen, dicken, glatten, stark convexen, auf dem Rücken gekielten Klappen. Same rundlich, fast papillös, ohne Schwiele, mit vom Nabel nach dem Hagelfleck laufenden Nabelstreifen.

Vorkommen. In den Gebirgen Marokkos, namentlich in der Provinz Dimineh, südöstlich von Marokko.

Name und Geschichtliches. *Euphorbium* stammt nach Plinius von Euphorbos, dem Namen des Leibarztes des Königs Juba von Mauretanien. Die Ableitung von εὐ (gut, wohl) und φοςβη (Nahrung) ist undenkbar, da die Euphorbien gänzlich ungeniessbar sind; *resinifera* harzerzeugend.

Das Euphorbium ist ein uraltes Arzneimittel, welches schon Dioskorides und Plinius beschreiben und dessen Heimath und scharfe Eigenschaften den letzteren bekannt waren. Nach Plinius war es der König Juba II. von Mauretanien (30 v. Chr. bis 24 n. Chr.), der die in seinem Reiche, dem heutigen Marokko, wachsende Pflanze in einer besonderen, uns nicht erhaltenen Schrift abhandelte und dieselbe nach seinem Leibarzte Euphorbos benannte. Seit jener Zeit hat sich der medizinische Gebrauch ununterbrochen bis in die Neuzeit erhalten. Caelius Aurelianus empfiehlt das Mittel bei Wassersucht, Archigenes als Blasenpflaster, Alexander Trallianus zur Verhütung des Ausfallens der Haare, Scribonius Largus als Niesmittel gegen Kopfschmerz. Mit Euphorbium beschäftigen sich ferner Rufus Ephesius, Galen, Vindicianus, Oribasius, Aëtius, Paulus Aegineta. El Bekri giebt 1068 den Weg an, auf dem *El-forbion* zu uns gelangt, und erwähnt das Vorkommen der Pflanze bei den Beni Ouareth, einem Sanhadjastamme. Bis 1849 hielt man *Euphorbia canariensis* L. für die Stammpflanze. Berg wies jedoch nach, dass die in der Droge vorkommenden Pflanzentheile einer anderen Art angehören, die er mit dem Namen *Euphorbia resinifera* belegte und Theile derselben in den offizinellen Pflanzen abbildete und beschrieb. Die wahre Stammpflanze gelangte 1870 von Mogador nach Kew, wodurch die Annahme Bergs vollkommen bestätigt wurde.

Offizinell ist der erhärtete Milchsaft, das Gummiharz: *Euphorbium* (*Gummi Euphorbium, Resina Euphorbium.*

Die mit zahlreichen Milchröhren ausgestattete Pflanze lässt bei der geringsten Verwundung den Milchsaft austreten, welcher bald erhärtet. Da die Droge hauptsächlich die Stachelhaare, Blüthentheile und Früchtchen einschliesst, so ist anzunehmen, dass die Verwundung durch Anschneiden gewöhnlich an den Kanten der Aeste vorgenommen wird. Das Einsammeln des erhärteten Gummiharzes erfolgt im September, wobei Nase und Mund durch Tücher sorgfältig geschützt werden müssen; die eingesammelten Stücke sind sehr unregelmässig, 1 bis 3 Ctm. gross, zeigen die Formen der 2stacheligen Blattpolster, der Blüthengabeln und dreiknöpfigen Früchte und sind immer begleitet von zahlreichen grün berindeten oder mit gelblichem Korke bedeckten Resten der Stammpflanze. Die Droge, welche weder unter dem Mikroskope, noch im polarisirten Lichte eine Struktur erkennen lässt, ist aussen graugelblich, mehr oder weniger röthlich oder bräunlich, matt, etwas bestäubt, ziemlich brüchig, leicht zerbrechlich und zerreiblich, meist mit 1 bis 3 Löchern, von den Stacheln der Stammpflanze herrührend, ausgestattet, geruchlos und anfangs geschmacklos, dann aber anhaltend scharf brennend. Das Pulver ist weiss; der Staub erregt heftiges Niesen, Entzündung und Anschwellung des Gesichts. Erst grössere Mengen oder Erwärmung entwickeln einen weihrauchartigen Geruch. In der Wärme schmilzt das Euphorbium unvollkommen unter Aufblähen und verbrennt, angezündet, mit heller Flamme. Die die Euphorbien auszeichnenden keulenförmigen Stärkekörner kommen auch im Milchsafte der *Euph. resinifera* vor, jedoch in sehr geringer Anzahl. Im Handel erscheint das Euphorbium oft sehr verunreinigt durch Stengelreste, Früchte und Erde. Die Ausluhr, welche in Bastmatten aus Salé und Mogador erfolgt, betrug 1878 aus letzterem Orte nach Flückiger 2376 Klgr.

Bestandtheile. Nach Flückiger enthalten reine, von Pflanzenresten befreite Stücke des Euphorbium in 100 Theilen: 38 amorphes, scharfes Harz, 22 krystallinisches, mildes Harz (Euphorbon), 18 bassorinartiges Gummi, 12 äpfelsaure Salze, 10 Asche, worin neben den Carbonaten des Natriums und Calciums namentlich Chlorkalium gefunden wird.

Das Euphorbium giebt mit Wasser keine Emulsion; letzteres entzieht ihm, neben verschiedenen Salzen, hauptsächlich durch Bleiacetat fällbares Gummi, welches, mittelst Alkohol aus der wässerigen Lösung ausgeschieden, nach der Eindampfung einen zum Theil körnig erstarrenden, stark sauren, Aepfelsäure enthaltenden Syrup liefert, der nach Erhitzung in einer Retorte Krystalle von Maleïnsäure und Fumarsäure sublimirt.

Das amorphe Harz, welches zu den von schmelzendem Kali wenig angreifbaren Terpenharzen gehört, besitzt nach Hlasiwetz die Formel $C_{10}H_{16}O_2$, liefert nach Sommer kein Umbelliferon, löst sich nicht in wässeriger Aetzlauge und reagirt nicht sauer in weingeistiger Lösung.

Euphorbon, mit der Flückiger'schen Formel $C_{13}H_{12}O$ ($C_{15}H_{24}O$ Hesse), ist farblos, meist undeutlich krystallinisch-warzig, luftbeständig, geruchlos, neutral reagirend, langsam einen mässig starken, scharfen Geschmack entwickelnd, bei 106—116° (gereinigte Krystalle nach Flückiger bei 116—119°) schmelzend, in höherer Temperatur sich zersetzend. Flückiger erhielt es aus den Lösungen in Aether oder Benzol in langen, federartigen Nadeln. Es löst sich in 38000 Theilen Wasser, 59 Theilen 87 % Weingeist bei 17.5°, leicht in kochendem Weingeist, aus letzterer Lösung sich bei langsamer Erkaltung in

Euphorbiaceae.

Euphorbia resinifera Berg.

runden Wärzchen, bei rascher Erkaltung in Form eines lockeren Staubes wieder abscheidend, bei rascher Verdunstung eine glasartige, concentrisch-strahlig-krystallinische Masse bildend. Aether, Benzol, Chloroform und Amylalkohol lösen es leicht, aus Petroleumäther krystallisirt es in glänzenden Schüppchen und kurzen Prismen. Spuren des scharfen Harzes lassen sich nur durch wiederholtes Umkrystallisiren beseitigen. Auflösungen des Euphorbons in Aether und Chloroform drehen nach Hesse die Polarisationsebene nach rechts; es zeigt überhaupt bezüglich seines chemischen Verhaltens grosse Aehnlichkeit mit dem *Lactucon*. Salpetersäure löst langsam und verwandelt das Euphorbon in Oxalsäure und eine nicht krystallisirende Säure. Concentrirte Schwefelsäure löst schwer mit gelbbrauner Farbe; letztere Lösung nimmt bei Einwirkung von concentrirter Salpetersäure, Salpeter oder chlorsaurem Kalium schön violette Farbe an. (Husemann, Pflanzenstoffe 901.)

Anwendung. Früher innerlich als Drasticum, jetzt nur noch äusserlich als hautreizendes Mittel, als Reizmittel für torpide Geschwüre und als Zusatz zu Vesicatorien; hauptsächlich in der Veterinärpraxis. Husemann äussert sich über das Euphorbium wie folgt: „Die scharfen Eigenschaften sind vielfach übertrieben. Auf der Haut verhält es sich nach meinen Versuchen mit auserlesener Waare in Pulverform völlig indifferent, erregt jedoch in kleinen Mengen Niesen (angeblich selbst heftiges Nasenbluten, nach Einigen auch beim Pulverisiren Thränen der Augen und Gesichtsgeschwulst); es erregt nach Buchheim in alkoholischer Lösung an zarteren Hautstellen Dermatitis, im Munde und Rachen Stunden lang anhaltendes Brennen, imMagen und Darm Erbrechen und Abführen, in Wunden und Geschwüren heftige Entzündung bis zu brandiger Zerstörung.“ Eine Tinktur diente früher als Zusatz zu reizenden Verbandsalben, auch zum Betupfen torpider Geschwüre und cariöser Knochen. Das Gummiharz soll jetzt hauptsächlich zum Ueberziehen der Schiffsböden verwendet werden. (Husemann, Arzneimittell. 528.)

Litteratur. Abbildung und Beschreibung: Berg und Schmidt, Offiz. Gew. Taf. XXXIV d (Fig. M—X); Bentley and Trimen, Med. pl., Taf. 240; Luerssen, Med. pl. II, 741; Karsten, Deutsche Flora 587; Wittstein, Pharm. 214.

Drogen und Präparate. *Euphorbium*: **Ph. germ.** 80; Ph. austr. 51; Ph. hung. 171; Ph. ross. 118; Ph. helv. 37; Cod. med. 52; Ph. belg. 37; Ph. dan. 93; Ph. suec. 68; Flückiger, Pharm. 177; Flückiger and Hanb., Pharm. 558; Hist. d. Drog. II, 304; Berg, Waarenk. 503.

Tinctura Euphorbii: Cod. med. 601; Ph. belg. 265.

Emplastrum Cantharidum perpetuum: **Ph. germ.** 76; Ph. austr. 46; Ph. hung. 157; Ph. ross. 108; Ph. helv. 33; Ph. belg. 162; Ph. dan. 86; Ph. suec. 58.

Pulvis Euphorbii: Cod. med. 521.

Unguentum acre: Ph. helv. suppl. 125.

Bezügl. der Drogen und Präparate siehe auch Hager, Ph. Prx. I, 1021.

Tafelbeschreibung:

A Ast mit Blüthe, nat. Grösse; 1 3köpfiger Blüthenstand, vergrössert; 2 Cyathium, desgl.; 3 männliches Cyathium im Längsschnitt, desgl.; 4 männliche Blüthe, desgl.; 5 Deckblatt- oder Spreuschuppe, desgl.; 6 ein fruchttragendes Cyathium, desgl.; 7 Fruchtkapsel, nat. Grösse; 8 Fruchtkapsel von oben, vergrössert; 9 dieselbe im Aufspringen, desgl.; 10 Same von der Bauchseite. Von W. Müller nach einem Exemplar aus dem botanischen Garten in Jena gezeichnet.

Fagus silvatica L.

Rothbuche — Beech — Hêtre.

Familie: *Cupuliferae.* Gattung: *Fagus* Tourn.

Beschreibung. Bis 30 m hoher Baum mit walzenrundem, silbergrau berindetem Stamm und prachtvoller, in späterem Alter schön gewölbter Krone. Knospen spindelförmig, straff, spitz, ziemlich gross. Tragknospen dicker und grösser; Schuppen dachziegelig, kaffeebraun, gegen die Spitze mit einem feinen, silbergrauen Filz bedeckt. Die derben und lederartigen, beiderseits grünen, glänzenden Blätter auf 6—10 mm langen, behaarten Blattstielen, eiförmig, mit wenig ausgezogener Spitze, am Grunde ziemlich stumpf, den Enden der Seitenrippen entsprechend am Rande seicht und unregelmässig, schwach-buchtig gezähnt, etwas wellig, kahl, nur am Rande in der Jugend fein und seidenartig gewimpert. Blattrippen auf jeder Seite 6—9, nach dem Rande zu etwas auseinanderlaufend. Junge Blätter mit 2 langen, zungenförmigen, röthlichen, bald abfallenden Nebenblättern. Blüthen an den jungen Trieben, zugleich mit dem Laube erscheinend. Männliche Kätzchen aus den Blattwinkeln hervorbrechend, langgestielt, kugelig, aus 8—10 dicht zusammengedrängten Einzelblüthen bestehend, schlaff herabhängend; einzelne Blüthen mit 5—6spaltigem, aussen behaartem, glockenförmigem Kelche und 10—12 Staubgefässen. Letztere mit langen Filamenten und 2 kammerigen, am Rücken angehefteten Beuteln. Pollen unter Wasser rundlich. Weibliche Blüthen an der Spitze der jungen Triebe, je 2 in einer vielschuppigen, anfangs weich-stachelborstigen, viertheiligen, von mehreren schmal-lanzettlichen Deckblättchen umstehenden Hülle. Hülle bei der Fruchtreife dick und hart werdend, in 4 Klappen aufspringend. Einzelne Blüthen aus einem 3kantigen, von einer behaarten, 4theiligen Hülle (Perigon) gekrönten, 3fächerigen Fruchtknoten bestehend, mit 3 behaarten, fadenförmigen, gekrümmten Narben; jedes Fach mit 2 hängenden Samenknospen. Frucht eine falsche, 4klappige Kapsel darstellend, welche 2 einsamige, scharf 3kantige, kaffeebraune Nüsse (Bucheckern) umschliesst, die mit einer flachen, dreieckigen Grundfläche (Nabel) dem Grunde der Hülle angewachsen sind. Nach dem Aufspringen der mit einem dicken, rauh behaarten Stiele versehenen Hülle lösen sich die Nüsse von der letzteren und fallen meistens zugleich mit der weitaufklaffenden Hülle ab. Embryo mit gefalteten Cotyledonen. Würzelchen an der Spitze des Samens.

Die Rothbuche besitzt mehrere Abarten, von denen die folgenden die bemerkenswerthesten sind:

1. Blutbuche (*Fagus silv. var. sanguinea*) mit braunrothen Blättern. Diese gegenwärtig in zahllosen Exemplaren in Parkanlagen verbreitete Varietät soll nach Karsten von einem Einzelexemplare abstammen, welches seinerzeit von dem Forstmeister Winter auf dem Thüringer Walde aufgefunden worden ist.
2. Krause- oder Hahnenkammbuche (*Fagus silv. var. cristata*), eine Missbildung, die fast nur aus Kurztrieben besteht, an denen sich die meistens tief und unregelmässig eingeschnittenen Blätter klumpenförmig zusammenballen.
3. Eichenblättrige Buche (*Fagus silv. var. quercifolia*) mit tief eingeschnittenen, eichenartigen Blättern.
4. Farrnblättrige Buche (*Fagus silv. var. asplenifolia*) mit ebenfalls tief eingeschnittenen, spitzlappigen, nach oben zu sogar einfach-lanzettlichen Blättern.
5. Hänge- oder Trauerbuche (*Fagus silv. var. pendula*) mit trauerweidenartig hängenden Zweigen.

Nach einem alten Glauben sollte die Buche die Eigenthümlichkeit besitzen, dass der Blitz niemals in sie einschlage; dieser Glaube ist jedoch durch Thatsachen mehrfach widerlegt worden.

Anatomisches: Der Querschnitt des Buchenholzes zeigt ein sehr dünnes, kernschichtloses, aus sehr kleinen Kreisschichtzellen bestehendes Mark und ein Holzgewebe, welches aus dickwandigen, wenig langen Holzellen mit dazwischen liegenden zahlreichen, gleichmässig vertheilten Gefässen, zusammengesetzt ist. Markstrahlen ungleich, an den Stellen, wo sie aus einem Jahrringe in den andern übertreten, etwas verdickt.

Verbreitung. Ein wichtiger Waldbaum Europas. Auf kräftigem Gebirgsboden Mitteleuropas und auf frischem, humosem Sandboden der norddeutschen Ebene grosse Waldungen bilden. Die Buche geht südlich bis Sizilien, südwestlich bis Mittelspanien und Nordportugal, südöstlich bis zum Kaukasus (42°), an der Küste Norwegens bis fast zum 61. Grad, im Innern Norwegens bis zum 59. Grad. Der nordöstlichste Punkt ihrer Verbreitung ist Kalethen im südlichen Curland (56° 20′). In vertikaler Richtung steigt sie am Aetna bis 1880 m, in den bairischen Alpen 1300 m, in den norddeutschen Gebirgen 650 m empor.

Name und Geschichtliches. Der Name Buche, althochdeutsch *buoche*, *buocha*, *boha*, angelsächsisch *bôce*, *beóce*, soll mit dem lateinischen *fagus* und dem griechischen φηγός (Eiche oder Buche) gleichen Ursprungs sein und zwar (nach Grassmann) von der Sprachwurzel abstammen, welche im Griechischen *φαγ-ω*, im Altindischen *bhag'* lautet und essen bedeutet. Der Name, sowohl deutsch, lateinisch als griechisch, würde sich also auf die essbaren Früchte beziehen. Im Persischen heisst die

Eiche *bûk* von der altindischen Wurzel *bhug'*, geniessen; man könnte auch nach dieser Richtung hin eine Ableitung des deutschen Namens versuchen. *Silvatica*, im Walde (*silva*) wachsend. Rothbuche bezieht sich zum Unterschiede von der Weissbuche (*Carpinus Betulus*) auf die röthliche Farbe des Holzes. Erwähnungen der Buche in den Schriften der Alten, *Φηγος* des Homer, *ὀξυη* des Theophrast sind zweifelhafter Natur; ebenso lässt *glans fagea* des Plinius sich nicht mit Bestimmtheit auf unsere Buche deuten.

Blüthezeit. Mai.

Offizinell ist der aus dem Holze gewonnene Buchentheer: *Pix liquida Fagi*, aus dem das offizinelle Kreosot: *Kreosotum* (*κρέας* Fleisch und *σώζω* retten, erhalten) gewonnen wird. Die ölreichen Kerne: *Fructus* (*Nuces*) *Fagi* liefern das zu Speisen und zum Brennen verwendete Buchelöl.

Ausserdem werden aus den Früchten Presskuchen zum Füttern des Viehes bereitet, die jedoch bei den Pferden sich als schädlich erwiesen haben. Die Früchte schmecken angenehm süss, äussern aber in grösserer Menge genossen, wegen des in ihnen enthaltenen Alkaloides, narkotische Eigenschaften. Die Blätter wurden früher in Form von Abkochungen als Gurgelwasser verwendet, ebenso frisch zerquetscht zum Auflegen bei chronischem Einschlafen der Glieder.

Durch trockene Destillation wird aus dem Buchenholze der Buchentheer gewonnen, der ausser dem von Reichenbach entdeckten Kreosot Paraffin, Eupion, Kapnomor und Picamor, Essigsäure, Holzgeist etc. enthält. Zur Gewinnung des Kreosot destillirt man Buchentheer, wodurch man als Destillat 2, durch eine Lage sauren Wassers von einander geschiedene Schichten, eine leichtere und eine schwerere erhält. Die untere, schwerere enthält das Kreosot, welches durch Waschung mit Sodalösung, Rektifizirung, Befreiung von den leichten Oelen, wiederholte Lösung des Destillats und Behandlung mit Schwefelsäure abgeschieden wird.

Bestandtheile. Es sind derzeit 2 Kreosote im Handel, die hinsinsichtlich ihrer Zusammensetzung nicht ganz gleich sind; es ist dies das mährische (von Blansko in Mähren) und das rheinische (aus Mainz). Das reine Kreosot ist eine ölartige, farblose Flüssigkeit, von durchdringendem, unangenehm rauchartigem Geruche und scharfem, beissendem Geschmacke, reagirt neutral, löst sich schwer in kaltem, leichter in heissem Wasser, Alkohol und Aether, bricht das Licht sehr stark, verbrennt mit russender Flamme, siedet bei 200—210°, besitzt ein spez. Gew. von 1,04—1,09, bräunt sich an der Luft und löst sich in Kalilauge Als Hauptbestandtheil des mährischen Kreosotes ist das im Allgemeinen mit letzterem gleiches Verhalten zeigende *Kreosol* ($C_8 H_{10} O_2$) zu betrachten, neben welchem noch eine geringe Menge von *Guajacol* ($C_7 H_8 O_2$), ausserdem *Phenol* ($C_6 H_6 O$), *Kresol* ($C_7 H_8 O$), *Phlorol* ($C_8 H_{10} O$) und *Xylenol* ($C_8 H_{10} O$) auftritt. Bei dem rheinischen Kreosot soll der Hauptbestandtheil *Guajacol* sein. Fälschungen des Kreosots mit Carbolsäure finden nicht selten statt.

Die Samen der Buche enthalten nach Brandl und Rakowiecki 43—45% fettes, hellgelbes, mildes, nicht trocknendes, jedoch leicht ranzig werdendes, bei —17° erstarrendes Oel von 0,92 spez. Gew., ein flüchtiges Alkaloid (Trimethylamin), Proteinsubstanz, Harz, Stärkemehl, Gummi, Zucker, Citronsäure, eisengrünende Gerbsäure, Oxalsäure. Das fette Oel besteht vorwiegend aus Oleïn, wenig Palmitin und Stearin und besitzt die Formel $C_{15} H_{28} O_2$. Das für Trimethylamin erklärte Alkaloid hat Herberger als *Fagin* erkannt.

Die Baumrinde enthält nach Braconnot einen, ebenso auch in der Fichte und Tanne vorkommenden, nach Vanille riechenden Stoff, 2% eisenbläuenden Gerbstoff, rothen Farbstoff etc. Der Saft des Stammes enthält nach Vauquelin Gerbsäure, Schleim, essigsaure Salze. Auf krankhaftem, mit einer Harzschicht bedecktem Buchenholze wiesen Liebermann und Lettenmayer huminsaures Ammon, Kali, Natron und Xylindeïn nach. Flückiger fand in einem, auf der Rinde durch ein Insekt verursachten pilzartigen, fettigen Auswuchse ein der Cerotinsäure fast entsprechendes Wachs, welches nach wiederholtem Umkrystallisiren weisse, bei 81—82° schmelzende Blättchen bildete von der Formel $C_{27} H_{54} O_2$. (Husemann, Pflanzenstoffe 439.)

Anwendung. Das Kreosot wirkt stark ätzend auf die Haut; innerlich verursacht es heftige Entzündungen, in grösseren Gaben den Tod. Es wird innerlich angewendet bei habituellem Erbrechen, Durchfällen, Magenleiden, Darmkatarrh, Diabets, Eingeweidewürmern etc.; äusserlich als fäulnisswidriges, desinficirendes, ätzendes Mittel bei Geschwüren, Krebs, brandigen Entzündungen der Mundhöhle, kariösen Zähnen. Kreosot hat in allen Fällen Anwendung gefunden, in welchen derzeit Carbolsäure benutzt wird; es wirkt minder giftig als Carbolsäure. Bezüglich der conservirenden Wirkungen auf Fleisch scheint es, hinsichtlich der Aufbewahrung sehr fettreicher Fleischtheile, die Carbolsäure zu übertreffen. (Husemann, Arzneimittell. 302.)

Litteratur. Abbildung und Beschreibung: Luerssen, Handb. d. syst. Bot. II. 492; Karsten, Deutsche Flora 494; Wittstein, Pharm. 116.

Drogen und Präparate: *Kreosotum*: **Ph. germ.** 152; Ph. austr. (D. A.) 82; Ph. hung. 259; Ph. helv. 72; Cod. med. (1884) 194; Ph. Neerl. 142; Brit. ph. 92; Ph. dan. 144; Ph. U. St. 87; Berg, Waarenk. 578; Hager, Pharm. Prx. 312.

Tafelbeschreibung:

A blühender und B fruchtender Zweig, natürl. Grösse; 1 männliche Blüthe mit Kelch, vergrössert; 2 dieselbe ohne Kelch, desgl.; 3 Staubgefässe, desgl.; 4 Pollen, desgl.; 5 weibliche Blüthe im Längsschnitt, desgl.; 6 dieselbe im Querschnitt, desgl.; 7 Fruchtknoten, desgl.; 8 Frucht, natürl. Grösse; 9 dieselbe im Querschnitt, desgl.; 10 Same mit Hülle, desgl.; 11 derselbe ohne Hülle, desgl. Nach der Natur von W. Müller.

W.Müller n.d.Nat.

Fagus silvatica L.

Ferula Scorodosma Benth. and Hook.

Syn. *Ferula Asa foetida* L. *Scorodosma foetidum* Bunge.

Asant, Stinkasant, Teufelsdreck — Persian Assafoetida.

(*Hingisch* oder *Anguzeh* der Perser, *Sassyk Karai* der Kirgisen, *Kawar* der Bucharei.)

Familie: *Umbelliferae* (Unterfamilie: *Peucedaneae*), Gattung: *Ferula* L.

Beschreibung. Ueber 2 Meter hohe, gesellschaftlich vorkommende Pflanze mit mehrjähriger, sehr grosser, rübenförmiger, fleischiger, bis schenkeldicker, an der unteren Hälfte mit einzelnen, sparrigen, theilweise fast horizontalen Aesten ausgestatteter, aussen graulich-brauner, oft zart violett erscheinender, innen graulich-weisser Wurzel, welche von den Gefässbündeln und Blattstielscheiden der abgestorbenen Blätter stark beschopft ist. Während einer Reihe von Jahren treibt die Wurzel nur Wurzelblätter, bis nach frühestens 5 Jahren, gegen Ende März, der Stengel erscheint, Mitte April bereits die Fruchtreife eintritt und im Mai die ganze Pflanze mitsammt der Wurzel abstirbt. Der Stengel bleibt, nach Art der Umbelliferen, noch einige Zeit in vertrocknetem Zustande stehen und um ihn herum entwickelt sich ein kleiner Wald neuer Pflanzen. Wurzelblätter einjährig, aufrecht, gegen $^1/_2$ Meter lang, blaugrün, kurz grau-flaumig, 3 bis 4 fach 3 zählig; Blattstiele erster Ordnung (Hauptblattstiel) halbrund, am Grunde scheidenartig; Blattstiele zweiter Ordnung dünner, der mittelste länger (doppelt so lang als der Hauptstiel); Blattstiele dritter Ordnung 3 theilig, mit 1 bis 2 fach 3 theiligen oder unpaarig fiedertheiligen, 3 bis 4 jochigen Blattabschnitten. Zipfel (Blättchen letzter Ordnung) länglich-lanzettlich, stumpf, die obern mit dem unteren Rande herablaufend, in Folge dessen schief, die unteren gegen die Basis verschmälert, gleichhälftig, von ungleicher Länge und Breite. Stengel $1^1/_2$ bis 2 Meter und darüber hoch, unten bis 10 Ctm. dick, steif aufrecht, cylindrisch, gestreift, gewöhnlich einfach, innen schwammig-markig, mit nur wenigen, entfernt stehenden, allmählich kleiner und einfacher werdenden, wollig scheidigen, den Wurzelblättern ähnlichen Blättern besetzt, welche zu oberst nur noch aus den die Blüthenäste unterstützenden Scheiden bestehen, oben doldentraubig verzweigt. Während des Blühens fallen die Stengelblätter ab, so dass der fruchttragende Stengel ganz blattlos erscheint. Dolden 20 bis 30 strahlig, auf derbem, gemeinschaftlichem Stiele, ohne Hülle und Hüllchen, die scheitelständigen gehäuft, die inneren deckblattlos; die seitlichen Dolden häufig mit centraler, sitzender (weiblicher) Dolde. Blüthen eingeschlechtig oder zwitterig. Zwitterblüthen mit halbkugeligem, behaartem, meist verkümmerndem Fruchtknoten. Kelch mit 5 kleinen Zähnchen besetzt. Kronblätter 5, abstehend, flach oder etwas concav, stumpf, gelb. Staubgefässe 5, länger als die Kronblätter, einwärts gekrümmt, mit rundlichen, beiderseits ausgerandeten, auf dem Rücken über dem Grunde angehefteten, 2 fächerigen, längsspaltig sich öffnenden Beuteln; die 2 Fruchtblätter den niedergedrückt-gewölbten, 2 theiligen, am Rande ausgeschweiften Griffelfuss und die 2 sehr kurzen Griffel bildend. Die männliche Blüthe unterscheidet sich von der Zwitterblüthe durch den verkümmerten Fruchtknoten. Weibliche Blüthe mit einem aus dem Unterkelche gebildeten, glockenförmigen, 2 fächerigen, 2 eiigen Fruchtknoten. Der aus 5 kurzen, von einander entfernt stehenden Zähnen bestehende Kelch entspringt aus dem Rande des Unterkelches. Kronblätter 5, oberständig, flach, oval, stumpf, weisslich. An Stelle der Staubgefässe ein aufrechter, 5 lappiger Ring mit wenig hervortretenden, ausgerandeten oder abgestutzten Lappen. Die 2 Fruchtblätter den 2 theiligen, kurz kegelförmigen Griffelfuss nebst den 2 langen, zurückgebogenen Griffeln bildend. Narben kopfförmig. Spaltfrucht flach, am Rücken zusammengedrückt, eiförmig oder eiförmig-länglich, breit flügelrandig, auf der Rückenfläche behaart, 10 rippig, blassbraun; Säulchen 2 theilig; Rippen fadenförmig, die Rückenrippe etwas mehr hervortretend; Striemen der Thälchen und der Fugenseite undeutlich; Fugenfläche etwas concav, im Mittelfeld gestreift. Samen mit dem Fruchtgehäuse verwachsen; Embryo klein, in der Spitze des Eiweiss; Würzelchen nach oben gekehrt.

Ferula Narthex Boiss. (*Narthex Asafoetida* Falkoner) ist nach Flückiger eine über 3 Meter hohe Pflanze mit einer kräftig entwickelten Wurzel, welche der von *Ferula Scorodosma* ähnlich und ebenfalls mit einem aus faserigen Blattscheideresten bestehenden Schopf besetzt ist. Stengel bis $3^1/_3$ Meter hoch, dick, im unteren Theile ziemlich reich beblättert. Untere Blätter fast $^1/_2$ Meter lang, 2 bis fast 3 fach fiedertheilig, mit länglich-linealen, stumpfen, kahlen oder behaarten, blaugrünen Abschnitten. Blattscheiden sehr gross, aufgeblasen, im oberen Theile des Stengels die Blätter vertretend. Doldentragende Aeste sehr tief am Stengel anfangend, einzeln in den Blattachseln entspringend, an der Spitze des Stengels gehäuft. Die zusammengesetzten, oft 40 strahligen Dolden besitzen eine pyramidale Anordnung.

Diese Pflanze wurde im Jahre 1838 von Falkoner in dem zum westlichen Tibet gehörenden Thale Astor am Hasora, einem Nebenflusse des Indus, entdeckt.

Ferula alliacea Boiss. (*Ferula Asa foetida* Boiss. et Buhse.) Ausdauernde, 0.60 bis 1 Meter hohe Pflanze mit 3 fach fiedertheiligen, dicht filzigen Blättern, welche mit eiförmig-länglichen oder lineal-keilförmigen, buchtig-kerbigen oder stumpf gezähnten Abschnitten versehen sind. Dolden 15 bis 20 strahlig. Früchte kleiner als bei *Ferula Asa foetida*, mit weit schmäleren Randflügeln. In den zu Ostpersien gehörenden Provinzen Chorassan und Kerman einheimisch.

Obschon der Asantgeruch den vorstehend beschriebenen Pflanzen in hohem Grade eigen ist, so kann doch noch nicht bestimmt bewiesen werden, dass die Droge gerade von diesen 3 Pflanzen abstammt; es bleibt zu erwägen, ob hierbei nicht noch andere hierher gehörige Umbelliferen in Betracht zu ziehen sind. Kaempfer, welcher der Asantgewinnung im Jahre 1687 beiwohnte, giebt von seiner *Asa foetida disgunensis* nur ungenügende Abbildungen und Borszczow (1857—1858), dessen Abbildungen und Berichte vorzügliche sind, sucht zwar den Nachweis zu führen, dass seine *Ferula Scorodosma* mit der Kaempfer'schen *Asa foetida disgunensis* gleichbedeutend sei, er ist jedoch nicht Augenzeuge der Asantgewinnung gewesen. Haussknecht erklärt allerdings bestimmt, dass *Ferula Scorodosma* bei Herat zum Zwecke der Asantgewinnung im Grossen angebaut werde, sowie auch Wood mittheilt, dass er die Asantpflanze in Sighan zwischen Kabul und Balkh in landwirthschaftlicher Pflege angetroffen habe.

Anatomisches. Die Asantpflanze enthält, namentlich in der Wurzel, grosse Zellräume (Emulsionsbehälter), in denen sich neben Oel und Harz auch Gummischleim vorfindet, welcher der bei Verletzung der Pflanze austretenden Flüssigkeit ein milchiges Ansehen giebt.

Blüthezeit. März, April.

Vorkommen. Nur auf kieselsandigem Boden mit wasserdichtem, salzreichem Untergrunde in den Steppen Persiens und den benachbarten Gebieten zwischen dem persischen Meerbusen und dem Aralsee einheimisch; in Folge des geselligen Vorkommens förmliche Wäldchen bildend. „Im südlichen Theile Persiens erreicht Scorodosma nicht ganz das nördliche Gestade des persischen Busens, sondern hält sich hier mehr an Hochregionen von ungefähr 1000 Meter über Meer, während die centralpersischen und aralo-caspischen Hauptstandorte mehr im Norden sich sehr bedeutend senken und z. B. am Nordostufer des Caspimeeres tiefer liegen als der Meeresspiegel. Zwischen Caspi- und Aralsee, in der Hochsteppe Ust-ürt, fehlt *Scorodosma,* findet sich aber, von der persischen Südwestgrenze Luristan und Faristan an, durch ganz Persien, das untere und mittlere Gebiet der Ssyr-Darja bis Chodschend und von hier südwärts über Samarkand hinaus noch an den Abdachungen des Pamir (westlich von Belut-Tag). In Chorassan (bei Turschiz), Herat und Chiwa scheint die Pflanze am massenhaftesten vorhanden zu sein. Wo der Kieselboden in die vegetationsarme Lehmwüste übergeht, fehlt Scorodosma und ist durch andere verwandte Umbelliferen vorzüglich *Ferula persica* Willd. (*F. Asa foetida* Hope) ersetzt. Den Ssyr Darja überschreitet das Scorodosma nicht.“ (Flückiger.)

Name und Geschichtliches. Der Name *Asant* stammt von *asa, αση*, Ekel, wegen des widerlichen Geruchs und Geschmacks; nach anderen soll das Wort von der salernitaner Schule gebildet und sein Ursprung unklar sein. *Ferula* von *ferire* schlagen, geisseln; man bediente sich in früheren Zeiten der getrockneten Stengel zum Schlagen, Züchtigen. *Scorodosma* aus *σκοροδον* Knoblauch und *ὀσμη* Geruch; *Narthex* von *ναρδηξ* Stab, wegen des stabartigen Stengels. *Foetida* übelriechend, stinkend; *alliacea* lauchartig.

Es wird vermuthet, dass das *Silphion* der Griechen (*μηδικος κει συριακος οπος σιλφιον* des Dioskorides), *laser* der Römer, unser Stinkasant gewesen ist; nach Haussknecht soll jedoch dieses Produkt der alten Welt von einer den Gebirgen Luristans angehörenden Umbellifere, *Endjedan* (arabisch *Hiltit el tagil*), abstammen. Ein schon bei Hippokratės und Theophrast vorkommendes *Silphion* (*σιλφιον κυρεναϊκον*) soll nach Viviani, Sprengel und Fraas von einem Doldengewächs *Thapsia Silphium* herrühren.

Die mittelalterlichen Reisenden und Geographen Persiens und Arabiens kannten *Asa foetida* und seine Herkunft. Ali Istachri aus Istachr (im 10. Jahrh.) giebt die Wüste zwischen Seistan und Makran als denjenigen Ort an, wo *Asa foetida* gesammelt werde. Nach einem Berichte Edrisi's (im 12. Jahrh.) wurde in der Gegend von Kaleh Bust „Hiltit“ in grosser Menge gesammelt. Der arabische Schriftsteller Ibn Baitar (zu Anfang des 12. Jahrh.) nennt *Asa foetida* ein geschätztes und viel gebrauchtes Mittel. Auch die salernitaner Schule beschäftigt sich mit der Droge. Aden erhebt um 1270 von *Asa foetida* einen Durchgangszoll; 1305 tritt *Asa foetida* im Zolltarif von Pisa auf.

Offizinell ist der aus der Wurzel gewonnene, an der Luft erhärtete Milchsaft: *Asa foetida* (*Gummi-resina Asa foetida*), welcher in 3 verschiedenen Sorten in den Handel gebracht wird:

1) Stinkasant in Thränen oder Körnern (*Asa foetida in lacrimis s. in granis*) ist die vorzüglichste und seltenste Sorte, welche aus sehr ungleichen, unregelmässig abgerundeten, bis 3 Ctm. grossen, an den Kanten durchscheinenden Körnern oder abgeplatteten, röthlich-braunen oder blassbräunlich-gelben, ebenen und glatten Stücken besteht. Sie sind wachsartig schneidbar, in etwas höherer Temperatur erweichend und klebend, und in der Kälte spröde und pulverisirbar. Der frische Bruch ist bläulich-weiss, opalartig, fettglänzend, an der Luft rosenroth bis allmählich blassbräunlich gelb anlaufend. Das Pulver giebt mit Wasser sehr leicht Emulsion. Die weissen Körner erscheinen unter dem Mikroskop vollkommen gleichmässig und hinterlassen beim Verbrennen nur sehr wenig Asche. In der Emulsion erkennt man unter dem Mikroskop in Molekularbewegung befindliche Körner, gemengt mit zahlreichen, stabförmigen oder linsenförmigen Harztheilen, welche das ätherische Oel einhüllen und durch Jod braun werden. Karsten vermuthet, dass diese Sorte nicht der Wurzel, sondern dem verwundeten Stengel entstammt.

2) Stinkasant in Massen (*Asa foetida in massis, Asa foetida amygdaloides*) ist die gewöhnliche Sorte, welche in unregelmässigen Stücken auftritt. Sie besteht aus einer körnigen Masse, welche einzelne grössere oder kleinere Stücke der vorhergehenden Sorte nebst fremden Beimengungen einschliesst. Letztere betragen oft die Hälfte des Gewichtes und bestehen aus

Erde, kohlensaurem Kalk, Gyps, Pflanzenresten. Flückiger hält diese Beimengungen für nothwendig, wenn es nicht angeht, die *Asa foetida* versandfähig austrocknen zu lassen. In Bombay untermischt man allzu weichem Asant Gummi. Die Stücke sind aussen uneben, lückig, röthlich-braun, im frischen Bruche unregelmässig kleinmuschelig, weisslich, opalartig, wachsglänzend, an der Luft in kurzer Zeit eine dunkel pfirsichblüthrothe, später ins Gelbliche oder Röthlichbraune übergehende Farbe annehmend. Die Emulsion ist der vorhergehenden ähnlich, enthält aber mehr unregelmässige und nur wenig linsenförmige Körnchen.

3) Steiniger Stinkasant (*Asa foetida petraea*) besteht aus unförmlichen, mehr oder weniger kantigen, weisslich-gelblichen Stücken, die später dunkler bis braun werden. Diese schlechte Sorte ist reich an Gyps.

Der Geruch des Asants ist höchst eigenthümlich, äusserst durchdringend, widerlich-knoblauchartig, bei vorsichtigem Schmelzen benzoëartig; der Geschmack ist sehr widerlich, scharf bitter und aromatisch, lange andauernd.

Was die Gewinnung des Asants anbelangt, so sind wir immer noch auf die Berichte angewiesen, welche von Engelbert Kaempfer herrühren, der im Jahre 1687 bei seiner Reise durch Persien, namentlich in der Nähe von Disgun (Faristan), das Verfahren beobachtete. Er unterstützt seine Mittheilungen durch Zeichnungen, die bezüglich der Pflanze als ungenügend bezeichnet werden müssen, denn in seiner *Asa foetida disgunensis* lässt sich nicht bestimmt erkennen, ob damit unser *Ferula Scorodosma* gemeint ist. Er berichtet über die Gewinnung folgendes: Um Mitte des April, zu der Zeit wo die Blätter anfangen zu welken, erscheinen die Asantsammler an den Orten, wo die Pflanze in grösserer Menge vorkommt, legen die starke, mehrjährige Wurzel am oberen Theile frei und bedecken sie zum Schutze gegen Wind und Sonne mit den abgeschnittenen Blättern und Stengeln. Ende Mai wird von dem mit Blattresten beschopften Wurzelkopfe eine dünne Scheibe abgeschnitten und 2 oder 3 Tage später die auf der Schnittfläche ausgetretene Milch (*Schir*) mit eisernen Spateln abgekratzt. Die Wurzel wird wieder bedeckt und nach mehrtägiger Ruhe abermals angeschnitten. Das Anschneiden und Abkratzen des Saftes erfolgt in der angegebenen Weise 3mal, worauf eine längere Ruhepause von ca. 10 Tagen eintritt. Von da ab liefert die Wurzel während 2 oder 3 Monaten eine dickere, harzreichere Milch (*Pispaz*), welche eine vorzügliche Beschaffenheit besitzt. Nach den Beobachtungen des Stabsarztes Bellew werden in Kandahar in Afghanistan nicht Querscheiben von der Wurzel abgeschnitten, sondern nur Einschnitte gemacht, aus denen die Milch ausfliesst und theils zu Klümpchen erstarrt, theils sich in die um die Wurzel gebildete Grube ergiesst.

Der ausfliessende Milchsaft ist anfangs rein weiss, färbt sich aber, der Luft ausgesetzt, auf der Oberfläche bald zart roth, dann rothviolett, zuletzt bräunlich; der Kern bleibt weiss. Die stärksten Wurzeln sollen bis 1 Klgr. *Asa foetida* geben. Der Hauptstapelplatz ist Bombay, wohin die für Europa bestimmte Waare entweder durch persische Händler aus der Provinz Laristan unter dem Namen *Anguzeh i Lari* gebracht wird, oder die Zufuhr erfolgt aus Afghanistan über den Bolanpass und den Indus. Die feinste und theuerste Sorte stammt aus Kandahar (nach Flückiger wohl aus der Gegend unweit Herat, denn in Kandahar soll nach neueren Beobachtungen *Asa foetida* nicht gewonnen werden, vielmehr erfolgt nur die Ausfuhr über Kandahar). Sie kommt, in Ziegenfelle verpackt, unter dem Namen *Kandahari-Hing* nur in geringer Menge nach Bombay und wird von den Reichen Indiens als Gewürz benutzt.

Unter dem Namen *Hing aus Abushaher* gelangt eine in Ziegenfelle oder kleine Tonnen verpackte *Asa foetida* aus den persischen Häfen Abushir und Bender Abbassi nach Bombay, welche nach Dymock von *Ferula alliacea* Boiss. abstammen soll und in der Nähe von Yezd in Chorassan, sowie in der Provinz Kerman gesammelt wird. Sie kommt, mit Wurzelstücken vermischt, als eine dunkelbraune, schmierige Masse in den Handel, welche einen sehr unangenehmen, von der gewöhnlichen *Asa foetida* etwas abweichenden Geruch besitzt, jedoch kein *Umbelliferon* liefert. Sie gelangt nicht nach Europa, wird in Bombay hoch geschätzt und in den dortigen Krankenhäusern ausschliesslich benutzt.

Bestandtheile. Asant enthält nach den Untersuchungen von Pelletier, Brandes, Tromsdorf, Neumann und anderen: 3.1 bis 4.6% ätherisches Oel, 24 bis 65% Harz, 12 bis 50% Gummi, 6.4 bis 11.66% Bassorin, 4.6 bis 26.9% Holzfaser, 0.3 bis 0.4% sauren apfelsauren Kalk etc., 1.4% Extraktivstoff mit salziger Materie, 9.7% schwefelsauren und kohlensauren Kalk, 0.4% Eisenoxyd und Thonerde. Flückiger erhielt aus der Kandaharsorte 10.8% Harz, 47.9% Gummi, aus gewöhnlicher Waare 71.4% Harz.

Das ätherische Oel besteht nach Hlasiwetz aus zwei schwefelhaltigen Kohlenwasserstoffen mit der wahrscheinlichen Zusammensetzung $(C_6H_{11})_2S$ und $C_6H_{10}S$. Es ist hellgelb, dünnflüssig, von sehr widrigem und stark durchdringendem Geruch, schmeckt erst mild, dann kratzend, ist ohne Reaktion auf Lakmus, siedet bei 135 bis 140° und giebt unter fortwährender Erhöhung des Siedepunktes Schwefelwasserstoff ab; bei ca. 300° erhält man in grösserer Menge einen Antheil von schön dunkelblauer Farbe. Es löst sich in ca. 2000 Theilen Wasser, leicht in Weingeist und Aether, besitzt ein spez. Gew. von 0.9515 und ist rechtsdrehend. An der Luft ändert das Oel seinen Geruch und zeigt saure Reaktion. Ueber Natronkalk rektificirt, verliert das Oel den Schwefel und riecht dann lavendelartig. Nach den Flückiger'schen Versuchen liefern die bei der Rektifikation des Oels zuerst übergehenden Antheile bei sehr vorsichtiger Oxydation mit kalter Salpetersäure eine geringe Menge einer krystallisirbaren, sehr zerfliesslichen *Sulfonsäure*, während durch energische Oxydation riechende Fettsäuren gebildet werden.

Wird die weingeistige Lösung der *Asa foetida* mit weingeistigem Bleizucker gefällt und der

Ferula Scorodosma Benth. and Hook

hellgelbe Niederschlag nach Auswaschung mit Weingeist mittelst warmer, sehr verdünnter Schwefelsäure zersetzt, so erhält man *Ferulasäure* $C_{10}H_{10}O_4$. Die rohe Säure riecht stark nach Vanille; die durch mehrmaliges Umkrystallisiren gereinigte Säure ist geruchlos und geschmacklos, bildet lange 4seitige, rhombische Nadeln (nach Flückiger weisse Blättchen oder Prismen), reagirt sauer, schmilzt bei 168 bis 169°, beim Erkalten krystallinisch wieder erstarrend, sublimirt nicht, ist fast unlöslich in kaltem Wasser, ziemlich leicht löslich in kochendem Wasser und in Aether, leicht in Weingeist, sehr leicht, mit gelber Farbe, in wässerigen Alkalien; schmelzendes Aetzkali giebt mit Ferulasäure Essigsäure und Protocatechusäure.

Das durch Fällen des weingeistigen Auszuges erhaltene, vom ätherischen Oel befreite Harz ist gelbweiss, fast geruchlos und färbt sich an der Luft rosenroth. Der amorphe, braunrothe Antheil desselben, welcher, gleich der weingeistigen Lösung des Harzes saurer Natur ist, giebt beim Schmelzen mit Kali *Resorcin* ($C_6H_4[OH]_2$) und *Umbelliferon* ($C_9H_6O_3$); letzteres $^1/_4$% des Harzes betragend.

Der in Weingeist unlösliche Antheil der *Asa foetida*, das Gummi, giebt, nach Flückiger, an Wasser nur sehr wenig ab, während die überwiegende Hauptmasse nicht einmal in Wasser aufquillt. Die Lösung des ersteren Antheils röthet Lakmuspapier nicht, neutrales Bleiacetat giebt keinen Niederschlag und durch Borax wird keine Verdickung hervorgerufen. (Husemann, Pflanzenstoffe 966.)

Anwendung. Innerlich in Pillenform, auch in Tinktur als ein ausgezeichnetes krampfstillendes und die Peristaltik anregendes Mittel bei nervösen und krampfhaften Leiden der Respirationsorgane, des Verdauungsapparates, des Herzens, bei Hysterie, Hypochondrie etc.; äusserlich zu Pflastern, in Klystiren oder als Riechmittel. Als wirksamer Bestandtheil ist vorzugsweise das ätherische Oel zu betrachten. Ueber die physiologischen Wirkungen sind die Ansichten getheilt; während Trosseaux und Pidoux bei Selbstversuchen selbst nach grösseren Dosen keine auffallenden Wirkungen beobachteten, wirkt das Mittel nach Jörg schon in kleinen Gaben stark erhitzend, Schwere im Kopfe erzeugend, den Geschlechtstrieb steigernd und die Respiration beschleunigend. „Die *Asa foetida* ist eine sehr häufig bei krampfhaften Affektionen und namentlich bei Hysterie angewendete Substanz, deren Wirksamkeit nach zahlreichen Erfahrungen sich zwar nicht bezweifeln lässt, jedoch keineswegs als diejenige anderer Antispasmodica und Antihysterica übertreffend betrachtet werden kann.“ Husemann, Arzneimittell. 962.

Asa foetida wird ausserdem als Räuchermittel in Viehställen zum Vertreiben der Insekten verwendet. In Asien bildet sie ein beliebtes Speisegewürz.

Litteratur. Abbildung und Beschreibung: Berg und Schmidt, Offiz. Gew. Taf. XXVI ed; Bentley and Trimen, Med. pl., Tafel 126 (*F. Narthex* Boiss.), Taf. 127 (*F. Scorodosma* Benth. and Hook.), Luerssen, Handb. der syst. Bot. II, 777; Karsten, Deutsche Flora 845; Wittstein, Pharm. 43. Eine gute Abbildung rührt von Borczcow her.

Drogen und Präparate. *Asa foetida*: **Ph. germ.** 36; Ph. austr. 23; Ph. hung. 69; Ph. ross. 197; Ph. helv. 17; Cod. med. 38; Ph. belg. 12; Ph. Neerl. 33; Brit. ph. 48; Ph. dan. 127; Ph. suec. 97; Ph. U. St. 49; Flückiger, Pharm. 44; Flückiger and Hanb., Pharm. 314., Hist. d. Drog. I, 556; Berg, Waarenk. 509.

Asafoetida pulverata: Ph. helv. 17; Cod. med. 521.

Tinctura Asa foetidae: **Ph. germ.** 272; Ph. ross. 414; Ph. helv. 141; Cod. med. 601; Ph. belg. 264, 265; Ph. Neerl. 265; Brit. ph. 320; Ph. dan. 265; Ph. suec. 231; Ph. U. St. 334.

Emplastrum foetidum (*E. Asa foetidae*): Ph. ross. 111; Ph. helv. suppl. 35; Ph. belg. 160; Ph. Neerl. 89; Ph. U. St. 94.

Mixtura Asafoetidae: Ph. U. St. 222.

Mixtura Magnesiae et Asafoetidae Ph. U. St. 224.

Pilulae Aloës et Asafoetidae: Brit. ph. 234; Ph. U. St. 251.

Pilulae Asafoetidae compositae: Brit. ph. 236; Ph. U. St. 253.

Enema Asafoetidae: Brit. ph. 110.

Spiritus Ammoniae foetidus: Brit. ph. 295.

Bezügl. der Drogen und Präparate siehe auch Hager, Ph. Prx. I, 499.

Tafelbeschreibung:

A blühende Pflanze, verkleinert; B Gipfel des blühenden Stengels mit einer männlichen Dolde und den in der Mitte sitzenden weiblichen Blüthen, natürl. Grösse; C weibliche Dolde, desgl.; 1 unfruchtbare Zwitterblüthe, vergrössert; 2 Staubgefässe, desgl.; 3 Zwitterblüthe, von Krone und Staubgefässen befreit, desgl.; 4 weibliche Blüthe, desgl.; 5 dieselbe ohne Krone, desgl.; 6 dieselbe Figur im Längsschnitt, desgl.; 7 Fruchtknoten im Querschnitt, desgl.; 8 Fruchtdöldchen, natürl. Grösse; 9 Spaltfrucht mit Säulchen, vergrössert; 10, 11 Spaltfrüchtchen von der Rücken- und Bauchseite, desgl.; 12 Frucht im Querschnitt, desgl.; 13 Spaltfrüchtchen im Längsschnitt, desgl. Nach einer Originalzeichnung des Herrn Professor Schmidt in Berlin.

Fraxinus Ornus L.

Syn. *Fraxinus florifera* Scop., *Ornus europaea* Pers.

Manna- oder Blumenesche.

Familie: *Oleaceae;* Gattung: *Fraxinus* Tourn.

Beschreibung. Baum oder Strauch von 6–10 Meter Höhe, mit grauer, von kleinen Lentizellen bedeckter Rinde, runden Aesten, knotig-verdickten, kurzhaarigen jüngeren Zweigen und grau bestäubten, seidenhaarig-filzigen Laub-Knospen. Blätter gegenständig, nebenblattlos, 3—4jochig-unpaarig gefiedert; Blättchen kurz- (das endständige länger) gestielt, eiförmig bis länglich-lanzettlich, 4—10 Ctm. lang, $2^1/_2$— 4 Ctm. breit, am Grunde abgerundet oder kaum keilförmig, oben zugespitzt, kerbig gesägt, oberseits kahl und lebhaft grün, unterseits an der Mittelrippe mehr oder weniger behaart, blasser. Die Blattform ist in den Kulturen wenig beständig. Blüthen mit dem Laube hervorbrechend, in achsel- und endständigen, vielblüthigen, pyramidalen, zuletzt nickenden Rispen, polygam, wohlriechend. Kelch unterständig, gelblich-grün, klein, 4spaltig, bleibend. Blumenkrone 4blätterig, die Kronblätter am Grunde paarweise verwachsen, gelblich, lineal-lanzettlich, 8—10 Mm. lang, abfallend. Staubgefässe 2, wenig kürzer als die Kronblätter, der Basis der letzteren eingefügt, mit pfriemlichen Staubfäden und oval-länglichen, an beiden Enden ausgerandeten, auf dem Rücken über der Basis angehefteten, 2fächerigen, am Rande der Länge nach aufspringenden Beuteln. Pollen oval, dreifurchig, dreiporig, unter Wasser rundlich dreieckig. Der oberständige Stempel mit eiförmigem, seitlich zusammengedrücktem, 2fächerigem Fruchtknoten, dessen Scheidewand senkrecht zur Breitseite steht; jedes Fach 2eiig. Eichen am oberen Theile der Scheidewand befestigt und herabhängend. Griffel etwas zusammengedrückt; Narbe dick, 2lappig, Lappen parallel zur Scheidewand des Fruchtknotens stehend. Flügelfrüchte linealisch, bis lineal-lanzettlich, bis 35 Mm. lang, mit stumpfem Flügel, einsamig. Der rothbraune, hängende Same länglich, etwas zusammengedrückt, das Fruchtgehäuse ganz ausfüllend, mit einfacher, dünner Samenhaut. Embryo in der Mitte des hornartigen Eiweiss, gerade, mit nach oben gekehrtem, stielrundem Würzelchen und blattartigen, länglichen, stumpfen Samenlappen.

Eine, namentlich in den Kulturen auftretende Form mit 2—4jochig unpaarig-gefiederten, eiförmigen bis rundlichen, stumpfgesägten Blättern ist *Fraxinus rotundifolia* Lam., (*Ornus rotundifolia* Link).

Blüthezeit. Mai; Fruchtreife: Juli.

Vorkommen. Im nördlichen und östlichen Mittelmeergebiet einheimisch. In den Bergwäldern Südeuropas bis 800 Meter Meereshöhe (in Sicilien bis 1100 Meter); in Italien, auf der Balkanhalbinsel, in Croatien, Ungarn, Südtirol, Steiermark, Krain, Istrien; ferner in Kleinasien und Turkestan. Auf *Fraxinus excelsior* gepfropft in Mitteleuropa als Zierbaum.

Name und Geschichtliches. Der Name Esche, (althochd. *ask*, *asch*, mittelhochd. *Eesch*, *Ehsse*, *Eeisch*, *Eschelterpoum*, bei Hildegard *Asca* (für *Ornus*), altnordisch *ask-r*, angelsächsisch *äsc*) ist ein uralter Name, der im altnordischen und angelsächsischen nicht nur den Baum, sondern auch den aus seinem Holze bereiteten Speer und das Schiff bedeutet. Grasmann sagt: „Möglich ist, dass Speer die ursprüngliche Bedeutung gewesen sei; dann würde die Wurzel in *as* werfen, schleudern enthalten sein, von der z. B. im Altindischen *as-tar* der Schleuderer, *as-tsa-m* die Wurfwaffe. *asana-m* das Werfen, *asanâ* Wurfgeschoss abstammen." Die Ableitung von Asche, wegen der grauen Farbe (alsdann Aesche geschrieben) ist unwahrscheinlich. *Fraxinus* von *φραξις* Trennung, Umzäunung, weil angeblich die Esche gute Pfähle zu Palissaden und zur Umzäunung liefert, auch weil sie sich leicht spalten lässt. *Ornus* soll von *ὀρεινος*, auf Bergen (*ορος*) wachsend, abgeleitet sein. Manna vom hebräischen מאן *man*, arabisch *mann*, Geschenk, Gabe des Himmels.

Manna, welche aus verschiedenen orientalischen Pflanzen austritt, ist schon im höchsten Alterthum bekannt gewesen und sowohl als Arznei- als auch als Genussmittel verwendet worden. Da man nicht wusste, woher das die Pflanzentheile überziehende Produkt kam, so fasste man es, gleichsam vom Himmel gefallen, als eine Gabe des Himmels auf. In früheren Zeiten kannte man nur die freiwillig ausschwitzende, oder durch Insekten hervorgerufene Manna; so namentlich die biblische Manna von *Tamarix gallica*, eine in den hypokratischen Schriften erwähnte Cedern-Manna, eine Eichen-Manna, von der Ovid und Vergil berichten, und eine von den Arabern arzneilich benutzte Manna, von *Hedysarum Alhagi* L. abstammend. Die schon im 12. Jahrhundert im Abendlande auftretende Manna ist wahrscheinlich nicht die Eschenmanna, denn letztere scheint zuerst in Calabrien gesammelt worden zu sein und die früheste Erwähnung der kalabrischen Manna stammt nach Flückiger aus dem Jahre 1450 und zwar von Saladin, dem Arzte eines Fürsten von Tarent, der sie als das freiwillig austretende Produkt aus den Blättern, Zweigen und Stämmen der Mannaesche beschreibt. Die Art und Weise der medizinischen Verordnung der Manna von Seiten des griechischen Arztes Actuarius, welcher Ende des 13. Jahrhunderts am Hofe zu Constantinopel lebte, lässt zwar vermuthen, dass dies Eschenmanna gewesen sei, jedoch etwas Bestimmtes lässt sich hierüber nicht angeben. Die Gewinnung der Manna durch Einschnitte in die Rinde der Mannaesche ist erst seit dem 16. Jahrhundert gebräuchlich und erst von dieser Zeit ab wird, nach der Vermuthung Flückigers, die orientalische Manna, die bis dahin als ein kostbares Arzneimittel galt, in Europa verdrängt worden sein. Obgleich man die Natur der Manna schon lange kannte und namentlich 2 Franziskanermönche, Angelus Palea und Bartholomaeus ab urbe veteri schon im 16. Jahrhundert ihre Wahrnehmung bekannt gegeben hatten, dass Manna nichts weiter als der ausfliessende Saft der Esche sei, so hielt doch Klaproth noch im Jahre 1802 eine Vorlesung über Himmelsmanna.

Offizinell ist der freiwillig oder durch gemachte Einschnitte in die Stammrinde ausfliessende und an der Luft erhärtete Saft: Manna.

Die Kultur, welche gegenwärtig nur noch auf Sicilien betrieben wird, erstreckt sich am Meere bis zu einer Höhe von 1100 Meter. Die Bäume (*Ornielli*) werden aus Samen gezogen und in regelmässig angelegte Pflanzungen (*Frassineti*) mit 2 Meter Abstand gebracht. Nach 8—10 Jahren erreichen die Bäume einen Durchmesser von 8 Ctm. und eine Höhe von 3—8 Meter; von diesem Zeitpunkt ab sind sie dann 12—20 Jahre ertragsfähig, werden hierauf gefällt, die nun zum Vorscheine kommenden Triebe noch 4 bis 5 Jahre ausgenutzt und dann durch neue Pflanzen ersetzt. Die Saftgewinnung erfolgt im Juli und August und zwar in folgender Weise: Die mittelst eines etwas gekrümmten Messers wagerecht in $1\frac{1}{2}$ bis 3 Ctm. Abstand angebrachten, nahe am Boden beginnenden Rindeneinschnitte erstrecken sich auf ein reichliches Viertel des Stammumfanges und wechseln mit jedem Jahre ab. In den Spalten werden Stäbchen, Stroh- oder Grashalme, auch Blätter befestigt, an denen der langsam als braune Flüssigkeit ausfliessende Saft anhaftet, nach einigen Stunden fest wird und an der Sonne vollständig zu einer weissen Masse erhärtet. Ein Theil des ausfliessenden Saftes bedeckt die Rinde, ein anderer bildet, namentlich bei schiefstehenden, überhängenden Bäumen Zapfen und Stangen, ein dritter tropft zur Erde und wird dort durch die blattartigen Zweige der *Opuntia*

Oleaceae.

Fraxinus Ornus L.

Ficus indica oder durch Ziegel aufgefangen. Die Ernte erfolgt bei gutem Wetter allwöchentlich, bei Regen, welcher den Saft wieder erweicht und verschlechtert, unmittelbar vor Eintritt des Regens. Die einsammelnden Arbeiter tragen an einem Bande über der Schulter 2 aus Baumrinde gefertigte Röhren, in welche die vom Grunde aufgelesene und von der Rinde abgekrazte, weniger gute Manna (*Manna in sorta, Manna a sminuzzo, Manna in frasca, Manna in grosso*) von der von den Halmen, Stäbchen, oder in Zapfen gesammelten besseren Manna (*Manna a cannolo*) gesondert wird. Die Bauern unterscheiden nur diese beiden Sorten, wohingegen im Handel die Eintheilung der Sorten eine andere und zwar folgende ist:

1. Thränen-Manna (*Manna in lacrimis, in granis,* s. *in guttis*) bildet den freiwillig ausgeflossenen Saft, der zu kleinen weissen, klebenden, sehr süssen Körnern erhärtet ist. Diese Manna ist eine sehr geschätzte, theure Sorte, die im Handel wenig erscheint.
2. Röhren-Manna (*Manna canellata*) besteht in weisslichen, gelblichen, trockenen, flachen oder rinnenförmigen, mehr oder weniger deutlich geschichteten Platten von 3 bis 15 Ctm. Länge, $1^1/_2$ – 2 Ctm. Dicke, mit eigentümlich süsslichem Geruch, auf der Zunge leicht zerfliessend, mit schleimig-süssem, nicht kratzendem Geschmack; sie schmilzt wie Wachs, entzündet sich leicht an der Flamme und hinterlässt beim Verbrennen einen Geruch nach verbranntem Zucker, löst sich in Wasser und heissem Weingeist vollständig, beim Erkalten der heissen weingeistigen Lösung Mannit in feinen, seidenglänzenden Prismen herauskrystallisirend. Das Mikroskop zeigt Röhrenmanna als ein, aus farblosen Prismen und Tafeln bestehendes Conglomerat.
3. Gemeine oder sicilianische Manna, Manna von Gerace (*Manna communis, Siciliana* s. *Geracy*) aus mehr oder weniger zusammenhängenden, etwas klebrigen, gelblichen Massen bestehend, in denen noch kleinere und grössere Stücken enthalten sind. Geschmack süss und zugleich kratzend, beim Auflösen kleine, holzige und erdige Theile zurücklassend. Sie ist unter dem Mikroskope der Röhren-Manna ähnlich, nur sind die tafelförmigen Krystalle vorherrschend. Die grösseren weisslichen, ausgesuchten Stücke werden als *Manna electa* bezeichnet. *Manna calabrina* besteht der Hauptsache nach aus dieser Sorte.

Die von dem Arzneigebrauche ausgeschlossene, weiche, schmierige, bräunliche, durch fremde Beimengungen sehr verunreinigte Manna: Manna in Massen, fette, calabrische oder Puglia-Manna (*Manna crassa, spissa, sordida, pinguis, Calabrina* s. *Capacy*) zieht leicht Feuchtigkeit aus der Luft an und ist Verfälschungen mit anderen Produkten (Mehl, Stärke, Honig, Fruchtzucker, namentlich Kartoffelstärkezucker) sehr unterworfen.

Nach Flückiger wird aus Calabrien keine Manna mehr ausgeführt und die Mannaproduktion hat in Sicilien bedeutend abgenommen; sie beträgt kaum noch 250000 Kilogr.

Ausser der Eschenmanna existiren nun noch verschiedene andere, arzneilich nicht gebrauchte Sorten; es sind dies folgende:

1. Lerchenmanna (*Manna laricina* s. *brigantina*) auf jungen Trieben alter Bäume von *Larix decidua* einen weissen Ueberzug bildend und hauptsächlich bei Briançon beobachtet. Sie besteht aus kleinen, rundlichen, trocknen, weisslichen Körnern von süssem Geschmack und terpenthinartigem Geruch. Sie enthält Melezitose. Eine ähnliche Manna soll auch auf den Libanon-Cedern (*Libanon Manna, Manna cedrina*) und auf *Pinus excelsa* Wallich im Himalaya vorkommen.
2. Spanische Manna (*Manna cistina*), ein aus den Aesten von *Cistus ladaniferus* ausfliessender, in fingerlangen, weissen Stücken eintrocknender Saft.
3. Tamariskenmanna (Manna der Bibel, *Manna tamariscina*) ist die durch den Stich einer Schildlaus (*Coccus manniparus* Ehrenb.) auf den Zweigen des Tarfastrauches (*Tamarix gallica* var. *mannifera* Ehrenb.) hervorgerufene Ausschwitzung, welche jedoch, obgleich der Strauch noch an andern Orten im Orient und in Südeuropa vorkommt, nur in der Sinai-

tischen Wüste beobachtet wird. Die in Form von glänzend weissen, honigdicken Tropfen von den Zweigen herunterträufelnde, eigenthümlich angenehm riechende Manna wird von den Bewohnern des Katharinaklosters am Sinai in ledernen Schläuchen gesammelt, zum Theil mit Brot genossen, zum Theil an die Sinaipilger theuer verkauft. Sie enthält nach Berthelot 55% Rohrzucker, 25% Invertzucker, 20% Dextrin. Die Ernte soll nach Flückiger in günstigen Jahren 500—600 Pfund betragen.

4. Eichen-Manna (*Manna quercina*), in Kurdistan durch den Stich einer Blattlaus auf Blättern und Fruchtbechern der *Quercus Vallonia* Kotschy und *Quercus persica* Jaub. und Spach, als feiner, zu klaren Tropfen verdichteter Mehlthau hervorgebracht, enthält nach Berthelot 61% Rohrzucker, 16,5% Traubenzucker, 22,5% Dextrin; nach Ludwig 48% Rechtstraubenzucker und viel Schleim, jedoch weder Rohrzucker noch Dextrin; Flückiger fand 90% rechtsdrehenden, nicht krystallisirbaren Zucker.
5. Die persische Manna (*Manna alhagina*), von der Leguminose *Alhagi Maurorum* D. C. (*Hedysarum Alhagi* L.) abstammend, liefert in Turkestan, Chorassan, Afghanistan und Belutschistan den sogen. Fruchthonig (*Ter-engebin*) und besteht nach Ludwig aus 35,5% Rohrzucker, 14,7% Dextrin und Schleim. Villier fand Rohrzucker und Melezitose.
6. Eine von *Astragalus adscendens* Boiss. und Hausskn., und *Astr. florulentus* Boiss. und Hausskn. abstammende, in Persien zu Näschereien viel benutzte Manna besteht aus Dextrin und unkrystallisirbarem Zucker.
7. Die unter dem Namen *Trehala* oder *Tricala* auf Echinopsarten vorkommenden Rüsselkäferpuppencoccons bestehen aus Stärkemehl, Trehalose und Schleim.
8. Eine Manna, welche in Persien auf den Blättern der *Salix fragilis* ausschwitzt, besteht nach Ludwig aus Dextrin, unkrystallisirbarem, rechtsdrehendem Zucker und Amylum, und eine aus Herat und dem Elbrusgebirge stammende auf *Cotoneaster nummularia* Fischer und *Atraphaxis spinosa* Hausskn. vorkommende Manna enthält Stärkemehl, linksdrehenden, unkrystallisirbaren Zucker und Gummi.
9. Australische Manna (*Manna eucalyptina*) ist der aus den verwundeten Stämmen von *Eucalyptus viminalis* Labill. *E. mannifera* Mud. *E. resinifera* Sm. ausfliessende, eingetrocknete, Melitose enthaltende Saft.
10. Eine indische Manna (*Lerp-Manna*) durch den Stich einer Psylla auf *Eucalyptus dumosa* Cunn. hervorgebracht, besteht aus Fäden eines zwischen Stärkemehl und Cellulose liegenden Körpers, die mit einem unkrystallisirbaren, rechtsdrehenden, angenehm schmeckenden Zucker bedeckt sind.

Bestandtheile. Die Eschenmanna enthält Mannit, Zucker, Pflanzenschleim und nach Wittstein eine ihrer Natur nach unbekannte Substanz, welcher die abführende Wirkung zugeschrieben wird. Die beste Manna enthält bis 82% Mannit, die geringeren Sorten gegen 50%, die schlechtesten nur noch 25%. Rebling fand in Manna canellata 82% Mannit, 2% Zucker; in Manna Geracy 57% Mannit, 8% Zucker; in Manna communis 50% Mannit, 18% Zucker, 30% Wasser; in Manna Capacy 37,5% Mannit, 30% Zucker. Nach Buchholz enthält Manna canellata 60% Mannit, 5,5% Schleimzucker, 0,8% gummiartigen Extraktivstoff, 1,5% etwas süss schmeckendes Gummi, 0,2% faserigen, kleberartigen Stoff, 32% Wasser. Nach Flückiger ist ausserdem noch wenig Citronensäure und in den dunkleren Mannasorten ein durch Aether ausziehbarer kratzender Bitterstoff vorhanden. Die concentrirte wässerige Lösung der unreinen, weniger alten Mannasorten zeigt nach Ausscheidung des Mannit schwache Fluorescenz, welche von einer geringen Menge Fraxin ($C_{16}H_{18}O_{10}$ Flückiger) herrührt.

Der neben dem Mannit auftretende Zucker, welcher schon in der Kälte Kupferoxydul aus alkalischem Kupfertartrat ausscheidet, ist nach Backhausen gewöhnlicher Rechtstraubenzucker, nach Buignet unkrystallisirbarer Invertzucker.

Die Mannalösung dreht die Polarisationsebene stark nach rechts, welche Eigenschaft selbst nach Gährung des Zuckers fortbesteht, jedoch bei Behandlung mit verdünnter Schwefelsäure bedeutend verringert, dagegen die reduzirende Wirkung auf Kupfertartrat beträchtlich erhöht wird. Diese Eigenschaft lässt auf Vorhandensein von Dextrin schliessen, dessen Gehalt Buignet auf 20⁰|₀ berechnete. Flückiger sagt: „Ich habe mich nicht davon überzeugen können, dass die fragliche Mannasorte (Eschenmanna) Dextrin enthalte, wohl aber darin neben dem rechtsdrehenden, schon durch Bleizucker fällbaren Schleim noch einen zweiten Schleimstoff gefunden, welcher nur durch Bleiessig niedergeschlagen wird."

Nach Flückiger beträgt der Wassergehalt bei den geringeren Mannasorten 10—15⁰|₀, die Asche der besten Sorten 3,6⁰|₀.

Mannit, ein sechssäuriger Alkohol mit der Zusammensetzung $C_6H_{14}O_6$ ($C_6H_8(OH)_6$), 1806 von Proust in der Eschenmanna entdeckt und seitdem als ein im Pflanzenreiche sehr verbreiteter Stoff (Fraxinin, Syringin, Granatin, Primulin, Graswurzelzucker) beobachtet, krystallisirt in langen oft zu Sternen, Garben, Büscheln vereinigten Säulen oder Nadeln des orthorhombischen Systems, besitzt ein spez. Gew. von 1,521 (1,486), ist ohne Geruch, von angenehmem, süssem Geschmack, schmilzt bei 166⁰, krystallinisch wieder erstarrend, siedet bei 200⁰, löst sich in 6,4 Theilen Wasser von 18⁰, in fast jedem Verhältnisse in kochendem Wasser, in 1400—1600 Theilen von absolutem Weingeist, bei 14⁰, in 84—90 Theilen Weingeist von 0,8985 bis 15⁰. Die Lösung schmeckt schwach süss und dreht die Polarisationsebene kaum bemerkbar nach links. Wird Mannit auf 200⁰ erhitzt, so bildet sich unter Austritt von Wasser Mannitan ($C_6H_{12}O_5$. Bei Behandlung des Mannit mit kalter Salpetersäure von 1.15 spez. Gew. erhält man Nitromannit ($C_6H_8(NO_2)_6O_6$), aus weissen, seidenglänzenden, bei 68—72⁰ schmelzenden Nadeln bestehend, die beim Erhitzen verpuffen und unter dem Hammer stark explodiren.

Melezitose ($C_{12}H_{22}O_{11} + OH_2$) in der Manna von Briançon vorkommend, von Bonastre aufgefunden, von Berthelot näher untersucht, ist eine weisse, mehlartige, aus mikroskopischen, kurzen, harten, glänzenden, schwach süss schmeckenden Krystallen bestehende Masse, die an der Luft verwittert, leicht in Wasser, schwer in Weingeist, nicht in Aether löslich und rechtsdrehend ist, bei 140⁰ schmilzt und glasartig wieder erstarrt. Die wässerige Lösung wird durch ammoniakalischen Bleizucker gefällt; durch Salpetersäure wird sie in Oxalsäure, durch verdünnte Schwefelsäure in Glykose umgewandelt. Sie geht durch Bierhefe entweder gar nicht oder sehr schwer in Gährung über.

Melitose ($C_{12}H_{22}O_{11}$), in der ausstralischen Manna enthalten, besteht aus dünnen, mikroskopischen, verfilzten Nadeln, die aus Weingeist krystallisirt von kleinen, farblosen Krystallen mit 3¹|₂ Atomen Krystallwasser gebildet werden, mit schwach süssem Geschmack, reichlich löslich in Weingeist, in Wasser ist das Lösungsverhältnis ähnlich dem Mannit. Die Lösung lenkt die Polarisationsebene nach rechts. Beim Erhitzen mit verdünnter Schwefelsäure entsteht wenig Schleimsäure und Oxalsäure; verdünnte Schwefelsäure bewirkt beim Kochen die Bildung eines gährungsfähigen Zuckers und eines nicht gährungsfähigen, Kupferoxydkali nicht reduzirenden Körpers, Eukalin ($C_6H_{12}O_6$).

Fraxin (Paviin) $C_{27}H_{30}O_{17}$ (Rochleder), in *Fraxinus Ornus, Fraxinus excelsior, Aesculus Hippocastanum* und *Aesc. Pavia* vorkommend, ein dem Aesculin vergleichbares Glykosid, krystallisirt aus kochendem, absolutem Weingeist beim Erkalten in farblosen, auch beim Trocknen farblos bleibenden Krystallen, welche nach Salm-Horstmar aus büschelig-vereinigten, feinen, 4seitigen, glänzenden, schwefelgelblichen Prismen bestehen. Es ist geruchlos, schmeckt schwach bitter und herbe, löst sich in 1000 Theilen Wasser von 14⁰, leicht in heissem Wasser, sehr leicht in heissem Weingeist, schwer in kaltem, nicht in Aether. Es verleiht dem Wasser einen anhaltenden, schön blauen Schiller. In alter Manna ist es nicht vorhanden. Beim Kochen mit verdünnter Mineralsäure spaltet es sich in Fraxetin ($C_{15}H_{12}O_8$) und krystallisirbaren Zucker. (Husemann, Pflanzenstoffe 1273, 178 (Mannit)).

Anwendung. In Wasser oder Milch oder Sennesblätteraufguss als ein sehr mildes Abführmittel, namentlich bei Kindern benutzt.

Als das aktive Prinzip der Manna ist der Mannit zu betrachten, denn je reicher Mannit in der Droge auftritt, um so grösser ist die Wirkung, die in den schlechten, mannitarmen Sorten, namentlich auch wegen des Vorhandenseins von Dextrin sehr beschränkt wird. Husemann sagt: „Bei

Menschen bewirken 30,0—45,0 Mannit meist in 5—5 Stunden, bisweilen schon in $1^1/_2$ Stunden Abführen unter Borborygmen und Tenesmus. Man verordnet die Manna wegen ihres süssen Geschmackes und ihrer wenig intensiven Einwirkung auf den Organismus besonders bei Kindern oder bei empfindlichen und schwachen Individuen. Häufig dient sie als versüssender Zasatz anderer purgirender Mixturen, z. B. bei Sennesblätteraufguss. (Husemann, Arzneimittellehre 593.)

Litteratur. Abbildung und Beschreibung: Nees v. Esenb., Pl. med., Taf. 374; Hayne, Arzneigew. XIII., Taf. 11; Berg und Schmidt, Offiz. Gew., Taf. IIIe; Bentley und Trimen, Med. pl., Taf. 170; Luerssen, Handb. der syst. Bot. II., 1042; Karsten, Deutsche Flora 1045; Wittstein, Pharm. 515.

Drogen und Präparate: *Manna*: **Ph. germ.** 177; Ph. austr. 88; Ph. hung. 281; Ph. ross. 258; Ph. helv. 81; Cod. med. 62; Ph. belg. 54; Ph. Neerl. 150; Brit. ph. 205; Ph. dan. 154; Ph. suec. 129; Ph. U. St. 216; Flückiger, Pharm. 20; Flückiger and Hanb. Pharm. 409; Hist. d. Drog. II., 48; Berg, Waarenk. 476.

Mannitum: Ph. hung. 281.

Syrupus Mannae: **Ph. germ.** 260; Ph. helv. 134; Ph. belg. 249.

Syrupus Sennae cum Manna: **Ph. germ.** 264; Ph. austr. 128; Ph. hung. 437; Ph. ross. 406; Ph. belg. 253; Ph. dan. 257; Ph. suec. 224.

Infusum Sennae compositum s. *laxativum*: **Ph. germ.** 140; Ph. austr. 74; Ph. hung. 233; Ph. ross. 224; Ph. helv. 66; Ph. belg. 184; Ph. Neerl. 133; Ph. dan. 139; Ph. suec. 112; Ph. U. St. 185.

Tabellae cum Manna: Cod. med. 595.

Bezüglich der Drogen und Präparate siehe auch Hager, Ph. Prx. II., 426, III., 709.

Tafelbeschreibung:

A Blühender Zweig, nat. Grösse; 1 Blüthe, vergrössert; 2 Staubgefässe, desgl.; 3 Pollen, desgl.; 4 Stempel, desgl.; 5 Fruchtknoten im Längsschnitt, desgl.; 6 derselbe in Querschnitt, desgl.; 7 Frucht, nat. Grösse; 8 dieselbe im Längsschnitt, vergrösserrt; 9 Same nat. Grösse; 10 derselbe im Längsschnitt, vergrössert; **11** und **12** derselbe im oberen und unteren Theile querdurchschnitten. Nach einer Originalzeichnung des Herrn Prof. Schmidt in Berlin.

Garcinia Morella Desrousseaux.

Syn. *G. Gutta* Wight, *G. pictoria* Roxb., *G. cambogioides* Royle, *G. elliptica* Wall., *G. Gaudichaudii et acuminata* Planchon et Triana, *Cambogia gutta* Lindl., *Hebradendron campogioides* Graham.

Unsere Abbildung stellt *Garcinia Morella var. pedicellata* Hanb. (*G. Hanburyi* Hook.) dar.

Gummiguttbaum — Gomme-gutte — Siam Gamboge, Gamboge.

Familie: *Clusiaceae* (Unterfamilie: *Garcinieae*); Gattung: *Garcinia* L.

Beschreibung. Ein Baum von 10—18 Meter Höhe, mit vielen ausgebreiteten Aesten und orangebrauner, dicker Rinde; die jungen Schösslinge glatt. Blätter gegenständig, mit kurzen Stielen, ohne Afterblättchen, 10—12 Ctm. lang, 3—4 Ctm. breit, elliptisch bis lanzettlich-elliptisch, kurz und stumpf zugespitzt, ganzrandig, auf beiden Seiten kahl, dick, lederig, oberseits glänzend dunkelgrün, unterseits blasser und mit einer hervorragenden Mittelrippe. Blüthen eingeschlechtig, 2häusig, von veränderlicher Grösse, auf kleinen Höckern in den Achseln der Blätter der vorjährigen Triebe; die männlichen zu 3—5 in den Blattachseln gebüschelt, sitzend oder, wie bei der Var. *pedicellata* auf starken, geraden, etwas rauhen, bis 8 Mm. langen Blattstielen und jede am Grunde mit 4 sehr kleinen, dachziegeligen, breiten, spitzen, bleibenden Brakteen; die weiblichen Blüthen ein wenig grösser, einzeln stehend (auch zu 2 oder 3), scheinbar sitzend, ähnlich wie bei der männlichen Blüthe am Grunde von 4 kleinen spitzen Blättchen (*involucrum*) umgeben. Männliche Blüthe mit 4 Kelchblättern, 2 davon kleiner, sämmtliche abstehend, breit-oblong, sehr abgestumpft, dünn, auf der Aussenseite rauh, concav; Kronblätter 4, mit den Kelchblättern abwechselnd, in der Knospe dachziegelig, ungefähr 6 Mm. lang, quadratisch-rundlich, concav, sehr dick und fleischig, kahl, blassgelb, abfallend. Staubgefässe 30 bis 40, auf halbkugeligem, fruchtknotenlosem Receptaculum zu einem Köpfchen vereinigt, büchsenförmig, sitzend, durch Abheben des Deckels sich öffnend. Weibliche Blüthe mit Kelch- und Blumenblättern, welche denen der männlichen Blüthe gleichen; 12—30 (nach Bentley ungefähr 20) Staminodien, welche am Grunde ringförmig verwachsen sind und auf ihrer Spitze ovale bis keulige, unfruchtbare Antheren tragen, umgeben das Pistill kranzartig. Fruchtknoten gross, rundlich-eiförmig, kahl und glänzend, 4fächerig, mit einem einzelnen, an der Centralsäule befestigten Eichen in jedem Fache. Griffel nicht vorhanden. Narbe gross, auf dem Fruchtknoten sitzend und den letzteren dachförmig bedeckend, 4lappig, schwach warzig und die Lappen am Rande wulstig gekerbt. Frucht beerenartig, etwas grösser als eine Kirsche, am Grunde von den bleibenden Kelchblättern umgeben, fast kugelig, an der Spitze leicht eingedrückt und oft durch die Narbe gekrönt, gelblichgrün bis röthlichbraun, glatt, fleischig, 4fächerig, durch Fehlschlagen manchmal nur ein Fach fruchtbar. Samen einzeln in jedem Fache, am Rücken gerundet, an der inneren Seite gekielt. Embryo den Samen ausfüllend, mit einem grossen, dicken Würzelchen, ohne Cotyledonen. Eiweiss ist im Samen nicht vorhanden.

Bei der vorderindischen männlichen Baumform sind die Blüthen sitzend, während die hinterindische Form gestielte männliche Blüthen besitzt. Das hierdurch hervorgerufene, etwas veränderte Aussehen gab Hanbury Veranlassung, den hinterindischen Baum als eine Varietät *(pedicellata)* zu bezeichnen und Hooker glaubte, in Anbetracht der ausserdem noch vorhandenen grösseren Blätter und Früchte, in diesem Baume eine besondere Art zu erkennen (*Garcinia Hanburyi*). Bei der vorderindischen Art (*G. pictoria* Roxb.) treten jedoch auch bisweilen gestielte männliche Blüthen auf. Beide Arten sind daher durch Uebergangsformen verbunden.

Garcinia travancorica Beddome, in den Bergen der Südspitze Vorderindiens einheimisch, liefert ein ähnliches Harz. Ebenso ein nicht näher bekannter Gummiguttbaum im südlichen China.

Anatomisches. Nach Flückiger befinden sich die Räume, welche das Gummigutt enthalten, hauptsächlich in der Rinde, jedoch kommen dieselben auch in den Blättern, Blüthen, Früchten und im Holze vor. Letzteres ist weiss, färbt sich aber durch Alkalien schön gelb. Der Querschnitt eines 5 Ctm. dicken Astes, welchen Flückiger von Dr. Jamie aus Singapore erhielt, zeigte, namentlich im mittleren Theile der Rinde, zahlreiche Harzbehälter, die, im Allgemeinen den Gefässbündeln entsprechend, radial geordnet waren. Diese Harzbehälter, welche an Grösse die Parenchymzellen nicht wesentlich übertreffen, sind von einem Kreise kleiner Zellen umgeben und erscheinen im Längsschnitte axial stark verlängert. Sie entsprechen den Balsambehältern der Wurzeln der Compositen und Umbelliferen und enthalten in der lebenden Pflanze wahrscheinlich eine wässerige Emulsion. Aetherisches Oel fehlt gänzlich.

Vorkommen. Die Hauptform in den feuchten Wäldern Südindiens und Ceylons; die Varietät *pedicellata* in Kambodia (Kambodscha), Siam und im Delta des Mekong einheimisch.

Blüthezeit. Februar. Fruchtreife: Mai bis Juni.

Name und Geschichtliches. *Gummigutti, Gummigutt, Gummiguttä*, siehe Gummi unter „arabisches Gummi", Taf. 173; *gutta* vom malayischen *gutah, guttach,* javanisch *getah* d. h. Gummi, Balsam. *Garcinia,* nach dem Engländer Lawrence Garcin so benannt, welcher im 18. Jahrh. Indien bereiste und Pflanzen sammelte. *Morella,* von *μορον*, Maulbeere, weil die Frucht angeblich einer Maulbeere ähnlich sein soll; eher gleicht wohl das Staubgefässköpfchen einer jungen Maulbeere. *Hebradendron,* Hebräerbaum, von *ἑβραῖος*, hebräisch, und *δένδρον*, Baum, die Staubbeutel springen durch einen genabelten Deckel rund herum auf, was Graham mit der Beschneidung der Juden verglich; *pedicellatus,* mit Blüthenstiel versehen.

Ein Reisender, welcher im Jahre 1295—1297 China (Cambodia) besuchte, spricht von einem gelben Safte, der durch Einschnitte in Bäume gewonnen und mit dem Namen *Kiang-hwang* bezeichnet werde. Dieser chinesische Name bedeutet eigentlich *Curcuma;* er lässt sich jedoch mit ziemlicher Sicherheit auf Gummigutt beziehen, da die Gewinnung durch Anschneiden von Bäumen nicht auf *Curcuma* bezogen werden kann. Er führt ausserdem an, dass das Einsammeln und der Verkauf dieses Saftes von Weibern besorgt werde. Das chinesische Kräuterbuch Pun-tsao vom Ende des 16. Jahrh., welches eine schlechte Abbildung des Baumes enthält, bezeichnet die Droge mit *Tang-hwang.* Clusius erhielt 1603 von dem holländischen Admiral Jacob van Neck die erste Probe des Gummigutt unter dem Namen *Ghittaiemon* (von dem javanischen *gata*, Gummiharz und *jamu,* heilkräftig, abgeleitet) nach Europa. Die Droge fand bald Eingang in den europäischen Arzneischatz und bereits 1611 machte der Bamberger Arzt Michael Reuden (später in Leipzig) Anwendung von dem *Gummi de Peru,* wie er das Gummigutt nannte; 1814 verfasste er die Schrift *„Epistola de novo Gummi purgante"*, von welcher 1625 in Leyden eine neue Auflage erschien. Flückiger giebt an, dass in der 1612 erschienenen Arzneitaxe von Frankfurt bereits zu lesen ist: *„Gutta gemou,* ein starker purgierender ausgetruckneter Safft auss dem Königreich Patana in Ostindien (Ostküste von Malacca), 1 Quintlein 1 Gulden." Verschiedene andere deutsche und dänische Arzneitaxen, ebenso die Pharmakologie von Dale enthalten um diese Zeit *Gutta gamba* (in der hindostanischen Sprache auf die gelbe Farbe bezogen), welches Wort später in *Gutta Gamandra* und *Germandra* umgewandelt wurde. Im Anfang des 17. Jahrh. erscheint die Droge vielfach unter den Namen *Gummi de Goa* oder *Gothia, Chrysopum, Scammonium orientale.* Bontius giebt an, dass *Gutta Cambodja* aus Cambodja käme und wahrscheinlich einer Euphorbie entstamme. Dem M. Reuden folgte J. S. Lattich mit seinem *Discurs. theoret. pract. de Gummi Gutta sive Laxativo indico,* Frankofurt 1626. Horstius nahm das Mittel 1651 in seine *Pharmacopoea catholica* auf.

Offizinell ist der durch Rindeneinschnitte ausfliessende und eingetrocknete Saft: *Gutti (Gummiresina Gutti, Gummi Guttae, Cambogia, Cambogium).*

Die Einsammlung des *Gutti* erfolgt in den Monaten Februar bis April, kurz vor Eintritt der Regenzeit, nach den König'schen Angaben, indem man die jungen Zweige des Baumes herabbiegt und durchschneidet. Der auströpfelnde gelbe Saft wird entweder in hohlen Stengelgliedern des Bambusrohres oder in Blättern und Cocosschalen aufgefangen. Nach neueren Beobachtungen werden querliegende, schief aufsteigende Einschnitte von halbem Stammumfange in die Rinde des Stammes gemacht und in die Wunden am unteren Ende durch Knoten geschlossene, 4—7 Ctm. dicke und 50 Ctm. lange Bambusrohre eingeschoben und befestigt, in denen sich der ausfliessende Harzsaft sammelt. Die Röhren, deren 3 in einem Jahre von einem Baume in einem Zeitraum von 2 — 4 Wochen gefüllt werden, lässt man am Feuer trocknen, wodurch der Inhalt fest wird und etwas zusammengeht. Die Saftcylinder werden dann herausgehoben oder das Bambusrohr zerstört. Die Benutzung der Bäume erfolgt alle 2 Jahre. Im Handel werden 2 Sorten unterschieden:

1. Röhrengutti (Gummigutt in Röhren), welches entweder noch in den Bambusrohren steckt oder von dem Rohre befreit ist. Es besitzt, der Sammelröhre entsprechend, eine cylindrische Form von 2—7 Ctm. Durchmesser, ist in der besten Sorte sehr dicht und vollkommen gleichförmig, von schön rothgelber Farbe, mit bestäubter, etwas grünlichgelber, von den Eindrücken des Bambusrohres gestreifter Oberfläche, leicht brechend, im Bruche flach- und grossmuschelig, glänzend und orangegelb, selbst in kleinen Splittern kaum durchscheinend, schlechtere Sorten blasig; es ist geruchlos, der Staub jedoch zum Niesen reizend, anfangs geschmacklos, dann scharf kratzend, ein gelbes Pulver gebend. Mit Wasser angerieben, liefert es eine feine, citronengelbe Emulsion, in der man unter dem Mikroskope zahlreiche, sehr kleine, in Molekularbewegung befindliche Pünktchen und stäbchenförmige oder unregelmässige Körper bemerkt, die durch Jod braun gefärbt werden. Weingeist und Aether lösen das Harz leicht mit intensiv gelber Farbe, das Gummi zurücklassend; Alkalien lösen vollständig mit dunkelrother Farbe. Die Cylinder sind oft umeinandergewunden oder zu unregelmässigen Massen zusammengeflossen und dann in breite Blätter gewickelt. Geringe Qualitäten sind härter, erdig, bräunlich-grüngelb und matt, etwas Stärkemehl enthaltend und eine weniger zarte Emulsion gebend.
2. Gummigutt in Kuchen (Kuchen- oder Schollen-Gutti) bildet unförmliche, $1^1/_2$—2 Klgr. schwere Massen, ohne Eindrücke des Bambusrohres, eine Emulsion gebend, die wegen des Vorhandenseins von Stärkemehl durch Jod dunkelgrün gefärbt wird. Diese Sorte ist der schlechtesten Sorte des Röhrengummi gleich; die geringste Waare dieser Sorte ist das gemeine Gutti.

Das Gummigutt, welches ein Gemenge von Harz mit etwas Gummi darstellt, schmilzt beim Erhitzen nicht, sondern zersetzt sich unter Entwickelung eines eigenthümlichen Geruchs, wird bei 100° knetbar und dunkelbraun und verbrennt angezündet mit heller, russender Flamme. Es wird von Wasser und Weingeist leicht gelöst, leichter noch von Aether unter Zurücklassung des Gummi, wenig von Petroleumäther und Schwefelkohlenstoff. Die Gewinnung erfolgt in den Uferlandschaften von Cambodia und wird aus dem kleinen Hafen Kampoh (Kampot) nach den grössen Plätzen Bangkok und Saigon, von dort nach Singapore gebracht. Flückiger giebt die Ausfuhr aus letzterem Orte für das Jahr 1877 auf 244 Pikuls (à 60.48 Klgr.), 1878 aus Bangkok auf 320 Pikuls an.

Verwechselungen können stattfinden mit dem Gummiharz der auf Malabar und Travancore einheimischen *Garcinia Cambogia* Desr., welche nach Christison ein gelbes, langsam erhärtendes, in Alkohol und Aether weniger lösliches, mit Wasser keine Emulsion gebendes, ätherisches Oel enthaltendes Harz liefert. Das von der ebenfalls in Ostindien einheimischen Guttifere *Xanthochysmus pictorius* Roxb. (*X. tinctorius* D. C.) stammende Gummiharz ist nach Christison thränenartig, ziemlich hart, durchscheinend, grau- oder gelbgrünlich, mit Wasser gleichfalls keine Emulsion gebend. Das Akaroidharz oder gelbe neuseeländische Harz (*Resina lutea*) von der neuholländischen Asphodelee *Xanthorrhoea hastilis* Br. abstammend, ist in Bezug auf Farbe dem Gummigutt ähnlich, giebt aber mit Wasser keine Emulsion. Hingegen soll das Gummiharz der aus den Bergen der Südspitze Vorderindiens stammenden *Garcinia travancorica* Beddome ein dem Gummigutt ganz gleiches Produkt liefern.

Bestandtheile. Nach Christison enthalten die besseren Sorten in Prozenten: 64.3—74.2 Harz (Gummiguttgelb), (schlechte Sorte 35.0—61.4), 19.7—24.0 Gummi (schlechte Sorte 14.2 bis 17.2), 4.4—6.2 Faser (schlechte Sorte 7.8—19.0), 4.0—4.8 Stärke (schlechte Sorte 5—22). Costelo fand in den Röhren 79.3%, in den Klumpen 67.6%, in dem pulverigen Gummigutt 76.6% Harz.

Gummiguttgelb (Cambogiasäure), $C_{20}H_{24}O_4$, nach Christison und Johnston durch Ausziehen mit Aether und Verdunsten der Lösung (dann etwas kalkhaltig), oder durch Auflösen in Weingeist und Fällen mit Wasser, oder auch durch Ausziehen mit Kalilauge und Fällen mit Salzsäure (dann etwas kalihaltig) gewonnen, ist eine fast undurchsichtige, kirschrothe, zu einem gelben Pulver zerreibliche, geruch- und geschmacklose, sauer reagirende Masse, die sich bei 260° ohne vorherige Schmelzung zersetzt. Gummiguttgelb löst sich nicht in Wasser, leicht in Weingeist und Aether; aus der rothen Lösung in Schwefelsäure wird es durch Wasser unverändert gefällt. Mit Basen bildet es gelbe amorphe Verbindungen, von denen die des Alkali in Wasser löslich, die der alkalischen Erden und schweren Metalloxyde in Wasser unlöslich sind. Beim Erhitzen mit concentrirter Salpetersäure bildet sich eine dem *Mangostin* ähnliche, krystallinische Substanz; beim Schmelzen mit Kalihydrat entstehen neben viel

Clusiaceae.

Garcinia Morella var pedicellata Hanb.

Essigsäure und wahrscheinlich auch Buttersäure, Phloroglucin, Brenzweinsäure und 2 durch Bleizucker fällbare Säuren, eine amorphe und eine in kurzen, farblosen, rhombischen Säulen krystallisirende, *Isuvitinsäure* ($C_9H_8O_4$).

Das *Gummi,* mittelst Alkohol und Aether möglichst vom Harz befreit, löst sich in Wasser zu einer Lackmus nicht röthenden Flüssigkeit, die nicht vollständig entfärbt werden kann; es unterscheidet sich von dem arabischen Gummi insofern, als die wässerige Lösung mit Bleizuckerlösung, Eisenchlorid, Borax und Wasserglas keine trüben Mischungen giebt. (Husemann, Pflanzenstoffe 815.)

Anwendung. Gummigutt ist ein starkes Drasticum; es bewirkt wässerige Stuhlausleerung, nach mässigen Dosen nicht beschwerliche Leibesöffnung, nach starken Gaben Erbrechen; früher diente es auch zur Abtreibung des Bandwurmes. „Das Gummigutt wirkt im wesentlichen den Coloquinten gleich und wird wie diese besonders wegen der flüssigen Stühle, die es bedingt, als Antihydropicum benutzt; doch ist der Wassergehalt der Stühle nach Gutti nicht grösser als nach anderen Drastica. Galle fehlt darin.“ (Husemann, Arzneimittell. 637.) Ausserdem wird es als Tuschfarbe, zu Lacken und Goldlacken verwendet.

Litteratur. Abbildung und Beschreibung: Bentley and Trimen, Med. pl. Taf. 33; Hanbury in Transact. of the Linn. Society XXIV, Taf. 50; Science papers Bl. 326—331 mit Tafel; Berg und Schmidt, Offiz. Gew. Taf. XXXIII[d] enthält *G. monosperma* Berg; Hayne, Arzneigew. IX, Taf. 4 und Nees v. Esenbeck, Pl. med. Taf. 421 enthalten *G. Cambogia* Desr.; Luerssen, Handb. der syst. Bot. II, 649; Karsten, Deutsche Flora 627; Wittstein, Pharm. 287.

Drogen und Präparate. *Gutti:* **Ph. germ.** 127; Ph. hung. 219; Ph. ross. 198; Cod. med. 55; Ph. belg. 42; Brit. ph. 66; Ph. dan. 128; Ph. suec. 98; Ph. U. St. 63; Flückiger, Pharm. 29; Flückiger and Hanb., Pharm. 83; Hist. d. Drog. I, 160; Berg, Waarenk. 507.

Pilulae catharticae compositae: Ph. U. St. 253.

Pilulae Guttae aloëticae s. *Cambogiae compositae:* Brit. ph. 236; Ph. suec. 151.

Pulvis Gummi gutti: Cod. med. 521.

Bezüglich der Drogen und Präparate siehe auch Hager, Ph. Prx. II, 66; III, 518.

Tafelbeschreibung:

A Blüthenzweig der männlichen Pflanze, natürl. Grösse; B Fruchtzweig, desgl.; 1 Zweigstück mit männlichen Blüthen, vergrössert; 1a Staubgefässköpfchen nach Hanbury, desgl.; 2 Zweigstück mit weiblichen Blüthen, desgl.; 3 männliche Blüthe im Längsschnitt, desgl.; 4 geöffnetes Staubgefäss, desgl.; 4a 2 Staubgefässe geöffnet und ungeöffnet, nach Baillon; 5 Fruchtknoten mit Staminodienkranz, desgl.; 5a dieselbe Figur, nach Hanbury; 6 Fruchtknoten mit Narbe, desgl., nach Hanbury; 6a weibliche Blüthe im Längsschnitt, desgl.; 6b Fruchtknoten im Längsschnitt, desgl., nach Hanbury; 7 Fruchtquerschnitt mit nur einem fruchtbaren Fache, natürl. Grösse; 8 derselbe mit 4 fruchtbaren Fächern, desgl.; 9 Querschnitt durch den Fruchtknoten, vergrössert. Nach einer Originalzeichnung des Herrn Professor Schmidt in Berlin.

Gaultheria procumbens L.

Amerikanisches Wintergrün, Gaultherie, niederliegende oder gestreckte Gautiere, kanadischer oder Labradorthee. Englisch: Wintergreen, Box-berry, Mountain-tea, Partridge-berry. Französisch: Thé de Jersey, Thé de montagne, Thé de Terre Neuve, Thé rouge.

Syn. *Gaultheria humilis* Salisbury, *Gautiera repens* Rafinesque.

Familie: *Ericaceae* R. Brown. Unterfamilie: *Andromedeae.* Gattung: *Gaultheria* L.

Beschreibung. Die Pflanze ist ein kleiner, immergrüner Halbstrauch mit weithin kriechendem, schlankem, biegsam federkielstarkem, horizontalem, an den Knoten wurzelndem Rhizom, aus welchem sich 5 bis 15 cm hohe, starre, aufrechte, federkielstarke, kahle oder dünnfilzige, grüne oder rote Stengel erheben. Diese tragen wenige abwechselnde 3 bis 5 cm lange, bis 2,5 cm breite, am Grunde spitze, an dem oberen Ende zugespitzte, an dem zurückgebogenen Rande gesägte Blätter auf 0,5 bis 1 cm langen Stielchen. Die Zähne der Blätter sind scharf dem Blattrande angedrückt; ein jeder endigt in eine steife Borste; auch die Blattspitze ist in einen harten Stachel ausgezogen. Die Mittelrippe durchzieht in sehr gerader Linie das ganze Blatt bis zur Spitze und sendet unter Winkeln von 50 bis 60° fünf bis sechs Paare von beinahe gegenständigen Seitennerven, welche ziemlich weit vom Rande entfernt, in die nächstfolgenden Seitennerven in flachen Bogen einmünden. Zwischen ihnen entwickelt sich ein reich verzweigtes Netz stärkerer und schwächerer Adern; auch ausserhalb der Nervenbogen laufen Adern nicht selten direkt normal dem Blattrande zu. Die Blüten stehen einzeln oder in armblütigen Trauben in den Blattachseln. Ihre 5 bis 7 mm langen, roten Stiele sind bogig zurückgekrümmt; die etwa 6 mm lange fünfzählige Blüte wird von zwei kleinen, dunkelrosenroten, breit eiförmigen, ursprünglich in der Mediane liegenden, feingewimperten Deckblättchen gestützt; der bleibende, becherförmige, rosenrote feinwimperige Kelch besteht aus fünf breiteiförmigen zugespitzten Lappen, die sich in der Knospenlage nach der Quincunx decken. Die hinfällige weissliche oder blassrosenrote Blumenkrone ist krugförmig, nach oben allmählich verengert, unter dem Saume eingeschnürt; der Saum selbst wird aus fünf breit dreieckigen, zurückgebogenen oder zurückgerollten, in der Knospe dachigen Zipfeln gebildet. — Die zehn Staubblätter stehen zweireihig als kelch- und krongegenständige auf dem äussersten unteren Rande der Blumenkrone; die Filamente sind über dem Grunde bauchig verdickt, hellrosa, und nach aussen gebogen, dann nach der Spitze zu bräunlich, allmählich an Dicke abnehmend und im Bogen dem Griffel zugebogen, überall mit Papillen und weissen zerstreuten Haaren besetzt. Jede der beiden ziemlich grossen, aus zwei Längswulsten bestehenden, beinahe parallelen, gelbbraunen Antheren trägt auf dem Rücken einen krauspapillösen Wulst und läuft an der Spitze in einen langen zweigabligen Hornfortsatz aus. Die Antheren springen in zwei nach dem Blüteninnern gerichteten Löchern auf, welche an dem Übergang der Antheren in den Hornfortsatz liegen. Das oberständige weissliche Pistill besteht aus einem beinahe kugligen, an der Spitze eingesenkten Fruchtknoten und einem dickfädlichen, etwas gekrümmten weissen Griffel, der unter der kurz fünfspitzigen Narbe ein wenig eingeschnürt ist. Das fünffächrige Ovar enthält in jedem Fache mehrere Samenknospen, welche am Grunde einer zentralen Säule an zweilappigen Samenleisten angeheftet sind. Unter dem Pistill befindet sich, von der Blumenkrone umschlossen, ein grüner zweireihiger Diskus; jede Reihe desselben besteht aus zehn stumpfen Zähnen, welche mit denen der anderen Reihe abwechseln. Die Zähne der oberen Reihe haben beiderseits zwei seitliche hellgrüne Flügel. Nach der Befruchtung fällt die Korolle bald ab; die Farbe des bleibenden Kelches wird allmählich lebhafter, während die Zipfel desselben wachsen und den sich stetig vergrössernden Fruchtknoten einschliessen. Der letztere reift zur Kapsel, welche von den fleischig und saftig gewordenen, sich eng aneinander schliessenden Kelchlappen beerenartig umschlossen wird. Deshalb erscheint die reife Frucht als eine 1 cm lange, beinahe kuglige, purpurrote essbare Beere, welche in ihrer Mitte eine vielsamige fünfwulstige Kapsel einschliesst. Die Scheinbeere bleibt noch lange Zeit mit dem Griffel gekrönt; die Kapsel selbst springt schliesslich in fünf fachspaltige Klappen auf. Die Samen sind sehr klein, zugespitzt, mit glänzender Samenschale umgeben, und tragen in dem fleischigen Nährgewebe den zentralen Embryo, dessen Würzelchen dem Nabel anliegt.

Blütezeit. Juni bis September; reife Früchte finden sich vom Juli an.

Vorkommen. Die Pflanze wächst in Bergwäldern von Nordamerika, von Kanada bis Karolina, am häufigsten in den Tannenwäldern von New-Jersey. In Nordamerika wird sie ihrer wohlschmeckenden Früchte wegen (Boxberry) in den Gärten kultiviert, woselbst dann nicht selten den ganzen Winter über noch Früchte geerntet werden.

Name. Die Pflanze soll von einem kanadischen Arzte Gautier in den Arzneischatz eingeführt sein; derselbe soll sie auch zuerst beschrieben haben, und nach ihm ist sie von Kalm *Gautiera* benannt worden. Durch Verstümmelung dieses Namens soll der neue Name *Gaulther* entstanden sein, von dem die Linnésche Bezeichnung der Pflanze herzuleiten ist. Trotz alledem ist der Linnésche Name heute der einzig gebräuchliche.

Pharmazeutisch wichtig sind die Blätter des Halbstrauchs, **Folia Gaultheriae,** sowie das daraus destillierte Öl, **Oleum Gaultheriae** oder **Oleum Wintergreen.**

Folia Gaultheriae sind dunkelgrüne, beim Aufbewahren im getrockneten Zustande bald verblassende, trocken spröde, lederartige, sehr kurz gestielte, breit ovale Blätter mit glänzender Ober- und matter Unterseite; Grund und Spitze sind zugespitzt oder stumpf, der Rand zurückgebogen, scharf sägezähnig; die ursprünglich vorhandenen Borsten an Zähnen und Spitze sind verloren gegangen, nur am oberen Ende des Blattes findet sich noch ein kurzes vorgestrecktes knorpeliges Spitzchen. Mittelrippe und Nervatur treten unterseits stark und kräftig hervor; oberseits ist die etwas wellige Blattfläche an dem Verlauf der Haupt- und Seitennerven etwas eingesenkt und beide, sowie die stärkeren Adern als scharf eingegrabene Linien kenntlich, ähnlich wie bei den Bärentraubenblättern, *Folia Uvae ursi,* mit denen sie

Ericaceae
(Andromedeae)

Gaultheria procumbens L.

aber den geraden, ebenen Bruch nicht gemein haben. Der Geruch der Blätter ist im frisch getrockneten Zustande aromatisch, er nimmt aber, selbst in geschlossenen Gefässen, bald ab und nähert sich dann dem der *Folia uvae ursi.* Der wässrige Auszug der Blätter besitzt einen entfernt an chinesischen Thee erinnernden Geschmack.

Oleum Gaultheriae, *Oleum Wintergreen, Gaultheriaöl,* ist das aus den Blättern destillierte Öl, welches in reinem Zustande eine farblose, leicht bewegliche Flüssigkeit von eigentümlichem, angenehmem Geruch darstellt. Das unreine oder das sehr alte Öl, welches ohne Sorgfalt aufbewahrt worden und der Luft und dem Licht ausgesetzt war, besitzt eine rötliche bis braunrote Farbe und ist auch oft wohl schon teilweise zersetzt. Reines Öl siedet bei 220 bis 222°; es besitzt ein spezifisches Gewicht = 1,177 bis 1,187 und dreht die Polarisationsebene ein klein Wenig nach links: $\alpha_D = - 0^{\circ} 25'$ im 100 mm Rohr. — In fünf Volumen Weingeist von 70% ist es klar löslich; seine Säurezahl ist 0, seine Verseifungszahl, also auch zugleich seine Esterzahl, ist 263,2 und seine Jodzahl 21,9. Das Wintergreenöl wurde früher, nach den Mitteilungen von Jos. Brakeley in primitivster Weise gewonnen. Eine 200 bis 400 Gallonen fassende, eingemauerte Destillierblase nebst einem Schlangenkühler einfachster Art wurden unter einem Dach aufgestellt; ein Bach oder eine Quelle in der Nähe lieferte das Destillations- und Kühlwasser; dann wurde die Destillation über freiem Feuer vorgenommen. Man trennte das ätherische Öl von dem wohlriechenden Wasser und benutzte das letztere zur nächsten Destillation, wobei man auch die im Verlaufe der Reinigung und Klärung benutzte Entfärbungskohle und die Filter in die Blase brachte. Auf diese Weise wurden 0,6 bis 0,8% Öl aus den Blättern gewonnen. Es war von blassrötlicher bis brauner Farbe; der Ertrag der Arbeit war von der Beschaffenheit der Blase abhängig; neue Apparate gaben viel und helles Öl, ältere Blasen dagegen zersetzten das Öl mehr und mehr. Hierzu kam, dass die Destillateure oft Mangel an Material hatten, da die Blätter nur von Frauen und Kindern gesammelt wurden und der Lohn dafür ein sehr geringer war. Alle diese Missstände führten schliesslich zur Dampfdestillation, welche heute in Nordamerika in umfangreichem Maße betrieben wird und nur durch die Fabrikation der dem Gaultheriaöl sehr ähnlichen Öle, dem Sweet-birch-oil (von *Betula lenta* L.) und dem synthetischen Produkt beeinträchtigt wird. Diese Konkurrenz hat das Öl bis heute ausgehalten, derart zwar, dass die Konsumtion des Öles zwar sehr nachgelassen hat, dass es aber doch neben den erwähnten beiden Ölen immer noch vielfache Verwendung findet.

Bestandteile. Die Gaultheria-Blätter wurden 1887 von Frank. W. Droelle (vergl. Amer. Journ. of Pharm. 1887 p. 289) analysiert; er fand neben den in Pflanzenteilen gewöhnlich vorkommenden Stoffen 0,5% ätherisches Öl, 5,45% Tannin, 3,85% Arbutin, Erikolin nebst Chlorophyll. — Arbutin wurde zuerst von Oxley darin nachgewiesen. Gallussäure, Stärke und Calciumoxalat wurde nicht gefunden. Bourquelot fand 1896 in den Blättern ein Ferment, welches das Gaultherin, jenes Glycosid der Rinde von *Betula lenta* L. und des Krautes von *Monotropa Hypopitys* unter Bildung von Methylsalicylat (Gaultheriaöl) zersetzt. Es ergiebt sich daraus die Vermutung, dass das Gaultheriaöl, wenigstens zum Teil, durch Zersetzung eines Glycosids der Blätter erst bei der Wasserbehandlung entsteht. Man nimmt heute an, dass das Öl fertig gebildet in den Blättern vorhanden sei. — Über die Zusammensetzung des Gaultheriaöles ist man lange Zeit in Zweifel gewesen. Obgleich das Öl selbst bereits seit 1790 bekannt ist und obgleich man aus den Untersuchungen von Cahours (1843) wusste, dass das Öl in der Hauptsache aus Methylsalicylat besteht, blieb man über die Natur der übrigen Bestandteile völlig im Unklaren. Procter hielt den ungekannten Rest, den er auf 10%, andere auf 3%, Power auf 0,3% schätzen, für ein Terpen und nannte ihn Gaultherilen. Er schildert ihn als eine farblose, pfefferartig riechende, bei 160° siedende Flüssigkeit. Power gab an, dass das Terpen fest sei und höchstens 0,3% betrage; später kam er zu der Überzeugung, dass ein Terpen überhaupt nicht vorhanden sei und die neuesten Untersuchungen, die, wohl unter Powers Leitung, 1895 in dem New-Yorker Etablissement der Firma Schimmel & Co. an 1500 g des Öles gemacht wurden, ergaben, dass in demselben ungefähr 99% Methylsalicylat, ein Paraffin, wahrscheinlich Triakontan $C^{30}H^{62}$, ein Aldehyd oder Keton, sodann ein sekundärer Alkohol $C^{8}H^{16}O$ und ein Ester $C^{14}H^{24}O^{2}$ vorhanden sind. Dem Ester scheint die geringe optische Linksdrehung zuzuschreiben zu sein, von der oben die Rede war.

Verwechselungen, Verfälschungen und Prüfung. Dem Gaultheria-Öl sehr ähnlich sind das Sweet-birch-oil von *Betula lenta* L. und das synthetische Methylsalicylat. Beide Öle unterscheiden sich dadurch von echtem Gaultheria-Öl, dass sie optisch inaktiv sind. Das künstliche Öl, das reine Methylsalicylat, siedet bei 219 bis 220°, die Verseifungs- und Esterzahl ist nach Kremel 286,6 und die Jodzahl 21,9, von den betreffenden Zahlen des echten Öles also etwas abweichend. — Nach allgemeinen Ansichten sind die reinen Öle einander gleichwertig; von einer Verfälschung kann also hier keine Rede sein. Anders verhält es sich mit Zusätzen von Petroleum, Kerosen, Paraffinöl und Terpentinöl, die Power nachgewiesen hat, oder von Gemsichen von Alkohol und Chloroform, oder von Sassafras- oder Kampferöl, die von Anderen beobachtet worden sind. — Die erstgenannten Verfälschungen werden am leichtesten durch das spezifische Gewicht und durch die Löslichkeitsprobe im Weingeist von 70% nachgewiesen; das spezifische Gewicht wird geringer, die Weingeistlösung trübe, wenn diese Öle anwesend sind. — Chloroform und Alkohol lässt sich durch Destillation aus dem Wasserbade abscheiden; Alkohol wird durch die Jodoformprobe, Chloroform durch die Isonitrilprobe, beim Erhitzen mit Anilin und Kalilauge, erkannt. — Sassafrasöl soll bei einem Zusatz von 10% durch den Geruch kenntlich sein; den korrekten Nachweis desselben formuliert Power wie folgt: In einem geräumigen Probierrohre wird zunächst 1 g Öl mit 5 g Natronlauge von 5% gemischt und geschüttelt. Es entsteht ein reichlicher krystallinischer Niederschlag, welcher nach etwa fünf Minuten im heissen Wasserbade beim Umschütteln allmählich, aber vollständig klar, sich wieder auflösen muss. Ölige Tropfen am Grunde oder am Niveau der Flüssigkeit werden als Petroleum, Terpentinöl, Sassafras- oder Kampferöl durch den Geruch erkannt, da der Salicylsäure-Methylester zerstört wird und der ursprüngliche Geruch des Gaultheriaöles vollständig verschwindet. Auf diese Weise ist man im stande, noch 5% Zusätze dieser Art nachzuweisen. — Von amerikanischer Seite ist auf den Zusatz von Methyl- oder Aethylbenzoat aufmerksam gemacht worden; in irgend einem als „Gaultheria-oil" bezeichneten Falsifikat hatte man Benzoesäure gefunden. Derartige Zusätze erkennt man zunächst an dem sehr abweichenden spezifischen Gewicht und dem niedrigen Siedepunkt (Methylbenzoat spezifisches Gewicht 1,095; Siedepunkt 197 bis 199° und Aethylbenzoat spezifisches Gewicht 1,055; Siedepunkt 211 bis 212°); sodann aber soll man das Öl nach Powers Vorschrift mit Natronlauge verseifen und aus dem Reaktionsprodukt die Säure durch Salzsäure abscheiden; die gebildete Krystallmasse soll alle Eigenschaften der Salicylsäure, aber nicht der Benzoesäure besitzen.

Anwendung. Die Gaultheriablätter dienen ihres ätherischen Öles wegen als aromatisches Getränk und besitzen schwach narkotische Eigenschaften. Die getrockneten Blätter finden in der Heimat als Genussmittel Verwendung an Stelle der chinesischen Thees. Die Früchte geniesst man als beliebtes Obst und kultiviert zu ihrer Gewinnung die Pflanze in wohlgepflegten Plantagen nebst ihrer Verwandten *G. Shanon.* — Das ätherische Öl wirkt in kleinen Dosen als Desinfektionsmittel und wird als Zusatz zu Zahn- und Mundwässern und ähnlichen Gemischen benutzt. Grosse Dosen von 30 bis 60 g wirken als stark reizendes und brechenerregendes Mittel, nicht aber als Purgans. Das Öl wurde von Wood und Hare als starkes Stimulans für Respirations- und vasomotorische Zentren erkannt; es übt die gleiche Wirkung wahrscheinlich auch auf die motorischen Zentren des Herzens aus. Vergiftungsfälle sind selten; etwa zwei oder drei derselben sind bekannt geworden.

Geschichte und Handelsbeziehungen. Das flüchtige Öl der *Gaultheria procumbens* L. war bereits gegen Ende des 18. Jahrhunderts bekannt. 1842 wurde es von Cahours zum ersten Male analysiert und das Methylsalicylat als sein Hauptbestandteil erkannt. Die vielfachen Verfälschungen, denen es ausgesetzt war, führten zu Versuchen mit dem synthetischen Methylsalicylat, sowie zur Substitution anderer Öle, welche grösstenteils oder ganz aus diesem Ester bestehen. Ein solches Öl wurde zuerst 1844 von Procter aus der Rinde von *Betula lenta* L. hergestellt; de Vrij fand 1871 ein sehr ähnliches Öl in den Blättern von *Gaultheria punctata* Blume und *G. leucocarpa* Blume; in neuerer Zeit sind gleiche Öle noch in grösserer Anzahl gefunden worden, so 1881 von Langbeck in der Wurzel von *Polygala Senega* L., 1885 von Schimmel & Co. in der Rinde von *Laurus Benzoin* L., 1889 von Reuter in der Wurzel von *Polygala alba* L., 1894 von Bourquelot in den Wurzeln von *Polygala vulgaris* L., *P. depressa* Wender, *P. calcarea* Schultz, sowie in *Monotropa Hypopitys* L., endlich 1892 von Schneegass und Gerock in den Blüten der *Spiraea Ulmaria* L. und durch van Romburgh 1895 in den Wurzeln von *Polygala oleifera* HBK. var. *albiflora* DC., *P. oleifera* Heckel und *P. javana* Bl. In den Kokablättern fand derselbe Salicylsäure-Methylester fertig gebildet vor. — In all diesen Pflanzen trifft man sie teils frei an, meist aber wohl in Form glykosidischer Körper, welche durch eigentümliche Fermente zersetzt werden. Unter die Glykoside zu rechnen ist das Gaultherin, welches von Schneegass und Gerock aus der Rinde der *Betula lenta* L. abgeschieden wurde und der ähnliche Bestandteil, den Bourquelot in der *Monotropa Hypopitys* L. vorfand. — Zur Zersetzung geeignete Fermente wies Bourquelot 1896 in *Spiraea Ulmaria* L., *Sp. filipendula* L., *Sp. salicifolia* L., den *Polygala*-Wurzeln, der Rinde von *Betula lenta* L. und in den Blättern von *Gaultheria procumbens* L. nach.

Durch die Nebenbuhlerschaft verwandter Öle hat das Gaultheria-Öl natürlich an Absatzgebiet verloren; es ist aber nicht vollständig verdrängt worden, sondern es findet seine Abnehmer, ebenso wie das Öl der Sweet-birch-Rinde (von *Betula lenta* L.) und das synthetische Öl. Immerhin hat es im Preise sehr nachgeben müssen, denn während im Jahre 1875 das Öl noch mit $ 4,50 pro Pfund bezahlt wurde, kostet es heute nur noch $ 1,60 bis 1,80, welchen Preis es jetzt seit zehn Jahren ungefähr, festgehalten hat.

Litteratur. Beschreibung und Abbildung. *Gaultheria* Scopoli, Introduct. — Linné, Genera 551. — Lamarck, Dict. t. 367. — Gaertner, Fructus t. 63. — Wight, Illustr. t. 141. Icones 1195—1197. — Pursh, Flora Amer. Sept. t. 12. 13. — R. Brown, Prodrom. 558. — Kosteletzki, Med. pharm. Flora III. 1017. — De Candolle, Prodromus VII. 592. — Hooker, Bot. Mag. 1966. — Humbold, Bonpl. & Kunth, Gen. et Spec. t. 261. 262. — Bentham & Hooker, Genera Pl. IV. 582. — Miquel, Flor. Ned. Ind. II. 1055. — Henkel, Bot. 136. — Asa Gray in Proc. Amer. Acad. V. 324. — Meissner in Flor. Brasil. VII. 152 t. 57. — Royle, Illust. t. 63. — Karsten, Flora von Deutschland II. 469. — Luerssen, Med. pharm. Bot. II. 931. — Geisler & Möller, Realencycl. IV. 530. — Baillon, Traité de Bot. med. II. 1297.

Droge und Präparate. Henkel, Pharmacogn. 509. *(Ol.)* — Wiegand, Pharm. 409. *(Ol.)* — Hager, Praxis II. 11. u. III. 472. — Flückiger, Leitfaden d. Pharm. 203. *(Fol. u. Ol.)* Handbuch d. Pharm. 3. Aufl. 661. — Geisler & Möller, Realencycl. l. c. — Flückiger & Hanbury, Pharmacographia 402. — Maisch in Jahresbericht 1874. 85. *(Arbutin)* — Jos. Brakeley, Pharm. Journ. (1879) X. 224. — Cahours, Ann. Chim. Phys. (3) X. 358. (Bestandteile). — Husemann-Hilger, Pflanzenstoffe II. 1130. — Power, Pharm. Rundschau 1889. 283. — De Vrij, N. Tijdschr. voor Pharm. 1871. 355. — van Romburgh, Rec. d. trav. chim. d. P. B. 13. 421. — Bourquelot, Compt. Rend. 119, 802. u. 122, 1002. — Schimmel & Co., Berichte 1888—1897.

Tafelbeschreibung:

A blühende Pflanze. 1 Blüte im Längsschnitt, 2 Kelch mit Pistill, 3 Korolle von aussen, 4 Staubblätter, 5 die doppelte Scheibe, 6 halbreife Frucht im Querschnitt, 7 reife Frucht. A und 7 in natürlicher Grösse, 1, 2, 3, 4, 5, 6 stark vergrössert. — Nach lebenden Exemplaren des botanischen Gartens zu Jena.

Gelsemium sempervirens Ait.

Engl.: Yellow Jasmine. False Jessamine, wild yellow Jessamine.

Syn. *Gelsemium nitidum* Mich. *Gelsemium lucidum* Poir. *Bignonia sempervirens* L. *Lisianthus sempervirens* Mill. *Anonymos sempervirens* Walt.

Familie: *Loganiaceae*. Tribus: *Gelsemieae*. Gattung: *Gelsemium Juss.*

Beschreibung. Ein windender Strauch von Meterhöhe. Die dünnen, hin und her gebogenen, ziemlich schlanken Zweige besitzen eine glänzend braune kahle Rinde und 3 bis 5 cm lange Internodien. Die Blätter sind gegenständig, durch eine Stipularlinie verbunden, 3 bis 8 mm lang gestielt, lanzettlich, zweieinhalb- bis viermal, seltener bis fünfmal so lang als breit, im Mittel 5 bis 7 cm lang und 1,5 bis 2,5 cm breit, am Grunde in den Blattstiel verschmälert, nach oben zu allmählich und lang zugespitzt, ganzrandig, ziemlich dick und lederartig, beiderseitig ganz kahl, die Oberseite häufig glänzend und dunkelgrün, die Unterseite hellgrün; die Mittelrippe entsendet sieben bis zehn Paar nicht sehr deutlich hervortretender Seitennerven. In den Achseln der oberen Blätter entspringen je ein Paar ein- bis dreiblütige, bis 1 cm lange Kurzzweige, welche dicht mit acht bis zwölf Brakteen besetzt sind; diese sind 1 bis 3 mm lang, von dreieckiger Gestalt, mit breiter Basis sitzend, stumpflich, gelbgrün, nach oben zu häufig etwas bräunlich. Meist ist an jedem Kurzzweige nur eine Blüte entwickelt. Die Blüte ist actinomorph und fünfzählig gebaut. Der Kelch besteht aus fünf etwas trockenhäutigen sich dachziegelig deckenden ziemlich gleichen Blättern; dieselben sind lanzettlich, mit breitem Grunde sitzend, stumpflich, 6 bis 7 mm lang und 2,5 bis 3 mm breit, von hellgrüner oder gelblicher Farbe und von parallelen Längsadern durchzogen. Die schön gelbe trichterförmig-glockige Blumenkrone ist fünflappig, 3 bis 3,5 cm lang, wovon etwa 6 bis 7 mm auf die breiten, stumpfen, fast halbkreisförmigen Zipfel entfallen. Die fünf Staubblätter sind am Grunde der Kronenröhre inseriert und von derselben eingeschlossen; bei der kurzgriffeligen Form sind sie 2 cm, bei der langgriffeligen Form nur 1 cm lang; die länglichen, stumpfen, 3 bis 4 mm langen Staubbeutel sind am Rücken befestigt und springen mit seitlichen Längsspalten auf. Der längliche zweifächerige Fruchtknoten sitzt auf einem niedrigen, undeutlich entwickelten Diskus und geht an der Spitze allmählich in den fadenförmigen Griffel über; Fruchtknoten und Griffel zusammen sind bei der langgriffeligen Form 2 cm, bei der kurzgriffeligen 1 cm lang. Der Griffel ist zweispaltig, jeder Ast ist wiederum tief zweilappig und trägt innen am oberen Teil die Narbenfläche. Die zahlreichen Samenknospen sind in jedem Fruchtknotenfache in zwei Längsreihen an mittelständigen Placenten befestigt. Die Frucht ist eine etwa 35 mm lange und 10 mm breite flache trockene Kapsel von braunroter Farbe und mit lederartigen Wänden; sie ist flach zusammengedrückt, mit einer kurzen harten Spitze versehen und springt septicid durch Ablösung der Scheidewände von den Placenten auf; jedes der beiden Fruchtblätter öffnet sich ausserdem im oberen Teile in der Rückennaht. Die Samen sind in jedem Fruchtblatt in

Loganiaceae
(Gelsemieae)

Gelsenium sempervirens Aiton.

einer Zahl von acht bis zehn oder noch mehr vorhanden, flachgedrückt, aussen mit Knötchen besetzt, von bräunlicher Farbe und mit einem einseitigen, länglichen, papierdünnen, gelbbraunen, an der Spitze ausgefransten Flügel versehen. Same und Flügel zusammen besitzen eine Länge von 10 bis 12 mm bei einer Breite von 4 bis 5 mm. Das Nährgewebe ist fleischig, ziemlich reichlich entwickelt und umschliesst den geraden Embryo mit verhältnismässig kurzen Keimblättern und stielrundem Würzelchen.

Blütezeit. Blüht im Februar und hat reife Früchte im November.

Vorkommen und Verbreitung. Die Pflanze kommt vor an Flussufern und der Meeresküste im westlichen Nord- und in Mittelamerika. Ihr Verbreitungsbezirk erstreckt sich von Virginia, über Carolina, Georgia, Florida, Alebama, Louisiana, Mexiko bis Guatemala.

Name. Der Name *Gelsemium,* auch *Gelseminum,* ist die ältere Bezeichnung für *Jasminum,* nach den jasminähnlichen wohlriechenden Blüten.

Andere Arten. Eine zweite in China vorkommende Art der Gattung, *G. elegans* Benth. deren Wurzel als *Foo-moon-keng* oder *Hu-meng-tsao* bekannt ist, wird dort zu Giftmorden verwendet; sie enthält ein Alkaloid, welches jedoch mit dem Gelseminin nicht identisch zu sein scheint.

Anatomie. De Bary hatte in dem Holze asiatischer, afrikanischer und amerikanischer Strychnosarten eigentümliche, auf dem Querschnitte rundliche oder elliptische Siebröhrenstränge beobachtet, welche zwischen den Markstrahlen liegen oder die Markstrahlen unterbrechen. Die Siebröhren selbst bieten im Längsschnitt schräge, leiterförmig geordnete Siebfelder dar und sind von zartem Parenchym begleitet, sodass dieses in den Strängen vorwaltet. Diese eigentümliche Erscheinung konnte bei *Gelsemium* nicht nachgewiesen werden. Ebenso fehlt der Gelsemiumrinde der sklerenchymatische Ring, welcher für die Rinde anderer Strychnaceen, besonders der Strychnosarten, charakteristisch ist. — In dem Parenchym der Rinde findet sich Stärke und Calciumoxalat.

Geschichte. Die giftigen Eigenschaften der Pflanze sind den Amerikanern sehr lange bekannt; in der Heimat wird sie bereits seit sehr langer Zeit als Sedativum gebraucht. Nach Europa kam sie Mitte des 17. Jahrhunderts und wurde seit jener Zeit in europäischen botanischen Gärten kultiviert. Die Wurzel ist seit 1875 in dem europäischen Handel und wird von den Quäkern von New-Libanon meist in geschnittenem und komprimiertem Zustande versandt.

Officinell ist *Radix Gelsemii,* das meist gerade, oft winkelig gebogene oder knotig verdickte, mit den dünneren Nebenwurzeln der Pflanze besetzte Rhizom, welches von den unwirksamen oberirdischen Stengelresten befreit sein soll. Das Rhizom ist cylindrisch, bis 3 cm dick, oft in 5 bis 15 cm lange Stücke zerschnitten, zäh, mit splitterigem Bruch und mit hellbrauner, längsstreifiger, faseriger, höchstens 2 mm dicker Rinde und gelbbrauner Korkschicht bedeckt, in welcher sich seidenglänzende Bastfasern erkennen lassen. Das Holz ist fest und weiss, auf dem Querschnitte fein strahlig, grob porös; in der Mitte befindet sich ein sehr geringes bräunliches Mark. Die Wurzelfasern werden 0,5 bis 1,5 mm dick, ziemlich lang und starr und sind marklos. Der Geruch der Droge ist schwach aromatisch; der bittere Geschmack kommt vornehmlich der Rinde zu, während das Holz fast geschmacklos ist.

Übergiesst man 1 Gewichtsteil der zerschnittenen Wurzel mit 50 Gewichtsteilen Kalkwasser, so nimmt dieses blassgelbe Farbe an und zeigt bläuliche Fluorescenz, welche durch Zusatz von Säuren geschwächt oder ganz aufgehoben wird. Der wässrige Auszug der Wurzel wird durch Ferrichloridlösung grünlichbraun gefällt; derselbe bleibt dagegen durch Kaliumchromat klar; hierdurch unterscheidet sich das vorhandene Alkaloid von dem verwandten Strychnin.

Stengelreste erkennt man leicht an den gegenständigen Blattnarben, und an dem meist ganz oder grösstenteils verschwundenen Mark. Sie sind überdies meist purpurn, längsriefig und längsrissig und zeigen beim Zerbrechen lange Bastfasern. Sie schmecken nicht bitter und sind vollständig unwirksam.

Bestandteile. Die Wurzel enthält 0,1 % des sehr giftigen Alkaloids **Gelseminin,** $C^{22}H^{26}N^2O^3$ (Spiegel, Göldner), sowie sehr kleine Mengen eines amorphen Alkaloids, welches vorläufig als **amorphes Gelseminin** bezeichnet wird. Ferner findet man etwa 0,04 % des Glycosids **Aesculin,** welches früher als Gelseminsäure bezeichnet wurde und dem die fluorescierenden Eigenschaften des alkalischen Auszugs der Wurzel zuzuschreiben sind. V. Coblentz indessen tritt in jüngster Zeit für die Existenz einer Gelseminsäure ein (Am. J. of Pharm. 1897. 229) und zeigt, dass sie sich, ebenso wie ihre Derivate, wesentlich von Aesculin unterscheidet. Sie schmilzt bei 206°. Ihre Salze sind nicht krystallisierbar; das Kaliumsalz bläht sich beim Erhitzen stark auf. Näheres bleibt abzuwarten. — Heute bezeichnet man mit **Gelsemin** kein Alkaloid, sondern das nach amerikanischer Vorschrift aus der Gelsemiumwurzel erhaltene harzartige Produkt, das Resinoid, welches auf ähnliche Weise wie das Podophyllin gewonnen wird.

Das **Gelseminin** $C^{22}H^{26}N^2O^3$ (Göldner) bildet farblose Krystalle, wenig löslich in Wasser, löslich in Alkohol, Äther, Chloroform; es schmilzt bei 154 bis 155° und giebt schön krystallisierende Salze, die in Wasser und Alkohol löslich sind. Schwefelsäure löst es bräunlich gelb; auf Zusatz von Kaliumdichromat entsteht eine rote Färbung, die in Violett und schliesslich in ein schmutziges Grau übergeht. Durch Ceroxyd wird die Lösung in Schwefelsäure schön kirschrot; ebenso färbt Zucker diese Lösung kirschrot, doch wird diese Reaktion durch Fette, Gallensäuren und manche Alkaloide gestört. Eine Ferrichlorid-Ferricyankaliumlösung wird auf Zusatz von Gelseminin intensiv grün gefärbt; auch geben die meisten Alkaloidreagentien Niederschläge. Gerrard erhielt aus 12 kg Gelsemiumwurzel 20 g Gelseminin. Das amorphe Gelseminin giebt nur amorphe, in Wasser und Alkohol leicht lösliche Salze, von denen das Hydrochlorat am besten bekannt ist.

Anwendung und Wirkung. Die Gelsemiumwurzel wirkt als heftiges Gift. Sie dient in Substanz wie in Abkochung als Antineuralgicum und Antiperiodicum. Das Gift wirkt zunächst auf Gehirn und Rückenmark; später werden die Atmungsorgane und das Herz beeinflusst. Dem Patienten scheinen die Gegenstände vor Augen zu tanzen, die Augenlider und die Zungenempfindlichkeit werden gelähmt. Die Vergiftung führt bei Erwachsenen sehr oft, bei Kindern immer zum Tode; derselbe erfolgt nicht durch Blutvergiftung, sondern durch Lähmung der Respirationsorgane. Deshalb benutzt man neuerdings stundenlang fortgesetzte künstliche Respiration als Gegenmittel bei derartigen Vergiftungen.

Litteratur. Beschreibung und Abbildung. Linné, Spec. plant. Ed. I. 623 (*Bignonia sempervirens*). — DC., Prodr. IX. 23. — Kosteletzky, Medic. pharm. Flora III. 1068. — Endl., Gen. p. 1396 n. 3430/1. — Benth. et Hook., Gen. pl. III. 789. — Baillon, Hist. plant. X. p. 164. Fig. 149—156, p. 169, p. 219. — Juss., Gen. 150. — Engler-Prantl, Nat. Pflanzenfam. IV. 2. 28. Fig. 14. — Benth. in Journ. Linn. Soc. I. 90. — Catesb., Car. 1. p. 53. tab. 53. — Pluk., Almag. tab. 112. Fig. 5. — Mich., Fl. Bor. Am. I. p. 120. (*Gelsemium nitidum*). — Ait., Hort. Kew. Ed. II. Vol. II. p. 64. — Elliott., Sketch. bot. South Carol. I. p. 311. — Poir., Herb. Amat. tab. 169. (*Gelsemium lucidum*). — Pradel, Thèse (Montpellier 1884). — Walt., Fl. Carol. p. 98 (*Anonymus sempervirens*). — Baillon, Tr. Bot. méd. planér. p. 1275, Fig. 3215—3222). — Bentley & Trimen, Med. Pl. III. 181. — Bureau, Loganiacées (Apocynacées) 64. — Karsten, Fl. v. Deutschl. II. 619. — Luerssen, Med. pharm. Botanik II. 1060.

Droge. Pharm. Journ. and Trans. 1887 p. 606. u. XVI. 2. 807. — Archiv f. exper. Pathol. u. Pharmakol. 1892 p. 31, 49. — Ber. d. deutsch. chem. Ges. 1893, p. 1054. — Hartwich, die neuen Arzneidrogen 160. — Vogl, Commentar z. österr. Pharm. 311. — Wiegand,

 Pharmakogn. 61. Dorvoult, l'Officine (XII.) 538. — Hager, Pharm. Praxis II. 18. III. 477. — Flückiger-Hanbury, Hist. des Drogues. II. 93. — Flückiger, Leitfaden d. Pharm. 213. — Realencyclopaed. der Pharm. IV. 558. — Hirsch, Universalpharmacop. II. 502. No. 2651. — Pharm. Belg. 221. 335. — Brit. 187. 157. 420. — Gall. 54. 414. — Helv. 222. — Hispan. 56. — Nederl. 166. — U. St. Ph. 197. — Deutsche Arzneimittel, Berlin 1891. 221. No. 582.

Präparate. *Extractum fluidum* U. St. Ph. 138. Brit. 157. — *Tinctura Gelsemii* Belg. 118. 298. — Brit. 420. — Helv. 286. — Ndl. 231. — Utt. Ph. 417. — Deutsche Arzneimittel 267. No. 729. — *Gelsemininum*, Husemann-Hilger, Pflanzenstoffe II. 1327. Göldner, Ber. Pharm. Gesellsch. V. (1895) 330.

Tafelbeschreibung:

A Wurzelstock. B Blütenzweig. C fruchttragender Zweig. 1 Blüte im Längsschnitt; 2 Fruchtknoten im Längsschnitt; 3 Frucht; 4 Frucht, querdurchschnitten; 5 Fruchthälfte, von innen gesehen; 6 Same; 7 Unterer Teil des Samens im Längsschnitt; 8 Diagramm. A, B, C, 1 natürliche Grösse, 2 bis 5 in doppelter Grösse, 6 bis 8 stärker vergrössert. Nach Exemplaren des Köngl. Herbars zu Berlin, gesammelt von Curtiss (Nr. 2256) bei Jacksonville, Florida, und von Geo V. Nash (Nr. 2166) in Lake City, Columbia.

Gentiana lutea L.

Gelber, edler, gebräuchlicher, gemeiner, grosser Enzian, Bitterwurz — Gentiane — Gentian.

Familie: *Gentianaceae* (Unterfamilie: *Gentianeae*); Gattung: *Gentiana* Tourn.

Beschreibung. Lang ausdauernde Pflanze mit 30—60 Ctm. (sogar $1^1/_3$ Meter) langer, oben bis 4 Ctm. dicker, einfacher oder wenig ästiger, cylindrischer und gewöhnlich mehrköpfiger, fleischiger, aussen bräunlicher oder gelblich-grauer, geringelt-runzeliger, innen gelber oder rothgelber Wurzel. Nach Flückiger treibt das geringelte Rhizom jährlich etwa 8 in gekreuzter Stellung dicht über einander stehende Blätter; später geht die Hauptwurzel verloren und wird durch eine (selten mehrere) $1^1/_3$ Meter lange, bis 6 Ctm. dicke Nebenwurzel ersetzt. An der Spitze des Rhizoms entwickeln sich aus den Achseln der Blattpaare vierzeilig geordnete Knospen, die sich zu neuen, später blühbaren Achsen ausbilden. Stengel meist zu mehreren aus einer Wurzel, $^1/_2$ bis $1^1/_3$ Meter hoch, kräftig entwickelt, stielrund, innen hohl, kahl; die blühbaren sich erst nach 10 bis 25 Jahren entwickelnd. Blätter halbstengelumfassend, die Blattpaare am Grunde unter sich verwachsen, nach oben an Grösse abnehmend; die wurzelständigen bis über 30 Ctm. lang, elliptisch, in einen kurzen, breiten, rinnenförmigen Blattstiel verschmälert, die stengelständigen kürzer gestielt, allmählich sitzend, länglich-elliptisch, die obersten, in deren Achseln sich die Blüthen entwickeln, fast herzförmig, stark concav, sämmtliche Blätter 5—7nervig, oberseits lebhaft grün, unterseits bläulich-grün, kahl. Die langgestielten, büscheligen Blüthen in ansehnlichen, blattachsel- und endständigen, von der Mitte des Stengels an beginnenden, reichblüthigen, unten entfernten, oben genäherten Scheinquirlen; die unteren Scheinquirle kurz- und dick gestielt und von eiförmigen Deckblättern unterstützt. Kelch häutig, scheidenförmig, durchscheinend, auf der einen Seite die Blumenkrone umgebend, auf der anderen bis fast zum Grunde gespalten, an der Spitze unregelmässig zwei bis sechszähnig, bleibend. Krone radförmig, bis zu mehr als $^3/_4$ ihrer Länge fünf bis sechstheilig, gelb, einfarbig oder innen an den Lappen mit 3 Reihen brauner Punkte; Lappen länglich-lanzettlich, spitzlich, ausgebreitet, in der Knospe gedreht. Staubgefässe 5 bis 6, dem Grunde der kurzen Kronenröhre eingefügt, unter sich frei, etwas kürzer als die Saumlappen; Staubfäden linienförmig; Staubbeutel linealisch, lanzettförmig, am Grunde des Rückens angeheftet, an der Basis ausgerandet, zweifächerig, der Länge nach aufspringend, nach dem Verstäuben die ursprüngliche Form beibehaltend. Pollen länglich, dreifurchig, unter Wasser kugelig, dreinabelig. Der freie Stempel mit länglichem, auf fünf bis sechsdrüsiger Scheibe sitzendem, seitlich etwas zusammengedrücktem, beiderseits mit einer Naht versehenem, allmählich in einen kurzen Griffel übergehendem Fruchtknoten. Narbenlappen zurückgerollt. Samenträger wenig bemerkbar, den Rändern der beiden Fruchtblätter angewachsen. Eichen mehrreihig, gegenläufig. Kapsel vom bleibenden Kelche und der Krone unterstützt, eilänglich, sitzend, zweiklappig aufspringend. Samen zahlreich, oval, zusammengedrückt, ringsum geflügelt, eiweisshaltig. Embryo klein, im Grunde des Eiweiss, mit kurzen, dicken Samenlappen und nach unten gekehrtem Würzelchen.

Gentiana lutea bildet Bastarde mit *G. purpurea* L., *G. punctata* L., *G. pannonica* Scop.

Gentiana lutea × *G. purpurea* (*G. Thomasii* Gill., *G. campanulata* Reyn., *G. hybrida* Hall. fil.) besitzt eine purpurne, violett punktirte Krone mit länglichen Abschnitten. In der Schweiz am Rhonegletscher und oberhalb Bex; selten.

Gentiana lutea × *G. punctata* (*G. Charpentieri* Thom., *G. biloba* D. C.) mit glockenförmigem, gestutztem, kurz zweizähnigem Kelche, gelber, fünfspaltiger Krone mit länglichen, zugespitzten Abschnitten. Im Oberengadin.

Gentiana lutea × *G. pannonica* (*G. Kummeriana* Sendtner) in Oberbayern.

An Stelle der *Gentiana lutea* werden auch die Wurzeln derjenigen Gentianeen verwendet, mit denen *lutea* Bastarde bildet.

Gentiana purpurea L. Ausdauernde, 30 bis 60 Ctm. hohe Pflanze mit fünfnervigen, unten elliptischen, oben breit lanzettlich-länglichen Blättern, meist 2 Blüthenquirle bildend, von denen der eine Scheinquirl zu einem Köpfchen zusammengedrängt ist und darunter in den Blattachseln zwei vereinzelte Blüthen stehen. Kelch bis zur Mitte gespalten. Blumenkrone glockig mit sechspaltigem Saume, aussen purpurn, innen gelblich; die eiförmigen Saumabschnitte dreimal kürzer als die Röhre. Staubbeutel röhrig zusammenhängend. Blüthe nach Rosen duftend. Auf Alpenwiesen der Südschweiz, in den Karpathen, im südwestl. Norwegen, auch in Kamtschatka. Blüthezeit: Juli, August.

Gentiana pannonica Scop. 30 bis 50 Ctm. hohe, der *G. purpurea* ähnliche Pflanze mit gerippten, unten gestielten und länglich-eiförmigen, oben sitzenden und lanzettlichen Blättern. Blüthen 6—7zählig; Blumenkrone glockig, dunkelpurpurn mit schwarz purpurnen Punkten. Kronenabschnitte dreimal kürzer als die Röhre. Kelchzähne lanzettlich, zurückgekrümmt. Alpenwiesen der Ostschweiz, im Böhmerwald und in den Karpathen. Blüthezeit: August, September.

Gentiana punctata L. Den beiden vorhergehenden ähnlich. Blätter gerippt, unten gestielt, länglich-eiförmig, oben sitzend, eiförmig. Blumenkrone gelb mit schwarz purpurnen Punkten, bei var. concolor (*G. campanulata* Jacq.) ohne Punkte. Kelchzähne aufrecht. Auf Wiesen der Alpen, Sudeten, Karpathen, des Böhmerwaldes. Nach Flückiger von der Provence durch Savoyen, Wallis, Graubündten bis Ungarn und Rumelien. Blüthezeit: Juli, August.

Anatomisches. Der Querschnitt der Wurzel zeigt eine aus Korkzellen bestehende Aussenrinde, eine stark entwickelte Mittelrinde und eine in gleichem Umfange entwickelte Innenrinde. Die Mittelrinde ist ein etwas lückiges Parenchym, dessen derbwandige, kugelige, farblose Zellen halbfestes, tropfenförmiges Fett enthalten. Die Innenrinde zeigt in abwechselnder Reihenfolge dunklere und dichtere Baststrahlen und schmälere, hellere, lockere Markstrahlen. Die Zellen der Baststrahlen sind mehr gestreckt und enger, die Zellen der Markstrahlen gleichen denen der Mittelrinde; Bastzellen fehlen. Das Kambium bildet einen dunkleren Ring, dessen Zellen klein und inhaltslos sind. Das weiche, fleischige, gegen die Mitte schwammige, dunkelpunktirte Holz besteht aus nach dem Umfange zu strahlig geordneten Gefässbündeln, welche durch ziemlich breite Markstrahlen von einander getrennt sind. Die Gefässbündelstreifen zeigen in einem dichten und dunkleren Parenchym, in lockeren Radialreihen geordnet, die gelbwandigen Netzgefässe, welche von Siebsträngen begleitet sind. Die Markstrahlen zeigen nach dem Umfange hin mehrere Reihen auf dem Querschnitte radial gestreckter Parenchymzellen; nach der Mitte der Wurzel zu lösen sich die Strahlen in ein nicht mehr scharf begrenztes, schlaffes Gewebe auf. Mark ist nicht vorhanden; Stärkemehl ebenfalls nicht.

Blüthezeit. Juli, August.

Vorkommen. Auf Gebirgswiesen Südeuropas, bis zu den Vogesen, dem Schwarzwalde und Südbaiern, in Meereshöhen von 950—2000 Meter. Flückiger sagt über das Vorkommen: „Sie findet sich in Portugal, in den spanischen Gebirgen, in den Pyrenäen, den Cevennen, in der Auvergne, im Jura, den Vogesen und im Schwarzwald, durch die Alpenkette bis nach Bosnien und den südlichen Donauländern, nicht in Griechenland, wohl aber in den centralen Apenninen, auf Sardinien und Corsica. Auf den deutschen Mittelgebirgen kommt sie noch vor, in der Schwäbischen Alp, bei Würzburg, stellenweise in Thüringen, aber nicht weiter nördlich, auch nicht in England.“

Name und Geschichtliches. *Enzian* (althochd. *enczyen, enczien, genciaene, genczen, hemer,* mittelhochd. *Enci, Encia, Enzigan, Scertwerze,* bei Cordus und Fuchs *Bitterwurz,* bei Brunschwig *Enzian*) ist aus dem lateinischen Namen *Gentiana* hervorgegangen. *Gentiana,* nach Dioskorides und Plinius von dem illyrischen König Gentius (gest. 167 v. Chr.) abgeleitet, der die Enzianwurzel angeblich gegen die Pest empfahl. „Encian hat seinen nammen vom Gentiano eim Kunig der Illyrier, welcher yn am ersten erfunden und sein tugent erkundete (Brunfels).“

Der von den Alten benutzte Enzian, ist jedenfalls nicht *lutea* gewesen, denn diese Pflanze kommt in Griechenland gar nicht vor; hingegen glaubt Fraas in *Γεντιανη* des Dioskorides *lutea* annehmen zu dürfen, da es wahrscheinlich ist, dass letzterer die Pflanze aus Illyrien erhalten hatte. Nach Wittstein benutzte Cletius Abascantus die Enzianwurzel gegen Auszehrung, Origines den frisch gepressten Saft gegen Blutspeien und Coelius Aurelianus gegen Spulwürmer; auch wurde die Pflanze gegen Gicht und Wechselfieber angewendet. Celsus zählt die Wurzel zu den Antidoten. Tragus bemerkt, dass sie zur Erweiterung von Wunden und als Pessarium diene; diese Eigenschaft wurde von Häberl wieder in empfehlende Erinnerung gebracht. Die Botaniker des 16. Jahrhunderts lieferten Abbildungen unter dem Namen Bitterwurz.

Offizinell ist die Wurzel: *Radix Gentianae* (*Radix Gentianae rubra*); letztere Bezeichnung im Gegensatz zu *Radix Gentianae alba* von *Laserpitium latifolium* und *Radix Gentianae nigra* von *Peucedanum Cervaria* abstammend.

Die Wurzel der *G. lutea* ist im frischen Zustande bis 4 Ctm. dick, cylindrisch, kurz, vielköpfig, etwas ästig, der Länge nach gefurcht, oben dicht und zart quergeringelt, gelblich-grau, innen weiss, im getrockneten Zustande ist die Oberfläche rothbraun, tief längsrunzelig, im Innern missfarbig gelblich-braun, orangegelb bis hellgelb. Die Wurzel wird im Frühjahre gesammelt, getrocknet, der Länge nach gespalten. Sie ist scharf getrocknet spröde, leicht pulverisirbar, im Bruche glatt; weniger scharf getrocknet zähe, biegsam, schneidet sich wachsartig. Der Geruch ist frisch widerlich-scharf, nach dem Trocknen schwach gewürzhaft. Der Geschmack ist anhaltend rein und stark bitter, anfangs etwas süsslich. Sie ist hygroscopisch, muss daher in Blechgefässen sehr trocken aufbewahrt werden. Man hält sie klein geschnitten, grob oder fein gepulvert vorräthig.

Die Wurzel der *G. purpurea* ist nicht so stark, aussen runzelig, mit glänzenden häutigen Schuppen besetzt, innen dunkelbraun. Nach Flückiger erreicht das Rhizom eine Dicke von ungefähr 15 Mm., ist mit zahlreicheren und derberen Blattresten versehen, beinahe ganz von den letzteren eingehüllt und trägt oft 20—30 Stengel. Die Wurzel erreicht eine Länge von höchstens 70 (meist nur 40) Ctm., frisch eine Dicke von 4 Ctm. und besitzt aussen und innen dunklere Farbe, liefert daher ein dunkleres Pulver als *lutea*.

Die Wurzel von *G. punctata* ist dunkel graubraun, geringelt, innen röthlich-gelb; die von *pannonica* ist kürzer, dünner, mit verlängerten Wurzelköpfen ausgestattet, wenig oder nicht geringelt, dunkler als *lutea*, im Querschnitt dichter mit deutlichen Gefässbündeln.

Auf eine Beimengung der Wurzel von *Veratrum album* L., welche bisweilen durch Unachtsamkeit der Wurzelgräber unter die Enzianwurzeln gelangt, ist wohl zu achten; dieselbe besitzt eine schwärzliche Farbe und eine narbenreiche Oberfläche (siehe *Ver. album*). Auch die Wurzel von *Atropa Belladonna* L. soll unter den Enzianwurzeln gefunden worden sein.

Die Wurzelgräber sollen sich übrigens nicht nur auf die genannten Enzianwurzeln beschränken, sondern im Nothfalle auch die Wurzeln von *G. asclepiadea* L., *G. Pneumonanthe* L., *G. bavarica* L. einsammeln und untermischen. Diese Wurzeln sind bezüglich der Eigenschaften der *lutea* ziemlich ähnlich, weshalb eine derartige Untermengung nicht gerade als Fälschung zu betrachten ist. Durch die starke Benutzung der Wurzel von *G.lutea* zur Branntweingewinnung ist diese Pflanze in einzelnen Gegenden, namentlich in der Schweiz, so gut wie ausgerottet.

Bestandtheile. Nach Henry und Caventou enthält die Enzianwurzel ein flüchtiges, riechendes Princip, gelben Bitterstoff (*Gentiopikrin*), einen geschmacklosen Körper (*Gentisin*), fettes Oel, klebrige Materie, welche nach Leconte ein Gemenge von fettem Oele, Wachs und Kautschuk ist, Schleimzucker, Gummi. Nach Path soll auch Gerbstoff vorhanden sein, was Maisch und Flückiger in Abrede stellen; letzterer mit dem Bemerken: „Die Reaktionen, welche angegeben worden sind, um das Vorkommen von Gerbstoff in Enzianwurzel darzuthun, dürften wohl auf das Gentiopikrin zurückzuführen sein". Stärkemehl ist nicht vorhanden.

Gentisin (*Gentianin*, *Gentiansäure*) mit der Zusammensetzung $C_{14} H_{10} O_5$ ($((OH)^2 . C^6 . H^3 . CO . C^6 H^2 . O^2 . CH^3$ nach Hlasiwetz und Habermann), im Jahre 1821 von Caventou und Henry in der Wurzel von *G. lutea* entdeckt, aber erst später von Tromsdorf rein dargestellt, vorher meistens mit Enzianbitter verwechselt, bildet lange, blassgelbe, seidenglänzende, geruch- und geschmacklose Nadeln von neutraler Reaktion, die über 300° (nach Flückiger schon bei 250°) sublimiren. *Gentisin* ist löslich in 5000 Theilen kaltem, 3850 Theilen kochendem Wasser, in 455 Theilen kalten absolutem, in 62.5 Theilen kochendem und in 90 Theilen gewöhnlichen kochendem Weingeist, in 2000 Theilen Aether. Nach Flückiger ist Gentiansäure in Wasser und Aether unlöslich. Die Verbindungen mit Alkalien, welche tiefgelbe Farbe annehmen, sind zwar krystallisirbar, werden aber schon durch Kohlensäure zersetzt. Mit Kali verschmolzen bildet *Gentisin* Essigsäure, Phloroglucin ($C_6 H_3 (OH)_3$) und Oxysalicylsäure. Die Ausbeute beträgt nach Flückiger $^1/_3$ pro Mille.

Gentiopikrin (Enzianbitter) mit der Formel $C_{20} H_{30} O_{12}$, im unreinen Zustande bald als *Gentianin*, bald als *Gentisin* bezeichnet, ist von Kromayer 1862 rein dargestellt worden; es krystallisirt in farblosen, strahlig oder zu Körnern vereinigten, stark und rein bitter schmeckenden, neutral reagirenden Nadeln mit 1 Atom Krystallwasser, an der Luft verwitternd und weiss werdend. Die bei 100° vom Krystallwasser befreiten Krystalle schmelzen bei 120—125° zu einer braunen, amorph wieder erstarrenden Flüssigkeit. Es ist leicht löslich in Wasser und in kaltem, wässerigem Weingeist, schwerer in absolutem Weingeist und zwar erst beim Erhitzen, nicht in Aether. Kali- und Natronlauge, ebenso heisse Ammoniakflüssigkeit lösen es mit gelber Farbe. Beim Kochen mit verdünnter Schwefelsäure, Salzsäure oder Oxalsäure, jedoch nicht durch Hefe, spaltet sich *Gentiopikrin* in gährungsfähigen Zucker und *Gentiogenin* ($C_{14}H_{16}O_5$). Letzteres ist ein amorphes, gelbbraunes, luftbeständiges Pulver von neutraler Reaktion und bitterem Geschmack, wenig löslich in kaltem Wasser, leicht in Weingeist und Aetherweingeist.

Der heiss bereitete wässerige Auszug der Enzianwurzel erstarrt beim Erkalten in Folge des reichen Schleimgehaltes zu einer Gallerte. Der Schleim ist durch Bleizucker fällbar; er dreht die Polarisationsebene nach links. Meyer erhielt aus dem Safte der frischen Wurzel einen krystallisirten Zucker, *Gentianose* ($C_{36}H_{66}O_{31}$), welcher alkalisches Kupfertartrat nicht reduzirt, mit Hefe jedoch leicht in Gährung übergeht. Die Gentianose schmeckt kaum süss, schmilzt bei 210°, reduzirt Fehling'sche Lösung nicht und geht mit Hefe schnell in Gährung über. Flückiger fand in der lufttrockenen Wurzel 8.28% Asche, welche Calciumcarbonat, wenig Magnesiumcarbonat und noch weniger Thonerde enthielt. (Husemann, Pflanzenstoffe, 1275.)

Anwendung. In Substanz, Aufguss, Absud, als Extrakt und Tinktur bildet die Wurzel ein kräftiges, bitteres Tonicum, welches die Verdauung kräftigt und die Verdauungsbeschwerden beseitigt. Grosse Dosen sollen jedoch die Verdauung stören, Kopfschmerz und Congestionen erzeugen. „Vom therapeutischen Gesichtspunkte ist Enzian das vorzüglichste Amarum", das sich als Stomachicum bei atonischer Dyspepsie und chronischen Digestionsstörungen in ihren Folgezuständen bewährt und fast alle übrigen bitteren Mittel, selbst diejenigen, welche, wie *Lignum Quassiae*, grössere Intensität der Bitterkeit zeigen, ersetzen kann." Die fäulnissbeschränkende Wirkung auf thierische Stoffe ist von Ebeling erwiesen worden. Enzian wurde schon in früheren Zeiten bei Gicht in Anwendung gebracht.

In den Alpen, im Jura und in den Vogesen wird aus der frischen Wurzel durch Gährung ein Branntwein dargestellt, dessen eigenthümlicher, nicht angenehmer Geruch wahrscheinlich durch Bildung sogen. Fermentöle erzeugt wird. (Husemann, Arzneimittell. 645.)

Litteratur. Abbildung und Beschreibung: Nees v. Esenb., Plant. med., Taf. 199 (*lutea*), Taf. 200 (*punctata*), Taf. 201 (*pannonica*), Taf. 202 (*purpurea*); Hayne, Arzneigew. XIII, Taf. 28 (*lutea*), Taf. 29 (*punctata*), Taf. 30 (*pannonica*), Taf. 31 (*purpurea*); Berg und Schmidt, Offizinelle Gew., Taf. XXVI[a]; Bentley and Trimen, Med. pl., Taf. 182; Luerssen, Handb. der syst. Bot., 1050; Karsten, Deutsche Flora 1021; Wittstein, Pharm. 201.

Drogen und Präparate: *Radix Gentianae rubra*: Ph. germ. 219, Ph. austr. 68; Ph. hung. 211; Ph. ross. 331; Ph. helv. 107; Cod. med. 55; Ph. belg. 40; Ph. Neerl. 118; Brit. ph. 144; Ph. dan. 190; Ph. suec. 170; Ph. U. St. 169; Flückiger, Pharm. 386; Flückiger and Hanb., Pharm. 434; Hist. d. Drog. II., 97; Berg, Warenk. 77; Berg. Atlas 25, Taf. XIV.

Tinctura Gentianae (*composita*): Ph. germ. 281; Ph. ross. 428; Ph. helv. suppl. 119; Cod. med. 603; Ph. belg. 263; Ph. Neerl. 269; Brit. ph. 332; Ph. dan. 272; Ph. U. St. 345.

Tinctura Chinae composita: Ph. germ. 276; Ph. austr. 134; Ph. hung. 455; Ph. ross. 420; Ph. helv. 143; Ph. belg. 272; Ph. Neerl. 268; Ph. dan. 269; Ph. suec. 238.

Tinctura Aloës composita: Ph. germ. 271; Ph. helv. suppl. 32; Cod. med. 599; Ph. belg. 265.

Tinctura amara: Ph. germ. 271; Ph. austr. 132; Ph. hung. 451; Ph. ross. 411; Ph. dan. 263.

Elixir Aurantiorum compositum: Ph. germ. 74; Ph. ross. 104; Ph. helv. 32.

Extractum Gentianae: Ph. germ. 90; Ph. austr. 57; Ph. hung. 185; Ph. helv. 44; Cod. med. 417; Brit. ph. 119; Ph. U. St. 120.

Species amarae (*amaricantes*): Ph. austr. 118; Ph. hung. 399; Ph. helv. 118.

Tinctura Absinthii composita: Ph. austr. 131; Ph. hung. 449; Cod. med. 599.

Infusum Gentianae compositum: Brit. ph. 211, 161; Ph. suec. 110.

Bezügl. der Drogen und Präparate siehe auch Hager, Ph. Prx. II, 22.

Tafelbeschreibung:

A Basalblatt, natürl. Grösse; B oberer Theil eines blühenden Stengels, desgl.; 1 Blüthenknospe, etwas vergrössert; 2 Blüthe im Längsschnitt, vergrössert; 3 Staubgefässe, desgl.; 4 Stempel, desgl.; 5 Fruchtknoten im Querschnitt, desgl.; 6 aufgesprungene Frucht, natürl. Grösse; 7 Same, natürl. Grösse und vergrössert; 8 derselbe im Längsschnitt, vergrössert. Nach einer Originalzeichnung des Herrn Prof. Schmidt in Berlin.

Gentianaceae.

Gentiana lutea L.

Gonolobus Condurango Triana.

(G. Cundurango.)

Condurangorindenstrauch.

Familie: *Asclepiadeae;* Gattung: *Gonolobus* Michaux.

Beschreibung. Die Gattung *Gonolobus* besteht aus in Südamerika einheimischen Schlingsträuchen mit gegenständigen, herzförmigen, meist rauhhaarigen, am Grunde drüsentragenden Blättern und achselständigen, trauben- und doldentraubenförmigen, wenigblüthigen Blüthenständen, deren Blüthen grünliche, braune oder dunkelpurpurne Farbe besitzen und meist netzartig marmorirt sind. Kelch 5 spaltig oder tief 5theilig, innen am Grunde in der Regel mit 5 Drüsen. Krone kurzröhrig, radförmig, tief 5theilig. Die fleischige, kurze, ringförmige, ganzrandige oder buchtig 5lappige Nebenkrone der Kronenbasis eingefügt; ebenso die Staubgefässe, welche mit kurzröhrig verwachsenen Filamenten ausgestattet sind. Pollinarien verkehrt eiförmig oder länglich, häufig gekrümmt. Narbe 5kantig, mit flachem Scheitel. Balgkapsel dick, zugespitzt, stachelig-warzig oder glatt. Karsten stellt als charakteristisches Merkmal die quer aufspringenden Staubbeutelfächer und die auswärts seitliche Anheftung der horizontal liegenden Pollinarien an die Narbenklebdrüse hin.

Karsten leitet *Cortex Condurango* von *G. riparius* Knth, *G. glandulosus* Pöppig und *G. viridiflorus* Roem. et Schult. ab, während Andere, namentlich Flückiger, den von Triana in Paris als neue Art beschriebenen Schlingstrauch, *Gonolobus Condurango* Triana, als Stammpflanze der Droge annehmen. Letztere Pflanze ist, auf Grund der Angaben, die der Apotheker Fuentes in Guayaquil machte, von Triana nur sehr ungenügend beschrieben worden und das unvollständige Exemplar, welches letzterer besitzt, ist bis jetzt Niemandem zugänglich gewesen. Ohnedies sind die Zweifel über die Stammpflanze noch nicht gehoben, denn der nämliche Apotheker Fuentes, welcher Triana *Gonolobus Condurango* als Stammpflanze des berühmten Heilmittels sendete, hat dem böhmischen Botaniker Rözl versichert, dass *Bejuco de perro* (*Marsdenia Condurango* Rchb. fil.), eine von *Gonolobus Condurango* verschiedene Pflanze, die echte Droge liefere.

Gonolobus Condurango Triana soll nach Keene nur in den Wäldern auf der Grenze zwischen Peru und Ekuador auftreten, namentlich in den Bezirken von Loja, Calvas und Paltas, an den Westabhängen der Cordilleren. Der Stamm dieser sich an den Bäumen emporwindenden Pflanze soll einen bis über 10 Ctm. (gewöhnlich aber nur 2—7 Ctm.) dicken, im frischen Zustande biegsamen Stamm besitzen. Blätter herzförmig, breit-spiessförmig, ganzrandig, bis 15 und mehr Ctm. lang, bis 12 Ctm. breit, oben fein behaart, unten grau-weichfilzig, von der Basis an 5nervig. Die Blüthen gleichen den Formen der Gattung; ebenso die 10 Ctm. langen und 2 Ctm. dicken Früchte und beschopften Samen, welche unter der Droge gefunden werden. Aus der Rinde der lebenden Pflanze soll bei Verwundung eine weisse Milch in reichlicher Menge austreten.

Gonolobus viridiflorus Roem. et Schult., welche bisher als eine der Stammpflanzen angenommen wurde, ist ein windender Strauch, dessen Stengel mit langen, rückwärts stehenden Haaren bedeckt sind. Blätter oblong, an der Basis herzförmig, oben spitz, gestielt, glatt, unterseits aderig. Blüthendolde meist 3blüthig, kürzer als die Blätter, mit behaarten Stielen. Blüthen gross, grün, aderig, glatt.

Wir haben diese in Südamerika (britisch Guayana) einheimische Art abgebildet, um ein Bild der Gattung zu geben und lassen es dahingestellt, ob nicht vielleicht auch diese Art einen Theil der Droge liefert, denn die grossen Mengen der Rinde, die Rözl in Payta antraf, zeigten durch die verschiedenartigste Beschaffenheit, dass sie jedenfalls verschiedenen Arten entnommen waren.

Marsdenia Condurango Rchb. fil., eine in den westlichen Cordilleren von Ekuador einheimische Asklepiadee, zeichnet sich durch rundliche Stengel aus, die dicht mit kurzen, graugrünen Gliederhaaren besetzt sind. Die 1 Ctm. langen, halbrunden, oberseits rinnigen Blattstiele sind in gleicher Weise behaart. Blätter aus breit gerundetem Grunde elliptisch, spitz oder zugespitzt, oberseits zerstreut-, unterseits dicht und kurz gelbgrau behaart. Blüthenstiele dicht behaart; die einzeln oder paarweise stehenden Blüthen mit glockig-trichterförmiger Krone, deren stumpf gespitzte Lappen auf der Innenseite 2 starke Haarleisten tragen.

Die Asklepiadee *Macroscepis Trianae* Decaisne, welche gleichfalls als Stammpflanze der Droge angegeben wird, gehört einer süd- und mittelamerikanischen Gattung an, die aus Sträuchen mit ruthenförmigen, zum Theil windenden Zweigen besteht. Blätter gegenständig, verkehrt eiförmig, behaart. Die blattachselständigen, wenigblüthigen Afterdolden mit radförmiger, 5theiliger Blumenkrone, in deren kugelig erweitertem Schlunde 5, mit den Kronenzipfeln wechselnde, rundliche, fleischige, fast kappenförmige Schüppchen stehen, die die Staubfadensäule bedecken. Staubbeutel und Pollinarien denen von *Gonolobus* gleich.

Anatomisches. Die Aussenrinde wird von einem dichten Korke gebildet, dessen tafelförmige Zellen mit gebogenen Zwischenwänden ausgestattet und ohne Inhalt sind. Die Mittelrinde besteht aus 11—17 Reihen sehr enger, tangential gestreckter Zellen. Die stark entwickelte Innenrinde lässt zahlreich eingestreute Milchgefässe erkennen und enthält deutliche Bast- und Markstrahlen. Nach Flückiger zeigt der Querschnitt im innern Theile der Rinde ein kleinzelliges Gewebe, welches mit Stärkemehl und Calciumoxalatdrusen angefüllt und von langen Milchröhren mit wolkigem, braunem Inhalte durchzogen ist. Letztere zeigen im Längsschnitte eine einfache Verzweigung. In der äusseren Rindenhälfte befinden sich umfangreiche Gruppen gelber, zierlich geschichteter, fast ganz geschlossener, im Längsschnitte nicht gestreckter Sclerenchymzellen, sowie farblose Gruppen von Bastfasern und Siebröhren, auch Zellen, welche einzelne Oxalatkrystalle enthalten. Die Bastfasern sind im Längsschnitte nicht sehr gestreckt und verholzt. Die Markstrahlen, welche aus 1—2 Zellenreihen bestehen, sind aus radial gestreckten Zellen zusammengesetzt und besitzen als Inhalt Stärke und Krystalle von oxalsaurem Kalk.

Name und Geschichtliches. *Gonolobus* ist zusammengesetzt aus *γωνος*, Ecke, Winkel, und *λοβος*, Hülse, wegen der kantigen und rippigen Beschaffenheit der Früchte. *Condurango* soll in Südamerika so viel wie Weinstock der Condore bedeuten. Unter *Angu* werden in der Quichuasprache überhaupt Schlingpflanzen verstanden; *Condu* oder *Cundu* soll aber, wie Flückiger bemerkt, durchaus keine Beziehung zum Condorgeier haben.

Flückiger führt an, dass die Aerzte Caesares und Eguigureu aus der Provinz Loja im Jahre 1871 auf die bei den Eingeborenen jedenfalls schon längst gegen Schlangenbiss, Krebs und Syphilis gebräuchliche Rinde aufmerksam machten, in Folge dessen der Präsident von Ekuador, Garcia Morena, Massregeln zur Verbreitung dieses Heilmittels traf, die von dem amerikanischen Ministerresidenten in Quito unterstützt wurden. Im Jahre 1871 erhielt Antisell in Washington durch den Präsidenten von Ekuador die erste Probe der Droge und die von ersterem vorgenommenen Untersuchungen bestätigten die gepriesene Wirksamkeit. Die Lobpreisungen, welche nun angestimmt wurden und die den Preis der Droge in Frankreich pro Pfund auf 1000 Frcs. emportrieben, schlugen jedoch bald in das Gegentheil um und gegenwärtig sind die Ansichten sehr getheilt.

Offizinell ist die Rinde: *Cortex Condurango*, welche in meist gekrümmten, 4 bis fast 10 Ctm. langen, bis 1/2 Ctm. dicken, rinnigen oder röhrigen, grauen Stücken in den Handel gebracht wird. Sie besitzt eine unebene, mit helleren oder dunkleren Korkschuppen bedeckte, rauhe und unregelmässig längsfurchige, durch Flechten schwarz punktirte Oberfläche oder zeigt auch, wo die Korkschuppen fehlen, das glatte, dunklere, etwas warzige Gewebe der Aussenrinde. Die Innenfläche enthält auf fast weissem Grunde gelbe, sclerenchymatische Zellenzüge und feine, schwärzliche, von den Milchröhren herrührende Punkte. Die Innenrinde ist oft noch von Splittern des blassgelblichen, grobfaserigen Holzes bedeckt. Der Querbruch der in der inneren Hälfte feinstrahligen Rinde ist körnig, mit hervorragenden gelben Sclerenchymgruppen, und langen dünnen Bastbündeln. Die frische Rinde ist nach Keene im Geschmack aromatisch und bitter; der Geruch balsamisch. Im getrockneten Zustande ist Geschmack und Geruch kaum bemerkbar.

Condurango aus *Huancabamba* oder *Condurango blanco* (*Bejuco de perro* oder *Mataperro*, vom Spanischen *Bejuco*, Liane, *perro*, Hund, *matar*, tödten, weil mit dem Aufguss Hunde getödtet werden) kommt aus den westlichen Cordilleren von Ekuador und besteht aus den dicht behaarten, stark taubenfederdicken Stengeln der *Marsdenia Condurango* Rchb. fil. Die hiervon herrührende Droge erklärte, wie bereits bemerkt, der Apotheker Fuentes dem Botaniker Rözl gegenüber als die echte und beste Sorte.

Eine *Condurango* aus Neu Granada leitet Triana von *Macroscepis Trianae* Dec. ab.

An Stelle der *Condurango* hat man auch die zerschnittenen Blätter und Blattstiele der im tropischen Amerika einheimischen, aromatisch-bitteren Composite *Mikania Guaco* Humb. in den Handel gebracht, welche in der Heimath als Heilmittel gegen Schlangenbiss, Hundebiss und Skorpionsstiche empfohlen werden und in Europa auch gegen Cholera und Syphilis Anwendung gefunden haben.

Bestandtheile. Nach Vulpius enthält die Rinde eisengrünenden Gerbstoff, 2 besondere Harze, Spuren eines harzigen krystallinischen Bitterstoffes, Stärkemehl, Eiweiss, Oxalsäure, Weinsteinsäure und in der Asche etwas Mangan. Der Rinde eigenthümliche Bestandtheile sind bis jetzt noch nicht aufgefunden worden. Antisell erhielt 12% Asche, aber weder ein Alkaloid noch ätherisches Oel. Flückiger fand 1882 einen Bitterstoff und ein Alkaloid, beide amorph und in sehr geringer Menge.

Anwendung. Die Rinde wird in Amerika als Krebsmittel hoch gepriesen, hat aber an Ruf sehr eingebüsst, vielleicht durch den Umstand, dass man zu den Versuchen nicht die echte Rinde verwendete. „Obschon eine spezifische Wirkung bei carcinomatösen Prozessen dem Mittel offenbar nicht zukommt, lässt sich doch nicht verkennen, dass die Droge in einzelnen Fällen von Magenkrebs, vielleicht in Folge einer tonisirenden Aktion auf die Digestion von günstigem Effekte gewesen ist.“ Versuche, welche europäische Aerzte mit der Rinde anstellten, sind zwar nicht zur Zufriedenheit ausgefallen, trotz alledem ist festgestellt, dass in verschiedenen Fällen „der Gebrauch der Condurangorinde bei Carcinoma ventriculi, oesophagi und hepatis insofern günstigen Erfolg hatte, als dadurch Erbrechen und Schmerzen erheblich gemindert, dagegen Appetit, Verdauung und das Allgemeinbefinden bedeutend gehoben wurden. In einzelnen Fällen scheint sogar ein direkter günstiger Einfluss auf den Tumor vorzukommen.“ Die Abkochung der Früchte wird in Loja für giftig gehalten. (Husemann, Arzneimittell, 840.)

Litteratur. Abbildung und Beschreibung: Bot. Mag. Taf. 1126. (G. viridiflorus); Luerssen, Pflanzen der Pharm. germ. 576; Karsten, Deutsche Flora 1032; Wittstein, Pharm. 422.

Drogen und Präparate: *Cortex Condurango*: **Ph. germ.** 65; Flückiger, Pharm. 554. Siehe auch Hager, Ph. Prx. 938.

Gonolobus viridiflorus Roem et. Schult.

Tafelbeschreibung:

A blühendes Zweigstück von *Gonolobus viridiflorus* R. et S. in natürl. Grösse; 1 Nektardrüsen und Staubgefässe, vergrössert; 2 Staubgefässe, desgl.; 3 Pollinarien, desgl.; 4 Stempel, desgl.

Die Nebenfiguren 1—4 gehören zu *Gonolobus hispidus* Hook. et Arn.

Originalzeichnung unter Benutzung der Abbildung in Bot. Mag.

Trotz aller aufgewendeten Mühe ist es uns nicht gelungen die Pflanze zu beschaffen. Die brasilianische Regierung, deren Vermittelung wir durch Herrn G. Rohlfs erbaten, erklärte sich ausser Stande in dieser Sache etwas zu thun uud ein Gärtner in Lima, dessen im Garten beschäftigte Indianer während der Ruhezeit angeblich in die Grenzgebiete gehen, um die Rinde zu sammeln, versprach uns die Beschaffung der Pflanze mit grösster Bestimmtheit, liess uns jedoch schliesslich auch im Stiche. Ebenso erhielten wir von Kew eine ablehnende Antwort.

Gossypium barbadense L.

Baumwolle — Cotonnier — Cotton.

Familie: *Malvaceae* (Unterfamilie: *Hibisceae*); Gattung: *Gossypium* L.

Beschreibung. Die Baumwollengewächse sind (nach Luerssen) Kräuter oder Sträucher, auch fast baumartig, mit 3- bis 9lappigen oder 3- bis 9theiligen, selten ungetheilten Blättern und grossen, meist gelben oder purpurnen Blüthen. Der Aussenkelch besteht aus 3, meist grossen und herzförmigen, selten kleinen und linealischen oder lineallanzettlichen, oft schwärzlich punktirten, gewöhnlich gezähnten oder eingeschnittenen, selten ganzrandigen, in der Regel bleibenden Blättern. Der Innenkelch ist abgestutzt oder kurz 5zähnig, oft schwärzlich punktirt. Staubgefässe zu einer den Griffel einschliessenden Röhre verwachsen, welche oberwärts auf der Aussenseite eine grosse Anzahl von Fäden trägt, unter dem Gipfel meist nackt. Fruchtknoten 3- bis 5fächerig, die Fächer vieleiig. Der am Ende keulige Griffel 3- bis 5furchig, mit 3 bis 5 Narben. Frucht eine fachspaltige Kapsel; letztere 3- bis 5klappig. Samen von langen, weichen Wollhaaren dicht bedeckt. Endosperm sparsam oder fehlend. Samenlappen stark gefaltet, mit der geöhrten Basis das Würzelchen umfassend, oft schwarz punktirt.

Gossypium barbadense L. ist ein kleiner Strauch (Halbstrauch) oder grosses ausdauerndes Kraut von 2 bis 3 Meter Höhe und reich verzweigt. Aeste steif, cylindrisch, kahl oder weichhaarig, etwas gestreift, purpurn gefleckt, mit vielen erhabenen, schwarzen, drüsigen Punkten. Blätter abwechselnd, zahlreich, auf cylindrischen, gleich den Aesten schwarz drüsig punktirten, 6 bis 12 Ctm. langen Stielen. Blattfläche von der Länge der Stiele und ebenso breit, am Grunde herzförmig, bis zur Mitte oder tiefer handförmig 3- bis 5lappig getheilt; Lappen eiförmig-länglich bis länglich, zugespitzt, ganzrandig, in der Jugend gewöhnlich mit einem sternförmigen, abfallenden Flaum bedeckt, im späteren Alter glatt, auf der oberen Seite hellgrün, auf der unteren blasser; Blätter mit 3 hervortretenden Nerven; der mittelste Nerv (gewöhnlich allein) auf der unteren Seite in seiner unteren Hälfte mit einer hervortretenden länglichen Drüse ausgestattet. Nebenblätter lineallanzettlich, ziemlich gross, die oberen sichelförmig (in unserer Zeichnung stimmen die Nebenblätter weder mit dem Texte noch mit der Zeichnung in Bentley and Trimen überein). Blüthen gross, 6 bis 8 Ctm. im Durchmesser, an kräftigen, steifen, blattgegenständigen, nach oben an Dicke zunehmenden Stielen. Aussenkelch 3blätterig. Blätter bis 4 Ctm. lang, mit herzförmiger, ganzer Basis, tief geschlitzt und spitz gelappt, klebrig, grün, gerippt und schwarzdrüsig punktirt. Innenkelch klein, ca. 1 Ctm. lang, in den Blättern des Aussenkelches versteckt, röhrig-glockig, abgestutzt oder am Rande schwach 5lappig, parallel geadert und schwarz-drüsig punktirt. Kronblätter 5, in der Knospe stark gerollt, verkehrt-eiförmig, am Grunde zu einer sehr kurzen Röhre verbunden, etwas gestutzt, fein geadert, schwefelgelb, mit einem purpurnen Flecken an der Basis, oder bloss weinroth. Staubfäden zahlreich, unten zu einer langen Röhre verbunden, am oberen Theile der Röhre frei, schlank mit gelben Staubbeuteln. Pollen rund, stachelig. Fruchtknoten kegelförmig, glatt, punktirt, 3- bis 5fächerig, mit zahlreichen Eichen an den in der Mitte zu einer Säule vereinigten Samenträgern. Griffel einfach, in der Mitte der Staubgefässröhre, länger als die Staubgefässe, am Ende keulig, 3- bis 5furchig, mit 3 bis 5 Narben. Frucht 3 bis 4 Ctm. lang, länglich-eiförmig, spitz oder kegelförmig zugespitzt, von den Blättern des bleibenden Aussenkelches eingeschlossen, glatt, dunkelbraun, 3- bis 5klappig sich öffnend. Die eiweisslosen Samen zahlreich, unregelmässig-eiförmig. Samenschale dunkelbraun, ziemlich dick, hart, mit zahlreichen, 2 Ctm. langen, sehr zarten, einfachen, rein weissen, geschlängelten Haaren dicht bedeckt. Embryo den Samen ganz ausfüllend, mit kleinen, schwarzen, eingesenkten Drüsen besetzt. Samenlappen gross, stark gefaltet, mit der geöhrten Basis das lange, keulenförmige Würzelchen umfassend.

Diese durch besondere Länge der Baumwollenfaser ausgezeichnete Art soll in Westindien einheimisch sein; sie wird neuerdings in vielen tropischen und subtropischen Gebieten kultivirt.

G. hirsutum L. Strauchartig. Durch Behaarung und fast 3eckige Blattlappen von der vorhergehenden Art verschieden. Samenkapsel fast von Apfelgrösse. In Westindien, Guyana und in dem wärmeren Nordamerika kultivirt.

G. religiosum L. 1 bis $1\,^1/_4$ Mtr. hoher Halbstrauch mit kleinen Samenkapseln und gelben oder gelbbraunen Samenhaaren. In China und Hinterindien einheimisch; im wärmeren Asien, Westindien, auch in Italien angebaut. Ihr gelbbraunes Samenhaar wird zu Nanking verarbeitet.

G. herbaceum L. 1- oder 2jährige, $1\,^1/_2$ bis 2 Mtr. hohe Pflanze mit 5lappigen Blättern, kurzen, abgerundeten Blattlappen, kurzgestielten, blassgelben, am Grunde purpurrothen Blüthen, wenig eingeschnittenen Aussenkelchblättern und wallnussgrossen Samenkapseln. In Ostindien (am Irawadi) einheimisch, in fast allen baumwolleerzeugenden Ländern (Indien, Kleinasien, Nordamerika, Aegypten, Südeuropa) kultivirt.

G. arboreum L. Ein Strauch von 3 bis 3.8 Mtr. Höhe, mit breit lanzettlichen Blattlappen, braunen, purpurrothen Blüthen, wenig eingeschnittenen Aussenkelchblättern. Im wärmeren Asien einheimisch und in China, Ostindien, Aegypten, am Mittelmeer, in Nordamerika und Westindien kultivirt.

G. punctatum Schum. In Afrika verwildert, in Senegambien, am Mittelländischen Meere und in einigen Theilen Amerikas kultivirt; wird als eine Varietät betrachtet.

Anatomisches. Die Baumwollenfaser besteht aus einer einzigen, lang gestreckten Pflanzenzelle, welche vor der Reife einen körnigen Inhalt besitzt, nach der Reife aber leer ist und ein zusammengefallenes, glattes, schraubig gedrehtes Band bildet, das von einer, je nach der Feinheit der Sorte, mehr oder weniger dicken, feinkörnigen, streifigen oder ästig gezeichneten Cuticula bedeckt ist. Zur Zeit der Reife schwindet der körnige Inhalt und die Zellenwand verdickt sich bis zu $^1/_3$ bis $^2/_3$ des Durchmessers. Von der Stärke dieser Verdickungsschicht hängt die Weichheit und Biegsamkeit, die Elastizität und Festigkeit der Faser ab.

Name und Geschichtliches. *Gossypium* von *gossum*, Wulst, Kropf, wegen der von Wolle strotzenden Fruchtkapseln; das Wort wird auch auf das arabische *goz*, eine staudenartige Substanz, zurückgeführt; *barbadense* ist von der Insel Barbados abgeleitet.

Obgleich die technische Benutzung der Baumwolle und die Kultur eine sehr alte ist, so lässt sich die medizinische Benutzung der Baumwollenpflanze nur bis zu den Arabern zurückführen. Letztere benutzten den Saft der Blätter zur Heilung von Bauchflüssen und Kolik bei Kindern, den Samen bei Husten und Brustkrankheiten, das Oel gegen leichte Hautausschläge und Sommersprossen.

Die technische Benutzung der Baumwollenfaser lässt sich tief in das Alterthum hinein verfolgen und man muss annehmen, dass sowohl die Bewohner der alten, als der neuen Welt die Baumwollenfaser zu Geweben ganz unabhängig von einander benutzt haben. In China wurden schon um 2300 v. Chr. Baumwollengewebe hergestellt, und bei der Entdeckung von Amerika fand man in Mexiko, Westindien, Brasilien und Peru bereits Gewebe von grosser Schönheit und Kunstfertigkeit, die Baumwollenindustrie also auf einer Stufe, die ein sehr hohes Alter bekundete. Die ältesten Sanskritschriften erwähnen Baumwollengewebe und zu Zeiten des Herodot (484—408 v. Chr.) wurden Baumwollenkleider allgemein getragen. Die feinsten Gewebe (Mousselin) kamen damals aus dem Gebiete des Ganges und erst nach den Feldzügen Alexander's des Grossen entwickelte sich in Griechenland (namentlich auf der Insel Kos) eine eigene Industrie. In Aegypten scheint zu Zeiten des Joseph die Baumwolle noch einen sehr hohen Werth besessen zu haben, denn Pharao schenkt dem Joseph als Zeichen seiner Zuneigung ein baumwollenes Gewand. Hierfür spricht auch die Thatsache, dass in den altägyptischen Gräbern immer nur Leinengewänder, aber niemals Baumwolle gefunden wird. Für die alte Welt ist wahrscheinlich Indien als der Centralpunkt der Baumwollenkultur zu betrachten, denn selbst China, woselbst erst im 9. Jahrhundert unserer Zeitrechnung die Baumwollenkultur grössere Verbreitung erlangte, deckte seinen Bedarf von dort. Im 2. Jahrhundert n. Chr. kam die Baumwolle durch arabische Kaufleute von Indien nach dem Rothen Meere und von dort rückte sie allmälig mit dem Islam nach Spanien vor. Erst von Spanien aus soll die Verbreitung der Kultur, welche in Südeuropa niemals von Bedeutung gewesen ist, nach Italien und Griechenland vorgedrungen sein. Nach dem italienischen Geschichtsschreiber Marino ist die Baumwolle im 14. Jahrhundert nach Venedig gebracht worden, von wo aus sie sich, nebst der Industrie, nach den italienischen Städten, der Schweiz und nach Augsburg verbreitete. In England wurde die Baumwollenindustrie im ersten Viertel des 16. Jahrhunderts, wahrscheinlich durch niederländische Protestanten eingeführt; in den Vereinigten Staaten 1643.

Offizinell ist die gereinigte Baumwollenfaser: *Gossypium depuratum.* (*Pili Gossypii, Lana gossypina*). Die Reinigung erfolgt mittelst besonderer Reinigungsmaschinen, worauf ein Besprengen mit Olivenöl und ein Zerfasern mittelst der Krempel- und Kardirmaschine stattfindet. Die so dargestellte, gekrempelte, weisse und reine Baumwolle ist das Material, welches in der Pharmacie zur Herstellung

Malvaceae.

Gossypium barbadense L.

des Colloxylins, sowie der aromatisirten, gekampferten und blutstillenden Baumwolle dient. Die Watte (*Sagena gossypina*) besteht aus einer locker gekrempelten Baumwolle, welche in 2 bis 4 Ctm. dicken Tafeln hergestellt und auf beiden Seiten geleimt wird.

Die Baumwollenfaser ist um sich selbst gewunden, bandartig, an den Längsrändern eingerollt, in der Mitte gefaltet. Die Enden sind breit, der Kanal ist in der Mitte. In der Jod- und Schwefelsäure-Reaktion färbt sie sich blau. Der Querschnitt, welcher mehr nierenförmig ist, färbt sich blau mit gelben Flecken an der Innen- und Aussenseite (Hager).

Colloxylin (*Colloxylinum*) *Trinitrocellulose* $= C_{12} H_{17} O_7 (NO_2)_3 O_3$ wird hergestellt, indem gekrempelte Baumwolle in einer 3- bis 4procentigen Natriumcarbonatlösung und reinem Wasser gewaschen, wieder getrocknet und in Salpetersäure von 1.400 spez. Gew. oder in eine Mischung von dünner Salpetersäure mit concentrirter Schwefelsäure eingetaucht wird. Löst man dies so erhaltene und getrocknete *Colloxylin* in weingeisthaltigem Aether, so erhält man das *Collodium* (Kollod). Letzteres besteht aus einer neutralen, syrupdicken, fast klaren oder opalisirenden, farblosen Flüssigkeit, welche sich am Feuer leicht entzündet, an der Luft schnell verdunstet, und, auf die trockene Haut gebracht, einen firnisähnlichen, fest haftenden, harten Ueberzug zurücklässt.

Die früher offizinellen, von den Samenhaaren befreiten Samen: *Semina Gossypii (Semina Bombacis)* werden in den Ländern der Baumwollenkultur, in ähnlicher Weise wie der Leinsamen, in Abkochung als Schleim innerlich und äusserlich verwendet. Jetzt dienen sie bei uns nur noch zur Gewinnung des Oeles: *Oleum Gossypii* (*Ol. Gossypii raffinatum*), welches an Stelle des rohen Olivenöles zur Herstellung von Salben und Linimenten verwendet wird; das Oel dient auch zur Verfälschung des Olivenöles.

Auch der Wurzel (*Radix Gossypii*) wird eine spezifische Wirkung auf das Uterussystem, in ähnlicher Weise wie der von *Secale cornutum*, zuerkannt, weshalb dieselbe in Nordamerika, oft in verbrecherischer Weise, als Abortivum, bei den dortigen Aerzten bei Amenorrhoe und schweren Geburten Anwendung findet. In Ostindien wird sie als Heilmittel für die Harnwerkzeuge betrachtet.

Was nun die Kultur der Baumwolle anbelangt, so ist zu bemerken, dass dieselbe nur mit Vortheil in einer mittleren Temperatur von 19 bis 25^{0}, in einem feuchtwarmen Klima vorgenommen werden kann. In Nordamerika reicht die Kultur bis zum 35., am Mississippi bis zum 37. Breitengrad und erstreckt sich besonders auf die Staaten Alabama, Mississippi, Georgia, Süd- und Nord-Carolina, Tenesse, Virginiana, Louisiana, Arkansas, Texas, Florida, Californien. Florida, Georgia und Südcarolina werden überhaupt als die günstigsten Anbaugegenden betrachtet, vorzüglich die kleinen Inseln, welche die berühmte langfaserige Sea-Island-Baumwolle liefern. In China und Japan reicht die Kultur bis zum 41.^{0} nördl. Br. Auch Hinterindien und Vorderasien sind Hauptkulturorte. In Europa erstreckt sich die Kultur auf die Krim bis Astrachan, auf den Peloponnes, die Cykladen, Südspanien, Süditalien und Sicilien. Afrika besitzt in Algerien, Aegypten, im Kaffernlande, in Natal und am Kap Baumwollenkulturen; Südamerika in Brasilien, Paraguay, Uruguay und in den La Platastaaten am La Plata. Ferner findet man die Baumwolle im nordöstlichen Australien und auf einem Theile der Südseeinseln.

Die Aussaat der Baumwolle erfolgt durch Einlegen von mehreren Körnern in 1 Mtr. von einander entfernte Löcher. Die schwächlichsten Keimpflanzen werden beseitigt und nach 3 bis 4 Monaten die Schösslinge entspitzt, damit die Pflanzen möglichst buschig werden, denn an den jungen Trieben wachsen die besten Früchte. Die Ernte beginnt 5 Monate nach der Aussaat, indem man die Wolle mit den Samenkörnern sammelt und die Hülsen stehen lässt. Die Entfernung der Samen erfolgt vermittelst der Egrenirmaschine. Ausdauernde Arten werden im 2. Jahre kurz über dem Boden abgeschnitten, jedoch die nachfolgenden Ernten werden immer geringer, so dass schon nach einigen Jahren die Pflanzen entfernt werden müssen. Der Ertrag einer grossen Baumwollenpflanze beträgt bis $2^1/_2$ Pfund rohe Wolle. Auf Sea Island liefert ein Hektar 190—370 Pfund gereinigte Baumwolle.

Klima, Boden und Kulturverhältnisse sind von grossem Einflusse auf die Güte der Baumwolle; aber im Allgemeinen liefert die baumartige Form bessere Wolle als die strauchartige und krautartige. Ein humoser, an Kali und Kalk reicher Boden, gute Bewässerung und zur Ernte trockene Witterung sind die Hauptbedingungen zur Erlangung guter Ernten.

In den Welthandel lieferten im Jahre 1882—83 in Millionen Pfunden:

Die Vereinigten Staaten 3266.1; Britisch-Ostindien 690.9; Aegypten 251.0; Brasilien 52.0; Türkei 8.2; Westindien und Peru 9.6.

Die bedeutendsten Ausfuhrhäfen sind: New Orleans, Mobile, Galveston, Charleston, Savannah, Bombay, Kalkutta, Alexandria; die bedeutendsten Handelsplätze: Liverpool, New York, Kanton, Havre, London, Glasgow, Amsterdam, Rotterdam, Marseille, Smyrna, Genua, Barcelona, Bremen, Hamburg, Chemnitz, Triest und Wien.

Bestandtheile. Die Baumwolle besteht der Hauptsache nach aus Cellulose ($C_6H_{10}O_5$) mit wenig Fett und Eiweissstoff. Das spez. Gew. beträgt 1.47 bis 1.50; sie ist sehr hygroskopisch. Trockene Baumwolle giebt 1.83 % Asche.

Das Samenöl ist von tiefgelber, in rohem Zustande dunkel-rothbrauner Farbe, dick-flüssig, mit einem spez. Gew. von 0.925 bis 0.930, besteht aus Palmitin und viel Oleïn, giebt mit Schwefelsäure eine violette Farbe, erstarrt bei 0 bis —2 Grad. Der Geschmack ist nussartig, der Geruch erdartig; es ist unlöslich in Alkohol, löslich in Aether. Die Ausbeute beträgt 15 bis 30 %.

Die Wurzelrinde von *G. herbaceum* enthält nach Drueding ein rothes und ein gelbes Harz, fettes Oel, Gummi, Zucker, Tannin, Chlorophyll. Die Asche betrug 6 % und enthielt Kalium, Natrium, Calcium, Magnesium, Eisen, Schwefelsäure und Phosphorsäure. (Husemann, Pflanzenstoffe 825.)

Anwendung. Die als Verbandmittel unentbehrliche Baumwolle „ist erst in der neuesten Zeit hinreichend gewürdigt, seitdem man erkannt hat, dass dieselbe als Luftfilter wirkt und die in der Luft schwebenden Kokken in ihren obersten Schichten auffängt, somit auf mechanische Weise antiseptisch wirkt". Die durch Kochen mit Natriumhypochlorid erhaltene hygroskopische Watte wird als Ersatz für Charpie sehr empfohlen. Sie ist als schlechter Wärmeleiter ein vorzügliches Mittel bei schmerzhaften gichtischen und rheumatischen Affektionen; dient als Protektivum bei Hautentzündungen, Verbrennungen, Vesicatoren etc., auch zur Stillung von Blutungen. Baumwolle wird häufig als Träger anderer Medicamente, namentlich antiseptischer Stoffe (Salicylwatte, Carbolwatte) benutzt. Mit verdünnter Eisenchloridlösung getränkt dient die Watte als *Gossypium haemostaticum* zur Stillung von Blutungen, namentlich zur Tamponade der Scheide bei Metrorrhagie; auch mit Jod getränkt (*Gossypium jodatum*) zu Tampons bei Vaginal- und Uterinaffektionen. Bezüglich des Collodiums sagt Husemann: Unstreitig hat das gewöhnliche Collodium seine Berechtigung zu dem Zwecke, wozu es zuerst Maynard in Gebrauch zog, nämlich bei Schnittwunden, um Annäherung und dauernden Contact der Wundränder und Vereinigung durch *prima intentio* zu erzielen; indessen sind die Erwartungen, in allen Fällen von Schnittwunden die Suturen durch Collodium ersetzen zu können, keineswegs erfüllt und reicht es nur bei kleinen Schnittwunden aus. Ebenso ist dasselbe zur Stillung von Blutungen aus Blutegelstichen und in fast allen Fällen indicirt, wo Collodium zu Compressivverbänden, welche besonders zur Beseitigung von Entzündungen einzelner Organe angewendet werden, dienen soll. (Husemann, Arzneimittell. 388, 389. Im Uebrigen siehe den Abschnitt unter „Offizinell".)

Litteratur. Abbildung und Beschreibung: Bentley and Trimen, Med. pl., Taf. 37; Luerssen, Handb. d. syst. Bot. II, 667; Karsten, Deutsche Flora 614; Wittstein, Pharm. 62.

Drogen und Präparate. *Gossypium*: **Ph. germ.** 126; Ph. helv. 60; Cod. med. 49; Brit. ph. 147; Ph. U. St. 172; Berg, Waarenk. 459.

Gossypii Radicis Cortex: Ph. U. St. 172.

Extractum Gossypii Radicis fluidum: Ph. U. St. 122.

Oleum Gossypii Seminis: Ph. U. St. 237.

Collodium: **Ph. germ.** 60; Ph. austr. 40; Ph. hung. 133; Ph. helv. 26; Ph. Neerl. 78; Cod. med. 359; Brit. ph. 86; Ph. dan. 77; Ph. suec. 48; Ph. U. St. 83.

Collodium cantharidatum: **Ph. germ.** 61; Ph. helv 27; Ph. Neerl. 78; Ph. dan. 78; Ph. U. St. 84.

Collodium elasticum: **Ph. germ.** 62; Ph. Neerl. 79; Ph. dan. 78; Ph. suec. 49.

Collodium corrosivum: Ph. Neerl. 79.

Collodium flexile: Brit. ph. 86; Ph. U. St. 84.

Collodium stypticum: Ph. U. St. 84.

Bezügl. der Drogen und Präparate siehe auch Hager, Ph. Prx. II, 35; III, 494.

Tafelbeschreibung:

A blühender Zweig, nat. Grösse; 1 Blüthe ohne Kronblätter, desgl.; 2 Staubgefässe, vergrössert; 3 Pollen, desgl. 4 und 5 Fruchtknoten im Längs- und Querschnitt, nat. Grösse; 6 Frucht, desgl.; 7 Same mit Samenhaaren, vergrössert; 8 derselbe ohne Samenhaare, desgl.; 9 und 10 derselbe in Längs- und Querschnitt, desgl.; 11 Embryo, desgl. Nach einer Originalzeichnung des Herrn Professor Schmidt, Berlin.

Guajacum officinale L.

Pockholzbaum, Franzosenholzbaum, Guajakholzbaum — Gayac — Guajacum.

Familie: *Zygophyllaceae*; Gattung: *Guajacum* L.

Beschreibung. Immergrüner, bis 13 Meter hoher Baum, mit ausgebreiteter Krone, gabeltheiligen, gegliederten, fast walzenrunden, kahlen, grünlich-grauen Aesten und sehr fein behaarten, grünen, an den Knoten verdickten jüngeren Zweigen. Blätter gegenständig, kurz gestielt oder fast sitzend, 2- selten 3paarig gefiedert, mit halbstielrunder, oberhalb rinnenförmiger, fein behaarter, später kahler Spindel. Blättchen gegenständig, sitzend, eiförmig oder eiförmig-länglich, stumpf, ganzrandig, kahl, am Grunde ungleichseitig, undeutlich gewimpert, 4 Ctm. lang, $2^1/_2$ Ctm. breit, das oberste Paar etwas grösser. Nebenblätter klein, lanzettlich, abfallend. Blüthen zu 6—10 (durch Fehlschlagen auch weniger) beisammenstehend, an der Spitze der jungen Zweige zwischen den Blättern zu ansehnlichen Dolden geordnet, ca. 2 Ctm. im Durchmesser; Blüthenstiel bis $2^1/_2$ Ctm. lang, fein seidenhaarig, von einem sehr kleinen Deckblättchen unterstützt. Kelch 5blätterig, beiderseits (namentlich innen) dicht seidenhaarig, in der Knospe dachig, mit ungleichen Blättchen (die äusseren kleiner), hinfällig. Kronblätter 5, in der Knospe dachig, blassblau, spatelförmig, am oberen Rande fein gewimpert, abfallend. Staubgefässe 10, an dem Grunde des Stempels dem Blüthenboden aufgeheftet, mit pfriemlichen, kahlen Staubfäden und länglichen, an der Basis herzförmigen, an der Spitze mit einem Haarbüschel versehenen, über dem Grunde des Rückens angehefteten, 2fächerigen, längsspaltig sich öffnenden Staubbeuteln. Pollen convex, 3seitig, 3porig. Stempel frei, auf breitem, flachem Stiele, mit umgekehrt eiförmigem, seitlich zusammengedrücktem, 2fächerigem Fruchtknoten, pfriemenförmigem Griffel und spitzer, einfacher (sehr selten fast 2spaltiger) Narbe. Eichen zu 8, zweireihig in jedem Fache, in der oberen Hälfte des inneren Winkels vermittelst langen Nabelstranges angeheftet. Frucht eine breit verkehrt herzförmige, am Grunde plötzlich stark verschmälerte, seitlich stark zusammengedrückte, scharfrandige, durch den bleibenden Griffel kurz geschnäbelte, 2fächerige, 2samige, an Stelle des Samens etwas aufgetriebene Kapsel bildend. Samen hängend, länglich-rund, etwas zusammengedrückt, rothbraun, mit sehr hartem, knorpeligem, gelblichem Eiweiss. Embryo in der Mitte des Eiweiss, mit nach oben gekehrtem, walzenförmigem Würzelchen und blattartigen, ovalen Samenlappen.

Guajacum sanctum L. unterscheidetsich von *G. officinale* durch 3—4- (nach Luerssen auch 5—7)-paarig gefiederte Blätter, kurz stachelspitzige, schief eiförmige, bis länglich- oder rhombisch-eiförmige Fiederblättchen und durch flache, 5fächerige, 5flügelige, 5samige Kapseln. In Süd-Florida, Bahama, Cuba, St. Domingo, Haiti und auf Puerto Rico einheimisch. Das Holz wird in gleicher Weise, jedoch seltener, wie das von *G. officinale* verwendet.

Anatomisches. Der Stammquerschnitt zeigt bei alten Stämmen eine kaum 2 Mm., bei jungen Stämmen eine ca. 2 Ctm. breite Schicht von hellgelblichem Splinte, welcher vom inneren, grünlich-braunen Kerne scharf abgegrenzt ist. Splint und Holz lassen keine echten Jahrringe erkennen,

Zygophyllaceae.

Guajacum officinale L.

dafür aber hellere und dunklere Schichten, welche (namentlich im Splinte) durch schichtenweise Anordnung der Gefässe bezeichnet sind. Die hierdurch entstehenden zahlreichen Kreise fallen zwar deutlich in die Augen, lassen sich jedoch schwierig verfolgen und bilden in der Regel keinen geschlossenen Kreis. Das marklose Centrum ist gewöhnlich excentrisch. Das Holz besteht aus den von den Markstrahlen und rechtwinklich auf letztere gestellten Holzparenchymzonen begrenzten Holzbündeln. Die in ziemlich gleichmässigen und äusserst geringen Abständen auftretenden Marktstrahlen sind einreihig, zeigen auf dem Querschnitte radial gestreckte, getüpfelte und mit Harz erfüllte Zellen, im radialen Längsschnitt ein mauerförmiges Parenchym, auf dem tangentialen Schnitte Spalten, die mit 3—6 übereinanderstehenden Zellen ausgefüllt sind. Das Holzparenchym besteht aus einer rechtwinklich zu den Markstrahlen gestellten Reihe kubischer, oder in vertikaler Richtung gestreckter, getüpfelter, ebenfalls Harz führender Zellen. Die auf dem Querschnitte ziemlich rechtwinkeligen Holzbündel zeigen entweder ausschliesslich dickwandiges Parenchym oder enthalten ein grosses, im Durchmesser oftmals den Abstand der Markstrahlen übertreffendes Gefäss, so dass die Markstrahlen um dieses Gefäss herumgebogen sind oder vor demselben abbrechen. Diese Gefässe lassen sich bis in die Mitte des Stammes erkennen; sie sind dickwandig, durch zahlreiche kleine Poren getüpfelt, in kurzen Abständen mit dünnen Querwänden ausgestattet und oft sehr lang; im Kernholze und Splinte enthalten sie bräunliches Harz, im äusseren Splinte sind sie leer. Die einzelnen Holzzellen sind lang gestreckt, cylindrisch, spitzendig, sehr dicht in einander gekeilt und verwachsen, mit sehr beschränkter Höhlung, die fein geschichteten Wände von zahlreichen, engen Kanälen durchbrochen. „Die glatte, etwas querwulstige Oberfläche mittlerer Stämme von ungefähr 20 Ctm. Durchmesser, wie sie von der Rinde befreit, aber sonst unversehrt häufig vorkommt, ist von sehr zahlreichen, genäherten, wenig aber scharf hervortretenden Längsstreifen durchzogen, welche in sehr gestreckten Curven oder in sanften Wellenlinien verlaufen. Die Linien eines Wellensystems sind unter sich parallel, nicht aber die verschiedenen Systeme, welche sich vielmehr spitzwinkelig schneiden, so dass die im Grossen wellenförmige Streifung stellenweise eine rhombische Zeichnung darbietet. Einzelne Wellenlinien erweitern sich zu feinen Querspalten" (Flückiger). Diese Zeichnungen finden sich auch auf den splitterigen Platten, welche in der Richtung der conzentrischen Ringe mit Mühe abgesprengt werden.

Im Kernholze finden sich wenige, kugelig abgeschliffene Krystalle von Calciumoxalat, welche nach Flückigers Vermuthung dem quadratischen Systeme mit 3 Molecülen Krystallwasser angehören. Markstrahlen und Holzparenchym enthalten Stärkemehlkörner.

Zwischen dem Holze von *G. officinale* und *G. sanctum* findet Flückiger keinen Unterschied.

Die spröde, vom Holze leicht trennbare Rinde besteht zum grössten Theile aus einem fein gefelderten Baste, welches reich an Calciumoxalat ($C_2O_4Ca + OH_2$ Flückiger) ist.

Vorkommen. Auf den westindischen Inseln: Trinidad, St. Vincent, St. Lucia, Martinique, St. Domingo, Haiti, Jamaica, Cuba; auch auf der Nordküste Südamerikas.

Blüthezeit. ?

Name und Geschichtliches. *Guajac, Hujacum, Hoaxacan* ist der westindische Name für den Baum. Das Wort tritt nach Flückiger in verschiedenen Ortsbezeichnungen auf Porto Rico auf, so z. B. *Guajama, Guanica, Gujaras.* Franzosenholz bezieht sich auf die Anwendung gegen Syphilis, welche Krankheit von den Franzosen nach Deutschland gebracht worden sein soll. Pockholz (Pockenholz) von Pocken, Blattern, wegen der Färbung.

Bald nach der Entdeckung Amerikas lernten die Spanier das Holz und seine Anwendung von den Eingeborenen St. Domingos kennen. Flückiger setzt dieses Bekanntwerden, auf eine Bemerkung von Valerius Cordus fussend, in die letzten Jahre des 15. Jahrhunderts. Nach Delgado ist das Holz (*palo santo)* 1508 nach Spanien gebracht worden. Als Heilmittel gegen Syphilis erregte die Droge grosses Aufsehen und verursachte die Herausgabe verschiedener Schriften. Die erste in Deutschland stammt von dem kaiserlichen Leibarzt Nicolaus Poll aus dem Jahre 1517; ihm folgte 1518 Leonhard Schmauss und 1519 Ulrich von Hutten, welcher 1518 sich der Guajakkur unterworfen hatte und im genannten Jahre eine lateinische Schrift: „De morbo gallico et medicina Guajaci“ verfasste, die mehrfach, sogar in einer Prachtausgabe (Lyon 1865) aufgelegt worden ist und zur Kenntnis und Verbreitung der Droge wesentlich beitrug. Die letztere Schrift behandelt sehr ausführlich die Krankheitserscheinungen, den Ursprung und die muthmasslichen Ursachen, beschreibt die Beschaffenheit des neuen Heilmittels, unterscheidet den gelben Splint von dem schwarzem Kernholze und berichtet über Schwere und Härte des Holzes. Trotz alledem starb der berühmte Ritter 1523 auf der Insel Uffenau an den Folgen der Syphilis. Obgleich die Strassburger Chronik fürs Jahr 1525 über die Anschaffung von 107 Kilogr. Guajak durch die Stadt berichtet, so muss man annehmen, dass der Preis zu jener Zeit ein sehr hoher war, denn es sollen beipielsweise für 1 Pfund 11 Dukaten bezahlt worden sein. Fernandez de Orvieto, welcher 1514 St. Domingo besuchte, schildert das häufige Vorkommen des Baumes und Monardes, der das Holz mit *Guajaçan* oder *Lignum indicum* bezeichnet, giebt Anleitung zur Anwendung gegen Syphilis. Anton Musa Brasavola beschrieb in seiner 1545 in Venedig erschienenen Pharmakognosie schon 3 Sorten des Holzes. Um 1560 kultivirte der Apotheker Peter Coutenberg den Baum in Antwerpen. Flückiger führt an, dass *Folia Guajaci* (Franzosenblätter) 1672 in der Kopenhagener Apothekertaxe aufgeführt werden.

Offizinell ist das Holz: *Lignum Guajaci* (*Lignum sanctum, Lignum benedictum, Lignum vitae*) und das Harz: *Resina Guajaci* (*Gummi Guajaci, Guajacum*); früher auch die Rinde: *Cortex Guajaci.*

Das Holz wird in grossen, bis über 30 Ctm. dicken, zentnerschweren Blöcken und Scheiben oder starken Aesten in den Handel gebracht; im Kleinverkauf tritt es nur geraspelt auf. Es ist sehr schwer (spez. Gew. 1,3), sinkt im Wasser unter, ist von einem hellen, minder dichtem und leichterem Splinte bedeckt, sehr harzreich, fest, hart und brüchig, spaltet schwer und unregelmässig, ohne zu fasern, ist grün geadert, besitzt eine dunkel- bis blassbraune Farbe, welche an der Luft und im Lichte olivengrün wird. Je nach dem Alter und Abstammung (ob Stamm- oder Astholz, ob ältere oder jüngere Schichten) ist es verschieden. Die vorzüglichste Waare ist der innere Kern alter Bäume; letzteres Holz ist grünlich-braun, schwach fettglänzend und sehr dicht. Das geraspelte Guajakholz (*Lignum Guajaci raspatum, Rasura ligni Guajaci*) ist ein Gemenge von Kern- und Splintholz; frisch ist es bräunlich, später grünlich. Unzerkleinert ist das Holz geruchlos; beim Erwärmen und beim Raspeln entwickelt es jedoch einen gewürzhaften, benzoëartigen Geruch. Der Splint ist geschmacklos, das Kernholz hingegen von etwas aromatischem, zugleich kratzendem und etwas bitterlichem Geschmack. Wegen des Harzreichthums brennt es sehr leicht. Durch Salzsäure wird es blaugrün, überhaupt durch Oxydationsmittel schön blau gefärbt. Der Staub erregt Niessen.

Das Harz, welches in der Rinde nur in sehr unbedeutender Menge, im äusseren Splinte gar nicht, im inneren Splinte und namentlich im Kernholze reich auftritt und in den Gefässen als braungelbe, splitterige Masse oder in schön rothgelben Körnern abgelagert, in den Holzfasern in Form von gelbbräunlichen Tropfen vorhanden ist, erscheint im Handel in 2 Sorten.

1. Guajakharz in Körnern oder Thränen (*Resina Guajaci in granis* s. *lacrimis*), quillt theils freiwillig aus dem Stamme, theils in Folge von gemachten Einschnitten. Es bildet kugelrunde oder längliche, tropfenförmige, bis wallnussgrosse, aussen schwach bestäubte, schmutzig grünliche, innen bräunlich grüne, durchsichtige, im Bruche muschelige und stark glänzende Stücke, welche nicht in der Hand erweichen, frisch schwach harz- und benzoëartig, erwärmt vanilleartig riechen. Es ist schwerer als Wasser.

2. Guajakharz in Masse (*Resina Guajaci in massis*), die gewöhnliche Sorte des Handels, wird dadurch gewonnen, indem man das Holz in meterlange Stücke zerschneidet, der Länge nach durchbohrt, und an dem einen Ende anbrennt; das dann durch das Loch aus fliessende Harz wird in untergestellten Gefässen aufgefangen. Auch wird durch Auskochen der Spähne und des Sägemehles mit Salzwasser noch Harz gewonnen. Es erscheint im Handel in grossen, unförmlichen, oft mit Rinden und Holztheilen durchsetzten Stücken, welche aus

zahlreichen Körnern zusammengeflossen sind. Es ist sehr brüchig, durchscheinend, im Bruche uneben, glänzend, bläulich-grün, bräunlich und weiss gefleckt und nicht selten von Rissen und kleinen Höhlen durchsetzt. Zerrieben bildet es ein graulich weisses Pulver, welches später grünliche Farbe annimmt. Es schmilzt leicht, entwickelt beim Erhitzen einen starken, reizenden Dampf und beim Kauen im Schlunde eine unangenehme, lang andauernde, kratzende Empfindung.

Guajakharz besitzt eine grosse Neigung, sich an der Luft und im Lichte durch Oxydation grün oder blau zu färben; im Wasser ist es fast unlöslich, in Aether und Terpenthinöl schwierig, in Weingeist, Aceton, Amylalkohol, Chloroform, Kreosot leicht löslich. Das spez. Gewicht beträgt 1,2—1,228. Fälschungen mit Kolophonium und Dammar werden beobachtet und durch Behandlung mit Aetzkalilauge und Petroleumäther erkannt.

Die früher offzinelle Rinde bildet schwere, bis 15 Ctm. breite, bis 1 Ctm. dicke, flache oder etwas gerollte Stücke, von aussen unebener, rauher, rissiger, dunkelgraubrauner, bläulicher, mit gelben Flecken versehener Oberfläche; innen ist sie glatt, gelblich-grau, die Bruchfläche hellbraun. Sie schmeckt schleimig, dann ziemlich stark bitter und äussert in keiner Weise das Arom des Holzes. Das in ihr in sehr geringer Menge enthaltene Harz ist verschieden von dem des Holzes und bläut sich nicht bei Anwendung von Oxydationsmitteln.

Die Hauptausfuhrorte sind nach Flückiger: Santo Domingo (1880 = 1124500 Kilogr.), Puerto Plata (1887 = 223520 Kilogr.), Port au Prince, Puerto Cabello in Venezuela, Rio Hacha, Santa Marta Barranquilla in Columbien (1880 = 449200 Kilogr.). Das aus Santo Domingo ausgeführte Holz ist das geschätzteste. Die Bahamas liefern etwas Holz von *Guajacum sanctum*. London und Hamburg sind die bedeutendsten Einfuhrorte.

Bestandtheile. Nach Trommsdorf enthält die Rinde 2,3 % eigenthümliches, vom Harze des Holzes verschiedenes Hartharz, bitter kratzenden Stoff, Gummi, braunen Farbstoff, schleimigen Extraktivstoff, oxalsauren Kalk; das Holz 1 % des Rindenharzes, 26 % Guajakharz. Die Splintasche ist nach Flückiger reich an Phosphorsäure; letzter Autor erhielt vom Splinte 0,91 %, vom Kernholze 0,60 %, hingegen von der Rinde 23 % Aschenbestandtheile. Nach Buchner enthält das gemeine Guajakharz 80 % Harz, 16,5 % Beimengungen von Holzresten, 1.5 % in Wasser lösliches Gummi, 2,0 % in Wasser löslichen Extraktivstoff. Nach den neueren Untersuchungen von Hadelich enthält das Guajakharz 4,0 % Guajaksäure, 10,5 % Guajakharzsäure, 70,3 % Guajakonsäure, 9,8 % Guajak-Betaharz, 3,7 % Gummi. 0,8 % Aschenbestandtheile, ausserdem gelben Farbstoff und Unreinlichkeiten. Die von Landerer gefundenen, zarten, weissen Nadelsterne, welche aus weingeistiger Guajaktinktur herauskrystallisiren und die er mit Guajacin bezeichnete, sind nicht näher untersucht, sollen jedoch nach neuerer Ansicht eines der sauren Harze sein.

Guajakharzsäure ($C_{20}H_{26}O_4$), 1859 von Hlasiwetz entdeckt, erhielt Hadelich in rhombischen Pyramiden, Hlasiwetz und Gilm aus starkem Weingeist in kleinen weichen Warzen und Schuppen von schwachem Vanillegeruch, aus schwachem Weingeist in glänzenden, dünnen Blättchen und aus Essigsäure in spröden, geruchlosen Nadeln. Sie schmilzt bei 75—80° und erstarrt beim Abkühlen krystallinisch, nach sehr starker Erhitzung amorph; sie ist in Wasser unlöslich, löst sich in Chloroform, Benzol, Essigäther, Essigsäure und Schwefelkohlenstoff, sehr leicht in Weingeist. Die weingeistige Lösung ist linksdrehend. Concentrirte Schwefelsäure löst Guajakharzsäure mit purpurrother Farbe. Bei der trockenen Destillation erhält man ein dickes, gelbes Oel aus Guajakol oder Pyroguajaksäure und bald herauskrystallisirendem Pyroguajacin bestehend. Pyroguajaksäure bildet ein farbloses, schwach kreosotartig riechendes Oel, welches in Wasser wenig, in Weingeist und Aether leicht löslich ist und mit Basen Salze erzeugt. Pyroguajacin krystallisirt in perlglänzenden, unzersetzt sublimirbaren, bei 180° schmelzenden, in Wasser nicht, in Weingeist und Aether löslichen Blättchen und Nadeln.

Guajakonsäure ($C_{19}H_{20}O_5$), 1862 von Hadelich entdeckt, ist eine hellbraune, spröde, amorphe Masse von muscheligem Bruche, ein geruch- und geschmackloses, neutrales Pulver liefernd, in Wasser unlöslich, schwer löslich in Benzol und Schwefelkohlenstoff, leicht löslich in Weingeist, Aether, Essigäther, Essigsäure und Chloroform. Concentrirte Schwefelsäure löst sie mit kirschrother Farbe. Die trockene Destillation liefert ein öliges Destillat.

Guajaksäure ($C_6H_8O_3$), 1837 von Righini aufgefunden, bildet weisse, glänzende, benzoësäureähnliche Nadeln, in Wasser leichter löslich als Benzoësäure, gut löslich in Weingeist und Aether. Nach Deville zerfällt sie bei rascher Sublimation in Kohlensäure und Guajacen (C_5H_8O). Letzteres ist ein farbloses, bei 118° siedendes, nach Bittermandelöl riechendes Oel mit einem spez. Gewicht von 0,874.

Der gelbe Farbstoff, das Guajakgelb, besteht aus kleinen hellbraunen, geruchlosen, bitter schmeckenden, neutral reagirenden Krystallen, die aus Weingeist umkrystallisirt als blassgelbe, quadratische Tafeln oder als Quadratoktaëder mit abgestumpften Endecken auftreten, sich in Wasser, verdünnten Säuren, Chloroform, Benzol und Terpenthinöl schwierig, in Weingeist, Aether, Essigäther, Schwefelkohlenstoff, wässerigen Lösungen des Ammoniaks etc. leicht lösen. Husemann, Pflanzenstoffe 854.

Anwendung. Das Holz (früher auch die Rinde) als Absud oder Extrakt, das Harz als Pulver, in Form von Pillen, und Tinktur, gegen syphilitische, skrophulöse, gichtische, rheumatische Leiden, bei gestörtem Hämorrhoidal- und Menstrualfluss etc. Als wirksamer Bestandtheil ist das im Kernholze vorhandene Harz zu betrachten. Nach Hager ist Guajak und namentlich das Harz ein Stimulans, welches in grossen Dosen fast giftig wirkt, in kleinen Gaben hingegen ein vortreffliches Heilmittel bei Amenorrhoe, Dysmenorrhoe, Weissfluss, chronischen Katarrhen, gichtischen, rheumatischen, scrophulösen, syphilitischen Leiden darstellt, das den Kreislauf des Blutes belebt, die Körperwärme erhöht und die Diaphorese vermehrt. In starken Gaben erzeugt es Trockenheit im Munde, stört die Verdauung, bewirkt Verstopfung, Kolik, Erbrechen, Diarrhoe und Vermehrung der Ausscheidungsprodukte. Husemann äussert sich über die Wirkung, worüber befriedigende physiologische Versuche nicht vorliegen sollen, wie folgt: „Die Angabe von Behr (1857), dass es zu 4,0 Purgiren ohne Kolikschmerzen bedingt, und dass dieselbe Aktion in noch stärkerem Maasse nach einer Verbindung des Harzes mit Magnesia erfolge, lässt sich zu Schlussfolgerungen für die Wirkung nicht verwerthen. Auch die ärztliche Erfahrung berechtigt nicht zu bestimmten Schlussfolgerungen, da das Mittel fast niemals für sich zur Anwendung gekommen ist und meist mit grösseren Mengen Wasser eingeführt wird. Selbst die Erscheinungen, welche man auf grössere Dosen der Abkochungen des Holzes auftreten gesehen haben will, wie Temperatursteigerung mit nachfolgendem Schweiss und morbillösem Exanthem, können als Folge des Guajaks nicht mit Sicherheit angesehen werden. Bell und Morris empfehlen es bei *Angina tonsillaris* nach vorausgeschicktem Brechmittel.“ (Husemann, Arzneimittell. 833.)

Das Holz findet ausserdem Verwendung zu dauerhaften Drechslerarbeiten, namentlich zu Kegel und Kegelkugeln etc.

Litteratur. Abbildung und Beschreibung: Nees v. Esenb., Pl. med., Taf. 380; Hayne, Arzneigew. XII., Taf. 28; Berg u. Schmidt, Offiz. Gew., Taf. XIVb; Bentley and Trimen, Med. pl. Taf. 41; Luerssen, Handb. d. syst. Bot. II., 679; Karsten, Deutsche Flora 809; Wittstein, Pharm. 278.

Drogen und Präparate: *Lignum Guajaci*: **Ph. germ.** 155; Ph. ross. 246; Ph. helv. 73; Cod. med. 54; Ph. belg. 41; Ph. Neerl. 122; Brit. ph. 147; Ph. dan. 147; Ph. suec. 118; Ph. U. St. 173; Flückiger, Pharm. 449; Flückiger and Hanb., Pharm. 100; Hist. d. Dr. I, 194; Berg, Waarenk. 137; Berg, Atlas 54, Taf. XXVII.

Resina Guajaci: Ph. austr. 70; Ph. hung. 215; Ph. ross. 340; Ph. helv. 110; Cod. med. 512; Ph. belg. 41; Ph. Neerl. 123; Brit. ph. 148; Ph. dan. 197; Ph. suec. 176; Ph. U. St. 173; Berg, Waarenk. 533.

Tinctura Guajaci (*Tinctura Guajaci ammoniata*): Ph. austr. 134; Ph. ross. 430, 435; Ph. helv. 144 und suppl. 119; Cod. med. 601; Ph. belg. 263—269; Ph. Neerl. 270; Brit. ph. 333; Ph. dan. 272, 273; Ph. suec. 235; Ph. U. St. 345, 346.

Tinctura Pini composita: Ph. ross; 434; Ph. helv. suppl. 122.

Species ad decoctum lignorum (*Species lignorum*): **Ph. germ.** 241; Ph. ross. 367; Ph. helv. 119; Ph. dan. 228; Ph. suec. 198.

Syrupus Sarsaparillae compositus: Ph. helv. 136; Ph. U. St. 328.

Decoctum Sarsaparillae compositum: Brit. ph. 100; Ph. U. St. 91.

Bezügl. der Drogen und Präparate siehe auch Hager, Ph, Prx. II., 49; III, 509.

Tafelbeschreibung:

A blühender Zweig, nat. Grösse; 1 Blüthe ohne Krone, vergrössert; 2 Staubgefäss, desgl.; 3 Stempel, desgl.; 4 derselbe im Querschnitt, desgl.; 5 derselbe im Längsschnitt, desgl.; 6 Frucht der Länge nach durchschnitten, nat. Grösse; 7 dieselbe im Querschnitt, desgl.; 8 der Same, vergrössert; 9 derselbe im Querschnitt, desgl.; 10 derselbe im Längsschnitt, desgl. Nach einer Originalzeichnung des Herrn Professor Schmidt in Berlin.

Hamamelis virginiana L.

Wünschelrute, Zaubernuss, Zauberhaselnuss, Hopfenhainbuche. Snapping Hazel-nutt. Witsch hazel. Noisette de la sorcière.

Familie: *Hamamelidaceae.* Gattung: *Hamamelis* L. (*Trilopus* Raf.)

Beschreibung. Ein Baum bis zu 6 m Höhe oder ein 2—3 m hoher Strauch mit zahlreichen braunen, in der Jugend mit braunen Sternhaaren besetzten Zweigen. — Nebenblätter vorhanden, aber sehr hinfällig, lineallanzettlich, dicht mit Büschelhaaren besetzt. Blätter wechselständig, gestielt, einfach ungeteilt, breit lanzettlich oder verkehrt eiförmig, am Grunde ungleich, die längere Hälfte öhrig verlängert und herzförmig anlaufend, die kürzere keilförmig. Spitze abgerundet oder zugespitzt. Rand mit stumpfen Zähnen buchtig, bis 12 cm lang und 9 cm breit, jüngere unterseits rostfarben sternhaarig, ältere oberseits dunkelgrün, unterseits gelbgrün, kahl, glänzend. Nerven stark hervortretend; die Seitenrippen, fünf bis sechs auf jeder Blatthälfte, gehen unter einem Winkel von 45° von der Mittelrippe aus und münden fast schnurgerade in je einen Blattzahn. Die Adern sind stark verzweigt und verlaufen nahezu senkrecht zu den Seitennerven und schliessen ein engeres Adernetz ein. Der Blattstiel ist 1—1,5 cm lang, rinnig, kahl, in der Jugend büschelhaarig. — Die kleinen goldgelben zwittrigen, vierzähligen Blüten stehen in kleinen, wenig strahligen, kurzknäuligen Rispen in den Blattachseln oft schon abgefallener Blätter; die gelbbraunen, büschelhaarigen Rispenäste sind mit mehreren kleinen schmallinealischen Deckblättchen besetzt und endigen gewöhnlich in kleine zwei- bis dreizählige Blütenknäule, die von zwei bis drei gegenständigen, nachenförmigen, lederartigen, büschelhaarigen Hüllblättern gestützt sind. Die vier Blumenblätter sind 10 mm lang und 1 mm breit, schmallineal, zugespitzt. Kelchblätter vier, in der Knospenlage klappig, 3 mm lang, nachenförmig, etwas ungleich, innen glatt, aussen gelbbraun, büschelhaarig. Staubblätter vier, den Kelchblättern gegenüberstehend, mit kleinen kopfigen Antheren; 2 mm lang, Staubfäden etwa viermal so lang als die gelben Beutel. Antheren zwei, mit seitlichen, nach vorn gerichteten Klappen aufspringend. Staminodien vier, je 1 mm lang, vor den Blumenblättern stehend, spatelförmig, stumpf dreilappig, nach innen gekrümmt und den Fruchtknoten teilweise bedeckend. Diskus fehlt. Fruchtknoten halboberständig, konisch, zweifächrig, aus zwei verwachsenen Fruchtblättern gebildet; in zwei schnabelförmige, freie, zurückgekrümmte kurze Griffel auslaufend, an deren oberem Ende sich die Narben befinden. — Jedes Fruchtblatt schliesst eine anatrope Samenknospe ein. Frucht eine hellbraune, holzige rundlich-ovale, kurz zweihörnige, nussartige Kapsel, zur Hälfte von dem hellbraunen Kelche umschlossen. Sie springt in vier Klappen elastisch auf, wobei die Samen weit weggeschleudert werden. Samen glänzend schwarz mit weissem Nabel. Nährgewebe fleischig, Keimling aufrecht mit oblongen, flachen Samenlappen.

Formen. Nutall unterscheidet zwei Varietäten der Pflanze:

β. macrophylla Nutt.; mit beinahe kreisrunden, herzförmigen, unterseits rauhen Blättern; ein Baum der Bergwälder von Georgia und Carolina in Nordamerika. (*H. macrophylla* Pursh.)

γ. parvifolia Nutt. mit kleinen länglich-verkehrteiförmigen, oberseits welligen, unterseits filzigen oder rauhhaarigen gekerbten Blättern; so in Bergwäldern um Philadelphia.

Blütezeit. September bis November, wenn die Blätter abfallen, oft bis Januar; Fruchtreife im August.

Standort. Felsige Stellen von Kanada bis Florida, überhaupt häufig in den Vereinigten Staaten von Nordamerika, ferner in China, Japan, Indien, Afrika; bei uns in Anlagen nicht selten als Zierstrauch gezogen.

Name und Geschichtliches. *Hamatus* = hakig, *melum* von *μῆλον*, Apfel, also *Hamamelis* = Hakenfrucht. „Zaubernuss", weil in demselben Jahre der Baum schon vor dem Blühen Früchte trägt. — Die Eingeborenen wenden die Abkochung der Blätter und Rinde in vielen Krankheiten an; die Zweige dienen ihnen als Wünschelruten, um verborgene Schätze zu finden. Die Pflanze wurde 1736 durch Collinson nach Europa gebracht.

Offizinell. *Cortex Hamamelidis.* Röhren oder schwach gebogene Stücke, bis zu 20 cm lang und 0,3 cm dick, mit silbergrauer oder weisslicher, leicht ablöslicher, schuppiger mit Lenticellen besetzter Aussenrinde. Die Innenrinde ist zimmtbraun oder bräunlich-rot und fein längsstreifig; der Querbruch ist grobfaserig und zähe, der Geschmack leicht zusammenziehend; ein spezifischer Geruch fehlt.

Folia Hamamelidis. Breiteiförmige, am Grunde verschmälerte und oft herzförmige Blätter mit kurzer, gerundeter Spitze. Die bis 14 cm Länge und bis 10 cm Breite erreichende Spreite trägt am Rande zahlreiche gerundete, ungleiche Kerben und zeigt auf jeder Blatthälfte ungefähr sechs in spitzem Winkel von der Mittelrippe abgehende, unter sich nahezu gleichlaufende Nebenrippen, zwischen welchen das derbe spröde Blatt feineres Netzwerk zeigt; unterseits ist es schwach flaumhaarig oder kahl, von hellerer graubräunlicher Farbe. Der Blattstiel ist höchstens 1 cm lang, gewöhnlich flaumhaarig. Geschmack schwach zusammenziehend und bitterlich. (Deutsche Arzneimittel.)

Fructus Hamamelidis. Eine $1^1/_2$ cm lange, 1 cm breite kurz zweihörnige graubraune behaarte Kapsel, welche zur Hälfte von dem vierzipfeligen pergamentartigen Kelch umschlossen wird und zwei schwarze glänzende Samen enthält.

Bestandteile. Die chemischen Bestandteile der einzelnen Teile sind noch wenig gekannt. In der getrockneten Rinde fand man roten Farbstoff, Gallussäure, Gerbsäure, Spuren eines Alkaloids; aus der frischen Rinde wird durch Destillation das *Hazelin* dargestellt, ein farbloses Öl von leichtstechendem Geruch und zusammenziehendem Geschmack. In den Blättern fand Guy flüchtiges Öl, Zucker, verseifbares Wachs, Harz, Schleim. (Cheney.)

Anwendung. Die Rinde sowohl, als die Blätter werden als Aufguss gegeben; häufiger angewandt werden die Fluidextrakte. Das Fluidextrakt aus der Rinde (*Hamamelin* und *Hamamelidin*) dient als Mittel gegen innere und äussere Blutungen und Hämorrhoidalerscheinungen; die Rinde wirkt als stärkendes und niederschlagendes Mittel. Das Fluidextrakt der Blätter wird als Stärkungs- und adstringierendes Mittel geschätzt und wird innerlich gegen Dysenterie, Diarrhoe und innere Blutungen gebraucht, während das ätherische Öl betäubend und harntreibend wirken soll. Äusserlich benutzt man besonders das Dekokt oder eine Salbe, insbesondere gegen Hämorrhoidalbeschwerden. Als bestes Menstruum für die Fluidextrakte dient sechzigprozentiger Weingeist. Die ölreichen mehligen Samen sind wohlschmeckend und dienen als Genussmittel.

Litteratur. Beschreibung und Abbildung. Duh. 1. t. 114. — Schkuhr, t. 27. — Catesb., 3. t. 2. — Guimp, t. 75. — De Candolle, Prodromus IV. 268 u. XVI. p. II. 157. — Bentham & Hooker, Gener. plant. I. 667 n. 7. — Kosteletzki, IV. 1380. — Linné, gen. n. 169. spec. in nat. 333. — Jussieu, gen. 288. — Lamarck, Ill. t. 88 fig. 1. — Raffinesque, Med. Bot. I. t. 45. — Nuttall, gen. am. 1. 107. — Pursh, flor. bor. am. I. 116. — Torrey & Gray, Flor. N. Am. I. 597. — Engler & Prantl, Pflanzenfam. III. 2. S. 121. — Baillon, Hist. des Plantes III. 389. — Luerssen, Med. Pharm. Bot. II. 797. — K. Schumann, Syst. Bot. 374. — Erfurt, Flora von Weimar 165. — Karsten, II. 384. — Geisler & Möller, Realencyclop. der Pharm. V. 88.

Drogen. *Cortex Hamamelidis.* Brit. Suppl. 1890. 17. — Gall. Suppl. (1895) 16. — Rom. (III) 45. — *Folia Hamamelidis.* Deutsche Arzn. M. 129. No. 320. — Brit. Suppl. 18. — Gall. Suppl. 16. — Norw. (III) 105. — Rom. (III) 45. — U. St. Pharm. (1894) 204. — Dorvault, l'Officine (XII.) 562. — *Fructus Hamamelidis.* Rom. (III) 45.

Präparate. *Tinct. Cort. Hamamelidis.* Brit. Suppl. 31. — Gall. Suppl. 94. — *Tinct. folior. Hamamelidis.* Gall. Suppl. 94. — *Extr. fluidum folior. Hamamelidis.* Dtsch. Arz. M. 100 No. 254. — Brit. Suppl. 15. — Gall. Suppl. 75. — Norw. III. 92. — U. St. Pharm. (1894) 143. — Dieterichs Manuale VI. 160. — *Ungt. Hamamelidis.* Brit. Suppl. 83. — Dieterichs Manuale VI. — *Hamamelin,* amerikanische Concentration, Realenc. V. 88; III. 238.

Tafelbeschreibung:

A ein blühender Zweig mit Herbstbelaubung, natürl. Grösse. B ein fruchttragender Zweig mit Sommerbelaubung, natürl. Grösse. 1 Blüte vergrössert $^8/_1$; 2 Kelchblatt mit Staubblatt vergrössert $^8/_1$; 3 Kelchblatt, Rückseite; 4 Geschlechtsorgane im Längsschnitt, stark vergrössert; 5 Pistill im Längsschnitt, stark vergrössert; 6 Frucht im Längsschnitt, natürl. Grösse; 7 Samen im Längsschnitt, vergrössert; 8 Diagramm. Originalzeichnungen nach lebenden Exemplaren aus dem grossherzogl. Park in Weimar und dem botanischen Garten zu Jena.

Hamamelis virginiana L.

Hevea brasiliensis Müller Argoviensis.
Hevea guianensis Aublet.

1. **Hevea brasiliensis** (DC) Müll. Arg.

Brasilianischer Federharzbaum; Kautschukbaum v. Javita. — Hévé du Brésil. — Parà Rubber-tree. — Pao de Xeringa — Siringuru.

Syn. *Siphonia brasiliensis* Willdenow. *Siphonia Kunthiana* Baillon.

Familie: *Euphorbiaceae* Juss. Unterfamilie: *Acalypheae* Juss. Gattung: *Hevea* Aubl.

Beschreibung. Ein milchsaftführender Banm von 17—20 m Höhe und 60 cm Durchmesser mit schöner üppiger Krone. Die Rinde ist graubraun, wenig dick; das Holz weiss und nicht sehr fest. Die Blätter stehen wechselständig, an der Spitze der Zweige gehäuft; sie sind gestielt, zusammengesetzt, dreizählig; der gemeinsame Blattstiel ist etwa so lang als die Blattfläche, d. i. bis 16 cm lang, schlank, nahezu stielrund, kaum rinnig, am Grunde etwas aufgeblasen; die Stiele der 3 Blättchen dagegen sind oben rinnig, unterseits convex, bis 1 cm lang; die Blättchen, welche den Blütenrispen nahe stehen, sind 6—7 cm lang und 4 cm breit, andere ältere werden bis 16 cm lang und 6—7 cm breit, häutiglederig, ganzrandig, lanzettlich, beiderseitig gleichmässig verschmälert, oben in eine verlängerte Spitze auslaufend; beiderseits kahl, oben lebhaft grün, unten graugrün bereift und mit vielen sehr kleinen weissen Punkten besetzt. — Mittelnerv gelbgrün auf beiden Seiten stark hervortretend; Seitennerven bis 20 auf jeder Seite des Mittelnerven, beinahe gegenständig, im Winkel von 60—70° bis dicht an den Rand verlaufend; Adern nahezu senkrecht auf den Seitennerven, nur wenig verästelt. Blüten grünlich, weissfilzig, in langgestielten, lockeren, zusammengesetzten Trauben, die nicht in den Blattachseln sitzen und sowohl dem Holze alter als jüngerer Zweige entspringen. Blütenstielchen, die sehr kleinen Deckblättchen und Rispenaxe weissfilzig. Männliche Blüten zahlreich, glockig, 4—5 mm lang, die Knospen länglich, konisch-eiförmig; Kelchsaum tief 5spaltig; Einschnitte von $^{2}/_{3}$ Länge des Kelches; Zipfel schmal dreieckig, lang zugespitzt, in der Knospe klappig, an der Spitze etwas gedreht, später sich zurückkrümmend. Blumenkrone fehlt. Scheibe klein, muschelförmig, viellappig, filzig; Staubblätter 10 mit je 2 länglichen, nach aussen längsspaltig aufspringenden Staubbeuteln, in 2 ungleichen Kreisen in $^{1}/_{3}$ und $^{2}/_{3}$ Höhe an einer ungeteilten, pfriemlichen, die Staubblätter überragenden Säule inseriert. Diese Säule, der Rest des Pistills, ist $^{2}/_{3}$ so lang als das Perigon und über den Staubblättern zart behaart. — Weibliche Blüte einzeln, auf dickerem Stiel am Ende der Traubenaxe, ist doppelt so gross als eine männliche. — Blumenkrone fehlt; das Perigon ist kegelförmig, weissfilzig mit gerade aufstrebenden schmal dreieckigen Zipfeln und pfriemlichen Drüsen am Grunde des Perigons, als Rest des Diskus. Knospenlage klappig. Das

Euphorbiaceae
(Acalypheae)

Hevea brasiliensis Müll. Arg.

Perigon fällt bei beginnender Fruchtreife von dem schüsselförmigen Blütenboden ab. Der Fruchtknoten ist dreifächrig, rundlich kegelförmig, mit 3 hervortretenden und 3 eingesenkten Riefen, weichhaarig mit sitzender rundlich-dreilappiger Narbe. Samenknospen je eine in jedem Fache, hängend. Die Frucht ist eine etwa 4 cm hohe, etwa 5 cm breite 3-knöpfige (oder durch Fehlschlagen 2- oder 1-knöpfige), dreiklappige, dreisamige, elastisch aufspringende Kapsel, mit faserig rindenartigem Pericarp. Bei der Reife zerreisst erst die äussere dunkelgraubraune Fruchtschale und lässt die holzig-fasrige Innenschale erkennen, deren 3 Kammern sich wandspaltig von einander trennen. Die Samen sind 1—$1^1/_2$ cm lang, gelblich, bräunlich gefleckt mit Caruncului und Endosperm. Die Cotyledonen besitzen die Breite des Endosperm, und sind mehrmals breiter als das Würzelchen.

Blütezeit. November bis Januar; die Früchte reifen im April und Mai.

2. Hevea guianensis Aubl.

Federharzbaum oder Kautschukbaum von Guyana.

Syn. *Jatropha elastica* L. fil. *Siphonia guianensis* Jussieu. *Siphonia Cahuchu* Willdenow. *Siphonia elastica* Persoon.

Beschreibung. Ein Milchsaft führender Baum von 20 m Höhe und 60 cm Durchmesser mit grauer, dünner Rinde und weissem, wenig festem Holze. Die Zweige sind dicht beblättert, die Blätter wechselständig, zusammengesetzt, dreizählig; der Blattstiel erreicht eine Länge von mehr als 10 cm, ist stielrund und kahl; die Blättchen sind meist etwas kürzer als der Blattstiel, etwa 10 cm lang, 2,5—5 cm breit, ganzrandig, länglich-verkehrt-eiförmig, am Grunde keilig, an der Spitze plötzlich kurz zugespitzt, oberseits dunkelgrün, unten graugrün, kahl, oberseits glänzend. Stiele der Einzelblättchen 1 cm lang, rinnenförmig. Blüten in langen, kurzgestielten, fast von der Basis an verzweigten Trauben, die in den Blattachseln oder ausserhalb derselben entspringen. Die Blütenstielchen sind 5—7 mm lang, die ganze Rispe rostfarbig oder heller filzig; bald dichter, bald lockerer, am Grunde nackt. — Männliche Knospen klappig, fast kuglig; Kelch glockig, bis zur Hälfte eingeschnitten, beim Öffnen 3 mm lang, vorher 2—3 mal kleiner, aussen graugrünfilzig, innen weisslich. Krone fehlt. Staubblätter durch Fehlschlagen nur 5—6, einreihig an einer ungeteilten, zugespitzten, den Staubblattkreis, aber nicht den Kelchrand, überragenden Säule, dem Griffelrudiment, inseriert, fast sitzend, nach aussen längsspaltig aufspringend. Weibliche Blüten mit glockigem, 5zipfeligem Kelch, dessen Zipfel bis $^1/_3$ der Kelchlänge ausgeschnitten und nach aussen zurückgekrümmt sind. Bei beginnender Fruchtreife löst sich auch hier das Perigon von dem becherförmigen Fruchtboden. Discusdrüsen fehlen, Fruchtknoten weichhaarig, eiförmig-konisch, 6riefig, 3knöpfig, 3fächrig; Narbe 3lappig, ausgerandet, sitzend. Samenknospen hangend, 1 in jedem Fache. — Frucht dreisamig, gross bis 4 cm lang, dreifächrig; jedes Fach zweiklappig, mit dicken holzigen, nach aussen elastisch aufspringenden Klappen. Samen $1^1/_2$ cm lang, eiförmig, gelblich, braunfleckig, im Winkel der Klappe befestigt, mit Caruncului; ölreich, essbar, vom Geschmacke der Haselnuss.

Blütezeit. November bis Januar, Fruchtreife im April und Mai.

Vorkommen und Verbreitung. *Hevea brasiliensis* Müll. Argov. wächst wild in der brasilianischen Provinz Parà, an den Nebenflüssen des Amazonas, am Apure und Javito, an den Mündungen des Orinoko (H. & B). Neuerdings sind reiche Bestände am unteren Beni, am Mayutala und Aquiri aufgefunden worden, auch am Marome und Itenez an der brasilianischen Westgrenze, doch geben letztere sehr wenig Kautschuk. Überhaupt nehmen die brasilianischen Bestände rasch ab, und Kautschuksucher müssen jetzt tief ins Innere gehen, besonders den Tocatins, Madeira, Purus und Rio Negro aufwärts. Der Baum blüht reichlich an den thonigen Abhängen der Flussufer auf Alluvialboden, doch verlangt er eine mittlere Jahrestemperatur von 27—28° C.; die Nachttemperatur darf nicht unter 24° sinken, die Mittagshitze muss 35° erreichen. In seiner Heimat fällt viel Regen, dessen er dringend bedarf; der Regen darf nicht länger als zehn Tage aussetzen, wenn der Baum gedeihen soll. Er ist also sehr anspruchsvoll in seinen Lebensbedingungen, und deshalb ist seine Kultur eine ausserordentlich schwierige. So ist es bisher nicht gelungen, in Ceylon gute Resultate zu erzielen; Trimen empfiehlt die Versuche nahe dem Meere und in Meereshöhe. Besser gelang der Anbau in Calcutta, Burma und Perak; auch in den Javanischen Kulturgärten hat man Glück mit den Versuchen gehabt; immer bleibt die Verbreitung der Hevea-Arten eine beschränkte. Die Kultur geschieht meist durch Samen, welche in sehr feuchtem Boden zum Keimen gebracht werden; sind die jungen Pflanzen gut gepflegt, so können sie später auch in festes Land gesetzt werden und geben dann vom fünften Jahre an schon Kautschuk. Stehen die Pflanzen in häufig überschwemmtem Boden, so treiben sie reichlich Ausläufer, deren Terminalschösslinge, wenn sie saftig und gut beblättert sind, gute Stecklinge abgeben, welche, mit der Spitze der Sonne ausgesetzt, sonst aber davor geschützt, bald kräftige Pflanzen liefern.

Hevea guianensis Aubl. findet sich besonders in Wäldern Guyana's (Richard) besonders bei Aroura, Maripo, St. Regis; in der Grafschaft Gène, an der Bucht der Galibis, von Sinémari und von Caux, ferner bei Barra am Rio negro. Wenngleich diese Pflanze mehr dem nördlichen Südamerika angehört, so mag sie wohl auch neben anderen (H. Spruceana und pauciflora) an den Standorten von *Hevea brasiliensis* Müll. Arg. gefunden werden. Für die Kultur gilt das bei H. brasiliensis Gesagte.

Name. Aublet beschrieb 1775 zuerst die Hevea guianensis, und gab ihr den Namen nach der bei den Einwohnern der Provinz Esmeraldas in NO. von Quito üblichen Bezeichnung Hévé für den Baum. Cau-chu heisst er bei den Maïnas, Pào seringa bei den Portugiesen um Para. — Willdenow beschrieb zuerst die Siphonia brasiliensis, und gab ihr den Namen, weil die Omagua-Indianer aus einem hohlen Ball, durch Hineinstecken eines Federkiels, eine Spritze machten. Willdenow nannte beide Pflanzen dann Siphonia, während Humboldt sich in den *Relations Historiques* aus Anciennitätsrücksichten für den Namen Hevea erklärte, welcher auch heute der bevorzugtere ist.

Anatomisches. Die Milchröhren der Euphorbiaceen sind bereits in der Jugend angelegt; sie sind ungegliedert, segmentiert und bestehen aus kürzeren oder längeren Zellen, deren Enden genau aufeinander stossen, manchmal an der Berührungsstelle eingeschnürt, aber niemals nebeneinander verschoben sind. Nach Scott entstehen die Milchbehälter der *Hevea* durch Zellfusion, ähnlich den Gefässen; bei *H. brasiliensis* und *Spruceana* beobachtete er das Entstehen der Milchschläuche durch Resorption der Querwände von Zellenreihen. Calvert stellte fest, dass bei jungen Pflanzen der *Hevea brasiliensis* in der Mittelrinde des hypokotylen und epikotylen Stammes Milchschläuche reichlich, in der Aussenrinde und dem Marke aber nicht vorhanden waren. Dieselben wurden bei älteren Pflanzen aber auch im Marke und der Aussenrinde gefunden und Verf. glaubt an Verbindungen dieser Systeme unter sich in den Knoten. Ähnliches nimmt de Bary an, doch konnte Chimani nirgends Anastomosen nachweisen. Er fand die Schläuche bei *H. brasiliensis* besonders im Rindenteil und gekennzeichnet durch eigentümliche Ausstülpungen, welche oft in längere Nebenzweige übergehen, aber niemals mit anderen Systemen in Verbindung treten. — Die Milchschläuche von *H. guianensis* sind im Phloemteil des Stammes kranzförmig angeordnet und verlaufen zu 2—3 nebeneinander. Sie sind stellenweise wulstig aufgetrieben und bilden dort eine knieförmige Biegung, setzen aber dann die ursprüngliche Richtung fort. Die Schläuche sind bisweilen gegabelt, aber anastomosieren niemals. Chimani fand in 17 mm dicken Zweigstücken von *Hevea guianensis* 15—20 μ weite Milchröhren; in 8,5 mm dicken Stücken von *Hevea brasiliensis* und *Spruceana* waren dieselben 15—17,5 μ weit.

Officinell ist der eingetrocknete Milchsaft dieser Pflanzen als Parà-Kautschuk, *Resina elastica.* (Siehe darüber den besonderen Artikel.)

Litteratur. Beschreibung und Abbildung: *Hevea brasiliensis.* Müller Argov. in Linnaea vol. 34, p. 204. Humboldt, Relat. historiques II. 24. Baillon, Histoire des Plantes, V. 187. 169. 116. Baillon, Etud. gen. Euphorb. p. 324. t. 14. Fig. 39—41. DC. Prodr. XV. prs. 2. pag. 718. — Luerssen, Medic. pharm. Bot. II. 744. — Karsten, Flora von Deutschl. II. 129. — *Siphonia bras.*, Schreb. Gen. Pl. 1789. 656. — Willd., Hb. No. 17936. — Humb., Bpl., Kunth, nova gen. et spec. VII. 171. — Kunth, syn. pl. IV. 205. — Heyne XIV. 5. — *Hevea guianensis.* — Aublet, Hist. des Plantes de la Guiane franc. II. 871. t. 335.1775. — Luerssen l. c. — Karsten l. c. — *Siphonia elastica,* Persoon Syn. pl. II. p. 588. — Sprengel, Syst. veget. III. 78. — Andr. Jussieu Tent. Euphorb. 39. t. 12. — Richard, Bot. med. 220. — Lam. t. 790. — Kosteletzki, Med. pharm. Flora V. 1740. — Nees v. Es. Plant. medic. t. 141. — Endlicher, Gen. Pl. n. 5799. — Heyne, Arzneigew. XIV. t. 4.

Anatomie: Chimani, Über Bau und Anordnung der Milchschläuche, Inaug.-Diss. Cassel 1895 S. 36 u. 41 t. 2 fig. 2 u. 4, ferner Arch. Pharm. 233. 257. — Botanisches Zentralblatt 1895. — Scott, Note on the lacticiferous tissue of Hevea Spruceana. Quaterly Journ. of Microscop. Soc. April 1884. — Calvert, The lacticiferous tissue in the stem of Hevea brasiliensis. Annal. of Bot. Vol. I 1887. 75. — De Barry, Vergl. Anat. 199.

Tafelbeschreibung:

A blühender Zweig von Hevea brasiliensis Müll. Arg. $1/2$ natürlicher Grösse nach der Natur. Kultiviertes Exemplar des Kulturtuin zu Tijkeumeuk auf Java (Herbar V. Schiffner). 1 männliche Blüte im Aufblühen; 2 dieselbe vollständig entwickelt, vergrössert; 3 Staubblätter mit zentraler Säule, vergrössert; 4 weibliche Blüte, geschlossen, vergrössert; 5 Fruchtknoten bei beginnender Reife, vergrössert; 6 Querschnitt desselben, vergrössert; 7 unreife Frucht natürlicher Grösse; 8 reife Frucht in natürlicher Grösse. A 7 8 nach Original 1—6 nach Heyne. Die Originale verdanken wir der Güte des Herrn Professor Dr. Schiffner in Prag.

Humulus Lupulus L.

Humulus Lupulus L.

Syn. *Cannabis Lupulus* Scopoli.

Hopfen — Hop — Houblon.

Familie: *Cannabineae.* Gattung: *Humulus.*

Beschreibung. Der ausdauernden, senkrecht in den Boden gehenden, einfachen, fleischigen, Ausläufer treibenden Wurzel entspringen 5 Meter und mehr lange, rechtswindende, kantige, hohle Stengel, die mit hakigen, dornartigen Stacheln dicht besetzt sind. Blätter lang gestielt, rundlich oder eiförmig, am Grunde herzförmig, meist zugespitzt, grob gesägt, oberseits rauh und dunkelgrün, unterseits nur auf den Adern behaart, blässer, mit Harzdrüsen besetzt, die unteren Blätter gegenständig, handförmig 3—5lappig, die oberen wechselständig, meist einfach; Lappen zugespitzt; Blattstiele rauhhaarig. Nebenblätter gepaart, meist mehr oder weniger verwachsen, ganzrandig, eirund, kahl, zurückgeschlagen. Männlicher Blüthenstand eine achselständige, in den unteren Knoten beblätterte, hängende Rispe bildend, mit oberhalb der Basis gegliedertem Blüthenstiele. Weiblicher Blüthenstand am Ende kurzer, achselständiger Zweige, aus eiförmigen, gestielten, einzelnen oder traubig geordneten, grünen Kätzchen oder Zäpfchen bestehend, im unteren Theile oft von laubigen Deckblättern gestützt, die nach oben in Nebenblätter übergehen. Männliche Blüthen mit bis zum Grunde 5theiligem, weisslichem Perigon; Perigonabschnitte länglich, stumpf, gewölbt, gewimpert. Staubgefässe 5, von der Länge des Perigons, mit kurzen, dünnen, kahlen Fäden und 2fächerigen, länglichen, stumpfen, am Grunde angehefteten, mit Längsspalten sich öffnenden, gelbgrünen Beuteln. Pollen elliptisch, 3furchig, unter Wasser rund, undeutlich 3nabelig. Weibliche Blüthen zu zweien neben einander, gemeinschaftlich von einem eiförmigen, zugespitzten, aussen behaarten, nach der Blüthe weiter auswachsenden Deckblatte unterstützt; jede einzelne Blüthe noch besonders von einem kleinen, rundlichen, gestumpften Deckblättchen umhüllt. Das häutige, glockenförmige, abgestutzte Perigon den einfächerigen, eilänglichen, eineiigen, stumpfen Fruchtknoten bis zur Hälfte einschliessend. Das hängende Eichen unter der Spitze der inneren Wand angeheftet. Die 2 Narben aufrecht, lang, dicht papillös, nach oben etwas verjüngt. Der hängende, eiförmige, gelblich-grüne Fruchtzapfen mit sitzenden, zugespitzten, in der Regel drüsenlosen, zuletzt trockenhäutigen Deckblättern und in den Winkeln der letzteren befindlichen, eilänglichen, 7nervig-netzaderigen, im unteren Theile aussen mit Harzdrüsen bedeckten, die Frucht umhüllenden Deckblättchen. Die aus einem rundlichen, etwas zusammengedrückten Nüsschen bestehende, einsamige, nicht aufspringende Frucht von dem häutigen, runzeligen, mit zahlreichen gelben Drüsen besetzten Perigon locker eingeschlossen, mit einem kielförmig gerandeten Fruchtgehäuse. Same von der Form des Fruchtgehäuses und dieses ausfüllend, mit dünner, am Scheitel genabelter Samenhaut und fadenförmigem, spiralig gerolltem, eiweisslosem Embryo, dessen Würzelchen nach oben gerichtet ist. Samenlappen linienförmig.

Anatomisches: Die kreiselförmigen, mit gewölbter Kuppe versehenen Hopfendrüsen befinden sich vorzugsweise auf den Zäpfchenschuppen und namentlich auf dem die Frucht locker umhüllenden Perigone, auch auf der Unterseite junger Blätter. Sie entstehen aus einer sich ausstülpenden, kopfig anschwellenden Epidermiszelle, die sich durch Bildung einer Längswand theilt. Durch Bildung einer Querwand findet eine Trennung der Tochterzellen von der Epidermiszelle statt und durch Entwickelung einer zweiten Querwand tritt eine Gliederung in Stiel und Scheibe ein. Durch Bildung von senkrechten, radialen und tangentialen Wänden wird die Scheibe in ein von der Cuticula bedecktes, flaches Schüsselchen umgewandelt, in welches sich der eigenthümliche Drüsenstoff ausscheidet. Letzterer erzeugt durch Emporheben der Cuticula die gewölbte Drüsenkuppe. Die fertige Drüse macht den Eindruck von 2 scharfrandig aufeinandergesetzten Halbkugeln, von denen die obere aus der Cuticula, die untere aus der Zellenscheibe besteht.

Verbreitung. In Hecken und feuchten Gebüschen, an Flussufern und Waldrändern durch ganz Europa bis über den Polarkreis hinaus, durch Sibirien und die Kaukasusländer verbreitet. In Nordamerika, Brasilien und Australien eingeführt und zum Zwecke der Bierbrauerei in den Ländern der gemässigten Zone häufig kultivirt.

Blüthezeit. Juli bis Semptember.

Name und Geschichtliches. Der Name Hopfen (althochdeutsch *hopfe,* mittelhochdeutsch *Hobsch, Hopf, Hopfe, Hopff, Hopfen,* bei Hildegard *Humele, Hoppo, Huppo, Hopho*) ist unsicheren Ursprungs. Grassmann sucht das Wort aus *Hüpfen,* angelsächsisch *hoppan,* niederdeutsch *hoppen, huppen* abzuleiten, in der Bedeutung von hinüberhüpfen, über Hecken und Zäune klettern. Andere leiten es von dem altdeutschen *hop,* Schopf (vergl. Wiedehopf) ab, wegen der schopfartigen Form des weiblichen Blüthenstandes. *Humulus* wird als das Diminitivum von *humus* (Erde) angenommen, also damit eine ohne Unterstützung auf der Erde hinkriechende Pflanze bezeichnet; andere Deutungen nehmen an, dass das Wort weiter nichts als die latinisirte Form der altgermanischen Bezeichnung *Humel, Humela, Humal* (persisch *Hamal*) sei. *Lupulus* soll das Diminitivum von *lupus* (Wolf) sein, weil der Hopfen durch Umschlingen (würgen) anderen Pflanzen (namentlich Weiden) Nachtheile bringt; daher bei Plinius *Lupus salictarius,* Weidenwolf. Das Wort wird jedoch auch als eine Entstellung von *Humulus* gedeutet.

Der Hopfen ist eine längst bekannte und arzneilich gebrauchte Pflanze; die Griechen und Römer scheinen jedoch keine Kenntniss von ihm gehabt zu haben. Die Verwendung zur Bierbrauerei ist allem Anschein nach von Nordfrankreich und Deutschland ausgegangen. Der pariser Apotheker Planche war der erste, der 1813 die Aufmerksamkeit auf die Hopfendrüsen lenkte, die von Yves in New-York mit dem Namen *Lupulin* belegt wurden.

Offizinell ist der zapfenförmige Fruchtstand: *Strobili Lupuli* (*Coni Lupuli*) und die goldgelben kleinen Drüsen der Früchte und Deckblätter, das Hopfenmehl: *Glandulae Lupuli* (*Lupulina, Lupulinum, Lupulin*).

Die Hopfenzapfen werden Ende August und Anfang September gesammelt, an einem schattigen Orte getrocknet und in Weissblechbüchsen aufbewahrt. Der Hopfen besitzt einen eigenthümlichen, stark aromatischen, fast betäubenden Geruch und einen beissend aromatischen, sehr bitteren und adstringirenden Geschmack. Das Hopfenmehl, *Lupulin*, wird von den reifen Fruchtzapfen der kultivirten Pflanze durch Abklopfen oder Sieben gesammelt und in kleinen dicht geschlossenen Weissblechbüchsen vor Licht und Luft geschützt aufbewahrt. Die Hopfendrüsen, welche ein gröbliches, ungleiches, im frischen Zustande klebendes, braungelbes, leicht entzündliches, von Wasser schwer benetzbares Pulver darstellen, sind hauptsächlich als die Träger des Hopfengeruchs und Geschmacks zu betrachten. Sowohl die Zapfen als die Drüsen dürfen nicht über 1 Jahr alt sein. Die Ausbeute an Hopfendrüsen beträgt ca. 10%, nach Yves 16%.

Zur besseren Conservirung, theils aber auch, um alter, missfarbiger und ausgezogener Waare den Schein einer frischen Beschaffenheit zu geben, wird der Hopfen unter Anwendung von schwefligsauren Dämpfen geschwefelt, ein Verfahren, welches vom arzneilichen Standpunkte aus nicht zulässig ist.

Präparate. Früchte und Drüsen werden zur Herstellung von *Extractum Lupuli*, *Infusum Humuli s. Lupuli, Tinctura Humuli, Oleoresina Lupuli, Species ad fomentum resolvens* verwendet.

Bestandtheile. Die Hopfendrüsen enthalten 2% flüchtiges Oel, 10,3% bitteren Stoff (Lupulit), 50—55% Harz, 32% Lignin, Spuren von zusammenziehender gummiger, fettiger Materie, Osmazom, Apfelsäure und apfelsaure Salze, essigsaures Ammoniak. Nach Yves sind in dem Hopfenmehl enthalten: 4,16 Gerbsäure, 8,33 Extraktivstoff, 9,16 Bitterstoff, 10 Wachs, 30 Harz, 38,33 Lignin. Payen und Chevallier fanden in den Brakteen Hopfengerbsäure, indifferenten Farbstoff, Chlorophyll, Gummi, Lignin, Kali-, Kalk- und Ammoniaksalze, Essigsäure, Chlorverbindungen. Personne hat in dem Lupulin ca. 1% Baldriansäure gefunden. Lermer wies 8% Asche in bei 100° getrocknetem Hopfen nach.

Das ätherische Hopfenöl, welches aus dem Lupulin zu 2%, aus den Hopfenzapfen zu 0,8—0,9% gewonnen wird, ist wasserhell (nach Flückiger frisch grünlichgelb, bei Benutzung von älteren Zapfen braunroth), dünnflüssig, von scharfem, brennendem Geschmacke, mit einem spez. Gew. von 0,91, einem Siedepunkt von 125—135°, und besteht nach v. Wagner aus einem sauerstofffreien Campher ($C_{10}H_{16}$) mit einem Siedepunkte von 175° und einem sauerstoffhaltigen Oele ($C_{10}H_{18}O$) mit einem Siedepunkte von 210°. Personne hält das Oel für ein Gemenge von $C_{10}H_{16}$ und *Valerol* ($C_{12}H_{10}O$); Kühnemann betrachtet es als ein Gemenge mehrerer Kohlenwasserstoffe und sauerstoffhaltiger Körper. Das Hopfenharz, welches bei der Bierfabrikation neben dem Oele wahrscheinlich von grosser Wichtigkeit ist, besitzt nach Vlandeeren eine Zusammensetzung von $C_{54}H_{70}O_{11}.H_2O$. Die Hopfengerbsäure ist nach C. Etti identisch mit der Gerbsäure aus Eichenrinde, Rathaniawurzel, Farnwurzel und der Rinde von China nova und soll die Zusammensetzung von $C_{25}H_{24}O_{13}$ besitzen; nach späteren Untersuchungen desselben Autors wird jedoch die Gerbsäurenatur bezweifelt und dafür ein Körper angenommen, der als Phlobaphen der Hopfenzapfen ($C_{50}H_{46}O_{25}$) bezeichnet wird. Das Hopfenbitter, welches nach M. Issleib durch Behandlung der Auszüge mit thierischer Kohle und Alkohol, zuletzt durch Verdampfen der ätherischen Lösung als hellgelber, amorpher, in Wasser, Alkohol, Benzol, Schwefelkohlenstoff und Aether löslicher Körper gewonnen wird, besitzt die Formel $C_{29}H_{46}O_{10}$ und wird durch verdünnte Schwefelsäure in ein braunes, amorphes, aromatisch riechendes Harz, *Lupuliretin* ($C_{10}H_{16}O_4$) und *Lupulinsäure* ($C_{48}H_{82}O_{19}$) gespalten. Nach Issleib beträgt die Menge des Hopfenbitters in den Zapfen 0,004%, in den Drüsen 0,11%. Das den hauptsächlichsten Bestandtheil des Hopfendrüseninhaltes ausmachende Hopfenwachs besteht nach Lermer aus Palmitinsäure, Mellisinester, palmitinsaurem Myricyl und Harzen. Griessmayer hat in verschiedenen Hopfensorten ein flüchtiges, flüssiges, unangenehm riechendes, alkalisch und widrig schmeckendes Alkaloid, das *Humulin* Wittstein's, ferner *Trimethylamin* und ca. 3% Rechtstraubenzucker nachgewiesen. (Husemann, Pflanzenstoffe 513 ff.) Die jungen grünen Sprossen enthalten nach Leroy Asparagin, ätherischel Oel, Harz, Zucker.

Anwendung. Die Drüsen in Substanz, die Fruchtzapfen im Aufguss und Absud. Im Aufguss fand Hopfen früher häufig Verwendung bei Indigestion, Dyspepsie, Scrophulose, Rheumatismus etc.; dient gegenwärtig nur noch zur Bereitung von Kräuterfomenten bei Quetschungen, zu Kataplasmen und Bädern. Lupulin wird bei schmerzhaften Urethral und Blasenleiden gereicht. Die Hauptverwendung findet der Hopfen bei der Bierbereitung.

Die Wurzel diente früher als Surrogat der Sarsaparille; die jungen, grünen Sprossen werden als Gemüse genossen. (Husemann, Arzneimittell. 664.)

Litteratur. Abbildung und Beschreibung: Nees v. Esenb., Plant. med., Taf. 101; Hayne, Arzneigew. VIII., Taf. 36; Berg u. Schmidt, Offiz. Gew., Taf. XXVII^b; Bentley u. Trimen, Med. pl., Taf. 230; Luerssen, Handb. d. syst. Bot. II. 527; Karsten, Deutsche Flora 500; Wittstein, Pharm. 322.

Drogen und Präparate: *Glaudulae Lupuli*: **Ph. germ.** 125; Ph. austr. (D. A.) 86; Ph. hung. 271; Ph. ross. 193; Ph. helv. 79; Cod. med. (1884) 57; Ph. belg. 53; Ph. Neerl. 148; Brit. ph. 201; Ph. dan. 126; Ph. suec. 95; Ph. U. St. 211; Flückiger, Pharm. 229; Flückiger and Hanb. Pharm. 554; Hist. d. Drog. II. 296; Berg, Waarenk. 457; Berg, Atlas, 49.

Strobuli Lupuli: Ph. ross. 186; Ph. helv. 127; Ph. belg. 53; Ph. suec. 92; Ph. U. St. 175; Berg, Waarenk. 357; Flückiger and Hanb., Pharm. 551; Hist. d. Dr. II. 291.

Extractum Lupuli: Cod. med. (1884) 422; Ph. belg. 169; Brit. ph. 122; Ph. U. St. 132.

Infusum Humuli: Cod. med. (1884) 609; Brit. ph. 162.

Oleoresina Lupuli: Ph. U. St. 231.

Tinctura Humuli: Ph. belg. 263, 285; Ph. U. St. 346; Brit. ph. 336; Ph. suec. 236.

Species ad fomentum resolvens: Ph. suec. 198.

Bezügl. der Drogen und Präparate siehe auch Hager, Pharm. Prx. II. 377.

Tafelbeschreibung:

A männlicher, B weiblicher Blüthenstand, nat. Grösse; C Fruchtzweig, desgl.; 1 männliche Blüthe, vergrössert; 2 Perigon der männl. Blüthe, desgl.; 3 Staubgefäss von verschiedenen Seiten, desgl.; 4 Staubgefäss mit geöffnetem Beutel, desgl.; 5 Pollen, desgl.; 6 weibliches Kätzchen, desgl.; 7, 8 Blüthenpaar der weiblichen Blüthe mit Deckblatt von der Rückseite und Vorderseite, desgl.; 9 einzelne Blüthe von der Seite mit Deckblättchen, desgl.; 10 Deckblatt und Deckblättchen vom Blüthenpaare, desgl.; 11, 12 einzelnes Blüthchen mit Deckblättchen, von verschiedenen Seiten, desgl.; 13 ausgewachsenes Deckblättchen mit Frucht, natürl. Grösse; 14 Frucht, desgl.; 15 die vom Perigon umschlossene, mit Harzdrüsen besetzte Frucht, vergrössert; 16, 17 Nüsschen ohne Perigon, von verschiedenen Seiten, desgl.; 18 und 19 Nüsschen im Quer- und Längsschnitt, desgl.; 20 Harzdrüsen, stärker vergrössert. Nach der Natur von W. Müller.

Hyoscyamus niger L.

Schwarzes Bilsenkraut, Hühnertod, Zigeunerkraut, Teufelsauge — Henbane — Jusquiame noire.

Familie: *Solaneae.* Gattung: *Hyoscyamus* Tourn.

Beschreibung. Die ein- oder zweijährige, weisse, ästige Wurzel treibt einen einfachen oder ästigen, stielrunden Stengel, welcher eine Höhe bis zu 0.6 m erreicht. Stengel, Blätter und Kelch klebrig, drüsenhaarig. Die schmutzig grünen, bis 20 cm langen, 10 cm breiten Blätter länglich-eiförmig oder oval, tief buchtig, zuweilen auch eckig gezähnt oder fast fiederspaltig-buchtig; die untersten gestielt, die oberen sitzend, halbstengelumfassend. Blüthenstand in einseitswendigen, abwärts gekrümmten, beblätterten Scheinähren. Blüthen fast sitzend, achselständig. Kelch krugförmig-glockig, netzig geadert, mit 5 stachelspitzigen Zähnen. Die 5lappige Krone schmutzig-gelblich, violett-netzaderig, mit weichhaarigem, dunkel-violettem Schlunde. Oberlippe kürzer als die 3lappige Unterlippe. Staubgefässe zu 5, in der Mitte des Kronenrohres eingefügt, niedergebogen. Fruchtknoten 2fächerig, Griffel fadenförmig, mit kopfförmiger Narbe. Die vom Kelche eingehüllte Kapsel 2fächerig, von dem eingeschlossenen Samen höckerig, mit 2fächerigem, gewölbtem, $^1/_4$—$^1/_3$ des unteren Theiles betragenden Deckel. Samen klein, flach-nierenförmig, hellgraubraun oder gelblich, feinnetzgrubig.

Es kommen folgende 2 Varietäten vor:

α. agrestris Kit. (als Art) einjährig, niedrig, Stengel einfach, Blätter weniger buchtig, Krone zuweilen einfarbig-blassgelb.

β. pallidus Kit. Krone blassgelb nicht geadert, ohne violetten Schlund. Syn. *Hyoscyamus niger β. pallidus* Koch.

Anatomisches: Die Epidermiszellen des Blattes zeigen (nach Flückiger) beiderseits wellenförmige Umrisse und sind von Spaltöffnungen und langen weissen Haaren unterbrochen. Die letzteren schliessen, ähnlich den Haaren der Tabaksblätter und der Belladonna, mit einem ein- oder mehrzelligen Drüsenkopfe ab. In der Mittelschicht zwischen dem Palissadengewebe der oberen und dem Schwammparenchym der unteren Blattseite befinden sich die ziemlich ansehnlichen Krystalle von Calciumoxalat, welche beim Faulen der Blätter in Form von Tafeln und kurzen Prismen in ziemlicher Menge ausgeschieden werden. Die Epidermiszellen der Samenschale sind (nach Luerssen) in dem oberen Theil der Seitenwände gar nicht, in den Aussenwänden nur schwach verdickt. Der untere grössere Theil der Seitenwände verdickt sich dagegen sammt Innenwand sehr stark, zeigt Schichtung aber keine Tüpfelkanäle und erhält gelbe oder braune Färbung. Der obere Theil der Zellen schrumpft bei der Reife des Samens zusammen, oft von dem klumpigen Inhalte der Zellen undeutlich gemacht, wodurch die scharfe, netzige Zeichnung auf der Oberfläche hervorgebracht wird.

Verbreitung. Auf wüsten Plätzen, Schutt, Angern, Triften, auch auf Aeckern, an Dorfstrassen, Zäunen durch fast ganz Europa mit Ausnahme des äussersten Nordens; Sibirien; Kaukasusländer und Nordindien.

Name und Geschichtliches. Der Name Bilsenkraut ist abgeleitet von dem Althochdeutschen *bilisa* oder *piliza*, womit unsere Pflanze bezeichnet wurde. Letztere Bezeichnung stammt wiederum von dem keltischen *bilinuntia*, welches Wort von dem Keltengotte Belenus, dem das Kraut geweiht war, abgeleitet worden ist. *Hyoscyamus* von dem griechischen *ὑοςκύαμος* Schweinsbohne (*ὗς* Schwein und *κύαμος* Bohne) stammend ist der Name, womit Dioscorides das Bilsenkraut belegte und soll nach Aelian deshalb gewählt worden sein, weil die Schweine nach dem Genusse des Krautes in Krämpfe verfielen und gelähmt wurden.

Das Bilsenkraut ist schon frühzeitig bekannt gewesen und zu medizinischen Zwecken benutzt worden, denn schon Dioscorides und Plinius erstatten über diese Pflanze ausführlichen Bericht. Bei den Römern wurde sie *Apollinaris*, bei den Galliern *Belinuntia* und bei den Arabern *Altercum* genannt. Plinius unterschied schon das schwarze und weisse Bilsenkraut und giebt Nachricht über die äusserliche und innerliche Anwendung des aus dem Samen gepressten Oeles. Alexander Trallianus (römischer Arzt aus dem 6. Jahrhundert) verordnete Kraut und Samen, jedoch war die Anwendung dieser Pflanze eine sehr vorsichtige. Vom Jahre 1715 an tritt die Anwendung allgemeiner ein und erst nach den 1762 veröffentlichten Erfahrungen Störck's über die Wirkungen verschiedener Giftpflanzen wich die Scheu vor der arzneilichen Benutzung des *Hyoscyamus niger*.

Blüthezeit. Juni bis October.

Solaneae.

Hyoscyamus niger L.

W.M.

Offizinell ist das Kraut: *Herba Hyoscyami* (*Folia Hyoscyami*) und der Same: *Semen Hyoscyami.*

Das Kraut muss zur Blüthezeit gesammelt und womöglich von wildwachsenden Pflanzen genommen werden. Kultivirte Pflanzen sind nicht so wirksam und sind von letzteren die zweijährigen Blätter zu verwenden. Nach dem Trocknen tritt die Blattmittelrippe stark hervor, die Blätter schrumpfen sehr zusammen, erhalten eine graugrünliche Missfarbe und der den frischen Blättern anhaftende narkotische, widerliche Geruch ist wenig bemerkbar. Der Geschmack des Bilsenkrautes ist salzig, schwach bitterlich. Der Same riecht ähnlich dem Kraute und besitzt einen ölig-bitterlichen Geschmack. Die möhrenartige Wurzel ist weniger wirksam als das Kraut, riecht narkotisch und wirkt im zweiten Jahre am kräftigsten.

Verwechselungen der Blätter können stattfinden mit den kleineren, stumpflappigen, sämmtlich gestielten Blättern von *Hyosc. albus* L., bei welchem ausserdem das Calciumoxalat in der Mittelschicht nicht in Einzelkrystallen, sondern in Drüsen abgelagert ist.

Präparate. Aus den Blättern und jungen blühenden Zweigen wird das Bilsenkrautextrakt: *Extractum Hyoscyami*, das Bilsenöl: *Oleum Hyoscyami infusum* (*Ol. Hyosc. coctum*), die Bilsenkrauttinktur: *Tinctura Hyoscyami*, die Bilsenkrautsalbe: *Unguentum Hyoscyami*, das Bilsenkrautpflaster: *Emplastrum Hyoscyami* etc. und aus den Samen das *Extractum Hyoscyami seminis* gewonnen. Die Blätter verwendet man ausserdem zur Darstellung der schon unter *Atropa Belladonna* angeführten *Cigaretae anti-asthmaticae* und die Samen bilden einen Theil der Zusammensetzung von *Emulsio Amygdalarum composita.* Das namentlich aus den Samen gewonnene *Hyoscyamin* wird sowohl rein, als auch in Verbindung mit Schwefelsäure als *Hyoscyaminum sulfuricum* in der Arzneikunde zur Anwendung gebracht.

Bestandtheile. Alle Theile der Pflanze, vorzüglich aber die Samen, enthalten das von Geiger zuerst in rein krystallisirtem Zustande dargestellte, sehr giftige Alkaloid *Hyoscyamin.* Höhn fand in den Samen noch einen wachsartigen Stoff: *Hyoscerin*, ein bitteres Glykosid: *Hyoscypikrin*, ein stickstoffhaltiges Harz: *Hyoscyresin* und flüchtige Basen. Nach Ladenberg sind in dem Bilsenkraut zwei nicht flüchtige Alkaloide, ein krystallinisches und ein nicht krystallinisches enthalten; das letztere bezeichnet er mit *Hyoscin.* Ueber Wurzel und Kraut liegen so gut wie keine Untersuchungen vor.

Anwendung. Das Bilsenkraut hat die grösste Verwandschaft zur Belladonna; seine Wirkungen sind daher im Wesentlichen der Belladonna gleich. Nach Schroff wirckt das *Hyoscyamin* stärker auf die Pupille als das *Atropin*, ebenso ist reines *Hyoscyamin* hypnotisch bedeutend stärker als das letztere. Die Wirkungen des Bilsenkrautes erstrecken sich hauptsächlich auf den Blutumlauf und äussern sich durch Verminderung der Pulsfrequenz. Es findet Anwendung bei krampfhaften und entzündlichen Leiden der Respirations-, Verdauungs- und Harnwerkzeuge. (Husemann, Arzneimittell. 1096.)

Litteratur. Abbildung und Beschreibung: Nees v. Esenb., Plant. medic., Taf. 192; Hayne, Arzneigew. I., Taf. 28; Berg u. Schmidt, Offiz. Gew., XVI^{F}; Bentley u. Trim., Taf. 194; Woodville, Taf. 76; Reichenbach, Ic. Fl. Germ. 20, Taf. 2; Luerssen, Handb. d. syst. Bot. II. 986; Karsten, Deutsche Fl. 961; Wittstein, Pharmakogn. 86.

Drogen und Präparate: *Herba Hyoscyami* (*Folia Hyoscyami*): **Ph. germ.** 130; Ph. austr. (D. A.) 74; Ph. hung. 232; Ph. ross. 172; Ph. helv. 61; Cod. med. 61; Ph. belg. 45; Ph. Neerl. 129; Brit. ph. 156; Ph. dan. 115; Ph. suec. 86; Ph. U. St. 182; Flückiger, Pharmakogn. 672; Flückiger and Hanbury, Pharm. 463; Berg, Waarenk. 287.

Semen Hyoscami: Ph. hung. 233; Ph. ross. 361; Ph. helv. 117; Ph. belg. 45; Ph. dan. 209; Berg, Waarenk. 444.

Extractum Hyoscyami: **Ph. germ.** 91; Ph. austr. (D. A.) 58; Ph. hung. 187; Ph. ross. 136; Ph. helv. 45; Cod. med. 437; Ph. belg. 168; Ph. Neerl. 107; Brit. ph. 120; Ph. dan. 102; Ph. suec. 76; Ph. U. St. 125, 126.

Oleum Hyoscyami infusum: **Ph. germ.** 197; Ph. austr. (D. A.) 97; Ph. hung. 329; Ph. ross. 295; Ph. helv. 92 u. suppl. 77; Cod. med. 407; Ph. belg. 200; Ph. Neerl. 132; Ph. dan. 166; Ph. suec. 137.

Emplastrum Hyoscyami: Ph. ross. 112; Ph. helv. suppl. 36; Ph. belg. 161; Ph. Neer l.92.

Tinctura Hyoscyami: Ph. ross. 428; Ph. helv. suppl. 119; Cod. med. 679; Ph. belg. 263; Brit. ph. 333; Ph. U. St. 346.

Unguentum Hyoscyami: Ph. ross. 450; Ph. helv. suppl. 128; Ph. belg. 274.

Emplastrum Hyosciami: Ph. ross. 112; Ph. helv. suppl. 36; Ph. belg. 161; Ph. Neerl. 92.

Bezüglich der Drogen und Präparate siehe auch Hager, Handb. d. pharm. Prx. II. 162.

Tafelbeschreibung:

A oberer Theil der Pflanze in natürl. Grösse; 1 Kelch mit Blumenkrone, desgl.; 2 aufgeschnittene und ausgebreitete Blumenkrone, desgl.; 3 Fruchtknoten mit Griffel und Narbe, vergrössert; 4 Staubgefässe, desgl.; 5 Pollenkorn, desgl.; 6 Frucht mit Fruchtkelch, desgl.; 7 Frucht mit geschlossenem Deckel, desgl.; 8 dieselbe im Längsschnitt, desgl.; 9 dieselbe im Querschnitt, desgl.; 10 dieselbe mit geöffnetem Deckel, desgl.; 11 Same, natürl. Grösse und vergrössert; 12 derselbe zerschnitten, vergrössert. Nach der Natur von W. Müller.

Ilex paraguariensis St. Hil.

Brasil.: Mate, Herva Mate, Congonha, Herva du Congonho. Argent.: Yerba Mate Congoin, Concoinfé. Parag.: Caaguaza.

Syn.: *I. Mate* St. Hil. *I. theaezans* Bonpl. *I. curitibensis* Miers. *I. Bonplandiana* Münster. *I. domestica* Reiss. *I. sorbilis* Reiss. *I. vestita* Reiss.

Familie: *Aquifoliaceae.* Gattung: *Ilex.*

Beschreibung:[1]) Ein 6 bis 8 Meter hoher Strauch oder Baum. Die älteren Zweige besitzen graubraune Rinde, die jüngeren sind entweder ganz kahl oder auch in verschiedenem Grade behaart. Die Nebenblätter sind bis 1 mm lang, dreieckig-pfriemenförmig, spitz. Die Blattstiele sind 5 bis 19 mm lang, kahl oder dicht gelblichgrau behaart. Die Blätter sind mehr oder weniger länglich-verkehrt-eiförmig, 3—15, seltener bis 25 cm lang und 1 bis 6, seltener bis 15 cm breit, am Grunde keilförmig verschmälert, am Rande mehr oder weniger fein gekerbt, gesägt, an der Spitze stumpf oder kurz zugespitzt, lederartig von Konsistenz, entweder ganz kahl oder auch, besonders an der Unterseite, behaart; die Mittelrippe und jederseits vier bis acht grössere Seitennerven auf der Unterseite deutlich hervortretend. Die Blütenstände sind in den Achseln der Blätter büschelig angeordnet, meist ein- bis dreiblütig; die Tragblätter der einzelnen Blüten sind kaum 0,5 mm lang, breit dreieckig, spitz oder zugespitzt. Die Blüten sind meist vier-, selten fünfzählig. Der Kelch ist napfförmig, 1,5 bis 3 mm im Durchmesser, kahl oder behaart, die vier Zipfel rundlich-eiförmig oder halbkreisförmig, ganzrandig oder am Rande ganz fein gewimpert oder unregelmässig ausgebuchtet, in den männlichen Blüten so lang wie die Kelchröhre, in den weiblichen meist etwas kürzer. Die vier Blumenblätter sind eiförmig oder elliptisch, 3 bis 3,5 mm lang, 2 bis 2,5 mm breit, am Grunde mit einander verwachsen, bisweilen an der Aussenseite spärlich behaart. In den männlichen Blüten sind die vier Staubgefässe ungefähr so lang wie die Blumenblätter, die Antheren eiförmig; sie umgeben ein stumpf kegelförmiges, ungefähr 1 mm langes und ebenso breites, kurz geschnäbeltes Fruchtknotenrudiment. In den weiblichen Blüten sind vier Staminodien, welche ein wenig kürzer als die Blumenblätter sind, mit herz- bis pfeilförmigen Antheren vorhanden; der Fruchtknoten ist stumpf kegelförmig oder breit eiförmig, 2 bis 2,5 mm lang und an der Basis 1,5 bis 2 mm breit, vier-, seltener fünffächerig, mit einer scheibenförmigen oder fast halbkugeligen Narbe; jedes Fach enthält eine hängende, anatrope Samenknospe mit nach oben gerichteter Micropyle und dorsaler Raphe. Die Frucht ist eine vierfächerige Steinfrucht; dieselbe ist kugelig oder ellipsoidisch, 4 bis 7 mm lang und 3 bis 6 mm breit, an der Spitze mit dem Narbenrest gekrönt, aussen braunrot, häufig mit Längsfurchen versehen, mit fleischigem Mesocarp; die vier Steinkerne sind nahezu dreikantig, mit konvexem und längsgefurchtem Rücken, 3 bis 4 mm lang, 2 bis 2,5 mm breit. Der Same ist dicht von der Steinschale umschlossen und besitzt eine meist bräunliche derbe Schale. Das Nährgewebe ist sehr reich entwickelt und macht den Hauptbestandteil des ganzen Samens aus. Der sehr kleine Embryo ist im oberen Teil des Samens gelegen und besitzt rundliche Keimblätter; das Würzelchen ist nach oben gerichtet.

Formen. Die Pflanze ist ausserordentlich variabel und formenreich. Loesener ordnet die Formen in folgender Weise an:

---

[1]) Wir verdanken die Grundlagen für diese Beschreibung und die Einteilung in Varietäten der Freundlichkeit des Herrn Dr. Loesener, der uns das Manuskript seiner nächst erscheinenden Monographie der Aquifoliaceen zur Verfügung stellte.

A. Die Seitennerven des Blattes auf der Unterseite nur undeutlich netzförmig und weniger hervortretend.

I. Die jungen Zweige und Infloreszenzen ganz kahl oder nur ganz feinflaumig behaart; die Blätter an der Unterseite kahl oder höchstens nur an der Mittelrippe und den Hauptseitennerven feinflaumig.

1. Blätter meist länger als 5 cm.

var. a. *genuina* Loes. Von dieser Varietät beschreibt Loesener als Formen:

α. domestica (Reiss.) Loes. (*I. domestica* Reiss. *I. curitibensis* Miers).

β. sorbilis (Reiss.) Loes. (*I. sorbilis* Reiss.)

γ. confusa Loes.

δ. dasyprionota Loes.

ε. pubescens (Reiss.) Loes.

2. Blätter meist kürzer als 5 cm.

var. b. *Ulei* Loes. nov. var., eine sehr ausgezeichnete Varietät, welche vielleicht auch als eigene Art betrachtet werden kann.

II. Die Zweige, Blütenstände, Kelche und die Unterseite der Blätter dicht flaumig oder fast samtartig oder zottig behaart.

var. c. *vestita* (Reiss.) Loes. (*I. vestita* Reiss.)

B. Die Seitennerven des Blattes auf der Unterseite deutlich netzförmig und stark hervortretend, der Rand der ziemlich grossen Blätter dicht gesägt.

var. d. *euneura* Loes. nov. var.

Vorkommen und Verbreitung. Die Pflanze findet sich auf Bergen, in Wäldern, auch an Flussläufen, in den sogenannten „Capoës", aber auch in den Campos in Brasilien (und zwar in den Provinzen Minas Geraës, San Paulo, Paraná, Sta. Catharina, Rio Grande do Sul) Argentinien (Corrientes) und Paraguay. In einzelnen Gegenden wird die Pflanze auch kultiviert.

Andere Arten. Ausser *I. paraguariensis* werden zur Bereitung des Mate noch eine ganze Reihe von anderen **Ilex**-Arten benutzt, denen sich noch mehrere Arten aus anderen Familien anschliessen. Es sind nach Loesener (Ber. d. pharm. Ges. VI. Heft 7) die folgenden:

1. **I. amara** (Vell.) Loes. (*Chomelia amara* Vellezo, *I. nigropunctata* Miers, *I. Humboldtiana* Bonpl., *I. ovalifolia* Bonpl., *I. brevifolia* Bonpl., *I. crepitans* Bonpl.). Blätter kahl und wie bei *I. paraguariensis* St. Hil. im oberen Teile meist breiter, als im unteren, aber meist etwas schmäler und dichter gesägt, die Unterseite regelmässig mit dunklen Punkten bedeckt. Eine vielgestaltige Art, welche sich in Brasilien von Bahia bis Rio Grande do Sul und in Argentinien (Corrientes) findet; sie führt in Brasilien ausser den oben unter *I. paraguariensis* genannten Namen auch die Bezeichnung: *Cauna* oder *Caunina.*

2. **I. affinis** Gardn. (*I. rivularis* Gardn., *I. medica* Reiss., *I. Apollinis* Reiss., *I. pachypoda* Reiss. Sie unterscheidet sich von der vorigen Art durch hellere, meist längere, oft nur undeutlich gesägte Blätter mit nur undeutlichen Punkten auf der Unterseite, und findet sich, wie auch die folgenden, in einzelnen Provinzen von Brasilien.

3. **I. theezans** Mart., non Bonpl. (*I. acrodonta* Reiss., *I. fertilis* Reiss., *I. gigantea* Bonpl.) unterscheidet sich von *I. paraguariensis* durch ganzrandige, höchstens an der Spitze mit einigen wenigen scharfen und äusserst kleinen Sägezähnchen versehene Blätter und Früchte mit dickerem und festerem Exokarp. Sie heisst in Brasilien: *Cauna amarga, Cauna de folhas largas* oder *Fáo d'azeite.*

4. **I. cuyabensis** Reiss., im Habitus der vorigen sehr ähnlich, aber durch stumpfere, etwas gestutzte Blattbasis, dichtere Blütenbüschel und kleinere Blüten abweichend.

5. **I. dumosa** Reiss., ähnlich den kleinblättrigen Formen von *I. amara,* von denen sie sich durch meist einzeln in den Blattachseln stehende, gabelig verzweigte drei- bis siebenblütige Blütenstände unterscheidet. Sie heisst in Brasilien *Congonha minda*, in Paraguay *Cua-Chiri.*

6. **I. diuretica** Mart., ebenfalls gewissen kleinblättrigen Formen von *I. amara* ähnlich.

7. **I. conocarva** Reiss. und

8. **I. pseudothea** Reiss., gehören beide in die Verwandtschaft von *I. amara.*

9. **I. Glazioviana** Loes., eine kleinblättrige Art von Habitus eines *Vaccinium,* welche bei Rio de Janeiro vorkommt, und einen vorzüglichen Mate liefert.

Aquifoliaceae.

Ilex paraguariensis St. Hilaire.

10. **I. Congonhina** Loes., in der Grösse der Blätter mit der vorigen übereinstimmend, und in der Provinz Minas Geraës vorkommend.

Aus anderen Familien sind noch als Mate liefernde Pflanzen bekannt:

Villarezia Congonha (DC.) Miers, eine Icacinacee, welche in den brasilianischen Provinzen San Paulo und Minas Geraës, sowie am Paraguayfluss vorkommt und an letzterer Lokalität als *Yapon* oder *Yerva de palos* bekannt ist.

Ferner giebt es noch eine Reihe von **Symplocos**-Arten aus der Verwandtschaft von *S. lanceolata* Mart. und *S. variabilis* (Mart.) Miq., die dem Mate beigemengt werden. Dazu gehört auch *S. caparaoensis* Schwacke, deren Blätter einen äusserst wohlschmeckenden Thee liefern sollen.

Geschichte und Gewinnung der Droge. Es kann als ziemlich sicher gelten, dass der Mate seit alter Zeit bereits vor der europäischen Einwanderung unter den Indianern ein Tauschhandelsobjekt bildete; jedenfalls fanden die Europäer den Gebrauch des Mate bereits vor. Der Mate wird zum allergrössten Teile aus dem Urwalde eingesammelt; jedoch bestanden auch zeitweise Anpflanzungen. Dies war besonders der Fall von Beginn des 17. bis zur Mitte des 18. Jahrhunderts in den von den Jesuiten gegründeten und beherrschten **Misiones** zwischen Uruguay und Parana. Auch Bonpland hatte in Candelaria eine grosse Pflanzung angelegt, die aber später wieder eingegangen ist. Die von den grösseren Ästen losgelösten Zweige und Blätter werden meist über offenem Feuer gedörrt und dann mit hölzernen Schlägern zerkleinert. Meist geschieht wohl aber jetzt das Zerkleinern in Fabriken und Mühlen auf mechanischem Wege; auch soll man stellenweise jetzt eiserne Öfen zum Dörren benutzen.

Das fertige Produkt kommt in den Handel entweder als Pulver oder als sogen. Blättermate **(mate em folhas)**. Man unterscheidet meist 3 Sorten: **Caá-cuy, Caá-mini** und **Caá-guazu**. Das Getränk besteht in einem Aufguss kochenden Wassers auf den Thee und wird von den Eingeborenen gewöhnlich in einem Flaschenkürbis (dessen eigentlicher Name **Mate** später auf das Getränk überging) bereitet; genossen wird es mittelst eines etwa spannenlangem Röhrchens aus Metall oder Rohr, der sogen. **Bombilla**, welche am Ende mit einer siebartigen durchlöcherten Erweiterung in Form eines Kolbens oder Löffelchens versehen ist.

Nach Peckolt exportierte Brasilien im Jahre 1870/71 nach den Nachbarländern über 95 000 Doppelzentner Mate. Der Export von Paraguay ist erheblich geringer, dort belief sich derselbe nach N. E. Brown am Anfange unseres Jahrzehntes immerhin auf 25 000 Doppelzentner. Als Konsumländer, die den Mate aus den oben angeführten Staaten importieren, treten besonders Chile, Bolivien und Peru hervor, während in Europa Mate nur in sehr geringem Massstabe verbraucht wird.

Anatomisches. Über die Anatomie der Blätter der Matepflanzen hat Loesener (Ber. Deutsch. pharm. Ges. 1896, Heft 7) ausführliche Angaben gemacht, aus denen wir folgendes entnehmen:

Die Epidermis der Oberseite ist entweder einschichtig oder bei einigen Arten zwei- bis vierschichtig. Das Pallisadenparenchym ist vorwiegend zweischichtig. Das Schwammgewebe ist deutlich ausgebildet und enthält oft Kalkoxalatdrüsen. Die Epidermis der Blattunterseite ist stets einschichtig. Bei einigen Arten kommt es vor, dass die Zellen in unmittelbarer Nähe der Spaltöffnungen (diese finden sich nur auf der Blattunterseite) verkorken, so dass lokalisierte Korkwucherungen entstehen, welche sich dem unbewaffneten Auge als dunkle Punkte darstellen; dieselben sind zuweilen als „subkutane Drüsen“ bezeichnet worden.

Bestandteile der Droge. Nach Peckolt enthalten die ungerösteten, aber vollkommen trockenen Blätter 1,675 %, die gedörrten Blätter des Handels nur noch 0,55 % Coffeïn. Doch dürfte die Höhe des Gehaltes an Coffeïn sowohl nach dem Standort, wie nach der Jahreszeit, in der die Blätter gesammelt worden sind, und ebenso nach der mehr oder weniger sorgfältigen Zubereitung wechseln. Dem Kaffee und chinesischen Thee gegenüber hat der Mate den Vorzug, dass er weder zehrend noch aufregend wirkt. Er soll nicht nur in hohem Grade durststillend, sondern auch nahrhaft sein. Auch sonst werden dem Mate in physiologischer Beziehung gute Eigenschaften nachgerühmt, z. B. dass er ohne aufzuregen auf das Nervensystem anregend wirkt und daher bei Strapazen die menschliche Leistungsfähigkeit erhöhen soll.

Litteratur. Abbildungen und Beschreibungen. DC. Prodr. II. p. 11. — Benth. et Hook. Gen. plant. I. p. 349. — Reissek in Fl. Bras. XI. 1. p. 119—124. — Miers in Ann. and Mag. nat. hist Ser. III. Vol. VIII; Contrib. to Bot. II. p. 90. — Münster, Über Mate und die Matepflanzen Südamerikas in Mitt. Naturw. Ver. Neu-Vorpommern XIV. 1883. — Loesener, Vorstudien zu einer Monographie der Aquifoliaceen. Dissert. Wien 1890. Über Mate- oder Paraguay-Thee in Abh. bot. Ver. Prov. Brandenburg XXXIX; Beiträge zur Kenntnis der Matepflanzen in Ber. Deutsch. Pharm. Gesellsch. VI. 1896. 203; Notizbl. bot. Gart. u. Mus. Berlin. Bd. I. No. 10. 1897. — Berg, Bot. 295. Charakt. d. Pf. Gen. t. 42. fig. 324. — Henkel, Bot. 147. — Karsten, Fl. v. D. II. 431. — Luerssen, Med. Pharm. Bot. II. 727. — K. Schumann, Syst. Bot. 411. — Realencykl. d. Pharm. V. 386.

Droge. Th. Peckolt, Mate, Paraguay. — Thee in Zeitschr. Allg. österr. Apotheker-Ver. 1882 No. 19. — N. E. Brown in Ball. Misc. Inform. 1892. p. 133. — Ch. Barbier, Le Mate, son introduction en France. Saint-Dizien 1878. — Rochebrune in Act. soc. Linn. Bordeaux XXXIII. p. 346. — A. Nicklès, Le Maté et son introduction dans notre alimentation. Besançon 1889. — H. Kunzkrause in Archiv de Pharm. CCXXXI. 1893. Heft 8. p. 136; in Bull. Soc. Vand. Sc. nat. Lausanne Sér. III. Vol. XXX. 1894. p. 140. — M. E. Collin in Journ. pharm. et chemie 1891. II. p. 337. — A. Robbins in Am. Journ. Pharm. Vol. L. p. 173. — Byasson in Rep. pharm. et Journ. de chim. médic. 1878. tab. 6. p. 11. — Husemann et Hilger, Pflanzenstoffe 1882 p. 887. — Epery, Essai sur le maté. Thèse. Paris 1883. — Moeller, Mikrosk. Genussmitt. 1886, p. 43; Pharm. Atlas 1892. p. 122. tab. XXXI. — Semler, Trop. Agrik. I. p. 539. — Kaerger in Deutsche Kolonialzeit. 1889, p. 141, 241. 268. — P. Charles in Brit. Med. Journ. 1890, p. 203. — G. Chiete, Il Mate, sua cultura e propag. Milano 1891. — Flückiger, Pharmakogn. III. Aufl. p. 651. — Leitfad. d. Ph. 156. — Müller, Med. Flora 287. — P. Macquaire, Contrib. à l'étude du Maté; Les nouv. Remèdes XII. 1896. n. 13. u. 14. — A. Tschirch u. O. Oesterle, Anat. Atl. d. Pharmak. Lief. 12. p. 265. tab. 60. — Berg, Pharmak. 265. — Henkel, Pharmak. 267. — Hager, Praxis II. 190. III. 569. — Hirsch, Univers. Pharm. I. 754 n. 1310. — Double, Le Maté 1885. — Realencyklop. d. Pharm. VI. 565. — Erdmann-Koenig, Warenkunde (Hanausek) 261.

Tafelbeschreibung.

A männlicher Zweig. B weiblicher Zweig. C Fruchtzweig. 1 männliche Blüte. 2 dieselbe im Längsschnitt. 3 weibliche Blüte. 4 dieselbe im Längsschnitt. 5 Frucht. 6 dieselbe im Längsschnitt. 7 dieselbe im Querschnitt. A, B, C etwas verkleinert. 1—7 vergrössert. Nach Exemplaren des königl. Universitätsherbars in Berlin.

Illicium anisatum Loureiro.

Syn.: *Illicium religiosum* Siebold.

Sternanisbaum — Illicium, Star-Anise — Anis étoilé, Badiane.

Familie: *Magnoliaceae* (Unterfamilie: *Wintereae*); Gattung: *Illicium* L.

Beschreibung. Bis 8 Meter hoher, ästiger Baum mit grauer, schwärzlich-rissiger Rinde und röthlichem Holze. Blätter zerstreut, lederig, oberseits dunkler, unterseits heller grün, länglich, zugespitzt, am Grunde keilförmig, 4—8 Ctm. lang, 2—3 Ctm. breit, klein drüsig punktirt, auf 6—10 Mm. langen Blattstielen. Blüthen einzeln, 2—3 Ctm. im Durchmesser, blattachselständig, gestielt, etwas übergebogen, blass gelblich- oder grünlich-weiss, wohlriechend; der 8—12 Mm. lange Blüthenstiel am Grunde mit kleinen Deckschuppen versehen. Kelch unterständig, 3blätterig, abfallend, mit eiförmigen, kronblattartigen Blättchen, kürzer als die Kronblätter. Kronblätter zahlreich (15—20), in mehreren Reihen, abstehend, abfallend; äussere Blätter eilänglich, die innern allmählich schmäler bis linealisch, bis 16 Mm. lang, bis 6 Mm. breit. Staubgefässe ungefähr 15—20, wie die Kronblätter in mehreren Reihen, aufsteigend, fast von der Länge der Fruchtblätter, mit eilänglichen, fleischigen Fäden, die sich zu einem 3seitigen, länglichen Connektiv verlängern, dem beiderseits die etwas von einander entfernt stehenden, nach innen der Länge nach aufspringenden Staubbeutelfächer aufgewachsen sind. Pollen oval, 3—4 furchig, unter Wasser kugelig, 3—4nabelig. Stempel oberständig, mit meist 8 zuerst aufsteigenden bis aufrechten, mit der zunehmenden Fruchtreife mehr horizontal abstehenden Fruchtblättern (Carpellen), welche der Spitze der Blüthenaxe in einem Wirtel aufgewachsen sind. Die Spitze des Fruchtknotens ist in den pfriemenförmigen, rückwärts gekrümmten Griffel verschmälert, welcher auf seiner Innenseite die papillöse Narbe trägt. Fruchtknoten eineiig; Eichen von der Basis der Naht aufsteigend, mit nach aussen und abwärts gekehrtem Keimmund (Micropyle). Frucht erst fleischig, aus meist 8, um eine kurze Zentralsäule sternförmig gestellten, horizontal ausgebreiteten Balgfrüchten bestehend, welche in eine aufwärts gekrümmte Spitze auslaufen. Bei der Reife sind die Balgfrüchte verholzt, an der nach oben gekehrten Bauchnaht bis zur äussersten Spitze aufgesprungen und nachenförmig ausgebreitet, die Samen zeigend; die Aussenseite ist mattgrau bis rothbraun und unregelmässig gerunzelt, die glatte Innenfläche glänzend roth- bis braungelb. Der gelbbraune Same einzeln, glänzend, flachgedrückt, eilänglich, glatt, scharfrandig. Embryo am Grunde des Eiweiss, klein, gekrümmt.

Die in Japan einheimische *Illicium religiosum* Sieb. (japanisch *Sikimi*) wurde von Siebold als selbständige Art betrachtet und mit dem Namen *I. japonicum*, später *I. religiosum* bezeichnet. Die von ihm geltend gemachten botanischen Unterschiede sind jedoch von Miquel und Baillon verworfen worden. Die Früchte des japanesischen Baumes *(religiosum)* sind weniger aromatisch, auf der Aussenfläche weniger runzelig und mit langem, spitzem, stärker aufwärts gebogenem Schnabel ausgestattet. Die Früchte des chinesischen Baumes *(anisatum)* besitzen ein stärkeres Arom, sind stärker gerunzelt und haben entweder gar keinen oder nur einen kurzen, stumpfen, schwach gebogenen

Schnabel. Flückiger hält den Streit über die botanischen Unterschiede, wegen mangelnder genauer Vergleiche beider Bäume, für noch nicht entschieden.

Anatomisches. Die äussere Fruchtschale, welche als Sitz des wirksamen Bestandtheiles, des ätherischen Oeles, zu betrachten ist, besteht aus einer, mit einer Epidermis bedeckten, trocken fleischigen, gegen den Rückennerven dicken, nach den Rändern zu ziemlich dünnen Aussenschicht und der mit letzterer verwachsenen Steinschale. Die Aussenschicht wird von einem schlaffen, zsammengefallenen, braunwandigen, von grösseren Oelzellen durchsetzten Parenchym gebildet, welches in der Nähe der Steinschale von einer Reihe Gefässbündel durchzogen ist. Die Oelzellen enthalten Tropfen blassgelben, ätherischen Oeles und Harzklumpen. Die nach den Rändern und der Spitze zu ziemlich dicke, nach der Mitte vertiefte und dünne Steinschale zeigt an ihren dünnen Stellen, also da, wo der Same die Carpellwände berührt, nur eine Lage paralleler, gegen die innere Wand senkrecht gestellter, langgestreckter, dünner Palissadenzellen mit farblosen, dünnen, getüpfelten, spröden Wänden; der dickere Theil, dessen Wände von den Samen nicht berrührt werden, besteht aus langgestrecktem, getüpfeltem Holzparenchym, welches von einer, die glänzende Innenwand bildenden Schicht stark verdickter Sclerenchymzellen überdeckt wird. Die Samenschale des in arzneilicher Beziehung gänzlich werthlosen Samens besteht aus einer äusseren Steinschale, die aus einer Reihe langgestreckter, schmaler, senkrecht gestellter Steinzellen gebildet ist und aus einer dünnen, aus mehreren Reihen zusammengefallener Zellen zusammengesetzten Haut. Das Endosperm des Samenkernes zeigt ein von kleinen Oelzellen durchsetztes Parenchym. Der Inhalt der letzteren Oelzellen besteht aus granulöser Substanz und fettem Oele.

Vorkommen. Cochinchina, China, Japan; in letzterem Lande *I. religiosum. I. anisatum* ist namentlich in den südchinesischen Provinzen Jünnan, Kwang-hsi, Kwang-tung, Fo-kien einheimisch, über 2500 Meter in den Gebirgen emporsteigend.

Blüthezeit. ?

Name und Geschichtliches. Sternanis, chinesischer oder indischer Anis, chinesischer Fenchel, bezieht sich auf das Arom, die Gestalt und Abstammung der Früchte. *Illicium* von *illicere* anlocken, reizen, wegen des Aromas. *Badian* von *badius* braun, wegen der braunen Farbe der Früchte; *Badiyan* ist übrigens der arabische Name des Fenchels. *Anisatum* wegen des anisartigen Geruches; *religiosum,* zu religiösen Zwecken gebräuchlich; Blätter und Rinde werden von den Braminen beim Gottesdienste zum Räuchern verwendet.

Der Sternanis, welcher in seiner Heimath wohl schon seit den frühesten Zeiten ein geschätzter Artikel war — um 970 wird er von den Südstaaten als Tribut an den chinesischen Kaiser bezahlt — ist 1588 von Thomas Cavendish (Candish, Candi) von den Philippinen zuerst nach London gebracht worden. Durch den Apotheker Hugo Morgan und den Drogisten Jacob Garet gelangte die Droge in die Hände des Clusius, der die Früchte abbildete und sie, ohne von der Stammpflanze irgend welche Kenntnis zu besitzen, mit dem Namen *Anisum Philippinarum insularum* belegte.

Wegen der völligen Abgeschlossenheit des chinesischen Reiches, namentlich nach der Seeseite, scheint der Sternanis seine Verbreitung nach den westlichen Ländern, hauptsächlich auf dem Landwege über Russland und Arabien gefunden zu haben. In Moskau ist er schon Ende des 17. Jahrhunderts ein sehr gebräuchliches Gewürz gewesen, während er nach Deutschland erst Anfang des 18. Jahrhunderts gekommen ist. Das chinesische Kräuterbuch Pen-tsao (um 1552) erwähnt des hui hiang (achthörnigen Fenchels) und schildert die japanesische Frucht als giftig.

Kaempher war der erste, der den Baum um 1690 in Japan sah und ihn unter dem Namen *Somo* (*Skimmi, Fanna Skimmi, Fanna Skiba*) abbildete. Linné bezeichnete den japanesischen Baum zuerst mit *Badanifera,* später mit *Illicium anisatum*, welcher Name von Loureiro auch auf den damals noch unbekannten südchinesischen Baum übertragen wurde.

Offizinell ist die Frucht: *Fructus Anisi stellati (Semen Anisi stellati, Semen Badiani).* Sie besteht aus gewöhnlich 8 an einer kurzen Centralsäule sitzenden, sternförmig ausgebreiteten, an der Bauchnaht der Länge nach aufgesprungenen und kahnförmig geöffneten Carpellen, welche den an einem kurzen, schief aufsteigenden Nabelstrange befestigten Samen erkennen lassen. Die Farbe ist aussen mattgraubraun oder rostbraun, im unteren Theile sind die Carpelle unregelmässig runzelig, im oberen Theile mehr längsnervig, innen braunroth, glatt, gegen die Basis den Samen entsprechend ausgehöhlt; die nicht von den Samen bedeckte Fläche ist von zahlreichen feinen Nerven durchzogen. Der Geschmack ist angenehm süsslich aromatisch, mehr fenchelartig; der Geruch mild gewürzhaft, anisartig; im gepulverten Zustande entwickelt sich ein säuerlicher Beigeschmack. Same und Blätter sind schwach aromatisch.

Die Früchte der japanesischen *I. religiosum* sind dem echten Sternanis sehr ähnlich und von letzterem bezüglich der äusseren Beschaffenheit schwer zu unterscheiden, jedoch Geruch und Geschmack geben einen Anhalt. Der japanesische Sternanis ist fast geruchlos oder widerlich riechend und von scharfem, etwas bitterem, widerlichem Geschmack, nach Flückiger an Sassafras, Muskatnuss oder Kampfer, auch Terpenthin erinnernd. Ausserdem besitzt der letztere eine Eigenschaft, die schon in dem alten chinesischen Kräuterbuche Pen-tsao erwähnt und von Eykman in Tokio bestätigt wird: er ist giftig. Er kann daher, ebenso wie das aus ihm gewonnene Oel, zu schädlichen Fälschungen benutzt werden.

Das schon in China aus dem echten Sternanis durch Destillation mit Wasser gewonnene ätherische Oel: *Oleum Anisi stellati* ist frisch fast farblos, später gelblich, von dünnflüssiger Beschaffenheit, von angenehm süsslichem, anisartigem, hinterher brennendem Geschmack und anisartigem Geruch; es ist leichter als Wasser und erstarrt erst bei 0^0. Aus dem chinesischen Hafen Pakhoi wurden nach Flückigers Angabe 1878 48383 Kilogr., aus Macao 28425 Kilogr. Oel ausgeführt. Hamburg erhielt 1889 allein 31484 Kilogr. Die Ausfuhr des Sternanis betrug 1879 aus Macao 483840 Kilogr., aus Pakhoi 393120 Kilogr.

Fälschungen der Früchte mit bereits destillirten und vom ätherischen Oele befreiten Samen, ebenso mit den giftigen Samen des japanesischen Sternanis, sind in neuerer Zeit beobachtet worden.

Der Sternanis wird ganz, in feiner Speziesform oder als feines Pulver vorräthig gehalten.

Same und Blätter sind schwach aromatisch.

Bestandtheile. Nach Meissner sind in 100 Theilen der Kapseln enthalten: 5,3 ätherisches Oel, 2,8 fettes Oel, 10,7 rothbraunes Hartharz, 3,2 eisengrünender Gerbstoff, 2,1 Extraktivstoff, 7,6 gummiger Extraktivstoff, 6,0 Gummi, 19,8 Stärke (?), 0,2 Benzoësäure (?), 8,4 Apfelsäure, apfelsaurer Kalk etc. Neuere Untersuchungen haben kein Stärkemehl nachgewiesen. Der ziemlich reichlich vorhandene Zucker reduzirt in der Kälte alkalisches Kupfertartrat nicht; der wässerige Auszug erstarrt auf Zusatz von Alkohol zu einer klaren Gallerte. Die Samen enthalten 1,8 % ätherisches Oel, 19,2 % fettes Oel und keinen Gerbstoff.

Das ätherische Oel, welches neben einem Terpen vorwiegend aus festem und flüssigem Anethol besteht, besitzt ein spez. Gew. von 0,970; es ist leicht löslich in Weingeist und Aether. Bezüglich des Anethol siehe *Pimpinella Anisum*

Der von Eykman aus den Früchten des japanesischen Sternanis gewonnene giftige Körper, das Sikimin, ist krystallinisch, kein Glykosid, enthält keinen Stickstoff, reagirt nicht auf Lakmuspapier, löst sich nicht in Petroleumäther, wenig in kaltem Wasser, leichter in heissem, leicht in Alkohol und Eisessig. Eykman erhielt aus den geschälten Samen der japanesischen Frucht 52,2 %, aus den ungeschälten 30,5 % eines blassgelben, nicht trocknenden, fetten Oeles, welches nach Geerts ebenfalls giftige Eigenschaften besitzt, jedoch von Eykman, mittels Petroleumäther gewonnen, als völlig unschädlich erkannt worden ist. Flückiger sagt: In beiden Formen des Sternanis scheint ein Alkaloid in höchst geringer Menge vorhanden zu sein. (Husemann, Pflanzenstoffe 601.)

Illicium anisatum Lour.

Anwendung. Im Aufguss als Thee, als mildes, blähungtreibendes, magenstärkendes, krampfstillendes Mittel, auch zur Geschmacksverbesserung der Medikamente. Wegen der Gefahr, welche durch Beimengung von japanischen Früchten erzeugt wird, hat man die Droge aus der deutschen Pharmakopoë wieder entfernt. Das Sikimin erregt nach Art des Pikrotoxins heftige Krämpfe. Husemann, Arzneimittell. 1149.

Das ätherische Oel wird in grossen Massen zur Liqueurfabrikation verwendet.

Litteratur. Abbildung und Beschreibung: Nees v. Esenb., Plant. med., Taf. 371; Hayne, Arzneigew. XII., Taf. 29; Berg u. Schmidt, Offiz. Gew., Taf. XXXf; Bentley and Trimen, Med. pl., Taf. 10; Luerssen, Handb. der syst. Bot. II., 583; Karsten, Deutsche Flora 575; Wittstein, Pharm. 811.

Drogen und Präparate: *Fructus Anisi stellati*: Ph. ausstr.; Ph. hung. 49; Ph. ross. 179; Ph. helv. 58; Cod. med. 37; Ph. belg. 10; Ph. dan. 118; Ph. suec. 88; Ph. U. St. 183; Flückiger, Pharm. 880; Flückiger and Hanb., Pharm. 20; Hist. d. Drog. I., 51; Berg, Waarenk. 360; Berg, Atlas XLI, S. 81.

Species pectorales: Ph. austr. 119; Ph. dan. 229; Ph. suec. 199.

Species ad infusum amarum: Ph. suec. 198.

Pastilli Liquiritiae: Ph. helv. suppl. 84.

Tinctura odontalgica: Ph. helv. suppl. 120.

Tinctura Colocynthidum composita: Ph. suec. 234.

Syrupus mannatus: Ph. austr. 128; Ph. hung. 437.

Hydrolatum Badiani: Cod. med. 373.

Pulvis Badiani: Cod. med. 510.

Bezüglich der Drogen und Präparate siehe auch Hager, Ph. Prx. I, 370,

Tafelbeschreibung:

A Blühender Zweig, nat. Grösse; 1 Blüthe ohne Kelch und Krone, vergrössert; 2 Blüthe im Längsschnitt, desgl.; 3 Staubgefässe von verschiedenen Seiten, desgl.; 4 Pollen, desgl.; 5 ein Carpell im Längsschnitt, desgl.; 6 Stempel, desgl.; 7 derselbe im Querschnitt, desgl.; 8 junge Frucht, nat. Grösse; 9 reife Frucht, aufgesprungen, desgl.; 10 Same, desgl.; 11 derselbe im Längsschnitt, vergrössert. Nach einer Originalzeichnung des Herrn Professor Schmidt in Berlin.

Indigofera Anil L.

Sichelfrüchtiger Indigo, Anilindigo, Anilpflanze, Anil mal. Tarum Kembang.

Familie: *Papilionaceae* Endl. Gruppe: *Lotoideae* Endl. Unterfamilie: *Genisteae.* Gattung: *Indigofera* L.

Beschreibung. Die Pflanze ist ein am Grunde holziger Halbstrauch von 1 m Höhe, selten höher; der Stengel ist grün, kantig, dicht mit Blättern besetzt, oberseits mit weit ausgebreiteten Ästen. — Die Blätter sind wechselständig und unpaarig gefiedert. Das ganze zusammengesetzte Blatt ist 10—12 cm lang und 7 cm breit; die einzelnen Blättchen etwa 3 cm lang und 1 cm breit; das Hauptblatt, wie die Teilblättchen sind gestielt; der Stiel des ersteren ist um so kürzer je höher es steht, die Stielchen der Einzelblättchen sind etwa 2—3 mm lang. Die Blättchen stehen drei- bis siebenpaarig an der Hauptspindel, welche in das unpaare Blättchen endigt; die Blättchen sind oval länglich oder oval, ganzrandig, nicht zugespitzt, aber an der Spitze mit kurzem scharfem Stachelspitzchen versehen. Die Oberseite ist lebhaft gelbgrün und kahl, die Unterseite dunkelgraugrün, mit anliegenden, in der Mitte befestigten ┳förmigen warzigen Haaren besetzt. Die Nebenblätter sind sehr klein, pfriemlich, frei, nicht angewachsen. Die Blüten sind in blattachselständige Trauben vereinigt, welche bis zu 5 cm lang, also erheblich kürzer als das Stützblatt werden und dreissig und mehr kleine Blütchen enthalten. Sie entwickeln sich allmählich derart, dass unten schon reife Früchte vorhanden sind, während die obersten Blütchen noch im Knospenzustande sich befinden. Die Blütenstiele sind etwa 2 mm lang, die Blüten selbst etwa 5—6 mm. Der Kelch ist sehr klein, etwa 1—2 mm lang, goldhaarig, fünfzähnig, etwas lippig, da die zwei unteren Kelchblätter spitzer und länger, die oberen dagegen mehr breit eiförmig und kürzer sind. Die schmetterlingsartige Blumenkrone hat eine erst dachig gefaltete, später ausgebreitete aufgerichtete Fahne, deren Aussenseite ebenfalls weiss- und goldhaarig, und deren Innenseite hellmoosgrün ist; Flügel und Schiffchen sind so lang als die Fahne; erstere haben einen sehr zarten Nagel, sind länglich, an der Spitze abgerundet, an der nach oben gelegenen Seite des Grundes mit einem Öhrchen versehen. An der Spitze sind sie schön rosenrot, nach dem Nagel zu blasser. Das Schiffchen endlich besteht aus den zwei untersten, an der Spitze verwachsenen weissen, und von der Spitze her goldhaarigen Blättchen, welche ebenfalls vorn einen stumpfen Kiel bilden und am oberen Rande, etwa ein Drittel ihrer Länge über dem Grunde einen hohlen rückwärts gebogenen Sporn tragen. — Neun Staubblätter sind in eine lange etwas schief abgeschnittene Röhre verwachsen; das der Fahne gegenüber stehende dagegen frei. Der freie Teil der Staubfäden ist ziemlich kurz, bei den unteren länger als bei den oberen; die Staubbeutel sind weiss, herzförmig, mit breitem Bindeglied versehen, nach innen sich öffnend. Der Fruchtknoten ist ganz von der Staubfadenröhre umschlossen; er ist etwa 2,5 mm lang, stielrund, dicht mit silberweissen und gelblichen ┳Haaren besetzt und läuft in einen kahlen aufwärts gebogenen Griffel aus, welcher mit einer rundlichen, in der Mitte papillösen Narbe versehen ist. Der Fruchtknoten trägt an der (oberen) Bauchseite eine Placenta mit sieben bis zehn anatropen Samenknospen. Die Frucht ist eine fast stielrunde, etwas zusammengedrückte, sichelförmige, oben bespitzte, nicht wulstige Hülse von etwa 12 mm Länge und 2 mm Dicke, unreif gelbgrün und haarig, reif grünlich braun und kahl oder nur an den schwielig vorstehenden Nähten behaart, netznervig und bogig herabgeschlagen. Die Samen, vier bis sieben in jeder Hülse, sind etwa 2 mm lang und ebenso breit oder etwas schmaler, zylindrisch, grünlich dunkelgrau, mit seitlichem Nabel. In der Hülse sind sie von falschen häutigen Scheidewänden getrennt. Sie enthalten kein Nährgewebe; der Keimling hat ein kurzes keuliges Würzelchen.

Formen. De Candolle unterscheidet folgende Formen der Pflanze:

α. *oligophylla.* Blätter mit drei bis vier Blattpaaren; Hülse bogenförmig. So auf St. Domingo und Mauritius. (Sloan. Jam. t. 176 Fig. 3. Lam. Ill. t. 626 Fig. 3);

β. *polyphylla.* Blätter mit fünf bis sieben Fiederpaaren; Hülse bogenförmig; Cayenne, Martinique, St. Domingo, Java, Ostindien;

γ. *orthocarpa.* Blätter mit fünf bis sieben Blattpaaren; Hülse fast gerade, zurückgebogen. Madagascar, Ostindien. (*Rumphius, Herb. amboin.* 5 t. 80).

Vorkommen. Die Pflanze ist in Südamerika einheimisch, wird aber auch dort, wie überhaupt zwischen den Wendekreisen auch auf der westlichen Halbkugel angebaut. Zur Kultur geeignet ist in diesen Breitengraden jedes Land, welches ein heisses und feuchtes Klima besitzt. Man drillt die Samen in Furchen mit 30—50 cm Distanz, und sorgt dafür, dass die Samen in dem gutbeackerten Boden nicht zu tief zu liegen kommen; dann erscheinen die Keimpflanzen schon nach wenigen Tagen über dem Boden. Nachdem man die überschüssigen Pflänzchen entfernt hat, bedarf die Pflanze nur noch geringer Pflege und kann schon nach drei Monaten geschnitten werden.

Blütezeit. Zweimal im Jahre, zur Regen- und zur Sommerszeit.

Andere wichtige Indigofera-Arten sind folgende:

2) **Indigofera tinctoria** L. (*I. indica* Lam.) gemeiner Indigo. — Ein bis 2 m hoher Halbstrauch, am Grunde armsdick und holzig; Stengel oberwärts ästig; Äste zahlreich, ausgebreitet, weisslich. Die wechselständigen Blätter haben nur vier bis fünf Fiederpaare; die Blättchen sind länglich, unterseits kaum behaart, aber bläulich grün, oberseits lebhaft gelbgrün. Die Blütentrauben sind kürzer als das Stützblatt; die Blüte in Farbe und Gestalt der vorigen ähnlich, namentlich des Abends stark duftend. Hülse stielrund, gebogen, hökerig, abwärts gerichtet, vielsamig. Samen den vorigen ähnlich.

Formen. De Candolle unterscheidet folgende Varietäten:

α. *macrocarpa:* Hülsen verlängert, acht- bis zehnsamig. Heimat wahrscheinlich Ostindien. (Sloan. jamaic. 2 t. 179. Rheede, hort. malab. 1. t. 54 Rumph. herb. amboin. 5. t. 80. — *I. Sumatrana* Gaertn. Fruot 2, 317 t. 148. — Lam., Ill. t. 626.

β. *brachycarpa:* Hülsen kurz und dick, drei- bis viersamig. (*I. Guatimala* Lun.) Südamerika.

Vorkommen. Die Pflanze ist in Ostindien heimisch, wird aber in allen tropischen Ländern jetzt zum Zwecke der Indigogewinnung kultiviert.

Blütezeit. Die Pflanze blüht, wie die vorige, zweimal im Jahre, zur Regen- und zur Sommerszeit.

3) **Indigofera argentea** L. Ägyptischer Indigo. Ein 1—2 m hoher Halbstrauch. Blätter mit ein bis zwei Fiederpaaren; Blättchen verkehrt eiförmig, stumpf, beiderseits seidenhaarig; Trauben kürzer als das Stützblatt. Hülsen weisshaarig, etwas zusammengedrückt, hökerig, hängend, zwei- bis viersamig. Ägypten, Barbarei und Tunis, Ostindien kultiviert. (Syn. *I. articulata* Gouan., *I. tinctoria* Forsk, *I. glauca* Lam.) De Candolle, Prodr. II. 224 n. 31.

4) **Indigofera disperma** L. Ein Halbstrauch mit stielrunden Zweigen, vier- bis sechspaarigen Blättern mit elliptisch-länglichen kahlen Blättchen. Die Trauben sind schlank, länger als das Stützblatt; die Hülsen stielrund, etwas höckerig, zugespitzt, zweisamig, rauhhaarig (oder kahl?). Ostindien. Trew. Ehret. t. 55. De Candolle, Prodrom. II. 228 n. 61.

5. **Indigofera galegoides** DC. s. Nachtrag.

Pharmazeutisch wichtig ist Indigo, der durch Gährung des Saftes der sub 1—4 genannten Pflanzen erhaltene Farbstoff. — Derselbe wird in den Kulturorten der Indigostaude in besonderen Faktoreien gewonnen. Hier werden die zermalmten Pflanzen in gemauerte

Papilionaceae
(Galegeae)

Indigofera Anil L.

sog. Gährungskufen fest eingestampft und mit Wasser übergossen. Die Masse geht in Gährung über, welche nach neun bis vierzehn Tagen beendet ist. Darauf wird die Flüssigkeit von dem Kraute gesondert und in die Schlagkufen gebracht, wo sie durch kreisende Schaufeln in stete Bewegung versetzt und mit Luft in Berührung gebracht wird. — Allmählich scheidet sich dann der Indigo in tiefblauen Flocken ab. Man lässt letztere absetzen, hebt die überstehende Flüssigkeit ab und kocht den Brei mit reinem Wasser aus. Nach abermaligem Absetzenlassen und Abhebern der Flüssigkeit sammelt man den Brei auf Baumwollenzeug und presst und trocknet ihn bei Lichtabschluss. — Der so gewonnene Indigo bildet ursprünglich Würfel oder flache Tafeln, welche meist durch einen Stempel ihre Abkunft erkennen lassen. Durch Verpackung sind die Stücke nicht selten mehr oder weniger zerbrochen. Sie sind tief violettblau gefärbt und besitzen einen erdigen Bruch, werden aber durch Reiben oder Schaben mehr oder weniger kupferrot oder goldig glänzend (*cuivré*). Jemehr sie diese Eigenschaft besitzen und je leichter die Stücke sind, um so besser ist die Handelswaare. Unter dieser unterscheidet man ostindische und westindische Sorten: **Ostindischer** Indigo im weitesten Sinne umfasst 1. Bengalischen Indigo, teuerste Handelssorte, in Würfeln, 2. Javanischer Indigo, dem vorigen im Werte gleich; leichteste Handelssorte, 3. geringere Sorten als Kurpah-, Madras-, Bimlipatam-, Benares-, Tirhoot-, Oude-Indigo u. a. Bengalischer Indigo kommt in Kisten von 100—150 kg über London, Javanischer auch in kleineren Verpackungen über Amsterdam und Rotterdam in den Handel. **Westindischer** Indigo kommt von San Salvador über Guatemala als beste Sorte (in 3 Formen: I. Floras, II. Sobras, III. Cortes) und als geringere von Caracas und Manila, welche häufig durch Sand und Steine verfälscht sind. Der Guatemala-Indigo ist dem Bengalischen an Wert gleich und kommt in Serronen aus Büffelleder, mit 75 kg Inhalt, über Hamburg und Bremen in den Handel. **Ägyptischer Indigo** ist für den Grosshandel ohne Bedeutung, soll aber zu den besseren Handelssorten gehören.

Geschichte des Indigos. Der Indigofarbstoff ist schon sehr lange bekannt. Man schätzt die Dauer seiner Anwendung auf mehr als zweitausend Jahre. Er kam in jenen entfernten Zeiten aus Indien und war schon dem Dioscorides (als ἰνδικὸν βαφικὸν), sowie dem Plinius bekannt, wenngleich über die Herkunft nur Wenige Auskunft zu geben vermochten. Im dreizehnten Jahrhundert brachte Marco Paolo die ersten genaueren Nachrichten über die Gewinnung des Indigo nach Europa, und trotzdem, — und obgleich Garcias ab Horto im sechzehnten Jahrhundert die *Indigofera tinctoria* beschrieben hatte — hielt man den Indigo bis zu Anfang des achtzehnten Jahrhunderts für ein Mineral. In der Mitte des siebzehnten Jahrhunderts führten die Holländer den Indigo aus Ostindien in Europa ein; bald gelangte er auch nach Deutschland, fand aber hier in den Schutzmassregeln für die heimische Kultur der Färberwaids, *Isatis tinctoria* L., (*Cruciferae*) ein grosses Hindernis seiner Verbreitung, welches ihm indessen auf die Dauer nicht widerstehen konnte, sodass heute, trotz anderer Rivalen auf dem Gebiete der Farbstoffe, er nicht nur die Waidkultur so gut wie vernichtet hat, sondern auch dass er selbst durch die besten Erzeugnisse der Theerfarbenindustrie nicht verdrängt werden kann; — im Gegenteil der Anbau in Ost- und Westindien ist in stetem Wachsen begriffen; in Bengalen waren im Jahre 1895 eine Million Acres mit Indigopflanzen besetzt; die Erträge wurden von 2760 grossen und 6030 kleinen Fabriken und Faktoreien verarbeitet. Der Export an Indigo aus Ostindien betrug 1891/92 125327 cwt (à45,36 kg) im Werte von 32140746 Rup.; dagegen 1893/94 131399 cwt im Werte von 41821281 Rup. Davon gelangten nach Deutschland 12572 cwt für 4752049 Rup. (1 Rup. = ungef. 1 M). Dem Indigo verwandte Farbstoffe gewinnt man ausserdem auch noch aus *Isatis tinctoria* L. (*Cruciferae*) in Deutschland, *Baptisia tinctoria* R. Br. (*Papilionaceae*) in Nordamerika, *Polygonum tinctorium* Lour. (*Polygonaceae*) in China und von *Wrightia tinctoria* R. Br. (*Apocynaceae*) in Ostindien, *Eupatorium tinctorium* Puhl, (*Compositae*) in Paragnay; die Mengen erzeugten Farbstoffs aber sind verschwindend gegenüber denen aus Indigofera-Arten.

Entstehung und Bestandteile. In dem fast farblosen Safte der Indigopflanzen befindet sich das Indican $C^{26} H^{31} NO^{17}$, ein Glycosid, welches demselben durch Behandeln mit Alkohol entzogen und als brauner bitterer Sirup erhalten werden kann. Das Indican zerfällt durch Gährung oder durch Säuren in einen zuckerähnlichen Stoff, Indigglucin $C^6 H^{10} O^6$ und in Indigweiss $C^{16} H^{12} N^2 O^2$, welches durch Einwirkung von Sauerstoff Wasser und Indigblau oder Indigosin $C^{16} H^{10} N^2 O^2$ bildet. — Die Gährung wird, wie Alvarez 1887 gezeigt hat, durch einen Bazillus hervorgerufen, welcher dem *Bacillus pneumoniae* und *Bac. rhinoscleromatis* sehr ähnlich ist. Derselbe hat äusserst heftige pathogene Eigenschaften und tötet kleine Tiere, welche damit geimpft werden, wie auch die genannten Bazillen im stande sind, das Indican unter Indigobildung zu zerlegen. — Der aus dem Indican erzeugte Indigo ist kein einheitlicher Körper; er besteht der Hauptsache nach aus Indigotin oder Indigblau, enthält aber ausserdem die Stoffe Indigleim, Indigbraun und Indigrot, welche dem Indigo durch successive Behandlung mit verdünnter Schwefelsäure, verdünnter Kalilauge und Alkohol entzogen werden können. — **Indigblau** (Indigotin) $C^{16} H^{10} N^2 O^2$ kann dem von Leim, Braun und Rot befreiten Indigo entweder durch Sublimation oder durch Verwandlung in Indigweiss entzogen werden. Zu letzterem Zwecke kocht man den Indigo mit dem gleichen Gewicht Traubenzuckers, welcher in 45 Gewichtsteilen Weingeist von 75 % gelöst und mit 1,5 Gewichtsteilen sehr starker Natronlauge, lässt stehen und hebt die gelbrote Lösung ab; in offener Schale der Luft ausgesetzt, oxydiert sich das gelöste Indigweiss in Indigblau, welches sich in Flocken absetzt und durch Sublimation gereinigt werden kann. — Es ist bekannt, dass das Indigblau auch synthetisch dargestellt werden kann; von den zahlreichen Methoden, die die Lehrbücher und Fachschriften der Chemie aufführen, seien erwähnt: 1) Zersetzung der Orthonitrophenylpropiolsäure mit Kaliumhydrat und Traubenzucker; 2) Behandlung von Diisatogen mit Schwefelammonim; 3) Reduktion des Isatinchlorids; 4) Oxydation von Indol durch ozonhaltige Luft; 5) Oxydation von Indigweiss, Indoxyl oder Indoxylschwefelsäure mit Luft. Genaueres ergeben die genannten Quellen. Das Indigblau bildet ein dunkelblaues, amorphes, gerieben kupferartig glänzendes Pulver, das erhitzt in kupferroten Krystallen sublimiert. Im luftverdünnten Raume geschieht dies ohne Zersetzung, unter Bildung eines purpurroten Dampfes. — Das Pulver ist unlöslich in Wasser, verdünntem Weingeist und Äther, in verdünnten Ätzlaugen und verdünnten Säuren; mehr oder weniger löslich in Anilin, Nitrobenzol, Phenol, venetianischem Terpentin, Paraffin und fetten Ölen, besonders in der Hitze, in der Kälte dagegen sich meist krystallinisch abscheidend; in kochendem Alkohol und kochendem Chloroform löst es sich bis zur Erzeugung einer blauen Farbe. Reduzierende Substanzen bilden daraus Indigweiss, Zinn- und Salzsäure Indigweiss-Zinnoxydul; verdünnte Salpetersäure verwandelt es in Isatin, konzentrierte in Pikrinsäure, rauchende Schwefelsäure in Indigmonosulfosäure und Indigdisulfosäure. Aus den letzten erzeugt man **Indigcarmin**, *Carminum coeruleum*, indem man die möglichst von Indigleim und Indigbraun befreiten Sulfosäuren aus ihren Lösungen durch Pottasche, Kalium- oder Natriumchlorid als Kalium- oder Natriumsalz fällt und die Niederschläge mit den fällenden Lösungen aussüsst und in Teigform in den Handel bringt. Ungereinigte Sulfosäuren geben minderwertige Farbstoffe.

Anwendung. In ihrer Heimat gelten die Indigofera-Arten auch als Heilmittel. Das gepulverte Kraut von *Indigofera Anil* L. dient als Heilmittel verschiedener Leberkrankheiten, ferner als stärkendes Mittel bei Dyspepsie und Dysenterie, allgemeiner Erschlaffung, sowie als Fiebermittel bei chronischen Krankheiten; die Blätter werden als Reiz- und Abführmittel, ja sogar als Brechmittel gebraucht. — Mit der Wurzel von *Indigofera tinctoria* L. behandelt man Steinbeschwerden und Syphilis, die frischen Blätter benutzt man zu Umschlägen bei Kontusionen und entzündlichen Hautkrankheiten. — Die umfassendste Verwendung findet der Indigo als Farbstoff. Indem man ihn durch Kochen mit Kalk und einem Reduktionsmittel (früher Eisenvitriol, neuerdings Traubenzucker oder Stärkesirup) in Indigweiss überführt, die vereinigten Zeuge in diese Indigküpe hineinbringt und sie dann der Einwirkung der Luft aussetzt, erhält man eine so innige Vereinigung des Indigblaues mit der Faser, dass dieselbe durchaus echt gefärbt erscheint. Zudem ist die Einwirkung des Lichtes auf diesen Farbstoff eine so ungemein langsame, dass durch diese Eigenschaften der Indigo alle ähnlichen Farbstoffe übertrifft. — In pharmazeutischem Gebrauch befindet sich Indigo-Lösung oder Indigkarminlösung in verschiedener Stärke, teils als Färbemittel, teils als Reagens auf freie Salpetersäure, freies Chlor und unterchlorige Säure, teils zur Erkennung von Kalium in der gelben Natriumflamme, an Stelle des sonst üblichen Kobaltglases (Pharm. Hung.). Die Indigolösung erhält man durch Behandeln von Indigopulver oder käuflichem reinem Indigotin mit rauchender Schwefelsäure und Verdünnen des Produktes mit Wasser. In diesem löst sich die Indigdisulfosäure, während die Indigmonosulfosäure als blauer Niederschlag sich absetzt. — In einigen Arzneibüchern findet sich Indigo selbst, wohl aber nur zum Gebrauch als Reagens; seine medizinische Anwendung gegen Epilepsie und innere Krankheiten gehört vergangenen Zeiten an. Die Prüfung des Indigos würde sich auf den Wassergehalt (3—8% bei guten Sorten), den Aschengehalt (7—10%) und den Färbewert zu erstrecken haben. Der letzte kann durch Darstellung des reinen Indigblaus oder durch Zerstörung desselben ermittelt werden, worüber die Lehrbücher der praktischen Chemie Auskunft geben.

Nachtrag. Die Anzahl der Indigo liefernden Indigofera-Arten ist ziemlich beschränkt; die meisten Arten liefern keinen Indigo; manche werden ihrer zwar kleinen, aber schöngefärbten Blüten wegen gebaut. Bei einigen hat man ätherisches Öl gefunden, so in der Wurzel von *Indigofera aspolathroides* und in den Blättern *I. galegoides* DC. Das letztere wird neuerdings in den Javanischen Kulturstationen bei Buitenzorg kultiviert, woselbst man auch das ätherische Öl der Pflanze erhalten und studiert hat.

5) **Indigofera galegoides** DC. Ein ästiger Halbstrauch von 1—2 m Höhe mit wechselständigen, unpaarig gefiederten Blättern mit acht bis neun Fiederpaaren. — Die Fiederblättchen sind elliptisch, mit einem Stachelspitzchen besetzt und beiderseits fein flaumig behaart, oberseits lebhaft grün, unterseits graugrün. Die Blütentrauben stehen in den Blattachseln und sind nur halb so lang als die 10—15 cm langen Stützblätter; die Blüten haben die Färbung derer von *I. Anil* und *tinctoria* L., doch ist das Schiffchen erheblich länger als Fahne und Flügel. Die Hülsen sind gestielt 7—10 cm lang, seitlich zusammengedrückt, zugespitzt, an den Nähten wulstig vorspringend, zehn- bis zwölfsamig; die Samen sind bohnenförmig abgerundet, mit seitlichem Nabel, in der Hülse durch breite Querbänder getrennt. — Der Strauch ist in Ceylon einheimisch, in Java angebaut.

Das ätherische Öl dieser Pflanze wurde 1894 von Dr. van Romburgh in einer Menge von 0,2% aus dem frischen Kraut gewonnen. Herr v. Romburgh fand in den frischen Blättern eine Substanz, welche noch nicht krystallisierbar erhalten werden konnte, die aber teils durch eigene Fermentation, teils durch Behandlung mit Emulsin unter Bildung von Benzaldehyd, Blausäure, Äthyl- und Methylalkohol zersetzt wurde. Ob dieselbe Amygdalin, Laurocerasin oder eine ähnliche Substanz ist, konnte noch nicht festgestellt werden. Durch Destillation mit Wasserdämpfen wurde das ätherische Öl aus dem Reaktionsgemisch abgesondert. Wurden die Blätter vor der Destillation 24 Stunden in Wasser maceriert, war das Öl an Äthylalkohol reicher. Letzterer wurde durch die Jodoformreaktion, Methylalkohol durch die Bildung von Jodmethyl und Methyloxalat, sowie durch die Reaktion mit Nitrotrimethylmetaphenylendiamin (Schimmel & Co., Berichte, April 1896 S. 75) erkannt. Das Öl ist hellgelb, riecht nach bitteren Mandeln mit krautartigem Nebengeruch. Sein spezifisches Gewicht ist 1,046. — Auch in den Blättern des Guatemala-Indigos (*I. tinctoria* L., *var. β brachycarpa* DC. = *I. Guatimala* Lun.) finden sich neben etwas ätherischem Öl Spuren von Methylalkohol (Schimmel & Co. l. c.).

Litteratur. Beschreibung und Abbildung. *Indigofera* L. L. Gen. n. 889. — Jussieu, Gen. 359. — Endlicher, Gen. n. 6530. — Bentham & Hooker, Gen. I. 499. n. 91. — Baillon, Hist. d. Pl. II. 277. — Gärtner, Fruct. II. 317 t. 148. — Lamarck, Dict. III. 244. Suppl. III. 145. Ill. t. 626. — *Indigofera Anil* L. Syst. veget. ed. XIV. 889. n. 20. Mantiss. 272. — Rumph., Herb. amboinens. V. t. 80. — Sloane, Voy. 2. t. 176. fig. 3. — Lamarck, Ill. t. 626. fig. 2. — Descourtilz 1. t. 17. — De Candolle, Prodr. II. 225. — Baillon, Hist. II. 379. 381. — Engler & Prantl., Pfl. fam. III. 3. 259. 260. — Kosteletzki, Med. pharm. Flora IV. 1265. — Henkel, Bot. 65. — Berg, Bot. 376. — Luerssen, Med. Pharm. Bot.

II. 870. — Karsten, Flora von Deutschland II. 248. — V. Schiffner, Trop. Nutz- und Heilpfl. Exsicc. No. 11. — Geisler & Möller, Realencycl. d. Pharm. IV. 425. 426. *Indigofera tinctoria* L. Spec. 1061. Syst. veget. l. c. n. 20. — Lamarck, Dict. 3. p. 245. — Rumph, herb. amb. v. t. 80. — Trew, pl. select t. 53. 54. — De Candolle, Prodrom. II. 224. — Kosteletzki l. c. — Henkel l. c. 64. — Berg, Bot. 376. — Charakt. d. Pf. Gen. t. 67 fig. 509. — Luerssen l. c. II. 870 u. 857 fig. 182. — Baillon, Hist. II. 210 fig. 160. 381. — Karsten l. c. — K. Schumann, syst. Bot. 386. — Realencycl. d. Pharm. V. 419. 426. — Schiffner, trop. Kultur- und Heilpfl. Exsicc. No. 60. *Indigofera argentea* L. Mantiss. 27. Syst. veg. l. c. n. 23. — L'Heritier, stirp. nov. t. 79. — Sloane, Voy. Jam. t. 176 fig. 3. — Descourtilz 8 t. 548. — Kosteletzki l. c. 1266. — Karsten l. c. — Berg l. c. — Henkel l. c. 65. — De Candolle, Prodr. II. 224. — Realencycl. IV. 426. — *Indigofera disperma* L. Syst. nat. 3. p. 232. — Trew., Ehret. t. 55. — De Candolle, Prodr. II. 228. — Kosteletzki l. c. 1266. — Berg l. c. — *Indigofera galegoides.* De Candolle, Prodr. II. 225. — Schiffner, Trop. Nutz- und Heilpflanzen Exsicc. No. 29.

Drogen. *Indigo.* Hager, Praxis II. 193. — Henkel, Pharm. 579. — Wiegand, Pharm. 19 u. 379. — Berg, Bot. 236. 621. — Flückiger, Grundr. 116. — Wiesner, Rohstoffe 661. — Dorvault, l'Officine ed. XII. 583. — Rosenthal, pl. diaphoric. 995. — Guibourt, Drogues simpl. ed. 6. III. 480. — Erdmann-Koenig (Hanausek), Waarenkunde 509. — Realencycl. IV. 419. — Apoth.-Ztg. 1894. 545. — Pharm. Ztg. 1894. 45. — Arch. Pharm. (1887) Bd. 225. 1070. — Roxburgh, Coromandel Pl. — Miquel, Nederl. Indie; ders. Sumatra. — Pharm. Dan. (1893) 192. — Brit. (1885) 476. — Suec. VII. 109. 156.

Präparate. *Sol. Indici.* Dieterich, Man. ed. 6. 488. — Hager, Praxis II. 195. — Pharm. Austr. VII. 210. 227. — Helvet. III. 317. Hung. II. Reag. No. 65. p. 671. — Nederl. Tab. II. S. 4. — Suec. 264. — U. St. Ph. 474. — *Carminum coeruleum.* Erdmann-Koenig l. c. 510. — Hager l. c. III. 572. — *Indigblau.* Hager l. c. III. 571. — Flückiger, Grundriss 116. Realencyclop. IV. 417. — *Ungt. aromatic.* Pharm. Dan. 378.

Tafelbeschreibung:

A Blütenzweig. B Traube mit reifen Hülsen. 1 Blüte; 2 Fahne vom Rücken aus gesehen; 3 Flügel; 4 Kiel; 5 Kelch und Geschlechtsorgane; 6 Pollen; 7 Fruchtknoten; 8 reife Samen; 9 derselbe vergrössert. A, B, 8 in natürlicher Grösse, 1—7 und 9 vergrössert. Nach einem Exemplar aus Professor V. Schiffners Trop. Kultur- und Heilpflanzen Exsicc. No. 11 aus Buitenzorg (Herbar. Vogtherr).

Ipomoea Purga Hayne.

Syn. *Ipomoea Schiedeana* Schlecht. *Convolvulus Purga* Wender. *Exogonium Purga* Benth.

Jalape, Jalapenrinde. — Jalap tubéreux ou officinal. — Jalap.

Familie: *Convolvulaceae.* (Unterfamilie: *Convolvuleae*). Gattung: *Convolvulus* L.

Beschreibung: Ausdauernde Pflanze mit einer fleischigen, stark milchenden, innen weissen, aussen rauhen und dunkelbraunen, bis 15 Ctm. langen, bis 10 Ctm. dicken, kugeligen, rübenartigen Hauptwurzel, die am Grunde plötzlich in eine lange, schwanzartige, hin- und hergebogene, gewöhnlich nur in der unteren Hälfte verzweigte Wurzel ausläuft, neben welcher sich manchmal noch eine zweite ähnliche bildet. Da den Knollen keinerlei Blattorgane entspringen, so werden sie als Wurzelanschwellungen und ihrem Inhalte nach als Reservestoffbehälter angesehen. Stengel zu mehreren aus dem Scheitel der Knolle entspringend, bis 3 Meter hoch, links windend, krautartig, stielrund, gestreift, kahl, verästelt, meist röthlich angelaufen. Aus dem unterirdischen Theile der Stengel, theils auch aus dem Knollenscheitel entspringen horizontal und unterirdisch oft weitkriechende Ausläufer, die sich stellenweise spindelig verdicken und möhren- bis birnenförmige, auch kugelige Nebenwurzeln oder Nebenknollen entwickeln, aus denen neue oberirdische Stengel hervorgehen. Blätter auf langen gebogenen Blattstielen, bis 9 Ctm. lang, bis 5 Ctm. breit, herzförmig, stachelspitzig, ganzrandig, kahl, netzaderig, unterseits oft purpurn angelaufen, am Grunde mit abgerundeten oder abgestutzten oder auch zugespitzten Lappen. Blüthen achselständig, gross, zwitterig, auf kahlen, bis 6 Ctm. langen, runden Stielen, die in ihrer Mitte, also entfernt von der Blüthe, 2 kleine, eiförmige, zugespitzte Vorblätter (Brakteen) entwickeln, aus deren Winkeln wiederum 2 seitliche Blüthen entspringen. Die mittlere Blüthe fehlte sehr oft. Kelch unterständig, bleibend, 5blätterig; Kelchblätter eiförmig-länglich, stumpf, zusammengeneigt, purpurroth punktirt, ungleich, die beiden äusseren kürzer. Blumenkrone purpurroth, präsentirtellerförmig, abfallend, mit 5 Ctm. langer, den Kelch weit überragender, cylindrischer, nach oben wenig bauchig erweiterter Röhre; Saum bis 7 Ctm. breit, mit 5 kurzen, breiten, stumpfen, an der Spitze meist ausgerandeten Lappen. Staubgefässe zu 5, dem Grunde der Blumenröhre aufgewachsen, aus dem Schlunde der Röhre hervorragend, etwas ungleich, die geraden, fadenförmigen Staubfäden am Grunde etwas verbreitert; Staubbeutel länglich, 2fächerig, an der Basis angeheftet und ausgerandet. Pollen kugelig, stachelig. Stempel oberständig, kahl, von der Länge des kurzen Staubgefässes, an seinem Grunde von einer fleischigen, ringförmigen, ganzrandigen Scheibe (Diskus) umgeben. Fruchtknoten ei-kegelförmig, 2fächerig, jedes Fach mit 2 Samenknospen; Eichen gegenläufig, dem Grunde der Mittelsäule angewachsen. Griffel fadenförmig, mit 2köpfiger, warziger Narbe. Die noch wenig bekannte Frucht besteht aus einer wandspaltig sich öffnenden Kapsel.

Anatomisches. Der Querschnitt der rundlichen oder stumpf 4kantigen Wurzel zeigt eine dünne Rinde, welche durch einen dunklen Harzring von dem aus zahlreichen, concentrischen dunkelbraunen Zonen zusammengesetzten Holze getrennt ist. Die Aussenrinde besteht aus mehreren Reihen zusammengefallener tangential gestreckter, brauner Korkzellen; die Mittelrinde aus einem tangential gestreckten Parenchym, welches nach aussen hin fast stärkefrei ist, nach innen zu farblose, von einem bräunlichen Stoffe umgebene Stärkekörner enthält. Zwischen dem Parenchym befinden sich oft reihenweise neben einander zahlreiche kleine Zellen mit je einer morgensternförmigen Krystalldruse von Calciumoxalat und durch die ganze Schicht zerstreut grosse Harzzellen, die, in einer trüben Zellflüssigkeit eingeschlossene Harzklumpen enthalten. Die Innenrinde besteht aus einem stärkereichen, namentlich gegen das Holz hin im Querschnitte rundlich-polyëdrischen Parenchym, in welchem grosse, runde Harzzellen und zwar viel reichlicher als in der Mittelrinde, in radialer Reihe auftreten. Das nun folgende Cambium ist aus einer dünnen Schicht zusammengefallener, stärkefreier, mit bräunlichem Inhalte erfüllter Zellen gebildet. Das Holz zeigt ein bräunlich gefärbtes, stärkereiches Parenchym, in welchem je nach Alter der Knolle mehr oder weniger zahlreiche, concentrische, breite, ringförmig geschlossene, bogenförmig geschweifte und schmälere ungeschlossene Zonen auftreten, die aus dunkelbraunen Harzzellen bestehen. Nach dem Einweichen lassen sich die concentrischen Harzringe leicht von einander trennen. Die Harzschläuche durchziehen in langen, gewöhnlich senkrechten, jedoch auch krummläufigen Zügen die Schichten. Das Stärkemehl, welches sowohl in der Rinde als im Innern sehr reich auftritt, besteht aus geschichteten, vorherrschend kugeligen Körnern, die sehr oft zu 2 bis 5 vereinigt sind. Durch das Trocknen sind die Stärkekörner der äussern Schicht gewöhnlich verkleistert. Ueber die innere Beschaffenheit der Wurzel sagt Flückiger: „Die besondere Entwickelung der Wurzel beruht darauf, dass die Umgebung der Tracheen (Gefässgruppen) des Holzes, in cambialer Thätigkeit begriffen, sich in Streifen ausbreitet und jene concentrischen Kreise hervorruft, welche den Querschnitt der Jalape bezeichnen und in ihrem Basttheile jeweilen die Harzschläuche enthalten."

Vorkommen. In den feuchten, regenreichen Waldregionen der östlichen Abhänge der mexikanischen Anden, vom Coffre de Perote bis zum Pik von Orizaba, in Meereshöhen von 1200 bis 2400 Meter, mit einer mittleren Temperatur von 15°. An Bäumen hoch emporklimmend, auch kultivirt, kommt die Winde nach Flückiger hauptsächlich bei Huachinango, Cordoba, Huatusco, jedoch kaum mehr bei Jalapa (Xalapa) vor. Nach Thomas sammeln die Indianer des Städtchens Songolica bei

Orizaba viel Jalape in der Sierra de Songolica und in den Bergen zwischen dem Pik von Orizaba und dem Tlal Chichilco. Die Gegenden von Cordoba und von Tehuacan in Puebla liefern Jalape. Jalape wird jetzt auch in Jamaica und in den Nilagiribergen Vorderindiens kultivirt.

Name und Geschichtiches. *Jalape,* nach der Bezugsquelle der Droge, dem mexikanischen Orte Jalapa (Xalapa) so benannt. *Ipomoea* von ἴψ (ἰπὸς), Name eines Wurmes, und ὅμοιος, ähnlich, wegen des wurmartig sich windenden Stammes.

Die *Jalape* wurde nach den Angaben von C. Bauhin 1609 unter dem Namen *Bryonia Mechoacanna nigricans* (*Chelapa, Celapa*) angeblich aus Indien (Westindien) nach England eingeführt. Eine andere aus Carolina stammende Wurzel, indischer Rhabarber, Rhabarber von Mechoacan (Valadolid in Mexico), die schon 1530 in Sevilla als Purgans in Gebrauch kam und von Monardes ausführlich beschrieben wurde, soll *Ipomoea Jalapa* Pursh (*Convovulus Jalapa L.*, *Conv. Mechoacan* Vandelli) gewesen sein. Nach Deutschland scheint die Droge um 1634 gekommen zu sein. Um diese Zeit wird das Jalapenharz von der leipziger medizinischen Fakultät als neues Heilmittel empfohlen. Coxe in Philadelphia war der erste, der die Pflanze feststellte und Abbildung und Beschreibung lieferte.

Offizinell ist die Wurzel: *Tuber Jalapae* (*Radix Jalapae),* welche in rundlicher oder ellipsoidischer, oder in gestreckter Form in den Handel gebracht wird. Die letztere Form ist die weniger harzreiche.

Die Jalape wird nach ihrer Gewinnung an der Sonne, dann in heisser Asche oder am Feuer getrocknet, nachdem man die grösseren Knollen vorher mit mehr oder weniger tiefen Einschnitten versehen hat. Die Knollen kommen entweder ganz oder zerschnitten in den Handel. Im ersten Falle sind sie zum Zwecke des leichteren Austrocknens der Länge nach eingeschnitten und besitzen dann eine rundliche, birnförmige Gestalt; im anderen Falle sind sie in 2 bis 4 Theile oder in Scheiben getheilt und erscheinen dann in nuss- oder faustgrossen Stücken. Die äussere Fläche ist warzig-runzelig, dunkelbraun oder dunkelgraubraun. Die kleineren, eingeschnittenen Knollen zeigen breite, kurze, verästelte Längsleisten, die durch tiefe, schmale Längsfurchen getrennt werden; die grösseren Knollen besitzen sehr unregelmässige, fast netzartige Furchen und Leisten, sind mit reichlichem Korke bedeckt, welcher in den Furchen durch das ausgetretene Harz dunkelbraune, auf den Längsleisten graugelbliche, matte Färbung zeigt. Kleine Knollen besitzen eine mehr glänzende, schwärzlich-braune Farbe. Die Droge ist schwer, fest, hart, etwas zähe, in ganz trockenem Zustande spröde, von glänzend-harzigem, ebenem, bei harzreichen Stücken fast muscheligem Bruche, nicht holzig oder faserig. Die Schnittfläche ist heller als die Aussenfläche, ziemlich gleichförmig graulich bis bräunlich und zeigt concentrische Lagen, welche gegen das Centrum, wegen des geringeren Harzgehaltes, weniger deutlich hervortreten. Der Geruch ist schwach, aber widerlich, rauchartig; der Geschmack erst süsslich-fade, dann kratzend.

Die Einsammlung wird gewöhnlich nach der Regenzeit, im Monat Mai vorgenommen; die Ausfuhr erfolgt über Vera Cruz; die mexikanische Sorte ist die harzreichste, daher vorzüglichste. Flückiger giebt für 1870 die Einfuhr in England auf 77 000 Klgr. an; Frankreich erhielt 1867 ca. 25 000 Klgr.

Verwechselungen und Fälschungen kommen häufig vor; letztere werden theils im Vaterlande, theils erst am Orte der Bestimmung vorgenommen. Hierzu verwendet man:

1. Die Wurzel der unten behandelten spindelförmigen Jalape, die Orizabawurzel.
2. Die Wurzel der zur Familie der Nyctagineen gehörigen, in Mexiko einheimischen *Mirabilis Jalapa* L. Diese Wurzel ist cylindrisch, $2^1/_2$ bis 5 Ctm. dick, bis 15 Ctm. lang, aussen dunkelbraun, innen hell, mit zahlreichen, concentrischen Ringen. Sie ist hart, fest, schwer, riecht schwach und widerlich, schmeckt süsslich, dann herbe.
3. Die in Scheiben geschnittene Wurzel der Zaunrübe (*Bryonia alba*). Dieselbe ist weiss, später grau, leicht, locker und schwammig, leicht zerbrechlich, nicht harzig, geruchlos und sehr bitter.
4. Den knolligen Wurzelstock einer unbekannten Pflanze (vielleicht einer *Smilax*) mit graubrauner bis schwärzlicher, tief gerunzelter Aussenfläche. Im Innern ist die Wurzel concentrisch gestreift und strahlig, hat eine röthliche Farbe, ist etwas schwammig and geschmacklos und enthält kein Stärkemehl.
5. Die echte Wurzel, welcher das Harz bereits entzogen ist. Das Harz in den Runzeln fehlt, wohingegen die ganze Knolle mit einer dünnen, glänzenden Harzschicht bedeckt ist.
6. Paranüsse, getrocknete Kartoffeln, gedörrte Birnen, Knochen etc.

Im Anschluss hieran sollen noch einige andere Jalapaarten Erwähnung finden, welche von verwandten Convolvulaceen herrühren und an Stelle der echten Jalape Verwendung finden. Es sind dies:

1. Die bereits oben unter den Fälschungen aufgeführte Orizabawurzel, *Radix Orizabae* (*Rad. Jalapae fibrosae s. levis s. fusiformis, s. stipites Jalapae*), von *Ipomoea Orizabensis* Ledanois abstammend. Diese weichhaarige, botanisch wenig bekannte, ebenfalls in den ostmexikanischen Gebirgen vorkommende Winde besitzt eine 0.6 Meter lange, spindelförmige, nicht knollige, mehr holzige und faserige, weniger saftige Wurzel, welche seit 1833 als *Jalap leger* nach Frankreich und bald darauf unter der Bezeichnung Jalapenstengel nach Deutschland kam. Im Handel erscheint sie in 5 bis 7 Ctm. breiten Scheiben, in 5 bis 15 Ctm. langen, 3 bis 5 Ctm. dicken, braunen, runzeligen, cylindrischen Stücken von faseriger Struktur, auch in

ästigen Stücken einer wahrscheinlich sehr grossen, der Länge nach gespaltenen Wurzel, jedoch nicht in kugeligen Knollen. Sie besitzt eine hellere Farbe als die echte Jalape, tiefere Längsrunzeln, ist leichter, besitzt jedoch ebenfalls ein dichtes, hornartiges Gefüge, kleine Stücke zeigen einen strahligen Querschnitt; auf dem Bruche erscheinen faserig hervorragende Stränge. Geruch und Geschmack ist ähnlich wie bei der echten Jalape, doch schwächer. Das von Mayer 1854 entdeckte, mit *Jalapin* (*Orizabin*) bezeichnete Harz äussert eine ähnliche Wirkung wie das Convolvulin der echten Jalape. Flückiger erhielt 11.8 % bei 100° getrocknetes Harz.

2. Die Tampicowurzel (*Purga de Sierra Gorda*), nach dem mexikanischen Hafen Tampico, von dem sie ausgeführt wird, so benannt. Sie stammt nach Hanbury von der in den mexikanischen Staaten Guanajuato (Sierra Gorda) und Oajaca vorkommenden *Ipomoea simulans* Hanb., welche sich durch herabhängende, trichterförmige Blüthen von I. Purga unterscheidet. Ihr Rhizom ist selten knollenförmig, mehr verlängert, bis 7 Ctm. lang, besitzt eine runzelige, korkige Oberfläche und einen holzigen Bruch. Das Harz (*Tampicin*), welches Spirgatis für eigenthümlich hält, unterscheidet sich vom Convolvulin dadurch, dass es ganz oder wenigstens grösstentheils in Aether gelöst wird.
3. Die Turpethwurzel (*Radix Turpethi*), von der in Ostindien, im östlichen Australien und in Polynesien einheimischen *Ipomoea Turpethum* R. Br. stammend, besitzt eine tief in die Erde gehende, gerade, innen röthliche, mit gelbem Milchsafte versehene Wurzel von holziger, leichter Beschaffenheit, mit einer graugelblichen, ziemlich glatten, grob- und breitlängsrunzeligen, mit Lenticellen besetzten Oberfläche. Das Harz, welches nach Flückiger in einer Ausbeute von 4 % gewonnen wird, lässt sich nicht leicht reinigen und soll dem Harze der Orizabawurzel ähnlich sein. Diese Wurzel soll schon in früher Zeit von den alten indischen und arabischen Aerzten hoch geschätzt und durch die salernitaner Schule nach Europa verbreitet worden sein; indess in Europa ist sie seit Einführung der Jalape gänzlich verschwunden.
4. Die brasilianische Jalape (*Batata purgante* der Brasilianer), bestehend aus den grossen, stark bewurzelten Knollen der in Brasilien (Minas Geraës, Goyaz, S. Paulo) einheimischen *Ipomoea operculata* Mart. Die Knollen besitzen eine lockere Beschaffenheit, sind aussen hellgrau-bräunlich, innen gelb oder grünlich-gelb gestreift und besitzen ähnlichen Geruch und Geschmack, auch gleiche Wirkung wie die mexikanische Jalape. Das Harz, welches nach Peckolt in einer Ausbeute von 12 % gewonnen wird, ist dem Jalapenharz ähnlich, jedoch in Weingeist, Kali und Aether sehr wenig löslich.
5. Die Scammoniawurzel von der im östlichen Theile des Mittelmeergebietes (griechische Inseln, Balkanhalbinsel, am Kaukasus, in Mesopotamien, Kleinasien, in der Krim) einheimischen *Convolvulus Scammonia* L. stammend, ist eine einfache, mehrstengelige, bis 1 Meter lange, oben bis 10 Ctm. dicke, mehr walzenförmige, längsfurchige, nicht selten gedrehte, aussen hellbraune, innen hellere, und harzig punktirte Wurzel mit einer geringen Rinde und einem stark entwickelten, sehr faserigen, mit zahlreichen einzelnen Strängen ausgestatteten Holzkörper. Die Rinde enthält zahlreiche, grössere, braungelbe Harzschläuche. Flückiger erhielt 5.5 % Harz, welches nach Spirgatis mit dem Orizabin übereinstimmt. Die Wurzel diente schon zur Zeit des Plinius, Dioskorides, Celsus als drastisches Mittel.

Bestandtheile. Die Wurzel enthält eigenthümliches Harz; nach Guibourt ausserdem 19 % unkrystallisirbaren Zucker, 10 % Gummi, 18 % Stärkemehl, Farbstoff.

Das Jalapenharz, welches 10 bis 17 %, sogar 22 % beträgt, wird der Wurzel durch Weingeist entzogen und aus dieser Lösung durch Wasser gefällt. Es besitzt eine schmutzig braungraue, auf dem Bruche gelbbraune Farbe, ist undurchsichtig, spröde, von nicht genau festgestellten Verunreinigungen schwach eigenartig riechend und von scharfem, bitterem Geschmacke. Es ist sehr leicht löslich in Weingeist (1 Theil Weingeist löst 1 Theil Harz), Essigsäure und Essigäther, weniger leicht in Aether, lenkt, in seinem doppelten Gewichte Weingeist gelöst, die Polarisationsebene nach links. Das reine Harz, welches Mayer mit dem Namen *Convolvulin* bezeichnete und ihm die Formel $C_{31}H_{50}O_{16}$ gab, schmilzt bei 150°, nimmt aber schon, bei Vorhandensein von Wasser, unter 100° flüssige Form an, ist im Gegensatze zu anderen Harzen unlöslich in Nelkenöl, Terpenthinöl, Petroleum, Chloroform, Schwefelkohlenstoff und Aether; löslich in kalter Salpetersäure, Essigsäure, Kali, Natron, Barytwasser. Aether und Chloroform entziehen dem durch Weingeist gewonnenen rohen Harz 5 bis 7 % nicht näher untersuchtes, kratzend schmeckendes, stark sauer reagirendes, in wässerigen Alkalien leicht lösliches Weichharz, welches man mit dem *Jalapin* aus der Orizabawurzel für gleichbedeutend hält.

Das *Convolvulin* ist im Jahre 1844 von Kayser rein dargestellt und als Glykosid erkannt, von Mayer dann näher untersucht und mit dem Namen Convolvulin belegt worden. Nach Husemann bildet es eine farblose, in dünnen Schichten durchsichtige, bei gewöhnlicher Temperatur in Folge von Wassergehalt weiche, bei 100° spröde und zerreibliche, bei 141° erweichende, bei 150° zu einer klaren, gelblichen Flüssigkeit schmelzende Masse, ohne Geruch und Geschmack in weingeistiger Lösung schwach sauer reagirend, wenig lösbar in Wasser, Chloroform, Amylalkohol und Schwefelkohlenstoff, leicht in Essigsäure, sehr leicht in Weinessig, nicht in Aether, Benzol und Petroleumäther. Es verwandelt sich in alkalischer Lösung durch Zusatz von Säuren unter Wasseraufnahme in die im Wasser lösliche amorphe *Convolvulinsäure* ($C_{62}H_{106}O_{35}$). Letztere bildet eine weisse, sehr hygroskopische, bei 100 bis 120° schmelzende, stark sauer reagirende, in Wasser und Weingeist leicht lösliche, in Aether unlösliche Masse, die beim Kochen mit verdünnten Säuren in *Convolvulinolsäure* und

Convolvulaceae.

Ipomoea Purga Hayne.

Zucker zerfällt. Wird in die weingeistige Lösung des Convolvulin Salzsäure geleitet, so erfolgt eine Spaltung in *Convolvulinol* und Zucker. Das Convolvulinol scheidet sich bei diesem Prozesse als Oel ab, welches später erstarrt und aus Weingeist und Aether in weissen, dünnen, biegsamen Nadeln krystallisirt, die bei 39° schmelzen, schwach sauer reagiren, schwer löslich in Wasser sind, leichter in Aether, noch leichter in Weingeist und bei Berührung mit wässerigen Alkalien sich in *Convolvulinolsäure* ($C_{26} H_{24} O_6$) verwandeln.

Starke Salpetersäure oxydirt *Convolvulin* und seine Derivate zu Kohlensäure und Oxalsäure, wobei eine geringe Menge *Sebacinsäure* (früher für die eigenthümliche *Ipomsäure* gehalten) auftritt. *Convolvulin* wird nach Flückiger auch aus den Samen der ostindischen *Ipomoea Nil* Rth. und zwar zu 8% gewonnen.

Jalapin ($C_{34} H_{56} O_{16}$), das Glykosid der Orizabawurzel, ist eine farblose, in dünnen Schichten durchscheinende, bei 100° spröde und zerreibliche, bei 123° erweichende, bei 150° zu einer farblosen Flüssigkeit schmelzende, harzartige, geruch- und geschmacklose, in weingeistiger Lösung kaum sauer reagirende Masse, die sich schwer in Wasser, leicht in Weingeist, Holzgeist, Amylalkohol, heisser Essigsäure, Aether und Chloroform löst, schwierig in Benzol, Terpenthinöl und Schwefelkohlenstoff, gut in wässerigen Alkalien. Beim Erwärmen mit verdünnten Mineralsäuren zerfällt es in *Jalapinol* und Zucker. *Jalapinol* ($C_{32}H_{31}O_7$) bildet weisse, blumenkohlartige, bei 62.5° schmelzende, geruchlose, kratzend schmeckende, schwach sauer reagirende Krystalle, unlöslich in Wasser, leicht in Weingeist und Aether. Ammoniak, Alkalien oder alkalische Erden verwandeln es unter Verlust von 1 Atom Wasser in *Jalapinolsäure* ($C_{32} H_{30} O_6$), die in weissen Nadelbüscheln auftritt und fast ganz mit Jalapinol übereinstimmt. Wird Jalapin in wässerigen Alkalien, alkalischen Erden oder Ammoniak aufgelöst oder mit wässerigen kohlensauren Alkalien gekocht, so entsteht unter Aufnahme von 3 Aequivalenten Wasser die gelbliche, amorphe, geruchlose, kratzend süsslich schmeckende, stark sauer reagirende, leicht in Wasser und Weingeist, schwierig in Aether lösliche *Jalapinsäure* ($C_{68} H_{59} O_{35}$).

Turpethin, aus *Ipomoea Turpethum* R.-Br. stammend, ist ein mit dem Jalapin isomeres Glykosid. (Husemann, Pflanzenstoffe 1138 ff.)

Anwendung. In Form von Pulver, Pillen, Tinktur als Purgans. Der wirksame Bestandtheil ist das Harz. „Die purgirende Wirkung der Jalape (und des Convolvulins) ist als örtliche anzusehen, da sie sich nicht bei subcutaner Applikation von 0.5 g Convolvulin oder bei Einspritzung von 0.1 g in die Venen einstellt. Dieselbe kommt zu Stande, wenn Convolvulin im Darme mit Galle in Berührung kommt, wobei letztere nur lösend, nicht aber verändernd auf das Harz wirkt. Bei erwachsenen Menschen zeigt sich die purgirende Wirkung der Jalape mit Sicherheit nach 1.0 bis 2.0 g der Wurzel und nach der Hälfte des offizinellen Harzes. Jalape ist in der Kinderpraxis als Drasticum beliebt und wird nicht selten auch bei hartnäckiger Hartleibigkeit Erwachsener gebraucht, weil sie keine Tendenz zu Verstopfung macht.“ Obgleich das Mittel direkte anthelminthische Wirkung nicht zu besitzen scheint, so wird es doch oft zur Entfernung von Helminthen nach vorherigem Gebrauch von Santonin bei Kindern verabreicht. „Zu sogen. Derivation auf den Darmkanal (bei Hirnerscheinungen, Entzündungen etc.) dient es in der Praxis häufig.“ (Husemann, Arzneimittell. 629.)

Litteratur. Abbildung und Beschreibung: Nees v. Esenb., Plant. med. suppl. III, Taf. 13; Hayne, Arzneigew. XII, Taf. 33, 34; Berg und Schmidt, Offiz. Gew., Taf. V^ab; Bentley and Trimen, Med. pl. Taf. 187; Luerssen, Handb. der syst. Bot. II, 957; Karsten, Deutsche Flora 971; Wittstein, Pharm. 338.

Drogen und Präparate: *Tuber Jalapae*: **Ph. germ.** 292; Ph. austr. 75; Ph. hung. 237; Ph. ross. 443; Ph. helv. 148; Cod. med. 59; Ph. belg. 47; Ph. Neerl. 138; Brit. ph. 166; Ph. dan. 280; Ph. suec. 242; Ph. U. St. 187. Flückiger, Pharm. 396; Flückiger and Hanb., Pharm. 443; Hist. d. Drog. II, 114; Berg, Waarenk. 116; Berg, Atlas 45, Taf. XXIII

Resina Jalapae: **Ph. germ.** 226; Ph. austr. 109; Ph. hung. 367; Ph. ross. 341; Ph. helv. 110; Cod. med. 535; Ph. belg. 220; Ph. Neerl. 193; Brit. ph. 167; Ph. dan. 198; Ph. suec. 177; Ph. U. St. 281.

Pilulae Jalapae: **Ph. germ.** 210.

Pilulae laxantes: Ph. austr. 104; Ph. hung. 347; Ph. helv. suppl. 89.

Pilulae Catharticae compositae: Ph. U. St. 253.

Tinctura Resinae Jalapae (*T. Jalapae*): Cod. med. 604, 605; Ph. belg. 265, 269; Ph. Neerl. 271; Brit. ph. 334.

Sapo Jalapinus: **Ph. germ.** 233; Ph. ross. 352; Ph. helv. 115; Ph. belg. 222; Ph. Neerl. 204; Ph. dan. 155.

Pulvis Jalapae compositus: Ph. ross. 325; Cod. med. 523; Brit. ph. 264; Ph. dan. 182.

Extractum Jalapae: Brit. ph. 120; Ph. U. St. 5.

Bezügl. der Drogen und Präparate siehe auch Hager, Pharm. Prax. II, 176; III, 568.

Tafelbeschreibung:

A Wurzelknolle natürl. Grösse; B blühendes Stengelstück, desgl.; 1 Blüthenkrone im Längsschnitt, desgl.; 2 Staubgefässe, vergrössert; 3 Pollen, desgl.; 4 Kelch mit Griffel und Narbe, desgl.; 5 Fruchtknoten mit Scheibe, desgl.; 6 derselbe in Längsschnitt, desgl. Nach einer Originalzeichnung des Herrn Professor Schmidt in Berlin.

Iris florentina L.

Iris florentina L.

Veilchenwurz, Florentinische Schwertlilie — Iris de Florence — Iris, White Flag.

Beschreibung. Wurzelstock 4—6jährig, kriechend, einfach oder verzweigt, mehrfach eingeschnürt, in Folge dessen deutlich gegliedert, im Querschnitt elliptisch, geringelt, auf der Unterseite bewurzelt. Stengel bis 60 Ctm. lang, fast walzenrund, mit einem kleinen, stengelumfassenden, schmallanzettlichen Blatte versehen. Grundständige Blätter in unbestimmter Anzahl, fächerförmig-2zeilig, reitend, schwertförmig, spitz, bläulich bereift. Blüthen am Ende des Stengels in der Achsel von laubartigen, blaugrünen, nur am Rande trockenhäutigen Deckblättern, gross, wohlriechend. Perigon weiss, einfach, oberständig, sechstheilig; Röhre dreiseitig, grün, von der Länge des Fruchtknotens; die Abschnitte zart, bläulich-weiss, am Grunde mit braunen Adern, länglich-verkehrt-eiförmig, die 3 äusseren erst aufsteigend, dann zurückgeschlagen, vom Grunde an bis zur Mitte mit einem linienförmigen Bart weisslicher, oben gelber Zottenhaare (Papillen) besetzt, die 3 inneren etwas kleiner und schmäler, aufrecht gegeneinander geneigt, blasser. Staubgefässe 3, mit der Kronenröhre verwachsen, am Schlunde frei, zwischen den äusseren Kronenabschnitten und den Narben stehend. Fäden pfriemlich, etwas platt, blassbläulich; der linienförmige Staubbeutel an der Basis angeheftet, mit pfeilförmigem Grunde, der Länge nach aufspringend. Pollen gelblich-weiss, elliptisch, mit netzartiger Oberfläche, unter Wasser rundlich. Fruchtknoten unterständig, länglich, stumpf-dreikantig, dunkelgrün, dreifächerig; Fächer zweireihig-vieleiig. Eichen der dem Centrum des Fruchtknotens zugekehrten Seite des Faches angeheftet, gegenläufig. Narben 3, blumenblattartig, in der Mitte am breitesten, mit spitzen, vorgestreckten, geraden Lappen der Oberlippe, blassbläulich, nach aussen gebogen, mit sägezähnigen Lappenrändern. Fruchtkapsel schwach dreikantig, dreifurchig, lang geschnäbelt, vielsamig. Der zusammengedrückte Same mit starker, glänzend-brauner Samenschale und hornartigem Eiweiss.

Vorkommen. Auf Hügeln und steinigen Bergen im südlichen Europa, bis Krain und Tirol, namentlich auf der Balkanhalbinsel und den südwestlichen Küsten des Schwarzen Meeres. In Italien ursprünglich nicht einheimisch, aber vielfach angebaut (Florenz und Lucca), jedoch nicht so häufig als die beiden folgenden Arten.

Blüthezeit. Mai, Juni.

Iris pallida Lam. (*Iris odoratissima* Jacq.), der *Iris florentina* L. ähnlich, ist eine 30—60 Ctm. hohe Lilie mit breit-schwertförmigen, spitzen Blättern. Blüthenstengel von der doppelten Länge der Blätter; die Deckblätter schon vor dem Aufblühen gänzlich trocken und braun. Die wohlriechende, bis 12 Ctm. im Durchmesser haltende Blüthe zart blassblau, mit am Grunde braun geaderten Abschnitten. Die 3 äusseren Kronenabschnitte zurückgeschlagen, verkehrt-eiförmig, ganz oder ausgerandet, ganzrandig, mit ebenem oder schwach wellenförmigem Rande. Die 3 inneren Abschnitte aufrecht, elliptisch-verkehrt-eiförmig, plötzlich rinnenförmig in den Nagel zusammengezogen. Staubbeutel kürzer als die Fäden. Narben in der Mitte verbreitert, mit eiförmigen, stumpfen, gerade vorgestreckten Lappen der Oberlippe.

Vorkommen. Orient und Südeuropa. In Italien (Florenz und Lucca) vielfach angebaut und in Olivenhainen daselbst verwildert.

Blüthezeit. Mai, Juni.

Iris germanica L. Eine 30—100 Ctm. hohe Pflanze mit breit schwertförmigen, meist sichelförmig gebogenen, ganzrandigen, spitzen, grünen Blättern und von der Mitte ab trockenhäutigen Deckblättern. Die Blüthenstengel überragen die Blätter um die Hälfte. Blüthen schwach riechend; Röhre dreiseitig, grün, mit 3 breiten, bräunlich-lilarothen Streifen, von der doppelten Länge des Fruchtknotens. Aeussere Kronenabschnitte verkehrt-eiförmig, zurückgeschlagen, ausgerandet, wellenförmig gekerbt, dunkelviolett, am Grunde gelblich-weiss und braun violett geadert, mit dottergelben Zottenhaaren. Innere Abschnitte rundlich-verkehrt-eiförmig, plötzlich rinnenförmig in den Nagel verschmälert, ganz oder ausgerandet, ganzrandig, etwas heller als die äusseren Abschnitte. Staubbeutel so lang als die Fäden. Narben im oberen Theile am breitesten. Lappen der Oberlippe am äusseren Rande sägenartig, von einander abstehend.

Vorkommen. Auf trocknen Standorten durch Mittel- und Südeuropa, namentlich im Mittelmeergebiete einheimisch, auch in Nordindien. In Deutschland zerstreut vorkommend. Durch Cultur über die gemässigten Länder Europas bis nach Südengland verbreitet.

Blüthezeit. Mai; etwas früher als die vorhergehenden.

In Nordamerika tritt an Stelle der eben beschriebenen 3 Irisarten die durch die Vereinigten Staaten Nordamerikas und Canada verbreitete *Iris versicolor* L. (Blue flag). Ihr Rhizom hat Aehnlichkeit von dem der *florentina* sowohl was die Form anbelangt, als auch in Bezug auf Geruch und Geschmack.

Anatomisches. Der horizontal liegende, graubräunliche, am vorderen Ende Stengel, Blätter und Reste abgestorbener Blätter tragende Wurzelstock besteht aus aneinander gereihten, durch Einschnürung gekennzeichneten Jahrestrieben, welche mit ringsum laufenden Blattnarben reichlich besetzt sind. Ein wesentlicher Unterschied der Wurzeln der einzelnen Arten besteht nicht, als dass höchstens der Wurzelstock der *florentina* stärker, mehr gegliedert und weniger geringelt ist.

Hiermit nicht ganz übereinstimmend giebt Berg über die 3 Wurzeln folgende Charakteristik: „Die Wurzelstöcke von I. pallida sind knolliger, länger, stärker und verästelter als die von I. florentina, sie erhalten aber bei uns gezogen, beim Trocknen nicht die feste Consistens der Droge des Handels, sondern werden schwammig, obgleich sie sonst denselben starken Veilchengeruch annehmen. Die Wurzelstöcke der I. germanica L. sind glatt-cylindrisch, fein geringelt und weniger knollig.“

Der elliptische Querschnitt des Wurzelstockes zeigt eine aus ziemlich dickem Korke bestehende Aussenrinde mit in der Aussenschicht braun gefärbten Zellen und eine aus farblosem, getüpfeltem Parenchym zusammengesetzte Mittelrinde, deren Zellen im Querschnitte etwas gedrückt, im Längsschnitte gestreckt erscheinen und von Stärkekörnern angefüllt sind. Zwischen den Zellen liegen vereinzelte, sehr lange, von zarten Schläuchen umschlossene, vierseitig-prismatische Krystalle aus Calciumoxalat. Die Rinde besitzt nur wenige Gefässbündel. Die Kernscheide zeigt auf der unteren Seite, woselbst sie deutlich ausgebildet ist, tangential gestreckte Zellen mit unmittelbar nach Innen anschliessenden Gefässbündeln, während sie auf der oberen Seite unterbrochen erscheint und bloss durch vereinzelt auftretende, horizontal verlaufende Gefässbündel angedeutet wird. Das Holz besteht aus rundlich-polyëdrischen Parenchymzellen, zwischen denen die Gefässbündel sehr spärlich eingestreut sind und die in der Rindenschicht vorkommenden Krystalle beobachtet werden. Die Gefässbündel zeigen im Innern einen Strang sehr dünnwandiger Holzzellen, der von netzförmigen Gefässen und Treppengängen umgeben ist.

Name und Geschichtliches. Der Name *Veilchenwurz* (bei Tabernaemontanus *Veielwurz*, mittelhochdeutsch *Violenwurzel* für *Iris florentina*, mittelhochd. und bei Fuchs und Brunfels *blau Gilgen*, bei Cordus und Bock *blaue Schwertel* für *Iris germanica*) bezieht sich auf den veilchenartigen Geruch der Wurzel; *Schwertlilie* oder *Schwertel*, althochdeutsch *svertala* auf die schwertartige Beschaffenheit der Blätter. *Iris* entweder von ιρις Regenbogen, wegen der Vielfarbigkeit der Arten, oder von ῗρις (ῗρ Frühling), wegen des frühzeitigen Blühens der Pflanze, wird auch auf ξυρις (wegen der schwertförmigen Form der Blätter) zurückgeführt. Der mittelalterliche Name *Gilgen* stammt aus dem lateinischen *lilium*, griechischen λειριον (λειριος, zart), althochdeutsch *lilio*, *lilia*, in Umbildung *lilege*, *gilege*, *gilge*.

Die Veilchenwurzel ist eine schon von den Alten zur Herstellung von Salben und Oelen benutzte Droge, von welcher schon Theophrast den Wohlgeruch preist und welche nach Plinius in ausgezeichneter Güte aus Illyrien und Macedonien bezogen wurde. Der Gebrauch der Wurzel beim Zahnen der Kinder war dem Plinius schon bekannt. Diese illyrische Iris, welche noch im Mittelalter den Vorzug hatte, wird von Visiani als *Iris germanica* gedeutet. Die Verbreitung der Iris in Deutschland wird auf Karl den Grossen zurückgeführt, der im Capitulare *Gladiolus* (unzweifelhaft Iris) zum Anbau empfahl. Flückiger sagt: „Das Wappen der Stadt Florenz, ursprünglich eine weisse Lilie, welche im 13. Jahrhundert durch die Guelfen in eine rothe Lilie im weissen Schilde umgewandelt wurde, deutet vielleicht auf die frühe Kultur der Iris in Toscana." Otto von Brunfels giebt in seinem Kräuterbuche eine leidliche Abbildung von *Iris germanica* unter dem Namen *„Blaw Gilgen"* und führt die Worte des Hieronymus von Braunschweig an, welcher sich folgendermassen ausspricht: „Blaw Gilgen werden von den Lateinischen genent Iris, von wegen irer mancherley farben die sye haben, dem regenbogen gleich. Bey etlichen Teutschen auch genennt blaw Schwertelen. dann seine bletter seind gleich einem schwert. Und sein wurtzel wolschmackend." Unter den vielfachen „Kräften der Blawen Gilgen" erwähnt Brunfels auch: „das wasser von der gedestillierten wurtzelen in mundt genommen, benimmet das zanwee."

Offizinell ist der Wurzelstock: *Rhizoma Iridis* (*Radix Iridis Florentinae, Radix Ireos*). Derselbe wird im Herbste gesammelt und in Form grober Spezies oder als feines Pulver in Blechgefässen oder Gläsern aufbewahrt.

Im frischen Zustande besitzen die aussen gelbbraunen, innen weissen Wurzelstöcke entweder keinen oder gewöhnlich einen widerlichen Geruch und einen scharfen, sehr anhaltend kratzenden Geschmack. Beim Trocknen schwindet die Schärfe und ein angenehmer Veilchenduft stellt sich ein.

In Italien erstreckt sich nach neueren Beobachtungen die Kultur hauptsächlich auf *I. germanica* und *pallida*. Die Wurzelstöcke werden von der dünnen Korkschicht und den Wurzeln befreit und kommen als veroneser und toskanische Waare (letztere in Livorno verschifft) als ausgesuchte, gewöhnliche Waare und als Abfälle in den Handel. Die livornesische Waare, die grössere Sorte des Handels, besitzt einen feineren Geruch als die veronesische und soll nicht von *florentina,* sondern von *Iris pallida* stammen. Auch Marokko gehört zu den Ausfuhrorten und neuerdings hat Frankreich sich der Iriskultur zugewendet. Eine aus Indien nach London gelangende Veilchenwurzel (*Susan*, *Irsa*) soll nach der Ansicht Flückigers von der in Kaschmir angebauten *Iris germanica* (*Iris nepalensis* Wallich) stammen. *Radices Iridis mundatae s. pro infantibus* sind auserlesene, mit der Feile geglättete Stücke, welche den Kindern, um das Hervorbrechen der Zähne zu erleichtern, zum Daraufbeissen gegeben werden. Bei dieser Waare, die, um ihr ein schönes Aussehen zu geben, in der Regel mit Stärke abgerieben wird, ist darauf zu achten, dass zu diesem Abreiben nicht etwa Kreide oder gar Bleiweiss verwendet worden ist. Die aus den Bruchstücken gedrechselten Iriskügelchen oder Iriserbsen: *Globuli Iridis* dienen, mit einer Tinktur aus Mezereum und Canthariden getränkt, als Fontanellerbsen.

Bestandtheile. Die Veilchenwurzel enthält nach Vogel: ein bei gewöhnlicher Temperatur festes, veilchenartig riechendes ätherisches Oel (*Oleum Iridis*), scharfes Weichharz, Extraktivstoff mit Gerbstoff, Gummi, Stärkemehl und Faserstoff. Nach Dumas besteht das durch Destillation mit Wasserdampf und Umkrystallisiren aus Alkohol in einer Menge von 0,1—0,8% gewonnene ätherische Oel resp. Stearopten (Iriskampfer) aus weissen, perlmutterglänzenden Schüppchen von der Zusammensetzung $C_4 H_8 O$ und besitzt nach Marais und Martin einen Schmelzpunkt von 32°. Flückiger hat 1876 den Nachweiss geliefert, dass der Veilchenwurzelkampfer aus *Myristinsäure* $C_{14} H_{28} O_2$ besteht, welche mit einer sehr geringen Menge des sich erst beim Trocknen bildenden ätherischen Irisöles getränkt ist. Die Myristinsäure soll nach der Meinung Flückigers „von einem Fette herrühren, welches bei lange fortgesetzter Destillation durch die Wasserdämpfe zerlegt wird." Ein von eisengrünendem Gerbstoff begleitetes, kratzend schmeckendes Harz wird durch Anwendung von Schwefelkohlenstoff gewonnen. (Husemann, Pflanzenstoffe 410.)

Iridaceae.

Iris pallida Lam.

Anwendung. Man benutzt das Pulver des angenehmen Geruchs wegen zum Bestreuen der Pillen, zu Zahnpulver und zu Parfümeriezwecken. Ausgesuchte und besonders zubereitete Stücke werden den Kindern zum Daraufbeissen beim Zahnen gegeben, was Husemann als eine alte, mehr und mehr abkommende Unsitte bezeichnet. Letzterer sagt von der Veilchenwurzel: „Obschon man der (frischen) Iriswurzel antiseptische und expectorirende Wirksamkeit vindicirt hat, hat dieselbe doch jetzt kaum eine andere Bedeutung als eine pharmazeutische, indem man sie ihres höchst lieblichen Geruches wegen als Streupulver für Pillen und als Corrigens odoris für Pulver, insbesondere Waschpulver, Streupulver, Niespulver und Zahnpulver, verwendet.“ (Husemann, Arzneimittell. 410.)

Litteratur. Abbildung und Beschreibung: Nees v. Esenb., Plant. med., Taf. 57 (*germanica*), Suppl. Taf. 20 (*pallida*); Hayne, Arzneigew. VII., Taf. 1, 2, 3; Berg und Schmidt, Offiz. Gew., Taf. X[f]; Bentley und Trimen, Med. pl., Taf. 273 (*florentina*); Luerssen, Handb. der syst. Bot. II. 445; Karsten, Deutsche Flora 461; Wittstein, Pharm. 877, 878.

Drogen und Präparate: *Rhizoma Iridis*: **Ph. germ.** 229; Ph. austr. 75; Ph. hung. 237; Ph. ross. 347; Ph. helv. 112; Cod. med. 58; Ph. belg. 46; Ph. Neerl. 138; Ph. dan. 201; Ph. suec. 180; Ph. U. St. 187; Flückiger, Pharm. 311; Flückiger and Hanb., Pharm. 660; Hist. d. Drog. II., 471; Berg, Waarenk. 103; Berg, Atlas 41, Taf. 21.

Species pectorales: **Ph. germ.** 242; Ph. ross. 368.
Pulvis Infantum Hufelandi: Ph. ross. 325.
Pulvis Magnesiae compositus: Ph. helv. 106.
Pulvis dentrificius albis: Ph. austr. 107.
Pulvis Tartari compositus: Ph. suec. 164.
Pastilli Liquiritiae: Ph. helv. suppl. 84.
Tinctura Scillae composita: Ph. helv. suppl. 122.
Extractum Iridis: Ph. U. St. 127.

Bezügl. der Drogen und Präparate siehe auch Hager, Ph. Prx. II., 220; III. 588.

Tafelbeschreibung:

I. *Iris florentina* L. AB Theile der Pflanze in natürl. Grösse; 1 Blüthe ohne Kronenabschnitte (Kronenröhre) im Längsschnitt, mit den blumenblattartigen Narben, desgl.; 2 Staubgefässe, vergrössert; 3 Pollen, desgl.; 4 Fruchtknoten, desgl.; 5 derselbe im Querschnitt, desgl.

II. *Iris pallida* Lam. AB Theile der Pflanze in natürl. Grösse; 1 die blattartigen Narben mit davorstehendem Staubgefäss, desgl.; 2 Blüthe im Längsschnitt mit den Narben, ohne Kronenabschnitte, desgl.; 3 Staubgefässe, vergrössert; 4 Pollen, desgl.; 5 Zottenhaar eines äusseren Kronenabschnittes, desgl.; 6 Fruchtknoten im Querschnitt, desgl.

III. *Iris germanica* L. AB Theile der Pflanze in natürl. Grösse; 1 Blüthe ohne Kronenabschnitte (Kronenröhre), mit den 3 Narben, desgl.; 2 dieselbe mit dem Fruchtknoten im Längsschnitt, desgl.; 3 Staubgefäss, vergrössert; 4 Pollen, desgl.; 5 Fruchtknoten im Querschnitt, desgl. Nach der Natur von W. Müller.

Jatrorhiza palmata Miers.

Syn. *Menispermum palmatum* Lam. *Menispermum Columba* Roxb. *Cocculus palmatus* D. C. *Jatrorhiza Columba* Miers. *Jatrorhiza Miersii* Oliv. *Chasmanthera Columba* Baill.

Kalumb- oder Colombostaude, Kolumbowurzel, Kalumbawurzel, Ruhrwurzel — Colombo — Calumba.

Familie: *Menispermaceae;* Gattung: *Jatrorhiza* Miers (irrthümlich *Jateorhiza*).

Beschreibung. Das ausdauernde, fleischige, sehr grosse und dicke, unregelmässig knollige Rhizom ist mit gliederig eingefügten, rübenförmig-knolligen, bis 30 Ctm. langen, 2 bis 8 Ctm. dicken, aussen runzeligen und braunen, innen fest-fleischigen und gelben Wurzeln, welche nur wenige kleinere Aeste tragen, ausgestattet. Stengel krautartig, einjährig, einzeln oder zu mehreren, eine Dicke von 1 Ctm. erreichend, jedoch baumhoch schlingend, stielrund, längsfurchig, gedreht, durch lange, abstehende, rothbraune Drüsenhaare zottig. Blätter zerstreut, gross, bis 30 Ctm. im Durchmesser, langgestielt, mit rundlichem Umrisse, am Grunde tief herzförmig, handartig 5—7lappig, die obersten 3lappig, am Ranae wellenförmig, beiderseits auf den Nerven und deren Verästelungen sowie am Rande mit kurzen Drüsenhaaren besetzt, oberseits dunkelgrün, unterseits heller; Lappen kurz gespitzt ganzrandig, entweder die beiden Basallappen übergreifend *(J. palmata)* oder nicht übergreifend (*J. Columba*). Blattstiel gestreift, am Grunde verdickt, wie die übrigen Theile der Pflanze dicht mit abstehenden Drüsenhaaren besetzt. Blüthen zweihäusig, klein, blassgrün, von länglich-eiförmigen, drüsenhaarig gewimperten, hinfälligen Deckblättern unterstützt, in achselständigen Rispen (männliche) oder Trauben (weibliche). Blüthenstände bis 36 Ctm. lang, entweder behaart (*J. Columba*) oder fast kahl (*J. palmata*). Blüthenrispen der männlichen Pflanze einzeln oder zu zweien, übergeneigt oder hängend; Spindel abstehend, drüsig behaart, rauh; Aeste fast kahl; Blüthenstielchen kurz, kahl. Blüthentraube der weiblichen Pflanze hängend, kürzer als die männliche, armblüthig. Männliche Blüthe mit häutigem, 6blätterigem Kelche; Kelchblätter in 2 Reihen, umgekehrt-eiförmig, gestumpft; die 3 äusseren wenig schmäler. Kronblätter 6, kleiner als die Kelchblätter, am Grunde zusammenhängend, tutenförmig, stumpf, von blassgrüner Farbe. Staubgefässe 6, vor den Kronblättern stehend und am Grunde mit den eingeschlagenen Rändern der letzteren verwachsen. Staubfäden oben verdickt; Staubbeutel von den Kronblättern ab- und dem Innern der Blüthe zugewendet, 4fächerig, an der Spitze 4löcherig sich öffnend. Pollen kugelig. Weibliche Blüthe mit gleichem Kelche, wie in der männlichen Blüthe; Kronblätter 6, die Länge des Stempels nicht erreichend, aufstrebend, an der Spitze nach auswärts gebogen, grün, kahl. Stempel aus 3, oben auseinanderweichenden Carpellen bestehend, von denen in der Regel nur eines zur Entwickelung gelangt. Der Fruchtknoten drüsenhaarig, eiförmig, nach oben verschmälert und in die ausgebreitete, 3lappige Narbe übergehend, eineiig. Die haselnussgrosse, grüne Frucht abstehend drüsig behaart, eiförmig, oben etwas verjüngt zulaufend, mit auf der Bauchseite concavem Steinkern. Same halbmond- oder nierenförmig, mit concaver Bauchseite. Der grosse, schwach gekrümmte, mit dünnen Samenlappen ausgestattete Embryo in einem fleischigen, gerunzelten (nach Karsten etwas gekaueten) Eiweiss.

Jatrorhiza palmata und *Columba* werden jetzt zu einer Art vereinigt, da die hauptsächlichsten Unterschiede an ein und derselben Pflanze auftreten können. Die Gattungen *Jatrorhiza*, *Chasmanthera* Hochst. (Staubfäden bis zur Mitte verwachsen), *Tinospora* Miers (Antherenfächer nicht 4köpfig, sondern lateral) und Colombo werden von Baillon zu der einzigen Gattung *Chasmanthera* zusammengezogen.

Anatomisches. Die nicht holzige, sondern vorherrschend mehlige Wurzel ist mit einer Aussenrinde bedeckt, die aus einem sehr unregelmässig runzeligen, gelblich-braunen oder fast grünlichen Korke gebildet ist, dessen Bau zartwandige, gelbe Tafelzellen in regelmässig geschichteter Lage erkennen lässt. Die Mittelrinde, welche bis zur äusseren Grenze der Markstrahlen reicht, besteht aus einem schlaffen, stärkereichen Parenchym, welches nach seinem Umfange hin mit einzeln oder gruppenweis eingestreuten, grossen, kubischen oder länglichen Steinzellen ausgestattet ist. Letztere, welche nicht sehr verdickte, grobporöse Wandungen besitzen, enthalten zahlreiche, dem monoklinischen Systeme angehörende Krystalle von Calciumoxalat. Die inneren Zellwände der Mittelrinde und die in dieser Schicht auftretenden Stärkekörner sind mit einem gelben Farbstoff bedeckt, wodurch die Mittelrinde eine lebhaft gelbe Färbung zeigt. Die fast gleich mächtig entwickelte Innenrinde ist aus äusserst schmalen Bastbündeln und sehr breiten Markstrahlen zusammengesetzt. Das Gewebe der Bastbündel zeigt dünnwandige, inhaltsleere, sehr zusammengefallene Bastzellen; die Markstrahlen bestehen aus einem Parenchym, dessen sehr dünnwandige uud mit Stärkemehl erfüllte Zellen im Querschnitt radial gestreckt, im Längsschnitt fast quadratisch erscheinen. Der die Rinde von dem Holze trennende, dunklere, dünne Kambiumring ist aus dünnwandigen, sehr zusammengefallenen, inhaltslosen Zellen gebildet. Das im frischen Zustande fleischige, im trockenen mehlige, marklose Holz zeigt breite Markstrahlen und nur gegen das Kambium strahlig geordnete, nach innen durch Parenchym sehr unterbrochene und zerstreute Gefässbündel, welche von dünnwandigen, engen, gelben Holzzellen umgeben sind. Die Markstrahlen sind von derselben Beschaffenheit wie in der Rinde. Die Gefässe sind schön gelb und mit netz- oder tüpfelförmigen, starken Verdickungsschichten ausgekleidet. Die Gefässbündel, welche meist nur aus einer, seltener aus 2 radialen Reihen von Gefässen bestehen, sind meistens krummläufig. Die Stärkekörner, welche mit Ausnahme des Korkes das ganze Gewebe erfüllen, sind sehr gross, meist eiförmig, auch kugelig, wenig gleichförmig, mit deutlicher Schichtenbildung; der Kern, welcher in der Regel kreuz- oder sternförmig, auch mit einfachem Längsspalt aufgerissen ist, befindet sich meist am stumpfen Ende.

Blüthezeit. ?

Vorkommen. In den Wäldern Ostafrikas und Madagaskar's einheimisch; namentlich in den Urwäldern der ostafrikanischen portugiesischen Besitzungen vom 12. bis 19.⁰ südl. Breite. Häufig am unteren Zambesi. Auf Mauritius, den Sechellen (nordöstlich von Madagaskar) und in Ostindien kultivirt.

Name und Geschichtliches. *Kalumb* ist der einheimische Name der Wurzel. Er stammt nicht, wie vielfach angenommen wird, von der Stadt Colombo (Corumbu) auf Ceylon. Ruhrwurzel, wegen der günstigen Erfolge bei Anwendung der Wurzel gegen Ruhr. *Jateorhiza* (richtiger *Jatrorrhiza*, *Jatrorhiza*) von ιατρικος, heilkräftig (ιατηρ, Arzt), und ῥιζα, Wurzel; *Chasmanthera* von χασμη, weite Oeffnung, und ἀνθηρα, Staubbeutel; *Menispermum* von μηνη, Mond, und σπερμα, Same, wegen der halbmondförmigen Gestalt der Samen; *Cocculus*, Verkleinerungswort von *coccus*, κοκκος, Beere, Kern, bezogen auf die runden Früchte dieser Gattung; *palmata* von *palma*, flache Hand, wegen der handförmigen Form der Blätter.

Die Wurzel, die in ihrer Heimath unter dem Namen Kalumb wohl schon seit den frühesten Zeiten von den Eingeborenen gegen verschiedene Krankheiten und wohl auch als Farbstoff verwendet wurde, ist wahrscheinlich den Portugiesen bei ihrer Festsetzung in Mosambik bekannt geworden; jedoch stammen die ersten sicheren Nachrichten von dem italienischen Arzte Franzesco Redi aus dem Jahre 1675, der „*Columba*" als Arzneimittel empfahl. Später, und zwar zu Ende des 17. Jahrh., rühmte Johann Curvus Semmedus die Wurzel gegen mehrere Krankheiten; allgemein bekannt wurde sie jedoch erst durch den englischen Arzt Thomas Percival (1773). Seit dieser Zeit ist die Droge in die deutschen Pharmakopoeen aufgenommen worden. Die ersten Nachrichten über die Pflanze stammen von Philibert Commerson, der sie 1770 im Garten des Gouverneurs von Mauritius sah.

Offizinell sind die von dem Rhizom getrennten, in Querscheiben geschnittenen und getrockneten Wurzeln: *Radix Columbae* (*Radix Colombo* s. *Calumbo* s. *Columbo*).

Die Wurzel erscheint im Handel in meist elliptischen, rundlich-eckigen, ausgeschweiften, mehr oder weniger verbogenen Scheiben von 2½ bis 8 Ctm. Durchmesser und 0,2 bis 1,2 Ctm. Dicke, denen nicht selten fingerdicke, 2½ bis 5 Ctm. lange, cylindrische, spindelförmige, zuweilen der Länge nach gespaltene Stücke (Wurzelenden) beigemischt sind. Die Fläche der Scheibe ist uneben, rauh, in Folge des Austrocknens der weichen Mittelsubstanz nach der Mitte zu dünner als am Rande. Die Aussenrinde ist gelbbraun, längsrunzelig, die Rindensubstanz grünlich-gelb, nach dem Holze zu blasser, durch den braunen, wellenförmigen Kambiumring von dem gelben Holze getrennt. Der Holzkern zeigt zahl-

Menispermaceae.

Jateorrhiza Calumba Miers.

 reiche, goldgelbe Gefässgruppen, welche nach der Rinde hin strahlig geordnet verlaufen. Die Farbe ist je nach dem Alter mehr oder weniger grau oder bräunlich. Die Wurzel ist ziemlich leicht, trotzdem fest, im Bruche matt und oft dunkler gefärbt, bei scharfem Schnitte schwach glänzend. Das Pulver besitzt eine hellgelblich-graue ins Grünliche übergehende Farbe. Der Geruch ist schwach, etwas widerlich, der Geschmack rein und sehr stark bitter, etwas schleimig. Wird die Droge in das Wasser gebracht, so färbt sich das letztere sofort hellgelb.

Die Ausfuhr der Wurzel erfolgt aus Sansibar und Mosambik. Der letztere Ort verschiffte nach den Flückiger'schen Angaben im Jahre 1880 15390 Klgr. nach Hamburg und London, wovon Hamburg den grösseren Theil erhielt.

Verfälschungen sind beobachtet worden mit der gelbgefärbten Wurzel von Bryonia (gleichförmig gelb und mehr locker); ferner mit der amerikanischen, sogen. falschen Kolombowurzel (*Frasera carolinensis* Walt.), welche kein Stärkemehl enthält, daher durch Jod nicht blau gefärbt wird und einen weniger bitteren, etwas süsslichen Geschmack besitzt. Auch kommen Fälschungen vor mit dem gleichfalls Berberin enthaltenden, verwandten *Coscinium fenestratum* Colebr.

Die Aufbewahrung der Wurzel erfolgt geschnitten oder fein gepulvert in Blech- und Glasgefässen.

Bestandtheile. Buchner fand einen eigenthümlichen Bitterstoff (*Columbin*), 30—35% Stärke, einen gelben, harzigen Körper (*Berberin*), eine eigenthümliche Säure (*Columbosäure*), Gummi etc.

Das von Wittstock 1830 in der Kolombowurzel entdeckte *Columbin* oder *Columbinbitter* ($C_{21}H_{22}O_7$), welches nach Bödecker in der Innenrinde krystallisirt abgelagert vorkommen soll — Flückiger vermuthet, dass man die Calciumoxalatkrystalle dafür angesehen hat — krystallisirt nach G. Rose in weissen oder durchsichtigen Säulen oder feinen Nadeln des orthorhombischen Systemes. Es ist geruchlos, sehr bitter schmeckend, von neutraler Reaktion, besitzt nach Paterno einen Schmelzpunkt von 182°, löst sich sehr schwer in Wasser, wenig in kaltem Weingeist, Aether und flüssigen Oelen, besser in kochendem Aether, in 30—40 Theilen kochendem Weingeist, ebenso leicht in concentr. Essigsäure; ebenso wird es in wässerigen Alkalien gelöst und durch Säuren wieder daraus gefällt. Nach Angabe von Paterno und Oglialoro löst es sich in kochender Kalilauge unter Bildung einer Säure. Bei starker Erhitzung wird es zerstört; concentr. Schwefelsäure löst es mit dunkelrother Farbe, aus welcher Lösung durch Wasser ein rostfarbiger Niederschlag gebildet wird. Salpetersäure löst nur bei Erwärmen unter Entwickelung rother Dämpfe. Die Ausbeute beträgt nach Wittstock 0.8% des Gewichtes der Wurzel.

Columbosäure, welche Bödecker 1849 aus der Kolombowurzel erhielt, bildet ein gelbliches, amorphes Pulver von bitterem Geschmack und saurer Reaktion. Sie ist fast unlöslich in Wasser, wenig in kaltem Aether, leicht in Alkohol, Essigsäure und wässerigen Alkalien. Für die lufttrockene Substanz hat Bödecker die Formel $C_{21}H_{22}O_6$ aufgestellt.

Das *Berberin* ($C_{20}H_{17}NO_4$) ist zuerst von Hüttenschmidt im Jahre 1824 in der jamaicanischen Wurmrinde Andira inermis H. B. et K. aufgefunden und als *Jamaicin* bezeichnet, 1865 von Gastell als *Berberin* erkannt worden. 1826 fanden Chevallier und Pelletan in der Rinde von *Xanthoxylon caribaeum Lam.* einen gelben Körper, welchen sie mit dem Namen *Xanthopikrit* belegten. 1829 fand Staples in Xanthoxylon fraxineum Willd. das *Xanthoxylin*. *Xanthopikrit* und *Xanthoxylin* wurden 1862 von Perrins gleichfalls als *Berberin* erkannt. 1837 erhielt Buchner denselben Körper in ziemlich reiner Darstellung aus *Berberis vulgaris*, welcher nun allgemein mit dem Namen *Berberin* belegt wurde.

Das Berberin ist in einer grossen Anzahl von Pflanzen der verschiedensten Familien angetroffen worden und scheint vorzüglich in der Familie der Ranunculaceen sehr verbreitet zu sein; so namentlich in der Anemonee *Hydrastis canadensis L.* (4%), in *Xanthorrhiza apiifolia* L'Hér., in den Helleboreen *Coptis Teeta* Wall. (8%), *Coptis trifolia* Salisb. Solly fand es in dem Extrakte indischer Berberisarten (*Lycium*), Perrins in der Menispermacee *Coccinium fenestratum Colebr.* und in dem gelben Farbeholz *Woodunpar* aus Assam, Stenhouse in dem von *Xylopia polycarpa* Benth et Hook. abstammenden Farbeholz von Sierra Leone. Es ist aufgefunden worden in den südamerikanischen Rutaceen *Xanthoxylon ochroxylon* D. C. u. *X. rigidum* H. et B. und noch in verschiedenen anderen Pflanzen.

Das aus Wasser krystallisirte *Berberin,* welches nach Fleitmann bei 100° 19.26 % Krystallwasser verliert, bildet feine, glänzende, gelbe Nadeln und Prismen von bitterem Geschmack und neutraler Reaktion, bei 120° zu einer rothbraunen Harzmasse schmelzend. Es ist schwer löslich in kaltem, ziemlich leicht in kochendem Wasser, ebenso leicht in Alkohol, in Benzol schwierig, in Aether und Petroleumäther gar nicht. Die Lösungen sind ohne Rotationsvermögen. Berberin wird durch Kohle aus der wässerigen Lösung niedergeschlagen, durch Weingeist der Kohle wieder entzogen. Nascirender Wasserstoff verwandelt Berberin in *Hydroberberin* ($C_{20}H_{21}NO_4$). H. Weidel erhielt durch Oxydation des Berberins mit concentrirter Salpetersäure *Berberonsäure* ($C_8H_5NO_6 + 2 H_2O$), eine stickstoffhaltige Säure, welche farblose, prismatische Krystalle bildet, schwer löslich in kaltem, leicht in kochendem Wasser, wenig löslich in heissem Alkohol, unlöslich in Benzol, Aether, Chloroform ist.

Bödecker vermuthet, dass das Berberin in der Columbowurzel an die Columbosäure gebunden ist. Husemann, Pflanzenstoffe 586, 572 (Berberin).

Hinsichtlich der Beziehung der 3 Bitterstoffe zu einander sagt Flückiger: „Bödecker hat auf den Zusammenhang der 3 bitteren Substanzen in der Colombowurzel aufmerksam gemacht. Denkt man sich zu dem Columbin $C_{42}H_{47}O_{14}$ ein Molekül NH_3 hinzutretend, so erhält das vereinigte Molekül Berberin $C_{20}H_{17}NO_4$, Columbasäure $C_{22}H_{24}O_7$ ($C_{21}H_{22}O_6$ Bödecker) plus Wasser $3(H_2O)$. Es dürften demnach die beiden letztgenannten Bitterstoffe erst während der Vegetation durch Einwirkung von Ammoniak aus dem Columbin entstehen, welche Reaktion indessen künstlich noch nicht gelungen ist."

Der Aschengehalt der Columbowurzel beträgt nach Flückiger ca. 6%.

Anwendung. In Substanz, als Absud und Extrakt bei Magen- und Darmkatarrhen, Erbrechen Schwangerer, nervösem Erbrechen, chronischer Diarrhoe, Ruhr etc. Die Wirksamkeit ist theils in dem Stärkemehl, theils in den 3 Bitterstoffen zu suchen. Das Berberin wirkt bei Thieren toxisch. „Nach Falck und Guenste bedingt es bei Thieren Contraktion der Milz, nach Curci solche der Gedärme in eigenthümlicher Weise und wirkt ausserdem auf rothe Blutkörperchen in der Weise ein, dass das Hämoglobin den Sauerstoff fester bindet und das Oxydationsvermögen des Blutes verringert wird. Bei Menschen bewirkt das Alkaloid selbst zu 0,5 bis 1,0 in einigen Stunden breiige Stühle ohne Leibschmerzen." Curci empfiehlt es bei chronischer Dysenterie, um auf die bestehenden Geschwüre einen vernarbenden Einfluss auszuüben. Italienische Aerzte empfehlen es gegen Malaria-Milzgeschwülste. „Colombowurzel findet ihre besondere Indication bei Complication von Verdauungsstörungen mit Diarrhöen und kann auch bei chronischen Durchfällen jeder Art, insbesondere bei solchen nach Ablauf dysenterischer Prozesse und selbst bei Durchfällen der Phthisiker nicht ohne Erfolg gegeben werden." (Husemann, Arzneimittell. 650.)

Litteratur. Abbildung und Beschreibung: Nees v. Esenb. Pl. med. Taf. 364 u. Suppl. Heft 3, Taf. 24; Hayne, Arzneigw. IX, Taf. 48; Berg u. Schmidt, Offiz. Gew., Taf. XIV[a]; Bentley and Trimen, Med. pl., Taf. 13; Luerssen, Handb. der syst. Bot. II, 574; Karsten, Deutsche Flora 579; Wittstein, Pharm. 420.

Drogen und Präparate: *Radix Columbo:* **Ph. germ.** 218; Ph. austr. 28; Ph. hung. 89; Ph. ross. 331; Ph. helv. 107; Cod. med. 48; Ph. belg. 33; Ph. Neerl. 44; Brit. ph. 64; Ph. dan. 189; Ph. suec. 170; Ph. U. St. 61; Flückiger, Pharm. 381; Flückiger and Hanb., Pharm. 23; Hist. d. Drog. I, 58; Berg, Waarenk. 70; Berg, Atlas 18, Taf. X.

Extractum Columbae: Ph. austr. 53; Ph. hung. 179; Ph. helv. 42; Cod. med. 422; Ph. belg. 167, 169; Ph. Neerl. 99; Brit. ph. 115; Ph. suec. 74; Ph. U. St. 105.

Tinctura Columbae: Ph. helv. suppl. 117; Cod. med. 604; Ph. belg. 263; Ph. Neerl. 266; Brit. ph. 322; Ph. U. St. 337.

Infusum Columbae: Brit. ph. 158.

Mixtura Ferri aromatica: Brit. ph. 210.

Pulvis Columbae: Cod. med. 515.

Bezüglich der Drogen und Präparate siehe auch Hager, Ph. Prx. I, 935.

Tafelbeschreibung:

A männlicher Blüthenzweig, natürl. Grösse; 1 männliche Blüthe, vergrössert; 2 Kronblatt mit Staubgefäss, desgl.; 3 Staubgefässe, desgl.; 4 weibliche Blüthe (nach Bot. Mag.), desgl.; 5 Stempel, desgl.; 6 Früchte, natürl. Grösse; 7 Same, desgl.; 8 derselbe zerschnitten, desgl.; 9 Wurzelquerschnitt, desgl. Nach einer Originalzeichnung des Herrn Prof. Schmidt in Berlin.

Juglans regia L.

Wallnuss, wälsche Nuss — Walnut — Noyer commun.

Familie: *Juglandeae.* Gattung: *Juglans* L.

Beschreibung. Bis 20 und mehr Meter hoher Baum mit aschgrauer, anfangs glatter, später rissiger, balsamischer, harziger, an den jüngeren Zweigen weisspunktirter Rinde. Die gestielten, unpaarig gefiederten, bis 16 cm langen, bis 8 cm breiten Blätter aus 5—9, meist 7 ganzrandigen, ovalen bis lanzettlichen Fiederblättchen bestehend, von denen das Endblättchen lang gestielt ist. Männliche Blüthen mit fast bis zur Basis 5—7spaltigem Perigon in vielblüthigen, cylindrischen Kätzchen. Letzere zu 1—2 aus besonderen Knospen an der Seite der älteren Triebe zugleich mit dem Laube hervorbrechend, steif herabhängend und bald abfallend. Weibliche Blüthen einzeln oder zu 2—5 an der Spitze der jungen Zweige. Frucht rundlich, glatt, grün, weisspunktirt, mit ovaler auf dem Scheitel kurz zugespitzter, runzelig-höckeriger Nuss.

Verbreitung. Der Nussbaum stammt aus Mittelasien (Persien) und hat sich von dort aus fast über ganz Europa verbreitet. Er wird namentlich in Baden, der Schweiz, Oberitalien seiner Früchte halber häufig kultivirt. In der Südschweiz wird er bis zu 1100 m Meereserhebung angetroffen.

Name und Geschichtliches. Der Name *Juglans* ist gebildet worden aus „Jovis glans“ (Jupiters Eichel). Der Nussbaum war bei den Griechen ein dem Zeus geheiligter Baum; aus diesem Grunde streute man bei Hochzeiten Nüsse unter die Gäste, damit Zeus dem jungen Ehepaare Fruchtbarkeit verleihe.

Blüthezeit. Mai.

Offizinell sind die Blätter: *Folia Juglandis* und die Fruchtrinde: *Cortex fructus Juglandis (Cortex nucum Juglandis viridis, Putamina nucum Juglandis).*

Präparate. a) aus den Blättern: *Extractum Juglandis foliorum* und *Syrupus Juglandis foliorum recentium;*

b) aus den Fruchtschalen: Nussschalenconserve, *Conserva Juglandis corticis;* Nussschalenextract, *Extractum Juglandis corticis viridis (Extract. putaminum Juglandis)* und *Extractum Juglandis corticis fluidum.* Ausserdem enthalten die unreifen Fruchtschalen einen Farbstoff: *Nucin (Juglon, Regianin)* genannt;

c) aus den reifen Samen: Nussöl, Wallnussöl, *Oleum Juglandis.*

Bestandtheile. Die Blätter enthalten Gerbstoff (*Nucitannin*), einen nicht gährungsfähigen Zucker (*Nucit*) und ein kryst. Bitterstoff (*Juglandin*); die grünen Wallnussschalen enthalten nach Hager Stärkemehl, Eiweiss, Zucker, Apfelsäure, Phosphorsäure, Kali, Kalkerde, fettes Oel, einen Farbstoff (*Nucin*) und einen schon bei den Blättern erwähnten Gerbstoff (*Nucitannin*).

Juglandeae.

Juglans regia L.

Litteratur. Abbildung und Beschreibung: Nees v. Esenb., Plant. medic., Taf. 96; Hayne, Arzneigew. XIII., Taf. 17; Berg u. Schmidt, Offizinelle Gew., Taf. VIII^b.; Bentley u. Trim., Medicin. pl., Taf. 247 (abgebildet ist *Jugl. cinerea*); Kunth, Off. Gew. 462; Blackw., Taf. 247; Schkuhr, Hndb. 302; Nouv. Duh. IV. 47; Luerssen, Handb. der syst. Bot., pag. 504; Karsten, deutsche Flora, p. 793.

Drogen und Präparate: *Folia Juglandis*: **Ph. germ.** 114; Ph. ross. 173; Ph. belg. 47; Nederl. A. 177; Berg, Waarenk. 296; Husemann, Pflanzenst. I. 473; Hager, Ph. Prx. 224.

Cortex fructus Juglandis: Ph. ross. 91; Cod. med. 69; Ph. belg. 47; Nederl. A. 177; Berg, Waarenk. 412; Hager, Ph. Prx. II. 224.

Conserv. Jugl. corticis: Hager, Ph. Prx. II. 224.

Extr. Jugl. cortic. viridis: Nederl. A. 137; Hager, Ph. Prx. II. 224.

Extr. Jugl. cortic. fluidum: Hager, Ph. Prx. II. 224.

Extr. Jugl. foliorum: Ph. belg. 167; Ned. A. 137; Hager, Ph. Prx. II. 225.

Syrup. Jugl. folior. recentium: Cod. med. 466; Hager, Ph. Prx. II. 225.

Oleum Juglandis: Ph. belg. 47, 201; Hager, Ph. Prx. II. 225; Husemann, Pflanzenst. I. 474.

Nucin (*Juglon*): Berg, Waarenk. 412; Husemann, Pflanzenst. 473.

Tafelbeschreibung:

A Zweig mit männlichen Blüthen, natürl. Grösse; B desgl. mit weiblichen Blüthen, ebenso; C Fruchtzweig, desgl.; 1 Abschnitt des männlichen Kätzchens mit 3 Blüthen, vergrössert; 2 männliche Blüthe von oben, desgl.; 3 weibliche Blüthe, desgl.; 4 dieselbe im Längsschnitt, desgl.; 5 Staubgefäss von verschiedenen Seiten, desgl.; 6 Steinfrucht von der vorderen Hälfte der Fruchtrinde befreit, natürl. Grösse; 7 Nuss im Längsschnitt, desgl.; 8 dieselbe im Querschnitt, desgl.; 9 Nuss ohne Steinschale. Nach der Natur von W. Müller.

Juniperus communis L.

Gemeiner Wachholder — Genèvrier commun — Juniper.

Familie: *Coniferae.* Gattung: *Juniperus.*

Beschreibung. Immergrüner, gewöhnlich mannshoher Strauch oder auch 10—15 Meter hoher Baum, mit in der Regel bis zur Erde herabgehender Krone, aufsteigenden, anliegenden, zerstreut oder unvollkommen quirlig stehenden Aesten und abstehenden Zweigen. Rinde grau oder röthlichbraun, anfangs glatt, im älteren Zustande längsrissig, in Schuppen und Bändern sich ablösend. Jüngere Zweige mehr oder weniger deutlich 3kantig. Blätter in 3zähligen, fast in Halbkreis gestellten Wirteln mit geringem Abstande, sitzend, steif, pfriemlich zulaufend, mit scharfer Stachelspitze, starr, oberseits flachrinnig, hellgrün, mit breitem, bläulich weissen Mittelsteifen, unterseits stumpfkielig, der Kiel mit schwacher Längsfurche, die jungen Nadeln aufgerichtet, die älteren abstehend. Blüthenkätzchen auf verschiedenen Pflanzen, in den Blattwinkeln der vorjährigen Triebe, einzeln. Männliche Kätzchen gelblich, fast sitzend, 2—4 Mm. lang, eikugelig, eiförmig-länglich, am Grunde von 2—3 Wirteln eiförmiger Brakteen umgeben, aus 3—4 Wirteln von Staubgefässen zusammengesetzt. Staubgefässe zu 3 in jedem Wirtel, mit sehr kurzem Faden und schildförmigem, breit eiförmigem, kurz zugespitztem, ganzrandigem, fast lederartigem Staubbeutel, der am unteren Rande mit 3—4 kugeligen, mit einer Längsspalte nach innen aufspringenden Fächern oder Pollensäcken versehen ist. Pollen hellgelb, elliptisch, unter Wasser kugelig, innen körnig. Weibliche Kätzchen grün, aufrecht, sehr kurz gestielt, 1—2 Mm. lang, länglich-eiförmig, am Grunde von einer Hülle umgeben, die aus 3—4 Reihen ziegeldachig übereinander liegender, eiförmiger, zugespitzter Brakteen gebildet wird. Die am Grunde verwachsenen 3 (bisweilen auch 6) Fruchtblätter eiförmig, zugespitzt. Eichen zu 3, von den Fruchtblättern umschlossen und zur Blüthezeit die letzteren überragend, flaschenförmig, an der Spitze von dem Keimmund (Mikropyle) durchbohrt. Nach dem Verblühen bilden sich die Fruchtblätter weiter aus, werden fleischig, umschliessen beerenartig die zu Samen ausgebildeten Eichen, am oberen Theile die Spitzen und Nähte noch deutlich erkennbar lassend. Beerenzapfen aufrecht, sehr kurz gestielt, im ersten Jahre eiförmig, grün, im zweiten (Reife-) Jahre kugelig, dunkelschwarzbraun, bläulich bereift, 6—9 Mm. im Durchmesser, von einem Kranze kleiner Brakteen gestützt, auf dem Scheitel durch Verwachsung der 3 Fruchtblätter mit 3strahlig zusammenstossenden, etwas abwärts verlaufenden, mehr oder weniger deutlichen Furchen und zwischen den Furchen liegenden, wenig unter dem Scheitel befindlichen stumpfen Spitzchen oder quergezogenen niedrigen Wulsten; Oberfläche fein punktirt. Samen eiförmig, stumpf-dreikantig, zu 3 (selten 1—2), stumpf gespitzt, an den Bauchflächen frei und dicht aneinander liegend, im unteren Theile am Rücken und häufig auch noch seitlich mit den Fruchtschuppen verwachsen. Samenschale steinartig. Embryo fast von der Länge des Eiweisses in der Mitte desselben und an der Spitze mit dem Eiweiss verwachsen, mit walzenförmigem, nach oben gerichtetem Würzelchen und 2 länglichen planconvexen Samenlappen.

Nach Schübler (Pflanzenwelt Norwegens) zeichnet sich der Wachholder Scandinaviens durch ungewöhnliche Dimensionen und hohes Alter aus; es giebt dort Bäume von 12 Meter Höhe mit einem Durchmesser von 33 Ctm., deren Alter auf ungefähr 300 Jahre geschätzt wird. Der auf moosigem Boden der subalpinen und alpinen Regionen Europas, Asiens, des nördlichen Afrikas und Nordamerikas vorkommende Zwergwachholder *Juniperus nana* Willd. wird von einigen Botanikern nur als eine Form des gemeinen Wachholders (*Juniperus communis* var. *alpina* Gaud.) betrachtet. Es ist dies ein niederliegender Strauch, mit niedergebogenen Aesten, gekrümmten, 3 wirteligen, lanzettlich-linealischen, mit stechender Spitze versehenen Blättern und Beeren, welche fast die Länge der Blätter erreichen. In Deutschland selten. Eine Uebergangsform zwischen *communis* und *nana* ist die var. *prostrata* Willk. Eine Varietät mit aus 2 Wirteln von Fruchtblättern entstandenen Beeren, die auf dem Scheitel 6 Nähte zeigen, ist *J. communis* var. *duplicata* Göpp.

Anatomisches: Die von einer starken, farblosen Cuticula bedeckte Aussenschicht des Fruchtgehäuses ist aus 2—3 Reihen dickwandiger, fast würfelförmiger Zellen zusammengesetzt, welche mit einem dunkelbraunen, körnigen Inhalte angefüllt sind. Die darauf folgende Hauptmasse des Fruchtgehäuses besteht aus einem fleischigen, zartwandigen, zur Reifezeit schlaffen, von Gefässbündeln und Oelbehältern durchzogenen Parenchym, dessen Zellen zuerst Chlorophyll und Stärke, im reifen Zustande eine grünlich-braune Masse nebst Gerbstoff enthalten. Die Oelbehälter umschliessen vorerst ätherisches Oel, welches sich jedoch später zu einer krystallinischen Masse verhärtet. Die Samen tragen auf der oberen freien, dem Fruchtfleische zugewendeten Rückseite 4—8, an der Basis der Bauchseite 1—2, 1 Mm. dicke, 2 Mm. lange blasig aufgetriebene, elliptische Balsamdrüsen oder Schläuche, die ursprünglich mit ätherischem Oele angefüllt sind, welches sich jedoch bald verdickt und zu einer amorphen, glashellen Harzmasse erhärtet.

Verbreitung. Auf Haiden und in lichten Nadelwaldungen durch ganz Europa, Mittel- und Nordasien und Nordamerika, also mit Ausschluss der tropischen und subtropischen Regionen fast über die ganze Erde verbreitet. In den mittel- und süddeutschen Gebirgen bis in die subalpinen Regionen aufsteigend; in den bairischen Alpen bis 1500 Meter, in den südlichen Alpen und nördlichen Apenninen bis über 1600 Meter, in den Pyrenäen zwischen 970—1650 Meter, in der Sierra Nevada zwischen 2100—2600 Meter, im westlichen Himalaya bis über 4000 Meter emporgehend.

Blüthezeit. Je nach Lage April bis Juni. Fruchtreife im Herbste des zweiten Jahres.

Name und Geschichtliches. Der Name Wachholder (althochdeutsch: *wecholder, wecholter, wechalter, wachilder, wechilter, wechelder, wechulder, wehalter-poum, chranawitu, chranawite, chranpoum, cranwide, kreozpaum, recolter, reckpaum,* mittelhochdeutsch: *wachalter, wacholter, walchdorn, Queckholter* etc.. bei Hildegard: *Wachholderboum, wachelterboum,* bei Cordus: *Rechholder,* in Hort. san: *Weckholder,* bei Bock: *Weckholterbaum,* bei Brunschwig: *Weckholter* etc.) ist zusammengesetzt aus *wach, wacker,* munter, lebhaft, immer lebendig, mit Bezugnahme auf die immergrüne Beschaffenheit des Strauches, und *ter, der* = Baum. Eine gleiche Bedeutung hat auch das Vorwort queck, quick, angelsächsisch *cvic* = lebendig und ebenso auch die Zusammensetzung mit Reck, Rack, altnordisch *rakk-r,* munter, tapfer. *Kranwit* ist zusammengesetzt aus *kran* und *wit* (*wid*), althochdeutsch *witu,* Holz. Bezüglich *kran* ist Grassmann der Meinung, dass dieses Wort durch Umwandlung aus dem altdeutschen *grôni, crôni* (altnordische Wurzel *grô-a,* grün) gebildet worden ist. *Juniperus* wird vom keltischen *jeneprus* (rauh, stachelig) abgeleitet, andere suchen es, wegen des immer jugendlichen Aussehens, durch fortwährendes Hervorbringen neuer Zweige und Blätter auf *juvenis* (jung) und *parere* (gebären, hervorbringen) zurückzuführen.

Die Alten haben den Wachholder in arzneilicher Beziehung nur wenig benutzt und zwar weil er in Griechenland selten vorkommt und in Italien durch das häufigere Auftreten des stattlicheren, jedoch wenig aromatischen *Juniperus Oxycedrus* nur eine geringe Beachtung gefunden hat. Die Wachholderfrüchte, Ἀρκευθίς des Dioscorides, sollen sich hauptsächlich auf *Juniperus macrocarpa* Sibth. beziehen; ebenso die von Actuarius um 1540 zur Bereitung von Pastillen vorgeschriebenen *Baccae maioris* und *minoris Juniperi.*

Schon im Mittelalter scheint der Wachholder in Deutschland in hohem Ansehen gewesen zu sein, was aus seinen vielfachen Benennungen hervorgeht. Das alte Arzneibuch aus Wales vom 13. Jahrhundert (The Physicians of Myddvai) führt die Wachholderbeeren auf, ebenso „Circa instans“ der Salernitaner Schule. Auch der arabischen Medizin des Mittelalters ist der eingedickte Beerensaft bekannt gewesen. Die ersten Abbildungen stammen von den Botanikern des 16. Jahrhunderts.

Offizinell sind die Beeren: *Fructus Juniperi* (*Baccae Juniperi, Galbuli Juniperi*); früher auch das Stamm- und Wurzelholz: *Lignum Juniperi.*

Die reifen Beeren werden im Herbste gesammelt und mit Ausschluss der künstlichen Wärme getrocknet. Gute Beeren sind fast schwarz, mit glänzender Oberfläche; sie besitzen einen aromatischen Geruch und einen gewürzhaften, süssen Geschmack. Grüne, braune, rothe oder zu alte Beeren sind zu verwerfen. Die unreifen grünen Beeren sind reicher an ätherischem Oele, riechen und schmecken daher stärker balsamisch, sind hingegen ohne süssen Geschmack. Die aus Italien in den Handel gebrachten Beeren verdienen ihrer Grösse und ihres schönen Aussehens wegen den Vorzug.

Coniferae.

Juniperus communis L.

W.Müller n.d. Nat.

Das im Handel erscheinende, meist klein geschnittene Holz der Wurzeln und jüngeren Aeste ist leicht, im Splinte fast weiss, im Kernholze blassröthlich, sehr dicht, ohne Harzgänge, mit Jahrringen und Markstrahlen versehen, zum grossen Theile aus gehöft-getüpfelten Tracheïden zusammengesetzt, mit einer dünnen, auf der äusseren Seite dunkelbraunen und faserigen, auf der inneren Seite blassbraunen und glänzenden, mit Harzgängen ausgestatteten, leicht vom Holze trennbaren Rinde bedeckt. Das Holz enthält Harz und ätherisches Oel; der Geschmack ist schwach harzig und herbe.

Unter der Rinde älterer Stämme findet man bisweilen ein körniges Harz, Wachholderharz, deutscher Sandarak: *Resina Juniperi* (*Sandaraca germanica*). Das sogenannte Kadeöl: *Oleum Juniperi empyreumaticum* (*Oleum cadinum, Oleum Cadi, Oleum Juniperi nigrum, Oleum Juniperi Oxycedri*) wird durch Schwelung des Holzes aus *Juniperus Oxycedrus* L. gewonnen.

Präparate. Aus den Beeren wird *Oleum Juniperi* (*Oleum Juniperi fructus, Oleum Juniperi baccarum*), *Succus Juniperi inspissatus* (*Roob Juniperi*), *Spiritus Juniperi, Extractum Juniperi, Infusum Juniperi* gewonnen; die Früchte dienen ausserdem zur Herstellung von *Unguentum Juniperi* und bilden einen Bestandtheil von *Spiritus Angelicae compositus, Tinctura Pini composita, Vinum diureticum, Unguentum Rosmarini compositum* (*Unguentum nervinum*), *Species Juniperi compositae. Succus Juniperi* wird zur Herstellung von *Syrupus Juniperi* verwendet, das Oel bildet einen Bestandtheil von *Spiritus Juniperi compositus* (*Alcoholatum Juniperi compositum*). Aus dem Holz wird *Oleum ligni Juniperi* gewonnen, ausserdem bildet es einen Bestandtheil von *Species lignorum, Species ad decoctum lignorum.* Holz und Früchte werden zur Herstellung von *Species diureticae* verwendet.

Bestandtheile. Die Untersuchungen der Früchte besitzen wenig Uebereinstimmung. Donath erhielt 0,91% ätherisches Oel, 0,37% Juniperin, 1,86% Ameisensäure, 0,94% Essigsäure, 0,21% Apfelsäure, Spuren von Oxalsäure, 0,64% wachsähnliches Fett, 8,46% grünes Harz, 1,29% braunes hartes Harz, 0,73% Pektin, 4,25% Proteïnstoff, 29,65% Zucker. Ritthausen fand 10,77% Wasser, 3,77% Asche, 14,36% Traubenzucker, 12,24% Fett, Harz und ätherisches Oel, 5,41% Proteinsubstanz, 31,60% Rohfaser. Nach Trommsdorf enthalten die reifen Beeren 1% ätherisches Oel, 4% Wachs, 10% Harz, 33% Zucker, 7% Gummi, 35% Faser. Aschoff fand freie Ameisensäure und in den unreifen Beeren viel Stärkemehl, welches jedoch bei der Reife verschwindet. Nach Blanchet und Sell sind die ätherischen Oele der unreifen und reifen Früchte nicht gleich; das der reifen Beere siedet bei 205°, das der unreifen ist ein Gemisch zweier Oele, von denen das eine mit dem ätherischen Oele der reifen Früchte übereinstimmt, während das andere flüchtigerer Natur ist und bei 155° siedet. Beide Oele haben die Zusammensetzung $C_{10}H_{16}$. Das Wachholderöl, welches aus ungarischer Waare bis zu 1,2%, aus deutscher bis zu 0,7% gewonnen wird, ist farblos, grünlich- oder bräunlichgelb, dünnflüssig, von starkem Geruche und gewürzhaftem Geschmacke, mit einem spez. Gewicht von 0,86—0,88, reagirt neutral, löst sich wenig in Weingeist von 0,85 spec. Gew., hingegen schon in $^1/_2$ Theil absolutem Weingeiste und in Aether; an der Luft nimmt es Sauerstoff auf und scheidet nach längererem Stehen farblose, durchsichtige Tafeln von Wachholderkampfer ab. *Juniperin*, von Steer in den reifen Beeren aufgefunden, ist eine eigenthümliche, gelbe, harzartige Substanz, die beim Erhitzen auf Platinblech mit Flamme und einem Geruche nach Wachholder verbrennt; es löst sich in conc. Schwefelsäure mit hellgelber, in Ammoniak mit goldgelber Farbe. (Husemann, Pflanzenst. 331.) Das Wachholderholzöl (*Oleum ligni Juniperi* s. *nigrum*), welches durch Destillation mit Wasser erhalten wird, ist farblos, erst dünn-, später dickflüssig und besitzt einen Geruch, der von dem Oele der Beeren verschieden ist. Nach Wandesleben bildet sich in dem *Spiritus Juniperi* ein Stearopten mit der Formel $C_6 H_{14} O_6$.

Anwendung. Die Wirksamkeit der Wachholderbeeren ist ausschliesslich in dem in ihnen enthaltenen ätherischen Oele zu suchen. Das Wachholderbeeröl wird innerlich (meist als Theespezies oder in spirituöser Lösung) und äusserlich angewendet; es dient als Diaphoreticum, Diureticum, Nervinum, bei Bauchwassersucht, Blasen- und Harnleiden, Lähmungen, gichtischen und rheumatischen Beschwerden. „Man verordnet die Wachholderbeeren als Diureticum zu 10,0—15,0 pro Tag meist als Theespezies, selten im Aufguss. Das *Oleum Juniperi* kann innerlich zu 2—4 Tropfen mehreremals täglich in Oelzucker oder spirituöser Lösung, äusserlich mit Fett oder in Spiritus gelöst, benutzt werden. Nach Nunneley soll *Oleum Juniperi* zu 30 Tropfen pro Tag die Urinmenge vermindern, dagegen die Ausfuhr an Harnstoff und festen Harnbestandtheilen um das Doppelte steigern. Auf der Haut veranlasst Wachholderöl Röthung und Bläscheneruption. Schneider gebrauchte es äusserlich und innerlich gegen Anasarka, Ascites und Gelenksteifigkeit, intern bei Magenschwäche, Bronchialverschleimung, chronischem Rheuma, Gicht und Amenorrhoe. Larsen pinselte Wachholderöl bei scrophulöser Ophthalmie ein." Der Urin nimmt schon nach kleinen Gaben Veilchengeruch an. Wachholderöl theilt die antiseptischen Wirkungen des Terpenthinöles, wie die Wachholderbeeren überhaupt als Räuchermittel bei ansteckenden Krankheiten Verwendung finden. *Oleum ligni Juniperi* ist Volksmittel und wird zu Einreibungen bei Gicht, Rheumatismus und Lähmung gebraucht. Das Holz dient als Theespezies und zum Räuchern. In der Küche finden die Beeren Verwendung als Speisegewürz; ausserdem werden sie als Zusatz bei der Bereitung des in Holland sehr beliebten Wachholderbranntweines, Genèvre (Gin) verwendet. (Husemann, Arzneimittell. 1174.)

Litteratur. Abbildung und Beschreibung: Nees v. Esenb., Plant. med., Taf. 86; Berg u. Schmidt, Offiz. Gew., Taf. VIIIe; Bentley u. Trimen, Med. pl., Tafel 255; Woodville, Taf. 6; Luerssen, Handb. d. syst. Bot. II., 92; Karsten, Deutsche Flora 317; Wittstein, Pharm. 880.

Drogen und Präparate: *Fructus Juniperi*: **Ph. germ.** 120; Ph. austr. (D. A.) 76; Ph. hung. 239; Ph. ross. 185; Ph. belg. 48; Ph. helv. 59; Cod. med. (1884) 54; Ph. Neerl. 139; Ph. dan. 122; Ph. suec. 91; Ph. U. St. 188; Flückiger, Pharm. 845; Flückiger and Hanb., Pharm. 565; Hist. d. Dr. II., 413; Berg, Waarenk. 402; Berg, Atlas, Taf. XXXIV, 117.

Lignum Juniperi: Ph. helv. 73; Ph. suec. 118.

Oleum Juniperi: **Ph. germ.** 197; Ph. austr. (D. A.) 97; Ph. hung. 317; Ph. helv. 93; Ph. Neerl. 168; Brit. ph. 223; Ph. U. St. 237; Berg, Waarenk. 557.

Succus Juniperi inspissatus: **Ph. germ.** 251; Ph. austr. (D. A.) 110; Ph. hung. 371; Ph. helv. 113; Ph. Neerl. 196.

Acetum aromaticum: **Ph. germ.** 1; Ph. suec. 3.

Spiritus Angelicae compositus: **Ph. germ.** 244.

Spiritus Juniperi: **Ph. germ.** 246; Brit. ph. 296; Ph. U. St. 308.

Spiritus Juniperi compositus: Ph. Neerl. 227; Ph. U. St. 308.

Tinctura Pini composita: Ph. ross. 434.

Vinum diureticum: Ph. helv. suppl. 135.

Extractum Juniperi: Ph. ross. 137; Ph. belg. 172; Cod. med. (1884) 417.

Unguentum Rosmarini compositum: **Ph. germ.** 299; Ph. hung. 469; Ph. ross. 456; Ph. helv. suppl. 130.

Unguentum Juniperi: Ph. hung. 475; Ph. austr. (D. A.) 141.

Species pro Thea amara: Ph. dan. 228.

Species diureticae: Ph. helv. suppl. 100; Ph. belg. 225.

Species lignorum: Ph. helv. 119.

Species ad decoctum lignorum: Ph. suec. 198.

Siehe auch Hager, Pharm. Prx. II. 227.

Tafelbeschreibung:

A männlicher Blüthenzweig, natürl. Grösse; B Zweig der weiblichen Pflanze, desgl.; 1 Querschnitt eines jüngeren Zweiges, mit Nadeln, vergrössert; 2 u. 3 Nadeln von verschiedenen Seiten, desgl.; 4 Zweigstück mit männlichem Blüthenkätzchen, desgl.; 5 männliches Blüthenkätzchen, geöffnet, desgl.; 6, 7, 8 Staubblätter von verschiedenen Seiten, desgl.; 9 Pollen unter Wasser, desgl.; 10 weibliches Blüthenkätzchen, desgl.; 11 Eichen mit den Fruchtblättern, desgl.; 12 weibliches Kätzchen im Längsschnitt, desgl.; 13 Beerenzapfen, desgl.; 14, 15 derselbe im Längs- und Querschnitt, desgl.; 16, 17 Same, natürl. Grösse und vergrössert; 18 derselbe im Längsschnitt, desgl. Nach der Natur von W. Müller.

Juniperus Oxycedrus L.

Cedern-Wachholder, spanische Ceder, Kadestrauch, Kranewett, Kaddigstrauch. Engl.: Cade. Franz.: Cade. Dän.: Enebaer. Norw.: Ener. Span.: Enebro, Miero. Ung.: Füstös-fenyö.

Syn.: *Juniperus rufescens* Link. *Juniperus tenella* Antoine. *Oxycedrus* Clus.

Familie: *Coniferae.* Unterfamilie: *Cupressineae.* Gattung: *Juniperus* L. Sekt.: *Oxycedrus* Endl.

Beschreibung. Diese, dem gewöhnlichen Wachholder sehr ähnliche Pflanze ist ein Strauch oder kleiner Baum von 4 bis 5 m Höhe. Sein Stamm ist bisweilen bis 40 cm stark, sein Holz ist weiss und wohlriechend, seine Rinde rotbraun, dünn und glatt. Die Äste (wie der Stamm) sind stielrund und ausgebreitet, die Zweige dagegen kurz, aufrecht oder abstehend, deutlich dreikantig, mit hervorragenden stumpfen Kanten. Die nadelförmigen Blätter stehen in gedrängten dreizähligen abstehenden Quirlen und laufen in eine hervorragende lange Stachelspitze aus. Die grüne Oberseite ist von einem hervortretenden Mittelnerven durchzogen und erscheint dadurch seicht zweifurchig; die Furchen selbst sind durch weisslich braunen Reif deutlich sichtbar. Die Unterseite zeigt einen gerieften hervortretenden Kiel, die Ränder sind stumpf, drüsenlos und grün, die Blätter im ganzen gewöhnlich 15 bis 20 mm lang und 1,5 bis 2 mm breit, seltener an sterilen Zweigen kürzer. Der Strauch ist diözisch. Die männlichen Kätzchen sind beinahe sitzend und nahezu kuglig, 3 bis 4 mm lang und breit, also nur etwa ein Drittel bis ein Fünftel so lang als die Stützblätter, unter sich aber ziemlich gleich. Die einzelnen Deckschuppen sind nahezu kreisförmig, am Rande zerrissenzähnig; am Grunde tragen sie vier bis fünf kuglige, einfächerige Antheren mit rundlichen Pollenkörnern. Die weiblichen Blüten stehen auf kleinen Kurztrieben in den Blattachseln und sind von drei bis sechs rundlichen Schuppen umgeben und von etwa zwei Blattwirteln gestützt. Die Blättchen der letzteren sind aufrecht, mit kurzer scharfer Spitze, eiförmig oder beinahe kreisrund. Diese kleinen Kurztriebe stehen zu zwei bis drei oder einzeln in den Blattachseln, sind breit eiförmig oder kuglig, stumpf dreikantig und nach der Spitze zu ausgerandet. — Die Blüten enthalten drei aufrechte Samenanlagen mit nach oben gerichteter Mikropyle; diese verwachsen mit den Stützblättern zu beerenartigen Zapfen, welche dann also einzeln oder zu wenigen in den Blattachseln erscheinen. Diese Zapfenbeeren haben wechselnde Grösse; bald sind sie 6 bis 7 mm lang und etwa 5 bis 6 mm breit oder sie erreichen 10 bis 12 mm, sind also etwa halb so lang als die Blätter. Sie sind nahezu kuglig, rötlich oder rotbraun, glänzend, zeigen, wie die Wachholderbeeren, an der Spitze die Vereinigungslinien der drei Hüllblätter, und unter der Spitze die kleinen dreieckigen Spitzenreste dieser drei Blätter. An der Spitze sind die Früchte leicht bereift; sie enthalten einen bis zwei, selten drei tetraedrische, gelbliche Samen. Der Embryo liegt aufrecht in dem reichlichen Nährgewebe und hat mehrere Keimblätter. — Die fleischige Fruchthülle ist reich an ätherischem Öl, welches sich, wie bei den Wachholderbeeren, in weiten Ölräumen vorfindet. Es verharzt sehr leicht und bildet bei älteren ausgetrockneten Beeren bernsteingelbe, den Samen anhängende, aromatisch schmeckende Harzkügelchen.

Blütezeit. Mai.

Vorkommen. Der Strauch wächst an steinigen Abhängen Südeuropas, von Griechenland bis zu den Pyrenäen und dem südlichen Frankreich, im nördlichen Afrika, auf Madeira, in Kleinasien und dem Orient. Er steigt bis zur Höhe von 2000 m, und beginnt schon in der Region des Ölbaumes sich zu zeigen.

Pharmazeutisch wichtig ist der in Südfrankreich und Ungarn durch trockene Destillation des Holzes und der Zweige der Pflanze erhaltene Theer: **Oleum Juniperi empyreumaticum, Oleum Juniperi nigrum, Pyroleum Oxycedri, Oleum cadinum,** Kadeöl, Kaddigöl, Kranewettöl, Cadinöl, Wachholderholztheer, engl.: *Juniper tar oil, Oil of Cade;* franz.: *Huile de Cade;* dän.:

Coniferae
(Cupressineae)

Juniperus Oxycedrus L.

 Enebaer-tjaere; norw.: *Ener-tjaere;* ung.: *Füstös-fenyö-olaj;* holl.: *Cadinolie;* span.: *Aceite de Enebrio, Miero;* port.: *Oleo de Cade, Carburoleo do Oxycedro.* Der von der gleichzeitig destillierenden wässerigen sauren Flüssigkeit getrennte Theer ist eine hellgelbe, später dunkelbraune, in 2 mm dicken Lagen klare, durchsichtige, dickflüssige Masse von der Konsistenz des Perubalsams, welche brenzlich theerartig und doch wachholderähnlich riecht und aromatisch, brennend und bitter schmeckt. Er ist leichter als Wasser; spezifisches Gewicht = 0,990; in Wasser kaum löslich, aber diesem eine saure Reaktion erteilend; klar und leicht löst er sich in Alkohol, Äther, Chloroform, Amylalkohol und Schwefelkohlenstoff. Petroleumäther lässt ca. 8 % unlösliche Substanz in Gestalt einer festen Masse zurück; drei Volumen Weingeist von 90 % (spez. Gewicht = 0,830) lösen ein Volumen Öl in der Wärme, lassen in der Kälte aber 50 % wieder herausfallen. Wasser wird durch das Öl auch beim Kochen nicht getrübt, der wässerige Auszug des Öles reduziert aber Silbernitrat beim Kochen, auf Zusatz von Ammoniak auch in der Kälte; ebenso scheidet er rotes Kupferoxydul aus Fehlingscher Lösung ab.

Verfälschungen. Andere Holztheere unterscheiden sich vom Kadeöl durch ihr höheres spez. Gewicht. Schüttelt man 2 bis 3 ccm Öl mit 10 ccm Wasser, so darf das Öl sich weder ganz, noch teilweise zu Boden setzen, auch darf das Wasser nicht gefärbt werden.

Bestandteile. Die einzelnen Bestandteile des Öles sind noch wenig gekannt. Durch Destillieren mit gespannten Wasserdämpfen erhält man daraus reichliche Mengen eines Sesquiterpens $C^{15}H^{24}$, welches bei 274 bis 275° C. siedet. Genauere Untersuchungen fehlen.

Anwendung. Das Kadeöl ist seit langer Zeit ein Volksheilmittel; höchstens wurde es früher in der Tierarzneikunde hin und wieder angewandt. Erst in neuerer Zeit hat man sich mehr mit dem Öl beschäftigt und hat es auch beim Menschen versucht. Man benutzt es äusserlich als Einreibung bei chronischen Hautkrankheiten, bei Gicht und Rheumatismus in Form von Salben oder Seifen. Innerlich giebt man es als Wurmmittel, sowie ebenfalls bei Behandlung chronischer Hautausschläge in Dosen von zwei bis fünf Tropfen, dreimal täglich. Man hat es fast in alle Pharmakopöen von Europa aufgenommen.

Litteratur. Beschreibung und Abbildung. *Juniperus.* Linné, Gen. n. 1134. — Bentham Hook., Gen. III. 427. n. 7. — L. C. Rich., *Coniferae.* — Nees v. Esenb., Gen. Flor. Germ. Monochl. n. 12. — Reichenbach, Icon. Flor. Germ. t. 537. — Moggr., Fl. Ment. t. 65. — Ten., Flor. Nop. t. 247. — Pall., Fl. Ross. t. 44. — Sieb. & Zucc., Fl. jap. t. 125. — Webb., Phytol. Canar. t. 217. — *Juniperus Oxycedrus.* Linné, Spec. p. 1470. — Rich., Conif. p. 39. t. 6. F. 1. — Rchb., Ic. Fl. Germ. et Helv. cut. 11. Fig. 1145. — Bert., Fl. Ital. 882. — Clus., Rar. pl. hist. 39. — Link, Fl. amer. (1846) 576. — Endl., Conif. p. 11 excl. var. B. — Carrière, Conif. p. 15. excl. var. A. — Antoine, Cupress. Gatt. 18. p. 20. t. 30. 23 bis 25. (*J. tenella*). DC., Prodr. XVI. 2. 477. — Brot., Fl. lusit. I. 126. — Lowe, Fl. of Madeira I. 111. — Henkel, Bot. 263. — Karsten, Fl. v. D. I. 319. — Luerssen, Med. pharm. Bot. II. 96. — Kosteletzki, Med. pharm. Flor. II. 347. — Thomé, Fl. v. D. I. 58. — Schlechtendal-Hallier, Fl. v. D. I. 22. t. 83.

Droge. Hager, Praxis II. 230. — Wiegand, Pharm. 365. — Hirsch, Univ. Pharm. II. 313. n. 2284. — Beckurts & Hirsch, Encykl. d. Pharm. II. 312. n. 1181. — Realencykl. d. Pharm. V. 533. — Merck, Index 1897. 145. — Pharm. Austr. (VII) 144. n. 351. — Belg. (II) 188. — Brit. Suppl. (1890) 28. — Dan. (1893) 262. — Gall. (1884) 43. 632. — Fenn. IV. 140. — Helvet. (III) 191. — Hisp. (VI) 7. — Hung. (II) 407 n. 307. — Nederl. Suppl. 138. — Norv. III. 176. — Port. (1876) 283. — Rom. (III) 375. 451. (Vesicâtóre Tasbot). — Suec. (VII) 166. — U. St. Pharm. (1890) 274. — Deutsche Arzneimittel, Berlin 1891. 199 n. 509.

Tafelbeschreibung.

A Zweig der blühenden männlichen Pflanze, daran zwei durch Insektenstiche erzeugte Gallen. B Zweig der blühenden und fruchttragenden weiblichen Pflanze. 1 männliches Kätzchen; 2 eine Schuppe von aussen mit aufgesprungenen Antheren; 3 dieselbe von der Achse aus gesehen; 4 weibliches Kätzchen; 5 dasselbe im Längsschnitt; 6 Frucht mit Stützblatt; 7 dieselbe im Querschnitt; 8 Samen mit Harzklümpchen. A, B natürliche Grösse; 1 bis 8 vergrössert. Nach Pflanzen aus Istrien (Herbarium Haussknecht).

Krameria triandra Ruiz et Pavon.

Echte Ratanhia (Ratanha), Peru-Payta-rothe Ratanhia — Ratanhia — Rhatany, Krameria.

Familie: *Caesalpiniaceae* (*Polygonaceae* nach Bentham und Hooker); **Gattung:** *Krameria* Loefling.

Beschreibung. Ein kleiner Strauch mit holziger, sehr ästiger, wenig faseriger Wurzel und aufrechtem, 20—30 Ctm. hohem Stämmchen, dessen ausgebreitete untere Aeste schwarz, kahl, niederliegend und bis 1 Meter lang sind, während die oberen kürzeren eine abstehend ausgebreitete Form, seidenartige Behaarung und grünlichgraue Färbung besitzen. Die zerstreut stehenden oder fast gegenständigen Blätter sind dick, bis 11 Mm. lang, 3—4 Mm. breit, sitzend, länglich oder verkehrt eiförmig-länglich, zugespitzt, stachelspitzig, ganzrandig, grau seidenhaarig. Blüthen an der Spitze des Stammes und der Zweige, achselständig, und zu endständigen Trauben zusammengedrängt, gestielt. Der derbe, dicht seidenhaarige Stiel länger als das Blatt, in dessen Achsel sich die Blüthe befindet, mit 2 lanzettlichen, gegenständigen, 6—8 Mm. langen Vorblättern (Brakteen) oberhalb der Mitte des Blüthenstieles. Kelch 4blätterig, aussen dicht silbergrau seidenhaarig, innen purpurroth, abfallend; Kelchblätter ausgebreitet, ungleich, zugespitzt, die beiden äusseren derber, grösser, eiförmig-länglich, die beiden inneren, seitlich gestellten schmäler und spitzer. Kronblätter 4, purpurroth, abfallend; die beiden oberen oder hinteren spatelförmig, lang gestielt, 6 Mm. lang, die beiden unteren, vorderen in dicke, drüsige, rundlich-eiförmige, sitzende, 1 Mm. lange, dem Fruchtknoten seitlich angedrückte Schuppen umgebildet, die im frischen Zustande aussen eine schuppig-runzelige, innen glatte Beschaffenheit zeigen. Staubgefässe 3, unterständig, frei, zwischen den hinteren Kronblättern und dem Fruchtknoten stehend, roth, die beiden seitlichen bogig nach dem mittleren zu geneigt; Staubfäden verbreitert; Staubbeutel am Grunde befestigt, im unteren Theile bauchig, nach oben verjüngt, an der Spitze sich mit einem zerschlitzt saumigen Loche öffnend. Pollen rund, 3porig, der oberständige, freie Stempel mit ovalem oder fast verkehrt eiförmigem, zottigem und mit widerhakigen Stacheln besetztem, einfächerigem Fruchtknoten und pfriemenförmigem, kahlem, rothem Griffel. Samenträger wandständig, leistenförmig hervortretend, der den Staubgefässen zugewendeten Seite angewachsen, oben getheilt und die 2 gegenläufigen, herabhängenden, länglichen Eichen tragend. Die einsamige Frucht fast kugelig, behaart, holzig-lederartig, nicht aufspringend, mit 4 Mm. langen, dunkel kastanienbraunen Stacheln besetzt. Same eiförmig, etwas zusammengedrückt, mit fleischigem Eiweiss und axilem Embryo. Würzelchen nach oben gekehrt.

Anatomisches. Der Querschnitt zeigt eine sehr dünne Rinde (die der Hauptwurzel ist bis 4 Mm. dick, auf der Oberfläche schuppig, und sehr holperig, dunkel rothbraun, öfters in der Axe gedreht; die der Aeste ist 1 Mm. dick und bedeutend heller) und ein fein poröses, zimmtbraunes, mit sehr feinen Markstrahlen ausgestattetes, markloses Holz. Die Aussenrinde wird von einem Kork gebildet, welcher aus zahlreichen Lagen tangential gestreckter, tafelförmiger Zellen zusammengesetzt ist, deren dünnwandige, schlaffe Wände nach aussen stark gewölbt erscheinen. Die äusseren Korkschichten sind mit rothbraunem Farbstoff angefüllt, die inneren, noch lebensthätigen und sich durch tangentiale Quertheilung fortwährend vermehrenden Zellen zeigen zerknitterte Wände und besitzen entweder eine grauliche Färbung oder sind ungefärbt. Die Mittelrinde besteht aus 4—5 Reihen grosser Parenchymzellen von tangentialer Streckung, mit gelb-porösen Wänden, deren Inhalt aus einzelnen oder zu 2—4 verwachsenen, kugeligen Stärkekörnern besteht. Die Innenrinde (der Bast), welche im Verhältniss zur Aussenrinde sehr bedeutende Ausdehnung besitzt, zeigt ein straffes, aus Markstrahlen und Bastparenchym zusammengesetztes Rindenparenchym, welches in radialer Richtung von unterbrochenen Gruppen gelblicher Bastfasern durchschnitten ist. Die Fasern zeigen entweder cylindrische Form und sind mit einem sehr geringen Lumen ausgestattet, oder das Lumen ist grösser und die wenig verdickten Wände durch gegenseitigen Druck verbogen. Im Längsschnitt erscheinen diese Gruppen als sehr lange, sich vereinigende, von zartem Prosenchym begleitete Bündel. Die Markstrahlen der Rinde bestehen aus 1—3 Reihen, in den äusseren Reihen mehr tangential gestreckter, nach innen quadratischer Zellen. Die Markstrahlen des strahligen, dichten und festen Holzkörpers, welcher durch eine schmale, nicht scharf hervortretende Schicht zarter Cambiumzellen von der Rinde getrennt wird, sind weit schmäler, nur 1reihig und mit Stärkemehl angefüllt. Die mit den Markstrahlen abwechselnden schmalen Gefässbündel enthalten zahlreiche, zu concentrischen Kreisen geordnete, stark verdickte Tüpfelgefässe, welche von sehr langen, stark verdickten, porösen Holzzellen und schmalen, einreihigen Parenchymzellen umgeben sind. Schmale, mit Calciumoxalat erfüllte Zellzüge treten im Baste auf. In den Wurzelästen sind im Centrum die Gefässe und Zellen der Markstrahlen bisweilen mit braunrothem Inhalte ausgestattet.

Blüthezeit. October und November.

Vorkommen. Auf sandigen und unfruchtbaren Abhängen der brasilianischen und peruanischen Cordilleren, in Regionen von 1000—3000 Meter Meereshöhe.

Name und Geschichtliches. *Ratanha* oder *Ratanhia* soll abgeleitet sein vom spanischen *ratear,* kriechen, wegen der kriechenden Wurzeläste und unteren Zweige. Flückiger und Andere behaupten jedoch, dass das Wort der alten peruanischen Quichuasprache entstamme und durchaus nichts mit dem spanischen *ratear* zu thun habe. *Krameria* von Peter Loefling, einem Schüler Linné's, nach dem österreichischen Militärarzte Johann Heinrich Kramer in Temeswar so benannt, der in seinem *Tentamen botanicum renovatum* etc. (Wien 1744) die beiden Pflanzensysteme von Rivinus und Tournefort zu vereinigen suchte; *triandra,* dreimännig, wegen der 3 vorhandenen Staubgefässe.

Ruiz (Hipolito Ruiz Lopez, gestorben 1815 zu Madrid) entdeckte diese Pflanze 1779 auf seiner Reise durch Peru, nachdem er vorher beobachtet hatte, dass die Frauen in Huanuco und Lima sich wohl schon vor undenklichen Zeiten der Wurzel als Zahnerhaltungsmittel bedienten. 1796 kam die Wurzel durch Ruiz nach Spanien, 1806 nach Frankreich und England. In Deutschland wurde sie durch Willdenow empfohlen, jedoch erst später durch Jobst und Klein (1818) eingeführt. Bezüglich des Ratanhiaextraktes bemerkt Flückiger, dass wohl Ruiz den Anstoss zur Darstellung desselben in Lima gegeben habe.

Offizinell ist die Wurzel und besonders deren Rinde: *Radix Ratanhae* (*Radix Ratanhiae, Radix Krameriae*). Die holzige Wurzel besteht aus einem 8—30 Ctm. langen, 2—5 Ctm. dicken, senkrecht in die Erde gehenden Wurzelstamm, der nach oben in einige sparrig auseinanderstrebende, oberirdische Stämme übergeht, nach unten in meist horizontaler Richtung ungefähr fingerdicke, cylindrische, 30—60 Ctm. lange, einfache oder ästige, meist wellenförmig gebogene, gegen die Spitze faserige Wurzeläste austreibt. Oft ist die Hauptwurzel von unförmlich knollenartiger Beschaffenheit. Der Wurzelstamm besitzt eine rissige, dunkelrothbraune oder fast schwarzbraune, feste, im Bruch nach

Krameria triandra Ruiz et Pavon.

aussen etwas harzglänzende, nach innen faserige, 1—2 Mm. dicke Rinde, welche sich leicht vom zimmtfarbenen bis röthlichweissen, durch zahlreiche Markstrahlen sternförmig gestreiften und durch Gefässe porös erscheinenden Holze trennen lässt. Die Rinde der Wurzeläste ist fast eben, nach der Basis zu kleinwarzig, meist rothbraun, innen heller. Der Geschmack der Rinde ist stark, meist unangenehm zusammenziehend, mit einem etwas süsslichen Nachgeschmacke, nach Wittstein etwas bitter. Das Holz ist fast geschmacklos, daher beim Pulvern nicht verwendbar. Früher wurden nur die Wurzeläste auf den Markt gebracht und bis 1840 auch die Rinde allein. Jetzt kommt die ganze Wurzel mit den holzigen Stengelresten und den in der Regel beschädigten Wurzelästen in den Handel und zwar in 2 Sorten: eine bessere Sorte, die *lange Ratanhia,* enthält meistens nur die ziemlich gleichförmigen, mit wenig Wurzelstämmen untermischten Wurzeläste, und eine geringere Sorte, die *kurze* oder *knollige Ratanhia,* welche aus den ganzen, gewöhnlich sehr zerrissenen, nur mit dünnen und zum Theil von der Rinde entblössten, hellerfarbigen und weissholzigen Wurzelästen besetzten Wurzeln besteht. Die Güte der Waare ist von der Stärke der Rinde abhängig, weshalb die allenthalben mit Rinde bekleideten, ausgewachsenen Wurzeläste den im Verhältniss zur Masse weniger Rinde besitzenden Wurzelstämmen vorzuziehen sind.

Die Einsammlung der Wurzel erfolgt hauptsächlich östlich und nordöstlich von Lima, und zwar sind es nach Flückiger die Orte Huarochiri, Canta, Jauja, Tarma, Huanaco, welche die Droge nach dem Hafen Callao liefern; jedoch auch der peruanische Hafen Payta, an der Grenze von Ekuador, verschifft Ratanhiawurzel. Ebenso wird die letztere in der Gegend des Titicacasees, auf der Grenze von Bolivia, gesammelt und über Arequipa nach dem Hafen Islay gebracht.

Das früher neben der Wurzel im Handel erscheinende, im Heimathlande selbst bereitete, trockene Extrakt: *Extractum Ratanhiae americanum,* besteht aus unförmlichen, dunkelbraunen Stücken, welche aussen matt, innen glänzend und an den scharfen Kanten und in dünnen Splittern schön braunroth und durchscheinend sind; sie haben eine leicht brüchige, im Bruche stark glasglänzende Beschaffenheit, einen stark zusammenziehenden Geschmack, färben den Speichel braunroth und lösen sich gut in heissem Wasser. Dieses Extrakt besteht grösstentheils aus Ratanhiagerbsäure und Ratanhiaroth, ist übrigens nach Flückiger's Vermuthung entweder gar nicht oder doch nur theilweise aus Krameria gewonnen, sondern stammt der Hauptsache nach vielleicht von der baumartigen, in Brasilien einheimischen, ratanhinreichen Leguminose *Ferreira spectabilis* Allemao. Ratanhiagerbsäure ist in diesem Extrakt nicht vorhanden.

Bestandtheile. Wittstein fand eigenthümliche, eisengrünende Gerbsäure (*Ratanhiagerbsäure*) Ratanhiaroth, gummige und extraktive Materie, Wachs, Zucker, Stärkemehl, oxalsauren Kalk. Die Peschier'sche Ratanhiasäure (Kramersäure), ebenso die Gallussäure, wurden von Wittstein nicht aufgefunden, dagegen in dem amerikanischen Extrakte, nicht in der Wurzel, *Tyrosin,* mit der Formel $C_9H_{11}NO_3$ (*Amidohydroparacumarsäure*). Ruge fand in letzterem Extrakte *Ratanhin.* Die Peschier'sche Kramersäure soll entweder Tyrosinschwefelsäure sein oder nach den Vermuthungen von Städeler und Hlasiwetz aus Sulfophoraminsäure, einem Abkömmling des Phlorrhizins, bestehen. Letzteres ist jedoch in der Ratanhia bis jetzt nicht nachgewiesen worden.

Ratanhiagerbsäure, auch in der Rinde der *Savanilla Ratanhia* vorhanden und mittelst Aethers aus der gepulverten Rinde gewonnen, bildet eine glänzende, tiefrothe, amorphe Masse, ist wenig löslich in Wasser mit schmutzig-rosenrother Farbe, leicht löslich in Weingeist. Sie giebt mit Eisenchlorid einen dunkelgrünlichen Niederschlag und spaltet sich mit verdünnter Schwefelsäure in rothbraunes *Ratanhiaroth* und Zucker. Ersteres ist wie das rothe Zersetzungsprodukt der Kastaniengerbsäure zusammengesetzt und besitzt die Formel $C_{26}H_{22}O_{11}$. Die Ratanhiagerbsäure ist der hauptsächlichste chemische Bestandtheil der Rinde und wird aus letzterer in einer Ausbeute von 20—45% gewonnen. Wittstein fand 20%.

Ratanhin mit der Zusammensetzung $C_{10}H_{13}NO_3$ (nach Husemann $C_{10}H_{13}NO_2$) ist von Ruge aus dem Extrakte zu 1.26% erhalten, hingegen bisher in der Wurzel nicht entdeckt worden. Es bildet grosse, kugelförmige, aus zarten, weichen Nadeln zusammengesetzte und zu einer verfilzten Masse eintrocknende

Krystalldrusen, löst sich in 125 Theilen kochendem, weniger in kaltem Wasser, in 2345 Theilen gewöhnlichem, siedendem Weingeist, in 9480 Theilen Weingeist von 15°, ist unlöslich in absolutem Weingeist und Aether. Es ist mit dem *Tyrosin,* wofür es von Wittstein gehalten wird, jenem Zersetzungsprodukte eiweisshaltiger Stoffe, welches bis jetzt nur im Thierreich beobachtet worden ist, homolog und wird als *methylirtes Tyrosin* bezeichnet; es färbt sich beim Kochen mit Salpetersäure roth, blau, zuletzt grün. Die Lösung ist roth fluorescirend. Gleich dem Tyrosin und anderen Amidosäuren giebt das Ratanhin mit Basen und Säuren krystallisirbare Verbindungen. Husemann, Pflanzenst. 1097.

Anwendung. In Substanz, als Absud, Extrakt, Tinktur als ein kräftiges Adstringens, innerlich bei chronischen Durchfällen, atonischen Blutungen, Schleimflüssen der Respirations- und Urogenitalorgane; äusserlich zu Mund- und Zahnmitteln, zu Einspritzungen und Klystiren. „Die Ratanhiawurzel passt in allen Fällen, wo Tannin innerlich oder äusserlich indicirt ist, nur nicht bei Brechweinsteinvergiftung, da sie in wässeriger Abkochung Brechweinstein nicht fällt. Die erste Anwendung geschah vorzüglich bei passiven Haemorrhagien; Tournel empfahl Ratanhia zur Verhütung von habituellem Abortus, bei atonischer Dyspepsie und als Tonicum überhaupt. Beliebt ist Ratanhia vorzugsweise als Tonicum bei *Fissura ani* und bei wunden Brustwarzen; auch ist sie bei Ozaena, Furunkeln und allen möglichen Katarrhen und Blenorrhöen der verschiedensten Schleimhäute empfohlen." Die Ratanhiatinktur wird innerlich zu 20—30 Tropfen und äusserlich zum Bepinseln des Zahnfleisches, bei Scorbut und als Zusatz der Mund- und Gurgelwässer benutzt. Husemann, Arzneimittel 510.

Litteratur. Abbildung und Beschreibung. Nees v. Esenb., Pl. med., Taf. 413; Hayne, Arzneigew. VII, Taf. 14, VIII, Taf. 13 (*Kr. Ixina*); Berg u. Schmidt, Offiz. Gew., Taf. IIIf; Bentley and Trimen, Med. pl., Taf. 30, Taf. 31 (*Kr. Ixina*); Luerssen, Handb. der syst. Bot. II, 905; Karsten, Deutsche Flora 601; Wittstein, Pharm. 668ff.

Drogen und Präparate. *Radix Ratanhiae:* **Ph. germ.** 223; Ph. austr. 109; Ph. hung. 367; Ph. ross. 334; Ph. helv. 108; Cod. med. 74; Ph. belg. 70; Ph. Neerl. 193; Brit. ph. 168; Ph. dan. 193; Ph. suec. 172; Ph. U. St. 189; Flückiger, Pharm. 358; Flückiger and Hanb., Pharm. 79; Hist. d. Drog. I, 153; Berg, Waarenk. 36; Berg, Atlas 7, Taf. V.

Extractum Ratanhiae: Ph. austr. 60; Ph. hung 193; Ph. ross. 139; Ph. helv. 47; Cod. med. 418; Ph. belg. 170; Ph. Neerl. 110; Brit. ph. 121; Ph. dan. 104; Ph. suec. 77; Ph. U. St. 128; Berg, Waarenk 603.

Tinctura Ratanhiae: **Ph. germ.** 286; Ph. austr. 137; Ph. hung. 463; Ph. ross. 435; Ph. helv. 147; Cod. med. 604; Ph. belg. 263; Ph. Neerl. 272; Brit. ph. 334; Ph. dan. 276; Ph. suec. 236; Ph. U. St. 348.

Syrupus Krameriae: Cod. med. 564; Ph. belg. 251; Ph. U. St. 000.

Infusum Krameriae: Brit. ph. 162; Ph. U. St. 325.

Pulvis Catechu compositus: Brit. ph. 262.

Trochisci Krameriae: Ph. U. St. 362.

Bezüglich der Drogen und Präparate siehe auch Hager, Ph. Prx. II, 790; III, 1035.

Tafelbeschreibung:

AB Theile der Pflanze in natürl. Grösse; 1 Blüthe ohne Kelch, vergrössert; 2 dieselbe ohne Kelch- und Kronenblätter, desgl.; 3 Staubgefässe, desgl.; 4 Pollen, desgl.; 5 Stempel, desgl.; 6 Fruchtknoten im Längsschnitt, desgl.; 7 derselbe im Querschnitt, desgl.; 8 Frucht im Längsschnitt, desgl.; 9 u. 10 Same im Längs- und Querschnitt mit Würzelchen, desgl.; 11 mit Wiederhaken besetzte Stachel, desgl. Buntdruck von Herrn Ernst Günther in Gera nach einer Originalzeichnung des Herrn Professor Schmidt in Berlin.

Eine aus Kolumbien über Sabanilla (Savanilla), Santa Marta, Cartagena ausgeführte, der peruanischen Ratanhia ähnliche Wurzel ist die *Sabanilla- (Savanilla-) Ratanhia (Neu Granada-Ratanhia)*. Sie stammt, was auch Hanbury bestätigt hat, von der in Neu Granada, Guinea und Brasilien einheimischen *Krameria Ixina var. β granatensis Triana (Kr. tomentosa* St. Hil.). Letztere ist ein $1^1/_3$—2 Meter hoher, auf trocknem, hartem Kiesboden wachsender Strauch mit zerstreutstehenden, oval-lanzettförmigen, in den Blattstiel verschmälerten, röthlich-lederbraunen, weichhaarigen, unten spitzigen, nach oben lang stachelspitzigen Blättern und aussen seidenhaarigen, innen purpurrothen Blüthen, welche mit 4 etwas ungleichen Kelchblättern und 5 schwärzlich-purpurrothen Kronblättern (3 spateligen, rautenförmigen oberen, und 2 rundlichen, vertieften, netzförmig geaderten unteren) ausgestattet sind. Staubgefässe sind 4 vorhanden, mit fadenförmigen an der Spitze erweiterten Staubfäden und kegelförmigen, 2fächerigen, an der Spitze sich mit einen Loche öffnenden Staubbeuteln.

Die Droge, welche bei Giron, westlich von Pamblona in Kolumbien, gesammelt wird, besteht meist aus Wurzelästen, lässt überhaupt eine eigentliche Hauptwurzel weniger scharf unterscheiden. Die Wurzeläste sind unregelmässig cylindrisch, kürzer als bei der echten Wurzel und etwas weniger gebogen, jedoch mehr längsfurchig, häufig quer tief eingerissen; sie besitzen eine mattere Färbung, sind im Allgemeinen braun mit einem violetten Schimmer. Die $1^1/_2$—3 Mm. dicke Rinde, welche stellenweise fehlt, ist im Verhältniss zum Holze ziemlich stark, innen chocoladenbraun, im Bruch uneben körnig, etwas faserig, fester am Holze haftend. Der Geschmack ist bitter und sehr herbe. Wittstein fand im wesentlichen dieselben Bestandtheile wie in der peruanischen Ratanhia, nur lässt sich aus der schwarzen Färbung dünner Schnitte, bei Behandlung mit Eisenvitriol, schliessen, dass eisenbläuender Gerbstoff vorwaltet. Cotton will einen festen Riechstoff in ihr entdeckt haben. Es ist anzunehmen, dass die Wirkung dieser Wurzel der echten Ratanhia gleich ist, und es wäre in Folge dessen wegen der bedeutenderen Entwickelung der Rinde der Sabanilla-Ratanhia der Vorzug zu geben.

Eine der vorhergehenden ähnliche, etwas dunklere, meist violette, aus Para kommende Wurzel ist die *Para-Ratanhia,* welche 1875 unter dem Namen *Cearà-* (auch *brasilianische* oder *Antillen-*) *Ratanhia* nach Hamburg gelangte. Sie besteht aus einzelnen cylindrischen Stücken von verschiedener Länge und Dicke, welche sich als einfache, wenig gebogene, aussen dunkelgrüne bis schwarzbraune, an den aufgerissenen Stellen lebhaft braunrothe Wurzeläste erweisen, die reichlich mit tiefen Querrissen und schwachen Längsrunzeln, auch Höckerchen versehen sind; nur sehr dünne Stücke sind glatt. Der Bruch ist uneben, die Stücke harzig glänzend, das Holz langfaserig. In dem etwas gröber porösen Holze zeigen sich die Markstrahlen weniger deutlich ausgeprägt und seltener gefärbt als bei der vorhergehenden Wurzel. Als Stammpflanze ist *Krameria argentea* Martius festgestellt worden, welche die ostbrasilianischen Provinzen Cearà, Piauhy, Pernambuco, Bahia, auch das Innere von Minas geraes und Goyaz bewohnt. Bezüglich der chemischen Eigenschaften, von denen bereits Martius hervorhob, dass Eisensalze durch ihren Gerbstoff grau gefällt werden, sagt Flückiger: „In der That verhält sich die Para-Ratanhia zu Eisensalzen etwas anders als die peruanische Ratanhia; der Gerbstoff beider Wurzeln ist entweder ein anderer oder es kommen mehrere Gerbstoffe in verschiedener Menge in der Ratanhiawurzel vor. Die Ratanhia aus Cearà liefert bei weitem weniger Extrakt, als diejenige aus Payta, welche am meisten gesucht ist.“

Eine *Texas-Ratanhia* von *Krameria secundiflora* Moc. und Sessè abstammend, besitzt einen rundlichen, höckerigen, 5 Ctm. dicken, holzigen Knollstock, welcher mit wenigen, starken, fast einfachen, hin und her gebogenen, $1^1/_2$—3 Ctm. dicken, aussen schwarzbraunen, unebenen, im unteren Theile ge-

furchten, im oberen unregelmässig gefelderten, im frischen Zustande fleischigen Wurzeln besetzt ist.
Die Rinde ist entweder gleich dick oder dicker als der Holzkörper, besitzt eine röthlichweisse Farbe, ist mehlig und im Bruche uneben. Die Aussenrinde ist fast schwarz, das Holz hell. Der Geschmack ist bitter und sehr herbe.

Flückiger giebt von den 3 Hauptwurzeln folgende Unterscheidungsmerkmale:

Gesättigte, weingeistige Bleizuckerlösung erzeugt in der Tinktur, die man durch Digestion der Rinde mit dem 10fachen Gewichte Weingeist von 0.830 spez. Gew. erhält, bei der peruanischen Ratanhia einen rothen Niederschlag, und die abfiltrirte Flüssigkeit ist selbst bei grossem Ueberschusse von Bleizucker rothbraun; bei der Sabanilla-Ratanhia ist der Niederschlag violett-grau, das Filtrat farblos; die Para-Ratanhia verhält sich wie die Sabanilla-Ratanhia, höchstens ist der Niederschlag weniger violett.

Landolphia comorensis (Bojer) K. Schumann var. **florida** (Benth.) K. Schumann.

Blütenreiche, prächtige Landolphia. Kautschuk-Liane oder Kirindo der Comoren. Voa hine der West-Afrikaner.

Syn. *Landolphia florida* Bentham. *Vahea* Lam.

Familie: *Apocynaceae.* Unterfamilie: *Plumieroideae.* Sektion: *Arduineae.* Trib.: *Landolphiinae* K. Sch. Gattung: *Landolphia* Palis.-Beauv.

Beschreibung. Diese sehr lange, schlanke, milchende Liane ist eine Zierde des tropischen Afrikas. Ihr Stamm erlangt etwa 30 cm von der Wurzel entfernt schon einen Durchmesser von 20—25 cm. Derselbe kriecht, einer riesigen Boa constrictor nicht unähnlich, oft weite Strecken auf der Erde hin, bis er einen Baum findet, an dem er emporranken kann. Dann teilt er sich in mehrere schlanke Aste, die bis zum Gipfel des Baumes emporklimmen und von hier aus lange hängende, reich beblätterte Zweige herabsenden. Diese, mit dichten Büscheln grosser schneeweisser, herrlich nach Jasmin duftender Blüten geschmückt, gleichen prächtigen Guirlanden und Festons, mit denen der Baum sein überdies meist dichtes Laubdach noch besonders schmückt. Junge Zweige sind grün und gefleckt, ältere braun mit zahlreichen rundlichen hellgelben Lenticellen besetzt; alle zerbrechlich und mit porösem Mark erfüllt. In Entfernungen von 20—25 cm entstehen Knoten, an denen sich der Zweig bis zu 8 mm verdickt. Daselbst endet der Trieb und gabelt sich wickelig in einen stärkeren Blattzweig, und in einen kürzeren beblätterten Blütenzweig; meist findet sich auch in der Gabelung eine kleine einzelne Blütenrispe. — Die Blätter sind gestielt, gegenständig in gekreuzten Paaren, einfach, ungeteilt, ganzrandig, kahl. Der Stiel ist bis 10 mm lang, rinnig, die Blattfläche bis zu 14 cm lang und 6—7 cm breit, an der Spitze stumpf, am Grunde meist abgerundet, daher breitlanzettlich, eilanzettlich oder oval. Die Blattfläche ist oberseits dunkelgrün glänzend, die Unterseite heller; der Rand ist etwas wellig und mit einer sehr schmalen hellen Linie umzogen. Die Nerven sind beiderseits hervortretend, bedeutend heller als die Blattfläche, der Mittelnerv mit einem scharfen Kiele versehen. Von dem letzteren gehen unter Winkeln von 60—70° beiderseits 7—8 unregelmässig gestellte Seitennerven aus, die sich wiederum nach dem Rande zu gabeln und mit den vorhergehenden und nachfolgenden Nerven zusammenfliessen. Die stärkeren Adern bilden mit den Seitennerven wiederum Winkel von 60—70° und vereinigen sich mit den Adern des Nachbarnerven in einer sehr bemerkenswerten Zickzack linie, welche in der Mitte zwischen zwei Nerven, diesen ungefähr parallel gerichtet verläuft. — Die Blüten stehen in vielästigen Trugdolden, deren Fussstück etwa 2 cm lang ist. Solche etwa 30—40blütige Cymen stehen dann entweder in den Blattachseln, oder in den Achseln der Verzweigungen, oder an den Enden der Triebe, oder endlich sie sind wickelähnlich verzweigt, an einer scheinbar gemeinsamen, später verlängerten, beblätterten oder unbeblätterten Achse inseriert. Die Fussstücke dieser kleinen Trugdolden krümmen sich allmählich rückwärts und bilden sich nach dem Abfallen der Früchte zu Krallenranken aus. Die Blüten sind 5zählig regelmässig unterständig; jede einzelne von einem oder mehreren sehr kleinen breiteiförmigen behaarten Deckblättchen gestützt. Der Kelch ist sehr klein, etwa 3 mm lang, trichterig, tief 5teilig mit eiförmigen, spitzigen, dachig sich deckenden behaarten drüsenlosen weissberandeten Zipfeln. Die Blumenkrone ist verwachsenblättrig, trichterig oder präsentiertellerförmig, schneeweiss, lieblich duftend; die Röhre ist so lang als die Zipfel, die ganze Blüte 40—60 mm lang: die zylindrische Röhre hat etwa 2 mm im Durchmesser; an der Ansatzstelle der Staubblätter ist sie etwas erweitert; die Zipfel sind links deckend, bis 30 mm lang und bis 7 mm breit, stumpf, ovallänglich. Aussen ist der obere Teil der Röhre und der untere Teil der Zipfel weichhaarig, innen ist sie frei von Schuppen. Die Staubblätter sind etwa in der Mitte der Röhre angeheftet; sie haben sehr kurze Filamente und lanzettlich spitze Beutel. Ein Discus fehlt. Der Fruchtknoten ist nahezu kuglig, weichhaarig, an der Spitze etwas eingedrückt, einfächrig und trägt an zwei weit in die Fruchtknotenhöhle hineinragenden Samenträgern zahlreiche anatrope Samenknospen mehrreihig befestigt. Der Griffel ist kurz und endigt in eine spindelförmige, an der Spitze undeutlich 2teilige Narbe. — Die essbare Frucht hat das Aussehen einer Orange; das Perikarp ist orangegelb und lederartig; die zahlreichen Samen von der Grösse einer Bohne sind von einem säuerlich süssen orangegelben Fruchtmus umgeben, welches aus Trichomen der Samenoberhaut gebildet wird. Die graubraunen Samen enthalten reichliches horniges Nährgewebe; der Embryo hat grosse blattartige Samenlappen und ein wenig entwickeltes Würzelchen und Knöspchen.

Vorkommen. Die Pflanze bewohnt das tropische Afrika. Man findet sie sowohl in Westafrika von Sierra Leone bis Angola, wo sie bis 800 m hoch steigt, als auch in Ostafrika und den Komoren, wo sie ebenfalls in Höhen bis und über 500 m vorkommt. Wahrscheinlich ist sie aber auch im Innern zu finden. Sie bewohnt feuchte felsige Schluchten, Orte, an denen irgend etwas anderes kaum wächst. — Ihrer grossen Länge wegen und weil sie grosser Bäume zur Stütze bedarf, ist ihre Kultur mit Schwierigkeiten verbunden; um so weniger, wo diese Bedingungen gegeben sind. Thomas Christy empfiehlt daher die Kultur aufs Wärmste. Denn die Pflanze nützt nicht nur durch ihren Milchsaft, sondern erfreut auch das Auge durch das dunkle saftige Grün ihrer lorbeerartigen Blätter und durch ihre prächtigen schneeweissen Blüten und erfüllt die Luft mit herrlichem Wohlgeruch. Deshalb empfiehlt Christy die Liane zur Bekleidung von Villen und Sommerwohnungen; auch kann man ihre Blüten zur Herstellung wohlriechender Essenzen benutzen.

Name. *Landolphia* ist die Pflanze von Palisot de Beauvois benannt zu Ehren Landolph's, des Schiffskapitäns und Kommandanten der französischen Expedition nach Oware und Benin 1804. (Pal. de Beauv. Flore d'Oware p. 55.)

Andere wichtige Arten der Gattung *Landolphia* sind folgende:

Landolphia Hendelottii A. DC. (*L. Traunii* Sadeb., Anjouan der Eingeborenen). Klettert mit blatt- und blütenlosen sehr langen Krallenranken. Blüten in endständigen Rispen. Blätter unterseits weichhaarig rostfarben. In Senegambien.

L. Kirkii Dyer ist eine milchsaftführende Liane in Ostafrika, Mozambique und Madagaskar, welche mit Hülfe reizbarer, mit Blüten besetzter Blütenstandsaxen rankt. Ihre Blätter sind länglich-lanzettlich, unterseits kahl, 10—12 cm lang, 3—4 cm breit, am Grunde abgerundet, oben spitz. Die Blütenstände sind corymböse, kreuzgegenständige, an Kurztrieben endständige Rispen; die Blüten sind 12—16 mm lang.

L. Petersiana (Klotzsch) Dyer. Klettert mit beblätterten Blütenstielen; Blätter unterseits kahl, Blütenstand knäuelig an den verlängerten reizbaren Spindeln. Ostafrika, eine Varietät in Westafrika.

L. Owariensis Pal. de Beauv. Ein nicht kletternder Strauch. Blätter grösser als 3 cm. Blütenstandaxe und Kelch sind goldig-filzig, die Blüten 12 mm lang oder länger. Sie wächst in Oware (Westafrika) von 10° nördlich bis 10° südlich an der Küste, nach Kirk aber auch in grossen Beständen in Ostafrika an der Mündung des Zambesi; ferner zu Shupanga am Zambesi, etwa 100 Meilen aufwärts.

L. gummifera (Lam. & Poiret) K. Sch. *Vahea gummifera* Poir. *L. madagascariensis* Boyer. *Voa-canja* oder *Voa-here* der Eingeborenen. Nicht kletternde Bäume Madagaskars. Blätter lineal-oblong oder umgekehrt-eiförmig, häufig an der Spitze abgerundet, bis 8 cm lang und 4—5 cm breit, lederig, glänzend. Trugdolde endständig, mit kleinen Deckblättchen. Kelch sehr klein; Zipfel eiförmig, zugespitzt. Corolle etwa 3 cm lang, okergelb, aussen goldigsamtig. Zipfel halb so lang als die Röhre, länglich-stumpflich. Staubfäden in der Mitte der Röhre; Narben auf kleiner Scheibe, zweispitzig. Auf Madagaskar. (Z. T. nach Schumann in Engler & Prantl, l. c.)

Anatomie. Chimani hat in seiner Arbeit über die Milchsaftröhren auch diejenige der Landolphien untersucht. Er kam dabei zu folgendem Resultat bezüglich der Apocyneen im allgemeinen und der Gattungen *Landolphia* und *Hancornia* im besonderen:

1. Die Apocyneen haben ungegliederte Milchröhren.
2. Die Milchschläuche sind segmentiert; sie bilden kürzere oder längere Zellen, deren Enden genau aufeinander passen, manchmal an der Berührungsstelle eingeschnürt sind, aber sich niemals nebeneinander verschieben.
3. Landolphia und Hancorniaarten zeigen eine partielle Obliteration der Milchsaftschläuche. Die Markscheide zeigt hier grosse Lücken, um welche sich die Milchschläuche herumziehen. Beide Gattungen sind reich an Gerbstoffschläuchen.
4. Die Durchmesser der Milchsaftröhren betragen bei:

Landolphia florida	12,5 : 40	μ	= 3 mm	dicke Zweige
„ *Heudelotii*	17,5—10	„	= 3 mm	„ „
„ *Kirkii*	5—10	„	= 3,5 mm	„ „
„ *madagascariensis*	7,5	„	= 3 mm	„ „
„ *owariensis*	25 : 37,5	„	= 3 mm	„ „
„ *Petersiana*	2,5—5—7	„	= 3 mm	„ „

Produkte. Die Arten der Gattung Landolphia haben sämtlich einen an Kautschuk reichen Milchsaft. Aus ihm gewinnt man den afrikanischen Kautschuk, und zwar je nach dem Vorkommen der einzelnen Arten, den Kautschuk von Madagaskar von *Landolphia gummifera* (Lam. & Poir) K. Sch., den ostafrikanischen von *L. Kirkii* Dyer, *L. Petersiana* (Klotzsch), Dyer, *L. comorensis* (Boj.) *var. florida* (Benth.) K. Sch.; den westafrikanischen von *L. comorensis var. florida* (Benth.) K. Sch., *L. owariensis* Pal. Beauv., *L. Petersiana* (Klotzsch) Dyer und *L. Heudelottii* A. DC.

Die Bereitung des Kautschuks ist in allen Gegenden Afrika's nahezu die gleiche. Alle Teile der Landolphien sind reich an Milchsaft. Beim Verwunden der Bäume fliesst er aus, aber in den meisten Fällen erhärtet er sehr schnell an der Luft und überzieht die verwundete Stelle mit einer undurchlässigen Haut, die das weitere Nachströmen des Saftes verhindert. — Am ostafrikanischen Festlande wird daher in einigen Fällen zwar die Milch aufgefangen und durch Zusatz von 3% Ammoniak flüssig erhalten und dann in der Hitze oder durch Zusatz von Salzwasser aus derselben der Kautschuk abgeschieden; in den meisten Gegenden aber benutzt man gerade das schnelle Erhärten der Lianenmilch. Nachdem die Liane angeschnitten ist, lässt der Sammler die ersten Mengen der austretenden Milch auf seine Arme fliessen und dort coagulieren. Die erhärteten Massen werden auf einen Stock gesteckt und darauf werden die halb erhärteten oder noch flüssigen Teile des Saftes unter Drehen des Stabes aufgewickelt. — Der erhärtete Saft wird dann in Formen gebracht, und zwar der durch Hitze coagulierte in „balls“ von der Grösse einer Orange (mpira nkuba der Eingeborenen) und der durch Er-

Landolphia comorensis (Boy.) K. Sch.
var. florida (Benth.) K. Sch.

härten auf dem Stabe erhaltene, nachdem der Stock herausgezogen ist, in „sausages" (Würsten, mpira chiloane, Spindeln), welche aus den aufgewickelten Thränen und Faden gebildet sind, oder endlich in kleine Kugeln (marbles, mpira ndogo) kleine Stücke (cakes) oder Stränge (lines). — Am Festlande sind es vor Allem die über 20 Meilen langen Strecken von Pangani bis Handai und Usambara an der Nordgrenze von Deutschostafrika (4—5° nrdl., 41° östl.) sowie von Liawa und dem Lindibusen bis zum Ravumaflusse an der Südgrenze von Deutschostafrika, wo grössere Mengen gewonnen werden; sodann finden sich am Unterlaufe des Zambesiflusses und zwar bis 100 und mehr Meilen ins Innere und endlich am Victoria Nyanza gute Bestände, wovon die letzteren indessen noch der Ausbeute harren. — Auf Madagaskar wird die Kautschukmilch durch siedendes Wasser oder Salzwasser zum Gerinnen gebracht, der geronnene Kautschuk in Blättern oder gestaltlosen Lumpen (lumps) an der Luft getrocknet. Die besten Produkte sind innen hellfleischfarben, aussen bräunlich, sehr elastisch, zähe, trocken und enthalten keine Wassertropfen; die schlechtesten Sorten dagegen sind auch innen braunschwarz, weniger elastisch und enthalten häufig Salzwasser oder stinkende Flüssigkeit.

In Westafrika erstreckt sich das Gebiet der Kautschuk-Gewinnung vom Senegal über Sierra Leone, Oware, Benin, Kamerun, Kongo bis nach Angola, wo der Kuanza-River in Loando die Grenze bildet. Die Lianen wurden früher, auch teilweise jetzt noch, barbarisch vernichtet und der Kautschuk nur zum geringsten Teil ausgenutzt. Wo jetzt die Gewinnung beaufsichtigt wird, werden die Lianen entweder verwundet oder ihre Schösslinge werden abgeschnitten, während man die Pflanze zu erhalten strebt. Der austretende Milchsaft wird von den Negern, wie in Ostafrika, mit den Fingern auf die Arme, Brust und Schultern gestrichen und wenn sich eine erhärtete Haut gebildet hat, diese abgezogen und geformt. Oft ist es dann nötig, den Kautschuk noch mit Wasser auszukochen, um ein in Wasser lösliches Gummi zu entfernen, welches den Kautschuk klebrig und weniger elastisch macht. In Kamerun wird häufig auch die Milch gesammelt, unter Zusatz von 3% Ammoniak flüssig erhalten und später durch Salzwasser oder Zitronensäure oder freiwillige Gährung coaguliert. — Christy hat vorgeschlagen, die jungen Schösslinge jährlich zu ernten, zwischen Walzen zu zerquetschen und den Brei mit Schwefelkohlenstoff auszuziehen, wobei das verunreinigende Gummi ungelöst bleibt. — In Westafrika unterscheidet man folgende Handelssorten: 1) Liberia in „Balls", 2) Sierra Leone in „balls", negroheads" aus Schnitzeln (scrap), und in kleinen „cakes", 3) Kamerun in „sausages" (Würstchen) und „negroheads" aus scrap, 4) Congo in formlosen Lappen („lumps"), 5) Gabun in Zungen („tongues"), 6) Angola (Loanda) in „thimbles" (Fingerhüten), „nuts" und „negroheads". In allen Fällen sind die trocknen, zähen, elastischen Sorten die wertvolleren; die schmierigen, klebrigen, stinkenden, welche Salzwasser und Flüssigkeit einschliessen dagegen die minderwertigen.

In Hamburg waren 1889 die afrikanischen Kautschuksorten in ziemlicher Vollständigkeit von bekannten Hamburger Firmen dem Publikum zur Schau gestellt; im Haag war auf der Ausstellung für Heil- und Nutzpflanzen 1895 die Firma B. Hijmans Cz. im Haag mit einer schönen Kollektion ost- und westafrikanischer Kautschukmuster erschienen, unter denen u. a. auch roher Benguela und Benguela-nigers vertreten waren. Über Export, Bestandteile, Anwendung s. unter Kautschuk bei *Hevea brasiliensis* Müll. Arg.

Geschichte. Wahrscheinlich ist auch in Afrika der Kautschuk bei den Eingeborenen schon sehr lange in Gebrauch. Man formte, wie auch in Amerika, Bälle, Fackeln, Bänder und Platten daraus. In den Handel brachte man, was man selbst nicht nötig hatte, scheute aber die Mühe, den Ertrag der Kautschukernten teils durch Anknüpfung von neuen Handelsbeziehungen, teils durch Verbesserung des Rohproduktes zu vergrössern. Auch hier wurden mit der grössten Schonungslosigkeit die Bestände verwüstet; die Lianen wurden einfach abgeschlagen, ihr Milchsaft nur zum geringsten Teile gewonnen und Niemand kümmerte sich mehr um die Erhaltung der beschädigten Pflanzen. In neuerer Zeit beginnt der Handel und die Produktion in geregeltere Bahnen zu kommen. Die am Zambesi gewonnenen Mengen gehen zum geringsten Teil nach Westen, höchstens noch der zu Shupanga am Oberlaufe des Zambesi gewonnene Kautschuk; die grössten Quantitäten dieser Gegend und der Zambesimündungen werden von Quilimane aus versandt. Auch in Sansibar ist durch die Kautschukgewinnung ein ganz neuer Handelszweig entstanden, der z. B. im Jahre 1880 gegen 1000 Tons abwarf, die Tonne zu £ 140—150. — In Westafrika wurde die systematische Gewinnung des Kautschuks in Kamerun zuerst 1883 von den Schweden Knutson und Waldau eingeführt, während durch die Firmen C. Woermann und Jantzen & Thormaelen gegenwärtig viel für die Verbesserung des Produktes gethan wird. Englischerseits ist namentlich Th. Christy für die fabrikmässige Darstellung und Reinigung des Kautschuks thätig gewesen, sodass auch dort an Stelle der meist minderwertigen Sorten bald viel guter Kautschuk erhalten werden wird. Leider ist wenig Aussicht zur Kultur der Pflanzen vorhanden, ihrer Lianennatur wegen; sie brauchen hohe Bäume, an die sie sich anranken können; deshalb wären höchstens tropische Dschunglen für ihren Anbau geeignet.

Hancornia speciosa Gomez.

Mangaba- oder Manguba-Baum, Mangabiba, Mangaiba.

Familie: *Apocynea* R. Br. Unterfamilie: *Plumieroideae.* Sektion: *Arduineae.* Tribus: *Landolphiinae* K. Schumann. Gattung: *Hancornia* Gomez.

Beschreibung. Ein kleiner milchender Baum mit hängenden schlaffen Zweigen vom Aussehen einer Trauerweide mit kreuzgegenständigen, lederartigen, kahlen, länglichen, spitzen, enggenervten Blättern mit hellerer Unterseite. Die ziemlich grossen weissen Blüten stehen meist in dreiblütigen endständigen Trugdolden. Der Kelch ist klein, 5 teilig mit eilänglichen, drüsenlosen, wenig deckenden Zipfeln. Die Blumenkrone ist tellerförmig, mit cylindrischer, oben allmählich erweiterter schuppenloser, von Haaren fast geschlossener Röhre und schmalen, linksdeckenden, herabhängenden Zipfeln. Die Staubblätter sind unter dem Schlunde angefügt, die Staubbeutel lanzettlich spitz, vom Connectiv überragt. Ein Discus fehlt; der Fruchtknoten ist oberständig, einfächrig, vielsamig, die Samenknospen einer wandständigen zweilappigen Samenleiste angeheftet. Der Griffel ist fadenförmig, mit zylindrischem, gefurchtem Narbenkopfe, unten kurz beringt, an der Spitze undeutlich zweilappig. Die essbare, angenehm süss-säuerlich schmeckende Frucht (Mangaba) ist beerenartig, kuglig, mit Fruchtmus angefüllt, in dem die Samen liegen. Letztere besitzen ein fleischiges Nährgewebe. (Nach Schumann.)

Vorkommen. Der Baum findet sich gemein auf dem südamerikanischen Plateau, in Brasilien von Pernambuco bis Rio de Janeiro, und steigt in den Gebirgen 1000—1600 Mtr. hoch. In der Heimat wird er als Obstbaum kultiviert und aus seinem Milchsaft wird sehr guter Kautschuk gewonnen, doch ist die Produktion des letzteren eine sehr geringe, und beeinträchtigt natürlich den Ertrag an Früchten, weshalb sie hinter den produzierten Mengen der anderen Kautschukarten sehr zurücksteht.

Anatomie. Chimani untersuchte auch die Milchröhren dieser Pflanzen und fand ihre Weite zu 17—22 μ : 50—55 μ in 3 mm dicken Zweigen. Näheres bei Landolphia.

Produkte. Der koagulierte Milchsaft dieses Baumes bildet den Pernambuco- oder Mangabeira-Kautschuk. Zur Gewinnung der Milch macht man 8 schiefe Schnitte bis in die Markschicht des Baumes und fängt den austretenden Milchsaft in Zinngefässen auf. Die Milch wird dann durch Alaunzusatz in 2—3 Minuten zum Coagulieren gebracht, dann der gewonnene

Kautschuk 8 Tage lang der Luft ausgesetzt. Dann formt man ihn in „Bisquits“ oder „Sheets“ (Blätter) und bringt ihn nach 30 Tagen in den Handel. Bei sorgfältiger Bereitung ist der erhaltene Kautschuk sehr gut; bei nachlässiger Behandlung aber ist er wegen seines Salzgehaltes feucht und von geringem Kaufwert.

Litteratur. Beschreibung und Abbildungen. *Landolphia.* A. DC., Prodrom. VIII. 320. Bentham & Hooker, Genera Plant. II. 692. 7. K. Schumann in Engler & Prantl, Pflanzenfam. IV. (2) 128. Syst. Bot. 474. Oliver & Hooker, Icones t. 1228. Botan. Mag. t. 6963. Kew. Rep. 1880. 38. Walp. Ann. III. 29. Karsten, Flora von Deutschl. II. 616. Luerssen, Med.-ph. Bot. 1061. *Vahea.* Kosteletzki, Med. Pharm. Flora III. 1065. Henkel, Botan. 153. Klotzsch, Pl. tinn. t. 13. Blume, Mus. bot. Lugd.-bat. I. 150. Baillon, Tr. de Bot. med.-pharm. 1275. Hist. des Pl. X. 175. *Landolphia ovariensis.* Palisot de Beauvois, Flore d'Oware t. 34. S. 55. *L. Kirkii.* Engler & Prantl, Pfl.-Fam. IV. (2) 128, Fig. 50 A. C. E. *L. comorensis var. florida* K. Sch. Engler & Prantl, l. c. IV (2) 128, Fig. 50 B. und 129, Fig. 51. Christy, New.-Commerc. Pl. I p. 8. de Wèwre, les Cautchoucs africains. Bruxelles, Hayez Ann. Soc. Sc. de Bruxelles tome XIX, part. II. 1895. *L. gummifera* (*Lam. & Poir*) K. Sch. Lam. t. 169. Baillon, Histoire des Pl. X. Fig. III. 112. De Wèwre, l. c.

Hancornia speciosa Gomez. Gomez Obs. bot. med. pl. bras. in Act. Acad. olyss. 1821. 51. — A. DC., Prodrom. VIII. 325. Bentham & Hooker, Genera Plant. II 693 n. 9. J. Müller Arg. in Martius flora bras. VI. 23. t. 8. Kosteletzki, l. c. III. 1070. Henkel, Bot. 153. Karsten, l. c. II. 616. K. Schumann in Engler & Prantl, l. c. IV. (2) 132, Fig. 49 H.-L.

Anatomie. Chimani, Bot. Zentralblatt 1895. Arch. Pharm. 233 (1895) S. 258. — Inaug. Diss. 1895. 43 und f. — Hancornia 45.

Tafelbeschreibung:

A blühender Zweig. 1 Knospe; 2 aufgeschnittene Blumenkronenröhre; 3 Staubblatt von der Bauchseite; 4 dasselbe von rechts gesehen; 6 Kelch und Stengel; 7 Fruchtknoten im Längsschnitt; 8 derselbe im Querschnitt; 9 Frucht im Längsschnitt; die Samen a zeigen den Keimling im Längsschnitt, die Samen b den Keimling im Querschnitt; 10 Samen mit der Haarbekleidung; 11 Samen ohne Haarbekleidung vom Rücken aus gesehen; 12 Samen ohne Haarbekleidung von der Seite. A. 1 2 9—12 in natürlicher Grösse; 3—8 vergrössert; 3—12 nach Engler & Prantl, Pflanzenfamilien IV. 2. 129, Fig. 51; A, 1, 2 Original des kgl. Botanischen Museums zu Berlin, von Böhm am Ugalla-Fluss (Ostafr.) und von Holst bei Usambara gesammelt.

Laurineae.

W. Müller gez. u. lith.

Laurus nobilis L.

Laurus nobilis L.

Syn. *Laurus vulgaris* Bauh.

Lorbeer — Bay, Sweet Bay, True Laurel — Laurier commun.

Familie: *Laurineae.* Gattung: *Laurus* Tourn.

Beschreibung. Immergrüner, 2—8 m. hoher Baum oder Strauch mit aufrechten, dichtbeblätterten, kahlen, grünen Aesten und kurzgestielten, 8—12 cm langen, 3—4 cm breiten, lanzettförmigen, ganz- und wellenrandigen, lederigen, oberseits glänzenden, unterseits netzaderigen, matten Blättern, die in Folge kleiner Oeldrüsen durchscheinend punktirt sind. Aus den Blattachseln kommen, in der Regel zu zweien, die kleinen 3—6 blüthigen Blüthendolden, deren Blüthchen 4 weissliche, grünliche oder gelbliche Perigonblätter besitzen. Die männliche Blüthe enthält 8—12 Staubgefässe, die weibliche deren 4 verkümmerte. Staubbeutel 2fächerig. Frucht auf einem 4 mm langen Stiele, aus einer eiförmigen, 8—10 mm langen, wenig Fruchtfleisch enthaltenden Beere bestehend.

Verbreitung. Der Lorbeer stammt aus Kleinasien, hat sich aber schon in früher Zeit durch Kultur über das ganze Mittelmeergebiet verbreitet und ist derzeit in ganz Südeuropa heimisch.

Name und Geschichtliches. Der Name stammt von Plinius her, der unseren Lorbeer mit dem Namen *laurus* belegte. Wegen seines Moder und Verwesung vertreibenden scharfen, aromatischen Geruches und Geschmackes war bei den alten Griechen der Lorbeer dem seuchespendenden und seuchevertreibenden Gotte Apollon geweiht. Der aus seinen Blättern geflochtene Kranz ist von jeher das Symbol des Ruhmes gewesen.

Blüthezeit. März bis Mai.

Offizinell sind die Beeren: *Fructus Lauri (Baccae Lauri)* und die Blätter: *Folia Lauri.*

Präparate. Aus den Beeren wird das Lorbeeröl: *Oleum Lauri (Ol. Lauri unguinosum s. expressum, Ol. laurinum)* und das flüchtige oder destillirte Lorbeeröl: *Oleum Lauri aetherum* gewonnen.

Bestandtheile. Grosourdi fand in den frischen Früchten: 22% Stärkemehl, 0,85% Bitterstoff (*Laurin*), 2% Zucker, 5% Fett, 5% besondere braune Materie, 20% Faser, 42% Wasser. Bonastre in den getrockneten Früchten: 0,8% ätherisches Oel, 1% Lorbeerkampfer (*Laurin*), 13% grünes fettes Oel, 7% talgartige Materie (*Laurostearin*), 1,6% Harz, 26% Stärkemehl, 17% Gummi, 6,4% Bassorin, 0,4% Zucker. (Nach Wittstein.) Die Blätter enthalten wenig flüchtiges Oel, Gerbstoff und bitterlichen Extraktivstoff.

Litteratur. Abbildung und Beschreibung: Nees v. Esenb., Plant. medic., Taf. 132; Hayne, Arzneigew. XII., Taf. 18; Berg u. Schmidt, Offizinelle Gew., Taf. Vf; Bentley u. Trim., Medicin. pl., Taf. 221; Woodville, Taf. 235; Steph. u. Ch., Taf. 125; Flor. Graeca, Taf. 365; Reichenb. Ic. Fl. Germ. XII., Taf. 673; Luerssen, Handb. d. syst. Bot., p. 569; Karsten, Deutsch. Flora, p. 505; Wittstein, Handb. d. Pharm., p. 495.

Drogen und Präparate. *Fruct. s. Baccae Lauri*: **Ph. Germ.** 121, Ph. austr. 125, Ph. ross. 186, Ph. helv. 59, Cod. med. 63, Ph. belg. 51, Ph. dan. 123, Berg, Waarenk. 384; Hager, Ph. Prx. II. 343; Husemann, Pflanzenstoff I. 539.

Folia Lauri: Cod. med. 51; Ph. belg. 51; Berg, Waarenk. 279; Hager, Ph. Prx. II. 343.

Oleum Lauri: **Ph. germ.** 198; Ph. austr. 125; Ph. hung. 331; Ph. ross. 297; Ph. helv. 93; Cod. med. 341; Ph. belg. 51; Nederl. A. 216; Ph. dan. 168; Ph. suec. 136; Husemann, Pflanzenst. I. 539; Husemann, Arzneimittell. I. 369; Berg, Waarenk. 583; Hager, Ph. Prx. II. 343.

Tafelbeschreibung:

A blühender Zweig in natürl. Grösse; 1 Blüthendolden, etwas vergrössert; 2 männliche Blüthe, vergrössert; 3 weibliche Blüthe, desgl.; 4 ausgebreitete männliche Blüthe von oben, nach Entfernung der Geschlechtstheile, um die Stellung der Staubgefässe zu zeigen, desgl.; 5 Stempel der weiblichen Blüthe mit einem verkümmerten Staubblatt, desgl.; 6 Staubblatt mit geöffnetem Staubbeutel, desgl.; 7 Staubgefäss mit geschlossenem Staubbeutel, desgl.; 8 weibliche Blüthe im Längsschnitt, desgl.; 9 Frucht, natürl. Grösse; 10 dieselbe im Querschnitt, desgl.; 11 Samenlappen mit dem Knöspchen, desgl. Nach der Natur von W. Müller.

Lavandula vera D. C.

Syn. *L. officinalis* Chaix. *L. angustifolia* Ehrh. (Moench). *L. Spica α.* L. *L. Spica* Lois. *L. vulgaris α.* Lam. *L. pyrenaica* D. C.

Lavendel, Spike — Lavender — Lavand.

Familie: *Labiatae.* Gattung: *Lavandula* L.

Beschreibung. 30—60 Centimeter hoher, kurzhaariger Halbstrauch, dessen krummer, derbholziger, bis 6 Centimeter (in den Gärten bis 1 Meter) langer Stamm viele, meist einfache, vierkantige, am Grunde beblätterte, unter der Blüthenähre blattlose, ruthenförmige, in der Jugend grauliche, mit verzweigten Sternhaaren bestreute, im Alter kahle Aeste treibt, die in den Blattachseln verkürzte Zweige in Form von Blattbüscheln tragen. Blätter gegenständig, schmal-linealisch, oder lanzettlich, bis 5 Ctm. lang, 4 Mm. breit, ganzrandig, an den Rändern stark zurückgerollt, in der Jugend sternhaarig-graufilzig, im Alter grün, durch Oeldrüsen punktirt; die obersten Blätter weit auseinandergerückt. Blüthenähre endständig, steif, blattlos, unterbrochen, mit 6—10blüthigen Scheinquirlen; der unterste Quirl entfernt, die oberen genährt, fast kopfig. Blüthen am Grunde von breiten, eckigen, scharf zugespitzten, später trockenhäutigen Deckblättchen unterstützt. Der röhrige, etwas bauchige, bläuliche, sternhaarig-filzige, mit Oeldrüsen besetzte Kelch 5zähnig, wovon 4 sehr kurz und weissberandet, der fünfte, der Blumenoberlippe entsprechende Zahn grösser und mit kurzem, rundlichem, deckelartigem Anhängsel versehen ist. Nach dem Verblühen ist der Kelch geschlossen. Blumenkrone blau, lippenförmig, aussen weichhaarig, Schlund kurz-zerstreut-haarig, doppelt so lang als der Kelch. Die grössere Oberlippe 2lappig, die kleinere Unterlippe 3lappig; Lappen abgerundet. Staubgefässe zu 4, in der Röhre eingeschlossen, 2 längere und 2 kürzere, mit kahlen, bis zu $^3/_4$ der Länge mit der Blumenröhre verwachsenen, oben freien Fäden und nierenförmigen, blassvioletten, später braunen, erst zwei-, durch Verschwinden der Scheidewand zuletzt einfächerigen, queraufspringenden, nach dem Verstäuben flach ausgebreiteten, an den Furchen violetthaarigen Beuteln. Pollen gelb, oval, unter Wasser rund. Stempel auf einer runden, abgestutzten Scheibe, mit kelchlangem, sternhaarigem Griffel und länglich-2lappiger Narbe. Fruchtblätter zu 2, 2theilig. Eichen einzeln, aufrecht. Frucht aus 4 kleinen, oval-länglichen, glatten, brauen, vom Kelch umschlossenen Nüsschen bestehend. Der eiweisslose Embryo mit planconvexen Samenlappen und sehr kurzem Würzelchen.

Lavandula Spica D. C. (L. Spica Chaix, L. Spica β. L., L. vulgaris β. Lam., L. latifolia Vill.) ist unserer Art verwandt und unterscheidet sich durch breitere, mehr spatelförmige, am Rande nur schwach umgebogene Blätter, durch nicht so lang aus dem Kelche hervorragende Blüthen und meist kürzeren und gedrängteren, bisweilen dreigabeligen Blüthenstand; die blattartigen, sehr schmalen, nicht trockenhäutigen Deckblätter sind von kleinen Blättchen begleitet. L. Spica kommt in denselben Gegenden vor wie L. vera, geht aber nicht so weit nordwärts und kann bei uns in freiem Lande nicht mehr gezogen werden. Sie wird in Südfrankreich gleichfalls zur Gewinnung von Lavendelöl benutzt.

Eine, ebenfalls dem Mittelmeergebiete angehörende, bei uns nicht kultivirbare Art ist *Lavandula Stoechas* L. mit einer sehr kurzgestielten, dichten Aehre, die an ihrem Scheitel mit einem Schopfe grosser, violetter Hochblätter versehen ist; Blüthen dunkelroth; letztere waren als *Flores Stoechadis arabicae* früher offizinell.

Verbreitung. An trocknen, unfruchtbaren Hängen des westlichen Mittelmeergebietes: Italien, Corsika, Südfrankreich, Ostspanien, Nordafrika. Zu medizinischen Zwecken (bis nach Norwegen) häufig in Gärten kultivirt und daraus hie und da verwildert. Als Handelspflanze wird der Lavendel in ziemlicher Menge in England angebaut. In Südfrankreich 1500 Meter in die Bergregionen emporsteigend.

Blüthezeit. In Deutschland und Frankreich Juli und August.

Anatomisches: Die Rippen des Kelches werden durch 13 parallel laufende Gefässbündel gebildet, von denen 3 in den hervortretenden, gerundeten blauen Zahn laufen und 4, sammt dem umgebenden Parenchym am Kelchrande hervortreten und gewissermassen 4 Zähne bilden. Die Vertiefungen zwischen den Rippen bestehen aus einer durchscheinenden Parenchymschicht, welche mit sehr grossen und zahlreichen Drüsen vom Charakter der Blatt- und Kelchdrüsen des *Thymus vulgaris* besetzt ist. Der Rand des Kelches ist mit meist einzelligen, der Grund mit ästigen, blau angelaufenen Haaren bedeckt. Die Blüthenkrone ist mit ästigen, feinwarzigen Haaren mit zwischenliegenden Drüsen besetzt: in ihr treten die Gefässbündel zahlreicher auf als in dem Kelche.

Name und Geschichtliches. Der Name Lavendel (althochdeutsch *lavendla,* mittelhochdeutsch *Lavandar, Lauvikelechrawt, Lavendele, Lauwendla, Lobendel, Spicnard;* mittelniederdeutsch *Lovendel, Lofengele;* bei Bock *Spica*) ist abgeleitet aus dem mittellateinischen *lavendula, lavandula* (*lavare* = waschen, baden) weil die Pflanze zu Bädern verwendet wurde. Spike stammt von *spica* = Aehre.

Ob den Alten unser Lavendel bekannt war, lässt sich mit Sicherheit nicht feststellen, denn unter *Λαβαντις, Ἴφυον, Στιχας, Στοιχας* in den Schriften der alten griechischen Aerzte ist die in Griechenland häufiger vorkommende und kräftiger riechende *Lavandula Stoechas* L. gemeint. Nach Valerius Cordus soll allerdings unser Lavendel den alten Aerzten bekannt gewesen und von ihnen für eine Varietät von *L. Stoechas* gehalten worden sein, jedoch wegen des geringen Vorkommens und wegen des weniger kräftigen Geruches, keine besondere Beachtung gefunden haben. Plinius und Dioscorides sprechen nur von *L. Stoechas.* Die Kenntniss der *L. vera* scheint in Deutschland eine

Labiatae.

Lavandula vera D. C.

sehr alte zu sein; die Aebtissin Hildegard erwähnt neben unserem Lavendel, welchen sie als Augenheilmittel und zur Vertreibung des Ungeziefers empfiehlt, noch *Spica*, worunter wahrscheinlich *L. Spica* Chaix. zu verstehen ist. Brunschwig destillirte um das Jahr 1500 „Lavenderwasser". Cordus lieferte die erste Abbildung aller 3 Arten. Trotzdem die Bekanntschaft unserer Pflanze zu jener Zeit vorausgesetzt werden muss, enthält „Circa instans" (Mitte des 12. Jahrhunderts) nur *Spica* und *Stoecados*. Die Kultur des Lavendels lässt sich in England bis zum Jahre 1568 zurückverfolgen. Giovanni Battista Porta (Ende des 16. Jahrhunderts) schätzt zwar das Lavendelöl sehr hoch, behauptet aber, dass das Spiköl noch feiner sei.

Offizinell sind die Blüthen: *Flores Lavandulae* und das durch Destillation mit Wasser aus den Blüthen gewonnene Lavendelöl: *Oleum Lavandulae;* früher auch das Kraut.

Die Einsammlung der Blüthen sammt dem Kelche erfolgt vor dem völligen Aufblühen. Sie werden getrocknet und in Blechgefässen aufbewahrt. Der Geruch ist eigenthümlich stark, angenehm aromatisch, der Geschmack brennend aromatisch-kampferartig, bitterlich. Das Lavendelöl wird in kleinen, ganz gefüllten, gut geschlossenen Flaschen an einem dunkelen oder schattigen Orte aufbewahrt. Das Kraut ist von ähnlichem, doch schwächeren Geruche wie die Blüthen.

Präparate. Die Blüthen werden zur Herstellung von *Spiritus Lavandulae* verwendet und bilden einen Bestandtheil von *Species aromaticae s. resolventes;* das Oel bildet einen Bestandtheil von *Spiritus Lavandulae compositus, Spiritus aromaticus, Acidum aceticum aromaticum, Aqua aromatica, Aqua vulneraria spirituosa, Mixtura oleoso-balsamica, Linimentum saponato-camphoratum* etc.

Bestandtheile. Aetherisches Oel, eisengrünender Gerbstoff. Das in den Drüsen enthaltene Oel wird sowohl aus den Blüthen als Stengeln und Blättern dargestellt, doch ist das Oel der Blüthen viel feiner und von angenehmerem Geruche. Frische, deutsche Blumen geben bis 1,5% ätherisches Oel; englische 1,2—1,6%; trockene, aus Südfrankreich bezogene Blumen mit Stielen ca. 3%. Dem käuflichen Oele ist in der Regel das weniger gute Oel der Stengel beigemischt. Das Oel ist blassgelb, sehr dünnflüssig, mit einem spec. Gew. von 0,87—0,94, reagirt neutral, siedet bei 185—188°, scheidet in der Kälte oft Kampfer ab, löst sich in Weingeist von 0,85 spec. Gew. und verpufft schwach mit Jod unter Entwickelung gelbrother Dämpfe. Es enthält neben verschiedenen Camphenhydraten ein Stearopten in ungleichen Mengen, welches eine dem gewöhnlichen Kampfer gleiche Zusammensetzung hat. Nach Kane ist der bei 185° siedende Theil $C_{20}H_{16}3H_2O$ und der bei 188° siedende $2C_{20}H_{16}3H_2O$ (Husemann, Pflanzenstoffe 1261). Bei der Rektifikation des Oeles fand Lallemand Essigsäure und Bruylantes Ameisensäure; nach Flückiger sind beide Säuren als Ester der beiden flüssigen Alkohole $C_{10}H_{18}O$ und $C_{10}H_{16}O$ vorhanden. Ungefähr 52% des französischen Oeles bestehen nach Flückiger aus dem ersteren, 13% aus dem letzteren und 25% kommen auf ein bei 162° siedendes Terpen, welches mit HCl krystallinische Verbindung eingeht.

Das aus den Blättern und Blüthen von *Lav. Spica* D. C. destillirte, aus dem südlichen Frankreich stammende Spiköl riecht in den gewöhnlichen Sorten weniger angenehm und mehr terpentinartig als Lavendelöl, soll jedoch in den feinen Sorten bezüglich des Geruchs von letzterem nicht zu unterscheiden sein. Das Spiköl enthält nach Bruylants 35% eines linksdrehenden Terpens und 55% der Alkohole $C_{10}H_{16}O$ und $C_{10}H_{18}O$. Spiköl wird zu 4—5% aus der Pflanze gewonnen.

Anwendung. Lavendel findet fast nur äusserlich Anwendung zu Bähungen, Umschlägen und Bädern bei Rheumatismus und Lähmungen. Das Lavendelöl gehört zu den stark toxisch wirkenden Oelen; es wird innerlich bei Migräne und nervöser Aufregung benutzt und wird des angenehmen Geruchs wegen vielfach zur Darstellung von Parfümerien verwendet. Mit Benzoë und anderen Harzen dienen die Lavendelblüthen zur Herstellung verschiedener Räucherpulver.

Litteratur. Abbildung und Beschreibung: Nees v. Esenb., Plant. med., Taf. 178; Hayne, Arzneigew. VIII., Taf. 37; Berg u. Schmidt, Offiz. Gew., Taf. XXVI[b]; Bentley u. Trim., Medic. pl. 199; Luerssen, Handb. der syst. Bot. II. 1017; Karsten, Deutsche Flora 993; Wittstein, Pharm. 477.

Drogen und Präparate: *Flores Lavandulae*: **Ph. germ.** 109; Ph. austr. (D. A.) 82; Ph. hung. 263; Ph. ross. 166; Ph. belg. 51; Ph. helv. 54; Ph. Neerl. 145; Ph. dan. 111; Ph. suec. 82; Ph. U. St. 189; Flückiger, Pharm. 770; Flückiger and Hanb., Pharm. 476; Hist. des Drogues II., 167; Berg, Waarenk. 319.

Oleum Lavandulae: **Ph. germ.** 198; Ph. austr. (D. A.) 98; Ph. hung. 319; Ph. ross. 297; Ph. belg. 51; Ph. helv. 93; Ph. Neerl. 169; Ph. dan. 38; Ph. suec. 17; Brit. ph. 223; Ph. U. St. 238; Berg, Waarenk. 565.

Spiritus Lavandulae: **Ph. germ.** 247; Ph. austr. (D. A.) 121; Ph. hung. 409; Ph. ross. 375; Ph. helv. 124; Ph. Neerl. 228; Ph. dan. 233; Ph. suec. 201; Brit. ph. 297; Ph. U. St. 309.

Spiritus Lavandulae compositus: Ph. belg. 120; Ph. dan. 273; Brit. ph. 335; Ph. U. St. 349.

Spiritus aromaticus: Ph. ross. 373; Ph. helv. 122.

Acidum aceticum aromaticum: Ph. ross. 2; Ph. belg. 98; Ph. helv. suppl. 1.

Aqua aromatica: Ph. austr. (D. A.) 16; Ph. helv. suppl. 12.

Aqua vulneria spirituosa: Ph. ross. 47; Ph. belg. 118; Ph. helv. suppl. 106.

Mixtura oleoso-balsamica: **Ph. germ.** 179; Ph. hung. 75; Ph. ross. 261; Ph. belg. 121; Ph. helv. 83; Ph. dan. 265.

Species aromaticae: **Ph. germ.** 240; Ph. austr. (D. A.) 118; Ph. hung. 401; Ph. ross. 368; Ph. belg. 224; Ph. helv. 118; Ph. dan. 229.

Linimentum saponato-camphoratum: Ph. austr. (D. A.) 84; Ph. hung. 265; Brit. ph. 173.

Bezüglich der Drogen und Präparate siehe auch Hager, Pharm. Prx. II., 345.

Tafelbeschreibung:

A blühende Pflanze, natürl. Grösse; 1 Zweigstück mit Kelch und Deckblatt, vergrössert; 2 Zweigstück mit 2 Blüthen, desgl.; 3 Blüthe, desgl.; 4 dieselbe im Längsschnitt, desgl.; 5 Staubgefäss, desgl.; 6 dasselbe, geöffnet, desgl.; 7 Pollen, desgl.; 8 Stempel mit aufgeschnittenem Kelche, desgl.; 9 Stempel, stärker vergrössert; 10 unterer Theil des Stempels mit Scheibe, zerschnitten, desgl.; 11 Same, desgl.; 12, 13 derselbe im Quer- und Längsschnitt, desgl. Nach der Natur von W. Müller.

Linum usitatissimum L.

Flachs, Lein — Flax, Cultivated Flax — Lin.

Familie: *Linaceae.* Gattung: *Linum* L.

Beschreibung. Einjährige, kahle Pflanze mit langer, dünner, stark befaserter, weisser Pfahlwurzel und einem 30—60 cm hohen, aufrechten, stielrunden, unten einfachen, oben trugdoldig verzweigten Stengel. Blätter $2^1/_2$ cm lang, abwechselnd, lineal-lanzettförmig, spitz, 3nervig, wimperlos. Blumen langgestielt, spirrige Afterdolden bildend. Kelch bis fast zum Grunde 5theilig; Kelchblätter eiförmig, zugespitzt, am Rande fein bewimpert, von der Länge der reifen Kapsel. Die breit spatelförmigen Kronblätter himmelblau, am oberen Rande wellig-gekerbt. Staubgefässe zu 10, am Grunde zu einem schmalen Ringe verwachsen, die den Blumenblättern gegenständigen borsten- oder zähnchenförmig, unfruchtbar, nicht immer vorhanden. Basaldrüsen gleichmässig entwickelt. Antheren blau. Fruchtstiele aufrecht. Stempel sitzend von der Länge der Staubfäden, 10blätterig. Griffel 5, keulenförmig, während und nach der Blüthe zusammengeneigt, links zusammengedreht. Fruchtknoten und Kapsel 5gliederig. Kapsel kugelig, spitz, durch nochmalige Theilung der Fächer 10fächerig. Die Fächer einsamig. Samen $3^1/_2—5^1/_2$ mm lang, 1 mm dick, flachgedrückt.

Es werden folgende Arten unterschieden:

1. *var. vulgare* Schübl. et Mart. (*Lin. vulgare* Bönngh.) mit höheren Stengeln, weniger ästig; Blätter, Blüthen und Kapseln kleiner; Samen dunkler. Die Kapseln dieser Varietät bleiben geschlossen und müssen in Folge dessen ausgedroschen werden, daher der Name Dreschlein, Schliesslein.
2. *var. crepitans* Schübl. et Mart. (*Lin. usit. β. humile* Mill., *Lin. crepitans* Bönngh.) Stengel niedriger, mehr verzweigt; Blätter, Blüthen und Kapseln grösser; Kelch $^1/_3$ so lang als die Kapsel; Kronblätter zurückgedrückt, ganzrandig; Samen hellbraun; Kapsel elastisch und mit Geräusch aufspringend, daher der Name Springlein, Klanglein.

Anatomisches: Die Oberfläche des Samens ist glänzend, grünlich-braun bis braun; sie erscheint unter der Lupe sehr zart grubig punktirt. Die dünne, spröde Samenschale besteht (nach Flückiger) 1. aus einer nach innen mit schwach erhöhten Punkten versehenen Cuticula; 2. aus einer kurz-prismatisch-, im Querschnitt fast quadratisch-grosszelligen, schleimgebenden Epidermis, deren Zellenwände durch leicht aufquellbare Innenschichten stark verdickt sind; 3. aus einer nicht gefärbten Schicht rundlicher, tangential gestreckter Parenchymzellen; 4. aus einer braunen Palissadenschicht, die aus radial gestreckten, spindelförmigen oder plattenförmigen, aus dick- und gelbwandigen, getüpfelten, ungleichhohen Zellen bestehenden Fasern zusammengesetzt ist; 5. aus einer dünnen Schicht farbloser Zellen, deren dünne Wände sich mit den Fasern der vorerwähnten Palissadenschicht in rechtwinkeliger Streckung kreuzen; 6. aus einer mehrreihigen, farblosen Schicht tangential stark zusammengedrückter Zellen und 7. aus der eigentlichen Pigmentschicht, bestehend aus einer Reihe würfel- oder tafelförmiger Zellen mit einem braunen Farbstoffe, welcher der ganzen Samenschale die Färbung verleiht. Das spärliche, mit der letzten Schicht verwachsene Endosperm besteht aus zartwandigen, polyedrischen, protein- und ölreichen Zellen, welche nur durch eine dünne Haut von dem ähnlichen Gewebe der Cotyledonen getrennt sind. Aus letzteren Zellen und den ähnlichen Zellen des grünlich-gelben Embryo wird durch Pressen das Leinöl gewonnen.

Verbreitung. Das Vaterland des Flachses lässt mit Bestimmtheit sich nicht ermitteln; er scheint aus den kälteren Regionen von Hochasien zu stammen. Gegenwärtig wird er in Mitteleuropa, so namentlich in Belgien und den russischen Ostseeprovinzen, in Aegypten, Abessinien, Algier, Nordamerika, Brasilien, Australien als technisch wichtige Pflanze (Gespinnstpflanze) vielfach kultivirt. In den höher gelegenen Regionen Ostindiens, wo man ihn hauptsächlich der Samen wegen zieht, ist seine Kultur sehr bedeutend.

Name und Geschichtliches. *Linum* (griechisch *λινον*, gothisch *lein*, althochdeutsch *lin*) soll abgeleitet sein von dem Keltischen *Lin*, d. i. Faden. Der Name Flachs, althochdeutsch *flahs*, ist wohl unzweifelhaft aus der Wurzel flechten, althochdeutsch *flehtan*, gothisch *flahtom* hervorgegangen.

Schon in den hippokratischen Schriften wird der Leinsamen (*λινον*) als Arzneimittel (und zwar bei Vergiftungen durch Kanthariden) empfohlen; ebenso waren zu jener Zeit schon die erweichenden Eigenschaften der Leinumschläge bekannt. Theophrastus erwähnt des Schleimes und Oeles des Leinsamens; Dioscorides giebt Kunde über die äusserliche und innerliche Anwendung des Samens zu Heilzwecken; Plinius giebt ausführlichen Bericht sowohl über die technische Verwendung der Leinfaser als auch über die medizinische Verwendung des Samens und Galenus (131 n. Chr.) schildert den Samen als Genussmittel. Aelter als die medizinische Verwendung ist die technische Verwendung der Faser zu Geweben und wahrscheinlich auch des Samens als Genussmittel. Die Flachskultur zum Zwecke der Gespinnstfasergewinnung reicht weit über die Anfänge der Kulturgeschichte hinaus, denn schon in den Pfahlbauten der Schweiz und Oberitaliens werden grosse Mengen der Leinfaser mit Kapseln und Samen gefunden. Letztere sind nach Heer sehr klein und seiner Ansicht nach dem perennirenden

Linum angustifolium Huds. angehörig. Er folgert daraus, dass letztere Pflanze als die Stammpflanze unseres einjährigen *Lin. usitatissimum* zu betrachten sei. Mit Beginn der Kulturgeschichte erscheint der Flachsbau in Aegypten und den Flussthälern Vorderasiens. Die auf den alten Bauwerken Aegyptens befindlichen bildlichen Darstellungen der Flachskultur lassen letztere bis in das 13. und 14. Jahrhundert v. Chr. zurückverfolgen. Ebenso geben uns die alttestamentlichen Schriften Aufschluss über die damals schon vorhandene genaue Kenntniss des Flachses und der daraus gefertigten Leinewand. Homer erwähnt mehrfach des Flachses und Herodot bezeichnet die aus Leinwand gefertigten Kleider als eine üppige, weibische, der Prunksucht dienende Tracht. Der lydische Dichter Alkmann (670—640 v. Chr.) giebt Kunde von dem Leinsamen als Genussmittel. Auch in Deutschland scheint die Flachskultur schon frühzeitig betrieben worden zu sein, denn schon Tacitus erwähnt in seiner Germania der leinenen, mit Purpur verzierten Frauenkleider.

Blüthezeit. Juni, Juli.

Offizinell ist der Same: *Semen Lini* und das aus dem Samen gepresste Oel: *Oleum Lini.*

Der Leinsamen wird im August geerntet und ist entweder ganz in hölzernen Gefässen oder in Pulverform als Leinmehl: *Pulvis seminum Lini* (*Farina Lini, Placentae Lini pulveratae*) in gutverschlossenen Weissblechbüchsen aufzubewahren. Letzteres wird aus den nach dem Auspressen des Oeles zurückbleibenden Leinkuchen: *Placenta seminis Lini* gewonnen.

Präparate. Aus dem Oel wird das geschwefelte Leinöl: *Oleum Lini sulfuratum* (*Balsamum sulfuris externum, Balsamum sulfuris*); der Leinölfirniss: *Oleum Lini oxydulatum* (*Vernisium Lini, Vernix Lini*) und in Verbindung mit Terpenthinöl der Schwefelbalsam, Harlemer Balsam, Silberbalsam: *Oleum Terebinthinae sulfuratum* gewonnen. Die Samen bilden einen Theil der *Species emollientes* und werden im Aufguss als *Infusum Lini* verwendet. Aus dem Leinmehl wird der Leinmehlumschlag: *Cataplasma Lini* zubereitet.

Bestandtheile. Die Samen enthalten 25% (nach Meurein 32—36%) fettes, trocknendes, im frischen Zustande hellgelbes Oel; die Samenschalen 15% Schleim von der Zusammensetzung $C^{12} H^{20} O^{10}$. Das Leinöl enthält die noch nicht bei -18^0 erstarrende, von der gewöhnlichen Oelsäure verschiedene Leinölsäure $= C^{16} H^{22}_{26} O^2$. Die Quellschicht der Samenschale enthält 15% Bassorin.

Anwendung. Die zerstossenen Leinsamen und die Leinkuchen werden entweder für sich oder in Verbindung mit anderen schleimigen, aromatischen Kräutern zu Kataplasmen verwendet. Der durch Maceration mit Wasser aus dem unzerkleinerten Samen gewonnene klare, farblose Schleim dient zu erweichenden Klystiren und als Getränk bei Katarrhen der Respirations- und Harnorgane. Das Leinöl wird nur frisch innerlich z. B. bei Hämorrhoiden, äusserlich zu entleerenden Klystiren und namentlich in Verbindung mit Kalkwasser, als *Linimentum calcareum*, zu Umschlägen bei Verbrennungen angewendet. (Husemann, Arzneimittell. 364.) Die Hauptverwendung findet das Leinöl zur Herstellung von Oelfarben, Buchdruckerschwärze und Firnissen. Als Genussmittel ist es für manche Gegenden von Bedeutung.

Litteratur. Abbildung und Beschreibung: Nees v. Esenb., Plant. medic., Taf. 389; Hayne, Arzneigew. VIII., Taf. 17; Berg u. Schmidt, Offiz. Gew., XVIII^c; Bentley u. Trim., Taf. 39; Woodville, Taf. 202; Steph u. Ch., Taf. 61; Luerssen, Handb. d. syst. Bot. II. 673; Karsten, Deutsche Fl. 605; Wittstein, Pharmakogn. 480.

Drogen und Präparate: *Semen Lini*: **Ph. germ.** 238; Ph. austr. (D. A.) 84; Ph. hung. 267; Ph. ross. 361; Ph. helv. 117; Cod. med. 64; Ph. belg. 52; Ph. Neerl. 146; Brit. ph. 171; Ph. dan. 209; Ph. suec. 186; Ph. U. St. 193; Flückiger, Pharmakogn. 919; Flückiger and Hanbury, Pharm. 97, Hist. des Drog. I. 188; Husemann, Pflanzenst. 828; Berg, Waarenk. 421; Berg, Atlas, Taf. XLVI.

Oleum Lini: **Ph. germ.** 198; Ph. austr. (D. A.) 98; Ph. hung. 331; Ph. ross. 297; Ph. helv. 94; Cod. med. 338; Ph. belg. 52; Ph. Neerl. 169; Brit. ph. 224; Ph. dan. 168; Ph. suec. 138; Ph. U. St. 238; Berg, Waarenk. 585.

Placentae seminis Lini: **Ph. germ.** 211; Ph. belg. 52; Berg, Waarenk. 422.

Oleum Lini sulfuratum: Ph. ross. 298; Ph. helv. suppl. 78.

Oleum Terebinthinae sulfuratum: Ph. dan. 169.

Species emollientes: **Ph. germ.** 241; Ph. austr. (D. A.) 118; Ph. hung. 401; Ph. helv. 118; Ph. dan. 227; Ph. ross. 369.

Pulvis seminum Lini: Cod. med. 313.

Cataplasma Lini: Brit. ph. 74; Cod. med. 618.

Infusum Lini: Brit. ph. 162; Ph. suec. 110.

Farina Lini: Brit. ph. 170.

Bezüglich der Drogen und Präparate siehe auch Hager, Ph. Prx. II., 355.

Tafelbeschreibung:

AB Pflanze in natürl. Grösse; 1 Kelchblatt, vergrössert; 2 Blüthenknospe ohne Kelch, desgl.; 3 Kronblatt, desgl.; 4 u. 5 Staubgefässe von verschiedenen Seiten, desgl.; 6 Pollenkorn, desgl.; 7 Stempel mit zusammengedrehten Griffeln, desgl.; 8 Blüthe von Kelch und Krone befreit, ohne die unfruchtbaren Staubgefässe, desgl.; 8a dieselbe mit den unfruchtbaren Staubgefässen desgl.; 9 dieselbe im Längsschnitt, desgl.; 10 u. 11 junge Frucht von verschiedenen Seiten, desgl.; 12 dieselbe im Querschnitt, desgl.; 13 reife Frucht, desgl.; 14 Same, natürl. Grösse und vergrössert; 15 derselbe im Längsschnitt, desgl. Nach der Natur von W. Müller.

Linaceae.

Linum usitatissimum L.

W. Müller n. d. Nat.

Liquidambar orientalis Miller.

Syn. *Liquidambar imberbe* Ait.

Storaxbaum.

Familie: *Hamamelideae* (*Platanaceae* De Candolle, *Juglandeae* Eichler); Gattung: *Liquidambar* L.

Beschreibung. 10—13 Meter hoher, der Platane ähnlicher, sommergrüner Baum, mit langgestielten, abwechselnden, an der Spitze der Zweige zusammengedrängten, handförmig 5- (selten 3- oder 7-)lappigen, bis 9 Ctm. langen und breiten Blättern, deren stumpfe oder zugespitzte Lappen stumpf gesägt sind. Blüthenstände endständig, aus eingeschlechtigen, kugeligen Köpfchen bestehend; männliche und weibliche aus einer zugleich blättertragenden Knospe hervorbrechend, die einzelnen Köpfchen mit 4 abfallenden Brakteen gestützt. Männliche Blüthen eine aufrechte Traube bildend, ohne Kelch und Blumenkrone, nur aus zahlreichen, dem fleischigen Befruchtungsboden eingefügten, mit kurzen Filamenten und zweifächerigen, mit Längsrissen sich öffnenden Staubbeuteln ausgestatteten Staubgefässen bestehend. Weibliche Blüthen zu einem, mit langem Stiele versehenen, hängenden Kopfe verwachsen; mit rudimentärem, ganzrandigem oder undeutlich drüsig gelapptem Kelche, ohne Krone und mit 4—9 kleinen unfruchtbaren Staubgefässen. Fruchtknoten halb unterständig, zweifächerig, mit zahlreichen, den an den Rückwänden stehenden Samenträgern vierreihig angehefteten Samenknospen; die bleibenden, pfriemenförmigen, nach aussen gekrümmten Griffel auf der Innenfläche die weichhaarige Narbe tragend. Fruchtköpfchen kugelig, durch die bleibenden, verhärteten Griffel der zahlreichen, wandspaltigen Kapseln stachelig. Die wenigsamigen Samenträger der Mitte der ganz bleibenden Klappe eingefügt. Same länglich, zusammengedrückt, kurz geflügelt.

Der, ein ähnliches und im Alterthume wohl ausschliesslich benutztes Produkt liefernde, der Familie Styraceae angehörende *Styrax officinalis* L. ist ein bis 7 Meter hoher Baum mit kurz gestielten, rundlich-ovalen, ganzrandigen, oberseits kahlen, unterseits sternhaarig-weissfilzigen Blättern. Die traubenständigen Blüthen anfangs gipfelständig, durch Weiterentwickelung der Blätter später blattgegenständig. Kelch einblätterig, urnenförmig, verschieden gezähnt. Krone einblätterig, trichterförmig, mit meist sechstheiligem Rande; Abschnitte länglich, stumpf, aussen heugrau-filzig. Staubfäden meist zwölf, mit linienförmigen, zweifächerigen Staubbeuteln. Fruchtknoten oberständig, kugelig, sternhaarig-filzig, dreifächerig. Steinfrucht fast kugelig, stachelspitzig, sternhaarig-filzig, dreifächerig. Sonnige, felsige Orte des östlichen Mittelmeergebietes; in Italien und Südfrankreich eingebürgert.

Liquidambar styraciflua L., ein dem L. orientalis ähnlicher, in Nordamerika einheimischer Baum, liefert einen dem Storax ähnlichen Balsam. Er besitzt langgestielte, 5lappig-herzförmige, häufig 7lappige, auf beiden Seiten kahle, oberseits dunkelgrüne, unterseits hellere, bräunlich-purpurroth genervte und geaderte, in den Aderwinkeln bärtig behaarte Blätter, welche sich von orientalis neben der Aderwinkelbehaarung durch spitzere und schärfer gesägte Lappen auszeichnen. Von Guatemala und Mexico durch die Südstaaten bis Illinois verbreitet.

Anatomisches. Nach den Beobachtungen Unger's soll die Rinde des Storaxbaumes ähnlich der der Platane durch fortwährende Borkenbildung abgestossen werden und nur eine geringe Dicke (1 Ctm.) besitzen. Der Balsam soll nun nicht in eigenen Organen, sondern in dem absterbenden, durch Korkbänder und Korkeinrisse gelockerten Gewebe älterer Stämme und zwar durch rückschreitende Metamorphose verschiedenartiger Zellen gebildet werden. Flückiger bemerkt hierzu: „Diese Auseinandersetzungen beziehen sich auf Liquidambar styraciflua; es ist daher schon deshalb sehr fraglich, ob sie bei L. orientalis zutreffen. Die Rinde eines ähnlichen, in Montpellier gezogenen Baumes der letzteren Art finde ich sehr dick und durchaus nicht abblätternd.“

Vorkommen. Im südlichen Theile Kleinasiens und in Nord-Syrien einheimisch; in den Küstengebieten der Meerbusen von Kos, Syme, Mermeridscheh (Marmorizza), namentlich in der Nähe von Budrun, Melasso, Giova, Mughla, Ulla, Isgengak etc. schöne Wälder bildend; auf den Inseln des Archipelagus ganz fehlend.

Blüthezeit. ?

Name und Geschichtliches. *Styrax*, *στυραξ*, arabisch *assthirak* (*stiria* Tropfen), ein Gewächs, aus dem ein harziger Saft tropft. *Liquidambar* von *liquidus*, flüssig, und Amber (*ambra*, arabisch *ambar*), eine graue, harzige, angenehm duftende Masse; *imberbe* (*imberbis*) bartlos, bezogen auf die Bartlosigkeit der Aderwinkel, im Vergleich zu *L. styraciflua*.

Styrax ist ein uraltes, von den alten Schriftstellern häufig erwähntes Arznei- und Räuchermittel, dessen Abstammung von *Liquid. orientalis* oder *Styrax officinalis* jedoch mit Sicherheit nicht festzustellen ist. Mit einiger Wahrscheinlichkeit ist anzunehmen, dass man unter dieser Bezeichnung das trockene Harz von Styrax officinalis gemeint hat. Nach Herodot war zu jener Zeit Styrax ein nicht unbedeutender Handelsartikel der Phönicier und auch Theophrast beschäftigt sich mit diesem als Arznei- und Räuchermittel benutztem Stoffe; jedoch erst aus den Berichten des Aëtius (6. Jahrh.) und Paulus Aegineta (7. Jahrh.), welche von flüssigem Storax sprechen, lässt sich mit einiger Sicherheit auf das Produkt von Liquidambar orientalis schliessen. Storax (aller Wahrscheinlichkeit nach flüssiger von Liquidamb. orientalis) ist schon in frühen Zeiten (um 1370) über Arabien nach Indien und China gebracht worden. Flückiger sagt bezüglich der beiden Styraxarten: „Es ergiebt sich also wohl, dass flüssiger Styrax schon in frühen Zeiten mit dem festen dargestellt wurde; letzterer scheint seit dem Anfange unseres Jahrhunderts nirgends mehr in einiger Menge gewonnen zu werden; höchstens sammeln die Bauern in den Bergen um Adalia im südlichen Kleinasien noch etwas zum Gebrauche bei dem Gottesdienste der griechischen Kirche wie der Moscheen. Was jetzt als fester Storax, Styrax calamita vorkommt, pflegt ein Gemenge von flüssigem Storax mit Sägespähnen zu sein.“ Seit 1865 ist durch Pastau's Empfehlung, der Styrax mit Olivenöl bei Krätze anwendete, Storax wieder in Aufnahme gekommen. Krinos (1841, 1862), Kosta (1855) und namentlich Hanbury (1857) geben die ersten Mittheilungen über die Art und Weise der Gewinnung und hauptsächlich war es der letztere, dem man endliche Gewissheit über die Abstammung des Storax verdankt.

Offizinell ist der aus der frischen Rinde durch Auspressen oder Auskochen gewonnene Balsam: *Styrax liquidus* (*Storax liquidus*, *Balsamum Styrax*).

Nach den Mittheilungen Flückigers sind es wandernde Turkmehnen, die sich in Kleinasien mit der Gewinnung des flüssigen Storax beschäftigen, indem sie im Juni oder Juli vorzüglich die dünneren, noch fest mit dem Baume verbundenen Rindenstücke, unter Ausscheidung der alten Borke, ablösen und unter Anwendung von heissem Wasser den Balsam ausschmelzen. Die Rindenstücke werden dann abgeschöpft, in Pferdehaarsäcken nochmals gepresst und beide Produkte, sowohl der ausgeschmolzene als ausgepresste Balsam, vereinigt in Fässer oder Schläuche von Ziegenfell gegossen. Die an der Sonne getrocknete, gepresste (zum Theil auch ungepresste), sehr angenehm riechende Rinde, welche früher mit der Bezeichnung *Cortex Thymiamatis* nach Europa gelangte, wird in der griechischen Kirche unter dem Namen Christholz zum Räuchern verwendet. Die kleinasiatischen Bezirke liefern nach Flückiger's Angaben jährlich 800 Centner Storax, der zum grössten Theil über Kos, Syra und Smyrna nach Triest gebracht wird.

Der Storax bildet eine zähe, dickflüssige, im Wasser untersinkende, undurchsichtige, terpentinartige Masse von graulicher, graubräunlicher, auch grünlich-grauer, mit der Zeit dunkelschwarzbraun werdender Farbe; durch sehr langes Stehen oder durch Erwärmung klärt er sich und wird dunkelbraun. Er ist mit vielen Unreinlichkeiten vermengt, ziemlich klebend, trocknet nur in sehr dünner Schicht erst nach langer Zeit ein, bleibt aber immer klebrig. Der Storax riecht sehr angenehm eigenthümlich balsamisch und schmeckt scharf gewürzhaft kratzend. In Terpentinöl und anderen ätherischen Oelen löst er sich, jedoch nicht klar, hingegen mit Weingeist giebt er eine klare, dunkelbraune, sauer reagirende Lösung; ebenso ist er löslich in Aether, Amylalkohol, Chloroform, Schwefelkohlenstoff. Unter dem Mikroskop erscheinen in dem trüben Balsam kleine bräunliche Körner, oder zähe Tröpfchen in einer dicken, klaren Flüssigkeit, auch einzelne grosse helle Tropfen und bisweilen Pflanzenreste; im polarisirten Lichte zahlreiche kleine Krystallbruchstücken. Zum Gebrauche muss Storax gereinigt werden, was dadurch geschieht, dass er in der Hälfte seines Gewichtes Benzol gelöst, filtrirt und die erkaltete Lösung wieder eingedampft wird (*Styrax depuratus*).

Der amerikanische Balsam (Sweet gum), durch Einschnitte in die Rinde von *L. styraciflua* gewonnen, ist heller als der kleinasiatische, sonst dem letzteren ähnlich, bei gewöhnlicher Temperatur ziemlich fest, von klarer, dunkelbrauner Farbe. In früherer Zeit in grösseren Massen gewonnen, ist er jetzt aus dem Handel ganz verschwunden und wird gegenwärtig in Amerika nur im gefälschten Zustande verkauft.

Das Harz, welches durch freiwilligen Ausfluss oder durch Einschnitte in den Stamm von *Styrax officinalis* L. gewonnen wird (Resina Styrax) und wie schon angedeutet zu den ältesten Arznei- und Räuchermitteln gehört, kommt in 3 Sorten in den Handel.

1. Styrax in Körnern (Styrax in granis) besteht aus kleinen, weisslichen, durchsichtigen, erbsengrossen, in der warmen Hand erweichenden, sehr angenehm riechenden Körnern.
2. Styrax in Kuchen (Styrax in massis, Styrax calamitus) in Blasen, Schilf oder Palmblätter eingewickelte, angenehm riechende Massen bildend.
3. Gemeiner Styrax (Styrax vulgaris, Scops styracina, auch fälschlich Styrax calamitus genannt) aus grossen braunrothen, lohkuchen- und torfartigen Klumpen bestehend, die aus mit wohlriechenden Harzen getränkten Sägespähnen und anderen Unreinlichkeiten gebildet sind. Dieses mit einem styraxartigen Geruche ausgestattete Kunstprodukt soll gegenwärtig hauptsächlich in Triest hergestellt werden.

Bestandtheile. Der flüssige Styrax enthält ein ätherisches Oel (Styrol), Zimmtsäure, einen eigenthümlichen, neutralen, krystallinischen Körper (Styracin), ein besonderes Harz (Styroxalid), eine eigenthümliche Substanz (Metastyrol), Zimmtsäure-Benzyläther, Zimmtsäure-Phenylpropyläther und ein Styrokampfen. Nach den Flückiger'schen Mittheilungen besteht die Hauptmasse des Storax aus den Zimmtsäureestern verschiedener Verbindungen von alkoholartigem Charakter. Hierher gehört das 1877 von W. v. Miller entdeckte, nahezu 50% betragende *Storesin* ($C_{36}H_{55}(OH)_3$), welches hauptsächlich als Zimmtsäureester, jedoch auch in geringer Menge als Natriumalkoholat ($C_{36}H_{57}NaO_3$) und ebenso ungebunden auftritt. Dieser 3atomige Alkohol ist als α. Storesin (amorph, Schmelzpunkt 160—168°, löslich in verdünnter Kalilauge) und β. Storesin (weisse Flocken bildend, Schmelzpunkt 140—145°) bekannt. Das von Körner dargestellte Storesin hat eine Zusammensetzung von $C_{30}H_{50}O_4$; Körner bezeichnet es als zweifelhaft, ob dieses Storesin neben dem Miller'schen auftritt oder sich aus dem letzteren entwickelt. Ein zweiter, in grösserer Menge vorhandener, als geruchlose, dickliche Flüssigkeit auftretender Bestandtheil des Storax ist *Zimmtsäure-Phenylpropylester* ($C_{18}H_{18}O_2$). Ein schon 1827 von Bonastre entdeckter *Zimmtsäure-Zimmtester* ($C_9H_7O — C_9H_9$) führt den Namen *Styracin.* In geringer Menge findet sich im Storax eine ölige Flüssigkeit, *Zimmtsäureäthylester* ($C_9H_7O_2 — C_2H_5$) und wahrscheinlich auch *Zimmtsäurebenzylester* und *Aethylvanillin.* Ausser diesen Stoffen ist auch freie Zimmtsäure, begleitet von wenig Benzoësäure, vorhanden. 1831 erhielt Bonastre aus dem Styrax

Liquidambar orientalis Miller.

 ein wohlriechendes Oel, welches von Simon mit dem Namen *Styrol* (Cinnamol, Cinnamēn) bezeichnet wurde und das mit dem aus Zimmtsäure dargestellten *Phenyläthylēn* ($C_6H_5 — CH — CH_2$) übereinstimmt. *Styrol* ($C_{16}H_{16}$) besitzt einen Siedepunkt von 146°, ein spez. Gew. von 0,925, ist stark lichtbrechend, unlöslich in Wasser, löslich in Aether und Alkohol und wird bei längerer Erwärmung im Wasserbade oder bei einer Hitze von 200° (nach Husemann 300°) in *Metastyrol* umgewandelt. Miller bestreitet das Vorkommen der letzteren Substanz im Storax. Ein ähnliches Oel erhält man bei der trockenen Destillation von Zimmtsäuresalzen; die Indentität beider Oele ist jedoch noch nicht festgestellt. Ebenso erhielt Van t Hoff aus dem Storax 0,4% eines wohlriechenden, linksdrehenden Oeles mit der Formel $C_{10}H_{16}O$, welches nach Miller in Form eines Esters vorzukommen scheint. Storax wird als die ausgiebigste Quelle der Zimmtsäure bezeichnet. *Zimmtsäure* ($C_9H_8O_2$) zu Anfang dieses Jahrhunderts zuerst von Trommsdorf u. A. wahrgenommen und für Benzoësäure gehalten, im Jahre 1834 von Dumas und Peligot bezüglich ihres wahren Charakters erkannt und mit dem Namen Zimmtsäure belegt, krystallisirt in grossen farblosen Säulen und Tafeln des klinorrhombischen Systems, ist geruchlos, von gewürzhaftem, hinterher kratzendem Geschmack und von saurer Reaktion. Das spez. Gew. beträgt nach Schabus 1,195, nach Kopp 1,245, nach Schröder 1,2475, der Schmelzpunkt nach Kopp 129°, nach Kraut 133°, Siedepunkt 300—304°; ist wenig löslich in kaltem, leichter in kochendem Wasser, in 4,3 Theilen absolutem Weingeist von 20°, leicht in Aether. (Husemann, Pflanzenstoffe 791.)

Anwendung. Storax wird zu Pflastern, Salben und als Räuchermittel verwendet, namentlich als Mittel gegen Krätze, bei welcher Krankheit er dieselben Wirkungen äussert wie der Perubalsam, der zwar besser riecht, aber auch theurer ist und die Wäsche mehr beschmutzt. „Vorzüglich geeignet ist Storax zur Tödtung der Morpionen, zu deren Behandlung er sich von den früher gebräuchlichen Quecksilbersalben dadurch auszeichnet, dass er weder Ekzem noch dem Merkurialismus analoge Erscheinungen bedingt.“ Die ihm unter besonderen Verhältnissen eigenen Nebenwirkungen (Albumerie) verschwinden rasch wieder. Zur Beseitigung der Krätze genügt meistens eine einmalige Einreibung von 15,0 *Styrax liquidus* und 4,0 *Oleum Olivarum*. (Husemann, Arzneimittell. 220.)

Litteratur. Abbildung und Beschreibung: *Liquidambar orientalis*: Bentley u. Trimen, Med. pl., Taf. 107; *Styrax styraciflua*: Nees v. Esenb., Pl. med., Taf. 95; Hayne, Arzneigew. XI., Taf. 25; Luerssen, Handb. der syst. Bot. II, 799; Karsten, Deutsche Fl. 489; Wittstein, Pharm. 817.

Drogen und Präparate: *Styrax liquidus*: **Ph. germ.** 251; Ph. austr. 125; Ph. helv. 128; Cod. med. 79; Ph. Neerl. 230; Brit. ph. 302; Ph. dan. Nachtrag; Ph. suec. 28; Ph. U. St. 313; Flückiger, Pharm. 115; Flückiger and Hanb. 271; Hist. d. Drog. I., 481; Berg, Waarenk. 551.

Tinctura Benzoini composita: Brit. ph. 321; Ph. U. St. 336.

Pilulae Styracis thebaicae: Ph. suec. 153.

Unguentum cum Styrace: Ph. helv. suppl. 133; Cod. med. 469.

Bezüglich der Drogen und Präparate siehe auch Hager, Ph. Praxis II., 1080; III., 1143.

Tafelbeschreibung:

A blühender Zweig, natürl. Grösse; 1 u. 2 Staubgefässe, vergrössert; 3 weiblicher Blüthenkopf im Längsschnitt, desgl.; 4 einzelne weibliche Blüthe, längsdurchschnitten, desgl.; 5 Fruchtkopf, desgl.; 6 derselbe im Längsschnitt, desgl.; 7 u. 8 Same mit Flügel, desgl.; 9 u. 10 derselbe im Längs- und Querschnitt, desgl.; 11 Embryo, desgl. Nach einer Originalzeichnung des Herrn Prof. Schmidt in Berlin.

Manihot utilissima Pohl.

Nutzbarster Maniok, Cassave-Strauch, Yuca amarga. Mandijba. Bitter Cassave, Moussache, Couaque, Manioc amer.

Syn. *Jatropha Manihot* L. *Jatropha stipulata* Velloso. *Janipha Manihot* Kunth. *Manihot edulis* Richard. *Manihot Manihot* Karsten.

Familie. *Euphorbiaceae,* Ufam. *Hippomaneae.* **Gattung.** *Manihot Plumier.*

Beschreibung: Ein milchender Strauch von 2—3 m Höhe. Seine Wurzeln sind reich an giftigem Milchsaft und Stärkemehl, knollig, den Georginenknollen ähnlich, zu 3—8 büschlig vereinigt, jede Knolle aber bis 1 m lang und bis 40 cm stark, kegelförmig, fleischig, gelblich weiss. — Stengel vielästig, rundlich, knotig, etwas gedreht, mit dünner, rötlicher, schmutziggelber oder violetter, narbiger Rinde bedeckt. Äste und Ästchen brüchig, kahl, graugrün oder rötlich mit graugrünem Reif. Blattstiel 15—20 cm lang, rund, kahl, grün, bisweilen rötlich violett oder bräunlich blau, oft etwas vom Rande des Blattes entfernt eingefügt. Blätter wechselständig, handteilig, bisweilen einige, selten alle ungeteilt. Blattfläche etwas schildförmig, leicht zurückgebogen, sehr tief 3—7zipflig geteilt, am Grunde herzförmig ausgerandet, kahl oder an den Nerven behaart, oben schwärzlich-grün, unten seegrün mit orangegelben Nerven, unter der Lupe sehr fein netzrunzelig. Lappen lanzettlich, am Grunde etwas verschmälert, zugespitzt, stachelspitzig, ganzrandig, die mittleren 15—20 cm lang und 4—5 cm breit, die seitlichen etwa 3—5 cm kürzer, die äussersten, wenn 7 vorhanden sind, meist nur 10 cm lang und am Grunde 1—2 cm breit. Nebenblätter 2, lanzettlich, zugespitzt, sehr hinfällig. Blütenstand am Grunde geteilt, Hauptzweige am Grunde dichotom, 3—5 cm lang, zart, im übrigen traubig, end- oder achselständig, kürzer als die Blattstiele, Deckblättchen sehr klein, fast borstenförmig, ganzrandig, an der Basis gegliedert und sehr leicht abfallend. Blüten getrenntgeschlechtig, einhäusig auf gegliederten Stielen sitzend. Männliche Blüte mit kahlem, etwas eingerollten, glockigem, fünfspaltigem Kelch, ohne Blumenkrone, 3—5 mm lang, aussen mehr grau, oft violett angelaufen, innen gelblich. Diskus entwickelt, krugförmig 5 lappig, die Lappen selbst wieder mehrlappig, den Kelchzipfeln opponiert, kahl, in der Mitte vertieft oder die Reste des verkümmerten Fruchtknotens tragend. Staubblätter 10, fast frei, bodenständig, zweireihig; äussere mit längeren Fäden vor den Lappen, die inneren mit kürzeren Fäden zwischen den Lappen des Diskus. Antheren fast so breit als lang, mit Längsspalten nach innen aufspringend; Verbindungsglied an der Spitze büschelig-haarig. — Weibliche Blüte 10 mm lang, Kelch tief 5 teilig, eingebogen, schmutzig gelb, bei beginnender Fruchtreife abfallend; Diskus wie bei der männlichen, fleischig; Fruchtknoten oft von 10 Staminodien umgeben, kahl, ungleich 6 eckig, dreifächrig, Fächer mit je 1 Samenknospe, eine der Achse zugekehrt, 2 seitliche nach vorn gerichtet. Griffel 3, kurz, verwachsen; Narben 3, breit, kammförmig lappig, Frucht eine 15 mm grosse, dreiseitige, dreifächrige, dreisamige, fach- und scheidewandspaltig aufspringende, schmalgeflügelte rundliche, runzlige Kapsel; die Flügel selbst sind wellig kerbig. Samen, dem Ricinussamen ähnlich, weissgrau mit dunkleren Flecken. Nährgewebe reichlich, Samenlappen breit.

Formen: Man unterscheidet eine giftige bittere Mandioka, *Mandiocca brava* der Brasilianer. *Yuca amarga* der Peruaner, *Bitter Cassave* in Ost- und Westindien, und eine nicht bittere, nicht giftige Mandiocca, *Mandiocca doce, Yuca dulce, Sweet Cassave.* Letztere stammt von den unten beschriebenen *Manihot palmata* Müll. Arg. (Aypim oder Macaxeras) und *M. cartagenensis* Müll. Arg. (*Mandiocca branca*), erstere von der eben besprochenen *M. utilissima* Müll. Arg. — Von den zahlreichen Varietäten der *M. utilissima* sind die *Mandiocca amargosa* und die *M. assu* (Riesenmandiocca) die wichtigsten. Dunklere Blätter, unten oft rötlich oder rotbraun, rötlich gefärbte Stengel oder Blattstiele, grosse Knollen mit schwer ablösbarer Wurzelhaut, Milchsaft durch die ganze Knolle unterscheiden u. a. diese Pflanzen von den nächsten. (Peckolt.) Die Blütenstände kultivierter Pflanzen haben oft nur verkümmerte männliche, manchmal überhaupt nur geschlechtslose Blüten, welche dann sehr kurz gestielt sind und der Pflanze ein sehr verändertes Aussehen verleihen. Auf Mauritius finden sich ferner noch folgende Varietäten angebaut: 1) Stengel und Blattnerven rötlich; 2) Stengel und Blattstiele hellviolett; 3) Blätter unterseits graugrün, oben rötlich, etwas kraus; 4) Wurzel glatt und weiss.

Vorkommen: Weit verbreitet in allen tropischen Ländern beider Hemisphären und von den Einwohnern an Stelle des Getreides zu verschiedenem Hausgebrauch kultiviert. Einheimisch in Südamerika und den Antillen, angebaut in Mexico und Florida, in Asien in Ostindien, auf Java und der Malayischen Halbinsel, Straits Settlements und den Philippinen; in Afrika auf Mauritius, durch den ganzen äquatorialen Teil von Sansibar bis Guinea, den Cap-Verdischen Inseln.

Kultur. Der Anbau des Manioks ist lohnender, als der irgend einer Getreideart oder des Kaffees, da kein Gewächs mehr Stärke und Stickstoffbestandteile auf dem gleichen Areal erzeugt als Maniok. — Bei der Ernte werden die Stengel in Stücke geschnitten, welche man wiederum als Stecklinge benutzt. Dieselben werden in nicht zu feuchtem Boden, am besten in eigens dazu hergerichteten Waldlichtungen (Tschirch) gepflanzt; sie bewurzeln sich dann rasch und nach 2—3 Monaten haben die Stöcke eine Höhe von 30—60 cm; nach 6 Monaten sind die Pflanzen ausgewachsen und ca. 2 m hoch. Man erntet die Knollen dann wie die Kartoffeln. — Knollen der bitteren Mandiocca sind reicher an Stärkemehl, ärmer an Stickstoff; sie werden $1^1/_2$—2 kg schwer (die der Riesenmandiocca sollen 150 kg Gewicht erreichen), und dienen hauptsächlich zur Bereitung von Tapiocca, Cassavemehl und -Brot; die süsse Mandiocca ist stärkeärmer, lässt sich aber leichter kochen und als Gemüse benutzen; sie wird von den Europäern und auch in Westafrika vorgezogen. — In Florida gewinnt man von einem Acker 30 Tons Wurzeln und 18000 kg. Stärke.

Manihot palmata Müll. Arg. (*M. Aipi* Pohl, *Jatropha Manihot* Aut.) unterscheidet sich von der vorigen durch rötliche Knollen und einen spärlichen fliessenden, durchaus nicht giftigen Milchsaft, welcher nicht die ganze Knolle durchdringt, sondern nur in einer höchstens 2 mm dicken Rindenschicht sich findet. Die Knollen besitzen eine zentrale weisse Splintschicht, die Blätter sind lang gestielt, den vorigen ähnlich, besitzen aber rosenrote Nerven. (DC. Prodr. XV. 2. 1062. Hook. Icones t. 530. Velloso flor. flum. t. 81. Martius, flor. brasil. Bd. 1.

Manihot carthagenensis Müll. Arg. (*M. Janipha* Pohl. *Jatropha Janipha* L. *Jatropha carthagenensis* Jacq.) Knollen weiss, wie auch bei der vorigen, kleiner als bei *M. utilissima;* Milchsaft nicht giftig, nur in der Rindenschicht der Knolle. Blätter herzförmig, kahl; Lappen zugespitzt, ganzrandig, der mittlere geigenförmig; die weibliche Blüte mit 10 verkümmerten Staubblättern.

Vorkommen. Beide Pflanzen finden sich in zahlreichen Spielarten in Brasilien wild und werden als *Yuca dulce* (*Mandiocca doce* oder *dulce, Sweet Cassave, Manioc doux, süsse Cassave*) häufig angebaut. Auch in Asien und Afrika werden sie kultiviert, allerdings weniger als die *M. utilissima.*

Anatomie. Den Bau der Knollen von *Manihot carthagenensis Müll. Arg.* untersuchte Anisits. Die Rinde besteht aus mauerförmigem Parenchym ohne Stärke, mit gelbem Farbstoff angefüllt. Es folgen Lagen von kleinen polyedrischen Zellen, welche Stärke enthalten und von Milchgefässen durchsetzt sind. Hieran reiht sich die eigentliche Stärkemehlschicht, welche aus lose aneinandergefügten ellipsoidischen, strahlig angeordneten, von Stärkemehl

Euphorbiaceae
(Hippomaneae)

Manihot utilissima Müll. Arg.

 strotzenden Zellen besteht. In diesem Teile befinden sich weite ovale, leiterförmige Gefässe. — (Bull. of Pharm. 1891.)

Name und Geschichte. Der Name Manihot ist verkümmert aus Mandioka und Manioka; nach Peckoldt bedeutet mandi in der Tupusprache „Gebackenes" und oka „Haus", also Hausbrod. Aypi oder Aypim heisst bei den Eingeborenen die süsse Cassave. — Die Pflanzen sind den Ureinwohnern schon sehr lange bekannt. Die Portugiesen fanden die Kultur der Cassave bei der Entdeckung Brasiliens vor. Petrus Martyr 1494 berichtet in den Fahrten des Columbus über die giftige „Jucca-Wurzel", aus der die Brasilianer Brod backen. Eine ausführliche Beschreibung giebt Jean de Léry über Maniok und Aypi 1585. Cassave kannten Fernandez und Monardes (1574), Walter Raleigh (1595), ebenso auch Piso 1648 (Flückiger). Aublet (La Guiane française Bd. II) erzählt ebenfalls ausführlich von der Bearbeitung des Manioc. Nach Thomas Morray soll die Cassave seit dem 16. Jahrhundert in Mexico kultiviert werden; heute wird sie in allen Tropenländern angebaut, weil ihr Stärkereichtum den jeder anderen Pflanze übertrifft, und kein Nahrungsmittel in der Heimat auch nur annähernde Bedeutung erlangt hat.

Produkte. — **Officinell** ist das Stärkemehl der genannten drei Pflanzen als brasilianisches Arrow-root (engl. Brazilian Arrow-Root, Cassavi, franz. Fécule de Tapiocca, Manioc, Moussache; holl. Cassavemeel, Brasiliaansch Arrow-root, port. Fecula, Amido, Cepipa, Pós de Gomme, Tapiocca, span. Tapioca, welches in manchen Staaten das Westindische Arrow-root (v. *Maranta arundinacea L.*) ersetzt, in anderen aber als Verwechselung der officinellen behandelt wird. Man erhält dieses Arrow-root als Nebenprodukt bei der Bereitung von Cassave und Tapiocca durch Auspressen der Knollen und Trocknen der abgesetzten und gewaschenen Stärke an der Luft. — Die Stärke bildet dann ein sehr feines, zwischen den Fingern zart knirschendes Pulver, welches meist aus einzelnen, ursprünglich zu 2, 3 oder 4, seltener mehr, zusammenhängenden Körnchen besteht. Die Körnchen sind im einzelnen 0,007—0,029, meist 0,020 mm (Wiesner) gross, haben die Gestalt einer Kesselpauke oder eines Kugelausschnitts und zeigen fast in der Mitte den von kreisrunden Schichten umgebenen Kern, von welchem aus sich eine kegelförmige, schwach lichtbrechende Substanz nach der Vereinigungsfläche hinzieht. Diese erscheint von der Berührungsfläche aus als lichtbrechende den Kern umgebenden Zone. — Die Körner von *M. palmata Müll.* sind nach Wiesner von gleicher Gestalt, die von *M. carthagenensis Müll.* sind noch nicht untersucht. Sehr ähnlich der Manihotstärke ist nach Tschirch die ebenfalls von Brasilien kommende Batatenstärke, fécule de Batate, von *Batatas edulis* Chois (*Convolvulaceae*) und die aus Australien eingeführte Stärke des Bohnenbaumes, *Bean-tree, Castanospermum australe* Cunn. (*Papilionaceae*).

Als **Nahrungsmittel** dienen in der Heimat und zum Teil auch bei uns: 1) Tapioca, 2) Cassave-Mehl oder Mandioca, 3) Cassavebrot, 4) der eingedickteSaft, 5) alkoholische Getränke.

1) Tapioca (Tapiocca, Südamerikanischer oder brasilianischer Sago) ist das halb verkleisterte Stärkemehl (*Amylum Manihot*). Man zerreibt die Manihotknollen auf mit Stacheln versehenen Brettern (in Brasilien) oder durch Maschinen (in Ostindien), presst die Masse aus und fängt den giftigen Milchsaft auf. Aus diesem setzt sich allmählich das Stärkemehl ab, welches man sammelt und entweder an der Luft trocknet (*Arrow-root,* s. o.) oder in Pfannen über freiem Feuer rührt, bis es teilweise verkleistert ist und kalt entweder weisslich bestaubte, tragantähnliche sehr unebene Stücke (Flockentapiocca) oder graupenähnliche Körner (Perltapiocca) bildet. Die Ausfuhr dieses Produkts ist eine überaus grosse. Brasilien führt jährlich gegen 7 Millionen kg. Tapiocca und gegen 8 Millionen kg. Cassavemehl (Mandiocca) aus; nach Berichten von 1888 wird die aus den Straits Settlements verschiffte Menge auf 904 000 Piculs = 46 Mill. kg. Tapiocca und Mandiocca geschätzt (Beschreibung der Hamb. Handelsausst. 1889); nach Tschirch (Ind. Pfl.) exportierte Singapore 1888 im Ganzen 192 954 Piculs = 11 866 671 kg. Tapiocca aller Sorten.

2) Der Pressrückstand, welcher mehr oder weniger von Stärkemehl befreit ist, wird dann an der Luft getrocknet und heisst dann Cassave-Mehl, Tapiocca-Mehl, Mandiocca, port. Farinha oder Farinha de Páo, Farina Manihot Pharm. Port., Fuba in Angola. — Erhitzt man ihn aber in eisernen Pfannen, so dass er unter Verkleisterung der Stärke zu 2—4 cm dicken Kuchen zusammenbäckt, so erhält man

3) das Cassavebrot, bras. Chipa, in Angola Quanga genannt. Ohne diese beiden Nahrungsmittel kann der Brasilianer nicht leben. Das Brot wird direkt gegessen, das Mehl dient als Zuspeise und wird roh serviert, so dass Jeder nach Bedarf davon seiner Speise zusetzt. Beide haben durch Trocknen und Backen die letzte Giftigkeit des anhängenden Milchsaftes verloren.

4) Der den Milchsaft enthaltende Saft (bras. Tucupé) ist überaus giftig; der Saft des Stengels oder der Blätter soll als Gegengift wirken. Durch Eindampfen verliert er seine Giftigkeit und bildet schliesslich einen süssen Syrup, der in der Heimat Cassareep oder Casaripe heisst.

5) Gegohrene Getränke macht man sowohl aus Casaripe als auch aus Cassavemehl; dahin gehört der Yarak der Indianer am oberen Orinoko.

6) Medicinische Anwendung finden noch die getrocknete Wurzel, (*Radix Manihot.* Ph. Port.) als Mittel gegen putriden Schweiss und Gangräne; eine Abkochung der Blätter als milchbeförderndes Mittel, die Samen als Purgativ und die Stärke zu kosmetischen Zwecken.

Bestandteile. Ewell und Willey (Amer. Chem. Journ. XV. No. 7) fanden in Manihotknollen von Florida 61,3 % Feuchtigkeit, 38,7 % Trockensubstanz, und in letzterer 80 % Stärke, 17 % Rohzucker, 1,6 % Protëin, wenig Asche, welche bei *M. utilissima* reich an Kalium und Phosphorsäure war. Die Rinde war stärkefrei und enthielt viel Kieselsäure. Die Giftigkeit der Pflanze liegt im Milchsaft. Dieselbe ist wahrscheinlich nicht der Blausäure, die darin enthalten ist, sondern alkaloidischen Substanzen zuzuschreiben. Peckoldt fand darin kein Amygdalin, wohl aber einen süssen Stoff, der mit Mandelmilch einen pelargonartigen Geruch gab, ferner die noch näher zu prüfenden Stoffe Manihotsäure, Manihotin, Manihotoxin, Sepricolytin (mit fäulniswidrigen Eigenschaften). Manihotoxin ist bei 60° schwer löslich in Chloroform und Äther; 5 mg töten eine Taube in 5 Minuten. Hierauf ist vielleicht die Giftigkeit des Milchsaftes zurückzuführen. Die Menge der Blausäure ist zur Blütezeit am höchsten; sie beträgt dann 0,0024 % der Wurzel, und findet sich übrigens zur Blütezeit auch in der süssen Mandiocca; jedenfalls in zu geringer Dosis, um tödlich zu sein.

Litteratur. Abbildung und Beschreibung. Bauhin, Pinax. 512. J. Bauhin II. 794. Sloane, Catal. 41 Hist. I. 130. Linné spec, 1007. Plumier, Cat. 20. Pohl, Flora Brasil. I. Taf. 23, 24, 29. Aublet, La Guiane franc. II. 884. Humboldt, Bonpland, Kunth, Nov. Gen. et Sp. II. 108. Curtis, Bot. Magazine t. 3071. De Candolle, Prodr. XV. 2. 1064. Henkel, pharm. Bot. 200. Berg, Botanik 235. Kosteletzki, Med. ph. Flora V. 1751. Engler & Prantl, Pflanzenfam. III. 5. S. 80 Fig. 49. Luerssen, Med. ph. Bot. II. 743. Baillon, Hist. des Plantes V. 180. Karsten, Flora v. Deutschl. II. 126. Velloso, flor. flumen. X. Taf. 80. Schmidt, Flor. Cap. Verd. 307. Martius, Mat. med. Brasil. 3. K. Schumann, Syst. Bot. 404.

Droge: *Radix Manihot.* Ph. port. (1876) 261. **Allgemeines:** Aublet II. 1. c. Nachtrag. Berg, Waarenkunde 481. Anat. Atlas t. VII 6. D. — Charact. d. Pf.-Gen. XXIV. 199. Baillon, Hist. des Pl. V. 173. Peckoldt, Pharm. Rundschau, Oct. 1886. Wiegand, Pharm. 332. Fig. 180. Henkel, Pharm. 530. Hager, Pharm. Praxis I 338. Wiesner, Rohstoffe 274. Flückiger, Grundriss 152. Pharmacogn. 3. Aufl. 247. Tschirch, Indische Nutz- und Heil-Pfl. 1865. t. 111. Erdmann-Koenig, Waarenk. 219. Fig. 53. Schmidt, org. Chem. II. Geisler & Möller, Encycl. VI. 540. Dorvault, L'Officine (ed. XII) 934. Ferner Tapiocca seu Fecula Manihot: Tschirch l. c. 186. Encyclop. der ges. Pharm. I. 578. Pharm. Austr. VII (1890) 26. No. 42. Gall. (1884) 80. Hisp. (VI.) 97 Ndrl. Suppl. (1891) 23. Port. (1876) 261. — Cassavemehl, Farina Manihot Port. 216.

Präparate: *Gelatina Tap.* Hisp. 420. *Glyceratum Amyli.* Port. 217 *Cataplasma farinae Manihot.* Port. 102.

Tafelbeschreibung:

A Blühender Zweig natürlicher Grösse. B fünfteiliges Blatt, verkleinert. 1 männliche Blüte im Längsschnitt $^2/_1$; 2 weibliche Blüte im Längsschnitt $^2/_1$; 3 Frucht natürlicher Grösse; 4 Same von innen, 5 Same von der Seite gesehen. 6 Stärkekörner. 2—4 nach Engler und Prantl., A und 1 Original aus dem Kulturtuin von Tijkeumeuk auf Java (Herbarium Vogtherr).

Matricaria Chamomilla L.

Syn. *Matricaria suaveolens* L. *Chrysanthemum Chamomilla* Bernh. *Chamomilla officinalis* C. Koch.

Echte Kamille — Chamomile — Camomille commune ou d'Allmagne.

Familie: *Compositae.* Gattung: *Matricària* L.

Beschreibung. Die einjährige, dünne, senkrechte, befaserte, blassbraune Wurzel treibt einen kahlen, ästigen, aufrechten oder ausgebreiteten 15—20 Ctm. hohen Stengel, dessen zerstreut stehende, kahle, sitzende, doppelt-fiedertheilige Blätter mit schmal-linealischen, flachen, stachelspitzigen, entfernten Zipfeln versehen sind. Die endständigen Blüthenköpfchen mittelgross, ziemlich lang gestielt, eine doppelte, zusammengesetzte, lockere Doldentraube bildend, mit walzig-kegelförmigem, 5 Mm. hohem, $1\frac{1}{2}$ Mm. dickem, hohlem, nacktem, nach dem Abfallen der Früchte feingrubigem Blüthenboden. Hüllkelch ziegeldachförmig mit länglichen, häutig gerandeten, stumpfen Blättchen. *Rand-* oder *Strahlenblüthen* zu 12—18, nur weiblich, erst ausgebreitet, später zurückgeschlagen, weiss, mit unterständigem, 1fächerigem, 1eiigem, aus dem Unterkelch gebildetem Fruchtknoten und fadenförmigem Griffel, der mit 2 linealischen, zurückgekrümmten Narben gekrönt ist. Die länglich-3zähnige, 4nervige Zunge länger als der Hüllkelch. Röhre walzenrund, mit kleinen Oeldrüsen bestreut. *Scheibenblüthen* zahlreich, zwitterig, gelb. Blume trichterförmig mit am Grunde buchtiger, gestielt-drüsiger Röhre und glockenförmigem, am Rande 5spaltigem Saume, dessen Zipfel nach aussen gebogen sind. Staubgefässe zu 5, mit im unteren Theile, mit der Blumenröhre verwachsenen, unter dem Beutel gegliederten Fäden und 2fächerigen, der Länge nach aufspringenden, zu einer Röhre verwachsenen Staubbeuteln, deren Connektiv aus einer dreieckigen, gestumpften Schuppe besteht. Pollen elliptisch, stachelig, unter Wasser rund, 3nabelig. Fruchtknoten gleich dem der Randblüthen. Griffel fast eingeschlossen; Narbe aus 2 linealischen, auseinanderstrebenden, rinnenförmigen, an der Spitze verbreiterten und bärtigen Theilen bestehend. Achänen länglich, gegen die Basis verschmälert, oben schief gestutzt, innen fein 5streifig, kahl, braun, ohne Federkrone. Same das Fruchtgehäuse vollständig ausfüllend, eiweisslos. Embryo wenig gekrümmt. Das nach unten gerichtete Würzelchen kurz. Sammenlappen länglich, planconvex.

Anatomisches: Der Querschnitt des dünnwandigen, lockeren Gewebes, welches die Höhlung des Blüthenbodens umgiebt, zeigt einen weitläufigen Kreis von ca. 12 sehr ansehnlichen Räumen, die wahrscheinlich ätherisches Oel enthalten (Flückiger).

Verbreitung. Auf Äckern, an Wegrändern, namentlich auf Lehmboden durch Europa mit Ausschluss des äussersten Nordens verbreitet. Ausserdem in Vorderasien und Australien.

Blüthezeit. Mai bis August.

Name und Geschichtliches. Der Name Kamille (althochdeutsch *meydeblumen*; mittelhochdeutsch *Comilg, Gensblum, Maidplum, Meddeblum, Meteblume;* mittelniederdeutsch *Megedeblomen;* bei Cordus *Kamillen, Hermelen, Meydblumen;* bei Bock und Fuchs *Chamillen, Kamillen*), stammt von *Chamomilla,* dem veränderten *χαμαίμηχον* (*χαμαι* niedrig und *μηχον* Apfel), auf dem Boden befindlicher Apfel, wegen des Apfelgeruches der kleinen runden Blüthenköpfchen. *Matricaria* kommt von *mater, μησης,* Mutter, wegen der Anwendung der Blüthe gegen Frauenkrankheiten, namentlich Krankheiten der Gebärmutter. Die Kamille ist schon vor alten Zeiten ein beliebtes Arzneimittel gewesen. Hippokrates bezeichnet sie mit *Ἐυανθεμος,* Dioscorides mit *Ἀνθεμις* und *Χαμαίμηλον.* Letzteren Namen führt die Pflanze heute noch in Griechenland. Trallianus verwendete häufig *Χαμαίμηλον,* ebenso Palladius *chamaeli herbae florentis.* Auch den Arabern war schon im 10. Jahrhundert die arzneiliche Benutzung der Kamille bekannt. Camerarius hatte schon von dem aus *Chamaemelum arvense* gewonnenen blauen Oele Kenntniss, welches er gegen Kolik empfahl. *Aqua florum Camomille* befindet sich in dem Nördlinger Register vom Jahre 1480. Fuchs beschreibt unsere Pflanze unter dem Namen *Chamaemelon Leucanthemum;* Lobelius nennt sie *Anthemis vulgatior.* Der Name *Matricaria* war ursprünglich dem *Chrysanthemum Parthenium* Pers. eigen; er ist erst von Haller und Linné auf unsere Pflanze übertragen worden.

Offizinell sind die getrockneten Blüthenköpfe: *Flores Chamomillae vulgaris.*

Die Blüthenköpfe werden im Juni und Juli bei trockenem Wetter gesammelt, an der Luft möglichst schnell getrocknet und am besten in dicht geschlossenen Weissblechgefässen aufbewahrt. Die frischen Blüthen enthalten Stoffe, welche leicht in Gährung übergehen und die getrocknete Kamille zeigt ein starkes Bestreben, in feuchter Luft Feuchtigkeit anzuziehen. Die Blüthen riechen auch nach dem Trocknen eigenthümlich aromatisch, schmecken stark, nicht angenehm aromatisch und bitter. Das früher ebenfalls offizinelle Kraut ist von ähnlichem, jedoch schwächerem Geruch und Geschmack.

Verwechselungen können stattfinden mit *Chrysanthemum inodorum* L., *Anthemis arvensis* L. und *Anthemis Cotula* L. *Chrysanthemum inodorum* hat grössere und geruchlose Blumen mit braunberandeten Kelchschuppen und besitzt einen stumpfen nicht hohlen Blüthenboden. Bei *Anthemis arvensis* sind die Blüthen ebenfalls grösser und geruchlos; der Fruchtboden ist mit Spreublättchen besetzt und nicht hohl. *Anthemis Cotula* besitzt gleichfalls grössere Blüthen mit widerlichem Geruche; Blüthenboden ebenfalls spreuig und nicht hohl.

Compositae.

W Müller n.d Nat.

Matricaria Chamomilla L.

Präparate. Die Blüthen werden zur Herstellung von *Syrupus Chamomillae, Extractum Chamomillae, Aqua Chamomillae, Oleum Chamomillae* verwendet und bilden einen Bestandtheil von *Species emollientes.*

Bestandtheile. Nach Herberger enthalten 100 Theile trockner Kamillen: 7,4 braunen, durch Bleisalz fällbaren Extraktivstoff, 5,9 Harz, 5 seifenartigen Extractivstoff, 6,3 Gummi, 2,9 Bitterstoff und Gerbstoff, 2,2 äpfelsauren Kalk und Kali mit Zucker und Eiweissstoff, 1 phosphorsauren Kalk, 0,8 Wachs, 0,5 Fett, 0,9 dickliches, flüchtiges, blaufarbiges Oel, 0,4 Chlorophyll, 64,7 Faserstoff etc. Durch Destillation erhält man aus den getrockneten Kamillenblüthen bis 0,45% eines schön dunkelblauen Oeles, von stark aromatischem Geruch und Geschmacke, welches bei 0° fest wird, ohne Abscheidung von Stearopten. Es ist von Piesse *Azulen,* von Gladstone *Coeruleïn* benannt worden, besitzt ein spez. Gew. von 0,92—0,94 und ist nach Kachler ein Gemisch von mehreren Verbindungen. Letzterer hat darin namentlich Caprinsäure ($C_{10} H_{20} O_2$) nachgewiesen und nach mehrfacher Rektifikation ein stark nach Kamille riechendes, farbloses, bei 150—165° übergehendes, neutrales Oel erhalten, mit der Zusammensetzung $C_{10} H_{16} O$. Die Zusammensetzung des Oeles ist nach Bizio $5 C_{10} H_{16}, 3 H_2 O$. Der blaue Bestandtheil, welcher durch Behandlung mit Alkalien grün gefärbt wird, besitzt nach Piesse die Formel $C_{16} H_{24} H_2 O$; nach Gladstone ist das Coeruleïn stickstoffhaltig. Im Alter verliert das Oel die blaue Farbe und wird schmutziggrün. Das Kamillenöl enthält ausserdem Spuren von Baldriansäure. Die saure Reaktion des über Kamillen destillirten Wassers rührt nach Kachler von einer Beimischung von *Propionsäure* her. Nach Pattone und Werner ist in den Kamillen eine in seidenglänzenden Prismen krystallisirende Säure, *Kamillensäure* und ein gleichfalls krystallisirbarer, stark alkalisch reagirender Körper, *Anthemidin,* enthalten. (Husemann, Pflanzenst. 1532.)

Anwendung. Als sehr beliebtes Hausmittel wird die Kamille in Theeform bei verschiedenen krampfhaften Beschwerden, namentlich bei Cardialgie und Kolik, auch als Diaphoreticum bei Rheumatismus, Erkältungskrankheiten, Bronchialkatarrh, acuter Diarrhöe etc. in Anwendung gebracht. Eine Hauptverwendung findet die Kamille äusserlich als gelind reizendes Mittel zur Applikation auf Haut, Schleimhäute und Wunden. Das Kamillenöl, welches die Reflexation herabsetzt, wird in Form von Oelzucker gegen Asthma und Kolik, Magenkrampf und Keuchhusten, sowie gegen Intermittens gereicht. (Husemann, Arzneimittell. 955.)

Litteratur. Abbildung und Beschreibung. Nees v. Esenb., Plant. med., Taf. 241; Hayne, Arzneigew. I, Taf. 3; Berg u. Schmidt, Offiz. Gew., Taf. XXIII[f]; Bentley u. Trimen, Med. pl. 155; Luerssen, Handb. der syst. Bot. II, 1143; Karsten, Deutsche Fl. 1094; Wittstein, Pharm. 373.

Drogen und Präparate: *Flores Chamomillae vulgaris*: **Ph. germ.** 108; Ph. austr. 34; Ph. hung. 109; Ph. ross. 164; Ph. helv. 53; Cod. med. 44; Ph. belg. 26: Ph. Neerl. 56; Ph. dan. 109; Ph. suec. 81; Ph. U. St. 219; Flückiger, Pharm. 785; Berg, Waarenk. 313, 572.

Syrupus Chamomillae: Cod. med. 548; Ph. helv. suppl. 109.

Aqua Chamomillae: Ph. austr. 18; Ph. hung. 53; Ph. helv. 14; Ph. Neerl. 26; Ph. belg. 126; Ph. dan. 46; Ph. suec. 24.

Extractum Chamomillae: Ph. Neerl. 101; Cod. med. 413; Ph. dan. 97; Ph. suec. 72.

Oleum Chamomillae: Ph. helv. 91, 92; Ph. Neerl. 167; Ph. ross. 289; Ph. belg. 200; Cod. med. 449.

Species emollientes: **Ph. germ.** 241; Ph. dan. 227; Ph. helv. 118; Ph. ross. 369.

Bezüglich der Drogen und Präparate siehe auch Hager, Pharm. Prx. I., 809.

Tafelbeschreibung:

A Pflanze in natürlicher Grösse. 1 Blüthe mit Hüllkelch, vergrössert; 2 dieselbe im Längsschnitt, desgl.; 3 Randblüthe, desgl.; 4 u. 5 Scheibenblüthe, geschlossen und geöffnet, desgl.; 6 dieselbe im Längsschnitt, desgl. 7 Staubgefässröhre mit Griffel und Narben, desgl.; 8 Narben der Scheibenblüthe, desgl.; 9 Pollen, desgl.; 10 Blüthenboden, desgl.; 11 Achäne, desgl.; 12 und 13 dieselbe im Quer- und Längschnitt, desgl.

Nach der Natur von W. Müller.

Melaleuca Leucadendron L.

Syn. *Mel. minor* Sm. *Mel. viridiflora* Gaertn. *Mel. saligna* Bl. *Mel. Cuninghami* Schau. *Mel. Cajuputi* Roxb.

Kajeputbaum — Cajeput — Cajuput.

Familie: *Myrtaceae.* (Unterfamilie: *Leptospermeae.*) Gattung: *Melaleuca* L.

Beschreibung. Bis 30 Meter hoher, 1 1/3 Meter im Durchmesser erreichender Baum mit dicker, oft schwammiger, in dünnen Schichten abblätternder, am unteren Stammtheile schwarzer, sonst weisslicher Borke und schlanken, oft hängenden, bräunlichen Zweigen, deren jüngere Triebe oft seidig behaart sind. *Melaleuca Leucadendron* kommt auch, jedoch seltener, strauchartig und dann mit starren, aufrechten Zweigen vor. Blätter zerstreutstehend, durch Drehung der Blattbasis mit ihren Flächen häufig vertikal gestellt, in einen sehr kurzen Blattstiel verschmälert, elliptisch bis lanzettlich, gerade oder ungleichhälftig, etwas gebogen bis sichelförmig, spitz oder stumpf, undeutlich durchscheinend punktirt, am Rande knorpelig, mit drei bis sieben Längsnerven, 8 bis 16 Mm. breit, 12 bis 16 Ctm. lang, in Form und Grösse sehr wechselnd. Blüthenähren einzeln oder zwei bis drei, an der Spitze mit einer Blattknospe, anfangs endständig, später die Achse als Laubspross weiter wachsend, 4 bis 12 Ctm. lang, bald kurz und dichtblüthig, bald lang und mehr oder weniger unterbrochen. Spindel kahl oder behaart, filzig oder wollig. Blüthen sitzend mit glockenförmigem Unterkelch; letzterer im unteren Theile mit dem Fruchtknoten verwachsen, oben frei und nach innen zu ringförmig verdickt. Kelchblätter 5, rundlich-eiförmig, häutig, oft trockenhäutig gerändert, sammt dem Unterkelche kahl oder behaart. Kronblätter 5, wie die Kelchblätter dem Unterkelche oberhalb des Verdickungsringes entspringend, 2 bis 3 Mm. im Durchmesser, kurz genagelt, verkehrt-eiförmig, concav, weiss. Staubgefässe zahlreich, ebenfalls dem Unterkelche entspringend, zu 5 vor den Kronblättern stehenden, 5 bis 8 gliedrigen Bündeln verwachsen; der verwachsene Theil der Bündel bald sehr kurz, bald die Krone überragend. Staubbeutel oval, auf dem Rücken über der Basis angeheftet, am oberen Ende mit einer Drüse ausgestattet, 2fächerig, rand-längsspaltig sich öffnend. Pollen dreieckig, dreiporig, etwas zusammengedrückt. Fruchtknoten unterständig, zum grössten Theile mit dem Unterkelche verwachsen, am Scheitel frei, um den Griffel herum eingedrückt, 3fächrig; die Scheidewände werden durch die 3 wandständigen, nach der Mitte zu laufenden und dort 2plattig umgeschlagenen, mehr oder weniger mit einander verwachsenen Samenträger gebildet, welche an ihren umgeschlagenen oblongen Enden mit zahlreichen Samenknospen ausgestattet sind. Der fadenförmige Griffel mit sehr kleiner, ungetheilter Narbe. Fruchtähre durch Fortwachsen der Spindel oberhalb der Blüthenähre in der Mitte oder am Grunde der Zweige. Früchte meist halbkugelig, ca. 4 Mm. dick. Samen verkehrt-eiförmig oder keilförmig. Die dicken, verkehrt-eiförmigen Samenlappen viel länger als das Würzelchen.

Melaleuca Leucadendron ist eine sehr veränderliche Art, deren Hauptformen früher als besondere Arten angesehen und in Folge dessen mit verschiedenen Namen belegt wurden. Flückiger sagt hierüber: „Melaleuca Leucadendron nimmt in den verschiedenen Gegenden ihres grossen Verbreitungsgebietes ein mannigfaltiges Aussehen an, indem namentlich Form und Grösse der Blätter sehr schwankt und die bald sehr dicht gedrängten, bald stark verlängerten und unterbrochenen Blüthenähren entweder kahl oder mehr oder weniger, mitunter ganz wollig behaart sind. Die Farbe der sehr zahlreich, am Grunde in 5 Bündel vereinigten Staubfäden wechseln von weiss oder gelbgrün bis zu purpur.

Die von Smith 1813 als *Melaleuca minor* unterschiedene Form, deren junge Blätter, sowie die Kelche seidenhaarig sind und deren Blüthenstände eine fast kugelige Form haben, ist diejenige Spielart, welche zur Gewinnung des Oeles benutzt wird.

Anatomisches. Die Blätter sämmtlicher Formen sind mit zahlreichen grossen Oelräumen ausgestattet.

Blüthezeit. ?

Vorkommen. In Ostindien, auf den Malayischen Inseln, Nord- und Ostaustralien und Neusüdwales; wahrscheinlich auch auf den Philippinen. Melaleuca minor ist im Archipelagus einheimisch, nach Flückiger besonders in der Umgebung der Kajeli-Bay im Nordosten der Insel Buru zwischen Celebes und Ceram, sowie auf den benachbarten Inseln.

Name und Geschichtliches. *Cajeput, Cajuput, Cajaput* vom malayischen *kaju* weiss und *putie* Holz. *Melaleuca* vom griechischen *μελας* schwarz und *λευκος* glänzend, weiss; beide Worte beziehen sich auf die schwarze Farbe des Stammes und die weisse, hellfarbige Beschaffenheit der Zweige und Blätter. *Leucadendron* von *λευκός* oder *λευκάς* weiss und *δένδρον*, Baum, also Weissbaum.

Rumphius (gestorben in den ersten Jahren nach 1700), welcher lange Zeit als Kaufmann und holländischer Unterstatthalter auf Amboina lebte, berichtet, dass die Malayen und Javaner schon längst mit dem Oele des Kajeputbaumes bekannt waren und dasselbe als schweisstreibendes Mittel benutzten. Der kaiserliche Arzt Lochner in Nürnberg erwähnt das Oel 1717, und 1719 wird es schon in der Apotheke von J. Heinrich Link in Leipzig geführt, der es von einem aus Indien kommenden Schiffsarzte erworben hatte. 1726 tritt es in verschiedenen deutschen Apotheken auf und um dieselbe Zeit wird es in Amsterdam schon in grösserer Menge eingeführt. Die damals gebräuchliche deutsche Bezeichnung *Oleum Wittnebianum* bezieht sich auf den aus Wolfenbüttel stammenden Theologen Wittneben, welcher in Batavia lebte und angeblich der Entdecker des Kajeputöles sein sollte. Diese Ansicht ist widerlegt und auf die Thatsache zurückgeführt, dass Wittneben das Oel in Batavia kennen lernte. Thunberg gab 1782 Nachrichten über das Oel und seine Gewinnung. In England wurde das Oel 1831 gegen die Cholera empfohlen.

Offizinell ist das aus den Blättern, auch Zweigen und Aesten gewonnene ätherische Oel: *Oleum Cajeputi (Oleum Cajuput,* Kajeputöl), welches von den Eingeborenen auf dem Wege der Destillation in kupfernen Blasen mit kupfernem Kühlrohre gewonnen wird. Das an und für sich gelbliche, bräunliche oder farblose Oel nimmt durch Berührung mit Kupfer eine grüne, durch Salzsäure leicht wieder verschwindende Farbe an (nach Wittstein und Andern rührt die grüne Farbe von einem chlorophyllhaltigen Harze her, welches bei der Rektifikation nebst dem Kupfer zurückbleibt). Es ist dünnflüssig, riecht eigenthümlich campfer-, terpenthin-, auch rosmarin- und minzenartig und schmeckt aromatisch bitterlich. Der durch die Berrührung mit den Kupfergefässen aufgenommene Kupfergehalt beträgt kaum $^1/_{2000}$. Die *Pharmacopoea germanica* fordert ein kupferfreies Oel. Flückiger hält jedoch angesichts einer so äusserst geringen Menge von Kupfer die Rektification zu pharmaceutischen Zwecken für nutzlos. Die Gewohnheit fordert von dem käuflichen Oele eine grüne Farbe, weshalb oft eine künstliche grüne Färbung mit Kupfer oder organi-

Melaleuca Leucadendron L.

schem Grün vorgenommen wird. Das Kupfer wird leicht nachgewiesen, wenn man das Oel mit seinem gleichen Volumen von Kaliumeisencyanürlösung einige Zeit schüttelt, wodurch bei Anwesenheit von Kupfer eine röthliche Trübung entsteht; oder man tränkt einen Papierstreifen mit einer Lösung von 1 Theil Kaliumsulfocyanat in 100 Theilen Wasser und befeuchtet ihn nach dem Trocknen mit frischer Guaiakholztinktur; der trockene Streifen wird, mit dem Oele bestrichen, bei Gegenwart von Kupfer eine tiefblaue Färbung annehmen. Auch künstliches Oel, bestehend aus einem Gemisch von Chloroform, Harz und einem ätherischen Oele (Lavendelöl, Rosmarinöl), ist beobachtet werden. Chloroform siedet schon bei 62°, das echte Oel hingegen bei 175° und die andern ätherischen Oele weit über 100°. Das echte Oel verpufft mit Jod nicht und giebt mit 90 % Weingeiste eine klare Mischung.

Nach Bickmoor beträgt die jährliche Gewinnung ca. 8000 Flaschen. Singapore erhielt nach Flückiger im Jahre 1871 17800 Liter aus Celebes (Buru), 2020 Liter aus Java, 910 Liter aus Manila, 1600 Liter aus anderen Orten. Das Cajeputöl wird in gut verschlossenen Glasgefässen, gegen Licht geschützt, aufbewahrt.

Bestandtheile. Das rohe grüne Oel besitzt ein spec. Gew. von 0.91—0.97, reagirt neutral, ist links drehend, wird von Weingeist leicht gelöst, und liefert nach Leverköhn und Martries bei der Destillation zwei verschiedene Oele, ein ungefärbtes mit 0.897—0.903 spec. Gew. und ein dunkelgrünes mit 0.920 spec. Gew. Der erstere Antheil, welcher nach Husemann etwa $^2/_3$ beträgt, bei 175—178 (174°) übergeht und von Flückiger als *Cajeputol* bezeichnet wird, besitzt nach Blanchet und Sell die Formel $C_{10}H_{18}O$, ist links drehend und verbindet sich leicht mit Brom zu *Bromcajuputol* $C_{10}H_{18}OBr_2$; letzteres mit Wasser erhitzt, liefert *Cymen* ($C_{10}H_{18}OBr_2 = OH_2\,2HBr.\,C_{10}H_{14}$). Mit Phosphorsäureanhydrit destillirt, verwandelt sich das Cajuputol in *Cajuputen* $C_{10}H_{16}$, welches bei 165° siedet und einen Hyacynthengeruch besitzt, mit einem spec. Gew. von 0.85. Nach Schmidt bildet sich hierbei ausserdem noch *Isocajuputen* ($C_{10}H_{16}$), bei 176—178° siedend und *Paracajuputen* ($C_{20}H_{32}$) bei 310 bis 316° siedend; letzteres ist klebrig und besitzt eine citronengelbe Farbe.

Der zweite Antheil des Cajuputöles, von der Zusammensetzung des Borneols, geht zwischen 178 und 250° über..

Starke Salpetersäure verwandelt das Cajeputöl beim Erhitzen zum grössten Theil in Oxalsäure; mit Schwefelkohlenstoff mischt sich das Oel nicht klar. Eine Mischung von 8 Theilen Oel, 4 Theilen Wasser, 2 Theilen Weingeist, 1 Theil Salpetersäure setzt Krystalle von *Terpinhydrat* $C_{10}H_{16} + 30\,H_2$ ab. Bei Behandlung des mit Weingeist oder starker wässeriger Salzsäure vermischten Oeles mit Salzsäuregas entsteht das krystallisirte *Hydrochlorat* ($C_{10}H_{16}\,2\,HCl$), welches bei 55° schmilzt, sich in kochendem Weingeist und Aether leicht löst und beim Destilliren das bei 160° siedende *Monohydrochlorat* ($C_{10}H_{16}HCl$) bildet. Gleiche chemische Eigenschaften wie das Cajuputöl äussern die Oele von *Eucalyptus oleosa* Müller, *Melaleuca ericaefolia* Sm. und *Mel. linariaefolia* Sm.; nur drehen letztere Oele die Polarisationsebene nach rechts. (Husemann, Pflanzenstoffe 981.)

Anwendung. Das vom Kupfer befreite Cajuputöl innerlich und äusserlich gegen Magenkrampf, Kolik, Asthma, Schlund- und Blasenlähmung, Rheumatismus und Gicht, namentlich aber gegen Zahnschmerz und Taubheit. „In therapeutischer Beziehung hat sich das Cajuputöl ziemlich überlebt und seine Hauptanwendung besteht jetzt wohl nur in der Applikation in cariöse Zähne nach Art des Nelkenöles. Prosper Delvaux (1861) rühmt es gegen *Ascaris lumbricoides* und *Oxyurus*, bei Dyspepsie mit Flatulenz, bei Meteorismus im Verlaufe schwerer Erkrankungen, bei Cholerine, bei asthenischen Affektionen der Respirationsorgane, endlich äusserlich bei Rheumatismus chronicus und diversen Hautaffektionen, bei Distorsionen und Luxationen.“ Die Wirkung ist der des Terpenthinöles ähnlich, ohne vor dem Terpenthinöle irgend welchen Vorzug zu besitzen. (Husemann, Arzneimittell. 563.)

Litteratur. Abbildung und Beschreibung: Nees v. Esenb., Plant. med., Tafel 300 und Suppl. III, Taf. 18; Hayne, Arzneigewächse X, Taf. 9; Berg und Schmidt, Offic. Gew. Taf. IIIc;

Bentley and Trimen, Med. pl.; Tafel 108; Luerssen, Handb. der syst. Bot. II, 820; Karsten, Deutsche Flora 791; Wittstein, Pharm. 361.

Drogen und Präparate. *Oleum Cajuputi s. Cajeputi:* **Ph. germ.** 192; Ph. ross. 288; Ph. helv. 90; Cod. med. 43; Ph. belg. 17; Ph. Neerl. 165, 166; Brit. ph. 220; Ph. dan. 36; Ph. suec. 16; Ph. U. St. 234; Flückiger, Pharm. 149; Flückiger and Hanb. Pharm. 277; Hist. d. Drog. I, 493; Berg, Waarenk. 562.

Pilulae odontalgicae: Ph. helv. suppl. 91.

Linimentum Crotonis: Brit. ph. 173.

Spiritus Cajuputi: Brit. ph. 295.

Bezügl. der Drogen und Präparate siehe auch Hager, Ph. Prx. I, 651.

Tafelbeschreibung:

A blühender Zweig, natürl. Grösse; 1 Blüthe, vergrössert; 2 dieselbe im Längsschnitt, desgl.; 3 Kronblatt, desgl.; 4 Staubgefässe, desgl.; 5 Pollen, desgl.; 6 Fruchtknoten im Querschnitt, desgl.; 7 Fruchtähre, natürl. Grösse; 8, 9 Fruchtkapsel, desgl.; 10 dieselbe geöffnet, desgl.; 11 Samen, desgl. Nach einer Originalzeichnung des Herrn Professor Schmidt in Berlin.

Melilotus officinalis Desr.

Melilotus officinalis Desr.

Syn. *Trifolium Melilotus officinalis α.* L. *Trifolium Petitpierreanum* Hayne. *Melilotus arvensis* Wallr. *Melilotus Petitpierreanus* Willd. *Melilotus Petitpierreanus* et *diffusa* Koch.

Melilotus altissimus Thuill.

Syn. *Trifolium Melilotus officinalis γ.* L. *Trifolium macrorrhizum* W. et K. *Melilotus macrorrhizus* Pers. *Trifolium officinale* Hayne. *Melilotus officinalis* Willd.

Steinklee, Honigklee, Schotenklee — Mélilot officinal — Melilot.

Familie: *Papilionaceae.* Gattung: *Melilotus* Tourn.

Beschreibung. A. **Melilotus officinalis** Desr. Pflanze 2jährig. Die schiefe, fast geringelte, ästige, mit Wurzelfasern besetzte Wurzel treibt einen gewöhnlich erst niederliegenden, dann aufsteigenden, ästigen, unten fast stielrunden, oben etwas kantigen, $^1/_3$—1 Meter hohen Stengel, der, sammt den Aesten, mit 3zähligen, nicht sehr zahlreichen, ziemlich lang gestielten, bis 4 Cm. langen, von borstig-pfriemlichen und ganzrandigen Nebenblättern begleiteten Blättern besetzt ist. Blättchen kahl, höchstens unterseits längs der Mittelrippe sparsam mit kurzen Haaren besetzt, gesägt, fast gestützt, die der unteren Blätter rautenförmig, die der oberen lanzettlich. Blüthenstand eine blattachselständige, gestielte lange Traube bildend, mit einseitig herabhängenden Blüthen. Blüthen kurz gestielt, mit glockenförmigem, 5zähnigem, bleibendem Kelche und 4blättriger, schmetterlingsartiger, hellgelber Blumenkrone, die aus einer ausgerandeten, am Rande etwas zurückgekrümmten Fahne, 2 fahnenlangen, an der Basis geohrten Flügeln und einem ungetheilten, 2spaltig-nageligem Schiffchen, das kürzer als die Flügel und Fahne ist, gebildet wird. Flügel mit dem Schiffchen verwachsen, von demselben aber leicht trennbar. Staubgefässe zu 10, wovon 9 in eine von oben (bei unserem Exemplar auch von unten) gespaltene Röhre verwachsen sind, das 10. frei in Spalte steht, sämmtlich etwas aufwärts gebogen, nicht mit der Blumenröhre verwachsen. Staubbeutel rundlich, wenig über der Basis am Rücken angeheftet, 2fächerig, der Länge nach aufspringend. Pollen länglich, 3furchig, 3nabelig, unter Wasser oval, mit hervortretendem Nabel. Der oberständige Stempel mit länglichem Fruchtknoten, fadenförmigem, mit den Staubgefässen etwas aufwärts gebogenem Griffel, der länger als die letzteren ist und einfacher, am unteren Rande etwas herablaufender Narbe. Fruchtknoten 1fächerig, 3- und mehreiig; Eichen dem der Bauchnaht angewachsenen Samenträger aufgeheftet. Fruchthülle eine umgekehrteiförmige, spitzige, nur im unteren Theile vom Kelche umgebene, mehr querfaltige als netzrunzelige, abfallende Hülse. Der glatte, gelblich-braune Same eiförmig, etwas zusammengedrückt, am Nabel eingedrückt. Der eiweisslose Embryo hakenförmig gekrümmt, seitenwurzelig, mit planconvexen, ovallänglichen, blattartigen Samenlappen und nach oben gerichtetem Würzelchen.

B. **Melilotus altissimus** Thuill. 2jährige Pflanze mit aufrechtem, 1—1$^1/_4$ Meter hohem, ästigem Stengel. Blätter gestielt, 3zählig; Blättchen der unteren Blätter umgekehrt-eirund, die der oberen länglich-lanzettlich. Die goldgelben Blüthen unterscheiden sich von denen der *M. officinalis* Desr. nur dadurch, dass die Flügel und das Schiffchen mit der Fahne gleiche Länge haben, währenddem bei *officinalis* das Schiffchen kürzer als Flügel und Fahne ist. Fruchthülse netzig-runzelig.

Anatomisches: Der Querschnitt des sehr kleinzelligen Blattes zeigt nach Flückiger in der oberen Hälfte eine Palissadenschicht, in der unteren Schwammparenchym. Die Epidermis lässt auf beiden Seiten wellenförmige Wölbungen erkennen. An Blüthen und Blättern machen sich vereinzelte Drüsenhaare bemerkbar. Die Gefässbündel der Blätter sind mit zahlreichen Oxalatkrystallen ausgestattet.

Verbreitung. An Flussufern, Gräben, Zäunen, in feuchten Gebüschen, Hecken durch einen grossen Theil von Europa mit Ausschluss des Nordens und durch Mittelasien.

Name und Geschichtliches. Der Steinklee heisst bei Gessner „unser Frauen Schüchlein" und „guldiner Klee", bei Tabernaemontanus „Schuchlein" und „Honigklee", bei Brunschwig, Bock und Cordus „Steinklee", im Hortus sanitatus „wilder Klee". Der Name Klee, althochdeutsch *klê*, soll mit Klaue zusammenhängen und auf das einer dreitheiligen Vogelklaue ähnliche Blatt hindeuten. *Melilotus* ist gebildet aus *μελι* (Honig) und *Λωτος* (ein süsses Futterkraut), also Honigkraut, weil es wegen des angenehmen Geruches von den Bienen sehr gesucht wird. Von den Artbezeichnungen bedarf nur *Petitpierreanum* einer Erklärung. Diesen Namen gab Hayne unserer Pflanze dem französischen Oberst Petitpierre zu Ehren, der sich sogar während des Krieges mit Botanik beschäftigte und sich um die Flora der Umgegend von Warschau verdient gemacht hat.

Schon im 2. Jahrhundert v. Chr. kommt bei Nikander der Name *Melilotus* vor; ebenso auch bei Dioscorides und Plinius. Letztere hielten *Melilotus*, worunter sie wahrscheinlich nicht blos *officinalis* und *altissimus*, sondern noch andere verwandte Arten verstanden, für sehr heilkräftig. Von Alexander Trallianus wissen wir, dass er *μελίλωτον* häufig anwendete. Die ersten Abbildungen der deutschen Steinkleearten hat Brunfels geliefert.

Blüthezeit. Juli bis September.

Offizinell ist das blühende Kraut: *Herba Meliloti* (*Summitates Meliloti, Herba Meliloti citrini*).

Die Blüthentrauben der 2jährigen Pflanze werden im Juli gesammelt, Blätter und Blüthen abgestreift, getrocknet und in Blech- oder Glasgefässen aufbewahrt.

Verwechselungen mit *Mel. albus* Desr. und *Mel. dentatus* Pers. lassen sich leicht erkennen; erstere hat weisse, letztere zwar gelbe, jedoch geruchlose Blüthen.

Präparate. Der Steinklee dient zur Herstellung von *Emplastrum Meliloti* und bildet einen Bestandtheil von *Species emollientes*.

Bestandtheile. Der Steinklee enthält Harzstoffe, Kohlehydrate, wenig Gerbstoff, pflanzensaure Kali- und Kalksalze, einen zuerst 1820 von Vogel in den Tonkabohnen entdeckten, von ihm für Benzoësäure gehaltenen, von Guibourt als eigenthümlich erkannten und *Cumarin* genannten krystallinischen Stoff, eine eigenthümliche, krystallinische, aromatische Säure: *Melilotsäure* und ein ätherisches Oel: *Melilotol*. *Cumarin*, mit der Formel $C_9 H_6 O_2$, ausserdem in den Tonkabohnen, *Myroxylon toluiferum* L., *Asperula odorata* L., *Ruta graveolens* L., *Anthoxanthum odoratum* L. etc. beobachtet, krystallisirt in kleinen, farblosen, seidenglänzenden, rechtwinkeligen Blättchen oder vierseitigen Säulen des orthorhombischen Systems. Es ist sehr hart, riecht stark gewürzhaft, schmeckt scharf, schmilzt nach Zwenger bei 64^0 (nach andern bei 67^0), siedet bei 270^0 (nach andern bei $290-291^0$), löst sich in 400 Theilen kalten und 45 Theilen kochenden Wassers, sehr leicht in Aether; es ist schwerer als Wasser. Wird *Cumarin* mit concentrirter Kalilauge gekocht und die erkaltete rothgelbe Lösung mit Salzsäure behandelt, so erhält man *Cumarsäure* $C_9 H_8 O_3$. Letztere bildet nadelförmige Krystalle, die schwer löslich in kaltem Wasser, jedoch leicht löslich in Alkohol und Aether sind. *Melilotsäure* ($C_9 H_{10} O_3$), zum Theil in Verbindung mit *Cumarin*, krystallisirt aus heiss gesättigter, wässeriger Lösung in farblosen, sehr grossen, spiessigen Krystallen, schmilzt bei 82^0, reagirt stark sauer, schmeckt zusammenziehend sauer und riecht honigartig aromatisch, ist leicht löslich in Wasser, noch leichter in Weingeist und Aether. Phipson erhielt durch Destillation der trocknen Pflanze mit Wasser ein Destillat, welches an Aether eine eigenthümliche ölige Substanz (ca. $5^0/_0$) abgab, die mit dem Namen *Melilotol* ($C_9 H_8 O_2$) bezeichnet wurde. Es ist eine bräunliche, sauer reagirende, ölige Substanz, die sich wenig in Wasser, leicht in Weingeist und Aether löst, schwerer als Wasser ist und durch Kochen mit Kali in Melilotsäure umgewandelt wird. Der Geruch des Steinklees sowie des Heues rührt nach Phipson von Melilotol her. (Husemann, Pflanzenstoffe 1036 ff.)

Anwendung. Der Steinklee dient als wohlriechender Zusatz zu Spezies für Kräuterkissen und Kataplasmen, auch im Aufguss zu Bähungen. Er ist ein Bestandtheil der *Species emollientes* und des früher offizinellen *Emplastrum Meliloti*. „*Cumarin* ist in grossen Gaben toxisch, theils lokal irritirend, theils narkotisch; 4,0 können Nausea, Schwindel, Erbrechen, Schlafsucht und mehrstündiges Unwohlsein, 2,5 heftige Kopfschmerzen und Ructus herbeiführen. Nach Köhler setzt Cumarin bei Kalt- und Warmblütern nicht allein die Grosshirnfunktion und Reflexerregbarkeit in hohem Grade herab, sondern auch die Hemmungsmechanismen im Herzen, den Herzmuskel und das Gefässnervencentrum etc." Steinkleepulver wird unter den Schnupftabak gemischt, auch zur Geschmacksverbesserung des Schweizerkäses benutzt. (Husemann, Arzneimittell. 409.)

Litteratur. Abbildung und Beschreibung: Nees v. Esenb., Plant. med., Taf. 326 (*altissimus*), suppl. I., Taf. 12 (*officinalis*); Hayne, Arzneigew. II., Taf. 31, 33; Berg u. Schmidt, Offiz. Gew. XXVI^f (*altissimus*); Luerssen, Hndb. d. syst. Bot. II. 866; Karsten, D. Fl. 691; Wittstein, Pharm. 807.

Drogen und Präparate: *Herba Meliloti*: **Ph. germ.** 132; Ph. austr. (D. A.) 90; Ph. hung. 285; Ph. ross. 207; Ph. helv. suppl. 35; Cod. med. (1884) 62; Ph. belg. 56; Ph. dan. 133; Ph. suec. 102; Berg, Waarenk. 243; Flückiger, Pharm. 728.

Species emollientes: **Ph. germ.** 241; Ph. austr. (D. A.) 118; Ph. hung. 401; Ph. dan. 227.

Emplastrum Meliloti: Ph. hung. 161; Ph. ross. 113; Ph. helv. suppl. 36; Ph. belg. 164; Ph. dan. 90; Ph. suec. 60.

Emplastrum frigidum: Ph. helv. suppl. 35.

Bezüglich der Drogen und Präparate siehe auch Hager, Pharm. Prx. II., 438.

Tafelbeschreibung:

A blühende Pflanze von *Mel. officinalis* Desr. in natürl. Grösse; 1 unentfaltete Blüthe, vergrössert; 2 aufgeblühte Blüthe, desgl.; 3 dieselbe im Längsschnitt, desgl.; 4 Schiffchen mit Flügeln von vorn, desgl.; 5 dieselbe Figur von der Seite, desgl.; 6 Fahne, desgl.; 7 Staubgefässröhre, aufgeschnitten, desgl.; 8 einzelne Staubgefässe, desgl.; 9 Pollen unter Wasser, desgl.; 10 u. 11 Blüthe ohne Krone, mit und ohne Kelch, desgl.; 12 Stempel, desgl.; 13 Frucht, desgl.; 14 dieselbe im Längsschnitt, desgl.; 15 dieselbe im Querschnitt, desgl.; 16 u. 17 Same, natürl. Grösse und vergrössert, von verschiedenen Seiten. Nach der Natur von W. Müller.

Melissa officinalis L.

Melissa officinalis L.

Syn. *M. graveolens* Host. *M. altissima* Sibth. *M. cordifolia* Pers. *M. foliosa* Opitz. *M. Romana* Miller. *M. hirsuta* Hornem.

Melisse, Citronenmelisse, Gartenmelisse — Balm — Mélisse, Citronelle.

Familie: *Labiatae.* Gattung: *Melissa* Tourn.

Beschreibung. Der ausdauernde, sehr stark verästelte, senkrecht in den Boden gehende, Ausläufer treibende Wurzelstock treibt mehrere 0,60—1,25 Meter hohe aufrechte, meist ästige, mehr oder weniger zottig behaarte, 4seitige, krautartige Stengel, die mit gegenständigen, ziemlich lang gestielten, ca. 4 Ctm. langen und 3 Ctm. breiten, eiförmigen, stumpfen oder spitzlichen, am Grunde abgerundeten, gestutzten oder herzförmigen, etwas runzelig gekerbten oder gekerbt-gesägten, oberseits grünen und zerstreut behaarten, unterseits blasseren, nur auf den Adern behaarten und mit kleinen, glänzenden Oeldrüsen versehenen Blättern besetzt sind. Die oberen Blätter kleiner, kürzer gestielt und fast keilförmig. Der rinnenförmige Blattstiel oberseits zottig. Blüthen in achselständigen, kurzgestielten, einseitswendigen Scheinquirlen; letztere aus 2 gegenständigen, armblüthigen Büscheln zusammengesetzt. Die einzelnen kurzgestielten, zwitterigen Blüthchen von kleinen, länglichen, spitzen, ganzrandigen Deckblättern gestützt. Kelch röhrig, deutlich 2lippig, 13nervig, mit kleinen Oeldrüsen besetzt, etwas zottig; Zähne der etwas zurückgekrümmten Oberlippe kurz, fast dreieckig; Unterlippe etwas nach innen gekrümmt, 2spaltig, mit schmalen, spitzen Abschnitten. Der Kelchschlund zur Fruchtzeit zottig behaart. Die weisse, vor der Entfaltung oft gelbe, zuweilen röthlich angelaufene, aus dem Kelche weit hervorragende Krone 2lippig, unten engröhrig, gebogen, oben trichterig erweitert, gegen die Oberlippe und am Grunde des mittleren Lappens haarig, mit aufrechter, schwach gewölbter, ausgerandeter Oberlippe und niedergebogener, 3lappiger Unterlippe; mittlerer Lappen grösser als die beiden Seitenlappen. Staubgefässe 4, paarweise bogenförmig zusammenstossend, die beiden unteren länger, mit bis zum Schlunde der Röhre verwachsenen, kahlen Fäden und 2fächerigen, 2theiligen, übergebogenen, mit gemeinsamer Längsspalte sich öffnenden Staubbeuteln. Pollen oval, 6furchig, unter Wasser queroval, 6nabelig. Stempel auf einer halbkugeligen, 4zähnigen Scheibe, mit einem aus 4 Fruchtblättern zusammengesetzten Fruchtknoten, blüthenlangem, aus dem Grunde der Fruchtblätter aufsteigendem Griffel und 2spaltiger Narbe, deren pfriemliche Zipfel zurückgekrümmt sind. Die länglichen Fruchtblätter eineiig. Frucht aus 4 umgekehrt-eirunden, glatten, undeutlich 3seitigen, braunen, 1samigen Nüsschen bestehend. Samen eiweisslos, mit kurzem, nach unten gerichtetem Würzelchen und planconvexen Samenlappen.

Die Pflanze ist in Höhe, Beschaffenheit der Blätter und Blüthen und Behaarung sehr veränderlich, daher die vielen Synonymen.

Anatomisches: Die nicht sehr zahlreichen Oeldrüsen, welche die Unterseite der Blätter und die jungen Kelche bedecken sind kurz gestielt, entweder einfach oder mehrzellig. Die Epidermiszellen ragen in spitzkegelförmigen Erhöhungen über die Blattoberfläche hervor; zwischen ihnen treten, namentlich bei jungen Blättern, lange, mehrzellige Haare auf, welche aus breiter Basis in eine feine Spitze auslaufen (Flückiger).

Verbreitung. Südeuropa und Mittelasien; von Portugal über Spanien, Italien, Griechenland, Syrien bis in das kaukasische Gebiet und die caspischen Hochsteppen verbreitet. In Mitteleuropa häufig in Gärten kultivirt.

Blüthezeit. Juli bis September.

Name und Geschichtliches. Der Name Melisse (mittelhochdeutsch *metere, mettaren,* mittelniederdeutsch *Beenzuge, Benesuge,* bei Hildegard *Binesuga, Binsuga,* bei Brunfels und Bock *Bienkraut, Frauenkraut, Herzkraut,* bei Lobelius *Honigblume,* bei Fuchs *Melissen*) stammt von *μέλι* Honig, *μέλισσα* Biene, mit Bezug auf den Honigreichthum der Pflanze, der sie bei den Bienen beliebt macht, worauf sich auch der altdeutsche Name *metere, meto* = Meth, bezieht. Sie wurde von den Griechen aus dem nämlichen Grunde *Μελισσόφυλλον, Καλαμίνθη,* von den Römern *Apiastrum* genannt.

Die Melisse ist ein sehr altes Arzneimittel. Schon die Araber kultivirten in Spanien Melisse, wie aus dem Kalender Harib's aus dem Jahre 961 hervorgeht; Avicenna preist die Melisse als ein Gemüth und Herz stärkendes Mittel. In Circa instans der salernitaner Schule ist unsere Pflanze vertreten. Die Kultur im deutschen Mittelalter lässt sich wegen der gleichen Benennung anderer Labiaten (*Binesuga*) mit Bestimmtheit nicht nachweisen, doch wird schon 1521 und 1522 in dem Drogenverzeichniss der Rathsapotheke zu Braunschweig *Aqua Melissae* und *Folia Melissae* aufgeführt. Brunfels lieferte die erste Abbildung.

Offizinell ist das Kraut: *Folia Melissae* (*Herba Melissae citratae*).

Das Kraut wird kurz vor der Blüthe oder während der Blüthe eingesammelt, an einem schattigen Orte getrocknet und zerschnitten in gut geschlossenen Blech- oder Glasgefässen aufbewahrt. Frisch ist der Geruch stark, angenehm aromatisch citronenartig, der Geschmack aromatisch bitterlich und etwas herbe. Getrocknet erscheinen die Blätter oben dunkelgrün, runzelig, etwas rauh, leicht zerbrechlich, bei vorsichtigem Trocknen den Geruch nur wenig verlierend.

Verwechselungen können stattfinden mit *Nepeta Cataria* L. *var. citriodora*, welche jedoch durch den Blüthenbau und durch die graufilzigen Blätter der letzteren leicht zu vermeiden sind.

Präparate. Das Kraut wird zur Herstellung von *Oleum Melissae* und *Aqua Melissae* verwendet; ausserdem bildet es einen Bestandtheil von *Spiritus Melissae compositus* und *Aqua aromatica spirituosa.*

Anstatt des theureren Melissenöles wird zuweilen das im Geruche ähnliche, doch schärfere indische Melissenöl (*Oleum Melissae Indicum, Oleum Citronellae*) von *Andropogon citratus* D. C. destillirt, verwendet.

Bestandtheile. Die noch nicht näher untersuchte Pflanze enthält ätherisches Oel (im trocknen, frischen Kraute $^1/_{10}$ bis $^1/_4\,^0/_0$), eisengrünenden Gerbstoff, Bitterstoff, Harz und Schleim. Das Melissenöl ist farblos oder blassgelb, besitzt einen angenehmen Geruch und ein spez. Gew. von 0,85—0,92, reagirt schwach sauer und löst sich in 5—6 Theilen Weingeist von 0,856 spez. Gew. Es enthält nach Bizio einen Campfer gelöst. (Husemann, Pflanzenstoffe 1261.)

Anwendung. Innerlich im Theeaufguss, äusserlich zu Bädern und Waschungen. Die Melisse gilt als ein mildes Aromaticum, Stomachicum und Carminativum, sie gehört namentlich zu den als *Cosmetica* benutzten Mitteln. *Spiritus Melissae compositus* (Carmelitergeist) findet innerlich als Excitans, äusserlich als Riechmittel und als wohlriechender Zusatz zu spirituösen Einreibungen Anwendung. (Husemann, Arzneimittell. 416.)

Litteratur. Abbildung und Beschreibung: Nees v. Esenb., Pl. med., Taf. 180; Hayne, Arzneigew. VI., Taf. 32; Berg u. Schmidt, Offiz. Gew., XXVII^c; Luerssen, Handb. der syst. Bot. II. 1026; Karsten, Deutsche Flora 1003; Wittstein, Pharm. 535.

Drogen und Präparate: *Folia Melissae*: **Ph. germ.** 115; Ph. austr. 90; Ph. hung. 287; Ph. ross. 173; Ph. helv. 56; Cod. med. (1884) 62; Ph. belg. 56; Ph. dan. 115; Ph. suec. 102; Ph. U. St. 220; Flückiger, Pharm. 694; Flückiger et Hanb., Hist. d. Drog. II., 188; Berg, Waarenk. 281.

Aqua Melissae: Ph. austr. 20; Ph. hung. 61; Ph. ross. 41; Ph. helv. 15; Cod. med. (1884) 376; Ph. belg. 126.

Oleum Melissae: Ph. ross. 299.

Spiritus Melissae compositus: **Ph. germ.** 247; Ph. austr. 120; Ph. hung. 405; Ph. ross. 373; Ph. helv. 125; Cod. med. (1884) 334; Ph. belg. 117.

Aqua aromatica spirituosa: Ph. austr. 16.

Bezüglich der Drogen und Präparate siehe auch Hager, Pharm. Praxis II., 440.

Tafelbeschreibung:

A blühender Zweig in natürl. Grösse; 1 und 2 geschlossene und geöffnete Blüthe, vergrössert; 3 dieselbe im Längschnitte, desgl.; 4 Blüthenkrone, desgl.; 5 Kelch mit Griffel, desgl.; 6 Staubgefässe, desgl.; 7 geöffnetes Staubgefäss, desgl.; 8 Pollen, desgl.; 9 Stempel, desgl.; 10 unterer Theil des Stempels mit Scheibe, stärker vergrössert; 11 derselbe im Längsschnitt, desgl.; 12 derselbe in Querschnitt, desgl.; 13 Fruchtkelch, desgl.; 14 und 15 Nüsschen natürl. Grösse und vergrössert; 16 und 17 dasselbe im Längs- und Querschnitt, vergrössert. Nach der Natur von W. Müller.

Mentha piperita L.

Pfefferminze — Peppermint — Menthe poivre.

Mentha viridis var. crispata Schrader.

Krauseminze — Curled mint, Spearmint — Menthe crépue.

Familie: *Labiatae.* Gattung: *Mentha* Tourn.

Beschreibung. Der holzige, horizontale, ästige, an den Knoten verdickte und bewurzelte, ausläufertreibende Wurzelstock treibt mehrere 1jährige, bis 1 Meter hohe, meist ästige, krautartige, 4kantige, oft röthliche, kahle oder an den Kanten behaarte Stengel, die mit gegenständigen $2^1/_2$ bis 7 Ctm. langen, 3 Ctm. breiten, länglichen oder ei-lanzettlichen, spitzen, scharf gesägten, oberseits dunkelgrünen und kahlen, unterseits blassen und zuweilen an den Nerven behaarten, beiderseits mit gelblichen Oeldrüsen bedeckten Blättern besetzt sind. Blüthenstand einen ca. 8 Ctm. langen, aus Scheinquirlen zusammengesetzten, am Grunde unterbrochenen Blüthenschwanz darstellend. Scheinquirle reichblüthig, die unteren gestielt, die oberen sitzend, von sehr schmalen, linien-lanzettförmigen, gewimperten Deckblättern unterstützt. Blüthen gestielt. Kelch röhrig, bleibend, 10nervig, 5zähnig, kahl, violettröthlich, durch gelbliche Oeldrüsen reihenweise punktirt; Kelchzähne lanzettlich-pfriemenförmig, gewimpert, schwarz-purpurn, zur Fruchtzeit gerade vorgestreckt. Krone lilafarben, nur mit dem Saume aus dem Kelche hervorragend, mit becherförmiger, weisser Röhre und einem aus 4 Lappen bestehenden Saume, von denen der oberste breiter und ausgerandet ist, die seitlichen Lappen nach aussen gebogen sind. Staubgefässe 4, aufrecht, fast gleichlang, mit oben freien, unten verwachsenen Fäden und 2fächerigen, gelblichen, auf dem Rücken angehefteten, parallelen, mit einer Längsspalte sich öffnenden Staubbeuteln. Pollen länglich-rundlich, gefurcht, unter Wasser querelliptisch. Stempel auf einer gleichmässigen, fast ganzrandigen Scheibe, mit einem aus 4 eiförmigen, stumpfen, 1fächerigen, eineiigen Fruchtblättern zusammengesetzten Fruchtknoten, fadenförmigem, langem, aus dem Grunde der Fruchtblätter aufsteigendem, oben kurz-zweispaltigem, weit aus der Blüthe hervorsehendem Griffel; Narbenzipfel ungleich lang, rückwärts gekrümmt. Frucht aus 4 eiförmigen, 1samigen, glatten, röthlich-braunen Nüsschen bestehend.

Die Gattung *Mentha* ist sehr veränderlich, ein Umstand, der in der Kultur noch stärker hervortritt und die Umgrenzung der Arten sehr erschwert; Flückiger sagt im Hinblick auf die Schwierigkeit, die Menthaarten spezifisch auseinanderzuhalten: man muss sich damit begnügen, die Pfeffermünze als eine Mentha zu bezeichnen, welche im hohen Grade befähigt ist, Menthol zu erzeugen. Nach Benthams Ansicht stammt die Pfefferminze von *M. hirsuta* L., doch ist ihre Aehnlichkeit mit *M. viridis* L. ebensowenig zu verkennen.

Koch unterscheidet von *Mentha piperita* folgende Formen:

α. Langii Koch (*M. Langii* Steudel, *M. suavis* Gussone): Stengel, Blatt- und Blüthenstiele, Kelch und Blattunterseite rauhhaarig, Blattoberseite zerstreuthaarig.

β. officinalis Koch: Pflanze kahl, Stengel und Blattunterseite mit kurzen angedrückten Haaren weitläufig besetzt.

γ. crispa Koch (*M. crispata* L.): Blätter eiförmig, blasig-runzelig, mit krausem, eingeschnittengezähntem Rande und lanzettförmigen, zugespitzten Zähnen.

W Müller n. d. Nat.

Mentha viridis L.
var. crispata Schrader.

Luerssen zählt folgende Varietäten auf:

α. glabrata Vahl (als Art): Stengel und Blattunterseite zerstreut-kurzhaarig, Blattstiel gewimpert. Diese Form betrachtet er als die allgemeine Kulturform und zählt hierher als besondere Form die gewöhnlich als Form der *Mentha aquatica* L. betrachtete Krauseminze: *var. crispa* L. (als Art) mit eiförmig, blasig-krausen, grob eingeschnitten-gesägten Blättern.

β. suavis Gussone (als Art): siehe *α. Langii* Koch.

Mentha viridis L. var. *crispata* Schrader wird neuerdings als eine Varietät der M. silvestris L. betrachtet.

Mentha silvestris L. Rossminze besitzt ein kräftiges Rhizom, welches einen bis meterhohen, aufrechten, weichhaarig filzigen, ästigen oder nur oben rispigen Stengel treibt. Blätter sitzend oder kurz gestielt, locker gestellt, eiförmig oder länglich-lanzettlich, gesägt-gezähnt, meist auf der Oberseite graufilzig, auf der Rückseite weissfilzig, Aehre linealisch, walzig, bisweilen nach unten schwach unterbrochen, mit linealisch-pfriemlichen Deckblättern. Kelch schwach gerieft. Fruchtkelch bauchig, oberwärts eingeschnürt, mit linealisch-pfriemlichen, zuletzt zusammenneigenden Zähnen. Krone röthlich-lila. Es giebt hiervon folgende Varietäten:

var. *nemorosa* Willd. (als Art), mit eiförmigen Blättern; Filz des Stengels und der unteren Blattfläche angedrückt, weisslich.

var. *lanceolata* Rchb. fil. mit lanzettlichen Blättern.

var. *undulata* Willd. (als Art), mit am Rande welligen und eingeschnitten-gezähnten Blättern.

var. *viridis* auct. (als Art), mit fast sitzenden, lanzettlichen, scharf-sägeartigen, kahlen Blättern, fast walzenförmigen, unterbrochenen Schweifen und kahlem Kelche, dessen Zähne gewimpert sind.

var. *crispata* Schrader (als Art), mit fast sitzenden, länglich-eiförmigen, krausen, blasig-runzeligen, eingeschnitten-gesägten, kahlen Blättern, walzenförmigen, aus Scheinquirlen zusammengesetzten, verlängerten, unterbrochenen Schweifen und kahlem Kelche, dessen Zähne gewimpert sind. Siehe Taf. 66.

Anatomisches: Die Oeldrüsen sind kurzstielig und erheben sich nur wenig über die Oberfläche der Blätter, Blüthenstiele und Kelche; sie sind von demselben Bau wie bei Thymus. Der Blattquerschnitt zeigt unter der Epidermis eine Palissadenschicht und unter dieser ein lockeres Parenchym (Flückiger).

Verbreitung. *Mentha piperita*: Vaterland unbekannt; in England, Deutschland, Frankreich und namentlich Nordamerika zum Arzneigebrauche vielfach kultivirt und oft verwildert. *Mentha silvestris*: an Ufern und feuchten Orten im grössten Theile des europäisch-nordasiatischen Florengebiets verbreitet.

Blüthezeit. Juni bis August.

Name und Geschichtliches. Der Name Minze (althochdeutsch *minza,* mittelhochdeutsch *minze, mynze,* mittelniederdeutsch *minte, meente*), stammt entweder aus dem lateinischen *mentha,* griechischen *μίνϑη*, wegen des starken Geruches (*μίνϑος* Menschenkoth) oder ist mit dem griechischen urverwandt und dann vielleicht aus der altindischen Wurzel *manth, math*, welche reiben bedeutet, abgeleitet; *piperita* von *piper* Pfeffer. Die Pfefferminze *Μίνϑος ἡδυοσμος* der alten Griechen, *μίνδα, μίνϑη* des Theophrast, *menta* des Plinius ist in ihrer jetzigen Culturform nach einem Berichte des Raius oder Ray zuerst von Dr. Eaton in Hertfort (England) beobachtet worden. Raius gab 1696 in der Synopsis stirpium britannicarum die erste Beschreibung der Pflanze, die er im Jahre 1704 mit dem Namen *Mentha palustris, Peper-Mint* belegte. Der als pharmazeutischer Schriftsteller berühmte Dale aus Essex machte schon 1705 auf die heilkräftige Wirkung der Pflanze aufmerksam und 1721 erschien sie als *Mentha piperitis sapore* in der Londoner Pharmakopoe. In Deutschland ist sie durch englische Aerzte bekannt geworden, jedoch ist hier der Arzneigebrauch ein keineswegs alter. 1777 kommt im Braunschweiger Dispensatorium *Aqua Menthae piperitae* vor. Zur weiteren Verbreitung der Pflanze und ihres Arzneigebrauches trug die 1780 von dem Erlanger Knigge geschriebene Abhandhandlung mit Abbildung wesentlich bei. Linné belegte sie mit dem Namen *Mentha piperita.* Die Chinesen scheinen schon lange Kenntniss von der Pfefferminze gehabt zu haben.

Die gewöhnlichen Minzen sind schon längst bekannt, jedoch lässt sich nicht feststellen, welche Arten die Griechen unter *Μίνδη*, *Ἡδύοσμον* und *Σισύμβριον*, die Römer unter *Menta* (Mentha) verstanden. *Σισύμβριον* oder *Ἑρπύλλον ἄγριον* des Theophrast und Dioscorides soll *M. aquatica* L. gewesen sein. Eine der ältesten Arzneipflanzen die nach Dierbach am frühesten kultivirt wurde und in der man die Urpflanze zu mehreren Formen zu suchen hat, ist *Mentha rotundifolia* L., die auch Gessner in seiner Schrift Horti Germaniae als *M. nobilior, foliis rotundioribus et rugosis seu crispis* bezeichnet. Schon Theophrast und Columella sind der Meinung, dass sich wilde Minze (*σισύμβριον, mentastrum*) durch Kultur in zahme (*μίνϑα, menta*) verwandeln lasse. Bereits im 8. Jahrhundert findet *Rosseminza, Gartminza* als Bestandtheil des berühmten Pulvers *contra omnes febres* etc. Anwendung; ebenso enthält die aus dem 9. Jahrhundert stammende Vorschrift zu einer Fischwürze unter anderen aromatischen Bestandtheilen auch Menta. Nach dem Capitulare Karl's des Grossen wurden 3 Minzen, Menta, Mentastrum, Sisimbrium im Klostergarten zu St. Gallen angebaut. Die Aebtissin Hildegard spricht von *Bachmyntza, Myntza major, Rossemyntza, römische Mentha;* es lässt sich jedoch nicht feststellen, was sie darunter verstand. In dem Arzneibuche von Gotha aus dem 12. Jahrh. befindet sich *Crusemynte. Krusse mintz, balsamkrut* auch *biment* hält Brunschwig für die edelste aller Minzen.

Offizinell sind die Blätter der Pfefferminze: *Folia Menthae piperitae* (*Herba Menthae piperitae, Herba Menthae*) und der Krauseminze: *Folia Menthae crispae* (*Herba Menthae crispae*).

Die Minzenblätter werden zur Zeit der Blüthe gesammelt, an einem schattigen Orte getrocknet und zerschnitten in Weissblechgefässen aufbewahrt. Die gestielten Pfefferminzblätter sind gut getrocknet fast von der Farbe der frischen, besitzen einen durchdringend, eigenthümlichen, angenehm aromatischen Geruch, der beim Trocknen noch stärker zu werden scheint und haben einen stark und angenehm aromatischen, kampferartigen, anfangs brennenden, dann eine anhaltende Kühle hinterlassenden Geschmack. Die sehr kurzgestielten oder sitzenden Krauseminzblätter, welche aus den Blättern der *M. crispa* L. (M. aquatica var. crispa Benth.), *Mentha crispa* Geiger (M. sylvestris var. crispa Benth.), *M. crispata* Schrader (M. viridis var. crispa Benth.) bestehen, besitzen einen aromatisch-brennenden, aber hintennach nicht kühlenden Geschmack und einen eigenthümlichen, nicht ganz angenehmen Geruch.

Die Kultur der Pfefferminze wird nach Flückiger in England in umfangreicher Weise in Mitcham (Surrey), Hitchin (Hertfordshire), Market Deeping (Lincolnshire), Wisebeach (Cambridgeshire) betrieben; in Deutschland sind die Hauptkulturplätze Cölleda und Erfurt, in Frankreich Sens (Yonne), Gennevilliers bei Paris; in Russland das Gouvernement Woronesch. Die grösste Menge an Pfefferminze produzirt Amerika. Auch China scheint eine bedeutende Kultur der Pfefferminze zu betreiben. Nach Holmes ist die Stammpflanze des chinesischen und japanesischen Minzenöles *Mentha arvensis* L. var. glabrata und piperoscens.

Das Pfefferminzöl: *Oleum Menthae piperitae* (Oleum Menthae) und Krauseminzöl: *Oleum Menthae crispae* wird aus den frischen Blättern durch Destillation mit Wasser gewonnen. Die Ausbeute beträgt ca. $1-1^1/_4$%. Im Handel wird englisches, deutsches und amerikanisches Pfefferminzöl unterschieden, wovon das englische das feinste, das amerikanische wegen seiner Verunreinigungen das schlechteste ist. In England (Mitcham) wird unter dem Namen Spearmint in ziemlichem Umfange *Mentha silv.* L. var. *viridis* (M. viridis L.) angebaut, welche in Bezug auf das Aroma mit der deutschen Krauseminze übereinstimmt.

Präparate. Aus den Blättern wird *Aqua Menthae piperitae, Aqua Menthae crispae, Syrupus Menthae, Syrupus Menthae crispae;* aus dem Oele *Rotulae Menthae piperitae, Spiritus Menthae piperitae, Spiritus Menthae crispae* bereitet; ausserdem bilden die Blätter einen Bestandtheil von *Aqua spirituosa, Species aromaticae,* das Oel einen Bestandtheil von *Aqua vulneraria spirituosa, Elixir amarum, Emplastrum aromaticum.*

Bestandtheile. Aetherisches Oel und eisengrünender Gerbstoff.

Das Pfefferminzöl ist frisch farblos oder schwach grünlich, dünnflüssig, wird aber an der Luft dunkler und dickflüssig. Es besitzt einen durchdringenden Geruch und gewürzhaft brennenden, hinterher kühlenden Geschmack; hat ein spez. Gew. von 0,89—0,92, reagirt meist sauer und löst sich in 1—3 Theilen Weingeist von 0,85 spez. Gew. Es besteht aus einem Gemenge von einem noch nicht näher bekannten Kohlenwasserstoff und dem Stearopten *Menthol* (Pfefferminzkampfer) $= C_{10}H_{20}O$. *Menthol,* welches wahrscheinlich als der Träger des Pfefferminzgeruches zu betrachten ist, bildet wasserhelle, glänzende, nach Pfefferminzöl riechende und schmeckende, neutral reagirende Krystalle in Prismenform, welche bei 27—36,5°, (42°) schmelzen, bei 208—213° sieden und sich unzersetzt verflüchtigen; sie sind in Wasser wenig, in Weingeist, Aether und ätherischen Oelen leicht löslich. Durch Behandlung des Menthols mit P_2O_5 entsteht ein bei 163° siedender, angenehm riechender, wasserheller Kohlenwasserstoff von 0,851 spez. Gew., *Menthen* ($C_{10}H_{18}$). Durch Behandlung mit Kaliumdichromat, Schwefelsäure und Eisessig erhält man *Menthon* ($C_{10}H_{18}O$). Nach Flückiger besitzt das Pfefferminzöl, in Folge des Vorhandenseins eines unbekannten Bestandtheiles, die Eigenschaft sich beim Schütteln mit Salpetersäure, Brom, Schwefelsäure, Salzsäure unter Entwickelung einer auffallenden Fluorescenz blau, grün oder roth zu färben, eine Eigenschaft, die älteres Oel nicht mehr besitzt.

Das Krauseminzöl, englische Spearmintöl, welches dem Pfefferminzöl ähnlich ist, hat eine blassgelbe Farbe und ein spez. Gew. von 0,969, es wird später rothgelb. Es enthält in reichlicher Menge als wahrscheinlichen Träger des eigenthümlichen Geruchs *Links-Carvol* ($C_{10} H_{14} O$), welches sich von dem Kümmel-Carvol (Rechts-Carvol) nur durch Linksablenkung des polarisirten Lichtes unterscheidet. (Husemann, Pflanzenstoffe 1259.)

Anwendung. Die Pfefferminze wird im Aufguss als *Carminativum, Stomachicum, Antispasmodicum* und *Emmenagogum* angewendet. Das Menthol äussert kräftige, antiseptische Wirkungen. Nach Köhler steigert Pfefferminzöl anfangs den Blutdruck, erniedrigt ihn später und wirkt demgemäss auf Herzschlag und Athemfrequenz; Pfefferminzöl wird auch äusserlich in Form von Einreibungen gegen gichtische und rheumatische Beschwerden, überhaupt als schmerzlinderndes Mittel sowohl innerlich als äusserlich in Anwendung gebracht. Die Krauseminze wird in gleicher Weise wie Pfefferminze verwendet, jedoch ist ihr Geschmack weniger angenehm. (Husemann, Arzneimittell. 957.)

Litteratur. Abbildung und Beschreibung: Nees v. Esenb., Plantae med., Taf. 163, 165; Hayne, Arzneigew. XI., Taf. 34—38; Berg u. Schmidt, Offiz. Gew., Taf. XXIII[c,d]; Bentley u. Trim., Med. pl. Taf. 202, 203; Luerssen, Handb. der syst. Bot. II. 1020; Karsten, Deutsche Flora 995, 996; Wittstein, Pharm. 539 ff.

Drogen und Präparate: *Folia Menthae piperitae*: **Ph. germ.** 115; Ph. austr. 91; Ph. hung. 287; Ph. ross. 174; Ph. helv. 57; Cod. med. 63; Ph. belg. 56: Ph. Neerl. 153; Ph. dan. 116; Ph. suec. 103; Ph. U. St. 221; Flückiger, Pharm. 683; Flückiger and Hanb., Pharm. 481; Hist. des Drogues II., 175; Berg, Waarenk. 280.

Folia Menthae crispae: **Ph. germ.** 115; Ph. austr. 91; Ph. hung. 287; Ph. ross. 174; Ph. helv. 56; Ph. belg. 56; Ph. Neerl. 153; Ph. dan. 115; Ph. suec. 102; Flückiger, Pharm. 686; Berg, Waarenk. 280.

Oleum Menthae piperitae: **Ph. germ.** 199; Ph. austr. 98; Ph. hung. 321; Ph. ross. 300; Ph. dan. 39; Ph. helv. 94; Cod. med. 449; Ph. belg. 199; Ph. Neerl. 170; Brit. ph. 224; Ph. U. St. 239; Berg, Waarenk. 566.

Oleum Menthae crispae: Ph. austr. 98; Ph. hung. 319; Ph. ross. 300; Ph. belg. 199; Ph. Neerl. 170; Ph. dan. 39; Berg, Waarenk. 566.

Aqua Menthae piperitae: **Ph. germ.** 33; Ph. austr. 20; Ph. hung. 61; Ph. ross. 42; Ph. helv. 15; Cod. med. 375; Ph. belg. 128; Ph. Neerl. 30; Brit. ph. 44; Ph. dan. 48; Ph. suec. 26; Ph. U. St. 45.

Aqua Menthae crispae: **Ph. germ.** 33; Ph. hung. 61; Ph. belg. 126; Ph. Neerl. 29; Ph. dan. 48; Ph. suec. 26.

Rotulae (Trochisci s. Pastilli) Menthae piperitae: **Ph. germ.** 231; Ph. austr. 111; Ph. ross. 442; Ph. helv. suppl. 85; Cod. med. 595, 597; Ph. belg. 258; Ph. dan. 203; Ph. suec. 241; Ph. U. St. 363.

Syrupus Menthae piperitae: **Ph. germ.** 261; Ph. ross. 401; Ph. helv. suppl. 113; Cod. med. 552; Ph. belg. 247.

Spiritus Menthae piperitae: **Ph. germ.** 248; Ph. austr. 121; Ph. helv. suppl. 105; Cod. med. 603; Brit. ph. 297; Ph. U. St. 309.

Aqua aromatica: Ph. austr. 16; Ph. helv. suppl. 12.

Aqua vulneraria spirituosa: Ph. ross. 47; Ph. helv. suppl. 106; Ph. dan. 234; Cod. med. 335.

Elixir amarum: **Ph. germ.** 73.

Emplastrum aromaticum: Ph. helv. suppl. 34; Ph. Neerl. 89.

Species aromaticae s. resolventes: **Ph. germ.** 240; Ph. austr. 118; Ph. hung. 401; Ph. ross. 368; Ph. helv. 118; Ph. suec. 198.

Oleum Menthae viridis: Brit. ph. 224; Ph. U. St. 239.

Aqua Menthae viridis: Brit. ph. 44; Ph. U. St. 45.

Spiritus Menthae viridis: Ph. U. St. 310.

Bezüglich der Drogen und Präparate siehe auch Hager, Pharm. Prx. II., 413.

Tafelbeschreibung:

Mentha viridis var. *crispata* Schrader. A blühender Stengel in natürlicher Grösse. 1 Blüthenknospe, vergrössert; 2 Blüthe, desgl.; 3 Stempel mit aufgeschnittenem Kelche, desgl.; 4 aufgeschnittene Krone, desgl.; 5 Staubgefässe, desgl; 6 Pollen, desgl.

Mentha piperita L. A blühender Stengel in natürl. Grösse. 1 Knospe, vergrössert; 2 u. 3 Blüthe, desgl.; 4 dieselbe zerschnitten, desgl.; 5 Kelch aufgeschnitten, desgl.; 6 Staubgefäss, desgl.; 7 Pollen, desgl.; 8 Stempel, desgl.; 9 oberer Theil des Griffels mit Narben, desgl.; 10 Fruchtknoten im Querschnitt, desgl. Nach der Natur von W. Müller.

Labiatae.

W. Müller n. d. Nat.

Mentha piperita L.

Myristica fragrans Houttuyn.

Syn. *Myristica officinalis* L. fil. *Myristica moschata* Thunberg. *Myristica aromatica* Lam.

Muskatnuss — Nutmeg — Noix de muscade, Muscadier cultivé.

Familie. *Myristicaceae;* Gattung. *Myristica* L.

Beschreibung. Immergrüner, eingeschlechtiger, bis 15 Meter (nach Luerssen 20 Meter) hoher Baum mit grünlich-aschgrauer oder schmutzig olivengrüner, innen rother Rinde, viel- und quirl- weitästiger, pyramidaler Krone und wechselnden Aestchen. Blätter immergrün, abwechselnd, fast zweizeilig, kurz gestielt, lederig, eiförmig-elliptisch, beiderseits (am Grunde etwas weniger) zugespitzt, wellenförmig, ganzrandig, 4 bis 8 Ctm. lang, $1^1/_2$ bis 4 Ctm. breit, anfangs schwach seidenhaarig, später kahl, drüsig punktirt, aderig gerippt, mit jederseits 8—9 stärker hervortretenden, gegen den Rand bogig verlaufenden Seitennerven, oberseits dunkelgrün, unterseits blasser. Blattstiel 4 bis 10 Mm. lang. Blüthen 2häusig, von kleinen eiförmigen Deckblättchen gestützt, kurz oberhalb des Blattwinkels entspringend, fast hängend; die männlichen Blüthen in wenig- (5 oder 6) blüthigen, einfachen oder 2theiligen, überhängenden, gestielten Trauben oder Trugdolden; die weiblichen Blüthen einzeln, sehr selten 3blüthig, gestielt. Die Blüthenstielchen beider Blüthen unterhalb der Blüthe mit einem breit-eiförmigen, am Grunde schwach 2kieligen, hinfälligen Nebenblatte versehen. Das gelblichweisse Perigon fleischig, eiförmig-glockig, 6 bis 8 Mm. lang, aussen kurz seidenhaarig, bis zur Mitte 3spaltig und 3lappig; Lappen kurz, eiförmig, spitz, aufrecht. Staubgefässe 9 bis 12, unter sich und mit der perigonlangen, mittelständigen, keulenförmigen Säule verwachsen und letztere grösstentheils bedeckend; Staubbeutel linienförmig, bis zur Spitze der Säule reichend oder wenig kürzer, 2fächerig; Fächer der Länge nach nach aussen aufspringend. Pollen kugelig. Der oberständige Stempel umgekehrt eiförmig, fast perigonlang, mit einer Naht ausgestattet, mit 1fächerigem Fruchtknoten, sehr kurzem Griffel und fast sitzender, schwach 2lappiger Narbe. Eichen 1, fast grundständig, sitzend, die Höhlung ziemlich ausfüllend. Frucht hängend, fleischig, eiförmig-kugelig, 4 bis 5 Ctm. lang, kurz behaart, ockerfarbig, mit einer Naht versehen, durch einen senkrecht ringsherum laufenden Riss 2klappig (selten 4klappig) aufspringend. Samen nussartig, länglich rund, $3^1/_2$ Ctm. lang, $2^1/_2$ Ctm. dick, von dem im frischen Zustande fleischigen, aromatischen, blutrothen, am Grunde ganzen, mit der Samenschale und dem Nabelstreifen verwachsenen, nach oben vielspaltig zerschlitzten Samenmantel (Arillus, Macis des Handels) eingehüllt. Samenschale knochenhart, glänzend dunkelbraun, feinwarzig, mit Eindrücken, welche den Streifen des Arillus entsprechen, die eine Hälfte in der Regel etwas abgeflacht, von dem breiten, sich nach oben verschmälernden Nabelstreifen durchzogen, dessen Ursprungsstelle, der Nabel, mehr auf die gewölbte Schalenfläche gerückt ist und welcher unterhalb der Spitze durch die Schale zu der inneren Samenhaut eindringt, sich hier zum Hagelfleck ausdehnend. Der Kern (Muskatnuss des Handels) trennt sich beim Austrocknen von der Schale und besitzt bei etwas geringerer Grösse (3 zu 2 Ctm.) die Gestalt der Samenschale; die Farbe ist bräunlich-grau, an dem vertieften Hagelfleck dunkler, am Nabel heller, die Oberfläche ist in Folge der Faltung und Einschrumpfung der dünnen Samenhaut sehr unregelmässig netzig-runzelig, auf der flachen Seite mit deutlichem Nabelstreifen, welcher sich zu dem häufig von Insekten zerfressenen Nabel herunterzieht. Das grauweisse (im alten Zustande bräunliche), wachsartige und schneidbare Endosperm ist durch die braune, unregelmässig und strahlenförmig bis fast zur Mitte eindringende Samenhaut dunkel marmorirt; ausserdem enthält es heller umschriebene

Stellen, die sich jedoch anatomisch von der Umgebung nicht unterscheiden. Embryo im Grunde des Eiweiss, dicht am Nabel, ziemlich ausgedehnt, rothbraun, mit kurzem, dem Nabel zugekehrtem Würzelchen und 2 dünnen, becherförmig zusammenstehenden, zerschlitzt- und krausränderigen Samenlappen.

Der *Myrist. fragrans* steht in chemischer Beziehung nahe die ebenfalls im ostindischen Archipel einheimische *Myristica fatua* Houtt., welche fast cylindrische, bis 4 Ctm. lange, bis 2 Ctm. dicke Kerne, die sogen. langen Muskatnüsse, besitzt.

Anatomisches. Der Samenmantel (Arillus), welcher nach Baillon zuerst als eine Verdickung der äusseren Eihülle rechts und links am Grunde der Samenknospe auftritt, sich horizontal um den Nabel herum fortentwickelt und allmählich erhebt, besteht aus einem von Gefässbündeln durchzogenen, mit zahlreichen Oelzellen ausgestatteten Parenchym, welches beiderseits von einer farblosen, mit Cuticula versehenen Epidermis bedeckt ist. Die polyedrischen Parenchymzellen besitzen einen körnigen, mit Oel gemengten, harzartigen Inhalt, welcher durch Jod dunkelrothbraun gefärbt wird. Die ovalen oder rundlichen Oelzellen, welche die Parenchymzellen an Grösse übertreffen, sind mit citronengelbem, ätherischem Oele angefüllt. Die aus Spiralgefässen und Treppengängen zusammengesetzten, von dünnwandigen Parenchymzellen umgebenen Gefässbündel sind der inneren Seite des Mantels sehr genähert.

Die äussere knöcherne Samenschale (testa) ist aus 3 Schichten zusammengesetzt, von denen die äusserste Schicht aus einem von Gefässbündeln durchzogenen, kleinzelligen, tangential gestreckten, vorwiegend farblosen und mit Stärke erfüllten Parenchym besteht, welches beiderseits mit je einer Reihe quadratischer oder radial etwas gedehnter Zellen bedeckt ist. Concentrische Reihen stärkefreier, mit rothbraunem Inhalte angefüllter Zellen verleihen dieser Schicht ein marmorirtes Ansehen. Die mittlere, weniger breite, fast farblose und gefässfreie, an den Grenzen mit Einbuchtungen versehene und in Folge dessen auf dem Querschnitte perlschnurartig erscheinende Schicht besteht aus einer Reihe sehr dünner, radial sehr lang gestreckter Zellen, welche nur an den Buchten braunroth gefärbt, sonst farblos sind. Die innerste, am mächtigsten entwickelte, kastanienbraune Schicht ist aus einer Reihe sehr dünner, radial sehr lang gestreckter Steinzellen zusammengesetzt.

Die den Kern bedeckende und faltenartig in das Innere desselben eindringende Samenhaut, welche im frischen Zustande mit der Samenschale verbunden ist, beim Austrocknen sich jedoch von der letzteren trennt, zeigt 2 verschiedene Schichten: eine äussere aus einem schlaffen, farblosen Parenchym zusammengesetzte Schicht und eine innere, dichtere, kleinzellige, rothbraune, faltenartig in das Innere des Kernes eindringende Schicht. In der äusseren, farblosen Schicht kommen zerstreut oder tangential geordnet, rothbraune Zellen vor. Die Falten, welche durch die innere Schicht der Samenhaut angefüllt werden, gehen mehr oder weniger tief in das Innere des Kernes, sind einfach oder getheilt, auf- oder absteigend und stets von einem Gefässbündel durchzogen. Das Gewebe ist in den Falten lockerer und mit zahlreichen Oelzellen durchsetzt.

Der aus Eiweiss bestehende, von den oben beschriebenen Falten der Samenhaut durchzogene und am Grunde mit dem Embryo versehene Samenkern ist in blass rothbräunliche mit helleren Zonen ausgestattete Felder eingetheilt. Das Parenchym des Eiweiss ist mit Stärkekörnern, welche aus 2 bis 6 Theilkörnern bestehen, und mit fettem Oele angefüllt; letzteres fehlt in den Zellen der helleren Zonen.

Blüthezeit. ?

Vorkommen. Einheimisch auf den Molukken, namentlich auf den zu den Molukken gehörigen Bandainseln und auf dem westlichen Theile von Neu-Guinea. Flückiger sagt über die Verbreitung: „Seine engbegrenzte Heimath beschränkt sich auf die vulkanische Inselgruppe der Residentien Amboina und Ternate im äussersten Osten der holländischen Besitzungen im Archipelagus, sowie auf die benachbarte Westhalbinsel Neu-Guineas. Im wilden Zustande befindet sich Myristica fragrans z. B. auf Damma und den zerstreuten kleinen Inseln der Bandagruppe bis Amboina, auf Ceram, Buru, Batjan, Halma-heira und vermuthlich auch an anderen Standorten dieser Inselwelt.“ Zum Zwecke der Kultur ist der Muskatnussbaum nach Sumatra, Malakka, Bengalen, Singapore, Pinang, auch, jedoch mit weniger Erfolg, nach Brasilien und Westindien gebracht worden.

Name und Geschichtliches. Muskat (mittelhochd. *Macis Muscait, Muscart, Muscat, Muscatenbluome,* mittelniederd. *Muschade, Muscatenblome*) von Moschus (*moschata*), wegen des angeblich moschusartigen Geruches der Früchte. *Myristica* von *μυριστικος* balsamisch (*μύρον* Balsam, wohlriechender Saft), bezogen auf die ölig aromatischen Früchte: ebenso fragrans, wohlriechend, duftend.

Es wird angenommen, dass die Muskatnüsse und -Blüthen (Macis) den Alten unbekannt gewesen sind, was von Flückiger unter Hinweis auf Crawfurd, nach dessen Forschungen die Erzeugnisse des Muskatbaumes in früheren Zeiten bei den Eingeborenen keine Beachtung gefunden haben, als sehr wahrscheinlich betrachtet wird. Martius behauptet zwar, dass das in einem Lustspiele von Plautus (260—180 v. Chr.) vorkommende Wort *Macis* auf unsere Muskatblüthe zu beziehen sei; Flückiger hält dieses Wort jedoch für einen Phantasienamen und ähnlich klingende Namen wie *macer, macis, machis, machir, μακαρ* welche bei Scribonius Largus, Dioskorides, Galenus, Plinius u. A. vorkommen, für die Bezeichnung der Rinde eines indischen Baumes. Gewiss ist, dass die alten arabischen Aerzte schon lange Kenntniss von Macis und den Nüssen hatten und dass durch dieselben die Verbreitung der Erzeugnisse des Muskatbaumes nach Westen erfolgt ist. Letztere kannten auch schon um 900 die Abstammung der Muskatnüsse aus Indien. Vorerst dienten die Muskatnüsse zu Räucherungen in Kirchen und bei festlichen Gelegenheiten und standen zu jener Zeit wahrscheinlich sehr hoch im Preise. Letzteres scheint um 1214 nicht mehr der Fall gewesen zu sein, denn in diesem Jahre wurde zu Treviso gelegentlich eines Festspieles unter anderen Spezereien und Früchten auch mit *Muscatis* geworfen. Von dieser Zeit ab beginnt auch die Verwendung der Muskatnüsse zu pharmaceutischen und kosmetischen Präparaten. Hildegard kennt die Mukatnüsse um 1150, und Albertus Magnus (1193—1280) giebt, ohne Angabe der Quelle, aus der er seine Kenntniss schöpfte, eine Beschreibung des Baumes *Muscata,* den er als einen lorbeerblätterigen Baum Indiens schildert, dessen Blüthen die *Macis* lieferten. Um dieselbe Zeit treten *Nux muscata* und *Muscatae blomae* in Dänemark auf. Das eigentliche Vaterland des Muskatbaumes wurde jedoch erst um 1500 bekannt, und zwar zur Zeit der ersten Seereisen nach Indien. Ludovico Barthema aus Bologna bezeichnet die Insel Bandan als die Heimath. Die Portugiesen bemächtigten sich vorerst des Handels mit Muskatnüssen, mussten aber später den Holländern weichen, welche den Handel, gleich demselben mit Zimmt und Gewürznelken, monopolisirten und auf Banda und Amboina beschränkten, alle Bäume ausserhalb dieser Orte ausrotteten und in Jahren reicher Erträge den Ueberfluss verbrannten. Die von der Regierung angelegten geschlossenen Gärten (Perken) wurden den Nachkommen holländischer Soldaten oder der unteren Beamten als Belohnung, mit dem Rechte der Vererbung übergeben, jedoch unter der Bedingung, den ganzen Ertrag gegen einen bestimmten Preis der ostindischen Compagnie zu liefern. Ausserdem stellte die Regierung für die einzelnen Perken eine bestimmte Zahl von Sklaven zur Verfügung.

Im Jahre 1769 gelang es den Franzosen, den Muskatnussbaum nach Isle de France zu verpflanzen. Während der Besetzung der Gewürzinseln durch die Engländer in den Jahren 1796 bis 1802 brachte Roxburgh fil. *Myristica* nach Bengkulen und Penang; später nach Singapore. Im letzteren Orte wurden die Pflanzungen im Jahre 1860 durch Krankheit vernichtet.

Offizinell ist der getrocknete Samenmantel (Arillus) der reifen Früchte: *Macis* (*Arilli Myristicae moschatae, Flores Macidis,* Muskatblüthe) und die vom Samenmantel und der Samenschale befreiten Samen: *Semen Myristicae* (*Nuces moschatae, Nuces Nucistae,* Muskatnüsse).

Nach Flückiger erfolgt das Einsammeln der Drogen auf folgende Weise: Sobald die Früchte anfangen aufzuspringen, werden sie mit einer langgestielten hölzernen Gabel (Quai-quai), unter welcher am Stiele ein aus Bambusstreifen geflochtenes Körbchen befestigt ist, durch Knicken des Fruchtsstieles gesammelt. Das gelbliche Fruchtfleisch wird entfernt und zu einem kleinen Theile durch Einmachen oder Bereitung einer Gallerte genussfähig gemacht, während der grössere Theil zur Düngung des Bodens

Myristicaceae.

Myristica fragrans Houtt.

verwendet wird. Alsdann wird der zerschlitzte, schön carminrothe Mantel (*Arillus*) abgelöst, getrocknet und als *Macis* in den Handel gebracht. Die übrigbleibenden Nüsse werden dann auf Bambushorden über glimmendem Feuer, bei täglichem Umschaufeln, einige Wochen lang getrocknet, bis die Kerne sich von der harten Schale gelöst haben und beim Schütteln klappern (rammelen). Hierauf werden die Schalen mit einem hölzernen Klöppel vorsichtig zerschlagen, die übrigbleibenden Kerne von den wurmstichigen und schlechten Samen gesondert, dem Handelsgebrauche gemäss kurze Zeit in Kalkmilch gelegt und mehrere Wochen in luftigen Räumen getrocknet. Nur auf Penang werden die Nüsse nicht mit Kalkmilch behandelt; diese Unterlassung wird jedoch dem Handelsgebrauch zu Liebe in London nachgeholt. Die monopolisirenden Holländer wollten durch eine längere Behandlung der Kerne mit Kalk die Keimkraft zerstören, um den Anbau in andern Ländern zu verhindern; es war dies jedoch überflüsssig, da die Keimkraft schon von selbst sehr bald verloren geht.

Die Muskatblüthe oder *Macis* (Foelie der Holländer), nach Flückiger 13% des ganzen getrockneten Samens betragend, ist im frischen Zustande fleischig, schön carminroth, an der Basis ganz, nach oben durch fast bis zum Grunde reichende Einschnitte in breite Lappen getheilt, welche wiederum in lange, schmale, bandartige, wellenförmig-gekrümmt aufsteigende, oben zu einer krausen, gezähnelten Umhüllung zusammenlaufenden Streifen zerschlitzt sind. Die Muskatblüthe (*Macis*) wird entweder mit dem Messer oder mit der Hand von der Frucht losgelöst, bei günstigem Wetter an der Sonne, bei schlechtem Wetter in luftigen Räumen getrocknet und, um später beim Verpacken das Zerbröckeln zu verhüten, leicht zusammengedrückt. Trocken ist die *Macis* zimmtfarbig, mehr oder weniger gelblich, matt, schwach fettglänzend, hornartig, brüchig. Der Geruch ist eigenthümlich aromatisch; der Geschmack feiner und milder als der des Kernes, von dem er sich ausserdem noch durch einen schwach bitterlichen Beigeschmack unterscheidet. Die Ausfuhr aus Holländisch-Indien betrug nach Flückigers Angaben im Jahre 1877 etwas über 400000 Klgr. 1882 gingen nach Holland 150400 Klgr.

Wilde oder Bombay-Macis bildet einen Handelsartikel und dient zur Verfälschung der echten Macis. Sie ist safranfarben und zeigt einen etwas abweichenden anatomischen Bau (die spitzendig zusammengefügten, nicht geradwandigen Epidermiszellen stark radial gestreckt mit oft sehr enger Höhlung; Oelräume nicht in der Mittelschicht, sondern beiderseits unter der Oberfläche). Sie ist sehr fettreich (bis 55%) und enthält einen Alkohol bräunenden Farbstoff, dessen Lösung Fliesspapier kurkumagelb färbt. Sie besitzt kein Arom und ist bedeutend minderwerthig als die echte Macis.

Die von der harten, dunkelbraunen Schale befreiten elliptischen, fast kugeligen Nusskerne, die Muskatnüsse, besitzen ungefähr 3 Ctm. Länge und 2 Ctm. Dicke, sind aussen zierlich netzartig gefurcht-geadert, haben eine bräunlich-graue, an dem vertieften Hagelflecke dunklere, am Nabel hellere Farbe, die jedoch durch die anhängende Kalkmilch, besonders in den Vertiefungen, verdeckt ist; innen sind sie blassröthlich und hell- oder dunkelbraun marmorirt; sie sind sehr fettreich. Der Geruch und Geschmack ist eigenthümlich aromatisch (nicht moschusartig), sehr gewürzhaft. Trotz der vielen Falten, welche in das Innere des Kernes eindringen, ist die Nuss weder zerklüftet, noch bröckelig. Die äussere knöcherne Samenschale ist geschmacklos.

Die Vermehrung in den Pflanzungen (Perks der Holländer), welche weder eine sorgfältige Pflege, noch Düngung, höchstens ein Zurückschneiden der zu dicht wachsenden Zweige erfordern, erfolgt hauptsächlich durch Samen, weniger durch Stecklinge. Die Pflanzen, welche in 2jährigem Alter in das freie Land gebracht werden, liefern vom 7. Jahre ab die ersten Früchte, sind aber erst vom 14. Jahre an (bis zu 80. und 100.) ertragsfähig. Den höchsten Ertrag ($2^1/_2$ bis 11 Klgr., nach Anderen 2000 Nüsse pro Baum) geben die Bäume in 20 bis 30jährigem Alter; den höchsten jährlichen Ertrag (450000 bis 600000 Kgr.) liefern die Bandainseln Lontor, Neira und Aij. Ostsumatra brachte nach Flückigers Angabe 1879 5842 Klgr. Nüsse und Macis in den Handel. Der ganze Jahresertrag von Holländisch-Indien beträgt nach Flückiger $1^1/_2$ Million Kgr. Auf den Bandainseln werden die Nüsse nach ihrem Gewichte sortirt und der höchste Preis für diejenige Sorte bezahlt, von welcher 160 bis 190 auf 1 Klgr. gehen.

Die ostindischen Ernten werden zunächst nach Batavia und Singapore und von da nach Amsterdam (1882 über 1/2 Million Klgr.), London und Nordamerika gebracht. Die Erträge in Westindien und Brasilien sind gering.

Auf 20 weibliche Bäume wird in den Pflanzungen ein männlicher Baum gerechnet.

Bestandtheile. Die Macis enthalten nach Henry: ätherisches Oel, reichlich festes, gelbes, fettes, in Alkohol schwer lösliches und festes, rothes, fettes, in Alkohol leicht lösliches Oel, eine zwischen Gummi und Stärke stehende, durch Jod sich purpurroth färbende Substanz, wenig Faserstoff, kein Stärkemehl. Bley erhielt aus *Macis* einen Balsam, welcher dem Balsam der Kerne ähnlich, jedoch etwas weicher ist.

Die Kerne enthalten nach Schrader: 2,6 % leichtes, 0.52 % schweres ätherisches Oel, 10,41 % röthliches, weiches, fettes Oel, 17,72 % weisses, festes Oel, 25 % gummiartiges Extrakt, 3,12 % schmieriges Harz, 34,38 % Parenchym. Bonastre fand: 6 % ätherisches Oel, 7,6 % flüssiges Fett, 24,0 % festes Fett, 2,4 % Stärkemehl, 1,0 % Gummi, 54,0 % Faser.

Ein Hauptbestandtheil der Samenkerne ist das Fett, welches ca. 1/4 des Gewichtes der Kerne beträgt und durch Auspressen der erwärmten Samen, mit ätherischem Oele gemengt, gewonnen wird. In Indien wird es aus den unverkäuflichen Nüssen hergestellt und als *Oleum Nucistae, Oleum nucum moschatarum expressum, Balsamum Nucistae,* Muskatbutter, Muskatbalsam, Banda-Seife in einer besseren Sorte (englische Muskatbutter, orangegelb, weiss und roth marmorirt, feinkörnig, stark bitterlich nach Muskatnuss schmeckend) und einer geringeren Sorte (holländische Muskatbutter, fester, grobkörnig, weniger gewürzhaft riechend und schmeckend) in viereckigen, länglichen, würfelförmigen oder tafelförmigen, mit breiten Blättern oder Bast umwickelten Stücken in den Handel gebracht. Sie wird gegenwärtig auch in Europa hergestellt und ist häufig Fälschungen unterworfen. Die Muskatbutter bildet eine bräunlich-gelbe, durch körnig-krystallinische Ausscheidungen weisslich oder röthlich marmorirte, sich fettig anfühlende, fast butterartige Masse von stark gewürzhaftem Geruch und Geschmack, schmilzt zwischen 41 bis 51° (45°), erstarrt bei 32 bis 33°, besitzt ein spez. Gewicht von 0,995, löst sich in 4 Theilen kochendem, wenig in kaltem Weingeiste, leichter, jedoch nicht vollständig in Aether, Chloroform und Benzol und besteht nach Koller aus 6 % Muskatnussöl, 70 % *Myristin,* 2 % Oleïn, 1 % Butyrin, 3 % saurem Harze. Playfair fand 1841 in dem Balsam die *Myristinsäure.*

Myristinsäure $C_{14}H_{28}O_2$, als Glycerid (*Myristin*) im Muskatbalsam enthalten, ausserdem im Fette von *Myristica Otaba* Humb. et Bonpl., im Fette der Samen von *Mangifera gabonensis*, im Crotonöl, im Irisstearopten und in der Kuhbutter nachgewiesen, bildet weisse, glänzende Krystallblättchen, die bei 53,8° schmelzen und beim Erkalten schuppig krystallinisch wieder erstarren, reagirt sauer, ist im Wasser unlöslich, leicht löslich in heissem Weingeist und in Aether.

Das durch Destillation mit Wasser aus den Muskatnüssen in einer Ausbeute von 8 % gewonnene ätherische Oel besteht nach Wright der Hauptsache nach aus 2 Terpenen $C_{10}H_{16}$, welche verschiedene Siedepunkte besitzen. Es ist begleitet von einer geringen Menge Cymol ($C_{10}H_{14}$) und ausserdem wird, nach Flückiger, bei der Destillation die Ausscheidung einer sehr geringen Menge eines im Wasser untersinkenden Antheiles bemerkt. Nach Wright geht bei der Rektifikation des ätherischen Oeles zuerst ein bei 163° siedendes Terpen und wahres Cymol über, dann folgt Gladstone's *Myristicol* ($C_{20}H_{32}O_2$) endlich 2 sauerstoffhaltige Oele, von denen das eine bei 260—280°, das andere bei 280 bis 290° übergeht; 2 % eines Harzes bleiben zurück.

Das aus der Muskatblüthe bis 17 % gewonnene ätherische Oel wird der Hauptsache nach ebenfalls aus Terpenen gebildet und ist, ebenso wie das Oel der Kerne, nach Flückiger rechtsdrehend; es fehlt bis jetzt noch ein genauer Vergleich beider Oele. (Husemann, Pflanzenstoffe 597.)

Anwendung. Innerlich in Form von Pulver und Tinktur als angenehmes Aromaticum, äusserlich als Zusatz zu Kräuterkissen; am häufigsten jedoch als Küchengewürz.

Die Muskatbutter wurde früher bei gastrischen Katarrhen, Koliken, Flatulenz etc. auf dem Unterleib eingerieben; es hat sich jedoch herausgestellt, dass die Wirkung nicht Folge der gelind reizenden Eigenschaften des ätherischen Oeles war, sondern grösstentheils der Manipulation des Reibens innewohnte. Sie dient gegenwärtig zur Herstellung von Salben, Pflastern, Ceraten.

Der wirksame Bestandtheil der Muskatnüsse ist das ätherische Oel, welches nach den Versuchen von Mitscherlich auf der Haut Brennen und Röthung erzeugt. Grössere Dosen bringen narkotische Vergiftungserscheinungen hervor. „Therapeutisch finden Muskatnüsse bei Magen- und Darmkatarrhen, Dyspepsie u. s. w. meist nicht für sich, sondern als Adjuvantien und Corrigentien Anwendung." Husemann, Arzneimittel 369, 567.

Litteratur. Abbildung und Beschreibung: Nees v. Esenb., Pl. med., Taf. 133, Hayne, Arzneigew. IX, Taf. 12; Berg u. Schmidt, Offiz. Gew., Taf. XIIIa; Bentley and Trimen, Med. pl., Taf. 218; Luerssen, Handb. der syst. Bot. 578; Karsten, Deutsche Flora 577; Wittstein, Pharm. 555.

Drogen und Präparate: *Semen Myristicae*: **Ph. germ.** 238; Ph. austr. 94; Ph. hung. 309; Ph. ross. 362; Ph. helv. 117; Cod. med. 64; Ph. belg. 60; Ph. Neerl. 162; Brit. ph. 217; Ph. dan. 209; Ph. suec. 186; Ph. U. St. 228; Flückiger, Pharm. 970; Flückiger and Hanb., Pharm. 502; Hist. d. Drog. II, 213; Berg, Waarenk. 445; Berg, Atlas 95, Taf. XXXXVIII.

Arillus Myristicae (Macis): Ph. austr. 86; Ph. hung. 273; Ph. ross. 255; Ph. helv. 80; Cod. med. 64; Ph. belg. 59; Ph. Neerl. 149; Ph. U. St. 212; Flückiger, Pharm. 979; Flückiger and Hanb., Pharm. 508; Hist. d. Drog. I., 222; Berg, Waarenk. 413.

Oleum Macidis: **Ph. germ.** 199; Ph. austr. 98; Ph. hung. 319; Ph. ross. 299; Ph. helv. 94; Ph. belg. 199; Ph. Neerl. 169; Ph. suec. 18; Ph. dan. 38; Berg, Waarenk. 564.

Oleum Nucistae: **Ph. germ.** 199; Ph. austr. 98; Ph. hung. 333; Ph. ross. 300, 301; Ph. helv. 94; Ph. belg. 60; Cod. med. 439; Ph. Neerl. 170; Brit. ph. 225; Ph. suec. 139; Ph. U. St. 240; Berg, Waarenk. 565, 583.

Balsamum Nucistae: **Ph. germ.** 38; Ph. austr. 98; Ph. hung. 333.
Balsamum vitae Hoffmanni: Ph. austr. 24; Ph. hung. 75.
Tinctura Macidis: Ph. belg. 265.
Mixtura oleoso-balsamica: **Ph. germ.** 179; Ph. hung. 75; Ph. helv. 83; Ph. belg. 121.
Tinctura balsamica aromatica: Ph. dan. 265.
Tinctura Opii acetosa: Ph. helv. suppl. 121.
Tinctura Succini aromatica: Ph. suec. 238.
Ceratum Myristicae: Ph. helv. suppl. 18.
Emplastrum aromaticum: Ph. helv. suppl. 34; Ph. belg. 160; Ph. Neerl. 89.
Unguentum Rosmarini compositum: **Ph. germ.** 299; Ph. ross. 465.
Unguentum Myristicae compositum: Ph. suec. 245.
Pulvis aromaticus: Ph. ross. 324; Ph. helv. 104, suppl. 93; Ph. U. St. 272.
Pulvis Catechu compositus: Brit. ph. 262.
Spiritus aromaticus: Ph. austr. 120; Ph. hung. 405; Ph. ross. 373; Ph. Neerl. 225.
Spiritus Melissae compositus: **Ph. germ.** 247; Ph. helv. 125; Ph. belg. 117.
Spiritus Ammonii aromaticus: Ph. helv. suppl. 102; Ph. belg. 119; Ph. Neerl. 226.
Spiritus Anhaltinus et balsamicus: Ph. helv. suppl. 103.
Spiritus Lavandulae compositus: Brit. ph. 335; Ph. U. St. 349.
Spiritus Myristicae: Ph. U. St. 310.
Spiritus Armoraciae compositus: Brit. ph. 295.
Electuarium Catechu: Ph. Neerl. 87.
Electuarium aromaticum: Ph. austr. 44; Ph. hung. 151.
Confectio aromatica: Brit. ph. 263.
Trochisci Cretae: Ph. U. St. 360.
Trochisci Magnesiae: Ph. U. St. 362.
Trochisci Sodii bicarbonatis: Ph. U. St. 364.
Bezüglich der Drogen und Präparate siehe auch Hager, Ph. Prx. II., 482; III., 734.

Tafelbeschreibung:

A blühender Zweig mit männlichen Blüthen, nat. Grösse; 1 Staubgefässsäule mit Staubgefässen, vergrö ert (stimmt mit der Zeichnung in Hayne, jedoch nicht mit Baillon in der Beschreibung überein); 2 dieselbe im Längsschnitt, desgl.; 3 dieselbe im Querschnitt, desgl.; 4 Pollen, desgl.; 5 weibliche Blüthe, desgl.; 6 Stempel im Längsschnitt, desgl.; 7 Frucht mit der aufgesprungenen fleischigen Hülle, natürl. Grösse; 8 dieselbe mit halbirter Hülle, desgl.; 9 Nuss mit Arillus, desgl.; 10 dieselbe ohne Arillus, desgl.; 11 Nuss im Längsschnitt, desgl.; 12 Embryo, vergrössert. Nach einer Originalzeichnung des Herrn Prof. Schmidt in Berlin.

Solaneae.

Nicotiana Tabacum L.

Nicotiana Tabacum L.

Tabak — Tobacco, Cultivated Tobacco, Virginian Tobacco — Nicotiane, Tabac.

Familie: *Solaneae.* Gattung: *Nicotiana* L.

Beschreibung. Einjährige, krautartige Pflanze mit senkrecht in den Boden gehender, ästiger, gelblichweisser, mit vielen Wurzelfasern besetzter Wurzel und einem einfachen oder wenig ästigen, aufrechten, fast stielrunden, drüsig-kurzhaarigen, im frischen Zustande etwas klebrigen, bis $1\frac{1}{2}$ m hohen Stengel. Blätter bis 60 cm lang und 15 cm breit, lanzettförmig oder eilanzettförmig, beiderseits verschmälert, lang zugespitzt, sitzend, schwach wellenförmig, drüsig-kurzhaarig, die unteren halbstengelumfassend, herablaufend; Seitennerven unter 40—70° von der Mittelrippe abgehend, in der Nähe des Blattrandes nach der Spitze zu eine flache Curve beschreibend. Blüthen in fast doldentraubigen, endständigen, klebrig-behaarten, vielblüthigen Rispen, mit kleinen, schmallanzettlichen oder linealen Deckblättern. Der runde Blüthenstiel meist kürzer als der Kelch. Kelch länglich-cylindrisch, fast glockenförmig, bleichgrün, mit dreieckig-lanzettlichen, zugespitzten Lappen, 5lappig. Krone trichterförmig, rosenroth, nach unten grünlich; Röhre lang, walzenförmig, am Schlunde aufgeblasen-erweitert; Saum 5spaltig, ausgebreitet, zuletzt etwas zurückgeschlagen, mit spitzen Zipfeln. Die 5 Staubgefässe mit $\frac{1}{3}$ ihrer Länge der Blumenröhre angewachsen, oben frei, mit pfriemlichen, unten behaarten Fäden und länglichem, an beiden Enden ausgerandetem, auf dem Rücken angewachsenem, nach innen mit 2 Längsspalten sich öffnendem, 2fächerigem Beutel. Pollenkörner länglich, unter Wasser kugelig, 3furchig. Der oberständige, kahle, von einer ringförmigen Scheibe unterstützte Stempel von der Länge der Staubgefässe. Fruchtknoten länglich, am unteren Theile eiförmig, etwas zusammengedrückt, beiderseits gefurcht, 2fächerig, mit fadenförmigem Griffel und zusammengedrückt-kopfförmiger, schwach 2lappiger Narbe. Kapsel eiförmig, wandspaltig, 2klappig; Klappen wieder 2spaltig, vielsamig. Samen sehr klein, wenig zusammengedrückt, nierenförmig, mit netzig-grubiger Oberfläche. Embryo schwach gekrümmt, walzig-keulenförmig, mit gegen den Nabel gewendetem Würzelchen und halbcylindrischen Samenlappen.

Die bemerkenswertheste Varietät, welche auch als besondere Art betrachtet wird, ist der Maryland-Tabak: *Nicotiana Tabacum var. macrophyllum* Dunal (*N. latissima* Mill., *N. macrophylla* Lehm.) Diese Varietät besitzt breit-eilanzettförmige, aus geöhrtem Grunde herablaufende Blätter und stumpfliche Kronenzipfel.

Anatomisches: Die Blätter besitzen auf der Oberseite eine Epidermis, welche aus nahezu isodiametrischen Zellen zusammengesetzt ist, während die Epidermis der Unterseite grössere Zellen von mehr wellenförmigem Umrisse zeigt, die durch Spaltöffnungen unterbrochen sind. Beide Flächen sind, vorzüglich bei jüngeren Blättern, mit zweierlei Drüsenhaaren bedeckt, von denen die eine Sorte auf einem einzelligen Stiele sitzt, während der Stiel der anderen Haargattung sich bedeutend streckt und zuletzt aus 3—6 sehr erweiterten, dünnwandigen, luftführenden Zellen besteht, von denen die äusserste einen klebrigen, bald austrocknenden, braunen, wahrscheinlich aus einem Gemenge von Fett, Harz und ätherischem Oele zusammengesetzten Inhalte besitzt. Diese Drüsenhaare sind spröde, fallen leicht ab und werden bei alten Blättern nicht wieder ersetzt; daher ältere Blätter fast kahl erscheinen. Der Blattquerschnitt zeigt der Hauptsache nach ein äusseres Palissadengewebe und ein inneres lockeres Gewebe, welches in einzelnen Zellen undeutlich krystallinisches Calciumoxalat führt, währenddem der grösste Theil dieser Zellen mit zahlreichen und ansehnlichen Stärkekörnern (nach Schlösing bis zu 20%) angefüllt ist. (Flückiger).

Verbreitung. In Central- und Südamerika einheimisch. Gegenwärtig zum Zwecke der Gewinnung des Rauch- und Schnupftabaks in den gemässigten und subtropischen Klimaten aller Erdtheile häufig kultivirt. Das dem Rauchtabak unentbehrliche Aroma entwickelt sich jedoch nur in wärmeren Ländern in angenehmer Weise, während der Tabak aus nordischen Gegenden ungeniessbar ist.

Name und Geschichtliches. Der Name *Tabac* (*Tabacum*) soll nicht, wie Monardes angiebt, von der zu den Kleinen Antillen gehörenden Insel Tabago abstammen, sondern von Tabako, womit die Eingeborenen von Cuba, zur Zeit der Landung der Spanier, einen aus trocknen Tabaksblättern gebildeten Cylinder bezeichneten, den sie zum Zwecke der Verscheuchung der Insekten (Moskitos) an der einen Seite anbrannten. Auch nannten, nach einem Berichte des Franciscus Hernandez, die Mexikaner die ca. $\frac{1}{3}$ m langen Röhren, woraus sie ihren Tabak (Yetl oder Pycielt) rauchten, Tabakos. *Nicotiana* ist abgeleitet von dem Namen des französischen Gesandten in Lissabon, Jean Nicot, welcher sich um die Verbreitung der Tabakspflanze verdient machte.

Als die Urheimath des Tabaks ist nach Lothar Becker Asien zu betrachten, von wo aus er in unbekannten Zeiten, erst durch Menschenhände nach Amerika gebracht worden sein soll. Nach dem Genannten hatte man in Persien schon lange vor der Entdeckung Amerikas den Tabak gebaut und geraucht. Gewiss ist, dass der Tabak erst von Amerika nach Europa gebracht worden ist. Das Rauchen ist nach v. Martius in Südamerika, zowie in den zum Tabaksbau geeigneten Ländern Nordamerikas ein uralter Volksgebrauch, wie auch die in den alten Grabhügeln der Eingeborenen vorgefundenen Tabakspfeifen beweisen. Als die Spanier 1492 auf Kuba landeten, fanden sie den Tabak und das Tabakrauchen daselbst sehr verbreitet. Auch war den Amerikanern zu jener Zeit schon die Verwendung des Tabaks zu Schnupf- und Kautabak bekannt; ebenso die arzneiliche Benutzung.

Dem Mönche Romano Pane, einem Reisegefährten des Colon, verdanken wir die ersten Berichte über die Tabakspflanze. Derselbe schickte im Jahre 1518 Tabakssamen an Karl V. Die erste genaue Beschreibung des Tabaks erhalten wir jedoch erst in dem 1525 zu Sevilla unter dem Titel „Historia general de las Indias“ herausgegebenen Werke des Gonzalo Hernandez de Oviedo y Valdez, der das Gewächs mit *Hyoscyamus* vergleicht. Der Franziskanermönch André Thevet berichtet im Jahre 1555 über den Gebrauch des Tabakrauchens in Brasilien, woselbst die mit *Petum* bezeichnete Pflanze in Palmblätter eingerollt, geraucht wurde; er bemerkt dazu, dass auch die Christen diesem Gebrauche sehr bald ihren Beifall gezollt hätten. Letzterer Mönch war der erste, der eine wenn auch schlechte Abbildung der Pflanze lieferte.

Der Tabak wurde in Europa zuerst in Portugal kultivirt, wohin er um das Jahr 1558 gebracht worden war. Von hier, und zwar von Lissabon aus, sandte der französische Gesandte Jean Nicot, der den Tabak als ein kräftiges und göttliches Arzneikraut preist, Tabakssamen im Jahre 1560 an König Franz II. nach Paris und gab hierdurch Veranlassung zur Einführung des Tabaksbaues in Frankreich. Von hier aus verbreitete er sich über Italien. In Holland ist er schon um 1615 bekannt gewesen und England erhielt ihn bereits gegen Ende des 16. Jahrhunderts angeblich durch Richard Greanville oder Walther Raleigh aus Virginien. Die Deutschen und Schweizer lernten ihn durch Conrad Gessner (1516—1565) kennen, doch treffen wir hier seine Kultur in grösserem Maassstabe (und zwar in der Rheinpfalz, Mark Brandenburg, Franken) erst gegen Ende des 17. Jahrhunderts, obgleich er schon 1631 in Sachsen gebaut worden ist.

In der ersten Zeit seiner Einführung in Europa diente der Tabak nur Arzneizwecken und waren es namentlich Jacques Gohory, welcher in seiner „Instruction sur l'herbe Petum etc. Paris 1572" und Charles Estienne nebst Jean Liebault, welche in ihrem „Maison rustique, Paris 1570, 1583" die Heilwirkungen der Tabakspflanze priesen. Er wurde mit Erfolg gegen hartnäckige Exantheme, Engbrüstigkeit etc. angewendet. Man erkannte jedoch sehr bald das Angenehme des Rauchens und trotz aller obrigkeitlichen Verbote verbreitete sich gegen Ende des 16. Jahrhunderts das Rauchen, Schnupfen und Kauen des Tabaks mit ungeheurer Schnelligkeit über Europa und Asien. Gegenwärtig wird die gesammte jährliche Tabaksernte auf mehrere hundert Millionen Kilogramme geschätzt.

Blüthezeit. Blüht vom Juli bis in den Herbst hinein.

Offizinell sind die Blätter: *Folia Nicotianae* (*Herba Tabaci, Herba Nicotianae virginianae*).

Die Tabaksblätter werden zur Zeit ihrer vollkommensten Ausbildung, also vom August bis October gesammelt und geschnitten in Blechgefässen oder auch als feines Pulver in gut verkorkten Flaschen aufbewahrt. Beim Trocknen nehmen die Blätter eine braune Färbung an. Ihr Geruch ist narkotisch, der Geschmack widerlich-bitter.

Verwechselungen können stattfinden mit den Blättern von *Nicotiana rustica* L., jedoch ist die Unterscheidung leicht, denn letztere Pflanze hat eirunde, gestielte Blätter.

Präparate. Aus den Blättern wird das Nicotin: *Nicotinum*, ferner *Infusum Tabaci, Oleum Tabaci, Unguentum Tabaci, Vinum Tabaci, Extractum Nicotianae* und *Tinctura Nicotianae* gewonnen.

Bestandtheile. Als wirksamer Bestandtheil des Tabaks ist das zuerst von Vauquelin beobachtete, im Jahre 1828 von Posselt und Reimann rein dargestellte, wahrscheinlich in dem Tabak an Aepfel- und Citronensäure gebundene, von letzteren aber leicht zu scheidende Nikotin zu betrachten. Nach der Posselt-Reimann'schen Analyse der frischen Tabaksblätter enthalten 1000 Theile: 0.6 Nikotin, 0.1 kampferartiges, flüchtiges Oel (Tabakskampfer, *Nicotianin*), ferner Harz, Kleber, Gummi, Stärkemehl, Wachs, Eiweiss, Ammoniak, Apfelsäure (nach Barral Nikotinsäure), Salpetersäure; Goupil will neben der Apfelsäure noch Citronensäure gefunden haben, die jedoch Brandl vergebens suchte, dafür aber eisengrünende Gerbsäure und Oxalsäure entdeckte. Die Wurzel enthält ebenfalls Nikotin, der Same jedoch nicht oder nur sehr spärlich. Letzterer besteht aus fettem Oel, Proteinsubstanz, Harz, Zucker, Gummi, eisengrünenden Gerbstoff und Oxalsäure. Anorganische Stoffe sind im Tabak reichlich vorhanden, denn die Aschenrückstände, hauptsächlich aus Kali, Kalk, Magnesia und Eisenoxyd bestehend, betragen 18—24, ja sogar 27%. Das Nikotin von der Zusammensetzung $C^{10}H^{14}N^2$ ist ein flüchtiges, bei 240—250° siedendes, selbst bei — 10° noch flüssiges, sehr giftiges Alkaloid, mit einem spez. Gew. von 1,011. Es bildet ein farbloses, in der Kälte schwach, erwärmt stark nach Tabak riechendes, an der Luft verharzendes Oel von scharfem, brennendem Geschmacke. Das von Hermbstädt aufgefundene *Nicotianin* von der Zusammensetzung $C^{23}H^{32}N^2O^3$ bildet weisse, leicht in Weingeist und Aether lösliche Krystallblättchen von gewürzhaftem Geschmacke und feinem, tabaksartigem Geruche. Der Nikotingehalt des Tabaks schwankt zwischen 1.5 bis 9%. Die Güte des Rauchtabaks ist jedoch nicht von dem Nikotingehalt abhängig.

Anwendung. Die Wirkung der Tabaksblätter ist im Wesentlichen gleichbedeutend mit der des Nikotins. Der Tabak wurde früher in der Medizin häufiger angewendet als jetzt und zwar in Form von Pillen und im Aufguss als krampfstillendes Mittel bei Kolik, eingeklemmten Brüchen, Darmverschlingungen, krampfhafter Harnverhaltung, Starrkrampf, gegen nervöses Herzklopfen und als schleimabsonderndes Reizmittel etc. Gegenwärtig wird er wenig benutzt und kommt der Hauptsache nach nur noch als Aufguss in Klystirform bei Ileus und eingeklemmten Brüchen in Anwendung. Früher wurde auch der Aufguss gegen Krätze, überhaupt gegen Parasiten bei Menschen und Thieren verwendet. Die Hauptverwendung findet der Tabak, wie allgemein bekannt, zur Herstellung von Rauch-, Schnupf- und Kautabak. (Husemann, Arzneimittell. 1125.)

Litteratur. Abbildung und Beschreibung: Nees v. Esenb., Plant. med., Taf. 194; Hayne, Arzneigew. XII., Taf. 41; Berg u. Schmidt, Offiz. Gew., Taf. XIId; Bentley u. Trim., Taf. 191; Woodville, Taf. 77; Steph. u. Ch., Taf. 37; Reichenb., Ic. Fl. G., Taf. 1625; Luerssen, Hndb. d. syst. B. II. 988; Karsten, D. Fl. 962; Wittstein, Pharm. 827.

Drogen und Präparate: *Folia Nicotianae*: **Ph. germ.** 115; Ph. helv. 57; Cod. med. 69; Ph. belg. 59; Brit. ph. 316; Ph. dan. 116; Ph. suec. 86; Ph. U. St. 331; Flückiger, Pharm. 674; Flückiger and Hanb., Pharm. 466; Hist. d. Drog. II. 150; Berg, Waarenk. 284.

Nicotinum: Ph. ross. 280; Ph. suec. 133.

Infusum Tabaci (*Enema Tabaci*): Brit. ph. 111.

Bezüglich der Drogen und Präparate siehe ausserdem: Hager, Pharm. Prx. II. 550.

Tafelbeschreibung:

A blühender Stengel in natürl. Grösse; 1 auseinandergebreitete Krone, desgl.; 2 Staubgefäss, vergrössert; 3 Pollenkörner, desgl.; 4 Fruchtknoten mit Griffel und Narbe, desgl.; 5 Fruchtknoten im Längsschnitt, desgl.; 6 derselbe im Querschnitt; 7 Frucht mit Fruchtkelch, natürl. Grösse; 8 dieselbe ohne Kelch, desgl.; 9 Same, vergrössert; 10 derselbe zerschnitten, desgl. Nach der Natur von W. Müller.

Palaquium Gutta Burck.

Syn. *Isonandra Gutta* Hook.; *Dichopsis Gutta* Benth. u. Hook.

Familie: *Sapotaceae;* Gattung: *Palaquium* Blanco.

Beschreibung. Ein Milchsaft führender Baum von etwa 20 m Höhe. Die Zweige sind rund und in der Jugend mit rotbraunem Flaum bedeckt. Die Blätter haben in erster Jugend kleine hinfällige Nebenblätter, sind wechselständig, gestielt, etwas lederartig, verkehrt-eiförmig-länglich, kurz zugespitzt, oberwärts grün, unterseits goldglänzend, 11 bis 15 cm lang, über der Mitte 4,5 cm breit, am Grunde in den schlanken, 1,5—2,5 cm langen Blattstiel verschmälert. Die Seitennerven sind bogenförmig, parallel, fast horizontal verlaufend, 20—30 auf jeder Seite des Mittelnerven, in der Blattsubstanz verborgen und kaum erkennbar. Die Knospen sind ellipsoidisch; die Blüten stehen bündelweise in den Achseln oft schon abgefallener Blätter; jedes Bündel enthält 2—6 Blüten. Diese selbst sind 12 mm lang und mit 3 mm langen Stielen versehen. Der Kelch ist ellipsoidisch-glockig und besitzt 6 eiförmige, goldglänzende Zipfel, von denen die drei äusseren lederartig und beinahe klappig, die inneren zarter sind. Die Krone ist beinahe radförmig; die Röhre überragt an Länge kaum den Kelch; die 6 Lappen kommen der Röhre an Länge gleich, sind oval-lanzettlich oder elliptisch, abgestumpft und ausgebreitet. Die 12 Staubgefässe stehen in 2 Reihen; ihre Filamente sind gleichlang, fädlich und überragen die Blumenkronenzipfel nicht. Die Antheren sind eiförmig, oben zugespitzt und kahl. Der oberständige Fruchtknoten ist nahezu kuglig und rauhhaarig, der Griffel fädlich und länger als die Staubfäden; er endet in eine stumpfe Narbe, die aus dem ursprünglich 6fächerigen Fruchtknoten entstehende Beere ist fleischig, eiförmig, braunfilzig und von den Kelchzipfeln gestützt, 3,5 cm lang, 2,5—3 cm breit und enthält neben mehreren verkümmerten, undeutlichen Fruchtfächern 1, 2 oder 3 ellipsoidische, oder von der Seite her zusammengedrückte endospermlose Samen, mit harter, glänzender Schale und einem grossen Nabel, welcher den grössten Teil der Samenoberfläche bedeckt. (Burck.)

Vorkommen. In Singapore, im botanischen Garten zu Buitenzorg kultiviert, ebenso neuerdings im Culturtuin von Tijkeumeuk bei Buitenzorg und in dem Proeftuin (Versuchsgarten) zu Tijpetir bei Sukabumi in Westjava.

Anatomisches. Oesterle untersuchte Zweige und Blätter der in Java kultivierten Pflanze und fand, dass die Milchsaftschläuche nicht nur in der primären und sekundären Rinde vorkommen, sondern dass sie auch in reichlicher Menge im Marke liegen. Sie treten aus dem Zweige in den Blattstiel und in das Blatt über, sind mit den Blattnerven vereintläufig, biegen dann ab und verlaufen mit stumpfen und blinden Endigungen sowohl im Palisadengewebe als auch im Merenchym. — Die Milchröhren sind ungegliedert, gehören demnach zu der gleichen Gruppe wie diejenigen der *Euphorbiaceae, Urticaceen, Apocyneen* und *Asclepiadeen*. Sie sind in ihrem Verlaufe gleich weit und unterscheiden sich in ihren Wandungen nicht von dem übrigen Zellgewebe. Sie sind, wie Schnitte durch die Blattknospe zeigen, bereits in den jüngsten Stadien angelegt; im Holze dagegen finden sich keine Milchsaftröhren. Nach Untersuchungen v. Chimani (Arch. Pharm. 233, 256) bilden die Milchschläuche in den Knoten kurze unregelmässige Milchzellreihen neben längeren Gliedern. Die in grösseren Intervallen segmentierten Schläuche zeigen schiefe Querwände, welche zum Teil gegen einander verschoben sind. Diese Form kann für die Palaquium- und Payena-Arten als Typus gelten. — In den Internodien sind auch Schläuche anzutreffen, die in grösseren Zwischenräumen segmentiert sind; sie zeigen horizontale Querwände. Die Enden der einzelnen Segmente haben Knochenform und sind gegen einander verschoben. Schläuche aus 4,5 mm dicken Zweigen von *Palaquium Gutta* waren 12,6—39 μ weit. Die Gefässbündel des Stammes sind bicollateral gebaut; auch im Marke befinden sich Siebstränge. Das Blatt ist bifasial; die Milchsaftröhren verlaufen im oberen Teil der Blattnerven und im oberen Teil des Schwammparenchyms; die Unterseite ist fast frei von Milchsaftröhren und trägt einzellige T-förmige Haare.

Name und Geschichtliches. *Guttah* oder *getah* heisst im Malayischen „eingedickter Saft"; *pertja* oder *percha* soll nach Einigen der Name für *Borneo* sein; nach Serullas dagegen kommt *percha* von *pertscha* oder *persia* = *Lappen*, von dem lappenähnlichen Erstarren des Milchsaftes in heissem Wasser. Die Guttapercha-Bäume heissen nach James Broke auf der

Palaquium Gutta Burck.

Halbinsel *Malacca* und der Südküste *Njatu* (holl.: *Njatoeh*) oder *Njatu balam* = Milchsaftbaum; die einzelnen Arten werden als *Tembaga, Durian* (holl.: *Doerian*) u. s. f. unterschieden, welche Namen dann bestimmte Eigenschaften der Pflanze, wie Farbe der Blätter u. dergl., oft auch Varietäten derselben Art bezeichnen. Der eingetrocknete Milchsaft ist bei den Völkern des Malayischen Archipels schon sehr lange im Gebrauch, wogegen er unter dem Namen *Guttapercha* in Europa zuerst 1822 von dem englisch-ostindischen Arzte Montgomery empfohlen, aber erst 1843, nach dessen Versetzung nach Singapore, bei uns eingeführt wurde. Im Jahre 1848 gelang es Mr. Thomas Lobb in Singapore, sich genauere Kenntnis von der Stammpflanze der *Guttapercha* zu verschaffen; er und Dr. Oxley sandten Blätter der Pflanze an William Jackson Hooker nach Kew, welcher die Pflanze beschrieb, abbildete und *Isonandra Gutta* benannte. — Oxley unterschied in der Gattung 7 Arten, die sich besonders durch Farbe und Beschaffenheit des Holzes von einander unterschieden, auch waren die gewonnenen Milchsäfte von sehr verschiedener Beschaffenheit. Gleichzeitig aber erkannte er auch, dass die Anzahl der Guttaperchabäume durch die vandalistische Vernichtung derselben bei der Gewinnung des Milchsaftes in starkem Abnehmen begriffen sei und die Gefahr bestehe, dass in kurzer Zeit die Guttaperchapflanzen ganz und gar ausgerottet sein würden. Wenn trotzdem Guttapercha auf dem Markte bis heute noch nicht gefehlt hat, so verdanken wir das insbesondere zwei Umständen, einmal dem, dass nicht nur *Isonandra Gutta* Hook., sondern auch andere *Sapotaceen* brauchbaren Milchsaft liefern; sodann aber dem, dass die Guttabäume dem dichten Urwalde angehören, dank dessen ungeheurer Produktivität aus den Resten der alten sich immer neue Pflanzen erzeugten. — Seit der Mitte des 19. Jahrhunderts galt *Isonandra Gutta* Hook. als unbestrittene Stammpflanze der *Gutta percha,* obgleich man nichts von ihr kannte als die Blätter. Als man aber später auch Blüten erlangt hatte, trennte man die Gattung und nannte *Isonandra* Bäume mit 4zipfeliger Blumenkrone und endospermhaltigen Samen und *Dichopsis* solche mit 6zipfliger Blumenkrone und endospermlosen Samen; hierhin *Dichopsis Gutta* Benth. u. Hook. — Der letzte Forscher auf diesem Gebiete, W. Burck in Buitenzorg, dem wir die genaueste Kenntnis dieser Bäume verdanken, vereinigt die Pflanze mit der von Blanco aufgestellten Gattung *Palaquium.* Er stellte auf seiner Reise 1882 fest, dass *Palaquium Gutta* Burck. in Singapore in nutzbaren Exemplaren überhaupt nicht mehr anzutreffen sei, sondern dass nur noch zwei Exemplare im botanischen Garten zu Singapore gepflegt werden. Wenn nun auch Serullas 1890 in den Wäldern von Bonhett Tima an Stümpfen gefällter Bäume zahlreiche Schösslinge angetroffen hat, so ist doch nicht daran zu zweifeln, dass am Schlusse des 19. Jahrhunderts keine der im Handel befindlichen Guttapercha-Sorten von *Palaquium Gutta* Burck abstammt. Da indessen die Regierung von Niederl. Indien, insbesondere die Kulturstation Buitenzorg auf Java sich der Kultur der Pflanze angenommen hat und da man feststellen konnte, dass das von kultivierten Bäumen gewonnene Gutta von ausgezeichneter Beschaffenheit ist, so ist dieser Baum einer der wichtigsten Gutta-Lieferanten der Zukunft, wie der Vergangenheit.

Officinell war früher der Milchsaft der Pflanzen als *Gutta percha;* in Zukunft wird er es wahrscheinlich wieder sein, wenn die jetzt kultivierten Bäume grösser und zahlreicher geworden sein werden. Siehe übrigens unter *Palaquium oblongifolium* Burck.

Gewinnung.
Bestandteile. } Siehe *Gutta percha,* am Schluss der *Sapotaceae.*
Anwendung.

Litteratur. Abbildung und Beschreibung: *Isonandra Gutta* Hook.: Lond. journ. of Bot. VI. 463, Taf. XVI. — Miquel, Flora of Nederl. Indie II. 1038, Taf. XXXVI. A. — de Vriese, Tuinbouw Flora III. 226. — *Dichopsis Gutta,* Bentham u. Hooker, Genera plantarum II. pars II, 658. Clarke im Hooker, Flora of Brit. India III 543. — *Palaquium* Blanco. Flora Filipin. 403 ed. 2. 282. Burck, Sur les Sapotacées etc. 24. — Tschirch, Indische Heil- und Nutzpflanzen, Taf. 126.

Anatomie. Oesterle in Tschirch, Sekrete, Arch. de Pharm. 1892 p. 641 u. f., Chimani im Tschirch, Sekrete, Arch. d. Pharm. 1895, 256 u. f. — Botanisches Centralblatt 1895.

Tafelbeschreibung:

A Blühender Zweig, $^1/_2$ nat. Grösse, nach dem Original aus dem Kulturgarten in Tijkeumeuk auf Java; getrocknete Pflanze des Herbar Schiffner. — B nicht blühender Zweig, $^1/_2$ nat. Grösse. 1 Knospe $^2/_1$; 2 geöffnete Blüte $^2/_1$; 3 Korolle von aussen $^3/_2$; 4 aufgeschnittene Korolle $^3/_2$; 5 Staubgefäss, mehrfach. vergr.; 6 Ovar und Griffel, mehrfach vergr.; 7 unreife Frucht; 8 dieselbe im Querschnitt; 9 reife Frucht $^1/_1$; 10 Samen von der Seite $^1/_1$; 11 Samen von hinten gesehen $^1/_1$; A, B, 1—8 nach Original, 9—11 nach Burck.

Palaquium Treubii Burck.

Familie: *Sapotaceae;* Gattung: *Palaquium* Blanco.

Beschreibung. Ein hoher Milchsaft führender Baum; die jüngeren Zweige sind braunrot-filzig. Die Blätter sind wechselständig, lederartig, oberseits grün (bereift), unten goldigglänzend, später kahl werdend, an der Spitze kurz zugespitzt oder abgerundet, aus zugespitzter Basis in den 4—5 cm langen Blattstiel übergehend, 18—20 cm lang, bis 9 cm breit, mit 13—16 zarten, abstehenden, bogenförmigen Seitennerven versehen, die auf der Ober- und Unterseite des Blattes etwas hervorragen. Nebenblätter klein und bald abfallend. Die Blüten stehen in den Achseln oft schon abgefallener Blätter in 2—7zähligen Trugdolden; sie sind 10 mm lang und haben 6 mm lange Blütenstiele. Der Kelch ist eiförmig-glockig, mit 6 breit eiförmigen, lederartigen Zipfeln, deren innere 3 zarter sind, als die äusseren. Die Krone ist beinahe radförmig; die Röhre ist so lang, als der Kelch und besitzt 6 eiförmige, stumpfabstehende Zipfel von der Länge der Röhre. Staubgefässe 12, zweireihig gestellt mit gleichen, fadenförmigen, kahlen Filamenten von der Länge der Kronenzipfel und mit kahlen eiförmigen zugespitzten Antheren. Der oberständige Fruchtknoten ist kuglig und filzig behaart. Der fädliche Griffel überragt die Staubgefässe; die Narbe ist abgestutzt. Die fleischige, eiförmige oder nahezu kugelige Beere ist von dunkel-purpurnem Filz überzogen, 3,5 cm lang, 2,5—3,5 cm breit und vom Kelche gestützt; sie enthält einen ellipsoidischen, endospermlosen Samen, dessen glänzende Schale bis zur Hälfte von dem grossen Nabel verdrängt wird (nach Burck).

Palaquium Treubii Burck, *var. parvifolia* hat 8—12 cm lange, 4—6 cm breite Blätter und einen 3,0—3,5 cm langen Blattstiel.

Unser Exemplar, das dem Culturtuin in Tijkeumeuk entstammt, zeigt Blätter von 17 cm Länge und 7 cm Breite; der Blattstiel ist 2,5—3 cm lang. An der Spitze des blühenden Zweiges erscheinen die Blätter büschelig gehäuft; der nicht blühende Zweig ist bis beinahe an den Grund des diesjährigen Triebes mit goldbraunen Haaren besetzt.

Vorkommen. Auf Bangka wild; kultiviert auf Java, insbesondere im Culturtuin zu Buitenzorg und Tijkeumeuk.

Name. Dr. Melchior Treub ist Direktor des botanischen Gartens (s'lands plantentuin) in Buitenzorg. Die *var. parvifolia* heisst in Bangka *Dadauw.*

Pharmazeutisch wichtig ist ebenfalls der Milchsaft der Pflanze, welcher ein sehr gutes Gutta liefert. Siehe das Nähere unter „Gutta Percha“ am Schlusse der *Sapotaceen.*

Litteratur. Beschreibung und Abbildung: Burck, sur les sapotacées des Indes neerlandaises et les origines botaniques de la Gutta-percha. Anal. du jard. botan. de Buitenzorg 1885, pag. 27 u. Taf. VII.

Anatomie. Chimani, Arch. d. Pharm. 233, 256.

Droge. Tschirch, Indische Heil- und Nutzpflanzen, S. 204 u. 205.

Tafelbeschreibung:

A Blühender Zweig, $^1/_2$ nat. Gr.; B nicht blühender Zweig, $^1/_2$ nat. Gr.; 1 Knospe. $^5/_2$ nat. Gr.; 2 geöffnete Blüte, $^2/_1$ nat. Gr.; 3 aufgeschnittene Röhre, $^2/_1$ nat. Gr.; 4 Röhre von aussen, $^2/_1$ nat. Gr.; 5 Staubblatt, stark vergr.; 6 Griffel und Ovar stark vergr.; 7 Frucht, $^1/_1$ nat. Gr.; 8 Samen, $^1/_1$ nat. Gr. — A, B, 1—6 nach der Natur; Original aus dem Culturtuin zu Tijkeumeuk (Herbar. Schiffner 1894); 7 und 8 nach Burck.

Palaquium Treubii Burck.

Papaver Rhoeas L.

Klatschrose, Klatschmohn, Kornrose, roter oder wilder Mohn. Engl.: Red Poppy, Corn-Poppy. Franz.: Coquelicot, Pavot rouge, Ponceau. Griech.: Ῥοιᾶς. Span.: Amapola. Holl.: Klaprozen, Kornrozen. Port.: Papoila vermelha. Rum.: Paparóne, Mas de câmp. Ital.: Rosolaccio. Schwed.: Vilde Kornros, Valmode. Dän.: Klapperose.

Syn. *Papaver erraticum* (Plin.) J. Bauh.

Familie: *Papaveraceae* Juss. Unterfamilie: *Eupapaveraceae.* Gattung: *Papaver* L.

Beschreibung. Die einjährige milchende Pflanze hat eine weissliche dünne, wenig ästige Pfahlwurzel, aus der vereinzelte gekrümmte Nebenwurzeln und Wurzelfasern entspringen. Auf dem Wurzelkopf entspringen einzelne, selten mehrere, ziemlich steif aufrechte, 30—80 cm hohe, selten einfache, öfters schon vom Grunde aus ästige stielrunde Stengel, welche dicht mit rechtwinkelig abstehenden, am Grunde verdickten langen borstigen Haaren bekleidet sind. Die Blätter sind mattgrün, wechselständig, nicht stengelumfassend, einfach und geteilt; Nebenblätter fehlen. Die grundständigen Blätter sind gestielt, länglich oder länglich-lanzettlich, mit einfachen, spitzen, gezahnten Fiederlappen, oder auch doppelt fiederspaltig, wenn die Pflanze auf magerem Boden steht und die Blattsubstanz sich nicht sehr üppig entwickelt. — Die stengelständigen sind sitzend, zunächst dreiteilig, mit grösserem Mittelzipfel; jeder Zipfel wiederum ist einfach fiederspaltig; die Lappen sind an allen Blättern länglich eiförmig, spitz, in ein Spitzchen auslaufend und am Rande bisweilen noch gesägt. — Die Blätter sind, ebenso wie der übrige grüne Teil der Pflanze, auf allen Seiten rauhhaarig. Steht sie aber auf sehr feuchtem Boden, so nimmt die Behaarung mehr und mehr ab, sodass die Blätter schliesslich ganz kahl sind und nur auf den Nerven einzelne lange, kräftige Haare sitzen. Die Blüten stehen einzeln in den Blattachseln; ihr Durchmesser beträgt 8—10 cm, ist aber auch bisweilen geringer. Der Blattstiel ist je nach der Üppigkeit der Pflanze 10—25 cm lang, stielrund, meist etwas wellig gebogen, ebenfalls mit langen, wagerecht abstehenden Haaren besetzt, welche oben unter der Blüte und besonders unter der Knospe oft dicht gedrängt stehen. Die Blütenknospen. haben eine Grösse von $1^1/_2$—2 cm, sind oval und ebenfalls mit steifen Haaren mehr oder weniger dicht besetzt. Sie sind hängend, dann vor dem Aufblühen nur noch nickend, während Blüte und Frucht aufrecht stehen. Die Knospe zeigt einen zweiblätterigen, aus ovalen, stark vertieften, an der Spitze ausgerandeten, links deckenden Blättern gebildeten Kelch, welcher beim Hervorbrechen der Blumenkrone sofort abfällt. Die vier, einander zu je zwei gegenüberstehenden Blumenblätter liegen zerknittert in der Knospe; nach vollständiger Entwicklung erscheinen die beiden inneren kleiner, als die beiden äusseren, alle aber rundlich-querelliptisch, muschelförmig, scharlachrot und fettglänzend, am Grunde nicht genagelt, wohl aber daselbst mit einem verkehrt eiförmigen, bisweilen weiss berandeten, schwarzen Fleck versehen, der indessen auch fehlen kann. Die Blumenblätter sind gewöhnlich 3—5 cm breit und 5—6 cm lang und fallen sehr leicht ab, ebenso die zahlreichen, in mehreren Quirlen inserierten Staubblätter. Letztere besitzen dunkelviolette pfriemliche, nicht verbreiterte Filamente, und rundliche violettschwarze Antheren mit gelben Pollen. Kelch, Krone und Staubblätter sind auf einem nahezu zylindrischen Blütenboden inseriert. Der Fruchtknoten ist sehr kurz gestielt, umgekehrt eiförmig, kahl, mit sitzender, 9—10strahliger, schildförmig konvexer Narbe. Die Narbenstrahlen laufen am Rande der Narbe in rundliche Lappen aus, die sich bald rechts, bald links, gegenseitig mit den Rändern decken. Den Narbenstrahlen entsprechend verlaufen an der äusseren Fruchtknotenwand 9—10 eingesenkte Riefen und im Innern des Ovars ebenso viele senkrechte, die Mitte desselben beinahe erreichende Scheidewände, an deren beiden Seiten die zahlreichen anatropen Samenknospen mehrreihig angeheftet sind. Die Frucht ist eine 7—15-, meist aber 9—10-karpellige, einfächrige, urnenförmige, am Grunde abgerundete Kapsel mit weit ins Innere ragenden scheidewandähnlichen Samenträgern. Unter Abflachung der Narbe heben sich die Ränder derselben und öffnen dadurch zwischen den Samenleisten eine Reihe randständiger Löcher, durch welche die Samen ausgestreut werden. — Die Samen sind nierenförmig, sehr klein, 1 mm lang, $^1/_2$ mm breit, schwarz violett, mit erhabenen welligen Quer- und Längsleisten bedeckt, sodass die Samenschale in zahlreiche, nahezu quadratische Felder zerlegt wird. — Der Embryo ist allseitig von Nährgewebe umgeben, aufrecht, mit spitzen Würzelchen und breiteren Kotyledonen.

Formen. Die Gestalt der einzelnen Teile der Pflanze ist ausserordentlich veränderlich je nach der Beschaffenheit des Standortes; dies gilt sowohl von der Teilung und Behaarung der Laubblätter, als auch von der Form und Grösse der Blumenblätter. Bisweilen ändert sich das Rot der Blüte in rosa, violett oder weiss; oder die roten Blumenblätter erhalten weisse, oder die weissen Blumenblätter rote Ränder. Öfter auftretende Varietäten sind:

var β. strigosum Koch. (*Papaver strigosum* Boenninghausen). Haare dem Blütenstiele angedrückt.

var γ. trilobum Wallr. (als Art) mit elliptischen, uneingeschnittenen oder dreilappigen Blättern, ganzrandigen Lappen, kleiner hochroter Blumenkrone, verkehrt eiförmiger kleiner Kapsel und achtstrahliger Narbe.

Blütezeit. Juni bis August, auch später.

Vorkommen. Die Pflanze stammt aus dem Orient, wo sie sich u. a. am Euphrat und in Palästina findet; nach De Candolle hat sie ihre Heimat in Sizilien, Griechenland, Dalmatien, vielleicht auch im südlichen Kaukasus; verbreitet ist sie indessen im südlichen und mittleren Europa, in England, Schottland und Irland, sowie im südlichen Schweden; ferner auf Madeira, den Azoren und Cap Verdischen Inseln, im nördlichen Afrika und in Abyssinien, wo sie bis 3000 m hoch steigt. Dagegen fehlt sie in Nordamerika und soll auch (nach Flückiger und Hanbury) in Indien nicht vorkommen. (s. u.)

Name und Geschichte. Die Griechen kannten die Pflanze als *Μήκον ῥοιᾶς* oder *Μήκων ἀγρία.* Den Namen *ῥοιᾶς* leitet Dioscorides von *ῥέω*, fliessen ab; ebenso sagt X. Landerer in der Pharm. Graeca, Anhang: Ethymologien: Rhoeas komme von *ῥέειν*, oder *ῥοὴ καταπίπτειν*, im Fliessen, oder „rasch" niederfallen. Flückiger glaubt, dass der Name auf *ῥόσεος* rosenrot, bezw. rot zurückzuführen sei, während Riemer, Griech. D. Wörterbuch Weimar 1820. II. *Ῥοιᾶς* ableitet von *ῥυὰς*, das Abfallende. Es scheint diese Ableitung die einfachste zu sein. Ausser bei den Griechen diente die Pflanze auch den Römern als Arzneimittel. Plinius beschrieb sie als *Papaver erraticum*, der Verirrte, Wilde, welchen Namen später C. Bauhin in seinen Pinax aufnahm. Im deutschen Arzneischatz erscheint sie im 15. Jahrhundert; heute benutzt man sie hauptsächlich ihrer Farbe und des Schleimgehaltes wegen; sie findet sich aber noch fast in allen europäischen Pharmacopöen.

Verwandte Arten: Papaver dubium L. Der vorigen sehr ähnlich; wie diese überall steifhaarig. Die Blüten sind aber kleiner, ihr Durchmesser 5—7 cm; die Kapsel ist keulenförmig, die Narbe meist achtstrahlig, ohne sich deckende Lappen; Haare unter der Blüte anliegend, Blüte hellrot. Blütenblätter 2,5—3,5 cm breit und etwa 5 cm lang.

Papaver Argemone L. Lappen der doppelt fiederteiligen Blätter entfernt. Blumenblätter dreimal so lang als breit; Staubfaden über der Mitte verbreitert; Kapsel keulig, mit aufwärts gerichteten gekrümmten Haaren bedeckt. Narbe meist vierstrahlig.

Papaver hybridum L. dem vorigen ähnlich, aber in allen Teilen grösser; Staubfäden über der Mitte verbreitert. Kapsel eiförmig, mit aufwärts gerichteten gekrümmten Haaren dicht bedeckt. Narbe meist sechsstrahlig.

Officinell sind die Blumenblätter von *Papaver Rhoeas* als **Petala Rhoeados, Flores Papaveris Rhoeados.** Die bei trocknem Wetter gesammelten Blätter fühlen sich, solange sie frisch sind, feucht und fettig an und haben dann einen schwachen, aber eigentümlichen, an Opium erinnernden Geruch. Trocknet man sie, so verlieren sie 89—90 % an Gewicht, ihre Konsistenz erinnert dann an zartes Seidenpapier, ihre Farbe ist in schmutzig-rot-violett übergegangen, der Geruch ist verschwunden. An Wasser und Alkohol geben sie den roten Farbstoff ab, nicht an Äther; Säuren färben den Auszug lebhaft rot. Der Geschmack der frischen Blätter wie des wässerigen Auszugs ist schleimig und etwas bitterlich. Milchsaft ist in den Blumenblättern nicht enthalten.

Verwechselungen. Als solche können die nur 2,5—3,5 cm breiten Blätter von *Papaver dubium* L. und die viel schmälereren Blätter von *Papaver Argemone* L. angesehen werden. Da beide indessen so ziemlich dieselbe Wirkung haben, als die von *Papaver Rhoeas* L., so ist eine geringe Beimischung derselben nicht zu beanstanden.

Anatomie. Nach Tschirch bestehen die Blütenblätter von *P. Rhoeas* aus gestreckten Zellen mit wellenförmigen Wänden (Schwammparenchym), welches derbe Gefässbündel, die nach dem Rande zu sich verlaufen, durchziehen.

Bestandteile. In den getrockneten Blumenblättern fand Riffart 12% Fett, 40% Farbstoff, 20% Gummi, 28% Zellfaser und Asche. — Letztere analysierte Warden: Er fand 3,86 Eisenoxyd, 1,23 Aluminiumoxyd, 5,61 Magnesia, 10,72 Kalk, 41,76 Kali, 12,28 Chlorkalium, 1,21 Chlornatrium, 3,85 Schwefelsäure, 5,61 Phosporsäure, 13,86 Kieselsäure. — Der Farbstoff wurde 1846 von L. Meyer analysiert. Er isolierte zwei Säuren: Rhoeadinsäure, welche sich in Wasser tiefrot löst, und Klatschrosensäure, die Wasser nur rosa färbt. Der Farbstoff wird durch Alaun und Bleizucker gefällt, durch Eisenchlorid und Kalilauge schwarzbraun gefärbt. Selmi u. A. wollten in den Blättern Morphin gefunden haben, was insbesondere Hesse bestritt und auf das in der ganzen Pflanze enthaltene Rhoeadin zurückführte. **Rhoeadin** $C^{21}H^{21}NO^{6}$ entdeckte Hesse 1865 in dem Milchsaft der Pflanze und wies nach, dass es sich in allen Teilen derselben vorfinde. Im Opium ist es nicht enthalten. Zur Darstellung wird der wässrige Auszug der Pflanze mit Soda übersättigt und mit Aether ausgeschüttelt; das durch Abdampfen erhaltene Alkaloid wird an saures Natriumtartrat gebunden und aus der Lösung durch Ammoniak gefällt. Der Niederschlag wird mit Wasser und Alkohol gewaschen, in Essigsäure gelöst und die Lösung in weingeistiges Ammoniak gegossen. Es bilden sich weisse, prismatische Krystalle, in Wasser, Alkohol, Aether, Benzin, Chloroform, Ammoniak und Alkalien fast unlöslich, geschmacklos und nicht giftig. Sie schmelzen bei 232° und sublimieren im Kohlensäurestrom. Mit verdünnter Schwefelsäure und Salzsäure färben sich auch sehr verdünnte Lösungen rot; Alkalien heben diese Färbung auf. Conc. Schwefelsäure färbt die Krystalle olivengrün; Salpetersäure gelb. Rhoeadin giebt sehr unbeständige Salze und ist selbst sehr veränderlich. Seine Lösungen werden leicht rot, namentlich beim Erwärmen mit verdünnten Säuren, wodurch das Rhoeadin in das isomere Rhoeagenin übergeht. Letzteres wird aus seinen Lösungen durch NH^{3} gefällt und kann aus Alkohol umkrystallisiert werden. Es bildet schon bei 223° schmelzende Blättchen, welche mit Säuren gut krystallisierende Salze liefern.

Anwendung. In der Heilkunde dienen die Flores Rhoeados ihres Schleimgehaltes wegen als einhüllendes, linderndes Mittel und sind als solches Bestandteil von Brusttheemischungen. Klatschrosensaft, namentlich solcher aus frischen Blumenblättern, soll für kleine Kinder beruhigend wirken. Die jungen Blätter werden in manchen Gegenden als Gemüse gegessen. — Als Schmuck dient die Pflanze den Feldern und Gärten; in letzteren wird sie in zahlreichen Varietäten kultiviert. Auch in früherer Zeit hat man die Blume schon geliebt. Flückiger erzählt, dass man sie auf Pompejanischen Wandmalereien finde, sowie, dass Schweinfurt die Blumenblätter in altägyptischen Gräbern des oberen Nilgebietes gefunden habe, deren Alter auf 3000 Jahre zu schätzen sind. Vielleicht haben sie den alten Aegyptern als Sinnbild der Vergänglichkeit gegolten.

Litteratur. Beschreibung und Abbildung. Kosteletzki, Med. Pharm. Flora V. 1609. — Henkel, Botanik 14. — Berg, Botanik 416. Charakt. d. Pflanzengatt. LXXXV. 610. — Heyne, Arzneigewächse VI. 38. — Nees v. Es., Plantae med. T. 406. — Schlechtendal-Hallier, Flora von Deutschland XIII. 157 T. 1298. — Thomé, Flora von Deutschland II. 129. — Müller, Medizinalflora 326. — Schumann, Systematik 357. — Luerssen, Med. Pharm. Botanik II. 606. — Karsten, Flora von Deutschland II. 189 fig. 438, 9—13. — Garcke, Flora XVII. Aufl. 26. Fig. 90. — Geisler & Möller, Realencyclop. d. Pharm. VII. 634. — Engler & Prantl, Pflanzenfamilien. — De Candolle, Prodrom. I. — Bentham & Hooker, Gen. I. 49. — Bentley & Trimen, Medical pl. I. 19. — Baillon, Hist. des Plantes III. 105. — Brotero, Flor. lusit., II. 253. — J. de Figueiredo, Flor. pharm. 286. — Martius, Mat. med. bras. I. 10. — Schmidt, Flora d. Cap. Verd. Inseln. 262.

Papaveraceae
(Eupapavereae)

Papaver Rhoeas L.

Anatomie. Tschirch, Ang. Anat. I. 246. Fig. 258.

Droge. Henkel, Pharm. 297. — Berg, Pharm. 284. — Wiegand, Pharm. 251. — Hager, Praxis II. 628. III. 895. — Dorvault, L'Officine XII. 413. — Meyer, Drogenkunde II. 350. — Flückiger, Grundriss 77. — Flückiger, Handbuch d. Pharm. 781. — Flückiger & Hanbury, Pharmacogr. 39. — Geisler & Möller, Realencyclop. VIII. 568. — Pharm. Austr. VII. No. 205, S. 90. Belgic. II. 130. 349. Brit. 1885. 347. Gall. 1884. 49. Graec. 1868. 118. Helv. III. 129. Hisp. VI. 14. Nederl. III. 151. Port. 1876. 306. Rom. III. 69. Deutsche Arzneimittel 1891 No. 311. S. 126.

Präparate. Husemann-Hilger, Pflanzenstoffe 778. 780. — Beckurts in Realencyclop. VIII. 568. — Leo Meyer, Arch. Pharm. 1846 (96) 318. — O. Hesse, Arch. 1890 (228) 7. *Sirup. Rhoeados:* Belg. 274. Brit. 401. Gall. 548. Graec. 309. Nederl. 189. Deutsche Arzneimittel No. 644. S. 240. Dietrich, Man. VI. 482. *Tisane:* Gall. 612. *Infusum:* Hisp. 393. — *Species pectorales:* Austr. No. 470 S. 178. Gall. 407. Graec. 290. Nederl. 200. Portug. (*Spec. florum*) 162. Rom. 407. *Spec. ad gargarismam:* Graec. 289. *Dec. pectorale:* Nederl. Suppl. 72. *Dec. emolliens:* Nederl. Suppl. 71. *Dec. hordei compositum:* Hisp. 276. *Syr. Ipecac. comp.:* Belg. 271. Gall. 556.

Tafelbeschreibung:

A unterer Teil der Pflanze. B blühender Zweig. 1 Staubblatt vergrössert; 2 unreife Kapsel vergrössert; 3 dieselbe im Querschnitt vergrössert; 4 reife Kapsel natürlicher Grösse; 5 Samen sehr stark vergrössert; 6 derselbe im Längsschnitt. Alles nach der Natur.

Papaver somniferum L.

Mohn, Schlafmohn, Gartenmohn — Pavot officinal — Garden Poppy, Opium Poppy, White Poppy.

Familie: *Papaveraceae.* Gattung: *Papaver* Tourn.

Beschreibung. Einjährige, $^1/_2 - 1\,^1/_2$ m. hohe Pflanze mit einfacher oder wenig verästelter, stielrunder, weisser, holziger Wurzel und aufrechtem, fast walzenrundem, doldentraubig verästeltem, kahlem, blaugrünem, innen markigem Stengel. Blätter zerstreut, eilänglich bis länglich, ungetheilt, ungleich eingeschnitten gesägt, unten mit verschmälertem Grunde, buchtig, die oberen mit herzförmigem Grunde halbstengelumfassend, blaugrün, kahl. Blüthen einzeln, langgestielt, endständig, vor dem Aufblühen überhängend, später aufrecht. Blüthenstiel stielrund, meist abstehend borstig behaart, blaugrün. Kelch 2blätterig, hinfällig; Kelchblätter länglich, kahnförmig, bläulich-bereift, meist kahl. Krone 4blätterig, 10 cm. und mehr im Durchmesser; Kronblätter umgekehrt eirund, meist breiter als lang, oben abgerundet, ganzrandig oder ausgeschweift, an der Basis keilförmig, paarig gegenüberstehend und unter sich mit dem Kelchblätterpaare abwechselnd, in der Knospe zusammengeknittert, abfallend, entweder weiss mit violettem Grunde (*P. officinale* Gmel., *P. somniferum β. album* DC.) oder heller oder dunkler purpurn, mit dunkel-violettem Grunde (*P. somniferum* Gmel., *P. somniferum α. nigrum* DC.). Staubgefässe sehr zahlreich, mit der Krone dem Blumenboden eingefügt, frei. Filamente fadenförmig, nach oben keulig, an der Spitze pfriemlich, weiss oder bläulich, mit am Grunde angehefteten, länglichen, an beiden Enden ausgerandeten, 2fächerigen, mit Längsspalten sich öffnenden Beuteln. Pollen länglich, 3furchig, quergestreift, unter Wasser kugelig, dreiseitig, undeutlich 3porig. Der oberständige, kurzgestielte Stempel mit rundlich-herzförmigem, einfächerigem, aus vielen Fruchtblättern zusammengesetztem, daher scheinbar vielfächerigem, undeutlich gestreiftem, vieleiigem, kahlem, blaugrünem Fruchtknoten und sitzenden, mit einander zu einer strahligen, 7—15-, selten mehrlappigen Scheibe vereinigten, während des Blühens gesenkten, später aufrecht abstehenden, stehenbleibenden, sich vergrössernden Narben. Letztere durch die verlängerten, nach aussen gebogenen, gegen die Mitte verwachsenen, an dem Rande freien und geflügelten Samenträger gebildet. Samenknospen vielzählig an plattenförmigen Eiträgern, welche von den Nähten der Fruchtblätter sich scheidewandartig gegen die Axe des Frucht knotens verlängern. Fruchtkapsel kurzgestielt, auch ungestielt, ei- oder rund krugförmig, bis 6 cm. im Durchmesser haltend, mit ebenso viel unvollkommenen Scheidewänden, als Narben vorhanden sind, mit der 7—15strahligen, in Folge der nach oben gerichteten Lappen vertieft erscheinenden Narbe gekrönt, entweder geschlossen bleibend oder an der Spitze unter der Narbe mit zurückgeneigten, zahnförmigen Klappen sich öffnend, kahl, vor der Reife meergrün, fein bereift, nach der Reife bräunlich-gelb, körnig höckerig, später glatt und glänzend. Samenträger pergamentartig, die Hälfte des Raumes zwischen Rand und Mittelaxe einnehmend. Samen sehr zahlreich, klein, nierenförmig, fein netzig-grubig, entweder weiss (var. *album* DC.) oder bläulich-schwarz (var. *nigrum* DC.). Embryo keulenförmig, gekrümmt, in der Mitte des öligen Eiweisses, mit walzenrundem, nach unten gerichtetem Würzelchen, welches doppelt so lang ist als die länglichen Samenlappen.

Ausser den oben erwähnten, in der Farbe der Kronblätter und des Samens begründeten Varietäten sind noch folgende zu erwähren:

var. *apodocarpon* Huss. mit ungestielter Fruchtkapsel, gegen den Rand hin abwärts gebogener Narbenscheibe und sich gegenseitig berührenden Narbenlappen. Kapsel nicht aufspringend.

var. *hortense* Huss. mit flacher Narbenscheibe und dünnen, häutigen, papierartigen Narbenlappen.

Man unterscheidet auch:

1. Schüttmohn, mit zur Reifezeit aufspringenden Kapseln und grauen oder bläulichen Samen.
2. Schliessmohn, mit geschlossen bleibenden Kapseln und grauen oder bläulichen Samen.
3. Weisser Mohn (*Papaver officinale* Gmel.), mit geschlossen bleibenden Kapseln und weissen Samen.

Die wilde Form unserer Pflanze soll das auf den Iles d'Hyères, Corsica, Cypern und im Peloponnes einheimische *P. setigerum* DC. sein, dessen Blattsägezähne in eine Borste endigen und dessen Blätter, Blüthenstiele, sowie Kelche mit zerstreut stehenden Borstenhaaren besetzt sind.

Anatomisches: Die Oberfläche der Kapsel besteht aus einer dünnen, reichlich mit Spaltöffnungen besetzten Epidermis; darauf folgt eine Reihe dichtgedrängter, kleiner, im Querschnitt rundlich-quadratischer oder wenig tangential gedehnter Zellen, deren nur mit wenig Poren versehene Wände, namentlich nach aussen, sehr dick sind. Die darauffolgende Schicht besteht aus grösseren, mehr tangential gedehnten Zellen, welche allmählig in ein schlaffes, grosszelliges, mehr und mehr dünnwandiges Parenchym übergehen, das von grösseren Intercellularräumen durchzogen ist. Das lockere Parenchym enthält auf der Grenze gegen die Epidermis einen Kreis sehr zerstreuter Bündel kleiner Netzgefässe und etwas tiefer einen weitläufigen Kreis grösserer Gefässbündel; beide Kreise sind durch querabzweigende, bogenförmig aufsteigende oder oft fast horizontal verlaufende Stränge verbunden. Im innern Kreis enthalten die Gefässbündel verzweigte Milch- und Siebröhren. Die innere Fruchtwand besteht aus grossen, horizontal gestreckten Zellen, deren Wände von zahlreichen kleinen, spiralig geordneten Poren durchsetzt sind (Flückiger).

Der Querschnitt des Samens zeigt eine äussere dichte, ausgeschweifte und eine innere, aus sehr zusammengefallenem, dünnwandigem, inhaltlosem Zellgewebe bestehende Nembran. Beide Schichten, welche Michalowski in 5 Schichten aufgelöst hat, bilden die dünne, zäh-elastische Samenschale, die das lockere, Oel und Proteinstoffe enthaltende Endosperm einschliesst. In letzterem liegt der aus einem sehr dichten Parenchym bestehende Embryo, dessen kleine, fast kubische Zellen denselben Inhalt besitzen wie das Endosperm.

Verbreitung. Aus dem Orient stammend; gegenwärtig als Kultur- und Zierpflanze überall kultivirt.

Name und Geschichtliches. Der Name Mohn, althochdeutsch *mago*, mittelhochdeutsch *mahen, magsat, magsomkraut, magsamlyn,* bei Cordus: *mahn,* bei Fuchs u. Bock: *magsamen,* slavisch *mak,* litauisch *aguna,* esthnisch *maggona,* lettisch *maggons,* soll mit dem *Μηκων* der Griechen urverwandt und anspielend auf den, auf schlankem Stengel hoch emporragenden Mohnkopf auf eine Wurzel zurückzuführen sein, der das griechische *μηκος* (Länge), lateinische *magnus* und sanskritische *mah* (gross) entsprungen ist. Grassmann erwähnt noch der von A. Pictet angenommenen Abstammung von dem litauischen *megmi,* ich schlafe, was er jedoch unter Hinweis auf den Umstand, dass der litauische Vokal auf ursprüngliches *i* zurückweist (*uz-migti* einschlafen, *migdinti, miginti* einschläfern), während in dem Namen unserer Pflanze überall der *a*-Laut hervortritt, für unwahrscheinlich hält. *Papaver,* bei Plinius der Name für Schlafmohn, soll von *papa* (Kinderbrei) abgeleitet sein, weil man früher den Speisen der Kinder, um ihnen eine einschläfernde Wirkung zu geben, Mohnsaft zusetzte; die Endsilbe *ver* soll aus dem lateinischen *verum* = echt (echtes Schlafmittel) entstanden sein. Das weiter unten erwähnte *Opium* stammt von dem griechischen *ὄπιον,* dem Verkleinerungsworte von *ὀπος* Mohnsaft.

Schon in den homerischen Zeiten war die Mohnpflanze als *Μηκων* (Ilias VIII., 306) bekannt; ebenso der Milchsaft und seine Wirkung als *Νεπενϑης* Sorgenbrecher (Odyssee IV., 220 u. ff.). Man scheint indessen das wahre Opium selbst zu Zeiten des Hippokrates noch nicht gekannt zu haben, denn die Schriften aus diesen Zeiten thuen immer nur des Mohnsamens und des aus der Pflanze gepressten Saftes Erwähnung. Erst durch Diokles Karystios, dem philosophischen Begründer und Erweiterer des hippokratischen Systems (um 350 v. Chr.) erhalten wir Kunde von der Benutzung des Opiums. Theophrast kannte das letztere unter dem Namen *Μηκώνιον*; Nikandros von Kolophon (um 150 v. Chr.) beschreibt das Opium in seinen gefährlichen Wirkungen; durch Scribonius Largus, Dioscorides, Celsus und Plinius erhalten wir ausführliche Angaben über Gewinnung, Eigenschaften und Verfälschungen des Opiums. Plinius schildert uns das Verfahren der Gewinnung durch Einschnitte in die Kapsel und Dioscorides theilt uns mit, dass zu seiner Zeit Fälschungen durch Gummi, den Saft eines Glaucium und eines Lactuca, sogar durch Fett vorgenommen wurden. Man unterschied schon damals *ὀπος*, Saft, Milchsaft (*Lacrima Papaveris*) von dem weniger wirksamen *Μηκώνειον* = Mekonium, dem Extrakte der ganzen Pflanze. Mit letzterem Namen bezeichnet jedoch Alexander Trallianus (6. Jahrhundert) das wahre Opium. Zur Zeit des Dioscorides und Plinius wurde das Opium in Kleinasien gewonnen, später auch in Aegypten. Letzteres, das thebaische oder ägyptische Opium, aus der oberägyptischen Landschaft Thebais stammend, wurde von Galenus (131 n. Chr. zu Pergamon) als das vorzüglichste gerühmt. Nach Osten, namentlich Indien, scheint es durch die Araber und deren Eroberungszüge verbreitet worden zu sein; in der Sprache der letzteren ist das Wort Opium in *Afyun* umgewandelt. Im Mittelalter, zu welcher Zeit das Opium allem Anschein nach in Europa nur wenig gebraucht wurde, tritt es in Form von Latwergen auf, die man mit dem Namen *Theriaca* oder *Turiaga* belegt hatte. Platearius, einer der Hauptvertreter der salernitanischen Schule, führt das Opium in seinem Werke „Liber de simplici medicinae“ (Circa instans) auf; ebenso erscheint es in den verschiedenen Preisverzeichnissen gegen Ausgang des Mittelalters, jedoch ungeheuer billig, ein Umstand, der seinen Grund in der geringen Nachfrage haben mochte. Rascher verbreitete es sich im Oriente, wo es als Genussmittel schon um 1500 einen wichtigen Einfuhrartikel des Hafens von Calicut in Vorderindien bildete. Zu Anfang des 16. Jahrhunderts wurde in Indien der Opiumhandel von den Moguls zum Staatsmonopol gemacht. Nach Barbosa (Portugiese, 1519 in Indien) wurde von Indien viel Opium nach China ausgeführt, jedoch vorerst nur als Arzneimittel. Die Sitte des Rauchens soll daselbst erst um die Mitte des 17. Jahrhunderts entstanden sein. *Syrupus Papaveris* ist schon 1015 durch den Aegypter Mesue in medizinischen Gebrauch gekommen.

Was nun die chemischen Untersuchungen betrifft, so lassen sich dieselben bis in das 17. Jahrhundert zurückverfolgen, jedoch ohne irgend welchen bedeutsamen Erfolg. Erst Sertürner, Apotheker zu Hameln, machte 1805 auf die Mohnsäure (Meconsäure) aufmerksam und erkannte den im Aufgusse durch Alkalien erhaltenen Niederschlag als das schlafmachende Prinzip. Er entdeckte das Morphium und wiess in ihm die erste organische Base nach, eine Entdeckung, mit welcher eine neue Epoche der organischnen Chemie begann, denn seitdem ist eine grosse Anzahl der wichtigsten organischen Basen und Säuren aufgefunden worden.

Blüthezeit. Juni bis August.

Offizinell ist die Frucht: *Fructus Papaveris* (*Capita Papaveris*, *Codia*), der Same: *Semen Papaveris* und der eingetrocknete Milchsaft der unreifen Frucht: *Opium* (*Laudanum, Meconium*).

Die Mohnköpfe, gewöhnlich der weissen Varietät, werden völlig ausgewachsen, aber vor der Reife, im Monat Juli gesammelt und unzerkleinert an einem luftigen, schattigen Orte, zuletzt an einem lauwarmen Orte getrocknet, sodann kleingeschnitten, von den Samen etc. gereinigt und in gut verschlossenen Glas- oder Blechgefässen aufbewahrt.

Der Same wird im reifen Zustande von der weissen Unterart gesammelt und in geschlossenen Holzgefässen aufbewahrt. Er ist von süsslich-öligem Geschmack. Seine alljährliche Erneuerung ist nothwendig.

Der Mohnsaft (Opium) wird im Wesentlichen überall auf gleiche Weise gewonnen und behandelt. Es ist der nach künstlicher Verwundung der unreifen Fruchtkapseln (meistens der var. *album* DC.) ausfliessende, an der Luft getrocknete, in Kuchen und Brode geformte, in Mohnblätter gehüllte und mit Rumex-Früchten bestreute Milchsaft. Die Verwundung geschieht durch Einschnitte, die jedoch die Wand der Fruchtkapsel nicht durchdringen dürfen, weil der Saft sich sonst nach innen ergiessen würde. In Kleinasien erfolgt diese Verwundung wenige Tage nach dem Abfall der Kronblätter in den heissen Nachmittagsstunden, entweder in der Mitte der Kapsel horizontal auf $^2/_3$ des Umfanges, oder spiralig bis kurz unter die Narbe. In Aegypten werden 2 horizontale Einschnitte rings um die Kapsel gemacht; in Persien kurze, schräge, parallel über einander stehende Schnitte. In Indien benutzt man ein eigens hierzu construirtes Instrument, welches aus 3—4 2spitzigen scharfen Messerchen besteht, mit denen die Kapsel auf verschiedenen Seiten vertikal geritzt wird. Der ausgeflossene, verdickte Saft wird am nächsten Morgen abgekratzt und auf einem Blatte abgestrichen. Die Anschneidung der Kapseln erfolgt nur einmal; die Ausbeute beträgt pro Kapsel ca. 0,8 Gramm.

Das Opium kommt als Handelsartikel je nach den Ländern, in denen es gewonnen wird, in verschiedenen Sorten vor und zwar:

A. Levantisches Opium zerfällt in

1. Kleinasiatisches, auch türkisches, konstantinopolitanisches oder smyrnaisches Opium (*Opium smyrnaeum*) in den kleinasiatischen Provinzen Cicilien, Galatien, Kappadocien und Paphlagonien gewonnen. Bis 13% Morphin enthaltend. Für medizinische Zwecke kommt nur das Kleinasiatische Opium in Betracht. Es werden von hier aus jährlich 4000—7000 Körbe à 75 Kilogr. versendet.
2. Persisches Opium, Trapezunt-Opium: in Papier eingewickelte Cylinder und Brode bildend; 5,1—13% Morphin enthaltend.
3. Aegyptisches Opium (*Opium thebaicum*): in den Provinzen Oberägyptens gebaut; 6—7% Morphin enthaltend.

B. Ostindisches Opium, hauptsächlich in den hindostanischen Distrikten Benares, Patna und Malva gewonnen. Patnaopium ca. 10%, Malvaopium ca. $8^1/_2$% Morphin enthaltend. Indien erzeugt unter allen Ländern die grösste Menge Opium (jährlich über 4 Millionen Pfund), wovon $^9/_{10}$ nach China gebracht werden.

C. Europäisches Opium zerfällt in deutsches, französisches, griechisches, italienisches, schwedisches und spanisches Opium. Sämmtliche europäische Opiumsorten sind zum Theil reich an Morphin, stehen aber dem orientalischen Opium nach.

D. Amerikanisches Opium und E. Australisches Opium, von denen das erstere einen Morphiumgehalt von 15,75%, das letztere einen solchen von 9% aufweist.

Das Opium ist aussen ziemlich hart, auf dem Bruche dicht, etwas glänzend, zerbröckelt beim Schneiden, lässt sich schon durch die warme Hand erweichen, ist undurchsichtig, gelbbraun bis dunkelrothbraun, giebt auf weissem Papier einen hellbraunen Strich. Es riecht widrig, stark betäubend, schmeckt widerlich bitter und etwas scharf und löst sich in Wasser und Weingeist bis auf $^1/_4$ seines Gewichtes zu einer braunen, sauer reagirenden Flüssigkeit. Letztere wird durch Eisenoxydsalze dunkel braunroth gefärbt, durch reine und kohlensaure Alkalien, Gerbsäure, Chlorcalcium und Bleizucker schmutzig-weiss getrübt. Das für medizinische Zwecke bestimmte Opium darf nicht unter 10% Morphin enthalten. Es ist in Pulverform und zwar wegen seiner hygroscopischen Eigenschaften in gut verschlossenen Glasflaschen aufzubewahren.

Als Verfälschungen hat man gefunden: Aloë, Aprikosenmark, Brustbeerenmark, Cichorienkaffee, Feigenmark, Gummi, Lakritzen, Leinsamenkuchen, Linsenmehl, Lupinenmehl, Myrrhe, Fett, Reissmehl, Salep, Stärkemehl, Tabakblätter, Terpenthin, Traganth, Wachs, Bleiglätte, Sand, Kochsalz etc. etc.

Präparate. *a.* der Frucht: *Syrupus Papaveris s. Diacodii, Mixtura Salep, Decoctum et Extractum Papaveris;*

b. des Samens: *Oleum Papaveris, Linimentum ammoniatum;*

 c. des Opiums: *Aqua Opii, Extractum Opii, Tinctura Opii simplex* (*Tinctura Thebaica*), *Tinctura Opii benzoica, Tinctura Opii crocata, Tinctura Opii acetosa* (*Acetum Opii*), *Tinctura Opii camphorata, Tinctura Opii deodorata, Tinctura Castorei, Morphinum* (*Morphinum purum, Morphium, Morphin*), *Codeinum, Narceinum, Vinum Opii aromaticum* (*Tinctura Opii vinosa*), *Vinum Glycyrrhizae thebaicum, Emplastrum opiatum, Enema Opii, Unguentum opiatum, Unguentum narcotico-balsamicum Hellmundi, Unguentum Gallarum cum Opio, Electuarium Theriaca* (*Electuarium aromaticum cum Opio*), *Electuarium Catechu, Pulvis Opii, Pulvis Ipecacuanhae opiatus* (*Pulvis Doveri*), *Pulvis Cretae aromaticus, Pulvis Morphini compositus, Syrupus opiatus, Syrupus Codeini et Morphini, Pilulae Opii, Pilulae Saponis compositae, Pilulae Ipecacuanhae cum Scilla, Pilulae Plumbi cum Opio, Confectio Opii, Trochisci Glycyrrhizae thebaici, Trochisci Morphinae et Ipecacuanhae, Trochisci Opii* etc.

Bestandtheile. Die Mohnkapseln der weissen Unterarten (ebenso auch Blätter und Stengel) enthalten *Morphin*, angeblich am meisten kurz vor der Reife. Nach Buchner soll jedoch der Morphingehalt bei den reifen Kapseln grösser sein als bei unreifen. Die Untersuchungen von Merck und Winckler bestätigen allerdings dieses letztere, die beiden fanden in den reifen Fruchtkapseln ohne Samen 0,21 % bez. 0,36 % Morphin und 0,024 % Narkotin, während fast reife Kapseln kein Morphin enthielten. Nach Dublanc enthalten reife Kapseln 0,04 % Morphin und 0,01 % Narkotin; Groves fand ausserdem noch Codeïn und Narceïn, Avallon Mekonsäure und noch 2 eigenthümliche krystallinische Körper, einen bitteren: *Papaverin* und einen nicht bitteren: *Papaverosin*; den weissen, mehligen Ueberzug erkannte er als Wachs.

Der Same der weissen Unterart enthält nach Sacc in 100 Theilen 54,61 fettes, namentlich Leinölsäure enthaltendes Oel, 23,26 pektinartige Stoffe, 12,64 Proteinsubstanz, 5,92 Mineralstoffe, 3,02 Wasser. Meurein fand 0,003 %, Accarie 0,06 % Morphin darin.

Das Mohnöl ist goldgelb, dünnflüssig, geruchlos, schmeckt milde, trocknet an der Luft leichter als Leinöl ein, besitzt ein spez. Gew. von 0,925 und erstarrt bei -18^0.

Das Opium ist eins der wirksamsten Arzneimittel, daher auch das grosse Interesse, welches sich in den vielen Untersuchungen kund giebt. Man hat bis jetzt ausser anderen Stoffen nicht weniger als 19 Alkaloide in ihm entdeckt. Dieselben sind sämmtlich krystallinisch, farblos, geruchlos, von Geschmack selten scharf und an sich oder in Lösung meist bitter; sie sind der Reihenfolge ihrer Entdeckung nach folgende:

Morphin: $C_{17}H_{19}NO_3 + H_2O$; Sertürner 1804—1816. Morphin ist das wichtigste Alkaloid des Opiums; es enthält in krystallinischem Zustande 1 Atom Krystallwasser und bildet feine weisse, seidenglänzende Nadeln, oder wenn es durch langsames Verdunsten aus weingeistiger Lösung gewonnen worden ist bildet es farblose, halbdurchsichtige, sechsseitige, klinorrhombische Säulen; es ist geruchlos, schmeckt trocken schwach, in Lösung stark bitter. Spez. Gew. 1,317—1,326. Reagirt deutlich alkalisch. Bei Erhitzung des Morphins mit überschüssiger Salzsäure in zugeschmolzenen Röhren bildet sich unter Abspaltung von H_2O eine neue Base, das *Apomorphin* $C_{17}H_{17}NO_2$.

Narkotin: $C_{22}H_{23}NO_7$, Robiquet 1816. Das Narkotin (von ναρκώτικος, betäubend) krystallisirt aus Weingeist oder Aether in farblosen, durchsichtigen, perlglänzenden Prismen oder büschelig vereinigten, häufig platten Nadeln. Aus saurer Lösung durch ein Alkali gefällt bildet es weisse, leichte Flocken. Es ist geruch- und geschmacklos, reagirt neutral, besitzt ein spez. Gew. von 1,374—1,395 und schmilzt bei 176°.

Kodeïn: $C_{18}H_{21}NO_3 + H_2O$, Robiquet 1832. Kodeïn (von κδειαώ, Mohnkopf) wird aus seiner Lösung in wasserfreiem Aether in kleinen, farblosen, wasserfreien Krystallen ausgeschieden, die bei 155° schmelzen; aus Wasser oder wasserhaltigem Aether krystallisirt es in wasserhaltigen, oft sehr grossen und regelmässig gebildeten farblosen und durchsichtigen Oktaedern und Säulen des orthorhombischen Systems. Es reagirt stark alkalisch und besitzt ein spez. Gew. von 1,311—1,323.

Narceïn: $C_{23}H_{29}NO_9$, Pelletier 1832. Narceïn (von ναρκη, Betäubung) krystallisirt aus Wasser, Weingeist oder verdünnter Essigsäure in langen, weissen, vierseitigen, rhombischen Prismen oder feinen büscheligen Nadeln, besitzt einen anfangs schwach bitteren, hinterher styptischen Geschmack und ist geruchlos.

Thebaïn (*Paramorphin*): $C_{19}H_{21}NO_3$, Thyboumery 1835. Thebaïn bildet weisse, silberglänzende quadratische Blättchen. Der Geschmack ist mehr scharf und styptisch als bitter; es reagirt stark alkalisch. Spez. Gew. 1,282—1,305.

Pseudomorphin (*Oxymorphin, Phomin*): $C_{17}H_{19}NO_4$, Pelletier 1835. Das Pseudomorphin bildet durch Ammoniak aus heisser Lösung gefällt einen fein krystalllnischen, weissen, seidenglänzenden Niederschlag; aus kalter Lösung ausgeschieden ist es gelatinös. Geschmack ist nicht vorhanden.

Papaverin: $C_{20}H_{21}NO_4$, Merck 1848. Es krystallisirt aus Weingeist in weissen, verworren gehäuften Nadeln oder Schuppen, zuweilen auch Prismen. Spez. Gew. 1,308—1,337.

Opianin von Hinterberger im ägyptischen Opium 1851 entdeckt, ist von Hesse als reines Narkotin erkannt worden.

Rhoeadin: $C_{21}H_{21}NO_6$, Hesse 1865 (67) in den Samenkapseln von *Papaver Rhoeas* entdeckt, später im Opium nachgewiesen. Es bildet kleine, weisse, wasserfreie Prismen ohne Geschmack und ohne giftige Eigenschaften.

Kryptopin: $C_{21}H_{23}NO_5$, T. u. H. Smith 1864 (67). Kryptopin (von κρύπτειν, verborgen) kommt von allen Opiumbestandtheilen in der geringsten Menge vor. Es krystsllisirt aus kochendem Weingeist in mikroskopischen, farblosen, sechsseitigen Prismen oder Tafeln von anfangs bitterem, hinterher pfeffermünzartigem Geschmack; geruchlos. Spez. Gew. 1,351. Sehr stark basisch.

Kodamin: $C_{20}H_{25}NO_4$, Hesse 1870; löst sich leicht in Aether und krystallirt aus dem letzteren in sechsseitigen Prismen.

Lanthopin: $C_{23}H_{25}NO_4$, Hesse 1870. Mikrokrystallinische, in Chloroform leicht lösliche Massen bildend.

Laudanin: $C_{20}H_{25}NO_4$, Hesse 1870, aus Alkohol in Prismen krystallisirend, mit einem spez. Gew. von 1,255.

Hydrokotarnin: $C_{12}H_{15}NO_3 + \frac{1}{2}H_2O$, Hesse 1871, monokline. in Alkohol, Aether und Chloroform lösliche Krystalle bildend.

Mekonidin: $C_{21}H_{23}NO_4$, Hesse 1870, amorphe, bräunlichgelbe in Alkohol, Aether und Chloroform leicht lösliche Masse.

Laudanosin: $C_{21}H_{27}NO_4$, Hesse 1871, aus Benzol in Nadeln krystallisirend, die in Wasser unlöslich, in Alkohol, Aether und Chloroform löslich sind.

Protopin: $C_{20}H_{19}NO_5$, Hesse 1871. Krystallinisches, in Aether leicht lösliches, in Wasser unlösliches Pulver.

Gnoscopin: $C_{34}H_{36}N_2O_{11}$, H. u. T. Smith 1877, bildet lange, in Benzol, Chloroform und Schwefelkohlenstoff leicht lösliche, in kaltem Alkohol schwer lösliche Nadeln.

Oxynarkotin: $C_{22}H_{23}NO_8$, Beckett u. Wright 1877, in Alkohol und Wasser schwer lösliche, in Aether und Chloroform unlösliche Krystalle bildend.

Ausser diesen Alkaloiden sind in dem Opium enthalten: 2 eigenthümliche farblose, krystallinische, indifferente stickstofffreie Materien: *Mekonin* (*Opianyl*) $C_{10}H_{10}O_4$, von Dublanc 1832 entdeckt und *Mekonoisin* $C_8H_{10}O_2$, im Jahre 1877 von T. u. H. Smith gefunden, ferner 2 eigenthümliche organische Säuren: die von Sertürner 1804 entdeckte *Mekonsäure* $C_7H_4O_7 + 3H_2O$ und die von T. u. H. Smith im Jahre 1865 aufgefundene *Thebolaktinsäure*; ausserdem enthält das Opium Essigsäure, Zucker, Gummi, Kautschuk, Pektinsäure, Harz, Wachs, Fett, eine Spur äther. Oeles, welches dem Opium den Geruch verleiht, Extraktivstoffe, Salze. Die Bestandtheile sind der Menge nach ungefähr folgende: Morphin 10—14%, Narkotin 4—8%, Pavaverin 0,5—1%, Narceïn 0,1—0,4%, Kodeïn 0,2—0,5%, die übrigen Alkaloide zusammen kaum 1%, Mekonin, Mekonoisin, Mekonsäure und Thebolaktinsäure 6%, Zucker zwischen 3 und 14%, Kautschuk 6%, Cellulose 10%, Mineralstoffe (Alkalisulfate und Gyps) 5%, Harz 2—6%, Fettsubstanz 1—3% etc. (Husemann, Pflanzenstoffe 664 u. ff.)

Anwendung. Die Mohnköpfe finden im Absud äusserlich zu Umschlägen, innerlich seltener Anwendung. Der aus ihnen bereitete *Syrupus Papaveris* dient als Beruhigungsmittel und wurde schon in früherer Zeit bei Katarrhen und Husten gereicht. Der Same wird, gleich den Mandeln, als Emulsion verwendet. Er wird des angenehmen Geschmacks wegen sowohl auf Brod gestreut als in Kuchen gebacken genossen. Das aus ihm gewonnene Mohnöl dient als Salatöl und zur Bereitung der feineren Oelfarben. Das Opium wird in Form von Pillen, Pulvern, als Extrakt, Tinktur, Syrup etc. gereicht, auch äusserlich zu Salben und Pflastern verwendet. „Die Wirkung des Opiums muss als die Resultante aller in demselben enthaltenen Alkaloide angesehen werden, welche in ihrer Aktion auf das Nervensystem nicht unbedeutende Differenzen zeigen, indem einzelne derselben vorzugsweise die Funktion des grossen Gehirnes herabsetzen und in medizinalen Dosen Schlaf, in toxischen Gaben Sopor herbeiführen, während andere besonders auf die Reflexaktion steigernd wirken und in grösseren Mengen Tetanus bedingen, noch andere eine Herabsetzung der cerebralen Thätigkeit veranlassen und gleichzeitig Convulsionen erregen. Manche Opiumalkaloide wirken auch in ausgeprägter Weise auf das Herz und die Pupille. Im Allgemeinen kann jedoch die Opiumwirkung annähernd gleich gestellt werden mit der Aktion des Morphins, da dieses Alkaloid in weit grösseren Mengen als alle übrigen zusammengenommen im Opium sich findet." (Husemann, Arzneimittell. 1033 u. ff.)

Litteratur. Abbildung und Beschreibung: Nees v. Esenb., Plant. med., Taf. 404, 405; Hayne, Arzneigew. VI., Taf. 40; Berg u. Schmidt, Offiz. Gew., Taf. XVe; Bentley u. Trim., Taf. 18; Woodville, Taf. 138; Steph. u. Ch., Taf. 159; Luerssen, Hndb. d. syst. Bot. II. 603; Karsten, D. Fl. 646; Wittstein, Pharm. 594.

Drogen und Präparate: *Fructus Papaveris*: **Ph. germ.** 121; Ph. austr. (D. A.) 102; Ph. hung. 343; Ph. ross. 188; Ph. belg. 63; Ph. Neerl. 179; Brit. ph. 232; Ph. dan. 123; Flückiger, Pharm. 827; Flückiger and Hanb., Pharm. 40; Hist. d. Drog. I. 94; Berg, Waarenk. 389.

Semen Papaveris: **Ph. germ.** 239; Ph. ross. 362; Ph. helv. 117; Ph. belg. 63; Flückiger, Pharm. 907; Berg, Waarenk. 444; Berg, Atlas, Taf. 46.

Opium: **Ph. germ.** 205; Ph. austr. (D. A.) 100; Ph. hung. 337; Ph. ross. 312; Ph. helv. 99; Cod. med. (1884) 66; Ph. belg. 61; Ph. Neerl. 173; Brit. ph. 229; Ph. dan. 170; Ph. suec. 141; Ph. U St. 245; Flückiger, Pharm. 162; Flückiger and Hanb., Pharm. 42; Hist. d. Drog. I., 97; Berg, Waarenk. 492.

Syrupus Papaveris: **Ph. germ.** 261; Ph. austr. (D. A.) 127; Ph. hung. 435; Ph. ross. 399; Ph. helv. suppl. 113; Ph. belg. 250; Ph. Neerl. 252; Brit. ph. 312; Ph. dan. 243.

Mixtura Salep: Ph. dan. 159.

Decoctum et Extractum Papaveris: Brit. ph. 99, 124.

Oleum Papaveris: **Ph. germ.** 201; Ph. helv. 95; Ph. belg. 63.

Linimentum ammoniatum: Ph. helv. 74.

Aqua Opii: Ph. helv. suppl. 14.

Extractum Opii: **Ph. germ.** 92; Ph. austr. (D. A.) 59; Ph. hung. 191; Ph. ross. 138; Ph. helv. 46; Cod. med. (1884) 420; Ph. belg. 172; Ph. Neerl. 109; Brit. ph. 123, 124; Ph. U. St. 135.

Tinctura Opii simplex: **Ph. germ.** 285; Ph. austr. (D. A.) 136; Ph. hung. 463; Ph. ross 433; Ph. helv. 146; Cod. med. (1884) 603; Ph. belg. 270; Ph. Neerl. 289; Brit. ph. 338; Ph. dan. 277, 295; Ph. suec. 238; Ph. U. St. 351.

Tinctura Opii benzoica: **Ph. germ.** 283; Ph. ross. 432; Ph. helv. suppl. 121; Ph. belg. 270; Brit. ph. 338; Ph. dan. 277; Ph. suec. 238.

Tinctura Opii crocata: **Ph. germ.** 284; Ph. austr. (D. A.) 135; Ph. hung. 461; Ph. ross. 433; Ph. helv. 146; Ph. dan. 295.

Tinctura Opii acetosa: Ph. helv. suppl. 121; Ph. suec. 4; Ph. U. St. 8.

Tinctura Opii camphorata: Brit. ph. 322; Ph. suec. 238; Ph. U. St. 351; Ph. dan. 277.

Tinctura Opii deodorata: Ph. U. St. 352.

Tinctura Castorei Thebaica: Ph. suec. 232.

Morphinum (hydrochloricum, sulfurinum): **Ph. germ.** 180, 181; Ph. austr. (D. A.) 91, 92; Ph. hung. 289; Ph. ross. 262; Ph. helv. 83, 84; Ph. belg. 194; Ph. Neerl. 154; Ph. dan. 159; Ph. suec. 44, 131; Ph. U. St. 225; Cod. med. (1884) 239; Brit. ph. 213.

Codeïnum: **Ph. germ.** 59; Ph. ross. 80; Ph. helv. suppl. 26; Ph. Neerl. 76; Ph. suec. 48; Cod. med. (1884) 191.

Narceïnum: Ph. ross. 227; Ph. helv. 71; Cod. med. (1884) 241.

Vinum Opii aromaticum, *Vinum Opii*: Ph. belg. 287, 288; Ph. Neerl. 289; Brit. ph. 368; Ph. U. St. 378; Ph. suec. 252, 295.

Vinum Glycyrrhizae thebaicum: Ph. suec. 255.

Emplastrum opiatum: Ph. helv. 35; Ph. belg. 164; Ph. Neerl. 92; Brit. ph. 107; Ph. U. St. 96.

Enema Opii: Brit. ph. 110; Ph. suec. 67.

Unguentum opiatum: Ph. helv. suppl. 131; Ph. belg. 279.

Unguentum Gallarum cum Opio: Brit. ph. 354.

Electuarium Theriaca s. aromaticum cum Opio: Ph. austr. 44; Ph. hung. 151; Ph. helv. suppl. 32; Ph. belg. 159; Cod. med. (1884) 388.

Electuarium Catechu: Ph. belg. 157; Ph. Neerl. 87.

Pulvis Opii: Ph. Neerl. 188; Cod. med. (1884) 525; Ph. U. St. 245.

Pulvis Ipecacuanhae opiatus: **Ph. germ.** 216; Ph. austr. (D. A.) 107; Ph. hung. 361; Ph. ross. 326; Ph. helv. 104; Ph. belg. 219; Ph. Neerl. 189; Brit. ph. 263; Ph. dan. 182; Ph. suec. 162; Ph. U. St. 273.

Pulvis Cretae aromaticus, Kino compositus et Opii compositus: Brit. ph. 263.

Pulvis Morphini compositus: Ph. U. St. 274.

Syrupus opiatus: Ph. ross. 401; Ph. helv. 135; Cod. med. (1884) 560; Ph. belg. 250; Ph. Neerl. 252; Ph. suec. 224.

Syrupus Codeini et Morphini: Ph. helv. suppl. 111, 113; Cod. med. (1884) 547.

Pilulae Opii et Pilulae Saponis compositae: Ph. U. St. 255; Brit. ph. 240.

Pilulae Ipecacuanhae cum Scilla, Pilulae Plumbi cum Opio: Brit. ph. 239.

Confectio Opii: Brit. ph. 87.

Trochisci Glycyrrhizae thebaici: Ph. suec. 240; Ph. U. St. 361.

Trochisci Morphinae et Ipecacuanhae: Ph. U. St. 363; Brit. ph. 349.

Trochisci Opii: Brit. ph. 350.

Bezüglich der Drogen und Präparate siehe auch Hager, Pharm. Prx. II., 462 u. ff., 585 u. ff., 625.

Tafelbeschreibung:

A Pflanze der weissen Unterart in natürl. Grösse; B Blüthe der rothen Unterart, desgl.; 1 Stempel mit Staubgefässen, desgl.; 2 Staubgefässe, von verschiedenen Seiten, vergrössert; 3 Pollen, unter Wasser gesehen, desgl.; 4 Stempel, natürl. Grösse; 5 derselbe im Querschnitt, desgl.; 6 reife Fruchtkapsel, desgl.; 7 Same, natürl. Grösse und vergrössert; 8 derselbe im Längsschnitt, vergrössert; 9 derselbe im Querschnitt, desgl. Nach der Natur von W. Müller.

Papaveraceae.

Papaver somniferum L.

Petroselinum sativum Hoffmann.

Petersilie, gemeine oder Garten-Petersilie. Engl.: Parsley. Franz.: Persil. Holl.: Pietersélie. Dän., norw., rum.: Persille. Schwed.: Persilje. Ital.: Prezzemolo. Port.: Peregil. Span.: Salsa. Griech.: *Σέλινον*. Türk. Maiktanos.

Syn. *Apium Petroselinum* L., *Apium vulagre* Lam., *latifolium* Mill., *crispum* Mill., *Petroselinum hortense* Hoffm., *Carum Petroselinum* Benth. & Hook., *Petroselinum Petroselinum* Karsten.

Familie: *Umbelliferae* Jussieu. Unterfamilie: *Orthospermae* Jussieu. Section: *Ammineae* Koch. Gattung: *Petroselinum* Hoffmann.

Beschreibung. Das zwei- oder mehrjährige Kraut treibt eine oft über 20 cm lange, am Wurzelstock bis 3 cm dicke, spindelförmige, geringelte, einfache, wenig ästige, gelblich weisse Wurzel senkrecht in den Boden. Aus ihr entspringt im ersten Jahre nur ein Büschel Blätter, welche im folgenden Winter mehr oder weniger absterben; im zweiten Jahre dagegen entwickeln sich ein oder mehrere grüne, fast von Grund auf ästige glänzende, feingerillte, kantige, markige, kahle, 1—$1^1/_2$ m hohe, aufrechte Stengel mit rutenförmigen Ästen, welche sehr entfernt mit wechselständigen Blättern besetzt sind und endständig die Blütendolden tragen. Die grundständigen Blätter des ersten Jahres und die stengelständigen des zweiten Jahres sind verschieden gestaltet. Die erstjährigen Blätter haben eine sehr kurze längliche Scheide und einen rinnigen Blattstiel, sie werden bis 30 cm lang und sind dreifach fiederteilig. Die Fiedern erster und zweiter Ordnung, je 3—4 Paare, sind langgestielt und entfernt gestellt. Die Fiedern dritter Ordnung sind in dem Blattstiel verschmälert und zerfallen selbst wieder gewöhnlich in drei Abschnitte, von denen jeder wieder in mehrzipfelige End- und Seitenlappen sich spaltet. Im Umfange sind sie eiförmig mit stumpfer Spitze; die 2—3 Abschnitte selbst aber sind verkehrt-eiförmig und am Grunde etwas keilig, und haben an jedem Rande 1—2 stumpfe Sägezähne, welche ebenso wie die Zipfel selbst in ein weisses Spitzchen endigen. Das ganze Blatt ist oberseits glänzend, unterseits matt, und macht mit seiner reichzerteilten, aber substanzreichen Blattfläche einen wohlthuenden üppigen Eindruck. Das Blatt des zweiten Jahres ist viel einfacher gebaut. Es erreicht eine Länge von 20—30 cm und ist nur doppelt fiederspaltig. Die vier Paare erster Ordnung sind entfernt gestellt, die unteren langgestielt, die oberen in den kurzen Blattstiel verschmälert. Die Fiedern zweiter Ordnung bilden höchstens ein oder zwei Paare; sie sind keilförmig, am Rande mit 2—4 grossen, eiförmig länglichen Zähnen versehen und endigen meist mit 2—3-zipfeliger Spitze. Die Hochblätter endlich sind noch weniger geteilt; sie schliessen sich direkt an die Blattscheide an und haben meist nur drei lange linealische oder lineal-lanzettliche Zipfel, deren mittelster selbst noch 1—2 Seitenzipfel hat. Die obersten sind schliesslich nur noch ungeteilt pfriemlich und oft nur einzeln. Die Blüten stehen in zusammengesetzten Dolden; diese wiederum in gabligen Trugdolden, ihrem Stützblatt gegenüberstehend, am Ende der Zweige. Die Dolden sind flach, 6—20-strahlig, haben zur Blütezeit 5—7, zur Fruchtzeit 8—10 cm Durchmesser; die Döldchen haben 10—15 Blütchen. — Die Dolde wird von 1—2 pfriemlichen Hüllblättern gestützt; die Hüllchen der Döldchen dagegen bestehen aus 6—8 fädliche Blättchen, die kürzer sind als die Blütenstielchen. Die Blumenkrone ist oberständig, der Kelch undeutlich; die fünf gelblich-grünen kleinen Blumenblätter sind breit-verkehrt-eiförmig, die Zipfel breit eingeschlagen, sodass sie wie ausgerandet erscheinen. Die fünf gelben Staubblätter sind flach ausgebreitet und ragen weit über die Blumenblätter hinaus. Die intrors aufspringenden Antheren sind kuglig eiförmig, gelb; die Griffel sitzen auf einem gelben Griffelpolster, zuerst parallel aufrecht, dann divergent, an der Frucht schliesslich in scharfem Winkel zurückgeschlagen. Der Fruchtknoten ist eiförmig, seitlich je mit einer tiefen Riefe gezeichnet. Die Spaltfrucht ist 2—3 mm lang und etwa $1^1/_2$—2 mm breit, eiförmig, dunkelgraugrün oder etwas bräunlich, mit fünf strohgelb gekielten Riefen auf dem Rücken jeder Teilfrucht und einem hervorragenden Wulst in jedem Thälchen; die Frucht ist durch das an der Spitze getrennte bleibende braune Griffelpolster und durch tiefe Rinnen zwischen den Teilfrüchten zweiknöpfig. Die Griffel sind an der Frucht scharfwinkelig zurückgebogen. In jedem Thälchen liegt ein brauner Ölgang, zwei ebensolcher bemerkt man auf der ebenen Fugenfläche, wodurch dieselbe in ungefähr drei gleiche Teile zerlegt wird. Die Teilfrüchte hängen an einem zweiteiligen Fruchtträger. Das Nährgewebe des Samens ist weisslich grau, auf der Fugenfläche fast eben. Der Keimling liegt am oberen Ende der Frucht, allseitig vom Nährgewebe umgeben.

Formen. Die Pflanze wird in zahlreichen Spielarten in den Gärten kultiviert. Eine häufiger vorkommende Varietät, die zugleich die Verwechselung mit der verdächtigen *Aethusa Cynapium* L. ausschliesst, ist die *β. crispum* DC. Karsten unterscheidet:

α. C. angustifolium Kit. mit linealen Blattzipfeln.

β. C. crispum DC. (*Apium crispum* Miller) mit krausen Blattzipfeln.

Blütezeit. Juni, Juli.

Vorkommen. Die Pflanze ist im südöstlichen Europa einheimisch, man findet sie indessen auch eingebürgert in Südtirol, besonders an der Südseite der Felswände, bis zu 1200 m hoch. Im übrigen Europa wird die Petersilie teils als Küchengewürz, teils zu medizinischen Zwecken oder zur Ölgewinnung kultiviert. Für den letzten Zweck ist besonders die französische sehr geschätzt. Sie gedeiht auch in Norwegen, wo man ebenfalls gutes Öl von ihr erhalten hat, sowie in Westgrönland. Andererseits hat man sie auch in Indien mit Erfolg angebaut.

Name. Der Name kommt von *πέτρος*, Fels und *σέλινον*, Silge, Sellerie; Petersilie oder Steinsilge deutet also auf den Standort der Pflanze.

Geschichte. *Petroselinum* ist das *Σέλινον* des Hippokrates und des Dioscorides, welches auch von Plinius als gutes Heilmittel gerühmt wird. Griechische Arzte benutzten neben dieser Pflanze das *Πετροσέλινον*, welches nach neueren Autoren die Stammpflanze des *Semen Petroselini macedonici* oder *Semen Apii petraei* sein soll und unsere heutige *Athamantha macedonica* Spr. = *Bubon macedonicum* L. (Kosteletzki IV. 1148) ist. Die Frucht dieser Pflanze wurde als Mittel gegen Epilepsie gerühmt. Im siebenten Jahrhundert findet sich Petersilie bereits in deutschem Gebrauch; in späteren Arzneiverzeichnissen kommen beide Pflanzen neben einander vor. In der Taxe von Worms vom Jahre 1582 werden die Früchte von Pimpinella als *Petroselinum* bezeichnet.

Officinell sind die Wurzel, *Radix Petroselini*, das Kraut, *Herba Petroselini*, hauptsächlich aber die Früchte der Pflanze, *Fructus Petroselini.*

Radix Petroselini bildet die getrocknete, von Nebenwurzeln befreite Hauptwurzel der Pflanze. Dieselbe ist spindelförmig, fleischig, weich und zähe, bis zu 20 cm lang und am oberen Ende etwa 2 cm dick, aussen gelbbraun, längsrunzelig, querwulstig, mit langen, horizontalen Korkwarzen versehen, in deren Mitte man meist die Narben der abgeschnittenen Nebenwurzeln erkennen kann. Auf dem Querschnitte erscheint die Aussenrinde als breite weisse Linie; die weisse durch Markstrahlen radialstreifige, an radial gestellten, aussen tangential gestreckten Ölbehältern reiche Innenrinde übertrifft an Breite den Durchmesser des gelben Holzkörpers, von dem sie durch einen dunklen Cambiumring getrennt ist. Das gelbe Holz ist ebenfalls von Markstrahlen durchsetzt, zwischen denen die gelben porösen Holzbündel liegen. Das Mark ist bräunlich und fleischig, der Geschmack der Wurzel ist aromatisch, etwas scharf, der Geruch petersilienähnlich, aber weichlicher. Die Wurzel enthält etwas Öl, wenig Gerbstoff, Zucker, Schleim und Stärke.

Folia Petroselini. Einige Pharmacopöen verwenden die frischen Blätter der Petersilie; dieselben sind oben genauer beschrieben worden. Sie werden von der kultivierten Pflanze im ersten Jahre gesammelt, dürfen aber nicht verwechselt werden mit den Blättern von *Aethusa Cynapium* L. Diese sind beiderseits glänzend, lang zugespitzt, und riechen beim Zerreiben widerlich narkotisch, nicht angenehm aromatisch. Vergl. übrigens den Text zu *Aethusa Cynapium* L.

Fructus Petroselini. 2 mm lange, seitlich zusammengedrückte und rinnig vertiefte, eiförmige zweiknöpfige, dunkelgraugrüne Spaltfrüchte, die leicht in ihre an gespaltenem Fruchtträger hängenden Teilfrüchte zerfallen. Letztere haben eine ebene Fugenfläche, fünf hervortretende, gelbe, stumpfe Riefen und Thälchen mit je einem Ölstriemen. Sie riechen beim Zerreiben stark aromatisch und schmecken aromatisch brennend.

Verwechslungen. *Aethusa Cynapium* L. hat ähnliche Früchte, welche nach einigen Autoren giftige Eigenschaften besitzen sollen. Dieselben sind indessen grösser, haben scharfgekielte wulstige Riefen und schmale Thälchen. Sie riechen beim Zerreiben nicht aromatisch, sondern widerlich narkotisch.

Anatomie. Die Wurzel wird von einer 4—5-reihigen Korkschicht umgeben. Das Rindenparenchym besteht aus rundlich-parenchymatischen, locker verbundenen Zellen, die mit sehr kleinkörniger Stärke erfüllt sind und grosse Intercellularräume zwischen sich bilden. Die Balsamgänge sind schizogen aus 3—4 nebeneinander liegenden Zellen entstanden; im ausgebildeten Zustand ist ihr Querschnitt kreisrund oder tangential länglich; derselbe ist von einem Kreis von englumigen, inhaltreichen Zellen umgeben, deren Zahl 10—20 beträgt. Die Balsamgänge häufen sich nach dem Cambium zu und liegen locker zerstreut, aber tangential gestreckt nahe der Korkschicht. Die Cambialschicht besteht aus 4—6 Zellreihen; der Xylemteil der einzelnen Gefässbündel ist sehr schmal und radial gestreckt; die Gefässe liegen in kleinen Gruppen von 3—6 radial nebeneinander, umgeben von wenigen Holzparenchymreihen und Libriformfasern. Die zahlreichen hervortretenden Markstrahlen bestehen nur aus einer Zellschicht, welche 4—12 senkrecht übereinanderliegende horizontale Zellreihen zeigt. Das Mark besteht aus weitlumigem Parenchym.

Die Blätter zeigen auf der Oberseite eine einschichtige, grossmaschige Epidermis, auf welche eine Reihe Palissadenzellen folgt. Das Blattparenchym besteht aus ziemlich abgerundeten Zellen, welche nach unten durch die untere Epidermis begrenzt werden. Die Zellen der letzteren sind unter den Adern und Nerven mit stärker verdickter Cuticula über-

Petroselinum sativum Hoffm.

 zogen, welche aussen gefaltet ist. Die Nerven bestehen aus einer grösseren Anzahl von Spiralgefässen, welche ober- und unterseits von Phloëmbündeln umgeben sind. Unter dem unteren Phloëmbelag liegt ein weiter, von 12—15 Zellen begrenzter Sekretgang; auf diesen folgt ein ziemlich reich entwickeltes Collenchym, welches von der hier stärker verdickten Epidermis begrenzt wird. Die Nerven springen besonders nach unten stark hervor. — In der glashellen, nicht papillösen, und von Wasserspalten freien Spitze endigt der Mittelnerv pinselig. Seitennerven zweigen sich in ziemlich grosser Entfernung von der Spitze unter Winkeln von 60—80° ab, erreichen den Seitenrand des Blattes und gehen nahe an diesem nach der Spitze zu, wo sie ebenfalls pinselig endigen. Die Adern verlaufen blind, teils anastomosierend, teils nicht, in zahlreichen Windungen im Blattgewebe.

Die Früchte. Die Fruchtschale lässt unter dem Mikroskop drei getrennte Schichten erkennen, deren äusserste und innerste aus braunen, sehr widerstandsfähigen viereckigen Zellen besteht, während die mittlere aus flachgedrückten englumigen, polyedrischen, zarteren Zellen gebildet wird. An den hervorspringenden Ecken des Querschnitts, den Riefen, bemerkt man kräftige Sklerombündel; in den Zwischenräumen, den Thälchen, liegt je ein Ölgang von bohnenförmigem Querschnitt, dessen flache Seite nach aussen gerichtet ist. Das weissliche Nährgewebe besteht aus beinahe rechteckigen, der Embryo aber aus polygonalen zartwandigen Zellen, welche mit Proteïnstoffen und Öltröpfchen angefüllt sind. Der Embryo liegt in kreisrunder Höhlung am spitzen Ende des Samens.

Bestandteile. In den Petersilienblättern wurde von Braconnot ein Glycosid, **Apiin** $C^{27}H^{22}O^{16}$ entdeckt, welches von Planta und Wallace rein darstellten. Es bildet ein weisses, neutrales, unkrystallisierbares, geruch- und geschmackloses Pulver, welches bei 228° schmilzt, in kochendem Wasser leicht, in kaltem Wasser nur sehr wenig löslich ist und daher beim Erkalten wässeriger Lösungen sich gallertartig abscheidet. Ebenso werden alkalische Lösungen des Apiins durch Säuren gallertartig gefüllt. Die heisse wässerige Lösung wird durch Fe^2Cl^6 blutrot gefärbt, alkalische Lösungen dagegen tief gelb. Die Lösung lenkt den polarisierten Lichtstrahl nach rechts ab; die Drehung beträgt $[\alpha]\ j = +173°$. Durch Erhitzen mit überschüssiger Salzsäure spaltet sich das Apiin in Zucker und Apigenin $C^{15}H^{10}O^5$, welches bei 292—295° schmilzt, sonst aber dem Apiin sehr ähnlich ist.

Im Petersilienkraute wie in den Früchten finden sich ätherische Öle, welche man zuerst für identisch hielt, bis Schimmel & Co. das Öl des Krautes gesondert darstellten. Das Öl der Blätter, von dem 0,06—0,08 % erhalten wurde, ist dünnflüssig, grüngelb und riecht den Petersilienblättern sehr ähnlich. Sein spezifisches Gewicht ist 0,923 bei 150°, seine optische Drehung $= + 3° 10'$ bei 28°. Die Hauptmasse des Öls (30 %) destilliert bei einem Druck von 12 mm Quecksilber zwischen 78—95°, während eine zweite grössere Menge (12 %), die viel Apiol enthält, zwischen 135—160° erhalten wird. 22 % blieben über 170° zurück; dieselben erstarrten in einer Kältemischung. Das ätherische Öl der Früchte, welches in denselben zu 3 %, (nach Schimmel 2—6 %) enthalten ist, besteht aus Pinen $C^{10}H^{16}$ und Petersilienkampfer oder Apiol, und besitzt ein spezifisches Gewicht von 1,07 bei 15°. Es ist farblos oder gelblich und giebt beim Schütteln mit Wasser oder in der Kälte Apiolkrystalle. Das **Apiol,** $C^{12}H^{14}O^4$, das namentlich in deutschem Öl in grosser Menge enthalten ist, bildet weisse Kristallnadeln, unlöslich in Wasser, löslich in Alkohol und Äther; es schmilzt bei 30°, siedet unter langsamer Zersetzung bei 300° und destilliert unzersetzt unter 12 mm Quecksilberdruck bei 155°. Mit alkoholischer Kalilauge verwandelt es sich in das isomere Isapiol, welches bei 55° schmilzt. Durch Oxydation geht das Apiol in Apiolaldehyd und Apiolsäure über, welch letztere beim Erhitzen mit Schwefelsäure im geschlossenen Rohr auf 130—140° unter CO^2-Entwickelung Apion $C^6.H^2.(O^2CH^2):(OCH^3)^2$ bildet. Von letzterem sind Apiolaldehyd und Apiolsäure einfache Derivate.

Das fette Öl der Früchte ist darin zu 20—22 % enthalten. Es krystallisiert in kleinen gehäuften Nadeln, schmilzt bei 28—29° und besteht aus Stearin-, Palmitin- und Ölsäureglyceriden.

Nicht zu verwechseln mit dem Apiol oder Petersilienkampfer ist das Apiol von Homolle und Joret, *Apiolum gallicum*. Dieses wird aus der durch Tierkohle entfärbten Tinktur aus Petersilienfrüchten gewonnen, indem man den Weingeist abzieht, den Rückstand mit Äther und Chloroform behandelt, das Lösungsmittel abdunstet und das zurückbleibende Öl mit $^1/_8$ Bleiglätte zusammenreibt und nach 48 Stunden filtriert. Dieses *Apiolum gallicum* besteht aus dem ätherischen und fetten Öl des Samens, ist eine farblose, ölige Flüssigkeit, spezifisches Gewicht, 0,78 bei 12°; sie trübt sich bei —12°, ohne zu erstarren. Sie riecht stark nach Petersilienöl, schmeckt scharf und beissend, reagiert schwach sauer und ist linksdrehend. — Dieses Präparat, welchem von den Erfindern die wundersamsten Wirkungen zugeschrieben wurden, ist von der Pharm. Port. aufgenommen worden.

Anwendung. Die Wurzeln, besonders aber die Früchte der Pflanze, dienen als Carminativum und Diureticum und werden in Dosen von 1—3 g als Aufguss oder als Pulver gegeben. Die Blätter dienen, wie bekannt, als Küchengewürz, ferner als erweichendes Mittel, wozu sie meist in frischem Zustande angewandt werden. Das ätherische Öl dient in Dosen von 2—3 Tropfen ebenfalls als Diureticum, sowie zur Bereitung der *Aqua Petroselini.*

Litteratur. Beschreibung und Abbildung. Linné, Gen. 367. Spec. 379 (Apium) — Endlicher, Gen. 4400. — Kosteletzki, Med. pharm. Flora IV. 1131. — Nees v. Es., Plantae med. T. 283. — Hayne, Arzneigew. VII. 23. — Henkel, Bot. 95. — Berg, Bot. 334. Charakterist. LV. 418. — Schlechtendal-Hallier, Flora von Deutschland XXVII. 89. T. 2720. — Thomé, Flora von Deutschland III. 128. T. 367. — Hoffmann, Umb. I. 78. T. 1. — Koch, Umb. 127. — Garcke, Flora (XVII) 240. Fig. 893. — Luerssen, Med. Pharm. Bot. II. 763. Fig. 117 H. — Karsten, Flora von Deutschland II. 394. Fig. 566, 1—6. — K. Schumann, System. Bot. 452. — Geisler & Möller, Realencyclop. VIII. 45. — Martius, Mat. med. brasil. I. 347. — Seubert, Flor. azoric. spec. 294. — Brotero, Flora lusit. I. 463. — Figueiredo, Flora pharm. 152. — De Candolle, Prodromus IV. 102. — Bentham & Hooker, Gen. I. 890 (Carum). — Baillon, Histoire des Pl. VII. 221 (Carum) 177. 118. Fig. 120.

Drogen. *Radix Petroselini*: Henkel, Pharm. 88. — Berg, Pharm. 24. — Wiegand, Pharm. 55. — Hager, Pharm. Praxis II, 657. — Meyer, Drogenkunde I. 301. — Realencyclop. l. c. — Pharm. Gall. (1884) 68. — Hisp. (VI.) 78. — Ital. (1892) 232. — *Folia Petroselini*: Berg, l. c. 198. — Wiegand, l. c. 215. — Hager, Praxis II. 656. — Pharm. Gall. 68. — Hisp. 78. — *Fructus Petroselini*: Henkel, Pharm. 333. — Berg, Pharm. 368. — Wiegand, l. c. 276. — Hager, Praxis 654. — Meyer, l. c. II. 455. — Realencyclop. l. c. — Flückiger, Handb. 937. Grundriss 187. — Pharm. Gall. 68. — Fenn. IV. 80. — Graec. (1868) 108. — Helv. 138. — Hisp. 78. — Deutsche Arzneimittel (Berl. 1891.) S. 134 No. 338.

Bestandteile. *Ol. foliorum Petr.*: Schimmel & Co., Berichte. — *Ol. fructuum Petr.*: Hager, Praxis II. 656. — Henkel, l. c. 513. — Schimmel & Co., Berichte April 1895. Pharm. Nederl. Suppl. (1891) 142. — Norw. III. 32. — Suec. VII. 92. — Deutsche Arzneimittel 1891. S. 201. No. 516. — *Apiol. gallicum*: Husemann-Hilger, Pflanzenstoffe II. 958. — Hager, Praxis II. 655. III. 937. — Pharm. Port. 51. — *Apiol. pur.*: Ciamician & Silber, Berl. Ber. XXI. 913, 1621, 2129. XXII. 119 durch Pharm. Centralh. 29, 378; 30, 200. — Husemann-Hilger, II. 958 (Petersilien-Kampfer). — *Apiin*: Husemann-Hilger, II. 957.

Präparate. Aus *Radix Petroselini*: *Sirop foenicul. comp.*, Pharm. Belg. II. 270. *Sirop de cinq racines*, Gall. 546. *Spec. diuretic.*, Gall. 406. *Spec. aperient*, Hisp. 338. *Sirup. aperitiv.*, It. (1892) 254. — Aus *Folia Petroselini*: *Apozème laxat.*, Gall. 339. *Extr. fol. Petros.*, Hager l. c. II. 657. — Aus *Fructus Petroselini*: *Elect. ther.*, Gall. 388. *Aq. Petroselini*, Graec. 183. *Spec. diur.*, Helv. 255. *Pulv. theriac.*, Hisp. 536. *Extr. fruct. Petros.*, Hager, l. c. II. 656. — Aus *Ol. Petroselini*: *Aqua*, Nederl. Suppl. 29. Port. 362. Suec. 26. Deutsche Arzneimittel S. 33. No. 86. 87. Dieterich, Man. VI. 22. Hager, l. c. II. 656. — *Essenz*, Dieterich, l. c. 118.

Tafelbeschreibung:

A Wurzel mit grundständigem Blatt. B Blütenzweig. 1 Blüte; 2 Fruchtknoten; 3 Frucht; 4 Querschnitt derselben; 5 Längsschnitt derselben; A B natürliche Grösse; 1—5 vergrössert. Nach der Natur.

Peumus Boldus Molina.

Boldo oder Boldu.

Syn. *Peumus fragrans* Pers. *Boldea fragrans* Juss. *Boldoa fragrans* Lindl. *Ruizia fragrans* Ruiz et Pav.

Familie: *Monimiaceae.* Tribus: *Hedycarieae.* Gattung: *Peumus* Molina.

Beschreibung. Ein Strauch oder kleiner Baum, welcher eine Höhe von 6 m erreicht, mit schlanken Ästen und Zweigen und hellbrauner Rinde. Die gegenständigen Blätter sind 2 bis 4 mm lang gestielt, länglich-elliptisch, 3 bis 5 cm lang und 2 bis 2,5 cm breit, im Mittel zweimal so lang als breit, an der Basis in den Blattstiel verschmälert, an der Spitze stumpf und abgerundet, ganzrandig und der Rand meistens etwas und besonders im trockenen Zustande nach der Unterseite zurückgerollt, dick lederartig von Konsistenz, auf beiden Seiten, besonders aber auf der unteren mit Büschelhaaren besetzt, welche auf hügelförmigen Erhöhungen sitzen, und infolgedessen sich sehr rauh anfühlend; auf der Unterseite treten die Mittelnerven und die Hauptadern deutlich netzförmig hervor. Die diözischen Blüten stehen in wenig verzweigten, seiten- oder endständigen Cymen mit fein flaumig behaarten Achsen. Die **männlichen Blüten** haben einen Durchmesser von 12 mm und sind etwa 4 bis 8 mm lang gestielt, ihre Stiele fein flaumig behaart. Der Kelch ist fast glockenförmig, etwa bis zur Hälfte fünflappig, aussen fein flaumig behaart, die Zipfel eiförmig, stumpf, häufig etwas ungleich in der Länge. Die fünf (bis zehn) Blumenblätter sind in der Knospenlage dachziegelig, weiss, nach der Mitte und dem Grunde zu etwas rötlich, lineal-länglich oder verkehrteiförmig, fast doppelt so lang als der Kelch, nach der Spitze zu meistens fein gezähnt und abstehend. Die Staubblätter sind in grosser Zahl vorhanden und der innen behaarten Achsencupula ohne näher bestimmbare Anordnung inseriert; die Fäden besitzen nahe ihrer Basis jederseits eine flache Drüse; die Staubbeutel sind breit elliptisch und springen nach innen zu mit zwei Längsspalten auf. Ein Griffelrudiment ist nicht vorhanden. Die **weiblichen Blüten** sind kleiner als die männlichen. Die Blumenblätter sind meist zu zehn bis zwölf vorhanden, wenig länger als die Kelchzipfel, auch schmäler als bei den männlichen Blüten, die äusseren grösser und breiter als die inneren. An der Innenseite der Achsencupula sitzen meist einige wenige kleine Staminodien in Gestalt schmaler spitzer Blattzüngelchen. Im Grunde der Blüte sitzen drei (bis vier) länglich-eiförmige Fruchtknoten, welche untereinander frei, aber nahe aneinander gedrückt sind, aussen dicht behaart, jeder an der Spitze in einen kurzen, knieförmig gebogenen Griffel übergehend. Der Fruchtknoten ist einfächerig, mit einer einzelnen, anatropen, von der Spitze der Höhlung herabhängenden Samenknospe versehen, deren Mikropyle nach oben und nach innen gerichtet ist. Die Frucht ist eine kurzgestielte oder fast sitzende Steinfrucht von breit eiförmiger Gestalt, mit kurzer Spitze und brauner runzeliger Schale. Das Mesokarp besteht aus einer sehr dünnen und wenig fleischigen Schicht; das Endokarp ist hart hellgelb und etwa 1 mm stark. Der aufrechte Samen besitzt reichliches, fleischiges und stark ölhaltiges Nährgewebe. Der Embryo ist sehr klein; das Würzelchen ist nach oben gerichtet und mehrmals kürzer als die Keimblätter. Eine sehr dünne Schicht des Nährgewebes überzieht den Embryo, welcher mit den Kotyledonen den Rest des Endosperms wie ein Dach bedeckt. Der Embryo ist also thatsächlich vom Nährgewebe eingeschlossen.

Vorkommen und Verbreitung. Die Pflanze kommt häufig in Chile auf trockenen, sonnigen Hügeln vor.

Blütezeit. Der Baum blüht das ganze Jahr hindurch.

Anatomisches. Die Epidermiszellen der Blätter besitzen meistens geradlinige Seitenwandungen, die nur zuweilen stark wellig gebogen sind. Das nur an der oberen Blattseite vorhandene Hypoderm ist einschichtig und besteht aus sehr dickwandigen nicht verholzten Zellen. Diese Hypodermzellen zeigen an Querschnitten ungefähr die gleiche Höhe wie die Epidermiszellen. An der Basis der Haare ist das Hypoderm mehrschichtig. Die Spaltöffnungen finden sich nur an der unteren Blattseite. Auf beiden Blattseiten finden sich grosse Büschelhaare, die auf hügelförmigen Erhöhungen sitzen. Sie bestehen meist aus zahlreichen, stark verdickten Strahlzellen, die sämtlich im unteren Teil verwachsen und in das Hypoderm eingestellt sind. Oberhalb der Blattfläche breiten sich diese Strahlzellen nur selten in einer Ebene aus, sondern gehen unregelmässig büschelförmig auseinander. Das Pallisadengewebe besteht aus zwei bis drei Zellschichten. Die grösseren Gefässbündel sind von dickwandigen Zellen umgeben. Die grossen Sekretzellen, deren Durchmesser durchschnittlich 0,06 mm beträgt, finden sich besonders zahlreich in den mittleren Gewebschichten des Blattes. Calciumoxalat fehlt oder ist in Form kleiner Nädelchen vorhanden. (Nach Hobein).

Pharmazeutisch wichtig sind die Blätter der Pflanze, **Folia Boldo.** Dieselben kommen häufig von Zweigstücken begleitet, in den Handel. Man sieht an letzteren die gegenständige Insertion. Die Blätter sind lederartig, meist 4 bis 5 cm lang, 2 bis 3 cm breit, elliptisch, kurzgestielt, an der Spitze und Basis abgerundet, ganzrandig, mit umgebogenem Rande. Der Mittelnerv tritt stark hervor, die Seitennerven laufen unter Winkeln von 60 bis 70° vom Mittelnerven ab. Die Oberfläche ist von starken, steinharten, weissen Warzen uneben; die Warzen sind ursprünglich mit Haarbüscheln besetzt, später werden sie kahl, während die Behaarung auf der Unterseite erhalten bleibt. — Der Geruch und Geschmack der Blätter ist pfefferminzartig, stark aromatisch.

Auch die Rinde des Baumes, **Cortex Boldo,** soll zeitweise Gegenstand der Untersuchung gewesen sein. Es muss indessen dahin gestellt bleiben, ob das Objekt in allen Fällen die Rinde von *Peumus Boldus* Molina, (*Boldoa fragrans* Gay, *Monimiaceae*) gewesen ist, oder ob an ihrer Stelle die Rinde der *Laucacee* **Bellota Miersii** Gay dem Forscher vorgelegen

Monimiaceae

Peumus Boldus Molina.

 hat. Letztere Pflanze ist sogar früher von Molina und einigen späteren Autoren mit *Peumus Boldus* identifiziert worden und heisst bei den Eingeborenen ebenfalls *Boldu.* Die Blätter dieser Pflanze sind aber grösser und länglich, auch frei von Warzen; die Früchte sind viel grösser; die Samen sind essbar. (Vergl. Mey, Monogr. der *Lauraceae* p. 26.)

Bestandteile. Die Blätter der Pflanze enthalten Gerbstoff, ätherisches Öl, ein Alkaloid **Boldin** und ein Glykosid **Boldoglucin.** Das **ätherische Öl** wird in Mengen von 2 °/₀ gewonnen. Es siedet zwischen 175 und 250°, besitzt ein spezifisches Gewicht = 0,918 bis 0,945 und besteht aus Kohlenwasserstoffen und sauerstoffhaltigen Bestandteilen. Beide sind noch nicht näher studiert. Die letzteren indessen kommen als **Boldol** von Amerika aus in den Handel und dienen als Arzneimittel. Das Alkaloid **Boldin** wurde 1877 von Cl. Verne dargestellt, welcher 1 °/₀ der Blätter erhielt. Das Alkaloid war amorph, von alkalischer Reaktion, in Wasser wenig löslich, gab aber schön krystallisierte Salze. — Das Glykosid **Boldoglucin** wurde von Chapoteau und Bourgoin entdeckt und aus der Rinde dargestellt. Auch die Blätter sollen 0,3 °/₀ davon enthalten, während die Rinde reicher daran sein soll. Die Forscher zogen die Rinde mit Alkohol aus und behandelten den Rückstand mit salzsaurem Wasser (?), aus dem sie das Glykosid mit Äther oder Chloroform ausschüttelten. — Das Glykosid wurde in Gestalt eines Syrups erhalten, der den Geruch und Geschmack der Droge besass.

Anwendung. Die Blätter benutzt man in Chile als Küchengewürz. In Form einer Tinktur oder eines Elixirs verwendet man sie in Dosen von 1 bis 5 g bei Leberkrankheiten und Gallensteinen, gegen Rheuma, Gonorrhöe und Dyspepsie. Sie bewirken eine reichlichere Abscheidung von Harnstoff ohne Vermehrung der Harnmenge, ohne Alteration der Temperatur oder der Zirkulation. — Das **Boldol** wird als Mittel gegen Gonorrhöe gepriesen und soll den Copaivabalsam und das Sandelöl erheblich übertreffen, da es keine störenden Nebenwirkungen zeigt. Man reicht es zu fünf bis zehn Tropfen dreimal täglich. Das **Boldoglucin,** wie es scheint auch das **Boldin,** wirken subkutan in Dosen von 0,2 g als angenehmes Hypnotikum, welches einen ruhigen, erquickenden Schlaf zur Folge hat.

Auch finden die Blätter in Chile Verwendung als Küchengewürz. Die Rinde wird ebenfalls medizinisch benutzt; man giebt ihr zuweilen den Vorzug vor den Blättern. Aus dem Holz wird eine sehr geschätzte Holzkohle bereitet.

Litteratur. Abbildungen und Beschreibungen. Feuillée, Journ. obs. plant. peruv. III. p. 11. tab. 6. — Hist. pl. med. peruv. v. Chil. 11. — Molina, Saggio sull. stor. nat. Chili p. 185 et 350. — Ruiz et Pav., Fl. Per. et Chil. Prodr. p. 135. tab. 29; et Syst. veg. Fl. Per. p. 266 (**Ruizia fragrans**). — Juss. in Ann. Mus. Paris XIV. p. 134 (**Boldea fragrans**). — Pers., Syn. pl. II. p. 629 (**Peumus fragrans**). — Endl., Gen. p. 314 n. 2019 (**Ruizia**) et Icon. tab. 21 (**Ruizia fragrans**). — Lindl. in Bot. Reg. tab. 57 (**Boldoa fragrans**), et in Veg. kingd. p. 298. Fig. 205 (**Ruizia fragrans**). — Gay, Fl. chil. V. p. 351. — Tulasne, Monogr. Monim. p. 410 tab. 31 (**Boldoa fragrans**). — A. DC., Prodr. XVI. 2. p. 674. — Baillon, Hist. plant. I. p. 298, 339 Fig. 324. Adansonia IX. 123. 126. — Spreng., Syst. veg. II 554 n. 1870. — Benth. et Hook., Gen. pl. III. p. 140. — Bentl. et Trimen, Med. Pl. III. p. 217. — Hook. in Bot. Mag. tab. 7024 (**Peumus fragrans**). — Hobein, Beitrag zur anat. Charakt. d. Monimiaceen, in Engl. Bot. Jahrb. X. p. 51. — Engl.-Prantl, Nat. Pflanzenfam. III. 2. p. 99.

— Karsten, Fl. v. D. II. 348. — Luerssen, Med. Pharm. Bot. II. 585. — K. Schumann, Syst. Bot. 354. 684. — Realencyklop. d. Pharm. II. 350.

Droge. Christy, Comm. pl. VIII. 39. — Hartwich, Neue Arzneidrogen p. 249. — Wiegand, Pharm. 239. — Realencykl. II. 349. 350. — Hanausek, Zeitschr. d. öster. Apoth. Ver. 1880. — Pharm. Centralhalle Bd. 26. 28. 29. 34. 35. 36. — Gehe & Co., Handelsberichte 1893. 1895. — Schimmel & Co., Berichte, Septbr. 1893 Nachtrag, Septbr. 1897 Nachtrag. — Husemann-Hilger, Pfl.-Stoffe 602. — Hirsch, Univers. Pharm. I. 747. n. 1277. — Pharm. Gall. (1884) 42. (Fol.) 601. (Tinct.) 622. (Vin.) — Hisp. (VI) 25.

Tafelbeschreibung.

A männliche Pflanze. B weibliche Pflanze mit Blüten und Früchten. 1 Knospe; 2 männliche Blüte von innen; 3 dieselbe von aussen; 4, 5, 6 Staubblätter; 7 weibliche Blüte von innen; 8 Pistill im Längsschnitt; 9 drei Fruchtstiele von dem Rest der Achsencupula umgeben; 10 Frucht; 11 Längsschnitt der Frucht; 12 Samen. A, B natürliche Grösse. 1—12 vergrössert. Nach Exemplaren des Königlichen Herbars zu Berlin, von Gay, Lindley und Philippi in Chile gesammelt.

Picea excelsa Lk.

Syn. *Pinus Abies* L. *Pinus Picea* Du Roi. *Pinus excelsa* Lam. *Abies Picea* Mill. *Picea vulgaris* Lk.

Fichte, Rothtanne, Schwarztanne, Pechtanne — Spruce Fir, Norway Spruce — Sapin élevé, Faux sapin, Pesse, Epicéa.

Familie: *Coniferae.* Gattung: *Picea* Lk.

Beschreibung. Immergrüner 50 und mehr Meter hoher Baum von pyramidalem Wuchse, mit zugespitzter Krone, bogenförmig emporsteigenden Hauptästen und herabhängenden Seitenästen, mit horizontalen und flachgehenden Wurzeln. Rinde mässig dick, erst rothbraun und glatt, später graubraun bis weissgrau, muschelförmig abblätternd. Blätter einzeln, zusammengedrückt-vierkantig, kurz stachelspitzig, dunkelgrün, 10—22 mm lang, 1—2 mm breit, gerade oder sichelartig, am Grunde stielartig verschmälert, spiralig und abstehend um den Zweig gestellt, am Gipfeltriebe angedrückt. Die männlichen Blüthenkätzchen zu 2—6 an vorjährigen Trieben zwischen den Nadeln, anfangs dicht, kugelig, vor dem Verstäuben purpurroth, später locker und länglich, mit über den Pollensäcken halbkreisrund erweiterten, am Rande ungleich gezähnten Staubblättern. Die weiblichen Blüthen einzeln, aus braunen, nach unten gerichteten Knospen an der Spitze der vorjährigen Triebe hervorkommend, länglich-rundlich, 4—5 cm lang, mit kreisrunden, am Ende ausgerandeten und gezähnten, purpurrothen Fruchtschuppen und kleinen, länglichen, wimperig-gezähnten Deckschuppen. Der reife Fruchtzapfen abwärts hängend, 10—16 cm lang, 3—4 cm dick, walzenförmig, nach der Spitze zu an Dicke abnehmend, gekrümmt, mit anfangs dicht anliegenden, später lockeren, hellbraunen, concaven, oben rhombischen, nach unten keiligen, an der Spitze wenig zweispaltigen Zapfenschuppen, auf deren Innenseite sich 2, die Samen bergende Gruben befinden. Same glänzend-schwarzbraun, spitz-eiförmig, mit einem schiefen, hellbraunen, am Grunde löffelförmigen, oben etwas stumpf gezähnten Flügel versehen. Die Fichte erreicht ein Alter bis zu 300 Jahren.

Eine Varietät mit dicken Nadeln, wenig oder gar nicht verzweigten, sehr verlängerten, schlangenartig gebogenen Aesten ist die sogenannte Schlangenfichte: *Picea excelsa* var. *viminalis* Alström; ebenso wird die im nördlichen Russland und in Sibirien vorkommende sibirische Fichte: *Picea obovata* Ledeb. (*Pinus obovata* Antoine), welche sich durch dünnere ei-kegelförmige Zapfen und eine etwas andere Schuppenform auszeichnet, als eine Abart unserer Fichte betrachtet.

Verbreitung. Im nördlichen und in den Gebirgen des mittleren Europa entweder allein oder in Verbindung mit der Kiefer, Tanne und Buche grosse ausgedehnte Waldungen bildend. Nach Luerssen reicht ihre horizontale Verbreitung in Norwegen bis zum 67°, in Schweden bis zum 65°, in Finnland bis zum 68—69° nördlicher Breite; in Serbien geht sie herab bis zum 43° und in den Pyrenäen bis zum 41—42° nördlicher Breite. Ihre Erhebung über den Meeresspiegel beträgt in Norwegen 230 m, im Harz 1000 m, im Riesengebirge 1240 m, im bairischen Walde 1470 m, in den bairischen Alpen 1800 m, im Unterengadin 2100 m, in den Pyrenäen 1630 m.

Picea excelsa Lk.

Name und Geschichtliches. Der Name *picea* (Pechtanne der Römer) ist abgeleitet von *pix, picis* Pech. Theophrastus bezeichnet die Fichte mit *Ἐλατη ϑηλεια*. Fichte, Fiechte, Feuchte, althochdeutsch *fiuhta, feohta, fiehta* soll abgeleitet sein von dem altdeutschen *fiuhti, fûht, viuhte* feucht (wegen des Harzes von Saft strotzend). Das Fichtenharz wird schon vor dem 17. Jahrhundert in der pharmaceutischen Litteratur als *Pix burgundica* beschrieben, obgleich Burgund von jeher nur wenig derartiges Harz geliefert hat.

Blüthezeit. Im südlichen Verbreitungsbezirke: Ende April; im nördlichen: Mai bis Mitte Juni.

Offizinell ist das entweder selbst oder gemachten Einschnitten ausfliessende, hellgelbe, in kaltem Alkohol leicht lösliche Harz (*resina flava*), welches unter dem Namen Burgunder Pech: *Pix burgundica* (*Resina burgundica*) in den Handel gebracht wird. Die getrockneten Zweigknospen (Fichtensprossen) werden in gleicher Weise wie die Kiefernsprossen verwendet.

Präparate. Die Fichte liefert dieselben Produkte wie die Kiefer. Ihr Harz scheint ärmer an Terpenthin zu sein, als das anderer harzliefernder Coniferen.

Litteratur. Abbildung und Beschreibung: Nees v. Esenb., Plant. medic., Taf. 81; Bentley u. Trim., 261; Woodville, Taf. 2; Reichenbach, Ic. Fl. Germ., XI., Taf. 532; Luerssen, Handb. der syst. Bot., II., p. 107; Karsten, deutsche Fl., p. 325; Wittstein, Pharmakogn., p. 229.

Drogen und Präparate: *Pix burgundica*: Ph. U. St. 257; Cod. med. 452; Brit. ph. 241; Ph. helv. 111; Flück. u. Haub., Pharm., p. 616; Berg, Waarenk. 523; Flückiger, Pharmakogn. I. 72.

Tafelbeschreibung:

A Zweig mit männlicher und weiblicher Blüthe, natürl. Grösse; B weibliche Blüthe den jungen Fruchtzapfen bildend, desgl.; C Zweig mit reifem Fruchtzapfen, desgl.; 1 männliches Blüthenkätzchen, desgl.; 2 männliche Blüthe von unten und von der Seite, desgl.; 3 Beutel, geöffnet, desgl.; 4 Pollenkorn, desgl.; 5 Fruchtblätter des blühenden Kätzchens, von der inneren und äusseren Seite gesehen, desgl.; 5ª Bractee der weiblichen Blüthe, desgl.; 6 Fruchtblatt mit den beiden Samen, von verschiedenen Seiten; 7 Samenkorn mit und ohne Flügel, natürl. Grösse; 8 Same im Längsschnitt, vergrössert; 9 Nadel mit Querschnitt, desgl.; 10 Harzgang *a* aus der Rinde von Picea excelsa, dessen umliegende Zellen *b* mit halbflüssigem Harze und die Rindenzellen *c* noch mit geringen Mengen von Stärkemehl angefüllt sind. (Nach Dippel.) Nach der Natur von W. Müller.

Pinus silvestris L.

Kiefer, Föhre, Kienbaum — Scotch Fir — Pin-sauvage.

Familie: *Coniferae.* Gattung: *Pinus* Tourn.

Beschreibung. Immergrüner, tiefwurzelnder, bis 40 m hoher Baum, mit in der Jugend rostbrauner, abblätternder, im Alter am unteren Theil des Stammes graubrauner, innen rothbrauner, rissiger, dickborkiger Rinde. Die ei-kegelförmigen, harzigen Knospen mit lanzettlichen, am Rande gefransten Schuppen besetzt. Blätter nadelförmig, 4—6 cm lang, $1\frac{1}{2}$ mm breit, zu zweien in einer gemeinschaftlichen, querrunzeligen, anfangs silberweissen, später braunen Scheide stehend, spitz, planconvex, auf der äusseren gewöllten Seite dunkelgrün, auf der inneren blaugrün. Die jungen Triebe und die Basis des männlichen Kätzchens mit bräunlichen, länglich-lanzettlichen, leicht abfallenden Schuppen besetzt. Männliche Blüthen traubenförmig vereinigt, länglich-eiförmig, 7 mm lang, mit schwefelgelben, zweifächerigen Staubblättern; letztere mit einem rundlichen Fortsatze. Weibliches Kätzchen kugelig, nach der Befruchtung auf gleichlangem, zurückgekrümmtem Stiele. Deckblätter kürzer als die Fruchtschuppen. Der junge Fruchtzapfen erscheint als elliptische oder aus grünen Warzen zusammengesetzte Kugel, welche sich allmählich zu einem mehrere Centimeter langen, ei-kegelförmigen Zapfen ausbildet, dessen spiralig angeordnete, erst grünen, später holzigen braunen Schuppen an der Spitze rhombisch erweitert und mit einer erhabenen Narbe versehen sind. Am unteren Ende dieser Schuppen befinden sich 2 eiförmige, 3—4 mm lange, braune, mit 3—4 mal so langen Flügeln versehene Samenkörner. Die Kiefer erreicht ein Alter von ca. 300 Jahren. Variirt sehr. Karsten beschreibt folgende Varietäten:

Var. *α. communis*: mit weissem Holze, grauen Knospen, gelblichen männlichen Kätzchen, meist einzelnen Fruchtzapfen von der Länge der Blätter, bis 40 m hoch. In den sandigen trockenen Ebenen Norddeutschlands.

Var. *β. rubra* (*P. rubra* Mill.): mit rostrothem Holze und rostrothen Knospen, gelbrothen männlichen Kätzchen. Fruchtzapfen kürzer als die Blätter, meist mehrere im Kreise. Ostpreussen, Königsberg, Lyk.

Var. *γ. rotundata* Lk.: niedriger als die vorige, mit einer spitz vorgezogenen Längsfalte auf dem Aufsatze der Fruchtschuppe. Auf Hochmooren, Gebirgsabhängen etc.

Anatomisches: Die das Harz produzirenden Harzgänge treten sowohl in der Rinde als im Holze auf und bilden sich aus Interzellulargängen, deren angrenzende Zellen von den umliegenden charakteristisch etwas verschieden sind. Die Harzgänge des Rindengewebes werden bei Beginn ihrer Bildung von chlorophylllosen, Tröpfchen flüchtigen Oeles enthaltenden, mit trübem Inhalte angefüllten Zellen umschlossen, die sich durch Theilung vermehren. Aus dem Interzellulargange wird allmählig ein runder Kanal, der sich durch Zellauflösung mehr und mehr erweitert. Nach Dippel füllen sich sowohl die den Harzgang umgebenden ein bis zwei Zellenreihen, als auch das zunächst liegende Parenchym bis zum Herbste mehr und mehr mit Stärkemehl, welches bis zum Beginn der nächsten Vegetationsperiode verschwindet und sich nach der Ansicht der letzteren in Harz umgewandelt hat. „Die Harzgänge im Holze der Abietineen bestehen in der Jugend immer aus einem Strange von zartwandigen, unverholzten und in der Regel einen verhältnissmässig kleinen, durch Auseinanderweichen der wenigen centralen Zellen gebildeten Interzellulargang mit umschliessenden Holzparenchym, dessen Inhalt in der Ruhezeit aus Stärkemehl besteht und später erst eine chemische Umwandlung in flüchtiges Oel und Balsam resp. Harz erleidet."

Verbreitung. Ueber ganz Europa und den grössten Theil Nordasiens verbreitet, Sandboden liebend, auf Kalk weniger gut gedeihend, bis zum 70. Grad nördlicher Breite hinaufgehend. Die Kiefer ist ein Baum der Ebenen, in denen sie grosse ausgedehnte Waldungen bildet; sie erreicht jedoch, namentlich in Spanien, bedeutende Meereshöhen, geht aber wohl nirgends bis zur Grenze des Baumwuchses. Nach Luerssen ist die Verbreitung in vertikaler Beziehung folgende: im nördlichen Norwegen bis 227 m, im südlichen Norwegen bis 1027 m; in den mitteldeutschen Gebirgen bis 786 m; in den bairischen Alpen bis 1597 m; im Engadin bis 1948 m; in der Sierra Nevada 1623—2110 m.

Name und Geschichtliches. Der Name *pinus*, eigentlich *pic-nus*, soll abgeleitet sein von *pix, picis* (Pech). Andere leiten ihn von dem Keltischen *pin* (Berg) ab und würde somit *pinus* einen Gebirgsbaum bezeichnen; noch Andere (Grassmann) versuchen eine Herleitung aus der altindischen Wurzel *pî* und *piv*, von Saft, insbesondere von Fett (Harz) strotzend. Föhre (althochdeutsch *foraha*), Fohre, Forche, Fure, Füre, Feure sind nach Grimm „übereinstimmend mit den Benennungen des Feuers und deuten darauf hin, dass aus der Föhre das feuerfangende Pech oder Harz rinnt." Das Wort Kiefer soll entstanden sein aus Kien-Föhre. Theophrastus nannte unsere Kiefer *πιτυς ἀγρια* und Plinius bezeichnete sie mit *arbor pinus.*

Blüthezeit. April, Mai.

Offizinell sind die harzigen, walzenförmigen, noch in der Entwickelung begriffenen, mit braunen, häutigen Schuppen bedeckten Frühlingsknospen, die sogenannten Kiefernsprossen (Fichtensprossen): *Turiones Pini* (*Gemmae Pini, Strobili Pini, Coni Pini*) und das vom Februar bis October entweder freiwillig oder gemachten Rindeneinschnitten oder Rissen ausfliessende Harz, der gemeine deutsche Terpenthin: *Terebinthina communis,* ein aus den Harzgängen kommendes Ausscheidungsprodukt von dickflüssiger, klebriger, schmutzig-gelblicher Beschaffenheit, welches nach Verdunstung des ätherischen Oeles als gemeines Fichtenharz: *Resina Pini communis* zurückbleibt.

Die Einsammlung der Kiefernsprossen, welche, wie bereits bemerkt, noch mit den braunen, lanzettlichen, gewimperten, zarthäutigen Schuppen bedeckt sein müssen, soll zu Anfang des Frühlings, bei möglichst heiterem Himmel erfolgen; sie werden an einem lauwarmen Orte getrocknet und im ganzen Zustande in einem gut verschlossenen Gefäss (höchstens 1 Jahr lang) aufbewahrt.

Präparate. Aus den Kiefernnadeln werden noch folgende Produkte gewonnen: durch wiederholtes Kochen und Pressen bis zur Zerfaserung der Blätter erhält man die zu Krankenbetten und zum Einhüllen und Bedecken kranker Körpertheile mit Vortheil verwendbare Waldwolle: *Lana Pini silvestris*; durch Kochen frischer Kiefernnadeln wird ein grünlich-braunes, nach Waldwollöl riechendes Extrakt, Waldwollextrakt: *Extractum Pini foliorum* (*Extractum Lanae Pini silvestris*) gewonnen. Bei letzterem Prozesse gewinnt man als Nebenprodukt ein bei Nervenschwäche, rheumatischen, gichtischen und hektischen Leiden als Einreibung mit Vortheil zu verwendendes Oel von gelblich-grüner Farbe und angenehmem, lavendelartigem Geruche, das Waldwollöl: *Oleum Pini foliorum* (*Oleum lanae Pini silvestris*).

Aus dem gemeinen Fichtenharz (*Resina Pini communis*) gewinnt man durch Erhitzen mit Wasser und zwar so lange, bis das als Terpenthinöl bezeichnete Oel verflüchtigt ist, eine weisse, undurchsichtige, gelbwerdende Masse, das weisse Harz: *Resina alba.* Wird das gemeine Harz ohne Wasser geschmolzen oder der Schmelzprozess so lange fortgesetzt bis hinzugefügtes Wasser vollständig verdunstet ist, so erhält man eine hellbraune, durchsichtige, sehr spröde Masse, das gelbe Harz: *Resina flava* (*Resina citrina*). Wird der Schmelzprozess noch weiter fortgesetzt, wodurch die durch Siedehitze in Pininsäure umgewandelte Sylvinsäure in Colophonsäure umgebildet wird, so erhält man das roth- bis schwarzbraune, sehr spröde Geigenharz: *Colophonium* (*Terebinthina cocta* = $C_{44} H_{62} O_4$). Durch trockene Destillation des Kiefernholzes, namentlich der unteren Stammtheile einschliesslich des Wurzelholzes, in Erdgruben oder besonderen Oefen, wird der vorzüglich in Schweden, Finnland, Nord- und Central-Russland in grossen Massen produzirte Holztheer: *Pix liquida* (*Resina empyreumatica liquida, Pyroleum Pini*) gewonnen. 1 Theil Theer mit 10 Theilen heissem, destillirtem Wasser giebt das sogen. Theerwasser: *Aqua Picis* (*Aqua picea*). Die beim Prozesse der Holztheergewinnung zuerst abfliessende gelbliche, dickflüssige Masse ist der weisse Theer: *Pix liquida alba*; aus letzterem erhält man durch Destillation mit Wasser das Kienöl: *Oleum Pini rubrum*; die zurückbleibende Masse bildet das weisse Pech: *Pix alba.* Bei der Gewinnung des weissen Theeres erhält man gleichzeitig eine wässerige, saure Flüssigkeit, die anfangs hell ist und als Theergalle bezeichnet wird. Späterhin wird sie gelb und braun und riecht in Folge der in der Essigsäure und dem essigsauren Ammoniak aufgelösten Zersetzungsprodukte des Balsames und Holzes brenzlich; es ist diess der rohe Holzessig: *Acetum pyro-lignosum crudum.* Bei weiterfortgesetzter trockner Destillation des weissen Theeres erhält man eine in Alkohol, Aether und Oelen lösliche dickflüssige Masse, den schwarzen Theer: *Pix liquida atra* und aus letzterem wiederum auf dem Wege der Destillation mit Wasser das Theeröl: *Oleum Picis.* Die nach Gewinnung dieser Produkte zurückbleibende schwarze Masse ist das schwarze Pech, Schiffspech, Schusterpech: *Pix Pini empyreumatica* (*Pix nigra, Pix navalis*). Durch langsame Verbrennung aller bei obigen Prozessen erhaltenen Rückstände und Abfälle erhält man den Kienruss: *Fuligo.* Aus dem gemeinen Terpenthin wird durch Destillation mit Wasser das ätherische Terpenthinöl, Terpenthingeist: *Oleum Therebinthinae* (*Spiritus Terebinthinae*) gewonnen.

Bezüglich der Kiefernsprossen ist noch zu bemerken, dass sie einen Theil der *Tinctura Pini composita* bilden; ebenso werden sie zur Bereitung des *Syrupus Pini turionum* verwendet.

Bestandtheile. Nach Forchhammer enthalten die Kiefernsprossen kleine Mengen einer bei 75° C. schmelzenden Substanz, das *Boloretin*, und nach Kawalier einen (auch in der Rinde vorkommenden) in Aether unlöslichen Bitterstoff: das *Pinipikrin* ($C_{22} H_{36} O_{11}$, Husem. 337). Die Rinde enthält neben dem bereits genannten Pinipikrin eine klebrige Substanz: das *Pinikorretin* ($C_{24} H_{38} O_5$), einen rothen harzigen Farbstoff: das *Phlobaphen* und die Gerbsäuren: *Pinicortannsäure* ($C_{32} H_{38} O_{23}$) und *Tannecortepinsäure* ($C_{28} H_{26} O_{12}$). Im Splint befindet sich *Coniferin* ($C_{16} H_{22} O_8 + 2HO$), aus welchem durch Umsetzung *Vanillin* zu gewinnen ist. Die Nadeln der Kiefer enthalten um Weihnachten nach Kawalier *Ceropinsäure* ($C_{36} H_{68} O_5$), *Pinitannsäure* ($C_7 H_8 O_4$) und *Oxypinitannsäure* ($C_{14} H_{11} O_9$), an deren Stelle im Frühjahre die *Tannopinsänre* ($C_{28} H_{30} O_{13}$) gefunden wird. Die Samen enthalten fettes Oel; das gemeine Harz besteht aus 3—5% Terpenthinöl, 5—10% Feuchtigkeit und den Harzsäuren: *Sylvinsäure* ($C_{20} H_{30} O_2$) und *Pininsäure* (Husemann, Pflanzenstoffe. 340).

Anwendung. Die Kiefern- und Fichtensprossen werden hauptsächlich zur Bereitung der *Tinct. Pini composita*, in seltenen Fällen wohl auch im Aufguss als harnabsonderndes und blutreinigendes Mittel, ebenso auch zu Inhalationen bei Lungenkrankheiten verwendet. Das Harz dient zur Bereitung von Pflastern, Salben und zum Räuchern bei chronischen Lungenkatarrhen; seltener findet eine innerliche Anwendung gegen Gonorrhöe und Blenorrhöen des Darmkanals statt.

Litteratur. Abbildung und Beschreibung: Nees v. Esenb., Pl. med., Taf. 80; Hayne, Arzneigew. XIV., Taf. 9; Berg u. Schmidt, Offiz. Gew., Taf. 8d; Bentley u. Trim., Medicin. pl., Taf. 257; Woodville, Taf. 1; Steph. u. Ch., Taf. 73; Flückiger u. Haubury, Pharmacographia, p. 604; Reichenbach, Ic. Fl. Germ. XI., Taf. 521; Luerssen, Handb. d. syst. Bot. II., 115; Karsten, Deutsche Flora 321; Wittstein, Handb. d. Pharm. 231.

Drogen und Präparate: *Turiones Pini*: Ph. ross. 193; Ph. belg. 67; Ph. suec. 94; Berg, Waarenk. 127; Husemann, Arzneimittell. I. 1150; Hager, Ph. Pr. II. 698.

Tinctura Pini composita: Ph. ross. 434; Ph. helv. suppl. 122; Husemann, Arzneimittell. I. 1150.

Extractum Pini foliorum: Ph. ross. 133; Hager, Ph. Prx. II. 699.

Oleum Pini foliorum: Ph. ross. 294; Hager, Ph. Prx. II. 699; Berg, Waarenk. 556.

Pix liquida: **Ph. germ.** 211; Ph. austr. (D. A.) 104; Ph. ross. 315; Ph. helv. 102; Ph. belg. 67; Ph. Neerl. 183; Brit. ph. 242; Ph. dan. 185; Ph. suec. 167; Ph. U. St. 258; Flück. u. Haub., Pharm., p. 604; Berg, Waarenk. 645; Husem., Arzneimittell. I. 550; Hager, Ph. Prx. II. 708.

Aqua Picis: **Ph. germ.** 33; Ph. Neerl. 30; Ph. suec. 111; Cod. med. 374; Hager, Ph. Prx. II. 709.

Acetum pyrolignosum crudum u. *rectificatum*: **Ph. germ.** 3; Ph. austr. (D. A.) 2; Ph. Hung. 5; Ph. Neederl. 5; Ph. helv. 1.

Bezüglich des Harzes und des daraus gewonnenen Terpenthines mit seinen Destillationsprodukten siehe *Pinus Pinaster* Soland.

Tafelbeschreibung:

A Zweig mit Blüthen und ein- und zweijährigen Früchten, natürl. Grösse; 1 u. 2 männliches Blüthenkätzchen geschlossen und geöffnet, vergrössert; 3 u. 4 männliche Blüthe, weniger und mehr geöffnet, desgl.; 5 Pollen von verschiedenen Seiten, desgl.; 6 Zweigspitze mit weiblicher Blüthe, desgl.; 7, 8, 9 Fruchtblatt von verschiedenen Seiten, desgl.; 10 reifer, noch geschlossener Fruchtzapfen, natürl. Grösse; 11 reifes Fruchtblatt mit Samen, von verschiedenen Seiten, desgl.; 12 Samenflügel mit und ohne Samen, desgl.; 13 Same in natürl. Grösse und im vergrösserten Längsschnitt; 14 Nadelpaar mit Querschnitt, vergrössert; 15 Grund des Nadelpaares im Längsschnitt, desgl.; 16 Holzquerschnitt mit dem Harzgange *a*, dem umgebenden Holzparenchym *b*, Holzfasern *c* und den Markrindenstrahlen *d*. (nach Dippel). Nach der Natur von W. Müller.

Coniferae

Pinus silvestris L.

Piper nigrum L.

Schwarzer Pfeffer — Poivre noir — Black Pepper, Murich (Bengal), **Long Pepper** (für P. longum), **Pippul** (Bengal).

Syn. *Piper trioicum* Roxb. (Bentley and Trimen).

Familie: *Piperaceae;* Gattung: *Piper* L.

Beschreibung. Nach Art des Epheus mittelst Luftwurzeln an Bäumen etc. emporklimmender, 5 und mehr Meter hoher (nach Flückiger bis 15 Meter weit kriechender) Strauch mit ca. 2 Ctm. dicken, holzigen Stengeln und knotig gegliederten, an den Knoten wurzelnden, glatten und kahlen Aesten. Die abwechselnd gestellten, mit $1^1/_2$ bis 3 Ctm. langen, oberseits rinnigen und $^1/_2$ bis $^2/_3$ scheidig gerandeten Blattstielen versehenen, lederigen, durchscheinend punktirten, unterseits bleichgrünen Blätter ca. 13 Ctm. lang, 9 Ctm. breit (nach Flückiger 16 Ctm. lang und 5 bis 7 Ctm. breit), die unteren rundlich-eiförmig, zugespitzt, am gleichhälftigen Grunde abgerundet oder schwach herzförmig, die oberen elliptisch-eiförmig, zugespitzt, am Grunde etwas schief, gerundet oder zugespitzt, sämmtlich mit 5 bis 7 starken Nerven und dazwischen liegenden Netzadern; die meist jederseits zu 3 auftretenden Seitennerven entspringen dem unteren Drittel des Mittelnerv. Die Blüthen sind entweder einhäusig oder zweihäusig. oder es sind vollständige Zwitterblüthen mit unvollständigen gemischt. Die Spindel der Aehre ist locker mit höchstens 30 eingeschlechtigen oder Zwitterblüthen, denen unfruchtbare beigemischt sein können, besetzt. Die walzigen Blüthenähren einzeln an den Knoten der oberen Stengeltriebe, gewöhnlich den Blättern gegenüberstehend, auf kahlem Stiele, ungefähr von der Länge der Blätter, hängend. Aehrenspindel behaart. Deckschuppen (Brakteen) länglich, an der Spindel herablaufend, der letzteren beiderseits taschenförmig angewachsen. Staubgefässe zu 2, dem Fruchtknoten zur Seite gestellt, mit kurzen Filamenten; Staubbeutel an der Basis angeheftet, 4fächerig, bei der Reife 2fächerig, mit seitlichen Längsspalten 4klappig aufspringend. Der kugelige Fruchtknoten sitzend, 1fächerig, ohne Griffel, mit 3 bis 5 Narben und einer grundständigen, aufrechten Samenknospe. Narbenlappen weich behaart. Fruchtähre dicht mit sitzenden, kugeligen, erbsengrossen, erst grünen, dann rothen, im völlig reifem Zustande gelben Beeren besetzt. Der Same, welcher von der dünnen Fruchthaut und einer Samenhaut bedeckt ist, zeigt ein ansehnliches, im Centrum oft hohles, mehliges Perisperm (Ausseneiweiss) und an der Spitze ein geringes Endosperm (Inneneiweiss), in welches der kleine, gerade Embryo eingebettet ist; das kurze dicke Würzelchen ist nach oben, die nicht deutlich entwickelten Samenlappen sind nach unten gerichtet.

Piper officinarum Casimir (*P. longum* Rumph, *P. Amalago* L., *Chavica officinarum* Miq.) ist ein die höchsten Bäume erklimmender Strauch mit knotig gegliederten Stengeln und Zweigen. Blätter hart, häutig, sehr kurz gestielt, oblong-elliptisch, zugespitzt, an der Basis gewöhnlich ungleich, verschmälert, beiderseits kahl (nach Karsten behaart), oberseits lebhaft grün, unterseits graugrün, matt und fein weisslich punktirt, fiedernervig, die Mittelrippe mehr oder weniger geröthet, 8 bis 14 Ctm. lang, 4 bis 5 Ctm. breit, die der männlichen Pflanze kleiner als die der weiblichen. Blüthenähren 2häusig, den oberen Blättern gegenüberstehend, gestielt, die männlichen Blüthenähren walzenförmig, kurz gespitzt, dichtblüthig; Deckblätter abgerundet, schildförmig, gestielt, zu beiden Seiten des kurzen dicken Stieles je ein 2fächeriges, längsspaltig sich öffnendes Staubgefäss mit sehr kurzem, dickem Faden. Die weibliche Blüthenähre kürzer und dicker, walzenförmig, an der Spitze abgerundet, rothbraun; die schildförmigen, sitzenden Deckblätter kreisrund. Der kugelige Fruchtknoten in die Aehrenspindel eingesenkt und mit letzterer verwachsen, mit 3 fein zugespitzten Narben. Beeren fast kugelig, untereinander verwachsen, nur am Scheitel frei, in Spirallinien gestellt, im trockenen Zustande verkehrteiförmig, durch gegenseitigen Druck in der unteren Hälfte meist 5kantig.

Piper longum L. (*Chavica Roxburghii* Miq.), ein niederliegender, zur Blüthezeit aufsteigender Strauch mit rundlich- bis länglich-eiförmigen, zugespitzten, am Grunde breit herzförmigen, handförmig 5 bis 7 nervigen, unterseits auf den Nerven behaarten, sehr fein punktirten und meergrünen, oberseits schön grünen Blättern. Aehre der männlichen Pflanze gerade, walzig-fadenförmig, schwärzlich, stumpf, mit kurz gestielten, abgerundet-rautenförmigen Deckblättern. Aehren der weiblichen Pflanze kürzer und dicker, die schildförmigen Deckblätter ebenfalls rundlich-rautenförmig. Fruchtknoten verkehrteiförmig, durch Druck vierkantig.

Anatomisches. Der Querschnitt des Pfeffers zeigt nach Flückiger eine zarte, gelbliche Oberhaut und darunter befindlich eine dichte, gelbe Schicht grosser, radial gestellter, dickwandiger, poröser Steinzellen, deren kleine Höhlungen Klumpen von dunkelbraunem Harz enthalten. Die hierauf folgende mittlere Fruchtschicht zeigt ein zartes, etwas tangential gestrecktes, mit Stärkekörnern und Oeltropfen ausgestattetes Parenchym, welches beim Eintrocknen eine starke Runzelung der Oberfläche erzeugt; das innere Gewebe besteht nach aussen aus einem tangential gestellten, zarten Prosenchym, „dessen Zellen entweder spiralige Streifung oder Spiralfasern besitzen,“ nach innen aus einem stärkefreien Parenchym, welches mit grossen Oelzellen durchsetzt ist. Die Samenschale besteht aus 2 Schichten, von denen die äussere aus einer Reihe kleiner, gelber Zellen gebildet ist, deren innere Wandungen mit starken, porösen Verdickungsschichten ausgestattet sind und die im Innern vielfach Krystallrosetten von Calciumoxalat enthalten; die innere Schicht zeigt ein dunkel braunrothes, dichtes Gewebe. Das

Sameneiweiss besteht aus einem mit zahlreichen Oelzellen durchsetzten Parenchym, dessen eckige, radial geordnete Zellen zum grössten Theile mit Tropophlasten (farbigen, plasmatischen Gebilden) angefüllt sind; daneben treten Zellen auf, welche gelbe Klumpen von Piperin enthalten.

Blüthezeit. *Piper nigrum* blüht in Südindien Mai und Juni; Ernte Anfang des folgenden Jahres.

Vorkommen. *Piper nigrum* ursprünglich wahrscheinlich nur in den Wäldern der Malabarküste einheimisch; gegenwärtig in Hinterindien, auf Ceylon, Sumatra, Java, Borneo, auf den Philippinen und in Westindien kultivirt. „Gegenwärtig liefern die Pflanzungen auf den Inseln Penang (Pulo Pinang, Pince of Wales Island), an der Strasse von Malaka und Riyan (Riouv holländisch, Rhio englisch), ferner diejenigen in den Besitzungen des Maharadschah von Dschohor, an der Südspitze der Halbinsel Malaka weit mehr Pfeffer, als die vorderindische Halbinsel (Flückiger)."

Piper officinarum ist einheimisch auf den Sundainseln, Molukken, Philippinen.

Piper longum ist von den Philippinen durch den Archipelagus und das östliche Bengalen bis Südindien und Ceylon verbreitet.

Name und Geschichtliches. Der Name Pfeffer (althochd. *swuzpeffer, wizphephir;* mittelhochd. *wit Feffer, swarcz Peffer* für *Pip. nigrum;* mittelhochd. *lanc-, lanch-, lang Peffer,* mittelniederd. *lank Peper* für *Pip. longum*) stammt aus dem griechischen *πέπερι,* römischen *piper,* welches aus dem Sanskrit *pippali* hervorgegangen ist. Letzteres Wort ist auf dem Wege durch Persien, in Folge der Verwandlung des l in r, in *biber,* arabisch *babary,* griechisch *πέπερι,* römisch *piper* umgewandelt worden. *Chavica* von *Chava, Chaba,* dem indischen Namen des langen Pfeffers.

Der Pfeffer ist eins der ältesten Gewürze, welches schon in den alten epischen Dichtungen der Inder erwähnt wird. Theophrast unterschied rundlichen und länglichen Pfeffer; man nimmt an, dass unter letzterem *Piper longum* gemeint sei. Dioscorides und Plinius machen Mittheilung über langen, schwarzen und weissen Pfeffer, über die Eigenschaften als Gewürz und als Arznei und es werden in dieser Zeit Orte der Westküste Vorderindiens als Ausfuhrplätze bezeichnet. Alexandria erhebt im Jahre 176 n. Chr. einen Zoll auf Pfeffer. Der Pfeffer hatte in den ersten Jahrhunderten unserer Zeitrechnung einen hohen Werth und gehörte jedenfalls zu den Kostbarkeiten, denn als Alarich im Jahre 408 Rom belagerte, bezahlte die bedrängte Stadt, ausser Gold und Silber, 3000 Pfd. Pfeffer als Lösegeld. Alexander Kosmas, welcher in der ersten Hälfte des 6. Jahrh. Indien bereiste, giebt die erste Kunde von der Pfefferpflanze und Alexander Trallianus verordnet in dieser Zeit trotz des hohen Preises der Droge, wie Flückiger sagt, „seinen vermuthlich sehr wohlhabenden Patienten in Rom Pfeffer in recht ausgiebiger Weise". Für die Kostbarkeit des Pfeffers zeugt die Benutzung zu Geschenken und Tributzahlungen an hochgestellte Personen, so z. B. 876 an Karl den Dicken, 1111 von Seiten Venedigs an Kaiser Heinrich, 1177 an Kaiser Friedrich II. Pfeffer hatte überhaupt zu jener Zeit die Bedeutung als Zahlmittel, denn seine Benutzung zur Zahlung von Abgaben, Renten, Steuern, Zöllen war in vielen Ländern allgemein. Für seine hohe Bedeutung sprechen auch die vielen sprichwörtlichen Redensarten, welche sich auf den Pfeffer beziehen und die schon im Alterthum auftraten und noch in neuerer Zeit häufig im Gebrauch sind. Pfeffer wurde überhaupt als der Inbegriff sämmtlicher Gewürze betrachtet, weshalb die Gewürzhändler vielfach als Pfefferkrämer, *Piperarii, Poivriers* bezeichnet wurden.

Der erste Abendländer, welcher in das Land des Pfeffers vordrang, soll Marco Polo gewesen sein, welcher auch die Bemerkung machte, dass der grössere Theil des Pfeffers nach China ausgeführt werde. Genauen Bericht giebt der venetianische Kaufmann Nicolo Conti in der ersten Hälfte von 1400, welcher in Sumatra die Pfefferpflanze kennen lernte. Von hervorragender Bedeutung ist der Pfeffer in der Handelsgeschichte der Venetianer, welche den Pfeffer durch das Rothe Meer über Alexandrien nach Venedig brachten und von dort aus weiter verbreiteten. Vom Ende des 15. Jahrh. ab bemächtigten sich die Portugiesen des Pfefferhandels, welche den Pfefferhandel monopolisirten, das Gewürz nach Lissabon und von dort nach Antwerpen und London brachten. Von dieser Zeit gehen die Preise des Pfeffers erheblich herunter.

Offizinell ist die Frucht, im unreifen Zustande als schwarzer Pfeffer: *Fructus Piperis* (*Piper nigrum, Baccae Piperis nigri*), im reifen Zustande als weisser Pfeffer: *Semen Piperis album* (*Piper album*).

Bei Gewinnung des schwarzen Pfeffers werden die Fruchtähren eingesammelt, wenn sie noch grün sind, nach Flückiger, sobald die grüne Farbe bei den untersten Früchten in roth übergeht, die andern also erst halbreif sind. Am nächsten Tage löst man die Beeren von der Spindel ab und trocknet sie auf Matten, manchmal unter Anwendung künstlicher Wärme. Die Beeren sind im getrockneten Zustande kugelig, runzelig, oben, wenig auffallend, durch die Narbenlappen gekrönt, an Stelle des nicht zur Entwickelung gelangten Embryos befindet sich eine kleine Höhlung. Das schwarzbraune, dünne Fruchtgehäuse ist mit seiner innersten Schicht mit der Samenschale verwachsen und schliesst den mit einer dünnen, braunrothen Samenhaut bedeckten weissen Samen fest ein. Letzterer zeigt ein aussen grünlich-graues, hornartiges, innen weisses, mehliges Eiweiss. Der Geruch ist aromatisch, der Geschmack aromatisch beissend scharf. Ein guter Pfeffer ist schwerer als Wasser und darf beim Reiben nicht zerbröckeln.

Der weisse Pfeffer wird gewonnen, indem man die Früchte zur vollständigen Reife gelangen lässt, in welchem Zustande dieFruchtschichten, nach mehrtägigem Einweichen in Wasser, leicht abgerieben und abgewaschen werden können. Die Trennung der Fruchtschichten vom Samen erfolgt nach Flückiger „in derjenigen Fruchtschicht, welche sich durch kleine Spiralgefässe und weissliche Färbung auszeichnet", so dass der von der unverletzten Samenschale und der inneren Hälfte der Fruchtschicht bedeckte Samenkern allein zurückbleibt. Der weisse Pfeffer ist hart, kugelig, in Folge seines vollständigen Auswachsens etwas grösser als der schwarze, bald etwas niedergedrückt, bald etwas länglich, oben undeutlich-abgeplattet, glatt, am Grunde mit kurzer Spitze, von welcher in gleichen Abständen feine, helle Gefässbündel meridianartig nach oben verlaufen. Der anatomische Bau ist dem des schwarzen Pfeffers gleich, nur ist das Eiweiss besser ausgebildet. Geruch und Geschmack sind feiner, aber schwächer als beim schwarzen Pfeffer.

Der weisse Pfeffer ist ebenso lange im Gebrauch als der schwarze; nur war man im Mittelalter der Ansicht, dass beide Pfeffersorten von verschiedenen Pflanzen stammten. Garcia de Orta widerlegt zwar diese Ansicht nicht, bemerkt aber, dass der Unterschied beider Sträucher so unbedeutend sei, dass er selbst von den Eingebornen kaum erkannt werde.

Die Pfeffersträucher werden in fruchtbaren, feuchten Boden gepflanzt und durch hohe Bäume (*Uncaria Gambir, Areca Catechu, Erythrina indica, Mangifera indica* etc.) beschattet. Die Vermehrung erfolgt durch Stecklinge; die Pflanze selbst wird an kurzen Stangen gezogen. Nach Flückiger beginnt die Ernte, welche schon im ersten Jahre eintreten kann, im 3. oder 4. Jahre und dauert bis ungefähr zum 20. Jahre. Die höchsten Erträge, 1 bis 5 Klgr. pro Pflanze, fallen ungefähr in das 5. Jahr.

Hauptplätze für den Pfefferhandel sind in Europa London, Amsterdam und Hamburg. Die jährl. Produktion wird von Scherzer auf 26 Mill. Klgr. geschätzt (Sumatra 14 Mill. Klgr., Inseln der Malaka-Strasse 1,8 Mill. Klgr., malayische Halbinsel 1,9 Mill. Klgr., Borneo 1,8 Mill. Klgr., Siam 4 Mill. Klgr., Malabar 2,5 Klgr.), wovon England etwa 13 Mill. Klgr., Deutschland $2^1/_2$ Mill. Klgr. importirt. Nach Flückiger ist jedoch die Pfefferproduktion grösser, denn nach letzterem erhalten: London 20 Mill. Klgr., Frankreich 3 bis 5 Mill. Klgr., Hamburg 1 bis 2 Mill. Klgr., die Vereinigten Staaten $3^1/_2$ Mill. Klgr.

Den schönsten weissen Pfeffer, jedoch nur in geringer Menge, liefert nach Flückiger Tellicherry an der Malabarküste; grössere Mengen liefert Hinterindien (Pinang 1880 3936 Piculs à 60,48 Klgr., Singapore 1879 46396 Piculs, Riouw-Lingga-Archipel 1878 25000 Piculs). Der beste Pfeffer ist der von Malabar, eine Mittelsorte liefert Singapore, der holländische oder Bataviapfeffer besitzt den geringsten Werth.

Piper longum (Spadices Piperis longi, Spadices Chavicae, langer Peffer) besteht aus den vor der völligen Reife gesammelten und getrockneten, bis 4 Ctm. langen, bis 6 Mm. dicken, aussen graubraunen, innen weissen Fruchtkolben von *Piper officinarum* und *Piper longum.* Der lange Pfeffer war als *πεπερι μακρόν* schon den Alten bekannt. Er enthält dieselben Bestandtheile wie der schwarze Pfeffer, jedoch in geringerer Menge, ist aber seit der leichten Erreichbarkeit des Pfefferlandes mehr und mehr in Vergessenheit gerathen und wird gegenwärtig nur noch als Fliegengift, oder in betrügerischer Weise zur Schärfung des Essigs verwendet. Der Geruch ist aromatisch, der Geschmack schärfer als bei *Piper nigrum.*

Im Mittelalter war, ebenso wie jetzt noch in Südindien, die knotig gegliederte, ca. $^1/_2$ Ctm. dicke Wurzel von *Piper longum* als *Radix Piperis* gebräuchlich. Das Parenchym enthält zahlreiche Oelzellen, welche dieser Wurzel einen scharf aromatischen Geschmack verleihen.

Eine weitere Pfefferart, welche in früherer Zeit an Stelle des echten Pfeffers unter dem Namen *Piper aethiopicum* (*Piper Nigrorum, Habb ezzalam der Araber,* äthiopisch *habzeli*) Verwendung fand, besteht aus den schwärzlichen, hülsenartigen Fruchtständen der im westtropischen Afrika einheimischen *Xylopia aethiopica* Rich. (*Habzelia aethiopica* D. C.) Dieser Pfeffer, welcher ohne Zweifel schon früher in Gebrauch war als der echte und von den griechischen Aerzten lange vor dem indischen Pfeffer benutzt wurde, fand sich im Mittelalter in verschiedenen deutschen Apotheken, dient aber gegenwärtig nur noch den Negern als Gewürz. Nach Cadet enthält er schweres, ätherisches, wohlriechendes Oel, scharfes Harz, Stärkemehl etc.

Melegetta Pfeffer, von *Amomum Melegetta* Rostk. stammend, gelangte im Mittelalter unter dem Namen *Grana Paradisi* (*Grana*) aus Westafrika auf den europäischen Markt, und soll auch jetzt noch in erheblicher Menge nach Europa gebracht werden. Er dient jetzt wohl hauptsächlich zur Schärfung des Branntweins und des Essigs.

Fälschungen des Pfeffers sind häufig. Beimengung von erdigen Bestandtheilen lösen sich in Wasser und sind leicht zerreibbar. Stärkemehl, welches dem weissen Pfeffer beigemischt wird, giebt sich durch blaue Färbung bei Zusatz von Jod zu erkennen; Bleiweiss löst sich in Essigsäure unter Brausen und die Lösung wird bei Berührung mit Schwefelwasserstoff schwarz. Dem gestossenen schwarzen Pfeffer werden Oelkuchen, gebrannte, gemahlene Eicheln, Brodrinde etc. beigemischt, welche Fälschungen oft nicht leicht nachzuweisen sind. Ein guter Pfeffer darf nur 4 bis 4,5, höchstens 6 % Asche geben. Flückiger sagt: „Der Bau des Pfeffers ist eigenartig genug, um die Erkennung betrügerischer Zusätze zu ermöglichen; ein weiteres Hülfsmittel liegt oft in der Bestimmung des vermittelst Alkohols zu gewinnenden Extraktes, welches nach Wynter Blyth 6,3 bis 7,6 % auf Trockensubstanz bezogen ergiebt."

Bestandtheile. Der schwarze Pfeffer enthält nach Dulong ätherisches Oel, ein eigenthümliches krystallinisches Alkaloid (*Piperin*), scharfes Weichharz, Proteïnsubstanz, Gummi, Stärkemehl, Bassorin, Aepfelsäure; im weissen Pfeffer fand Lucae: 1,61 % ätherisches Oel, 16,60 % scharfes Harz, 18,50 % Stärkemehl, 2,5 % Eiweiss, 12,50 % Gummi, 29,0 % Faser. Piperin fand Lucae im weissen Pfeffer nicht; dasselbe wurde erst nachträglich von Poutet entdeckt. Das Harz, welches nicht genau untersucht ist, verleiht dem Pfeffer den beissenden Geschmack. Träger des Geruches ist das bis zu 2.2 % gewonnene ätherische Oel, welches nach Dumas, Soubeiran und Capitaine ein bei 167—170° siedendes Terpen ($C_{10}H_{16}$) ist. Flückiger fand einen Siedepunkt von 150°, spaltete es in 3 Haupt-

Piper nigrum L.

 bestandtheile mit den Siedepunkten 150—170°, 170—178°, 240—250° und bezeichnet das rohe Oel als linksdrehend. Es ist farblos, hat ein spez. Gew. von 0,864, den Geruch und Geschmack des Pfeffers ohne die Schärfe.

Bei Behandlung des Pfeffers mit Kalkmilch, Chloroform oder Aether erhält man das Alkaloid *Piperin* ($C_{17} H_{19} NO_3$), welches 1819 von Oerstedt entdeckt wurde und nach der Cazeneuve- und Caillot-Methode (mittelst Kalkmilch) in einer Ausbeute von 8.1 % (Sumatra), 7.1 % (Singapore, schwarz), 9.15 % (Singapore, weiss), 5.24 % (Penang) gewonnen wird. Es krystallisirt in farblosen (anfangs von anhaftendem Harze gelblichen), glasglänzenden, vierseitigen, schief abgestumpften Prismen (nach Flückiger in prachtvollen trichromatischen Prismen des monosymmetrischen Systemes), ist im reinen Zustande fast geschmacklos, unrein scharf schmeckend, schmilzt bei 100° (nach Flückiger bei 145°) zu einem klaren, gelblichen Oele, welches harzartig wieder erstarrt, zersetzt sich in höherer Temperatur, löst sich leicht in heissem Weingeist und Methylalkohol, in Chloroform, Benzol, Toluol, Schwefelkohlenstoff, wenig in Aether, fast nicht in Petroleum, Wasser und wässerigen Säuren und ist ohne Wirkung auf die Polarisationsebene. Schwefelsäure löst es mit gelber Farbe, welche bald in dunkelbraun, später in graubraun übergeht. *Piperin* ist eine sehr schwache Salzbasis und zerfällt beim Kochen mit weingeistigem Kali in *piperinsaures Kali* ($C_{12} H_9 O_4 K$) und *Piperidin* ($C_5 H_{11} N$). Das *Piperidin* bildet eine klare, farblose, nach Ammoniak und Pfeffer riechende, ätzend schmeckende, stark alkalisch reagirende, bei 106° siedende Flüssigkeit, welche sich mit Wasser und Weingeist leicht mischt und mit Säuren gut krystallisirbare Salze bildet. *Piperinsäure* $C_{12} H_{10} O_4$ ($C_{12} H_9 O_4$ nach Flückiger), von Babo und Keller entdeckt, aus der oben erwähnten Kaliverbindung durch Salzsäure abgeschieden und durch Umkrystallisiren gereinigt, bildet wenig sauer reagirende, bei 150° schmelzende, bei 200° theilweise unzersetzt sublimirende, haarfeine, gebliche Nadeln, ist sehr schwer löslich in Wasser, schwer in kaltem, leicht in kochendem Weingeist und liefert gut krystallisirbare Salze.

Einen in Aether, niedrig siedendem Petroleum und Weingeist reichlicher löslichen, amorphen Antheil des Pfefferharzes bezeichnet Buchheim als *Chavicin*, welches durch alkoholische Kalilösung, ähnlich dem Piperin, in *Piperidin* und *Chavicinsäure* gespalten wird und sich durch seine Unkrystallisirbarkeit von dem *Piperin* unterscheidet.

Nach König und Krauch sind in dem lufttrockenen Pfeffer 11 bis 12% Proteïnstoffe und 7 bis 8% Fett enthalten. Der Aschengehalt des bei 100° getrockneten Pfeffers beträgt 4.1 bis 5.7%, gewöhnlich 4.3 bis 4.6%.

Der lange Pfeffer enthält dieselben Bestandtheile wie der schwarze Pfeffer. (Husemann, Pflanzenstoffe 486.)

Anwendung. Der Pfeffer ist ein starkes Reizmittel und hat als Stomachicum und gegen Intermittens Anwendung gefunden. Aeusserlich dient er als Kaumittel bei Anginen und Zungenlähmung, im Aufguss mit Wein als Gurgelwasser und zu Salben gegen chronische Hautkrankheiten (Kopfgrind). Das *Piperin*, welches auf Empfehlung italienischer Aerzte gegen Intermittens angewendet und als *Antipyreticum, Febrifugum* und *Stomachicum* empfohlen wurde, hat sich nach den neuen Versuchen nicht bewährt. Stahl rühmt den weissen Pfeffer, in ganzen Körnern genommen, gegen Hämorrhoidalbeschwerden. In Volksgebrauch ist die Anwendung des Pfeffers zum Hinausschieben des Eintrittes der Menstruation. Der schwarze Pfeffer findet als Reizmittel Verwendung zu Fomenten der Fusssohlen bei Sopor. Innerlich bewirken grössere Mengen von Pfeffer Vergiftungserscheinungen. „Chiappa will auch bei Behandlung von Fieber mit *Piperin* brennenden Schmerz im Magen, Hitze im Rectum und im ganzen Abdomen, Injektion der Augen und Anschwellung der Augenlider und Nase beobachtet haben. Der Pfeffer findet seine Hauptverwendung als Speisegewürz.

Litteratur. Abbildung und Beschreibung: Nees v. Esenb., Plant. med., Taf. 20 (*nigrum*), Taf. 23 (*officinarum*); Hayne, Arzneigew. XIV, Taf. 6 (*nigrum*), Taf. 20 (*longum*), Taf. 21 (*officinarum*); Bentley and Trimen, Med. pl., Taf. 244 (*longum*), Taf. 245 (*nigrum*); Luerssen, Handb. der syst. Bot. II. 517; Karsten, Deutsche Flora 477; Wittstein, Pharm. 640.

Drogen und Präparate. *Piper nigrum:* Cod. med. 70; Ph. belg. 68; Brit. ph. 241; Ph. U. St. 257; Flückiger, Pharm. 861; Flückiger and Hanb., Pharm. 576; Hist. d. Drog. II, 334; Berg, Waarenk. 370 (*nigrum*), 436 (*album*), 356 (*longum*).

Pilulae Mercurialis laxantes: Ph. helv. suppl. 90.
Confectio Opii: Brit. ph. 241.
Confectio Piperis: Brit. ph. 87.
Pulvis Opii compositus: Brit. ph. 265.
Pulvis Piperis: Cod. med. 510.
Oleoresina Piperis: Ph. U. St. 231.
Piper album: Ph. belg. 68; Ph. suec. 187.
Bezüglich der Drogen und Präparate siehe auch Hager, Ph Prx. II, 703; III, 993.

Tafelbeschreibung:

A blühender Zweig, nat. Grösse; 1 Theil der Blüthenähre, vergrössert (nach Baillon aus Luerssen); 2 Fruchtknoten, mit Staubgefäss, desgl.; 3 Staubgefäss, desgl.; 4 junge, noch grüne Frucht im Längsschnitt, desgl.; 5, 6 Theil der Fruchtähre, nat. Grösse und vergrössert (der Farbenton ist falsch; er müsste bei 5 roth, bei 6 grün sein; Fig. 6 nach Hayne); 7 Frucht ohne Fruchtschicht, vergrössert; 8 dieselbe im Längsschnitt, desgl. Nach einer Originalzeichnung des Herrn Professor Schmidt in Berlin.

Pirus Malus L.

Apfelbaum — pommier — apple-tree.

Familie: *Rosaceae*; Unterfamilie: *Pomeae*. Gattung: *Pirus* Tourn.

Beschreibung. Bis 10 m hoher Baum mit reich verzweigter, tiefgehender Pfahlwurzel, schuppiger Borke und zerstreuten, abstehenden, braunen, weisslich punktirten jüngeren und krautartigen, graufilzigen jüngsten Aesten. Die abgestumpften, rundlichen Knospen wollig behaart. Die zerstreut stehenden, gestielten Blätter eiförmig, kurz gespitzt, gekerbt-gesägt, kahl oder unterseits graufilzig. Blattstiele halb so lang als die Blattspreite. Blüthen gross, in meist endständigen, wenig blüthigen Dolden, zugleich mit den Blättern erscheinend. Der krugartige, mit den Fruchtblättern verwachsene, oben freie, mit einem verdickten, fleischigen Rande versehene, kahle oder wollige Unterkelch trägt auf seinem freien Rande die 5 eiförmig-länglichen, spitzen, zurückgeschlagenen und bleibenden Kelchblätter. Kronblätter zu 5, röthlich-weiss, abstehend, verkehrt-eiförmig, kurz genagelt, ausgerandet, wellig vertieft, in der Knospe dachig, abfallend. Staubgefässe meist 20, dem Rande des Unterkelches entspringend, einreihig, aufrecht, wenig nach aussen gebogen, ungleich lang, mit fadenförmigen, nach oben verjüngten Fäden und ovalen, an beiden Enden ausgerandeten, auf dem Rücken am Grunde angehefteten, 2fächerigen, der Länge nach aufspringenden, gelben Staubbeuteln. Pollen länglich, 3furchig, 3porig, unter Wasser aufquellend, dreiseitig-rundlich. Der mit dem Unterkelche verwachsene 5fächerige Stempel mit am Grunde verwachsenen 5 kahlen Griffeln und schief gestutzten, länglichen, mit einer Längsfurche versehenen Narben. Eichen in jedem Fach 2, der hohlen Mittelsäule angewachsen, vom Anheftungspunkte aufsteigend. Frucht beiderseits genabelt, kugelig, 5fächerig, vom getrockneten Kelche gekrönt, verschiedenfarbig. Wände der Fächer pergamentartig. Samen in jedem Fache 2, verkehrt-eiförmig, abgeflacht, aufsteigend, kastanienbraun, am Rande mit einem Nabelstreifen, eiweisslos, mit lederartiger Samenschale, am stumpfen Ende mit dem kirschbraunen Hagelfleck (Chalaza). Der gerade, weisse Embryo von der Form des Samens, mit fleischigen, planconvexen Samenlappen und kurzem, nach unten gerichtetem Würzelchen.

Man hat von der wilden Pflanze folgende Varietäten:

α. *austera* Wallr. (*Pirus acerba* DC., *Malus acerba* Mérat) Säuerling: Blätter, Blüthenstiele und Kelch kahl, Kronblatt schmal.

β. *mitis* Wallr. Süssling: Blätter, Blüthenstiele und Kelch filzig, Kronblätter breiter, Früchte fadesüsslich.

γ. *praecox* Zwerg-, Johannis- oder Paradiesapfel: Strauch oft dornenlos. Ist die Stammpflanze für die Zwergbaumzucht.

Von der var. α stammen nach Wallroth die veredelten sauren, von der var. β die veredelten süssen Aepfel ab. Die aus diesen Varietäten hervorgegangenen veredelten Fruchtformen sind nun folgende:

1. Spitzapfel: kegelförmig oder länglich walzig, mit regelmässigem Kernhaus, von süssem oder weinsäuerlichem, bis weinsaurem Geschmack, einfarbig oder auf der Sonnenseite roth verwaschen.
2. Rosenapfel: mit meist regelmässigem Kernhaus, regelmässig gerippt und meist gestreift mit feinkörnigem, lockerem Fleisch und feinem Rosen-, Fenchel- oder Anisgeschmack (Rosmarin-, Achat-, Pfingst-, Tauben-, Birn-, Seiden-, Milchapfel).
3. Streiflinge: meist kugelig, rothstreifig, mit regelmässigem Kernhause, weissem Fleische und rein süssem bis saurem Geschmack (Jakobs-, Winter-, Prinzen-, Süssapfel).
4. Kantäpfel: stumpfkantig, mit grossem, oft unregelmässigem Kernhause und wohlschmeckendem Fleische (echte Kalvillen, Schlotteräpfel, Gulderlinge).
5. Rambouräpfel: sehr gross, breiter als hoch, meist mit 2 ungleichen Hälften gerippt, mit lockerem, grobkörnigem, schmackhaftem Fleische (Pfund-, Herren-, Kaiserapfel).
6. Reinetten: etwas platt-kugelig, mit rauher, später runzeliger, welkender Haut, anfangs brüchigem, später saftigem Fleische, grau punktirt oder mit rostigem Anfluge und Ueberzügen (Lederapfel, Goldreinette, Peppings, Borsdorfer, Gravensteiner).
7. Plattäpfel: mehr breit als hoch, einfarbig oder auf der Sonnenseite rothverwaschen, mit regelmässigem Kernhaus, von rein süssem bis rein saurem Geschmacke (Zwiebelapfel, Silberling, Wachsapfel, Stettiner, August-, Zucker-, Muskateller-, Honigapfel).

Hier könnte man noch den um Astrachan wild wachsenden, bei nns hier und da kultivirten, kleinen, säuerlichen Sibirischen Eisapfel und den aus Sibirien stammenden, gelbbackige, langgestielte, beerenartige Früchte hervorbringenden beerentragenden Apfel anreihen.

Name und Geschichtliches. Der Name Apfel, althochdeutsch *affaltra, aphol, aphul, aphultra,* mittelhochdeutsch *apfalder, apphil, apuldr,* altnordisch *apalder,* angelsächsisch *apuldre,* keltisch *aval* oder *abhâl* wird von Grassmann auf die altindische Wurzel *abh*, in der Bedeutung feucht, d. h. hier saftig oder noch wahrscheinlicher auf die Wurzel *av* „sich woran gütlich thun" zurückgeführt. *Pirus,* auch *Pyrus,* bei Plinius der Birnbaum, ist wahrscheinlich dem griechischen *πυϱος* Kern, wegen der zahlreichen Fruchtkerne, entlehnt. Keltisch heisst der Birnbaum *peren,* gothisch *baira-bagms*; letzteres vielleicht eine Uebertragung des griechischen *συκαμινος*, Maulbeerbaum. Unter *malum,* griechisch *μᾶλον*, verstanden die Alten überhaupt jede fleischige, apfelartige Frucht mit Körnern; gewöhnlich bezogen sie aber das Wort auf auf unsern Apfelbaum und bezeichneten mit *malum* den Apfel, mit *malus* den Apfelbaum (*μῆλον* des Dioscorides, *μηλεά* des Theophrast).

Der Apfel spielt in der Mythologie der Griechen eine grosse Rolle; nach ihr ist Dionysos als Schöpfer des Apfelbaumes zu betrachten, welchen er der Aphrodite schenkte. Daher der Apfel ein Sinnbild der Liebe. Die Germanen erkannten in dem Apfel das Symbol der Mutterbrust und der nährenden Liebe. Als Reichsapfel mit dem Kreuze war er Symbol der christlichen Weltherrschaft.

Die Heimath des Apfelbaumes ist in Asien zu zuchen, denn in Europa kam er ursprünglich nicht wild vor. Seine Kultur in letzterem Erdtheile ist aber Jahrtausende alt und im Laufe der Zeit hat seine Frucht so grosse und zahlreiche Veränderungen erlitten, dass es den heutigen Pomologen schwer fällt, die Aepfelfrüchte systematisch zu ordnen. Zu Theophrast's Zeiten wuchsen die Aepfel am Pontus um Pantikapaeum in verschiedenen Sorten. Nach Athenaeus (geboren um 170 n. Chr. in Aegypten) kamen die besten Aepfel aus Sidunt bei Korinth. Im Jahre 1650 waren bereits 200 Aepfelsorten bekannt und das im Jahre 1831 von der Londoner Gartenbaugesellschaft herausgegebene Verzeichniss führt 1400 Sorten auf.

Schon zu Zeiten des Hippokrates ist der Apfel arzneilich verwendet worden.

Verbreitung. Der veredelte Apfel ist gegenwärtig fast überall da zu finden, wo sich Europäer niedergelassen haben. Der wilde Apfel kommt zerstreut in Wäldern und Zäunen vor.

Blüthezeit. Mai.

Offizinell sind die Früchte der sauren und säuerlichen Sorten: *Fructus Mali* (*Poma Mali, Poma acida*).

Am geeignetsten erscheinen für den arzneilichen Gebrauch die wilden oder Holzäpfel. Da aber diese nicht immer zu haben sind, so verwendet man zu arzneilichen Zwecken die den Holzäpfeln an Säurereichthum am nächsten stehenden Sorten und zwar die rothen Rostocker oder Stettiner, die rothen Rambour, die Kalvillen, Schlotteräpfel, Borsdorfer und Reinetten.

Präparate. Aus den, am besten nicht ganz reifen Aepfeln wird der Fruchtsaft gewonnen, der in Verbindung mit Eisen das *Extractum Ferri pomatum* (*pomati*) (*Extractum Ferri, Extractum Martis pomatum, Extractum Malatis Ferri*) liefert. Das Extrakt wird zur Herstellung der *Tinctura Ferri pomata* (*Tinctura Martis pomata, Tinctura Malatis Ferri*) verwendet.

Bestandtheile. Die Früchte enthalten, je nach dem Reifezustand: Weinsäure, Aepfelsäure, Gerbstoff, Levulose, wahrscheinlich auch Rohrzucker, Arabinsäure, Eiweissstoffe etc. Bertram fand in getrockneten und geschälten Aepfeln 32,12% Wasser, 39,71% Traubenzucker, 3,9% Rohrzucker, 5,2% Stärke, 2,68% freie Säure. Der Saft der reifen Aepfel enthält nach Bérard: Aepfelsäure, Zucker, Dextrin, klebrige Substanz, äpfelsauren Kalk, ein Aroma und Wasser; auch wird Pektin und ebenso auch Gerbsäure gefunden, sowie auch, nach Meyer, zu gewissen Zeiten Amylum beobachtet wird, welches sich jedoch später in Zucker umwandelt. Die 1785 von Scheele entdeckte, namentlich in den Vogelbeeren enthaltene, sonst allgemein verbreitete, vorzugsweise in den unreifen und sauren Früchten auftretende, frei oder an Kalk, Kali, Magnesia oder Pflanzenbasen gebundene *Aepfelsäure* $C_4 H_6 O_5$ bildet beim Verdunsten ihrer syrupsdicken Lösung, an einem warmen Orte, farblose, glänzende, meistens büschelförmig oder kugelig zusammengeballte Nadeln oder Prismen ohne Krystallwasser, erstarrt jedoch auch zu einer körnig-krystallinischen Masse. Sie ist geruchlos, von stark saurem Geschmacke, besitzt ein spez. Gew. von 1,559, schmilzt nach Pasteur bei 100° und wird von Wasser und Weingeist leicht gelöst. Sie zerfliesst an der Luft. Bei einer, einige Stunden währenden Erhitzung der Aepfelsäure auf 175—180° in einer Retorte im Oelbade, zerfällt sie in Wasser und die beiden isomeren Säuren *Maleïnsäure* $C_4 H_4 O_4$ und *Fumarsäure* $C_4 H_4 O_4$. Salpetersäure verwandelt die Aepfelsäure leicht in Oxalsäure; wässeriges Kaliumbichromat oxydirt sie, bei Vermeidung von Wärme, zu *Malonsäure* $C_3 H_4 O_4$.

Die Samen der Früchte enthalten nach Lehmann 0,6% Amygdalin. De Koninck und Stas entdeckten 1835 in der Wurzelrinde des Apfelbaumes ein, jedoch auch in der Stamm-, Zweigrinde und in den Blättern, namentlich auch in der Rinde der Birn-, Kirsch- und Pflaumenbäume vorkommendes Glykosid: das *Phlorizin* (φλοιός Rinde, ῥίζα Wurzel) mit der Formel $C_{21} H_{24} O_{10} + 2 H_2 O$. Es bildet kleine, weisse, seidenglänzende (bei langsamer Bildung grössere, platte, perlglänzende) Nadeln, besitzt ein spez. Gew. von 1,43, ist geruchlos, schmeckt schwach bitterlich-süss, reagirt neutral, schmilzt bei 106—109° zu einer harzigen Masse, wird bei 130° wieder hart und schmilzt bei 160° von Neuem; es löst sich leicht in warmem Wasser, Weingeist und Holzgeist, hingegen nur wenig in Aether. (Husemann, Pflanzenstoff 195, 999.)

Anwendung. *Extractum Ferri pomatum*, gewonnen durch Einwirkung des Saftes auf feinpulverisirtes Eisen, bildet eine schwarzgrüne Masse, die sich fast klar in Wasser auflöst; es ist 7—8% metallisches Eisen in diesem Präparate enthalten. Der Geschmack ist süss-tintenartig. Die Verabreichung erfolgt in Pillenform oder in Lösung. Es gehört zu den mildesten Eisenpräparaten. *Tinctura Ferri pomata* ist schwarzbraun und von mildem Geschmacke. Wird zu 20—60 Tropfen mehrmals täglich bei Chlorose und in Verbindung mit Digitalistinktur auch bei Herzkrankheiten gereicht (Husemann, Arzneimittell. 710). Die herb und stark bitter schmeckende Zweigrinde wurde früher gegen Wechselfieber, die Blüthen als Thee verwendet. Die Aepfel bilden roh und verschieden zugerichtet ein sehr beliebtes, gesundes, ernährendes und durststillendes Genussmittel. Durch geistige Gährung erhält man aus dem Safte den diätetisch, wie medizinisch vielfach zu Kuren angewendeten Aepfelwein oder Cyder. Durch Uebergang in die saure Gährung wird Aepfelessig gewonnen.

Litteratur. Abbildung und Beschreibung: Nees v. Esenb., Plant. med., Taf. 304; Hayne, Arzneigew. IV., Taf. 46; Berg u. Schmidt, Offiz. Gew., Taf. IVa; Luerssen, Handb. d. syst. Bot. II. 833; Karsten, Deutsche Flora 781; Wittstein, Pharm. 36.

Drogen und Präparate: *Fructus Mali*: Berg, Waarenk. 352.

Extractum Ferri pomatum: **Ph. germ.** 89; Ph. austr. (D. A.) 59; Ph. hung. 189; Ph. helv. 43; Ph. dan. 103; Ph. suec. 77.

Tinctura Ferri pomata: **Ph. germ.** 280; Ph. austr. (D. A.) 135; Ph. hung. 459; Ph. helv. 144; Ph. dan. 275; Ph. suec. 234.

Bezüglich der Präparate siehe Hager, Pharm. Prx. I. 1068.

Tafelbeschreibung:

A blühender und B fruchtender Zweig in natürl. Grösse; 1 Blüthe ohne Krone im Längsschnitt, vergrössert; 2 Staubgefässe, desgl.; 3 Pollen, desgl.; 4 Frucht im Längsschnitt, desgl.; 5 dieselbe im Querschnitt, desgl.; 6 u. 7 Same mit Samenschale im Längsschnitt, von verschiedenen Seiten, desgl.; 8 derselbe im Querschnitt, desgl.; 9 derselbe ohne Samenschale, desgl. Nach der Natur von W. Müller.

Rosaceae. (Pomeae.)

W.Müller n.d. Nat

Pirus Malus L.

Piscidia Erythrina L.

Gemeiner Fischtänger, korallenbaumartiger Fischtänger, Piscidia. Englisch: Jamaica-Dogwood. Französisch: Bois iveant, Bois des chiens.

Syn. *Erythrina piscipula* L., *Ichtyomethia* P. Browne, *Piscipula* Loeffling.

Familie: *Papilionaceae* Jussieu. Gruppe: *Dalbergieae* DC. Gattung: *Piscidia* L.

Beschreibung. Ein Baum von 6—8 m Höhe mit glatter heller Rinde und unregelmässig abstehenden Ästen. Die Blätter sind wechselständig, unpaarig gefiedert, mit zwei bis vier seitlichen Fiederpaaren. Das Blatt wird im ganzen bis 15 cm lang, wovon etwa 7 cm auf den Blattstiel, 7 cm Länge auf die Blattfläche vom ersten Fiederpaare aus gerechnet werden muss. Der Grund des Blattstiels, etwa 1—2 cm lang, ist aufgetrieben, der Stiel selbst stielrund, nur oberseits schwach rinnig. Die einzelnen Fiederblättchen sitzen ebenfalls auf 1 cm langen angeschwollenen Blattstielen; die unteren Fiederblättchen eines Blattes sind kleiner als die oberen; die Blättchen werden bis 7 cm lang und etwa halb so breit, sind oval, vorn kurz zugespitzt, ganzrandig, lederartig und sehr leicht abfallend. Junge Blätter sind gelbgrün, glänzend seidenhaarig, in der Knospe gefaltet, und durch die scharf hervortretenden Seiten- und Randnerven streifig gezeichnet. Ältere sind lebhaft grün, fast kahl, unterseits blassgrün, zart flaumhaarig mit gelbseidenhaarigen, stark hervortretenden Mittel-, Seiten- und Randnerven. Die Seitennerven sind bald wechsel-, bald gegenständig, zu fünfzehn bis zwanzig auf jeder Seite, unter Winkeln von 45—50° von der Mittelrippe ausgehend und in kaum gebogener Linie dem Rande zustrebend und in den hervortretenden gelben Randnerven einmündend. — Die Blüten stehen in reich zusammengesetzten, länglich-lanzettlichen bis zu 30 cm langen Trauben, deren untere Äste 4—5 cm lang werden. Der Kelch ist abgestutzt glockig, braunrot, mit grauen Seidenhaaren dicht bedeckt, undeutlich zweilippig, insofern die beiden oberen Zipfel erheblich kleiner sind, als die übrigen drei, und auch so gedrängt stehen, dass sie beinahe miteinander verwachsen. Obere Zähne des Kelches rundlich, untere breit eiförmig mit stumpfer Spitze endigend. Blüte schmetterlingsförmig. Fahne fast kreisrund, am oberen Ende mit scharfem Einschnitt, am unteren mit schmalem Nagel und über demselben entweder nackt oder mit zwei Anhängseln versehen. Aussen ist sie dicht grau-seidenhaarig, innen weiss und mehr oder weniger mit blutroten Adern durchzogen, sodass sie unter Umständen innen blutrot erscheint. Die Fahne ist ebenfalls gestielt, die Platte schief eiförmig, am oberen Rande mit einem Öhrchen über dem Nagel, weiss mit blutroten Adern, aussen weisshaarig. Das Schiffchen besteht auch aus zwei langgenagelten Blättchen mit halbmondförmiger Platte, welche nur in der Mitte der unteren gekrümmten Kante miteinander verwachsen sind. An derselben Stelle finden sich einzelne weisse Seidenhaare.

An der aufwärts gebogenen äusseren Spitze dagegen sind die Blättchen wieder getrennt. — Von den vorhandenen zehn Staubblättern ist das der Fahne opponierte frei und sehr lang, die übrigen sind in eine nach der Hauptachse hin offene Röhre verwachsen, derart, dass die dem freien Staubgefässe zunächst stehenden nur am Grunde mit der Röhre zusammenhängen, während die übrigen fest miteinander verbunden sind. Die Filamente werden nach aussen bez. nach unten immer kürzer. Die weissen eiförmigen Antheren sitzen an einem rötlich gefärbten Verbindungsgliede. Der Fruchtknoten ist sehr kurz gestielt, anfangs stielrund oder von der Seite her etwas flachgedrückt, überall dicht seidenhaarig; er enthält zwei bis viele Samenknospen. Der fadenförmige kahle Griffel des horizontal gerichteten Fruchtknotens biegt sich in $^1/_3$ seiner Länge im rechten Winkel aufwärts, und endet in eine kleine kaum verbreiterte Narbe. — Die nicht aufspringende Hülse ist hellbraun, kahl, etwa 10 cm lang oder kürzer, lineal, von der Seite her flach zusammengedrückt, zu beiden Seiten der Bauch- und Rückennaht mit vier abstehenden, quernervigen, häutigen, 1—1,5 cm breiten Flügeln versehen. Die Frucht ist im bleibenden Kelche gestielt, zwei- oder mehrsamig, zwischen den einzelnen Samen durch Querwände gefächert. Die Samen sind braunrot, 7 mm lang, 4 mm breit, oval, oft an den Enden abgestutzt bis länglich viereckig, mit scharfer Randkante und seitlichem Nabel versehen. Nährgewebe fehlt. Das Würzelchen ist mit der Spitze dem Nabel zugekehrt und an der Seitenkante der fleischigen Kohyledonen herablaufend.

Vorkommen. Die Pflanze wächst in Ebenen und hügeligen Gegenden Westindiens, des nördlichen Südamerikas, und des südlichen Nordamerikas. Sie findet sich auf den Antillen, besonders auf Jamaika, in Mexiko, Texas und Florida. Daselbst gedeiht sie in Gebüschen, am liebsten auf vulkanischem Boden in der Nähe des Meeres.

Blütezeit. April, Mai.

Pharmazeutisch wichtig ist die Wurzelrinde der Pflanze als **Cortex (radicis) Piscidae.** Die Rinde kommt in etwa 1 m langen und 4 cm breiten flachrinnigen oder röhrigen Stücken in den Handel, welche aufgeweicht 2—5 mm dick werden. Im trockenen Zustande ist die Rinde hart und zähe, aussen mit grauweissem oder graugelbem kleinschuppigen Korke bedeckt, welcher zum Teil sich ablöst und das darunter liegende grüne Gewebe hervortreten lässt. Die Innenrinde besteht aus gelblich weissem faserigen Bast, der teilweise abblättert und in Bändern oder Fäden an der Innenseite der Rinde frei hängt. Im trockenen Zustande ist der Geruch der Rinde unbedeutend, nach dem Aufquellen aber unangenehm narkotisch nach der frischen Milch des Mohns *Papaver somniferum* L.; der Geschmack ist wenig hervortretend; später kratzt die gekaute Rinde im Halse. Der Aufguss der Rinde wird durch Gerbsäure getrübt, durch Eisenchlorid aber nicht verändert.

Anatomie. Auf dem Querschnitt der aufgeweichten Rinde erkennt man unter der Lupe eine sehr dünne Korkschicht; darauf folgt eine grüne Mittelrinde und eine weisse Innenrinde, welche durch bräunliche Bastbündel gefeldert erscheint. Bei stärkerer Vergrösserung erscheint der Kork etwa dreissig Lagen stark; unter ihm folgt ein dem Kork verwandtes Gewebe und das zartmaschige Rindenparenchym, dessen Zellen schwache tangentiale Streckung besitzen. In dieses eingebettet finden sich einzelne harzhaltige braune Zellen, deren Inhalt in Wasser und Glycerin nicht, dagegen in Alkohol und Alkalien löslich ist. Gerbstoff oder Stärke sind nirgends vorhanden. In der Innenrinde treten die Bastbündel als nahezu viereckige Felder von gelblicher Farbe und aus zahlreichen ziemlich engen dünnen Fasern bestehend, deutlich hervor, durch zwei- bis dreireihige Markstrahlen und Weichbast getrennt. In dem letzteren liegen die geschrumpften Siebröhren in Form schwach gelblicher Querstränge und zwar dem nach innen gelegenen Bastbündel näher, als dem nach aussen gelegenen. Steinzellen sind in der Rinde nicht enthalten.

Bestandteile. Unter den Bestandteilen hat A. C. Nagle einen Bitterstoff isoliert, dem er den Namen **Piscidin** und die Formel $C^{29} H^{24} O^{8}$ giebt. Zu seiner Darstellung wird das Fluidextrakt mit etwas Kalkbrei vermengt und das Gemisch eine halbe Stunde an einem warmen Orte digeriert; man presst aus, filtriert und versetzt das Filtrat mit Wasser bis zur beginnenden Trübung und stellt das Ganze mehrere Tage beiseite. Dann scheidet sich das Piscidin in kleinen farblosen Prismen ab, die durch Umkrystallisieren aus Alkohol gereinigt werden können. Der Körper schmilzt bei 192°, ist unlöslich in Wasser, leicht löslich in heissem Alkohol, Benzol, Chloroform, wenig löslich in Äther. Auch konzentrierte Salz- und Schwefelsäure lösen es ohne Zersetzung; Wasser scheidet es aus der Lösung unverändert wieder ab.

Anwendung. Bei den Eingeborenen, die den Baum auf Jamaika, Manaka, auf St. Vincenz aber *Murungú* oder *Mulungú* nennen, ist derselbe längst als Gift bekannt. Der Dominikaner-Mönch Jean Baptiste Labat erzählt schon 1722 in seinem Buche „Nouveau voyage aux iles de l'Amérique, contenant l'histoire naturelle de ce pays", dass man auf den Antillen mit dem Saft der Pflanze die Jagdpfeile vergifte. Getroffene Tiere sänken sofort betäubt um und stürben, ohne dass ihr Fleisch ungeniessbar würde. — Die verbreitetste Anwendung ist wohl die zum Betäuben der Fische. Man behandelt die zerstossenen Blätter, Zweige und die Wurzelrinde mit Wasser und den Rückständen von der Rumbereitung, bringt die ganze Masse in Körbe und hängt diese ins Wasser, worauf die Fische betäubt an der Oberfläche des Wassers schwimmen. Die getöteten Fische können ohne Gefahr genossen werden und enthalten kein Gift für den Menschen, wie die mit Kokkelskörnern getöteten. — Die ersten Nachrichten über die betäubenden Wirkungen der *Piscidia* verdanken wir (1830 und 1844) dem auf den Antillen lebenden Arzte Hamilton, welcher die Anwendung der Tinktur bei Zahnschmerz lehrte und die schlafbringende Wirkung derselben bei innerlichem Gebrauche an sich selbst studierte. Er wandte zuerst die Tinktur zur Beruhigung von Geisteskranken an. In neuerer Zeit ist durch Versuche an Tieren und an sich selbst durch Winterburn festgestellt worden, dass die *Piscidia* ein dem Codeïn und dem Haschisch ähnliches Narkotikum darstellt, welches zunächst die Nerven zu erhöhter Thätigkeit anreizt, allmählich aber Abspannung eintreten lässt und schliesslich zu einem ruhigen erquickenden Schlafe führt, der von keinerlei lästigen oder bedenklichen Neben- oder Nachwirkungen begleitet ist. Aus den zahlreichen Publikationen, namentlich denen von Dr. J. Ott u. a. im Jahre 1884 erschienenen, geht hervor, dass das Gift lähmend auf die Zentralnerven wirkt und dadurch den dem natürlichen Schlafe sehr ähnlichen Zustand erzeugt; es erweitert die Pupille, lindert ohne Nebenwirkung den quälenden Husten der Phtisiker und findet Anwendung bei Migräne und schmerzhaften Herzaffektionen; ausserdem dient es als Hypnotikum, in Fällen, wo Morphin, Paraldehyd und andere Mittel den Dienst versagten. — Einer Steigerung

Papilionaceae
(Dalbergieae)

Piscidia erythrina L.

der Respiration folgt eine plötzliche Abnahme derselben. Es hemmt in grösseren Dosen die Herzthätigkeit und bewirkt den Tod durch Lähmung der Herzmuskeln. Man gab zuerst die Rinde in Pulverform in Dosen von 0,5 g, drei- bis viermal täglich; später benutzte man eine weingeistige Tinktur (1 : 5), von der man täglich vierzig bis fünfzig Tropfen verwendete. — Gegenwärtig stellt man ein trockenes Extrakt und ein Fluidextrakt dar; von dem ersteren rechnet man auf eine Dosis 0,25—0,50 g, von dem Fluidextrakt 2—8 ccm als Tagesgabe. — Mangelhafte Wirkung ist wahrscheinlich durch eine Verwechselung von Wurzelrinde mit Stammrinde bedingt; die Kennzeichen derselben sind indessen noch nicht beschrieben worden; die Rinde der Zweige charakterisiert sich durch pergamentartigen, beim Trocknen in Blättern, nicht in Schuppen, sich ablösenden Kork und lineale Lenticellen.

Litteratur. Beschreibung und Abbildung. Linné, Gen. n. 856. Spec. 993. — Lamarck, Dict. I. 433; Suppl. I. 633; Illust. t. 605. — Sloane, Voy. 2. t. 176. — Kosteletzki, Med. Pharm. Flora IV. 1277. — De Candolle, Prodrom. II. 267. — Endlicher, Gen. n. 6723. — Bentham & Hooker, Gen. I. 550 n. 252. — Humboldt, Bonpland & Kunth, Nova Gen. et Spec. VI. 382. — Bentham in Journ. Linn. Soc. IV. Suppl. 116. — *Erythrina* L. Spec. ed. I. 107. — *Ichthyomethia.* P. Browne, Jam. 276. — C. G. Pringle, Plantae mexicanae, exsicc. No. 4110. — Eggers, Flora exsiccata Ind. Occident. No. 376. — Geisler & Möller, Realencycl. VIII. 241.

Droge. Wiegand, Pharm. 396. — Dorvault, L'Officine 757. — Möller, Pharm. Centralhalle XXIV. (1883) 567. — Realencycl. III. 519. — Parke, Davis & Co., Auszüge 1887. — Working Bull. I. S. 11. — Deutsche Arzneim. Berlin 1891. 72 n. 182.

Präparate. *Extr. fluidum.* Dieterich, Manuale ed. VI. 163. — Hager, Praxis III. 838. — Deutsche Arzneimittel 107. n. 269. — *Piscidin.* Husemann-Hilger, Pflanzenstoffe 1048. — Thoms, Realencyclop. VIII. 242. — Massini, Neue Arzneimittel, in Corr. Bl. f. Schweizer Ärzte, 15. Aug. 1885. — Lockwood & Ott, Ther. Gaz. Oktbr. 1883.

Tafelbeschreibung:

A Blattzweig, B Blütenzweig. 1 Fahne; 2 Flügel; 3 Kiel; 4 Staubblattbündel; 5 Pistill; 6 Frucht; 7 Samen. A, B etwas verkleinert, 6 natürliche Grösse, 1, 2, 3, 4, 5, 7 vergrössert. Nach getrockneten Exemplaren des Herbarium Haussknecht: C. P. Pringle, Plantae mexicanae No. 4110 aus Rascon in San Luis Potosi und Eggers, flora exsicc. Indiae occident. No. 376 aus St. Thomas.

Pistacia Lentiscus L.

Mastixbaum — Lentisque — Mastich.

Familie. *Anacardiaceae*; Gattung: *Pistacia* L.

Beschreibung. Kleiner, bis 5 Mtr. hoher, sehr ästiger, immergrüner Baum oder kräftiger Strauch mit braunen, höckerigen Zweigen; jüngste Zweige feinhaarig. Die immergrünen, gestielten Blätter abwechselnd, drei- bis fünfpaarig gefiedert. Stiel und Spindel geflügelt, kahl; Blättchen kahl, lederartig, oberseits lebhafter grün, unterseits matter, sitzend, ganzrandig, lanzettlich oder fast lineal (var. β angustifolia D. C.) oder eiförmig (var. γ Chia D. C.), abgerundet oder mit sehr kurzem Stachelspitzchen, selten ausgerandet, an der Basis keilförmig, an den Rändern schwach zurückgerollt; Blüthen zweihäusig, in dichten einfachen (männlichen) oder lockeren, zusammengesetzten (weiblichen), ziemlich kurz gestielten, unansehnlichen, grünlichen oder (durch die Staubbeutel) rothen, ährenförmigen Trauben, deren Stiele fein haarig und am Grunde von einigen kleinen Schüppchen umgeben sind; Trauben einzeln oder zu zweien aus den Blattachseln, die einzelnen Blüthen an der Basis von einem Schüppchen unterstützt. Männliche Blüthen: Kelch fünf- (durch Verkümmerung auch vier- oder drei-)blätterig; Kelchblätter eirund, zugespitzt, schuppenförmig viel kürzer als die Staubgefässe, an Länge ungleich. Staubgefässe 5, auch weniger, mit sehr kurzen, der ringförmigen Scheibe eingefügten Staubfäden und grossen, länglichen, röthlichen, vierfächerigen, der Länge nach aufspringenden Staubbeuteln. Pollen rundlich, dreiporig, dreinabelig. Stempel entweder ganz fehlend oder rudimentär als kleines gestieltes Körperchen vorhanden. Kronblätter fehlend. Weibliche Blüthen: Kelch viertheilig, mit eiförmigen, stumpf zugespitzten Blättchen. Stempel mit rundlichem, eiförmigem, eineiigem Fruchtknoten, sehr kurzem, kaum deutlichem Griffel, welcher mit drei, fast keulenförmigen, sehr verdickten, übergebogenen, ausgerandeten Narben versehen ist. Eichen grundständig. Steinfrucht bräunlich-roth bis schwärzlich, erbsengross, fast kugelig, trocken; Nuss von der Form der Frucht, mit knochenharter Schale. Embryo ohne Eiweiss, mit dicken, planconvexen Samenlappen und nach oben gekehrtem, der Keimblattkante anliegendem Würzelchen.

Anatomisches. Nach Flückiger zeigt der Querschnitt der Rinde zahlreiche, vom Cambium nach aussen an Mächtigkeit zunehmende Harzgänge, welche in verschiedener Länge, in einfacher oder doppelter Radialreihe im Siebtheil der Phloëmbündel aufsteigen und auch in den Blattstielen gefunden werden. In diese Gänge ergiesst sich das Harz der anliegenden Zellen, woraus es durch Rindeneinschnitte gewonnen wird. Das Holz ist ganz ohne Harz.

Blüthezeit. ?

Vorkommen. In den Mittelmeerländern von Syrien bis Marokko und Portugal verbreitet, daselbst den Hauptbestandtheil der Gebüsche bildend und allgemein als Brennholz benutzt.

Name und Geschichtliches. *Pistacia* (althochd. *lendboum*, arabisch *fustag* (persisch *fistak*, Pimpernuss) von *πιστακη*, *πιστακια*, *πισσα* Pech, Harz und *ακέομαι*, heilen, also ein Gewächs mit heilsamem Harze); *Lentiscus* von *lentescere* weich, klebrig werden, bezogen auf das Harz; *Mastix* (*mastiche*, *mastice*, *mastic*), *μαστίκη* von *μάσταξ*, Mund, oder *μαστικάειν*, kauen, weil er zum Wohlriechendmachen des Mundes im Oriente gekaut wird.

Schon die Alten, mit Einschluss der Aegypter, benutzten das aus dem Mastixbaume (*Σχίνος* der Griechen, *Lentiscus* der Römer) gewonnene Harz zu arzneilichen Zwecken; ebenso die Früchte und das aus den letztern gewonnene Oel. Die Insel Chios war schon damals wegen des Mastixharzes berühmt; aber jedenfalls gehörte Mastix in früheren Zeiten zu den kostbaren und theuren Produkten, denn Karl der Dicke (839—888) erhielt als Geschenk unter anderen Kostbarkeiten auch Mastix. Der berühmte arabische Arzt und Philosoph Avicenna (gestorb. 1037 in Persien) unterschied ein Mastix von Rumi (Mittelmeer) und einen nabathäischen (nach Flückigers Vermuthung orientalischen). Im 12. Jahrhundert ist Mastix im Abendlande schon sehr verbreitet gewesen und neben dem Mastix von Chios existirte noch Mastix von Cypern, von Samos und Pantelleria (Insel zwischen Sicilien und Tunis). Vom Jahre 1261 ab ging der Mastixhandel auf Chios an die Genuesen, namentlich die Familie Zaccaria über und später an die Maona der Guistiniani in Genua (nach Flückiger gleichbedeutend mit einer Aktiengesellschaft mit politischen Machtbefugnissen). Die jährliche Ernte auf Chios soll zu jener Zeit 300 bis 400 Ctr. betragen haben. 1566 wurde die Insel von den Türken erobert und der Mastixhandel monopolisirt. Nach Tournefort beschäftigten sich damals ungefähr 20 Dörfer mit der Mastixgewinnung, welche einen jährlichen Tribut von 286 Kisten à 281 Pfd. zu zahlen hatten.

Offizinell ist das freiwillig oder durch Rindeneinschnitte ausfliessende Harz: *Mastiche* (*Resina Mastiche*, Mastix).

Die Gewinnung des Mastix erfolgt auf Chios (türkisch Sakiz-Adasi) durch Einschnitte, welche nahe bei einander, senkrecht von den Aesten bis zur Wurzel gemacht werden. Der ausfliessende klare Harzsaft erstarrt nach einigen Stunden zu rundlichen, fast kugeligen oder ellipsoidischen Körnern, welche nach 15—20 Tagen in mit Papier oder Baumwollenstoff ausgelegten Körbchen gesammelt werden. Ein Theil tropft herab und wird durch untergelegte Steinplatten aufgefangen (*πητταα*), ein anderer Theil fällt neben die Platten auf die Erde, er bildet die geringste Sorte (*φλοῦδα*). Die Gewinnung beginnt Mitte Juni und dauert ungefähr 2 Monate. Man rechnet in guten Ernten bis 10 Pfund auf den Baum und den jährlichen Ertrag auf Chios zu 30000 Klgr., welche Masse nach Abzug von 500 Klgr. Tribut für jeden Ort von der türkischen Regierung käuflich übernommen wird. Nach den Flückiger'schen Angaben wurden auf Chios im Jahre 1871 28000 Pfund auserlesener und 42000 Pfund gewöhnlicher Mastix gesammelt mit einem Werthe von über 1 Million Mark.

Im Handel erscheinen mehrere Sorten. Die beste Sorte (*Mastix electa*) besteht aus vollkommen durchsichtigen, ca 1 Ctm. im Durchmesser haltenden, kugeligen oder etwas in die Länge gezogenen, walzigen, auch birnförmigen Stücken, welche ursprünglich, durch das Chlorophyll der Rinde, einen grünlichen Schein besitzen, jedoch bald völlig farblos werden und erst nach längerer Zeit einen gelblichen Ton annehmen. Die geringste Sorte (*Mastix in sortis*), aus mehr unregelmässigen, grösseren Stücken bestehend, ist gleich ursprünglich trübe, gelblich bis schwärzlich und mit Rinde, Holz und Sand gemengt. Eine sehr feine Sorte schwitzt an den Zweigen von selbst aus und bildet Thränen von vorzüglicher Reinheit (*δάκρυα, Serailmastix*).

Der Mastix ist spröde, besitzt eine muschelige, glänzende Bruchfläche, ist leicht zerreiblich und giebt ein weisses Pulver; er ist wenig schwerer als Wasser, erweicht bei 99°, frisch schon bei 93°, schmilzt bei 103°, ist im Munde bei langsamem Kauen knetbar (Unterschied von Sandarak), riecht bei gewöhnlicher Temperatur schwach, beim Erwärmen stärker angenehm balsamisch und schmeckt aromatisch, wenig bitter, in concentrirter Lösung sehr bitter, ist leicht entzündbar und verbrennt mit heller Flamme und stark balsamischem Geruche.

Bestandtheile. Mastix besteht aus 2 Harzen, von denen das eine in 80% Weingeist löslich ist, das andere nicht. Der erstere und zwar grössere, in Weingeist lösliche Antheil (Mastixsäure, $C_{40}H_{32}O_4$ [Johnsohn]) ist reicher an Sauerstoff und zeigt saure Eigenschaften. Der geringere ca. $^1/_5$ der Masse betragende, in Weingeist unlösliche Antheil (*Masticin*, $C_{40}H_{30}O_2$) ist ärmer an Sauerstoff und indifferent. Mastix besitzt ein spez. Gew. von 1,07—1,074 (nach Hager 1,056—1,062, ältere Waare bis 1,080), löst sich leicht in Nelkenöl, Amylalkohol, Terpenthinöl, weniger in den Kohlenwasserstoffen des Petroleums, noch weniger in Eisessig. Nach Hlasiwetz gehört er mit den Coniferenharzen zu den Terpenabkömmlingen. Mastix enthält ausserdem ca 2% ätherisches Oel von angenehmem Geruche. Dasselbe ist nach Flückiger ein Terpen ($C_{10}H_{16}$), rechtsdrehend, mit einem Siedepunkt von 155°—160°. Husemann, Pflanzenstoffe 866.

Anwendung. Jetzt nur noch wenig innerlich, meist äusserlich zu Salben, Pflastern, Räucherwerk, Zahnpulvern, Zahnkitt, Firnissen, im Orient als Kaumittel zur Verbesserung des Athems und zur Stärkung des Zahnfleisches. Der Mastix soll nach Ansicht der Orientalen die Zähne gesund und weiss erhalten, das Zahnfleisch kräftigen, vor Skorbut schützen, Katarrhe der Luftwege zurückhalten, chronische Katarrhe abschwächen und das Zahnen der Säuglinge befördern. Die Zahnärzte benutzen ihn zur Ausfüllung hohler Zähne. „Die innerliche Anwendung gegen Urinincontinenz, Leukorrhoe, sowie die externe bei Algien (in spirituöser Lösung) oder auch als weingeistiges Macerat von Mastix, Myrrhe und Olibanum, Spiritus Mastiches compositus s. matricalis, den man bei starker und schmerzhafter Ausdehnung des Unterleibes in der Schwangerschaft einrieb, entbehren der physiologischen Begründung.“ Er fand früher und auch jetzt noch in Amerika zu Pillenmassen Verwendung. In Griechenland verwendet man Mastix als Zusatz eines Branntweins (Raki oder Mastichi), auch gegen Diarrhoe kleiner Kinder. Er bildet auch einen Bestandtheil des Kittes für Glas und Porzellan. (Husemann, Arzneimittell. 395.)

Litteratur. Abbildung und Beschreibung. Nees v. Esenb., Plant. med., Taf. 351; Hayne, Arzneigew. XIII, Taf. 20; Berg u. Schmidt, Offiz. Gew. Taf. XXII^f; Bentley and Trimen, Med. pl. 68; Luerssen, Handbuch der syst. Bot. II, 708; Karsten, deutsche Flora 795; Wittstein, Pharm. 523.

Drogen und Präparate. *Mastiche*: Ph. austr. 89; Ph. hung. 283; Ph. ross. 342; Ph. helv. 81; Cod. med. 62; Ph. belg. 55; Ph. Neerl. 151; Brit. ph. 206; Ph. dan. 199; Ph. suec. 177; Ph. U. St. 218; Flückiger, Pharm. 105; Flückiger and Hanb., Pharm. 161; Hist. d. Drog. I., 288; Berg, Waarenk. 521.

Emplastrum oxycroceum: Ph. austr. 50; Ph. hung. 165; Ph. belg. 165.

Emplastrum Cantharidum perpetuum (cum Euphorbio); Ph. austr. 46; Ph. hung. 157; Ph. ross. 108; Ph. dan. 86; Ph. suec. 58.

Tinctura Mastiches: Ph. ross. 430; Ph. belg. 264, 265.

Pilulae Aloës et Mastiche: Ph. U. St. 252.

Bezüglich der Drogen und Präparate siehe auch Hager, Ph. Prx. II, 430; III, 710.

Eine als *Bombay-Mastix* bisweilen nach Europa gelangte Sorte stammt von den in Beludschistan, Kabul und Sindh wachsenden *Pistacia Khinjuk* Stocks und *Pistacia cabulina* Stocks, welche auch als Formen von Pistacia Terebinthus betrachtet werden. Das Harz, welches in Ostindien als *Mustagi-rumi*, römischer Mastix, bekannt ist, hat grosse Aehnlichkeit von dem Mastix von Chios; die Acetonlösung ist ebenfalls rechtsdrehend, doch löst sich Bombay-Mastix in Weingeist vollständig. Petroläther löst von Chios-Mastix in besserer Sorte 50%, in geringer Sorte 38,5%, von Bombay-Mastix nur 12,5%; die Aetherlösung vom Chios-Mastix ist getrübt, die vom Bombay Mastix nicht.

Tafelbeschreibung:

A Zweig mit männlichen Blüthen, natürl. Grösse; B desgleichen mit weiblichen Blüthen, desgl.; C Fruchtzweig, desgl.; 1 männliche Blüthe, vergrössert; 2 dieselbe im Längsschnitt, desgl.; 3 Pollen, desgl.; 4 weibliche Blüthe, desgl.; 5 dieselbe im Längsschnitt, desgl.; 6 Frucht, desgl.; 7 und 8 dieselbe im Längs- und Querschnitt, desgl.; 9 Embryo, desgl. Nach einer Originalzeichnung des Herrn Professor Schmidt in Berlin.

Anacardiaceae.

Pistacia Lentiscus L.

Polyporus fomentarius Fries.

Syn. *Boletus fomentarius* L.

Feuerschwamm, Zunderschwamm — **Agaric de Chêne** (fomentarius, igniarius), **Polypore du Mélèze** (officinalis).

Ordnung: *Hymenomycetes*; **Familie**: *Polyporeï*; Gattung: *Polyporus* Fries.

Beschreibung: Dieser ausdauernde, ungestielte, der Baumrinde unmittelbar aufgewachsene und sein Mycelium innerhalb der Rinde verzweigende Pilz hat eine dreiseitig-hufförmige Gestalt, ist 10 bis 30 Ctm. und mehr breit und an der breiten Anheftungsstelle bis 10 Ctm. dick. Hut oberseits concentrisch zonenartig gewölbt, kahl, matt, unterseits flach. Die Färbung ist im jugendlichen Alter russgrau, später aschgrau, grauweiss oder schmutzig-weiss. Die Porenkanäle auf der Unterseite sind anfänglich hellbläulich-grau bereift, später zimmtbraun. Der Hut ist auf der Oberseite von einer dicken, harten, dunkelrothbraunen, auf der Oberfläche weisslichen Rinde bedeckt; hierauf folgt das an der Anheftungsstelle sehr dicke, nach dem Rande hin abnehmende Hutgewebe, dem sich die das Hymenium tragende, die Unterseite des Hutes bildende Röhrenschicht anschliesst. Letztere ist, gleich dem Hutgewebe, an der Anheftungsstelle am dicksten, nach dem Rande zu abnehmend. Das Hutgewebe zeigt zwei nicht scharf von einander getrennte Schichten, eine obere hellzimmtfarbene, atlasglänzende, zartflockige und eine untere dunklere, dichtere, gröber-flockige. Die Röhrenschicht besteht aus einer fest zusammenhängenden, von rundlichen Porenkanälen unterbrochenen Masse. Die Wandungen der Röhren zeigen dichtgedrängte, wellig verschlungene Pilzfäden (Hyphen), welche sich bogig der Oberfläche der Röhre zuwenden und dort, in sterilen, keuligen, plasmaarmen Schläuchen (Paraphysen oder Palissaden) endend, das sog. Hymenium, die Fruchtschicht oder das Sporenlager bilden. Zwischen den Paraphysen entwickeln sich die keuligen, ihre Umgebung überragenden, und auf dem Scheitel vier farblose Sporen abschnürenden Basidien und die gleichgrossen, ebenfalls keuligen, jedoch oben zugespitzten Cystiden, welche früher für männliche Organe angesehen wurden.

Der in Frankreich gleichfalls offizinelle, harte, derbe und daher weniger gute *Polyporus igniarius* Fries (*Boletus igniarius* L. Weidenschwamm, unechter Feuerschwamm) ist ebenfalls ausdauernd, gleichfalls mit breiter Basis sitzend, in der Jugend fast kugelig oder halb eiförmig, später hufförmig, bis 20 Ctm. breit, an der Anheftungsstelle 7 bis 12 Ctm. dick, gewöhnlich etwas flacher, reicher und weniger breit gezont, am Rande etwas wulstiger als *P. fomentarius*. Er ist in der Jugend oberseits mit einem grauflockigen Ueberzug bedeckt, später kahl, an Farbe bräunlich, zuletzt braunschwärzlich, häufig rissig. Die Hutsubstanz ist hart und besitzt eine rost- oder zimmtbraune Farbe. Die aus sehr engen Röhren zusammengesetzte, ebenfalls geschichtete und nach unten häufig etwas gewölbte Röhrenschicht ist anfangs graulich bereift, später zimmtbraun. Der anatomische Bau ist dem von *Polyp. fomentarius* gleich.

Polyporus officinalis Fries (*Boletus officinalis* Vill., *Boletus Laricis* Jacq., *Boletus purgans* Pers., Lärchenschwamm) ist ein fleischig-korkiger, im trocknen Zustande im Innern mehlig-flockiger, zerreiblicher Pilz von huf- bis kegelförmiger oder halbkugeliger Form, bei Verwachsung mehrerer Hüte eine unförmliche Masse bildend. Er kann eine Höhe von 30 Ctm., eine Breite von 20 Ctm. und ein Gewicht von 7 Klgr. erreichen. Die stark gewölbte Oberfläche besitzt, gleich der innern Hutsubstanz, eine gelblich-weisse Farbe und ist concentrisch breit und unregelmässig dunkler bis bräunlich gezont, im spätern Alter rissig und verwittert. Die ebenfalls Schichtung zeigende, jedoch in der käuflichen Waare keine Basidien enthaltende Röhrenschicht besteht aus sehr feinen Röhren von gelblicher Färbung. Die nicht scharf abgegrenzte, sehr derbe, grauliche Rinde enthält zwischen den verwitternden Zellen zahlreiche, ziemlich grosse Krystalle von Calciumoxalat in Quadratoctaëdern oder rosettenförmigen Drusen. Der sonstige anatomische Bau ist dem der beiden vorhergehenden Pilze gleich. Das innere Gewebe soll nach Flückiger nicht selten Rindenstücke, Harz, Steinchen oder andere fremde Körper einschliessen. Die Fadenzellen (Hyphen) sind nach Harz mit Knötchen ausgestattet, welche im Alter zunehmen, zusammenfliessen und den Faden mit gallertartigem Harze überziehen.

Vorkommen. *Polyporus fomentarius:* An verschiedenen Laubholzstämmen, namentlich Buchen, im mittleren und nördlichen Europa, bis über den Polarkreis hinaus. Er wird hauptsächlich in Ungarn, Siebenbürgen, Galizien, Croatien, Böhmen, auf dem Thüringer Walde und in Schweden gesammelt.

Polyporus igniarius tritt vorzüglich an alten Weiden auf.

Polyporus officinalis kommt auf Larix europaea und ihrer Varietät *sibirica* vor, verbreitet sich durch das ganze subalpine Südeuropa, Nordrussland, Südsibirien bis nach Kamtschatka.

Name und Geschichtliches. *Polyporus* stammt von *πολυς* viel und *πορος* Loch (*πῶρος* Tuffstein, Poren, Löcher), wegen der porenförmigen, viellöcherigen Beschaffenheit der Fruchtschicht; *Boletus* von *βωλος*, Erdkloss, weil der kugelige Hut der meisten Arten einem Erdkloss gleicht; *fomentarius* von fomentum, Zündstoff, Zunder, also zu Zündstoff tauglich; *igniarius* von ignis, Feuer, zu Feuer nützlich.

Die Benutzung der Baumschwämme als Heilmittel wird auf den Sarmatenstamm der Agoroi (hiervon ist der Name Agaricus abgeleitet), sesshaft an der Nordwestküste des Asowschen Meeres, zurückgeführt, und zwar war es der Lärchenschwamm, welcher schon im frühesten Alterthum von dem genannten Volksstamme zu medizinischen Zwecken Verwendung fand. Schon dem Dioskorides war der aus Agaria in dem Sarmatenlande (auch aus Galatien und Cilicien in Kleinasien) kommende Pilz *Agarikon* als Arzneimittel bekannt; ebenso dem Plinius, der den Schwamm als an Bäumen wachsend und aus den Ländern des Bosporus stammend beschreibt. Letzterer kannte auch schon *Polyporus fomentarius,* seine blutstillenden Eigenschaften und seine Verwendung als Zunder. Alexander Trallianus (im 6. Jahrh.) verwendete häufig den Lärchenschwamm; ebenso die salernitaner Schule. Matthiolus bildete ihn ab nach Exemplaren aus der Gegend von Trient.

Auf dem Londoner Markt erschienen zu Anfang des 18. Jahrhunderts Lärchenschwämme aus Russland, der Schweiz und der Berberei; letztere wurden als die besten bezeichnet. Im vorigen Jahrhundert wurden noch als Sammelorte des Lärchenschwammes angeführt: die französischen Alpen, Aleppo und Satalia in Kleinasien, Marocco, die Veroneser Berge und der Ural. Der Bohrkäfer *Anobium paniceum* L. zerfrisst häufig den Pilz.

Offizinell ist der von der Rinde und Röhrenschicht befreite Schwamm von *Polyporus fomentarius: Fungus igniarius praeparatus* (*Fungus chirurgorum, Boletus igniarius, Boletus Chirurgorum, Agaricus Chirurgorum, Agaricus quercinus praeparatus, Fungus quernus,* Feuerschwamm, Wundschwamm); und der mit und ohne Rinde im Handel erscheinende *Polyporus officinalis: Agaricus albus* (*Fungus s. Boletus Laricis,* Lärchenschwamm).

Polyporus fomentarius wird im Monat August und September eingesammelt und mittels eines Messers von der Rinde und der Röhrenschicht befreit. Es wird demnach nur der aus dem unregelmässig verflochtenen Hyphen bestehende Theil des Schwammes (nach Flückiger nur der untere, dunklere Theil des Gewebes, welchen er, im Gegensatz zu unserer Beschreibung, als den zartesten schildert), die sogenannte Zunderschicht, verwendet. Diese Schicht wird alsdann in der weiteren Behandlung angefeuchtet und mit einem Holzhammer auf einem Steine so lange geklopft, bis sie die gewünschte Weichheit (der Schwamm muss sich wie weiches Leder ziehen lassen) erhalten hat; hierauf tränkt man den Schwamm mit Salpeterlösung, trocknet ihn und walzt ihn, um eine gleichmässige Beschaffenheit zu erzielen und den Ueberschuss an Salpeter zu beseitigen, sucht ihn auch nöthigenfalls noch mit der Hand weich zu reiben. Der zu chirurgischen Zwecken verwendete Schwamm darf nicht salpeterhaltig sein. Ein guter Wundschwamm saugt sich rasch voll Feuchtigkeit (ein Umstand, der wegen des Harzgehaltes bei *Polyp. officinalis* nicht eintritt) und hält selbst nach dem Auspressen mit der Hand immer noch die doppelte Menge seines Gewichtes an Feuchtigkeit zurück. Er wird hauptsächlich aus Böhmen und Ungarn in den Handel gebracht. In Deutschland, namentlich im Thüringer Walde, werden nach Flückigers Angaben jährlich noch etwa 1000 Ctr. Zunder produzirt.

Polyporus igniarius Fries ist wegen seiner Härte weniger geschätzt.

Polyporus officinalis Fr., welcher hauptsächlich bei dem Dorfe Sojena im Kreise Pinega, westlich von Archangel, von der arktischen Form der Lärche (*Larix sibirica* Ledeb.) gesammelt und von Archangel aus, früher geschält, jetzt ungeschält in den Handel gebracht wird, besitzt eine zäh-korkartige, brüchige Beschaffenheit, ist schwierig zu pulvern, hat einen dumpfen, schwach pilzartigen Geruch und einen süsslichen, hintennach widerlich-bitterlichen Geschmack.

Sämmtliche Bäume, welche diesen Pilz tragen, sind kernfaul, und man vermuthet, dass der Pilz diese Fäule verursacht; von seiner Anheftungsstelle gehen schwärzliche Löcher in das Innere des Holzes. Die Entwickelung ist eine sehr rasche, denn der im Frühjahr abgeschnittene Pilz hat sich bis zum Herbste schon wieder in gleicher Grösse entwickelt. Die Ausfuhr des Pilzes aus Archangel betrug nach den Flückigerschen Angaben im Jahre 1879 gegen 8000 Klgr., welche zum Theil nach Hamburg, zum Theil nach Bremen gingen. Auch bei Brieg in Wallis wird eine geringe Menge gesammelt; ebenso gehört Adalia in Kleinasien zu den Ausfuhrorten. Grössere Mengen werden in Nordafrika und Persien gesammelt und namentlich ist die Ausfuhr aus Persien nach Indien eine beträchtliche. Der Pilz ist in der Heilkunde der Mohamedaner sehr beliebt; auf welchen Bäumen jedoch dieser orientalische Pilz vorkommt, ist nicht bekannt.

Bestandtheile. *Polyporus fomentarius* ist nicht näher untersucht.

Der Hauptbestandtheil von *Polyporus officinalis* ist das Harz, welches, je nach dem Alter, mehr als die Hälfte des Gewichtes betragen kann. Aeltere Pilze sind harzreicher und namentlich die älteren Zonen, welche bis 79% Harz besitzen. Es ist ausserdem vorhanden: Gummi, Eiweiss, Zucker, Wachs, mehrere Säuren und Bitterstoff. Die Untersuchungen, namentlich bezüglich des Harzes, gehen weit auseinander. Fleury stellte aus dem gepulverten Pilze durch Erschöpfen mittels Aether Agaricinsäure und Agaricusharz (Agaricoresin) dar. Diese Agaricinsäure ($C_{16} H_{28} O_5$), welche als gleichbedeutend mit dem Martius'schen Laricin angesehen wird, krystallisirt in mikroskopischen Nadeln, besitzt einen Schmelzpunkt von 145.7°, ist leicht löslich in Wasser und Alkohol, schwer löslich in Aether, Chloroform, Essigsäure, Schwefelkohlenstoff, Benzol, und reagirt sauer. Agaricoresin bildet eine bei 89° schmelzende rothbraune Masse, welche unlöslich in Wasser, Benzol und Schwefelkohlenstoff ist, leicht löslich in Aether, Holzgeist, Chloroform und Essigsäure, schwer löslich in Weingeist. Die neuesten Untersuchungen von Masing haben folgendes ergeben: Aus dem alkoholischen Extrakte erhielt letzterer durch Verdunstung einen Rückstand, welcher in zwei Bestandtheile zerlegbar war; der eine in Alkohol leichter, der andere schwer löslich. Der leichter lösliche Antheil enthält neben einem durch Wasser aus der Lösung fällbaren Stoffe einen im Wasser löslichen, welcher durch Chloroform in zwei weitere Bestandtheile zerlegt werden kann. Der in Alkohol schwer lösliche Theil zerfällt wiederum in zwei Antheile, von denen der eine in Chloroform unlöslich, der andere in Chloroform schwer löslich ist. Der in Chloroform unslösliche Bestandtheil ist krystallinisch, hat eine Zusammensetzung von $C_{41} H_{77} O_8$, schmilzt bei 125°, ist löslich in 303.8 Theilen von 95% Alkohol bei 14°, ebenfalls löslich in Kalilauge und Eisessig. Dieser Bestandtheil entspricht in seiner Zusammensetzung der Agaricinsäure Fleury's. Der zweite in Chloroform schwer lösliche Theil mit der Formel $C_6 H_{10}$ hat einen Schmelzpunkt von 90°. Gemenge dieser beiden Harze sollen das Pseudowachs Trommsdorfs, das Laricin von Martius und das Agaricin von Schoonbrodt bilden.

Polyporei.

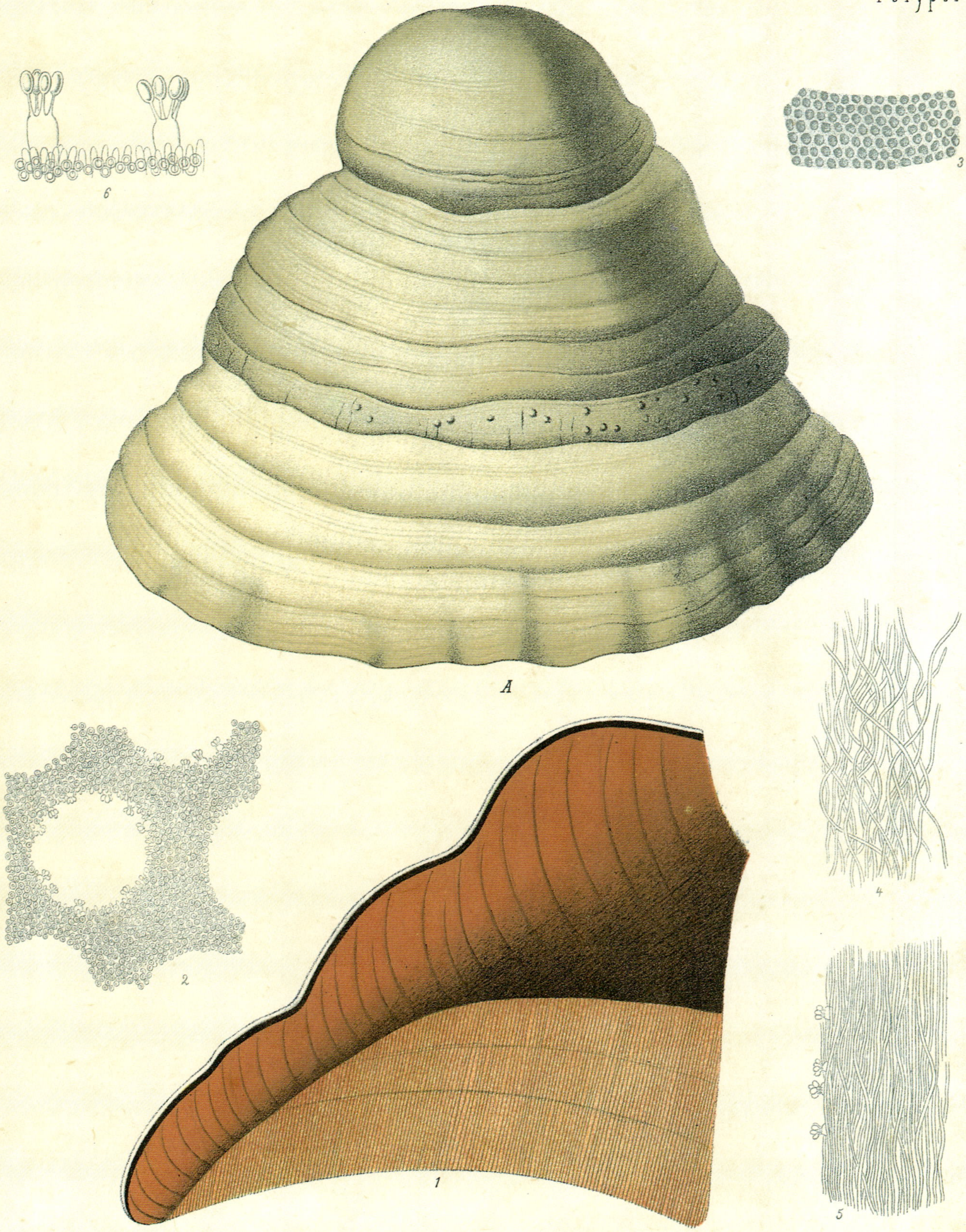

Polyporus fomentarius Fries.

Das in Alkohol leichter lösliche Harzgemenge von rother Farbe besteht aus zwei Harzen von bitterem Geschmack mit der Zusammensetzung 69% C, 9% H und 61% C, 8.11% H. Ob die Bitterkeit von einem besondern Stoff herrührt, ist nicht entschieden.

Benzoësäure ist nach Masing nicht vorhanden. Fleury erhielt nach völligem Erschöpfen des Gewebes durch Aether, Alkohol, kaltes und heisses Wasser, verdünnte Säuren und Alkalien ca. 10% Cellulose. Letzterer Autor fand ferner 0.64% Asche und 0.49% Stickstoff.

Stahlschmidt hat aus *Polyporus igniarius* eine Säure dargestellt, die Polyporussäure $C_9 H_7 O_2$ (43.5%), welche in Wasser, Aether, Benzol, Schwefelkohlenstoff, Eisessig unlöslich, in Chloroform, Amylalkohol oder kochendem Weingeist schwer löslich ist und aus kochendem Alkohol krystallwasserfrei in rhombischen, schellakfarbigen Tafeln, mit einem Schmelzpunkt von 300°, gewonnen wird. Husemann, Pflanzenstoffe 287.

Anwendung. Der Feuerschwamm äusserlich als blutstillendes Mittel. „Wundschwamm imbibirt sich sehr leicht und rasch mit dem doppelten Gewichte Wasser und entzieht solches, auf blutende Stellen applicirt, dem Blute, bis dieses coagulirt und die blutenden Mündungen der Gefässe verstopft werden. Es klebt dem gebildeten Coagulum an und übt einen gleichmässigen Druck aus, weshalb es bei Blutegelstichen und minder erheblichen Blutungen als Haemostaticum beim Volke und bei Aerzten Anwendung findet."

Der Lärchenschwamm dient als stark purgirendes Volksmittel. „Man benutzt ihn kaum noch als Purgans, obschon er Bestandtheil einer Anzahl veralteter Präparate (z. B. des Elixir ad longam vitam), die noch beim Volke in Ansehen stehen, ist, sondern verwendet ihn vorzugsweise zur Bekämpfung der Nachtschweisse bei Phthisikern und Arthritikern, wo er in der That entsprechend den älteren Empfehlungen von Hoppe, Schmiedel, Wendt, Burdach sich in manchen Fällen ausgezeichnet bewährt." Buchheim glaubt, dass die purgirende Wirkung von einem Anhydrite herrührt, welches, wie das Jalapin, nur im Contakt mit Galle wirkt. Husemann, Arzneimittell. 420, 1166.

Litteratur. Abbildung und Beschreibung: Nees v. Esenbeck, Plant. med., Taf. 4 (*officinalis*); Berg u. Schmidt, Offiz. Gew., Taf. XXXIIa (*fomentarius*), Taf. XXXIIb (*officinalis*); Luerssen, Handb. der syst. Bot. I, 345; Wittstein, Pharm. 229 (*fomentarius*), 470 (*officinalis*).

Drogen und Präparate: *Fungus igniarius praeparatus*: **Ph. germ.** 123; Ph. austr. 9; Ph. hung. 31; Ph. ross. 55; Cod. med. 35; Ph. belg. 6; Ph. dan. 42; Ph. suec. 20; Flückiger, Pharm. 256 (*officinalis*), 259 (*fomentarius*); Berg, Waarenk. 11; Berg, Atlas 2, Taf. I.

Fungus Laricis: Ph. ross. 56; Cod. med. 34; Ph. belg. 6; Ph. helv. suppl. —; Flückiger, Pharm. 256; Berg, Waarenk. 10; Berg, Atlas 1, Taf. I.

Tinctura Aloës composita: Ph. belg. 265.

Elixir ad longam vitam: Ph. helv. suppl. 32.

Species ad Elixir domesticum: Ph. helv. suppl. 100.

Pulvis Agarici albi: Cod. med. 509.

Theriaca: Cod. med. 388.

Bezüglich der Drogen und Präparate siehe auch Hager, Ph. Prx. I., 194 (*Agaricum*), I., 1113 (*Fungus igniarius*).

Tafelbeschreibung:

A Pilz in natürl. Grösse; 1 derselbe senkrecht durchschnitten, desgl.; 2 Querschnitt aus der Röhrenschicht, stark vergrössert; 3 desgl. schwächer vergrössert; 4 Pilzfäden aus dem Hutgewebe, stark vergrössert; 5 Längsschnitt aus der Röhrenschicht mit Basidien, desgl.; 6 Hymenium mit sporentragenden Basidien, desgl. Nach einer Originalzeichnung des Herrn Prof. Schmidt in Berlin.

Populus nigra L.

Populus nigra L.

Schwarzpappel, Bellen, Alberbaum — black poplar — peuplier.

Populus italica Moench.

Syn. *P. pyramidalis* Roz. *P. dilatata* Ait. *P. fastigiata* Moench.

Italienische Pappel, Lombardische Pappel, Pyramidenpappel.

Familie: *Salicaceae.* Gattung: *Populus.*

Beschreibung. A. **Populus nigra** L.: 18—24 Meter hoher Baum mit ausgebreiteten Aesten, breiter Krone und holzigen, zum Theil tief eindringenden, zum Theil flach verlaufenden Wurzeln. Der Stamm mit borkig verdickter, schmutziggrauer, grobrissiger Rinde. Aeste horizontal abstehend, mit glatter, aschgrauer, an den Zweigen gelblicher Rinde. Die unter der Knospe befindlichen Blattstielnarben halbmondförmig oder dreieckig, mehr oder weniger 3lappig, mit 3 Gefässbündelspuren. Knospen abwechselnd gestellt, länglich-eiförmig, spitz, dachziegelig-schuppig, kahl, klebrig; die Endknospe nur Blätter, die Seitenknospen Blüthen und Blätter entwickelnd. Blätter abwechselnd, langgestielt, dreieckig, in der Regel länger als breit, zugespitzt, beiderseits kahl, glatt und mattglänzend, hellgrün, oberseits etwas dunkler, fein bogenförmig gesägt mit gestutztem oder keilförmigem Blattgrund. Blattstiel seitlich zusammengedrückt. Blüthchen zweihäusig, vor der Entwickelung der Blätter hervorbrechend; männliche Blüthen kätzchenständig, weibliche mehr traubenartig; Kätzchen mit einblüthigen, kahlen, spatelförmigen, unregelmässig-zerschlitzten, am Grunde blassgrünen, an der Spitze bräunlichen Schuppen. Spindel kahl. Männliche Kätzchen 3—4 Ctm. lang, cylindrisch, dicht, bogig gekrümmt, purpurroth; Geschlechtsträger (Receptaculum) flach-kreiselartig-becherförmig, gestielt, schief, ganzrandig, mit 20—25 Staubgefässen, deren längliche, aufrechte, 2fächerige Beutel purpurroth gefärbt sind. Fäden von der Länge der Beutel, weiss. Weibliche Kätzchen schlanker, lockerer, grünlich; Geschlechtsträger ganzrandig, bauchig-becherförmig, mit kugeligem, kahlem, 2 fruchtblättrigem, beiderseits (und zwar den Narbenausrandungen entsprechend) längsfurchigem, vieleiigem Fruchtknoten, kurzem Griffel, der von den 2 tief gebuchteten, warzigen, blassgrünlich-gelben, nach der Spitze hin oft blass purpurroth gezeichneten Narben überdeckt wird. Frucht eine langgestielte, rundlich-eiförmige, kahle, grünlichbraune, 1fächerige, mit 2 Klappen aufspringende, vielsamige Kapsel. Samen schmutzig-weiss, umgekehrt eiförmig, an der Innenseite der Klappen befestigt, mit langer Haarwolle umgeben, ohne Eiweiss. Der Embryo besitzt die Form des Samens. Die blattartigen Samenlappen planconvex, rundlich-eiförmig. Das gedrungene kegelförmige Würzelchen unterhalb.

B. **Populus italica** Moench: Wurzeln mehr oberflächlich verlaufend. Der gerade, mehr eckige, mit zahlreichen Ausschlägen bedeckte, bis 30 Meter hohe Stamm mit aufrechten Aesten und schmaler pyramiden- oder kegelförmiger Krone. Blätter abwechselnd, rautenförmig, in der Regel breiter als lang, sehr langgestielt, gesägt. Sonst wie *P. nigra.* Wird von einigen Botanikern nur für eine Abart von *P. nigra* gehalten. In Deutschland kommt meistens nur der männliche Baum vor.

Verbreitung. Schwarzpappel: In Wäldern, namentlich aber in der Nähe menschlicher Ansiedelungen durch Europa, Nord- und Mittelasien und Nordamerika. Die eigentliche Heimath scheint das südliche Europa zu sein. Pyramidenpappel: Durch ganz Europa und den Orient verbreitet, vorzüglich als Chausseebaum benutzt. Nach Humboldt stammt die italienische Pappel aus Amerika von wo aus sie nach Italien, namentlich Mailand gebracht worden ist. Von letzterer Stadt aus hat allerdings die Verbreitung in Europa stattgefunden.

Blüthezeit. April und Mai, Fruchtreife im Juni.

Name und Geschichtliches. Der Name Pappel (althochdeutsch *albare, albari,* mittelhochdeutsch *Bappelnbaum, Poppelnbaum, Puppelbaum, Belle,* bei Cordus *Popeln,* bei Bock *Bellen, Pappelbaum*) stammt nach einigen von dem lateinischen *Populus* = Volk, um das dem Volksgemurmel ähnliche Geräusch der immer beweglichen Blätter anzudeuten, nach anderen von dem griechischen *παιπάλλμαι* zittern, zappeln, wegen des immerwährenden Zitterns und Zappelns der Blätter. *Albare, albari* soll von dem italienischen *albera* = Baum abstammen. *Belle* (mittelhochdeutsch *belzboum* für *Populus alba*) wird von *beilen* = spalten (im Sanskrit *phal*) abgeleitet. *Nigra* schwarz, wegen der schwarzgrauen Rinde; *dilatata* = verbreitert, wegen der Blattform; *pyramidalis* wegen des pyramidenartigen Wuchses; *fastigiata* von *fastigo* = spitzig zulaufen.

Die Pappelknospen sind schon in alten Zeiten arzneilich benutzt worden; ebenso die Pappelrinde (Ἀχερωίς oder Λευκή). Ἄγειρος war der griechische Name für die Schwarzpappel. Man hielt das eingetrocknete Harz der Pappelknospen für Bernstein, worin die Sage begründet ist, nach welcher die ihren von Zeus in den Eridianus gestürzten Bruder Phaëton beweinenden Heliaden in Schwarzpappeln und ihre Thränen in Elektron verwandelt worden sind.

Offizinell sind die jungen Blattknospen, namentlich auch von *Populus balsamifera* Willd.: *Gemmae Populi* (*Oculi Populi*).

Die 1—2½ Ctm. langen, 0,4—0,5 Ctm. dicken, cylindrisch-kegelförmigen, spitzen, aus dachziegelig übereinander liegenden, ungleich grossen Schuppen bestehenden, grünlich- oder bräunlich-gelben, harzglänzenden und klebrigen Laubknospen werden im März und April gesammelt, an der Luft getrocknet und in Weissblech- oder Glasgefässen aufbewahrt. Ihr Geruch ist eigenthümlich, angenehm balsamisch, der Geschmack stark reizend balsamisch harzig und bitterlich.

Präparate. Die Pappelknospen werden zur Herstellung von *Unguentum Populi* (*Unguentum populeum*), *Oleum aegirinum* (*Oleum populeum*) und einen von Hitchcock empfohlenen Präparat: *Propolis* verwendet.

Bestandtheile. Die Knospen enthalten nach Pellerin: ätherisches Oel, ein gelblich-grünes, bitteres Harz, Wachs, Gummi, eisengrünenden Gerbstoff, Apfelsäure, Salze. Piccard fand ausserdem noch 2 krystallinische Bitterstoffe: *Salicin* und *Populin* und 2 krystallinische gelbe Farbstoffe: *Chrysin* und *Tectochrysin.*

Das namentlich in den Weidenrinden vorkommende *Salicin* bildet tafelförmige oder breitsäulenförmige Krystalle des orthorhombischen Systems, die jedoch meistens als weisse glänzende Nadeln, Schuppen und Blättchen erscheinen. Es ist ohne Geruch, von sehr bitterem Geschmack und reagirt neutral. Sein Schmelzpunkt ist nach Schmidt bei 198°, das spez. Gew. 1,426—1,434. Es löst sich in 29—30 Theilen Wasser, leichter in wässerigen Alkalien und in Essigsäure. Es besitzt die Formel $C_{13} H_{18} O_7$. *Populin* mit der Formel $C_{20} H_{22} O_8$, 1831 von Braconnot entdeckt, namentlich in *Populus tremula* L. und *alba* L. auftretend, krystallisirt aus Wasser in leichten, weissen, seidenglänzenden, verfilzten Nadeln mit 2 Atomen $H_2 O$, ist von süssem Geschmack, löst sich in 2000 Theilen kalten und 70 Theilen kochenden Wassers, schmilzt bei 180° und spaltet sich beim Kochen mit Barytwasser oder Kalkmilch in Benzoësäure und Salicin. *Chrysin* (*Chrysinsäure*) = $C_{15} H_{10} O_4$ bildet gelbe, glänzende, tafelförmige Krystalle, welche kaum löslich in Wasser, Benzol, Chloroform, schwer löslich in Aether und Alkohol, leicht löslich in Eisessig und Anilin sind; es schmilzt bei 275° zu einer braunen Flüssigkeit und sublimirt bei höherer Temperatur in feinen Nadeln. Wässerige Alkalien lösen es mit intensiver Farbe, aus welcher Lösung Säuren es wieder fällen. Eisenchlorid färbt die alkoholische Lösung violett. Concentrirte Salpetersäure giebt damit *Nitrochrysin* $C_{15} H_8 (NO_2) O_4$. *Tectochrysin* $C_{16} H_{12} O_4$ bei der Darstellung von Chrysin aus Benzinlösung in grossen, gelben klinorhombischen Krystallen krystallisirend löst sich in Chloroform und schmilzt bei 130°. Es wird als eine Phenolverbindung mit einem Hydroxyl betrachtet. Das durch Dampfdestillation mit Wasser von Piccard aus den Pappelknospen dargestellte Oel hat ein spez. Gew. von 0,9002, einen Siedepunkt von 260° und eine Formel $C_{20} H_{32}$ ($C_5 H_8$). Es hat einen balsamischen Geruch. (Husemann, Pflanzenstoffe 483 ff.) In der Pappelrinde fand Braconnot einen dem Chinaroth ähnlichen Stoff, das *Corticin.* Letzteres bildet bräunlich gelbrothe Flocken, ist geschmacklos, löslich in Alkohol, wenig löslich in Wasser. Lackmuspapier wird von ihm nicht geröthet.

Anwendung. „Früher als *Balsamicum* bei Respirationskrankheiten geschätzt und schon im Alterthume als Oelauszug (*Aegirinum*) benutzt, dienen die Pappelknospen noch jetzt zur Darstellung des *Unguentum Populi,* Pappelsalbe, Pappelpomade, welche als kühlende Verbandsalbe bei entzündeten Hämorrhoidalknoten und Verbrennungen benutzt werden kann. Boerhave empfahl dieselbe bei Pleuritis und rheumatischen Nierenschmerzen.“ (Husemann, Arzneimittell. 1150.)

Litteratur. Abbildung und Beschreibung: Hayne, Arzneigew. XIII., 46 u. 47; Luerssen, Handb. der syst. Bot. II. 512; Karsten, Deutsche Flora 488; Wittstein, Pharm. 623.

Drogen und Präparate: *Gemmae Populi:* Ph. ross. 193; Ph. belg. 69; Cod. med. (1884) 69; Ph. Neerl. 184, 185; Berg, Waarenk. 128, 129.

Unguentum Populi: Ph. ross. 454; Ph. belg. 280; Ph. helv. suppl. 132; Ph. Neerl. 282.

Bezüglich der Drogen und Präparate siehe auch Hager, Pharm. Praxis 762.

Tafelbeschreibung:

A männlicher, B weiblicher Blüthenzweig, natürl. Grösse; C Blatt von *Pop. nigra*, desgl.; D Zweig mit Knospen, desgl.; E Blatt von *Pop. italica*, desgl.; 1 u. 2 männliche Blüthe, vergrössert; 3 Staubgefässe von verschiedenen Seiten, desgl.; 4 Beutel im Querschnitt, desgl.; 5 Pollen, desgl.; 6 weibliche Blüthe mit Deckschuppe, desgl.; 7 dieselbe ohne Deckschuppe, desgl.; 8 Fruchtknoten im Längsschnitt, desgl.; 9 derselbe im Querschnitt, desgl.; 10 u. 11 Frucht, desgl.; 12 dieselbe geöffnet, desgl.; 13 Same, desgl. Nach der Natur von W. Müller.

Prunus Cerasus L.

Syn. *Cerasus vulgaris* Miller. *Cerasus Caproniana* DC. *Cerasus acida* Gaertn.

Sauerkirsche, Weichselkirsche — Cerisier cultivé, Griottier — Cherry.

Familie: *Rosaceae*; Unterfamilie: *Pruneae*. Gattung: *Prunus* Tourn.

Beschreibung. Kleiner, am Grunde Ausläufer treibender, bis 6 m hoher Baum mit graubrauner, in pergamentartigen Lamellen sich ablösender Borke, ausgebreiteten älteren und rostbraunen, hängenden jüngeren Aesten. Die eiförmigen, ziegeldachartig mit braunen Häutchen bedeckten Knospen meist Blätter und Blüthen zugleich entwickelnd, die endständigen nur blätterbildend. Blätter zerstreut stehend, gestielt, etwas lederartig, elliptisch oder länglich, zugespitzt, drüsig-zerstreut behaart, glänzend. Blattstiel drüsenlos, am Grunde mit 2 linienförmigen, drüsig-gezähnten Nebenblättern. Blüthen doldenartig, lang gestielt, zu 2—5 aus der Mitte der Blüthenknospe. Blüthenstiel am Grunde mit einer kleinen, lanzettförmigen, drüsig-gezähnten Braktee. Unterkelch glockenförmig, genervt, kahl, am oberen Rande in die 5 länglich-eiförmigen, stumpfen, vertieften, ganzrandigen, später zurückgeschlagenen Kelchblätter übergehend; Unterkelch nebst Kelch abfallend. Kronblätter zu 5, verkehrt-eiförmig, ausgerandet, vertieft, weiss, abfallend. Staubgefässe meist 30, in 2 Reihen dem Rande des Unterkelches entspringend, die äusseren etwas länger als die inneren. Staubfäden weiss, wenig nach innen gekrümmt, mit ovalem, 2fächerigem, goldgelbem, im unteren Drittel des Rückens angeheftetem, der Länge nach aufspringendem Staubbeutel. Pollen 3furchig, 3porig, unter Wasser 3seitig-rundlich. Der aus einem einzelnen Fruchtblatte bestehende, freie, dem Grunde des Unterkelchs aufgewachsene Stempel mit schief-eiförmig-länglichem, grünem, kahlem, auf der einen Seite gewölbtem Fruchtknoten, kahlem einfurchigem Griffel und fast schildförmiger, auf der Seite der Furche ausgerandeter Narbe. Frucht abgeflacht-kugelig, am Grunde vertieft, schwarzroth, mit purpurrothem, süsssäuerlichem Fleische. Steinschale knochenhart, schief-rundlich, sehr kurz zugespitzt, wenig zusammengedrückt, glatt, mit hervortretenden Nähten, einfächerig, 1samig. Der Same von Gestalt der Steinschale, mit doppelter Samenhaut; Samenlappen 2, planconvex, weisslich, eiweisslos, ölig-fleischig. Knöspchen eiförmig.

Die bemerkenswerthesten Hauptformen sind: *var. acida* Ehrh. (Glaskirsche) mit farblosem Fruchtfleische und *var. austera* Ehrh. (Morelle) mit längeren Blüthenstielen und röthlichem Safte.

Verbreitung. Die Sauerkirsche ist aus Kleinasien nach Europa verpflanzt worden und gegenwärtig in zahlreichen Varietäten über ganz Europa verbreitet. In Wäldern, Hecken und Gebüschen verwildert vorkommend.

Name und Geschichtliches. Der Name Kirsche, althochdeutsch *chirsâ, Kirsa, chresipoum, chersbom,* mittelhochdeutsch *cerseberen boum* stammt von dem lateinischen *cerasus*, dem griechischen *κέρασος*, einem Worte, welches wahrscheinlich mit der Frucht aus dem asiatischen Heimathlande nach Griechenland eingewandert ist, wofür auch die ähnlich klingenden Namen für diese Frucht: *Keras* (kurdisch), *geras* (armenisch), *çarasijas* (persisch) zu sprechen scheinen. Die Angabe des Plinius, wonach *cerasus* von der pontischen Stadt Kerasunt am schwarzen Meere abgeleitet sei, von woher der römische Feldherr Lucullus nach der Besiegung des Mithridates den ersten Kirschbaum, einen Sauerkirschenbaum, bei seinem Siegeseinzuge (63 v. Chr.) mit nach Rom brachte, ist ganz unwahrscheinlich, denn der Name *κέρασος* kommt bereits bei Theophrast vor; es lässt sich vielmehr annehmen, dass die Stadt Kerasunt ihren Namen von dem Kirschbaum erhalten hat. Weichsel, althochdeutsch *wîhsela*, mittelhochdeutsch *wîhsel*, mit zahlreichen Umwandlungen, ist unbekannten Ursprungs. Prunus ist von dem griechischen *προῦνη, προῦνος,* womit die Griechen den wilden Pflaumenbaum bezeichneten, abgeleitet.

Von Italien aus verbreitete sich der Kirschbaum rasch über Europa, denn schon zu Plinius Zeiten wurde er an den Ufern des Rheines, in Belgien und Britannien kultivirt.

Nach Wittstein dienten die Kirschen den alten Aerzten hauptsächlich als diätetisches Mittel. Alexander Trallianus empfahl sie bei Leberkrankheiten und Auszehrung.

Blüthezeit. April, Mai.

Prunus Cerasus L.

Offizinell sind die Früchte: *Fructus Cerasi acidae s. nigri* (*Cerasa acida*, *Cerasa*) und in Frankreich gegenwärtig auch noch die Kirschstiele: *Pedunculi Cerasorum* (*Stipites Cerasorum*).

Aus den gegen Mitte Juli gesammelten sauren Kirschen wird durch Zerquetschen der Früchte sammt den Kernen und Auspressen der Kirschsaft: *Succus Cerasi* (*Succus Cerasorum*) gewonnen.

Die den Fruchtsäften eigenen Pektinstoffe verleihen dem Kirschsaft eine schleimige, nicht filtrirbare Beschaffenheit, die jedoch durch eine gelinde Gährung bei 20—25° beseitigt wird.

Präparate. Aus dem durch Gährung und Filtration gereinigten Kirschsafte gewinnt man durch Zusatz von Zucker den Kirschsyrup: *Syrupus Cerasi* (*Syrupus Cerasorum*); durch Destillation der zerstossenen Kirschkerne erhält man das Kirschwasser: *Aqua Cerasorum.*

Das in den Kirschkernen enthaltene *Amygdalin* verleiht dem Syrup ein angenehmes, bittermandelartiges Aroma. Der Kirschsyrup muss in dünner Schicht klar sein und eine dunkelpurpurrothe Farbe besitzen.

Bestandtheile. Der Saft enthält ca. 8% Zucker, 6% dextrinartigen Stoff und Pektin, 2,3% Apfelsäure, 2% Citronensäure, Eiweiss, Farbstoff; nach Zoller ausserdem noch ein flüchtiges Oel, nach Woehler pflanzensaures Alkali. Die Samen enthalten Amygdalin und 23% fettes, gelbes, nichttrocknendes Oel; die Fruchtstiele Gerbstoff. In der Rinde befindet sich eine eigenthümliche, eisengrünende Gerbsäure, welche durch Schmelzen mit Kalihydrat einen krystallinischen Zucker: *Isophloroglycin* liefert, ausserdem 2 Phlobaphene: *Fusco-* und *Rubrophlobaphen.* Die Wurzelrinde enthält das beim Apfel erwähnte *Phlorhizin.* In den Blättern befindet sich neben Laurocerasin Citronsäure, Quercetin und ein Quercetin lieferndes Glykosid. Stamm und Aeste schwitzen das früher arzneilich benutzte Kirschgummi aus.

Anwendung. Die Früchte werden roh, gedörrt und eingemacht als ein diätetisches Mittel betrachtet; der Kirschsyrup bildet einen geschmacksverbessernden Zusatz zu kühlenden Mixturen. Die Blumen und Fruchtstiele dienen als diuretisches und anticatarrhalisches Mittel. (Husemann, Arzneimittell. 875.)

Litteratur. Abbildung und Beschreibung: Nees v. Esenb., Plant. med., Taf. 315 u. 316; Hayne, Arzneigew. IV., Taf. 42; Berg u. Schmidt, Offiz. Gew. IVe; Luerssen, Handb. der syst. Bot. II., 853; Karsten, Deutsche Flora 726; Wittstein, Pharm. 404.

Drogen und Präparate: *Fructus Cerasi*: Cod. med. (1884) 46; Berg, Waarenk. 350.

Syrupus Cerasi: **Ph. germ.** 257; Ph. ross. 395; Ph. helv. suppl. 109; Ph. dan. 252; Ph. suec. 220; Cod. med. (1884) 554.

Pedunculi Cerasorum: Cod. med. (1884) 46.

Bezüglich der Drogen und Präparate siehe Hager, Ph. Prx. II. 795.

Tafelbeschreibung:

A blühender und B fruchtender Zweig in natürl. Grösse; 1 junge Blätter mit den beiden Nebenblättern, desgl.; 2 Blüthe im Längsschnitt, vergrössert; 3 Staubgefässe, desgl.; 4 Pollen, desgl.; 5 Stempel, desgl.; 6 Fruchtknoten im Grunde des Unterkelches, desgl.; 7 Frucht, zerschnitten, natürl. Grösse; 8 Fruchtkern mit Steinschale, desgl.; 9 derselbe zerschnitten, desgl.; 10 u. 11 Same nach Entfernung der Steinschale, desgl. Nach der Natur von W. Müller.

Pterocarpus santalinus L. fil.

Rothes Sandel- oder Santelholz, Caliaturholz — Santal rouge — Red Sanders wood, Ruby wood.

Familie: *Leguminosae* (*Papilionaceae*); (Unterfamilie: *Dahlbergieae*); Gattung: *Pterocarpus* L.

Beschreibung. Ein kleiner, 6—8 Meter hoher, 1 Meter im Stammumfange erreichender, oft hohler Baum mit grauwollig behaarten Zweigen, von *Pt. Marsupium* sich hauptsächlich durch seine 3theiligen Blätter unterscheidend. Blätter abwechselnd, ohne Afterblättchen, mit runden, flaumigen Blattstielen, 3-, seltener 5- (nach Bentley immer 3-) theilig. Die unteren Fiederblättchen gegenständig oder fast gegenständig, kurz gestielt; sämmtliche breit oval oder fast kreisförmig, stumpf oder ausgerandet, 5 bis 10 Ctm. lang, lederartig, unterseits angedrückt grauhaarig, mit zahlreichen, nicht hervortretenden Adern. Blüthen in axillären, einfachen oder zusammengesetzten Trauben, ähnlich denen von *Pt. Marsupium*, etwas kleiner. Die Kronblätter gelb, roth gestreift, wellig gekerbt. Von den 10 Staubgefässen ist das obere frei, die übrigen sind verwachsen; nach Bentley sind die Staubgefässe jedoch 2bündelig zu je 5. Fruchthülse rundlich, glatt, derjenigen von *Pt. Marsupium* ähnlich, jedoch länger gestielt, mit weniger krausen Flügeln und flaumig. Samen zu 2 oder einzeln.

Anatomisches. Flückiger giebt von dem anatomischen Bau des Holzes folgende Beschreibung: Der polirte Querschnitt zeigt in der zonenweise helleren oder dunkleren Grundmasse sehr zahlreiche, als grobe Poren erscheinende Gefässe (Tracheen), welche entweder einzeln stehen oder zu Gruppen von 2—4 vereinigt sind und durch zahlreiche, sehr feine, lang fortlaufende oder kurz abbrechende, hellere, ziemlich nahe aneinandergerückte Wellenlinien verbunden sind, die jedoch keine zusammenhängenden Kreise bilden. Diese Wellenlinien erweisen sich als weite, kubische oder axial gestreckte, stets rechtwinklig quergetheilte, spitzendige Zellen mit mässig verdickten, grob porösen und mit zahlreichen Spiralbändern bedeckten Wänden. Sie sind durchschnittlich aus 3—5 Zellenreihen zusammengesetzt und in der Regel in der Nähe der Gefässe um einige Reihen vermehrt, letztere einschliessend. Die erst unter der Lupe erkennbaren, zarten, gerade verlaufenden, einreihigen, seltener zweireihigen Markstrahlen „ertheilen durch ihre grosse Regelmässigkeit dem seidenglänzenden Längsschnitte sowohl tangential wie in radialer Richtung eine feine, rechtwinklig gefelderte Zeichnung". Die Hauptmasse des Sandelholzes besteht aus den spitzendigen, sehr dick- und rothwandigen, wenig porösen Prosenchymzellen mit im Querschnitte meist querelliptischen Höhlungen. „Die Räume zwischen diesen grösseren, etwas weiteren, radial und tangential regelmässig in Reihen gestellten Fasern werden von bedeutend engeren, übrigens gleichartigen Holzzellen ausgefüllt." Die Markstrahlen bestehen aus

5—11 einfachen, übereinanderliegenden, schmalen, senkrechte Spalten ausfüllenden Reihen. Die Tracheen enthalten oft Splitter des rothen Harzes, welches auch in den Zellwänden der übrigen Gewebe, namentlich in dem der Holzfasern, enthalten ist. Die kubischen Zellen des Holzparenchyms sind mit je einem grossen, schlecht ausgebildeten Oxalat-Krystalle ausgestattet.

Vorkommen. Im südlichen Ostindien (Canara, Mysore, Travancore, Coromandelküste), auch auf Ceylon einheimisch. In Indien forstwirthschaftlich angebaut.

Name und Geschichtliches. *Pterocarpus* siehe *Pt. Marsupium* Taf. 133; *sandalinus* vom arabischen *ssandal*, *ssandel* (sanskrit *tchandana*, *chandana*, malayisch *tsjendana* oder *tschendana, tschandana*), Bezeichnung für das Holz. Caliaturholz von Bois de Caliatur (?).

In der Litteratur der Griechen und Römer lässt sich das rothe Sandelholz nicht nachweisen; jedoch soll es nach Sprengel schon in der Bibel vorkommen. Das im Periplus des Rothen Meeres aufgeführte *Ξύλα σαγάλινα*, welches aus Indien kam, ebenso *Τζανδάνα* des Kosmas Indikopleustes, das von China ausgeführt wurde, wird als das wohlriechende, farblose Holz von *Santalum album* gedeutet. Ein Gleiches ist der Fall mit *Chandana* der Sanskritsprache aus dem 5. Jahrhundert. Dem Avicenna war das rothe Sandelholz bekannt; Serapion der Jüngere spricht von weissem, gelbem und rothem Sandelholz. Marco Polo mag der erste Europäer gewesen sein, der den Baum (*Cendel vermeil*) auf den Nikobarischen Inseln sah und das rothe Sandelholz als einen Einfuhrartikel in China bezeichnet. Im Mittelalter hatte man rothes, weisses und gelbes Sandelholz; die beiden letzteren offenbar von einem Baume stammend. Nach dem Berichte des Genuesen Hieronymus de Sto. Stefano im Jahre 1499 kannte man damals schon die Herkunft und den geringeren Werth des rothen Sandelholzes. Barbosa giebt um 1511 den Preis des letzteren um 10fach billiger an, als von weissem Sandelholz. Dass der Baum zu den Schmetterlingsblüthlern gehört, hierüber hatte Dale Kenntniss; etwas Näheres erfuhr man jedoch erst durch den Missionsarzt Joh. Gerh. König, welcher in der zweiten Hälfte des 18. Jahrhunderts getrocknete Theile des Baumes nebst ausführlicher Beschreibung nach Europa sendete.

Offizinell ist das Holz: *Lignum Santali* (*Lignum Sandali rubrum, Lignum sandalinum*), welches in 4kantigen, aussen braunschwarzen oder braunrothen, ins Violette übergehenden, innen rothbraunen oder blutrothen, leicht schneid- und gut spaltbaren, 1—1½ Meter langen, schenkeldicken Stücken in den Handel gebracht wird. Es ist ziemlich schwer, im Wasser untersinkend (das hellere leichter), mässig hart und zähe, schwer pulverisirbar, ein schön hochrothes Pulver gebend. Bei starker Reibung entwickelt sich ein schwacher, angenehm aromatischer Geruch; es ist fast geschmacklos, oder wenig herbe schmeckend und liefert beim Erhitzen ein Harz mit grünlichem Schimmer, das zerrieben eine hochrothe Farbe zeigt. Kaltes Wasser nimmt aus dem Holze fast nichts auf, heisses Wasser nur wenig, Alkohol und Alkalien lösen hingegen den Farbstoff. Das alkoholische hochrothe Extrakt wird durch essigsaures Bleioxyd violett, durch Sublimat scharlachroth, durch schwefelsaures Eisenoxydul dunkelviolett gefällt.

Im Kleinverkauf erscheint es nur geschnitten, geraspelt oder als sehr leichtes und lockeres, stäubendes, dunkel hochrothes Pulver (*Pulvis ligni Santali rubri*).

Das Holz, von dem meist nur die unteren, von der Rinde und dem wenig gefärbten Splinte befreiten Stammstücke in den Handel gebracht werden, wird in Indien forstwirthschaftlich gezogen und „kommt gegenwärtig aus den Waldungen im Norden von Arkot, Kadapa (Cuddapeh) und Karnul (Kurnool), 13—15½° nördlicher Breite, westlich und nordwestlich von Madras. Von diesem Platze werden hauptsächlich die Abfälle, namentlich auch die Wurzeln, als Farbstoff verschifft“ (Flückiger). Auf dem frischen Schnitte ist die Farbe des Holzes sehr lebhaft, durch hellere Kreise etwas gedämpft; die Spaltflächen nehmen an der Luft bald einen Stich ins Grünliche an; Querschnittflächen des getrockneten Holzes zeigen oft lebhaft grünen Metallglanz. Dunkle und schwere, zur Politur sehr geeignete Stücke dienen hauptsächlich als Caliaturholz in der Kunsttischlerei.

Leguminosae.

Pterocarpus santalinus L. fil.

Fälschungen können stattfinden mit dem Korallenholz (*Pterocarp. indicus* Willd., mehr hellroth, leicht und faserig), Fernambukholz und Blauholz (bei letzteren fehlen auf den Spaltflächen die weiten gefelderten, mit Harz bedeckten Gefässe; kaltes Wasser färbt sich durch Sandelholz nicht); ausserdem mit rother Erde, Bolus, Colcothar und Mennige. Geschmack und Durchschüttelung mit Chloroform sind entscheidend; im letzteren Falle senken sich die unorganischen Bestandtheile zu Boden.

Bestandtheile. Das Holz enthält einen eigenthümlichen Farbstoff, welcher von Pelletier mit *Santalin,* von Leo Meyer mit *Santalsäure* bezeichnet worden ist. Letzterer erhielt ein braunes Harz (*Santaloxyd*), 4 indifferente, amorphe, wahrscheinlich unreine Körper: *Santalid* (roth-braun und im Wasser unlöslich), *Santaloid* (gelb, im Wasser löslich), *Santaloidid* (braun, im Wasser unlöslich), *Santalidid* (wie das vorhergehende), ausserdem Gummi und Gallussäure.

Santalsäure (*Santalin*), $C_{15}H_{14}O_2$ nach Meyer, welche zuerst von Pelletier in dem rothen Sandelholze aufgefunden wurde, ist im reinen Zustande ein rothes, aus mikroskopischen Prismen bestehendes, geruch- und geschmachloses Pulver von saurer Reaktion, bei 104° schmelzend, in höherer Temperatur sich zersetzend. Sie ist in Wasser unlöslich, in Aether mit gelber Farbe, in 80% und absolutem Weingeist unter allen Verhältnissen mit blutrother Farbe. In Essigsäure löst sie sich leicht und wird durch Wasser aus dieser Lösung wieder gefällt. Ebenso lösen leicht wässerige Alkalien und wässeriges Ammoniak, nicht oder nur sehr wenig ätherisches Oel. Die Weidel'sche Santalsäure mit der Formel $C_{14}H_{12}O_4$ stimmt nicht ganz mit der Meyer'schen überein; ebenso ist der von Franchimont nur amorph erhaltene Farbstoff, für welchen die Formel $C_{17}H_{16}O_6$ berechnet worden ist, anderer Natur; letzterer schmilzt bei 105°.

Santal, $C_8H_6O_3$, welches zu ungefähr 3 pro Mille aus dem rothen Sandelholz erhalten wird und mit dem *Piperonal* isomer sein soll, gehört zu den schwachen Säuren und bildet geruch- und geschmacklose, neutral reagirende Blätter und Tafeln, welche der Benzoësäure gleichen, in Wasser, Schwefelkohlenstoff, Chloroform und Benzol unlöslich sind, schwer löslich in kochendem Weingeist, wässerigem Ammoniak, Kalkwasser und wässerigen, kohlensauren Alkalien, leicht in verdünnten kaustischen Alkalien. Die anfangs hochgelben alkalischen Lösungen werden an der Luft schnell roth, grün, zuletzt missfarbig. Chlorcalcium und Chlorbarium geben anfangs farblose, sich jedoch schnell färbende Niederschläge. Die Lösungen in concentrirter Schwefelsäure sind citronengelb, in Salpetersäure olivengrün. Eisenchlorid erzeugt in der weingeistigen Lösung dunkelrothe Farbe. Mit Kali geschmolzen, bildet sich neben Kohlensäure Protocatechusäure.

Cazeneuve erhielt bei Behandlung des mit Kalkhydrat gemengten, geraspelten Holzes mittelst alkoholhaltigen Aethers farblose Krystalle von *Pterocarpin* ($C_{17}H_{16}O_5$), welches reichlich von Chloroform und Schwefelkohlenstoff, wenig von kaltem Alkohol, gar nicht von Wasser gelöst wird. Concentrirte Schwefelsäure löst roth, Salpetersäure grün. Es schmilzt bei 83° und liefert bei höherer Temperatur wahrscheinlich Pyrocatechin.

Hagenbach erhielt aus dem Holze mittelst Sodalösung einen fluorescirenden Stoff. Bei 100° getrocknetes Holz gab 0.8% Asche. (Husemann, Pflanzenstoffe 1061.)

Anwendung. In Substanz als Pulver zu Zahnpulvern, geschnitten zum Holztrank. In der Technik zu rothen Firnissen und Holzbeizen. Früher diente es als mildes Stypticum bei Ruhr, Blutbrechen und Blutspeien; äusserlich zu Pflastern und Salben. Gegenwärtig als Conspergens für Pillen und Bissen, als färbender Zusatz zu weissen und missfarbigen Mischungen, zu Zahnpulvern, Räucherpulvern, Räucherkerzen, als Tinktur zu Mundwassern. (Husemann, Arzneimittell. 402.)

Litteratur. Abbildung und Beschreibung: Bentley and Trimen, Med. pl., Taf. 82; Luerssen, Handb. der syst. Bot. II, 885; Karsten, Deutsche Flora, 702; Wittstein, Pharm. 720.

Drogen und Präparate. *Lignum santalinum rubrum*: Ph. helv. 73; Cod. med. 77 (*Pt. indicus* W.); Ph. belg. 76; Brit. ph. 261; Ph. dan. 148; Ph. suec. 119; Ph. U. St. 287; Flückiger, Pharm. 465; Flückiger and Hanb., Pharm. 199; Hist. d. Drog. I, 363; Berg, Waarenk. 139.

Spiritus s. Tinctura Lavandulae rubra s. composita s. aromatica: Ph. belg. 270; Brit. ph. 335; Ph. dan. 273; Ph. suec. 235; Ph. U. St. 349.

Morsuli purgantes rosati: Ph. dan. 160.

Tinctura Digitalis rubra: Ph. dan. 272.

Bezüglich der Drogen und Präparate siehe auch Hager, Ph. Prax. II, 885.

Tafelbeschreibung:

A blühender Zweig, natürl. Grösse (unsere Zeichnung weicht von der Beschreibung und Bentley'schen Abbildung insofern ab, als die Kronblätter nicht roth gestreift sind). 1 Blüthe, vergrössert; 2 dieselbe ohne Kronblätter, desgl.; 3 dieselbe Figur im Längsschnitt, desgl.; 4, 5 u. 6 Kronblätter, desgl.; 7 Frucht, natürl. Grösse; 8 dieselbe geöffnet, um die Samen zu zeigen, desgl. Nach einer von Herrn Professor Schmidt in Berlin unter Benutzung der Bentley'schen Abbildung gefertigten Originalzeichnung. Buntdruck von Herrn E. Günther in Gera.

Punica granatum L.

Granatapfel — Grenadier — Pomegranate.

Familie: *Myrtaceae* (*Lythraceae* Benth. u. Hook.). Gattung: *Punica* L.

Beschreibung. Strauch oder bis 8 Meter hoher Baum mit ästiger, holziger, aussen bräunlicher Wurzel, unregelmässig verzweigtem Stamme, braunen, runden Aesten und gegenständigen, vierkantigen, blattwinkelständig-dornigen oder unbewaffneten, röthlichen Zweigen. Blätter lederig, ohne Oeldrüsen, oblong-lanzettlich oder oblong bis verkehrt-eiförmig, bis 5 Ctm. lang, bis $3^1/_2$ Ctm. breit, sehr kurz gespitzt bis stumpf oder abgerundet, kahl, ganzrandig oder etwas geschweift, fiedernervig; Blätter derselben Pflanze bisweilen die verschiedensten Formen zeigend. Blüthen einzeln oder zu dreien, endständig und in den obersten Blattachseln. Der granatrothe Unterkelch verkehrt-kegelförmig oder glockig, über den Fruchtknoten hinaus in eine becherförmige, fleischige Röhre auswachsend, deren Wand unmittelbar über dem Fruchtknoten stark verdickt ist, während sie nach oben zu sich mehr und mehr verdünnt und auf dem Rande die Kelch- und Kronenblätter trägt. Kelch fünf- bis acht-(meist sechs-)blätterig, dick, dreieckig, in der Knospe klappig, granatroth, bleibend. Kronblätter mit den Kelchblättern gleichzählig und mit den letzteren wechselnd, verkehrt-eiförmig, in der Knospe dachig und gerunzelt, abfallend, scharlachroth. Staubgefässe zahlreich, in mehreren Reihen dem oberen dünneren Theile des Unterkelchs entspringend; Staubfäden fadenförmig, in der Knospe eingebogen; Staubbeutel klein, breit-oval, auf dem Rücken über der Basis angeheftet, zweifächerig, der Länge nach sich öffnend. Pollen dreifurchig, dreiporig, unter Wasser aufgequollen-dreieckig. Fruchtknoten ganz unterständig, mit 2 Kreisen von Fächern, von denen der äussere höhere vor den Kronblättern steht und die Anzahl seiner Fächer der Zahl der Kronblätter entspricht, während der innere, tiefere Kreis aus 3 (seltener 5 und mehr) Fächern besteht. Samenträger gross, markig, mit vielen Samenknospen, im oberen Kreis wandständig, im unteren bodenständig. Luerssen sagt über die Entwickelung der Fruchtknotenfächer folgendes: „Diese Anordnung kommt dadurch zu Stande, dass an den beiden ungleichzähligen Carpellblattkreisen in Folge eines in der Peripherie des Fruchtknotens stattfindenden starken Längenwachsthumes der Fruchtknoten gewissermassen umgestürzt wird, so dass die ursprünglich unten und innen liegenden Fächer nach oben und aussen zu liegen kommen, wobei die anfänglich axilen Placenten dieser Fächer zunächst nach aussen abschüssig, dann horizontal gelegt, zuletzt schräg nach oben und aussen gerückt werden. Wird noch, wie dies bisweilen vorkommt, ein dritter innerster Carpellkreis angelegt, so wird in Folge dessen auch der nun mittlere Fruchtkreis schräg nach oben und aussen geschoben." Griffel 1, fadenförmig, mit verdicktem Grunde und kopfiger, mit grossen Papillen besetzter Narbe. Frucht apfelförmig, etwas niedergedrückt-kugelrund, bis 12 Ctm. im Durchmesser, vom bleibenden Kelche gekrönt, mit dicker, lederartiger, bräunlich-grünlicher, gelblicher oder blutrother Schale; durch eine gegen die Mitte etwas emporsteigende Querwand in zwei mehrfächerige Stockwerke getheilt; Scheidewände häutig. Samen zahlreich, schwammigen Samenträgern entspringend, gross, unregelmässig-kantig, länglich, fast verkehrt-eiförmig, mit einer harten Samenschale, die durch eine sehr dicke, saftige, durchsichtige, nach oben purpurrothe Schicht bedeckt ist. Embryo eiweisslos; Würzelchen kurz, dem Nabel zugewendet. Samenlappen laubig, spiralig umeinandergerollt, am Grunde 2öhrig.

Anatomisches. Der Querschnitt der Rinde zeigt einen dünnen Kork, eine dünne Mittelrinde und eine dicke, mehlige, grünlich-gelbe Bastschicht. Die Korkschicht besteht aus würfelförmigen Zellen, deren innere noch lebensthätige Reihen etwas dickwandig sind, die nun folgende, aus 10 bis 20 Reihen kugelig-eckiger, nicht stark tangential gestreckter Zellen zusammengesetzte Mittelrinde enthält zeitweise reichlich Stärke, daneben kleinere, formlose Körner (wahrscheinlich Gerbstoff) und Krystalldrusen, auch

Myrtaceae.

Punica Granatum L.

 einzelne grössere hendyoëdrische Krystalle von oxalsaurem Kalk. Diese Schicht geht allmählig in die breite, fast $^3/_4$ des ganzen Querschnittes einnehmende Bastschicht über. Der Bast enthält gar keine Bastzellen, sondern besteht nur aus Parenchym, welches durch 1—2 reihige, stärkeführende, 2—6 Zellenreihen zwischen sich lassende Markstrahlen in radialer Richtung getrennt wird. Das Grundgewebe des Bastes besteht aus concentrischen Reihen, nach Form und Inhalt abwechselnder Zellen, von denen die eine, einfache Reihe würfelige Form und als Inhalt morgensternförmige Krystalldrusen von Calciumoxalat besitzt, während die zwischenliegende 1—3reihige Schicht aus axial etwas verlängerten, Stärkemehl und Gerbstoff führenden Zellen mit eingestreuten Siebröhren besteht. Grosse geschichtete, mit Porenkanälen ausgestattete Steinzellen sind ohne bestimmte Ordnung in das Bastgewebe eingestreut, manchmal fast die ganze Breite der zwischen 2 Markstrahlen liegenden Schicht einnehmend. Die Krystallzellen sind von kubischer, die Stärkezellen von langgestreckter Form. Die Markstrahlenzellen zeigen sich auf dem Querschnitte wenig radial gestreckt, auf dem radialen Längschnitte erscheinen sie mauerförmig, auf dem tangentialen als schmale, von kleinen viereckigen Zellen erfüllte Spalten.

Vorkommen. Im Oriente und im nordwestl. Vorderindien heimisch; im westl. Sind in Höhen bis 4000 Fuss, an dem Ostabhang der Suleimankette und in Beludschistan bis 6000 Fuss, in der Umgegend von Kabul noch grössere Höhen erreichend. Gegenwärtig in den subtropischen Klimaten beider Erdhälften kultivirt.

Flückiger glaubt die Urheimath in den Ländern zwischen dem kaspischen Meere, dem persischen Meerbusen und dem Mittelmeer suchen zu müssen, vielleicht in Palästina, möglicherweise auch im weiteren Mittelmeergebiete. In Folge der leichten Verwilderung hat sich die Granate nach der Ansicht Flückiger's sehr frühe durch das wärmere Asien bis Nordindien, Chiwa, Südsibirien, durch den ganzen Archipelagus und Nordchina, auch westwärts über ganz Nordafrika bis in die untere Bergregion Abessiniens, in den Atlas, in die Oasen von Tuat, nach den Azoren und Südeuropa verbreitet.

Neuerdings tritt sie auch in dem Caplande, Nord-Peru und Brasilien auf. In der südlichen Schweiz und in Südtirol gedeiht sie noch in Freien.

Blüthezeit. In Europa im Juni und Juli.

Name uud Geschichtliches. *Granate* (althochd. *kernafil, kornapfil, puniske,* mittelhochd. *Appelgart, Appelgranat, Blutopfel, Granethappelbaum, Gronatapfel, Grunopffel, Kranapfel, Malepuniken, Parysapfel, Parczkorn,* mittelniederd. *Bersapfel, Paradisappel*) von *granum Korn, granatus* mit Körnern versehen, wegen der vielen Samenkörner. *Punica* von *puniceus,* welches sowohl punisch als purpurroth bedeutet, demnach entweder von der rothen Farbe der Blüthen und Früchte abgeleitet oder wegen des häufigen Vorkommens in der Gegend von Carthago *(regia punica),* woher die Römer die besten Granaten (*Malum punicum*) bezogen, so genannt.

Die Granate, *Ειδη* oder *Ροια* des Theophrast, *Ροα* des Dioscorides, ist eines der ältesten und beliebtesten Arzneigewächse. Schon die alten Kunstdenkmäler der Assyrer und Aegypter zeigen Darstellungen des Granatapfels und die Gräber der letztern enthalten noch gut erhaltene Früchte. Die hippokratischen Schriften beschäftigen sich bereits mit einem Extrakt gegen Augenleiden und die Bücher des alten Testamentes erwähnen mehrfach Baum und Früchte. Die Blätter wurden äusserlich zu Umschlägen verwandt und Granatzweige in den Krankenzimmern aufgestellt. Die Blumen (*Cytini*), die Schalen der Früchte (*Sidia*) und die Wurzeln wurden schon in frühen Zeiten häufig gegen Bandwurm benutzt, ebenso auch der Saft der Früchte, den *Cato,* mit Wein gemischt, zu gleichem Zwecke empfahl. Die Schale der Früchte wurde im Alterthum, wie noch jetzt in Thunis, zum Gerben verwendet. Asclepiades und Scribonius Largus rühmen ein Roob der Frucht gegen Diarrhoe. Auch den Chinesen war die wurmtreibende Wirkung der Granate bereits in den frühesten Zeiten bekannt. Die Hauptverwendung fand jedoch der Granatäpfel schon in Alterthume als erfrischendes Obst. Um 1000 tritt die Granate in Deutschland (*St. Gallen*) als Tafelobst auf und im deutschen Mittelalter war unter der Bezeichnung *Cortex Psidii* (*σιδη*) oder *Malicorium* die Fruchtschale officinell Die Rinde, welche bis in die Neuzeit keine Beachtung gefunden hatte, wurde durch die Empfehlung Buchanans, der ihre Wirkung 1807 in Indien beobachtet hatte, in den europäischeu Arzneischatz eingeführt.

Offizinell ist die Rinde der Wurzel und des Stammes der wildwachsenden oder verwilderten Bäume: *Cortex Granati radicis* (*Cortex Granati*); ferner die getrocknete Schale der Früchte: *Cortex Granati fructus* (*Cortex Granatorum, Cortex Psidii, Malicorium*); auch die getrockneten Blüthen der gefüllten Form: *Flores Granati* (*Flores Balaustii, Balaustia*).

Die getrocknete Rinde der Wurzel, vermischt mit der des Stammes — diejenige der Aeste soll unwirksam sein — kommt in 6—12 cm. langen, 2—4 cm. breiten, 1—2 Mm. dicken rinnen-, oder röhrenförmigen, oft rückwärts gekrümmten und verbogenen Stücken in den Handel. Die jüngere Rinde ist auf der Aussenfläche meist eben, die ältere Rinde höckerig, seltener unregelmässig längs feinrunzelig und rissig, häufiger durch breite schülferig aufgerissene Korkleisten gefurcht und auf den stärksten Stücken breite, flach-muschelartige Abschuppungen zeigend. Die glatte, fein längs gestrichelte, hell grünlich-gelbe bis bräunliche Innenfläche, welche sich bei Berührung mit Kalkwasser schön gelb färbt, ist bisweilen mit anhaftenden Streifen des weisslichen, zähen Holzes versehen. Die Stammrinde hat eine hellere, mehr graue, die Wurzelrinde eine unebenere, wellenförmige, bräunliche Korkschicht; ausserdem ist die Stammrinde fast regelmässig mit Flechten besetzt, unter denen sich die kleinen schwarzen (*Arthonia astroidea var. anastomosans* Hepp. mit strahlig-ästigem Thallus und vierzelligen Sporen, *Arthonia punctiformis* Ach. mit glänzend schwarzem, kreisförmigem Thallus und fünfzelligen Sporen, *Arthopyrenia atomaria* Müll. Arg.) besonders auszeichnen.

Flückiger sagt über die verschiedenen Rinden: „Man pflegt die Rinde der Wurzel vorzuziehen, es ist aber nicht anzunehmen, dass der Bedarf in einiger Menge durch dieselbe gedeckt werde, sondern sicherlich zum grössten Theile durch die Stammrinde, von welcher eine geringere Wirksamkeit nicht bewiesen ist." Wenn das Alkaloid *Pelletierin* der wirksamste Bestandtheil ist, dann wäre eigentlich die Stammrinde, in welcher dieses Alkaloid am meisten vertreten sein soll, vorzuziehen.

Die Rinde bricht kurz und körnig und lässt durch die Lupe auf dem hellgelblichen Querschnitte einen feingefelderten Bau erkennen; sie schmeckt unangenehm zusammenziehend, färbt den Speichel gelb und riecht schwach widerlich.

Die besten Rinden stammen aus Algerien; auch Portugal soll eine sehr gute Rinde liefern.

Verwechselungen und Fälschungen finden statt mit der Wurzelrinde von *Berberis vulgaris L.* (etwas biegsamer und zäher, bitter, aber nicht zusammenziehend schmeckend) und mit der Wurzelrinde von *Buxus sempervirens L.* (hellgelb, auf der Aussenfläche längsrissig und schwammig, sehr bitter, ebenfalls nicht zusammenziehend schmeckend).

Die Blüthen werden gewöhnlich gefüllt, mit sammt dem Kelch in den Handel gebracht; sie sind geruchlos, schmecken sehr herbe und färben den Speichel violett. Die Fruchtschalen treten in gebogenen, oft zerbrochenen Viertelstücken auf; sie sind aussen hell oder dunkelbraun, auch gelb-röthlich, glatt oder feinwarzig, innen gelb und uneben; sie besitzen keinen Geruch, aber einen sehr herben Geschmack.

Bestandtheile. Ausser eisenbläuendem Gerbstoff und Gallussäure enthält die Granatrinde Stärkemehl, Harz, Wachs, Zucker, Gummi, Mannit, Granatin, Punicin und einige Alkaloide. (*Pelletierin, Isopelletierin, Pseudopelletierin, Methylpelletierin*). Die Granatgerbsäure, deren Gehalt nach Wackenroder 22 %, nach Ishikawa 20 % beträgt und nach Rembold eine Zusammensetzung von $C_{20}H_{16}O_{13}$ besitzt, wird als amorphe, grünlich-gelbe in Alkohol und Aether unlösliche Masse erhalten, die durch Leimlösung gefällt und mit Säuren in Ellagsäure und nicht krystallisirbaren Zucker zerlegt wird, mit Kali gekocht dagegen Gallussäure liefert. Rembold glaubt, dass in der Granatrinde zwei verschiedene Gerbsäuren verhanden sind, von denen die eine möglicherweise mit der Gallusgerbsäure übereinstimmt.

Die beiden Stoffe: Landerer's krystallisirbares *Granatin* und Righini's ölig-harziges *Punicin* sind sehr zweifelhafter Natur. Die 4 Alkoloide, von denen das *Pelletierin* und das *Isopelletierin* die wirksamen Bestandtheile darstellen, sind von dem Apotheker Tanret zu Troy in den Jahren 1878—1880 entdeckt und nach dem 1788 zu Paris geborenen Professor der Ecole de Pharmacie Joseph Pelletier benannt worden.

Pelletierin, mit der Formel $C_8H_{13}NO$ ($C_{16}H_{30}N_2O_2$ nach Flückiger) ist flüssig, besitzt einen

 Siedepunkt von 195°, ein spez. Gew. von 0,988 bei 0°, ist löslich in 20 Theilen Wasser, Aether, Alkohol, Chloroform, nach Flückiger links drehend, (nach Husemann rechts drehend und nur das schwefelsaure Salz links drehend), leicht verharzend, Rotationsvermögen bei 100° schwindend.

Methylpelletierin, $C_{18}H_{34}N_2O_2$ ($C_{16}H_{28}$ $(CH_3)N_2O_2$ nach Flückiger), ist flüssig, besitzt einen Siedepunkt von 215° (250° Flückiger) löst sich in 25 Theilen Wasser, in Alkohol, Aether, Chloroform und dreht die Polarisationsebene nach rechts.

Pseudopelletierin, eine starke Base von der Zusammensetzung $C_9H_{15}NO + 2H_2O$ ($C_{18}H_{30}N_2O_2$ nach Flückiger), besteht aus prismatischen Krystallen mit einem Schmelzpunkt von 246°, ist leicht löslich in Wasser, Alkohol, Aether, Chloroform und besitzt kein Drehungsvermögen.

Isopelletierin, von der Zusammensetzung des *Pelletierin* und von letzterem nur durch den Mangel des Polarisationsvermögens unterschieden.

Die Stammrinde soll vorwiegend *Pelletierin*, die Wurzelrinde hauptsächlich *Methylpelletierin* enthalten. Die Ausbeute der Alkoloide ist eine sehr geringe. Wackenroder erhielt aus der Rinde 14,3 % Asche; Flückiger aus der Stammrinde 16,73 %. Die Fruchtschalen enthalten nach Reuss 27,8% Gerbsäure, 0,9 % Harz, 21,8 % Extraktivstoff, 34,2 % Gummi, 10,2 % Gerbsäureabsatz, Spur von Gallussäure.

Anwendung. Die Granatrinde dient zur Abtreibung des Bandwurmes, welcher durch dieses Mittel rasch und sicher beseitigt wird. Die wurmwidrige Wirkung liegt in den 2 Alkoloiden *Pelletierin* und *Isopelletierin,* währen die 2 andern Alkoloide sich als unwirksam erweisen sollen. „Die Granatwurzelrinde lässt sich gegen *Bothriocephalus latus* und *Taenia Solium* mit grösster Sicherheit verwenden, treibt aber auch in der Regel die *Taenia mediocanellata* ab. Die beste Anwendungsform ist das Macerat oder Macerationsdekokt, welches man kochend filtriren und Morgens auf 3—4 mal innerhalb einer Stunde nehmen lässt." Die wurmwidrigen Prinzipien sind auch in der Fruchtschale vorhanden. Frischer Rinde ist der Vorzug zu geben, da nach längerer Aufbewahrung die Basen verschwinden oder sich zersetzen. Nach Selbstversuchen von Merat erzeugen grössere Gaben Aufstossen, Magenschmerzen, Nausea, Schwindel, Nebelsehen, Ohnmachten, Wadenkrämpfe, Convulsionen. Husemann, Arzeneimittellehre 198.

Die Blüthen dienen als Gurgelspezies uud im Theeaufguss bei Ruhr, Diarrhoe, Fluor albus etc.; die Fruchtschalen zum Gerben und Färben, namentlich in Orient zur Herstellung des Saffians.

Litteratur. Abbildung und Beschreibung: Nees v. Esenb., Plant. med., Taf. 300 u. Suppl. III, Taf. 18; Hayne, Arzneigew. X., Taf. 35; Berg u. Schmidt, Offiz. Gew., Taf. III[ab]; Bentley and Trimen, Med. pl., Taf. 108; Luerssen, Handb. der syst. Bot. II., 822; Karsten, Deutsche Flora 786; Wittstein, Pharm. 275.

Drogen und Präparate: *Cortex radicis Granati*: **Ph. germ.** 67; Ph. austr. 108; Ph. hung. 361; Ph. ross. 92; Ph. helv. 30; Cod. med. 56; Ph. belg. 41; Ph. Neerl. 121; Brit. ph. 147; Ph. dan. 83; Ph. U. St. 173; Flückiger, Pharm. 478; Flückiger and Hanb., Pharm. 290; Hist. d. Drog. I., 520; Berg, Waarenk. 192; (Cortex) 324 (Flores); Berg, Atlas 79, Taf. XXXX.

Cortex Fructus Granati: Berg, Waarenk. 412.

Extractum Corticis Granati: Ph. austr. 60; Ph. ross. 129; Cod. med. 414; Ph. belg. 169, 170; Ph. Neerl. 106.

Decoctum Granati radicis: Brit. ph. 98; Cod med. 339.

Tafelbeschreibung:

Taf. I. A Blüthenzweig der gefüllten Form natürl. Grösse; 1 Blüthe im Längsschnitt, vergrössert; 2 Staubgefässe, desgl.; 3 Pollen, desgl.; 4, 5 Fruchtknotenquerschnitte, natürl. Grösse; 6 oberer Theil des Griffels mit Narbe. Nach der Natur von Walter Müller.

Taf. II. A Fruchtzweig, natürl. Grösse; 1 und 2 Frucht im Längs- und Querschnitt, desgl.; 3 Same mit dem Samenfleisch, desgl.; 4 derselbe im Längsschnitt, vergrössert; 5 derselbe im Querschnitt, desgl.; 6 und 7 Same ohne Samenfleisch, natürl. Grösse und vergrössert; 8 Keimling, desgl. Nach der Natur von W. Müller.

Punica Granatum L.

Quassia amara L.

Quassiastrauch, Bitterholz — Bois amer — Bitter wood.

Familie: *Simarubaceae*; Gattung: *Quassia* L.

Beschreibung. Ein in allen Theilen kahler Strauch oder bis 5 Meter hoher Baum mit schlaffer, eiförmiger Krone und dünner, im trockenen Zustande sich leicht ablösender, gelblich-aschgrauer, im jüngeren Alter braun-purpurrother Rinde. Blätter zerstreutstehend, nebenblattlos, 3zählig oder 2jochig unpaarig, mit geflügelt-gegliederter Blattspindel, welche, wie die Mittelnerven der Blättchen, hellpurpurroth gefärbt ist; Flügel nach oben an Breite zunehmend. Blättchen sitzend, länglich, beiderseits verschmälert, zugespitzt, ganzrandig, fiedernervig; die endständigen Blättchen zu dreien beisammenstehend. Blüthen in end-, seiten- oder achselständigen, einfachen, aufrechten, schlaffen Trauben; die einzelnen Blüthen 4 Ctm. lang, scharlachroth. Der unterständige Kelch klein, 5theilig, dunkelroth, bleibend, in der Knospe dachig; Kelchblätter eiförmig, spitz, gewimpert. Kronblätter zu 5, unterständig, lineallanzettlich, etwas spitz, aufrecht, in der Knospe und während der ersten Zeit des Blühens gedreht, später offen, hellpurpurroth, abfallend. Staubgefässe 10, der Basis des säulenförmigen Stempelträgers (Diskus) entspringend, länger als die Kronenblätter, mit rosenrothen Fäden, die am Grunde auf der Vorderseite mit einer zottig behaarten Schuppe versehen sind, zuerst ungleich, später ziemlich gleich lang. Staubbeutel blassgelb, auf dem Rücken am Grunde angeheftet, länglich, an der Basis ausgerandet, oben kurz gespitzt, 2fächerig; Fächer der Länge nach aufspringend. Pollen rundlich, 3seitig, 3porig. Stempel auf dem säulenförmigen Stempelträger; Fruchtknoten aus 5 freien, einfächerigen, verkehrt eiförmigen, purpurrothen Fruchtblättern (Carpellen) bestehend; in jedem Fache eine aus der Spitze des Innenwinkels herabhängende Samenknospe. Griffel 5, purpurroth, an der Verbindungsstelle mit den Carpellen frei, sonst verwachsen und gedreht. Narbe einfach, stumpf. Steinfrüchte zu 5, auch weniger, auf dem Stempelträger etwas sternförmig abstehend, länglich-eiförmig, netzaderig, schwarz. Same länglich, zusammengedrückt; Embryo mit planconvexen, fleischigen Samenlappen.

Anatomisches. Die Rinde zeigt bei stärkerer Vergrösserung auf dem Querschnitte eine aus tangential gestreckten, dünnwandigen, auch verdickt-gelbwandigen Korkzellen bestehende Aussenrinde, eine Mittelrinde, welche aus einem schlaffen Parenchym besteht, in welchem in der Mittelschicht vereinzelte zitronengelbe Steinzellengruppen und nach dem Korke zu zahlreiche Oxalatdrusen auftreten. Ein derber, zitronengelber, nicht unterbrochener Steinzellenring trennt die Mittelrinde von der Innenrinde. Letztere ist ein schlaffes, zusammengefallenes, mit vereinzelten Steinzellengruppen ausgestattetes Gewebe, welches aus wechselnden Schichten von Bastbündeln und Bastparenchym besteht und von Markstrahlen durchschnitten wird. Die Markstrahlen haben grossen Abstand von einander und erweitern sich nach vorn keilförmig; ihre Zellen erscheinen auf dem Querschnitte undeutlich polyëdrisch, in der keilförmigen Erweiterung tangential gestreckt. Die kreisförmigen Linien, welche man in dem Holzquerschnitt wahrnimmt, sind keine echten Jahrringe, sondern nur Scheinringe. Sie sind in grosser, den Jahren nicht entsprechender Anzahl vorhanden und überhaupt nicht ringförmig geschlossen. Bei stärkerer Vergrösserung erscheint das vorwiegend aus dickwandigen Fasern bestehende Holz auf dem Querschnitte in Folge der das Holzparenchym kreuzenden Markstrahlen quadratisch gefeldert. Die Markstrahlen sind aus einer, selten 2 Reihen Zellen in wechselnder Breite zusammengesetzt. Grosse siebförmige und fein getüpfelte Tracheen treten in dem Holze auf, jedoch nur selten die ganze Breite eines Holzbündels einnehmend.

Blauschwarze Pilzfäden bedecken namentlich die Innenfläche der Rinde und die Peripherie des Holzes, ja sie dringen sogar in den dichten Steinzellenring ein.

Vorkommen. Von Surinam bis Panama, auf den Antillen und im nördlichen Brasilien einheimisch. In Brasilien und Westindien kultivirt.

Picraena excelsa Lindl. (*Quassia excelsa* Sw., *Simaruba excelsa* D. C., *Picrasma excelsa* Planch., jamaicanisches Bitterholz, Jamaica-Quassienholz) ist ein bis 20 Meter hoher, eschenartiger Baum mit 5jochigen, unpaarig gefiederten (nach Luerssen 4- bis 7paarigen) Blättern. Blättchen sehr kurz gestielt, oblong oder eiförmig-länglich, zugespitzt, ganzrandig, kahl. Blüthen klein, in kurzen sparrig-ästigen, filzigen Rispen, blassgrün-gelblich, mit 5 am Grunde nicht schuppig verbreiterten Staubgefässen und 3lappigem Fruchtknoten. Die erbsengrossen Steinfrüchte verkehrt-eiförmig-kugelig, glatt, glänzend schwarz.

Auf Jamaica und den kleinen Antillen (Antigua, St. Vincent) einheimisch.

Anatomisch unterscheidet sich das Holz von dem surinamischen durch die breiteren Scheinringe breiteren, meist aus 2 bis 3 Zellenreihen bestehenden Markstrahlen (im echten Quassienholze niemals 3reihig, sondern meist 1reihig) und durch ein massiges Holzparenchym, welches in ziemlich concentrischen, wellig gebogenen und vielfach unterbrochenen Binden auftritt. „Auf dem Querschnitt durch den Stamm zeigen sich da und dort blauschwarze, zarte Zeichnungen, entweder leichte, landkartenähnliche Umrisse, Zickzacklinien oder grössere zusammenhängende Kleckse. Die Figuren erscheinen sowohl in der Rinde, besonders auf ihrer Innenfläche, als durch das Holz bis zum Mark und lassen sich durch ganze Stammstücke hindurch verfolgen, wenn dieselben der Länge nach gespalten werden“ (Flückiger). Diese Figuren lassen sich in den Markstrahlen am besten erkennen; sie sind nach Flückiger „gebildet aus zarten, fadenartig an einander gereihten Zellen von klarer, eigenthümlicher Färbung, welche unter dem Mikroskop schwarzbräunlich mit einem violetten Stich erscheint. Die Fäden gehören dem Mycelium eines Pilzes an, welcher hier niemals weitere Ausbildung zeigt. Es bleibt fraglich, ob derselbe sich schon in dem lebenden Stamme einnistet“. Die dünnwandigen Tracheen stehen unregelmässig bis zu 4 beisammen und nehmen meist die ganze Breite des Holzbündels ein. Das Mark ist vom Holze scharf abgegrenzt. Calciumoxalatkrystalle befinden sich namentlich in der äusseren würfelzelligen Schicht des Rindenparenchyms; sehr grosse derartige Krystalle enthält auch das Mark.

Name und Geschichtliches. *Quassia* soll nach einem Negersklaven der westindischen Zuckerplantagen *Coissi* oder *Quassi* so benannt worden sein, der angeblich die heilsamen Wirkungen des Holzes entdeckte.

Die Heilwirkungen der *Quassia* und *Picraena* sind von den Eingeborenen schon lange entdeckt und gegen Magenleiden in Gebrauch gewesen. Die frühesten Nachrichten stammen von dem französischen Geistlichen Labat, welcher 1696 berichtet, dass auf Martinique ein Bitterholz wachse, in welchem eine *Simaruba* vermuthet wird. Neben dem Holze in der Rinde benutzte man auch die Blüthen der *Quassia*, welche nach den Angaben des Arztes Philipp Fermin um 1714 ein geschätztes Heilmittel gegen Magenkrankheiten bildeten. Nach Haller soll der Materialist und Apotheker Albert Seba in Amsterdam 1730 die Rinde eines Baumes, *Quassi* genannt, besessen haben; jedoch erst 1742 wurde die Wurzelrinde, *Coissi* oder *Quassia*, als Fiebermittel in Europa allgemeiner bekannt. Die Einführung in Europa mag wohl mit dem Bestreben zusammenhängen, die theuren Chinarinden durch eine billigere Droge zu ersetzen. Im Gegensatz hierzu berichtet Linné, dass der Schwede C. Gust. Dahlberg 1760 einen blühenden Zweig nach Stockholm brachte, welchen er in Surinam von dem schwarzen Sklaven Quassi erhalten hatte. Letzterer sollte das Holz als Geheimmittel gegen Fieber gebraucht haben. Zur Verbreitung der *Quassia* trug Linné's „*Dissertatio de ligno Quassiae* 1763“ wesentlich bei. 1788 wurde Holz und Rinde der *Quassia* in die londoner Pharmakopoe aufgenommen, jedoch 1809 durch das Holz der *Picraena* verdrängt. Olaf Swarz beschrieb 1788 die *Picraena* als *Quassia excelsa*. Der Arzt John Lindsay auf Jamaica berichtet über die Verwendung des Picraenaholzes zu technischen Zwecken und als Fiebermittel und bemerkt, dass die Rinde an die londoner Bierbrauereien versendet werde.

Offizinell ist das Holz mit der Rinde: *Lignum Quassiae surinamense* von *Quassia amara* und *Lignum Quassiae jamaicense* (*Lignum Quassiae novae*) von *Picraena excelsa.*

Das Holz von *Quassia amara* kommt in cylindrischen, geraden oder krummen, bis 10 Ctm. dicken, $^1/_3$ bis $1^1/_3$ Meter langen, meist aber schwächeren, mit der 1 bis 2 Mm. starken Rinde bekleideten Stücken in den Handel. Das Holz ist fast weiss, mehr oder weniger blassgelblich, aussen oft grau oder bräunlich angelaufen, der Länge nach gestreift, leicht aber fest, zähe, feinfaserig; es ist geruchlos, besitzt einen sehr bitteren Geschmack und ist schwer pulverisirbar. Die leicht ablösbare Rinde ist locker, sehr leicht zerbrechlich, leicht pulverisirbar, im Bruche kurzblätterig und nur in der innersten, dünnen Schicht faserig. Dieses Holz ist theurer als das folgende und in Deutschland allein offizinell. Die Ausfuhr, welche aus niederländisch Guiana erfolgt, ist nach Flückiger sehr in der Abnahme begriffen; sie betrug 1872 132 000 Klgr., 1877 48 148 Klgr.; 1878 war sie = 0, 1879 6 475 Klgr.

Lignum Quassiae jamaicense kommt in $^1/_3$ Meter dicken, 1 bis 2 Meter langen, rundlichen oder ellipsoidischen Stammstücken oder Aesten in den Handel, die gewöhnlich mit der 1 Ctm. dicken, schmutzig braunschwarzen, festen und zähen Rinde bedeckt sind. Das Holz ist hellgrau, nicht so weiss als das vorhergehende, dichter, kurzfaseriger, weniger zähe, gut spaltbar, leichter zu pulverisiren. Die breiteren Markstrahlen sind leichter erkennbar. Das Holz von Jamaica, welches gewöhnlich geraspelt, als *Lignum Quassiae raspatum*, im Handel erscheint, ist meist mehr gefärbt, mit einem Stich ins Gelblichgrüne; es ist ebenfalls geruchlos und sehr stark bitter. Die Rinde bricht faserig, ist gut schneidbar und zeigt auf dem Querschnitte eine schwarzbraune, feinstrahlige Innenschicht.

Verwechselungen sollen vorgekommen sein mit dem Holze des in Westindien einheimischen Korallensumachs *Rhus Metopium* L. Letzteres ist grau, hat eine fest anliegende Rinde und dunkle Harzflecke. Die Abkochung wird von Eisenchlorid schwarz gefällt, während die Abkochung des Quassienholzes sich hierdurch nur dunkler färbt.

Bestandtheile. Beide Hölzer nebst Rinde enthalten einen eigenthümlichen krystallinischen Bitterstoff, *Quassiin* oder *Quassit*, gummigen Extraktivstoff, Spuren ätherischen Oeles, Aesculin, Pektin etc. Der wässerige, hellgelbe Auszug des Quassienholzes wird durch Eisenchlorid dunkelbraun gefärbt, durch Bleizucker wird er reichlich braun gefällt. Die neueren Untersuchungen des surinamischen Quassienholzes von Trädgardh ergaben: 9.87% Feuchtigkeit; 1.62% Asche; 0.385% organ. Säuren; 0.51% Gummi; 0.265% Quassiin; 1.91% Holzgummi; 2.17% Pararabin; 82.52% Cellulose; 2,43% Albuminoïde; ausserdem noch ein Harz und eine fluorescirende Substanz.

Das *Quassiin* $C_{10}H_{12}O_3$, 1835 von Winckler entdeckt, bildet nach Wiggers, aus Aetherweingeist oder heissem Wasser, oder heissem, schwachem Weingeist krystallisirt, weisse undurchsichtige, glänzende, luftbeständige Säulen, von neutraler Reaktion, ohne Geruch und mit sehr bitterem Geschmack. Der Schmelzpunkt ist höher, als bei Kolophonium, nach Wiedererstarrung bildet es eine gelbe, durchsichtige Masse. Es löst sich leicht in Weingeist, sehr wenig in Aether, in 222 Theilen Wasser bei 12°; bei stärkerer Erhitzung verbrennt es wie Harz; durch Gerbsäure wird es in weingeistiger Lösung in dicken, weissen Flocken gefällt. Christensen erhielt, indem er das Holz mit Wasser auskochte, den Auszug stark concentrirte, mit Gerbsäurelösung versetzte, den Niederschlag mit Bleicarbonat austrocknete und mit Weingeist auskochte, 1 pro Mille rein weisses Quassiin in glänzenden, aus rechtwinkligen Prismen bestehenden, in polarisirtem Lichte doppelt brechend erscheinenden Kryställchen. Das Quassiin von Christensen schmilzt bei 205°, lässt sich durch verdünnte Säuren nicht spalten, seine gereinigten Auflösungen sind nicht fluorescirend; es ist löslich in 2 Theilen Chloroform, 30 Theilen Alkohol, in 1200 Theilen Wasser bei 100°, schwer löslich in Aether, Petroleumäther und ist rechtsdrehend. Nach Christensen ist *Quassiin* kein Glykosid und besitzt die Formel $C_{31}H_{42}O_9$. Nach den Untersuchungen von G. Goldschmidt und H. Weidel ist das Quassiin nicht krystallisirend, sondern amorph. Flückiger, welcher beim Kochen mit Kali kein aromatisches Produkt beobachtete, erhielt aus dem Holze von Surinam 3.6%, aus der Rinde 17.8% Asche, aus dem Holze von Jamaica 7.8%, aus der Rinde 9.8% Asche. Blüthen und Blätter sollen ebenfalls Quassiin enthalten. In Bezug auf

Simarubaceae.

Quassia amara L.

 Picraena äussert Flückiger: „Es ist wohl nicht zu bezweifeln, dass die Bitterkeit des Picraenaholzes von demselben Quassiin herrührt, welches in *Quassia amara* vorkommt.“ Husemann, Pflanzenstoffe 859.

Anwendung. In Substanz als Absud, Extrakt und Tinktur als Tonicum und Stomachicum. Das wirksame Prinzip ist das Quassiin. „Die Quassia theilt die Indicationen der bitteren Mittel im Allgemeinen und besitzt trotz ihrer intensiven Bitterkeit keine Vorzüge vor einheimischen *Amara pura.* Bei atonischen Zuständen der Verdauungswege wird sie am häufigsten verwendet.“ Auf den Stuhlgang ist sie ohne Einfluss. Der wässerige Aufguss dient als Klystier gegen Oxyurus und zum Befeuchten der Verbandstücke im Sommer, um die Entwickelung der Fliegenmaden zu verhindern. Da *Quassia* auf Menschen keine toxische Wirkung äussert, hingegen Fliegen tödtet, so wird die Droge als ein vorzügliches Fliegengift betrachtet; daher auch die Bezeichnung Fliegenholz. Die Pharm. Germanica schreibt beide Hölzer vor. Husemann, Arzneimittell. 648.

Litteratur. Abbildung und Beschreibung: Nees v. Esenb., Pl. med., Taf. 383 (*Quassia*), Taf. 381 (*Picraena*); Hayne, Arzneigw. IX, Taf. 14 (*Quassia*), Taf. 16 (*Picraena*); Berg u. Schmidt, Offiz. Gew., Taf. XId; Bentley and Trimen, Med. pl., Taf. 57 (*Picraena*); Luerssen, Handb. d. syst. Bot. II, 695; Karsten, Deutsche Flora 799; Wittstein, Pharm. 657.

Drogen und Präparate: *Lignum Quassiae surinamense*: **Ph. germ.** 155; Ph. austr. 109; Ph. hung. 363; Ph. ross. 246; Ph. helv. 73; Ph. belg. 70; Cod. med. 72; Ph. Neerl. 191; Ph. dan. 148; Ph. suec. 119; Flückiger, Pharm. 458; Berg, Waarenk. 136 (*Cortex Quassiae* 193); Berg, Atlas XXVI.

Lignum Quassiae jamaicense: Cod. med. 72; Brit. ph. 267; Ph. U. St. 275; Flückiger, Pharm. 462; Flückiger and Hanb., Pharm. 131; Hist. d. Drog. I, 236.

Extractum Quassiae: **Ph. germ.** 93; Ph. austr. 60; Ph. hung. 191; Ph. ross. 137; Ph. helv. 46; Ph. belg. 171; Cod. med. 418; Brit. ph. 126; Ph. Neerl. 110; Ph. dan. 104; Ph. U. St. 138, 139.

Tinctura Quassiae: Ph. belg. 263, 285; Cod. med. 604; Brit. ph. 339; Ph. Neerl. 272; Ph. dan. 276; Ph. U. St. 353.

Species ad infusum amarum: Ph. suec. 198.

Infusum Quassiae: Brit. ph. 163.

Bezüglich der Drogen und Präparate siehe auch Hager, Ph. Prx. II, 779; III, 1028.

Tafelbeschreibung:

A blühender Zweig, nat. Grösse; 1 Blüthe ohne Krone, vergrössert; 2 Basis der Staubgefässe, desgl.; 3 Staubbeutel von verschiedenen Seiten, desgl.; 4 Kelch mit Stempelträger und Stempel, desgl.; 5 unterer Theil dieser Figur im Längsschnitt, desgl.; 6 Früchte, nat. Grösse; 7 Samen im Quer- und Längsschnitt. Nach einer Originalzeichnung des Herrn Professor Schmidt, Berlin.

Quercus sessiliflora Sm.

Syn. *Quercus Robur* var. b. L. *Quercus Robur* L. var. *sessilis* Martyn. *Quercus sessilis* Ehrh.

Steineiche, Traubeneiche, Wintereiche, Bergeiche, Deutsche Eiche — holm-oak, scarlet-oak — Chêne vert.

Familie: *Cupuliferae.* Gattung: *Quercus.*

Beschreibung. Im Allgemeinen ist die Steineiche der Stieleiche gleich, nur wird erstere etwas weniger hoch, dahingegen gedrungener, stärker und älter als die letztere. Krone ausgebreitet, sehr gleichmässig. Borke schmal- und tiefrissig. Blätter langgestielt, verkehrt-eiförmig, buchtig (Buchten regelmässiger und nicht so tief in das Blatt eindringend als bei der Steineiche), am Grunde wenig ausgerandet oder in den Blattstiel herablaufend, jüngere Blätter unterseits weichhaarig, später mit kurzen, anliegenden Härchen bedeckt, zuletzt kahl. Männliches Kätzchen wie bei der Stieleiche. Staubbeutel röthlich, später gelblich. Weiblicher Blüthenstand in den oberen Blattwinkeln des jungen Triebes, an sehr kurzer Spindel; Blüthen zu 2—5 dicht gedrängt. Narbe purpurroth. Früchte an sehr verkürzter Spindel, zu 2—5 geknäuelt. Eichel etwas kürzer und mehr eiförmig als bei der Stieleiche. Sonst alles wie bei letzterer.

Die Traubeneiche kommt nicht so häufig vor als die Stieleiche; sie ist mehr als ein Gebirgsbaum zu betrachten. Ihr Alter kann 1000 und mehr Jahre betragen. Der Blattausschlag erscheint immer 14 Tage später als bei der Stieleiche.

Anmerkung: Nach C. W. Geiger soll der Aderlauf in den Blättern ein sicheres Mittel zur Unterscheidung der Stiel- und Traubeneiche darbieten. Die Hauptnebenadern, welche zu beiden Seiten der, das Blatt in 2 Hälften theilenden Hauptader nach den Blatträndern abzweigen, treten bei *Quercus pedunculata* sowohl in die abgerundeten Lappen als auch in die buchtigen Einschnitte, wohingegen sie bei *Quercus sessiliflora* nur in den Lappen und niemals in den buchtigen Einschnitten verlaufen.

Anatomisches: Die Bastbündel der Rinde sind weniger zahlreich und unregelmässiger gelagert als bei der Steineiche.

Verbreitung. *Quercus sessiliflora* hat ein geringeres Verbreitungsgebiet als *pedunculata.* Erstere geht nicht so hoch nach Norden und nicht so weit nach Osten als letztere, dahingegen steigt *sessiliflora* höher in die Gebirge. Sie erreicht eine Meereshöhe von 1300—1400 Meter und zwar im bairischen Walde 714 m, in Baden 974 m, im Elsass 800 m, in den südlichen Alpen 1359 m und in Siebenbürgen 632 m.

Name und Geschichtliches. *Sessiliflora* ist abgeleitet von *sessilis* sitzend, niedrig, wegen der sitzenden Blüthen und Früchte. Im übrigen siehe *Quercus pedunculata.*

Blüthezeit. Etwas später blühend als die Stieleiche.

Offizinell sind Rinde und Früchte ganz in der Weise wie bei *Quercus pedunculata.*

Litteratur. Abbildung und Beschreibung: Nees v. Esenb., Plant. med., Taf. 92; Hayne, Arzneigew. VI., Taf. 35; Berg u. Schmidt, Offiz. Gew. VII[F]; Luerssen, Handb. der syst. Bot. II., 495; Karsten, Deutsche Flora 493; Wittstein, Pharm. 185.

Tafelbeschreibung:

A blühender und B fruchtender Zweig in natürl. Grösse; 1 männliches Kätzchen, vergrössert; 2 Perigon der männlichen Blüthe, desgl.; 3 Staubgefässe, desgl.; 4 Pollen, desgl.; 5 weiblicher Blüthenknäul, desgl.; 6 weibliche Blüthe, zerschnitten, desgl.; 7 Frucht, natürl. Grösse; 8 Same mit Fruchtschale, desgl.; 9 derselbe ohne Fruchtschale, desgl.; 10 Frucht im Längsschnitt, desgl.; 11 dieselbe im Querschnitt, desgl.; 12 Becher (Cupula) im Längsschnitt, desgl. Nach der Natur von W. Müller.

Cupuliferae.

W. Müller n. d. Nat.

Quercus sessiliflora Sm.

Quillaja Saponaria Molina (nicht Molini).

Syn. *Quillaja Smegmadermos* D. C.

Seifenbaum, Seifenrindenbaum — Panama — Quillaia.

Familie: *Rosaceae* (Unterfamilie: *Quillajeae*); Gattung: *Quillaja* Molina.

Beschreibung. Ein immergrüner, 15—18 Meter hoher Baum mit zerstreut stehenden, lederigen, kurz gestielten, entfernt gesägten, eiförmigen oder ovalen Blättern und abfallenden Nebenblättern. Blüthen in end- oder achselständigen, meist 4blüthigen Trauben, zwitterig oder durch Fehlschlagen männlich, 5zählig. Kelch in der Knospe klappig, kreiselförmig, mit lanzettlichen Abschnitten, weisslich. Die 5 Kronblätter weiss, spatelförmig, mit den Kelchabschnitten abwechselnd. Scheibe stark entwickelt, nach aussen 5lappig, die Lappen mit den Kronblättern abwechselnd. Staubgefässe 10 in 2 Reihen; die 5 äusseren vor den Lappen der Scheibe stehend, die 5 inneren zwischen den Lappen der Scheibe, vor den Kronblättern befindlich, am Grunde des Stempels entspringend. Stempel aus 5 fast freien Carpellen bestehend. Fruchtknoten oben abgerundet, vieleiig; Griffel pfriemlich, spitz. Die zur Reifezeit sternförmig ausgebreitete Balgfrucht 2klappig aufspringend, mit zahlreichen, langgeflügelten Samen.

Anatomisches. Auf dem Querschnitt erscheint der Bast durch nahe gerückte, sich kreuzende, weisse Parenchymstreifen gefeldert, seine Maschen sind von hornartigen, blass bräunlichen Bastbündeln ausgefüllt. *Amylum* ist nur spärlich vorhanden. Die Krystalle sind meist Zwillinge und finden sich einzeln in den Zellen des Bastparenchyms. (Berg.)

Vorkommen. In Chile, Peru und Bolivia einheimisch.

Name und Geschichtliches. Seifenrinde, weil die Rinde an Stelle der Seife zum Waschen benutzt wird. *Quillaja,* chilenischer Name für die Rinde, von *quillaï* (*quillean,* waschen). *Saponaria* von *sapo,* Seife.

Die Rinde wird in Chile schon seit alter Zeit zum Waschen, an Stelle der Seife, benutzt.

Offizinell ist die getrocknete Rinde: *Cortex Quillajae* (*Cortex Quillajae Chilensis,* Panamarinde, Seifenrinde). Sie besteht aus flachen oder rinnenförmigen Stücken von 3 Ctm. Länge, 5 Ctm. Breite und 4—8 Mm. Dicke, welche gewöhnlich von der braunen, tief rissigen Borke befreit sind, mit ebener, schmutzig-weisser oder blassbräunlicher, schief gestreifter Aussenfläche und blasser, glatter, etwas rissiger Innenfläche, beiderseits mit kleinen Krystallen von oxalsaurem Kalk bedeckt, im Bruche grobsplitterig und durch die Krystalle stäubend. Die Rinde, welche auch in dünnen Spänen oder in sägemehlartigen Massen in den Handel gebracht wird, ist geruchlos, besitzt einen anfangs schleimigen, hintennach scharf kratzenden Geschmack; das Pulver erregt starkes Niessen. Man bringt auch ein festes Extrakt unter der Bezeichnung Panamin in den Handel.

Bestandtheile. Henry und Boutron-Charlard fanden in der Rinde *Quillajin,* Stärkemehl, Gummi, etwas Gerbstoff und Kalkoxalat. Lebeuf stellte fest, dass das *Quillajin* gleichbedeutend mit *Saponin* ist.

Saponin, mit der Zusammensetzung $C_{32}H_{54}O_{18}$ nach Rochleder, von Schrader zu Anfang dieses Jahrhunderts in der Wurzel von *Saponaria officinalis* aufgefunden und je nach der Abstammung als *Struthiin* (*Gypsophila Struthium* L.), *Quillajin, Senegin* und *Polygalin* (*Polygala Senega* L.), *Githagin* (*Agrostemma Githago* L.), *Monninin* (*Monnina polystachya* R. et P.) und *Monesin* (*Chrysophyllum glycyphloeum* Cas.) bezeichnet, kommt in *Quillaja* bis zu 8.82% vor, während *Gypsophila* bis zu 15% liefert. Es ist ein weisses, amorphes Pulver von neutraler Reaktion, geruchlos, zu heftigem Niessen reizend, von anfangs süsslichem, hinterher anhaltend scharfem und kratzendem Geschmack. *Saponin* ist leicht löslich in Wasser und verursacht noch in einer Menge von $^1/_{1000}$ beim Schütteln des Wassers ein seifenartiges Schäumen. Starker Weingeist löst in kaltem Zustande schwer, kochender leichter, Aether gar nicht. Concentrirte Schwefelsäure löst rothgelb, später lebhaft roth. Die wässerige Lösung wird durch Bleiacetat, die concentrirte durch Barytwasser weiss gefällt; durch Erhitzung wird *Saponin* zerstört. Beim Kochen mit verdünnten Säuren wird es, allerdings etwas schwierig, in *Sapogenin* (ca. 36%) und Zucker (ca. 64%) zerlegt.

Sapogenin, mit der Zusammensetzung $C_{14}H_{12}O_2$, krystallisirt bei langsamem Verdunsten aus Weingeist in concentrisch gruppirten Nadeln, löst sich in Aether und verdünntem, wässerigem Kali, leicht durch concentrirte Salpetersäure, in welcher Lösung es durch Erwärmen in Schleimsäure, Oxalsäure und schwefelgelbes Harz umgewandelt wird. (Husemann, Pflanzenstoffe 532.)

Anwendung. Nach Collier findet Quillajaaufguss mit Vortheil Anwendung bei einfacher Pityriasis, chronischen Geschwüren, Ekzemen der Extremitäten und übelriechenden Schweissen; namentlich auch zu Mund- und Zahnwässern, Zahntinktur und zum Reinigen der Haare, deren Wachsthum durch *Quillaja* gefördert werden soll. Die Hauptverwendung findet *Quillaja* in der Technik als Waschmittel für farbige Stoffe, deren Farben durch dieses Waschmittel nicht leiden; aus dem nämlichen Grunde dient es auch zum Reinigen alter Oelgemälde.

„Das *Saponin* ist ein örtlich scharf und ausserdem auf die verschiedensten Partien des Nervensystems und die Muskeln lähmend wirkender Stoff, welcher in der Intensität seiner giftigen Wirkung nach dem zu seiner Darstellung benutzten Material Verschiedenheiten darzubieten scheint. Bei Menschen bedingt *Saponin* zu 0.1 — 0.2 Hustenreiz und mehrstündige Absonderung von Schleim, auf Wunden oder Schleimhäuten lebhaften Schmerz und nach einigen Stunden Absonderung plastischen Exudats." (Husemann, Arzneimittell. 836.) In seinen Pflanzenstoffen sagt Husemann: „Das *Saponin* ist eine besonders durch seine lokale Wirkung auf die quergestreiften Muskeln und eine eigenthümliche, örtlich anästhesirende Action interessante Substanz, welche jedoch wegen ihrer gleichzeitigen localentzündlichen Action und Störungen der Funktionen anderer Organe therapeutischer Benutzung kaum fähig scheint."

Litteratur. Abbildung und Beschreibung: Luerssen, Handb. der syst. Bot. II, 850; Karsten, Deutsche Flora 779; Wittstein, Pharm. 766.

Drogen und Präparate. *Cortex Quillajae*: **Ph. germ.**, neueste, im Erscheinen befindliche Auflage; Cod. med. 68; Ph. U. St. 276. Berg, Waarenk. 188.

Saponaria des Cod. med., der Ph. Neerl. und Ph. suec. stammt von *Saponaria officinalis.*

Bezügl. der Drogen und Präparate siehe auch Hager, Pharm. Prx. II., 787; III., 1032.

Tafelbeschreibung:

A blühender u. fruchtender Zweig, natürl. Grösse; 1 Blüthe, vergrössert; 2 dieselbe im Längsschnitt, desgl. auf Grund des in Engler u. Prantl befindlichen Baillon'schen Holzschnittes. Es war weder ein Herbar-Exemplar noch sonst eine Abbildung zu beschaffen.

Quillaja Saponaria Molini

Rhamnus Frangula L.

Syn. *Frangula vulgaris* Reichb. *Frangula Alnus* Mill. *Frangula Frangula* Karst.

Faulbaum, Pulverholz, glatter Wegdorn, Brechwegdorn, Zapfenholz, Zweckenholz — Black Alder, Berry-bearing Alder, Alder Buckthorn — Bourdaine, Bourgéne.

Familie: *Rhamnaceae.* Gattung: *Rhamnus* L.

Beschreibung. $1^3/_4$—3 m hoher Strauch (zuweilen auch baumartig) mit wechselständigen, dornenlosen, abstehenden, fast ausgebreiteten Zweigen, deren junge Triebe am oberen Theile sammt Blüthen- und Blattstielen fein und weich behaart sind. Rinde der jüngeren Aeste glänzend, rothbraun, mit weissen, meist quergestreckten Korkwarzen bedeckt; ältere Rinde matt-graubräunlich, im späteren Alter mattgrau, fein längsrissig, innen im frischen Zustande gelb, ausgetrocknet braungelb bis braun. Blätter meist wechselständig, zuweilen gegenständig, elliptisch meistentheils kurz zugespitzt, ganzrandig, kahl, oberseits dunkelgrün, unterseits bleichgrün, mit stark hervortretender Mittelrippe; letztere mit beiderseits 6—8 schräg abgehenden, nach dem Rande zu bogig verlaufenden, unterseits behaarten Seitennerven versehen. An der Basis der Blattstiele befinden sich 2 Nebenblätter, die sehr bald abfallen. Blüthen zu 2—6 aus den Blüthenachseln, langgestielt, zwitterig. Kelch glockig, mit 5 länglichen, spitzen, innen weissen, aussen grünlich-weissen Kelchlappen. Kronblätter zu 5, weisslich, kappenförmig, länger als die Staubgefässe. In der kapuzenförmigen Höhlung des Kronblattes liegt das mit kurzem Faden versehene Staubgefäss. Staubbeutel länglich-rundlich, 2fächerig; Fächer der Länge nach aufspringend. Pollen oval, 3furchig. Der rundliche, grüne Fruchtknoten je nach der Zahl der Fächer 2- oder 3furchig, mit kurzem, dicklichem Griffel und endständiger, schwach 2—3lappiger Narbe, Steinfrucht kugelig, von dem kreisförmigen Unterkelch unterstützt, erst grün, dann roth, zuletzt schwarz, mit grünlich-bläulichem, saftigem Fleische, 2 oder 3 einsamige, sehr harte Steinkerne enthaltend. Samen rundlich, umgekehrt-eiförmig, von der Form des Steinkerns, am Grunde seitlich genabelt. Embryo flach, gerade mit fast kreisrunden Samenlappen.

Anatomisches: Der Querschnitt der Rinde zeigt eine starke Korkschicht, die nach aussen aus flachen, nach innen aus gewölbten, regelmässigen, kleinen, mit einem rothbraunen Inhalte versehenen Tafelzellen zusammengesetzt ist. Unter diesen Korkzellen befindet sich ein, aus tangential gestreckten, dickwandigen Zellen bestehendes Parenchym in dem späterhin durch Trennung der Zellen grössere schleimführende Räume entstehen. Der Bast wird durch 1- bis 3reihige, schmale, aus radial gestreckten, chlorophyllhaltigen Zellen bestehenden Markstrahlen in ungleichbreite Baststrahlen getheilt, die zum grossen Theile aus Bastparenchym bestehen. Letzteres ist aus tangential gestreckten, nach innen zu allmälig quadratisch werdenden Zellen zusammengesetzt und enthält tangential geordnete Bastbündel, welche von Strängen krystallreichen Parenchyms umgeben sind. Die in diesem Parenchym vorkommenden, aus Calciumoxolat bestehenden Krystalle besitzen eine rhomboedrische Form und treten in den Zellen einzeln auf, währenddem die in dem übrigen Parenchym, mit Ausnahme der Markstrahlen, sonst noch vorkommenden Krystalleinlagerungen in rosettenförmigen Drusen auftreten. Die Zellen des Parenchyms und der Markstrahlen enthalten einen gelben Farbstoff: Frangulin.

Verbreitung. In feuchten Gebüschen und Laubwäldern von Nordafrika durch ganz Europa bis zum Polarkreis. In Mittelasien bis zum Altai. Der Faulbaum geht in Finnland und Lappland bis zum 66. Breitengrade empor.

Name und Geschichtliches. *Rhamnus* ist aus dem Griechischen *ϱαμνος*, Dornstrauch (keltisch *ram* = Strauch) abgeleitet; *frangula*, von *frangere*, zerbrechen, bezieht sich auf die leichte Brechbarkeit des Holzes. Der Name Faulbaum ist abzuleiten aus der mürben, zerbrechlichen Beschaffenheit des Holzes, wird auch, namentlich von den älteren Botanikern, auf den fauligen Geruch des Holzes zurückgeführt. Der Name Pulverholz bezieht sich auf die Kohle, welche sich in vorzüglicher Weise zur Bereitung des Schiesspulvers eignet. Zapfen- und Zweckenholz sind Namen, die auf die technische Verwendung des Faulbaumholzes zu Zapfen und Hähnen an Weinfässern und zu Schuhstiften hindeuten. Der in manchen Gegenden gebräuchliche Name Schiss- oder Scheissbeere bezieht sich auf die abführende Wirkung seiner Beeren.

῾Ραμνος μελας des Theophrast, *῾Ραμνος* des Dioscorides, *Rhamnus* des Plinius und Columella soll gleichbedeutend mit *Rhamnus oleoides* L., *῾Ραμνος λευκος* des Theophrast und Dioscorides, *Rhamnus candidior* des Plinius soll gleichbedeutend mit *Rhamnus saxatilis* L., *῾Ραμνος* des Theophrast, *῾Ραμνος μελας* des Dioscorides soll gleichbedeutend mit *Lycium europaeum* L. gewesen sein. Die Alten scheinen hiernach den Faulbaum nicht gekannt oder ihm wenigstens keine Beachtung geschenkt zu haben. Die erste Nachricht über die medizinische Benutzung des Faulbaumes erhalten wir (nach Flückiger) von Pietro de Crescenzi in Bologna, der im Jahre 1305 die mittlere Rinde unseres Strauches, den er Avornus nannte, als abführendes Mittel empfahl. Im Mittelalter wurde die Rinde hauptsächlich als

Rhabarbersurrogat verwendet, aus welchem Grunde sie Fehr und mit ihm andere Aerzte des 17. und 18. Jahrhunderts mit dem Namen *Rhabarbarum plebejorum* bezeichneten. Johann Wyer, fürstl. Clevescher Leibarzt, empfahl die Rinde gegen Hydrops. Die Faulbaumrinde war lange Zeit in Vergessenheit gerathen, bis sie durch Gumprecht im Jahre 1843 wieder zu Ansehen gebracht wurde. Lobelius nannte den Faulbaum wegen des schlechten Geruchs der Rinde *Arbor foetida.*

Blüthezeit. Mai, Juni; es werden jedoch Blüthen den ganzen Sommer hindurch angetroffen.

Offizinell ist die Rinde: *Cortex Frangulae* (*Cortex Rhamni Frangulae, Cortex Avorni, Cortex Alni nigri*) und früher auch die Beeren: *Baccae Frangulae* (*Baccae Alni nigri*).

Die Rinde des Stammes und der starken Zweige wird im Monat Mai und Juni in $^1/_3$ Meter langen Stücken abgelöst und getrocknet; durch letzteren Prozess rollt sie sich zusammen. Ihre Oberfläche ist matt grau-bräunlich, im Alter grau, im jüngeren Zustande mit weisslichen Korkwarzen besetzt. Der Querbruch ist kurzfaserig, gelblich. Sie riecht frisch widerlich und ist von sehr unangenehmem Geschmack; getrocknet schmeckt sie schwach bitterlich. Speichel und Wasser werden von ihr sofort gelb gefärbt. Jüngere Rinde ist weniger wirksam als ältere; auch muss die Rinde, bevor sie zu Arzneizwecken verwendet werden kann, mindestens 1 Jahr gelegen haben. Die Beeren besitzen einen fade-süsslichen Geschmack und sind von gleicher, nur etwas schwächeren Wirkung wie die Rinde.

Verwechselungen der Rinde können stattfinden: 1. mit der Rinde von *Rhamnus cathartica* L., die jedoch wegen der reicheren Verzweigung des Strauches in nur kurzen Stücken abgelöst werden kann, auch im trocknen Zustande stark glänzt, mehr rothbraun und querstreifig ist und einen sehr scharfen bitteren Geschmack besitzt; 2. mit der Rinde von *Prunus Padus* L., welche sich durch runde, graubräunliche, unregelmässig auftretende Korkwarzen, sowie durch die haarförmigen weissen Fasern, durch starke Längsrunzeln und durch adstringirenden Geschmack auszeichnet; 3. mit der Rinde von *Alnus glutinosa* Gaertn., deren Korkwarzen jedoch mehr rund sind und deren Querbruch uneben und nicht faserig erscheint.

Präparate. Aus der Rinde wird das Faulbaumextrakt: *Extractum Frangulae*, der Faulbaumsyrup: *Syrupus Frangulae* und die Faulbaumtinktur: *Tinctura Frangulae* gewonnen.

Bestandtheile. Die Rinde enthält eine sehr geringe Menge ätherischen Oeles, mehrere Harze, Zucker, eisengrünenden Gerbstoff, Aepfelsäure, oxalsauren Kalk, ein der Cathartinsäure ähnliches, Schwefel und Stickstoff enthaltendes Glykosid, ferner ein gelbes, krystallinisches, geruch- und geschmackloses Glykosid, welches Buchner *Rhamnoxanthin* ($C^{20}H^{20}O^{10}$), Casselmann *Frangulin* ($C^6H^6O^3$) nannte; ausserdem 0.02% des auch in der Rhabarberwurzel vorkommenden *Emodin* ($C^{14}H^4CH^3(OH)^3O^2$) und nach Gerber in dem wässerigen Destillate etwas Blausäure; das von Kubly entdeckte *Avornin* ist nach Faust unreines *Frangulin.* Nach Faust wird das *Frangulin* durch Säure in Traubenzucker ($C^6H^{12}O^6$) und in *Frangulinsäure* ($C^{14}H^{10}O^5$) gespalten. Aeltere, namentlich abgelagerte Rinde enthält mehr *Frangulin* als jüngere. Die Wurzelrinde enthält nach Binswanger mehr Rhamnoxanthin und Gerbstoff als die Rinde der oberirdischen Theile. Die Beeren enthalten nach Binswanger einen violetten, durch Säure roth, durch Alkalien grün werdenden Farbstoff, Bitterstoff, eisengrünenden Gerbstoff, Zucker, Pektin und nach Enz ebenfalls Rhamnoxanthin. Die Samen enthalten nach Binswanger 25% fettes, nicht trocknendes Oel, harzigen, bitter-kratzenden Stoff, eisengrünenden Gerbstoff, Zucker und gleichfalls Rhamnoxanthin. (Husemann, Pflanzenstoffe 894.)

Anwendung. Die Wirkung der Faulbaumrinde ist ähnlich der der Senna; sie wird gegenwärtig als purgirendes Mittel, namentlich bei Hämorrhoidalleiden, vielfach in Anwendung gebracht. Der Stuhlgang erfolgt bei mässigen Gaben schmerzlos, wohingegen stärkere Gaben heftige Kolikschmerzen erzeugen. Sie wird meist in Form von Abkochungen unter Zusatz von Syrupus corticis Aurantii und wenn stärkere Wirkung erzielt werden soll in Verbindung von Natriumsulfat gereicht. Die Beeren sind neben ihrer purgirenden Wirkung auch brechenerregend. (Husemann, Arzneimittell. 622.)

Litteratur. Abbildung und Beschreibung: Nees v. Esenb., Plant. medic., Taf. 361; Hayne, Arzneigew. V., Taf. 44; Berg u. Schmidt, Offiz. Gew., XIX^F; Bentley u. Trim., Taf. 65; Luerssen, Handb. d. syst. Bot. 730; Karsten, Deutsche Flora 868; Wittstein, Handb. der Pharm. 221.

Drogen und Präparate: *Cortex Frangulae*: **Ph. germ.** 66; Ph. ross. 89; Ph. Neerl. 117; Ph. dan. 82; Ph. suec. 52; Ph. U. St. 168; Berg, Waarenk. 194; Berg, Atlas XL. 94; Flückiger, Pharm. 483.

Extractum Frangulae: Ph. ross. 133; Ph. Neerl. 105; Ph. suec. 75; Ph. U. St. 119.

Syrupus Frangulae: Ph. Neerl. 250.

Bezüglich der Drogen und Präparate siehe auch Hager, Ph. Prx. I., 1106.

Tafelbeschreibung:

A Zweig mit Blüthen und Früchten, natürl. Grösse; 1 Blüthenknospe, vergrössert; 2 geöffnete Blüthe von der Seite, desgl.; 3 dieselbe von oben, desgl.; 4 dieselbe im Längsschnitt, desgl.; 5 Fruchtknoten mit Griffel und Narbe, desgl.; 6 u. 7 Staubgefäss, desgl.; 8 Pollenkörner, desgl.; 9 Frucht (Steinbeere), desgl.; 10 dieselbe im Längsschnitt, desgl.; 11, 12, 13, 14 Steinkern von verschiedenen Seiten, natürl. Grösse und vergrössert; 15 u. 16 dasselbe im Längsschnitt, desgl. Nach der Natur von W. Müller.

Rhamnaceae.

Rhamnus Frangula L.

W.Müller n.d.Nat.

Rhamnus Purshiana De Candolle.

Amerikanischer Faulbaum.

Syn. *Rhamnus alnifolia* Pursh (non l'Hérit). *Frangula Purshiana* Cooper.

Familie. *Rhamnaceae* R. Br.; Ufam. *Rhamneae;* Gattung: *Rhamnus* L. S. *Frangula* DC.

Beschreibung. Ein 3 bis 6 m hoher Baum oder Strauch, dessen Stamm bis 27 cm Durchmesser erreicht. Die Äste sind stielrund, schwarzbraun und glatt, die Zweige ohne Dornen, in der Jugend mit gelbbrauner oder grauer Wolle bedeckt, später graufilzig, endlich ebenfalls schwarzbraun und glänzend. Blattknospen terminal, gleichfalls gelbbraun oder grau wollig behaart. Blätter wechselständig, gestielt, einfach, ungeteilt, bis 12 cm lang und bis 5 cm breit, breit elliptisch, an der Basis meist abgerundet, seltener zugespitzt, bei unseren Exemplaren etwas herzförmig, an der Spitze abgestumpft oder kurz zugespitzt. Der Rand ist mit sehr zahlreichen kleinen Zähnen besetzt. Die Blätter sind in der Jugend beiderseits filzig, später nur auf der Unterseite, insbesondere an den Blattnerven. Die Blattfläche wird beiderseits vom Mittelnerven von 13—15 parallelen, schief aufsteigenden, stark hervortretenden Seitennerven durchzogen, zwischen denen die feinen Adern netzförmig verlaufen. Die Blattstiele sind bis 3 cm lang und behaart. In der Jugend vorhandene Nebenblätter fallen bald ab. Aus den Blattachseln entspringen einzelnstehende, etwas dicke, etwa 3—5 cm lange Stiele, welche sich oben zu cymösen, wenigblütigen Blütenständen verzweigen; die Stielchen der einzelnen Blütchen sind etwa 3 mm lang und ebenfalls rauhhaarig. Bis zur Fruchtreife verlängern sich sowohl Inflorescenz- wie Blütenstielchen. Der Kelch ist behaart; die Kelchröhre ist nahezu halbkugelig, grün, innen von dem Diskus ausgefüllt, der Saum 5spaltig, weiss; die Segmente spitz, aufrecht, spreizend, innen gekielt. Die Blumenblätter sind sehr klein, weiss, kappenförmig, an der Spitze 2spaltig, viel kürzer als die Kelchzipfel und mit diesen alternierend. Staubblätter 5, den Kronenblättern opponiert und von diesen beinahe eingeschlossen; der äussere episepale Kreis fehlt. Die Filamente sind sehr kurz, die Antheren beinahe kugelig. Der Fruchtknoten ist klein und eiförmig, länger als der Griffel; die Narbe stumpf und dreilappig. Die Frucht bildet eine breite, dreiknöpfige, dreifächerige, dreisamige Steinbeere. Die Samen sind verkehrt eiförmig, schwarz und glänzend, auf der Aussenseite convex, auf der Innenseite mit erhabener Mittellinie versehen, am Grunde nach dem Nabel zu gelb.

Vorkommen. An den Ufern der Ströme von Nordwestamerika, insbesondere am Columbia River, Kookoosky River; in Kalifornien, sowie überhaupt an der ganzen Westküste von Nordamerika.

Name und Geschichte. Die Pflanze wurde zuerst von Friedr. Traug. Pursch (geb. 1794 zu Grossenhain i. S.) in der Flora Americae septentrionalis, London 1814, wo Verfasser sich selbst „Pursh" nennt, beschrieben (Flückiger l. c.). Der Name ihrer Rinde „*Cascara sagrada*" bedeutet „heilige" oder auch „verwünschte" Rinde. Bei den spanischen Einwohnern ihrer Heimat ist sie seit lange als Hausmittel im Gebrauch; seit 1877 wird sie von den Medizinern benutzt; seit 1883 ist sie in Europa eingeführt und seitdem in die meisten europäischen Pharmacopöen aufgenommen worden.

Officinell ist die *Cortex Rhamni Purshianae, Cort. Rhamni americanae, Cascara sagrada, Sacred Bark, Ecorce sacrée,* die Zweig- und jüngere Astrinde des eben beschriebenen Baumes, sowie von *Rhamnus californica* Esch. (*Frangula Carolina* Gray) und *Rh. tomentella* Benth., welche von Kalifornien bis Mexiko gefunden werden. — Die officinelle Rinde bildet bis über 2 mm dicke, bis 3 dm lange, flache, mehr oder weniger gebogene, 5—10 cm breite Stücke oder Röhren von etwa 10 cm Länge, fingerstark und 2—3 mm dick. Die Aussenseite ist entweder dunkelbraun mit graubraunen, horizontalen, bis zu 4 mm langen Lenticellen (aber in weit geringerer Anzahl als *Cort. Frangulae*) bedeckt und von undeutlichen Längswulsten und -Rissen durchzogen (jüngere Rinde), oder sie ist weisslich, nicht selten mit dem Thallus weisser Krustenflechten überzogen, wodurch dann die Lenticellen teilweise verschwinden und durch Horizontalrisse in der Rinde ersetzt werden (ältere Rinde). Auf dem Querbruch erscheint die Epidermis braun, die Aussenrinde hellgelb und glatt; die Mittelrinde bräunlichgelb und faserig; die Innenrinde endlich ist glatt und feinfaserig, unmittelbar nach dem Sammeln gelb oder bräunlich, später nachdunkelnd und rotbraun werdend. Der Querschnitt zeigt unter der Lupe im Rindenparenchym dunklere Punkte von verschiedener Ausdehnung, während die Bastschicht von leuchtend ockergelben radialen Streifungen durchzogen ist. Die in das Rindenparenchym eintretenden Lappen des Phloëms sind nicht scharf abgegrenzt. — Der Geschmack der Rinde ist adstringierend und bitter, der Geruch schwach, loheartig. Kalkwasser und Ammoniak färben die Innenrinde schön rot. Das Infusum (1 : 10) wird durch Ammoniak gerötet, durch Kalkwasser wenig verändert, durch Ferrichlorid ohne Fällung schmutzigbraun gefärbt.

Anatomie. Die Rinde zeigt keine Borkenbildung. Die Korkschicht besteht aus 8—12 verdickten, aber nicht sklerotischen Zellschichten. Im Rindenparenchym finden sich häufig Oxalatdrüsen; grössere Gruppen von stark verdickten, nicht selten Oxalateinzelkrystalle führenden Sklerenchymzellen durchsetzen dasselbe an zahlreichen Stellen (Unterschied von *Cortex Frangulae*). Die Innenrinde wird von 2—3reihigen Markstrahlen durchzogen. Die dazwischen liegenden Teile der Gefässbündel zeigen vereinzelte, wenigzellige Sklerenchym- und häufigere Bastgruppen, zwischen denen sich die Siebröhren durch ihre Weite und unregelmässige Gestalt kenntlich machen. Die letzteren kommunizieren mit einander durch seitliche Siebplatten, die durch dicken Callusbelag kenntlich sind. Die Bastzellgruppen sind lebhaft gelb gefärbt, bestehen aus 2—3 tangentialen Reihen von Bastfasern und sind von Kammerfasern mit einzelnen Oxalatkrystallen umgeben. In benachbarten Bündeln alternieren diese

Bastgruppen öfters. Die Markstrahlen sind mit gelblicher Substanz angefüllt, welche durch KOH rot wird (Emodin?). Stärke fehlt. (Nach Möller l. c.) Auch in dem Bastparenchym tritt diese Reaktion ein; es scheint also das Bastparenchym und die Markstrahlen der eigentliche Sitz des Emodins zu sein.

Bestandteile. Eberle fand 1884 in der Rinde 10 % Feuchtigkeit, 9,15 % Asche, 3,47 % Stärke (?); auch Alb. B. Prescott wies 1879 Stärke nach, die in der heutigen Rinde mikroskopisch nicht erkannt werden kann. Prescott (Am. Journ. of Pharm. 1879) isolierte ein gelbes, ein rotes und ein braunes Harz und durch absoluten Alkohol einen bei 120° sublimierbaren Körper in weissen Krystallen. M. T. Wenzell fand Frangulin, bei 230° sublimierend, von orangegelber Farbe, in H^2SO^4 mit tiefroter Farbe löslich. Schwabe (Arch. 1888) stellte Emodin darin fest und glaubt, dass der von Wenzell gefundene Körper auch Emodin sei, doch sei nicht ausgeschlossen, dass bei längerem Liegen der Rinde Frangolin entstehen könne.

Anwendung. Die Rinde darf nie frisch verwandt werden, da sie sonst Brechreiz und Kolik hervorruft. Die nach mehr als einjähriger Aufbewahrung benutzte Rinde, wie ihre Präparate, dienen, wie die Frangula, als Mittel gegen habituelle Leibesverstopfung und als Excitans der Magen- und Darmthätigkeit. In Amerika wendet man sie auch gegen intermittierende Fieber an. Sehr hinderlich war der intensiv bittere Geschmack der Rinde; man fand im Magnesiumoxyd ein Mittel zur Entbitterung, ohne die Wirkung der Rinde wesentlich abzuschwächen. Die mit MgO und Wasser macerierte Droge wird getrocknet und zu Fluidextrakt, Tinktur oder Wein verarbeitet. Die Firma Friedr. Stearns & Co. in Detroit bringt das Fluidextract entbittert, versüsst und aromatisiert *(Cascara aromatic)* in den Handel. — Man gebraucht das Pulver 2—4 mal täglich zu 0,25—0,75 g, das Fluidextract zu 0,5—1 g. Als günstigstes Extraktionsmittel hat sich verdünnter, mit 10 % Salmiakgeist versetzter Weingeist erwiesen. Dasselbe ist nicht allein im stande, die Rinde leicht und vollständig zu erschöpfen, sondern es hat auch den Vorteil, dass das mit verdünntem ammoniakalischem Weingeist dargestellte Fluidextrakt sich nicht trübt und nicht absetzt. O. Linde verglich die Eigenschaften der Fluidextrakte verschiedener Herkunft. Das spezifische Gewicht liegt zwischen 1,043—1,081, meist nahe an 1,050. Der Trockenrückstand betrug 18,56—28 %. Die höchsten Werte wurden von E. Dieterich in Helfenberg gewonnen, welcher in den „Helfenberger Annalen 1891, p. 58—60", auch Unterscheidungsmerkmale der Extrakte von Rhamnus Purshiana D. C. und Rhamnus Frangula L. angab. Unter Hinweis auf die Originalarbeit sei hier nur bemerkt, dass, wenn man die ätherische Ausschüttelung der Extrakte mit Boraxlösung schüttelt, letztere bei Rhamnus Purshiana farblos bis gelbrot, bei Rh. Frangula aber violettrot wird; auf Zusatz von Ammoniak zur ätherischen Lösung färbt sich das Ammoniak gelbrot bis dunkelrot bei Rhamnus Purshiana, dagegen rotviolett bei Rhamnus Frangula. — Cascara sagrada-Fluidextrakt und -Wein erfreuen sich ausgedehntester Anwendung als bequem und sicher wirkende Abführmittel, insbesondere bei Leberaffektionen und bei habitueller Verstopfung.

Andere Rhamnusrinden kommen selten unter der *Cascara sagrada* vor. Aehnlich wie diese wirkt nach Hooper die Rinde von *Rh. Wightii* Wight und Arnott, — in Vorderindien und Ceylon heimisch. — Die zuerst von Ed. A. Meyer 1850 erwähnte Chittem- oder Sittem-

Rhamnus Purshiana DC.

rinde scheint mit der von *Rh. Purshiana* DC. identisch zu sein. — Eine als falsche *Cascara sagrada* bezeichnete Rinde erwies sich nach John Moos (Ph. Journ. & Tr. 1889. Nr. 973.) zwar als echt, aber im Herbst, anstatt im zeitigen Frühjahre, also „out of season“ gesammelt, ihr Geruch war stärker und aromatischer, der Geschmack schwach adstringierend und wenig bitter. Die Oberfläche erschien heller; Kalkwasser und Ammoniak erzeugten keine Rötung.

Cascara amarga, vermutlich die Ast-Rinde einer Picramnia-Art (*Simarubaceae*) bildet intensiv bitterschmeckende Stücke verschiedener Grösse. Die Aussenrinde ist grauweiss, längsrunzelig, querrissig; die Mittelrinde rotbraun, das vorhandene Holz schmutzig braungelb. Befeuchtet ist sie leicht schneidbar und zeigt einen glatten, speckig glänzenden Schnitt. Thomson hat darin ein Alkaloid „Picramnin“ gefunden. Das Fluidextrakt findet Anwendung bei Syphilis, 3 mal täglich theelöffelweise. Die Rinde steht also in keiner Beziehung zur *Cascara sagrada.*

Litteratur. Beschreibung und Abbildung: Pursh, in Flora Americae septentrion. London 1814. Vol. I p. 160. W. J. Hooker, Flora boreali-americana, London 1833. Taf. XLIII. De Candolle, Prodromus II. 25. Bentham & Hooker, Gen. I 371. II 25. Engler und Prantl, Pflanzenfamilien. Baillon, Histoire des Plantes VI. Karsten, Flora v. Deutschland II 438. Schumann, Syst. Bot. 417. — *Rhamnus Wightii* W. u. Arn. in Wight, Icones Plant. Ind. or. pl. 159. Geisler & Moeller, Realencyclopädie der Pharm. VIII. 548.

Droge: *Cortex Rhamni Purshianae seu americanae,* Flückiger, Grundriss (1894) 161. Pharm. (1891) 524. Möller, Pharm. Centralh. 1882 (33) 318. — Mayer, Drogenkunde II. 172. Dorvault l'Offic. XIV. Aufl. 638. Geissler u. Möller, Encyclop. II. 528. Schwabe, Arch. Pharm. 1888. 591. Caesar & Loretz, Gesch. Ber. 1889. IX u. XXXII. Deutsche Arzneimittel. Berlin 1881. No. 185. S. 74. Pharm. Austr. (VII) No. 129. S. 61. Brit. Suppl. (1890) 346. Dan. (1893). 109. Gall. Suppl. (1895) S. 15. *Pulv.* S. 87. Helvet. III. 76. Nederl. Suppl. (1891) S. 66. Norv. III. S. 75. Rom. III. S. 19. Russ. (1892) No. 160. S. 164. U. St. Ph. VII. 339.

Präparate: *Extr. Cascarae sagrad. spirit.* Brit. 151. Dieterich Man. VI. 129. 130. *Extr. C. sag. liq.* Brit. 152. *Extr. molle spirit.* Gall. Suppl. 74. *Extr. Rhamni Pursh. fluid.* Deutsche Arzm. No. 332. S. 92 Austr. No. 181 S. 79. Dan. S. 148. Helv. 109. Norv. 95. Rom. 20. Russ. No. 226. S. 214. U. St. Ph. 161. Dieterich M. 156. *Extr. C. sagr. fluid. examarat.* Nederl. Suppl. 87. Dieterich 156 — *compos.* Dieterich 156. *Tinctura C. s.* Gall. Suppl. 94. *Pillulae C. S.* Dieterich 396. *Vinum C. s.* Deutsche Arzm. No. 797 S. 285. Ndrl. S. 261. Rom. S. 20. Dieterich S. 682. *Cascara examarata* Dieterich S. 49.

Tafelbeschreibung:

A Pflanze in natürlicher Grösse, gesammelt 1881 von Thomas J. Howell an der Küste des Stillen Ocean. B Pflanze desgl. gesammelt von Roell bei Revelstock, Brit. Columbien, beide aus dem Herbarium Haussknecht. 1 Blütenstand von A, zweimal vergrössert; 2 Blüte stark vergrössert; 3 Früchte natürlicher Grösse (2 und 3 nach Hooker).

Rosa centifolia L.

Centifolie, Gartenrose — Pale rose — Rose à cent feuilles, Rose pâle.

Familie: *Rosaceae*. (Unterfamilie: *Roseae*). Gattung: *Rosa* Tourn.

Beschreibung. Halbstrauch mit wenig ausgebreitetem und spärlich bewurzeltem Wurzelstock und aufrechtem, holzigem, stielrundem, 1 bis 3 Mtr. hohem, mit einer kleinen Krone versehenem Stämmchen. Die braunen, stielrunden Aeste mit grösseren und kleineren Dornen besetzt; Zweige grün, klein dornig und drüsig behaart. Blätter abwechselnd, unpaarig gefiedert, 7-, 5- und 3theilig, die obersten zu fiederlosen, einblätterigen, laubartigen Nebenblättern reduzirt. Blattspindel oberseits rinnig, unterseits gewölbt, drüsenhaarig, die untere Seite bisweilen kleindornig. Blättchen rundlich, schwach herzförmig, mit kurzer Spitze, am Rande drüsig gesägt, einfach oder drüsig gewimpert. Nebenblätter zwei, linien-lanzettförmig, der scheidigen Blattstielbasis beiderseits angewachsen, ganzrandig, drüsenhaarig gewimpert, jederseits in eine von der Blattspindel abstehende Spitze auslaufend. Blüthen endständig, auf langem, übergebogenem Blüthenstiele, einzeln oder durch Knospenbildung in den Achseln der obersten einfachen Blätter sich trugdoldenartig zu mehreren entwickelnd, gross, nickend, gefüllt, rosafarben, angenehm riechend. Unterkelch (Receptaculum) krugförmig, fleischig, am Schlunde eingeschnürt, aussen grün, drüsig behaart, der den Kelch, die Kronblätter und Staubgefässe tragende, am oberen Ende befindliche Rand drüsig verdickt, die innere Fläche mit farblosen, einzelligen, spitzen Haaren bedeckt. Kelch fünfblättrig, aus dem Rande des Unterkelches entspringend; Kelchblätter eilanzettlich, vertieft, gewöhnlich mit einer spatelförmig verbreiterten Spitze versehen, in der Regel die beiden äusseren und das mittlere fiederspaltig, die beiden inneren an den Rändern nackt, sämmtliche Blätter auf beiden Flächen weichhaarig, auf der Mitte der Aussenfläche drüsenhaarig, am Rande weissfilzig gewimpert. Kronblätter sehr zahlreich, in vielen Reihen dem inneren Rande des Unterkelches entspringend, ein grosser Theil der Staubgefässe nnd der äussern Fruchtblätter (Carpelle) in Kronblätter umgewandelt, vertieft, sich umfassend, gewöhnlich breiter als höher, nach innen kleiner werdend, rosenroth, abfallend. Staubgefässe zum grössten Theile in Blumenblätter umgewandelt, ebenfalls aus dem Rande des Receptaculums hervorbrechend, mit dünnen, blassgelben Staubfäden und ovalen, an beiden Enden ausgerandeten, am Grunde des Rückens angehefteten, zweifächerigen, mit Längsrissen sich öffnenden gelben Beuteln. Pollen elliptisch, dreifurchig, unter Wasser rundlich-dreiseitig, dreinabelig. Fruchtblätter zahlreich der inneren Wand des Unterkelches entspringend, von den die innere Carpell-Wand auskleidenden Haaren umgeben, eilänglich, abgebogen, schief aufsteigend, einfächerig, eineiig, auf der stärker gewölbten Seite mit Haaren besetzt. Eichen der Spitze des Faches entspringend und zwar demjenigen Winkel, welcher der stärker gewölbten Seite zugewendet ist, hängend, das Fach fast ganz ausfüllend, gegenläufig. Griffel frei, aufsteigend, gewöhnlich die Staubgefässe etwas überragend, fadenförmig, behaart. Narbe umgekehrt kegelförmig, schief abgestutzt, papillös. Die Frucht, welche gewöhnlich nicht zur Ausbildung gelangt, da der Unterkelch nach dem Verblühen verwelkt und abfällt, hat eine eiförmige Gestalt und enthält zahlreiche, behaarte Achänen, deren Samen eine häutige, äussere Samenhaut und einen fleischigen Embryo mit planconvexen Samenlappen besitzen.

Die Centifolie wird häufig und in zahlreichen Kulturformen in den Gärten gezogen; gewöhnlich betrachtet man sie als eine Abart der *Rosa gallica* L.

Rosa gallica L. Essigrose. Strauch von 1 bis $1^1/_2$ Mtr. Höhe, weithin Ausläufer und viele Schösslinge treibend, mit theils borstenförmigen und graden, theils stärkeren und schwach sichelförmigen Stacheln besetzt, mit dazwischen befindlichen zahlreichen Drüsenhaaren. Die Zweige meist nur mit Stachel- und Drüsenborsten. Blätter hart, lederig, mit gewöhnlich fünf ziemlich grossen, rundlichen oder elliptischen, gesägten Blättchen, welche oberseits kahl, unterseits blaugrün und behaart sind. Nebenblätter ausgebreitet, mit spitzen Oehrchen, gleich den gewöhnlich unbewehrten Blattstielen und Blattspindeln drüsig. Blüthen gross, aufrecht, zu ein bis zwei. Stiel und Unterkelch mit drüsigen Borsten. Kelchblätter eiförmig, fiederspaltig. Kronblätter fünf, gewöhnlich zahlreich, flach ausgebreitet, vom dunkelsten Roth bis rosenroth und weisslich gefärbt, der kurze Nagel des Kronblattes gelb. Frucht aufrecht, fast kugelig, scharlachroth, Kelchkrone später abfallend.

Rosa gallica und *centifolia* werden neuerdings als Formen einer Pflanze betrachtet, deren Feststellung unter den wildwachsenden Rosen Vorderasiens, wegen des Alters der Cultur und der zahlreichen Spielarten, als eine Unmöglichkeit zu bezeichnen ist. Flückiger sagt über *Rosa gallica*: „Diese Merkmale sind weder auffallend, noch beständig genug, um in *Rosa gallica* mit Sicherheit eine besondere Art zu erkennen".

Rosa damascena Miller (*Rosa Calendarum* Borkh., *Rosa Centifolia bifera* Poir., *Rosa bifera* Pers.), Damascener Rose. Niedriger, nicht klimmender Strauch mit stärkeren, sichelförmigen (nach Karsten mit geraden, kaum schwach gebogenen), ungleichen, zerstreuten, oft rothen, an den Zweigen dichter stehenden und mit Borsten und Drüsenhaaren vermischten Stacheln. „Nebenblätter flach, ganzrandig oder gezähnelt, gegen die Spitze breiter, mit lanzettförmigen Oehrchen. Blättchen 5—9, eiförmig, spitz oder kurz zugespitzt, einfach gesägt, oberseits kahl, unterseits weichhaarig, kahl werdend. Trugdolde reichblumig, rosa. Blumenstiele drüsenborstig. Das eiförmige oder halbkugelige Kelchrohr meistens kahl, selten drüsenborstig. Saumzipfel am Rande etwas filzig, unterseits weichhaarig oder kahl, oder kurz drüsenborstig. Hagebutte eiförmig oder eiförmig-lanzettlich, oft in einen Hals verdünnt" (Karsten).

Diese Rose, welche im Oriente in zahlreichen Varietäten, mit einfachen und gefüllten, weissen, rosenrothen und purpurnen, duftenden Blumen, namentlich in der Türkei in grossen Anpflanzungen zum Zwecke der Gewinnung des Rosenöles kultivirt wird, ist von sehr unsicherer Herkunft. Sie steht den beiden vorigen Rosen sehr nahe und wird als Kulturform derselben (Boissier) oder als Bastard von *Rosa gallica* (*Rosa gallica* L. × *moschata* Miller) betrachtet. *Rosa moschata* Miller, eine indische Rose mit sehr langen, kletternden, reich- und weissblüthigen Zweigen und mit einem von der Balkanrose abweichenden Geruche ausgestattet, soll jedoch nach Christ hier nicht in Betracht kommen. Die Rose, aus welcher in Rumelien das Rosenöl gewonnen wird, zeichnet sich nach Flückiger weder durch Schönheit, noch durch besonders kräftigen Geruch aus. Sie ist nach Bauer ein Strauch von ca. 2 Meter Höhe und theils mit wagerechten, theils mit zurückgekrümmten Dornen bewehrt. Die ziemlich grossen Blüthen sind hellroth gefärbt, aber es kommen auch weisse vor, die jedoch arm an Oel sind und in Folge dessen für die Gewinnung des Oeles keine Bedeutung haben. Der Kelch ist mit lanzettlichen, schlanken, blaugrün bereiften, am Rande drüsigen, innen weiss behaarten Blättern versehen. Diese rumelische Rose besitzt einen struppig-stacheligen Blüthenstiel und ist zwar viel-, aber nicht reichblüthig. Ein Zweig dieser Rose, welchen Bauer an Mohl sandte, wurde von letzterem als *Rosa damascena* Miller erklärt. Eine von Kazanlik nach Blaubeuren verpflanzte Rose hält Baker für *Rosa turbinata* Aiton (*R. campanulata* Ehrh.) und in einem von Blaubeuren nach London verpflanzten Exemplare erkennt Baker wiederum eine grosse Aehnlichkeit mit *Rosa gallica*. Letztere Rose, welche von Frankreich bis Kurdistan verbreitet ist, soll nach der Ansicht Baker's die Stammform der *Rosa damascena* sein.

Anatomisches. Der Querschnitt der Blumenblätter zeigt in den oberen Schichten mehr gerundete Zellen, in den unteren Schichten Zellen mit wellenförmigen Wandungen (Flückiger).

Vorkommen. *Rosa Centifolia* L. Im Oriente einheimisch und nach der Ansicht von Boissier aus den ostkaukasischen Gegenden stammend, woselbst sie mit einfacher Blüthe vorkommt. In zahlreichen Spielarten in den Gärten gezogen.

Rosa gallica L. An Wegen, trockenen Waldrändern und Bergabhängen durch Mitteleuropa angeblich bis Kurdistan vorkommend. Ebenfalls in vielen Formen in den Gärten kultivirt. Blüthezeit der letzteren Mai, Juni.

Rosaceae.

Rosa centifolia L.

Name und Geschichtliches. Der Name Rose (althochdeutsch *rosa*) vom lateinischen *rosa* entlehnt und dies vom griechischen *ροδεα*, Rosenstrauch, *ροδον*, Rose. Grasmann führt dieses Wort, ursprünglich mit einem *v* anlautend, auf die altindische Wurzel *vrad* zurück, welche etwas Biegsames, Weiches, Zartes bedeutet; demnach wäre Rose von zart abgeleitet.

Die Kultur der Rosen reicht tief in das Alterthum und namentlich ist die Verwendung der Rosenblätter zu kosmetischen, diätetischen und medizinischen Zwecken eine sehr alte. Schon Herodot berichtet von einer 60blätterigen Rose, worunter wahrscheinlich die Centifolie zu verstehen ist; der Ausdruck 100blätterige Rose findet sich bei Theophrast und Plinius. Unter *Rosa cyrenaica* des letzteren Schriftstellers, welche zu wohlriechenden Salben benutzt wurde, vermuthet man *Rosa moschata*. Die erste medizinische Anwendung der Rosenblätter beruhte auf einer Auflösung der letzteren in fetten Oelen oder Wein, oder auch in einer Mischung des Rosenblättersaftes mit Honig (Rhodomeli) oder mit Zucker. Mit einem Rosencerat verband man zur Zeit des Scribonius Largus (im 1. Jahrh. n. Chr.) die durch Senfteig hervorgerufenen Wunden. Dioskorides spricht von einem *Extractum petalarum Rosae* und beschreibt die Herstellung der Rosenpastillen und eines Rosenhonigs. Actuarius (Ende des 13. Jahrhunderts) berichtet von einem *Rhodomeli purgans*, welches als Abführmittel bei Gallenkrankheiten benutzt wurde. Letzterer ist einer der ältesten Schriftsteller, welcher das destillirte Rosenwasser bespricht. Athenaeos (170—230 in Alexandrien) rühmt die jährlich zweimal blühenden Rosen von Samos, in welchen man *Rosa damascena* vermuthet. Die Araber und die Aerzte der salernitaner Schule beschäftigen sich ebenfalls viel mit der Kultur und mit der Benutzung der Rose. Die angeblich aus dem Oriente nach Provins in Frankreich gebrachte und dort kultivirte Rose (*Rosa provincialis*) war im Mittelalter sehr berühmt, namentlich auch die aus ihr bereiteten Conserven, Syrupe und Honige. *Flores Rosarum rubrarum* wurden 1521 in der Rathsapotheke zu Braunschweig geführt.

Unter dem Rosenöle des Alterthums ist nur ein mit Rosen parfümirtes fettes Oel zu verstehen; Dioskorides macht hierüber, sowie über verschiedene andere Präparate ausführliche Mittheilung.

Die Destillation des Rosenwassers ist nach Flückigers Vermuthung wohl zuerst in Persien in grossem Maassstabe betrieben worden; es soll nach Ibn Khalduns Angabe die südpersische Provinz Farsistan von 810—817 jährlich 30000 Flaschen Rosenwasser als Tribut nach Bagdad geliefert haben. Die Verbreitung des Rosenwassers nach dem Westen schreibt Flückiger den Arabern zu, die damals noch Spanien im Besitze hatten. Im Kalender Harib's vom Jahre 961 wird der Monat April zur Bereitung des Wassers und der verschiedenen Rosenpräparate empfohlen. Im Mittelalter bildet das Rosenwasser einen bedeutenden Handelsartikel des Orientes, welches damals nicht blos zu cosmetischen und medizinischen Zwecken, sondern namentlich auch in der Küche bei der Zubereitung der Speisen verwendet wurde. Portugiesen und Holländer brachten das Wasser aus den persischen und arabischen Häfen nach Europa und Indien, jedoch wurde auch umgekehrt indisches Fabrikat nach Persien übergeführt.

Obgleich wohl schon früher das Rosenöl bei der Verarbeitung der Rosenblätter bemerkt worden ist, so stammen die ersten Nachrichten über das Oel doch erst von Geronimo Rossi (um 1570) her, welcher die Bemerkung machte, dass sich auf Rosenwasser ein sehr wohlriechendes, butterartiges Oel abscheidet. Zu Anfang des 17. Jahrhunderts tritt das Rosenöl (*Oleum Rosarum destillatum*) neben den mit Rosen parfümirten Fetten (*Oleum rosatum*) zu sehr hohen Preisen in den deutschen Apothekertaxen auf. Angelus Sala giebt zu Anfang des 17. Jahrhunderts eine Anleitung zur Darstellung des Rosenöles.

Flückiger glaubt annehmen zu müssen, dass das Rosenöl in Indien nicht vor 1612 bekannt geworden ist, während er für Persien einen viel früheren Zeitpunkt annimmt. Die Rosenkultur und die damit zusammenhängende Industrie soll von Persien und Arabien nach dem Ganges und von dort weiter über Indien verbreitet worden sein.

Der Ursprung der Rosenölfabrikation in Kazanlik am Balkan (letzterer Ort um 1600 gegründet) lässt sich nicht feststellen. Flückiger glaubt den Anfang des 17. Jahrhunderts annehmen zu müssen, und zwar jene Zeit, in welcher das Rosenöl in den deutschen Apotheken anfängt häufiger aufzutreten.

Offizinell sind die Blumenblätter von *Rosa centifolia*: *Petala Rosae centifoliae* (*Flores Rosae, Flores Rosarum, Flores Rosae pallidae, Flores Rosarum incarnatarum*) und von *Rosa gallica*: *Petala Rosae rubrae* (*Flores Rosae rubrae, Flores Rosarum rubrarum, Flores Rosae domesticae*).

Die Einsammlung der Centifolienrosen erfolgt im Juni bei trockener Witterung. Die Blüthen werden von den Kelchen befreit und die Blumenblätter entweder getrocknet oder mit Kochsalz in irdenen Steintöpfen eingemacht (*Flores Rosae saliti*). Bei schneller Trocknung an der Sonne behalten die Blätter ihre röthliche Farbe, wohingegen sie bei langsamem Trocknen an schattigem Orte bräunlich und missfarbig werden. Der angenehme Geruch geht bei vorsichtigem Trocknen nur theilweise verloren; der Geschmack ist herbe, zusammenziehend. Die getrockneten Blätter werden entweder ganz oder geschnitten in Holz- oder Blechkästen, oder auch fein gepulvert in Glasgefässen aufbewahrt.

Bei *Rosa gallica* werden die Blüthen der halbgefüllten, dunkelen Spielarten im Aufblühen gesammelt, vermittelst einer Scheere Kelch, Unterkelch und gelbe Nägel der Blumenblätter abgetrennt und die übrig bleibenden Blätter, welche möglichst nicht auseinanderfallen dürfen, an einem schattigen Orte getrocknet. Schnell getrocknet färben sie sich noch dunkler sammetartig und halten sich, geschützt gegen Luft und Licht, sehr lange. Der Geruch dieser Rose ist weniger kräftig, der Geschmack zusammenziehend.

Die Blumenblätter der Damascener-Rose: *Petala Rosae Damascenae* sind nur in Frankreich gebräuchlich; sie werden durch die Blätter der beiden andern Rosen vollständig ersetzt.

Der deutsche Bedarf an Rosenblüthen wird von den Vierlanden bei Hamburg, aus der Umgebung von Nürnberg und aus Holland geliefert. Weit wichtiger als die Blumenblätter ist das aus den Blüthen von *Rosa damascena* gewonnene Oel, das Rosenöl: *Oleum Rosae*, welches in Rumelien am Südabhange des Balkan in einem ungefähr 120 Dörfer umfassenden Bezirke um Kazanlik im Grossen gewonnen wird. Die Gewinnung des Rosenöles ist nach Flückiger folgende: Die in umfangreichen Pflanzungen heckenförmig gezogenen Rosensträucher geben vom 5. bis 15. Jahre einen reichlichen Ertrag an Rosen. Ende April, gewöhnlich aber in den ersten 20 Tagen des Monat Mai werden die Rosen mit den Kelchen vor Sonnenaufgang gesammelt und am Einsammlungstage destillirt. Zu dem Zwecke werden in der Nähe von Quellen — um immer das erforderliche Wasser zur Hand zu haben — einfache oder doppelte Oefen aus Backstein errichtet, welche ein oder zwei, aus verzinntem Kupfer bestehende, mit einem Helm versehene Blasen enthalten. Von letzteren geht ein gerades zinnernes Rohr durch ein mit Wasser gefülltes Kühlfass nach einer langhalsigen, ca. 5—6 Liter enthaltenden Flasche. In jeder Blase, deren in dem Bezirke von Kazanlik ca. 2500 existiren, kommen ungefähr 12—13 Liter frischer Rosen mit der doppelten Menge von Wasser. Es werden ca. 11 Liter abgezogen und von diesem Destillationsprodukt ungefähr wieder $^1/_6$ abdestillirt, die Rückstände aber stets wieder bei der folgenden Destillation benutzt. Das concentrirte Sechstel wird in ganz gefüllten gläsernen Vorlagen bei einer Temperatur über 15° 2 Tage lang ruhig gehalten, wodurch eine klare Abscheidung des Oeles bewirkt wird. Das letztere wird mittelst kleiner Blechtrichter mit feiner Oeffnung abgeschöpft, in üblicher Weise gefälscht und in plattgedrückte, innen verzinnte Kupferflaschen *(Cuncumas)* von 1 bis 10 Pfund Inhalt gebracht. Die Versendung erfolgt gewöhnlich nach Constantinopel.

Das nach Gewinnung des Oeles zurückbleibende Rosenwasser wird in der Küche und zu Augenwasser verwendet und findet zu diesen Zwecken guten Absatz. Bauer schätzt die Ausbeute des Rosenöles auf 0,4 pro Mille und sollen von 1867—1873 jährlich ca. 2400 Klgr. gewonnen worden sein.

Nur die türkischen Distrikte am Balkan produziren Rosenöl in grösserer Menge zum Zwecke der Ausfuhr. Das in Indien (gleichfalls von *Rosa damascena*), namentlich in Bengalen gewonnene Oel wird im Lande selbst verbraucht. Tunis gewinnt aus der dort kultivirten wohlriechenden *Rosa canina* (nach Maltzan in einer Ausbeute von 0,37 pro Mille) ein sehr geschätztes Rosenöl, welches in sehr geringer Menge nach Italien gebracht wird. Persien produzirt neuerdings kein Oel mehr; hingegen wird in Nizza, Cannes, Grasse, Mitcham bei London Rosenwasser destillirt, bei welcher Gelegenheit etwas Oel gewonnen wird. Mit grossem Erfolge gewinnt seit mehreren Jahren die Firma Schimmel & Co. in Leipzig ein Oel von vorzüglichem Wohlgeruch aus deutschen Rosen und bringt nicht unerhebliche Mengen davon auf den Markt.

Fälschungen der Centifolienrosenblätter durch Fuchsin sind beobachtet worden. Weingeist nimmt die Farbe sofort auf. Fälschungen des Oeles durch billigere Zusätze sind bei dem hohen Preise des Rosenöles allgemein üblich, so dass nach Flückigers Behauptung reines Oel wohl niemals in den Handel gebracht wird. Man benutzt hierzu in erster Linie das aus Indien stammende, von *Andropogon Schoenanthus* L. gewonnene sogen. Geraniumöl (Rusaöl, Ingweröl, bei den Türken *Idris yaghi*, *Enterschah* genannt), welches in grossen, aus verzinntem Kupfer bestehenden Flaschen durch arabische Händler von Bombay nach Constantinopel und Kazanlik gebracht wird. Letzteres Oel dient zum Besprengen der Rosenblätter und namentlich zum Verdünnen des Rosenöles. Der an und für sich angenehme Geruch dieses Oeles wird durch Waschen mit citronsäurehaltigem Wasser und durch längeres Stehen in der Sonne lieblicher und dem Geruche des Rosenöles ähnlicher gemacht. Da die sonstigen Eigenschaften des Geraniumöles (Farbe, Rotationsvermögen) dem Rosenöle sehr ähnlich sind, so giebt es nach Flückiger kein Mittel, um dasselbe im Rosenöle nachzuweisen. Auch die Menge des ausscheidenden Stearoptens giebt, wegen des schwankenden Gehaltes, keinen Anhalt. Ein das Erstarrungsvermögen erhöhender Zusatz von Wallrath oder Paraffin wird durch die Verschiedenheit des Krystallisationsprozesses erkannt; letztere Stoffe bilden deutlichere Krystalle, hauptsächlich am Grunde des Gefässes, während das Rosenstearopten die Flüssigkeit in der ganzen Ausdehnung gleichmässig durchsetzt. Ausserdem besitzen die durch wiederholtes Umkrystallisiren gereinigten Krystalle des Wallraths, ebenso die Paraffinsorten des Handels einen viel höheren Schmelzpunkt (46—50°) als das Rosenstearopten (32,5°). Hinsichtlich der Fälschung mit Wallrath und Paraffin sagt Hager: „Wenn man das Stearopten im Rosenöle als nebensächlichen Bestandtheil ansehen und den Preis des Oeles nach seinem Elaeoptengehalte abschätzen würde, dürfte die Verfälschung mit starren Kohlenwasserstoffen und starren Fettkörpern von selbst aufhören“.

Das eigentliche, von den in Südfrankreich und Algier kultivirten Pelargoniumarten (namentlich *P. roseum* Willd.) abstammende Geraniumöl dreht die Polarisationsebene stark nach links und röthet Lakmuspapier.

Das Rosenwasser *(Aqua Rosae)*, früher durch Destillation von frischen oder gesalzenen Rosenblättern gewonnen, wird gegenwärtig durch Schütteln von 4 Tropfen Rosenöl mit 1000 Gramm lauwarmen Wassers hergestellt.

Bestandtheile. Die Centifolienrosenblätter enthalten ätherisches Oel, eisengrünenden Gerbstoff und einen durch Alkalien grün werdenden Farbstoff. Die Blätter von *Rosa gallica* enthalten nach Cartier: ätherisches Oel, Fett, Gerbstoff, Gallussäure. Filhol fand, dass die adstringirenden Bestandtheile, welche beispielsweise in der Rose von Provins 17% betragen sollen, der Hauptsache nach aus *Quercitrin* bestehen. Letzterer Autor erhielt nach der Behandlung der Rosenblätter mit Aether 20% Invertzucker, Bousingault 3,4% Zucker. Das Fett ist aus 2 festen Materien zusammengesetzt, von denen der eine Theil sich in 85% Weingeist löst, der andere nicht. Nach Flückiger sollen übrigens beide Rosen bis auf den Farbstoff übereinstimmen. Der mit verdünntem Weingeist oder Wasser erhaltene Auszug getrockneter Rosenblätter reagirt sauer und besitzt eine bräunlich-gelbe Farbe, welche durch Säuren roth, durch Eisenchlorid dunkelgrün, durch Alkalien gelb gefärbt wird. Senier, welcher den rothen Farbstoff extrahirte, erhielt eine schöne rothe Auflösung von saurer Reaktion, welche durch Alkalien eine grüne Fluorescenz zeigte; er betrachtet den Farbstoff als eine Säure; mit Kalium und Natrium bildet er krystallisirende Salze. Nach Cartier soll der Farbstoff ursprünglich grün, aber durch eine Säure geröthet sein.

Das Rosenöl vom Balkan ist nach Bauer bei 17° eine fast farblose, blassgelbliche, etwas dickflüssige Flüssigkeit von 0,87 bis 0,89 spez. Gew. (0,830 bis 0,840 bei 17,5° Hager), welche bei einer Temperatur unter 17°, durch die sich darin bildenden Krystallblättchen, in einen gleichmässigen, ziemlich steifen Krystallbrei umgewandelt wird. Je mehr krystallisirende Substanz (Stearopten) in der Flüssigkeit enthalten ist, um so rascher (und zwar schon bei hoher Temperatur) geht die Erstarrung von statten. Nach Hanbury scheidet sich das Stearopten im türkischen Rosenöle bei ca. 18° aus; höher gelegene und weniger gut gepflegte Pflanzungen sollen ein Oel geben, welches leichter krystallisirt, also schon in höherer Temperatur fest wird. Nach Flückiger erstarrt indisches Oel schon bei 20°; Oel von Grasse bei 23°; Pariser Oel bei 29° und Oel, welches Hanbury in seinem Laboratorium gewonnen hatte, erstarrte bei einem Gehalte von 68% Stearopten schon bei 32°. In dem bei 18° erstarrenden Oele vom Balkan sind nur 7% Rosenstearopten aufgefunden worden. Da das Stearopten geruchlos ist, so wird durch das Vorhandensein einer grösseren Menge der Werth des Oeles herabgesetzt.

Das Rosenöl besteht aus einem Gemenge von einem noch wenig bekannten, sauerstoffhaltigen Oele und einem geruchlosen Kohlenwasserstoff. Der erstere, flüssige Antheil, welcher zugleich Träger des Geruches ist, dreht die Polarisationsebene schwach nach rechts und siedet nach Gladstone bei 216°; der feste Antheil, das Stearopten (Rosenkampfer), ist ein Kohlenwasserstoff mit der Formel $C^{16}H^{34}$, welcher, in wenig Chloroform gelöst, mit Eisessig oder Alkohol ausgeschieden werden kann und nach wiederholtem Umkrystallisiren aus Alkohol sechsseitige, abgestumpfte Pyramiden mit einem Schmelzpunkt von 32—33° bildet. Im polarisirten Lichte ist das Stearopten doppelt brechend. Mit rauchender Salpetersäure entsteht Bernsteinsäure, riechende Fettsäure und Oxalsäure. Nach Bauer soll der flüssige Theil des Oeles durch Wasserstoff in den festen, in das Stearopten übergeführt werden können; eine Behauptung, die jetzt noch bezweifelt wird. Niederstadt hat in der Asche der Rosenblätter 42 bis 44% Kali nachgewiesen. (Husemann, Pflanzenstoffe 1003.)

Anwendung. Die Blätter der Centifolie gehören zu den schleimigen, mild adstringirenden Mitteln und dienen zur Herstellung des Rosenhonigs. Sie werden in der Volksmedizin bei Durchfall, Ruhr, Lungenleiden, Bluthusten verwendet. Das Pulver findet Anwendung bei Wundsein der Kinder. Die Blätter der *Rosa gallica* dienten früher neben verschiedenen anderen Präparaten zur Herstellung von Conserven gegen Lungenschwindsucht, jetzt nur noch zur Verbesserung des Ansehens der Speziesmischungen. Das Rosenöl wird nur zum Parfümiren gebraucht und zwar als Zusatz zu Haarölen, wohlriechenden Salben und Essenzen.

Mel rosatum (Rosenhonig), eine braune, klare, syrupsdicke Flüssigkeit, aus *Mel depuratum* und *Flores Rosae* bestehend, wird zu Pinselsäften, Collutorien, Gurgelwasser bei Mundaffektionen und Anginen benutzt. Husemann, Arzneimittel 411.

Litteratur. Abbildung und Beschreibung: Nees v. Esenb., Pl. med. T. 302, 303; Hayne, Arzneigewächse XI, Taf. 29,30,33; Berg u. Schmidt, Offiz. Gew. Taf. XXXIV; Bentley and Trimen, Med. pl., Taf. 104, 105; Luerssen, Handb. d. syst. Bot. II., 837; Karsten, Deutsche Flora 776; Wittstein, Pharm. 694.

Drogen und Präparate: *Flores Rosae* (*Petala Rosae centifoliae*): **Ph. germ.** 110; Ph. austr. 111; Ph. hung. 373; Ph. ross. 167; Cod. med. 75; Ph. belg. 72; Ph. Neerl. 197; Brit. ph. 271; Ph. dan. 111; Ph. suec. 148; Ph. U. St. 283; Flückiger, Pharm. 743; Flückiger and Hanb., Pharm. 261; Hist. d. Drog. I, 466; Berg, Waarenk. 327.

Flores Rosae gallicae (*Petala Rosae gallicae*): Ph. ross. 167; Ph. helv. 55; Cod. med. 75; Ph. belg. 72; Ph. Neerl. 197; Brit. ph. 271; Ph. dan. 112; Ph. suec. 148; Ph. U. St. 284; Flückiger, Pharm. 743; Flückiger and Hanb., Pharm. 259; Hist. d. Drog. I, 462; Berg, Waarenk. 327.

Aqua Rosae: **Ph. germ.** 34; Ph. austr. 20; Ph. hung. 63; Ph. ross. 45; Ph. helv. 16; Ph. belg. 129; Ph. Neerl. 30; Brit. ph. 45; Ph. dan. 49; Ph. suec. 26; Ph. U. St. 45.

Oleum Rosae: **Ph. germ.** 202; Ph. austr. 99; Ph. hung. 321; Ph. ross. 305; Ph. helv. 96; Cod. med. 444; Ph. U. St. 241; Flückiger, Pharm. 153; Flückiger and Hanb., Pharm. 262; Hist. d. Drog. I, 468; Berg, Waarenk. 573.

Mel rosatum: **Ph. germ.** 178; Ph. austr. 90; Ph. hung. 285; Ph. ross. 260; Ph. helv. 82; Cod. med. 461; Ph. belg. 193; Ph. Neerl. 152; Ph. dan. 156; Ph. U. St. 220.

Spiritus saponatus: Ph. helv. 125.

Syrupus Sarsaparillae compositus: Ph. U. St. 328.

Syrupus Cinnamomi: Ph. ross. 395.

Infusum Rosae gallicae: Brit. ph. 163; Ph. suec. 112.

Unguentum Plumbi: Ph. helv. 151.

Unguentum Kalii jodati: Ph. helv. 150.

Syrupus Rosae gallicae: Brit. ph. 314; Ph. U. St. 327.

Confectio Rosae: Brit. ph. 88; Ph. U. St. 85.

Pilulae Aloës et Mastiches: Ph. U. St. 252.

Extractum Rosae fluidum: Ph. U. St. 141.

Unguentum leniens: **Ph. germ.** 298; Ph. ross. 447, 453; Ph. helv. 151.

Unguentum rosatum: Ph. ross. 455; Ph. austr. 142; Ph. hung. 477; Ph. helv. 152; Ph. dan. 284.

Mixtura oleoso-balsamica: Ph. ross. 261.

Ungnentum emolliens: Ph. austr. 140; Ph. hung. 473.

Bezügl. der Drogen und Präparate siehe auch Hager, Pharm. Prx. II., 816; III. 1043.

Tafelbeschreibung:

A blühender Zweig, nat. Grösse; 1 Blüthe ohne Krone im Längsschnitt, vergrössert; 2 Staubgefäss, desgl.; 3 Pollen, desgl.; 4 ein Carpell, desgl.; 5 oberer Theil des Griffels mit Narbe, desgl.; 6 Carpell im Längsschnitt, desgl.; 7 dasselbe im Querschnitt, desgl. Nach der Natur von W. Müller.

Rubia tinctorum L.

Färberröte, Krapp. Engl.: Madder, Ground-Madder. Franz.: Garance. Holl.: Krapp, Meekrap. Arab.: Turvah. Persisch: runas.

Familie. *Rubiaceae.* Unterfamilie: *Galieae* (*Stellatae*). Gattung: *Rubia* L.

Beschreibung. Die Färberröte ist ein ausdauerndes Kraut. Sie besitzt einen bis kleinfingerdicken, bis 1 m langen horizontalen, an der Spitze aufsteigenden Wurzelstock, von gelbbrauner Farbe, der allseitig mit langen Ausläufern und Nebenwurzeln besetzt ist. An den Knoten der letzteren sitzen gegenständig die Stengelknospen, aus welchen die 60 bis 100 cm langen, undeutlich vierkantigen Stengel sich entwickeln. Die letzteren sind einjährig, schlaff und niederliegend, wenn sie keinen geeigneten Halt finden; wenn sie sich aber an andere Pflanzenteile anlehnen können, an welche sie sich, dem Kleber (*Galium Aparine* L.) ähnlich, mit ihren an den Kanten sitzenden rückwärts gerichteten Stachelhaaren festhängen, so wachsen sie mehr oder weniger senkrecht in die Höhe und erreichen unter günstigen Bedingungen eine Länge von $1^1/_2$ bis 2 m. — An den unteren Knoten des Stengels befinden sich vier, an den höher gelegenen meist sechs wirtelständige Blätter, von denen zwei deutlich grösser sind, als die übrigen. Man betrachtet diese, welche eine Länge von 5 bis 8 cm und eine Breite von $1^1/_2$ bis 3 cm erreichen, als echte Laubblätter, während die übrigen, welche etwa 4 bis 7 cm lang und 1 bis $2^1/_2$ cm breit werden, als Nebenblätter für jene grösseren angesehen werden, derart, dass vier kleinere als zwei Paare aufgefasst werden, während man annimmt, dass zwei kleinere durch Verwachsung aus zwei benachbarten Nebenblättern entstanden gedacht werden. Durch ähnliche Verwachsungen reduzieren sich die sechs Blättchen der Blattregion in fünf und vier Blättchen am Grunde der Blütenrispen, während in der Rispe selbst nur noch je zwei sehr kleine gegenständige Blättchen übrig geblieben sind, indem die Nebenblätter hier vollständig abortiert sind. Alle Blättchen sind kahl und nur am Rande und an der Mittelrippe mit rückwärts gerichteten Stachelhaaren versehen. An der Spitze, wie am Grunde sind sie spitz, am Grunde aber überdies nicht selten in einen kurzen Blattstiel verschmälert. Auf jeder Seite der Mittelrippe entspringen unter Winkeln von 45° je fünf bis acht Seitennerven und verlaufen in nicht allzugrossem Abstande vom Rande in die nächst höher gelegenen Seitennerven. — Aus den Achseln der grösseren Blätter entspringen gegenständig die vierkantigen sparrigen Seitenzweige des Stengels; sie kennzeichnen also jene Blätter als echte Laubblätter. Die Zweige endigen in unterbrochene dreigablige Blütenrispen, welche aus kleinen fünfblütigen Trugdolden gebildet werden. Die Blütchen sind, mit Ausnahme der Gipfelblüte jeder dreigabligen Trugdolde, sehr kurz gestielt; das Stielchen aller Blüten ist unter dem Fruchtknoten gegliedert. Die Blüte selbst ist regelmässig, fünfzählig oder vierzählig und hat einen Durchmesser von etwa 5 mm. Die

Blütenhülle ist einfach; der Kelch fehlt. Die Korolle ist oberständig, kurz glockenförmig, verwachsenblättrig, fünfspaltig. Die Kronenzipfel sind gelb, eiförmig, zugespitzt, an der Spitze verdickt und eingebogen, in der Knospenlage dachig; einer von ihnen ist der Achse zugekehrt, zwei stehen seitlich, zwei sind nach vorn gerichtet. Die Korolle sitzt mit breiter kurzer Röhre dem oberweibigen Diskus auf. Zwischen den Zipfeln sitzen einreihig die Staubblätter, erheblich kürzer als die Perigonzipfel. Die gelben Filamente sind fädlich, am Grunde der Antheren angeheftet; die Antheren sind zweikammerig, parallel, länglich, gelb und öffnen sich in Längsspalten nach innen. Der umgekehrt kegelige Fruchtknoten ist ebenfalls mit einigen Stachelhaaren besetzt und trägt auf dem oberweibigen kreisförmigen Diskus den kurzen, in zwei keulige Narbenenden gespaltenen Griffel. Das Ovar ist zweifächrig; eines der beiden Fächer ist der Achse zu —, das andere der Achse abgewendet, also nach aussen gerichtet. Jedes Fach enthält eine basile anatrope Samenknospe. Die Frucht ist eine zweiknöpfige, fleischige, beerenartige Kapsel von der Grösse einer Wachholderbeere mit anfangs rotem, später blauschwarzem Perikarp: meist zweifächrig und zweisamig, oder durch Fehlschlagen einfächerig und einsamig. Die Samen sind nach innen konkav, nach aussen erhaben und haben einen grossen Nabel und einen kurzen dicken Nabelstrang, welcher die Höhlung des Samens ausfüllt. Im Innern findet sich ein reichliches horniges Nährgewebe, welches den Keimling umschliesst. Letztere ist bogig mit konischem Würzelchen und aufrechten Kotyledonen.

Blütezeit. In den Sommermonaten.

Vorkommen. Die Pflanze stammt aus dem Orient, wo sie heute noch wild vorkommt; in Südeuropa ist sie verwildert. Zur Gewinnung der Wurzel wird sie in Deutschland, Holland, England und Frankreich angebaut, ebenso auch in der Türkei, in Kleinasien und Indien.

Verwandte Arten. Rubia peregina L. Syn. *Rubia tinctorum* L. var. *peregina.* — *R. tinctorum* Scop., *R. anglica* Huds. — Die Pflanze ist der vorigen ähnlich, die Stengel aber sind ausdauernd; die Blätter stehen in meist vierzähligen Wirteln, sind umgekehrt eiförmig, stumpf, am Grunde zugespitzt, sitzend, nicht in einen Blattstiel verschmälert. Die Endichasien der Blütenrispen sind meist zweiblütig, die Blüten etwas grösser, die Kronenzipfel scharf zugspitzt und in eine kurze steife Granne auslaufend. Dagegen sind die Stengel schlaff und an den Kanten widerhakig, ebenso auch der Rand und die Mittelrippe der Blätter, wie bei der vorigen. — Sie wächst wild im Orient, in Süd- und Westeuropa, und wird auch wohl hier und da angebaut.

Rubia Munjista Roxb. Indischer Krapp. Syn.: *R. Manjith* Rxb. — *R. cordata* Thunbg. *R. tinctorum* L. var. *cordifolia* L. — (Hind., Bomb. und Bengal: *Majith, Manjit;* Tam.: *Manjitti, Schervelli;* Sanskr.: *Manjischta;* Arab.: *Turvah;* Pers.: *Runas.* — Der Stengel ist ausdauernd, vierkantig, an den Kanten rückwärts stachlich, nach dem Abstossen der Oberhaut aber stachellos und kaum mehr kantig, kahl und bräunlich. Die Stengel klettern an Bäumen und Sträuchern empor, überdecken sie bisweilen vollständig. Die Blätter stehen in vierzähligen Wirteln und zwar zwei gegenständige grössere Laubblätter und zwei ebenfalls gegenständige nur halbsogrosse, durch Verwachsung der ursprünglichen Stipulae entstandene Nebenblätter; alle sind gestielt, herzförmig, siebennervig, am Rand und den Nerven steifhaarig, scharf. Die ausgebreiteten Äste entspringen aus den Achseln der grösseren Blätter, und sind an den Knoten aufgetrieben. Die Enddichasien sind dreigablig; die Blüten gestielt, die Blütenstiele vierkantig, die Deckblätter sitzend, herzförmig und lang. Die Zipfel der fünfspaltigen Korolle spitz, nach innen eingeschlagen. Die fünf Staubblätter sind länger als der Korollensaum; die Frucht ist eine zweisamige Beerenkapsel, bei der indessen nur ein Fach ausgebildet ist und einen Samen trägt; die ganze Frucht hat die Grösse eines Pfefferkorns. Die Pflanze wächst in den Berggegenden Nordbengalens und Nepals; in Japan wird sie angebaut.

Rubia chilensis Molina und **Rubia Relbun** Schlechtendal und Chamisso werden zu Färbezwecken in Chili vielfach kultiviert.

Anatomie. Besonderes Interesse in anatomischer Beziehung bietet nur die Wurzel. Ihre Oberfläche wird von einem grauen, aus abgeplatteten tangential gestreckten Zellen bestehendem Korke gebildet, auf welchen ein braunrotes Rindenparenchym folgt. Dessen Zellen sind ebenfalls abgeplattet, aber mehr polyedrisch, und nehmen an Grösse ab, je mehr sie sich dem Phloëm nähern. Die Phloëmbündel werden durch nur einreihige Markstrahlen undeutlich gesondert und zeigen in ihrem Innern enge fasrige Siebröhren mit undeutlichen Siebflächen. Das Holz besteht aus ziemlich weiten Tracheen, die in dem reichlichen Holzparenchym eingebettet liegen; nur gegen das Mark hin erkennt man grössere Gruppen von Libriformfasern. Ein Mark fehlt natürlich den Hauptwurzeln. Die Nebenwurzeln sind im wesentlichen ebenso gebaut, nur sind sie lebhafter gefärbt, haben relativ breitere Markstrahlen und ein rot gefärbtes, oft scharfeckig polygonales Mark. — Die Wurzel von *Rubia Munjista* Rxb. ist nach den Untersuchungen von Wiesner der eben beschriebenen durchweg sehr ähnlich; die Siebröhren im Phloëm zeigen indessen deutlichere Siebplatten und die Tracheen sind häufiger und enger.

Kultur. Färberröte wird besonders in Holland kultiviert; die Kultur in Deutschland und Frankreich hat seit der synthetischen Darstellung des Alizarins fast vollständig aufgehört. Dagegen kommen von Kleinasien und Kaukasien noch immer erhebliche Mengen Krappwurzel in den Handel. In England hat man mit der Kultur nur geringe Erfolge erzielt. — Die Kultur geschieht selten durch Samen, sondern meist durch Einpflanzen von Rhizomteilen. Diese wachsen überaus schnell, sodass nach achtzehn bis dreissig Monaten bereits eine Ernte gemacht werden kann. Die Wurzeln werden zunächst durch Waschen mit Wasser von Sand und Steinen befreit, dann an der Sonne oder auch im Ofen getrocknet, wobei die ursprüngliche lehmgelbe Farbe der Wurzeln in blassrot übergeht.

Pharmazeutisch und technisch wichtig ist die Wurzel der Pflanze, **Radix Rubiae tinctorum,** Krappwurzel. Sie kommt in 10 bis 15 cm langen, 0,5 bis 2 cm dicken Stücken mit grauer, etwas welliger Rinde in den Handel. Der Bruch der Stücke ist kurz und glatt; die Rinde löst sich leicht ab. Das Innere der Wurzel zeigt eine schmale rotbraune Rindenschicht, ein lebhafteres gelblichrotes oder hellrotes poröses Holz und, wenn man die dünneren Nebenwurzeln vor sich hat, ein noch lebhafter gefärbtes Mark. Die Wurzel ist fast geruchlos und schmeckt bitterlich zusammenziehend. Für medizinische Zwecke sind des höheren Gerbstoffgehaltes wegen, die dünneren Wurzeln die besseren, während zum Färben den dickeren, farbstoffreicheren der Vorzug gegeben werden muss.

Die **Färberröte** oder der **Krapp** des Handels kommt teils aus dem westlichen Europa, teils aus Kleinasien. In Europa gilt der **holländische** Krapp als der vorzüglichste, der teils mit der Rinde, **unberaubter Krapp** (franz.: *Garance non robée*), teils ohne Rinde, **beraubter Krapp** (franz.: *Grappe* oder *Robée*) versandt wird. Als Abfallprodukte erhält man die Rinde

Rubiaceae
(Stellatae)

Rubia tinctorum L.

 als **Fijne** und der Rückstand beim Mahlen, den **Mull,** welcher häufig durch allerlei Sand und Staub verunreinigt ist. Von kaum geringerem Werte ist der **Krapp von Avignon** und der **aus dem Elsass.** Auch in Schlesien wird Krapp gebaut und als **Breslauer Röte** verkauft.

Levantinischer oder **Smyrna-Krapp** kommt von Kleinasien über Smyrna in den Handel, und führt den Namen Lizzari oder Alizari. Es ist eine der geschätztesten Handelssorten die sehr reich an Farbstoff ist, vielleicht deshalb, weil man sie erst vier bis fünf Jahre nach dem Einlegen der Stecklinge erntet. **Indischer Krapp** endlich kommt grösstenteils von *Rubia Munjista* Rxb.; er ist ebenfalls stärker als der europäische und sehr reich an Farbstoff.

Aus all diesen rohen Wurzeln stellt man noch drei besondere Handelswaren dar, die vor allem dadurch ausgezeichnet sind, dass sie den Farbstoff der Wurzel nicht mehr in glykosidischer Verbindung, sondern in freiem Zustande enthält. Dies sind die Krappblumen, sda Garancin und das Garanceux.

Die **Krappblumen,** franz. *Fleur de Garance,* erhält man durch Auswaschen des Krapppulvers und durch Gährenlassen der Masse.

Das **Garancin** entsteht, indem man das noch feuchte Pulver mit stark verdünnter Schwefelsäure erhitzt, dann die Masse zur Entfernung der Säure mit Wasser wäscht und trocknet.

Garanceux endlich ist ein Nachprodukt, welches man erhält, indem man Krapp, der bereits zum Färben gedient hatte, nochmals mit Schwefelsäure behandelt, wäscht und trocknet. Natürlicherweise besitzt Garanceux einen viel geringeren Wert als Garancine.

Bestandteile. Die Krappwurzel enthält neben anderen gewöhnlichen Bestandteilen des Pflanzenkörpers im frischen Zustande die **Ruberythrinsäure,** welche durch ein eigentümliches Ferment, **Erythrocin,** in Zucker und **Alizarin,** $C^{14}H^{6}O^{2}(OH)^{2}$ gespalten wird. Diese Zersetzung findet in einer Abkochung der Wurzel oder nach längerer Zeit auch in der trocknen Droge selbst statt. Ausser dieser Säure findet sich noch ein weniger beständiges Glycosid vor, welches zunächst in **Purpurincarbonsäure (Pseudopurpurin)** und später in CO^{2} und **Purpurin** $C^{14}H^{5}O^{2}(OH)^{3}$ zerfällt. — Der bekannteste und wichtigste dieser Bestandteile ist das **Alizarin,** $C^{14}H^{6}O^{2}(OH)^{2}+3H^{2}O$, *Orthodioxyanthrachinon,* rotgelbe Nadeln, die im Wasser kaum, in Alkohol und Äther leicht löslich sind. Sie schmelzen bei 282° und sind bei etwas höherer Temperatur sublimirbar. Alkalien lösen es mit purpurvioletter Farbe; Calcium- und Baryumsalze fällen aus diesen Lösungen einen blauen, Zinnchlorür und Alaun einen schön roten Niederschlag. — Neuerdings erhält man das Alizarin künstlich durch Erhitzen von anthrachinonmonosulfosaurem Natrium mit überschüssigem Natriumhydrat, und zersetzt das gebildete Alizarinnatrium mit Salz- oder Schwefelsäure. Den gebildeten Alizarinniederschlag bringt man als zehn- oder zwanzigprozentige Pasta in den Handel.

Anwendung. Die *Radix Rubiae tinctorum* ist ein ziemlich obsoletes Medikament. Man braucht es hin und wieder als Tonicum, als harntreibendes Mittel, oder noch seltener als Emmenagogum. — Eine viel wichtigere Rolle spielt die Wurzel als Farbmaterial; hier hat sie sich so vorzüglich bewährt, dass sie durch das künstliche Alizarin nur teilweise verdrängt worden ist. — Bei der Türkischrot-Färberei wird die zu färbende Baumwolle wiederholt mit einer Emulsion von Baumöl mit Potasche- oder Sodalösung getränkt und der Luft ausgesetzt.

Durch langsame Oxydation des Öles wird die Baumwolle ledergelb und wird dann in das Farbbad gebracht, welches mit etwas Sumach oder Blut gemischt wird. Die Baumwolle hat nun eine dunkle trübrote Farbe angenommen und kommt nun zunächst in ein Seifenbad, zur Verbesserung der Farbe, und endlich in ein solches von Zinnchlorür, um der Farbe das Feuer zu geben, welches wir am Türkischrot bewundern. Die so erhaltene Farbe ist waschecht; eine Seifenlösung färbt sich beim Kochen damit nicht; auch Licht bleicht sie fast gar nicht.

Geschichte. Die Wurzel galt schon bei den alten Römern als Heilmittel; ihre Anwendung zum Färben ist schon von Plinius beschrieben worden. Die Türkischrot-Färberei stammt aus Indien und wurde um 1747 aus der Levante in Südfrankreich und gegen Ende des 18. Jahrhunderts in England eingeführt. Hier stieg infolgedessen die Einfuhr bis zu 1 Mill. £. Im Jahre 1827 fanden Collins und Robiquet das Alizarin durch Erhitzung der Färberröte; Schenk stellte es durch Fällen des Alkaliauszuges der Wurzel dar. Seit 1870 wird das Alizarin aus dem Anthracen erhalten und seit dieser Zeit hat der Verbrauch der Färberröte beständig abgenommen.

Nachtrag. Radix Munjistae, die **indische Krappwurzel,** stammt von der oben erwähnten **Rubia Munjista** Rxb., welche besonders am Himalaya und in Nepal wächst. Sie ist im Äusseren der *Radix Rubiae tinctorum* sehr ähnlich, besitzt aber eine wenigstens dreimal so starke Färbekraft, als der europäische Krapp. Die indische Krappwurzel giebt aber kein Alizarin, sondern dafür das **Munjistin** $C^{15} H^8 O^6$, gelbe krystallinische Schüppchen, welche sich leicht mit gelber Farbe in heissem Wasser lösen; Ammoniak löst es mit rötlicher, Natronlauge mit karmoisinroter Farbe; Schwefelsäure löst es orangegelb und Barytwasser fällt aus den Lösungen einen gelben Niederschlag. Es schmilzt bei 231° und zerfällt, wenige Grade höher erhitzt, in Kohlendioxyd und Purpuroxanthin $C^{14} H^6 O^2 (OH)^2$, ist also als Purpuroxanthincarbonsäure anzusehen. — In Indien dient diese Wurzel als vielgebrauchtes Arzneimittel gegen Gelbsucht, Obstruktion in den Harnwegen und Amenorrhöe; ferner als Mittel gegen allerhand Augenkrankheiten, zu deren Verhütung oder Heilung man sie Menschen wie Haustieren in den Nacken bindet. In Nepal benutzt man die Wurzel als Tauschmittel gegen Steinsalz und Borax. Im allgemeinen vertritt sie die europäische Färberröte in Mittelasien nach jeder Richtung hin, umsomehr, als sie sich nach Berichten von Kirmeir und Tavernier in diesen Gegenden überaus häufig finden.

Litteratur. Beschreibung und Abbildung. *Rubia tinctorum* L. Linné, Gen. 127. Spec. 158. — Juss., Gen. 197. — Endl., Gen. 3101. — Hayne, Arzneigen. XI. t. 5. — DC., Prodr. I. 11. — Benth. Hook., Gen. II. 149. — Baillon, Hist. plant. VII. 257. 372. 390. Fig. 223 bis 230. — Kosteletzki, Med. pharm. Fl. II. 543. — Schlechtendal-Hallier, Flor. v. D. XXVIII. II. 13. Taf. 2867 u. 2868. — Garcke (VII) 281. Gen. n. 284. spec. n. 1011. — Henkel, Bot. 109. — Berg, Bot. (1852) 306. — Karsten, Fl. v. D. II. 767. Fig. 738. — Luerssen, Med. pharm. Bot. II. 1107. Fig. 223. — Thomé, Fl. v. D. IV. 220. Fig. 551. — K. Schumann, Syst. Bot. 505. Fig. 189. — Realencyklop. der Pharm. VIII 625. Fig. 117. 118. (J. Möller). — **Rubia Munjista Rxb.** Roxb., Fl. indic. I. 875. — Flemming, Asiat. Res. XI. — Bancroft, II. 482. — Miquel, Fl. Ned. Ind. II. 338. — Luerssen, l. c. 1109. — Berg, l. c. 306. — **Rubia chilensis** Mol. — **R. Relbun** Schl. & Cham. — Molina Nutzpfl. v. Chili, Leipz. 1785. 118.

Droge. Berg, Pharmac. (1852) 17. — Henkel, Pharmac. 114. u. 116. — Wiegand,

 Pharm. 58. — Hager, Praxis II. 826—828. III. 1050. — Wiesner, Rohstoffe 633. 644. — Erdmann-Koenig (Hanausek), Warenkunde 515—517. — Hirsch, Universal-Pharm. II. n. 2675. — Realencyklop. d. Pharm. VI. 126. VII. 157. VIII. 625. 627. — Husem.-Hilger, Pflanzenst. II. 1390.

Tafelbeschreibung.

A Rhizom der Pflanze. B Blühende Stengelspitze. 1 Blüte; 2 dieselbe im Längsschnitt; 3 Pistill; 4 Ovar im Querschnitt; 5 Frucht. A, B und 5 in natürlicher Grösse; 1, 2, 3, 4 vergrössert. Nach lebenden Pflanzen aus dem botanischen Garten in Jena.

Rosaceae. (Potentilleae.) (Rubeae.)

Rubus Jdaeus L.

Rubus Idaeus L.

Himbeere — Raspberry — Framboise.

Familie: *Rosaceae* (*Potentilleae*). Gattung: *Rubus* L.

Beschreibung. Strauch von 0,60—2,00 Meter Höhe, mit horizontaler, ausläuferartiger, Adventivknospen bildender, stark verzweigter und befaserter, braunrother Wurzel und aufrechten, einfachen, krautigen, stielrunden, unten stachelborstigen, später verholzenden, glatt- und braunrindigen Schösslingen. Blätter zerstreut stehend, gestielt, unpaarig gefiedert. Blättchen 3—7zählig, sitzend, eiförmig bis eiförmig-länglich, spitz, ungleich gesägt, oberseits kahl, unterseits weissfilzig. Blattspindel schwach rinnenförmig, feinbehaart, unterseits meist dornig. Nebenblätter lineal, dem Blattstiele angewachsen. Blüthen achsel- und endständig, an den kurzen beblätterten Trieben der 2jährigen, nach der Fruchtreife absterbenden Schösslinge, 1—2-, überhaupt wenigblüthige, schlaffe, fein behaarte und stachelborstige, übergeneigte Rispen bildend. Kelchblätter zu 5, eiförmig, lang zugespitzt, beiderseits fein behaart, aus dem Rande des fast flachen, ausgebreiteten, in der Mitte zu einem Fruchtträger gewölbten Unterkelches entspringend, zuerst ausgebreitet, später zurückgeschlagen, bleibend. Kronblätter zu 5, schmal verkehrt eiförmig, erst aufrecht, später ausgebreitet, weiss, kürzer als der Kelch. Staubgefässe zahlreich, aufrecht, in 1—2 Wirteln, etwas kürzer als die Kronblätter, mit dünnen Staubfäden und ovalen, an beiden Enden ausgerandeten, in der Mitte des Rückens angehefteten, 2fächerigen Staubbeuteln. Fächer am Rande der Länge nach aufspringend. Pollen elliptisch, 3furchig, unter Wasser stark aufquellend und dann rundlich. Stempel zahlreich, oberständig, dem kegeligen Fruchtträger angeheftet, mit schiefem, länglich eiförmigem, behaartem, eineiigem Fruchtknoten, fadenförmigem, kahlem, bleibendem Griffel und kopfförmiger Narbe. Eichen hängend, unter der Spitze des Faches der Wand angeheftet. Die hängende, rundlich-eiförmige, vom Kelche unterstützte Frucht aus vielen, 1samigen, unter sich mehr oder weniger verwachsenen, dem kegelförmigen, markigen Fruchtträger aufgehefteten Steinfrüchtchen bestehend. Letztere umgekehrt-eiförmig, durch den bleibenden, vertrockneten Griffel geschwänzt, sammetartig-kurzfilzig, roth, seltener gelb oder weisslich, sich gemeinsam vom Fruchtboden ablösend. Die knöcherne Steinschale eilänglich, seitlich gedrückt, mit einer Naht, auf dem Rücken gewölbt, netzgrubig, am Grunde mit einem kleinen Wulst. Die länglichen, eiweisslosen, mit dünner, bräunlicher Samenhaut ausgestatteten Samen einzeln, hängend. Embryo fleischig, wenig gekrümmt, mit planconvexen Samenlappen und kurzem, nach oben gerichtetem Würzelchen.

Nach Karsten werden folgende Varietäten unterschieden:

var. α. *denudatus* Spenner (*viridis* A. Br.): ziemlich kahl; Blättchen sämmtlich schön grün.

var. β. *spinulosus* Müller: Schösslinge bis zur Spitze mit langen, dicken Stachelborsten dicht besetzt.

var. γ. *trifoliatus* Bell Salter: Alle Schösslingsblättchen gedreiet.

var. δ. *anomalus* Arrhenius (*R. Leesii* Bab.): Die unteren Schösslingsblättchen, ebenso die der Blüthenzweige einfach, nierenförmig, bisweilen gelappt, grob gesägt; alle übrigen Blätter gedreiet. Blättchen rundlich, eiförmig oder elliptisch, sich deckend, seitliche sitzend, das mittlere kurz gestielt. Blüthen lang und locker. Fruchtblätter meist offen, daher die Samenknospe vertrocknend. Bei Kl. Kapuzisko in der Nähe Brombergs, bei Zippelsförde unweit Neuruppin, bei Freiburg i. Br.

Verbreitung. In Wäldern, Hecken und an steinigen Bergabhängen durch ganz Europa mit Ausnahme der südlichsten Gebiete und durch Mittelasien verbreitet. Kommt in Skandinavien bis zum 70. Breitengrade vor, geht in Asien bis Jakutsk und zum Meere von Ochotzk. Der Himbeerstrauch erreicht in Norwegen eine Meereshöhe von 1200 Metern. Er wird vielfach in Gärten der Früchte wegen kultivirt.

Name und Geschichtliches. Der Name Himbeere, althochdeutsch *hintperi,* mittelhochdeutsch *hintber, haiper,* angelsächsich *hindberie,* bei Cordus und Gessner *Hindbeeren,* soll aus *hind,* Hirschkuh (weil die Hirsche angeblich die Himbeeren gern fressen) abgeleitet sein, daher auch im Englischen *hind-berry,* im Norwegischen *hind-baer.* Eine andere Ableitung von *Him* in der Bedeutung von Hain scheint nach dem Vorhergehenden weniger wahrscheinlich zu sein. *Rubus* stammt von *ruber* roth, weil mehrere Glieder dieser Gattung rothe Früchte haben. *Idaeus* verdankt seinen Ursprung dem — wahrscheinlich in der kleinasiatischen Landschaft Troas befindlichen — Berge Ida, auf welchem nach Angabe des Plinius entweder unsere Himbeere oder eine unserer Pflanze ähnliche Art häufig vorgekommen sein soll. Nach Dierbach soll *Rubus Idaeus* L. in den Schriften der Griechen und Römer, sowie der Araber mit Sicherheit nicht nachzuweisen sein, währenddem Fraas in *Βατος ὀρθοφυης* des Theophrast, *Βατός ιδαια* des Dioscorides und *Rubus* des Plinius unsere Pflanze unzweifelhaft zu erkennen glaubt.

Ueber die medizinische Verwendung der Himbeere in Deutschland erhalten wir die erste Kunde von V. Cordus, der in seinen Schriften Anweisung über die Zubereitung eines aus dem Safte von Maulbeeren, Erdbeeren und Himbeeren hergestellten Syrups, *Diamarion* (*Rob Diamaron*) genannt, giebt. Die erste Darstellung des reinen *Syrupus Rubi Idaei* verdanken wir Gessner.

Blüthezeit. Mai bis August.

Offizinell sind die frischen Früchte: *Fructus Rubi Idaei* (*Baccae Rubi Idaei*) und der aus den Früchten (Fruchtsafte) bereitete Himbeersyrup: *Syrupus Rubi Idaei.* Früher fanden auch die Blätter arzneiliche Verwendung.

Die Früchte reifen im Juli und August; sie sind von lieblichem Geruche und angenehm süss-säuerlichem Geschmacke. Die Früchte des wildwachsenden Strauches verdienen wegen ihres angenehmeren Geruchs und Geschmackes den Vorzug. Durch das Auspressen der frischen Beeren erhält man ca. 70% schön rothfarbenen Saftes, der durch Gährung, unter Abscheidung von Schleim, ganz klar wird.

Der Himbeersyrup soll klar sein, eine schön rothe Farbe, einen schwachen Himbeergeruch und einen süssen, schwach-säuerlichen Geschmack besitzen.

Fälschungen des Saftes finden durch andere Fruchtsäfte und Färben mit Fuchsin statt.

Die Blätter haben einen herben Geschmack und sind geruchlos.

Präparate. Aus dem Pressrückstand wird durch Abziehen mit Wasser *Aqua Rubi Idaei*, aus dem Syrup *Acetum Rubi Idaei* gewonnen.

Bestandtheile. Die Himbeeren enthalten ein eigenthümliches Aroma, bestehend aus der Aetherverbindung einer Fettsäure, ferner Zucker, Gummi, Schleim, Pektin, Farbstoff, Aepfel- und Citronensäure. Nach den Untersuchungen von Seyfarth sind die Gartenhimbeeren reicher an Zucker als die Waldhimbeeren (4,45 : 2,8%). Goessmann fand in dem Aschenrückstand 10—49% Kali und 14—18% Phosphorsäure. Auf dem über ausgepressten Himbeeren abdestillirten Wasser scheiden sich nach längerem Stehen weisse Flocken ab, die bei freiwilligem Verdunsten ihrer ätherischen Lösung in kleinen Blättchen krystallisiren; es ist diess der Himbeerkampfer. (Husemann, Pflanzenst. 1005.) Die Blätter enthalten eisengrünenden Gerbstoff.

Anwendung. Der Himbeersyrup ist der beliebteste Fruchtsyrup; er wird als Zusatz zu kühlenden Mixturen und zur Geschmacksverbesserung gebraucht. *Acetum Rubi Idaei* dient als kühlendes Getränk. Die Blätter wurden früher als Thee, zu Gurgelwässern und als äusserliches Wundmittel verwendet.

Litteratur. Abbildung und Beschreibung: Nees v. Esenb., Plant. med., Taf. 311; Hayne, Arzneigew. III., Taf. 8; Berg u. Schmidt, Offiz. Gew., Taf. XXI^{d}; Luerssen, Handb. der syst. Bot. II. 842; Karsten, Deutsche Flora 734; Wittstein, Pharm. 312.

Drogen und Präparate: *Fructus Rubi Idaei*: Ph. ross. 190; Ph. belg. 73; Flückiger, Pharm. 813; Berg, Waarenk. 338.

Syrupus Rubi Idaei: **Ph. germ.** 263; Ph. austr. (D. A.) 130; Ph. hung. 441; Ph. ross. 404; Ph. helv. 136; Cod. med. (1884) 570; Ph. belg. 252; Ph. Neerl. 254; Ph. dan. 256; Ph. suec. 222; Ph. U. St. 327.

Aqua Rubi Idaei: Ph. ross. 45; Ph. helv. suppl. 15.

Acetum Rubi Idaei: Ph. helv. suppl. 2; Cod. med. (1884) 570.

Bezüglich der Drogen und Präparate siehe Hager, Pharm. Prx. II., 830.

Tafelbeschreibung:

A blühender und fruchtender Zweig in natürl. Grösse; 1 Blüthe im Längsschnitt, vergrössert; 2 Kronblatt, desgl.; 3 Staubgefässreihe, desgl.; 4 einzelne Staubgefässe, stärker vergrössert; 5 Pollen, desgl.; 6 Stempel, desgl.; 7 einzelnes Fruchtblatt, desgl.; 8 dasselbe im Längsschnitt, desgl.; 9 Frucht im Längsschnitt, desgl.; 10 Steinfrüchtchen, desgl.; 11 dasselbe im Längsschnitt, desgl.; 12 Steinschale, natürl. Grösse und vergrössert; 13 u. 14 Samen im Längs- und Querschnitt, desgl. Nach der Natur von W. Müller.

Saccharum officinarum L.

Zuckerohr — Canne de sucre, Cannomelle — Sugar cane.

Familie: *Gramineae* (Unterfamilie: *Andropogoneae*); Gattung: *Saccharum* L.

Beschreibung. Grosse, ausdauernde Pflanze mit einem dicken, kurzgliederigen, stark bewurzelten Rhizom, aus dem sich mehrere gedrängt stehende, starke, runde, knotige Halme erheben. Letztere $1^1/_2$—4 Meter (in günstigen Lagen bis 7 Meter) hoch, 2—5 (auch 6) Ctm. dick, cylindrisch, mit nicht vorspringenden Knoten und bis 13 Ctm. langen Internodien. Rinde derb, hart, glatt und kahl, grün, gelb, violett oder gelb und violett gestreift. Mark locker und saftig, sehr zuckerreich. Blätter mit ihrer Basis den Halm scheidenartig umfassend, an Stelle des Blatthäutchens (*ligula*) befindet sich eine Haarreihe; Blattscheiden nur am Grunde geschlossen. Die Blätter sind 0.60—$1^1/_2$ Meter lang und 4—5 Ctm. breit, breit-linealisch, pfriemlich zugespitzt, am Rande fein aber sehr scharf gezähnt, mit einer breiten, weisslichen, auf dem Rücken gewölbten Mittelrippe ausgestattet. Mit zunehmendem Wachstum des Halmes fallen die Blätter von unten herauf ab. Blüthenstand eine auf der Spitze des Halmes befindliche, aus zahlreichen Blüthen bestehende, 30—60 Ctm. lange, ästige Rispe darstellend, deren ausgebreitete, niedergebogene Aeste gegliedert und sehr zerbrechlich sind. Aehrchen klein, sehr zahlreich, einblüthig, sämmtlich zwitterig, von den an ihrer Basis befindlichen Seidenhaaren überragt, paarweise so geordnet, dass das eine sitzend, das andere gestielt ist, nur die obere Blüthe vollständig. Die Paare stehen ziemlich entfernt von einander, abwechselnd an zwei Seiten der sehr langen, schlanken, aufrechten oder gebogenen, geraden oder gekrümmten, glatten Rispenäste. Hüllspelzen 2, ziemlich gleich, oblong-lanzettlich, scharf, nicht begrannt, häutig, die untere 2nervig, am oberen Theile etwas gewimpert, die obere 1nervig, wenig gekielt. Deckspelze einzeln, eingeschlossen in die obere Hüllspelze, etwas kürzer, häutig, rosafarben, eiförmig-lanzettlich, ziemlich stumpf, ganz glatt und ohne Adern. Die Blüthenhülle (*lodicula*) aus zwei gestutzten, freien, an der Spitze 2- bis 3lappigen, kleinen Schuppen bestehend. Staubgefässe zu 3; Staubbeutel lineal-oblong, blassgelb. Fruchtknoten glatt; Narben 2, spreizend, am oberen Theile dicht gefedert, dunkel purpurn. Frucht wenig bekannt, nach Nees v. Esenbeck klein, oval, an beiden Enden zugespitzt, und von der Kronspelze bekleidet.

Das Zuckerrohr wird in vielen Varietäten kultivirt; die hauptsächlichsten sind:

Saccharum violaceum Juss. besitzt violette Halme und Blätter und vielnervige Deckblätter; tritt hauptsächlich in Westindien auf und wird grösstenteils zur Rumbereitung verwendet.

Saccharum otahaitense Juss. ebenfalls violett, sehr zuckerreich und durch seine Höhe und Stärke ausgezeichnet, durch Bougainville von Otahaïti nach den Antillen verpflanzt; namentlich in Ostindien gebaut.

Saccharum chinense Roxb. zeichnet sich durch eiförmige Rispen aus und wird vorzüglich in China angebaut.

Blüthezeit. In Amerika von October bis Dezember.

Vorkommen. Das Zuckerrohr kommt nirgends mehr wild vor. Das eigentliche Vaterland, welches in dem tropischen Asien zu suchen ist, ist daher nicht mehr bestimmbar. Nees v. Esenbeck bezeichnet die Ufer des Euphrat und Ostindien als die ursprüngliche Heimath dieser Pflanze, die gegenwärtig zum Zwecke der Zuckergewinnung in den gesammten Tropen, zwischen dem 30° südlicher und dem 35° nördlicher Breite, kultivirt wird. In Südamerika steigen die Kulturen bis 2000 Meter Meereshöhe empor. Europa baut in Sicilien und Andalusien Zuckerrohr.

Name und Geschichtliches. *Saccharum,* griechisch *σαϰχαϱ, σαϰχαϱον,* arabisch *sukhar,* persisch *schakar,* stammt, sammt dem Worte Zucker, aus dem Sanskrit *sarkura*; *officinarum* von *officina,* Apotheke.

Es lässt sich wohl annehmen, dass schon Alexander der Grosse auf seinem Zuge nach Indien, woselbst das Zuckerrohr wahrscheinlich schon längst vorher als Nahrungsmittel benutzt wurde, mit dem letzteren bekannt geworden ist; aber obgleich Theophrast von einem süssen Salze berichtet, welches von einer rohrartigen Pflanze stamme, und Plinius von diesem Produkte (*Sal indicum*) sagt, dass es im Marke eines indischen Rohres durch Austrocknen des Pflanzensaftes in Stücken von der Grösse eines Haselnusses erzeugt und nur als Heilmittel verwendet werde, so lässt sich zwar vermuthen,

Gramineae.

Saccharum officinarum L.

 dass damit das Zuckerrohr und das Produkt desselben gemeint sei, jedoch ist in der Litteratur nirgends bezeugt, dass den Griechen und Römern der Zucker in der heutigen Form bekannt gewesen ist. Man verwendete zu jener Zeit an Stelle des Zuckers den Honig und das *Oxysaccharum* (ὀξυσαχαρον) der Alten soll eine Auflösung von Honig oder Manna in Essig gewesen sein. In welcher Form der Rohrzucker auch aufgetreten sein mag, jedenfalls war er in diesen alten Zeiten sehr selten und wahrscheinlich sehr kostbar, denn noch in späteren Zeiten soll das Zuckerrohr an den Ufern des Euphrat mit Gold aufgewogen worden sein. Bei den Arabern scheint der Rohrzucker am frühesten Eingang und umfangreichste Benutzung gefunden zu haben, wie aus einem Berichte hervorgeht, nach welchem bei den Hochzeitsfeierlichkeiten des Khalifen Maskadi-Benrittale, die 807 n. Chr. in Bagdad stattfanden, ungeheure Mengen von Zucker verwendet worden sind. Durch die Araber kam das Zuckerrohr zu Anfang des 12. Jahrhunderts nach Aegypten, Malta und Sicilien und von dort durch die Kreuzfahrer, die beispielsweise nach dem Berichte des Mönchs Albertus Aquensis bei Nahrungsmangel Zuckerrohr kauten, nach Europa und namentlich um 1420 nach den Kanarischen Inseln, die vor der Entdeckung Amerikas ganz Europa mit Zucker versorgten. Die feinsten Sorten bezeichnete man damals mit *Kanarienzucker*. Nach Amerika gelangte das Zuckerrohr sehr bald nach der Entdeckung dieses Erdtheiles; die Kultur verbreitete sich dort sehr rasch und gegenwärtig erzeugt Amerika das meiste Zuckerrohr. In Deutschland war der Zucker Ende des 17. Jahrhunderts sehr theuer, so dass er zu jener Zeit nur in den vornehmsten Haushaltungen Verwendung fand.

Offizinell ist der aus dem Safte des Halmes gewonnene Zucker: *Saccharum* (*Saccharum album*, Rohrzucker).

Das Zuckerrohr, welches in Folge der selten reifenden Samen nur aus Stecklingen gezogen wird, wozu man die zur Zuckerbereitung nicht verwendbaren Gipfel benutzt, entwickelt sich sehr rasch, bildet in den ersten 4 bis 5 Monaten allwöchentlich einen neuen Knoten und ein neues Blatt und treibt nach 12 Monaten die ansehnliche Blüthenrispe. Der reife Stamm, welcher nur bis zu einer gewissen Höhe süssen Saft enthält (Gipfel und Blätter sind ohne Zuckergehalt), wird beispielsweise in Ostindien schon nach 9 Monaten nach der Pflanzung, in Amerika bei Wurzelschösslingen nach 11—12, bei Stecklingen nach 15 Monaten und später, stets aber vor der Blüthe mittelst eines grossen Messers nahe am Erdboden abgehauen, von den Blättern und dem Gipfel befreit und in Stücke von 1 Meter Länge geschnitten, die dann in Bündeln zum Zwecke der Saftgewinnung zur Presse (Zuckermühle, Quetschmühle) geschafft werden. Unter günstigen Verhältnissen liefern die Wurzelstöcke 30 Jahre lang gute Ernten; in manchen Gegenden machen sich jedoch alle 4—5 Jahre neue Anpflanzungen nöthig. Der frische Saft wird durch Behandlung mit Kalk, Blut, Knochenkohle etc. gereinigt, eingedampft, durch Kohlensäure abgeschieden und krystallisirt. Das erste Produkt ist der *Rohzucker* (*Moskovade*, *Kassonade*, *Thomaszucker*, *Farinzucker*), bei dessen Herstellung eine unkrystallisirbare Mutterlauge, die sog. *Melasse*, gewonnen wird, welche zur Gewinnung des Rums dient. Durch eine weitere Behandlung des wieder in Wasser gelösten Rohzuckers mit Blut und Knochenkohle und Eindampfung desselben erhält man die feineren Sorten, die, durch fortwährendes Umrühren in der Krystallisation gestört, eine weisse, krystallinische Masse darstellen (Lumpenzucker, Melis, Raffinade), bei ungestörter Krystallisation hingegen den sogen. Kandiszucker bilden. Die hierbei abermals gewonnene Mutterlauge bildet den gemeinen, schwarzen oder holländischen Syrup oder Schleimzucker. Die Pressrückstände (*Bagasse*) werden zu Feuerungsmaterial verwendet.

Früher kam nur Rohzucker (der gelbliche Farinzucker) in den Handel, welcher erst in Europa der Raffinerie unterworfen wurde; jetzt geschieht letzteres zum Theil gleich im Vaterlande. Die Gewinnung des Zuckers aus dem Zuckerrohre und die Raffinerie ist dieselbe wie bei dem Rübenzucker; nur ist das Verfahren wegen der Reinheit des Saftes etwas leichter, erfordert jedoch, da der Saft bei der hohen Temperatur der Tropen leicht in Gährung übergeht, grössere Vorsicht.

Die Raffinerie giebt dem Zucker die grosse Festigkeit und das weisse, krystallinische Ansehen. Er bildet in reinem, vollkommen auskrystallisirtem Zustande ansehnliche, farblose, harte, luftbeständige, schief rhombische Prismen, besitzt einen reinen, angenehm süssen Geschmack, leuchtet beim Reiben im Dunkeln und schmilzt bei 160° ohne Zersetzung und Gewichtsverlust, eine farblose, ölige Masse bildend, die durch rasches Erkalten zu einer durchsichtigen, amorphen Masse erstarrt, jedoch nach längerer Zeit durch den Uebergang des amorphen in den krystallinischen Zustand undurchsichtig wird. Bei 212 bis 220° nimmt der geschmolzene Zucker unter Verlust von 10% Wasser gelb-braune bis schwärzliche Farbe an (*gebrannter Zucker, Karamel*) und bildet dann eine amorphe, an der Luft zerfliessende Masse von bitterlichem Geschmack, welche nicht wieder in Zucker zurückgeführt werden kann und nicht fähig ist, in geistige Gährung überzugehen. In heissem Wasser löst sich der Zucker in jedem Verhältniss, in kaltem schon bei $^1/_3$ seines Gewichts; Weingeist löst um so leichter, je wasserreicher er ist. Reine Zuckerlösung bleibt lange unverändert, geht aber bei Zusatz von Hefe, jedoch weniger rasch als bei Traubenzucker, in weingeistige Gährung über.

Was nun die Erzeugung (Pr.) und die Ausfuhr (Exp.) des Rohrzuckers anbelangt, so sind für die Jahre 1884 und 85 folgende Zahlen, welche die metrischen Centner zum Ausdruck bringen, aufgestellt worden: Cuba Pr. 6.300.000, Java Exp. 3.587.800, Brasilien Exp. 2.353.900, Britisch-Ostindien Pr. 2.180.000, Britisch-Westindien Exp. 2.078.230, Philippinen Exp. 2.059.750, Mauritius Exp. 1.256.540, Britisch-Guayana Exp. 1.202.540, Vereinigte Staaten Pr. 1.044.200, China Exp. 950.200, Puerto-Rico Exp. 797.400, Hawaiinseln Exp. 776.220, Guadeloupe Pr. 567.700, Formosa Exp. 553.400, Martinique Pr. 536.450, Aegypten Pr. 442.470, Argentinien ? 420.590, Peru Pr. 331.360, Mexiko Exp. 300.000, Reunion Exp. 290.000, Queensland Exp. 151.120, Japan Pr. 132.000, Natal Pr. 119.740, San Domingo Exp. 102.170, Fidschinseln Pr. 88.700, Niederländisch-Guayana Pr. 72.300, Mayotte Pr. 32.680, Neusüdwales Exp. 27.580, Britisch-Honduras Exp. 24.300, Guatamala Exp. 19.300, Siam Exp. 15.000, Nossi Bè Pr. 8000, nicht besonders genannte Gebiete ? 10.000, zusammen also 28.831.640 metrische Centner und unter Berücksichtigung der fehlenden Gebiete mindestens 30.000.000 metrische Centner. Die Rübenzuckerproduktion betrug in derselben Zeit in Deutschland, Oesterreich, Ungarn, Frankreich, Russland, Belgien, Holland 25.458.880 metrische Centner, wovon auf Deutschland allein 11.548.170 metrische Centner entfallen. Berücksichtigt man die übrigen Zuckerarten (*Sorghum-Palme* und *Ahornzucker*), so kann man annehmen, dass in dem genannten Zeitraum ca. 54.000.000 metrische Centner in den Handel gebracht worden sind. Der Zuckerverbrauch im Jahre pro Kopf beziffert sich in Kilogrammen für: Grossbritannien 30.46, die Vereinigten Staaten 18.69, Dänemark 12.18, die Schweiz 10.54, Frankreich 10.12, die Niederlande 8.47, Schweden 7.25, das Deutsche Reich 6.80, Oesterreich-Ungarn 5.98, Norwegen 4.93, Belgien 3.52, Russland 3.48, Italien 2.80.

Verunreinigungen und Fälschungen werden durch Auflösung des Zuckers in einer gleichen Menge von Wasser erkannt. Alles was sich nicht löst, ist als Zusatz zu betrachten. Der etwa in der Lösung befindliche Kalk wird durch oxalsaures Ammoniak erkannt, welches die kalkhaltige Zuckerlösung trübt. Der zur Verdeckung einer nicht ganz weissen, gelblichen Farbe übliche Zusatz von Smalte und Ultramarin setzt sich nach längerem Stehen der Lösung vollständig ab. Da Gelb und Blau complementäre Farben sind, welche in der spektralen Farbenmischung Weiss ergeben, so wird durch diesen Zusatz der gelbe Ton beseitigt.

Bestandtheile. Nach Engler und Stohmann enthält das Zuckerrohr, welches ca. 90% Saft liefert: 75% Wasser, 18% Rohrzucker, Cellulose und verwandte Stoffe, 9.56% Eiweiss, 0.5% Fett, Harz, ätherisches Oel, Oxalsäure, Apfelsäure, Aconitsäure und die allgemein verbreiteten Mineralbestandtheile. Das Vorhandensein der Aconitsäure ist durch A. Behr festgestellt worden. Das die Rinde des Zuckerrohrs in Form eines weissen Staubes bedeckende Wachs ist *Cerosin* ($C_{24}H_{48}O$). Letzteres bildet feine, perlglänzende Blättchen von 0.961 spez. Gewicht bei 16°, schmilzt bei 82°, ist unlöslich in Wasser, kaltem Weingeis und Aether, hingegen gut in kochendem Weingeist, beim Erkalten gallertartig erstarrend, wenig in kochendem Aether. Mit Kalikalk auf eine Temperatur von 250° gebracht, verwandelt es sich unter Wasserstoffentwickelung in die weisse, krystallinische, bei $93^1/_2$° schmelzende *Cerosinsäure* ($C_{34}H_{68}O_2$).

Der Rohrzucker, welcher ausser dem Zuckerrohre in den Stengeln der Zuckerhirse und des Mais, in *Acer saccharinum* und anderen Ahornarten, in verschiedenen Palmen und in den fleischigen Wurzeln der Runkelrüben und noch in verschiedenen anderen Pflanzen und Pflanzentheilen nachgewiesen worden ist, gehört zu der Rohrzuckergruppe ($C_{12}H_{22}O_{11}$), welche im Gegensatz zur Traubenzuckergruppe nicht oder nur schwer gährungsfähig ist, nach rechts polarisirt, durch Alkalien bei 100° nicht zersetzt wird, alkalische Kupferlösung gewöhnlich nicht reduzirt und beim Erhitzen mit verdünnten Säuren oder bei Einwirkung von Fermenten in Glykose übergeht. Der *Rohrzucker* krystallisirt in harten, grossen, wasserhellen, klinorhombischen Prismen ohne Krystallwasser, mit einem spez. Gewicht von 1.58 bei gewöhnlicher Temperatur, die im Dunkeln beim Zerschlagen oder Reiben leuchten. Er löst sich in $^1/_3$ seines Gewichtes kaltem Wasser, in kochendem Wasser in allen Verhältnissen, in 80 Theilen kochendem, absolutem, in 4 Theilen wässerigem Weingeist, nicht in Aether, schmilzt bei 160°, zu einer amorphen, glasigen Masse und dreht die Polarisationsebene nach rechts. Er ist an und für sich nicht gährungsfähig, sondern wandelt sich durch Einwirkung von Hefe erst in links polarisirenden Invertzucker um, welcher dann rasch in Gährung übergeht; auch bei Behandlung mit verdünnter Mineralsäure findet diese Umwandlung in Invertzucker statt.

Wird der Rohrzucker vorsichtig auf 160° erhitzt, so schmilzt er, ohne dass ein Gewichtsverlust stattfindet, und bildet eine klare, schwach gelb gefärbte Flüssigkeit, die beim Erkalten zu einer amorphen, glasartigen Masse, den sog. *Gerstenzucker*, erstarrt. Letzterer besitzt ein spez. Gewicht von 1.509, ist hygroskopisch, schmilzt leichter, löst sich leichter in Weingeist als krystallinischer Rohrzucker und geht beim Liegen allmälig in einen undurchsichtigen krystallinischen Zustand über. Bei einer Temperatur über 190° (210—220°) bläht er sich unter Entweichen von Wasser und unter Entwickelung von kleinen Mengen saurer und brenzlicher Produkte bedeutend auf und wandelt sich in eine schwarze, glänzende, in Wasser vollständig lösliche Masse, das sog. *Karamel*, um, welches, bei 180° getrocknet, eine Zusammensetzung von $C_{12}H_{19}O_9$ besitzt, mit Barytwasser einen unlöslichen Niederschlag giebt, geschmacklos ist und in der Auflösung, als sog. *Zuckercouleur*, zum Färben des Rum, der Weine, Liqueure etc. dient.

Ueber die Bildung des Zuckers in den Pflanzensäften sagt Husemann: „Nach Buignet entsteht der Zucker beim Reifen der Früchte nicht aus Stärkemehl, sondern aus einem den Gerbsäuren nahe stehenden Stoff, und seine weitere Veränderung in Glykose und Levulose wird nicht, wie gewöhnlich angenommen wird, durch die ihn begleitenden organischen Säuren bewirkt, da diese in der Verdünnung, wie sie in den Fruchtsäften vorkommen, eine solche Umwandlung nicht herbeizuführen vermögen, sondern kommt unter dem Einflusse eines stickstoffhaltigen Ferments zu Stande," fügt aber hinzu: „Die Bildung des Zuckermolekules im Allgemeinen beim Lebensprozesse der Pflanzen ist jedenfalls nach den Beobachtungen, welche bei dem Reifen von Früchten, Weinbeeren etc. gemacht wurden, auf die Stärke vorwiegend zurückzuführen" und bemerkt am Schlusse: „Ob die Gerbstoffe und Glykoside bei der Bildung des Zuckers im Pflanzenorganismus eine Rolle spielen, was in manchen Fällen angenommen werden könnte, lässt sich in keiner Weise vorläufig entscheiden." (Husemann, Pflanzenstoffe 161) (Rohrzucker), 419 (*Saccharum*).

Anwendung. „Die ausgedehnte Anwendung des Zuckers in der Heilkunde ist durch seinen ausserordentlich süssen Geschmack bedingt, der ihn als Grundlage der verschiedenen Zuckerwerksformen am zweckmässigsten erscheinen lässt. Als Constituens und Corrigens von Pulvern dient er am häufigsten selbst oder in Form der gebräuchlichsten Oelzucker." Siehe übrigens *Beta vulgaris*, Tafel 55. (Husemann, Arzneimittell. 343.)

Litteratur. Abbildung und Beschreibung: Nees v. Esenb., Pl. med. Taf. 33—35; Hayne, Arzneigew. IX, Taf. 30 u. 31; Bentley and Trimen, Med. pl., Taf. 298; Luerssen, Handb. der syst. Bot. II, 379; Karsten, Deutsche Flora 366; Wittstein, Pharm. 946.

Drogen und Präparate: Siehe *Beta vulgaris*, Taf. 55.

Zu *Saccharum album* ist nachzutragen: Flückiger and Hanb., Pharm. 714; Hist. d. Drog. II, 558; Berg, Waarenk. 473.

Siehe auch Hager, Pharm. Prx. III, 1052.

Tafelbeschreibung:

A Pflanze, sehr verkleinert; B Stammstück mit Blatt, verkleinert; C Blüthenrispe, desgl.; 1 Theil eines Rispenastes, vergrössert; 2 Blüthe, desgl.; 2a Blüthe ohne Spelzen, desgl.; 3 Deckspelze, desgl.; 4 untere Hüllspelze, desgl.; 5 obere Hüllspelze, desgl.; 6 Blüthenhülle, desgl. Farbendruck von Herrn E. Günther zum Theil nach einer Originalzeichnung von Herrn Professor Schmidt in Berlin.

Anhang.

Acer saccharinum L., *Zuckerahorn*, ein Baum von über 30 Meter Höhe und 1¼ Meter Dicke, mit unterseits weichhaarigen, rundkerbigen, ganzrandig gelappten oder an der Spitze etwas gezähnten Blättern und hängenden Blüthen, liefert gleichfalls Rohrzucker. Seine Heimath ist Nordamerika und bei uns tritt er häufig als Ziergewächs auf. Der Baum, welcher schon vor Ankunft der Europäer den Eingeborenen zur Zuckergewinnung diente, wird im Frühjahr in einer Höhe von ca. 1 Meter angebohrt und das 5—15 Ctm. tiefe Bohrloch mit einer Röhre versehen, durch welche der Saft in untergestellte Gefässe abfliesst. Die Bohrlöcher, deren man 2—3 an einem Baume anbringen kann, werden jedes Jahr erneuert. Die Nutzung beginnt an Bäumen, welche nicht unter 20 Jahre alt sind und kann, ohne Beeinträchtigung des Wachsthums, viele (40) Jahre betrieben werden. Im Durchschnitt rechnet man auf einen Baum in je einem Frühjahr 12—24 Gallonen Saft, welche 2—5 Pfund Zucker ergeben. Das Einkochen erfolgt in eisernen oder kupfernen Kesseln; in letzteren wird der Zucker weisser, weshalb sie den Vorzug verdienen. Durch Zusatz von Kalk oder Soda und Eiweiss oder Milch wird der Saft gereinigt und geklärt, und wenn er Syrupsdicke erlangt hat, in die Krystallisirgefässe gebracht, woselbst die Melasse sich abscheidet. In Massachusetts soll die Jahresproduktion bis 600 000 Pfund betragen.

Labiatae.

Salvia officinalis L.

Salvia officinalis L.

Salbei, Edelsalbei — Sauge officinale — Sage, Garden Sage.

Familie: *Labiatae.* Gattung: *Salvia* L.

Beschreibung. Kleiner, bis 1 m hoher, grau-kurzhaariger Halbstrauch mit holziger, wenig ästiger, dicht mit Fasern besetzter, brauner Wurzel, und unten holzigem, oben krautartigem, mit aufrechten Aesten besetztem Stamme, der wie die älteren Aeste mit grauschwärzlicher oder dunkelbrauner Rinde bedeckt ist. Blätter gestielt, gegenständig, eiförmig-länglich, länglich-lanzettlich, bis 10 cm lang, bis 5 cm breit, spitzlich oder stumpf, am Grunde verschmälert, seltener abgerundet oder geöhrt, feingekerbt, weisslich oder graugrün, durch das engmaschige, stark hervortretende Adernetz unterseits runzelig, in der Jugend weissfilzig, später fast kahl, auf der unteren Blattseite mit kleinen, glänzenden Oeldrüsen besetzt. Blattstiel filzig, rinnenförmig, ziemlich lang. Haare gegliedert, gebogen oder gekrümmt. Halbquirle 1—3blüthig, aus der Achsel von eiförmigen, zugespitzten, bald abfallenden Deckblättern, einen endständigen lockeren Blüthenschweif bildend. Kelch fast glockenförmig, etwas von der Seite zusammengedrückt, bräunlich-roth, 15nervig, weichhaarig, mit zahlreichen Oeldrüsen besetzt, bleibend; Oberlippe 3zähnig, Unterlippe 2spaltig, sämmtliche Kelchzähne stachelspitzig. Krone blauviolett, selten weiss, 2- bis 3mal länger als der Kelch, aussen fein weichhaarig und drüsig; Rohr innen mit einem Haarring; Oberlippe fast helmartig, abgerundet oder fast ausgerandet, kleiner als die breite, 3lappige, mit gespreizt 2lappigem Mittellappen versehene Unterlippe; Seitenlappen der letzteren schiefeiförmig, herabgebogen. Staubgefässe zu 4, die beiden oberen zu gestielten Drüsen verkümmert, nur die 2 unteren fruchtbar, mit kurzen, gegen das bewegliche Connectiv abgegliederten, unten mit der Blumenröhre ver achsenen, oben freien Filamenten; das hebelartige, fadenförmige, gebogene, weisse Connektiv an beiden Enden die länglichen, weissen, dunkel violett gerandeten Staubbeutelfächer tragend; das am unteren, kürzeren Arm befindliche Staubbeutelfach gewöhnlich unfruchtbar, das fruchtbare, grössere, unter dem Helme liegende, vom längeren Arm des Bindegliedes getragene Staubbeutelfach mit einer Längsspalte aufspringend. Pollen im trocknen Zustande oval, 6furchig, gelblich-weiss. Der oberständige, von einer etwas gedrückt-rundlichen Scheibe getragene Stempel mit einem, aus 4 ovalen Fruchtblättern bestehenden Fruchtknoten, einem fadenförmigen, vorn übergebogenen, aus dem Grunde der Fruchtblätter entspringenden, abfallenden Griffel und 2spaltiger, mit ungleich-langen Zipfeln versehener Narbe. Fruchtblätter eineiig. Frucht von dem hellbraunen Fruchtkelche umgeben, aus meistens 4 freien, ovalen, eiförmig-dreikantigen, glatten Nüsschen bestehend. Nüsschen mit einem kleinen seitlichen Fruchtnabel und einem dünnen, harten Fruchtgehäuse. Der eiweisslose Same das Fruchtgehäuse ausfüllend. Der gerade, fleischige Embryo mit planconvexen Samenlappen und kurzem, nach unten gerichtetem Würzelchen.

Anatomisches: Der Querschnitt des Blattes zeigt (nach Flückiger) ein vorwiegend zweischichtiges Palissadengewebe. Die meist aus 3—4 Zellen bestehenden, an den Querwänden etwas angeschwollenen Haare sind entweder vom Grunde an oder nur an der Spitze hakenförmig gekrümmt. Beide Blattflächen sind wie die Kelche und Blumen, mit kurzgestielten Oeldrüsen bedeckt.

Verbreitung. In Südeuropa heimisch; bei uns als Gewürz- und Arzneipflanze in Gärten kultivirt und manchmal aus denselben verwildert. Die Kultur der Salbeipflanze reicht bis über den Polarkreis hinaus.

Name und Geschichtliches. Der Name Salbei, althochdeutsch *salbeiâ*, mittelhochdeutsch *sabei, salbag, salbeie, salveia* stammt aus dem lateinischen *salvia*, letzteres von *salvare* heilen, *salvere* gesund sein, wegen der Heilkräfte, die man der Pflanze beilegte.

Die schon von den griechischen und römischen Aerzten benutzten Salbeiarten lassen sich mit Bestimmtheit nicht nachweisen, wahrscheinlich waren es die, namentlich auf Kreta wachsenden *Salvia pomifera, cretica, argentea.* In Deutschland ist die medizinische Benutzung der *Salvia officinalis* und ihre Kultur in den Gärten eine sehr alte, wozu das Capitulare Karl's des Grossen nicht wenig beigetragen haben mag. In dem Klostergarten zu St. Gallen war ihr eine besondere Stelle angewiesen. Die Salbeiblätter galten in früheren Zeiten als eins der wirksamsten Medikamente, daher *Salvia Salvatrix Naturae Conservatrix* und die Schule von Salerno stellte die Frage: Cur moritur homo, cui crescit Salvia in hortis? Der salernitanische Arzt Platearius (Mitte des 12. Jahrhunderts) beschreibt unsere Pflanze in seinem pharmakognostischen Wörterbuche „Liber de simplici medicina" und die 1582 aufgestellte Arzneitaxe der Stadt Worms enthält schon *Oleum Salviae.*

Blüthezeit. Juni, Juli.

Offizinell sind die Blätter und die jungen Zweige: *Folia Salviae* (*Herba Salviae*).

Die Salbeiblätter werden vor Entfaltung der Blüthen, also im Mai bis Juni gesammelt, im Schatten getrocknet, geschnitten, von dem wollig-haarigen Staube gereinigt und in gut verschlossenen, blechernen oder gläsernen Gefässen aufbewahrt. Die getrockneten Blätter haben eine graugrüne Farbe, einen durchdringenden, gewürzhaften Geruch und einen bitterlichen, aromatischen, zusammenziehenden Geschmack.

Präparate. Durch Destillation der Salbeiblätter mit Wasser wird das *Oleum Salviae* gewonnen. Das Oel dient zur Herstellung von *Aqua Salviae, Aqua aromatica, Aqua vulneraria vinosa (spirituosa)*, letzteres zur Bereitung von *Vinum aromaticum*. Die Blätter bilden einen Bestandtheil von *Species aromaticae* und finden Verwendung zur Herstellung von *Acetum aromaticum, Electuarium aromaticum* und *Syrupus antareoticus*.

Bestandtheile. Frische, gut getrocknete Blätter enthalten in 100 Theilen 0,6—1,4 flüchtiges Oel, 5,0 Gerbstoff, 1,6 Stärkemehl, 6,2 gummiartigen Stoff, 5,6 Harz, 2,2 Eiweiss, 1,4 kleberartigen Stoff, 1,7 pflanzensaure, phosphorsaure Salze und Spuren salpetersaurer Kali- und Kochsalze, 60,5 Pflanzenfaser, 3,2 Wasser. Hirsch fand keine Gerbsäure; Ilisch: ätherisches Oel, harziges Blattgrün, Gerbsäure, Gummi, Kleber, freie Apfelsäure, Salpeter, Holzfaser, stickstoffhaltige Materie und Bitterstoff.

Das ätherische Oel ist grünlich- bis bräunlichgelb, dünnflüssig, besitzt ein spez. Gew. von 0,86—0,92 und einen Geruch und Geschmack wie das Kraut. Es siedet zwischen 130—160°, löst sich in Weingeist und besteht nach Rochleder aus einem Gemenge mehrerer Oele. An der Luft scheidet es den kühlenden und scharfen Geschmack besitzenden Salbeikampfer ab. Nach den Untersuchungen von Patison Muir und S. Ligiura enthält das Salbeiöl ein, wahrscheinlich mit dem französischen Terpentinöl gleichbedeutendes *Terpen* $C_{10}H_{16}$, ferner *Salviol* $C_{10}H_{16}O$, *Kampfer* und einen *Kohlenwasserstoff* $C_{18}H_{24}$. Bei der Oxydation an der Luft nimmt der Gehalt an Salviol und Kampfer zu (Husemann, Pflanzenstoffe 1263). Uebrigens hat Hlasiwetz dieses ätherische Oel auch künstlich erhalten und zwar als er ätherisches Senföl mit Natronlauge kochte. Zeller erhielt aus 1 Pfund frischer Blätter 1,2 Gramm, aus trocknen 3,75 Gramm Oel.

Anwendung. Im Aufguss gegen Nachtschweiss und Diarrhoe, äusserlich zu Mund- und Gurgelwässern bei Bräune, Katarrh, skorbutischem Zahnfleische und Speichelfluss. Salbeiöl wurde von Schneider bei chronischen Katarrhen der Athmungswerkzeuge, Asthma und Tuberkulose empfohlen; van Swieten und Gardner rühmen die Salbeiblätter als ein die Milchsekretion einschränkendes Mittel. Die Wirksamkeit der Salbeiblätter gründet sich auf das gleichzeitige Vorhandensein eines zusammenziehenden und eines gelind reizenden Prinzipes. Als Zusatz zu Zahnpulvern und Latwergen ist Salbei ein sehr beliebtes Mittel. (Husemann, Arzneimittell. 559.)

Litteratur. Abbildung und Beschreibung: Nees v. Esenb., Plant. med., Taf. 161; Hayne, Arzneigew. VI., Taf. 1; Berg u. Schmidt, Offiz. Gew. XVII[F]; Bentley u. Trim., Medic. pl., Taf. 206; Woodville, Taf. 127; Luerssen, Handbuch der syst. Bot. 1028; Karsten, Deutsche Flora 1012; Wittstein, Pharm. 713.

Drogen und Präparate: *Folia Salviae*: **Ph. germ.** 116; Ph. austr. (D. A.) 113; Ph. hung. 379; Ph. ross. 176; Ph. belg. 75; Ph. helv. 57; Cod. med. (1884) 77; Ph. Neerl. 201; Ph. dan. 116; Ph. suec. 87; Ph. U. St. 287; Flückiger, Pharm. 696; Hist. d. Drog. II. 189; Berg, Waarenk. 258.

Aqua Salviae: Ph. helv. suppl. 15.

Aqua aromatica: Ph. helv. suppl. 12.

Aqua vulneraria spirituosa: Ph. ross. 47; Ph. helv. suppl. 106; Ph. belg. 118.

Oleum Salviae: Ph. ross. 307; Ph. helv. suppl. 79; Ph. belg. 199; Cod. med. (1884) 449; Berg, Waarenk. 566.

Vinum aromaticum: Ph. ross. 460; Ph. suec. 250; Ph. U. St. 376.

Species aromaticae: Ph. austr. (D. A.) 118; Ph. hung. 401; Ph. helv. 118; Ph. belg. 224.

Acetum aromaticum: Ph. austr. (D. A.) 2; Ph. hung. 5; Ph. helv. suppl. 1.

Electuarium aromaticum: Ph. austr. (D. A.) 44; Ph. hung. 151.

Bezüglich der Drogen und Präparate siehe Hager, Pharm. Prx. II., 865.

Tafelbeschreibung:

A blühende Pflanze in natürl. Grösse; 1 Blüthe, vergrössert; 2 dieselbe im Längsschnitt, desgl.; 3 aufgeschnittene Krone mit den inneren Blüthentheilen, desgl.; 4 u. 5 fruchtbare, 6 unfruchtbare Staubgefässe, desgl.; 7 Pollen, desgl.; 8 Kelch aufgeschnitten mit Stempel, desgl.; 9 Stempel, stärker vergrössert; 10 Fruchtknoten im Querschnitt, desgl.; 11 derselbe im Längsschnitt desgl.; 12 Frucht mit Fruchtkelch, natürl. Grösse; 13 Frucht ohne Fruchtkelch, desgl.; 14 Nüsschen, desgl.; 15 dasselbe, vergrössert; 16 u. 17 dasselbe im Quer- und Längsschnitt, desgl.; 18 Same, desgl. Nach der Natur von W. Müller.

Sambucus nigra L.

Holunder, schwarzer Hollunder, Holder, Flieder — Elder, Bore Tree — Sureau.

Familie: *Caprifoliaceae.* Gattung: *Sambucus* Tourn.

Beschreibung. 3—9 $^1/_2$ Meter hoher, sehr ästiger Strauch oder Baum mit ästiger, ausgebreiteter Wurzel, rissigen, aussen aschgrauen älteren Aesten und Stämmen und graubräunlichen, reichlich mit Korkwärzchen besetzten Zweigen. Die jüngsten Zweige zuerst grün, später grüngrau. Aeste und Zweige mit weissem Marke erfüllt. Blätter gegenständig, gestielt, meist unpaarig-2jochig-gefiedert, nebenblattlos oder mit pfriemlichen, sehr hinfälligen Nebenblättern versehen, kahl oder unterseits fein behaart; Blättchen gestielt, eiförmig oder länglich-eiförmig, lang zugespitzt, ungleich scharf gesägt, etwas runzelig, oberseits dunkelgrün, glänzend, unterseits hellgrün, netzaderig, das endständige langgestielt, am Grunde keilförmig, die seitlichen kurzgestielt, am Grunde schief, die untersten kleiner. Blattspindel rinnenförmig, gleich den Stielchen am Grunde querfaltig. Doldenrispen gestielt, endständig, 10—14 Ctm. breit, flach, zerstreut behaart, reichblüthig, aufrecht, nach der Blüthezeit hängend; Aeste erster Ordnung zu 5 (4 Aeste um einen Mittelast gestellt), Aestchen 5—2, Endästchen gewöhnlich 3blüthig, mit einer mittleren sitzenden, früher aufblühenden und 2 seitlichen gestielten Blüthen. Die zwitterigen Blüthen mit 1—3 kleinen, abfallenden Deckblättchen. Kelch halboberständig, 5zähnig, selten 4zähnig, mehrkantig, abstehend, gegen die Fruchtreife angedrückt. Kelchzähne stumpf-3eckig. Krone radförmig, 5—4theilig, gelblichweiss, mit abstehenden, mit den Kelchzähnen abwechselnden, eiförmigen, stumpfen Lappen und sehr kurzer, ziemlich weiter Röhre, abfallend, stark riechend. Fruchtknoten halbunterständig, 3- oder 2fächerig, jedes Fach eineiig. Der aus dem Unterkelch gebildete, später zur Frucht auswachsende Theil entwickelt aus seinem Rande den Kelch, die Krone, die Staubgefässe und die 3 oder 2 Fruchtblätter, die mit einander verwachsend den oberen freien Theil des Fruchtknotens und die 3knöpfige, selten 2theilige, gelbe, mit Papillen besetzte Narbe bilden. Der mittelständige Samenträger mit 3 oder 2 hängenden Eichen. Staubgefässe 5 oder 4 mit der Kronenröhre verwachsen und mit den Lappen abwechselnd, ausgebreitet, mit pfriemlichen Staubfäden und ovalen, an beiden Enden ausgerandeten, über dem Grunde des Rückens angehefteten, 2fächerigen, gelben Beuteln. Fächer der Länge nach mit einem Spalte sich öffnend. Die kleinen gelben, stumpf-eiförmigen Pollen 3furchig, 3porig. Steinfrüchtchen eiförmig, bis fast kugelig, bis 6 Mm. lang, meist schwarzviolett, glänzend, mit purpurrothem, sehr saftigem Fleische, von dem Griffel und den kleinen anliegenden Kelchzähnen gekrönt, mit 3—2 eiförmigen, etwas zusammengedrückten, nach oben zugespitzten, auf dem Rücken gewölbten, auf der Bauchseite fast flachen, aussen grünlich-bräunlichen, querrunzeligen, harten, einsamigen Steinkernen. Die ölreichen Samen hängend, von der Form des Steinkernes, mit dünner, weisslicher Samenhaut. Embryo gerade, in der Mitte des fleischigen Eiweisses, mit walzenförmigem Würzelchen und ovallänglichen, blattartigen Samenlappen. Variirt mehrfach und zwar:

var. *virescens* Desf. mit grünen, zu pharmazeutischen Zwecken untauglichen Früchten.
var. *laciniata* Miller mit doppelt gefiederten Blättern und eingeschnittenen Fiedern.
var. *argentea* Host. mit weissgestreiften und gefleckten Blättern.
var. *aurea* Host. mit gelbgefleckten Blättern.

Anatomisches: Die Borkenschuppen des Stammes und der älteren Aeste bestehen aus abgestorbenem, von Peridermschichten durchschnittenem Rindenparenchym. Die Rinde der jüngeren Aeste ist mit einer starken Korklage bedeckt. Die Mittelrinde besteht aus chlorophyllführenden Parenchymzellen; die Innenrinde enthält Bastbündel. Das aus deutlichen Jahrringen bestehende Holz ist von Markstrahlen durchschnitten; die aus dickwandigem Prosenchym zusammengesetzten Gefässbündel zeigen zwischen den Bündeln Tüpfelgefässe. Das Mark besteht aus einem schlaffen Parenchym, welches nach dem äusseren Umfange hin Milchgefässe mit braunrothem Inhalte aufweist. Die Kronblätter sind aus einem derbwandigen, polyedrischen Parenchym zusammengesetzt, welches von ziemlich starken Gefässbündeln durchzogen ist.

Verbreitung. In feuchten Gebüschen, Laubwäldern, Hecken, Gärten durch fast ganz Europa (mit Ausschluss des höheren Nordens) und das mittlere Asien verbreitet; von Spanien und dem Mittelmeergebiete bis nach Kaukasien und Südsibirien. In Skandinavien, wo der Hollunder bis zum 67. Breitengrade vorkommt, soll er im Mittelalter durch die Klostergärten einheimisch geworden sein.

Name und Geschichtliches. Der Name Hollunder, in Abkürzung Holder, althochdeutsch *holuntar, holantar, holenter,* mittelhochdeutsch *holar, holander, holderbaum, holunter, ellaer, ellen,* mittelniederdeutsch *holdern, holdir, holender* soll, anspielend auf die hohlen, mit lockerem, losem Marke angefüllten Stämme und Aeste aus *hol* (hohl) und *tar* oder *der* (Baum oder Strauch) entstanden sein, wird auch wegen der leichten Brechbarkeit des Holzes von *halt* brechen (*holder* = Brechholz) abgeleitet. Das angelsächsische *ellarn, ellern* = hollern und englische *elder* = Holder, ebenso die deutschen Bezeichnungen *Ellorn, Alhorn, Alhern* führt Grassmann auf die Namen *Eller, alnus,* und die diesen Worten zu Grunde liegende Wurzel *al, ar* (lateinisch *alere,* gothisch *alan, aljan,* mit der Grundbedeutung wachsen, sich erheben) zurück; er weist an den angelsächsischen Formen nach, wie sich die Silben *arn* und *orn* in *an* und *un* (*holantar* und *holuntar*) umgewandelt haben und beweist, dass Hollunder und Eller auf ein und denselben Ursprung zurückzuführen sind. Flieder, der niederdeutsche Name für *Sambucus nigra* stammt von *Fleder* (schwedisch *flaeder*) flattern (Fledermaus) wegen der Fiederblätter und der flatternden Blüthensträusschen. *Sambucus* stammt von *σαμβυκη,* dem persischen *samhuca,* einem dreieckigen Saiteninstrumente, welches aus Hollunderholze gefertigt worden sein soll, wird jedoch auch wegen des rothen Fruchtsaftes aus *σαμβυξ,* der äolischen Form von *σανδυξ,* womit eine rothe Farbe bezeichnet wurde, abgeleitet.

Die alten griechischen und römischen Aerzte benutzten sowohl *S. nigra* als auch *S. Ebulus* L. in gleicher Weise; sie schrieben beiden gleiche Heilkräfte zu. Ersteren Hollunder nannten sie *Ἀκτη, Ἀκεα, Ἀκτιε, Ἀκτεος, Ἀκταια* (woraus unser deutsches Wort Attich für *S. Ebulus* entsprungen ist), letzteren *χαμαιακτη.* Die Anwendung von Seiten der alten Aerzte scheint sich jedoch hauptsächlich auf Blätter und Wurzeln bezogen zu haben, denn sie benutzten ein Absud der Blätter zur Abführung des Schleimes und der Galle und ein Absud der Wurzel gegen Wassersucht. Der Hollunder befindet sich in dem Drogenverzeichniss der salernitaner Schule „Circa instans“, ebenso in dem Nördlinger Register von 1480 und in den alten Arzneibüchern von England und Wales. Von Valerius Cordus besitzen wir eine Anweisung zur Herstellung von *Oleum sambucinum* aus Hollunderblüthen und altem, klarem Oele; *Cymae Sambuci* verordnete er zu Salben. Seit dem Ende des 16. Jahrhunderts findet man in den Apothekertaxen *Rob* oder *Succus Sambuci.* Mit Rob oder Rubb bezeichneten die Araber überhaupt jeden Fruchtsaft.

Blüthezeit. Mai bis Juli, Fruchtreife August und September.

Offizinell sind die Blüthen: *Flores Sambuci* und die Früchte: *Fructus Sambuci* (*Baccae Sambuci, Grana Actes*); früher auch die Rinde: *Cortex Sambuci* und die Blätter: *Folia Sambuci.*

Das Einsammeln der Blüthen erfolgt bald nach dem Aufblühen an einem trocknen, sonnigen Tage. Nach Entfernung der dicken Stiele erfolgt das Trocknen, entweder durch natürliche oder künstliche Wärme; die Aufbewahrung geschieht gewöhnlich unzerkleinert, jedoch auch geschnitten und grob gepulvert in Holzkästen oder Blechgefässen. Die Blumen riechen frisch stark, eigenthümlich, etwas widrig, getrocknet aromatisch, nicht unangenehm. Der Geschmack ist ein wenig schleimig, etwas süsslich und hinterdrein wenig kratzend.

Die Früchte werden im September gesammelt und frisch zur Bereitung von Fliedermus verwendet. Letzteres bildet eine dunkelrothbraune, extraktdicke, in Wasser mässig trübe lösliche Masse von nicht unangenehm süss säuerlichem Geschmacke.

Die grüne, von der Oberhaut befreite Rinde wird im Frühjahre von starken Zweigen gesammelt. Sie besitzt frisch einen sehr widerlichen Geruch und einen widerlichen, süsslich-herben, etwas salzigen Geschmack; ihre Wirkung ist heftig purgirend.

Die Blätter besitzen gleichen Geruch, Geschmack und Wirkung wie die Rinde.

Verwechselungen der Blüthen können stattfinden: 1. mit den Blüthen von *Samb. Ebulus* L.; letztere sind röthlich-weiss, besitzen rothe Staubbeutel und stehen in 3 strahligen Trugdolden; 2. mit den Blüthen von *Samb. racemosa* L., die sich jedoch durch blassgrüne Blüthen und traubenförmigen Blüthenstand auszeichnen. Verwechselungen der Beeren mit denen von *Samb. Ebulus* lassen sich durch geringere Grösse und widrigen Geruch und Geschmack, wodurch sich die letzteren auszeichnen, erkennen.

Präparate. Aus den Fliederblumen wird *Aqua Sambuci* gewonnen; ausserdem bilden sie einen Bestandtheil von *Species ad Gargarisma, Species laxantes St. Germain.* Die Beeren dienen zur Herstellung von Fliedermus: *Succus Sambuci inspissatus* (*Syrupus s. Rob* [*Roob*] *Sambuci*). Letzteres bildet einen Bestandtheil von *Electuarium lenitivum.*

Bestandtheile. Die Rinde enthält eisenbläuenden Gerbstoff; Krämer fand ausserdem eine eigenthümliche flüchtige Säure, Viburnumsäure, die jedoch nach neueren Untersuchungen mit der Baldriansäure identisch ist. Die Rinde der Wurzel enthält nach Simon ein brechen- und purgirenbewirkendes Weichharz. Die Blätter enthalten Baldriansäure. In den Blüthen fand Eliason ein eigenthümliches, durchdringend stark riechendes ätherisches Oel, eine stickstoffhaltige, kleberartige Substanz, Gerbstoff, Schleim, Harz, stickstoffhaltigen Extraktivstoff, äpfelsaure und andere Salze und gleichfalls Baldriansäure. Nach Pagenstecher beträgt die Menge des ätherischen Oeles ca. 0,03%; es ist frisch hellgelb und dünnflüssig, färbt sich an der Luft dunkler und verdickt sich. Der Geschmack ist brennend scharf; es ist leichter als Wasser. Die Beeren enthalten nach Scheele: Aepfelsäure, Zucker, Gummi, einen rothen Farbstoff, der durch Bleizucker und Alkali blau, durch Ueberschuss des letzteren grün und durch Säuren roth gefärbt sind. Enz fand ausserdem noch darin: ätherisches Oel, Essigsäure, Baldriansäure, eisengrünende Gerbsäure, Weinsteinsäure, Bitterstoff, Wachs, Harz. Aus den Samen erhält man durch Auspressen ein grünes, fettes Oel von widerlichem, hollunderartigem Geruche und Geschmacke.

Anwendung. Fliederblüthen werden im Aufguss als schweisstreibendes Mittel bei Erkältungskrankheiten und Katarrhen gereicht; sie werden auch als Vehikel für andere schweisstreibende und expektorirende Mittel benutzt. Aeusserlich kommen die Fliederblüthen in Form von Kräuterkissen und im Aufguss in Form von Fomenten, Gurgelwässern, Inhalationen in Anwendung; in Mischung mit Bolus, Kreide und Weizenmehl wurden sie ehedem als *Pulvis florum Sambuci compositus s. ad Erysipelas* gegen Rothlauf verwendet. Als das wirksame Prinzip ist das in sehr geringer Menge vorhandene ätherische Oel zu betrachten. *Succus Sambuci inspissatus* wird entweder rein theelöffelweis oder als Zusatz zu diaphoretischen und antikatarrhalischen Mixturen benutzt. Der Wurzelsaft ist neuerdings wieder gegen Wassersucht empfohlen worden. (Husemann, Arzneimittell. 876, 1157.)

Litteratur. Abbildung und Beschreibung: Nees v. Esenb., Plant. med., Taf. 266; Hayne, Arzneigew. IV., Taf. 16; Berg u. Schmidt, Offiz. Gew., Taf. XVd; Bentley u. Trim., Taf. 137; Woodville, Taf. 211; Steph. u. Ch., Taf. 79; Luerssen, Hndb. d. syst. Bot. II., 1112; Karsten, D. Fl. 1183; Wittstein, Pharm. 318.

Drogen und Präparate: *Flores Sambuci*: **Ph. germ.** 110; Ph. austr. (D. A.) 113; Ph. hung. 379; Ph. ross. 168; Ph. helv. 55; Ph. suec. 83; Ph. dan. 112; Cod. med. (1884) 79; Ph. belg. 75; Ph. Neerl. 201; Brit. ph. 274; Flückiger, Pharm. 773; Flückiger and Hanb., Pharm. 333; Hist. d. Drog. I. 586; Berg, Waarenk. 305.

Fructus Sambuci: Ph. austr. (D. A.) 113; Ph. hung. 379; Ph. ross. 190; Cod. med. (1884) 79; Ph. belg. 75; Ph. Neerl. 201; Flückiger, Pharm. 821; Berg, Waarenk. 349.

Cortex Sambuci: Cod. med. (1884) 79; Ph. belg. 75.

Aqua Sambuci: Ph. austr. (D. A.) 16; Ph. ross. 45; Ph. helv. 16; Cod. med. (1884) 376; Ph. belg. 129; Ph. Neerl. 31; Brit. ph. 45; Ph. dan. 50; Ph. suec. 27.

Species laxantes St. Germain: Ph. austr. (D. A.) 119; Ph. hung. 403; Ph. ross. 370; Ph. helv. 119; Ph. belg. 334; Ph. Neerl. 224; Ph. dan. 229.

Electuarium lenitivum: Ph. austr. (D. A.) 45; Ph. hung. 151.

Roob Samburi: Ph. austr. (D. A.) 110; Ph. hung. 371; Ph. helv. 113; Cod. med. (1884) 585; Ph. belg. 228, 252; Ph. Neerl. 197; Ph. dan. 238.

Bezüglich der Drogen und Präparate siehe auch Hager, Pharm. Prx. II., 867.

Tafelbeschreibung:

A blühender Zweig in natürl. Grösse; 1 Knospen, vergrössert; 2 Blüthe mit 5 Staubgefässen, von verschiedenen Seiten, desgl.; 3 Blüthe mit 4 Staubgefässen, desgl.; 4 Staubgefäss, desgl.; 5 Pollen unter Wasser, desgl.; 6 abgeblühte Blüthe, desgl.; 7 Stempel, desgl.; 8 derselbe im Längsschnitt, desgl.; 9 Theil der Fruchttraube, natürl. Grösse; 10 Steinbeere, vergrössert; 11 dieselbe im Querschnitt, desgl.; 12 u. 13 Steinkern, natürl. Grösse und vergrössert; 14 u. 15 derselbe im Quer- und Längsschnitt. Nach der Natur von W. Müller.

Caprifoliaceae.

Sambucus nigra L.

Santalum album L.

Sandelholzbaum. Englisch: Sanders, Sandal. Französisch: Santal oder Sandal. Spanisch: Sandalo. Holländisch: Sandelhout. Chinesisch: Peh-tau. Japanisch: Rijaku dhau. Malayisch: Kaju teindana. Sanskritisch: Guadhasaru, Molayuyu, Bhudruschree, Chandana.

Familie: *Santalaceae* R. Brown. Unterfamilie: *Osyrideae*. Gattung: *Santalum* L.

Beschreibung. Der Sandelholzbaum erreicht eine Höhe von 10 m bei einem Umfange von 1 bis 2 m. Er ist ein Halbparasit, eine sogenannte „freilebende“ Pflanze, welche ihre Nahrung zwar zum Teil aus den Wurzeln von Wirtspflanzen zieht, aber von diesen getrennt, schliesslich auch ohne die letzteren leben kann. Das beweist schon der üppige Blätterschmuck der Sandelbäume. Als Nährpflanzen lieben die Sandelbäume in erster Linie die hohen Gramineen, wie *Saccharum spontaneum* (Kashgras) und *Bambusa auriculata;* ferner die Palmen *Caryota urens* L. und *C. sobolifera* L., *Arenga saccharifera* Labill., *Cocos nucifera* L. und *Phoenix silvestris* Rxb. endlich die Araliaceen *Heptapleurum venulosum* und *H. umbraculiferum* sowie *Inga dulcis* Wall. (*Mimosaceae*). In ihrer Nähe findet besonders gern und leicht die Entwickelung der Keimpflanzen statt, wobei schon frühe die Wurzeln der Wirtspflanze dem jungen Pflänzchen Nahrung bieten. — Die Wurzeln des Baumes entwickeln eine Unzahl von Wurzelästen, aus denen immer neue Abzweigungen hervortreten. Die meisten derselben bleiben funktionslos oder dienen nur als Leitungsorgane und nur relativ wenige bilden am äussersten Ende die Saugorgane in Form 3 bis 15 mm grosser Knöllchen, welche entweder an den benachbarten Wurzeln der Nährpflanzen sich ansetzen, oder, wenn dies nicht geschieht, durch Vertrocknung ihrer eigenen Wurzeln und von diesen losgelöst, ohne Zusammenhang mit der Mutterpflanze im Boden vorgefunden werden. An der Wirtspflanze wählen die Haftorgane die zarten, saftigen Teile der Wurzeln, setzen sich fest an diese an, umschliessen sie mehr oder weniger durch Wucherung und treiben nun eine Anzahl papillöser Stränge in das Rindenparenchym, zwischen dessen Zellen diese Auswüchse sich als Saugorgane dann weiter entwickeln. Diese Erscheinung wiederholt sich bei allen rhizomlosen Wirten, z. B. bei den Palmen und vorzugsweise bei *Arenga*, während bei Pflanzen mit rhizomatischen Untergrundorganen auch diese angegriffen werden. Dies geschieht besonders bei *Saccharum*, wo die Haustorien ausser in Faserwurzeln auch in zartere Teile des unterirdischen Stengels eindringen. In diesem Falle wird eine scheibenförmige Masse in das Gewebe des Stengels getrieben, welche sich dann in schlauchförmige Auswüchse auflöst. Die Faserwurzeln werden hier oft in ihrem ganzen Umfange von den Knöllchen umschlossen, sodass sie aus diesen hervorzuwachsen scheinen. Besonders bevorzugt sind als Nährpflanzen die *Heptapleurum*-Arten, auf denen die Ansatzorgane sich zu ganz besonders grossen Knollen entwickeln; die letzteren erreichen beispielsweise bei *Heptapleurum venulosum* einen Durchmesser von 2 cm; die Saugfortsätze dringen bis in die unteren Schichten des Rindenparenchyms vor. — Der Stamm der Sandelbäume erreicht bei mässiger Höhe einen Durchmesser bis zu 1 m; er ist meist mit graubrauner rissiger Rinde bedeckt. Die reich verzweigte Krone trägt einen üppigen Blätterschmuck an gegenständigen glatten Asten und weichhaarigen Zweigen. Die immergrünen Blätter sind kurz gestielt, gegenständig, länglich lanzettlich oder beinahe elliptisch, spitz oder stumpflich, kahl, oberseits lebhaft grün, unterseits graugrün, 6 bis 9 cm lang und etwa 3 cm breit, querstreifig genervt. Von jeder Seite der Mittelrippe gehen dreizehn bis achtzehn Nerven unter Winkeln von etwa 60° aus, verlaufen in flachkonkavem Bogen nach dem Rande zu und entsenden an ihrer dem Blattgrunde zugekehrten Seite Verzweigungen, die in ebensolchen flachkonkaven Bogen den nächst tiefer liegenden Nerven zustreben. Nebenblätter sind nicht vorhanden. Die kleinen geruchlosen Blüten stehen in reichblütigen, weitverzweigten, teils end- teils seitenständigen Rispen, in denen sie von Deckblättern gestützt werden. Eine kelchähnliche Hülle, wie sie bei anderen Santalaceen gefunden wird und die man als einen reduzierten Kelchblattkreis auffasst, fehlt bei *Santalum* ganz; das Perigon wird etwa 4 bis 5 mm lang, und hat geöffnet ungefähr den gleichen Durchmesser; es ist anfangs gelblich, später braunrot gefärbt, vier- selten fünfteilig, becherförmig, mit beinahe horizontal abstehenden, breit dreieckigen zurückgekrümmten oder aufrechten Zipfeln mit klappiger Deckung in der Knospenlage. Das Perigon erscheint vor dem Aufblühen deutlich unterständig; bei weiterer Entwickelung der Blüte erweitert sich der unterständige, fleischig-lappige Diskus derart, dass die Blütenhülle schliesslich ganz oberständig wird. In dem Perigon befinden sich, mit den Zipfeln desselben abwechselnd vier schuppenförmige Drüsen, welche von einigen Botanikern als Ausläufer des lappigen Diskus, von anderen, da die Staubblätter den Perigonzipfeln opponiert sind, als Reste des verkümmerten äusseren Staubblattkreises angesehen werden. Diese Schuppen sind breit verkehrt eiförmig und in der Mitte kurz zugespitzt und erreichen kaum die Länge der Staubblätter. Die vier vollständig ausgebildeten Staubblätter stehen vor den Perigonzipfeln, haben ein kurzes Filament und ovale, parallel gerichtete, nach innen in Spalten sich öffnende Antheren. Am Grunde des Filaments steht ein Büschel langer einfacher Haare, welche die Länge des Fadens erreichen und mit der Spitze häufig den Antheren anhaften. Das Ovar ist nur in der Knospe frei; später wird es von dem Diskus mehr und mehr umschlossen; es ist also halboberständig und einfächrig, und trägt an zentraler Säule zwei bis vier hängende Samenknospen, welche nur aus dem Knospenkern bestehen und an denen Integumente nicht erkannt werden können. Die Samenanlagen besitzen einen sehr eigentümlich gestalteten Embryosack. Derselbe hat die Form eines schlanken, in der Mitte erweiterten Schlauches, an dessen unterem Ende die Keimzelle und ihre beiden Begleitzellen liegen. Zur Zeit der Bestäubung wächst dieses Ende aus der Samenknospe hervor in die freie Fruchtknotenhöhle hinein, strebt nach oben der Griffelröhre zu, wo dann die Keimzelle durch den eintretenden Pollenschlauch befruchtet wird. — Der Fruchtknoten ist flaschenförmig, ist mit kurzem, die Staubblätter kaum überragenden Griffel versehen, welcher in eine drei- bis vierlappige Narbe mit kaum zurückgebogenen keuligen Narbenästen endigt. Die Frucht ist eine, meist nur einsamige, kuglige, glatte Nuss von schwärzlicher Farbe von der Grösse einer Kirsche, mit 1,5 bis 2 cm Durchmesser. Der Gipfel der Frucht ist mit dem Griffelreste bespitzt und von den Resten des Perigons in Gestalt eines welligen Ringes gekrönt. Die äussere Fruchtschale ist dünn und etwas fleischig, die innere hart und zeigt drei gleichweit entfernte Riefen, welche, von der Spitze ausgehend, etwa die Hälfte der Fruchtlänge erreichen. — Der braune Samen ist von einer zarten häutigen Samenschale umschlossen und trägt in reichlichem fleischig-weissen Nährgewebe eingebettet den kleinen umgekehrten Embryo mit kleinem spitzen Würzelchen und ungleichen schmalen Kotyledonen.

Blütezeit. Der Baum trägt zwar das ganze Jahr Blüten und Früchte, doch fällt seine Hauptblütezeit in die Monate März bis Juli.

Vorkommen. Der Baum wächst im südöstlichen Asien; er ist in Vorderindien verbreitet, wo er besonders in der Regentschaft Madras eines besonderen Schutzes sich erfreut. Während er in Mysore, Coimbatore und Canara, auf der Koromandelküste, in Assam und Cochinchina wild wächst, wird er in der Präsidentschaft Madras und Mysore in Regierungsplantagen kultiviert. Er findet sich ferner auf den Inseln Timor, Sumba und Bali; in Ostjava tritt er bei Grissé, Panarukan und Madura auf; in Indien, Japan und China wird er ausserdem kultiviert. Er gedeiht ebenso in üppigen humusreichen Thälern, wie auf den Bergen, an schattigen und der Sonne ausgesetzten Orten; oft bemerkt man ihn in Hecken und kleinen Gebüschen der Ebene, ohne dass er die steinigen, sonnigen Abhänge kahler Berge verschmähte. Ja, man macht sogar die Beobachtung, dass er ein um so wohlriechenderes ölreicheres Holz erzeugt, je dürrer und unfruchtbarer der Boden ist, auf dem er wächst.

Formen. *Santalum album* L. *α myrtifolium* DC. (syn. *Santalum myrtifolium* Roxb., *Sirium myrtifolium* Rxb. (Cor. pl.)) ist ein Strauch oder kleiner Baum mit gegenständigen, kurzgestielten, lanzettlichen, kahlen, glänzenden, welligen, unterseits seegrünen Blättern von

 6 cm Länge und 2,5 cm Breite. Seine Blüten sind purpurrot, die Drüsen in denselben safrangelb, keilförmig, an der Spitze undeutlich dreilappig. Der Baum wächst im Circars-Gebirge in Vorderindien, auf der Koromandelküste und auf Java. Roxburgh l. c. 1 t. 2. fl. Ind. 443. Lamarck t. 74. Hayne 10 t. 2. Kosteletzki II. 326. Miquel, Ned. Ind.

Andere verwandte Arten. Die Gattung *Santalum* umfasst etwa zwanzig Arten; von diesen geben aber nur wenige ölreiches Holz. Bemerkenswert sind etwa folgende Arten:

Santalum Freycinetianum Gaud. Nach De Candolles Beschreibung ein ansehnlicher Baum mit umgekehrt eilanzettlichen, spitzen oder stumpflichen, oft sichelförmigen Blättern, die in den 8 bis 12 mm langen Blattstiel verschmälert, mit diesem zusammengenommen etwa 6 cm lang und etwa 12 bis 15 mm breit. Die Trauben sind endständig, fast einfach, fünf- bis siebenblütig. Wächst auf den Sandwichinseln. Die Beschreibung Gaudichauds stimmt mit der von ihm selbst beigefügten Zeichnung nicht überein. A. DC. Prodr. XIV. 682. Gaudichaud in Freycinet Voy., Bot. 442 t. 45. Kosteletzki II. 326.

Santalum Yasi Seem. Der Baum wächst auf trockenen steinigen Hügeln der Fidjiinseln und besitzt ein sehr hartes wohlriechendes Holz. Er wird in den australischen Kolonien in Versuchsplantagen kultiviert. — Seemann, Synopsis fl. Vitiensis p. 11 n. 385. Flora Vitiensis 210. t. 55. — Müller, Selekt. Plants for Industrial Culture and Naturalisation, 1871 p. 216.

Santalum persicarium F. v. Müll. Ein kleiner Baum oder Strauch, mit meist spitzen Blättern, achselständigen Rispen; die Blüten sind gestielt, die Lappen des Perigons fallen uach der Befruchtung sofort ab. Wächst in Viktoria, Süd- und Westaustralien. — Syn. **S. acuminatum F. Müll.** in Transact. Vict. Inst. 1855. 41. und Fragm. 1. 85. **Fusanus persicarius F. Müll.** in Bentham, flor. Australiens. XVI. 216. **Santalum diversifolium A. DC.** in DC. Prodr. XIV. 684 n. 11.

Santalium Preissianum Miquel. Ein Baum von etwa 10 m Höhe, in der Heimat *Quadong* genannt, mit gegenständigen zugespitzten Blättern, endständigen Rispen; die Lappen der Blütenhülle fallen erst kurz vor der Fruchtreife ab. Die Früchte des Baumes heissen *Native Peaches*; man verzehrt sowohl die saftige Fruchthülle, als auch die Kerne. Die Pflanze dient auch als Futter; deshalb empfiehlt F. von Müller ihren Anbau, wo sie nicht wächst an allen wüsten Plätzen. Victoria, Süd- und Westaustralien. Miquel in Lehmann, Pl. Preissian. 615. F. Müller, Fragm. 1, 85. — Syn. **Santalum Preissianum** DC. in Prodr. XIV. 684 n. 9. **Santalum acuminatum** DC. in Prodr. XIV. 684 n. 12. **Fusanus acuminatus** R. Br. in Prodr. fl. Nov. Holl. III. 1. 211. — Bentham, fl. Austr. VI. 215. — Miquel l. c. 617. — **Santalum cognatum Miq.** in DC. Prodrom. XIV. 684 n. 10.

Santalum cygnorum Miq. Ein Baum von 10 m Höhe mit ausgebreiteten, aber nicht hängenden Ästen. Blätter lineal-oblong, mit etwas stumpfer oder abgestutzter Spitze. Blütenrispen dicht, zusammengesetzt, achselständig. Blütenhülle beinahe sitzend; Lappen bis nach der Fruchtreife bleibend. Wächst in Süd- und Westaustralien. Miquel, Pl. Preiss. 1, 615. DC. Prodrom. XIV. 685 n. 16. F. Müller, Select. Pl. p. 216. — Syn. **Santalum spicatum DC.** Prodr. XIV. 685 n. 15. **Fusanus spicatus R. Br.** Prodr. III. 1. p. 211. Bentham fl. Austr. XVI. 217.

Santalum insulare Bertero. Blätter elliptisch, lederig, durchscheinend punktiert, in den Blattstiel verschmälert, an der Spitze stumpf oder etwas spitz. Trauben endständig, mehrmals kürzer als das Blatt. Blüten zu drei oder einzeln an der Spitze der Traubenäste, von angedrückten, rundlichen, zugespitzten, sehr hinfälligen Brakteen gestützt. Auf den Marquesasinseln einheimisch. A. DC. Prodr. XIV. 685 n. 17.

Santalum Cunninghami Hook. fil. Blätter wechselständig, Trauben in den Blattachseln, einfach, gestielt, abwechselnd. Blüten fünfzählig, Narben zwei, drei oder fünf. Auf Neuseeland. Syn. *Mida Cunn.* DC. Prodr. XIV. 618 n. 18. Hooker fil., fl. of New-Zealand. 1, 233. — Bentham & Hooker, Genera plant. III. 225. — Cunningham, Ann. of nat. hist. 1, 376.

Pharmazeutisch wichtig ist **Lignum Santali citrinum** und **album** und **Ol. Santali.**

Lignum Santali bildet das Kernholz von *Santalum album* L. und, je nach dem Produktionslande, auch verwandter Arten. Man unterscheidet

Ostindisches Sandelholz von *Santalum album* L.

Makassar- oder Fidji-Sandelholz von *Santalum Yasi* Seem.

Hawaiisches Sandelholz von *Santalum Freycinetianum* Gaud. und *S. pyrularium* A. Gray.

Neucaledonisches Sandelholz von *Santalum neocaledonicum* Vieill.

Westaustralisches Sandelholz von *Santalum persicarium* F. v. Müll. und *S. Preissianum* Miq.

Südaustralisches Sandelholz von *Santalum cygnorum* Miq. (*Fusanus spicatus* R. Br.) und von *Fusanus acuminatus* R. Br.

Japanisches Sandelholz }
Westindisches (Venezuela) Sandelholz } von unbekanntem Ursprung.

Ostindisches Sandelholz. Man erhält es als Kernholz der Stämme durch Fällen der Bäume, Abhauen der Äste und Entfernung der wertlosen Rinden- und Splintschichten. Die Gewinnung war früher gewöhnlichen Sammlern überlassen, durch deren Unkenntnis und Eigennutz nicht selten sehr wenig wertvolles Material in den Handel kam und die Zahl der fällbaren Bäume sich rasch verminderte. Deshalb hat seit 1770 die Ostindische Kompagnie die Produktion selbst in die Hand genommen und sucht durch angemessene Behandlung und durch Schutz der Bäume den Ertrag des Sandelholzhandels zu erhalten und zu vermehren. — Die Sandelholzbäume dürfen nicht vor 18 bis 25 Jahren geschlagen werden; man befreit die gefällten Stämme dann von Rinde und Splint und versendet nur das Kernholz. Zu dem Zwecke blieben bisher die gefällten Stämme mehrere Monate lang am Boden liegen, wo sie von den weissen Ameisen (Termiten) gierig gesucht und ihrer Rinde und des Splintes grösstenteils beraubt werden. Der zurückgebliebene Rest wird dann durch rohe Bearbeitung vollends entfernt und das Kernholz, dem bisweilen noch Reste des Splintes anhängen, wird dann den Depots zugeführt. In neuerer Zeit findet das Fällen der Bäume bei Beginn der Regenzeit statt, während die Auktionen in den Stapelplätzen (Kothis) Ende November und anfangs Dezember abgehalten werden. Es dürfte daher wohl auch gewöhnliche Schälung jetzt an der Tagesordnung sein. Bei dieser Bearbeitung des Holzes entstehen eine Anzahl Abfälle, welche zur Destillation minderwertigen Öles und zu kleinen Schnitzereien, endlich zu Räucherzwecken Verwendung finden; sie alle haben Kaufwert und werden ebenfalls bei den Auktionen erstanden, ebenso die in gleicher Weise bearbeiteten Wurzeln des Baumes. Man erhält demnach folgende Handelsprodukte aus einem gefällten Baum:

1. *Billets* (Blöcke) I. bis V. Klasse, 1 m lang und 25 bis 10 cm dick, etwa 20 %;
2. *Roots* (Wurzelstöcke) 15 %;
3. *Judgpockel* kleine Scheite oder Blöcke;
4. *Bagaradad* noch geringere Stücke;
5. *Jyen Chilta* gewöhnliches Holz;
6. *Milva Chilta* grosse Chips oder Splitter;
7. *Cheg Milva* kleine Chips;
8. *Sawdust* Sägemehl.

No. 3—8, Alles zusammen, (*Ordinary*), nebst dem wertlosen Splint, etwa 65 %. Alle diese Mengen werden nach Gewicht verkauft. Je mehr Kernholz sie enthalten, je fester und grösser die Blöcke sind, um so höher ist der erzielte Preis.

Lignum Santali citrinum besteht aus besten Billets von 1 m Länge und 25 bis 10 cm Durchmesser. Es ist blass rötlich bis lehmfarben mit dunkelrotbraunen und hellen gelben Zonen (Jahresringen), von denen die inneren oft breiter sind als die äusseren. Die Rinde fehlt natürlich, doch findet man von dem helleren Splint nicht selten Reste daran. Das Holz ist sehr fest und schwer, sinkt aber in Wasser nicht unter; es splittert leicht und besitzt, besonders auf frischen Schnittflächen, einen eigentümlichen anhaltenden Geruch und scharf aromatischen Geschmack. Als besondere Handelssorten unterscheidet man **Bombay-Holz,** splintlos und von dunklerer Farbe als feinste Waare. Letzteres wird auf den Auktionen zu Shikarpur, Shimoga, Tirtohalli, Chikmagalur, Hassan, Seringapatam und Hunsur versteigert und von Bombay und Tellicherry aus versandt. Unter der Lupe zeigt das Holz zahlreiche schmale Markstrahlen und zerstreute Gefässporen, welche teilweise mit Harz angefüllt sind. Das Bombay-Holz zeigt im Zentrum weitere Jahresringe, als das unten genannte Makassar-Holz. Der Splint, soweit solcher vorhanden ist, zeigt ähnliche Beschaffenheit, nur ist der Unterschied zwischen Markstrahl und Gefässbündel weniger in die Augen fallend. — Der Querschnitt des Holzes zeigt unter dem Mikroskop eine überaus grosse Menge stark verdickter Libriformfasern, welche mit Spalt- und Hoftüpfeln, oder beiden zugleich versehen sind. Zwischen diese verstreut liegen in ziemlich regelmässigen Abständen die Tracheen, einzeln oder seltener zu zwei bis drei bei einander. Sie haben ein ziemlich weites Lumen; ihr Durchmesser erreicht 89 μ; die Wände sind sehr dick und ebenfalls allseits mit Hoftüpfeln versehen. Zwischen den Holzfasern bemerkt man kleine, tangential gerichtete Gruppen von Holzparenchym, drei bis vier nebeneinander stehende Zellen, welche den Raum zwischen zwei Markstrahlen nicht ausfüllen. Hier und da finden sich Krystallzellen, welche, wie der Längsschnitt zeigt, in senkrechten Reihen von zehn bis sechzehn Zellen, je mit einem Krystall besetzt, aufgebaut sind. (Kirkby). Zwischen diesem Holzgewebe ziehen sich schmale wellige Markstrahlen von ein bis zwei Zellen Breite und bis achtzehn Zellen Höhe. Die unter der Lupe bemerkbaren dunklen Zonen zeigen im wesentlichen die gleichen Eigenschaften, nur erscheinen die Gefässe erheblich weiter als in den helleren Zonen, sodass man Grund hat anzunehmen, dass diese dunkleren Zonen dem Frühjahrsholz, die helleren dem Sommerholz unserer Bäume entsprechen; doch ist dadurch noch nicht bewiesen, ob zur Bildung eines solchen Doppelringes nur ein Jahr oder längere Zeit notwendig war. **Makassar-Sandelholz** von *Santalum Yasi* Seem. ist heller gefärbt als indisches Holz, und mehr splintig; es wird auf Timor, Sumba und den Fidji- oder Viti-Inseln gewonnen und kommt von Makassar aus in den Handel. In der Struktur ist es dem ostindischen vollkommen ähnlich; die Gefässe indessen erscheinen weniger zahlreich und das Holzparenchym scheint in regelmässiger Verteilung, nämlich in radialen, wenig zelligen Gruppen angeordnet zu sein. Jodjodkaliumlösung färbt die Schnitte tief schwarz, die des ostindischen gelbbraun.

Japanisches Sandelholz ist etwas mehr gelb als ostindisches, ähnelt dem letzteren in der Struktur derart, sodass die Annahme, dass das Holz von *Santalum album* L. kommt, hohe Wahrscheinlichkeit besitzt. Nach Y. Schimoyama und Petersen wächst in Japan keine *Santalum*-Art wild; das Holz wird von China eingeführt; die Chinesen importieren es von der Malabarküste, und schätzen das Sandelholz der Südsee sehr gering.

Südaustralisches Sandelholz von *Santalum Preissianum* Miq. (*Fusanus acuminatus* R. Br.) zeigt radiale Gruppen von zwei bis fünf Tracheen, das Holzparenchym besteht aus zerstreuten Einzelzellen oder kleinen Gruppen, welche die Gefässgruppen umgeben. Breite konzentrische Zonen zwischen den letzteren enthalten nur Libriform. Die Markstrahlen sind weniger wellig, nur ein bis zwei Zellen breit und viele Zellen hoch, ähnlich wie bei *Santalum album*; an der Spitze und am Grunde jedes Strahles befindet sich eine einzelne, verlängerte, zugespitzte Zelle, welche am Grunde nicht selten mit dem Nachbarstrahl zusammenhängt. — Auch *Santalum Preissianum* Miq. liefert südaustralisches Holz.

Westaustralisches Sandelholz stammt von *Santalum cygnorum* Miq. (*Fusanus spicatus* R. Br.), einer im Westen und Südwesten Australiens weit verbreiteten Pflanze. Das Holz wird namentlich an den Ufern des Swan River gesammelt und von Freemantle aus verschifft. Es giebt 2 % ätherisches Öl, welches indessen einen abweichenden Geruch besitzt.

Weisses Sandelholz. Über die Abstammung des sogenannten weissen Sandelholzes gehen die Ansichten weit auseinander. Die Einen halten es für den Splint von *Santalum album* L., andere führen es auf die Varietät *β. myrtifolium* oder *S. Freycinetianum* Gaud. zurück; noch andere erklären beide Versionen für falsch, und bezeichnen seine Herkunft als vollständig unsicher. Das Holz selbst ist für die Medizin und Parfümerie ganz wertlos, da es fast oder ganz geruchlos ist. Es dient nur zu Räucherungen und Schnitzereien, und findet sich als sehr obsolete Droge in alten Apotheken.

Westindisches Sandelholz von Venezuela. Die Stammpflanze desselben ist nicht bekannt. Holmes fand, und Kirkby bestätigte es, dass der westindische Sandelholzbaum in

Stamm und Blättern den Arten der Gattungen *Xanthoxylon* und *Spiranthera* aus der Familie der *Rutaceae* sehr ähnlich sei. Die Blätter zeigen eine sehr gerade, vom Grund bis zur Spitze reichende Mittelrippe, von der beiderseits eine grosse Anzahl weniger deutlich hervortretender Nerven ausgehen. Letztere erreichen den Rand nicht, sondern gabeln sich in einiger Entfernung von demselben und anastomesieren mit ihren Ästen mit den vorhergehenden und nachfolgenden Nerven. Zwischen ihnen befindet sich ein reich verzweigtes Netz sehr feiner Adern. Gegen das einfallende Licht betrachtet, zeigen die Blätter sehr zahlreiche Öldrüsen, welche sich auf der Ober- und Unterfläche des Blattes ein wenig hervorwölben. Je eine oder zwei Drüsen befinden sich auf einem von Adern eingeschlossenen Stückchen der Blattfläche. Nur die Unterseite des Blattes trägt Spaltöffnungen und ist mit Papillen und kurzen zarten Haaren bedeckt; noch dichter ist der Blattstiel behaart. Die im Mesophyll befindlichen Ölräume sind sehr gross und haben einen Durchmesser von 88 bis 104 μ. Sie sind von stark zusammengeschrumpften Zellen eingeschlossen.

Das Holz des Handels stellt ein vollständiges Stammstück von 5 bis 20 cm Durchmesser dar. Es ist mit hellbrauner, etwa 2 mm dicker, locker anhängender Rinde bedeckt, welche etwa der Rinde der *Surinam-Quassia* ähnelt, aber mehr fein längsrissig ist. Das Kernholz ist durch dunklere exzentrische Ringe oder überhaupt durch dunklere gelblich graubraune Färbung gekennzeichnet; sein Durchmesser ist halb oder zwei Drittel so gross, als der des ganzen Holzes. Das Mark ist als heller exzentrischer Punkt wahrnehmbar. — Das Holz ist mässig hart, schwer und zäh, schwer schneidbar und spaltbar; es besitzt einen schwachen, aber angenehmen Geruch und ist fast geschmacklos; die Rinde riecht nach Sandelholz und schmeckt bitter. Das Holz zeigt unter der Lupe Gefässe von sehr verschiedener Grösse, welche mit Harz erfüllt sind. Unter dem Mikroskop erkennt man Markstrahlen von nur einer Zellreihe Breite und zwölf bis fünfzehn Zellreihen Höhe; das Hartholz besteht aus dichten Reihen von Libriformfasern, zwischen denen die Gefässe zu je zehn bis zwölf in radialen Reihen nebeneinander liegen. Sehr grosse, dickwandige Gefässe wechseln hier mit sehr kleinen, oft tangential gedrückten Tracheen. Holzparenchym umgiebt in kleinen Gruppen die Gefässe oder zieht sich in Querlinien von Markstrahl zu Markstrahl oder von den Gefässgruppen zum Markstrahl. Das ganze Gewebe des Kernholzes ist mit hellgelbem Harz erfüllt, welches durch Kupferacetat bei längerer Einwirkung schön grün gefärbt wird und Osmiumsäure langsam und wenig reduziert. Zwischen den Libriformfasern zerstreut finden sich Krystallgänge mit sehr zierlichen Oxalatkrystallen; ihre Wandung ist verholzt. Ölgänge sind nirgends zu finden.

Sandelholz-Arten von geringerer Bedeutung kommen nach E. M. Holmes von **Eremophila Mitchellii**, Fam. *Myoporaceae* aus Nordaustralien; von **Epicharis** (*Dyoxylon*) **Loureirii Pierre** und **E. Bailloni Pierre**, Fam. *Meliaceae* aus Yünnan und Cochinchina; (Baillon, Traité de Bot. méd. p. 974); überhaupt werden viele Holzarten als Sandelholz bezeichnet, die hart sind und angenehm riechen, ohne im entferntesten von einer *Santalum*-Art abzustammen. Als ein Ersatzmittel des echten Sandelholzes dient in Indien das Holz von **Plumieria alba,** eines Baumes aus der Familie der *Apocynaceae*, ebenso das Holz von **Exocarpus latifolius R. Br.** in Westaustralien, auf den Sandwich- und Percy-Inseln.

Das **Sandelholzöl, Oleum ligni santali** englisch Sandalwoodoil, französisch Huile de Santal, ist das aus dem Kernholz des in Rede stehenden Baumes durch Destillation gewonnene Öl. In Ostindien, holländisch Indien und Timor benutzt man zur Darstellung die Holzabfälle, Chips aller Art und Sägemehl (*Saw dust.*) In Europa werden von renommierten Firmen nur ausgesuchte Blöcke (Billets) zur Ölgewinnung verarbeitet. Hier wird das Holz erst auf das Feinste zerkleinert, und bedarf auch dann noch sehr hochgespannter Wasserdämpfe, um in hinreichender Menge (3 bis 5 %) ätherisches Öl zu liefern. Natürlich muss das durch solch rationelle Arbeit gewonnene Produkt auch von höchstem Werte sein; Verfälschungen jeder Art sind von vornherein ausgeschlossen, sodass heute deutsches Öl, aus bestem indischen Kernholz erhalten, als die feinste Marke des Handels gelten kann. Der weiten Verbreitung der Sandelbäume entsprechend, finden sich auch sehr verschiedene Öle im Handel, welche aber meist nur noch sehr oberflächlich gekannt sind, da sie oft nur in sehr geringen Quantitäten im Welthandel sind. Augenblicklich unterscheidet man Ostindisches (Bombay-) Öl, Makassar- (fälschlich japanisches), Javanisches, Südaustralisches, Westaustralisches, Afrikanisches und Westindisches Sandelholzöl.

Das beste von ihnen ist das **Ostindische Öl**, *Ol. Santali ostindicum*, ein hellgelbes, etwas dickliches Öl von intensivem angenehmem, aber sehr eigentümlichem Geruch. Es ist leichter als Wasser, — spezifisches Gewicht 0,970 bis 0,979 bei 15° C. —, dreht die Polarisationsebene nach links; seine spezifische Drehung beträgt $\alpha_D = - 17^{\circ} 20'$ bis $- 20^{\circ}$; es löst sich in dem fünffachen Volumen Weingeist von 70%. Man gewinnt aus bestem Material 3 bis 5% Öl.

Makassar-Sandelholzöl ist etwas dünnflüssiger als das vorige; sein spezifisches Gewicht liegt bei 15° C. zwischen 0,976 und 0,980. Das Makassar-Holz giebt bei der Destillation 1,6 bis 3% Öl.

Javanisches Sandelholzöl besitzt den Geruch des ostindischen Oles; spezifisches Gewicht = 0,974 bei 15°. Es zeigt starke Linksdrehung, $\alpha_D = - 21{,}2^{\circ}$ bei 20°, und ist in drei Volumen Weingeist von 70% klar löslich. Auch

Afrikanisches Sandelholzöl scheint dem ostindischen sehr ähnlich zu sein, besitzt aber weniger angenehmen Geruch. Sein spezifisches Gewicht liegt bei 0,969 bei 20°; seine optische Drehung ist nicht näher untersucht. Ausbeute nach Schimmels Berichten 3%.

Westindisches Sandelholzöl unterscheidet sich schon durch den Geruch deutlich von dem ostindischen; es ist von dicklicher Konsistenz und als Parfüm nicht verwendbar. Sein spezifisches Gewicht ist 0,963 bis 0,967; seine spezifische Drehung $= + 26^{\circ}$ bis $26^{\circ} 10'$; es ist also rechtsdrehend und erst in 50 bis 70 Teilen Weingeist von 70% löslich. Seine Ausbeute beträgt 1,5 bis 3%; wie das Holz, so nimmt auch die Menge des im Handel befindlichen Öles derart ab, dass es nach einiger Zeit ganz vom Markte verschwinden dürfte.

Westaustralisches Sandelholzöl ist ebenfalls sehr verschieden von ostindischem Öl. Neben einer Rechtsdrehung von $+ 5{,}2^{\circ}$ und einem spezifischen Gewicht von 0,953 bei 15° C. besitzt es einen widerlichen, scharf terpentinartigen Geruch.

Südaustralisches Öl (von *Santalum Preissianum* Miq.) endlich ist bei gewöhnlicher Temperatur fest und zeigt ein spezifisches Gewicht von 1,022. Seine Ausbeute beträgt etwa 5%.

Bestandteile. Petersen analysierte ostindisches und Makassar-Sandelholz; er fand in beiden eine eisengrüne Gerbsäure, Harz, Calciumoxolat und ca. 7,5% Eisen- und Manganhaltende Asche; ostindisches Holz gab nach Dragendorfs Verfahren 5% ätherisches Öl, Makassar-Holz 3,75%. Ostindisches und Makassar-Sandelholzöl enthalten 90 bis 97% Santalol, $C^{15}H^{26}O$. Ferner Santalal $C^{15}H^{24}O$ und einen verseifbaren Körper, wahrscheinlich einen Santalolester (Parry.). Das **Santalol** $C^{15}H^{26}O$ verhält sich wie ein Sesquiterpenalkohol; ein Atom H lässt sich darin durch die Acetylgruppe ersetzen, eine Eigenschaft, welche den Santalolgehalt eines Sandelöls zu bestimmen gestattet. Das Santalol siedet bei 310°; das Santalal bei 300°. (Chapoteaut). — Im südaustralischen, festen Öl von *Santalum Preissianum* Miq. fanden 1891 Schimmel & Co. einen alkoholartigen Körper $C^{15}H^{24}O$, welcher 1893 von Berkenheim genauer studiert wurde. Der Alkohol bildete Krystalle, die bei 101 bis 103° schmolzen, von PCl^5 nicht angegriffen wurden, dagegen durch PCl^3 in ein Chlorsubstitutionsprodukt $C^{15}H^{23}ClO$ (Schmelzpunkt 119 bis 120°) verwandelt wurden. Der Essigester bildete hexagonale, bei 68,5 bis 69,5° schmelzende Tafeln. Auch ein Methyläther konnte erhalten werden. Kaliumpermanganat bildete aus dem Alkohol eine Säure $C^7H^{14}O^2$.

Verfälschungen und Prüfung. Wie alle ätherischen Öle von einiger Bedeutung erleidet auch das Sandelholzöl vielfache Verfälschungen und Zusätze, namentlich wurden Rizinusöl, Kopaivabalsamöl und virginisches Zedernöl (von *Juniperus virginiana* L.) in umfangreichstem Masse dazu verwandt. Diese Öle sind zunächst spezifisch leichter; sie besitzen kein optisches Drehungsvermögen und keine acetylierbaren Bestandteile. Deshalb eignet sich die Bestimmung des Santalolgehaltes in ganz hervorragender Weise zur Prüfung des Öles, besonders unter gleichzeitiger Berücksichtigung der physikalischen Eigenschaften desselben. Schimmel & Co. stellen, z. T. im Verein mit Cripps (l. c.) und Parry (l. c.), folgende Forderungen an ein gutes Sandelholzöl: 1) Das spezifische Gewicht liege nicht unter 0,975 bei 15°. 2) Das Drehungsvermögen betrage $- 17^{\circ}$ bis $- 19^{\circ}$ im 100 mm-Rohr. 3) Ein Teil Öl löse sich klar in fünf Teilen Weingeist von 70%. 4) Das Öl enthalte mindestens 90% Santalol. — Zur Bestimmung des letzteren sollen 20 g Sandelholzöl mit dem gleichen

Santalum album L.

Volumen Essigsäureanhydrid und etwas wasserfreiem Natriumacetat $1^1/_2$ Stunden in gelindem Sieden erhalten, das Reaktionsprodukt mit Wasser und Sodalösung gewaschen und über entwässertem Natriumsulfat getrocknet werden. 2 bis 5 g des acetylierten Öles werden dann mit überschüssiger Normalkalilauge gekocht und das unverseifte Kaliumhydrat durch Normalschwefelsäure gemessen. — Unter Berücksichtigung des Molekulargewichts des Alkohols ($C^{15}H^{26}O = 222$) und seiner Differenz von dem des acetylierten Produktes = 42 berechnet sich der Prozentgehalt an Santalol im ursprünglichen Öl nach der Formel $P = \frac{22,2\ a}{s - 0,042\ a}$, worin a die Anzahl der zur Verseifung nötigen ccm Normalkalilauge und s das Gewicht des zur Bestimmung verwendeten acetylierten Öles bedeutet. Gegenüber diesen exakten Proben erscheinen alle Farbenreaktionen überflüssig und wertlos.

Neuerdings ist von Convoy und später von Pohl darauf hingewiesen worden, dass altes Sandelöl durch Einwirkung von Luft und Licht namentlich seine Alkohollöslichkeit verringere, sodass schwer lösliches Öl nicht direkt verfälschtes Öl zu sein brauche. Hier wird eine Santalolbestimmung über den Wert des Öles Auskunft geben.

Anwendung. Das ostindische und Makassar-Sandelholzöl ist seit seiner Entdeckung als Parfüm zur Anwendung gekommen. Bei rituellen Gebräuchen, zur Salbung der Toten, zur Verbreitung angenehmer Gerüche ist es in Indien bekannt und geschätzt. In der Parfümerie Europas, Chinas und Japans spielt das Öl ebenfalls eine hervorragende Rolle, welche allerdings nicht alle Sandelholzöle mit ihm teilen. Das australische Öl scheint in seinen beiden Handelssorten hierzu weniger geeignet. Medizinische Anwendung hat das Öl erst in neuerer Zeit gefunden. Bufalini und Martini wenden das Öl bei chronischen Lungenaffektionen in Dosen von 0,6 g in Kapseln zwei- bis achtmal täglich an. Sie rühmen den guten Erfolg auf das Allgemeinbefinden, die Zunahme des Körpergewichts und die Verflüssigung des Auswurfs, wenngleich die Bazillen davon nicht infiziert werden. — Posner substituiert das Sandelöl dem Kopaivabalsam bei Behandlung der Gonorrhöe und zieht seine Anwendung der lokalen Therapie durch Injektion vor. Es soll auch besser vertragen werden als Kopaivabalsam. Als Dosis werden zehn bis zwölf Kapseln mit je 0,5 g Sandelöl pro Tag vorgeschlagen, als Geschmackskorrigens nötigenfalls Pfeffermünzöl angewendet. Dass hierbei die verschiedenen Sandelöle nicht beliebig für einander gesetzt werden können, ist bereits aus früher Gesagtem ersichtlich. Die Anwendung in Form von Kapseln oder Pillen scheint der in Emulsion vorzuziehen zu sein; für Pillen empfiehlt Calmel eine Masse aus 4 g Kolophon, 5 g Sandelöl und 0,5 g gebrannter Magnesia, welche gute Pillen giebt und von den Patienten gern genommen wird. Reines Sandelöl soll auf der Zunge brennen, wie Krotonöl; Letzel berichtet von einigen Fällen starker Diarrhöe, Dyspepsie und kongestiven Schmerzen in der Magengegend; indessen scheinen diese Beobachtungen nur vereinzelt vorzukommen.

Geschichte und Export des Sandelholzes und des Sandelholz-Öles. Sandelholz, in Indien *Chandana* genannt, wird zuerst etwa im fünften Jahrhundert vor Chr. in der Nirukta, dem ältesten Kommentar der Veda genannt. Sodann findet es Erwähnung in den alten Sanskritepen, der Ramayana und Mahabharata, deren einzelne Teile ein sehr verschiedenes Alter aufweisen. In der Mitte des ersten Jahrhunderts nach Chr. wird das Holz als *Χύλα σαγαλίνα* unter den indischen Waren genannt, die im persischen Meerbusen eingeführt werden. Im sechsten Jahrhundert kannte man in Indien und Ceylon die Darstellung des Sandelholzöles, und benutzte dasselbe u. a. zum Einbalsamieren fürstlicher Leichen, während das Holz als kostbares Baumaterial für Tempel und andere Heiligtümer diente. Kleinere Stücke dienten damals schon zu Schnitzwerken und zu rituellen Zwecken; man fügte es, wie auch heute noch, den Scheiterhaufen der Reichen hinzu, wenn man ihre Leichen verbrannte. In europäischen Gebrauch scheint das Holz und sein flüchtiges Öl erst ziemlich spät gekommen zu sein; Constantinus Africanus von Salerno spricht erst im elften Jahrhundert unserer Zeitrechnung davon; in dem *Compendium Aromaticorum* des *Saladinus* um 1488 wird es unter den Arzneimitteln der italienischen Apotheken genannt. Man unterschied dort rotes, gelbes und weisses Sandelholz, welches sämtlich dieselbe Droge von etwas verschiedener Färbung gewesen zu sein scheint; jedenfalls hat das rote färbende Sandelholz des heutigen Handels, welches von *Pterocarpus santalinus* L. fil. (Fam. *Papilionaceae*, Ufam. *Dalbergieae*) abstammt, nichts mit jenen Hölzern zu thun. Nach 1500 indessen hat man unter rotem Sandelholz doch dieses Farbholz zu verstehen, welches auch erheblich billiger als das wohlriechende gelbe Sandelholz war. Die erste Beschreibung des Baumes und sein Bild gab Rumphius in seinem Herbarium Amboinense III. p. 42. Fig. 11. (Flückiger & Hanbury, Pharmacogr.)

Über den Umfang der Produktion und des Exports von Sandelholz liegen zur Zeit nur für ostindisches und Makassar-Holz zuverlässige Nachrichten vor. Zunächst werden die statistischen Daten wohl nur in Ostindien und Makassar gewissenhaft verzeichnet; sodann aber ist in den meisten übrigen in betracht kommenden Ländern die Produktion der indischen gegenüber eine so geringe, dass sie zu einem ausgedehnten Export keine Veranlassung giebt. In Indien hat die Regierung, welche die Produktion seit Abschluss eines Vertrages mit Hyder Ali, Fürsten von Mysore (1770) in eigenen Händen hat, die Menge des zu schlagenden Holzes dem jeweiligen Bedarf angepasst; sie gestattet gegenwärtig eine Produktion von 2000 bis 2500 tons = 2000000 bis 2500000 Ko. Von diesen Mengen, die hauptsächlich in Mysore, Coimbatore und Canara gewonnen werden, werden zwei Drittel im Lande verwertet, sei es zur Ölbereitung, sei es zu Schnitzereien oder zu Räucherungen in den Tempeln; ein geringer Anteil dient auch seines Gerbstoffes wegen zur Herstellung künstlichen Ebenholzes; nur ein Drittel etwa wird nach Europa und Amerika exportiert. Da eine Überproduktion ängstlich vermieden wird, um die Bäume zu schonen, so wurde Produktion wie Export in den letzten Jahren erheblich eingeschränkt. Während in den Jahren 1882 bis 1889 noch 2500 bis 2800 tons an den Markt gelangten, wurden 1890 nur 2400 tons, 1893 nur 2250 tons, 1894: 1760 tons, 1895: 2298 tons und 1896: 2063 tons produziert; von diesen sind 777 bis 790 tons von Bombay und Tellicherry aus nach Amerika und Europa verschifft worden. — Das Makassarholz von Timor, Sumba und holländisch Indien erschien im Jahre 1893 in Quantitäten von 3561 Pieuls, 1894 von 1536 Pieuls (à $66^1/_3$ Ko.) am Markte; es ist nicht ausgeschlossen, dass dasselbe allmählich vom Markte verschwindet, um so mehr als durch mangelhafte Bearbeitung der Ölertrag des Holzes erheblich geringer und das Öl selbst minderwertiger ist, als das ostindische. — Das westindische Sandelholz teilt sein Schicksal; auch dieses liefert nur ein weniger geschätztes dickes Öl; die Lieferungen sind zeitweise unterbrochen worden. Über die australischen und afrikanischen Hölzer lässt sich zur Zeit nichts sagen; besonders erstere werden sogleich an Ort und Stelle zur Ölbereitung benutzt; das Öl (s. u.) ist von sehr abweichender Beschaffenheit, und kann dem indischen Öl nicht substituiert werden. Auch die ätherischen Öle sind Exportartikel. Von Madras und der Malabarküste werden jährlich etwa 12000 englische Pfund Sandelöl versandt, wovon 1500 Pfund nach England gehen (Dymock); doch klagte man früher über vielfache und grobe Verfälschungen des Öles. Holmes schätzte 1886 das in England destillierte Öl für das beste, während eine als „German Sandal Oil“ bezeichnete Sorte durch Zedernholzöl verfälscht sei. Diese Verhältnisse treffen heute nicht mehr zu; denn einesteils werden dem Kontinent, namentlich auch von Schimmel & Co. in Leipzig, aus Blöcken erster Klasse, dem kostbarsten Material, und mit allen Hilfsmitteln moderner Technik Öle erhalten, welche den weitgehendsten Ansprüchen gerecht werden, — und ausserdem kennt man heute sehr genau die Beschaffenheit guter Öle und die Mittel zur Erkennung ihrer Verfälschungen, so dass es leicht ist, von gutem Öl das minderwertige zu unterscheiden und letzteres zu verwerfen. In Leipzig wird Sandelöl seit 1871 destilliert, aber erst seit 1887 erfreut sich dasselbe medizinischer Anwendung in grösserem Umfange, besonders seit es Eingang in mehrere europäische Pharmacopöen erlangt hat.

Litteratur. Beschreibung und Abbildung. *Santalum* L. Genera, ed. 2, 383. — Roxburgh, Flora indica I. 442. Coromandel Plants II. t. 2. — R. Brown, Prodromus p. 355. — Endlicher, Gen. n. 327. — Bentham & Hooker, Gen. III. 225. — A. De Candolle, Prodromus XIV. 682. sect. 1. § 1. — Bentham, Flora Australiensis VI. 213. — Griffith, in Transact. Linn. Soc. XVII. 59. t. 1 u. 2. — *Sirium* L. Genera ed. 8 n. 203. — Lamarck, Illustr. I. 304. t. 74. — Roxburgh, Cor. pl. II. t. 2. — *Fusanus* L. Syst. 13, 765. — Endlicher, Gen. n. 326. — Bentham & Hooker, III. 225. — R. Brown, Prodrom. 355. — Bentham, Fl. aust. VI. 215. — *Santalum album* L. Spec. n. 497. — Roxburgh, Flora ind. I. 442. Cor. pl. II. t. 2. — Hooker, Botan. Magaz. t. 3235. — Wallich, Dict. scient. t. 5. — Hayne, Arzneigew. X. t. 1. u. 2. — Kosteletzki, Med. pharm. Flora II. 325. — Berg, Bot. 244. — Charakter. 32. t. XXV. 208. — Griffith, l. c. — A. De Candolle, Prodr. XIV. 2. p. 683. — Henkel, Botan. 193. — Nees v. Esenb., Pl. med. t. 127. — Decaisne, Nouv. Ann. Mus. III. 369. — Martius, Mater. med. 102. (*S. verum* L.) — Blume, Bijdr. 646.

Zoll. Cat. n. 116. — Rumphius, Herb. Amboin. II. 42 t. 11. — Luerssen, Med. pharm. Bot. II. 922. — Schumann, Syst. Bot. 325. — Karsten, Flora von Deutschl. II. 39 f. 350. — Baillon, Tr. de Bot. med. 1320. fig. 3302—3309. Tr. de la développement de la fleur et du fruit. Adans. IX. 2. t. 1. — Schacht, Blüte und Befruchtung von Santalum album. Jahrb. f. Wiss. Bot. IV. 1. t. 1—4. — Graf zu Solms-Laubach, Bau und Entwickelung der Ernährungs-Organe v. parasitischen Phanerogamen. Jahrb. f. wiss. Bot. VI. *Santalum* p. 539 t. 32. 33. — J. Scott, Untersuchungen über Parasitismus, Auszug v. Graf Solms, Bot. Ztg. 1874. 142. — Weitere Litteratur im Text.

Drogen. Hager, Pharm. Praxis II. 886. 887. — Berg, Pharmacogn. 105. *(Lign.)* — Henkel, Pharm. 514. *(Ol.)* — Wiegand, Pharmacognosie 139. — Miquel, Tijdschr. v. Nederl. Indie XV. (1853) I. 48. *(Lign.)* — Baillon, Traité de Bot. méd. 1324. — Geisler & Möller, Realencyclop. d. Pharm. Bd. 9. 41. *(Lign.)* 39. *(Ol.)* — Flückiger, Handb. d. Pharm. 503. — Flückiger & Hanbury, Pharmacogr. 599. — Petersen, Pharm. Journ. a. Transact. XVI. 757. — Holmes, ebenda p. 819. *(Ol.)* — Kirkby, ebenda 857. *(Lign.)* 1065 *(Fol.)* — Meyer, Drogenkunde II. 171. — Schimmel & Co., Berichte 1888—1897. — Cripps, Ph. Journ. a. Tr. 1892 (LII.) 461 *(Ol.)* — Parry, ebenda LV. 118. — Pharm. Brit. 293. — Gall. 76. — Hispan. 90. 278. 334. — Ndrl. Suppl. 143. — U. St. Ph. 387. — Deutsche Arzneimittel, Berlin 1891. No. 524. p. 203.

Tafelbeschreibung:

A blühender Zweig. 1 Knospe; 2 geöffnete Blüten; 3 Blüte im Längsschnitt; 3a Ende des Embryosackes zur Zeit der Befruchtung; 4 Frucht; 5 dieselbe im Querschnitt; 6 dieselbe im Längsschnitt. A natürliche Grösse; 1—6 mehr oder weniger vergrössert. Nach getrockneten Exemplaren des königl. Herbars zu Berlin, gesammelt von Kunth, Hooker fil. und Thomson in Ostindien und von Teijsman in Java.

Sesamum indicum L.

Sesam. Franz.: Sesamé. Engl.: Sesame. Span.: Sorgelin. Arab.: simsim. Hindost.: til oder gingil. Kisaraheli: Alfuta. Abyssin.: salid (Ambara) und angoda (Tigre). Sanskrit: tita. Malaiisch: widjin. Chinesisch: moa (nach Rumphius) und chima (nach Bretschneider). Japanisch: koba.

Syn. *Sesamum orientale* L. *S. luteum* Ketz. *S. oleiferum* Moench.

Familie: *Pedaliaceae.* Tribus: *Pedalieae.* Gattung: *Sesamum.*

Beschreibung. Eine einjährige aufrechte Pflanze, welche eine Höhe von 0,25 bis 1 m erreicht. Der vierkantige Stengel ist meist, besonders an den jüngeren Teilen kurz rauhhaarig, seltener ganz kahl. Die unteren Blätter sind gegenständig und bis etwa 10 cm lang, gestielt; die oberen, meist abwechselnd stehend, sind kürzer gestielt, häufig sogar fast ganz sitzend. Die Form der Blätter ist eine sehr wechselnde; die unteren sind ihrem Umrisse nach eiförmig, aber sehr häufig drei-, zuweilen auch fünflappig; dabei sind die Einschnitte bald flacher, bald tiefer, in einzelnen Fällen gehen sie sogar bis auf die Mittelrippe, sodass das Blatt dann fast gefiedert erscheint; die Form der Lappen ist dementsprechend verschiedenartig, meist eiförmig oder lanzettlich. Der Rand der unteren Blätter ist meist grob und unregelmässig gezähnt, am Grunde sind sie abgerundet, seltener beinahe herzförmig. Nach oben zu werden die Blätter allmählich schmäler, die obersten sind fast stets lanzettlich, bis 10 cm lang und 1 bis 2 cm breit, am Grunde in den kurzen Blattstiel verschmälert, spitz und meist ganzrandig. Die Oberseite der Blätter ist schmutziggrün und kahl oder nur ganz spärlich behaart, die Unterseite graugrün und meist schwach kurzhaarig, zuweilen aber auch kahl. Die Blüten sitzen einzeln in den Achseln der oberen Blätter und sind 5 bis 10 mm lang gestielt; diese einzelnstehenden Blüten sind jedoch auf dreiblütige Cymen zurückzuführen, denn es befinden sich am Grunde der Blütenstiele je zwei Drüsen, welche weiter nichts sind als umgeformte Seitenblüten, an denen häufig noch Kerben und Lappen, den Teilen der Blütenhülle entsprechend, und selbst rudimentäre Fruchtknoten zu unterscheiden sind. Die Vorblätter sind pfriemlich, kürzer als der Kelch und leicht abfallend. Der Kelch ist bis fast auf den Grund vierteilig, aussen angedrückt behaart, etwa 5 bis 6 mm lang, die Zähne schmal lanzettlich, spitz. Die weisse oder rote Blumenkrone ist deutlich zygomorph, herabgebogen, trichterförmig erweitert, am Grunde rückwärts schwach höckerig, aus dem Kelche weit herausragend, 25 bis 35 mm lang, der Saum fünflappig, mit kurzen breiten Lappen, von denen die zwei hinteren etwas kürzer sind als die drei vorderen. In der Knospenlage decken sich die Lappen dachziegelförmig, wobei diejenigen der Oberlippe zu äusserst zu liegen kommen. Die vier Staubgefässe sind nahe der Basis der Blumenkrone eingefügt; zwei davon sind kürzer, etwa 13 bis 15 mm, zwei länger, etwa 15 bis 18 mm lang; sie überragen nicht die Blumenkrone. Die Staubfäden sind am Grunde etwas verbreitert, die Staubbeutel länglich, mit Längsspalten aufspringend, am Rücken befestigt und die Fächer unten etwas auseinanderspreizend; das Connectiv ist von einer Drüse gekrönt. An Stelle des fünften, hinteren Staubgefässes ist ein kurzes, pfriemliches Rudiment vorhanden. Der Pollen ist im trockenen Zustande scheibenförmig, von mehr oder weniger polygonalem Umrisse und in der Mitte dicker, befeuchtet dagegen niedergedrückt ellipsoidisch oder fast kugelig mit sechs bis zehn meridianförmig verlaufenden Spalten, die jedoch nicht die Pole erreichen. Das Gynaeceum ruht auf einer niedrigen Drüsenscheibe und besteht aus zwei Fruchtblättern, welche durch falsche Scheidewände in je zwei Kammern geteilt sind; dieselben sind schon in den jungen Knospenanlagen vorhanden und unterscheiden sich nicht von den echten Scheidewänden, sodass der Fruchtknoten vollständig vierfächerig erscheint. Im oberen Teile desselben, unterhalb der Spitze, ziehen sich die Scheidewände auf die Fruchtknotenwand zurück; infolgedessen ist er oben einfächerig. Die in grösserer Anzahl vorhandenen Samenknospen stehen an zentralwinkelständigen Placenten in einer Reihe übereinander. Der fadenförmige, nur wenig über die Antheren hervorragende Griffel besitzt zwei lanzettliche Narbenlappen. Die Frucht ist eine hellbraune schmale, etwa 30 bis 35 mm lange und 6 bis 7 mm breite Kapsel, welche mit vier Längsfurchen versehen ist und in eine derbe, ziemlich lange Spitze ausgeht. Sie spaltet sich fast bis zum Grunde, indem die falschen Scheidewände sich in zwei Platten trennen, die jedes Fach überdecken. Die Samen besitzen eiförmigen Umriss, sind etwas flachgedrückt, 2 bis 3 mm lang und von gelblicher, bräunlicher oder schwarzer Farbe. Das Nährgewebe ist dünn, fast häutig und besteht nur aus wenigen Zellschichten; der gerade Embryo besitzt flache Keimblätter.

Vorkommen und Verbreitung. Die Heimat des Sesam ist, wie weiter unten ausführlicher berichtet wird, nicht mit Gewissheit bekannt, da unzweifelhafte sichere Exemplare bisher nicht wild gefunden worden sind. Dagegen wird er in der Mehrzahl der tropischen und auch subtropischen Länder besonders der alten Welt gebaut. Das wichtigste Produktionsland ist jedenfalls Ostindien; von hier wird er nicht nur in enormen Quantitäten nach Europa exportiert, sondern noch mehr im Lande selbst verbraucht. In Hinterindien wird ebenfalls die Sesamkultur in ausgedehntem Masse betrieben, sodass trotz des bedeutenden Verbrauches doch noch allein in Siam 4 Mill. kg Samen zur Ausfuhr gelangen. Eine ebenso wichtige Rolle spielt der Sesam im Ackerbau Chinas, Formosas und Javas und der übrigen grösseren malayischen Inseln. In Vorderasien ist es Arabien und besonders Palästina, welches viel Sesam produziert; aus letzterem Lande ist die Ausfuhr von Jaffa aus eine recht bedeutende, zumal das von dort exportierte Produkt verhältnismässig hohe Preise erzielt. Ebenso wichtig für die Sesamkultur ist Ostafrika, zumal Sansibar und Mossambik und an der Westküste des tropischen Afrika vorzugsweise Senegal und Zagos. In viel geringerem Masse wird in der neuen Welt der Sesam angepflanzt; es geschieht dies dort überall nur für den eigenen Bedarf und nicht für den Export.

Handelssorten. In der Farbe der Samen herrscht grosse Mannigfaltigkeit, es finden sich alle möglichen Färbungen zwischen gelb und schwarz. Die Hauptsorten in Indien sind eine hellgelbe (safed til) und eine schwarze (kala til). Letztere liefert im allgemeinen die grosse Masse des in den Handel kommenden Öles, da sie ölreicher als die andere ist, und wegen ihrer grösseren Ergiebigkeit in ausgedehnterem Masse angebaut wird. Die hellgelbe Sorte soll das feinste Öl liefern.

Kultur. Der Sesam erfordert für sein Wachstum und seine Reife eine möglichst gleichmässige Temperatur; er kann deshalb überall da in Aussicht auf Erfolg kultiviert werden, wo wenigstens drei Monate im Jahr eine ganz gleichmässige Wärme herrscht und schroffer Temperaturwechsel ausgeschlossen ist. Am besten sagt ihm ein sandiger Lehmboden oder lehmiger Sandboden zu, womöglich mit hohem Kalkgehalt, und ohne starke Feuchtigkeit. Da die Entwickelung der Pflanze innerhalb der kurzen Zeit von drei bis vier Monaten vor sich geht, muss der Nährboden möglichst stickstoffreich sein, d. h. es muss für gute Düngung gesorgt werden. Der Boden wird nach der Regenzeit gut gepflügt, dabei der Dünger untergebracht, und darauf gut geeggt, da die Pflanze nur in gut zerkleinertem Boden gleichmässig wächst. Die Aussaat der schwarzen Varietät findet in Vorderindien im März statt, und die Pflanze reift im Mai, während die weisse Varietät im Juni gesät wird und im August zur Reife gelangt. Man sät in Reihen in Abständen von $^1/_2$ Meter, auch die Samen in den Reihen müssen ebenfalls etwa $^1/_2$ Meter voneinander entfernt sein, oder die Samen werden in Abständen von 1 dcm gelegt, und die Pflanzen, sobald sie gut stehen und 1 dcm hoch gewachsen sind, ausgelichtet. Da die Pflanzen sehr schnell in die Höhe schiessen, wird das Unkraut bald unterdrückt, sodass das Feld einer weiteren Pflege nicht bedarf. Sobald die Kapseln reif sind wird die Pflanze geerntet. Der Schnitt wird gewöhnlich mit der Sichel vorgenommen, indem die Stengel dicht über dem Boden abgeschnitten und dann zu kleinen Haufen auf dem Felde zum Trocknen zusammengebracht werden. Sobald die Kapseln dürr genug sind, um bei einem leichten Druck zu bersten, wird die Ernte eingefahren und gedroschen. Bei der Kürze der Kulturzeit ist es in vielen Gegenden möglich, zwei Ernten im Jahre zu erzielen, vorausgesetzt, dass die übrigen, in Betracht kommenden Verhältnisse günstige sind.

Andere Arten. Ausser *S. indicum* kommen im tropischen Afrika noch neun Arten vor. Von diesen hat besonders *S. radiatum* Schum. et Korn (*S. foetidum* Atzel, *S. occidentale* Heer et Regel) eine grössere Bedeutung als Kulturpflanze erlangt. Diese Art unterscheidet sich von *S. indicum* hauptsächlich durch die Samen; dieselben sind schmal berandet und auf den flachen Seiten radial gestreift; auch sind die unteren Blätter seltener gelappt, sondern meist, wie die oberen, länglich oder lanzettlich. Diese Art, welche nach Buchholz einen betäubend narkotischen bilsenkrautähnlichen Geruch besitzt, ist sowohl im tropischen West-, als auch Ostafrika einheimisch und wird auch von den Eingeborenen zu demselben Zwecke wie *S. indicum* gebaut. Dieselben bereiten nicht nur Öl aus den Samen, sondern benutzen die letzteren auch zu Suppen. In Westafrika ist die Pflanze bisher von Liberia bis Kamerun gefunden worden, in Ostafrika vom Guarelquellengebiet an durch Deutsch-Ostafrika bis Sansibar; bei den Swahili heisst sie *Ufuta muita*, d. h. wilder Sesam. Ebenso wird sie auf Ceylon, in Hinterindien, auf den Philippinen und im tropischen Amerika in Guyana gebaut.

Eine dritte Art, *S. angustifolium* (Oliv.) Engl., ausgezeichnet durch lineale Blätter, und von den beiden anderen durch schmälere Kapseln und kleinere, radial gestreifte Samen unterschieden, eine Pflanze, welche Mannshöhe erreicht, findet sich häufig in Deutsch-Ostafrika und auf der Insel Sansibar. Trotz der geringeren Grösse der Samen sind dieselben zur Ölgewinnung ohne Frage brauchbar.

Name und Geschichte. Der Sesam, der bei den Griechen *Σήσαμον* hiess, ist mit Sicherheit bisher noch nicht wild gefunden worden, und die Frage nach seiner ursprünglichen Heimat ist noch eine offene. De Candolle verlegt dieselbe nach den Sunda-Inseln, indem er sich auf eine Angabe von Blume stützt, welcher eine Varietät des Sesam als wildwachsend in den Bergen Javas erwähnt. Dass die Kultur in Asien auf eine sehr fern gelegene Epoche zurückgeht, unterliegt nach der Verschiedenheit der Namen keinem Zweifel. De Candolle glaubt, dass der Sesam seit 2000 oder 3000 Jahren nach Indien und der Euphratregion und erst etwa um 1000 bis 500 v. Chr. nach Ägypten eingeführt worden ist, da zwar Theophrast und Dioscorides berichten, dass Sesam in Ägypten angebaut wird, aber in älteren Denkmälern weder eine Abbildung noch Samen von ihm gefunden worden sind. Nun hat aber seitdem Brugsch in einem ägyptischen Text aus dem 15. Jahrhundert v. Chr. den Namen *semsem* vorgefunden, so dass die zuerst von de Pruyssenaere geäusserte Ansicht, dass der Sesam afrikanischen Ursprungs sei, eine weitere Stütze erhält. Wenn man die pflanzengeographischen Thatsachen in Betracht zieht, wird diese Ansicht zur hohen Wahrscheinlichkeit; von den ausser *S. indicum* bekannten 11 Arten sind nämlich 9 afrikanisch und 2 indisch. Übrigens ist ja die Möglichkeit, dass der Sesam beiden Kontinenten gemeinsam war, auch nicht auszuschliessen. Es sei noch hinzugefügt, dass G. Watt die Pflanze für eine in Ostindien einheimische hält, da er in Behar und im nordwestlichen Himalaya Formen gesammelt hat, die er für wilde halten möchte. Jedenfalls muss die Frage nach der Heimat des Sesam noch eingehender studiert werden.

Pharmazeutisch wichtig ist der Samen der Pflanze **Semen Sesami** und das aus demselben gepresste fette Öl, **Oleum Sesami. Semen Sesami** ist von gelbweisser bis schwarzvioletter Farbe, 3—4 mm lang, 2 mm breit, 1 mm dick, verkehrt eiförmig, unten zugespitzt. Der Same ist undeutlich vierkantig, wenigstens entspringen vom Nabel 4 Längskanten und teilen die Oberfläche in 2 grössere Felder auf der Breitseite und zwei schmale an der Seite derselben. Diese Flächen sind feingrubig runzelig. Die Samenschale umschliesst die 2 grossen flachen Kotyledonen mit dem dazwischenliegenden Keimling; sie sind weiss und sehr ölreich; ihr Geschmack ist überaus milde und angenehm.

Durch Auspressen der Samen wird das **Sesamöl,** franz. *Benné* oder *huile de Sesamé*, engl. *Sesamé oil* oder *Gingelly oil, Til oil, Teel oil,* gewonnen. Dasselbe dient in den Tropenländern ganz allgemein als Speiseöl; es ist dünnflüssig, hellgelb, süss, völlig geruchlos, besitzt ein spezifisches Gewicht von 0,9235 und gerinnt erst bei + 5° C., wenn es durch Lösungsmittel extrahiert, dagegen bei — 5° C., wenn es ausgepresst ist. Es ist neutral, seine Verseifungszahl ist 190°, die Reichertsche Zahl 0,35, die Hüblsche Jodzahl 107,5. — Der Schmelzpunkt der Fettsäuren liegt bei + 26°, ihr Erstarrungspunkt bei 22,3°, die Hehnersche Zahl ist 95,6. — Mit salpetriger Säure behandelt, erstarrt es nicht vollständig und nimmt dabei eine rote Farbe an. Das Öl färbt konzentrierte Salzsäure (1,19 sp. Gew.) grün; setzt man aber der Mischung eine kleine Menge Zucker oder Furfurollösung hinzu, so geht die Farbe durch Blau und Violett in Carmoisinrot über, welche letztere Fabe dann sehr konstant ist, und die kleinsten Mengen Sesamöl in Gemischen erkennen lässt. Man benutzt diese Reaktion neuerdings zum Unterschied reiner Butter von Margarine, deren letztere mit 10 % Sesamöl hergestellt werden soll; Margarinekäse soll 5 % Sesamöl enthalten.

Anatomie. Die Samenschale besteht aus einer äusseren und einer inneren Lage. Die äussere Lage enthält langgestreckte, senkrecht gestellte prismatische Zellen, welche sich an den Kanten traubenartig aneinanderlegen und dadurch die scharfen Erhöhungen erzeugen. Diese prismatischen Zellen enthalten bei den schwarzen Samen den Farbstoff. Auf diese Schicht folgt die dem Embryo und dessen Kotyledonen anliegende, 3 Zellen starke Lage, welche viele Oxalatdrüsen führt und beim Trocknen des Samens stark zusammenschrumpft.

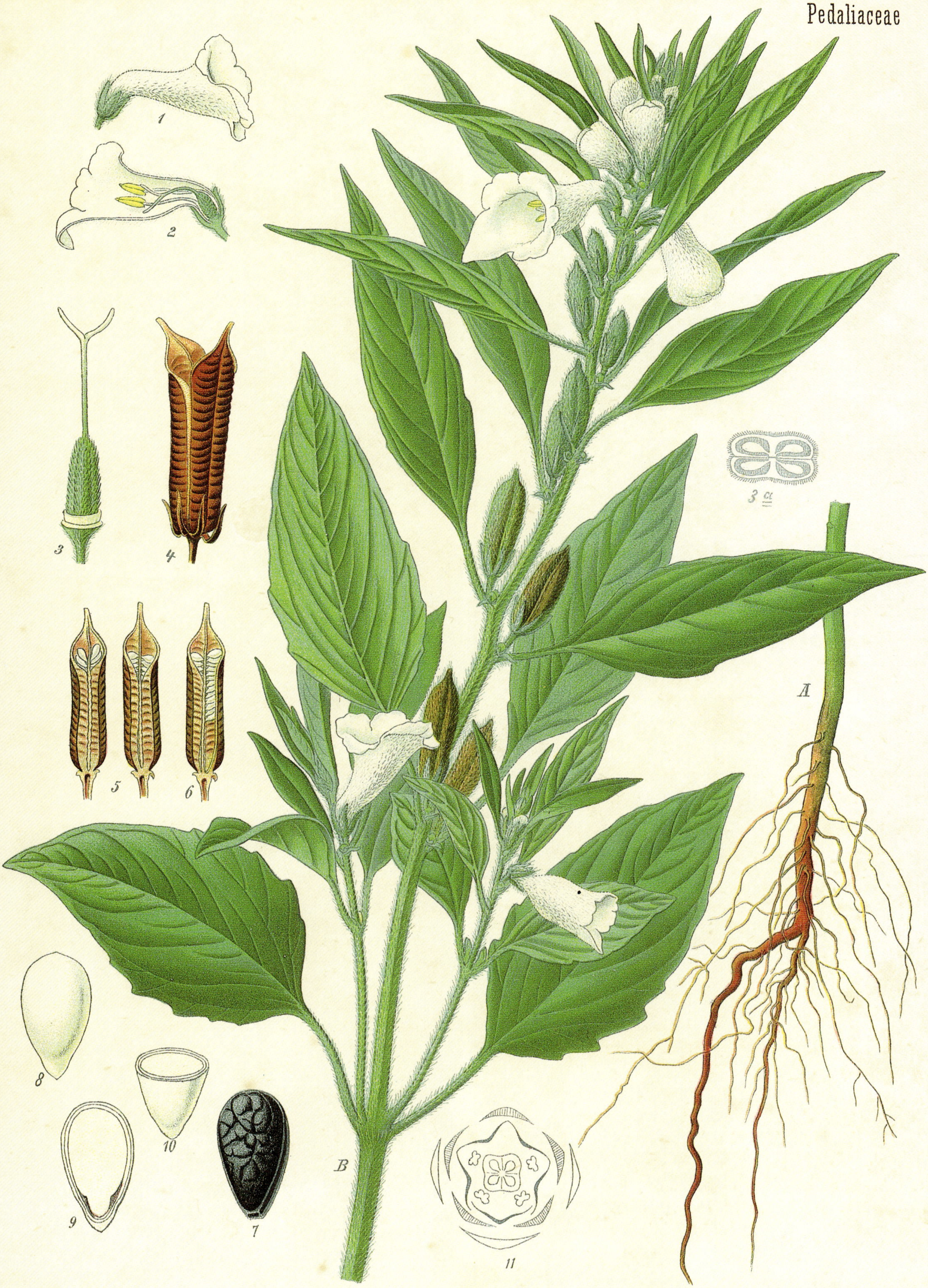

Sesamum indicum DC.

Das Gewebe der Kotyledonen besteht aus grossmaschigem Parenchym; die Zellen enthalten sämtlich Öltropfen und 5—10 μ grosse Aleuronkörner. —

Bestandteile. Flückiger fand in den Samen 4,5 % Wasser, 6—8 % Mineralsubstanzen, 3,8 % Gummi, 22 % Eiweisssubstanzen, 56,33 % Öl; von letzterem lassen sich ca. 48 % durch Pressung gewinnen.

Für Sesamkuchen giebt Semler folgende Analyse an: Wasser 8,06 %, fettes Öl 11,34 %, Eiweissstoffe (darin Stickstoff 5,90) 36,87 %, Gummi, Zucker und verdauliche Fasern 25,05 %, unverdauliche Fasern 8,14 %, Asche 10,54 %.

Anwendung. **Sesamöl** hat wenig Neigung zum Ranzigwerden und kann durch vorsichtige Lagerung jahrelang süss erhalten werden. Da es durchaus wohlschmeckend ist, kann es das Olivenöl als Speiseöl ersetzen, und dient auch im Handel vielfach zur Fälschung desselben. Andererseits wird es selbst durch das billigere Erdnussöl (s. dieses) häufig verfälscht. In der Parfümerie wird es zum Ausziehen des Parfüms von Tuberosen-, Jasmin- und Orangenblüten benutzt und in Europa hauptsächlich zur Seifenfabrikation. Nach den vom Bundesrat zum Margarinegesetz erlassenen Ausführungsbestimmungen müssen der Margarine 10 % und dem Margarinekäse 5 % Sesamöl zugesetzt werden, um mittelst der oben erwähnten Reaktion Margarine von Butter unterscheiden zu können.

In Indien wird das Öl von den Hindus vielfach (ebenso wie die Samen selbst) medizinisch verwertet, nach Bentley und Trimen ist es hinsichtlich seiner pharmazeutischen Eigenschaften dem Olivenöl gleichzustellen. Aber nicht nur das Öl findet Anwendung, sondern in den Tropenländern werden die Samen selbst in der mannigfachsten Weise verwendet. Allgemein benutzt man sie im grobgestossenen Zustande zur Bereitung von Suppen und anderen Speisen. Ferner wird das Mehl vielfach zur Herstellung von Kuchen (z. B. in den orientalischen Ländern mit Honig zu der beliebten Fastenspeise *Chalba*) verwendet; auch würzt man Brot und Kuchen mit den Samen in ähnlicher Weise, wie dies bei uns mit Kümmel und Mohn geschieht.

Die Rückstände bei der Gewinnung des Öles werden zu Sesamkuchen verarbeitet und bilden als solche einen bedeutenden Handelsartikel. Sie werden in Indien ganz allgemein als Viehfutter und als Düngemittel verwendet.

Die Haupteinfuhrshafen für Europa sind Triest und Madeira. Die Einfuhr in letzteren Hafen beträgt jetzt etwa 800000 Doppelzentner Samen, wovon Indien ca. $^3/_4$ liefert. Der Preis pro Tonne beträgt (für ostafrikanische Sesamsaat) jetzt in Hamburg 210—240 M.

In dem United States Dispensatory werden die Blätter unter den offizinellen Drogen aufgezählt. Die schleimigen Bestandteile derselben werden benutzt, indem man sie frisch oder getrocknet mit Wasser schüttelt, und das Getränk als Linderungsmittel bei Dysentrie, Diarrhoe, Katarrh etc. giebt.

Litteratur. **Beschreibungen und Abbildungen.** Pleck., Almag. tab. 109. Fig. 4. — Rumph. Arab. V. p. 204. tab. 76. Fig. 1. — L., Gen. n. 782. — L., Spec. pl. Ed. I. p. 634 (*S. indicum et S. orientale*). — Lam. Illustr. tab. 528 (*S. orientale*). — Gärtn., Fruct. II. p. 132. tab. 110. — Juss., Gen. 138. — Roxb., Flor. ind. n. 491. — DC., Plant. var. Jard. p. 18. tab. 5. — Cham. in Linnaea VII. (1832). p. 723 (*S. orientale*). — Bot. Mag. tab. 1688. — Kosteletzky, Med. pharm. Fl. III. p. 922. — Endl., Jcon. tab. 70. — Endl., Gen. p. 709. n. 4105. — Wight, Illustr. tab. 163. — Bernh. in Linnaea XVI. p. 42 (*Gangila et Simsimum*). — Van Houtte in Fl. des Serres II (1846) p. 10. tab. 6 (*Anthadenia*). — Walp., Rep. VI. p. 518 (*Anthadenia*). — DC., Prodr. IX. p. 250. — Oliv. in Trans. Linn. Soc. XXIX. p. 131. tab. 84. — Griseb., Fl.

Brit. W. Ind. p. 458. — Hook., Fl. Brit. Ind. V. p. 386. — Benth. et Hook., Gen. II. p. 1058.
— Boiss., Fl. or. IV. p. 81. — Baillon, Tr. Bot. méd. phan. p. 1233. — Semler, Trop. Agric. II. p. 477. — Engl. Prantl., Nat. Pflanzenfam. IV. 3. b. p. 262. — Watt., Dict. Econ. Prod. Ind. VI. 2. p. 502. — Engl., Pflanzenw. Ostafr. B. p. 486. C. p. 365. Fig. 21. — Trimen, Handb. Fl. Ceyl. III. p. 285. — Schumann, Syst. Bot. 499. — Henkel, Bot. 180. — Karsten, Flora von Deutschland II. 497. — Luerssen, Med. pharm. Bot. II. 1010. — Realencycl. der Pharm. von Geisler & Möller, IX. 245.

Droge. Berg, Handb. d. pharm. Bot. Ed. III. p. 282 (*S. orientale*). — Berg, Pharmacogn. Ed. V. p. 422 (*S. orientale*). — Flückiger, Ltf. d. Pharm. 249. — Flückiger and Hanbury, Pharmac. p. 425. — Bentley et Trimen, p. 198. — Husem. u. Hilger, Pflanzenstoffe p. 1265. — Erdmann-König (Hanauseck) Warenkunde 369. — Wiesner, Rohstoffe 713. 740. — Benedikt, Anal. d. Fette 344. — Wiegand, Pharmac. 377. (Ol.) 406 (Sem.) — Henkel, Pharmac. 376. (Sem. u. Ol.) — Hartwich in Realencyclop. d. Pharm. VII. 418 (Placenta) 488 (Ol. von Schlickum) IX. 245 (Ol. von Benedikt). — Helfenberger Annalen. 1892 77. 78. 1893 102. Erstes Dezennium 1897 70. 89. — Hirsch, Universal-Pharm. p. 338 No. 2331. — Beckurts & Hirsch, Encyclop. p. 325 No. 1214. — Pharm. Russ. p. 438. No. 490. — U. St. Pharm. 288. — Deutsche Arzneimittel 1891. pag. 204. No. 627.

Tafelbeschreibung:

A Wurzel. B Blühende und fruchttragende Pflanze. 1 Blüte, von der Seite gesehen; 2 Blüte im Längsschnitt; 3 Stempel; 3a Querschnitt des Stempels; 4 Reife Frucht im Aufspringen; 5, 6 Kapselhälften voneinander getrennt und geöffnet; 7 Samen der schwarzen Varietät; 8 Samen der weissen Varietät; 9 Samen im Längsschnitt; 10 Samen im Querschnitt; 11 Diagramm.

Smilax medica Cham. et Schlechtend.

Sarsaparille — Salsapareille — Sarsaparilla.

Familie: *Liliaceae.* Gattung: *Smilax* Tourn.

Beschreibung. Die Gattung *Smilax* besteht aus rebenartigen, immergrünen Halbsträuchern mit horizontalkriechendem oder aufsteigendem, bisweilen knolligem Wurzelstock mit vielfach bis 2 Meter langen Wurzeln und hin- und hergebogenen, armesdicken, knotigen, gewöhnlich stacheligen Stengeln, die mit zweizeiligen, zerstreutstehenden, meist rankentragenden, herz- oder spiessförmigen, netzaderigen, gestielten Blättern besetzt sind. Vermittelst der blattwinkelständigen Ranken und starker Stacheln klimmen manche Arten gegen 30 Meter empor. Die gelblich-grünen, zweihäusigen Blüthen in doldigen, traubigen, end- oder achselständigen Blüthenständen. Perigon 6blätterig, in 2 Kreisen; Kronblätter frei, lanzettförmig, abstehend, abfallend, die im äusseren Kreise breiter. Männliche Blüthe mit 6 (selten 7—15), mit dem Grunde der Kronblätter verwachsenen Staubgefässen; Beutel zweifächerig, durch Längsspalte nach innen sich öffnend; ohne Pistillrudiment. Weibliche Blüthe mit 6 (oder 3—1) unfruchtbaren Staubfäden (Staminodien); Fruchtknoten 3- (selten 1—6-)fächerig, mit fast sitzender, 3- (selten 4- oder 6-)lappiger Narbe; Samenknospe zu 1—2 in jedem Fache, hängend, nicht gerandet. Beere kugelig, 1—3fächerig, 1—3samig. Same kugelig, mit brauner, zarthäutiger, mit dem Eiweiss verwachsener Samenschale. Embryo klein, oblong, in der Spitze des knorpeligen Eiweisses.

Die Kenntniss der Smilaxarten, welche Sarsaparille liefern, ist eine sehr mangelhafte und fusst obendrein nur auf unvollständige Herbarexemplare. Wahrscheinlich werden noch mehrere sarsaparilleliefernde Arten entdeckt werden, als jetzt schon bekannt sind und ebenso ist es denkbar, dass bei genauerer Kenntniss verschiedene, vielleicht nur durch Standortsverhältnisse entstandene Arten wieder zu einer gemeinsamen Stammpflanze vereinigt werden. Welche Arten nun eigentlich die Sarsaparille liefern? darüber herrscht grosses Dunkel, denn eigentlich ist nur *Sm. medica* nach den Schiede'schen Untersuchungen als die Stammpflanze der ostmexikanischen- oder Vera-Cruz-Sarsaparille mit einiger Sicherheit bekannt; und ebenso scheint es wahrscheinlich, dass nach den Beobachtungen von Hanbury, welcher *Sm. officinalis* nebst Wurzeln vom Magdalenenstrom durch Warszewitz erhalten hatte, letztere Pflanze die Stammpflanze der Sarsa von Jamaica ist. *Sm. syphilitica,* welche nach den Pöppig'schen Untersuchungen eine sarsaparillaliefernde Pflanze sein sollte, erklärt Spruce nach seinen Beobachtungen am Rio Negro als völlig werthlos. Flückiger meint: „Ohne Zweifel giebt es nur einige wenige, vielleicht ausschliesslich Centralamerika und Südamerika angehörige Smilaxarten, welche dem Begriffe der Sarsaparille entsprechen.“

Die wichtigsten und bekannteren Arten sind folgende:

1. *Smilax medica* Cham. et Schlechtend., von Schiede 1829 am Ostabhange der mexikanischen Cordilleren entdeckt, mit kräftigem, stark hin- und hergebogenem, nicht auffallend kantigem, nur an der Blattbasis mit rückwärts gebogenen Stacheln besetztem Stengel und schlanken, rundlichen oder fast quadratischen, zickzackförmigen Zweigen. Blätter herzförmig oder aus breitherzförmigem Grunde nur kurz bespitzt, an der Basis pfeilförmig abgerundet-gelappt, bis 20 Ctm. lang, bis 13 Ctm. breit, 5—7nervig, jedoch nur 3 Nerven die Spitze erreichend, übrigens sehr veränderlich, mit 4—5 Ctm. langen, bis zur Hälfte scheidigen, mit langen, kräftigen Ranken ausgestatteten Blattstielen. Blüthendolde auf 1—4 Ctm. langem, am Grunde mit einem kleinen, lanzettlichen Deckblatte versehenem Stiele, 16—24blüthig. Männliche Blüthe mit oblong-lanzettlichen, 4 bis 5 Millim. langen Kronblättern; die länglichen, stumpfen Staubbeutel von der Länge der Fäden. Weibliche Blüthen mit eiförmig-länglichen, 3 Mm. langen äusseren und länglichen, etwas kürzeren inneren Kronblättern, mit 2—4 (gewöhnlich 3) unfruchtbaren Staubgefässen, welche die halbe Länge des eiförmigen, dreifurchigen Fruchtknotens erreichen. Narben linealisch, nach aussen gekrümmt. Beeren roth, bis 10 Mm. im Durchmesser, dreisamig. Mexico (Vera Cruz, Orizaba, Tuxpan, Papantla, Mizantla, Nautla, Ponte de Dios, Huasteca).
2. *Smilax officinalis* Humb., Bonpl. et Kunth, von Humboldt auf seinen Reisen in die Aequinoctialgegenden des neuen Continents im Jahre 1805 am Magdalenenstrom entdeckt und 1822 von Kunth näher beschrieben, besitzt erst rundliche, stachellose, später vierkantige, bis 15 Meter emporklimmende Stengel mit zerstreutstehenden, 2 Mm. langen, zurückgekrümmten Stacheln. Blätter lederig; ältere herzförmig bis oval oder ziemlich dreieckig, zugespitzt, fünfnervig, bis

Liliaceae. [Smilaceae.]

Smilax medica Schlecht. et Cham.

30 Ctm. lang, bis 12 Ctm. breit; jüngere oblong oder oblong-lanzettlich, bis 18 Ctm. lang, bis 6 Ctm. breit. Blüthen und Früchte unbekannt. Am Magdalenenstrome in Columbia, am Patiafluss im südwestlichen Neugranada, in Costa Rica, Chiriqui, neuerdings auf Jamaica kultivirt. Im Garten zu Kew befindet sich ein Exemplar von *Sm. officinalis*, welches allerdings noch nicht zur Blüthe gebracht worden ist. Diese Pflanze, dessen Echtheit jedoch von Flückiger als noch nicht völlig erwiesen erachtet wird, hat der Abbildung in Bentley and Trimen als Grundlage gedient.

3. *Smilax syphilitica* Humb., Bonpl. et Kunth. Der $^1/_2$ Ctm. dicke, runde, glatte Stengel am Grunde der Blattstiele mit 2 oder 4 kurzen, dicken, zusammengedrückten, zurückgekrümmten Stacheln. Aeste stumpfkantig, an den Blattbasen zweidornig. Blattstiel $3^1/_2$ Ctm. lang, bis zur Hälfte breitscheidig, mit kräftigen Ranken ausgestattet. Blätter lederartig, untere länglich-lanzettlich, stachelspitzig, bis 26 Ctm. lang, bis 7 Ctm. breit, am Grunde abgerundet, fünfnervig, hervortretend netzaderig; obere Blätter kleiner, schmal-lanzettförmig. Blüthen und Früchte unbekannt. Am Cassiquiare, Rio Negro, Orinoco.

4. *Smilax papyracea* Duh. Der kräftige Stengel und die unteren Aeste scharf 4- oder 5—6kantig, gestreift, mit vielen schwarzen Punkten und starken, 3—5 Mm. langen, zurückgekrümmten Stacheln. Zweige undeutlich-kantig und wenig bestachelt. Blattstiel $1^1/_2$—2 Ctm. lang, ohne Dorne, berankt, zu $^1/_4$ der Länge scheidig. Blätter bis 16 Ctm. lang, bis 10 Ctm. breit, elliptisch-länglich, nach der Spitze verschmälert und zugespitzt, nach der Basis abgerundet bis fast herzförmig, gegen den Blattstiel wiederum keilförmig verschmälert, fünfnervig, die 2 äusseren Nerven weniger deutlich. In denselben Gegenden wie *syphilitica* und in Guyana.

5. *Smilax pseudosyphilitica* Kunth mit rundlichen Aesten und schwach kantigen Zweigen; zerstreutdornig. Die lederigen, kahlen, glänzenden Blätter länglich, stachelspitzig, nach oben und unten verschmälert, bis 20 Ctm. lang, bis 11 Ctm. breit, 3—5nervig, undeutlich-netzaderig, die drei mittleren Nerven auf der Oberseite furchenartig, auf der unteren Seite erhaben, äusserstes Nervenpaar schwach. Blattstiel bis 15 Mm. lang, zu $^1/_3$ scheidig; Scheide beiderseits spitz gelappt. Blüthenstände aus den Blattachseln hervorbrechend. Blüthendolde mit 6—25 Mm. langem, am Grunde mit kleinem Deckblatte versehenem Stiele. Rio Negro, Rio Janeiro, Cassiquiare, Guyana.

Smilax cordato-ovata Rich. ist ganz zweifelhaft; sie soll nach Flückiger und Hanbury zu *Sm. Schomburgkiana* Kunth gehören, welche sich von *pseudosyphilitica* durch cylindrische, schwarzwarzige Aeste und eilanzettliche, häutige Blätter auszeichnet und in Surinam und der brasilianischen Provinz Bahia einheimisch ist.

Anatomisches. Der Wurzelquerschnitt zeigt nach Berg eine dicke, meist weisse, mehlige, lückenlose, aus Aussen-, Mittel- und Innenrinde zusammengesetzte Rinde, einen geschlossenen Holzring ohne Markstrahlen, mit deutlichen Gefässporen und ein grosses, mehliges Mark. Die Aussenrinde besteht zu äusserst aus einer einzelnen Reihe dünnwandiger, blassbräunlicher, inhaltsloser, bald verwitternder Korkzellen, die mitunter zu kurzen, einzelligen Haaren auswachsen; die darunter liegende, aus 3—5 Reihen gebildete innere Schicht enthält nur nach aussen verdickte, braunrothe oder gelbe Zellen ohne festen Inhalt, deren Wandverdickung jedoch nach der Mittelrinde hin abnimmt. Die stark entwickelte, gewöhnlich mehlige und schneeweisse, selten etwas gelbliche, röthliche oder bräunliche, auch hornartige und dann graue oder graubräunliche Mittelrinde zeigt ein farbloses, aus dünnwandigen, getüpfelten Zellen und grossen Intercellularräumen zusammengesetztes Parenchym, dessen langgestreckte, im Querschnitt rundliche Zellen meistens zu 2—6 verwachsene, 3—4strahlig gespaltene Stärkekörner und in einzelnen Zellen auch von Schleim umgebene Calciumoxalatkrystallbündel, auch Harzklumpen enthalten. Die Innenrinde, gleichzeitig die Kernscheide, besteht aus einer Reihe sehr oft einseitig nach innen verdickter, braunrother oder gelber, längsgestreckter Parenchymzellen ohne Inhalt. Das Holz besteht aus einem Ringe, dessen prosenchymatische Gefässbündel nach der Kernscheide zu mit einander verschmolzen sind, während sie gegen das Mark bogig hervortreten. Das dickwandige, mit deutlichen Verdickungsschichten und Porenkanälen ausgestattete Gefässbündelprosenchym umschliesst eine radiale, einfache oder gegabelte Reihe von Gefässen, welche in der Nähe des Markes von bedeutendem Umfange sind, während sie nach der Kernscheide zu an Durchmesser sehr abnehmen. Die zwischen den Gefässbündeln und Schenkeln der Gefässreihen befindlichen Parenchymstränge, welche von Berg als unentwickelte Markstrahlen bezeichnet werden, sind im Querschnitt länglich-rund und aus dünnwandigem, stärkefreiem, nach dem Marke zu an Grösse abnehmenden Parenchymzellen zusammengesetzt. Das Mark gleicht im Bau und Inhalt dem Rindenparenchym.

Name und Geschichtliches. Der Name *Sarsaparilla*, eigentlich *Zarza parilla*, stammt aus dem spanischen *zarza* (portugiesisch *salsa*), Brombeerstrauch und *parilla* (portugiesisch *parilha*), Verkleinerungswort von *parra* Weinstock, wegen der stacheligen Stengel und weinartigen Blattranken, vermittels deren die Pflanze gleich dem Weinstocke emporklimmt. *Smilax* von *σμιλη* Kratzeisen (*σμαειν* kratzen), wegen der bestachelten Stengel.

Die Sarsaparille ist schon im 16. Jahrhundert unserem Arzneischatze einverleibt worden und jedenfalls ist die arzneiliche Benutzung von Seiten der Eingeborenen schon lange vor dem Eindringen der Spanier in Gebrauch gewesen. Pedro de Cieza de Leon, welcher in der ersten Hälfte des 16. Jahrhunderts Südamerika besuchte, rühmt die Wurzel gegen Syphilis und bezeichnet die aus der Provinz Guayaquil stammende als die wirksamste. Nach Monardes ist die Droge um 1536 erst aus Mexico, dann aus Honduras und Guayaquil nach Sevilla gebracht worden. Der medizinische Gebrauch wurde in Europa sehr bald ein allgemeiner. Zu Ende des 16. Jahrhunderts erhielt England viel Sarsaparille aus Peru. Humbold sagt in seiner „Reise in die Aequinoktialgegenden des neuen Continents“ über Sarsaparille folgendes: Der Hauptzweck bei den Einfällen (von Seiten der Indianer) auf dem Rio Calaburi ist Sarsaparille und die aromatischen Samen des Puchery-Lorbeers zu sammeln. Man geht dieser kostbaren Produkte wegen bis auf 2 Tagereisen von Esmeralda an einen See nördlich von Cerro Unturan hinauf und zwar über die Trageplätze zwischen dem Pacimoni und Idapa und dem Idapa und dem Mavaca, nicht weit vom See desselben Namens. Die Sarsaparille von diesem Landstrich steht in Gran-Para, in Angostura, Cumana, Nueva, Barcelona und anderen Orten von Terra Firma unter dem Namen *Zarza del Rio Negro* in hohem Rufe. Es ist die wirksamste von allen, die man kannte; man zieht sie der Zarza aus der Provinz Caracas und von den Bergen von Merida weit vor. Sie wird sehr sorgfältig getrocknet und absichtlich dem Rauche ausgesetzt, damit sie schwärzer wird. Die Schlingpflanze wächst in Menge an den feuchten Abhängen der Berge Unturan und Achivaquery. Wir fanden 12 neue Arten, von denen *Smilax syphilitica* vom Cassiquiare und *Smilax officinalis* vom Magdalenenstrome wegen ihrer harntreibenden Eigenschaften die gesuchtesten sind. Da syphilitische Uebel hier zu Lande unter Weissen und Farbigen so gemein als gutartig sind, so wird in den spanischen Colonien eine sehr bedeutende Menge Sarsaparille als Hausmittel gebraucht.“ Schleiden war der erste, der die Wurzeln mikroskopisch untersuchte und auf die Verschiedenheiten des anatomischen Baues der verschiedenen Handelssorten aufmerksam machte. Er wurde dadurch der Begründer der mikroskopischen Pharmakognosie.

Offizinell sind die langen Nebenwurzeln: *Radix Sarsaparillae s. Sassaparillae* (*Radix Sarsae*).

Die Einsammlung der Wurzeln ist nach v. Martius eine ziemlich schwierige, da die Pflanze in den nur bei günstigem Wasserstande besuchbaren Sümpfen und unter Wasser gesetzten Flussufern (Wasserwald) aufgesucht und die Wurzel wegen des ungeheuren Wurzelfilzes unter grossen Schwierigkeiten gegraben werden muss. Im Handel erscheinen entweder die Wurzeln allein oder letztere sind noch mit dem Wurzelstock und Stengelstumpf verbunden. Hierauf gründet Flückiger folgendes System der äusseren Beschaffenheit:

I. Wurzelstock und Wurzeln sind vorhanden.

A. Die Wurzeln werden in ihrer natürlichen Lage belassen und oben mit einigen starken Wurzeln leicht umwickelt.

B. Die Wurzeln werden nach 2 Seiten horizontal aufgebogen und zurückgeschlagen, so dass der Wurzelstock frei in der Mitte getragen wird.

C. Die Wurzeln werden ganz vertikal nach oben umgeschlagen, so dass der Wurzelstock sammt Stengel von ihnen umhüllt wird.

II. Der Wurzelstock ist abgeschnitten und nur die Wurzeln allein vorhanden.

D. Die Wurzeln werden umgebogen, in Bündel zusammengelegt und mit Wurzeln mehr oder weniger fest umschnürt; so, dass an beiden Enden die Biegungen, im Innern sich die Wurzelenden befinden.

E. Die einzelnen Wurzeln werden umgebogen in 1 Meter lange, 30 Ctm. dicke Bündel zusammengelegt, mit Lianen fest umwickelt und oben und unten gerade geschnitten.

D und E geben Veranlassung zu Betrug, indem im Inneren schlechte Waare untergebracht werden kann. Nach der Zurichtung werden die Bündel in Häute eingenäht und die auf diese Weise gebildeten grossen Ballen, Suronen, Seronen (vom spanischen zurron, eine aus Haut gefertigte Tasche) in den Handel gebracht.

Obwohl die Sarsaparille in verschiedenen, bestimmt unterschiedenen Sorten auf den Markt gebracht wird, so steht die Abstammung der einzelnen Sorten von bestimmten Mutterpflanzen keineswegs fest.

Die in Deutschland gebräuchlichen Sorten sind nach der von Wittstein angeführten Dierbach'schen Charakteristik unter Berücksichtigung neuer Forschungen folgende:

I. Die Wurzeln besitzen im Verhältniss zum Holzkörper eine dünnere Rinde; die Querschnittfläche färbt sich bei Anwendung von concentrirter Schwefelsäure sofort braunroth.

1. Vera-Cruz-Sarsaparille: Die sehr langen, ziemlich gleichförmigen, federkieldicken Wurzelfasern hängen noch mit dem Wurzelstock und dem knotigen, stacheligen Stengelstumpf zusammen. Ihre Oberfläche ist durch starke, breite Längsfurchen runzelig und mit anhängender Erde bedeckt; Farbe rothbraun oder graubraun. Theile sind von der zerbrechlichen Rinde entblösst, welche dünne, glatte, glänzende, dunkelbraunrothe, starke Holzfasern zeigen. Der Querschnitt zeigt eine verhältnissmässig dünne, locker anliegende, blass-röthlich-braune Rindenschicht, welche durch Verkleisterung in Folge des Räucherns hornartig oder ganz zusammengefallen ist. Der Holzcylinder ist hart, weiss oder schwach gelblich. Die aus 1—3 Reihen bestehende Kernscheide zeigt im Querschnitte vorwiegend radial gestreckte, sehr stark nach innen verdickte Zellen. Der Stärkegehalt der Rinde ist sehr gering und nur in der mittleren Schicht bemerbar, wohingegen die Krystallschläuche in grösserer Menge auftreten. Der Gefässbündelring ist breiter als das Mark. Flückiger, der hierher die weiter unten angeführte Sarsaparille von Tampico zählt und beide als „ostmexikanische Sarsaparille" bezeichnet, führt als Ausfuhrorte Tampico (1876: 2100 Ballen à 240 Pfund), Tuxpan und Vera-Cruz im Golfe von Mexico an und bemerkt hierzu, dass die Verpackung der unter C beschriebenen entspricht, sonst eine liederliche und „spitzbübische" ist und dass im Parenchym dieser Wurzeln sehr oft das Mycelium eines nicht bestimmbaren Pilzes gefunden werde. Als Stammpflanze gilt *Smilax medica* Schlechtend. et Cham., doch spricht Flückiger auf Grund der beobachteten Verschiedenheiten im anatomischen Wurzelbau (Endodermiszellen im Allgemeinen gleich denen der Hondurassorte) die Vermuthung aus, dass wahrscheinlich mehrere Arten Ostmexikos die Droge liefern.

2. Lima-Sarsaparille: Besitzt 6—8 Mm. dicke Wurzelfasern und zahlreiche dünne Nebenfasern und eine blasse, schmutzig-gelbgraue Oberfläche. Die Mittelrinde ist stark, weiss, fast mehlig, der Holzring dünn, bräunlich; Mark mehlig, weiss. Sie wird mit Wurzelstock und Stengelrest versehen in Bündeln von 90 Ctm. Länge und 22 Ctm. Dicke in den Handel gebracht. Einige bezeichnen sie als die jüngere Wurzel der Vera-Cruz-Sarsaparille, andere als von *Sm. purhambuy* Ruiz abstammend.

3. Jamaica-Sarsaparille: Sie steht in der Mitte von 1 und 2. Die Wurzeln, welche ohne Wurzelstock in den Handel gebracht werden und viele Nebenfasern besitzen, sind lang, 2—5 Mm. dick, braunroth, längsfurchig und meist arm an Stärkemehl, während die auf Jamaica selbst gebaute Wurzel reicher an Stärkemehl ist. — Jamaica, welches keine eigene Smilaxart besitzt, jedoch neuerdings, mit zwar noch geringem Erfolge, Smilax kultivirt, ist schon im vorigen Jahrhundert der Stapelplatz der Sarsaparilla aus Mexico, Honduras, Neugranada und Peru gewesen. Gegenwärtig ist es nach Flückiger „hauptsächlich die Wurzel, welche in den Cordilleren von Chiriqui im südöstlichsten Theile Costa Ricas in Höhen von 4—8000 Fuss gesammelt und über Boca del Toro zunächst nach Jamaica ausgeführt wird." Die Verpackung ist die unter D beschriebene. Aller Wahrscheinlichkeit nach ist *Smilax officinalis* Hmb. et Bonpl. die Stammpflanze dieser vorzugsweise in England benutzten Droge, die Flückiger als eine ausgezeichnete Sorte von recht gleichmässigem Ansehen bezeichnet.

4. Tampico-Sarsaparille, welche zur ostmexikanischen Sarsaparille gehört und gewöhnlich der Vera-Cruz-Sarsaparille zugezählt wird, besitzt eine mit starken, spitzen Stacheln ausgestattete Stengelbasis, ist sehr tief gefurcht und durch eine gelblich-graue Farbe ausgezeichnet. Der Querschnitt zeigt eine dichte, fleischige, blass gelblich-weisse oder blassbräunliche Rinde und einen gelblich-weissen Kern. Sie bildet den Uebergang zu II.

II. Die Wurzeln besitzen eine dicke, weisse, mehr oder weniger mehlige Rinde. Die Querschnittfläche bleibt beim Befeuchten mit conc. Schwefelsäure weiss oder wird nur gelblich.

5. Sarsaparilla von Caracas: Die einem dicken, mit Stengelresten versehenen Wurzelstock entspringenden, 3—6 Mm. starken, mit vielen Wurzelfasern besetzten Wurzeln sind stark und tief gefurcht und bestäubt, blassbräunlich oder bräunlich-roth, mit dicker, mehliger, weisser

oder blassrosenrother Mittelrinde. Entweder sind mehrere Knollstöcke zu einem, mit einer besonders schönen Wurzel locker zusammengeschnürten Bündel zusammengepackt oder jedes Wurzelsystem ist für sich zu einem flachen Bündel ausgebreitet und mit einer Wurzel locker umwickelt. Die Zellen der Kernscheide sind im Querschnitt vorwiegend quadratisch, auch dreieckig und rhombisch, selten radial gestreckt und nach innen mehr verdickt. Das Holz zeigt enge Gefässe. Diese Sarsaparille, welche von *Sm. syphilitica* abstammen soll, wird in Venezuela gesammelt und kommt aus Caracas über Guayra in den Handel.

6. Honduras-Sarsaparille: Der Wurzelstock ist mit langen, federkieldicken, vielfaserigen, nicht tief gefurchten, 2—4 Mm. starken, meistens fetten, mehligen oder etwas hornartigen, derben Wurzeln versehen, welche, rein gewaschen, eine gelblich-graue bis dunkelbraune Farbe zeigen. Holzring etwas schmäler als der Markdurchmesser; Rinde bedeutend breiter als der Holzring. Die Zellen der Kernscheide zeigen im Querschnitte vorwiegend quadratische Form mit wenig und gleichmässig verdickten Wandungen. Sie wird in der unter ABC beschriebenen Verpackung aus dem Staate Honduras über Truxillo und aus der britischen Kolonie Honduras über Belize und von der Südküste Guatemalas und Nicaraguas über Realjo in den Handel gebracht. Die Hauptmenge stammt nach Flückiger aus dem Gebiete der in den Golf von Honduras mündenden Flüsse Sarstoon, Polochic uud Motagua.

   Die Guatemala-Sarsaparille, welche seit Anfang der 50er Jahre über London in den Handel kommt, ist eine ausgezeichnete Waare mit 6 Mm. dicken, rothgelben Wurzeln, die sich durch eine stärker längsrunzelige, mehr eingeschrumpfte und leicht abbröckelnde Rinde von der Hondurassorte auszeichnen. Die Zellen der Kernscheide sind im Querschnitte etwas tangential gestreckt und nach innen stärker verdickt.

7. Sarsaparilla von Para, Brasilien, Maranhao, Sarsa vom Rio Negro. Sie kommt in der unter E beschriebenen Verpackung in den Handel, besitzt eine durch Räuchern verursachte dunkle, graue Oberfläche und nur hie und da durch Abschälen der Epidermis die ursprünglich röthliche Farbe. Die 2—4 Mm. dicken, runden, gestreiften oder schwach gefurchten Wurzeln zeigen im Querschnitt eine starke, weisse, mehlige oder hornartige Rinde und einen Holzring, der halb so breit (oder auch schmäler) als das mehlige und weisse Mark ist. Die Zellen der Kernscheide sind im Querschnitt radial gestreckt, auch fast dreieckig, nach innen stärker verdickt, die Höhlung weit.

Dieser eben beschriebenen Sarsaparilla ist in der Regel eine andere Sorte beigemischt, deren Kernscheidezellen sehr stark nach innen verdickt sind. Flückiger erwähnt noch einer um 1879 in den Handel gekommenen Para- oder Rio Negro-Sarsaparille, welche aus 1 Meter langen, sehr dunkelbraunen, strohigen, oft bezaserten Wurzeln besteht, von denen ca. 6 am oberen Ende mit einer Liane umwickelt und dann 14 solcher Bündelchen zu einem 7 Ctm. starken Bund vereinigt werden. Diese Wurzeln besitzen ein zusammengefallenes, stärkefreies Rindengewebe und im Querschnitt etwas radial gestreckte Kernscheidezellen. Der innere Cylinder enthält Stärke.

Nach Pöppig sind die Stammpflanzen der Para-Sarsaparille *Smilax cordato-ovata* Pers. und *Sm. syphilitica* Hb., nach von Martius *Sm. officinalis* Hb. und *Sm. papyracea* Poir. Letztere Pflanze wird neuerdings als die Stammpflanze angenommen. Die Droge stammt aus dem Stromgebiete des Amazonas und wird über Para oder Bahia (in früheren Zeiten nach Lissabon) ausgeführt.

Die Schleiden'sche Charakteristik, welche sich auf die Beschaffenheit der Zellen der Kernscheide gründet und von Vielen als die zuverlässigste angesehen wird, ist folgende:

I. Zellen der Kernscheide im Querschnitt vorwaltend quadratisch, nicht stark verdickt, die Höhlungen daher weit.

   A. Zellen der Kernscheide gleichförmig oder nach den Seitenflächen etwas stärker verdickt.

      Hierher die Sarsaparilla von Honduras s. Guatemala.

   B. Zellen der Kernscheide im Querschnitte quadratisch, nicht stark verdickt, nach innen (der dem Holze zugewendeten Seite) merklich mehr verdickt als nach aussen (der der Peripherie zugewendeten Seite).

      Hierher Sarsaparilla von Granada, Caracas und z. Thl. Lima.

II. Zellen der Kernscheide vorwaltend etwas tangential gestreckt, stark nach innen verdickt.

   Hierher Sarsaparilla von Manzanilla z. Thl. von Lima.

III. Zellen der Kernscheide im Querschnitt vorwaltend radial gestreckt.

A. Zellen der Kernscheide nicht stark verdickt, nach innen merklich mehr als nach aussen. Hierher Sarsaparilla von Para, Brasilien, Angostura, Costa-Rica, St. Thomas.

B. Zellen der Kernscheide im Querschnitt radial gestreckt, sehr stark nach innen verdickt. Hierher Sarsaparille von Jamaica und Vera-Cruz.

Flückiger bezeichnet die Sarsaparille von Honduras und Guatemala, die ostmexikanische Sarsaparille, die Sarsa von Jamaica und die Sarsaparille von Para als die in Deutschland vorzugsweise gebrauchten Sorten und meint, dass bei dem unzweifelhaft sinkendem Gebrauche der Sarsaparille die übrigen Sorten kaum in Betracht kommen könnten.

Die Sarsaparille besitzt keinen besonderen Geruch, der Geschmack ist erst schleimig und bitterlich, dann kratzend. Die stärkemehlarmen Sorten werden als die wirksamsten und besten angesehen. Vermengungen mit anderen Wurzeln, welche hie und da stattfinden, sind, wegen der charakteristischen Beschaffenheit der Sarsaparille, wohl nur in kleingeschnittenem Zustande möglich.

Bestandtheile. Die Wurzel ist vielfach untersucht und Spuren von ätherischem Oele, Harz, Albumin, Bassorin, Gummi, Pektin, Zucker, Oxalsäure, bis 50% Stärkemehl und bis 2% Parillin darin aufgefunden worden. Das *Parillin,* 1824 von Pallota in der Sarsaparillewurzel aufgefunden und von ihm *Pariglin*, später von Folchi und Berzelius *Smilacin* genannt, krystallisirt aus Weingeist nach Poggiale in feinen Nadeln, nach Thubeuf in weissen, aus strahligen Blättchen bestehenden Warzen, ist luftbeständig, neutral, geruchlos, trocken fast geschmacklos, in Lösung hingegen scharf und bitter, wird in höherer Temperatur zerstört, von kaltem Wasser kaum, in kochendem Wasser reichlich gelöst, in kaltem Weingeist nur wenig, in kochendem leicht, in reinem Aether nicht, hingegen gut in Aetherweingeist. Es besitzt nach Poggiale die Formel $C_{16}H_{30}O_6$, nach Petersen und Henry $C_{15}H_{26}O_5$. Wird Parillin mit verdünnten Säuren gekocht, so erhält man eine erst braune, dann grünliche, fluorescirende Flüssigkeit, aus der sich weisse Krystallschüppchen von *Parigenin* abscheiden, wobei auch Zucker auftritt. Flückiger sagt über Parillin: „Die Zusammensetzung des Parillins nähert sich sehr derjenigen von Saponin aus anderen Quellen; es besitzt nicht die heftigen Wirkungen, welche z. B. dem Saponin aus Quillaja Saponaria zukommen. Das Parillin erregt kein Niesen und schmeckt weit milder." Die *Parillinsäure* Batka's und das *Salseparin* Thubeufs werden als unreines Parillin bezeichnet. Pereira hat in der Jamaica-Sarsaparille eine geringe Menge eines im Wasser sinkenden Oeles gefunden, welches einen Geruch und Geschmack nach Sarsaparille besitzt. (Husemann, Pflanzenst. 406.)

Anwendung. In Substanz als Pulver oder Latwerge und in Abkochung gegen veraltete syphilitische, gichtische, chronisch-rheumatische, scrophulöse Leiden. Husemann äussert sich hierüber: „Ausser Amylum und einer Spur ätherischen Oeles enthält die Sarsaparille ein kratzend schmeckendes Glykosid, *Smilacin* oder *Parillin*, dessen Beziehung zu der Wirksamkeit der Sarsaparille nicht feststeht. Die Sarsaparille ist der wichtigste Bestandtheil der meisten sogen. Holztränke und wird besonders bei Syphilis, bei chronischen Exanthemen (Psoriasis, Furunculosis und multiplen Abscessen) bei Gicht und chronischem Rheumatismus benutzt. (Husemann, Arzneimittell. 829.)

Litteratur. Abbildung und Beschreibung: Nees v. Esenb., Suppl., Taf. 7 (*Sm. medica*); Martius, Flor. brasil. III., Taf. 1 (*Sm. papyracea*); Berg u. Schmidt, Offiz. Gew. XVIIa (*Sm. syphilitica* und *pseudosyphilitica*); Bentley u. Trimen, Med. pl., Taf. 289 (*Sm. officinalis*), Taf. 290 (*Sm. medica*); Luerssen, Handb. d. syst. Bot. II., 396; Karsten, Deutsche Flora 433; Wittstein, Pharm. 728.

Drogen und Präparate: *Radix Sarsaparillae*: **Ph. germ.** 224; Ph. austr. 115; Ph. hung. 387; Ph. ross. 336; Ph. helv. 109; Cod. med. 76; Ph. belg. 76; Ph. Neerl. 206; Brit. ph, 277; Ph. dan. 194; Ph. suec. 173; Ph. U. St. 289; Flückiger, Pharm. 291; Flückiger and Hanb., Pharm. 703; Hist. d. Drog. II., 540; Schleiden, Beiträge zur Kenntniss der Sarsaparille (Archiv d. Pharmacie 1847); Berg, Waarenk. 30; Berg, Atlas 5, Taf. III u. IV.

Decoctum Sarsaparillae compositum fortius (Decoct. Zittmanni fortius): **Ph. germ.** 71; Ph. austr. 42; Ph. helv. suppl. 29; Ph. suec. 54.

Decoctum Sarsaparillae compositum mitius (Decoct. Zittmanni mitius): **Ph. germ.** 72; Ph. austr. 43; Ph. hung. 143; Ph. helv. suppl. 30; Ph. suec. 55.

Decoctum Sarsaparillae compositum: Brit. ph. 100; Ph. ross. 101; Ph. U. St. 91.

Syrupus de radice Sarsaparillae: Cod. med. 566; Ph. belg. 252.

Syrupus Sarsaparillae compositus: Ph. helv. 136; Cod. med. 567; Ph. belg. 337; Ph. U. St. 328.

Extractum Sarsaparillae spirituosum, fluidum s. liquidum: Ph. helv. suppl. 46; Cod. med. 414; Ph. belg. 169; Ph. Neerl. 112; Brit. ph. 127; Ph. U. St. 143, 144.

Pulvis Sarsaparillae: Cod. med. 522.

Ptisana de radice Sarsaparillae: Cod. med. 614.

Siehe auch Hager, Pharm. Prx. II., 914; III. 1083.

Tafelbeschreibung:

A ein Zweigstück mit reifen Früchten, natürl. Grösse; 1 Beere im Querschnitt, desgl.; 2 Same, natürl. Grösse und vergrössert; 3 derselbe zerschnitten. Nach einer Originalzeichnung des Herrn Professor Schmidt, Berlin.

Strophanthus hispidus D. C.

Strophanthussamenpflanze, Kombésamenpflanze.

Familie: *Apocyneae* (*Apocynaceae*), nicht *Asclepiadeae*; Gruppe: *Echiteae*; Gattung: *Strophanthus* D. C.

Beschreibung. Die Gattung *Strophanthus*, welche im tropischen Asien und Afrika einheimisch ist, besteht aus milchsaftführenden Schlingsträuchen. Die Blätter sind gegenständig, die meist geknäuelten Blüthenstände gipfelständig. Kelchzipfel innen am Grunde mit Drüsen besetzt. Krone trichterförmig, am Schlunde mit 10 ungetheilten Schüppchen; die Zipfel des Saumes sind in eine lange, bandartige Spitze ausgezogen. Der Fruchtknoten ist von 5 Nektarschüppchen umgeben. Die Frucht besteht aus einer schlanken, vielsamigen Balgkapsel. Die Samen, welche zu 100—200 in einer Frucht stecken, verlängern sich oben in einen langen Schaft, dessen oberer Theil federkronenartig mit langen, feinen Seidenhaaren besetzt ist.

Strophanthus hispidus D. C. ist nach der Beschreibung von Christy-Husemann ein Schlingstrauch von 3—4 Meter Höhe, mit walzlichen, hohlen, fingerdicken, im jungen Zustande biegsamen Zweigen, die mit ziemlich langen, hellgelben oder weisslichen, steifen Haaren dicht besetzt sind. Die gegenüberstehenden Blätter sind kurz gestielt, haben eine elliptisch runde Form, sind unten stumpf, oben in eine kurze Spitze ausgezogen, ganzrandig und selten zu dreien beisammenstehend. Die jungen Blätter besitzen die gleiche Behaarung wie die Zweige. Blüthenstand eine endständige, mit spitzen und behaarten Nebenblättern ausgestattete Trugdolde bildend. Kelch tief eingeschnitten 5 lappig, aussen wie die Zweige behaart, Lappen spitz. Blumenkrone trichterförmig, aussen weiss, an der inneren Basis gelb, auch purpurfleckig, mit kurzer Röhre, die sich in einen glockenförmigen, 5 zipfeligen Saum ausweitet. Saumzipfel bis 20 Ctm. lang, oft zusammengedreht, am Rande gewimpert; am Grunde des Saumes befindet sich ein Kranz von 10 nagelförmigen, stumpfen Anhängseln. Staubgefässe zu 5, ohne pfriemenförmige Verlängerung; Antheren aufsitzend, pfeilförmig, spitz. Fruchtknoten 2, klein, vieleiig, mit weissen Borstenhaaren bedeckt. Griffel einfach, schlank, mit kopfförmiger Narbe. Frucht 1 oder 2, aus einer 30—40 Ctm. langen, cylindrischen, an beiden Enden (nach oben aber stärker) verjüngten, daumendicken Balgkapsel bestehend, die mit zahlreichen Samen angefüllt ist. Letztere sind länglich, nach oben und unten verjüngt, mit langer Fadenkrone ausgestattet und mit einem braunen, sammetartigen Filze bedeckt.

Die Heimath dieser westafrikanischen Pflanze ist Senegambien und Guinea. Sie wurde zuerst von Hendelot in Senegambien an den Ufern des Rio Nunez, später von Smithman in Sierra Leone aufgefunden. Die von Griffon de Bolley gesammelten Samen stammten aus Gabun (1^0 n. Br.).

Als dieser Pflanze sehr nahe stehend wird der ostafrikanische *Strophanthus* von Inhambane (*Strophanthus hispidus* Oliver) bezeichnet, welcher nach Kirk an verschiedenen Stellen zwischen der Küste und dem Centrum, über die Viktoriafälle hinaus, wachsen soll. Diese Art ist ein bis in die Spitzen der höchsten Waldbäume emporklimmender Strauch, dessen fast sitzende Blätter mit auf der Unterseite weniger hervortretenden Blattnerven ausgestattet, denen die Haare mehr angedrückt sind, und deren Unterseite überhaupt mehr filzig erscheint. Kelchzipfel schmal-lanzettlich, der untere Theil der Kronenzipfel, der eigentliche Lappen, länger gestreckt als bei dem vorhergehenden. Die Früchte sollen sehr gross sein und im frischen Zustande ein Gewicht von 5 Kgr. erreichen. Die Samen haben eine Länge von $1^1/_2$—$2^1/_2$ Ctm., eine Breite von 5 Mm., sind an der Basis abgerundet, nach oben verschmälert, an den Seiten abgeplattet, der Länge nach etwas spiralig gedreht und mit einem grünen bis grünbraunen Filze bedeckt. Es sind dies die im englischen Handel mit *Kombé Seed* bezeichneten, von Christy eingeführten Samen.

Strophanthus Kombé Oliver zeichnet sich durch wenigblüthige Blüthenstände und kürzere und derbere Kelchlappen aus; auch die frühzeitig abfallenden Deckblätter besitzen derbere Beschaffenheit. Die im Schlunde der Krone befindlichen 5 Schuppen sind zweispaltig mit dreieckigen Lappen. Die Balgkapseln sind etwas kürzer, ungefähr 20 — 30 Ctm. lang. Die Heimath ist ebenfalls Ostafrika.

Ueber die Stellung dieser 3 Pflanzen zu einander herrscht noch Unklarheit, namentlich darüber, ob nicht die eine als Varietät der anderen zu betrachten ist, oder alle 3 als Varietäten einer noch unbekannten, behaarten Art anzunehmen sind. Husemann sagt: „Ist *Strophanthus hispidus* zu solchen Varietäten geneigt, dass, wie Christy's Correspondent angiebt, aus dem Samen auch glattblätterige Pflanzen entstehen, so wird das Anrecht der 3 Pflanzen auf Anerkennung als bestimmte Arten sehr problematisch."

Name und Geschichtliches. *Strophanthus* ist abgeleitet von *στρόφος*, gedrehtes Seil oder Band, und *ἄνθος*, Blume, wegen der zusammengedrehten, bandartigen Kronenzipfel; *hispidus*, rauhhaarig.

Durch das Bestreben, ein sogen. Herzgift zu entdecken, welches die günstigen Wirkungen des *Digitalis* besitzt, ohne die unangenehmen Nebenwirkungen zu theilen, ist man auf das sehr gefährliche afrikanische Pfeilgift, *Inée*, *Onage* (*Onaye*) genannt, aufmerksam geworden, welches die Eingeborenen im Kampfe und auf der Jagd, sonst aber in keiner Weise medizinisch verwenden. Dasselbe wurde von dem russischen Toxikologen Pelikan im Jahre 1865 untersucht und als Herzgift erkannt. Zu einem gleichen Resultate gelangten van Hasselt und Dr. Kooyker, welche im Jahre 1871 das Pfeilgift von Guinea untersuchten, ebenso Polaillon und Carville, die ein Jahr später ein Pfeilgift aus Gabun in Guinea prüften. Hardy und Gallois entdeckten im Jahre 1877 in westafrikanischen Samen 2 von ihnen als *Strophanthin* und *Ineïn* bezeichnete Körper, die nicht alkaloidischer Natur sind und von denen der erstere als der auf das Herz wirkende Antheil erkannt wurde. Schon 1870 hatte Fraser in Edinburgh ostafrikanische Pfeilgifte untersucht und das wirksame Prinzip mit *Strophanthin* bezeichnet, ohne jedoch das letztere näher zu prüfen. Fraser bezeichnete das Pfeilgift mit *Kombi*, später *Kombé*, ein Name, der hauptsächlich in Ostafrika gebräuchlich ist. Schon Livingstone erwähnt *Kombi* in seinem Werke „Narrative of an expedition to the Zambesi", und in demselben befindet sich auf Grund der Beobachtungen von Livingstone's Reisebegleiter Dr. Kirk der Ausspruch, dass dereinst das Pfeilgift berufen sein werde, in der Medizin eine grosse Rolle zu spielen. Durch Fraser's Bemühungen sind die Kombisamen in Europa bekannt und durch die Firma Christy & Comp. in London eingeführt worden. Chrysty hat durch seine, mit vielen Abbildungen ausgestattete, 1877 herausgegebene Schrift erst Licht über die Samen und deren Stammpflanzen verbreitet.

Offizinell ist der Same: *Semen Strophanthi* (*Semen Kombi* oder *Kombé*, Strophanthussamen, *Kombé Seed* der Engländer), welcher theils frei, theils in der Balgkapsel in den Handel gebracht wird. Die erstere, die freie Sorte, soll vorzuziehen sein, da man die Beschaffenheit der Samen in der Kapsel nicht beurtheilen kann und es vorgekommen ist, dass letztere noch unreife, also wenig brauchbare Samen enthielten.

Christy unterscheidet folgende Sorten:

1. Die im Handel als Kombésamen bekannten, oben beschriebenen, grünbraunen Samen, welche Christy von Inhambane eingeführt hat. Der dicke Kronenschaft ist 3—4mal so lang als der Same, der mit Faden besetzte Theil kürzer als der Schaft; der Geschmack ist intensiv bitter.

   In Bezug auf diese Samen bemerkt Husemann, dass Christy den sicheren Aufschluss gegeben hat, „dass die Stammpflanze nicht die von Oliver als *Strophanthus Kombé* beschriebene Art ist, die man in neuester Zeit als Mutterpflanze der ostasiatischen Strophanthussamen, die zur Pfeilgiftbereitung dienen, allgemein betrachtet hat. Es stellt sich aber auch heraus, dass die Pflanze nicht genau mit der Abbildung stimmt, welche Baillon von derjenigen Spezies giebt, die De Candolle nach Pariser Herbarexemplaren als *Strophanthus hirsutus* (*Stroph. hirtus* Poir.) beschrieben hat. Allerdings könnte nach der Originalbeschreibung bei De Candolle die Christy'sche Pflanze, welche Oliver für *Strophanthus hispidus* erklärte, mit den Pflanzen der Westküste identisch sein; aber wenn man die Abbildungen Bouillon vergleicht, wird man Hel-

Apocÿneae.
(Asclepiadeae.)

E. Günther gez. u. lith.

Strophanthus hispidus D.C.

bing beistimmen müssen, dass die Stammpflanze der gegenwärtigen *Semina Strophanthi* des Handels mit ziemlich gleichem Rechte wie Oliver's *Strophanthus Kombé* als besondere Spezies anzusprechen ist; alle haben aber das Gemeinsame, dass sie strauchige, milchsaftführende Schlinggewächse sind, welche im Gegensatz zu den sonstigen bekannten Arten an fast allen Theilen behaart sind".

2. Eine von der Balantyre-Mission stammende Sorte zeichnet sich durch etwas bedeutendere Grösse und graugrünen, fast weissen Flaum aus; der mit Haaren besetzte Theil ist von derselben Länge wie der Schaft. Der Geschmack ist intensiv bitter und das aus diesem Samen bereitete Pfeilgift wird als das stärkste bezeichnet.
3. Eine weitere, in Ostafrika nicht vorhandene Sorte, die bei Gelegenheit der Nigerexpedition im Lande der Nupe gesammelt wurde, besteht aus Samen, die etwa 1 Ctm. lang und mit einem kürzeren und gröberen, sammetartigen, braunen Filze bedeckt sind. Der Schaft, sammt der Haarkrone, beträgt etwa 4 Ctm. Die feinen Seidenhaare sind kürzer als bei der ostafrikanischen Sorte und stehen nicht so dicht, die Spitze ist weniger gleichmässig abgerundet.
4. Ein aus der Nachbarschaft der Goldküste stammender Same ist hellbraun, glatt, an beiden Enden verschmälert, mit kurzem Schaft und kurzer Haarkrone. Der Same ist weit grösser als bei der vorhergehenden Sorte; die Gesammtlänge derjenigen der letzteren Sorte gleich. Er ist ganz ohne Bitterkeit.

Christy bildet noch die Samen einer javanischen Spezies ab, welche von *Stroph. dichotomus var. Marckii* D. C. abstammt. Diese Samen sind dunkelbraun und glatt, der Schaft von gleicher Farbe und bedeutend kürzer als die Haarkrone; letztere buschig. Der Geschmack ist etwas bitter.

Die weissen Strophanthussamen, welche Christy nicht beschreibt und zu denen die oben beschriebene, weissliche Balantyresorte gewissermassen einen Uebergang bildet, erscheinen nach Helbing nicht im Handel. Sie sind mehr oblong und besitzen im Gegensatz zu den grünen Samen an der Basis des Schaftes längere Haare, welche die letztere bedecken.

Gegenwärtig haben in Europa nur die ostafrikanischen Strophanthussamen Eingang gefunden. Sollte sich die Droge, wie zu erwarten, mehr und mehr einbürgern, so ist anzunehmen, dass auch die westafrikanische Sorte bald Handelsartikel wird.

Bestandtheile. Die Untersuchungen haben an wirksamen Stoffen vorläufig nur *Strophanthin* ergeben, jedoch Husemann wirft die Frage auf: „Ist nicht zu vermuthen, dass eine nähere Untersuchung, ähnlich wie im Digitalis ein Digitoxin neben den weniger starken Glykosiden, ein Aconitoxin neben dem schwach giftigen Aconipikrin ausmittelt?" Helbing fand 24 % fettes Oel von dunkelgrüner Farbe, schwach roth opalescirend, in Aether mit smaragdgrüner Farbe löslich.

Das *Strophanthin* von Hardy und Gallois, welches letztere aus den von der Haarkrone befreiten, westafrikanischen Samen erhielten, bildet weisse, glänzende, neutral reagirende Krystalle, löslich in Wasser und Alkohol, die nach den gemachten Versuchen sich weder alkaloidisch noch glykosidisch erwiesen.

Das *Strophanthin* Fraser's ist ebenfalls ein krystallinischer Körper ohne Stickstoff, der beim Erhitzen mit verdünnter Schwefelsäure Glykose und einen in Wasser unlöslichen, in rektificirtem Weingeist leicht löslichen, sehr bitteren Paarling, Fraser's *Strophanthidin,* liefert.

Das von Gerard neuerdings aus ostafrikanischem Samen durch Tannin erhaltene Glykosid hingegen ist amorph, blassgelb in wässerigen Lösungen, aufschäumend. Gleich dem krystallinischen Körper löst sich das Gerard'sche Glykosid leicht in Wasser und Alkohol, hingegen nicht in Aether und Chloroform. Concentrirte Schwefelsäure färbt nach Helbing grün, später dunkel rothbraun.

Zur Nachweisung des *Stophanthins* und somit zur Erkennung strophanthinhaltiger, echter Samen empfiehlt Helbing folgende charakteristische Reaktion: Zu einem Tropfen wässeriger Lösung setzt man eine Spur Eisensesquichloridlösung und hierauf etwas concentrirte Schwefelsäure. Hierdurch bildet sich ein rothbrauner Niederschlag, der spätestens in 1—2 Stunden sich in einen smaragd- oder etwas dunkelgrünen Körper verwandelt, welcher lange Zeit keine Veränderung erleidet.

Hardy und Gallois wollen in den Haaren der Samenkrone von *Str. hirtus* noch ein krystallisirbares, nicht giftiges, völlig unwirksames Alkaloid, Ineïn, entdeckt haben, welches wahrscheinlich auch in den Samenkronen der übrigen Strophanthusarten enthalten ist. (Husemann, Pflanzenst. 1332.)

Anwendung. In Form einer Tinktur bei Herzleiden und Wassersucht. Husemann äussert sich über die Wirkung im Vergleich zu Digitalis folgendermassen: „Die günstige Wirkung, welche Digitalis in medizinalen Gaben bei Wassersuchten im Gefolge von Herzkrankheiten äussert, hat ihren Grund darin, dass dieselbe die Thätigkeit des Herzmuskels wesentlich verstärkt, die Herzschläge kräftiger macht und das Blut mit grösserer Energie forttreibt. Man hat diese Wirkung des Fingerhutes eine Zeit lang als die einzige betrachtet, es ist aber nach den neuesten und exaktesten Untersuchungen als vollkommen festgestellt zu erachten, dass sowohl Digitalis als die meisten anderen sogenannten Herzgifte eine Wirkung auf die Gefässe besitzen, insofern sie eine Verengerung der Arterien herbeiführen. Dieser Effekt legt nothwendigerweise der verstärkten Fortbewegung des Blutes in den Gefässen ein bedeutendes Hinderniss in den Weg und er ist auch im Stande, die vermehrte Ausscheidung von Wasser und Stoffwechselprodukten geradezu zu hintertreiben. Darauf beruht das Ausbleiben der harntreibenden Wirkung des Digitalis nach einiger Zeit der Verabreichung und das Auftreten der sogen. kumulativen Wirkung, d. h. Vergiftungserscheinungen auch nach längerem Gebrauche kleiner Gaben. Nun will aber Prof. Thomas Fraser in Edinburgh gefunden haben, dass Strophanthin diese Verengerung der Arterien im Gegensatze zum Digitalin in einem ausserordentlich geringen Grade hervorbringt, und also nicht allein in ausgiebigster Manier diuretisch wirkt, sondern auch längere Zeit hindurch gereicht werden kann.“ Fraser giebt die gefässverengernde Wirkung des Digitalins mindestens 10fach so stark an wie diejenige des Strophanthins. „Unter diesen Umständen,“ sagt Husemann, „haben wir in Strophanthus und Strophanthin Mittel zu begrüssen, denen eine dauernde Existenz im Arzneischatze bestimmt ist.“ In Bezug auf die Darreichung des Mittels äussert Husemann, welcher ebenfalls einer Tinktur den Vorzug vor dem Strophanthin giebt: „Bei der grossen Giftigkeit der Strophanthussamen ist es durchaus nothwendig, dass man sich über eine gleichmässige Form der Anwendung verständigt, welche allemein zur Anwendung kommt. Man darf unter keinen Umständen durch Anwendung verschiedener Extraktionsmittel oder verschiedener Mengen desselben Extraktionsmittels Präparate von verschiedener Stärke darstellen, wodurch die Möglichkeit entsteht, dass durch Verwechselungen eines stärkeren mit einem schwächeren Auszuge Vergiftungen herbeigeführt werden können.“ Strophanthin ist äusserst giftig; 1, 2 Mgr. genügen, um einen Hund zu tödten. Nach Fraser erzeugt es bei warmblüthigen Thieren Starrheit der Muskeln, sowie Lähmung der motorischen und sensiblen Nerven, des Halssympathicus, der Bauchganglien und der glatten Muskelfasern des Magens, Darmes, Uterus und der Blase.

Litteratur. Abbildung und Beschreibung. Karsten, Deutsche Flora 1035; Pharmazeutische Zeit. Jahrg. 1887, Nr. 50 u. 51.

Drogen und Präparate. *Semen Strophanthi:* Neueste, im Erscheinen begriffene Auflage der **Ph. germ.**

Bezüglich der Drogen und Präparate siehe auch Hager, Ph. Prx. III, 395.

Tafelbeschreibung:

A blühender Zweig von *Stroph. hispidus* D. C., natürl. Grösse; B desgl. von *Stroph. Kombé* Oliv., desgl.; 1 Blumenkrone von *Stroph. hispidus*, desgl.; 2 dieselbe auseinandergebreitet, desgl.; 3, 4 Blüthe mit Kelch, desgl.; 5—9 innere Blüthentheile (Staubgefässe, Stempel und Fruchtknoten), desgl.; 10 Balgfrucht in $^1/_2$ natürl. Grösse, nach einem Exemplar, welches uns Herr Professor Husemann gütigst übersendet hatte; 10ª Same mit Haarkrone, nat. Grösse; 11 u. 12 Samen verschiedener Sorten, ohne Haarkrone, desgl.; 13 ausgebreitete Blumenkrone von *Stroph. Kombé* mit abgeschnittenen Zipfeln, desgl.; 13 u. 14 Stempel und Staubgefässe derselben Art, vergrössert.

Nach einer Originalzeichnung, welche, mit Ausnahme der Frucht und der Samen auf Grund der Chrysty'schen Unterlagen gefertigt worden ist.

Strychnos Ignatii Bergius.

Ignatius-Bohne. Englisch: St. Ignatius-Bean. Französisch: Fève de Saint-Ignace, Fève igasurique, Igasure. Italienisch: Fava di Santo Ignacio. Spanisch und portugiesisch: Fava de San Ignacio. Griechisch: Ἰγνάτια.

Syn. *Strychnos philippinensis* Blanco (?), *Ignatia amara* L. fil. (?), *Ignatiana philippinica* Loureiro.

Familie: *Strychnaceae* Blume. Unterfamilie: *Eustrychneae* Baill. Gattung: *Strychnos* L.

Beschreibung. Eine hochklimmende dornenlose Liane, welche mit blattgegenständigen, einfachen, hakig umgebogenen, seitlich zusammengedrückten, holzigen Ranken klettert und die Spitzen sehr hoher Bäume erreicht. Der Stamm erlangt einen Durchmesser von 10 cm und darüber; seine Rinde ist glatt, etwas warzig und zartrissig, von rötlicher Farbe. Das Holz ist hell graugelblich, porös und sondert eine wässrige Flüssigkeit ab. Die Äste stehen sparrig vom Hauptstamme ab; die Zweige sind stielrund oder an der einen Seite kantig, dünn, mit ziemlich langen Internodien versehen, braun und kahl oder mit ockerfarbenem Filz bekleidet und mit vereinzelten Sternhaaren bestreut. Die Blätter sind gegenständig in decussierten Paaren, einfach, ungeteilt, ganzrandig, an der Basis etwas spitz oder etwas abgestumpft bis ausgerandet, länglich elliptisch oder eiförmig-elliptisch, plötzlich in eine etwa 1 cm lange Träufelspitze ausgezogen, 10 bis 25 cm lang, 5 bis 13 cm breit, häutig pergamentartig bis lederig, oben kahl und glänzend, unten heller, drei- bis fünfnervig; die Nerven entspringen in geringer Entferung über dem Grunde aus dem Mittelnerven und vereinigen sich an der Spitze; oberseits sind sie etwas eingesenkt, unterseits deutlich hervortretend und durch ein weitmaschiges Adernetz mit hervortretender zackiger Mittellinie verbunden. Der Blattstiel ist 1 cm lang oder noch kürzer, oberseits rinnig, unterseits konvex, gelblich filzig oder (wie bei unseren Blättern) kahl, durch eine Querlinie vom Stengel getrennt und im Verlauf oft um 90° gedreht, sodass dann die Blattfläche in die Mediane des Blattes zu liegen kommt. — Die Blüten stehen in achselständigen korymbösen Rispen, welche viel kürzer sind, als das Blatt, aus kleinen dreiblütigen Dichasien bestehen und mit Brakteen besetzt sind. Jedes Dichasium besteht aus zwei seitlichen, gestielten, von Brakteen gestützten Blütchen und einem mittleren sitzenden; die ersteren sind 2 bis 3 mm lang, das mittlere meist etwas grösser. Stiele, Brakteen und Kelchblätter sind mit ockergelben Sternhaaren besetzt. Der verwachsenblättrige, fünfteilige Kelch ist, senkrecht zur Mediane der Blüten, von zwei kleinen Deckblättchen begleitet; die Segmente sind beinahe dachig, stumpf, wimperig gefranst. Die etwas fleischige, grünliche Blumenkrone hat einen kahlen Schlund; ihre Röhre ist kaum länger als der Kelch; die fünfklappigen ebenso langen Blumenkronenzipfel sind eiförmig, am Ende spitz,

Loganiaceae
(Strychneae)

Strychnos Jgnatii Bergius.

auf der inneren Fläche durch lange weisse Haare gebartet. Die fünf Staubblätter sind den Kronenzipfeln alterniert, frei, dem Rande der Röhre eingefügt, mit sehr kurzen Filamenten, welche am Rücken der aus der Röhre nur wenig hervorragenden, verkehrt-eiförmigen, zugespitzten, gelben Antheren angeheftet sind. Die Antheren selbst sind zweifächrig, parallel gestellt. Das Pistill ist oberständig, das Ovar eiförmig, etwas filzig, zweifächrig und enthält viele Samenknospen. Der Griffel ist fadenförmig, abfallend, so lang als das Ovar; die Narbe undeutlich zweilappig, stumpf. — Die Frucht ist eine hartschalige, vielsamige kugelige Beere von 10 bis 13 cm Durchmesser, mit zartem orangegelben Epikarp, einem etwa 3 mm dicken, grauen, holzigen Mesokarp, und ebenso dicken fleischigen Endokarp, welches allmählich in das saftige Fruchtfleisch übergeht. Die Farbe des letzteren ist bei noch nicht ganz reifen Früchten grünlichgelb (Flückiger und Meyer), bei reifen Früchten gelblich orangefarben. Der Fruchstiel verdickt sich unter der Frucht keulenförmig, ist 3,5—4 cm lang, gegliedert, grauweiss und mit flacher Scheibe der Frucht aufsitzend. Die Frucht reift sehr langsam. Die zahlreichen Samen (nach Flückiger und Meyer 10, nach Camelli 24, nach Vidal bis 40) sind ursprünglich oval, mit hervorgewölbter Bauch- und etwas abgeflachter Rückenseite; der Nabel liegt an der Wölbung der Bauchseite, der Keimmund an einem spitzen Ende des Samens, welches sich im frischen Zustande durch eine kleine Erhöhung, im trockenen Zustande durch ein erhabenes eingesenktes Wärzchen zu erkennen giebt. Während des Reifens drücken sich die Samen gegenseitig, sodass sie mehr oder weniger stumpfeckig oder stumpfkantig werden und eine mehr oder minder unregelmässige Gestalt annehmen. Die Samenschale ist sehr zart, mit gelblichweissen, seidenglänzenden, anliegenden, einfachen Haaren bedeckt; das reichliche spaltbare Nährgewebe ist aussen schiefergrau, innen hornartig fest, graubräunlich durchscheinend; der Keimling ist mit dem ziemlich langen keulenförmigen Würzelchen dem Keimmunde zugekehrt; die Keimblätter sind eiförmig, zugespitzt, etwa fünfnervig und netzadrig, und so lang als das Würzelchen.

Blütezeit. Wohl das ganze Jahr hindurch.

Vorkommen. Das Vorkommen der Pflanze ist ein sehr beschränktes, ihre Heimat klein und umfasst nur wenige Inseln in der Gruppe der Philippinen und Visayas-Inseln. Am häufigsten findet sie sich in schattigen Küstenwäldern auf der Insel Samar (Vidal) nahe bei der Stadt Catbalogan, ferner in Paranes, im Bezirk von Loquilocon, bei San Juanico, gegenüber der Insel Leyte, endlich an verschiedenen Orten der Ostküste der Insel (D. Regius Garcia). Unter den übrigen Inseln des Archipels fand man die Liane nur noch auf Masbate, im Bezirk Balena (Vidal), auf Cebu, Leyte und Bojol vereinzelt. Die Früchte werden von Calaos (Nashornvögeln, *Buceros* L.) gesucht, welche das saftige Fleisch fressen, die Samen aber unverdaut wieder von sich geben oder sie auf andere Weise verstreuen.

Pharmazeutisch wichtig sind die Samen der Pflanze. **Semina Ignatii** oder **Fabae Ignatii,** *Faba indica febrifuga,* englisch: *St. Ignatius-Beans,* französisch: *Fève de St. Ignace, Féve d'Igasure,* griechisch: *Ἰγνατίας σπέρμα,* portugisisch: *Faba de Santo Ignacio,* spanisch: *Haba de San Ignacio.* Die Ignatiusbohnen sind ungefähr 3 cm lang und etwa 2,5 cm breit. Die ursprünglich eiförmigen, seitlich etwas zusammengedrückten Samen sind durch gegenseitigen Druck stumpfkantig geworden, sodass sie eine ziemlich unregelmässige Gestalt, meist mit einem etwas zugespitzten Ende zeigen. Sie haben oft drei, bisweilen vier, auch fünf Kanten und sind auch wohl von oben her etwas abgeflacht. Im frischen Zustande sind sie mit anliegenden, seidenglänzenden, graugelben Haaren bedeckt, welche vom Keimmund abgewendet, dem Rücken des Samens zustreben. Bei der Handelsware ist die haarführende Oberhaut grösstenteils abgelöst; die Samen erscheinen schwärzlich, hell braunscheckig, körnig-rauh und bestehen meist nur aus dem den Keimling einschliessenden Endosperm. Letzteres ist sehr hart, hornartig, dunkel graubraun, in dünnen Schichten durchscheinend und schwer spaltbar. In warmes Wasser gelegt, quillt es stark auf und nimmt dann einen dumpfen, erdigen Geruch an. Der Keimling ist allseitig vom Endosperm umschlossen; das länglich keulenförmige, oft etwas gebogene Würzelchen ist dem Nabel abgewandt; die Kotyledonen sind herzeiförmig und laufen in eine scharfe Spitze aus. — Die Samen sind sehr giftig und haben einen intensiv bitteren Geschmack.

Name und Geschichte. Der Name der Liane bei den Einheimischen ist *Igasud* oder *Igasur;* derselbe ist früher unverändert oft auch in Europa gebraucht worden. Andere in der Sprache der Visaya-Inseln gebräuchliche Bezeichnungen für die Pflanze und den Samen sind *Sangaguason, Ayuason, Canlara, Mananaog, Dancagay* und *Catalonga.* — Pater Camelli oder Georg Jos. Kamel (1661—1706 und seit 1688 auf den Philippinen) nannte die Samen zu Ehren des Ignatius v. Loyola, des Stifters der Gesellschaft Jesu, Ignatiusbohnen und brachte die erste Nachricht von dem Gebrauch derselben nach Europa. Seine Berichte wurden 1699 von den Engländern Ray und Petiver (l. c.) veröffentlicht, während eine eigentliche Beschreibung der Pflanze erst von Bergius 1778 (l. c.) gegeben wurde. Linné fil. nannte seine Pflanze *Ignatia amara,* und beschrieb Früchte der Liane zusammen mit den Blüten (wahrscheinlich) der *Posoqueria longifolia* Aubl. Fam. *Rubiaceae-Gardenieae,* was möglicherweise dadurch geschehen ist, dass man sehr verschiedene Samen als Ignatiusbohnen zu bezeichnen pflegte.

Solche, besonders südamerikanische, Ignatiusbohnen kamen von den *Cucurbitaceen Feuillea trilobata* L., *Hypanthera Guapeva* Manson und *Anisosperma Passiflora* Manson. — Alle Angaben über die Pflanze sind bis zum Jahre 1886 mit Vorsicht aufzunehmen, denn noch im Jahre 1881 wurden von Pierre, Direktor des Bot. Gartens in Saigon in China die Samen von *Gynocardia odorata* und *G. antisyphilitica* Pierre (Fam. *Bixaceae*) als die echten Ignatiusbohnen erklärt, und die von Blume als Stammpflanze echter Ignatiusbohnen bezeichnete *Hydnocarpus inebrians* Vahl (*H. venenata* Gaertner, *H. Wrightiana* Bl.) ist wahrscheinlich identisch mit *Gynocardia antisyphilitica* Pierre. — Im Jahre 1886 erst brachte Vidal y Soler genauere Kenntnis der hier besprochenen Pflanze, gab genaue Beschreibung und Abbildung derselben und berichtete über ihre Verbreitung und Anwendung. Schon vorher waren einzelne Pflanzenteile nach Europa gelangt; eine Frucht sah Flückiger bei seinem Freunde Mr. Morson; dieselbe wurde 1872 geöffnet und enthielt siebzehn reife, von eingetrockneter Pulpa begleitete Samen. Ein zweites Exemplar liegt im Jardin des Plantes zu Paris. 1881 erhielt Flückiger von Mr. Crow in Honkong neben einem Stammstück und einigen Blättern auch eine frische Frucht des Baumes. An der Hand dieses Exemplars studierte er mit A. Meyer die Ignatiusfrucht und liess durch Gerock und Bronnert das Holz (1891) untersuchen. Getrocknete Blätter und Früchte gelangten endlich in den Besitz des Herrn Prof. Schaer in Strassburg; letztere haben zu unserer Tafel Verwendung gefunden.

Anatomie. Die etwa 25 mm starken Wurzeln sind genau strahlig gebaut. In der Rinde findet sich der für die Loganiaceen-Rinden charakteristische Sklerenchym-Mantel; das Gefässbündelsystem ist sehr stark ausgebildet; die Siebröhren sind zahlreich und haben schiefe Siebplatten; die Gefässe sind weitlumig. — In der Stammrinde setzt sich der geschlossene Sklerenchymring fort, mit dem Unterschied jedoch, dass derselbe von Phellogen und Korkschicht im Stamme durch ein parenchymatisches Gewebe getrennt ist, bei der Wurzel dagegen der Korkschicht dicht anliegt. — Das Stamminnere bietet bei *Strychnos Ignatii* ein sehr eigentümliches Bild, da in dem grauen Holze der Bast in Form rundlicher Bündel eingeschlossen liegt. — Über die Entstehung dieser Phloëminseln ist man verschiedener Ansicht. Ihre Natur als Phloëm wies de Bary nach; sie sind bald rundlich im Holz, bald mondförmig, mit der konvexen Seite nach innen, in der Nähe der Rinde. Nach seiner Meinung kommen sie dadurch zu stande, dass das Kambium nach zwei bis drei Jahren nach innen zu bald Holz, bald Bast bildet. — Hérail zeigte später, dass das Kambium zwei bis drei Jahre lang ganz normal funktioniere, wenngleich die Menge des gebildeten Phloëms von Anfang an eine ziemlich geringe sei. Nach dieser Zeit findet an gewissen Stellen eine vermehrte Holzbildung statt, während dazwischen die Phloëm- und Xylembildung zurückbleibt. Da nun das Kambium dem Xylem eng angeschlossen bleibt, so wird durch das überwuchernde Holz der Phloëmkörper getrennt; die Xylemmassen schliessen seitlich zusammen und drängen das Kambium nach aussen, woselbst zunächst die Entwickelung von Phloëm und Xylem in gewohnter Weise erfolgt, bis nach einiger Zeit die Bildung der Inseln sich wiederholt. Durch diesen Vorgang finden die getrennten, in sich abgeschlossenen Bastinseln eine überzeugende Erklärung, ebenso wie die Gestalt ihres Querschnittes, der zwischen dem eigentlichen Xylemteil kreisrund, in unmittelbarer Nähe des Kambiums aber halbmondförmig, mit der konvexen Seite dem Zentrum des Stammes zugekehrt ist. Dass die Grenze des Holzkörpers gegen das Cambium hin eine Wellenlinie bildet, wird hieraus ebenfalls klar. — Die Inseln bestehen aus einem äusseren, älteren, obliterierten und einem inneren noch lebensfähigem Teile. Der erstere zeigt sich auf dem Querschnitt als ein undeutliches Gewirr von Membranen, der letztere weist Begleitzellen und Siebröhren auf. Die Siebröhren sind Gitterzellen, mit abgerundet viereckigen Gitterplatten, die bisweilen die ganze Wandfläche bedecken; die Siebplatten sind schief eingesetzt; die Verdickungsleisten erscheinen als gerade oder schiefe wulstige Ringe im Innern der Zelle.

Die Frucht besitzt zunächst eine einschichtige Epidermis aus lufthaltigen weitmaschigen Zellen, auf die ein aus sechs Lagen bestehendes Parenchym folgt. Die Hartschicht der Fruchtschale besteht aus einzelnen kantigen, radial gerichteten Bausteinen. Jeder Baustein selbst ist aus etwa 200 radial gestreckten Reihen zusammengefügt; jede dieser Reihen besteht wiederum aus 40 isodiametrischen Sklerenchymzellen, welche in den äusseren Reihen stark verdickt und schräg aufrecht getöpfelt, in den inneren Lagen dünnwandiger, mehr schleimig, unregelmässiger sind und auch bisweilen Oxalat enthalten. — Das Fruchtmus besteht aussen aus abgerundeten lockeren, nach innen mehr langgestreckten Zellen mit ziemlich weiten Interzellularräumen; um die Samen herum wird es erheblich engmaschiger und dichter. — Die Samenhaare sind einzellig, am Grunde bauchig angeschwollen, in eine sehr stumpfe Spitze endigend, dem Samen angepresst. Das ganze Haar ist von Längswulsten durchzogen; die zwischen diesen liegenden Vertiefungen lassen dasselbe streifig erscheinen. — Die Samenschale ist sehr dünn; ihre einzelnen Zellen sind kaum erkennbar. — Das Nährgewebe zeigt aussen pallisadenähnliche Zellen; darauf folgen solche mit welligen, endlich solche mit geraden Wänden. Diese letzten beiden Formen sind im reifen Samen stark verdickt und quellen im Wasser stark auf, wobei sie zuerst tangentiale Schichten, später radiale Kanäle erkennen lassen.

Bestandteile. Die Rinde und das Holz von *Strychnos Ignatii* Bergius wurden 1889 von Flückiger und seinen Mitarbeitern untersucht. In beiden Teilen wurden, ebenso wie in den Samen die Alkaloide **Strychnin** $C^{21}H^{22}N^{2}O^{2}$ und **Brucin** $C^{23}H^{26}N^{2}O^{4}$ in wechselnden Mengen, an eine Gerbsäure, Igasursäure, gebunden vorgefunden. Das Wurzelholz ist sehr arm an Alkaloiden; dieselben bestehen zum grösseren Teile aus Strychnin, zum kleineren aus Brucin; die Rinde enthält weniger, als 0,5% Alkaloide mit vorwaltendem Strychnin. Im Holze fand Flückiger 7,5 bis 8,3% stark manganhaltige Asche und, bei sehr sorgfältiger Behandlung, beinahe 0,9% Alkaloide, welche, wie bei dem Wurzelholz, mehr Strychnin als Brucin enthielten. In den Blättern und Fruchtschalen konnten Alkaloide nicht nachgewiesen werden. Die Samen der Pflanze, die gebräuchlichen *Semina* oder *Fabae Ignatii,* sind zuletzt 1889 von Flückiger und Gerock untersucht worden. Letzterer erhielt aus denselben 3,99% Asche, welche zu 21,481% aus Kieselsäure (SiO^2) bestand. Flückiger isolierte nach der Methode von Gerock, welche auf der Verwandlung des Brucins in nicht alkaloidische

Substanzen durch Salpetersäure beruht, 0,593 % Strychnin und 0,594 % Brucin, also Brucin im relativen Überschuss; dagegen konnte das von Dunstan und Short (Pharm. Journ. Trans. XIV (1884) 1025 und XV (1884) p. 4 beschriebene Loganin von Sundblom nicht aufgefunden werden. Nach früheren Angaben waren in den Samen bis zu 1,5 % Strychnin und 0,5 % Brucin erhalten worden. Man schätzt den Strychningehalt gewöhnlich dreimal so hoch, als den der *Semina Strychni* (*Nuces vomicae,* Krähenaugen).

Anwendung. Die Samen wirken drastisch, erregen Schwindel, Erbrechen und starkes Abführen und töten in grösseren Mengen; sie dienen als fiebervertreibendes und magenstärkendes Mittel; man wendet sie in dreimal kleinerer Dosis an, als die *Semina Strychni.* Wenn sie in genügender Menge eingeführt werden, bilden sie ein schätzbares Material für die Reindarstellung des Strychnins.

Handelsbeziehungen. Da die Heimat der Pflanze eine sehr beschränkte ist und von einem trägen Volksstamme bewohnt wird, so ist die Menge der im Handel vorkommenden Ignatiusbohnen eine sehr wechselnde. Hierzu kommt, dass die Einheimischen für das Sammeln der Samen meist Geldvorschüsse verlangen, und da diese Vorschüsse selbst immer von grossem Risiko begleitet sind, so scheuen sich die Exporteure nicht selten, sie zu opfern. Daher fehlen die Samen bisweilen ganz am Markte, während kleine Posten der sehr schätzbaren Droge rasch vergriffen sind. — Sie gelangen von den Philippinen über Ostindien, London und Hamburg in den europäischen Handel, wo sie in den letzten Jahren wieder in grösseren Mengen erschienen.

Litteratur. Beschreibung und Abbildung. Ray & Petiver, Philos. Transact. 1699 No. 250 p. 66. — Linné fil., Suppl. p. 20. 1370. — Lamarck, Illustr. n. 1550. — Loureiro, Flora Cochinchin. (1793) 155. — Bergius, Mater. med. Stockholm 1778. p. 149. — Blanco, Flora de Filipinas ed. I. 116. ed. II. 61. Noviss. Appendix 136. — Bentley & Trimen, Medic. Plants. — Bureau, Loganiacées (1856) p. 42. 97. — Berg, Botanik 262. — Henkel, Botanik 149. — Kosteletzky, Med. pharm. Flora III. 1074. — D. Sebast. Vidal y Soler, Revision de plantas vasculares filipinas, memoria elevada al Excmo Sr. Ministr. de Ultramar. Manila 1886 mit Abbildung. — Derselbe, Journ. of Botany, Novbr. 1886. 347. — Flückiger & Schaer, Arch. Pharm. 225. (1887) 765 mit Abbildung. — Baillon, Histoire des Plantes. IX. 324. fig. 387. 388. Traité de Bot. med. pharm. 1214. — Karsten, Flora von Deutschland II. 619. — Luerssen, Med. pharm. Bot. II. 1059. — Möller, in Realencyclop. d. Pharm. IX. 509.

Droge. Berg, Warenkunde 475. Pharmacogn. 451. — Henkel, Pharmacogn. 405. — Hager, Pharm. Praxis II. 1078. — Wiegand, Pharmacogn. 315. — Meyer, Drogenkunde I. 176. — Dorvault, l'Officine XIV. 1050. — Realencycl. d. Pharm. IX. 509. — Husemann-Hilger, Pflanzenstoffe II. 1322. 1281. — Flückiger, *Strychnos Ignatii,* Arch. Pharm. 227 (1889) p. 145 u. f. — Derselbe, Handbuch d. Pharm. ed. 3. 1018. — Derselbe, Leitfaden d. Pharm. ed. 2. 214. — Flückiger & Hanbury, Pharmacographia 431. — Dieselben, Hist. d. Drogues II. 88. — Flückiger & Meyer, Pharm. Journ. Trans. XII. (1881) 1—6 und Arch. Pharm. 219 (1881) 401—415. — G. A. Hassius, de Faba Sanct. Ignatii Commentatio. Diss. Lips. 1822. — Pharm. Belg. II. (1885) 125. 348. — Gall. (1884) 53. — Hisp. (VI.) 1884. 59. — Graec. (1868) 72. — Port. (1876) 204.

Präparate. Husemann-Hilger l. c. — Pharm. Belg. 150. *(Guttae amarae Baumé.)* — Gall. 435. *(Gouttes amères de Baumé.)* — Hager, II. 1078. 79. *(Tinct., Pilul., Gutt. am. Bé.)*

Anatomie. de Bary, Vergl. Anatom. der Veget. Org. der Gefässpflanzen (1877) p. 469. 594. — Möller, Baumrinden (1882) 163. fig. 61. — Hérail, Etude de la tige des Dicotylédones. in Ann. d. sc. nat. Bot. 7. ser. Tom. II. (1885) p. 256. — Flückiger, Arch. Pharm. 227 (1889) 145 u. f. — D. H. Scott & G. Brebner, Anatomy and Histogeny of Strychnos. Anal. of Bot. edit. by Balfour. III. (1889—90) p. 275. — Gerock & Brommert, Anatomie des Stammes von *Strychnos Ignatii.* Arch. Pharm. 229 (1891) 565 m. Illustr.

Tafelbeschreibung:

A Blattzweig, B Blütenrispe, C Frucht, D dieselbe im Querschnitt. 1 kleine Endtrugdolde, 2 Blüte von aussen, 3 Kelch von der Seite, 4 Blüte von innen, 5 Blumenkrone und Staubblätter, 6 Pistill im Längsschnitt, 7 unreife Frucht, 8 Endosperm ohne Haarbedeckung von der scharfen Seitenkante aus gesehen, 9 Keimling, 10 frischer unverletzter, mit Haaren bedeckter Same. A, B, C, D, 8, 9, 10 natürliche Grösse. 1—7 vergrössert. A, B, 1—7 nach Vidal (l. c.). Die Blätter, Frucht C und Same 8—10 nach den von Herrn Prof. Dr. Schaer in Strassburg i. E. gütigst überlassenen Exemplaren; Querschnitt D nach Flückiger & Meyer (l. c.)

Styrax Benzoïn Dryander.

Syn.: *Laurus Benzoïn* Houtt. *Benzoin officinale* Hayne. *Lithocarpus Benzoïn* Blume.

Benzoë-Storaxbaum — Benjoin — Benzoin.

Familie: *Styraceae*. Gattung: *Styrax* Tourn.

Beschreibung: Baum von mittlerer Grösse, mit mannsdickem Stamme, schöner Krone, grünbrauner, innen braunschwarzer Rinde, braunrothem Holze und sternhaarig bräunlich-filzigen jüngeren Zweigen. Blätter abwechselnd, nebenblattlos, mit 1 Ctm. langem, rostbraun-filzigem Blattstiel; Blatt bis 11 Ctm. lang, bis $4\frac{1}{2}$ Ctm. breit, eiförmig-länglich, lang zugespitzt, mit unregelmässig ausgeschweift-gezähntem Rande, oberseits wenig glänzend und kahl, unterseits dicht und kurz weisslich-sternfilzig. Die starken Nerven und das feine Adernetz rostbraun-schülfrig; auf jeder Seite der Mittelnerven etwa 10 Hauptadern bogenförmig nach dem Rande verlaufend. Blüthenstand eine achsel- und endständige, zusammengesetzte, rispige, gestielte Traube bildend; Spindel und Blüthenstiele weiss, sternfilzig; Brakteen klein und hinfällig. Kelch unterständig, glockenförmig, abgestutzt, mit schwach 5zähnigen Rande, aussen dicht silberweiss-seidenhaarig, innen rothbraun, bleibend. Krone unterständig, tief 5theilig, mit lanzettförmigen, in der Knospe klappigen Abschnitten, deren Länge das 3fache der mit dem Kelche gleichlangen Röhre beträgt, aussen und am Rande dicht silberweiss-seidenhaarig, innen braunroth und fast kahl, abfallend. Staubgefässe 8—10, wenig kürzer als die Krone; Staubfäden im untern Theile unter sich zu einer, der Blumenröhre entspringenden Röhre verwachsen, der obere freie Theil halb so lang als die Röhre; Staubbeutel linienförmig, 2fächerig, von der doppelten Länge der freien Staubfäden, mit breitem, braunrothem Connektiv und schmalen, gelben, der Länge nach seitlich aufspringenden Fächern. Pollen gelb, elliptisch, tief 3furchig, 3porig, unter Wasser rundlich. Stempel oberständig, mit eiförmigem, dicht weisslich-zottigem, unten 2—3-, oben 1fächerigem Fruchtknoten, fadenförmigem, fast kahlem, braunrothem Griffel und stumpfer Narbe. Samenträger bis zur halben Höhe des Fruchtknotens scheidewandartig in der Mitte verwachsen und in Folge dessen der untere Theil des Fruchtknotens 3fächerig erscheinend. Eichen meist 6 in jedem Fache, 2reihig dem innern Fachwinkel entspringend, aufsteigend. Frucht niedergedrückt kugelig, runzelig-graubraun, nicht aufspringend, holzig, 1fächerig und nur 1samig. Same nussartig, röthlichkastanienbraun, mit 6 hellen Längsstreifen. Kern ochergelb; Embryo schwach gekrümmt, in der Achse des fleischigen Eiweiss. Samenlappen blattartig; Würzelchen länglich, nach unten gekehrt.

Blüthezeit. ?

Vorkommen. Auf Sumatra und Java. Ob die aus Hinterindien stammende *Siam-Benzoë* von demselben Baume gewonnen wird, ist noch nicht erwiesen. Auf Sumatra wird *Styrax Benzoin* am Rande der Reisfelder kultivirt.

Name und Geschichtliches. Benzoë, vom arabischen *ben* Wohlgeruch oder vom hebräischen בן *ben* Zweig, צא *zoa* Auswurf, d. h. Saft der Zweige, oder vom arabischen *Luban d'jawi,* Weihrauch von Java, welches Wort in *Banjawi, Benjui, Benzui, Benzoë* umgewandelt worden ist.

Lithocarpus von λιϑος Stein und καρπος Frucht, wegen der harten Frucht.

Griechen, Römer und Araber früherer Zeit haben Benzoë nicht gekannt. Nach Flückiger ist der berühmte arabische Reisende Ibn Batuta (1304—1378) der erste, welcher auf seiner indischen Reise Benzoë (*Luban d'jawi*) kennen lernte und sie unter den Produkten Sumatra's (damals Java oder Klein-Java genannt) aufführte. Die Droge selbst scheint nach dem Abendlande nicht vor 1461 gekommen zu sein, in welchem Jahre der ägyptische Sultan Melech Elmaydi dem Dogen zu Venedig, Pasquale Malipiero, unter andern Kostbarkeiten auch 30 *rotoli Benzoi* schenkte. Derartige Geschenke sind in den nächstfolgenden Jahren überhaupt mehrfach den Venezianern gemacht worden, woraus hervorgeht, dass zur damaligen Zeit Benzoë als ein seltenes und kostbares Produkt betrachtet wurde. Nach Vasco da Gama's Reise, der 1497 den Seeweg nach Indien entdeckt hatte und unter den Produkten des Königreiches Xarnauz (Siam) namentlich *Beijoim* (Benzoë) aufführt, wurde Anfang des 16. Jahrhunderts Benzoë ein gewöhnlicher Artikel des portugiesischen und italienischen Handels. Zuerst bemächtigten sich die portugiesischen Apotheker der Droge und gaben ihr, da letztere für eine Art Myrrhe gehalten wurde, die Bezeichnung *Myrrha troglodytica.* Nach Flückigers Angaben berichtet ein unbekannter Verfasser eines 1511 aus Florenz stammenden Schreibens, dass „Belzui" von den Portugiesen aus Malacca geholt werde. Barbosa bezeichnet um dieselbe Zeit Benzoë als einen wertvollen Ausfuhrartikel aus Calicut und Malabar, und ein unbekannter Briefschreiber meldet aus Lissabon Ende des Jahres 1513, dass er auf Sumatra viel „Belzui" angetroffen habe. Trotz alledem fehlt die Droge doch in dem von Valerius Cordus 1545 verfassten Dispensatorium. 1571 wird sie wegen ihres Asa foetida ähnlichen Aussehens in der Esslinger Apothekertaxe als *Asa dulcis* bezeichnet. Garcias ab Horto, Arzt in Goa, gab 1563 Auskunft über den Benzoëbaum und Gewinnung der Benzoë, und unterschied die Sumatra- und Javasorte von der aus Hinterindien (Siam und Martaban) stammenden. Eine genaue Beschreibung des Baumes lieferte 1787 Dryander. Vom 17. Jahrhundert an war die durch Sublimation erhaltene Benzoësäure (*Flores Benzoës*) officinell.

Offizinell ist der aus Rinden- und Holzeinschnitten ausfliessende, an der Luft erstarrende Harzsaft: *Benzoïnum* (*Resina Benzoë, Asa dulcis*).

Der Harzsaft, welcher nach Wiesner sich hauptsächlich in der Mittelrinde und in geringer Menge in den Markstrahlen des Holzes und in der Bastschicht bildet, wird in vorzüglicher, schöner, weisser Beschaffenheit aus 6—7jährigen Bäumen gewonnen, welche zu dieser Zeit in der Regel einen Durchmesser von ca. 20 Ctm. erreicht haben.

Aeltere Bäume liefern ein schlechteres Produkt, aus welchem Grunde man dieselben in den Pflanzungen nicht über 20 Jahre alt werden lässt; sie werden nach Ablauf dieses Zeitraumes gefällt und nach der Fällung noch zur Gewinnung einer geringen, mit Rinderstücken und Holzsplittern gemischten Sorte verwendet. Die Rohwaare wird in Blockform, in Matten verpackt, nach den Häfen Sumatra's gebracht und dort in der Sonne oder durch heisses Wasser erweicht, in Kisten gefüllt.

Die *Benzoë* von Sumatra bildet eine mehr oder weniger grauliche bis schwach bräunliche, blass chocoladenbraune Masse, in welche 3—5 Ctm. grosse, opalartige Körner (Mandeln oder Thränen) eingebettet sind. Der geringeren Sorte ist in der Regel Rinde untergemengt. Die Benzoë riecht, namentlich beim Erwärmen, eigenthümlich angenehm; der Geschmack ist kratzend aromatisch. Schmelzpunkt der Mandeln bei 85^0, der Grundmasse bei 95^0. Die gewöhnlich der Sumatrasorte zugezählte, sehr fein und eigenthümlich riechende *Penang-Benzoë* oder *Storax-Benzoë* ist nach Flückiger von unbestimmter Herkunft; letzterer stellt die Frage: ob sie vielleicht von der sumatranischen *Styrax subdenticulata* Miq. herrühre?

Eine von der Sumatra-Benzoë verschiedene und höher geschätzte Sorte ist die seit ungefähr 1853 auf dem europäischen Markte erscheinende Siam-Benzoë, welche nach dem Berichte von Schomburgk sich nach vorherigen Klopfen zwischen Rinde und Holz abscheidet, dort erhärtet und durch Wegnahme der Rinde gewonnen wird. Sie erscheint im Handel in 3 Sorten:

1. Siam-Benzoë in Thränen (*Benzoë in lacrimis*) besteht aus unregelmässigen, mehr oder weniger platten, aussen blass-röthlich gelben, innen opalartigen und milchweissen, wachsglänzenden, bis 3 Ctm. grossen, sehr wohl- riechenden Mandeln.

2. Siamesische Mandel-Benzoë (*Benzoë amygdaloides*) vorwiegend aus Thränen bestehend, welche nur locker durch eine braunrothe, glänzende Masse verbunden sind; die Thränen zeigen dieselbe Beschaffenheif wie bei der *Benzoë in lacrimis* oder sind innen farblos und durchscheinend.

3. Kalkutta oder Block-Benzoë (*Benzoë communis* s. *in massis,* s. *sortis*), welche in grossen, noch die Eindrücke der zur Verpackung verwendeten Matten tragenden Blöcken über Kalkutta in den Handel gebracht wird; sie besteht aus einer sehr spröden, schmutzig-rothbraunen, harzglänzenden, im Bruche porösen Masse, mit eingeprengten, mehr oder weniger zahlreichen, kleinen und helleren Thränen.

Die Siam-Benzoë, deren Abstammung von *Styrax Benzoïn* Dryand. noch nicht erwiesen ist, ist spröde, im Munde erweichend, in der Wärme sehr wohlriechend und bei 75^0 schmelzend. Mandeln und Grundmasse zeigen unter dem Polarisationsmikroskop kleine Krystalle von Benzoësäure. Selbst den feinsten Sorten sollen Rinden- und Holzstücke beigemischt sein.

Styraceae.

Styrax Benzoin Dryand.

 Die bisherige Unterscheidung der Sumatra- und Siam-Benzoë gründete sich hauptsächlich auf das Vorhandensein von Benzoë- und Zimmtsäure und zwar soll die Sumatra- und Penang-Benzoë nur Zimmtsäure, die Siam-Benzoë nur Benzoësäure enthalten. Kolbe und Lautemann fanden jedoch in der Siam und Penang-Benzoë beide Säuren, ebenso Flückiger in der Penang-Benzoë; Salfeld in einer Sumatrasorte anstatt der Zimmtsäure 10 % Benzoësäure. Die Unterscheidung der Drogen auf Grund dieser beiden Säuren kann demnach nicht mehr als sicher betrachtet werden.

Bestandtheile. Die Untersuchungen der Benzoë von John, Buchholz, Stoltze, Brandes u. A. haben folgendes Ergebniss geliefert: bis 84 % Harz; bis 20 % Benzoësäure (Zimmtsäure), 1,7 % balsamische Materie, 0,5 % aromatischen Extraktivstoffe, 2 % Holzfaser und fremde Beimengungen, 0,7 % Salze. Stoltze fand in der weissen Benzoë: Spur von ätherischem Oele, 19,8 % Benzoësäure, 19,8 % gelbes, in Aether lösliches, 0,2 % braunes, in Aether unlösliches Harz, in der Mandel-Benzoë: Spur von ätherischem Oele, 19,4 % Benzoësäure, 27,1 % gelbes, in Aether lösliches, und 50,5 % in Aether unlösliches Harz, 0,2 % aromatischen Extraktivstoff, 2,6 % Holzfaser und Beimengungen; in der braunen Benzoë: Spur von ätherischem Oele, 19,7 % Benzoësäure, 8,3 % gelbes, in Aether lösliches, 67,7 % in Aether unlösliches Harz, 0,1 % aromatischen Extraktivstoff, 1,4 % Holzfaser und Beimengungen. Kopp fand neben 14—15 % Benzoësäure folgende Harze: 48—52 % Alphaharz, 25—28 % Betaharz, 3—3,5 % Gammaharz, 0,5—0,8 % Deltaharz, 5,2—5,5 % Beimengungen. Kopp fand in der Siam-Benzoë Vanillin.

Aus diesen Versuchen ist ersichtlich, dass die Hauptmasse der Benzoë aus amorphen Harzen besteht; letztere sind in Alkohol, sowie in wässerigem Kali löslich. Erhitzt man die Benzoë, so schmilzt sie und es sublimirt unter Auftreten stechender, erstickender Dämpfe, Benzoësäure. Wird Benzoë mit Schwefelkohlenstoff übergossen, so bilden sich nach längerer Zeit in der Kälte grosse Krystalltafeln von Benzoësäure. Dieser Versuch und ebenso die kleinen Benzoësäurekrystalle liefern den Beweis, dass die Benzoësäure im freien Zustande in der Droge vorhanden ist, ein Umstand, der von Löwe und Rump nur theilweise zugegeben wird. In concentrirter Schwefelsäure löst sich Benzoë schön roth, durch alkoholisches Eisenchlorid wird die alkoholische Benzoëlösung braungrün gefärbt. Hlasiwetz und Barth erhielten beim Schmelzen der Benzoë mit Aetzkali *Protocatechusäure* ($C_6H_3(OH)^2COOH$), *Paraoxybenzoësäure* ($C_6H_4(OH)COOH$) und *Pyrocatechin* ($C_6H_4(OH)$). Bei der trocknen Destillation erhielt Berthelot neben Benzoësäure 5 % Styrol; Ciamician unter Anwendung von Zinkstaub *Toluol* ($C_6H_5(CH_3)$).

Benzoësäure ($C_7H_6O_2$), in der Benzoë zuerst entdeckt und, vielfach von Zimmtsäure begleitet, noch in verschiedenen andern Harzen und Balsamen (Drachenblut, Storax, Myrrhe, Tolubalsam, Botanibayharz, Perubalsam, Zimmt-Bergamott- und Majoranöl, Gewürznelken, Vanille, Sternanis in der Frucht von *Evonymus europaea* L., in der Wurzel von *Acorus Calamus* L., *Inula Helenium*, *Pimpinella Saxifraga*, Preisselbeeren) aufgefunden, ist eine schwache Säure und bildet farblose, undurchsichtige, seidenglänzende Blättchen und Nadeln des monoklinischen Systems. Im reinen Zustande ist sie geruchlos und schmeckt schwach anhaltend sauer und stechend. Bei 121,4° schmilzt sie nach Kopp zu einer farblosen Flüssigkeit von 1,0838 spez. Gew., die beim Abkühlen strahlig-krystallinisch wieder erstarrt, und bei 249,2° ohne Zersetzung siedet. Die Entwickelung der stechenden Dämpfe beginnt jedoch schon unter dem Schmelzpunkt. Von kaltem Wasser wird die Benzoësäure nur wenig gelöst, leicht von kochendem Wasser, von 2 Theilen kaltem und 1 Theil kochendem Alkohol, von 25 Theilen Aether. Sie ist ferner löslich in fetten und flüchtigen Oelen, leicht und ohne Zersetzung von concentrirter Schwefelsäure. Die in der Arzneikunde verwendete Benzoësäure ist gelb bis bräunlich und muss einen angenehmen, keineswegs brenzlichen Geruch besitzen; sie soll für medicinische Zwecke nur durch Sublimation aus Benzoëharz dargestellt werden, „da bei dieser Bereitungsweise Spuren eines flüchtigen, stark vanilleartig riechenden Oeles anhaften, dessen Beimengung man nicht für unwesentlich hält." Beim Erhitzen mit Kalk zerfällt sie in Benzol und Kohlensäure. Fälschungen mit Asbest, Kreide, Gyps und Zucker sind beobachtet worden.

Die Zimmtsäure, welche bereits unter *Liquidambar orientalis* abgehandelt worden ist, wird beim Kochen mit verdünnter Salpetersäure oder beim Erwärmen mit übermangansaurem Kali oder einem Gemisch von Braunstein oder Kaliumbichromat mit Schwefelsäure zu Bittermandelöl und dann zu Benzoësäure oxydirt. Auf Ueberführung der Zimmtsäure in Bittermandelöl beruhte früher die Erkennung der Sumatra- und Siamsorte. (Husemann, Pflanzenstoffe 1067 u. 1136.)

Anwendung. Als Räuchermittel, Cosmetikum, und die Siamsorte zur Darstellung der Benzoësäure. Husemann äussert sich über Benzoë wie folgt: Die innerliche Anwendung der Benzoë als Balsamicum bei chronischen Respirationskatarrhen und gegen Incontinentia urinae kann als aufgegeben betrachtet werden. Dagegen dient sie als Cosmeticum bei unbedeutenden Hautleiden (Sommersprossen, Finnen, Leberflecken) und theilweise des Wohlgeruchs wegen, theilweise auch behufs Erzielung gelinder Reizung auf die Respirationsorgane (bei Heiserkeit, Aphonie und anderen Respirationsleiden) oder auf die Haut (bei Gicht und Rheuma Anasarka) zu Räucherungen. Pharmaceutisch dient Benzoë als Zusatz zu Salben, um deren Ranzigwerden zu verhüten." Die Benzoësäure wird als stimulirendes Expektorans bei chronischem Bronchialkatarrh, in späteren Stadien der Bronchitis, bei Croup, Pneumonie u. s. w. gebraucht; sie dient als Nervinum, Diaphoreticum und Antisepticum. (Husemann, Arzneimittell. 406.)

Litteratur. Abbildung und Beschreibung: Nees v. Esenb., Pl. med., Taf. 211; Hayne, Arzneigew. IX., Taf. 24; Berg u. Schmidt, Offiz. Gew., Taf. IXf; Bentley and Trimen, Med. pl. Taf. 169; Luerssen, Handb. der syst. Bot. II., 950; Karsten, Deutsche Flora 906; Wittstein, Pharm. 73.

Drogen und Präparate: *Benzoë (Benzoinum)*: **Ph. germ.** 40; Ph. austr. 25; Ph. hung. 77; Ph. ross. 339; Ph. helv. 18; Cod. med. 40; Ph. belg. 15; Ph. Neerl. 39; Brit. ph. 55; Ph. dan. 197; Ph. suec. 175; Ph. U. St. 54; Flückiger, Pharm. 109; Flückiger and Hanb., Pharm. 403; Hist. d. Drog. II., 40.

Acidum benzoicum: **Ph. germ.** 5; Ph. austr. 4; Ph. ross. 7; Ph. helv. 3; Cod. med. 96; Ph. belg 99; Ph. Neerl. 8; Brit. ph. 7; Ph. dan. 21; Ph. suec. 6; Ph. U. St. 11.

Tinctura Benzoës: **Ph. germ.** 273; Ph. austr. 133; Ph. hung. 453; Ph. ross. 415; Ph. helv. 142, suppl. 116; Cod. med. 601; Ph. belg. 265, 267; Ph. Neerl. 266; Brit. ph. 321; Ph. dan. 266; Ph. suec. 231; Ph. U. St. 336.

Tinctura Opii benzoica (camphorata): **Ph. germ.** 283; Ph. ross. 432; Ph. helv. suppl. 121; Ph. belg. 270; Ph. dan. 277; Ph. suec. 238; Ph. U. St. 351.

Tinctura Opii ammoniata: Brit. ph. 338.

Tinctura Scillae composita: Ph. helv. suppl. 122.

Tinctura benzoës composita: Ph. suec. 231.

Emplastrum aromaticum: Ph. helv. suppl. 34; Ph. belg. 160.

Emplastrum opiatum aromaticum: Ph. helv. suppl. 35; Ph. belg. 164; Ph. Neerl. 92.

Emplastrum anglicanum: Ph. austr. 45.

Adeps benzoatus: Ph. helv. 9; Brit. ph. 26; Ph. suec. 27; Ph. U. St. 25.

Ammonium benzoicum solutum: Ph. ross. 26; Ph. U. St. 31.

Species fumales: Ph. dan. 227.

Charta antasthmatica: Ph. Neerl. 57.

Bezügl. der Drogen und Präparate siehe auch Hager, Pharm. Prx. I., 19. 591, III., 5, 148.

Tafelbeschreibung:

A blühender Zweig, natürl. Grösse; 1 Blüthe im Längsschnitt, vergrössert; 2 Staubgefäss mit einem Theil der Staubgefässröhre, desgl.; 3 einzelnes Staubgefäss, oberer Theil, desgl.; 4 Pollen desgl.; 5 Fruchtknoten, desgl.; 6 derselbe in Längsschnitt, desgl.; 7 derselbe in Querschnit, desgl.; 8 Frucht, natürl. Grösse; 9 dieselbe in Querschnitt, desgl.; 10. Same im Längsschnitt, desgl.; 11 derselbe im Querschnitt, desgl. Nach einer Originalzeichnung des Herrn Prof. Schmidt in Berlin.

Tamarindus indica L.

Tamarinde — Tamarind — Tamarinier.

Familie. *Leguminosae* (Unterfamilie: *Caesalpinieae*); Gattung: *Tamarindus* Tourn.

Beschreibung. 20 bis 25 Meter hoher, immergrüner, langsam wachsender Baum mit weit-ausgebreitet-reichästiger, domartiger Krone, schwärzlich brauner, rissiger Rinde, graubraunen Aesten und hin und her gebogenen Zweigen. Blätter abwechselnd, paarig gefiedert, 10—20jochig; Blattspindel oben rinnenförmig; Blättchen linealisch-länglich, abgerundet, gestutzt bis ausgerandet, ganzrandig, fast sitzend, 12 bis 20 Mm. lang, ungleichhälftig, namentlich am Grunde ungleich, kahl oder am unteren Rande gewimpert, netzaderig, unterseits blaugrün. Die hinfälligen Nebenblättchen lanzettlich. Blüthen wohlriechend, in meist wenigblüthigen, endständigen Trauben. Spindel kahl oder fein behaart, 5 bis 10 Ctm. lang, die Blüthenknospen von einem Paare bald abfallender, oval-länglicher, hellpurpurrother, gewimperter Vorblätter eingehüllt. Unterkelch (Receptaculum) becherförmig, engröhrig, kahl, bleibend, Röhre im Innern drüsig. Kelch 4blätterig, aus dem freien Rande des Unterkelches entspringend, in der Knospe dachig, die beiden oberen (hinteren) Kelchblätter zu einem breiten, fast ovalen, stumpfen Blatte verwachsen, die beiden unteren (vorderen) länglich, sämmtlich weisslich, später blassgelblich, abfallend. Kronblätter 5, jedoch nur die 3 hinteren Blätter vollständig entwickelt, gleichlang, in der Knospe dachig, wellig gekerbt, das mittlere fast kahnförmig zusammengelegt, über dem breiten Kelchblatte stehend, meist schmäler, fast sitzend; die 2 seitlichen fast flach, breit genagelt, sämmtlich zuerst weiss mit purpurrothen Adern, später gelb, abfallend; die 2 unteren Kronblätter pfriemenförmig, verkümmert. Staubgefässe 9 in 2 Reihen, jedoch nur 3 und zwar die beiden oberen der inneren Reihe und das unterste der äusseren Reihe fruchtbar, bis zur halben Höhe zu einer oben offenen Scheide verwachsen, an welcher die 6 unfruchtbaren, pfriemlichen Staubgefässe als kurze Spitzchen erscheinen; die Staubfadenscheide niedergebogen und den Stempel umfassend, aussen am Grunde fein behaart; ein zehntes Staubgefäss völlig verkümmert. Staubbeutel länglich, 2fächerig, am Grunde ausgerandet, oben mit kurzem Spitzchen versehen, in der Mitte des Rückens angeheftet und mit Längsspalte sich öffnend. Pollen rundlich 3seitig, 3porig, mit feinkörnigem Inhalte. Stempel oberständig, gestielt, mit seinem Stiele der hinteren Seite der Kelchröhre einseitig angewachsen. Fruchtknoten schmal, flach, einfächerig, mit zahlreichen Samenknospen. Eichen der Bauchnaht aufgewachsen, gegenläufig. Der bogenförmig aufsteigende Griffel mit kleiner stumpfer Narbe. Die bis 20 Ctm. lange, bis 3 Ctm. breite, graulich oder gelblich braune, nicht aufspringende Hülse an 3 Ctm. langem, holzigem Stiele herabhängend, länglich oder lineal-länglich, gerade oder meistens etwas gekrümmt, seitlich wenig zusammengedrückt, mit abgerundeten, nahtlosen Rändern, feinkörnig, warzig, kurz aber scharf zugespitzt, unregelmässig eingeschnürt, aus 4 bis 12 rundlich-eckigen, fast quadratischen, einsamigen Fächern bestehend. Die bis 17 Mm. langen, bis 8 Mm. dicken, der Bauchnaht angehefteten Samen, welche äusserlich durch leichte Auftreibungen der Hülse bemerkbar sind, haben rundlich 4eckige Form, sind etwas zusammengedrückt, der vom Nabelstreifen durchzogene Rand ist entweder schwach gekielt oder öfter schwach gefurcht, von Farbe dunkelbraun, glänzend, mit etwas eingesunkenem Mittelfelde. Embryo eiweisslos, mit geradem, halbgegenläufigem, am Nabel in den Keimlappen steckendem, dickem, mit kleiner gelber Knospe ausgestattetem Würzelchen; Samenlappen hornig, planconvex.

Eine in Ostindien kultivirte Form: *Tamarindus occidentalis* Gärtner unterscheidet sich durch kurze Hülsen mit 1—4 Samen und besitzt ein hellbraunes, mehr herbe schmeckendes Fruchtmuss.

Anatomisches. Die Wand der Hülse zeigt 3 Schichten: eine dünne, krustige, zerbrechliche, rauhe Aussenschicht (Epicarp), eine sich leicht trennende, aus schwarzem oder braunem Musse bestehende Mittelschicht (Mesocarp) und eine die Samenfächer auskleidende, zähe Membran, die Innenschicht (Endocarp). Die äussere Schicht, das Epicarp, besteht (nach Flückiger) aus ziemlich grossen, kugeligen Steinzellen und lockerem Parenchym. An der auf der Oberfläche nicht oder doch nur wenig sichtbaren Bauchnaht treten 2 sehr starke und 2 schwächere Gefässbündel zu Tage und ein sehr derber Strang an der Rückennaht, welche sämmtlich, sich seitlich verzweigend, gegen die Spitze zu laufen. Die innere Fruchtschicht (Endocarp), welche die Samenfächer bildet, ist aus sehr langen, biegsamen, fest verbundenen Fasern zusammengesetzt und von einer mehr oder weniger dicken Lage bräunlicher Steinzellen umschlossen. Die zwischen der äusseren und inneren Schicht befindlichen Räume werden von einem bräunlichen oder schwärzlichen, sauren Brei, dem Fruchtmuss (Pulpa) ausgefüllt, in welchen die Verzweigungen der randständigen Gefässbündel eingebettet liegen. In den Zellen dieses Fruchtmusses findet man kleine, bräunliche, durch Eisenchlorid etwas dunkler werdende Körnchen und vereinzelte Gruppen von kugeligen Stärkekörnern. Ausserdem treten in diesen Zellen kurze, spiessige Krystalle von Weinstein und scharfe Quarzsplitter auf.

Blüthezeit. ?

Vorkommen. Ursprünglich wohl nur in Centralafrika und in den heissen Ländern von Ostafrika einheimisch. Flückiger sagte über die Verbreitung: „Der Baum durchzieht das Gebiet des Senegals, des Nigers und Tsad-Sees, geht in die Nilländer, durch den äussersten Nordosten Afrikas nach Mozambik bis ungefähr 24° südlicher Breite, während er seine Nordgrenze bei ungefähr $14^1/_2$° nördlicher Breite, am weissen Nil, Bahr el Abjad, nach Schweinfurth schon bei 12° erreicht". Gegenwärtig durch Arabien, in Ostindien, auf den Sundainseln (namentlich Java), in Cochinchina, auf den Philippinen, auch in Nordaustralien vorkommend. Durch Kultur nach Westindien, Centralamerika und Brasilien übergesiedelt.

Name und Geschichtliches. Tamarindus zusammengesetzt aus dem arabischen tamr, säulenartig emporstrebend, Dattelpalme (hebräisch תָּמָר, tamar, Palme) und hindi, hindostanisch, indisch, also indische Dattel; daher die Artbezeichnung indica überflüssig.

Es liegt kein Zeugniss vor, dass die Tamarinde im Alterthume bekannt gewesen ist, und unbegreiflich erscheint es, dass sogar die alten Aegypter keine Kenntniss von diesem Baume hatten. Die Vermuthung Sprengels, dass unter *Δένδρον πολυφυλλον* des Theophrast die Tamarinde zu verstehen sei, ist durch nichts bewiesen und sehr unwahrscheinlich, denn noch dem Alexander Trallianus (6. Jahrh.) scheint die Tamarinde vollständig unbekannt gewesen zu sein. Die ersten zuverlässigen Nachrichten erhalten wir von dem persischen Arzte Alhervi (um 970), welcher die Tamarinden (indische Datteln) mit Damascener Pflaumen vergleicht. Zur Zeit des persischen Arztes Mesue (um 900—1000), welcher das Fruchtmuss als aus Indien stammend bezeichnet, war schon die Fälschung durch Pflaumenmuss gebräuchlich. Um 1270 werden Tamarinden als indische Waare in Aden verzollt, und um dieselbe Zeit verordnete Johannes Actuarius Tamarinde (saure Palmen, *Oxyphoenix*) als kühlendes Abführmittel bei Gallenkrankheiten. Die Aerzte der Salernitaner Schule bezeichnen Tamarinde mit *Ὀξυφοίνικα*, Sauerdatteln, *Dactyli acetosi*, *Palmae acidae*. Die altdeutschen Arzneibücher enthalten die Tamarinde nicht; die späteren Aerzte bezeichnen sie als arabische Hülsen (*Siliqua arabica*); sie scheint jedoch im Mittelalter keine besondere Beachtung gefunden zu haben. Von den Schriftstellern, welche sich mit Tamarinde beschäftigen, sind der Apotheker Thomas Pirez, Garcia de Orta und Acosta zu erwähnen. Der erstere berichtet von dem häufigen Vorkommen der Tamarinde auf den südindischen Küsten und auf Java; der letztere giebt eine Beschreibung von dem Baume und rühmt seine Schönheit. Im Jahre 1570 tritt der Baum in Mexico auf; 1684 in Brasilien.

Offizinell ist das Mark der Fruchtschalen: *Tamarindi* (*Pulpa Tamarindorum cruda s. depurata, Fructus Tamarindi decorticatus,* Tamarindenmuss).

Die äussere Schale der Hülsen wird entfernt, das Mark mit den inneren Häuten, Gefässbündeln und Samen zu einer Masse geknetet und so in den Handel gebracht.

Das Tamarindenmuss, welches aus dem Fruchtmusse, einem Theil seiner Gefässbündel, vermischt mit den Wänden der Samenfächer, besteht und als überwiegenden Bestandtheil zartwandige, grosse, auseinandergefallene Zellen, sehr lange Bündel dünner, abrollbarer Spiralgefässe und derbfilzige, sackartige Samenfächer zeigt, bildet eine weiche, zusammenhängende, braunschwarze Masse. Die Tamarinden müssen zähe und knetbar, nicht weich oder breiig sein; sie müssen eine schwarzbraune Farbe haben, einen weinsäuerlichen, nicht dumpfen Geruch und einen angenehm saueren nicht zu herben Geschmack besitzen, dürfen auch nicht viele Samen enthalten.

Im Handel werden mehrere Sorten unterschieden, von denen die ostindische Sorte als die offizinelle zu betrachten ist.

1. Ostindische Tamarinden (Tamarindi indicae) bilden eine mehr oder weniger weiche, zähe, schwarzbraune und mit Gefässbündeln und Samen vermengte, zusammenfliessende, ziemlich schwere Masse, von säuerlich-weinartigem Geruche und angenehm süsslich-sauerm, etwas herbem Geschmacke. Sie werden nach Flückiger in Gujurat, im Dekkan und in Konkan für den europäischen Handel dadurch vorbereitet, indem man die reifen Früchte von der äusseren, leicht trennbaren Haut, und von den stärksten Gefässsträngen und Samen befreit, mit Seewasser zu einer festen, breiigen Masse von bräunlicher oder schwärzlicher Farbe zusammenknetet, und in Ballen oder Fässer verpackt, die dann im Archipelagus, in Madras und Bombay zur Verschiffung gelangen.

2. Westindische Tamarinden (Tamarindus occidentalis) eine verwerfliche, schmierige, hellgraubraune, oft schon in Gährung übergegangene Sorte von herbsauerem und durch beigemischten Zucker zugleich süsslichem Geschmack. Es kommen von dieser Sorte jedoch auch Fässer besserer Qualität in den Handel. Ausfuhrorte sind: St. Kitts, Nevis, Antigua, Montserrat, Dominica, Martinique, Barbadoes, Grenada, Guayaquil. In England soll angeblich diese Tamarindensorte bevorzugt werden.

3. Aegyptische oder levantinische Tamarinden (Tamarindi Aegyptiacae s. Levanticae), eine schlechte braune oder schwarze Sorte, welche jetzt wohl nicht mehr im europäischen Handel erscheint, bestehend aus platten, abgerundeten, $^1/_8$ bis $^1/_2$ Klgr. schweren, harten, festen, leicht feucht werdenden Kuchen. Sie stammen aus den oberen Nilländern Darfur, Kordofan, Sennaar, vom Senegal und aus Medina in Arabien und wurden früher über Alexandrien nach Marseille, Livorno und Malta gebracht.

Tamarinden, die fast nur aus Haut, Fasern und Kernen bestehen, sind zu verwerfen. Fälschungen durch Pflaumenmuss sind beobachtet worden, aber wegen des mindest ebenso hohen Preises des letzteren jetzt wohl ausgeschlossen; hingegen kommen in Folge der Zubereitung des Musses in kupfernen Gefässen schädliche Verunreinigungen mit Kupfer vor, welche durch Hineinstellen eines blanken Messers in das mit Wasser angerichtete Muss erkannt werden. Nach einer Stunde wird sich an dem blanken Stahle ein röthlicher, aus Kupfer bestehender Ueberzug zeigen. Melasse mit Weinsäure oder Weinstein dient ebenfalls zu Fälschungen.

Die Aufbewahrung der Tamarinden erfolgt in Steingefässen. Es werden in den Apotheken 2 Sorten vorräthig gehalten, eine Prima- und eine Sekunda-Sorte.

Bestandtheile. Vauquelin fand in 100 Theilen Tamarinde: 1,5 Weinsteinsäure, 3,2 Weinstein, 9,4 Citronensäure (nach Nessler und Barth 13,5 %), 0,4 zum grössten Theile an Kali gebundene Apfelsäure, 6,2 Pektin, 12,5 Zucker, 4,7 Gummi, 31,2 Häute und Samen, 36,5 Wasser. Gorup fand ausserdem Essigsäure, Ameisensäure und wahrscheinlich auch Buttersäure. Scheele konnte keine Citronensäure nachweisen. K. Müller untersuchte 9 ostindische Sorten und erhielt folgende Werthe: 2,4—38,0 % (im Mittel 13,9 %) Samen; in der von den Samen befreiten Pulpa fand er: 21,92—32,58 % (i. M. 27,0 %) Wasser, 12,2—20,2 % (i. M. 16,2 %) unlöslichen Rückstand, 4,66—6,01 % (i. M. 5,27 %) Weinstein, 5,29—8,80 % (i. M. 6,63 %) Weinsäure, 0,64—3,95 % (i. M. 2,20 %) Citronensäure. Die wasserfreie Pulpa enthielt: 6,21—8,25 % (i. M. 7,20 %) Weinstein, 6,77—12,35 %) (i. M. 9,09 %) Weinsäure. Husemann, Pflanzenstoffe 1097.

Leguminosae.

Tamarindus indica L.

Anwendung. Die Tamarinden wirken erfrischend, kühlend und gelind eröffnend und werden daher, meist in Abkochung, als kühlendes und gelind abführendes Mittel bei fieberhaften Zuständen und Congestionen gereicht; sie dienen auch als Zusatz von Mixturen und als Constituens für Latwerge.

Für die Binnenländer Afrikas sind sie als Nähr- und Erfrischungsmittel von grosser Bedeutung, worüber sich Flückiger wie folgt äussert: „Die oben erwähnten Bestandtheile der Tamarindenfrucht (nämlich Ameisensäure und Essigsäure, in welchen Flückiger Zersetzungsprodukte der Weinsäure vermuthet) verleihen ihr einen sehr hohen Werth für die trockenen vegetationslosen Binnenländer Afrikas. Barth erklärt die Frucht für eine unschätzbare Gabe der Vorsehung in diesen heissen Zonen, den Baum für den grössten Schmuck des Negerlandes. Mit Butter und Zwiebeln bildet die erstere dort eine höchst erfrischende Nahrung; mit Zwiebeln, Honig und Pfeffer das sicherste Mittel gegen die leichteren klimatischen Krankheiten. Auch für Darfur bezeichnet Munzinger die Tamarinde als die köstlichste Gabe der Natur.“

Die Tamarinde findet ferner Anwendung bei der Schnupftabakfabrikation zu Tabakssaucen. Der kurze, oft kantige Stamm soll einen Umfang von ziemlich 8 Meter erreichen und ein sehr hartes, feinkörniges, gelbliches, mit einem geringen rothen Kerne ausgestattetes Nutzholz liefern. Nach Flückiger halten es Araber und Indier für gefährlich, im Schatten des Baumes zu schlafen. Die gerösteten und gekochten Samenkerne dienen in Indien zu Zeiten der Hungersnoth als Nahrungsmittel. Husemann, Arzneimittell. 877.

Litteratur. Abbildung und Beschreibung: Nees v. Esenb., Pl. med., Taf. 343; Hayne, Arzneigew. X, Taf. 41; Berg u. Schmidt, Offiz. Gew. IXc; Bentley and Trimen, Med. pl., Taf. 92; Luerssen, Handb. der syst. Bot. II, 898; Karsten, Deutsche Flora 713; Wittstein, Pharm. 833.

Drogen und Präparate: *Tamarindi:* **Ph. germ.** 214; Ph. austr. 130; Ph. hung. 357, 441; Ph. ross. 321; Ph. helv. 104, 137; Cod. med. 80; Ph. belg. 85; Ph. Neerl. 256; Brit. ph. 316; Ph. dan. 124; Ph. suec. 154; Ph. U. St. 331; Flückiger, Pharm. 799; Flückiger and Hanb., Pharm. 224; Hist. d. Drog. I, 402; Berg, Waarenk. 596.

Electuarium e Senna s. E. lenitivum: **Ph. germ.** 73; Ph. austr. 45; Ph. ross. 104; Cod. med. 387; Ph. helv. 31; Ph. belg. 158; Ph. Neerl. 88; Ph. dan. 84; Ph. suec. 56.

Serum Lactis tamarindatum: Ph. ross. 367.

Confectio Sennae: Brit. ph. 89; Ph. U. St. 85.

Bezügl. der Drogen und Präparate siehe auch Hager, Pharm. Pr. II, 1104; III 1150.

Tafelbeschreibung:

A blühender Zweig, natürl. Grösse; 1 Blüthe ohne Kelchblätter, vergrössert; 2 Staubgefässplatte mit den fruchtbaren und verkümmerten Staubgefässen und den verkümmerten Kronenblättern, desgl.; 3 Staubgefäss, desgl.; 4 Pollen, desgl.; 5 Stempel, desgl.; 6 reife Frucht, natürl. Grösse; 7 dieselbe von der Rinde befreit, mit blosgelegten Gefässbündeln, desgl.; 8 dieselbe im Längsschnitt, um die Samenfächer zu zeigen, desgl.; 9 Same, desgl.; 10, 11 derselbe im Längs- und Querschnitt, desgl. Nach einer Originalzeichnung des Herrn Professor Schmidt in Berlin.

Taraxacum officinale Weber.

Syn. *Leontodon Taraxacum* L. *Taraxacum Dens leonis* Desf. *Taraxacum vulgare* Schrk. *Leontodon officinale* With.

Löwenzahn, Gebräuchliche Kuhblume — Dandelion — Pissenlit, Dent de lion.

Familie: *Compositae.* Gattung: *Taraxacum* Juss.

Beschreibung. Kraut mit ausdauernder, in der Jugend einfacher, kegelförmiger, im späteren Alter verästelter, 20—40 cm langer, $1^1/_2$—2 cm dicker, fleischiger, stark milchender, aussen gelblichbrauner, innen weisser, meist vielköpfiger Wurzel. Blätter länglich oder lineal-lanzettförmig kahl oder auf der Unterfläche der Mittelrippe wenig behaart, schrotsägeförmig mehr oder minder tief gespalten, mit dreieckigen, mehr oder weniger spitzigen, grösstentheils gezähnten, jedoch auch ganzrandigen Abschnitten. Blumenschäfte einköpfig, hohl, kahl oder etwas wollig. Achänen lineal-verkehrt-eiförmig, nach oben spitz höckerig, der ungefärbte Theil des Schnabels länger als der gefärbte Theil der Achäne.

Die Pflanze variirt sehr und zwar:

a. *genuinum* Koch (*Leontodon Taraxacum* Poll.) grasgrün, schrotsägeförmige Blätter mit dreieckigen, meist ganzrandigen Zipfeln. Hüllkelchblätter sämmtlich linealisch, die äussern abwärts gebogen.

b. *Taraxacum glaucescens* M. B. meist blaugrün. Blattzipfel meist gezähnt. Hüllblätter linealisch oder die äusseren lanzettförmig, letztere horizontal abstehend.

c. *Taraxacum corniculatum* DC. unterscheidet sich von b nur durch den schwieligen Höcker, welchen die inneren Hüllblätter unter der Spitze tragen.

d. *Taraxacum alpinum* Hoppe. Aeussere Hüllblätter eiförmig, abstehend.

e. *Taraxacum taraxacoides* Hoppe. Aeussere Hüllblättchen eiförmig, zugespitzt, angedrückt, innere mit gehörnter Spitze.

f. *Taraxacum lividum* W. K. (*Taraxacum palustre* Sm.) wie e, die inneren Hüllblättchen nicht gehörnt; mit dicklichen, blaugrünen, ungetheilten, lineal-lanzettförmigen, ganzrandigen oder kleingezähnten Blättern: *Leontodon salinum* Poll. und buchtig-schrotsägeförmigen Blättern: *Leontodon erectum* Hoppe.

g. *Taraxacum leptocephalum* Rchb. wie f, die äusseren, lanzettförmigen Hüllblättchen an der Spitze zottig-bärtig.

Anatomisches: Die getrocknete, braun-graue, innen weisse, spiralig-längsrunzelige Wurzel zeigt auf dem Querschnitte eine dem Durchmesser des Holzkörpers mindestens gleichkommende dicke Rinde und den kaum sichtbar strahligen, gelben Holzkern mit fast verschwindendem Marke. Das Parenchym der von einer dünnen Korkschicht bedeckten Rinde besteht aus 10—30 schmalen, nach aussen grosszelligen, nach innen kleinzelligen, concentrischen, von zahlreichen Milchröhren- und Siebröhrenbündeln durchsetzten Kreisen, die aus durchschnittlich 16 Reihen dünnwandiger, in axiler Richtung lang gestreckter Zellen zusammengesetzt sind. Die Milchröhren bestehen aus langen, dünnen, reichverzweigten, nur innerhalb ihrer Kreise aufsteigenden Schläuchen, in denen die eingetrocknete Milch als feinkörnige, bräunliche Masse abgelagert ist. Der Holzkern zeigt auf dem Querschnitte zahlreiche, ungleich weite, oft gelbes Harz enthaltende Netztracheen mit dazwischen unregelmässig eingebettetem Parenchym.

Verbreitung. Auf Wiesen, Triften und an Wegerändern bis in die Alpenregionen über die ganze nördliche Erdhälfte verbreitet.

Name und Geschichtliches. Der Name *Leontodon* ist abgeleitet von λέων Löwe und ὀδοὺς, ὀδόντις Zahn, wegen der zahnartig eingeschnittenen Blätter. *Taraxacum* (bei den alten arabischen Aerzten Tarakshagan) soll gebildet sein aus τάραξις, womit die Aerzte des Mittelalters ein Augenübel bezeichneten, gegen welches der Milchsaft der Pflanze angewendet wurde. Nach anderen ist der in Rede stehende Name abgeleitet von ταρασσέω beunruhigen (das heisst durch Abführen den Leib beunruhigen) oder von ταράξις Unruhe und ἀκέομαι heilen (Leibschmerz heilen). Schon Theophrastus beschreibt den Löwenzahn unter dem Namen *Aphäke* (abgeleitet von φακος oder φακή Linse, wegen der günstigen Wirkung auf Sommersprossen und Leberflecken), doch erhalten wir bezüglich seiner medizinischen Benutzung erst durch arabische Schriftsteller (Avicenna 980—1037 und Serapion 9. oder 10. Jahrhundert) bestimmte Nachrichten. In den Werken der beiden genannten arabischen Aerzte wird der Name *Taraxacum* (Tarakshagan) zuerst genannt. Den Aerzten des 16. Jahrhunderts war (nach Wittstein) die beruhigende und einschläfernde Wirkung der Pflanze bereits bekannt. Leonhard von

Fuchs nannte sie daher, nach dem Vorgange von Plinius, *Hedypnoïs* (abgeleitet von ἡδύς angenehm, lieblich und πνεῦμα, πνοιή Hauch, Athem).

Blüthezeit. Blüht vom Frühjahre bis zum Herbste.

Offizinell ist die getrocknete Wurzel: *Radix Taraxaci* und das Kraut der blühenden Pflanze in Verbindung mit der Wurzel: *Radix et folia Taraxaci* (*Radix Taraxaci cum herba, Herba Taraxaci cum radice*).

Die Einsammlung der Wurzel erfolgt im Herbst, weil zu dieser Zeit in ihr der meiste Bitterstoff enthalten ist. Nach der Einsammlung wird sie, und zwar gespalten, mehrere Tage der Luft ausgesetzt, sodann an einem lauwarmen Orte vollständig getrocknet (im andern Falle unterliegt sie dem Wurmfrass) und in einem trocknen Raume aufbewahrt. Sie unterscheidet sich von der ihr ähnlichen, jedoch helleren *Radix Cichorii* durch die concentrischen Ringe, welche der letzteren fehlen und durch den Mangel der Strahlen, die bei *Radix Cichorii* auf dem Querschnitt scharf und deutlich hervortreten. Getrocknet schwindet die Wurzel auf $^1/_4$ ihrer ursprünglichen Masse zusammen. Sie ist frisch aussen hellbraun, getrocknet dunkel-, fast schwarzbraun, runzelig und meistentheils schraubenförmig gedreht.

Präparate. Aus dem getrockneten Kraute mit der Wurzel wird das Löwenzahn-Extract: *Extractum Taraxaci*, aus der frischen Pflanze im Frühjahre der Saft: *Succus Taraxaci* und aus der zerschnittenen und zerstossenen Wurzel eine Abkochung: *Decoctum Taraxaci* gewonnen. Der eingetrocknete, sehr bitter schmeckende Milchsaft heisst *Leontodonium.*

Bestandtheile. Nach Frickhinger enthalten die geruchlosen und süsslich-bitter schmeckenden Wurzeln Zucker, Inulin (letzteres am häufigsten in den Herbstwurzeln), Mannit ($C_6 H_8 [OH]_6$), Spuren von Gerbstoff, einen in kochendem Wasser und Aether leicht löslichen Bitterstoff (*Taraxacin*), Schleim, eine in Alkohol lösliche, wachsartige, krystallisirbare Substanz: *Taraxacerin* ($C_8 H_{16} O$), Eiweiss, Kali- und Kalksalze. Poleck erhielt aus dem Milchsafte das Taraxacin in weissen Krystallen; Kromeyer das Taraxacerin ebenfalls in Krystallform, jedoch das Taraxacin nicht krystallinisch. Das Kraut enthält nach Sprengel viel Schleim, Gummi, Zucker, Harz (*Leontodin*) etc. Die Blätter und Stengel enthalten nach Marmé einen der Milchsäuregährung fähigen, Kupferoxyd nicht reduzirenden Zucker: *Inosit* ($C^6 H^{12} O^6$) (Husem., Pflanzenst. 158).

Anwendung. Die Löwenzahnwurzel wurde früher als eine die Sekretionen des Unterleibes und der Galle beförderndes, Stockungen und Verschleimungen hebendes Mittel betrachtet. Neuerdings will man diese Wirkungen (namentlich bezüglich der Galle) nicht mehr in dem Umfange anerkennen, wie früher.

Litteratur. Abbildung und Beschreibung: Nees v. Esenb., Plant. medic., Taf. 249; Hayne, Arzneigew. II., Taf. 4; Berg u. Schmidt, Offizinelle Gew., Taf. VII^c; Flückiger u. Haubury, Pharmacographia, p. 392; Bentley u. Trim., Medicin. pl., p. 159; Woodville, Taf. 16; Reichenb. Ic. Fl. Germ. XIX, Taf. 1404—1406; Luerssen, Handb. d. syst. Bot. II, p. 1152; Karsten, Deutsche Flora, p. 1138; Wittstein, Handb. d. Pharm., p. 493.

Drogen und Präparate: *Radix Taraxaci*: Ph. austr. (D. A.) 130; Ph. hung. 443; Ph. ross. 338; Ph. helv. 109; Cod. med. 74; Ph. belg. 851; Ph. Neerl. 257; Brit. ph. 317; Ph. dan. 195; Ph. suec. 174; Ph. U. St. 331; Flückiger u. Haubury, Pharmacographia, p. 392; Berg, Waarenk. 55; Berg, Atlas, Taf. VII; Flückiger, Pharmak. 406; Hager, Ph. Prx. II. 1108.

Radix Taraxaci cum herba: **Ph. germ.** 225; Ph. Neerl. 257; Hager, Ph. Prx. II. 1109; Husemann, Arzneimittell. 662.

Extractum Taraxaci: **Ph. germ.** 97; Ph. austr. (D. A) 61; Ph. hung. 195; Ph. ross. 145, 146; Ph. helv. 48; Ph. belg. 174; Ph. Neerl. 114; Brit. ph. 128; Ph. dan. 107; Ph. suec. 79; Ph. U. St. 149; Hager, Ph. Prx. II. 1110.

Succus Taraxaci: Brit. ph. 303.

Decoctum Taraxaci: Br. ph. 101.

Tafelbeschreibung:

A unterirdischer, B oberirdischer Theil der Pflanze in natürl. Grösse; A[1] Wurzelquerschnitt, desgl.; 1 Blüthenkopf im Längsschnitt, desgl.; 2 einzelne Blüthe, vergrössert; 3 Staubbeutelrohr, längsgespalten und ausgebreitet, desgl.; 4 Pollenkorn, desgl.; 5 Achäne mit gestielter Federkrone (pappus), desgl.; 6 Achäne, ohne Federkrone, stärker vergrössert. Nach der Natur von W. Müller.

Compositae

Taraxacum officinale Web.

Theobroma Cacao L

Kakaobaum — Cacaoyer — Cacao-Tree.

Familie: *Sterculiaceae;* Gattung: *Theobroma* L.

Beschreibung. Ein Baum von 4 bis über 12 Meter Höhe (in der Kultur 8—10 Meter hoch), mit 25 Ctm. dickem, gebogenem, knorrigem Stamme und, in Folge der fast horizontal abstehenden Aeste, mit ausgebreiteter, reich- und dunkelbelaubter Krone. Rinde dick, dunkel-zimmtbraun. Holz bräunlich, porös und leicht; junge Zweige bräunlich, weichhaarig. Blätter abwechselnd, kurz gestielt, 20 bis 30 Ctm. lang, 7 bis 10 Ctm. breit (sogar $^1/_2$ Meter lang und bis 18 Ctm. breit), eilänglich, länglich oder verkehrt eilänglich, zugespitzt, gegen die Basis fast keilförmig verschmälert, abgerundet oder stumpf, oder schwach herzförmig ausgerandet, mehr oder weniger deutlich schief, ganzrandig, der Rand bisweilen wellig, fiedernervig, beiderseits kahl oder oberseits auf der Mittelrippe, unterseits auf den Nerven und Adern weich sternhaarig; junge Blätter rosenroth. Nebenblätter lineal pfriemlich, abfallend. Blüthen büschelig, bisweilen vereinzelt, aus dem Stamme und den Aesten, und zwar aus den Achseln längst abgefallener Blätter, auch aus Wurzeltrieben, welche über der Erde liegen, hervorbrechend; aus der Mitte des Blüthenbüschels oft ein Zweig sprossend. Nur wenige Blüthen gelangen zur Fruchtbildung. Blüthenknospen eilänglich spitz. Blüthen gestielt, nebst dem Stiele kahl oder meist fein sternförmig und drüsig behaart. Blüthenstiele einblüthig, fadenförmig, unterhalb der Mitte mit 2 kleinen, gegenständigen Deckblättchen. Kelch rosenroth, bleibend, bis fast zum Grunde 5theilig, mit länglich-lanzettlichen, abstehenden, später zurückgeschlagenen, am Rande gewimperten Abschnitten. Kronenblätter 5, etwas länger als der Kelch, am Grunde aufrecht, kapuzenförmig, dann plötzlich stark verschmälert, zurückgebogen und am Ende wieder in eine umgekehrt-eirunde, kurz zugespitzte, am Rande gekerbt-gezähnelte Platte verbreitert. Letztere aderig, innen lebhaft rosenroth, aussen blasser. Staubgefässe am Grunde zu einer becherförmigen Röhre verwachsen, abwechselnd aus 5 unfruchtbaren, längeren, linien-pfriemenförmigen, aufrechten, behaarten oder kahlen, rothen Zipfeln (Staminodien) und 5 kurzen, vor den Blumenblättern stehenden, in den unteren, kapuzenförmigen Theil der Blumenblätter hineingebogenen, linealischen Zipfeln bestehend; letztere tragen auf ihrer Spitze die 4lappigen, 4fächerigen, nach aussen gekehrten Staubbeutel. Vor dem Aufspringen besteht der Staubbeutel aus 2 nach aussen gekrümmten Fächern, von denen jedes wiederum durch eine Scheidewand in 2 übereinander stehende Fächer getheilt ist. Letztere öffnen sich erst durch eine kurze Längsspalte, welche sich später zu einer kreisrunden, scheibenartigen Oeffnung erweitert. Pollen kugelrund, mit feinkörnigem Inhalte. Der freie, von der Staubgefässröhre umgebene, oberständige Stempel mit 5kantigem, 5fächerigem, kahlem oder drüsig behaartem Fruchtknoten, dessen einzelne Fächer im inneren Winkel 14 bis 16 zweireihig gestellte Samenknospen tragen. Griffel zu einer Säule verwachsen, oben in 5 einfache Narben gespalten. Frucht länglich, spitz, am Stiele eingedrückt, 15 bis 20 Ctm. lang, 7 Ctm. dick, mit 10 dicken, stumpfen, unebenen, unmittelbar aneinanderstossenden Längsrippen, von denen 5 nach dem Trocknen kaum noch erkennbar sind, daher die Frucht in diesem Zustande im Umrisse stumpf 5eckig rundlich, anfangs grünlich-weiss, später hochgelb, orangegelb oder röthlich (auch von dunkel purpurner, schwärzlicher Farbe), trocken braun. Das Fruchtgehäuse ist im frischen Zustande 4 bis 8 Mm. dick, hartfleischig, mit vielen Schleimzellen ausgestattet, getrocknet lederartig-holzig und dünner. Die Frucht ist 5fächerig, die 5 dünnen Scheidewände verlaufen gegen die Furchen des Fruchtgehäuses, so dass auf dem Rücken eines jeden Faches 2 Rippen liegen. Zur Reifezeit trennen sich die Scheidewände von den Fruchtwänden und liegen als blattartige Lappen zwischen den Samen. Ein farbloses oder schwach röthliches, süssliches Muss (Pulpa), in welches die Samen eingebettet sind, erfüllt die Fächer. Die eiweisslosen Samen zahlreich, horizontal, gewöhnlich quer liegend, durch das Muss und die geborstenen Scheidewände zu einer 5reihigen, in der nun einfächerigen Frucht freistehenden Säule vereinigt, jede Reihe etwa 12 bis 14 Stück enthaltend, eiförmig, mehr oder weniger platt gedrückt, bis über 25 Mm. lang, 15 Mm. breit, im frischen Zustande fleischig und fast farblos, mit weicher, biegsamer Samenschale, getrocknet braun mit zerbrechlicher, dünner Schale. Ein starker Nabelstreifen zieht sich von dem am stumpfen Ende befindlichen Nabel nach dem am gegenüberliegenden spitzen Ende befindlichen Hagelfleck (chalaza), woselbst derselbe sich in mehrere verästelte Gefässbündel auflöst, die innerhalb der Samenschale wieder abwärts, rings um den Samen herum, zum Nabel zurückverlaufen und auf der Oberfläche der Samenschale als zarte Adern sichtbar sind. Die innere Schicht der Samenschale, welche als zartes, dünnes, schlüpferiges, farbloses Häutchen den Samen umgiebt, bildet unregelmässige, hin- und hergebogene, meist in der Längsrichtung verlaufende Falten, welche tief in die zerklüfteten Cotyledonen eindringen. Embryo die Samenschale vollständig ausfüllend, frisch fleischig, weiss. trocken ölig, graulich und violett gezeichnet, dunkelbraunroth bis braunschwärzlich, spröde, von der eingedrungenen Samenhaut bis fast zum Centrum klüftig und in Folge dessen durch Druck in unregelmässige, scharfkantige Stücke zerspringend. Würzelchen 5 Mm. lang, cylindrisch, innerhalb der Basis der Samenlappen verborgen und gegen den Nabel gerichtet, glockenartig von den unteren Enden der Cotyledonen umhüllt. Die 2 Samenlappen dick, ölig-hartfleischig, Berührungsflächen gefaltet, unregelmässig buchtig.

Theobroma Cacao soll fast ausschliesslich den Kakao des Handels liefern. Nach Bernouilli kommen jedoch noch andere Arten in Betracht, so z. B. *Th. leiocarpum* Bern., *Th. pentagonum* Bern., *Th. Saltzmannianum* Bern, *Th. bicolor* Humb. et B., *Th. angustifolium* Sessé, *Th. ovalifolium* Sessé, deren Unterschiede nur in der Gestalt der Früchte begründet sind. Es ist schwierig wegen der schwer unterscheidbaren Samen, die einzelnen Sorten des Welthandels auf die verschiedenen Arten zurückzuführen. Die feinen Sorten von Soconusco und Esmeraldas sollen von *Th. bicolor, angustifolium* und *ovalifolium* abstammen.

Theobroma bicolor Humb. et B., Zweifarbiger Kakao, besitzt nach Hayne einen aufrechten, runden Stamm und abwechselnde, entfernt stehende, im jugendlichen Alter weissliche Aeste. Seine Höhe beträgt ungefähr 6 Mtr. Die Blätter sind gestielt, abwechselnd, schief-herzförmig-länglich, zugespitzt, ganzrandig, an der Basis siebennervig, oberhalb kahl, grün, unterhalb fein weissfilzig; die Blattstiele stielrund. Blüthen gestielt, afterdoldenständig. Afterdolden überblattachselständig, wenigblüthig. Der Kelch besteht aus einer 5blätterigen, rothen abfallenden Blüthendecke; Kelchblättchen lanzettförmig-eirund, spitz. Blumenkrone 5blätterig, purpurroth; die Kronenblätter genagelt, Platte rundlich, ganzrandig, vertieft; der Nagel umgekehrt-eirund-keilförmig, einwärts gekrümmt, fast kahnförmig vertieft. Die Staubgefässe zu zehn; Staubfäden hautartig an der Basis zu einem Kranze verwachsen, 5 fruchtbar, linien-pfriemenförmig, den Kronenblättern gegenüberstehend, auswärts gekrümmt, 5 abwechselnd unfruchtbar, linien-lanzettförmig, aufrecht, etwas länger als die fruchtbaren. Staubbeutel gedoppelt, 2fächerig, in der Höhlung der Kronenblattnagel verborgen. Fruchtknoten oberständig, fast eiförmig-kugelig, 5furchig, seidenartig. Der Griffel fadenförmig, ungetheilt. Die Narbe spitzig. Frucht rundlich-eiförmig, 5furchig, vielgrubig, seidenartig, 5fächerig, mit einem gelben, sehr wohlschmeckenden Musse erfüllt, ca. 15 Ctm. lang, im trocknen Zustande mit holzig-lederartiger Rinde. Samen zahlreich, reihenweise quer übereinanderliegend, länglich oder fast eiförmig-länglich, zusammengedrückt, mit der Nabelschnur den der Achse zugekehrten Fach-Winkeln angeheftet.

Vorkommen: In Südamerika und den Wäldern der Provinz Choco in Neu Granada, bei Carthago am Fusse der Anden von Quindiu in einer Meereshöhe von ca. 1000 Mtr. von Humboldt und Bonpland angetroffen; jedenfalls auch im südlichsten Theil von Mexico, im Staate Chiapas (bei Soconusco) angebaut.

Anatomisches. Das Fruchtgehäuse besteht aus einem Parenchym, welches aus stärke- und krystallführenden, rundlichen, getüpfelten Zellen zusammengesetzt ist und grosse, mit Schleim erfüllte Räume enthält. Gegen die innere Fruchtwand geht das Parenchym in ein schlaffes, tangential gestrecktes Zellgewebe über, auch zeigt sich daselbst ein Kreis von derben, gelblichen Steinzellengruppen und ein Kreis von Gefässbündeln. Die Scheidewände sind aus stern- und morgensternförmigen Zellen gebildet. Der Fruchtbrei besteht aus einem Gewebe, dessen farblose, radial langgestreckte, mit einer etwas schleimigen Flüssigkeit erfüllte Zellen mit den Samen, der inneren Fruchtwand und den Scheidewänden verbunden sind.

Die Samenschale ist von einer Reihe dünnwandiger, kubischer Epidermiszellen bedeckt, die mit den Zellen des Fruchtbreies in Verbindung stehen. Die oberste, starre, dünne Schicht besteht aus tafelförmigen Zellen, welche nach aussen und an den Seiten verdickte braunrothe Wände besitzen.

Das darunter befindliche starke, aus rundlichen, getüpfelten Zellen zusammengesetzte Parenchym enthält etwas Stärkemehl, Krystalldrusen und Oeltröpfchen. Dasselbe fällt bei dem Trocknen zu einer dünnen, bräunlichen, tangential gestreckten Zellenschicht zusammen. Die äussere Region dieser Parenchymschicht zeigt grosse, tangential gestreckte Räume mit farblosem Pflanzenschleim. Flückiger sagt von dieser Schicht: „Das zusammengefallene Gewebe zeigt nach dem Aufweichen in siedender Kalilauge grosse, meist in die Länge gestreckte, braunwandige Zellen, die durch ihre verbogenen, starken Wände fast filzartig verbunden sind. In der kleinzelligen, äusseren Schicht unmittelbar unter der Oberhaut entstehen durch theilweise Auflösung und durch Einrisse der Zellwände grosse, mit Schleim gefüllte Räume, welche oft auf weite Strecken die Oberhaut vom inneren Gewebe ablösen." In der Mitte dieser Region befindet sich ein weitläufiger Kreis tangential gestreckter Gefässbündelstränge, die aus abrollbaren Spiralgefässen bestehen, in deren Nähe sich bisweilen noch Schleimhöhlen befinden. Zwischen der Gefässbündelschicht und der inneren Samenhaut zeigt sich eine Reihe sehr kleiner, dick- und rothwandiger, kubischer Steinzellen. Die Samenhaut ist scharf abgegrenzt und besteht aus mehreren Reihen (nach Flückiger aus einer Reihe) farbloser oder gelblicher, tafelförmiger, gallertartiger, hier und da Krystalldrusen führender Zellen. „Diese durchsichtige, nach dem Aufweichen sehr schlüpferige Haut ist es, welche in die Cotyledonen eingefaltet ist und sie so brüchig macht." Die Samenlappen sind von einer Lage gewöhnlich etwas tangential gestreckter, farbloser Epidermalzellen bedeckt, welche einen braunen, körnigen Inhalt besitzen; sie bestehen aus einem dichten, von Gefässbündeln durchzogenen Parenchym, das von einzelnen oder reihenweise verlaufenden, violetten Farbstoff enthaltenden Zellen durchsetzt wird. Der Inhalt der Zellen der Cotyledonen besteht aus ungefärbten Fettklumpen. „Einzelne Zellen oder Zellenreihen sind von einem in den ungerotteten Samen schön violetten oder blauen Farbstoff erfüllt, welcher durch das Rotten in trübes Rothbraun übergeht." Die Samenhaut zeigt hie und da gelbe, kurze, keulenartige Zellfäden, welche einen wolkigen, bräunlichen Inhalt besitzen und durch ca. 10 Querwände getheilt sind.

Blüthezeit. Der Baum blüht das ganze Jahr hindurch; die Fruchtreife erfolgt nach 4 Monaten; die Ernte meist zweimal im Jahre.

Vorkommen. Der Kakaobaum ist in geschützten Lagen, namentlich an den Flussufern des tropischen Amerika einheimisch, bis zu Meereshöhen von 360 Metern. Er wird gegenwärtig in seiner Heimath, im tropischen Asien und Afrika häufig kultivirt. „Die Küstenländer und Inseln des mexikanischen Meerbusens, sowie das Stromgebiet des Cauca, des Magdalenenstromes, des Orinoko und Amazonas dürfen wohl als die Heimath des Kakaobaumes betrachtet werden. Als äusserste Nordgrenze seines Vorkommens erscheinen die heissesten Thäler des Mississippi und des Altamaha in Louisiana und Georgia. Die südlichsten grösseren Kakaopflanzungen besitzt unter 13° südlicher Breite die Provinz Bahia, weiterhin gegen den 20° zeigt sich der Kakaobaum nur noch in Gärten (Flückiger)." Flückiger giebt als vorzügliche Kulturorte die mexikanischen Staaten Colima und Oaxaca, ganz Central-Amerika, die Gegend von Popayan und den Küstenstrich von Ekuador, Nordperu und Bolivia an. Seit 1670 ist der Kakaobaum nach den Philippinen verpflanzt worden. Gut gedeiht er auch auf Java, Manila, Bourbon und den Kanarischen Inseln.

Name und Geschichtliches. *Theobroma* von θεος, Gott und βρῶμα Speise, Götterspeise, ein Name, der dem Baum von Linné gegeben worden ist. *Cacao* ist ein mexikanischer Name; *Kakauatl,* Kakaosame, *cacahoaquahuitl* der Kakaobaum.

Schon lange vor Entdeckung Amerikas ist der Kakao von den Mexikanern benutzt worden. Kortez traf bei seiner Eroberung in Mexiko (1519) den Kakao in allgemeinem Gebrauche. Letzterer, sowie Fernandez, schildern in ihren Briefen an Kaiser Karl V. die Kultur und den Gebrauch des Kakao sowohl als Genuss- als auch als Zahlmittel. Kakao bildete bei den Altmexikanern die einzige Münze, in welcher die Provinzen der Regierung ihre Steuer bezahlten, ein Gebrauch, der noch von Humboldt in Costarica beobachtet wurde. Schon die vor den Azteken in Mexiko wohnenden Tolteken haben bereits Jahrhunderte vor ihrer Unterjochung (1325) sich des Kakaos bedient. Fernandez berichtet in seinem oben erwähnten Briefe von den Kakaogärten und bezeichnet den Baum mit dem einheimischen Namen *Cacao* oder *Cacaguate.* Im letzteren Worte vermuthet Flückiger den Ursprung des Wortes Chokolade.

Theobroma Cacao L.

Die Zubereitung als Genussmittel, welches zu jener Zeit, gleich dem Thee in China, von allen Volksklassen benutzt wurde, war eine wesentlich andere als jetzt. Die gerösteten, von der Schale befreiten, gestossenen Bohnen wurden in Wasser gekocht, von der ärmeren Klasse mit Maismehl gemischt, kräftig gewürzt (wozu man bereits die Vanille benutzte) und auf kaltem Wege zu einer schäumenden Masse von Harzdicke verarbeitet, die dann kalt genossen wurde. Die Azteken bezeichneten den so zubereiteten Kakao als *Chocolatl* (von *choco* schäumen und *atl* Wasser), die Kakaobohnen mit *Kakaohatl.* Die Wilden am Orinoko benutzten noch zu Humboldt's Zeiten nur das Fruchtmuss und warfen das Uebrige weg. Die Schilderungen von Kortez und Anderen, welche namentlich auch den Kakao als Ersatz anderer Nahrungsmittel bei anstrengenden Reisen anpreisen, verschafften ihm bald einen ausgezeichneten Ruf, so dass er 1520 und zwar in Form von Kuchen nach Spanien gebracht wurde. Aber über Spanien und seine Kolonien drang vorerst sein Ruf nicht hinaus. Der Mailänder Hieronymus Benzoni, der von 1544 bis 1555 Central-Amerika bereiste, bestätigt zwar die Aussagen seiner Vorgänger, kann sich aber nur entschliessen Kakao zu geniessen, wo der Wein fehlte, und schildert namentlich die Unsauberkeit der Eingeborenen bei Zubereitung des aus *Cacuate* hergestellten Getränkes. Fernandez (1560—1571 in Mexico) giebt eine ausführliche Schilderung und leidliche Abbildung des *Cacaua* oder *Quahuitl* und berichtet über das aus den Samen zubereitete Getränk *Chocolatl.* Merkwürdigerweise haben die benachbarten Brasilianer erst nach der Einwanderung der Spanier von diesem Genussmittel Gebrauch gemacht. Der italienische Weltumsegler F. Carletti (1597 bis 1606) brachte den Kakao und die Kunst der Chocoladenzubereitung nach seiner Vaterstadt Florenz und von hier aus verbreitete sich das Getränk nach dem mittleren und nördlichen Europa. Dass Kakao erst so spät ausserhalb Spaniens in Europa benutzt wurde, mag in den ungünstigen Aeusserungen des Benzoni und des Spaniers Pater Acosta begründet sein; letzterer meint, dass schon das äussere Ansehen abschrecke und der Genuss Herzbeschwerden verursache. Auch Clusius, der eine schlechte Abbildung des Kakaosamens lieferte, äussert sich auf Grund von Benzonis Berichten, dass der Kakao eher für Schweine, als für Menschen passe. Nach Frankreich soll die Chokolade aus Spanien um 1615 durch die Gemahlin Ludwigs XIII. gebracht worden sein. 1667 wurde in England das erste Chocoladenhaus eröffnet; 1679 kam Kakao und die Chocolade durch Empfehlung des Leibarztes vom Churfürsten Friedrich Wilhelm von Brandenburg, Bontekoe, nach Deutschland. Ursprünglich brachte man die *Chocolate, Succolata* fertig nach Europa; später gelangten auch die Samen zu uns, aus denen namentlich in Spanien (Cadix) Chocolade hergestellt wurde. Wilhelm Homburg, Chemiker in Paris, beschäftigte sich 1695 mit der Gewinnung des Kakaofettes; letzteres wurde 1719 von Quelus als Genussmittel und zu Salben empfohlen.

Offizinell ist der Same: *Semen Cacao* (*Semina Theobromatis, Fabae Cacao, Nuclei Cacao*), welcher in 2 Hauptsorten, als gerotteter und ungerotteter Kakao, in den Handel gebracht wird.

Der gerottete Kakao, Erdkakao wird auf folgende Weise gewonnen. Die durch Reiben oder Sieben vom Fruchtfleische befreiten Samen werden auf der Erde in Haufen aufgeschichtet, mit Blättern bedeckt und unter bisweiligem Umrühren 4 bis 5 Tage einer gelinden Gährung ausgesetzt. Man gräbt sie auch in die Erde oder füllt sie in Fässer und Kisten und unterwirft sie einer stärkeren Gährung. Nach Beendigung dieses Prozesses, wodurch sie ihren bitteren, herben Geschmack, aber auch die Hälfte ihres Gewichtes verlieren, werden die Bohnen an der Sonne oder durch künstliche Wärme getrocknet und abgesiebt. Sie besitzen jetzt eine braune Farbe und die Oberfläche ist bei den eingegrabenen Kakaos mit einem erdigen Ueberzuge bedeckt. Die hierher gehörenden Sorten, welche die vorzüglichste Waare bilden, sind nach der früheren Eintheilung folgende:

1. Mexikanischer oder Soconusco-Kakao besteht aus kleinen, stark convexen Bohnen, mit feinem Arom, sehr mildem Geschmack und goldgelber Farbe. Soconusco erzeugt die vorzüglichste Sorte, welche jedoch selten nach Europa gelangt. Für Mexiko ist ausserdem noch Tabasco von Bedeutung, welches grössere Mengen von Kakao liefert. Mexiko verbraucht jedoch mehr, als es erzeugt, woraus sich das geringe Erscheinen dieser so vorzüglichen Sorten auf dem europäischen Markte erklärt. Der Kakao von Soconusco, ebenso die nachfolgende Sorte von Esmeraldas, sollen übrigens von *Th. bicolor* H. et B., *Th. angustifolium* Sessé und *Th. ovalifolium* Sessé abstammen.
2. Esmeraldas-Kakao, aus Ekuador stammend, mit kleinen, etwas dunkleren, den vorigen sonst ähnlichen Bohnen.
3. Guatemala-Kakao mit sehr grossen, stark convexen, am spitzen Ende stark verjüngten, sehr milden und aromatischen Bohnen.

4. Caracas-Kakao aus Venezuela, von blass-bräunlicher Farbe; die mit einem erdigen Ueberzuge bedeckten, convexen Samen besitzen einen milden, angenehmen Geschmack. Die Caracassorte ist die am höchsten geschätzte des Handels.
5. Guayaquil-Kakao, aus Ekuador stammend, besteht aus platten, fast keilförmig-eiförmigen, braunrothen, runzeligen, 2 bis 3 Ctm. langen Samen. Ist eine feine, durch Güte und Menge sich auszeichnende Sorte.
6. Berbice-Kakao aus britisch Guayana, mit kleinen, aussen grauen, innen rothbraunen Samen.
7. Surinam- und Essequebo-Kakao mit ziemlich grossen, festen, dichten Samen, die aussen einen schmutzig-grauen, lehmigen Ueberzug, innen dunkel-röthlich-braune Farbe und etwas bitteren Geschmack besitzen.

Der ungerottete Kakao, Sonnenkakao, Inselkakao wird ohne besondere Vorbereitung möglichst rasch getrocknet und durch Reiben von den Mussresten befreit. Er besitzt eine schön bräunlich-rothe, ebene Schale mit deutlich hervortretenden Gefässbündeln, einen schwarzbraunen, röthlich schimmernden Embryo und einen herben, bitteren Geschmack. Im Handel erscheinen folgende Sorten:

1. Brasilianischer Kakao (Para-Bahia-Maranhon-Kakao) besteht aus glatten, keil-eiförmigen, an dem einen Rande fast geraden, an dem anderen stark convexen, schön braunrothen Samen von bitterem, zusammenziehendem Geschmacke.
2. Cayenne-Kakao ist ziemlich hart, aussen graubraun, innen blauroth.
3. Antillen-Kakao oder Insel-Kakao zerfällt in Trinidad-Kakao mit grossen, sehr breiten, platten, fast schwarzbraunen Samen; Martinique-Kakao mit länglichen, schmäleren, platten, fast braunröthlichen Samen; St. Domingo-Kakao mit kleinen, platten, schmalen, dunkelbraun-violetten Samen.

Der wildwachsende Kakaobaum erzeugt kleine Früchte mit sehr bitteren Samen, weshalb fast nur Samen des kultivirten Baumes in den Handel gebracht werden. Die Kultur des Baumes ist nicht leicht; er gedeiht nur in lockerem, tiefgründigem Boden, verlangt grosse und gleichmässige Feuchtigkeit bei gleichmässiger Temperatur von 24 bis 28°, und erfordert hinreichende Beschattung, welche hauptsächlich durch Bananen, namentlich aber durch die baumartige Papilionacee, *Erythrina Corallodendron* L. bewirkt wird, die deshalb den Namen *Arbol madre* oder *Madre del Cacao* führt. Am besten gedeiht er an schattigen Meeresküsten und in tiefer liegenden Flussthälern. Die zur Aussaat verwendeten Samen, die wegen des baldigen Verlustes der Keimkraft frisch sein müssen, entwickeln sich schon nach 8 Tagen. Vom 3. oder 4. Jahre ab fängt der Baum an zu blühen und treibt vom 4., gewöhnlich aber erst 8. oder 10. Jahre ab bis zum 30., auch 50. Jahre Früchte, die in 4 Monaten reifen, und meist zweimal im Jahre geerntet werden; in Venezuela Ende Juni und Ende Dezember, in Brasilien Ende Februar und Ende Juni. Von 3000 Blüthen ist in der Regel nur eine Frucht zu erwarten; jeder Baum liefert jährlich 1 bis 2 Klgr. Samen.

Die jährl. Gesammtproduktion soll ca. 42,500,000, betragen, wovon Frankreich im Jahre 1880 allein 17,975,222 Klgr., 1883 15,662,300 Klgr. erhielt. England erhält jährl. etwa 10,750,000 Klgr. Deutschland empfing im Jahre 1883 2,557,000 Klgr., Kakaobohnen, 2,629,000 Klgr. Kakaomasse, 476,000 Klgr. Chocolade. Belgien verbraucht jährl. 850,000 Klgr. Kakao, Holland 1,250,000—1,500,000 Klgr., Oesterreich 440,000 Klgr. Der Gesammtverbrauch in Europa beträgt 25 bis 30 Millionen Klgr.; davon entfallen auf den Kopf in Frankreich 0.25 bis 0.35 Klgr., in England 0.15 Klgr., in Deutschland 0.05 Klgr. Der Verbrauch in Spanien und Portugal nebst Colonien beträgt pro Kopf 1 Klgr.

Was nun die gegenwärtige Kultur des Kakaobaumes anbelangt, so ist zu bemerken, dass dieselbe in Mexiko zurückgegangen ist und in nennenswerther Weise nur noch bei Tabasco und bei Colima in der Provinz Oaxaka betrieben wird. Hauptkulturorte sind derzeit Guatemala (Soconusco), Honduras, Mosquito, Costarica und Nicaragua. Reiche Erträge liefern ferner Sta. Lucia, St. Croix, Granada, Trinidad, Columbien (Provinz Magdalena und die Gegend von Popayan), Ekuador (Quito und Guayaquil). Ein vorzügliches Produkt, jedoch nur in geringer Ausbeute, liefert Porto Cabello und der Golf von Maracaibo in Venezuela. Reiche Erträge und vorzügliche Bohnen liefert der Nordabhang der Küstenkette bei Caracas und der Küstenstrich von Cumana bis zur Ausmündung des Tocuyo. Guyana besitzt in Surinam und Berbice gute Plantagen und auch im französischen Theil von Guyana wird der Kultur des Kakao Sorgfalt zugewendet, während im brasilianischen Guyana die Kultur vernachlässigt wird. Ueberhaupt steht die Kultur in Brasilien auf keiner hohen Stufe; die Erträge sind gering und die Bohnen schlecht, die sonst vorzüglichen Kulturen auf Haiti, Jamaica und Martinique sind öfters durch Orkane zerstört worden. Gut gedeiht der Kakao auch in Java, Manila, Bourbon und auf den Kanarischen Inseln.

Die etwa 12% des Samens betragenden, zerbrechlichen Kakaoschalen (*Testae Cacao*) werden gewonnen, indem man die Bohnen in geschlossenen eisernen Trommeln einer Hitze von 100 bis 137° aussetzt und die dadurch spröde gemachten Schalen durch Siebe und den Windfeger von den Bohnen trennt. Flückiger sagt bezüglich dieses Prozesses: „Obwohl die Temperatur hierbei nicht hoch genug geht und nicht so lange anhält, um im Kakao sehr eingreifende Veränderungen zu veranlassen, so ist doch sein Geruch nach dem Rösten verschieden."

Bestandtheile. Nach Lambadius enthalten 100 Gewichtstheile Bohnen 87.8 Kern und 12.2 Schale. 100 Theile Kern enthalten nach diesem Forscher: 53.10 Fett, 16.70 Proteïnsubstanz, 10.91 Stärkemehl, 7.75 Schleim, 2.01 rothen Farbstoff, 0.9 Faser, 5.20 Wasser. Die Destillation der Kerne mit Wasser lieferte ein aromatisches Produkt, ohne Abscheidung eines ätherischen Oeles. Die Asche betrug 1.99% und enthielt 39.5% Phosphorsäure, 37.1% Kali, 16.0% Magnesia, 2.9% Kalk, ferner Chlor, Schwefelsäure, Kieselsäure, Natron und Eisenoxyd; auch geringe Mengen von Kupfer, wahrscheinlich von Kupfergefässen herrührend, sollen darin aufgefunden worden sein. Trajanowsky erhielt von den Kernen 2.08—3.93%, von der Schale 4.67—16.34% Asche; Wolfram aus den Kernen 3.0 bis 4.3%, aus den Schalen 5.1—13.3% Asche. Woskresensky entdeckte 1841 in den Kakaobohnen eine schwache Base, *Theobromin.* A. Mitscherlich fand in dem Guayaquil-Kakao 45—49% Fett, 14—18% Stärkemehl, 1.2—1.5% *Theobromin*, 0.34% Stärkezucker, 0.26% Rohrzucker, 5.8% Cellulose, 3.5—5.0% Pigment, 13.0—18.0% Proteïnverbindungen, 3.5% Asche, 5.6—6.3% Wasser. Schmidt und Bell haben 1883 noch 0,33% Coffeïn aufgefunden.

Theobromin, im Jahre 1841 von Woskresensky in den Kakaobohnen aufgefunden, ausserdem noch in einigen Theesorten und in den Colanüssen nachgewiesen, findet sich vorwiegend in den Samenlappen und nur in geringer Menge in den Schalen. Es besitzt eine Zusammensetzung von $C_7H_8N_4O_2$, bildet ein weisses, aus mikroskopischen, rhombischen Nadeln bestehendes Krystallpulver, äussert einen sehr bitteren, sich nur langsam entwickelnden Geschmack, sublimirt bei 290—295° unzersetzt, löst sich in 55 Theilen Wasser von 100°, in 660 Theilen von 20°, in 1000 Theilen von 0°, in 47 Theilen kochendem und 1460 Theilen kaltem Weingeist. Nach Treumann gehören zur Lösung 148.5 Theile siedendes Wasser, 1600 Theile Wasser von 17°, 422 Theile von siedendem absolutem Alkohol, 4284 Theile desselben bei 17°, 105 Theile von siedendem Chloroform. Das *Theobromin* besitzt keine alkalische Reaktion, geht aber mit starken Mineralsäuren, nicht mit Oxalsäure, krystallisirende Verbindungen ein, welche jedoch durch Wasser zersetzt werden. Strecker hat es 1862 in Coffeïn übergeführt; letzteres kann daher als methylirtes *Theobromin* ($C_7H_7(CH_3)N_4O_2$) betrachtet werden. Trajanowsky erhielt aus den Kernen 1.2 bis 4.6%, meistens aber 2—3% Theobromin, aus den Schalen 0.8 bis 4.5%. Wolfram erhielt aus den Cotyledonen 1.3 bis 1.4%, aus den Schalen 0.4 bis 1.1% Theobromin. Flückiger vermuthet, dass das Theobromin der Schalen wohl nur der anhängenden inneren Samenhaut angehört. Die physiologische Wirkung des Theobromin ist ähnlich der des Coffeïn, jedoch weit geringer.

Das mittelst Aether, Petroleumbenzin oder Schwefelkohlenstoff, im Grossen durch Auspressen des von der Schale befreiten, fein zerriebenen Samens zwischen warmen Platten gewonnene Fett, die sogenannte Kakaobutter (*Oleum Cacao*, *Butyrum Cacao*), beträgt ungefähr die Hälfte der entschälten Kerne. Es ist eine harte Masse von weisser, schwach gelblicher Farbe, von mildem, den Samen ähnlichen Geschmack, hat ein spez. Gewicht von 0,90—0.91, einen Schmelzpunkt von 30—35°; es ist löslich in 2 Theilen Aether. Es besteht der Hauptsache nach aus Oleïn; Specht und Gössmann fanden als Hauptmasse des Kakaofettes Stearin und wenig Elaïn nebst Palmitin. Kingzell hat 1877 im Fette 2 Säuren gefunden; eine solche mit geringem Kohlenstoffgehalte (Laurostearinsäure) und eine weitere mit der Zusammensetzung $C_{64}H_{128}O_2$ (Theobromsäure), ausserdem 20% Oelsäure. Traub hat Theobromsäure nicht nachweisen können. Nach den Untersuchungen von Traub im Jahre 1883 besteht das Kakaofett nur aus Glycerinrestern und liefert bei Verseifung Arachinsäure ($C_{20}H_{40}O_2$), Stearinsäure, Oleïnsäure, Palmitinsäure und Laurinsäure; flüchtige Säuren fehlen.

Sterculiaceae.

Theobroma Cacao L.

Das Stärkemehl hat im Vergleich zu anderen Stärkemehlsorten abweichende Form und Grösse; die Stärkekörnchen sind rund und sehr klein. (Husemann, Pflanzenstoffe 820).

Anwendung. Der Kakao, welcher vermöge seiner Proteïnsubstanzen, Kohlenhydrate und Nährsalze ein gutes Nahrungsmittel bildet, dient als ein vorzügliches Surrogat des Kaffees und Thees; in der Medizin als Träger bitterer und anderer Stoffe. Seine Hauptverwendung findet er zur Herstellung der Chocoladen. In der Medizin verwendet man die durch Röstung und Pulverung der Kakaobohnen hergestellte Kakaomasse (*Pasta Cacao, Massa cacaotina, Massa Cacao*), welche als ein vorzügliches Excipiens von Arzneistoffen, ferner als ein vortreffliches Constituens für Pastillen und Trochisken, sowie als Grundlage verschiedener medizinischer Chocoladen und stärkender Kakaopräparate betrachtet wird. Wegen ihres Fettreichthums wird die Kakaomasse nicht immer gut vom Magen vertragen; es wird daher entölte Kakaomasse (*Cacao expressum, Cacao ab oleo liberatum*), welche durch Pressen zum grössten Theile vom Fette befreit ist, in den Handel gebracht. Die Kakaoschalen (*Testae Cacao, Cortex Cacao tostus*) werden diätetisch als Surrogat des Kaffees verwendet.

Oleum Cacao (*Butyrum Cacao*), Kakaobutter, das „dem Talg in seiner Consistenz sich nähernde Fett, ist wegen seiner geringen Neigung zum Ranzigwerden als Constituens für Cerate, Lippenpomaden, Augensalben sehr geeignet und dient besonders zur Bereitung von Suppositorien und Vaginalkugeln, auch statt Talg bei Intertrigo". Husemann, Arzneimittell. 745, 371 (Kakaobutter).

Litteratur. Abbildung und Beschreibung. Nees v. Esenb., Plant. med., Taf. 419; Hayne, Arzneigew. IX, Taf. 35 (Taf. 36 u. 37 *bicolor*); Berg u. Schmidt, Offiz. Gew., Taf. XXXIIIef; Bentley and Trimen, Med. pl., Taf. 38; Luerssen, Handb. der syst. Bot., II., 660; Karsten, Deutsche Flora 618; Wittstein, Pharm. 363.

Drogen und Präparate. *Semen Cacao*: Ph. ross. 359; Ph. belg. 18; Cod. med. 43; Ph. dan. 207; Ph. suec. 184; Flückiger, Pharm. 909; Mitscherlich, Der Kakao und die Chocolade, Berlin 1859; Berg, Waarenk. 432.

Oleum Cacao s. Theobromae: **Ph. germ.** 192; Ph. austr. 96; Ph. hung. 325; Ph. ross. 287; Ph. helv. 90; Ph. Neerl. 165; Brit. ph. 229; Ph. dan. 165; Ph. suec. 136; Ph. U. St. 244; Flückiger and Hanb., Pharm. 95; Hist. d. Drog. I, 184; Berg, Waarenk. 585.

Unguentum Cacao: Ph. ross. 445.

Pasta Cacao: Ph. dan. 175; Ph. suec. 147.

Pasta Cacao cum Caraghen und *P. Cacao cum Lichene islandico:* Ph. dan. 175.

Pastilli Magnesiae ustae: Ph. helv. suppl. 85.

Trochisci Santonini: **Ph. germ.** 291; Ph. Neerl. 276; Ph. dan. 279.

Trochisci lactatis ferrosi: Ph. Neerl. 276.

Suppositoria Acidi tannici, Hydrargyri, Morphii, Plumbi composita: Brit. ph. 307, 308; Ph. U. St. 316.

Bezügl. der Drogen und Präparate siehe Hager, Pharm. Prx. I, 639; III, 170.

Tafelbeschreibung:

Taf. I. A blühender Ast nat. Gr. 1 Blüthe, vergrössert; 2 dieselbe im Langsschnitt, desgl.; 3 Kronenblatt, desgl.; 4 Blüthe ohne Kronenblätter; 5, 6, 7 Staubgefässe, desgl.; 8 Stempel, desgl.; 9, 10 Fruchtknoten im Längs- und Querschnitt, desgl.

Taf. II. B Frucht, nat. Grösse; 11 dieselbe im Längschnitt, desgl.; 12 dieselbe im Querschnitt, desgl.; 13, 14 Same, desgl ; 15, 16 derselbe im Längs- und Querschnitt, desgl.; 17 Same ohne Samenschale, desgl. Nach der Natur von W. Müller.

Thymus Serpyllum L.

Quendel, wilder Thymian, Feldkümmel — Betony, Thyme — Serpolet.

Familie: *Labiatae* Gattung: *Thymus* Tourn.

Beschreibung. Kleiner Halbstrauch mit faseriger Wurzel und dünnem, kriechendem, meist unterirdischem, liegende oder aufsteigende, ringsum behaarte Stengel treibendem, an den Knoten wurzelndem Stamme. Die gegenständigen, bis 7 mm breiten, bis 10 mm langen Blätter in einen kurzen Stiel verschmälert, linealisch oder elliptisch, flach oder an den Rändern schwach abwärts gerollt, drüsig punktirt, am Grunde borstig gewimpert, zuweilen mit verkürzten Seitenzweigen in den Achseln und dann gebüschelt erscheinend. Die von der Mittelrippe des Blattes bogig aufsteigenden Nerven treten auf der Unterseite stark hervor. Blüthen an der Spitze der Zweige zu einem Köpfchen vereinigt, klein, gestielt, von einem kleinen Deckblatte unterstützt; Stielchen aufsteigend, behaart. Der röhrig-glockenförmige, bleibende, im Schlunde mit einem Kranze weisser Haare besetzte Kelch 10streifig, auf den Nerven behaart, mit 3zähniger kurzgewimperter Oberlippe und schmaler, bis zum Grunde 2spaltiger, borstig gewimperter, mit pfriemlichen, spitzen Zipfeln versehener Unterlippe. Krone hellpurpurn, selten weiss, am Grunde der Unterlippe gefleckt, aussen feinhaarig, innen kahl, mit ausgerandeter, aufrechter, flacher, länglich-runder Oberlippe und breiter, tief 3lappiger, kurz gewimperter Unterlippe; Mittellappen der Unterlippe breiter als die Seitenlappen, wenig ausgerandet. Staubgefässe zu 4, im unteren Theile mit der Blumenröhre verwachsen, die äusseren oder unteren etwas länger und auseinanderstrebend. Staubgefässe auch manchmal ganz fehlend und nur durch 4 kleine, kurzgestielte Knötchen angedeutet. Die fadenförmigen Filamente mit lilafarbenen, 2fächerigen, am Grunde durch ein Bindeglied verwachsenen Staubbeuteln. Staubbeutelfächer der Länge nach aufspringend. Pollen rundlich, 6furchig, unter Wasser stark aufquellend. Stempel auf einer stark zusammengedrückten, rundlichen Scheibe, mit einem, aus 4 Fruchtblättern bestehenden Fruchtknoten, fadenförmigem, aus dem Grunde der Fruchtblätter entspringendem Griffel und 2spaltiger Narbe. Fruchtblätter eineiig. Frucht aus 4 rundlichen, von dem Fruchtkelche umschlossenen Nüsschen bestehend. Der eiweisslose Same die Fruchtschale vollständig ausfüllend. Der gerade Embryo aus 2 planconvexen Samenlappen mit kleinem Würzelchen bestehend.

Der Quendel ändert in Bezug auf Blattform und Behaarung sehr ab. Die vorzüglichsten Hauptformen sind folgende:

var. *α.* *Chamaedrys* Fr. (als Art): lockere Rasen bildend; die 4 Kanten des Stengels und 2 Flächen desselben behaart, daher 2reihig gebartet. Blätter elliptisch, verkehrt-eiförmig oder rundlich, in den Blattstiel plötzlich verschmälert, mit wenig hervortretenden Seitennerven, die unteren Blätter kaum gewimpert. Diese Varietät zerfällt wiederum in 2 Formen, von denen die eine beiderseits rauhhaarige Blätter (*Thymus lanuginosus* Schk.), die andere kahle Blätter und ausserdem einen angenehmen, citronenartigen Geruch besitzt (*Thymus citriodorus* Schreb.)

var. *β.* *angustifolius* Schreb. (*Th. lanuginosus* Lk.) (ebenfalls als Art): dichte Rasen bildend, mit niedrigeren, überall gleichmässig rauhhaarigen, zottigen Stengeln, gedrängteren Blattpaaren, linealisch-länglichen oder verkehrt-eiförmigen, allmählig in den Stiel verschmälerten, an den Rändern stärker eingerollten, bisweilen rauhhaarigen Blättern, mit auf der unteren Seite stärker entwickelten Seitennerven. Scheinquirle kopfig gedrängt.

var. *γ.* *pulegioides* Lang: mit 2reihig behaartem Stengel, rundlich-eiförmigen Blättern und grossen Blüthen. Blätter und Kelch kahl. In den Sudeten.

Anatomisches: Auf der Rückseite des Blattes, bisweilen auch auf der Vorderseite, befinden sich verhältnissmässig grosse Oeldrüsen, die oft so tief eingesenkt sind, dass sie auf der Oberseite des Blattes, namentlich bei durchfallendem Lichte, deutlich bemerkt werden. Der Bau dieser Oelzellen ist bei *Thymus vulgaris* L. näher beschrieben. Die Haare der Blattflächen sind ein- bis zweizellig, stumpflich, die der Stämme und Aeste mehrzellig, langzugespitzt.

Verbreitung. An trockenen, sonnigen Orten, auf grasigen Hügeln, Triften, Haiden, an Wegrändern durch das gemässigte Europa, Asien, Nordafrika, einschliesslich Abessyniens, Nordamerika verbreitet. Im Himalaya erreicht der Quendel eine Meereshöhe von 4500 Metern.

Name und Geschichtliches. Der Name Quendel, althochdeutsch *chenela, kenula, quenela, quenula,* bei Hildegard *Cunella,* stammt aus dem lateinischen *conila, cunila,* dem griechischen *κονίλη*, womit man ein *Origanum* oder *Satureja* bezeichnete. *Thymus* ist abgeleitet von *θύμος* (Kraft, Muth) und bezieht sich auf die erregende, stärkende Wirkung der Pflanze; soll jedoch auch von *θύω* (opfern) herrühren, wegen des Wohlgeruchs, oder weil man die getrocknete Pflanze bei den Opferfeuern verwendete. Mit *serpyllum,* von *Ἕρπυλλος* (*ἕρπειν* kriechen, wegen des kriechenden Wuchses) bezeichneten die alten Schriftsteller unseren Feldquendel.

Trotzdem die medizinische Benutzung von Seiten der alten Aerzte eine, dem *Thymus vulgaris* ganz gleiche war, so unterschied man doch schon beide Pflanzen, wie aus den Schriften des Theophrast und Dioscorides unzweifelhaft hervorgeht. *Ἕρπυλλον* des Theophrast, womit nach den Berichten des letzteren die Berge Thraciens ganz bedeckt waren, ist, wie namentlich die Beschreibungen des Dioscorides bestätigen, unser *Thymus Serpyllum.* Gesucht und geschätzt war der vom Berge Hymettus bezogene Quendel. In erster Linie wurde der Quendel bei den Alten als Gewürzpflanze benutzt; nach Cato auch in der Veterinärmedizin, ebenso bei Schwächezuständen nach Art unserer Eau de Cologne als Riechmittel. Palladius (im 4. oder 5. Jahrhundert n. Chr. in Oberitalien) giebt in seinem Werke „De re rustica“ eine Anleitung zum Anbau des wilden Thymian.

Blüthezeit. Juni bis September.

Offizinell ist das Kraut mit der Blüthe: *Herba Serpylli.*

Das blühende Kraut wird im Juni oder Juli gesammelt, getrocknet und zerschnitten in Blechbüchsen oder Gläsern aufbewahrt. Es ist von starkem, angenehm aromatischem Geruch und von gewürzhaftem, aromatischem, herbem und bitterem Geschmack. Die einen melissen- und citronenartigen Geruch besitzende Varietät *citrodorus* wird vorgezogen.

Präparate. Durch Destillation des Krautes mit Wasser wird das Quendelöl: *Oleum Serpylli* gewonnen. Aus dem Oel wird *Spiritus Serpylli* und *Aqua benedicta* dargestellt. Das Kraut bildet einen Bestandtheil von *Species aromaticae* und wird zur Herstellung von *Vinum aromaticum* und *Aqua foetida antihysterica* benutzt.

Bestandtheile. Das blühende Kraut enthält nach Herberger: ätherisches Oel, Gerbstoff, Bitterstoff, Eiweiss, ein Gummiharz, Fett, Chlorophyll, eigenthümlichen Farbstoff, verschiedene äpfelsaure, schwefelsaure, und salzsaure Kali-, Kalk- und Talkerdesalze.

Das Quendelöl, welches bis zu 0,08—0,09 %, aus frisch getrockneten Spitzen höchstens bis zu 0,4 % aus dem Kraute gewonnen wird, ist von goldgelber bis braunrother Farbe, von angenehmem Geruche und gewürzhaftem Geschmacke, besitzt ein spez. Gew. von 0,89—0,91 und löst sich in Weingeist. Jahns hat im Jahre 1880 in demselben geringe Mengen von Carvacrol und Thymol aufgefunden. Nach P. Felevre besitzt das Quendelöl 2 Bestandtheile, von denen der eine bei 175—177° siedend, aus *Cymol* ($C_{10}H_{14}$), mit einem spez. Gew. von 0,873, besteht, der andere hingegen von einem *Phenol* ($C_{10}H_{14}O$), mit einem Siedepunkt von 233—235° und einem spez. Gew. von 0,988, gebildet wird. (Husemann, Pflanzenstoffe 1253.)

Anwendung. Der Quendel ist ein mildes Exitans, Stomachicum und Antispasmodicum; wird innerlich kaum noch, äusserlich in Verbindung mit andern Kräutern zu aromatischen Kräuterkissen, Bädern und Bähungen verwendet. *Spiritus Serpylli* wird bei Verstauchungen etc. als Hautreiz benutzt, dient auch als Zusatz zu Mund- und Gurgelwässern. (Husemann, Arzneimittell. 541.)

Litteratur. Abbildung und Beschreibung: Nees v. Esenb., Plant. med., Taf. 181; Hayne, Arzneigew. XI., Taf. 1; Berg u. Schmidt, Offiz. Gew., Taf. XVIII^F; Luerssen, Handb. der syst. Bot. II., 1024; Karsten, Deutsche Flora 999; Wittstein, Pharm. 854.

Drogen und Präparate: *Herba Serpylli*: **Ph. germ.** 132; Ph. aust. (D. A.) 117; Ph. ross. 208; Ph. helv. 62; Cod. med. (1884) 78; Ph. belg. 79; Flückiger, Pharm. 692; Berg, Waarenk. 254.
Oleum Serpylli: Ph. ross. 307; Ph. belg. 199; Berg, Waarenk. 568.
Spiritus Serpylli: Ph. ross. 377; Ph. helv. 125.
Species aromaticae: **Ph. germ.** 240; Ph. ross. 369; Ph. helv. 118; Ph. belg. 224.
Vinum aromaticum: Ph. ross. 460; Ph. belg. 286; Ph. helv. 153.

Bezüglich der Drogen und Präparate siehe Hager, Ph. Prx. II. 963.

Tafelbeschreibung:

A blühende Pflanze in nat. Gr.; 1 u. 2 Blätter, desgl.; 3 Knospe, vergrössert; 4 u. 5 Blüthe von verschiedenen Seiten, desgl.; 6 dieselbe im Längsschnitt, desgl.; 7 aufgeschnittene Krone mit Staubgefässen, desgl.; 8 abgefallene Krone nach der Befruchtung, desgl.; 9 Blüthe mit fehlenden Staubgefässen, desgl.; 10 Staubgefässe, desgl.; 11 Pollen, desgl.; 12 Kelch mit Stempel, desgl.; 13 Stempel, desgl.; 14 Scheibe mit Fruchtknoten im Längsschnitt, desgl.; 15 Fruchtknoten im Querschnitt, desgl.; 16 Frucht mit Fruchtkelch, desgl.; 17 Nüsschen, natürl. Grösse und vergrössert; 18 u. 19 Same im Längs- und Querschnitt. Nach der Natur von W. Müller.

Labiatae.

W. Müller n. d. Nat.

Thymus Serpyllum L.

Tilia ulmifolia Scop.

Syn. *Tilia parvifolia* Ehrh. *Tilia europaea* var. *c* L. *Tilia microphylla* Vent. *Tilia cordata* Mill.

Winterlinde, kleinblättrige Linde, Steinlinde — Linden-tree — Tilleul.

Familie: *Tiliaceae.* Gattung: *Tilia* L.

Beschreibung. Bis 25 m hoher Baum, mit stark ästiger, tiefgehender, weitverbreiteter Wurzel und ausgebreiteter, gewölbter, dicht verästelter Krone, deren horizontal ausgebreitete und hängende Zweige mit zweizeiligen, gestielten, schiefrundlich-herzförmigen, lang zugespitzten, gesägten, oberhalb dunkelgrünen, unterseits blaugrünen, beiderseits kahlen, in den Aderwinkeln rostbraun-bärtigen Blättern besetzt sind. Letztere 3- oder 5nervig; Mittelnerv nach beiden Seiten, Seitennerven nur nach aussen verästelt. Nebenblätter gepaart, schuppenförmig, röthlich, bald abfallend. Blüthenstand aus 5—11blüthigen Trugdolden bestehend, die aus der Achsel der Laubblätter hervorbrechen. Blüthenstiel auf der einen Seite bis zur Hälfte seiner Länge mit einem länglich-lanzettförmigen, 1nervigen, netzaderigen, grünlichgelben Flügelblatte (Bractee) verwachsen. Kelchblätter zu 5, eilänglich, innen und am Rande filzig. Kronblätter zu 5, spatelförmig, kahl, blassgelb oder weisslich. Staubgefässe mehrreihig, zahlreich, frei, mit stielrunden, oben zweispaltigen Filamenten. Staubbeutelfächer zu 2, getrennt, mit Längsspalte sich öffnend. Fruchtknoten sitzend, 5fächerig. Griffel einfach, stielrund, mit 5lappiger Narbe. Frucht fast kugelrund, nussartig, dünnschalig, nicht aufspringend, meist 1samig. Same rundlich-oval; Cotyledonen fast gelappt, mit gegen den Nabel umgebogenen Rändern.

Es existirt hiervon eine Form var. *intermedia* DC. (*Tilia vulgaris* Hayne) mit grösseren, unterseits grünen, in den Aderwinkeln weisslich-bärtigen Blättern.

Die Linde erreicht ein sehr hohes Alter (300—500 Jahre); doch wird sie im späteren Alter leicht kernfaul. Die Linde zu Dondorf bei Baireuth wurde auf 1230 Jahre geschätzt.

Anatomisches: Die Flügelblätter der Blüthen zeigen (nach Flückiger) auf dem Querschnitt ein lockeres, schwammiges Parenchym und besitzen auf der Unterseite zahlreiche Spaltöffnungen. Das Gewebe der Blüthenstiele, Blumenblätter, des Kelches und Fruchtknotens ist mit zahlreichen Schleimhöhlen und ausserdem mit vielen kleinen Drüsen von Calciumoxalat ausgestattet.

Verbreitung. In Laubwaldungen durch fast ganz Europa bis zum Ural und in den Kaukasusländern, besonders in Russland ausgedehnte Waldbestände bildend. In Schweden reicht das Verbreitungsgebiet der Linde bis zum 63. Breitengrade.

Name und Geschichtliches. Der Name Linde, althochdeutsch *linda, linta,* angelsächsisch *lind,* altnordisch *lind* soll nach einigen von lind, gelinde (bezogen auf das weiche Holz) abgeleitet sein; da aber in unseren altgermanischen Sprachen die Bezeichnungen für gelind oft sehr von den Bezeichnungen für unsere Linde abweichen, hingegen die Benennungen des Bastes und der damit im Zusammenhange stehenden, mit binden verwandten Begriffe (althochdeutsch *linta* = Bast, angelsächsisch *linde* = Gürtel, altnordisch *lindi* = Gurt, mittelhochdeutsch *linde* = Binde, Helmband) fast mit dem Namen der Linde zusammenfallen, so ist die Herleitung der Bezeichnung Linde aus den Bezeichnungen für das von jeher zum Binden verwendete Bast wohl ausser Zweifel. *Tilia* ist abgeleitet vom griechischen *Θηλεια* (von *πτιλον,* Flügel), bezogen auf das mit dem Blattstiele verwachsene flügelartige Nebenblatt.

Schon von Theophrastus erhalten wir eine Beschreibung der Linde, die sich jedoch nicht auf unsern Baum, sondern (nach Fraas) auf *Tilia argentea* Desf. bezieht. Ein Gleiches gilt von der *Tilia* des Plinius. Die erste arzneiliche Benutzung der Linde, deren schon Plinius und Galenus gedenken, bezieht sich auf die innere Rinde, das Bast, welches gegen den Aussatz und auf die Blätter, die gegen Mundgeschwür und geschwollene Füsse angewendet wurden; ebenso schrieb man dem Safte Heilwirkungen gegen das Ausfallen der Haare zu. Erst im Mittelalter fanden die Blüthen arzneiliche Verwendung. Tragus (1498—1554) unterschied einen „zam Lindenbaum" *Tilia sativa,* im Gegensatz zu unserer Linde, die er „wild Lindenbaum“ *Tilia silvestris* nannte. Die Linde wurde von unseren Vorfahren für heilig gehalten und in Folge dessen alle Gemeindeangelegenheiten unter ihr verhandelten, auch zur Beschattung von Begräbnissplätzen häufig verwendet.

Blüthezeit. Juni, Juli.

Offizinell sind die Blüthen: *Flores Tiliae*; früher auch die innere Rinde (Bast): *Cortex Tiliae* und die Blätter.

Die Blüthen der *Tilia ulmifolia* werden Anfang Juni gesammelt und — am besten ohne die fast geschmacklosen, flügelartigen Deckblätter — ganz oder zerschnitten in gut verschlossenen Kästen aufbewahrt. Frisch riechen die Blüthen angenehm gewürzhaft, jedoch beim Trocknen geht dieser Geruch, den sie einer geringen Menge ätherischen Oeles zu verdanken haben, zum grossen Theile verloren. Die nicht aromatischen Blüthen (*Tilia tomentosa*) sollen nicht benutzt werden.

Präparate. Die aus den Lindenblüthen bereiteten Präparate sind: ein mittels Dampfdestillation gewonnenes, mit Weingeist gemischtes Extrakt: *Aqua Tiliae concentrata* und das aus diesem durch Mischung mit destillirtem Wasser dargestellte Lindenblüthenwasser: *Aqua Tiliae.* Ausserdem werden die Lindenblüthen zur Herstellung von *Species pectorales* und *Species Puerperarum* nach Anweisung der Schweizer Pharmakopoe, von *Species laxantes St. Germain* nach Anweisung der Oesterreichischen Pharmakopoe, *Tisana de floribus Tiliae* nach Anweisung der französischen Pharmakopoe verwendet.

Bestandtheile. Die Lindenblüthen enthalten eisengrünenden Gerbstoff, Schleim, Eiweis, Bitterstoff, gelben Farbstoff, geringe Mengen von Wachs und Zucker und mit Ausnahme des flügelartigen Nebenblattes wenig ätherisches Oel (0.05 %). Die auf den Blättern befindlichen Ausschwitzungsprodukte enthalten Rohrzucker, Traubenzucker, Mannit, Gummi, Eiweis und Salze.

Anwendung. Im Theeaufguss (1:10) als schweisstreibendes, magenstärkendes und krampfstillendes Mittel. Die krampfstillende Wirkung wird bezweifelt. Rinde und Blätter wurden früher zu Umschlägen, die Blätter wohl auch im Aufguss verwendet. Das aus der Rinde durch Rösten im Wasser und Klopfen gewonnene Bast dient zum Binden, sowie zur Anfertigung von Stricken und Matten. Das weisse, ungemein weiche und lockere, aus einem gleichmässigen Gefüge bestehende Lindenholz liefert eine vorzügliche Kohle (*Carbo Tiliae*) und aus dem Stamme wird durch Anbohren ein süsser, gährungsfähiger Saft gewonnen.

Litteratur. Abbildung und Beschreibung: Nees v. Esenb., Plant. medic., Taf. 429; Hayne, Arzneigew. III., Taf. 46; Berg u. Schmidt, Offiz. Gew., Taf. XVIII[b]; Reichenbach, Ic. Fl. Germ., Fig. 5137; Luerssen, Handb. der syst. Bot. II. 656; Karsten, Deutsche Flora, p. 620; Wittstein, Handb. der Pharm. 488.

Drogen und Präparate: *Flores Tiliae*: **Ph. germ.** 111; Ph. austr. (D. A.) 131; Ph. ross. 169; Ph. helv. 55; Cod. med. 91; Ph. belg. 86; Ph. Neerl. 263; Ph. dan. 84; Ph. suec. 84; Flückiger, Pharm. 749; Berg, Waarenk. 304.

Aqua Tiliae: Ph. ross. 46; Ph. helv. 16; Cod. med. 415; Ph. belg. 129.

Species pectorales: Ph. helv. 119.

Species Puerperarum: Ph. helv. suppl. 102.

Species laxantes St. Germain: Ph. austr. (D. A.) 119.

Tisana de floribus Tiliae: Cod. med. 347.

Bezüglich der Drogen und Präparate siehe auch Hager, Pharm. Prx. II. 1141.

Tafelbeschreibung:

A Pflanze in natürl. Grösse; 1 Blüthenknospe von verschiedenen Seiten, vergrössert; 2 Blüthe im Längsschnitt, desgl.; 3 Stempel, desgl.; 4 Staubgefässe, desgl.; 5 Pollenkörner, desgl.; 6 Stempel im Längsschnitt, desgl.; 7 Fruchtknoten im Querschnitt, desgl.; 8 Fruchtstand mit Deck- oder Flügelblatt, nat. Grösse; 9 geöffnete Frucht, vergrössert; 10 Frucht im Längsschnitt, desgl.; 11 dieselbe im Querschnitt, desgl.; 12, 13 Same von verschiedenen Seiten, desgl. Nach der Natur von W. Müller.

Tiliaceae.

Tilia ulmifolia Scop.

W. Müller n. d. Nat.

Toluifera Balsamum Miller.

Syn. *Myrospermum Toluiferum* A. Rich. *Myrospermum balsamiferum* Ruiz et Pavon. *Myroxylon Toluifera* H. B. et Knth. *Myroxylon punctatum* Klotzsch.

Tolubalsambaum — Baume de Tolu — Balsamo.

Familie: *Leguminosae* (*Papilionaceae*); Gruppe: *Sophoreae*; Gattung: *Toluifera* L. (*Myroxylon* L. fil.).

Beschreibung. Ein grosser Baum von 26 Meter Höhe, welcher erst in einer Stammhöhe von 13—19 Meter beastet ist und eine ausgebreitete, rundliche Krone besitzt. Rinde glatt, gelblichgrau oder braun, mit zahlreichen weissen Lenticellen bedeckt. Blätter etwas kürzer als beim Perubalsambaum, gewöhnlich unpaarig abwechselnd gefiedert, mit 4—7 verkehrt eiförmigen, lederigen, zugespitzten, in der Richtung der Längenachse oft gebogenen, kurz gestielten Fiedern, deren Rand ganz und nicht faltig ist, auf der Oberfläche dunkelgrün, auf der Unterfläche blassgrün, mit stark hervortretender Mittelrippe; Spindel und Blattstielchen unbehaart, und die Oelbehälter kleiner als bei *Toluifera Pereirae*. Blüthen auf fast glatten, 12 Mm. langen Stielen, zwitterig, in einfachen, axillären, ausserwinkelständigen, reichblüthigen, 7—12 Ctm. langen Trauben. Die Blüthenstiele von kleinen Brakteen gestützt. Kelch unterständig, weitröhrenförmig oder länglich-glockenförmig, dunkelgrün, ca. 6 Mm. lang, schief am Blüthenstiele sitzend, sehr kurz rauhhaarig, durch parallele Adern gestreift, am Rande mit 5 kurzen, stumpfen Zähnen (nach Bentley gewöhnlich 3lappig, die 2 oberen Lappen sehr breit dreieckig, seitenständig, der untere, vorderständige, aus 3 mehr oder weniger eng beisammenstehenden Lappen gebildet). Die Kronblätter zu 5, weiss, genagelt, glatt, nicht gekräuselt oder gefaltet, das obere, die Fahne bildende, fast kreisrund ausgebreitet, bedeutend grösser als die 4 übrigen linienlanzettförmigen Kronblätter. Die 10 freien Staubgefässe sammt den Kronblättern dem unteren Theile des Kelches ringförmig eingefügt und mit den Kronblättern abfallend. Filamente in dem Kelche eingeschlossen, wenig länger als der Kelch, pfriemenförmig, weiss, glatt, kahl, am Grunde etwas verbreitert; die Staubbeutel länglich, 2fächerig, nahe dem Grunde am Rücken angeheftet, mit spitzem Connectiv, nach innen mit einer Längsspalte aufspringend. Fruchtknoten auf langem Stiele, dem Grunde des Kelches entspringend, zusammengedrückt, glatt, kahl, grün, 1fächerig, eineiig. Griffel sehr kurz, etwas gebogen, mit sehr kleiner, endständiger Narbe. Die flügelfruchtartige, vom bleibenden Kelche unterstützte Hülse hängend, sammt der langen stielartigen Basis 10—13 Ctm. lang, ziemlich gerade, bräunlich, am Stielende abgerundet und nicht verschmälert, 1fächerig, 1samig, nicht aufspringend, seitlich durch den kurzen Griffel gespitzt, der rundliche Stiel kürzer als bei *Tol. Pereirae,* plötzlich in den Flügel verbreitert. Zu beiden Seiten des Samens befindet sich je ein fast kreisrunder Balsambehälter. Same nierenförmig, braunroth, stark gekrümmt, sonst wie bei *Toluif. Pereirae.*

Der den Tolubalsam liefernde Baum ist von dem Direktor des botanischen Gartens in Chelsea bei London, M. Miller, 1736 mit *Toluifera balsamum* bezeichnet worden. Linné behielt diese Bezeichnung bei. A. Richard benannte ihn mit *Myrospermum toluiferum* und Humbold, Bonpland et Kunth beschrieben ihn unter dem Namen *Myroxylon Toluifera.* Bezüglich der Namen *Myrospermum balsamiferum* Ruiz et Pavon und *Myroxylon punctatum* Klotzsch unterliegt es wohl keinem Zweifel, dass man es hier mit dem nämlichen Baume zu thun hat.

Myroxylon peruiferum L. fil. (*Toluifera peruifera* Baill., *Myroxylon pedicellatum* Kl., *Myrospermum pedicellatum* Lam.), ist ein schöner Baum von 10—12 Meter Höhe, mit dickem, glattem Stamme und abstehenden Aesten. Blätter unpaarig abwechselnd gefiedert, 7—11zählig; Fiedern eiförmig oder länglich, am Grunde gerundet oder herzförmig, am Rande undeutlich kerbzähnig. Die ausserwinkelständigen Blüthentrauben 8—25blüthig. Kelch gekrümmt, glockenförmig, mit 5 kleinen Zähnen. Blumenkrone derjenigen von *Toluif. Balsamum* gleich. Staubbeutel gross, weiss und durch das verlängerte Connectiv kurz geschnäbelt. Fruchtknoten lang gestielt, 1fächerig, 2eiig. In der ganzen Nordosthälfte von Südamerika einheimisch und ein dem Tolubalsam ähnliches Harz liefernd. Nees v. Esenb., Plant. med. Taf. 321; Hayne, Arzneigew. XIV, Taf. 11; Berg und Schmidt, Offiz. Gew., Taf. XXIXe.

Vorkommen. *Toluifera Balsamum* ist im nördlichen Theile von Südamerika einheimisch und besitzt eine grössere Verbreitung als *Tol. Pereirae*.

Name und Geschichtliches. Tolubalsam (Cartagenabalsam, Hondurasbalsam, Thomasbalsam) ist nach der columbischen Hafenstadt Tolu am Karaibischen Meere so benannt. Wegen *Toluifera, Myroxylon* und *Myrospermum* siehe *Toluifera Pereirae,* Taf. 183.

Die ersten Nachrichten stammen, wie beim Perubalsam, gleichfalls von Monardes; derselbe vergleicht den Baum irrthümlicherweise mit einer Fichte, giebt aber die Gewinnung des Balsams in der Provinz Tolu richtig an, behauptet, dass der Balsam von kultivirten Bäumen vorgezogen werde, und beschreibt die Gewinnung durch Auffangen des aus den Einschnitten träufelnden Balsams mittelst aus Wachs gefertigter, löffelartiger Schalen. Der Tolubalsam stand zu jener Zeit bei den Eingeborenen in hohem Ansehen und auch Hernandez schätzte ihn dem *Balsamum indicum* (Perubalsam) gleich. Clusius erhielt eine Probe dieses damals sehr seltenen Balsams im Jahre 1581 von dem Hofapotheker Morgan in London. Flückiger glaubt, dass *Balsamum americanum resinosum* der Arzneitaxe von Wittenberg von 1632 und 1646 und der Taxe von Görlitz von 1629, ebenso *Balsamum indicum* der Taxe von Mainz von 1618 und *Balsamum indicum siccum* der Strassburger Taxe von 1644 auf Tolubalsam zu beziehen sei. Die Taxe von Frankfurt enthält 1699 *Balsamus tolutanum.* Um 1694 war der in England schon sehr häufig auftretende Balsam in Frankreich noch eine grosse Seltenheit.

Offizinell ist der aus Rindeneinschnitten ausfliessende Balsam: *Balsamum tolutanum* (*Balsamum de Tolu, Balsamum indicum siccum, Balsamum americanum, Tolubalsam*).

Die Gewinnung des Tolubalsams erfolgt hauptsächlich in Columbien und zwar am unteren Stromlaufe des Rio Magdalena, von Mombos abwärts, bei Turbaco, Las Mercedes und Plato, auch bei Tolu, ferner in den Wäldern zwischen dem R. Cauca und R. Sinu. Nach Angaben von John Weir welcher 1863 Augenzeuge der Balsamgewinnung war, werden die Stämme an etwa 20 Stellen mit schiefen, spitzwinkelig zusammenstossenden, also einer römischen V gleichenden Einschnitten versehen, die am unteren, spitzen Ende eine Vertiefung erhalten, an welcher eine kleine Kürbisfrucht, *Concolito,* zum Zwecke der Aufnahme des Balsams befestigt wird. Die Gewinnung des Balsams aus höher gelegenen Stammtheilen wird durch Aufbau eines Gerüstes ermöglicht. Der in den Kürbisfrüchten gesammelte Balsam wird in flaschenförmig zusammengenähte Häute gebracht, welche, paarweise von einem Esel getragen, nach den kleinen Hafenorten am Rio Magdalena übergeführt werden. In letzteren Orten wird der Balsam in Blechbüchsen gefüllt und stromabwärts nach den Küstenplätzen geschafft. Die Bäume, welche 8 Monate lang in solcher Weise benutzt werden und sonst keiner pfleglichen Behandlung unterliegen, leiden durch die Balsamgewinnung sehr. In anderen Gegenden wird der aus den Wunden herabträufelnde Balsam auf grossen Blättern der *Calathea* (einer *Cannacee*) oder durch Bijaoblätter (*Maranta lutea* Jacq.), in Flaschenkürbissen (*Lagenaria*), oder auch durch die Früchte der *Crescentia Cujete* (*Bignoniaceе*) aufgefangen; diese Waare wird jedoch als minderwerthig bezeichnet. Flückiger giebt die Ausfuhr aus dem columbischen Hafenplatze Sabanilla für 1875 auf 14700 Kgr., für 1878 auf 39300 Kgr. an; 1873 verschiffte Cartagena 6504 Pfund.

Der Tolubalsam ist in frischem Zustande blassgelb bis goldgelb, dickflüssig, in dünnen Schichten vollkommen durchsichtig, ohne Krystalle (*weisser Tolubalsam*), wird durch Aufbewahren rothbraun und zähe (*schwarzer Tolubalsam*), schliesslich durch Eintrocknung körnig krystallinisch und spröde (*trockner Tolubalsam, Opobalsamum siccum*). Der Geruch ist angenehm aromatisch, jasmin- und citronenartig, feiner als beim Perubalsam, der Geschmack aromatisch, wenig kratzend, kaum säuerlich (nach Husemann süsslich-gewürzhaft und brennend). In neuerer Zeit gelangt der Balsam auch in flüssiger Form zu uns, gewöhnlich aber wird er in festen, krystallinisch glänzenden, zu blassbräunlichem Pulver zerreibbaren Stücken in den Handel gebracht. In letzterer Form kann man unter dem Mikroskope, namentlich im polarisirten Lichte, deutliche krystallinische Struktur erkennen; er zeigt bräunlich gelbe oder rothbraune Farbe mit hellrothen oder goldfarbigen Flecken, ist durchsichtig, spröde und hart, besitzt ein spezifisches Gewicht von 1.2, erweicht schon bei 30° und schmilzt bei 60—65°. Werden die Krystallmassen geschmolzen, so erstarren sie formlos. Der Tolubalsam löst sich leicht und vollständig in Aceton, gewöhnlichem Weingeist, Chloroform, Aetzlauge, nur wenig in Aether, kaum in flüchtigen Oelen, nicht in Petroleumäther und Schwefelkohlenstoff.

Fälschungen kommen häufig vor und bestehen hauptsächlich in der Beimischung von billigen Harzen. Fichtenharz und Terpenthin lösen sich in Benzin, Tolubalsam nicht; Sand und organische Theile setzen sich in der ätherweingeistigen Lösung ab; Liquidambar verleiht dem Tolubalsam einen scharfen und kratzend bitteren Geschmack. Reiner Balsam entwickelt bei Lösung in warmer Aetzkalilauge einen Nelkengeruch und der mit concentrirter Schwefelsäure zerriebene Balsam giebt eine rothe Flüssigkeit, welche nicht, wie es bei Terpenthinharzen der Fall ist, schwefelige Säure erzeugt.

Im englischen Handel erscheint ein vom gewöhnlichen Tolubalsam abweichender Balsam, welcher in dicken Lagen gelbbraun, in dünnen Schichten durchsichtig, goldgelb und sehr kleberig ist. Sein Schmelzpunkt liegt bei 58°; er löst sich vollkommen in Aether und Benzol, theilweise in Kalilauge und enthält kein Tolen. Seine Abstammung ist noch unbekannt.

Bestandtheile. E. Kopp fand in dem Balsam 2 verschiedene Harze, einen flüssigen Kohlenwasserstoff (*Tolen*) und Zimmtsäure. E. Busse erhielt ausser Harz, Benzoësäure und Zimmtsäure noch Benzoësäure-Benzylester und Zimmtsäure-Benzylester. Cinnameïn fehlt dem Tolubalsam; die Harze, welche die Hauptmasse bilden, sind noch nicht näher untersucht.

Tolen, $C_{10}H_{16}$ (nach Deville $10_{12}H_{18}$), durch Destillation mit viel Wasser in einer Menge von ca. 1% gewonnen, ist ein farbloses, dünnes Oel, welches nach Deville bei 170°, nach E. Kopp bei 154—160° siedet, ein spezifisches Gewicht von 0,858, einen stechenden, scharfen, pfefferartigen Geschmack und einen elemiartigen Geruch besitzt, schwach rechts polarisirt, begierig Sauerstoff aus der Luft aufnimmt und sich durch Oxydation allmälig in ein weiches Harz umwandelt.

Der Rückstand, welcher bei der Gewinnung des Tolen zurückbleibt, giebt bei der trockenen Destillation unter Entwickelung von Kohlenoxyd und Kohlensäure Krystalle von Benzoësäure und Zimmtsäure und eine Flüssigkeit, die der Hauptsache nach aus *Toluol, Phenol, Styrol* und Estern der Benzoësäure besteht.

Toluol (Methylbenzol, Benzylwasserstoff, Benzoène Deville's, Toluin des Berzelius) mit der Zusammensetzung $C_6H_5(CH_3) = C_7H_8$, bei der trocknen Destillation des Kamphers, des Tolubalsams und des Drachenblutes, namentlich aber aus leichtem Steinkohlentheeröl gewonnen, riecht angenehm aromatisch, besitzt ein spezifisches Gewicht von 0,882, löst sich nicht in Wasser, wenig in Alkohol, leicht in Aether, siedet bei 111°, erstarrt noch nicht bei —20° und verbrennt mit leuchtender Flamme. (Husemann, Pflanzenstoffe 1065.)

Anwendung. Der Tolubalsam wird in ähnlicher Weise verwendet, wie der Perubalsam, namentlich innerlich bei chronischen Katarrhen. Seine hauptsächlichste Verwendung findet er bei Herstellung von Parfüms, wohlriechender Räuchermittel und zur Bereitung eines aromatischen Sirups. (Husemann, Arzneimittell. 408.)

Litteratur. Abbildung und Beschreibung: Nees v. Esenbeck, enthält auf Taf. 322 nur Blätter; Hayne, Arzneigew. XIV, Taf. 12 (*M. punctatum*); Berg und Schmidt, Offiz. Gew. Taf. XXIX^c Fig. H—L; Bentley and Trimen, Med. pl. Taf. 84; Luerssen, Handb. der syst. Bot. II, 886; Karsten, Deutsche Flora 679; Wittstein, Pharm. 857.

Drogen und Präparate. *Balsamum tolutanum*: Ist wieder in die neue, in der Ausgabe befindliche **Ph. germ.** aufgenommen worden; Ph. ross. 343; Ph. helv. 18; Cod. med. 39; Ph. belg. 14; Ph. Neerl. 37; Brit. ph. 52; Ph. dan. 53; Ph. suec. 29; Ph. U. St. 53; Flückiger, Pharm. 132; Flückiger and Hanb., Pharm. 202; Hist. d. Drog. I, 367; Berg, Waarenk. 532.

Syrupus Balsami tolutani: Ph. ross. 394; Ph. helv. 131; Cod. med. 343; Ph. belg. 243; Brit. ph. 315; Ph. dan. 257; Ph. U. St. 330.

Tinctura tolutana: Cod. med. 601; Ph. belg. 265; Brit. ph. 343; Ph. dan. 278; Ph. suec. 239; Ph. U. St. 356.

Toluifera Balsamum Miller

Tinctura Benzoës composita: Ph. belg. 267; Brit. ph. 321; Ph. U. St. 336.
Trochisci Cubebae: Ph. U. St. 361.
Pilulae Blancardi (*Pilulae Jodeti ferrosi*): Ph. dan. 177; Ph. suec. 152; Ph. U. St. 254.
Bezüglich der Drogen und Präparate siehe auch Hager, Ph. Prx. I, 559; III, 139.

Tafelbeschreibung:

A Blüthenzweig, natürl. Grösse; B Fruchthülse, desgl.; 1 Blüthe, vergrössert; 2 dieselbe im Längsschnitt, desgl.; 3 Kelch mit Staubgefässring, auseinandergelegt, desgl.; 4 Same, natürl. Grösse; 5 derselbe zerschnitten, desgl.

Toluifera Pereirae Baillon.

Syn. *Myrospermum* von *Sonsonate* Pereir. *Myrospermum Pereirae* Royle.
Myroxylon Pereirae Klotzsch. *Toluifera Balsamum* var. Baill.

Perubalsambaum — Baume de Pérou noir, Baume de San Salvador, Baume de Sansonate — Balsam of Peru.

Familie: *Leguminosae* (*Papilionaceae*); Gruppe: *Sophoreae*; Gattung: *Toluifera* L. (*Myroxylon* L. fil.)

Beschreibung. Ein dem *Toluifera Balsamum* Miller sehr ähnlicher Baum von 16 Meter Höhe, dessen ausgebreitete und aufsteigende Beastung in einer Stammhöhe von 2—3 Meter beginnt. Rinde der jungen Zweige grau, ins Purpur fallend, glatt, mit weissen oder gelblichen Lenticellen bedeckt. Blätter abwechselnd, gestielt, 15—20 Ctm. lang, unpaarig gefiedert, mit 7—11 nicht gegenständigen Fiederblättern; Blattspindel und die etwas verdickten Stiele mit einem dichten Filze sehr kurzer, röthlich-gelber Haare bedeckt. Fiederblätter ungefähr 6 Ctm. lang und 3 Ctm. breit, länglicheiförmig, eilanzettförmig oder manchmal etwas verkehrt eiförmig, an der Basis gerundet, zugespitzt, mit einer oft etwas gedrehten Spitze, ausgerandet, am Rande gefaltet, lederig, fein geadert, mit auf der Unterseite stark hervortretender Mittelrippe. In der Blattsubstanz befinden sich zwischen der feinen Aderverzweigung zahlreiche, mehr oder weniger gerundete oder längliche Oelbehälter, welche, gegen das Licht gehalten, durchscheinend sind. Blüthen zahlreich, zwitterig, zu schlanken, langgestielten, 15 bis 17 Ctm. langen, lockeren Trauben geordnet, am Grunde der Blüthenstiele mit kleinen Brakteen ausgestattet. Blüthenspindel, Brakteen und Blüthenstiele mit einem sehr kurzen, gelblich rothen Filze bedeckt. Die Knospe eirund, oben höckerig. Kelch weitbecherförmig, mit 5 sehr seichten, stumpfen Zähnen, auf der Aussenseite röthlich gelb behaart. Kronblätter 5, umständig, geadert, nahe der Basis des Kelches entspringend und dem letzteren nebst den Staubgefässen ringförmig eingefügt, genagelt, weisslich, das obere, die Fahne bildende, fächerförmig ausgebreitet, fast kreisrund, etwas zurückgebogen, an der Spitze ausgerandet, weit länger als die 4 übrigen linien-lanzettförmigen Kronblätter. Staubgefässe 10, frei, in gleicher Höhe mit den Kronblättern dem Kelche eingefügt und mit den Kronblättern nach dem Blühen abfallend. Staubfäden pfriemlich, weiss, glatt, an der Basis etwas verbreitert, länger als der Kelch. Staubbeutel wenig kürzer als die Filamente, oblong, 2 fächerig, nahe dem Grunde am Rücken angeheftet, nach innen mit Längsspalte sich öffnend, Connectiv zu einer kleinen, stumpfen Spitze verlängert. Fruchtknoten dem Grunde des Kelches entspringend, langgestielt, glatt, etwas zusammengedrückt, 1- oder 2 eiig. Griffel kurz, etwas gekrümmt, spitz, mit kleiner, punktförmiger Narbe Die gestielte, vom bleibenden Kelche unterstützte Fruchthülse 7—13 Ctm. lang, 3—4 Ctm. breit, stark zusammengedrückt, am Grunde (Stielende) verschmälert, sich nach dem anderen Ende, welches den einzigen Samen einschliesst, allmälig verdickend, seitlich durch den Griffel gespitzt, nicht aufspringend, gelblich oder blass orange braun, die schmale, sehr verlängerte Basis der Länge nach auf der Vorderseite schmal, auf der Hinterseite breit geflügelt. Die Fruchthülse ist scheinbar doppelt gestielt; der untere Stiel entspricht dem Blüthenstiel, der obere über dem Kelchreste befindliche dem Fruchtknotenstiel, welcher allmälig in die Fruchtbasis und die Randflügel übergeht. Das Pericarp ist auf beiden Seiten des Samens mit je einem grossen Balsambehälter ausgestattet. Same nierenförmig, einzeln, mit dünner Schale, kurzem, einwärts gebogenem, kleinem Würzelchen und grossen, dicken, planconvexen Samenlappen. Eiweiss fehlt.

Der Perubalsambaum wurde von Pereira mit *Myrospermum von Sonsonate* bezeichnet, und von Royle als *Myrospermum Pereirae* näher beschrieben; Klotzsch benannte ihn 1857 mit *Myroxylon Pereirae* und Baillon, welcher auf den alten ursprünglichen Linné'schen Gattungsnamen *Toluifera* zurückging, gab ihm den Namen *Toluifera Pereirae.*

Anatomisches. Auf welche Weise sich der Balsam in der Rinde bildet, ist noch unbekannt; Rinde sowohl als Holz sind nicht aromatisch.

Vorkommen. Einheimisch in den Bergwäldern des schmalen Küstenstriches Costa del Balsamo der Republik San Salvador, zwischen 13.35° und 14.10° nördlicher Breite und 89 bis fast 90° westlicher Länge (Greenwich); nach Flückiger zwischen dem Hafenplatze Acajutla und dem Flüsschen Comalapa.

Name und Geschichtliches. *Perubalsam* (indischer Balsam, Salvadorbalsam, Sonsonatebalsam) ist eine irrthümliche Bezeichnung; man nahm an, dass der aus dem peruanischen Hafen Callao nach Europa gelangende Balsam aus Peru stamme. *Toluifera,* Tolubalsam liefernd, von Tolu, einer columbischen Stadt am Golfo de Morrosquillo; tolu ist auch der einheimische Name für Balsam. *Myrospermum,* von μύϱον Balsam und σπεϱμα Same, weil auch die Samen Balsam liefern. *Myroxylon,* von μύϱον Balsam und ξύλον, Holz. *Pereirae* nach Jonathan Pereira, Professor der Pharmacie in London, gestorben 1853, so benannt. *Sonsonate,* Stadt in San Salvador, am Rio Grande.

Bei der Eroberung Centralamerikas fand man den Perubalsam schon als Wundheilmittel in Gebrauch und lässt sich annehmen, dass schon lange vor dem Eindringen der Europäer Perubalsam bei den Eingeborenen Verwendung fand. Sehr alte Thongefässe, welche den Kopf des mexikanischen Fasans (Pajuil) darstellen, eines Vogels, der sich hauptsächlich von den Samen des Perubalsambaumes nährt, werden in den Ruinen der Dörfer an der Balsamküste aufgefunden. In diesen Gefässen wurde noch zur Zeit des Eintreffens der Spanier den Häuptlingen von Cuscatlan (dem jetzigen San Salvador) Perubalsam als Tribut geliefert. Monardes (1493—1578 in Sevilla), widmet dem Balsam in seinem Buche „Dos libros etc.“ eine besondere Abhandlung, beschreibt die Gewinnung eines weissen Balsams durch Einschnitte in die Rinde (wahrscheinlich *Liquidambar*) und eines schwarzrothen Balsams, gewonnen durch Auskochen des zerkleinerten Holzes und der Zweige des Baumes *Huitziloxitl* (Perubalsam). Don Diego Garcia de Palacio bereiste 1576 San Salvador und erstattete an Philipp II. einen Bericht, in dem auch von dem Perubalsam und seiner Gewinnung durch Erhitzung der Stämme mittelst Feuers die Rede ist. Um den in der katholischen Kirche gebräuchlichen, in Amerika nicht zu erlangenden Balsam von *Balsamodendron gileadense* Kunth in der neuen Welt zu ersetzen, gestattete der Papst Pius V. durch Bulle vom 2. August 1571 die Verwendung des „wunderbar angenehm riechenden und wundenheilenden“ Perubalsams zum geweihten Salböl (*Chrisma principale*). Der Preis für den Balsam war zu jener Zeit ein sehr hoher; in Rom wurden anfänglich für die Unze 100, dann 20, 10, zuletzt für das Pfund 3—4 Dukaten bezahlt. Flückiger berichtet, dass Monardes Gott pries für diesen Ersatz des orientalischen Balsams, dessen Entdeckung schon allein die Mühe lohnte, die seine Landsleute bei Entdeckung der Neuen Welt aufwendeten. Francisco Hernandez, welcher längere Zeit in Mexiko lebte, bildete in seinem 1651 zu Rom erschienenen Werke „Thesaurus rerum medicarum Novae Hispaniae“ den Perubalsambaum (*Huitziloxitl*) ab. Unter der spanischen Herrschaft wurde der Balsam nach dem peruanischen Hafen Callao gebracht und deshalb mit dem Namen *Balsamum peruvianum* bezeichnet, unter welchem Namen er beispielsweise schon in der Arzneitaxe der Stadt Worms vom Jahre 1609 (1582 verfasst) auftritt. Andere Taxen enthalten *Balsamum hispanicum, Balsamum indicum nigrum,* in denen gleichfalls mit ziemlicher Sicherheit Perubalsam zu erkennen ist. Auch der weisse Perubalsam (*Balsamito* oder *Balsamo catolico*), welcher aus den Fruchthülsen gewonnen wird, war bereits dem Palacio bekannt. Ebenso hatte schon Monardes Kenntniss von den Fruchthülsen die in den deutschen Apothekertaxen des 17. Jahrhunderts unter dem Namen *Fructus Balsami indici* auftraten. Derjenige Baum, welcher in früheren Zeiten als Stammpflanze des Perubalsams angesehen wurde, ist von Linné fil., der 1781 ein Exemplar von Mutis erhielt, mit dem Namen *Myroxylon peruiferum* belegt und von De Candolle als *Myrospermum peruiferum,* von Allemao als *Myrospermum erythroxylum* bezeichnet worden. Es ist dies *Toluifera peruifera* Baillon, ein Baum, der in Bolivia, Peru und Columbia einheimisch ist und einen dem Tolubalsam ähnlichen Balsam liefert.

Offizinell ist der aus dem Stamme gewonnene Balsam, der sogenannte *schwarze Perubalsam: Balsamum peruvianum nigrum* (*Balsamum indicum nigrum*).

Der weisse Balsam: *Balsamum peruvianum album* (*Balsamo blanco* der Heimath) kommt seiner Geringfügigkeit wegen nicht in den Handel, ist daher nicht offizinell.

Der *schwarze Balsam,* gemeinhin Perubalsam genannt, wird in 9 kleinen, am Südabhange der Vulkanenreihe in San Salvador gelegenen Indianerdörfern gewonnen; nach Flückiger sind dies: Chiltiupan, Comasagua, Jayaque, Jicalapa, Juisnagua, Talnique, Tamanique, Teotepeque und Tepecoyo (Coyo). Die Bäume, welche schon vom 6. Jahre ab zur Balsamgewinnung herangezogen werden, gehören bestimmten Eigenthümern; sie sind gewöhnlich gruppenweise eingefriedigt oder sonst irgendwie bezeichnet und bilden das eigentliche Vermögen der dortigen Eingeborenen. Nach den Berichten Flückiger's, welche auf Mittheilungen des Dr. Dorat in Sansonate und des Apothekers Wyss in San Miguel La Union (San Salvador) beruhen, ist die Gewinnung folgende: Bei Eintritt der trockenen Jahreszeit, also im November und Dezember, beginnen die Indianer mit der Gewinnung des Balsams. Zu diesem Zwecke wird mit dem Rücken der Axt oder einem Hammer die Rinde des Baumes an 4 Seiten oder nach Wyss an 20—30 Stellen weich geklopft, so dass sie sich vom Holze ablöst. Hierdurch wird schon etwas Balsam zum Austritt gebracht, den man in gereinigten Lappen oder Lumpen (trápos) auffängt. Der eigentliche Safterguss erfolgt erst, nachdem man 5 oder 6 Tage später die verwundeten Stellen mit aus den Zweigen eines harzreichen Rohres (Chunaliate) hergestellten Fackeln angebrannt hat. Die hierdurch abfallende Rinde wird beseitigt und der nun reichlich ausfliessende Balsam in Lumpen, mit denen man die verwundeten Stellen einhüllt, aufgefangen. Haben sich die letzteren vollgesogen, was in einigen Tagen der Fall ist, so werden sie in irdenen Töpfen mit Wasser ausgekocht. Der Balsam sinkt zu Boden; die Lappen werden in einem aus groben Schnüren hergestellten Netze vollends ausgepresst, gereinigt und zur Saftgewinnung von neuem verwendet. Im April erfolgt eine zweite Anbrennung. Von dem ausgekochten Balsam, dem der ausgepresste hinzugesetzt worden ist, wird nach dem Erkalten das Wasser abgegossen, etwaige Unreinlichkeiten entfernt und der Balsam nach kurzem Absetzen in flaschenförmige Fruchtschalen von *Crescentia cucurbitina* L.,

Toluifera Pereirae Baillon

sogenannte *Teconates*, gefüllt. Unreiner Balsam bleibt längere Zeit stehen und wird dann der Reinigung mittelst des Schaumlöffels unterworfen (Purificacion cruda), wobei auch bisweilen die Masse erhitzt wird (Purificacion à fuego). Neben der besseren, mittelst Lumpen gesammelten Sorte (*Balsamo de trapo*) wird eine geringere Sorte aus den Rindenabfällen durch Abkochung gewonnen; es ist dies der *Balsamo de cascara*, Rindenbalsam, oder *Tacuasonte* (ohne Feuer). Die Gewinnung des letzteren, welche viel Rinde erfordert, ist wegen der Schädigung der Bäume unstatthaft und wird daher nur heimlich, namentlich in Teotepeque, betrieben.

Die Bäume können bei sorgfältiger Behandlung (Lehmverband und Ruhepausen von 5—6 Jahren) 30 Jahre lang und noch länger zur Balsamgewinnung benutzt werden. 100 Bäume liefern einen jährlichen Ertrag von ca. 250 Klgr. In dem oben beschriebenen Bezirke von San Salvador waren nach Dorat im Jahre 1863 ca. 8000 Bäume im Betrieb; der Werth des daraus gewonnenen Balsams betrug 1876 78 189 Dollars. Die Ausfuhr erfolgt in Blechbüchsen von 25—100 Pfd.; Hamburg erhielt 1876 17 860 Pfd., 1877 25 470 Pfd.

Der frisch gewonnene Balsam ist tief dunkelbraun, trübe und von der Dicke des Terpenthins; im gereinigten Zustande bildet er eine klare, braunrothe bis tief dunkelbraune, ziemlich dünnflüssige, nicht klebende Masse, welche in dünnen Schichten vollkommen durchsichtig ist, in dicken Schichten fast schwarz erscheint, ein spezifisches Gewicht von 1.15—1.16 besitzt und an der Luft jahrelang unverändert bleibt, ohne Krystalle abzusetzen. Er reagirt sauer, riecht stark aromatisch-harzig, vanillenartig, zugleich benzoëähnlich, schmeckt scharf und bitterlich, unangenehm harzig, lange anhaltend kratzend, brennt nur bei Anwendung eines Dochtes oder, bis zum Siedepunkt erhitzt, an der Flamme; er ist nicht ohne Zersetzung destillirbar und enthält kein ätherisches Oel. Amylalkohol, Aceton, Chloroform und absoluter Alkohol lösen völlig oder fast klar, wohingegen verdünnter Alkohol, Aether, fette und ätherische Oele nur zum Theil unter Abscheidung von Harz lösen. Petroleumäther, welcher die zu Fälschungen benutzten Fette und flüchtigen Oele, Copaivabalsam und Terpenthin klar und reichlich löst, färbt sich, selbst bei Erwärmung des Balsams kaum, kann daher zur Entdeckung von Fälschungen benutzt werden. Wird concentrirte Schwefelsäure zu gleichem Theile dem Balsam zugesetzt, so erhitzt sich der letztere und bildet nach dem Erkalten eine gleichförmige, feste Masse. 100 Theile guten Balsams sättigen 6—8 Theile krystallisirtes kohlensaures Natrium; Aetzkalilauge färbt verdünnte alkoholische Lösung grünlich.

Der hohe Preis des Balsams verleitet zu Fälschungen, welche verschiedener Art sein können und namentlich in letzter Zeit durch Zusatz verschiedener Harze, Colophonium, flüchtigen und fetten Oelen, Copaivabalsam, Canadabalsam, Gurjunbalsam, Styrax, Asphalt, Pech etc. bewirkt worden sind. Flückiger fordert von einem guten Balsam folgendes: 1. Das spezifische Gewicht muss bei $+ 15^0$ zwischen 1.140 und 1.145 liegen; 2. 10 Tropfen Balsam müssen mit 0.4 Gramm ungelöschten Kalkes ein weich bleibendes, nicht erhärtendes Gemisch geben; Ricinus- und andere fette Oele machen hiervon eine Ausnahme, doch lassen sich dieselben bei Erwärmung der Kalkmischung am Fettgeruch erkennen; 3. trennt sich der gute Balsam, mit dem 3fachen Gewichte von Schwefelkohlenstoff geschüttelt, in dunkelbraunes, am Glase anhängendes Harz und in Cinnameïn.

Der Abfall, welcher bei Bereitung des Balsams gewonnen wird, dient in der Heimath zur Herstellung einer wohlfeilen Tinktur, welche die Indianer medizinisch verwenden.

Der weisse Perubalsam (*Balsamo blanco, Balsamito, Balsamo catolico*), welcher durch Auspressen der Fruchthülsen gewonnen wird, ist terpenthinartig, riecht nach Melilotus und Tonkabohnen, wird an der Luft dicker und bildet nach längerem Stehen eine obere flüssige und eine untere undurchsichtige, krystallinisch-harzige Schicht. Stenhouse gewann daraus 1850 das indifferente *Myroxocarpin* ($C_{24}H_{31}O_4$, nach Husemann $C_{24}H_{34}O_3$). Letzteres bildet zolllange, breite, dünne Prismen des triklinischen Systems, welche hart, brüchig, geruch- und geschacklos sind und neutral reagiren; es schmilzt bei 115^0 und erstarrt zu einer durchsichtigen, glasartigen Masse. Dieser Balsam kommt seiner Geringfügigkeit halber nicht in den Handel. In früheren Zeiten mag er vielfach mit dem Produkte aus *Liquidambar styraciflua* verwechselt worden sein.

Bestandtheile. Die Resultate der Untersuchungen gehen ziemlich weit auseinander, welcher Umstand wohl auf die leichte Zersetzbarkeit der Bestandtheile zurückzuführen ist. Nach Stoltze enthält der Perubalsam 70% eigenthümliches Oel (Perubalsamöl), 6.4% Benzoësäure, 20.7% in Alkohol leicht lösliches und 2.4% in Alkohol schwer lösliches Harz, ferner Feuchtigkeit und Extraktivstoff.

Fremy und Plantamour fanden an Stelle der Benzoësäure *Zimmtsäure* und ausser dem Perubalsamöl, welches beide Autoren mit *Cinnameïn* bezeichneten, noch einen besonderen krystallinischen Körper, das *Metacinnameïn*, welches leicht schmelzbar, in Wasser unlöslich, löslich in Alkohol und Aether ist, an der Luft in Zimmtsäure umgewandelt wird, und mit Kali unter Entweichung von Wasserstoffgas zimmtsaures Kali bildet.

Kraut erhielt, indem er den Balsam wiederholt mit Aether und 3% Natronlauge schüttelte, 60% *Cinnameïn*; seine Untersuchungen ergaben ferner Benzoësäure-Benzyläther, Zimmtsäure-Benzyläther, Benzylalkohol, freie Zimmtsäure, freie Benzoësäure und gelbes Harz.

Kachler fand durch Behandlung des Balsams mit Alkalien 20% Benzylalkohol, 46% Zimmtsäure und 32% Harz. Letzterer schmolz dieses Harz mit Aetzkali und erhielt ca. 60% Protocatechusäure, während es bei der trockenen Destillation Benzoësäure, Styrol und Toluol liefert.

Cinnameïn, *Perubalsamöl* (Zimmtsäurebenzylester), $C_{16}H_{14}O_2 = C_7H_7.O.C_9H_7O$, ist eine farblose, ölige, stark lichtbrechende Flüssigkeit (nach Grimaux in völlig reinem Zustande ein krystallisirbarer, bei 39^0 schmelzender Körper) von 1.098 spezifischem Gewicht bei 14^0 (nach Kraut 1.05 bei

23°), bei 340—350° unter theilweiser Zersetzung siedend, bei —20° nicht fest werdend. Das Cinnameïn besitzt einen schwachen, aber angenehmen Geruch, scharfen, gewürzhaften Geschmack und ist von neutraler Reaktion. Es ist schwer löslich in Wasser, leicht in Alkohol und Aether. Concentrirte wässerige oder weingeistige Kalilauge verwandelt es schon in der Kälte in Benzylalkohol (Fremy's *Peruvin*) und zimmtsaures Kali; beim Schmelzen mit Kalihydrat an der Luft liefert es zimmtsaures und benzoësaures Kali. Nach Delafontaine soll in dem Cinnameïn auch Zimmtsäure-Zimmtester (Styracin) vorhanden sein.

Flückiger sagt: „Es bleibt fraglich, ob die unveränderte Rinde des Balsambaums nicht Ester neben indifferentem Harze schon enthält, wie es wohl wahrscheinlich ist. Durch das Schwelen der Stämme wird vermuthlich ein Theil des Harzes so zersetzt, dass der Balsam dunkelbraune Farbe annimmt; auch das Vorkommen freier Säuren im Balsam deutet wohl darauf, dass die Ester durch das Schwelen zersetzt werden. (Husemann, Pflanzenstoffe 1064.)

Anwendung. Innerlich in Pillen und Bissen, als Emulsion und Tinktur bei Leiden der Athmungsorgane; äusserlich gegen Krätze, chronische, schuppige Ausschläge, Hautfinnen, Frostbeulen, zu Brustwarzenbalsam; ferner als Parfüm und an Stelle der Vanille zur Chocoladenbereitung. „Gegenwärtig besteht die hauptsächlichste Anwendung des Perubalsams in seiner äusseren Application bei Krätze, gegen welche er offenbar das am angenehmsten riechende und sich dadurch besonders vortheilhaft vor den früher üblichen Schwefelsalben auszeichnende Mittel bildet, das sich ausserdem durch seine Zuverlässigkeit und, da es auch die Brut der Milben tödtet, den Schutz vor Recidiven empfiehlt. Auch ist es, da nur wenig von dem Mittel verbraucht wird, nicht allzu kostspielig, wie dies manche ätherische Oele sind, und erregt auch verhältnissmässig wenig Jucken und Hautreizung. In zweiter Linie kommt Perubalsam besonders äusserlich zur Förderung der Heilung von Wunden und Geschwüren, wenn dieselben einen torpiden Zustand darbieten, in Anwendung." Je säurereicher der Balsam ist, um so grösser soll seine Wirksamkeit sein. (Husemann, Arzneimittell. 218.)

Litteratur. Abbildung und Beschreibung: [Berg u. Schmidt, Offiz. Gew. Taf. XXIXe, Fig. A—G; Hayne, Arzneigew. XIV, Taf. 11 und Nees v. Esenbeck, Plant. med. Taf. 321 enthalten *Toluifera peruifera* Baill. (*Myroxylon peruiferum* L. fil.)]; Luerssen, Handb. der syst. Bot. II, 888; Karsten, Deutsche Flora 680; Wittstein, Pharm. 633.

Drogen und Präparate. *Balsamum peruvianum*: **Ph. germ.** 39; Ph. austr. 24; Ph. hung. 75; Ph. ross. 53; Ph. helv. 18; Cod. med. 39; Ph. belg. 14; Ph. Neerl. 36; Brit. ph. 51; Ph. dan. 52; Ph. suec. 28; Ph. U. St. 52; Flückiger, Pharm. 124; Flückiger and Hanb., Pharm. 205; Hist. d. Drog. I, 372; Berg, Waarenk. 549.

Syrupus Balsami peruviani: Ph. helv. 131; Ph. belg. 244.

Emplastrum opiatium s. opiatum aromaticum: Ph. belg. 164; Ph. Neerl. 92.

Mixtura oleoso-balsamica s. Tinct. oleoso-balsam. s. Balsamum vitae Hoffmanni: **Ph. germ.** 179; Ph. austr. 24; Ph. hung. 24; Ph. helv. 83; Ph. belg. 121; Ph. dan. 265.

Unguentum narcotico-balsamicum: Ph. helv. suppl. 130.

Tinctura Balsami peruviani: Ph. ross. 414; Ph.belg. 265.

Tictura Benzoës composita: Ph. helv. suppl. 116; Ph. belg. 267; Ph. dan. 266; Ph. suec. 231.

Bezüglich der Drogen und Präparate siehe auch Hager, Ph. Prax. I, 554; III, 136.

Tafelbeschreibung:

A blühender Zweig, nat. Grösse; B Fruchthülsen, desgl., die eine geöffnet, um den Samen zu zeigen; 1 Blüthe, vergrössert; 1a dieselbe im Längsschnitt, desgl.; 2 unterer Theil der Fruchthülse, geöffnet, nat. Grösse; 3 Querschnitt der Hülse, desgl.; 4 Same, desgl.; 5 ein Theil der Blattfläche, vergrössert.

Tussilago Farfara L.

Huflattich, Brandlattich, Brustlattich, Rosshuf — horse-foot, horse-shoe, colt's foot — Tussilage, Pas-d'ane.

Familie: *Compositae.* Gattung: *Tussilago* Tourn.

Beschreibung. Ausdauernde 10—25 cm hohe Pflanze mit tiefgehendem, mehrköpfigem Rhizom, welches mit horizontal im Boden kriechenden Ausläufern besetzt ist. Blätter grundständig, langgestielt, handgross und grösser, rundlich-herzförmig, buchtig, eckig, gezähnt, derb, oberseits dunkelgrün und kahl, unterseits dicht weissfilzig, erst nach der Blüthe hervorbrechend. Die 10—25 cm hohen, sprossenartigen, zahlreichen, weissfilzigen Schäfte sind mit blattartigen, angedrückten, lanzettlichen, spitzen, röthlich-braunen Schuppen besetzt, welche sich unter den Blumen anhäufen, gleichsam einen Kranz bildend. Blumenköpfchen endständig, einzeln, nur während der Blüthe aufrecht, sonst hängend. Hüllkelch cylindrisch, aus einer Reihe linealer, gleichlanger Deckblättchen bestehend, mit schmalbauchigem Grunde. Die Blumen der Scheibe röhrig-glockig, 5zähnig, unfruchtbar; die des Randes mehrreihig, schmal-zungenförmig, fruchtbar.

Verbreitung. Auf thonigen, kalkreichen, feuchten Aeckern, Wegrändern und Hügeln über Europa, Nord- und Mittelasien verbreitet.

Name und Geschichtliches. *Tussilago* ist entstanden aus *tussis* (Husten) und *agere* (führen, im Sinne von Wegführen). Es wird demnach durch dieses Wort eine den Husten vertreibende Pflanze bezeichnet. *Farfara* soll abgeleitet sein aus *far* (Getreide) und *ferere* (tragen); es soll damit, wegen der weissfilzigen Unterseite, gewissermassen eine mehltragende Pflanze bezeichnet werden. Der Name Huflattig wird abgeleitet von dem Pferdehuf, wegen der hufartigen Form der Blätter und von dem althochdeutschen *letticha*, welches aus *bleticha*, *pleticha* (grossblättrige Pflanze) unter Weglassung des b (p) entstanden sein soll. Althochdeutsch heisst die Pflanze *leticha, huf-letticha*; die Ableitung von *lactuca* (Salat), welches Wort im Althochdeutschen durch *lattuh* wiedergegeben wird, ist weniger wahrscheinlich. Dioscorides und Plinius rühmen den Gebrauch der Pflanze in Theeform bei Lungenkrankheiten. Schon Hippokrates (um 460 v. Chr.) empfiehlt die Anwendung einer Abkochung zur Erweichung von Eitergesehwüren und seine Schüler und Nachfolger verordneten die Wurzel bei auszehrenden Krankheiten. Ebenso empfahl man das Rauchen der Blätter gegen Husten.

Blüthezeit. Februar bis Mai.

Offizinell sind die Blätter: *Folia Farfarae* (*Herba Farfarae, Herba Tussilaginis*) und die Blüthen: *Flores Tussilagines* (*Flores Farfarae*).

Die Einsammlung der Huflattigblätter erfolgt nach der Blüthe der Pflanze im Mai und Anfang Juni. Die Blätter werden geschnitten und durch Siebe von dem filzigen Staube gereinigt, in Holzkästen aufbewahrt. Vewechselungen können stattfinden 1) mit den viel grösseren, mehr nierenförmigen und weniger eckigen, unterseits grauhaarigen Blättern der *Petasites officinalis* Moench; 2) mit den unterseits schneeweiss-filzigen, 2—3 lappigen, etwas einwärts gekrümmten, nierenförmigen Blättern von *Petasites tomentosus* DC. und 3) mit den oval-herzförmigen, zugespitzten, unterseits stark netz-nervigen Blättern von *Lappa officinalis* All. und *Lappa tomentosa* Lam.

Compositae.

Tussilago Farfara L.

Bestandtheile. Die Blätter (ebenso Blüthen und Wurzeln) enthalten Extraktivstoff, Schleim und Salze. Die Bestandtheile sind noch nicht näher untersucht.

Anwendung. Die Blätter (und früher auch die Blüthen) werden als Thee bei Leiden der Respirationsorgane, besonders bei Lungenkatarrhen und Schwindsucht angewendet. Sie dienen als Hausmittel bei Husten und Verschleimung. Godard und Deschamps erblickten in ihnen ein Hauptmittel gegen Scrophulose.

Litteratur. Abbildung und Beschreibung: Nees v. Esenb., Pl. med., Taf. 237; Hayne, Arzneigew. II., Taf. 16; Berg u. Schmidt, Offizin. Gew., Taf. VII^{d}; Luerssen, Handb. d. syst. Bot., II. p. 1128; Karsten, Deutsche Flora, p. 1063; Wittstein, Handb. der Pharm., p. 326.

Drogen und Präparate: *Folia Farfarae*: **Ph. germ.** 113; Ph. ross. 172; Ph. belg. 37; Ph. dan. 114; Berg, Waarenk. 289; Hager, Ph. Prx. I. 1024; Husemann, Arzneimittell. I. 654.

Flores Tussilaginis: Cod. med. 91; Ph. belg. 37.

Die Huflattigblätter bilden ausserdem einen Theil der Zusammensetzung vom Brustthee: *Species pectorales*: **Ph. germ.** 242; Ph. ross. 368; Ph. dan. 429.

Tafelbeschreibung:

A blühende Pflanze, natürl. Grösse; B fruchtende Pflanze, desgl.; 1 Blüthenkopf im Längsschnitt, desgl.; 2 Blume der Scheibe, vergrössert; 3 Randblume, desgl.; 4 Scheibenblume im Längsschnitt, desgl.; 5 Griffel, desgl.; 6 Staubbeutelrohr, gespalten und ausgebreitet, desgl.; 7 Pollenkorn, desgl.; 8 Frucht mit Krone, desgl.; 9 dieselbe ohne Krone, stärker vergrössert. Nach der Natur von W. Müller.

Valeriana officinalis L.

Gebräuchlicher Baldrian — Valerian — Valérian sauvage.

Familie: *Valerianaceae*. Gattung: *Valeriana* L.

Beschreibung. Das 2—3 Ctm. lange, bis 1 Ctm. dicke, aufrechte, durch die dicht stehenden Narben abgestorbener Blätter undeutlich geringelte, im Innern meist etwas hohle Rhizom treibt ringsherum zahlreiche, dünne, stielrunde, 10—30 Ctm. lange, 2—4 und mehr Mm. dicke, hellbräunlich-gelbe, längsrunzelige oder glatte, horizontal bis senkrecht im Boden liegende, mit mehr oder weniger zahlreichen Würzelästen besetzte Nebenwurzeln. Ausserdem entwickeln sich meistens aus den Achseln der abgestorbenen Blätter bis zu 30 Ctm. lange, dicht unter der Erdoberfläche horizontal verlaufende Ausläufer, welche an ihren wurzelschlagenden Enden Laubblättersprossen treiben; auch bilden sich am oberen Theile des Rhizoms sitzende Knospen, die sich, nebst den Laubblättersprossen nach dem Absterben des Rhizoms als neue Pflanzenindividuen weiter entwickeln. Stengel meist einzeln, einfach oder ästig, 0,30—1,50 Meter hoch, stielrund, kantig gefurcht, hohl, kahl oder unterwärts behaart. Die krautigen Blätter sämmtlich unpaarig gefiedert, die grundständigen sehr lang gestielt, 4—11jochig, die stengelständigen gegenständig, kürzer gestielt, nach oben zuletzt sitzend. Fiedern eiförmig bis lanzettlich, eingeschnitten gezähnt, nach oben fast lineal und ganzrandig, kahl, die untersten entferntstehend, die obersten mit dem unpaarigen zusammenfliessend. Der rinnenförmige Blattstiel am Grunde zottig. Blüthenstand doldenrispig, end- oder achselständig, gestielt, mehr oder weniger dicht- und vielblüthig; Aeste wiederholt gabelspaltig. Die zwitterigen, hellröthlichen, ziemlich kleinen Blüthen von 2 gegenständigen, lanzettförmigen Deckblättchen unterstützt. Kelch zur Blüthezeit sehr klein, meist schwach gezähnt, nach innen gerollt, nach dem Verblühen sich allmählig aufrollend, auswachsend und zuletzt eine 10strahlige, gewimperte Federkrone (Pappus) bildend. Krone trichterförmig, ungleich 5lappig, von fleischrother, bisweilen weisser Farbe, mit am Grunde nach unten bauchiger Röhre. Von den länglich-eirunden Lappen sind die 3 unteren kürzer als die beiden oberen. Der längliche, unterständige, aus dem Unterkelche gebildete 1fächerige, 1eiige, grüne Fruchtknoten ist von den zum Griffel und der 3spaltigen Narbe auswachsenden 3 Fruchtblättern bedeckt. Die 3, der Kronenröhre aufgewachsenen Staubgefässe besitzen dünne, über kronenlange Fäden und fast 2knöpfige, gelbe, auf dem Rücken angeheftete Staubbeutel, deren Fächer der Länge nach aufspringen. Pollen oval, 3furchig, unter Wasser rund, 3nabelig. Die eiländliche, zusammengedrückte, auf der einen Seite 3-, auf der andern 1rippige, 1samige Achäne mit 10strahligem, federigem Pappus. Der eiweisslose Same hängend, das Fach vollständig ausfüllend. Embryo gerade, mit 2 planconvexen, länglich-ovalen Samenlappen und nach oben gerichtetem Würzelchen.

Die mehr in trocknen Wäldern und auf Hügeln vorkommende kleinere und stärker behaarte Form mit schmäleren und oft durchweg ganzrandigen Fiedern und kleineren, gedrängteren Blüthenständen ist var. *minor* Koch (*V. angustifolia* Tausch). Karsten baschreibt 2 Varietäten und zwar:

α. V. exaltata Mikan mit einem Wurzelstock ohne Ausläufer und vielen, bis 2 Meter hohen Stengeln; Blätter 7—11paarig-fiederschnittig: Abschnitte gleich denen der seitlichen unfruchtbaren Blätterbüschel breit, oft ei-lanzettförmig und eingeschnitten-gesägt.

β. V. sambucina Mik. Wurzelstock mit kriechenden Ausläufern; Stengel bis 1,2 Meter hoch. Blätter 4—5paarig fiederschnittig. Abschnitte der unteren Blätter ei-lanzettförmig, grobgesägt, die der oberen schmal-lanzettförmig, oft ganzrandig.

Anatomisches: Der hornartige, glänzende Querschnitt der Hauptwurzel zeigt eine schmale Rinde, die durch eine braune Cambialzone von dem, ein breites, sehr oft schwindendes Mark einschliessenden Holze getrennt ist. In den Nebenwurzeln ist die Rinde bedeutend stärker als der von dunklem Cambium umschlossene, von einer sehr engen Markröhre durchzogene Holzkörper. Bast und Cambium bilden eine schmale Zone nicht scharf von einander getrennten Gewebes. Die braune Korkschicht besteht aus Zellen von mehr kubischer Form, das innere Rindengewebe aus rundlichen, in der Richtung der Achse etwas gestreckten, dickwandigen, spiralig gestreiften, nach beiden Seiten an Grösse abnehmenden Zellen. Das Cambium wird durch ein zartwandiges, in der Mitte farbloses, sonst braun gefärbtes Gewebe gebildet. Die Hauptgewebemasse des Rhizoms wie der Wurzeln besteht aus einem Parenchym, welches mit zahlreichen Stärkekörnern, Tropfen ätherischen Oeles oder röthlich braunen Harzklumpen und besonders in den stärkearmen Gewebtheilen mit gerbstoffhaltigen, braunen Körnern angefüllt ist. Die schwachen, zu einem weitläufigen Kreise angeordneten, helleren, unregelmässigen Gefässbündel zeigen Spiral- und nach aussen Tüpfelgefässe; letztere sind in den Wurzeln von ziemlicher Länge, im Wurzelstocke kürzer und von wenig verdicktem Holzprosenchym umgeben.

Verbreitung. Auf feuchten Wiesen, an Gräben, Bächen, Waldrändern sowohl in den Niederungen als in den Bergregionen durch fast ganz Europa (mit Ausschluss der südlichsten Gebiete) verbreitet, von Spanien bis zum Nordcap und Island, in der Krim, Kleinasien, Kaukasus, Südsibirien, im nördlichen Kaschmir, Japan. In Schweden bis zu 400 Meter Meereshöhe. In verschiedenen Ländern der Wurzeln wegen kultivirt; so z. B. in Deutschland in Cölleda, in Holland, in England bei Chesterfield, in den Vereinigten Staaten in New York, New Hampshire, Vermont.

Name und Geschichtliches. Der Name Baldrian, althochdeutsch *baldrian, denmarka,* mittelhochdeutsch *valdran, waldrion, tenemarg,* bei Brunschwig, Bock und Fuchs *Balderian, Baldrian, Baldrion, Denmarck,* niederdeutsch *Bolderian, Bullerjahn, balderjan,* bei Hildegard *Denemarcha,* bei Tabernaemontanus *grosses Dönnmarck* ist nicht aus dem lateinischen *Valeriana* (etwa von *valere* gesunden) hervorgegangen, sondern vielmehr das neulateinische *Valeriana* als die latinisirte Form des deutschen Wortes Baldrian zu betrachten. Die Herkunft des deutschen Wortes ist unsicher, denn die namentlich auf die deutsche Bezeichnung Balder-Bracken = *Balder-Busch* gestützte Ableitung vom nordischen Gotte Balder wird von Jac. Grimm verworfen. Ebenso ist die Ableitung der Worte *denmarka, Denmarck, Denemarcha* unbekannt.

Der Name *Φοῦ* oder *Phu* bei Dioscorides und Plinius bezog sich auf südeuropäische Valerianaceen und wurde erst später auch auf *V. officinalis* übertragen. So äussert im Jahre 1000 Isaac Judaeus: *Fu, id est valeriana* etc., ebenso Constantinus Africanus (gestorben 1106). Plinius, dem unser Baldrian bekannt war, nennt ihn *Nardus gallica.* Die salernitaner Schule gebrauchte neben der Bezeichnung *Valeriana* noch die Worte *Amantilla* und *Phu.* Saladin aus Ascoli (um 1450) bezeichnet als die günstigste Zeit zur Einsammlung der „*radices fu, id est valerianae*“ den Monat August. Matthaeus Silvaticus (zu Anfang des 14. Jahrhunderts) und Hildegard thun des Baldrian Erwähnung.

Blüthezeit. In Deutschland im Juni, Juli.

Offizinell ist die Wurzel als Baldrian- oder Katzenwurzel: *Rhizoma Valerianae* (*Radix Valerianae minoris* [*montanae, silverstris*]).

Die Wurzel wird, da nach Zeller das Oel im Herbste in grösserer Menge vorhanden sein soll als im Frühjahre, im September und Oktober gegraben, sofort gewaschen, in der Luft an schattigen Orten getrocknet und zerschnitten oder auch als grobes und feines Pulver in Glasgefässen, wegen der hygroscopischen Eigenschaften an möglichst trocknen Orten aufbewahrt. Katzen, die den Baldriangeruch leidenschaftlich lieben, sind fern zu halten. Die Wurzeln enthalten verhältnissmässig mehr Oel als das Rhizom; steiniger und trockner Boden erzeugt mehr Oel als feuchte Standorte; ebenso ist der Oelgehalt in frischen Wurzeln bedeutender als in trocknen. Vorgezogen wird die für kräftiger und wirksamer geltende, trocken erwachsene Gebirgspflanze. Durch das Trocknen schrumpft die Wurzel stark zusammen und wird hellbräunlich, mit zunehmendem Alter dunkelgraubraun. Der unangenehme, dem Katzenurin ähnliche Geruch tritt nach dem Trocknen stärker hervor; der Geschmack ist süsslich-bitterlich, scharf gewürzhaft. Im deutschen Handel wird die *Radix Valeriana montanae Hercyniae* der *Radix Val. minoris Thuringica* vorgezogen. Erstere besitzt glatte, mehr gelbliche Wurzeln, welche sehr reich mit haarförmigen Zäserchen besetzt sind.

Die von der in Armenien, Kaukasien, im Ural und Südsibirien einheimischen, in Südeuropa verwilderten *Valeriana Phu* L. gewonnene Wurzel: *Radix Valerianae majoris* ist wenig aromatisch, daher weniger werthvoll.

Verwechselungen mit *Valeriana dioica, Ranunculus acris, polyanthemos, repens, Sium angustifolium* und *latifolium, Geum urbanum, Scabiosa arvensis* und *succisa, Cynanchum Vincetoxicum, Veratrum album* lassen sich sowohl durch den Bau als namentlich auch durch den Geruch erkennen. Die höchst gefährliche Verwechselung oder Fälschung mit *Veratrum album* lässt sich nach Wittstein leicht durch concentrirte Schwefelsäure nachweisen. Betupft man die Schnittfläche des *Veratrum* mit letzterer Säure, so entsteht eine tief orangegelbe Färbung, die bald in eine dunkelblutrothe Farbe übergeht; beim Baldrian hingegen wird die vorhandene Farbe bei Anwendung von Schwefelsäure nur etwas intensiver.

Präparate. Aus der Wurzel wird gewonnen: *Oleum Valerianae, Acidum valerianicum, Extractum Valerianae, Tinctura Valerianae, Tinctura Valerianae ammoniata, Spiritus Angelicae compositus;* aus dem Oele: *Aqua Valerianae;* aus der Baldriansäure: *Zincum valerianicum, Chinium valerianicum, Bismuthum valerianicum.*

Bestandtheile. Die Baldrianwurzel enthält nach Tromsdorf 0,4—0,8 (1,2) % ätherisches Oel, eigenthümliche Säure (Baldriansäure), eisengrünende Gerbsäure, Weichharz, einen eigenthümlichen Extraktivstoff (Baldrianstoff), einen gelbfärbenden Extraktivstoff, Gummi, Stärkemehl, äpfelsaure und andere Salze.

Das blassgelbe bis gelbbraune, im frischen Zustande bisweilen grünliche, dünnflüssige, mit der Zeit dunkelbraune und dickflüssig werdend Baldrianöl (Valerianöl) riecht stark nach den Wurzeln, schmeckt gewürzhaft brennend, reagirt stark sauer, besitzt ein spez. Gew. von 0,90—0,96, siedet bei 200° und löst sich in gleichem Gewichte Alkohol von 0,85 spez. Gewichte. Es besteht nach Gerhardt aus einem Gemenge von einem Camphen mit Valerol und Valeriansäure. Das Valerol, mit der Formel $C_6H_{10}O$ bildet nach Gerhardt farblose, durchsichtige, neutral reagirende, schwach nach Heu riechende Säulen, die an der Luft schnell verharzen und unter Entwickelung von Kohlensäure Valeriansäure erzeugen. Nach Pierlot ist das Valerol ein Gemenge von Valeriankampfer, Harz und Wasser; das Baldrianöl besteht nach letzterem aus 25 Theilen des Camphens Valeren, 5 Theilen Valeriansäure, 18 Theilen Valeriankampfer, 47 Theilen Harz und 5 Theilen Wasser. Das Valeren ist ein farbloses, bei 160° siedendes, terpenthinartig riechendes Oel, welches nach Rochleder durch Salpetersäure in gewöhnlichen Kampfer umgewandelt wird. Der aus weissen Krystallen bestehende Baldriankampfer besitzt nach Pierlot die Formel $C_{12}H_{20}O$. Nach Bruylants besteht das Baldrianöl 1. aus einem bei 167° siedenden Kohlenwasserstoff $C_{10}H_{16}$, welcher mit Salzsäure eine krystallisirende Verbindung eingeht; 2. aus flüssigem Alkohol $C_{10}H_{18}O$, welcher wahrhrscheinlich in der Wurzel die Bildung von

Valerianaceae.

Valeriana officinalis L.

Kampfer $C_{10} H_{16} O$, Ameisensäure, Essigsäure, Baldriansäure bewirkt; 3. aus einem festen, dem Borneol gleichenden Alkohol, der wahrscheinlich mit Baldriansäure zu Borneol verbunden ist; 4. aus einem bei 300° übergehenden, grünlichen, nach Rektifikation farblosen, bei Behandlung mit Mineralsäure starke Färbung annehmenden, über Aetzkali destillirt blau werdenden Antheil. In dem Destillationsrückstand des Oeles fand Schoonbrodt Aepfelsäure, Harz und einen Zucker, welcher alkalisches Kupfertartrat reducirte. Die Baldriansäure 1817 von Chevreul im Delphinöl entdeckt und von ihm Delphinsäure benannt, 1830 von Grote in der Baldrianwurzel gefunden und Valeriansäure genannt, ist eine farblose, ölige Flüssigkeit von starkem, zugleich an alten Käse erinnernden Baldriangeruche und stark saurem, brennend scharfem Geschmacke, besitzt ein spez. Gew. von 0,935—0,955, einen Siedepunkt von 174,5—175,8°, ist noch bei —15° flüssig und durchsichtig und hat eine Zusammensetzung von $C_5 H_{10} O_2$. Nach Czyrniansky sind in der Baldrianwurzel zwei Gerbsäuren vorhanden, von denen die eine, mit der Formel $C_{14} H_9 O_8$, Eisenchlorid nicht grün färbt, ammoniakalische Silberlösung rasch reduzirt und ein weisses, schwer lösliches, an der Luft sich bräunendes Barytsalz liefert, die andere hingegen kein schwer lösliches Barytsalz bildet und der Formel $C_{12} O_8 H_9$ entspricht. (Husemann, Pflanzenst. 1053 ff.)

Anwendung. Die Baldrianwurzel, welche im Aufguss als Pulver, Tinktur etc. gereicht wird, ist eines der vorzüglichsten Mittel gegen krampfhafte Leiden, Hysterie, Hypochondrie, Mygräne, Epilepsie und andere Nervenleiden, wird auch als wurmtreibendes und in Pulverform als Niessmittel verwendet. Als Träger des Geruchs und der medizinischen Eigenschaften ist das Baldrianöl und die Baldriansäure zu betrachten. Letztere wird von Bellini bei Strychninvergiftung empfohlen. (Husemann, Arzneimittell. 949.)

Litteratur. Abbildung und Beschreibung: Nees v. Esenb., Plant. med., Taf. 254; Hayne, Arzneigew. III., Taf. 32; Berg u. Schmidt, Offiz. Gew. XXVIII^d; Bentley u. Trim., Taf. 146; Woodville, Taf. 32; Steph. u. Ch., Taf. 54; Luerssen, Handb. der syst. Bot. II. 1117; Karsten, Deutsche Flora 1047; Wittstein, Pharm. 56.

Drogen und Präparate: *Rhizoma et Radix Valerianae*: **Ph. germ.** 225; Ph. austr. (D. A.) 143; Ph. hung. 481; Ph. ross. 348; Ph. helv. 109; Cod. med. (1884) 82; Ph. belg. 87; Ph. Neerl. 285; Brit. ph. 362; Ph. dan. 196; Ph. suec. 175; Ph. U. St. 373; Flückiger, Pharm. 429; Flückiger and Hanb., Pharm. 377; Hist. d. Drog. I. 656; Berg, Waarenk. 86; Berg, Atlas, Taf. 16.

Oleum Valerianae: Ph. austr. (D. A.) 100; Ph. hung. 325; Ph. ross. 311; Ph. helv. 99; Ph. Neerl. 173; Ph. U. St. 245.

Acidum valerianicum: Ph. ross. 20; Cod. med. (1884) 117; Ph. belg. 110; Ph. Neerl. 16.

Extractum Valerianae: Ph. hung. 197; Ph. ross. 146; Ph. helv. 48; Cod. med. (1884) 414; Ph. belg. 167; Ph. Neerl. 114; Ph. suec. 79; Ph. U. St. 150.

Tinctura Valerianae (aetherea): **Ph. germ.** 288, 289; Ph. austr. (D. A.) 138; Ph. hung. 467; Ph. ross. 440; Ph. helv. 147, 148; Cod. med. (1884) 604; Ph. belg. 263; Ph. Neerl. 273; Brit. ph. 344; Ph. dan. 278; Ph. suec. 239. Ph. U. St. 356.

Tinctura Valerianae ammoniata: Ph. helv. suppl. 123; Ph. belg. 272; Brit. ph. 344; Ph. U. St. 357.

Spiritus Angelicae compositus: **Ph. germ.** 244; Ph. ross. 372; Ph. helv. suppl. 102.

Aqua Valerianae: Ph. ross. 47; Ph. helv. 16; Cod. med. (1884) 373; Ph. belg. 129.

Zincum valerianicum: Ph. hung. 499; Ph. ross. 468; Ph. helv. 156; Cod. med. (1884) 324; Ph. belg. 284; Brit. ph. 374; Ph. suec. 249; Ph. Neerl. 286; Ph. U. St. 383.

Chinium valerianicum: Ph. ross. 75; Cod. med. (1884) 323; Ph. suec. 249; Ph. U. St. 280.

Bismuthum valerianicum: Ph. ross. 55.

Bezüglich der Drogen und Präparate siehe auch Hager, Pharm. Prx II, 1216.

Tafelbeschreibung:

AB Pflanze der schmalblättrigen Form in natürl. Grösse; 1 Blüthenästchen, vergrössert; 2 Blüthenknospe mit Deckblättchen, desgl.; 3, 4, 5 Blüthen, desgl.; 6 u. 7 dieselben im Längsschnitt, von verschiedenen Seiten, desgl.; 8 Staubgefässe, desgl.; 9 Pollen unter Wasser, desgl.; 10 junge Frucht ohne Federkrone, desgl.; 11 dieselbe mit Federkrone, desgl.; 12 Same, desgl. Nach der Natur von W. Müller.

Verbascum thapsiforme Schrader.

Syn. *Verb. Thapsus* G. Meyer.

Verbascum phlomoides L.

Wollkraut, Königskerze — Molène, bouillon blanc, bonhomme — High-taper, Torch-weed, Verbascum.

Familie: *Scrophulariaceae.* Gattung: *Verbascum* L.

Beschreibung. A. **Verb. thapsiforme** Schrader. Die 2jährige, spindelförmige, einfache oder wenig ästige, befaserte Wurzel treibt einen im zweiten Jahre auswachsenden, 0,30—2,00 Meter hohen, einfachen oder wenig ästigen, deutlich 5kantigen, durch quirlästige oder sternförmige Haare dicht filzigen Stengel, der mit zerstreutstehenden, schwach gekerbten, runzeligen, beiderseits wollig-filzigen, unterseits netzig-aderigen, weisslich-grünen Blättern besetzt ist, von denen die oval-länglichen, bis länglich-lanzettlichen wurzelständigen des ersten Jahres und die untersten des zweiten Jahres in einen Stiel verschmälert, hingegen die allmählig kürzer und verhältnissmässig breiter werdenden, zugespitzten stengelständigen Blätter sitzend und herablaufend sind. Blüthenstand endständig, aufrecht, ährenartig, vielblüthig bis 0,60 Meter lang. Die büschelig zu 3—5, nach oben einzeln, aus den Winkeln der unteren und mittleren eilanzettlichen, zugespitzten Deckblätter hervorbrechenden filzigen Blüthen besitzen ein Blüthenstielchen, welches kürzer als der Kelch ist. Der 5spaltige grüne, in der Knospe dachige, aussen filzige, innen kahle, bleibende, nach dem Verblühen noch weiter auswachsende Kelch mit breit-lanzettlichen, spitzen, ungleichen Zipfeln. Blumenkrone nur einen Tag geöffnet, $2^1/_2$ Ctm. und mehr im Durchmesser, flach, radförmig, hellgelb, selten weiss, aussen filzig, kurzröhrig, mit 5 umgekehrt-eirunden, bis zur Mitte eingeschnittenen Lappen, von denen die beiden oberen kleiner und der untere mittlere grösser als die Seitenlappen sind. Staubgefässe zu 5, dem Grunde der Krone angewachsen, die 2 unteren längeren fast kahl, die 3 oberen kürzeren durch weissgelbe, einfache, keulenförmige, spiralig höckerige Haare wollig; Fäden der 2 längeren Staubgefässe $1^1/_2$—2mal so lang als ihre Beutel. Staubbeutel länglich, mit zusammenfliessenden, durch gemeinsame Längsspalte sich öffnenden Hälften; die Beutel der 2 unteren Staubgefässe der Länge nach angewachsen, die der 3 oberen quergestellt. Pollen safrangelb, im trocknen Zustande länglich, 3furchig, 3nabelig, quergestreift, unter Wasser rundlich, 3porig. Der freie Stempel mit rundlichem, filzigem, 2fächerigem Fruchtknoten, fadenförmigem, am Ende etwas verdicktem, in die Höhe gebogenem, kahlem, nach dem Verblühen noch längere Zeit bleibendem Griffel und 2spaltiger, herablaufender Narbe. Der Fruchtknoten mit mittelständigem, verdicktem Samenträger und sehr zahlreichen Eichen. Die vom bleibenden Kelche umgebene Fruchtkapsel rundlich eiförmig, sternhaarig, wandspaltig-2klappig, mit 2spaltigen Klappen. Die zahlreichen, sehr kleinen, braunen Samen undeutlich 4kantig, beiderseits gestutzt, grubig vertieft, mit deutlichem Nabelstreifen. Der gerade, in der Mitte des Eiweisses befindliche Embryo mit nach dem Nabel gerichtetem Würzelchen und planconvexen, ovalen Samenlappen.

Eine, namentlich in Fichtenwaldungen auftretende Form mit dünnerem Filz, unterbrochener Aehre und lang zugespitzten Blättern ist *V. cuspidatum* Schrader.

Verbascum thapsiforme bildet zahlreiche Bastarde; z. B.:

1. mit *V. Lychnitis* = *V. ramigerum* Schrader (*V. thapsiforme-Lychnitis* Schiede): mit oberwärts scharfkantigem Stengel, länglichen bis länglich-lanzettförmigen, beiderseits angedrückt-graufilzigen, doppelt gekerbten Blättern, von denen die oberen und mittleren kurz herablaufen. Büschel der Traube reichblüthig; Blüthenstiel länger als der Kelch; alle Staubgefässe weisswollig; Beutel der längeren Fäden auf der einen Seite kurz herablaufend;

2. mit *V. nigrum* = *V. adulterinum* Koch (*V. thapsiforme-nigrum* Schiede): Stengel sternhaarig-filzig, oberwärts scharfkantig; Blätter gekerbt, die unteren eiförmig-länglich in den Stiel verschmälert, oberseits weichhaarig, unterseits schwach-graufilzig; die oberen sitzend, wenig oder halb herablaufend, eiförmig oder rundlich, mit langer feiner Spitze; Büschel der Traube 5—7blüthig; Blüthen kurz gestielt; Staubgefässe ungleich, hell-violett wollig; Beutel der längeren Staubgefässe länglich, herablaufend, fast kahl;
3. gleichfalls mit *V. nigrum* = *V. niger-thapsiforme* Wirtg. (*V. nothum* Koch): Stengel stielrund; Blätter gekerbt, kurz- bis halb herablaufend, mit gelblich-grauem Filze bedeckt, oben lang zugespitzt; Büschel der Aeste reichblüthig; Blüthen kurzgestielt; Staubgefässe bald weiss, bald, namentlich die längeren, heller oder dunkler purpurn-wollig; Beutel der längeren Staubgefässe etwas herablaufend.

B. **Verb. phlomoides** L. Von ähnlicher Höhe und Beschaffenheit des *V. thapsiforme.* Blätter kurz- oder halb herablaufend, dann und wann die unteren ganz herablaufend; die unteren Blätter eiförmig, länglich-lanzettlich, gekerbt, gelblich-filzig, die mittleren länglich-eiförmig, spitz, halb umfassend, obere eiförmig, zugespitzt.

Es sind folgende Formen beobachtet worden: 1. *V. phlomoides* Schrader mit länglichen, kurz herablaufenden Blättern und gelockerter Rispe; 2. *V. australe* Schrader mit halb herablaufenden, länglichen Blättern; 3. *V. nemorosum* Schrader mit halb herablaufenden länglich-lanzettlichen Blättern; 4. *V. condensatum* Schrader mit dichter Blüthentraube und länglichen, kurz herablaufenden Blättern.

Auch bei *V. phlomoides* kommen verschiedene Bastardbildungen vor; so z. B.:

1. mit *V. Lychnitis* = *V. Reissekii* Kerner (*V. phlomoides-Lychnitis*) mit oberseits zerstreutbehaarten, unterseits gelblich-filzigen Blättern; obere Blätter eiförmig sitzend, mittlere sehr kurz herablaufend; Beutel der längeren Staubgefässe wenig herablaufend;
2. mit *V. speciosum* Schrad. = *V. speciosum-phlomoides* mit fast stielrundem Stengel, weissgraufilzigen, gekerbten, nicht oder wenig herablaufenden Blättern. Blumenstiele länger als der Kelch; lange Staubfäden meist wollig; herablaufende Beutel $^1/_6$ so lang als der Faden;
3. mit *V. Chaixii* Vill. = *V. phlomoides Chaixii* mit fast stielrundem Stengel und schwach verzweigter Blüthentraube; lange Staubfäden zum Theil weisswollig.

Anatomisches: Die Blumenkrone oder Corolle besteht aus einem Parenchym, das aus kleinen, rundlicheckigen Zellen zusammengesetzt ist und von dünnen Spiralgefässen durchzogen wird.

Verbreitung. Auf steinigen, unbebauten Orten, sonnigen Hügeln, Wegerändern und Waldschlägen durch Mitteleuropa und einen grossen Theil Südeuropas verbreitet. *V. phlomoides* tritt nicht so häufig auf als *thapsiforme.*

Name und Geschichtliches. Die Namen Königskerze, Fackel, Wollkraut — althochdeutsch: *konigscrone, hilmibranda, vullena,* mittelhochdeutsch: *kunigskerz, himelbrant (prent), königsworcz, wulkraut,* bei Brunfels und Fuchs: *Künigskerz, Kerzenkraut,* bei Hildegard: *wullena* — beziehen sich einestheils auf die kerzenartige Pflanze, welche mit ihren leuchtend gelben Blumen einer hohen Kerze oder Fackel vergleichbar ist, anderntheils auf die wollige Beschaffenheit. *Verbascum* wird als eine Verstümmelung von *barbascum* (*barba* Bart, wegen der starken Behaarung) angenommen. *Thapsiforme* ist abgeleitet von *Thapsus;* letzteres bezieht sich auf die gelbe Farbe der Blumen und stammt von dem griechischen *θαψος, θαψια* (nach der Insel Thapsos benannt), womit die Alten eine zum Gelbfärben benutzte Umbellifere (*Thapsia garganica* L.) bezeichneten. *Phlomoides* stammt von *Phlomis* (*Φλομος, Φλομις* und dieses von *φλοξ* Flamme), weil die dickwolligen Blätter in alten Zeiten zu Lampendochten verwendet wurden.

Das Wollkraut, bei den Griechen *Φλομος* genannt, kommt schon in den hipokratischen Schriften vor, man weiss jedoch nicht welche Art hierunter gemeint ist. Jedenfalls war die Verwendung der Wollkräuter keine hervorragende, denn Dioscorides und Plinius führen sie in ihren Schriften nur ganz kurz an. Aus *Thapsus* und *Verbascum* wurde im Mittelalter *Tapsus barbassus, Tassus barbassus* geformt und Pietro de Crescenzi schreibt *Taxus barbatus.* „Circa instans“ enthält *Tapsus barbatus,* ebenso das Nördlinger Register von 1480 und das Inventar der Rathsapotheke zu Braunschweig von 1522; die Taxe von Worms (1582) spricht von *Flores Verbasci, Thapsi barbati,* Wullkrautblumen, Königskertzblumen. Johann Christian Schröder, Stadtarzt zu Frankfurt a. M. (1600—1664) sagt, dass Blätter, Blüthen und Wurzel von *Tapsus barbatus* gebraucht werden, aber selten.

Blüthezeit. Juli, August.

Scrophulariaceae.

Verbascum phlomoides L.

Offizinell sind die Blüthen: *Flores Verbasci* und das Kraut: *Folia Verbasci* (*Herba Verbasci*) in früheren Zeiten auch die Wurzeln und Samen.

Die Einsammlung der Blumenkronen (ohne Kelch) erfolgt in den Monaten Juli und August an sonnigen, trocknen Tagen. Das Trocknen wird durch Ausbreiten auf Tüchern oder Horden an der Sonne möglichst schnell und vollständig vorgenommen. Die Blüthen werden durch Absieben von dem wolligen Staube befreit und zerschnitten in gut verschlossenen Weissblechgefässen möglichst trocken aufbewahrt. Der gelbe Farbstoff ist sehr empfindlich und da die Güte der Blumen nach dem gelben Farbstoff bemessen wird, so ist auf eine sorgfältige Erhaltung desselben besonders Rücksicht zu nehmen. Die Blüthen sind weichhaarig, trocken von angenehmem, an Honig erinnerndem Geruche und schleimig-süsslichem Geschmacke; frisch riechen sie widerlich-betäubend und schmecken rettigartig-bitterlich.

Verwechselungen der Blüthen mit denen von *Verb. nigrum* L. lassen sich leicht erkennen. Letztere sind viel kleiner, im Grunde roth gefleckt und die Staubfäden mit violett-rothen Haaren besetzt.

Präparate. Die Blüthen bilden einen Bestandtheil von *Species pectorales*.

Bestandtheile. Die Blumen enthalten nach Morin Spuren eines gelblichen ätherischen Oeles, eine grüne, in Aether, Alkohol, fetten und flüchtigen Oelen leicht lösliche, den fetten Säuren ähnliche, fettige Substanz, freie Aepfel- und Phosphorsäure, 11% Zucker, Gummi, Chlorophyll, harzähnlichen, gelben, schwach bitter schmeckenden Farbstoff, essigsaures Kali und andere Salze. Bei 100° getrocknete Blumen hinterlassen 4,8% Asche. Das Kraut enthält Schleim. Nach Rossignon ist in der Pflanze viel salpetersaures Ammoniak enthalten.

Anwendung. Die Blumen werden als Brustthee, das Kraut bisweilen noch unter Spezies zu erweichenden Umschlägen verwendet, frisch zerrieben auch auf entzündete Geschwüre gelegt. In Amerika lässt man Blüthen und Blätter bei asthmatischen Beschwerden rauchen. Frisch zerquetschtes Kraut und Same wird in Italien und Griechenland zum Betäuben der Fische verwendet, was auf die Existenz eines kräftiger wirkenden Stoffes hindeutet. Die Wolle des Krautes benutzt man in Italien und Spanien als Zunder. (Husemann, Arzneimittell. 334.)

Litteratur. Abbildung und Beschreibung: Nees v. Esenb., Plant. med., Taf. 159, 160; Hayne, Arzneigew. XII., Taf. 39, 40; Berg u. Schmidt, Offiz. Gew., Taf. XXI[a] (*thapsiforme*); Luerssen, Handb. d. syst. Bot. II. 996; Karsten, Deutsche Flora 954 ff.; Wittstein, Pharm. 928.

Drogen und Präparate: *Flores Verbasci*: **Ph. germ.** 111; Ph. austr. (D. A.) 144; Ph. hung. 485; Ph. ross. 169; Ph. helv. 55; Cod. med. (1884) 42; Ph. belg. 88; Ph. dan. 113; Ph. suec. 84; Flückiger, Pharm. 746; Berg, Waarenk. 324.

Species pectorales: **Ph. germ.** 242; Ph. austr. (D. A.) 119; Ph. ross. 368; Ph. helv. 119; Ph. belg. 225; Ph. dan. 229; Ph. suec. 199; Cod. med. (1884) 407.

Bezüglich der Drogen und Präparate siehe Hager, Pharm. Prx. II., 1236.

Tafelbeschreibung:

AB Pflanze in natürl. Grösse; 1 Blüthe im Längsschnitt, desgl.; 2 behaarte, kürzere Staubgefässe, vergrössert; 3 unbehaarte, längere Staubgefässe, desgl.; 4 Pollen, desgl.; 5 Stempel mit Fruchtknoten im Querschnitt, desgl.; 6 geöffnete Fruchtkapsel, natürl. Grösse; 7 Same, natürl. Grösse und vergrössert; 8 u. 9 derselbe im Quer- und Längsschnitt, vergrössert. Nach der Natur von W. Müller.

Vitis vinifera L.

Weinrebe, Weinstock — Vigne — Grape Vine.

Familie: *Ampelideae.* Gattung: *Vitis* L.

Beschreibung. Schlingender Strauch, der im wilden Zustande 10 und mehr Meter emporrankt, mit holziger, starker, ästiger, tief in den Boden dringender Wurzel, rundem, knotigem, holzigem, hoch emporklimmendem oder flach niedergestrecktem, mit aufrechten, oft sehr langen, hin- und hergebogenen Aesten versehenem, oft ziemlich dickem Stamme. Das poröse, zähe, biegsame, mit deutlichen Jahrringen und breiten Markstrahlen ausgestattete, in jungen Zweigen grüne Holz umschliesst ein schwammiges, weisses, später braunes, in alten Stämmen schwindendes Mark. Aeltere Stämme und Aeste mit einer graubraunen, abblätternden, faserig-zerreissenden Borke bedeckt. Zweige als Langtriebe (Lotten) und Kurztriebe (Geizen) entwickelt; letztere in den Achseln der an den Langtrieben 2zeilig-abwechselnd gestellten Laubblätter, von denen, mit wenigen Ausnahmen, je 2 aufeinanderfolgende mit gegenüberstehenden Ranken oder auch Blüthenständen versehen sind, während das dritte rankenlos ist. Ranken wiederholt gabeltheilig, unter der Gabelung mit einem schuppenförmigen Blättchen, welches den einen Ast unterstützt; die unteren Ranken sich in die Blüthenrispe umwandelnd. Blätter der rankenden Sämlinge und der Wurzelstocksprossen zerstreut, an den aus den Blattwinkeln entsprungenen Zweigen 2zeilig, langgestielt, im Umrisse rundlich-herzförmig, handförmig-buchtig, 3—5lappig, ungleich und grob gesägt, mit, den Lappen entsprechenden, handförmig vom Blattgrunde aus verlaufenden Hauptnerven, die Unterseite kahl oder behaart bis dichtfilzig oder wollig. Blattstiel fast stielrund, gestreift, am Grunde verdickt; die eiförmigen Nebenblätter hinfällig. Blüthenrispe blattgegenständig, aufrecht, aus den unteren Knoten der rankentragenden Aeste entspringend, vielästig, mit büschelig gehäuften, einblüthigen Blüthenstielen und kleinen, einzelnen Deckblättchen. Blüthen gelblich-grün, klein, duftend, bei den kultivirten Formen zwitterig, mit sehr kleinem, schüsselförmigem, 5zähnigem Kelche. Krone aus 5 umgekehrt-eilänglichen, unten gestutzten und freien, an der Spitze verwachsenen, grünlichen, oft weichhaarigen Blumenblättern bestehend, die durch die sich verlängernden und sich ausbreitenden Staubgefässe abgerissen und beim Aufblühen als Haube abgeworfen werden. Die 5, vor den Blumenblättern stehenden, mit den Kelchzähnen wechselnden, in der Knospe umgebogenen Staubgefässe mit dünnen, pfriemlichen Fäden und eiförmigen, an beiden Enden gekerbten, in der Mitte des Rückens angehefteten, 2fächerigen, der Länge nach aufspringenden Beuteln. Pollen länglich, 3furchig, unter Wasser kugelig, 3nabelig. Der durch Verwachsen von 2 Fruchtblättern entstandene, von einer kleinen, am Rande 5drüsigen Scheibe unterstützte Stempel mit eiförmigem, nur unten vollständig 2fächerigem Fruchtknoten. Fächer eineiig, Eichen am Grunde angeheftet, aufrecht. Der kurze, keulenförmige Griffel mit niedergedrückter, in der Mitte etwas vertiefter Kerbe. Die 1—4samige Beere je nach der Kulturform kugelrund oder oval, bereift, grün, gelblich, roth bis schwarzblau. Der eiweisshaltige Same birnförmig, grünlich, mit einem von dem Nabel über die Bauchseite nach dem obern Theile des Rückens laufenden, in einem Hagelflecke endenden Nabelstreifen und 2 Furchen, welche sich im oberen dicken Theile der Bauchfläche, zu beiden Seiten des Nabelstreifens befinden. Die doppelte Samenschale aus einer äussern häutigen und einer innern Steinschale bestehend. Der kleine gerade Embryo im untern Theile des weissen, hartfleischigen Eiweisses, mit blattartigen, schmalen Samenlappen und nach unten gerichtetem Würzelchen.

Der Weinstock wird gegenwärtig in mehreren Tausend Spielarten kultivirt; er ist in den weinbauenden Ländern mehrfach verwildert. Man theilt den Weinstock der alten Welt gegenwärtig in 3 Hauptformen ein: 1. *Vitis Rumphii* Risso, mit länglichen, oft sehr grossen, nach unten verschmälerten, hartfleischigen, aussen fast schwarzen, innen dunkelbraunen Beeren, auf den grossen ostindischen Inseln Java, Sumatra, Amboina wild wachsend und die Stammpflanze der langbeerigen Trauben bildend, die in zahlreichen Spielarten in Kleinasien, Spanien, dem südlichen Italien, Madeira, Teneriffa kultivirt werden und denen wir die feurigen Weine des südlichen Verbreitungsgebietes verdanken. 2. *Vitis vinifera* L., als deren Vaterland man das mittlere Asien und das nördliche Afrika zu betrachten hat, woselbst sie in sumpfigen, bewaldeten Orten die Gipfel der höchsten Bäume erklimmt. Sie ist die Stammform der meisten Weine gemässigter Klimata, so namentlich der Rheinweine und französischen Weine. Sie kommt auch im südlichen Europa und in Deutschland mit meist kleinern Beeren verwildert vor. 3. *Vitis silvestris* Gmel. (*Vit. vinifera var. silvestris* Döll.) mit weniger zahlreichen und weniger entwickelten Ranken, kleinen Blättern, polygam-diöcischen Blüthen, kurzen Staubfäden und kleinen Beeren. Sie ist die Stammpflanze der Burgundertraube und der *Vitis vinifera var. apyrena* L., die vorzüglich auf den jonischen Inseln und in Morea kultivirt wird, mit sehr kleinen, schwarzblauen, samenlosen Beeren, wovon die Korinthen stammen. In Amerika kultivirt man neben der Weinrebe der östlichen Hemisphäre noch verschiedene einheimische Sorten, die namentlich in Kreuzung mit den Reben der alten Welt vorzügliche Ergebnisse geliefert haben.

Nach der Ansicht von Link, Dierbach u. A. stammen die kultivirten Reben nicht von einer, sondern von verschiedenen Arten der Gattung *Vitis* ab. Die Zahl der Rebsorten ist ungeheuer gross und sollen hier nur einige, welche die gangbarsten Weine liefern, nach Berg-Garcke näher beschrieben werden:

1. *Vitis vinifera pusilla*, der kleine Riesling, mit kleinen, runden, grünlich-gelben, durchsichtigen, punktirten, dünnschaligen Beeren in kleiner Rispe. Von ihr stammen die vorzüglichsten weissen Rhein- und Moselweine.
2. *V. v. Aureliana*, Seidentraube oder Orleans, früher Leipziger: Die durchsichtigen, weiss-bereiften, hartfleischigen und dickschaligen Beeren in dichter Rispe. Von ihr stammen Rhein-, Pfalz- und Haardtweine.
3. *V. v. Tyrolensis* Traminer oder Rothedel: Die Beeren der kleinen, dichten Rispe sind oval, saftig, roth, dünnhäutig, blau-bereift. Von ihr stammen die weissen Pfälzer- und Haardtweine.
4. *V. v. Austriaca*, grüner Sylvaner oder Oesterreicher: Die runden, grünen, dünnschaligen, oft punktirten, grau-bereiften Beeren in dichter, rundlich-kegelförmiger Rispe. Am Rhein, in Würtemberg, Sachsen und Oesterreich kultivirte Rebe, die einen süsslichen, wenig haltbaren Wein liefert.
5. *V. v. aminea*, Gutedel: Grosse, schlaffe Rispe mit kugeligen, hellgelben, durchscheinenden, oft punktirten und bereiften Beeren. Sie liefert die weissen Markgräfler und Schweizer Weine.
6. *V. v. Rhaetica*, Välteliner oder Fleischtraube: Grosse, dichte, spätreifende Rispe mit ungleichen, länglich-runden, fleischfarbenen, punktirten, bläulich-bereiften, hartfleischigen Beeren. In Baden und Würtemberg.
7. *V. v. Clavennensis*, rother Klävner, Ruländer, kleiner Traminer: Rispe sehr dicht, klein, frühzeitig reifend mit röthlichen, bräunlich-bereiften, saftigen Beeren. An der Bergstrasse, im Rheingau und Würtemberg kultivirt, die moussirenden Rheinweine liefernd.
8. *V. v. Clavennensis caerulea*, blauer oder schwarzer Klävner, Burgunder: Eine Spielart der vorigen Rebe; liefert die beliebtesten rothen Rhein- und Moselweine, auch moussirende Weine.
9. *V. v. Xanthoxylon*, Gelbhölzer oder blauer Räuschling: Die dichten Rispen mit punktirten, bläulich-bereiften, rothfleischigen Beeren; mit gelbfarbigen j ngen Reben. Liefert die rothen Pfälzer- und Haardtweine.
10. a. *Herera Austriaca* Burger, Zierfandler oder Rothreifler: Die säuerlich-süssen, kleinen, runden, dünnhäutigen Beeren erst hellgrün, dann kupferfarben oder rosenroth, bläulich-bereift.
    b. *Virgilia Austriaca* Burger, die Grobweisse: Die sauer-süssen, spät reifenden grossen Beeren lichtgelb, grau-bereift.
    c. *Clementea laciniata* Burger, weisser oder grüner Nagler, grüne Seidentraube, früher weisser Malvasier: Die länglich-runden, weissgelben oder gelbgrünen, punktirten, weiss-bereiften, säuerlich-süssen, dickschaligen Beeren in langer, schlaffer Rispe.
    d. *Johannia princeps* Burger, Seestock, Seeweinbeere, Zapfner: Die grünlich-gelblichen, von der Sonne bräunlichen, weissgrau-bereiften, dünnschaligen, säuerlich-süssen Beeren in dichtgedrängter Rispe.

    Sämmtliche unter 10. genannten Reben liefern die vorzüglichsten österreichischen Weine, von denen namentlich die getrockneten Beeren der unter d. genannten *Johannia princeps* den Tokayer liefern.
11. Die Rebsorten der vorzüglichsten französischen Weine sind:
    a. *V. v. generosa*, Pineau, Noirien: Die schwarzblauen, blau-bereiften, sehr saftigen Beeren in länglicher Rispe. Von ihr stammen die rothen Burgunderweine und weissen Champagner.
    b. *V. v. Burgundica*, weisser Burgunder: Die gelbgrünen, punktirten, grau-bereiften, dünnschaligen, saftigen Beeren in kleiner, gedrängter Rispe.
    c. *V. v. pulverulenta*: Die blauen, violett-bereiften, rothfleischigen, dickschaligen Beeren in dichter, länglicher Rispe. Liefert den weissen Champagner von Epernay.
    d. *V. v. tinctoria*: Diese Rebe mit azurfarbenen, blau-bereiften, wenig punktirten, dickschaligen, purpurroth- und hartfleischigen Beeren wird um Dijon und Orleans kultivirt.
    e. *V. v. Gamé* mit grossen, schwarzen Beeren, liefert einen Burgunder.
    f. *V. v. Aquitania*, Cantenac, liefert vorzügliche rothe Bordeauxweine.

Vitis vinifera L.

g. *V. v. Alicantica*: Die elliptischen, schwarzen, röthlich-saftigen Beeren in kleiner gestreckter Rispe liefern den Rousillon.
h. *V. v. Apiana*, Muskateller: Die kugeligen, weisslichen, etwas bereiften, hartfleischigen Beeren mit eigenthümlichem Muskatgeschmack, in grosser, dichter, fast cylindrischer Rispe liefern die Muskatweine.

12. Die Reben der vorzüglichsten spanischen und portugiesischen Weine sind:
a. *V. v. uberrima* Cl., von ihr stammt der Malaga, Tintillac, Ximenes.
b. *V. v. Ligeri* Cl., mit mittelgrossen, weissen Beeren; von ihr stammt der Peralto.
c. *V. v. Liebaulti* Cl., mit runden, dickschaligen, schwarzfleischigen, süssen Beeren; von ihr stammt der Tinto di Rota.
d. *V. v. Lombardica,* Negertraube; von ihr stammt der Wein von Oporto (Portwein).
e. *V. v. Aurantia* Cl., mit spätreifenden, fast eiförmigen, dunkel goldfarbenen durchscheinenden, hartfleischigen Beeren; liefert Ximenes.
f. *V. v. Ximenecia* Cl.: Die ungleichen gelben, durchscheinenden, sehr saftreichen Beeren bilden eine cylindrisch-kugelige Rispe. Von ihr stammt der Malaga, Pedro-Ximenes, Xeres, San Lucar, Paxarete.
g. *V. v. Isidori* Cl.: Weisse Beere in grosser, schlaffer Rispe, mit Muskatgeschmack. Liefert Moscatel gorron.

Verbreitung: Der Weinstock wird derzeit in allen Erdtheilen kultivirt. Die Weinkulturgrenze geht in Europa von der Mündung der Loire ($47^1/_2{}^0$) zum Rhein bis 51^0, erreicht bei Grüneberg zwischen 52 und 53^0 die nördlichste Grenze (wird jedoch noch höher hinauf am Spalier gezogen), sinkt dann rasch in südöstlicher Richtung und erreicht in Besserabien nur noch den 46^0 n. Br. In Norwegen wird noch unter dem 61 Breitengrade an den Ufern des Sognafjords Weinkultur getrieben. Die südliche Grenze der nördlichen Zone reicht bis zu 30^0 n. Br., geht im Seeklima jedoch bis zu 10^0 hinab. In Nordamerika erstreckt sich der Weinbau bis zu 50^0 n. Br. In vertikaler Richtung steigt die Rebe in Ungarn bis 300 Meter, am Nordabhange der Alpen und in Mitteldeutschland bis 500 Meter, an der Südseite der Alpen bis 800 Meter, in Piemont bis 970 Meter. Er gedeiht am besten in Regionen deren Mitteltemperatur im Juni $14-16^0$, im Juli $16-18^0$, im September $13-14^0$ R. beträgt. Die mittlere Jahrestemperatur darf 17^0 nicht übersteigen. In heissen Ländern gedeiht er nicht mehr. Er kommt in den weinbauenden Ländern vielfach verwildert vor.

Name und Geschichtliches. Der Name Rebe, althochdeutsch *reba, rebo,* mittelhochdeutsch *reben, rebstock,* soll wegen seiner Ranken verwandt sein mit Reif. Grassmann führt das Wort auf das altindische *rabh,* in der Bedeutung fassen, anfassen, sich anklammern, sich woran halten zurück. Das Wort Wein, als Bezeichnung des gegohrenen Saftes, stammt nach letzterem nicht, wie man vielfach annimmt, aus dem altindischen *venas*, lieblich, sondern aus dem Semitischen. Die diesem Sprachstamme angehörenden Sprachen, das Arabische, Aethiopische und Hebräische, bezeichnen den Wein mit *vain;* letztere Sprache unter Umwandlung des *v* in *j* mit *jajin.* *Vitis* = Weinrebe, Weinranke (keltisch *gwid,* Strauch) angeblich von *viere,* binden, flechten, wegen der rankenden Beschaffenheit; *vinifera* = weintragend.

Als die eigentliche Heimat des Weines sind die Länder zwischen dem Kaukasus und dem Hindukusch zu betrachten, von wo aus die Kultur sich schon in den frühesten Zeiten über Kleinasien und von dort über Griechenland verbreitet haben mag. Der Weinstock hiess bei den alten Griechen ἄμπελος οἰνοφόρος, κλῆμα (αμπέλον); er lieferte schon zu Homer's Zeiten das gewöhnliche Getränk, welchem seiner grösseren Haltbarkeit wegen Harz zugesetzt wurde und dessen Aufbewahrung in grossen, irdenen, ausgepichten Töpfen erfolgte. Die Römer, welche den Weinstock von den Griechen erhielten, nannten ihn *Vitis sativa.* Den Römern war auch schon die Güte der alten Weine bekannt; Plinius berichtet von 200jährigem *schwarzen Opimianer;* Cicero wurde von Damasippus mit 40jährigem *Falerner* und die Gäste des Caligula mit 160jährigem Wein bewirthet. Von Italien aus verbreitete sich die Weinkultur über Gallien und Germanien. Die ersten Weinberge sollen in Deutschland an der Mosel und dem Rhein unter Kaiser Aurelius Probus im Jahre 280 n. Chr. angelegt worden sein. Karl der Grosse schenkte dem Weinbau grosse Aufmerksamkeit und erliess Gesetze und Verordnungen, welche die Kultur begünstigten. Der Rüdesheimer Weinbau lässt sich bis 864 zurückverfolgen und 2 Jahrhunderte später bepflanzten Benediktinermönche den Johannisberg. Der heilige Benno, Bischof von Meissen, brachte 1037 die Weinrebe nach Meissen und Thüringen; der Bischof Otto von Bamberg 1128 nach Pommern. Um 1421 ist die Rebe von den Europäern nach Madeira, Teneriffa und dem Cap gebracht worden; später nach Chili, Brasilien, Mexico, Californien.

Sämmtliche Theile des Weinstocks sind bereits in den frühesten Zeiten arzneilich verwendet worden, worüber wir schon aus den hippokratischen Schriften Kenntniss erhalten. So namentlich wurde der Wein schon zu Zeiten Hippokrates als Verbandmittel benutzt.

Blüthezeit. Juni, Juli.

Offizinell sind die getrockneten Früchte: *Passulae majores (Uvae Passae majores)* = grosse Rosinen und *Passulae minores* = Korinthen, namentlich aber der durch weingeistige Gährung des Fruchtsaftes gewonnene Wein: *Vinum generosum album* = Weisswein, *Vinum generosum rubrum* = Rothwein, *Vinum Xerense* = Xereswein, *Vinum Malacense* = Malagawein.

Offizinell waren früher und zum Theil noch jetzt die frischen Blätter: *Folia Vitis,* die Weinranken: *Pampini Vitis*, ein aus letzterem bereitetes Extrakt: *Extractum Vitis pampinosum* (*Extractum Vitis*) und der im Frühjahr aus den verwundeten Stämmen ausfliessende Saft: *Lacrimae Vitis,* auch die vor der Reife gesammelten sauren Beeren: *Fructus Vitis immaturi* (*Uvae Vitis immaturae, Agresta*) und der aus letzteren gewonnene Saft: *Omphacium.*

Die getrockneten Weinbeeren zerfallen in Rosinen, gewonnen aus den Spielarten der *Vitis vinifera* und in Zibeben, von den Spielarten der *Vitis Rumphii* stammend. Die Rosinen werden wiederum in kleine Rosinen, Korinthen (*Passulae minores*) und in grosse Rosinen (*Passulae majores*) eingetheilt; letztere zerfallen abermals in Sultania-Rosinen (Sultaniden), spanische, italienische und französische Rosinen. Die Korinthen aus den kleinen, kernlosen, schwarzvioletten Beeren der *Vitis vinifera* var. *apyrena* gewonnen, stammen meistens aus Griechenland. Die grossen Rosinen, gewöhnlich aus den weissen Traubensorten zubereitet, sind mehr oder weniger rundlich plattgedrückt, bräunlich, etwas durchscheinend; die hierher gehörenden Sultaniden von der *Vit. vinif. Corinthiaca* Risso abstammend sind kernlos, gelb, sehr süss, kleiner als die grossen Rosinen, jedoch bedeutend grösser als die Korinthen. Die Zibeben (*Passulae longae*) unterscheiden sich von den Rosinen durch ihre längliche Form; sie werden sowohl aus weissen als blauen Traubensorten gewonnen. Man unterscheidet Sicilianische, Liparische, Spanische, Damascener, Alexandriner und Marokkanische Zibeben. — Das wichtigste Produkt des Weinstockes, auch in medizinaler Beziehung, ist der durch Gährung des ausgepressten, säuerlich-süssen, meist farblosen Traubensaftes (Most) gewonnene Wein, bei welchem Prozesse der in dem frischen Moste neben Eiweissstoffen, Gummi, Pektinkörper, Apfel-, Wein- und Traubensäure enthaltene Traubenzucker in Kohlensäure und Alkohol zersetzt wird. Dies ist die sogenannte Hauptgährung; bei der darauf folgenden stillen oder Jungweingährung wird durch Umsetzen der Fettsäuren, Gerbsäuren und Farbstoffe in Oenanthäther (ein der Hauptsache nach aus Kaprylsäure und Kaprinsäure bestehendes Gemisch), das sogenannte Bouquet erzeugt. Während der Lagergährung entwickeln sich noch andere Riechstoffe, die sogen. Blume. Der Weinsaft aller Trauben liefert nur Weisswein; um Rothwein zu gewinnen ist der Most mit den Schalen der rothen und blauen Trauben in Gährung zu bringen. Wird der Wein noch vor beendeter Gährung in Flaschen gefüllt, so erhält man den kohlensäurereichen Champagner, welcher sein besonderes Bouquet durch Zusatz von Likören erhält. Weine, die sich durch hohen Zuckergehalt auszeichnen, der entweder durch Trocknen der Beeren am Stamme oder auf Stroh oder durch Zusatz von Zucker erreicht wird, nennt man Sekt. Durch Verdunsten und Concentriren des Weines während des Lagerns auf den Fässern krystallisiren die sauren weinsauren Salze aus, die mit andern Stoffen vermischt sich als schmutzig-weisse oder rothe Kruste niederschlagen und den sogen. rohen Weinstein (*Tartarus crudus albus* et *ruber*) bilden.

Zu dem medizinischen Gebrauche sind nur edle Weine, d. h. gute Weine zu verwenden und zwar sind hierzu geeignet:

A. Deutsche Weine (*Vina germanica*): a. weisse Rheinweine: Hochheimer, Johannisberger, Markobrunner, Nierensteiner, Rüdesheimer; b. rothe Rheinweine: Asmannshäuser, Ober- und Niederingelheimer; c. weisse und rothe Pfälzer- und Haardtweine: Forster, Ruppertsberger, Deidesheimer, Königsbacher; d. Frankenweine: Stein- und Leistenwein; e. Moselweine.

B. Französische Weine (*Vina gallica*): a. weisse Burgunder: Chablis, Moutrachet, Pouilly; b. rothe Burgunder: Chambertin, Romané, Clos-Vougeot, Nuits, Volnay; c. weisse Bordeauxweine: Graves, Haut Barsac, Haut Preignac, Loupiac; d. rothe Bordeauxweine: Graves, Medoc (Pouillac, St. Julien, Margaux, Cantenac, St. Estephe); e. Rhoneweine; f. Rousillonweine; g. Champagnerweine.

C. Oestereichische Weine: a. Ungarweine: Oedenburger, Ofener, Erlauer, Tokayer; b. Böhmische Weine: Melnecker, Vöslauer, Czernosecker.

D. Spanische Weine (*Vina hispanica*): Xeresweine (Sherry), Malaga, Pedro-Ximenes.

E. Griechische Weine (*Vina graeca*): Achaier, Malvasier, Mavrodaphne, Santorin.

F. Italienische Weine: Albano, Montefiascone, Orvietto, Lacrymae Christi, Monte Somma, Marsala, Syrakuser, Vino Santo.

G. Portugiesische Weine: Portwein, Vinho de Ramo, Colares, Bucellas etc.

H. Afrikanische Weine: Madeira, Teneriffa, Kapwein.

I. Asiatischer Wein: Schiras aus Persien, Wein aus Cacheti.

Der Alkoholgehalt ist von der Menge des Zuckers abhängig, der entweder der Traube eigen oder dem Safte zugesetzt worden ist; er schwankt zwischen 6—18%, und variirt bei derselben Rebensorte je nach Jahrgang und geographischer Lage. Der Alkoholgehalt beträgt beispielsweise bei dem Pfälzer Wein 7—9%, bei dem Frankenwein 8—10%, bei dem Rheinwein 6—13, meist 9—10%, bei dem Ungarwein 9—12%, bei dem rothen französischen Wein 9—12%, bei dem badischen Weine 9—11%, bei dem Champagner 9—12%, bei dem Xeres, Madeira, Portwein, Marsala 15—18%.

Präparate des Weines sind der Hauptsache nach folgende: *Vinum aromaticum, Vinum camphoratum, Vinum Chinae, Vinum Colchici, Vinum Ipecacuanhae, Vinum Pepsini, Vinum stibiatum* s. *Stibio-Kali-tartarici, Vinum Aloës, Vinum antimoniale, Vinum Aurantii, Vinum Ferri* s. *ferratum, Vinum Opii, Vinum Rhei, Vinum Scillae, Vinum antiscorbuticum, Vinum Ergotae, Vinum de Absinthio* etc.

Bestandtheile. Die jungen Weinblätter enthalten: saures weinsaures Kalium, weinsauren Kalk, Quercetin, Quercitrin, Gerbstoff, Amylum, Weinsäure, Apfelsäure, Gummi, Inosit, Zucker, Oxalsäure, Ammon, phosphorsauren Kalk, Gyps; in den älteren Blättern fehlt Inosit und Apfelsäure. Das im Frühjahr aus den Zweigen ausfliessende Thränenwasser, die Rebthränen, enthalten nach Husemann: Kohlensäure, salpetersaures Kalium, Gyps, phosphorsauren Kalk, Magnesium, Ammonsalze, Zucker, weinsauren Kalk, Inosit, Bernsteinsäure, Oxalsäure; nach Wittstein ist dieses Thränenwasser wasserhell, neutral, geruchlos, von fadem Geschmack, mit einem spezifischen Gewicht von 1,0021 und enthält: Kali, Kalk und etwas Magnesia verbunden mit Weinsteinsäure, Citronensäure, Milchsäure, Salpetersäure, wenig Phosphorsäure, Schwefelsäure, Chlor, Kieselsäure und Albumin.

Die reifen Beeren enthalten nach Wittstein: Zucker (Traubenzucker und Schleimzucker), Spur ätherischen Oeles, Weinsteinsäure, Apfelsäure, saures weinsteinsaures Kali, weinsteinsauren Kalk, eisengrünende Gerbsäure (Oenotannin), Gummi, Pektin, Eiweiss, Harz,Wachs, Farbstoff, Salze. Husemann giebt die Bestandtheile der Weinbeeren folgendermassen an: Dextrose, Levulose, Inosit, Weinsäure, Traubensäure, Apfelsäure, Bernsteinsäure, Glycolsäure (?), Kohlensäure, Farbstoff, Spur von Quercitrin, Quercetin, Gerbstoff, nebst den allgemein verbreiteten Albuminaten etc. Das Oenotannin ist nach Gautier im reinen Zustande krystallinisch, farblos oder wenig rosenroth gefärbt; als Oxydationsprodukt des letztern ist der in den Schalen der blauen Trauben auftretende, von Glenard als eine schwärzliche, zerrieben karmoisinrothe Substanz beschriebene und Oenolin genannte Farbstoff zu betrachten. Der Zuckergehalt des Traubensaftes schwankt nach Husemann zwischen 10 und 40 %, der Gehalt an freier Säure zwischen 0,4 und 1,6 %. Die unreifen Beeren enthalten nach Geiger 1 % Weinsteinsäure, 2 % Apfelsäure; nach Brandenburg und Brunner Bernsteinsäure; nach Erlenmeyer und Hoster Glycolsäure und Oxalsäure. Die Kerne der Früchte enthalten 15—18 % eines goldgelben, in's Bräunliche oder Grünliche schillernden, etwas dickflüssigen, schwach eigenthümlich riechenden, mild schmeckenden, fetten Oeles, welches ein spezifisches Gewicht von 0,9202 besitzt, bei — 12° erstarrt, an der Luft bald eintrocknet, und nach Fitz aus den Glyceriden der Palmitinsäure, Stearinsäure, Erukasäure und noch einer vierten Fettsäure besteht. Nach Batillat sind die in dem Rothwein auftretenden Farbstoffe: Rosit, in Alkohol löslich und Purprit, in Alkohol unlöslich. Der rohe Weinstein, welcher aus 80—85 % Kalibitartrat, 5—10 % Kalktartrat, Hefentheilen, Farbstoff, Resten der Weinfrucht, Kalksulfat und Thonerde zusammengesetzt ist, wird durch Auflösung, Klären der Lösung und Krystallisiren gereinigt und in den sogen. gereinigten Weinstein, *Tartarus depuratus (Kali bitartaricum, Kali tartaricum acidum, Cremor Tartari, Crystalli Tartari)* = saures weinsaures Kali (KO,HO, 2 $C_4 H_2 O_5$ oder $C_4 K H_5 O_6$) umgewandelt, der als kalkhaltiger *(Tart. dep. Venetianus* und *Tart. dep. Gallicus) = Cremor Tartari,* und kalkfreier Weinstein in den Handel gebracht wird. Die hieraus gewonnene, 1769 von Scheele entdeckte Weinsäure, $C_4 H_6 O_6$, bildet grosse, harte, wasserfreie, wasserhelle, monoklinoëdrische, pyroelektrische Prismen, ist geruchlos, schmeckt stark und angenehm sauer, hat ein spezifisches Gewicht von 1,764, schmilzt nach neuer Angabe bei 135° und löst sich in 0,6 Theilen kalten, in noch weniger kochenden Wassers zu einer syrupdicken Flüssigkeit. Wird Weinsäure anhaltend mit Wasser, Salzsäure oder dünner Schwefelsäure erhitzt, so bildet sich die zuerst von Kestner in Thann aufgefundene Traubensäure ($C_4 H_6 O_6$), aus Wasser in wasserhellen Prismen des triklinischen Systems kristallisirend, stärker sauer als Weinsäure schmeckend, mit einem spezifischen Gewicht von 1,69.

Anwendung. Die Weinbeeren werden frisch zur sogen. Traubenkur verwendet, getrocknet als Rosinen, zu Theespezies. Der Wein dient als belebendes Mittel im Collapsus um dem Sinken der Herzthätigkeit entgegenzutreten, bei akuter Erschlaffung etc. Er leistet ausgezeichnete Dienste bei scrophulösen und rachitischen Kindern (Ungarwein), bei skorbutischen Zuständen (Rothwein), auch in fieberhaften Affektionen (Portwein) etc. Auch äusserlich findet er Anwendung als Klystir bei Chlorose, Phthisis und zu Bädern.

Litteratur. Abbildung und Beschreibung: Nees v. Esenb., Plant. med., Taf. 369, 370; Hayne, Arzneigew. X, Taf. 40; Berg u. Schmidt, Offiz. Gew., Taf. XVIII[a]; Luerssen, Handb. d. syst. Bot. II. 733; Karsten, Deutsche Flora 863; Wittstein, Pharm. 905.

Drogen und Präparate: *Uvae Passae*: Cod. med. (1884) 74; Ph. belg. 64; Brit. ph. 362; Ph. suec. 93; Flückiger and Handb., Pharm. 159; Hist. d. Dr. I. 309; Berg, Waarenk. 340.

Fructus Vitis senatus: Ph. dan. 125.

Species pectorales cum fructitus: Ph. helv. suppl. 101.

Vinum generosum album et rubrum: **Ph. germ.** 302; Ph. ross. 460; Ph. helv. 153; Ph. Neerl. 287; Ph. suec. 250; Ph. dan. 293; Ph. U. St. 374, 378.

Vinum Malacense: Ph. ross. 487; Ph. helv. 154; Ph. hung. 487.

Vinum Xericum: Brit. ph. 369.

Vinum aromaticum: Cod. med. (1884) 621; Ph. belg. 286; Ph. helv. 153; Ph. suec. 250; Ph. U. St. 376.

Vinum camphoratum: **Ph. germ.** 302.

Vinum amarum: Ph. Neerl. 288.

Vinum Chinae: **Ph. germ.** 302; Ph. belg. 285; Cod. med. (1884) 624; Ph. helv. 154; Brit. ph. 369.

Vinum Colchici: **Ph. germ.** 303; Ph. austr. (D. A.) 144; Ph. hung. 487; Ph. ross. 462; Ph. belg. 288; Cod. med. (1884) 621; Ph. helv. 154; Ph. Neerl. 288; Brit. ph. 367; Ph. dan. 293; Ph. U. St. 376.

Vinum Ipecacuanhae: **Ph. germ.** 303; Ph. ross. 461; Ph. belg. 287; Ph. Neerl. 288; Brit. ph. 368; Ph. dan. 293; Ph. suec. 251; Ph. U. St. 378.

Vinum Pepsini: **Ph. germ.** 303; Ph. ross. 462; Cod. med. (1884) 624.

Vinum stibiatum: **Ph. germ.** 304; Ph. austr. (D. A.) 144; Ph. hung. 487; Ph. ross. 462; Ph. belg. 286; Ph. helv. 155; Ph. Neerl. 290; Ph. dan. 294; Ph. suec. 252.

Vinum Aloës: Brit. ph. 366; Ph. U. St. 375.

Vinum antimoniale: Ph. belg. 286; Brit. ph. 366; Ph. U. St. 375.

Vinum Aurantii: Ph. belg. 285; Brit. ph. 367.

Vinum Ferri: Ph. belg. 287; Brit. ph. 367; Ph. U. St. 377.

Vinum Opii: Ph. belg. 287; Ph. Neerl. 289; Brit. ph. 368; Ph. dan. 295; Ph. suec. 252; Ph. U. St. 378.

Vinum Rhei: Ph. belg. 288; Brit. ph. 369; Ph. dan. 294; Ph. suec. 252; Ph. U. St. 378.

Vinum antiscorbuticum: Cod. med. (1884) 621.

Vinum de Absinthio: Cod. med. (1884) 620.

Vinum Scillae: Cod. med. (1884) 626; Ph. Neerl. 290.

Vinum Ergotae: Ph. U. St. 377.

Der Weinstein ist mit seinen Präparaten in allen Pharmakopöen vertreten; es soll hier nur die **Ph. germ.** Berücksichtigung finden:

Tartarus depuratus: **Ph. germ.** 266; *Tart. boraxatus*: **Ph. germ.** 265; *Tart. stibiatus*: **Ph. germ.** 267; *Tart. natronatus*: **Ph. germ.** 267.

Siehe auch Hager, Pharm. Prx. II. 1242 (*Vinum*), 1272 (*Vitis*), 277 (*Tartarus*).

Tafelbeschreibung:

A blühender, B fruchtender Zweig in natürl. Grösse; 1 geschlossene und 2 aufgeblühte Blüthe mit abgehobener Krone, vergrössert; 3 Blüthe ohne Krone, desgl.; 4 Staubgefässe, desgl.; 5 Pollen, desgl.; 6 Stempel im Längsschnitt, desgl.; 7 derselbe im Querschnitt; 8 u. 9 Frucht im Längs- und Querschnitt, natürl. Grösse; 10 Same, desgl.; 11 derselbe von verschiedenen Seiten, vergrössert; 12 u. 13 derselbe im Längsschnitt, von verschiedenen Seiten, desgl.; 14 derselbe im Querschnitt. Nach der Natur von W. Müller.

Zingiber officinale Roscoe.

Syn. *Amomum Zingiber* L.

Ingwer, gemeiner Ingber — Gingembre, l'Amome des Indes — Ginger.

Familie: *Zingiberaceae* (Unterfam.: *Amomeae*); Gattung: *Zingiber Roscoe.*

Beschreibung. Rhizom ausdauernd, horizontal kriechend, knollig-vielgliederig, im frischen Zustande, namentlich an kräftigen Rhizomästen, etwas plattgedrückt, fleischig, oberseits mit den eng aneinanderstehenden, knolligen, eirunden, durch Blattnarben geringelten, an der Spitze mit je einer Knospe ausgestatteten Knollstöcken besetzt und mit fadenförmigen, fleischigen, 4—6 Mm. dicken, schmutzig-weissen Nebenwurzeln versehen. Berg giebt über die Wurzel und die Entwickelung der Pflanze folgende Beschreibung: „Bei Zingiber ist die unterirdische Achse ein kriechender Wurzelstock, der nur langsam hinten abstirbt, daher ziemlich lang werden kann, durch Blattscheiden geringelt ist und abwechselnd rechts und links aus den Knoten Knospen treibt. Diese Knospen entwickeln sich zu beblätterten Stengeln oder Blüthenschäften, welche beim Absterben die verdickte, aus verkürzten Stengelgliedern bestehende Achse als seitliche Aeste oder mit dem Wurzelstock in Verbindung bleibende Knollstöcke zurücklassen.“ Blätterentwickelnde Stengel zu mehreren aus einer Wurzel, einjährig, aufrecht, 1 Meter und darüber hoch, bis 8 Mm. dick, reich beblättert. Flückiger sagt über die Entwickelung des Stengels von Zingiber: „Die Art ihrer Verzweigung entspricht nach A. Meyer's sorgfältigen Untersuchungen einem schraubenartig entwickelten Sympodium (einem aus mehreren einander folgenden Nebenachsen gebildeten sog. zusammengesetzten Spross) dessen Glieder aus einer wechselnden Zahl von Internodien bestehen.“ Blätter 2zeilig geordnet, mit langen, einander umfassenden, kahlen, gestreiften, oben in ein 2öhriges Blatthäutchen auslaufenden Scheiden versehen, 16 und mehr Ctm. lang, lanzettlich, lang gespitzt, grün, oberseits kahl, unterseits, namentlich am Mittelnerven, mit wenigen Härchen besetzt, gegen das Licht gehalten unter der Lupe durchscheinend punktirt; Mittelnerv auf der Oberfläche eingedrückt, auf der Unterseite wenig hervortretend. Die zwischen den Blattstengeln entspringenden Blüthenschäfte bis 24 Ctm. hoch, ziemlich dicht mit Scheiden besetzt; letztere fast eiförmig, gestreift, gegen die Spitze violett punktirt, die unteren kürzer und breiter, stumpf, die oberen länglich, mit einer kleinen breiten Spitze, am Blüthenstand in die breiten Deckblätter der Aehre übergehend. Blüthenähren eiförmig, ca. 5 Ctm. lang, aus ziegeldachig übereinanderliegenden, verkehrt eiförmigen, stumpfen, nach oben allmählich kleiner werdenden Deckblättern zusammengesetzt. Von den letzteren sind die äusseren trockenhäutig, grünlich braunviolett punktirt oder kurz gestreift, am Rande gelb; die inneren dünnhäutig und gelb. Blüthen einzeln in den Achseln der Deckblätter, von einem kleinen Deckblättchen scheidenartig bis zum Saum umhüllt, rasch vergänglich; das äussere Perigon einseitig tief gespalten, mit 3zähnigem Saume, weit kürzer als das schmalröhrige, nach oben etwas erweiterte, grünlichgelbe, braunviolett punktirte und gestreifte, 3spaltige innere Perigon. Die Zipfel des letzteren lanzettlich, spitz, von der Länge der Röhre, der oberste aufrecht, die 2 seitlichen abstehend. Staubgefässe 6, in 2 Reihen; der äussere, unfruchtbare Staubgefässkreis befindet sich im Schlunde der Krone und besteht aus einer grossen, ungleich 3lappigen, verkehrt eiförmigen, dunkel oder fast schwarzpurpurn gefärbten, mit gelben Punkten ausgestatteten Lippe (Honiglippe) und 2 pfriemenförmigen Läppchen, welche sich zu beiden Seiten der Lippe befinden. Vom inneren Staubgefässkreis ist das eine, ebenfalls im Schlunde stehende Staubgefäss fruchtbar, während die beiden anderen, als pfriemenförmige Fäden im Grunde der Blüthe auf dem Fruchtknoten stehenden Staubgefässe unfruchtbar sind. Das einzige fruchtbare Staubgefäss steht der Honiglippe gegenüber vor dem obersten Zipfel des inneren Perigons, an dessen Grunde es frei wird. Sein Staubbeutel ist sitzend, länglich, etwas übergebogen, 2fächerig, gelb, 8 Mm. lang; das zwischen den Fächern befindliche, sehr verlängerte, rinnenförmige, mit der Honiglippe gleichfarbige Connectiv umfasst den oberen Theil des Griffels scheidenartig. Staubgefässfächer nach innen der Länge nach aufspringend. Pollen oval oder länglich, glatt, mit körnigem Inhalte. Fruchtknoten unterständig, 3fächerig, mit zahlreichen, 2reihig geordneten Samenknospen. Griffel fadenförmig, im oberen Theile von dem Connectiv des Staubbeutels umfasst, wenig länger als das letztere, farblos, violett punktirt und gestrichelt. Narbe trichterförmig, gefranst. Kapsel fleischig, fast beerenartig, 3klappig aufspringend, mit zahlreichen, von einem Samenmantel umhüllten Samen. Reife Früchte sind noch nicht beobachtet worden, daher Frucht und Samen wenig bekannt.

Anatomisches. Auf dem Querschnitte erkennt man eine 1 Mm. dicke, braune Rinde, die durch eine feine Linie (Kernscheide) von dem weisslichen, mehligen Kerne getrennt ist. Die Rinde ist mit einem dicken Korke bedeckt, die aus einer äusseren, lockeren Lage und ca. 12 Reihen regelmässiger, tafelförmiger Zellen zusammengesetzt ist. Hierauf folgt eine Schicht aus engen, kurzen, prosenchymatischen Zellen bestehend, die auf dem Querschnitte geschlängelte und stellenweis verdickte Wände zeigen und von zerstreuten Gefässbündeln durchsetzt sind. „Das sehr zarte, verfilzte Gewebe bildet die gestreifte Oberfläche des geschälten Ingwers und ist der Hauptsitz des Harzes und ätherischen Oeles, welche hier eigene grosse Räume erfüllen.“ (Flückiger.) Die Parenchymzellen haben polyedrische Form, sind getüpfelt, farblos und reich erfüllt mit Stärkemehl. Die Gefässbündel bestehen aus einigen centralen Gefässen mit einem unbedeutenden Cambiumstrang, rings von Holzzellen umgeben. Die Gefässe sind Spiral-Netzgefässe und Treppengänge. Die Kernscheide wird gebildet aus einem Ringe, der aus wenigen Reihen tangential gestreckter, sehr flacher, inhaltsloser Zellen zusammengesetzt ist. Das Holz ist in seinem Bau der Mittelrinde gleich, nur sind in ihm die Gefässbündel mehr gedrängt.

Vorkommen. Wahrscheinlich in Südasien einheimisch; die Pflanze wird jedoch gegenwärtig nirgends mehr in wildem Zustande angetroffen. Sie wird in mehreren Abarten in den Tropenländern der alten und neuen Welt gezogen, nach Flückiger's Angabe unter dem 30.° nördl. Breite noch in einer Meereshöhe von 1000 Metern.

Name und Geschichtliches. *Ingwer* (althochd. *gingiber;* mittelhochd. *Engeber, Ingewer, Igwer, Imber, Inber, Ingber, Ingewer, Ingüber, Ingwer*; mittelniederd. *Ymbar, Yngeber;* bei Hildegard *Gingiber*, *Ingeber*) ist aus *Zingiber* hervorgegangen. *Zingiber*, *Ζιγγιβερις* der Griechen, *zingiber* des Pinius, stammt aus dem arabischen *zindschabil*, die Wurzel von *zindschi* (Indien). Dieser Name wird auch zurückgeführt auf das indische *sringavera,* hornförmig, wegen der Form und zähen Beschaffenheit der Wurzel, ebenso auf die Berge des Landes Gingi (westlich von Pondicheri), in welchem die Pflanze wild vorkommen soll. *Amomum* zusammengesetzt aus *ἀ,* ohne, und *μωμος*, Tadel, d. h. tadelloses Gewürz; das Wort wird auch aus dem arabischen *hamama* abgeleitet.

Schon in alten Zeiten war der Ingwer als Gewürz und Medikament bekannt und es lässt sich wohl annehmen, dass er in Indien schon in den frühesten Zeiten als Gewürz verwendet wurde; gleichwohl tritt der Name *Sringavera* in der indischen Litteratur erst im 9. und 10. Jahrhundert unserer Zeitrechnung auf. Da jedoch Cornelius Celsus, Dioskorides und Plinius im 1. Jahrhundert nach Christus bereits *Zingiber, Zinziber* oder *Zimpiberi* als ein wohlbekanntes Gewürz erwähnen, so ist der oben angedeutete Ursprung des Wortes Zingiber aus dem indischen *sringavera* schwer einzusehen. Dioskorides und Plinius hielten Arabien für das Vaterland des Ingwers, woraus wohl zu schliessen ist, dass der Handel mit Ingwer über Arabien betrieben wurde, obgleich der *Periplus* des Rothen Meeres dieses Gewürz nicht erwähnt. Das römische Kochbuch Apicius Caelius, *De re coquinaria* (aus dem 3. Jahrhundert), macht umfangreichen Gebrauch von dem Ingwer; es lässt sich aber aus verschiedenen Angaben folgern, dass Ingwer zu jener Zeit noch ein kostbares Gewürz war. Aber schon sehr bald scheint er in Europa gemein geworden zu sein, denn im 11. Jahrhundert befindet er sich bereits in den angelsächsischen Thierarzneibüchern und das württembergische Kloster Hirschau rechnet ihn zu jener Zeit zu den gemeinen Gewürzen. Circa instans der salernitaner Schule und die Zolltariftaxen des 12. und 13. Jahrhunderts enthalten Ingwer. Der erste Europäer, der mit der Pflanze bekannt wurde, war Marco Polo, der auf seiner Reise nach China und Indien (1280—1290) die Pflanze sah. Montecorvinus, welcher um 1292 in Indien lebte, lieferte eine Beschreibung der Pflanze. Die Einfuhr, welche hauptsächlich von den italienischen Handelsrepubliken (namentlich Venedig) besorgt wurde, erfolgte über Alexandrien, jedoch mag auch ein Theil, und nach den Angaben des Marino Sonudo (um 1306) hauptsächlich die feineren Sorten, auf dem Landweg über das Schwarze Meer zu uns gelangt sein. Man unterschied schon im Mittelalter verschiedene Sorten, so namentlich *Beledi* (vom altarabischen *baladi*, ländlich, so viel wie einheimisch), *Colombino* (*Columbum*, *Kolum*, *Quilon*, Hafen in Südindien), *Gebeli* (arabisch *gebel*, Gebirge), *Deli* (Berg auf der Malabarküste) und *Michino* (soll von Mekka stammen); auch eine in Zucker eingemachte sogen. grüne Sorte, welche beispielsweise um 1380 als *grone Gingeber*, *grun Ghingeber* in Brügge eingeführt wurde und die sich durch das ganze Mittelalter auf dem Markte behauptete. Francisco de Mendoza, Sohn des Vizekönigs von Mexiko, soll den Ingwer nach Westindien und Mexiko verpflanzt haben. Dort muss die Verbreitung eine sehr rasche gewesen sein, denn schon 1547 führten die Spanier bereits 22000 Ctr. Ingwer aus Westindien aus. Hernandez bildete die Pflanze ab, die er bei seinem Aufenthalte in Mexiko (1561—1577) in Haïti sah.

Offizinell ist der ganz oder theilweise geschälte und getrocknete Wurzelstock: *Rhizoma Zingiberis* (*Radix Zingiberis*).

Das im Handel erscheinende Rhizom ist handförmig verästelt, knollig, etwas zusammengedrückt, gegliedert, $3^1/_2$—5 Ctm. lang und breit, 1—2 Ctm. dick, aussen runzelig, von weissgrauer ins Gelbliche spielender Farbe, innen hellbraun, röthlich oder weissgrau, mehr oder weniger harzglänzend, etwas hart, leicht zu pulverisiren, ein gelblichweisses Pulver gebend, nicht sehr dicht, leicht brechbar, im Bruche uneben und faserig. Der Geruch ist angenehm aromatisch, der Geschmack brennend scharf gewürzhaft. Im Handel unterscheidet man ungeschälten, schwarzen oder Barbados-Ingwer (*Zingiber nigrum*), nur auf der flachen Seite geschälten, bengalischen Ingwer uud ganz geschälten, durch Einlegen in Kalkmilch mit einem kleinen Zusatz von Chlorkalk oder in schwefeliger Säure gebleichten, wohl auch mit Gyps oder Kreide eingeriebenen, aussen ganz weissen Jamaica- oder weissen Ingwer (*Zingiber album*). Ueber die Hauptsorten äussert Flückiger: „Bei manchen Sorten ist der Kork und die äussere Rindenschicht vollständig weggeschält und das hierdurch entblösste dunklere, längsstreifige Rindengewebe blosgelegt. Man unterscheidet daher den unveränderten oder bedeckten und den mehr oder weniger geschälten Ingwer. Die erste Sorte wird besonders aus Sierra Leone an der Westküste Afrikas, auch aus Bengalen ausgeführt und zeigt sich oft im Innern dunkel harzartig. Im frischen Zustande lässt sich das Rindengewebe leicht von dem Wurzelstocke abziehen, besonders bei den mehr flach entwickelten Sorten. Dieses geschieht in der That regelmässig bei dem Ingwer, welcher in mehreren Sorten aus Jamaica, Cochin (Kotschin, an der Westküste der Südspitze Indiens) und Bengalen ausgeführt wird:“ Der geschälte, in der schon oben angegebenen Weise gebleichte und mit Gyps oder Kreide eingeriebene Ingwer besitzt zwar ein hübsches Aussehen, ist jedoch geringwerthiger als der bedeckte Ingwer, denn die durch das Schälen entfernten Gewebtheile besitzen die wirksamen Bestandtheile, Harz und ätherisches Oel, in reicherem Maasse als das innere Gewebe. Rhizomstücke,

welche den Kork noch vollständig enthalten, sollen nach Flückiger im Handel nicht erscheinen.
Berg giebt über die verschiedenen Ingwersorten folgende Eintheilung:

1. Weisser Ingwer, welcher aussen eine weisse, graue oder blass bräunliche, innen blass gelbliche oder weisse Farbe besitzt, in dessen Zellen die Stärkekörner dicht beisammen liegen, jedoch nicht in einander geflossen sind. Die Wurzelstöcke werden in Wasser gebrüht, durch Abschaben von der Rinde befreit und dann vorsichtig getrocknet. Diese Sorte zerfällt in:
   a) chinesischen Ingwer, welcher aus grösseren, flachen, aussen runzeligen, sehr harten, im Bruche glänzenden, ungeschälten Stücken besteht, die an Geruch und Geschmack die übrigen Sorten übertreffen. Zu dieser Sorte gehört auch der mit Zucker eingemachte Ingwer (*Conditum Zingiberis*);
   b) bengalischen Ingwer, der auf beiden Breitflächen, nicht an den Rändern, von der Rinde befreit ist, geringere Grösse und schmutzig graubraune Farbe besitzt und im Bruche eine dichte Beschaffenheit zeigt. Dieser Sorte ähnlich ist auch der afrikanische Ingwer;
   c) jamaicanischen Ingwer, eine mehr gestreckte, ganz geschälte, aussen streifige Sorte, die mit einer dünnen Kalkrinde bekleidet ist, welche durch Einweichen in Kalkmilch erzeugt wurde. Die dunkeln Stücke werden in England häufig mit Chlorkalk gebleicht wodurch sie eine mehlig-weisse Oberfläche erhalten.
2. Schwarzer oder Barbados-Ingwer ist ungeschält, aussen graubraun, innen bleifarben, wird in Stücke geschnitten, in Wasser aufgekocht und schnell getrocknet. Die Stärkekörner erscheinen in den Zellen mehr zusammengeflossen oder zusammengeballt.

Jamaica-Ingwer soll der werthvollste sein, was in Hinblick auf den oben erwähnten Umstand, wonach die äusseren Gewebtheile die meisten wirksamen Bestandtheile enthalten, doch wohl nicht anzunehmen ist.

Nach den Flückiger'schen Angaben führt England jährlich etwa 32 000 Ctr. Ingwer ein, im Jahre 1879 sogar 3 141 929 Klgr.; 1878—1879 betrug die Jahreseinfuhr von Calicut und Beypore in Südindien 33 159 Ctr.; von Cochin 10 597 Ctr.; von Jamaica 14 319 Ctr. Nach Hamburg sollen jährlich 7000 Ctr. roher und 1000 Ctr. eingemachter Ingwer gebracht werden. Letzterer (in Zucker eingemacht) kommt aus China, Jamaica und Barbados.

Bestandtheile. Der Ingwer enthält nach Buchholz 1.5% ätherisches Oel, Weichharz, Stärkemehl, Bassorin, Gummi, Bitterstoff etc.

Das ätherische Oel, welches nach Flückiger bis zu 2.2% gewonnen wird, besteht nach Tresh der Hauptsache nach aus einem Kohlenwasserstoff mit der Zusammensetzung $C_{15}H_{24}$ „oder mehreren Isomeren desselben, welche einen Siedepunkt von 245—270° besitzen und mit trocknem Salzsäuregas in Aether unlösliche Oeltropfen, aber keine Krystalle geben, zu etwa $^1/_6$ aus einem bei 160° siedenden, leicht oxydablen, rechtsdrehenden Terpen und Oxydationsprodukten desselben, deren eines das Aroma des Ingwers bedingt, ausserdem aus Cymen und (in altem Oele) etwas Essigsäure und Ameisensäure; Aldehyde und Ester fehlen in demselben".

Das im Handel erscheinende Oel ist in Bezug auf spez. Gewicht und Rotationsvermögen sehr verschieden; nach Tresh ist es von strohgelber Farbe, von kampherartigem Geruch, nicht scharfem Geschmack und dicklicher Beschaffenheit, schwer löslich in rektifizirtem Weingeist, leicht in Aether, Chloroform, Benzol, Schwefelkohlenstoff und Essigsäure; mit rauchender Salpetersäure explodirt es, mit Schwefelsäure entsteht eine blutrothe Mischung, mit Salpetersäure verharzt es, nachdem vorher eine rothe und violette Färbung eingetreten ist. Es ist linksdrehend. Stenhouse und Groves fanden etwas Protocatechusäure. Tresh untersuchte 4 Ingwersorten und erhielt: 3.28—8.06 Aetherextrakt, 7.50—12.10 wässeriges Extrakt, 0.28—0.80 weingeistiges Extrakt, 1.86—28.08 alkalisches Extrakt, 13.50—18.75 Stärkemehl, 1.00—10.92 saures Extrakt, 20,13—38.74 Cellulose, 11.02—13.53 Feuchtigtigkeit, 3.57—5.06 Asche. Das Aetherextrakt enthielt ein farbloses krystallinisches Fett, ein rothes Weichharz, 2 Harzsäuren, ein neutrales Harz, flüchtiges Oel und *Gingerol*, dem der scharfe Geschmack des Ingwers zugeschrieben wird. Dieses Gingerol von Tresh (angeblich das aktive Prinzip) ist von strohgelber Farbe, syrupsdick, zähe, geruchlos, von sehr scharfem, etwas bitterem Geschmack, wenig löslich in Petroläther, hingegen leicht in Weingeist, Benzol, flüchtigen Oelen, Schwefelkohlenstoff, Alkalien und Essigsäure. (Husemann, Pflanzenstoffe 423.)

Anwendung. In Substanz und Tinktur als ein kräftiges Aromaticum, Stomachicum und Digestivum; wird auch bei Zungenlähmung und übelriechendem Athem als Kaumittel verwendet. „Für sich dient Ingwer nur als Kaumittel bei Glossoplegie, Zahnweh und in Form eines Aufgusses als Gurgelwasser gegen Erschlaffung der Uvula, chronische Angina und Aphonie. Ingweraufguss wird bei *Colica flatulenta*, Ingwertinktur bei Sommerdiarrhoe sehr gerühmt. In England findet Ingwer häufig Anwendung als aromatischer Zusatz zu magenbelästigenden Stoffen (Eisen) und zu abführenden Mixturen, um Kolikschmerzen zu verhindern. Der eingemachte Ingwer dient als Hausmittel gegen Magenkatarrh und Katzenjammer. Seine Verwendung als Küchengewürz ist bekannt. (Husemann, Arzneimittell. 566.)

Litteratur. Abbildung und Beschreibung: Nees v. Esenb., Pl. med. Taf. 61; Berg u. Schmidt, Offiz. Gew., Taf. XXXIV b; Bentley and Trimen, Med. pl., Taf. 270; Luerssen, Handb. der syst. Bot. II, 455; Karsten, Deutsche Flora 471; Wittstein, Pharm. 346.

Drogen und Präparate: *Rhizoma Zingiberis*: **Ph. germ.** 231; Ph. austr. 147; Ph. hung. 499; Ph. ross. 349; Ph. helv. 113; Cod. med. 55; Ph. belg. 90; Ph. Neerl. 292; Brit. ph. 376; Ph. dan. 202; Ph. suec. 180; Ph. U. St. 384; Flückiger, Pharm. 327; Flückiger and Hanb., Pharm. 635; Hist. d. Drog. II, 429; Berg, Waarenk. 101; Berg, Atlas 39, Taf. XX.

Tinctura Zingiberis: **Ph. germ.** 289; Ph. helv. suppl. 124; Cod. med. 601; Ph. belg. 265; Brit. ph. 345; Ph. U. St. 358.

Tinctura aromatica: **Ph. germ.** 272; Ph. ross. 413; Ph. helv. 141; Ph. belg. 266; Ph. Neerl. 264; Ph. dan. 264; Ph. suec. 230.

Pulvis aromaticus: Ph. ross. 324; Ph. helv. suppl. 93; Ph. belg. 330; Ph. Neerl. 187; Ph. suec. 160; Ph. U. St. 272.

Pulvis aromaticus ruber: Ph. helv. 104.

Pulvis Cinnamomi compositus: Brit. ph. 262.

Pulvis Jalapae compositus: Brit. ph. 264.

Pulvis Opii compositus, Pulvis Rhei compositus, Pulvis Scammonii compositus: Brit. ph. 265.

Pulvis Rhei: Ph. U. St. 274.

Pulvis Zingiberis: Cod. med. 515.

Syrupus Zingiberis: Ph. ross. 407; Ph. belg. 338; Brit. ph. 316; Ph. succ. 224; Ph. U. St. 330.

Syrupus Sennae mannatus: Ph. dan. 257.

Syrupus Rhamni: Brit. ph. 313.

Syrupus Scilliticus: Ph. succ. 223.

Spiritus balsamicus: Ph. helv. suppl. 103.

Electuarium aromaticum: Ph. austr. 44; Ph. hung. 151.

Aqua aromatica spirituosa: Ph. austr. 16.

Confectio Opii et Scammonii: Brit. ph. 87, 88.

Infusum Sennae: Brit. ph. 164.

Pilulae Scillae compositae: Brit. ph. 240.

Vinum Aloës: Brit. ph. 366.

Acidum sulfuricum aromaticum: Ph. U. St. 22.

Zingiberaceae.

Zingiber officinale. Rosc.

Extractum Zingiberis fluidum: Ph. U. St. 152.

Oleoresina Zingiberis: Ph. U. St. 231.

Trochisci Zingiberis: Ph. U. St. 364.

Bezüglich der Drogen und Präparate siehe auch Hager, Ph. Prx. II, 1315; III, 1256.

Tafelbeschreibung:

A Pflanze in natürl. Grösse; 1 Blüthenknospe, desgl.; 2 Blüthe, desgl.; 3 äusseres Perigon, auseinandergebreitet, desgl.; 4 Blüthenlängsschnitt, mit dem kleinen, zahnförmigen, unfruchtbaren äusseren und dem fruchtbaren inneren Staubgefäss, vergrössert; 5 Honiglippe mit den kleinen zahnförmigen, unfruchtbaren äusseren Staubgefässen, desgl.; 6 Stempel mit den kleinen, auf dem Fruchtknoten stehenden, unfruchtbaren Staubgefässen, desgl.; 7 oberer Theil des Griffels mit der Narbe, desgl.; 8 und 9 Fruchtknoten im Längs- und Querschnitt, desgl. Nach einer Originalzeichnung des Herrn Professor Schmidt in Berlin; Buntdruck von Herrn E. Günther in Gera.